Kreditsicherung durch Grundschulden

Von

Martin Gladenbeck
Rechtsanwalt

Dr. Abbas Samhat
Rechtsanwalt

Begründet von

Dr. Heinz Gaberdiel

11., völlig neu bearbeitete Auflage

ERICH SCHMIDT VERLAG

Bibliografische Information der Deutschen Nationalbibliothek
Die Deutsche Nationalbibliothek verzeichnet diese Publikation in der
Deutschen Nationalbibliografie; detaillierte bibliografische Daten sind im
Internet über http://dnb.dnb.de abrufbar.

Weitere Informationen zu diesem Titel finden Sie im Internet unter
https://ESV.info/978-3-503-23840-8

Zitiervorschlag:
Bearbeiter, in: Gladenbeck/Samhat, Kreditsicherung durch Grundschulden,
11. Aufl. 2024, Kap. ..., RN ...

Begründet von Dr. Heinz Gaberdiel
Autoren: Dr. Heinz Gaberdiel (1. bis 7. Auflage);
7. Auflage unter Mitarbeit von Peter Gnamm –
Martin Gladenbeck (ab 8. Auflage)

 8. Auflage 2008
 9. Auflage 2011
10. Auflage 2020
11. Auflage 2024

ISBN 978-3-503-23840-8 (gedrucktes Werk)
ISBN 978-3-503-23841-5 (eBook)
DOI https://doi.org/10.37307/b.978-3-503-23841-5

Druck: C.H. Beck, Nördlingen

Vorwort

Die 11. Auflage enthält eine umfassende Aktualisierung des vorliegenden Werkes „Kreditsicherung durch Grundschulden". Martin Gladenbeck hat Teil 1 und Teil 3 bearbeitet, Dr. Abbas Samhat Teil 2. Die Autoren haben zahlreiche neue instanzgerichtliche und höchstrichterliche Entscheidungen, aktuelle Literatur und zwischenzeitlich erfolgte Gesetzesänderungen eingearbeitet.

Was die in der Neuauflage berücksichtigte Rechtsprechung anbelangt, sei auf die ersten Entscheidungen im Zusammenhang mit dem elektronischen Rechtsverkehr hingewiesen. Zugleich muss konstatiert werden, dass es in Sachen Digitalisierung mit Blick auf das Grundschuldrecht sowohl auf Seiten der Legislative als auch in der Verwaltung in nächster Zeit noch einiges zu tun gibt. Eine praxistaugliche Gesetzesinitiative, welche unter anderem eine Grundlage für elektronische Grundschuldbestellungen schafft, ist das am 23. Februar 2024 angestoßene Gesetzgebungsverfahren zur Einführung einer elektronischen Präsenzbeurkundung. In prozessrechtlicher Hinsicht gab es durch den BGH willkommene Klarstellungen zu den Auswirkungen des Nachweisverzichts auf das Klauselerteilungsverfahren und die insoweit nur beschränkt bestehende Kontrollkompetenz der Vollstreckungsorgane. In materiellrechtlicher Hinsicht wurden zudem einige für die Praxis durchaus relevante Fragen zum Rückgewähranspruch höchstrichterlich geklärt. Insbesondere hat der BGH erfreulich klar den Handlungsspielraum von Vollstreckungsgläubigern mit einem Pfändungspfandrecht am Rückgewähranspruch konkretisiert. Zu erwähnen ist auch die wichtige Klarstellung des BGH im September 2020, dass es bei Kreditsicherheiten und bei einseitig den Verbraucher verpflichtenden Verträgen kein gesetzliches Widerrufsrecht gemäß §§ 312 Abs. 1, 312g BGB gibt.

Bezogen auf die eingearbeiteten Gesetzesänderungen sei etwa die Betreuungsrechtsreform genannt. Im Zuge dieser Reform wurden viele Regelungen, die auch für Sicherungsgrundschulden relevant sind, neu gefasst oder in andere Paragraphen verschoben. Berücksichtigt wurde auch das neue Gesetz über den Stabilisierungs- und Restrukturierungsrahmen für Unternehmen, kurz: StaRUG. Grundschuldgläubiger müssen sich darauf einstellen, dass die Verwertung ihrer Rechte durch eine Stabilisierungsanordnung und damit einhergehende Vollstreckungsverbote im übergeordneten Sanierungsinteresse beeinträchtigt wird.

Die 11. Auflage des Buches ist auf dem Stand von November 2023.

Dem Bank-Verlag, dem Deutschen Genossenschafts-Verlag und dem Deutschen Sparkassenverlag danken die Autoren für die erneute Zustimmung zum Abdruck der einschlägigen Vordrucke in ihrer neuesten Fassung.

München und Berlin, im Frühjahr 2024
Martin Gladenbeck
Dr. Abbas Samhat

Inhaltsverzeichnis

Abkürzungsverzeichnis

Gängige Abkürzungen (wie z. B.) sind nicht aufgeführt.

AcP	Archiv für civilistische Praxis (Band, Seite)
a. E.	am Ende
a. F.	alte Fassung
AG	Amtsgericht
AGB	Allgemeine Geschäftsbedingungen
AGBG	Gesetz zur Regelung des Rechts der Allgemeinen Geschäftsbedingungen v. 9. 12. 1976 (BGBl. I S. 3317), zuletzt geändert durch Gesetz v. 29. 6. 2000 (BGBl. I S. 946), aufgehoben durch Art. 6 Nr. 4 Gesetz zur Modernisierung des Schuldrechts v. 26. 11. 2001 (BGBl. I S. 3138) und materiell-rechtliche Vorschriften daraus in das BGB integriert
AGBGB	Ausführungsgesetz zum BGB
AnfG	Gesetz über die Anfechtung von Rechtshandlungen eines Schuldners außerhalb des Insolvenzverfahrens (Anfechtungsgesetz – AnfG) v. 5. 10. 1994 (BGBl. I S. 2911), zuletzt geändert durch Art. 3 Gesetz v. 29. 03. 2017 (BGBl. I S. 654)
AO	Abgabenordnung v. 16. 3. 1976 in der Fassung v. 1. 10. 2002 (BGBl. I S. 3866), zuletzt geändert durch Art. 2 Gesetz v. 21. 12. 2023 (BGBl. I Nr. 397)
AV	Ausführungsverordnung
BaFin	Bundesanstalt für Finanzdienstleistungsaufsicht
BAG	Bundesarbeitsgericht
BAK	Bundesaufsichtsamt für das Kreditwesen, jetzt: BaFin
BankPraktiker	BankPraktiker (Jahr, Seite)
BauGB	Baugesetzbuch in der Fassung v. 3. 11. 2017 (BGBl. I S. 3634), zuletzt geändert durch Art. 1 Gesetz v. 28. 07. 2023 (BGBl I Nr. 221)
BauSparkG	Gesetz über Bausparkassen in der Fassung v. 15. 2. 1991 (BGBl. I S. 454), zuletzt geändert durch Art. 11 Gesetz v. 25. 3. 2019 (BGBl. I S. 357)
BayObLG	Bayerisches Oberstes Landesgericht
BB	Der Betriebs-Berater (Jahr, Seite)

BBodSchG	Gesetz zum Schutz vor schädlichen Bodenveränderungen und zur Sanierung von Altlasten (Bundes-Bodenschutzgesetz – BBodSchG) v. 17. 3. 1998 (BGBl. I S. 502), zuletzt geändert durch Art. 7 Gesetz v. 25. 02. 2021 (BGBl. I S. 306)
BDSG	Bundesdatenschutzgesetz als Art. 1 Gesetz v. 30. 6. 2017 (BGBl. I S. 2097), zuletzt geändert durch Art. 10 Gesetz v. 22. 12. 2023 (BGBl. I Nr. 414)
BeurkG	Beurkundungsgesetz v. 28. 8. 1969 (BGBl. I S. 1513), zuletzt geändert durch Art. 5 Gesetz v. 08. 10. 2023 (BGBl. I Nr. 271)
BFH	Bundesfinanzhof
BGB	Bürgerliches Gesetzbuch v. 18. 8. 1896 (RGBl. S. 195), neu gefasst durch Bekanntmachung v. 2. 1. 2002 (GBl. I S. 42), zuletzt geändert durch Art. 7 Gesetz v. 31. 1. 2019 (BGBl. I S. 54)
BGBl.	Bundesgesetzblatt (Jahr, Seite)
BGH	Bundesgerichtshof
BGH, LM	Das Nachschlagewerk des Bundesgerichtshofs in Zivilsachen, herausgegeben von Lindenmaier und Möhring (Gesetzesstelle und Nummer der Entscheidung)
BGHReport	BGHReport (Jahr, Seite)
BGHZ	Entscheidungen des Bundesgerichtshofs in Zivilsachen (Band, Seite)
BKR	Zeitschrift für Bank- und Kapitalmarktrecht (Jahr, Seite)
BNotKammer	Bundesnotarkammer
BStBl.	Bundessteuerblatt (Jahr, Seite)
BT-Drucks	Bundestagsdrucksache (Wahlperiode/laufende Nr.)
BVerfG	Bundesverfassungsgericht
BWGZ	Die Gemeinde, Zeitschrift für die Städte und Gemeinden, Organ des Gemeindetags Baden-Württemberg (Jahr, Seite)
BWNotZ	Zeitschrift für das Notariat in Baden-Württemberg (Jahr, Seite)
CRR	Capital Requirements Regulation
DB	Der Betrieb (Jahr, Seite)
DNotI-Report	Informationsdienst des Deutschen Notarinstituts (Jahr, Seite)
DNotZ	Deutsche Notarzeitung (Jahr, Seite)
DSGVO	Datenschutz-Grundverordnung
DStR	Deutsches Steuerrecht (Jahr, Seite)
DtZ	Deutsch-Deutsche Rechts-Zeitschrift (Jahr, Seite)
DZWIR	Deutsche Zeitschrift für Wirtschafts- und Insolvenzrecht (Jahr, Seite)

EGBGB	Einführungsgesetz zum Bürgerlichen Gesetzbuch in der Fassung der Bekanntmachung v. 21.9.1994 (BGBl. I S. 2494, ber. 1997 S. 1061), zuletzt geändert durch Art. 3 Gesetz v. 25.10.2023 (BGBl. I Nr. 294)
EGFGB	Einführungsgesetz zum Familiengesetzbuch der Deutschen Demokratischen Republik v. 20.12.1965 (GBl. I 1966 S. 19), geändert durch Gesetz v. 19.6.1975 (GBl. I S. 517)
EGZVG	Einführungsgesetz zu dem Gesetz über die Zwangsversteigerung und die Zwangsverwaltung in der Fassung der Bekanntmachung v. 20.5.1898, zuletzt geändert durch Art. 4 Gesetz v. 11.10.2016 (BGBl. I S. 2222)
ErbbauRG	Gesetz über das Erbbaurecht v. 15.1.1919 (RGBl. S. 72, ber. S. 122), zuletzt geändert durch Art. 4 Abs. 7 Gesetz v. 1.10.2013 (BGBl. I S. 3719)
EuZW	Europäische Zeitschrift für Wirtschaftsrecht (Jahr, Seite)
EWiR	Entscheidungen zum Wirtschaftsrecht, Kurzkommentare
FamRZ	Zeitschrift für das gesamte Familienrecht (Jahr, Seite)
FG	Finanzgericht
FGB	Familiengesetzbuch der Deutschen Demokratischen Republik v. 20.12.1965 (GBl. I 1966, S. 1), zuletzt geändert durch Gesetz v. 19.6.1975 (GBl. I S. 517)
FGG	Gesetz über die Angelegenheiten der freiwilligen Gerichtsbarkeit v. 17.5.1898 (RGBl. S. 771), aufgehoben durch Art. 112 Abs. 1 Gesetz v. 17.12.2008 (BGBl. I S. 2586) mit Wirkung v. 1.9.2009
FGPrax	Praxis der Freiwilligen Gerichtsbarkeit (Jahr, Seite)
FN	Fußnote
GBBerG	Grundbuchbereinigungsgesetz v. 20.12.1993 (BGBl. I S. 2182, 2192), zuletzt geändert durch Art. 158 Verordnung v. 31.8.2015 (BGBl. I S. 1474)
GBl.	Gesetzblatt (Jahr, Seite)
GBMaßnG	Gesetz über Maßnahmen auf dem Gebiet des Grundbuchwesens v. 20.12.1963 (BGBl. I S. 986), zuletzt geändert Art. 154 Verordnung v. 31.8.2015 (BGBl. I S. 1474)
GBO	Grundbuchordnung in der Fassung v. 26.5.1994 (BGBl. I S. 1114), zuletzt geändert durch Art. 16 Gesetz v. 19.12.2022 (BGBl. I S. 2606)
GBV	Verordnung zur Durchführung der Grundbuchordnung (Grundbuchverfügung – GBV) in der Fassung v. 11.3.2019 (BGBl. I S. 304), zuletzt geändert durch Art. 3 Abs. 5 Gesetz v. 28.06.2023 (BGBl. I Nr. 174)

GGV	Verordnung über die Anlegung und Führung von Gebäude-grundbüchern (Gebäudegrundbuchverfügung – GGV) v. 15. 7. 1994 (BGBl. I S. 1606), zuletzt geändert durch Art. 4 Abs. 3 Gesetz v. 11. 8. 2009 (BGBl. I S. 2713)
GKG	Gerichtskostengesetz in der Fassung v. 27. 2. 2014 (BGBl. I S. 154), zuletzt geändert durch Art. 2 Gesetz v. 14. 12. 2023 (BGBl. I Nr. 365)
GNotKG	Gesetz über die Kosten der freiwilligen Gerichtsbarkeit für Gerichte und Notare (Gerichts- und Notarkostengesetz) v. 23. 7. 2013, (BGBl. I S. 2586), zuletzt geändert durch Art. 3 Gesetz v. 20. 12. 2023 I Nr. 391
HausTWG	Gesetz über den Widerruf von Haustürgeschäften und ähnlichen Geschäften v. 16. 1. 1986, i. d. F. v. 29. 6. 2000 (BGBl. I S. 955), aufgehoben (und in das BGB integriert) durch Art. 6 Nr. 5 Gesetz zur Modernisierung des Schuldrechts v. 26. 11. 2001 (BGBl. I S. 3138)
h. M.	herrschende Meinung
HypBkG	Hypothekenbankgesetz in der Fassung v. 9. 9. 1998 (BGBl. I S. 2674), aufgehoben durch das Gesetz zur Neuordnung des Pfandbriefrechts v. 22. 5. 2005 (BGBl. I S. 1373)
InsO	Insolvenzordnung v. 5. 10. 1994 (BGBl. I S. 2866), zuletzt geändert durch Art. 34 Abs. 13 Gesetz v. 22. 12. 2023 (BGBl. I Nr. 411)
i. V. m.	in Verbindung mit
JMBl. NW	Justizministerialblatt für NRW
JR	Juristische Rundschau (Jahr, Seite)
JurBüro	Das Juristische Büro (Jahr, Seite)
JuS	Juristische Schulung, Zeitschrift für Studium und Ausbildung (Jahr, Seite)
Justiz	Die Justiz, Amtsblatt des Justizministeriums Baden-Württemberg (Jahr, Seite)
JW	Juristische Wochenschrift (Jahr, Seite)
JZ	Juristenzeitung (Jahr, Seite)
KO	Konkursordnung in der Fassung v. 20. 5. 1898 (RGBl. S. 612), zuletzt geändert durch Gesetz v. 17. 12. 1997 (BGBl. I S. 3039), aufgehoben mit Wirkung vom 1. 1. 1999 durch Art. 2 Nr. 4 Einführungsgesetz zur Insolvenzordnung v. 5. 10. 1994 (BGBl. I S. 2911)
KTS	Konkurs-, Treuhand- und Schiedsgerichtswesen (Jahr, Seite)
KWG	Gesetz über das Kreditwesen (Kreditwesengesetz – KWG) v. 9. 9. 1998 (BGBl. I S. 2776), zuletzt geändert durch Art. 12 Gesetz v. 22. 02. 2023 (BGBl. I Nr. 51)
LG	Landgericht

LM	s. BGH, LM
LPartG	Lebenspartnerschaftsgesetz v. 16.02.2001 (BGBl. I 2001 S. 266), zuletzt geändert durch Art. 7 Abs. 6 Gesetz v. 31.10.2022 (BGBl. I S. 1966)
MaBV	Verordnung über die Pflichten der Makler, Darlehens- und Anlagenvermittler, Bauträger und Baubetreuer (Makler- und Bauträgerverordnung) in der Fassung v. 7.11.1990 (BGBl. I S. 2479), zuletzt geändert durch Art. 1 Verordnung v. 9.5.2018 (BGBl. I S. 550)
MDR	Monatsschrift für Deutsches Recht (Jahr, Seite)
MittBayNot	Mitteilungen des Bayerischen Notarvereins, der Notarkasse und der Landesnotarkammer Bayern (Jahr, Seite)
MittRhNotK	Mitteilungen der Rheinischen Notarkammer (Jahr, Seite), nunmehr RNotZ
m.w.N.	mit weiteren Nachweisen
mWv	mit Wirkung vom
NJW	Neue Juristische Wochenschrift (Jahr, Seite)
NJW-RR	NJW-Rechtsprechungs-Report, Zivilrecht (Jahr, Seite)
NZI	Neue Zeitschrift für das Recht der Insolvenz und Sanierung (Jahr, Seite)
NZM	Neue Zeitschrift für Miet- und Wohnungsrecht (Jahr, Seite)
OLG	Oberlandesgericht
OLGZ	Entscheidungen der Oberlandesgerichte in Zivilsachen (Jahr, Seite)
PfandBG	Pfandbriefgesetz v. 22.5.2005 (BGBl. I S. 1373), zuletzt geändert durch Art. 8 Gesetz v. 20.07.2022 (BGBl. I S. 1166)
RDG	Gesetz über außergerichtliche Rechtsdienstleistungen (Rechtsdienstleistungsgesetz) v. 12.12.2007 (BGBl. I S. 2840), zuletzt geändert durch Art. 2 Gesetz v. 10.03.2023 (BGBl. I Nr. 64)
RG	Reichsgericht
RGZ	Reichsgerichts-Rechtsprechung in Zivilsachen (Band, Seite)
RHeimstG	Reichsheimstättengesetz in der Fassung v. 25.11.1937 (RGBl. I S. 1291), zuletzt geändert durch Gesetz v. 25.7.1988 (BGBl. I S. 1093), aufgehoben mit Wirkung vom 1.10.1993 durch Gesetz v. 17.6.1993 (BGBl. I S. 912)
RN	Randnummer bzw. Randziffer
RNotZ	Rheinische Notar-Zeitschrift (Jahr, Seite), vormals MittRhNotK
Rpfleger	Der Deutsche Rechtspfleger (Jahr, Seite)

SachenRBerG	Gesetz zur Sachenrechtsbereinigung im Beitrittsgebiet (Sachenrechtsbereinigungsgesetz) v. 21.9.1994 (BGBl. I S. 2457), zuletzt geändert durch Art. 15 Abs. 20 Gesetz v. 04.05.2021 (BGBl. I S. 882)
SachenR-DV	Verordnung zur Durchführung des Grundbuchbereinigungsgesetzes und anderer Vorschriften auf dem Gebiet des Sachenrechts (Sachenrechts-Durchführungsverordnung – SachenR-DV) v. 20.12.1994 (BGBl. I S. 3900)
Sparkasse	Zeitschrift des Deutschen Sparkassen- und Giroverbandes (Jahr, Seite)
StaRUG	Unternehmensstabilisierungs- und -restrukturierungsgesetz v. 22.12.2020 (BGBl. I 2020 S. 3256), zuletzt geändert durch Art. 34 Abs. 14 Gesetz v. 22.12.2023 (BGBl. I Nr. 411)
UmwG	Umwandlungsgesetz v. 28.10.1994 (BGBl. I S. 3210, ber. 1995 S. 428), zuletzt geändert durch Art. 1 Gesetz v. 22.02.2023 (BGBl. I Nr. 51)
UPR	Umwelt- und Planungsrecht (Jahr, Seite)
UR	Umsatzsteuer-Rundschau (Jahr, Seite)
UStAE	Verwaltungsregelung zur Anwendung des Umsatzsteuergesetzes – Umsatzsteueranwendungserlass v. 1.10.2010 (BStBl. I S. 846)
UStG	Umsatzsteuergesetz in der Fassung v. 21.2.2005 (BGBl. I S. 386), zuletzt geändert durch Art. 18 Gesetz v. 11.12.2023 (BGBl. I Nr. 35)4
VerbrKrG	Verbraucherkreditgesetz vom 17.12.1990 i.d.F. v. 29.6.2000 (BGBl. I S. 940), aufgehoben (und in das BGB integriert) durch Art. 6 Nr. 3 Gesetz zur Modernisierung des Schuldrechts v. 26.11.2001 (BGBl. I S. 3138)
VersR	Versicherungsrecht (Jahr, Seite)
VVG	Gesetz zur Reform des Versicherungsvertragsrechts v. 23.11.2007 (BGBl. I S. 2631), zuletzt geändert durch Art. 17 Gesetz v. 22.02.2023 (BGBl. I Nr. 51)
WEG	Gesetz über das Wohnungseigentum und das Dauerwohnrecht (Wohnungseigentumsgesetz) in der Fassung v. 12.01.2021 (BGBl. I S. 34), geändert durch Art. 7 Gesetz v. 07.11.2022 (BGBl. I S. 1982)
WM	Wertpapier-Mitteilungen, Teil IV Wertpapier- und Bankfragen, Rechtsprechung (Jahr, Seite)
WuB	Entscheidungssammlung zum Wirtschafts- und Bankrecht
ZBB	Zeitschrift für Bankrecht und Bankwirtschaft (Jahr, Seite)
ZfgK	Zeitschrift für das gesamte Kreditwesen (Jahr, Seite)
ZfIR	Zeitschrift für Immobilienrecht (Jahr, Seite)

ZGB	Zivilgesetzbuch der Deutschen Demokratischen Republik v. 19.6.1975 (GBl. I S.465), zuletzt geändert durch Gesetz v. 22.7.1990 (GBl. I S.903)
ZGS	Zeitschrift für das gesamte Schuldrecht (Jahr, Seite)
ZInsO	Zeitschrift für das gesamte Insolvenzrecht (Jahr, Seite)
ZIP	Zeitschrift für Wirtschaftsrecht – bis 1982: Zeitschrift für Wirtschaftsrecht und Insolvenzpraxis – (Jahr, Seite)
ZNotP	Zeitschrift für die Notarpraxis (Jahr, Seite)
ZPO	Zivilprozessordnung in der Fassung v. 5.12.2005 (BGBl. I S.3202), zuletzt geändert durch Art.3 Gesetz v. 22.12.2023 (BGBl. I Nr.411)
ZVG	Gesetz über die Zwangsversteigerung und die Zwangsverwaltung in der Fassung v. 20.5.1898 (RGBl. S.713), zuletzt geändert durch Art.24 Gesetz v. 19.12.2022 (BGBl. I S.2606)
ZVI	Zeitschrift für Verbraucher-, Privat- und Nachlassinsolvenz (Jahr, Seite)

Teil 1
Das dingliche Recht Grundschuld

1 Die Grundschuld als Grundpfandrecht

1.1 Pfandrecht

Die Grundschuld gehört – ebenso wie die Hypothek – zur Gruppe der sogenann- **1**
ten Grundpfandrechte. Diese gewähren ihrem Inhaber das **Recht, die Zahlung
einer bestimmten Geldsumme aus dem Grundstück**[1] **zu verlangen**[2]. Zur Realisierung dieses Zahlungsanspruchs muss das Grundstück verwertet werden.
Das geschieht in der Zwangsvollstreckung[3], also durch Versteigerung oder
Zwangsverwaltung, die der Eigentümer wegen des bestellten Pfandrechts dulden muss. Aus dem Erlös wird, soweit er ausreicht, der Pfandgläubiger befriedigt.

1.2 Dingliches Recht

Ist der Grundstückseigentümer nicht zahlungsfähig, so führt dies meist dazu, **2**
dass seine persönlichen Gläubiger, wenn ihnen kein Vorrecht zusteht, leer ausgehen oder im Insolvenzverfahren den Erlös seines verwertbaren Vermögens
gleichmäßig teilen müssen. Sie bilden gewissermaßen eine Gefahrengemein-
schaft und tragen gemeinsam den Verlust, wenn ihr Schuldner nicht alle seine
Verbindlichkeiten erfüllen kann.

Dieses Schicksal bleibt, soweit der Grundstückswert nach Erfüllung der vorrangigen Rechte ausreicht, dem Grundpfandgläubiger erspart. Die Grundschuld
(oder Hypothek) gibt ihm das **Recht auf abgesonderte Befriedigung** aus dem
Grundstückswert. Die anderen Gläubiger können höchstens einen etwaigen
Übererlös beanspruchen. Die durch das Pfandrecht begründete Rechtsposition
ist stärker als das Recht der anderen Gläubiger auf gleichmäßige Befriedigung.

Normalerweise kann wegen der Verbindlichkeiten eines Schuldners nur auf
sein Vermögen zugegriffen werden. Überträgt er einen Gegenstand, so gehen
seine Verpflichtungen nicht auf den Erwerber über. Wer etwa den Kaufpreis für
eine Sache gestundet hat, kann nur seinen Schuldner auf Zahlung in Anspruch
nehmen, auch wenn dieser die angeschaffte Sache auf einen anderen überträgt.
Umgekehrt braucht sich der neue Eigentümer, von wenigen Ausnahmen abgesehen, nicht um die Schulden seines Vorgängers zu kümmern; er hat dafür nicht
einzustehen.

Die Grundschuld ist dagegen – ebenso wie die Hypothek und die Pfandrechte an
anderen Belastungsgegenständen – eine Art Eigenschaft des Grundstücks, die
ihm anhaftet und die beim Eigentumswechsel übergeht. So wie der erste Eigen-

---

1   Außer Grundstücken können insbesondere Erbbaurechte, Wohnungs- bzw. Teilei-
    gentum, Gebäudeeigentum sowie Miteigentumsanteile daran (§ 1114 BGB) belastet
    sein; im Einzelnen s. RN 10 bis 42.
2   § 1113 BGB für die Hypothek, § 1191 BGB für die Grundschuld.
3   § 1147 BGB; die Vorschrift gilt entsprechend auch für die Grundschuld (§ 1192 BGB).

tümer, der das Pfandrecht selbst bestellte, die Verwertung des Grundstücks durch den Grundschuld- oder Hypothekengläubiger dulden musste, so ist auch **jeder künftige Eigentümer** des damit belasteten Grundstücks dazu verpflichtet, solange das Pfandrecht besteht.

3   Durch diese ihre **Wirksamkeit gegenüber jedermann** unterscheiden sich die Grundpfandrechte von den sogenannten obligatorischen oder schuldrechtlichen Ansprüchen, die grundsätzlich nur gegen den Verpflichteten persönlich durchgesetzt werden können. Die Grundpfandrechte stellen eine besondere Beziehung zum belasteten Grundstück her: Sie gewähren ein Befriedigungsvorrecht daran und eignen sich deshalb zur Verstärkung und Absicherung von obligatorischen Zahlungsansprüchen. Man spricht hier von dinglichen Rechten.

1.3   Keine Akzessorietät

4   Die Grundschuld gibt ihrem Gläubiger das Recht, die Zahlung einer bestimmten Geldsumme aus dem Grundstück zu verlangen. Dieses dingliche Recht steht dem Gläubiger ohne unmittelbare Verbindung mit einem schuldrechtlichen Anspruch zu. Auch dann, wenn die Grundschuld nach der Vereinbarung der Beteiligten eine obligatorische Forderung sichern soll, entsteht sie ohne Rücksicht darauf, ob dem Gläubiger diese Forderung schon zusteht, und besteht weiter, auch wenn diese Forderung erlischt. Die Grundschuld ist also **nicht abhängig (akzessorisch) vom Bestand einer schuldrechtlichen Forderung**. Das eröffnet die Möglichkeit, sie ohne große Formalitäten auch zur Absicherung anderer Verbindlichkeiten zu verwenden.

5   Der Hypothekengläubiger hat dagegen nur das Recht, „zur Befriedigung wegen einer ihm zustehenden Forderung" Zahlung aus dem Grundstück zu verlangen. Das bedeutet: Mit welchem Umfang die Hypothek auch immer eingetragen sein mag, ein Zugriffsrecht auf das Grundstück hat der Gläubiger doch stets nur in dem Umfang, in dem ihm der gesicherte obligatorische Anspruch zusteht. Wird die gesicherte Schuld bezahlt, geht das Grundpfandrecht auf den Eigentümer über und muss, soll es zur Sicherung einer anderen Verbindlichkeit dienen, unter Beachtung bestimmter Formen auf den Gläubiger zurückübertragen werden. Die **Hypothek** ist, so sagt man, der Forderung **akzessorisch**.

6   Selbstverständlich wird auch eine Grundschuld nicht grundlos bestellt. Sie soll einem bestimmten Zweck dienen und ist meistens zur Sicherung einer schuldrechtlichen Forderung bestimmt. Eine solche **Sicherungsgrundschuld** (neuerdings legaldefiniert in § 1192 Abs. 1a Satz 1 BGB[4]) ist nicht ganz und gar losgelöst von der schuldrechtlichen Forderung. Aber diese Koppelung ist ganz anderer Art als bei der Hypothek, wo Veränderungen der Forderung automatisch und unmittelbar auf das dingliche Recht durchschlagen. Bei der Grundschuld führen Veränderungen der gesicherten Forderung lediglich zu obligatorischen Ansprüchen auf Anpassung des dinglichen Rechts. Zu solchen Anpassungen ist der

---

4   Eingeführt durch das Gesetz zur Begrenzung der mit Finanzinvestitionen verbundenen Risiken (Risikobegrenzungsgesetz) vom 12. 8. 2008, BGBl. I, 1666.

Grundschuldgläubiger in gewissem Rahmen schuldrechtlich verpflichtet[5], in der Ausgestaltung dieser Pflichten sind die Beteiligten aber sehr viel freier als bei der Hypothek.

In dieser größeren Unabhängigkeit von der gesicherten Forderung liegt der besondere Vorteil der Grundschuld gegenüber der Hypothek, der nicht nur dem Kreditinstitut, sondern auch dem Kunden zugute kommt. Deshalb hat in der Praxis der Kreditsicherung die Grundschuld weitgehend die Hypothek verdrängt.

1.4   Technik der gesetzlichen Regelung

Der Gesetzgeber war der Ansicht, die Hypothek sei praktisch bedeutsamer als   7
die Grundschuld[6]. Deshalb regelte er ausführlich die Hypothek und begnügte sich bei der Grundschuld im Wesentlichen mit der Verweisung in § 1192 Abs. 1 BGB bzw. § 70 GBO. Das macht das richtige Zitieren der für die Grundschuld geltenden Gesetzesnormen etwas umständlich, weil jeweils auch die Verweisungsnorm angeführt werden müsste. Davon wird aber im Folgenden abgesehen; die kleine Unkorrektheit wird der Kürze wegen in Kauf genommen.

1.5   Eurohypothek

Die wachsende Zusammenarbeit in der Europäischen Gemeinschaft führt dazu,   8
dass Hypotheken-(Real-)Kredite immer häufiger auch über die bestehenden Staatsgrenzen hinweg ausgereicht werden. Zudem wächst in der europäischen Kreditwirtschaft das Bedürfnis nach Instrumenten zur grenzüberschreitenden Refinanzierung und Risikodiversifikation[7]. Dabei ergeben sich Schwierigkeiten daraus, dass das Hypotheken- und Grundbuchrecht in den einzelnen Staaten sehr unterschiedlich ausgestaltet ist.

Für die mittel- und osteuropäischen Reformländer werden im Zusammenhang mit der Umgestaltung ihrer Wirtschaftsordnung auf marktwirtschaftliche Strukturen Kreditsicherheiten benötigt, die moderne Finanzierungstechniken zulassen[8].

In allen Staaten berechtigt die Hypothek den Gläubiger, seine Forderung notfalls durch Verwertung des belasteten Grundbesitzes mit Vorrang vor anderen Gläubigern zu befriedigen, und zwar unabhängig davon, ob der ursprüngliche Schuldner noch Grundstückseigentümer ist. Die meisten Staaten kennen aber nur die streng akzessorische Hypothek.[9] Hinsichtlich der Entstehung, der Eintragung im Grundbuch/Hypothekenregister und hinsichtlich des Inhalts bestehen dagegen große Unterschiede[10].

---

5   Vgl. im Einzelnen die Darstellung im zweiten Teil.
6   Das war sie auch tatsächlich in der ersten Hälfte des 20. Jahrhunderts.
7   Umfassende Darstellung bei *Stöcker*, WM 2006, 1941.
8   *Wolfsteiner/Stöcker*, DNotZ 1999, 451.
9   Überblick bei *Stöcker/Stürner*, EuZW 2023.
10   *Wehrens*, WM 1992, 557, 558 f m. w. H.

Das hat innerhalb der Europäischen Gemeinschaft **Bestrebungen nach einer Vereinheitlichung** ausgelöst. Da eine Harmonisierung des Hypothekenrechts aller Mitgliedstaaten weder für durchführbar noch für wünschenswert gehalten wird, hat die für EG-Fragen eingesetzte Kommission der Internationalen Union des Lateinischen Notariats die Schaffung eines neuen, einheitlichen Grundpfandrechts mit dem Namen „Eurohypothek" vorgeschlagen[11]. Auf Initiative des Verbandes Deutscher Hypothekenbanken wurde zwischenzeitlich ein Gesetzentwurf für ein „Grundpfand" erarbeitet[12]. Darauf aufbauend liegen seit Mai 2005 die „Basic Guidelines for a Eurohypothec" vor[13]. Diese weiterführenden Leitlinien einer europäischen Expertengruppe beinhalten konkrete Vorschläge für die rechtlichen Anforderungen an eine Eurohypothek und zeigen zugleich die Schnittstellen zu den nationalen Rechtsordnungen auf. Unter Berücksichtigung dieser Arbeitsergebnisse hatte die EU-Kommission in ihrem „Grünbuch – Hypothekarkredite in der EU" noch die Integration der Märkte für Hypothekarkredite in der EU einschließlich der Schaffung einer Eurohypothek in Betracht gezogen. Das letztere Vorhaben wurde jedoch im Rahmen der Wohnimmobilienkreditrichtlinie[14] fallen gelassen. Die weitere Entwicklung bleibt abzuwarten.

9 Sollte es künftig zur Schaffung eines neuen europäischen Einheitsgrundpfandrechts kommen, werden seine wesentlichen **Strukturmerkmale** voraussichtlich mit denen der **deutschen Grundschuld** übereinstimmen. Von besonderer Bedeutung für die Kreditpraxis ist insbesondere die Unabhängigkeit des Grundpfandrechts von der zu besichernden Forderung (RN 4). Denn die praktischen Einsatzmöglichkeiten eines Grundpfandrechts sind umso vielfältiger, je weniger stark seine Verknüpfung mit der Forderung ist[15].

Bereits das Grundpfand[16] entsprach deshalb weitgehend der deutschen Grundschuld. Es lehnte sich an den Schweizer Schuldbrief an. Dieser ist ein als Wertpapier ausgestaltetes, nicht akzessorisches Grundpfandrecht, untrennbar verbunden mit einem abstrakten Schuldversprechen[17]. Die Verknüpfung der gesicherten Forderung(en) mit dem Grundpfand geschieht im Sicherungsvertrag[18].

---

11 *Stöcker*, Der langfristige Kredit, 1991, 537; *Wehrens*, WM 1992, 557, 559 f.; Wachter, WM 1999, 49.
12 *Staudinger/Wolfsteiner* (2019), Vorbem. 331 zu §§ 1191 ff.; *Wolfsteiner/Stöcker*, DNotZ 1999, 451, 460 ff.
13 „Basic Guidelines for a Eurohypothec, Outcome of the Eurohypothec workshop, November 2004/April 2005", veröffentlicht von der Polnischen Stiftung für Hypothekarkredit, Volltext: *www.ehipoteka.pl* (zuletzt abgerufen am 05.03.2024).
14 Richtlinie 2014/17EU des Europäischen Parlaments und des Rates vom 4.2.2014 über Wohnimmobilienkreditverträge für Verbraucher und zur Änderung der Richtlinien 2008/48/EG und 2013/36/EU und der Verordnung (EU) Nr. 1093/2010 (ABl. L 60 v. 28.2.2014, S. 34 ff.), umgesetzt in deutsches Recht mit dem Gesetz zur Umsetzung der Wohnimmobilienkreditrichtlinie vom 11.3.2016, BGBl. I, 396 ff.
15 *Stöcker*, WM 2006, 1941, 1945.
16 *Stöcker*, Der langfristige Kredit, 1991, 537; *Wehrens*, WM 1992, 557, 559 f.; Wachter, WM 1999, 49.
17 *Stöcker*, Der langfristige Kredit 1991, 537, 538; *Wehrens*, WM 1992, 557, 560 f.
18 *Wehrens*, WM 1992, 557, 561; *Wolfsteiner/Stöcker*, DNotZ 1999, 451, 465 ff.

Die Eurohypothek nach Maßgabe der „Guidelines" ähnelt der deutschen Grundschuld insoweit noch mehr, als ein persönliches Schuldanerkenntnis als (weiterer) Inhalt des Grundpfandrechts – anders als beim Grundpfand – nicht vorgesehen ist. Als Rechtsgrund für die Eurohypothek ist ausdrücklich der Sicherungsvertrag („security agreement"[19]) vorgesehen.

Die Reformüberlegungen zur Eurohypothek wurden maßgeblich durch die für die deutsche Grundschuld geltenden Bestimmungen sowie Rechtsprechung und Praxis hierzu beeinflusst. Bei der neuen Sicherheit werden deshalb im Wesentlichen dieselben Fragen wie bei der Grundschuld auftreten. Zu deren Beantwortung wird auf die für die Grundschuld entwickelten Lösungsansätze zurückgegriffen werden können.

---

19 B.II.4 und B.II.3.4 der Basic Guidelines for a Eurohypothec, FN 12.

2 Beleihungsobjekte

2.1 Grundstück

10 Ein Grundstück kann mit einer Grundschuld belastet werden, wenn es **rechtlich selbstständig** ist. Das ist dann der Fall, wenn es im Bestandsverzeichnis eines Grundbuchs unter einer eigenen Nummer geführt wird. Ein rechtlich unselbstständiger, realer Teil eines Grundstücks kann nicht mit einem *Grundpfandrecht* belastet werden; die entsprechende Fläche muss zuvor abgeschrieben und als rechtlich selbstständiges Grundstück eingetragen werden (§ 7 GBO).

Lastet auf dem Grundstück ein **Erbbaurecht** (RN 18 bis 28) oder besteht **Gebäudeeigentum** (RN 35 bis 39), so ist es normalerweise **nicht sinnvoll, das Grundstück allein zu beleihen**, sondern allenfalls gemeinsam mit Erbbaurecht oder Gebäudeeigentum. Denn das Gebäude ist dann nicht wesentlicher Bestandteil des Grundstücks und haftet für die Grundschuld am *Grundstück* nicht mit. Der Gebäudeeigentümer kann u. U. sogar verlangen, dass das Pfandrecht am Grundstück gelöscht wird (RN 37). Darüber hinaus schließen Erbbaurecht und Gebäudeeigentum den Grundstückseigentümer regelmäßig auch von der Nutzung des nicht bebauten Teils des Grundstücks aus.

11 Ein und dieselbe Grundschuld kann von Anfang an **auf mehreren rechtlich selbstständigen Grundstücken** eingetragen werden (Gesamtgrundschuld); im Einzelnen s. RN 385 ff. Sie kann auch nachträglich auf weitere Grundstücke erstreckt werden. Wegen der Probleme bei der Nachverpfändung eines Grundstücks für eine außerhalb des Grundbuchs abgetretene Briefgrundschuld wird auf RN 402 bis 407 verwiesen.

12 Zwei oder mehrere Grundstücke, die demselben Eigentümer gehören, können zu einem Grundstück **vereinigt** werden (§ 890 Abs. 1 BGB). Die Vereinigung führt, wenn eines der von der Vereinigung erfassten Grundstücke belastet ist, nicht ohne Weiteres zur Mitbelastung der anderen. Wegen der Vereinigung unterschiedlich belasteter Grundstücke s. RN 14 bis 17.

13 Mehrere Grundstücke desselben Eigentümers können auch dadurch zu einem einzigen Grundstück zusammengefasst werden, dass einem von ihnen die anderen als Bestandteile zugeschrieben werden (§ 890 Abs. 2 BGB). Bei der **Zuschreibung** erstrecken sich – anders als bei der Vereinigung – die Grundschulden und Hypotheken, die am *aufnehmenden* Grundstück bestehen, kraft Gesetzes in ihrer jeweiligen Ausgestaltung auf die *zugeschriebenen* Grundstücke (§ 1131 BGB), nicht aber umgekehrt. War die Grundschuld vor dem 20. 8. 2008 mit sofortiger Fälligkeit ausgestattet worden, bleibt diese Fälligkeitsregelung trotz des mit dem Risikobegrenzungsgesetz[1] eingeführten § 1193 Abs. 2 Satz 2 BGB (hierzu RN 278) auch bei einer Zuschreibung nach dem 19. 8. 2008[2] erhalten (zur Problematik bei einer Nachverpfändung s. RN 386)[3]. Sofern sich der Eigentümer

---

1 Gesetz zur Begrenzung der mit Finanzinvestitionen verbundenen Risiken vom 12. 8. 2008, BGBl. I, 1666.
2 Übergangsregelung Art. 229 § 18 Abs. 3 EGBGB.
3 *Grüneberg/Herrler*, § 1131 RN 2.

wegen der Grundpfandrechte am aufnehmenden Grundstück der sofortigen Zwangsvollstreckung unterworfen hat (RN 304 ff.), erstreckt sich auch deren sofortige Vollstreckbarkeit auf das zugeschriebene Grundstück[4].

Deshalb ist die Zuschreibung eines *unbelasteten* Grundstücks als Bestandteil zu einem belasteten Grundstück eine einfache und unkomplizierte Möglichkeit, das **zugeschriebene Grundstück** mit den Grundpfandrechten am aufnehmenden Grundstück **nachzubelasten**. Selbst wenn die Grundschuld auf dem aufnehmenden Grundstück außerhalb des Grundbuchs abgetreten worden ist, kann durch Zuschreibung ein anderes (unbelastetes) Grundstück ohne jedes rechtliche Risiko mitbelastet werden[5] (RN 408). Für den Fall unterschiedlicher Belastung beider Grundstücke s. RN 14 bis 17.

Vereinigung oder Zuschreibung sind nur zulässig, wenn daraus keine **Verwirrung** zu besorgen ist und nur – außer bei erheblichem Bedürfnis – wenn die Grundstücke im Bezirk desselben Grundbuchamts und Katasteramts liegen und unmittelbar aneinander grenzen (§ 5 bzw. § 6 GBO). Verwirrung ist dann zu befürchten, wenn die Eintragungen so unübersichtlich oder schwer verständlich würden, dass der Rechtszustand des Grundstücks nicht mehr mit der für den Grundbuchverkehr notwendigen Klarheit und Bestimmtheit erkennbar wäre und die Gefahr von Streitigkeiten und Verwicklungen, namentlich bei einer etwaigen Zwangsversteigerung, entstünde[6]. *14*

Allein der Umstand, dass Rechte mit verschiedenen Grundpfandrechten belastet sind, begründet nach Ansicht des BGH nicht die Besorgnis der Verwirrung im Sinne des § 6 Abs. 1 Satz 1 GBO.[7]

Bei den §§ 5 und 6 GBO handelt es sich um bloße Ordnungsvorschriften, sodass ein Verstoß dagegen trotz Verwirrung die vorgenommenen Eintragungen nicht unwirksam macht[8]. *15*

Da aber aus einer uneinheitlichen Belastung erhebliche Verwertungsprobleme resultieren können, sollte der Grundschuldgläubiger solche Vereinigungen tunlichst vermeiden. Ist die Vereinigung entgegen §§ 5 und 6 GBO bereits herbeigeführt, sollte so bald wie möglich, jedenfalls aber noch, solange das Kreditverhältnis intakt ist, eine gleichmäßige Belastung angestrebt werden. Zum Zwangsversteigerungsverfahren bei Vereinigung trotz uneinheitlicher Belastung s. RN 1069.

Die **Zuschreibung** (RN 13) ist immer zulässig, wenn eine Vereinigung zulässig wäre. Sie ist aber darüber hinaus **auch** dann möglich, **wenn nur das aufnehmende Grundstück**, nicht aber die zugeschriebenen Grundstücke mit Grund- *16*

---

4   *Demharter*, § 6 RN 23; *Schöner/Stöber*, RN 652, jeweils m. w. N.
5   *Beck*, NJW 1970, 1781.
6   BayObLG v. 25. 9. 1996 – 2 Z BR 78/96 –, DNotZ 1997, 398; BayObLG v. 18. 11. 1993 – 2 Z BR 108/93 – (Ziff. 2, b [1]), DNotZ 1994, 242 = Rpfleger 1994, 250 und 456 (*Wendt*).
7   BGH v. 26. 9. 2013 – V ZB 152/12 – (RN 16), WM 2014, 797 = ZfIR 2014, 60 (m. Anm. *Schneider*).
8   BGH v. 24. 11. 2005 – V ZB 23/05 – (Ziff. III 2 b), WM 2006, 297 = ZfIR 2006, 220 (*Dümig*) = MittBayNot 2006, 227 (*Morvilius*) = WuB VI E § 27 ZVG 1.06 (*Hintzen*).

pfandrechten **belastet** sind. Denn weil sich die Grundpfandrechte am Hauptgrundstück kraft Gesetzes auf die zugeschriebenen Grundstücke erstrecken (§ 1131 BGB), wird auch in diesem Fall das neue Grundstück einheitlich mit Grundpfandrechten belastet sein.

17 Auch aus der unterschiedlichen **Belastung mit Rechten der Zweiten Abteilung** kann sich bei einer Vereinigung oder Zuschreibung die Gefahr von Verwirrung ergeben[9]. Ist dies der Fall, dann darf die Vereinigung/Zuschreibung nur erfolgen, wenn die Verwirrung durch Mitbelastung oder Freigabe und/oder Rangänderung ausgeräumt wird.

2.2   Erbbaurecht

18 Das Erbbaurecht ist das veräußerliche und vererbliche Recht, auf einem (fremden) Grundstück ein Bauwerk zu haben (§ 1 Abs. 1 ErbbauRG). Das Bauwerk wird wesentlicher Bestandteil des Erbbaurechts (§ 12 Abs. 1 ErbbauRG); es gehört darum dem Erbbauberechtigten. Die Art der Bebauung muss im Erbbaurechtsvertrag nicht festgelegt werden; die Vereinbarung, dass jedes baurechtlich zulässige Bauwerk errichtet werden darf, ist bestimmt genug[10].

19 Das Erbbaurecht ist eine **Belastung des Grundstücks**. Es wird regelmäßig auf Zeit bestellt und entsteht durch Einigung und Eintragung in der Zweiten Abteilung des Grundbuchs des Grundstücks. Es muss normalerweise uneingeschränkt erste Rangstelle haben (§ 10 Abs. 1 ErbbauRG). Das Landesrecht kann aber für den Bestand des Erbbaurechts unschädliche Vorlasten zulassen (§ 10 Abs. 2 ErbbauRG). Besteht eine solche Regelung[11], so ist die Bestellung eines Erbbaurechts u. U. auch dann möglich, wenn der Rangrücktritt eines auf dem Grundstück eingetragenen unwesentlichen Rechts der Zweiten Abteilung nicht erreichbar ist.

20 Das Erbbaurecht wird weitgehend **wie ein Grundstück** behandelt (§ 11 ErbbauRG). Es wird dafür ein besonderes Grundbuch (Erbbaugrundbuch) angelegt (§ 14 ErbbauRG). Das Erbbaurecht als solches wird im Bestandsverzeichnis, der

---

9 Verwirrungsgefahr (im Hinblick auf Zwangsversteigerungen) bei Belastungen der Zweiten Abteilung mit unterschiedlichem Rang auf den ehemaligen Grundstücken, wenn Grundstück mit erstrangigem Grundpfandrecht belastet: BayObLG v. 18.11.1993, DNotZ 1994, 242 = NJW-RR 1994, 404 = Rpfleger 1994, 250 und 456 (*Wendt*); keine Verwirrungsgefahr bei erstrangigem Wasserleitungsrecht auf zugeschriebenem Grundstück, weil Wasserleitungsrecht entsprechend § 1131 BGB Grundpfandrechten auf dem Hauptgrundstück im Rang vorgeht: BayObLG v. 19.8.1994 – 2 ZR BR 75/94 –, Rpfleger 1995, 151; keine Verwirrungsgefahr bei Zuschreibung von mit Dienstbarkeiten belastetem Grundstück zu Wohnungseigentumsrechten (bedenklich): OLG Frankfurt/M. v. 23.3.1993 – 20 W 14/92 –, DNotZ 1993, 612.

10 BGH v. 22.4.1994 – V ZR 183/93 –, BGHZ 126, 12 = NJW 1994, 2024.

11 Baden-Württemberg: VO v. 17.1.1994 (GBl. 1994, 49), wonach ein dingliches Recht nach BGB (außer Grundpfandrechte) oder eine altrechtliche Belastung (aus der Zeit vor Inkrafttreten des BGB) dem Erbbaurecht im Rang vorgehen darf, sofern das Grundbuchamt festgestellt hat, dass dies für den Berechtigten des Rechts und für das Erbbaurecht unschädlich ist.

Erbbauberechtigte wird in Abteilung I und die Belastungen des Erbbaurechts werden in den Abteilungen II und III des Erbbaugrundbuchs eingetragen. Über das Erbbaurecht kann wie über ein Grundstück verfügt werden. Es kann insbesondere mit Grundpfandrechten belastet und wie ein Grundstück zwangsversteigert werden.

Als Inhalt des Erbbaurechts (und damit auch für jeden künftigen Inhaber des Erbbaurechts verbindlich) wird regelmäßig vereinbart, dass es **nur mit Zustimmung** des (jeweiligen) Grundstückseigentümers mit Grundpfandrechten oder einer Reallast **belastet** werden kann (§ 5 Abs. 2 ErbbauRG). Ob diese Zustimmung für das konkrete Erbbaurecht erforderlich ist, wird bei dessen Beschreibung im Bestandsverzeichnis des Erbbaugrundbuchs angegeben (§ 56 Abs. 2 GBV). 21

Falls danach erforderlich, darf ein Grundpfandrecht nicht ohne Nachweis dieser Zustimmung eingetragen werden (§ 15 ErbbauRG), und zwar auch keine Zwangshypothek (§ 8 ErbbauRG). Eine **ohne Einverständnis** des Eigentümers eingetragene Grundschuld wäre **schwebend unwirksam** (§ 6 Abs. 1 ErbbauRG).

Die Zustimmung ist grundsätzlich bis zum Entstehen der Grundschuld (durch Einigung und Eintragung) frei widerruflich. Wenn allerdings der Eintragungsantrag gestellt und die Einigung zwischen Kreditinstitut und Erbbauberechtigten **bindend** geworden ist (RN 149 bis 153), kann ein Widerruf des ursprünglich erklärten Einverständnisses des Eigentümers die Eintragung und das Entstehen der Grundschuld nicht mehr hindern[12]. Bei einem Eigentumswechsel nach diesem Zeitpunkt bleibt die Zustimmung des bisherigen Eigentümers auch für einen neuen Eigentümer bindend, sodass dessen Zustimmung nicht erforderlich ist[13].

Da die Zustimmung des Eigentümers dem Grundbuchamt nachzuweisen ist, muss sie **in öffentlicher oder öffentlich beglaubigter Urkunde** (RN 111, 112) erteilt werden.

Besteht beim Erbbauzins gemäß § 9 Abs. 3 Satz 1 Nr. 2 ErbbauRG ein **Rangvorbehalt** zugunsten des Erbbauberechtigten für Grundpfandrechte in bestimmtem Umfang (RN 350), muss dies im Umfang des Rangvorbehalts die Zustimmung des jeweiligen Eigentümers zur Belastung des Erbbaurechts einschließen; denn sonst könnte durch Verweigerung der Belastungszustimmung der Rangvorbehalt ausgehebelt werden[14].

Der Eigentümer ist dem Erbbauberechtigten gegenüber **verpflichtet, einer Belastung zuzustimmen**, wenn sie mit den Regeln einer ordnungsgemäßen Wirt-

---

12 BGH v. 27. 9. 1962 – III ZR 83/61 – (Ziff. III, 2), WM 1962, 1356; *Grüneberg/Wicke*, § 5 ErbbauRG RN 5; *Schöner/Stöber*, RN 114 und 1783.

13 OLG Köln v. 31. 7. 1995 – 2 Wx 20/95 –, Rpfleger 1996, 106; *offen lassend:* OLG Düsseldorf v. 20. 3. 1996 – 3 Wx 33/96 –, Rpfleger 1996, 340; *Grüneberg/Wicke*, § 5 ErbbauRG RN 5.

14 *Grüneberg/Wicke*, § 5 ErbbauRG RN 5; *Weber*, Rpfleger 1998, 5, 7.

schaft vereinbar ist und den mit der Bestellung des Erbbaurechts verfolgten Zweck nicht wesentlich beeinträchtigt oder gefährdet (§ 7 Abs. 2 ErbbauRG).

Eine ohne ausreichenden Grund verweigerte Zustimmung **kann gerichtlich ersetzt werden** (§ 7 Abs. 3 ErbbauRG), und zwar selbst wenn der gesicherte Kredit nicht Investitionsmaßnahmen auf dem Grundstück dient[15]. Soll allerdings das Grundpfandrecht der Sicherung von Ersatzansprüchen deliktisch Geschädigter gegen den Erbbauberechtigten dienen, ist die Belastung nicht mit den Regeln einer ordnungsgemäßen Wirtschaft vereinbar und damit nicht zustimmungsfähig[16].

Antragsberechtigt ist nur der **Erbbauberechtigte** (§ 7 Abs. 3 ErbbauRG), nicht derjenige, für den das Grundpfandrecht bestellt werden soll[17]. Der Gläubiger, der die Eintragung einer Zwangshypothek anstrebt, muss ggf. den Anspruch auf Zustimmung pfänden und sich zur Ausübung übertragen lassen[18].

22 Nicht zustimmungsbedürftig ist die **Abtretung einer Grundschuld** als solche. Wenn allerdings der *Erbbauberechtigte* Gläubiger der Grundschuld ist, ist in vielen Fällen aus einem anderen Grund die Mitwirkung des Grundstückseigentümers unumgänglich, nämlich wenn dieser (was häufig bei der Bestellung der Grundschuld verlangt wird) einen durch Vormerkung gesicherten Anspruch auf Löschung der Grundschuld hat (RN 539). Dann ist im Hinblick darauf seine Zustimmung zur Abtretung erforderlich, weil die Grundschuld sonst keine brauchbare Sicherheit ist (RN 542). Diese Mitwirkung kann nicht nach § 7 ErbbauRG ersetzt werden.

23 Regelmäßig wird auch vereinbart, dass die **Veräußerung des Erbbaurechts** von der Zustimmung des Grundstückseigentümers abhängig ist (§ 5 Abs. 1 ErbbauRG); wenn dies der Fall ist, wird darauf bei der Beschreibung des Erbbaurechts im Bestandsverzeichnis des Erbbaugrundbuchs hingewiesen (§ 56 Abs. 2 GBV). Diese Beschränkung gilt, wenn sie nicht eingeschränkt ist, auch in der Zwangsversteigerung; der Zuschlag – nicht aber die Einleitung oder Fortführung des Zwangsversteigerungsverfahrens – bedarf dann der Zustimmung des Eigentümers[19]; die Genehmigung zur Belastung des Erbbaurechts ersetzt eine etwa erforderliche Zustimmung zum Zuschlag nicht[20].

---

15 BayObLG v. 19.10.1988 – 1 a Z 24/88 –, Rpfleger 1989, 97; OLG Frankfurt v. 18.3.1977 – 20 W 98/77 –, DNotZ 1978, 105.

16 OLG München v. 31.7.2008 – 33 Wx 145/07 – (Ziff. 2c), NJW-RR 2009, 374.

17 *Grüneberg/Wicke*, § 7 ErbbauRG RN 8; *anderer Ansicht:* (eigener Zustimmungsanspruch des Gläubigers): *Stöber/Keller*, Einleitung RN 308; *Streuer*, Rpfleger 1994, 59.

18 OLG Hamm v. 20.11.1992 – 15 W 309/91–, Rpfleger 1993, 334 (mit ablehnender Anmerkung *Streuer*, Rpfleger 1994, 59); *Grüneberg/Wicke*, § 8 ErbbauRG RN 4.

19 *Stöber/Keller*, § 15 RN 87; *Drischler* (Anm. zu BGH v. 26.2.1987), Rpfleger 1987, 321; *Muth*, Rpfleger 1991, 441; *Reinke*, Rpfleger 1990, 498 (Letzterer hält allerdings eine Zustimmung zur Anordnung der Zwangsversteigerung für erforderlich, wenn die Belastung zustimmungsbedürftig ist [RN 21] und ein persönlicher Gläubiger betreibt).

20 BGH v. 26.2.1987 – V ZB 10/86 – (Ziff. 2), BGHZ 100, 107 = WM 1987, 438 = EWiR § 7 ErbbauVO 2/87, 785 *(Reimann)* m.w.N.; KG v. 21.2.1984 – 1 W 5129/83 –, DNotZ 1984, 384.

Der Zustimmungsvorbehalt kann aber eingeschränkt werden, bspw. dahin, dass für Veräußerungen in der Zwangsversteigerung (generell oder aus einem bestimmten Grundpfandrecht) eine Zustimmung nicht erforderlich ist[21]. Eine solche Einschränkung kann auch nachträglich erfolgen[22]; erforderlich ist die Einigung zwischen Grundstückseigentümer und Erbbauberechtigtem über die Änderung und deren Eintragung im Erbbaugrundbuch (§§ 877, 873 BGB, § 14 Abs. 2 ErbbauRG).

Ist die Zustimmung des Eigentümers erforderlich, so muss derjenige zustimmen, dem das Grundstück in dem Zeitpunkt gehört, in dem die Übertragung des Erbbaurechts wirksam wird, bei der Zwangsversteigerung also im Zeitpunkt des Zuschlags[23]. Eine im Voraus erteilte Zustimmung ist **widerruflich**. Wenn allerdings – bei rechtsgeschäftlicher Übertragung des Erbbaurechts – die Einigung über den Übergang des Erbbaurechts bindend geworden (vgl. RN 149 bis 153) und der Antrag auf Eintragung des neuen Erbbauberechtigten gestellt worden ist, kann auch die Zustimmung nicht mehr widerrufen werden. Wird das Grundstück nach diesem Zeitpunkt (aber vor Eintragung des neuen Erbbauberechtigten) veräußert, bleibt der neue Eigentümer an die Zustimmung gebunden[26].

Der Eigentümer ist gegenüber dem Erbbauberechtigten **verpflichtet, die Zustimmung zu erteilen**, wenn der mit der Bestellung des Erbbaurechts verfolgte Zweck durch den Eigentumswechsel nicht wesentlich beeinträchtigt oder gefährdet wird und wenn die Persönlichkeit des Erwerbers Gewähr für eine ordnungsgemäße Erfüllung der Pflichten aus dem Erbbaurecht bietet (§ 7 Abs. 1 Satz 1 ErbbauRG).

Eine ohne ausreichenden Grund verweigerte Zustimmung **kann gerichtlich ersetzt werden** (§ 7 Abs. 3 ErbbauRG). Anders als bei der Zustimmung zur Belastung (RN 21) hat nicht nur der Erbbauberechtigte (§ 7 Abs. 1 Satz 1 ErbbauRG), sondern auch der die Zwangsversteigerung betreibende Gläubiger ein eigenes Antragsrecht[24].

Wird die Zwangsversteigerung aus einer Grundschuld betrieben, die Rang vor der Erbbauzinsreallast hat, und ist das Erlöschen der Reallast in der Zwangsversteigerung nicht ausgeschlossen (RN 25), darf der Grundstückseigentümer die

---

21 *Grüneberg/Wicke*, § 5 ErbbauRG RN 4.
22 S. dazu Vordruck 192 230 000 des Deutschen Sparkassenverlags.
23 OLG Düsseldorf v. 20.3.1996 – 2 Wx 20/95 –, Rpfleger 1996, 340; OLG Köln v. 31.7.1995 – 2 Wx 20/95 –, Rpfleger 1996, 106.
24 BGH v. 26.2.1987 – V ZB 10/86 – (Ziff. 2), BGHZ 100, 107 = WM 1987, 438 = EWiR § 7 ErbbauVO 2/87, 785 *(Reimann)* m. w. N.; KG v. 21.2.1984 – 1 W 5129/83 –, DNotZ 1984, 384; *Grüneberg/Wicke*, § 8 ErbbauRG RN 4; *Drischler* (Anm. zu BGH v. 26.2.1987), Rpfleger 1987, 321, 322.

Zustimmung zum Zuschlag nicht allein deshalb versagen, weil die Erbbauzins-reallast erlischt[25].

Demgegenüber rechtfertigt die Weigerung des Meistbietenden, die Verpflichtungen aus dem Erbbaurechtsvertrag, insbesondere die Zahlung des Erbbauzinses zu übernehmen, die Verweigerung der Zustimmung durch den Grundstückseigentümer.[26]

24 Als Gegenleistung für die Bestellung des Erbbaurechts wird regelmäßig die laufende Zahlung eines Geldbetrags als Erbbauzins vereinbart. Der Anspruch wird üblicherweise als Reallast in Abt. II des Erbbaugrundbuchs dinglich gesichert.

Der Erbbauzins muss bestimmt oder (wenigstens) bestimmbar sein. Er kann mit einer **Gleitklausel**[27] so verknüpft werden, dass er sich bei Eintritt bestimmter Voraussetzungen (bspw. bei Änderung eines bestimmten Lebenshaltungskostenindexes[28]) automatisch – ohne dass eine Zustimmung gleich- oder nachrangiger Gläubiger erforderlich wäre – anpasst (§ 9 Abs. 1 Satz 1 ErbbauRG, § 1105 Abs. 1 Satz 2 BGB)[29]. Bei Erbbaurechten zu Wohnzwecken muss sich die Änderung jeweils in den Grenzen des § 9a ErbbauRG halten[30].

Falls eine automatische Anpassung gewollt ist, sollte sie nicht zusätzlich von einem Anpassungsverlangen abhängig gemacht werden, was zulässig ist, aber Auslegungsschwierigkeiten auslösen kann[31].

---

25 BGH v. 26. 2. 1987 – V ZB 10/86 – (Ziff. 2), BGHZ 100, 107 = WM 1987, 438 = EWiR § 7 ErbbauVO 2/87, 785 *(Reimann)* m. w. N.; KG v. 21. 2. 1984 – 1 W 5129/83 –, DNotZ 1984, 384; vgl. OLG Hamm v. 3. 7. 2008 – 15 Wx 116/08 – (Ziff. 2), Rpfleger 2008, 634; *Drischler* (Anm. zu BGH v. 26. 2. 1987), Rpfleger 1987, 321; vgl. auch *Hagemann*, Rpfleger 1985, 203 (Anm. zu LG Oldenburg v. 23. 11. 1984); *anders für ähnlichen Fall* (Eigentümer darf Zustimmung versagen, wenn schuldrechtliche Pflicht zur Anpassung des Erbbauzinses nicht übernommen wird): OLG Oldenburg v. 23. 11. 1984 – 5 W 63/84 –, Rpfleger 1985, 203 (mit abl. Anm. *Hagemann*); OLG Celle v. 15. 10. 1982 – 4 U 145/82 –, DNotZ 1984, 387.

26 BGH v. 13. 7. 2017 – V ZB 186/15 – (RN 26), WM 2017, 1793 = WuB 2018, 7 (*Rimmelspacher*).

27 Zulässig nach § 4 Preisklauselgesetz (PrKlG) v. 7. 9. 2007 (BGBl. I, 2248) bei Laufzeiten von mindestens 30 Jahren; zuvor u. U. genehmigungsbedürftig nach § 2 Preisangaben- und Preisklauselgesetz (PaPkG) und nach der Preisklauselverordnung (PrKV); *Grüneberg/Wicke*, § 9 ErbbauRG RN 12; im Einzelnen: *Schöner/Stöber*, RN 1818, 1819 und (ausführlich) RN 3254 ff.

28 Zur Auslegungsproblematik bei Wegfall des vereinbarten Indexes *Reul*, DNotZ 2003, 92.

29 *Grüneberg/Wicke*, § 9 ErbbauRG RN 7, 4; *Schöner/Stöber*, RN 1811; (so schon für die Rechtslage vor Änderung des § 9 Abs. 2 ErbbauVO durch Gesetz v. 9. 6. 1998:) BayObLG v. 18. 7. 1996, DNotZ 1997, 147 (mit zust. Anm. *v. Oefele*); *v. Oefele*, DNotZ 1995, 653, 650 f und DNotZ 1997, 151; *Wilke*, DNotZ 1995, 654.

30 *Grüneberg/Wicke*, § 9a ErbbauRG RN 2; zur Möglichkeit der ergänzenden Vertragsauslegung eines altrechtlichen Erbbaurechtsvertrags vgl. BGH v. 6. 10. 2006 – V ZR 20/06 – (Ziff. II, 2), BGHZ 169, 215 = Rpfleger 2007, 68 = NJW 2007, 509 = ZNotP 2007, 96.

31 Negativbeispiel für eine unglückliche Formulierung: LG Saarbrücken v. 25. 10. 1999 – 5 T 706/99 – (Ziff. 1), Rpfleger 2000, 109.

Eine (erst seit 1.10.1994 zulässige) Gleitklausel kann **nachträglich** vereinbart werden. Darin liegt eine Änderung des Inhalts der Reallast, die mit Einigung und Eintragung im Grundbuch wirksam wird (§§ 877, 873 Abs. 1 BGB). Dazu ist, weil der Umfang der Reallast dadurch verändert wird, die Zustimmung der gleich- und nachrangigen Berechtigten erforderlich[32].

Eine *schuldrechtliche* (und durch Vormerkung gesicherte) Anpassungspflicht[33], wie sie vor Änderung des § 9 Abs. 2 ErbbauRG üblich war, bleibt weiterhin zulässig und wirksam (vgl. § 9a Abs. 3 ErbbauRG). Eine *dingliche* Anpassungspflicht kann nach der Neufassung des § 9 Abs. 2 ErbbauRG neu nicht mehr begründet werden[34].

Wird aus einem vor- oder gleichrangigen Grundpfandrecht die **Zwangsversteigerung ins Erbbaurecht** betrieben, so **erlischt** (falls nicht die nachstehend beschriebene Vereinbarung nach § 9 Abs. 3 ErbbauRG getroffen ist) **die Reallast** (§ 52 Abs. 1, § 44 Abs. 1 ZVG). Die laufenden und etwa rückständige Erbbauzinsen aus den letzten zwei Jahren sowie der kapitalisierte Wert der künftigen Erbbauzinsen werden an der Rangstelle des Erbbauzinses aus dem Versteigerungserlös entnommen. Das führt dazu, dass auf Grundpfandrechte im Rang nach dem Erbbauzins normalerweise kein Erlös mehr entfällt. 25

Als **Inhalt** des Erbbaurechts kann aber **vereinbart werden, dass** die Reallast in der Zwangsversteigerung des Erbbaurechts selbst dann **bestehen bleibt**, wenn sie dem betreibenden Gläubiger im Rang gleichsteht oder nachgeht (§ 9 Abs. 3 Satz 1 Nr. 1 ErbbauRG)[35].

Diese Regelung gilt nicht automatisch; sie muss zwischen Grundstückseigentümer und Erbbauberechtigtem ausdrücklich vereinbart sein. Da sie zum Inhalt der Reallast gehört, muss die Vereinbarung im Grundbuch eingetragen werden. Obwohl es wegen ihrer Bedeutung für die Beleihung des Erbbaurechts wünschenswert ist, dass sie ausdrücklich im Grundbuch selbst eingetragen wird, dürfte dennoch die Bezugnahme auf die Eintragungsbewilligung genügen[36].

Die Vereinbarung kann **auch nachträglich** noch getroffen werden. Sie bedarf, falls das Erbbaurecht dann belastet ist, der Zustimmung der am Erbbaurecht dinglich Berechtigten, und zwar (anders als die Anpassungsverpflichtung nach RN 24) der der Erbbauzinsreallast im Rang vorgehenden und gleichstehenden (§ 9 Abs. 3 Satz 2 ErbbauRG). Unter Umständen kann der vorrangige bzw. gleichrangige Gläubiger zur Erteilung der Zustimmung verpflichtet sein[37].

Ist die (seit 1.10.1994 zulässige) Vereinbarung nach RN 25 getroffen, so muss ein Erwerber des Erbbaurechts die Reallast übernehmen, ggf. einschließlich der Anpassungsklausel (RN 24). In einer Zwangsversteigerung des Erbbaurechts 26

---

32 OLG Braunschweig v. 23.3.2015 – 1 W 69/14 – (Ziff. II), FGPrax 2015, 197.
33 *Grüneberg/Wicke*, § 9 ErbbauRG RN 10 ff.
34 *Grüneberg/Wicke*, § 9 ErbbauRG RN 8.
35 Zu Voraussetzungen und Auswirkungen einer solchen Inhaltsvereinbarung *Bräuer*, Rpfleger 2004, 401 ff.
36 *V. Oefele*, DNotZ 1995, 643, 645.
37 *Kümpel*, WM 1998, 1057.

werden dann nur die *laufenden* und die für die letzten zwei Jahre etwa *rückständigen* Erbbauzinsraten an der Rangstelle der Reallast dem Versteigerungserlös entnommen; nur der dafür erforderliche Betrag mindert den für gleich- bzw. nachrangige Pfandrechte etwa verfügbaren Teil des Bargebots. Da die Erbbauzinsreallast bestehen bleibt, **belasten** die *künftigen* Raten die **Erlösverteilung nicht**.

Nur in dem für die Praxis nicht bedeutsamen Fall, dass die Zwangsversteigerung aus einem Anspruch nach § 10 Nr. 1 bis 3 ZVG[38] betrieben wird, würde die Reallast mit der in RN 25 dargestellten Folge erlöschen[39].

Aber der Interessent wird bei seiner Entscheidung, was er für das Erbbaurecht zu bieten bereit ist, den von ihm zu übernehmenden Erbbauzins berücksichtigen. Nur wenn er die Reallast in ihrer jeweiligen Höhe als eine **angemessene Gegenleistung** für den Nutzungswert des Grundstücks[40] ansieht, wird er ein dem Gebäudewert entsprechendes Gebot abgeben.

Deshalb muss der Grundschuldgläubiger die Angemessenheit des Erbbauzinses und ggf. des Veränderungsmaßstabs prüfen, und zwar wenn der Erbbauzins in der Zwangsversteigerung bestehen bleibt, selbst dann, wenn die Grundschuld der Reallast im Rang vorgeht.

Wegen der Probleme, die auftreten, wenn der Berechtigte einer Reallast für Erbbauzins (ohne Vereinbarung nach § 9 Abs. 3 Satz 1 Nr. 2 ErbbauRG) im Rang hinter eine Grundschuld zurücktritt oder eine Stillhalteerklärung abgibt, s. RN 378 ff.

27 Als Inhalt des Erbbaurechts wird regelmäßig ein **Heimfallanspruch** vereinbart. Dieser geht dahindass der Berechtigte bei Eintritt bestimmter Voraussetzungen (z. B. bei Vernachlässigung des Bauwerks oder bei Zahlungsverzug) verpflichtet ist, das Erbbaurecht auf den Grundstückseigentümer zu übertragen (§ 2 Ziff. 4 ErbbauRG). Dem Heimfallanspruch kommt keine dingliche Wirkung zu. Sind seine Voraussetzungen bei einem früheren Erbbauberechtigten eingetreten, kann er deshalb nicht gegen den Erwerber des Erbbaurechts geltend gemacht werden.[41]

Das Erbbaurecht und die darauf ruhenden Belastungen (§ 33 Abs. 1 ErbbauRG) bleiben beim Heimfall bestehen. Der Heimfallanspruch beeinträchtigt die Beleihbarkeit des Erbbaurechts deshalb nicht.

---

38 Ersatz der Erhaltungs- und Verbesserungsaufwendungen eines parallel die Zwangsverwaltung betreibenden Gläubigers (Nr. 1); Lohnansprüche land- und forstwirtschaftlicher Arbeiter (Nr. 2); öffentliche Lasten (Nr. 3).

39 *V. Oefele*, DNotZ 1995, 643, 647.

40 Vgl. *Götz*, DNotZ 1980, 4 ff. Dieser weist zu Recht darauf hin, dass bei der Festsetzung des Erbbauzinses oft der Zinsertrag, den ein als angemessen angesehener Kaufpreis für das Grundstück abwerfen würde, zugrunde gelegt wird, dass aber der Ertrag eines unveränderlichen Geldbetrags (mit dem Risiko der Wertverschlechterung) kein angemessener Maßstab für den durch Gleitklausel gesicherten Erbbauzins ist.

41 BGH v. 6.11.2015 – V ZR 165/14 – (RN 17), BGHZ 207, 334 = WM 2016, 548 = NJW 2016, 3167.

Der Eigentümer kann seine Erklärung, er mache seinen Heimfallanspruch geltend, widerrufen und sich aus seinem Heimfallverlangen lösen, solange die Rückübertragung nicht notariell beurkundet ist. Eine Pflicht zum Erwerb des Erbbaurechts kann nur durch notarielle Beurkundung begründet werden[42].

In der Regel wird das Erbbaurecht auf Zeit, häufig auf 99 Jahre, bestellt. Der Endzeitpunkt wird bei der Beschreibung des Erbbaurechts im Bestandsverzeichnis des Erbbaugrundbuchs angegeben. Bei **Ablauf** der vereinbarten Zeit **erlischt das Erbbaurecht** ohne Weiteres, insbesondere ohne gesonderte Löschung[43], und mit ihm eine darauf etwa noch ruhende Grundschuld.   *28*

Dem Gläubiger steht nur ein Pfandrecht an einem etwaigen Entschädigungsanspruch zu (§§ 29, 27 ErbbauRG). Deshalb müssen an einem Erbbaurecht dinglich gesicherte Kredite und Darlehen rechtzeitig vor Zeitablauf zurückgeführt sein.

2.3 Wohnungs-/Teileigentum

Das Wohnungseigentum (Teileigentum) ist eine untrennbare Verbindung von **Miteigentum am Grundstück** einschließlich der gemeinsamen Gebäudeteile (tragende Wände, Dach, Treppenhaus, Heizkeller usw.) und Sonder-(Allein-)Eigentum an der Wohnung oder an sonstigen Räumen. Bei Wohnungen spricht man von Wohnungseigentum, sonst von Teileigentum (§ 1 Abs. 2 bzw. 3 WEG).   *29*

Auch mit **Bruchteilen an einem Erbbaurecht** kann Sondereigentum an der Wohnung bzw. an sonstigen Räumen verbunden werden (§ 30 WEG); man spricht dann von Wohnungs- bzw. Teilerbbaurecht.

Dagegen wird die Aufteilung von Gebäudeeigentum (RN 35 ff.) in Wohnungs- bzw. Teileigentum überwiegend für nicht zulässig gehalten (RN 35).

Der Wohnungs-(Teil-)Eigentümer darf die in seinem Sondereigentum stehenden Räume allein und die im Miteigentum stehenden Teile gemeinsam mit den anderen Wohnungs-(Teil-)Eigentümern benutzen. Im Einzelnen ergeben sich seine Rechte und Pflichten aus dem Wohnungseigentumsgesetz und aus der Gemeinschaftsordnung.

Innerhalb der Wohnungseigentümergemeinschaft können Teile des Miteigentums oder des Sondereigentums an einem Wohnungs-/Teileigentum auf ein anderes übertragen werden. Ist das verlierende Wohnungs-/Teileigentum mit einem Grundpfandrecht belastet, bedarf die Änderung der Zustimmung des Gläubigers. Ist das gewinnende Wohnungs-/Teileigentum mit einem Grundpfandrecht belastet, muss sich am Ende die Belastung auf das hinzugekommene

---

42   BGH v. 18. 5. 1990 – V ZR 190/89 –, NJW-RR 1990, 1095; streitig, wegen der Gegenansichten s. BGH.
43   KG v. 20. 12. 2021 – 1 W 295/21 – FGPrax 2022, 1.

Sondereigentum und/oder Miteigentum erstrecken. Über das Ergebnis besteht Einigkeit, nicht aber über die rechtliche Konstruktion[44].

30 Für jedes Wohnungs-(Teil-)Eigentum wird ein **besonderes Grundbuchblatt** angelegt (Wohnungsgrundbuch/Teileigentumsgrundbuch). Das Grundbuch des Grundstücks wird bei der Umwandlung in Wohnungs-/Teileigentum geschlossen.

Erst wenn die Wohnungs-(Teileigentums-)Grundbücher angelegt sind, kann das Wohnungs-(Teil-)Eigentum belastet werden. Antrag und Bewilligung zur Belastung einer Eigentumswohnung können nicht dahin ausgelegt werden, dass der noch eingetragene (schlichte) Miteigentumsanteil belastet werden soll[45].

31 Das Wohnungs-/Teileigentum kann **wie ein Grundstück belastet**, veräußert und vererbt werden. Die Belastung, also etwa die Bestellung einer Grundschuld, kann nicht von der Zustimmung des Verwalters, der übrigen Wohnungs-/Teileigentümer oder eines sonstigen Dritten abhängig gemacht werden.

Zur Belastung eines Wohnungs-/Teil*erbbaurechts* wird aber regelmäßig die Zustimmung des Grundstückseigentümers erforderlich sein, weil die Belastung des Erbbaurechts im Hinblick auf die übliche Vereinbarung im Erbbaurechtsvertrag (RN 21) dieser Zustimmung bedarf.

32 Dagegen wird die **Veräußerung** des Wohnungs-/Teileigentums häufig an die **Zustimmung** eines Dritten, meist des Verwalters, oder der anderen Wohnungs-/Teileigentümer gebunden (§ 12 Abs. 1 WEG). Grundsätzlich gilt dies auch für die Veräußerung durch Zwangsversteigerung (§ 12 Abs. 3 Satz 2 WEG). In fast allen Fällen ist jedoch vereinbart, dass u. a. die Veräußerung im Wege der Zwangsvollstreckung genehmigungsfrei ist. Gegebenenfalls kann das Zustimmungserfordernis durch Beschluss der Wohnungseigentümer mit Stimmenmehrheit aufgehoben und unter vereinfachten Anforderungen im Grundbuch zur Löschung gebracht werden (§ 12 Abs. 4 WEG). Diese Möglichkeit wurde erst mit der zum 1. Juli 2007 in Kraft getretenen WEG-Reform[46] geschaffen.

Die etwa erforderliche Zustimmung darf **nur aus wichtigem Grund versagt** werden (§ 12 Abs. 2 WEG), der sich aus der Person des Erwerbers oder der von ihm beabsichtigten Nutzung ergeben muss[47]. Wird sie ohne wichtigen Grund

---

44 Im Einzelnen: *Schöner/Stöber*, RN 2968 ff.; *Streuer*, Rpfleger 1992, 181, Ziff. I und II, m. zahlreichen Nachweisen; *unklar:* LG Köln v. 17. 6. 2002 – 11 T 96/02 –, Rpfleger 2002, 566 (einerseits offen gelassen, ob sich Pfandrecht kraft Gesetzes auf hinzukommenden Anteil erstreckt; andererseits, so Leitsatz, „selbstständige Nachverpfändung" unnötig).

45 OLG Hamm v. 30. 5. 1983 – 15 W 101/83 –, Rpfleger 1983, 395; anderer Ansicht (Vormerkung am Miteigentumsanteil zur Sicherung eines Wohnungsrechts an künftigem Wohnungseigentum): LG Lübeck v. 5. 8. 1994 – 7 T 431/94 –, Rpfleger 1995, 152.

46 Gesetz zur Änderung des Wohnungseigentumsgesetzes und anderer Gesetze v. 26. 3. 2007, BGBl. I, 370; Überblick bei *Gottschalg*, NZM 2007, 194.

47 OLG Hamm v. 3. 2. 1992 – 15 W 63/91 –, DNotZ 1992, 429; OLG Zweibrücken v. 18. 2. 1994 – 3 W 200/93 –, Rpfleger 1994, 459 m. w. N.; *Grüneberg/Wicke*, § 12 WEG RN 8 m. w. N.

nicht oder nicht in einer zum Vollzug im Grundbuch zweifelsfrei[48] ausreichenden Weise erteilt, kann der Veräußerer sie gerichtlich einfordern. Richtet sich der Anspruch gegen den Verwalter oder die anderen Wohnungseigentümer ist unabhängig vom Streitwert *ausschließlich* das Amtsgericht zuständig, in dessen Bezirk das Grundstück liegt (§ 43 WEG i. V. m. § 23 Nr. 2c GVG).

Ist eine Zustimmung auch für die Veräußerung in der Zwangsvollstreckung erforderlich, so muss sie erst **für den Zuschlag**, nicht schon für die Anordnung oder Fortsetzung des Verfahrens vorliegen. Eine vorgezogene, generelle Verwalterzustimmung für den künftigen Fall der Zwangsvollstreckung dürfte unwirksam sein. Damit würde das zum Schutz der Wohnungseigentümer bestehende Zustimmungserfordernis faktisch außer Kraft gesetzt werden, was mit der Treuhänderstellung des Verwalters nicht zu vereinbaren ist.[49] Der Anspruch auf Zustimmung kann von dem das Zwangsversteigerungsverfahren betreibenden Gläubiger – ebenso wie beim Erbbaurecht (RN 23) – unmittelbar geltend gemacht werden.[50] Eine vorherige Pfändung und Überweisung des Zustimmungsanspruchs des bisherigen Wohnungs-/Teileigentümers ist deshalb nicht notwendig[51].

Die Rechtsbeziehungen zwischen den Wohnungseigentümern richten sich nach Gesetz und den vertraglichen Vereinbarungen, insbesondere der sogenannten **Gemeinschaftsordnung** (§ 10 WEG). Durch Mehrheitsbeschluss kann eine Angelegenheit nur geregelt werden, wenn das Gesetz oder eine Vereinbarung der Wohnungseigentümer dies zulässt, sonst nur durch vertragliche Vereinbarung zwischen allen Wohnungseigentümern[52]. Beispielsweise wäre (sofern die Gemeinschaftsordnung dies nicht zulässt) ein Beschluss der Mehrheit über die Einräumung eines Sondernutzungsrechts schlechthin unwirksam. Er würde selbst durch Ablauf der ungenutzten Anfechtungsfrist nicht bestandskräftig werden[56].

Innerhalb dieses Rahmens können die Wohnungseigentümer anstehende Fragen durch (teilweise doppelt qualifizierten) **Mehrheitsbeschluss** entscheiden. Mit *einfacher* Mehrheit wird insbesondere über die zur ordnungsmäßigen Verwaltung des gemeinschaftlichen Eigentums gebotenen Maßnahmen (§ 21 Abs. 3 WEG) beschlossen. In besonderen Fällen (§ 16 Abs. 4 WEG) ist eine *doppelt qualifizierte* Mehrheit (drei Viertel aller stimmberechtigten Wohnungseigentümer und mehr als die Hälfte aller Miteigentumsanteile) nötig, aber auch ausreichend. Die Beschlussfassung erfolgt in der Versammlung der Wohnungseigentümer, die jährlich mindestens einmal einzuberufen ist (§§ 23, 24 Abs. 1 WEG).

Die Wohnungseigentümer haben einen **Verwalter** zu bestellen, der insbesondere die Beschlüsse der Wohnungseigentümerversammlung vollzieht und die

33

---

48 OLG Hamm v. 3. 2. 1992 – 15 W 63/91 –, DNotZ 1992, 429.
49 DNotI-Report 2023, 59 f.
50 BGH v. 21. 11. 2013 – V ZR 269/12 – (RN 6), WM 2014, 1179.
51 *Stöber/Keller*, § 15 RN 392.
52 BGH v. 20. 9. 2000 – V ZB 58/99 – (Ziff. III, 3), BGHZ 145, 158 = WM 2000, 2350= DNotZ 2000, 854 (m. Anm. *Rapp*). Dadurch hat der BGH seine bisherige Rechtsprechung (im Einzelnen s. BGH, Ziff. III, 2) aufgegeben bzw. eingeschränkt.

für die ordnungsmäßige Instandhaltung und Instandsetzung des gemeinsamen Eigentums erforderlichen Maßnahmen trifft (§ 27 WEG). Er hat insbesondere jährlich einen Wirtschaftsplan aufzustellen, den die Wohnungseigentümerversammlung beschließt; dem beschlossenen Wirtschaftsplan entsprechende Vorschüsse hat der Verwalter von den Wohnungseigentümern einzuziehen (§ 28 WEG). Der konkrete Zahlungsanspruch gegen den einzelnen Wohnungseigentümer wird durch den Beschluss der Wohnungseigentümer begründet.

34   Grundsätzlich verpflichtet der Beschluss der Wohnungseigentümer (nur) diejenigen Personen, die bei der Beschlussfassung Wohnungseigentümer sind. Ein mit einem Teil seiner früheren Wohnungen **ausgeschiedener Wohnungseigentümer** wird durch den Beschluss nur bezüglich der Wohnungen betroffen, die ihm zur Zeit des Beschlusses noch gehören; ggf. können von ihm aber für die veräußerten Wohnungen noch Vorschusszahlungen verlangt werden, wenn er dazu verpflichtet war, sie aber nicht erfüllt hat[53].

Für durch Beschluss der Wohnungseigentümer anteilig umgelegte Nachforderungen aus Abrechnungen für frühere Jahre haften die Eigentümer zur Zeit der Beschlussfassung selbst dann, wenn sie das Wohnungseigentum erst kurz zuvor[54], ggf. auch durch Zwangsversteigerung[55] erworben haben. Das gilt aber nur für den Betrag, der die nach dem Wirtschaftsplan beschlossenen Vorschüsse übersteigt (Abrechnungsspitze); soweit die Jahres-(Einzel-)Abrechnung rückständige Vorschüsse enthält, begründet sie regelmäßig keine (neue) Zahlungspflicht für den Erwerber[56]. Für **Rückstände des Veräußerers** aus einem vor dem Eigentumswechsel gefassten Beschluss haftet der Erwerber nicht kraft Gesetzes[57]. Die Teilungserklärung kann aber wirksam eine solche Haftung des rechtsgeschäftlichen[58] Erwerbers vorsehen, nicht aber eines Erwerbers, der das Wohnungseigentum in der Zwangsversteigerung[59] erwirbt.

Seit dem Inkrafttreten der WEG-Reform zum 1. Juli 2007[60] hat die Wohnungseigentümergemeinschaft die Möglichkeit, **Hausgeldrückstände** in Höhe von maximal 5 % des gerichtlich festgesetzten Verkehrswertes **im Zwangsversteigerungsverfahren** anzumelden (§ 10 Abs. 1 Nr. 2 ZVG)[61]. Die Forderung genießt dort **Vorrang** vor den Forderungen der Grundpfandrechtsgläubiger (s.

---

53   BGH v. 30. 11. 1995 – V ZB 16/95 – (Ziff. III, 2 a und b), BGHZ 131, 228 = NJW 1996, 725.
54   BGH v. 21. 4. 1988 – V ZB 10/87 – (Ziff. III, 2 d und e), BGHZ 104, 197 = NJW 1988, 1910.
55   BayObLG v. 21. 7. 1994 – 2 Z BR 43/94 –, Rpfleger 1995, 123.
56   BGH v. 23. 9. 1999 – V ZB 17/99 – (Ziff. 4c), BGHZ 142, 290 = NJW 1999, 3713 – Zur Nachtragsumlage bei endgültigem Ausfall von Rückständen: KG v. 2. 12. 2002 – 24 W 92/02, – NJW RR 2003, 443.
57   BGH v. 22. 1. 1987 – V ZB 3/86 – (Ziff. 2), BGHZ 99, 358 = WM 1987, 545; BayObLG v. 13. 6. 1979 – 2 Z 50/78 –, Rpfleger 1979, 352.
58   BGH v. 24. 2. 1994 – V ZB 43/93 – (Ziff. III, 4 b und c), WM 1994, 1300 m. w. N.
59   BGH v. 22. 1. 1987 – V ZB 3/86 – (Ziff. 2), BGHZ 99, 358 = WM 1987, 545.
60   Gesetz zur Änderung des Wohnungseigentumsgesetzes und anderer Gesetze v. 26. 3. 2007, BGBl. I, 370.
61   Zur Behandlung im Zwangsversteigerungs- und Zwangsverwaltungsverfahren *Alff*, Rpfleger 2008, 165 ff.; zu den Nachweisschwierigkeiten der Wohnungseigentümergemeinschaft *Commans*, ZfIR 2009, 489 ff.; Nachweisproblematik weitestgehend entschärft durch den neu eingefügten § 10 Abs. 3 Satz 1 Halbsatz 2 ZVG.

RN 1077). Insoweit wird der für die Befriedigung der Grundpfandrechtsgläubiger verbleibende Betrag geschmälert.

2.4 Gebäudeeigentum

In den neuen Bundesländern konnte selbstständiges – vom Eigentum am   35
Grundstück unabhängiges – Eigentum an Gebäuden oder Baulichkeiten entstehen[62]. Dieses Gebäudeeigentum wird wie ein Grundstück behandelt; es kann insbesondere mit Grundschulden belastet und wie ein Grundstück veräußert werden. Für ein Gebäudeeigentum war bzw. ist ein Gebäudegrundbuch anzulegen[63].

Gebäudeeigentum, das nach dem am 2.10.1990 geltenden Recht anerkannt war, **besteht fort.** Es wird nicht kraft Gesetzes in die Strukturen und Rechtsinstitute des BGB überführt. Es endet, wenn das Gebäudeeigentum aufgegeben (RN 37, 38) oder wenn ein Erbbaurecht am Grundstück bestellt (RN 39) wird. Das Gebäude wird dann (wesentlicher) Bestandteil des Grundstücks bzw. des Erbbaurechts.

Die **Zuschreibung** des Grundstücks *zum Gebäudeeigentum* wird für zulässig gehalten[64]; damit wird das Grundstück **Bestandteil des (fortbestehenden) Gebäudeeigentums.** Voraussetzung ist, dass beide Rechte demselben Eigentümer gehören. Auf diesem Weg kann das Grundstück mit den auf dem Gebäudeeigentum lastenden Pfandrechten mitbelastet werden (RN 13). Selbst wenn der Gebäudeeigentümer nach § 78 SachenRBerG zur Aufgabe des Gebäudeeigentums verpflichtet ist (RN 38), wird diese Zuschreibung für zulässig gehalten, sofern ein Bedürfnis dafür besteht (z.B. weil eine nicht neu begründbare Aufbauhypothek auf das Grundstück erstreckt werden soll) und anschließend (nach erneuter Aufteilung) das Gebäudeeigentum aufgegeben wird[65].

Dagegen sind umgekehrt die Zuschreibung des Gebäudeeigentums *zum Grundstück* (was dazu führen würde, dass das Gebäudeeigentum Bestandteil des Grundstücks wird) oder eine Vereinigung (RN 12) des Grundstücks mit dem darauf lastenden Gebäudeeigentum nicht zulässig[66].

---

62   Im Einzelnen *Schöner/Stöber*, RN 694 ff.; *Demharter*, § 150 RN 10 ff.
63   *Schöner/Stöber*, RN 695; *Demharter*, § 150, RN 16 ff.
64   LG Dresden v. 21.1.1999 – 2 T 1058/98 –, Rpfleger 1999, 271; LG Mühlhausen v. 28.10.1997 – 2 T 173/97 –, Rpfleger 1998, 196; *Schöner/Stöber*, RN 697; *anderer Ansicht* (unzulässig): Palandt-Archiv II/Bassenge Art. 233 § 4 EGBGB RN 3; *offen gelassen:* OLG Jena v. 4.12.1997 – 6 W 608/97 – (Ziff. 2c), Rpfleger 1998, 195 m. w. N.
65   LG Dresden v. 21.1.1999 – 2 T 1058/98 –, Rpfleger 1999, 271; LG Mühlhausen v. 28.10.1997 – 2 T 173/97 –, Rpfleger 1998, 196.
66   OLG Jena v. 4.12.1997 – 6 W 608/97 – (Ziff.2c), Rpfleger 1998, 195; Palandt-Archiv II/Bassenge, Art.233 § 4 EGBGB RN 3; *Schöner/Stöber*, RN 697 (Zuschreibung) und RN 697a (Vereinigung); *anderer Ansicht* (Vereinigung zulässig) *Demharter*, § 5 RN 6.

Eine **Umwandlung** des Gebäudeeigentums **in Wohnungs- bzw. Teileigentum** wird überwiegend für **nicht zulässig** gehalten[67]. Lediglich in Ausnahmefällen – etwa wenn die mit dem Gebäudeeigentum bebaute Grundstücksfläche nicht abgeschrieben werden kann oder eine Teilung sonst unzweckmäßig ist (§ 66 Abs. 2 SachenRBerG) – wird es für hinnehmbar gehalten, Gebäudeeigentum (vorübergehend) in Wohnungs- bzw. Teileigentum aufzuteilen; der Miteigentumsanteil muss dann aber so bald wie möglich mit dem entsprechenden Miteigentumsanteil am Grundstück verbunden werden[68].

36 In allen Fällen, in denen ein Gebäudeeigentum mit einer Grundschuld belastet ist oder wird, muss geprüft werden, ob das Gebäudeeigentum bzw. das damit verbundene Nutzungsrecht im **Grundbuch des Grundstücks** (in Abteilung II) eingetragen ist. Nur durch die (rechtzeitige) Eintragung im Grundbuch des Grundstücks ist das Gebäudeeigentum (und damit die daran bestehende Grundschuld) gegen die nachstehend genannten Gefahren geschützt. Fehlt diese Eintragung, muss dafür gesorgt werden, dass sie so schnell wie möglich nachgeholt wird[69].

Denn seit 1.1.2001 gilt: Wird das *Grundstück,* auf dem das Gebäudeeigentum steht, **veräußert,** so **bleibt das Gebäudeeigentum nur dann bestehen, wenn** es (bzw. das damit verbundene Nutzungsrecht) im Grundbuch des Grundstücks (als Belastung in Abt. II) **eingetragen**[70] **oder dem Erwerber bekannt** ist; **andernfalls erlischt es** samt dem etwa damit verbundenen Nutzungsrecht (Art. 231 § 5 Abs. 3 Satz 1 EGBGB). Mit dem Gebäudeeigentum erlischt auch eine daran etwa bestehende Grundschuld; dem Gläubiger verbleibt lediglich ein Pfandrecht am Wertersatzanspruch des (früheren) Gebäudeeigentümers gegen den Veräußerer des Grundstücks (Art. 231 § 5 Abs. 3 Satz 2 EGBGB).

Wird (ab 1.1.2001) das *Grundstück* mit einem Grundpfandrecht (oder einem sonstigen Recht) **belastet** oder ein daran bereits bestehendes Recht abgetreten, so **erstreckt sich diese Belastung auch auf das Gebäude, außer wenn das Gebäudeeigentum** bzw. das damit verbundene Nutzungsrecht im Grundbuch des Grundstücks **eingetragen**[74] **oder dem Erwerber** des Rechts **bekannt** ist (Art. 231 § 5 Abs. 4 i. V. m. Abs. 3 Satz 1 EGBGB). Das gutgläubig erworbene Grundpfandrecht oder sonstige Recht (am Grundstück und) am Gebäude geht den am Gebäudeeigentum bestehenden Belastungen im Rang vor[71]. In einer

---

67 OLG Jena v. 8.11.1995 – 6 W 215/95 –, DtZ 1996, 88 = Rpfleger 1996, 194; *Münch-Komm/v. Oefele,* 4. Aufl., Art. 233 EGBGB § 4 RN 54; *Palandt-Archiv II/Bassenge,* Art. 233 § 4 EGBGB RN 3; *Staudinger/Rauscher* (2016), Art. 233 § 4 EGBGB RN 34; *anderer Ansicht* (zulässig): *Heinze,* DtZ 1995, 195.

68 Wegen der Problematik vgl. *Hügel,* DtZ 1996, 66, 67 ff.

69 Zu den Gefahren bei fehlender Eintragung des Gebäudeeigentums im Grundbuch des Grundstücks vgl. auch *Flik,* DtZ 1996, 162.

70 Es genügt, wenn das Gebäudeeigentum (spätestens) gleichzeitig mit der Eintragung der Veräußerung bzw. Belastung des Grundstücks in dessen Grundbuch eingetragen wird: BGH v. 24.10.2002 – III ZR 107/02 –, NJW 2003, 202 = Rpfleger 2003, 118 = WM 2003, 1476 = EWiR § 892 BGB 1/03, 269 (*Hager*).

71 *Palandt-Archiv II/Ellenberger,* Art. 231 § 5 EGBGB RN 7.

Zwangsversteigerung würde also eine Grundschuld am Gebäudeeigentum, selbst wenn sie älter ist, erst *nach* dem Recht am Grundstück befriedigt werden.

Entsprechend gilt in der **Zwangsversteigerung**: Ein Verfahren zur Zwangsversteigerung des *Grundstücks*, das nach dem 31.12.2000 angeordnet worden ist oder wird, erfasst (zunächst) auch das Gebäudeeigentum. Aus dem Verfahren ausgeklammert wird das Gebäudeeigentum (mit den daran bestehenden Belastungen) nur, wenn sich das Recht, aus dem die Zwangsversteigerung betrieben wird, darauf nicht erstreckt, und dies entweder aus dem Grundbuch selbst (weil das Gebäudeeigentum vor dem betreibenden Recht eingetragen worden ist) ersichtlich ist oder vom Gebäudeeigentümer rechtzeitig geltend gemacht und ggf. nachgewiesen wird (§ 9a EGZVG i.V.m. § 28 ZVG)[72]. Gibt der betreibende Gläubiger das aus dem Grundbuch nicht ersichtliche Gebäudeeigentum von sich aus frei, ist für die Aufhebung der Beschlagnahme zusätzlich die Zustimmung des Vollstreckungsschuldners erforderlich[73].

Der Gebäudeeigentümer kann vom Grundstückseigentümer **verlangen, dass**   37
dieser ihm das **Grundstück verkauft** und übereignet (§§ 61 ff. SachenRBerG). Allein dadurch, dass danach Gebäude und Grundstück demselben Eigentümer gehören, werden die beiden Rechte noch nicht zusammengeführt. Das geschieht erst, wenn der Eigentümer das Gebäudeeigentum aufhebt (RN 38). Dazu ist er nach Erwerb des Grundstücks grundsätzlich verpflichtet; bis zur Aufhebung ist er in der Verfügung über beide Rechte beschränkt (RN 38).

Ist das *Grundstück* mit Grundschulden (oder anderen auf Geld gerichteten Rechten) belastet, kann der Gebäudeeigentümer unter bestimmten Voraussetzungen vom Grundschuldgläubiger verlangen, dass dieser auf sein Recht verzichtet bzw. das übertragene Grundstück daraus freigibt (§ 63 SachenRBerG)[74].

Solange das *Gebäudeeigentum* belastet ist, bedarf seine Aufhebung der Zustimmung der (aller) Inhaber dinglicher Rechte (Art. 233 § 4 Abs. 6 Satz 1 und § 2b Abs. 4 EGBGB i.V.m. § 876 BGB). Der Gebäudeeigentümer kann die Zustimmung der Rechtsinhaber verlangen, wenn die Rechte am Grundstück gleichen Rang mit gleichem Wert erhalten und das Gebäude Bestandteil des Grundstücks wird (§ 78 Abs. 2 SachenRBerG).

Der *Gläubiger* einer Grundschuld am *Gebäudeeigentum* ist verpflichtet, diese löschen zu lassen, wenn bzw. sobald die Forderung, die die Grundschuld sichern soll bzw. gesichert hat, nicht entstanden oder wieder erloschen ist (§ 78 Abs. 1 Satz 4 SachenRBerG). Der Eigentümer kann mit ihm nicht vereinbaren, dass die Grundschuld – statt gelöscht zu werden – eine andere Forderung sichern soll, weil auch er in diesem Fall die Grundschuld löschen lassen muss und das Grundbuchamt die Einhaltung seiner Pflicht zu überwachen und ggf. zu erzwingen hat (§ 78 Abs. 1 Sätze 4 bis 6 SachenRBerG). Deshalb ist nach Ankauf des Grundstücks durch den Gebäudeeigentümer **jede Erweiterung des Siche-**

---

72 Im Einzelnen *Stöber/Keller*, § 9a EGZVG RN 13 ff.
73 BGH v. 26.10.2006 – V ZB 188/05 – (Ziff. III, 2 a, bb, [3]), BGHZ 169, 305 = WM 2007, 82.
74 Im Einzelnen *Gaberdiel*, Grundstücksrecht, RN 32.34.

rungszwecks einer im Zeitpunkt des Ankaufs *am Gebäudeeigentum* bestehenden Grundschuld **ausgeschlossen**[75]. Wegen der Befriedigung von Sicherungsbedarf, der bei oder nach Ankauf des Grundstücks auftritt, durch eine bereits bestehende Grundschuld s. RN 763.

38 Der **Eigentümer ist verpflichtet, das Gebäudeeigentum** nach § 875 BGB **aufzuheben**, sobald es nicht mehr oder nur noch zu seinen eigenen Gunsten belastet ist; das Grundbuchamt hat ihn zur Erfüllung anzuhalten (§ 78 Abs. 1 Satz 3, 5 und 6 SachenRBerG). Mit der Aufhebung[76] des Gebäudeeigentums wird das Gebäude Bestandteil des Grundstücks (Art. 233 § 4 Abs. 6 Satz 3 und § 2b Abs. 4 EGBGB), und zwar regelmäßig wesentlicher Bestandteil (§ 94 BGB). Wirtschaftlich verliert also der Eigentümer durch die Aufhebung nichts.

Hat der Gebäudeeigentümer das Grundstück nach Maßgabe des SachenRBerG erworben, kann er das Gebäude oder das Grundstück jeweils **allein nicht mehr belasten** (§ 78 Abs. 1 Satz 1 SachenRBerG). Eine Grundschuld kann nur noch als Gesamtgrundschuld, die auf Gebäudeeigentum und Grundstück gemeinsam lastet, bestellt werden; selbst eine Zwangshypothek kann – trotz § 867 Abs. 2 ZPO – nur als Gesamthypothek eingetragen werden[77].

39 Der Gebäudeeigentümer kann unter bestimmten Voraussetzungen (§ 15 SachenRBerG) verlangen, dass ihm der Grundstückseigentümer – statt eines Verkaufs – ein **Erbbaurecht am Grundstück** bestellt (§§ 32 ff. SachenRBerG). Mit der Eintragung des Erbbaurechts im Grundbuch wird das Gebäude wesentlicher Bestandteil des Erbbaurechts; das (selbstständige) Gebäudeeigentum und etwa zugrunde liegende Nutzungsrechte erlöschen (§ 59 SachenRBerG).

Pfandrechte am *Gebäudeeigentum* setzen sich am Erbbaurecht fort (§ 34 Abs. 1 Satz 2 SachenRBerG).

Pfandrechte am *Grundstück* müssen unter bestimmten Voraussetzungen im Rang hinter das Erbbaurecht zurücktreten (und haben danach kaum noch wirtschaftlichen Wert)[78].

2.5   Miteigentumsanteil

40 Gehört ein Grundstück mehreren Personen in Miteigentum *nach Bruchteilen* (etwa Ehegatten in Miteigentum zu je ½), so kann der **einzelne Bruchteil mit einer Grundschuld belastet** werden (§ 1114 BGB).

Dagegen kann ein Grundstück, das mehreren Personen *gesamthänderisch* gehört (Gesellschaft, Erbengemeinschaft, eheliche Gütergemeinschaft), nur insgesamt belastet werden; der Anteil des einzelnen Beteiligten (Gesellschafter, Miterbe, Ehegatte in Gütergemeinschaft) ist nicht selbstständig belastbar.

---

75 *Gaberdiel*, Grundstücksrecht, Ziff. 23.41 und 32.38.
76 *Schöner/Stöber*, RN 699c.
77 *Demharter*, § 150 RN 13.
78 Im Einzelnen *Gaberdiel*, Grundstücksrecht, Ziff. 32.43.

Entsprechendes gilt für Erbbaurecht, Wohnungseigentum oder Gebäudeeigentum. Gehören sie mehreren Berechtigten nach Bruchteilen, ist der einzelne Anteil selbstständig belastbar, bei gesamthänderischer Beteiligung dagegen nur das ganze Objekt.

Es ist regelmäßig **schwierig**, einen Bruchteil an einem Grundstück, Erbbaurecht usw. zwangsweise **zu verwerten**, wenn dies etwa erforderlich werden sollte. Andere Personen als der (die) andere(n) Miteigentümer sind am Erwerb meist nicht interessiert. Häufig muss deshalb der Grundschuldgläubiger den Anteil selbst ersteigern, wenn die Veräußerung unumgänglich ist. 　41

Hat der Grundschuldgläubiger den Miteigentumsanteil erstanden, so kann er als Miteigentümer durch Teilungsversteigerung (RN 1085 bis 1087) grundsätzlich die Auseinandersetzung betreiben (§§ 749, 753 BGB). Damit wird das ganze Grundstück zur Versteigerung gestellt, was einen wesentlich größeren Interessentenkreis erschließt. Dieser Weg ist kaum gangbar, wenn die **Auseinandersetzung der Miteigentumsgemeinschaft ausgeschlossen** und dies im Grundbuch (II. Abteilung) eingetragen worden ist (§§ 749 Abs. 2, 1010 BGB). Bei der Beleihung eines Miteigentumsanteils sollte deshalb darauf geachtet werden, dass der Grundschuld ein solcher Vermerk nicht vorgeht.

Dass die Auseinandersetzung der Gemeinschaft trotz eines (vorrangigen) Aufhebungsausschlusses betrieben werden kann, wenn der Gläubiger einen (nicht nur vorläufig vollstreckbaren) Titel gegen den Schuldner-Miteigentümer hat (§ 751 Satz 2 BGB), hilft ihm bei der Realisierung der Grundschuld nichts.

Lässt er den Aufhebungsanspruch des Miteigentümers pfänden und sich zur Einziehung überweisen, *bevor* er aus seiner Grundschuld in den Miteigentumsanteil vollstreckt hat, kann er zwar anstelle des Schuldner-Miteigentümers die Teilungsversteigerung betreiben[79]. Dabei bleibt aber seine Grundschuld – neben allen anderen Belastungen auf dem Anteil des Schuldner-Miteigentümers und einem Teil der Belastungen des anderen Anteils (s. RN 1086) – bestehen und fällt ins geringste Gebot. Findet sich ein Bieter, dem das geringste Gebot nicht zu hoch ist, dann führt das zwar zur Aufhebung der Gemeinschaft, im Übrigen aber nur zu einem Eigentumswechsel. Die Grundschuld besteht – jetzt an einem nur fiktiven Eigentumsbruchteil[80] – fort. Will der Gläubiger sie realisieren, steht er vor demselben Problem wie zuvor.

Betreibt er *zunächst aus seiner Grundschuld* in den belasteten Miteigentumsanteil und erwirbt dabei den Anteil selbst, dann kann er den Aufhebungsausschluss – wenn dieser Vorrang vor seinem Recht hatte und also bestehen geblieben ist – nicht über § 751 Satz 2 BGB aushebeln, weil er keinen vollstreckbaren Anspruch gegen sich selbst haben kann.

Sind mehrere Miteigentumsanteile zu belasten (bspw. die Miteigentumsanteile von Ehegatten an einem ihnen in Miteigentum zu je ½ gehörenden Hausgrundstück), so sollten die **Miteigentumsanteile** gemeinsam (also das ganze Hausgrundstück) **mit einer Gesamtgrundschuld** (RN 385) belastet werden, wie dies 　42

79　*Stöber/Kiderlen*, § 180 RN 190.
80　*Grüneberg/Herrler*, § 1114 RN 4.

auch in der Praxis durchgängig üblich ist. Denn nur dann kann aus der (Gesamt-)Grundschuld einheitlich das ganze Hausgrundstück verwertet werden (RN 387 bis 390), was wirtschaftlich allein sinnvoll ist.

Falls nicht eine enge (RN 667), sondern eine weite Sicherungsabrede (RN 668) getroffen wird, sollten nur *gemeinschaftliche* Verbindlichkeiten *aller* Miteigentümer gesichert werden (RN 696, 697).

2.6 *Exkurs*: Grundstückswert und Sicherung der Bebaubarkeit und Nutzung durch Grunddienstbarkeit bzw. Baulast

43 Der Wert von Grundpfandrechten hängt maßgeblich vom Wert des Grundstücks und der Gebäude ab. **Bauliche Anlagen** sind bei der Bewertung von Grundstücken regelmäßig nur zu berücksichtigen, wenn sie im Eigentum des Grundstückseigentümers stehen, technisch und rechtlich einwandfrei sind und wenn die Erschließung gesichert ist[81]. Ob dem Grundpfandgläubiger zum Zwecke der Feststellung ein Besichtigungsrecht *kraft Gesetzes* zusteht, ist fraglich[82]; in den gängigen Vordrucken[83] wird es vereinbart.

44 Durch nachträgliche **Änderungen des Bebauungsplans** können insbesondere bei gewerblichen Objekten der baurechtliche Bestandsschutz für die Zukunft gefährdet oder betriebswirtschaftlich gebotene Entwicklungen ausgeschlossen werden[84]. Deshalb ist die Entwicklung der baurechtlichen Planung zu verfolgen, um notfalls Rechtsbehelfe einlegen oder veranlassen zu können.

45 Ist zur **Erschließung** eines Grundstücks oder um es sonst bebaubar zu machen, die Nutzung eines anderen Grundstücks (bspw. zur Überfahrt) oder die Beschränkung von Rechten aus einem anderen Grundstück (bspw. Einhaltung des vorgeschriebenen Gebäudeabstands auf dem Nachbargrundstück) erforderlich, kann dies zivilrechtlich durch eine Grunddienstbarkeit (RN 46, 47) oder öffentlich-rechtlich durch eine Baulast (RN 48 bis 50) gesichert werden.

46 Eine **Grunddienstbarkeit** wird vom Eigentümer des belasteten Grundstücks zugunsten des jeweiligen Eigentümers des bevorrechtigten Grundstücks bestellt und in der Zweiten Abteilung des Grundbuchs des belasteten Grundstücks eingetragen. Inhalt kann bspw. das Recht sein, über das dienende Grundstück zu gehen und zu fahren. Die Grunddienstbarkeit gibt dem jeweiligen Eigentümer des herrschenden (berechtigten) Grundstücks einen entsprechenden (notfalls einklagbaren) Anspruch gegen den jeweiligen Eigentümer des dienenden Grundstücks.

47 Zur Löschung der Dienstbarkeit im Grundbuch reicht grundsätzlich die Bewilligung des Berechtigten (Eigentümer des herrschenden Grundstücks) aus. Sofern die Dienstbarkeit (bspw. ein Zufahrtsrecht) für die Bewertung des belasteten

---

81 Im Einzelnen *Weyers*, Sparkasse 1994, 586.
82 Bejahend: *Selke*, ZfIR 2003, 89.
83 Anhang 6 [14], 7 [15], 8 [16], 9 [16], 10 [11], 11 [11] und 12 [11].
84 *Weyers*, Sparkasse 1994, 586, 590 ff.

Grundstücks bedeutsam ist, sollte sich der Grundpfandgläubiger dagegen schützen, dass dies ohne seine Mitwirkung geschieht.

Dazu muss der Gläubiger darauf hinwirken, dass die Grunddienstbarkeit nicht nur in der Zweiten Abteilung des *dienenden* Grundstücks eingetragen (was zur Begründung der Dienstbarkeit notwendig ist), sondern zusätzlich im Bestandsverzeichnis des *herrschenden* Grundstücks mit einem sog. **Herrschvermerk** vermerkt wird (§ 9 Abs. 1 GBO). Nach Eintragung dieses Vermerks (und nur dann) darf die Löschung der Grunddienstbarkeit, sofern sie für den Grundpfandgläubiger nicht belanglos ist, nur noch mit dessen Zustimmung eingetragen werden (§ 21 GBO i. V. m. § 876 Satz 2 BGB).

Materiell-rechtlich ist die Löschung zwar nicht wirksam, wenn eine nach § 876 BGB erforderliche Zustimmung fehlt[85]. Aber wenn das Recht im Grundbuch gelöscht ist, kann es durch gutgläubigen Erwerb eines Dritten untergehen. Dagegen kann sich der Grundschuldgläubiger nur durch den Herrschvermerk schützen.

Eine **Baulast** ist eine öffentlich-rechtliche Verpflichtung des Grundstückseigentümers zu einem das Grundstück betreffenden Tun, Dulden oder Unterlassen[86]. Dieses Rechtsinstitut beruht auf Landesrecht, steht aber – mit Abweichungen in Einzelheiten – in allen Bundesländern, außer Bayern und Brandenburg, zur Verfügung[87]. Durch die übernommene Verpflichtung werden regelmäßig baurechtliche Hindernisse, die dem Bau auf einem Nachbargrundstück entgegenstehen, beseitigt.   48

Die Baulast ist unwirksam, wenn der Besteller nicht der (alleinige) Eigentümer ist oder wenn er im Zeitpunkt der Bestellung in der **Verfügung über das Grundstück** beschränkt ist, z. B. nach Eröffnung des Insolvenzverfahrens, nach Anordnung der Zwangsversteigerung[88], wegen Testamentsvollstreckung, Nachlassverwaltung oder Betreuung mit Einwilligungsvorbehalt[89].

Der gesetzliche Vertreter eines minderjährigen Grundstückseigentümers bedarf zur Bestellung einer Baulast entsprechend § 1850 Abs. 1 Nr. 1 (i. V. m. § 1643) BGB der vormundschafts- bzw. familiengerichtlichen Genehmigung (RN 188 bis 190)[90]. Die vom Vorerben bestellte Baulast bleibt entsprechend § 2113 Abs. 1 BGB nach Eintritt des Nacherbfalls nur wirksam, wenn der Nacherbe zugestimmt hat[91].

---

85   Zu den Heilungsmöglichkeiten *Hutzel*, ZfIR 2013, 402.
86   So z. B. § 71 Abs. 1 Landesbauordnung für Baden-Württemberg; *Schöner/Stöber*, RN 3197; vgl. auch *Weisemann*, NJW 1997, 2857, insbes. Ziff. II.
87   *Jezewski*, Ziff. 6; *Masloh*, NJW 1995, 1993, Ziff. I; *Weisemann*, NJW 1997, 2857, Ziff. I FN 2; zur Absicherung der baurechtlich erforderlichen Abstandsfläche Bayern s. *Schöner/Stöber*, RN 3201a.
88   OVG Münster v. 18. 7. 1995 – 11 A 11/94 –, NJW 1996, 1362; *Schöner/Stöber*, RN 3198.
89   *Schöner/Stöber*, RN 3198 m. w. N.
90   OVG Münster v. 9. 5. 1995 – 11 A 4010/92 –, NJW 1996, 275; *Grüneberg/Götz*, § 1850 RN 4.
91   VGH Mannheim v. 27. 2. 1989 – 5 S 3256/88 – (Ziff. 2), NJW 1990, 268; VG Schleswig v. 15. 11. 1984 – 2 A 7/84 –, DNotZ 1986, 95; *Alff*, Rpfleger 1993, 361, 362.

Die übernommenen Baulasten werden – außer in Baden-Württemberg – (erst) mit der Eintragung in das bei der Bauaufsichtsbehörde geführte **Baulastverzeichnis** wirksam[92]. Das Verzeichnis genießt aber keinen öffentlichen Glauben[96]. Das Vertrauen darauf, dass sein Inhalt richtig ist, wird also nicht geschützt.

Inhalt einer Baulast kann bspw. sein, eine Zufahrt zugunsten eines Nachbargrundstücks zu dulden oder ein Grundstücksteil zugunsten eines anderen Grundstücks als Parkplätze zur Verfügung zu stellen[93] oder eine Grundstücksteilfläche bei der Ermittlung der baurechtlich zulässigen Grund- und Geschossfläche zugunsten eines anderen Grundstücks (und nicht zugunsten des belasteten Grundstücks) anrechnen zu lassen[94] oder eine vorhandene oder zu erwartende erhebliche Belästigung durch Lärm, Geruch o. Ä. zu dulden[95].

Die Baulast begründet eine **öffentlich-rechtliche Verpflichtung** des Grundstückseigentümers, die ggf. (nur) von der Bauaufsichtsbehörde durch Ordnungsverfügung (zwangsweise) durchgesetzt werden kann[96] und/oder dazu führt, dass die bauliche Nutzbarkeit des belasteten Grundstücks eingeschränkt ist. Der Eigentümer des begünstigten Grundstücks hat allein aufgrund der Baulast **keinen zivilrechtlichen Anspruch** auf entsprechende Nutzung des belasteten Grundstücks[97]. Wenn ein solcher Anspruch begründet werden soll, bedarf es einer entsprechenden Vereinbarung zwischen den beteiligten Eigentümern.

Falls eine entsprechende Grunddienstbarkeit bereits bestellt worden ist, um das begünstigte Grundstück baulich nutzen zu können und sich dann herausstellt, dass eine Baulast zwingend erforderlich ist, kann sich aus der Grunddienstbarkeit ein **Anspruch auf Bestellung** einer inhaltsgleichen Baulast ergeben[98].

Die Baulast kann **nur durch die zuständige Behörde aufgehoben** werden (die nur ausnahmsweise dazu verpflichtet ist[99]); der Eigentümer des begünstigten Grundstücks kann darüber nicht verfügen. Deshalb verlangt die Baubehörde häufig, dass die Belastung/Beschränkung eines anderen Grundstücks, die (baurechtliche) Voraussetzung für eine angestrebte bauliche Nutzung des begünstig-

---

92 *Schöner/Stöber*, RN 3198; *Jezewski*, Ziff. 6.

93 *Masloh*, NJW 1995, 1993, Ziff. I; wegen weiterer Anwendungsfälle s. dort FN 6 bis 14.

94 Vgl. VGH Mannheim v. 1. 8. 1994 – 8 S 1862/94 –, NJW 1995, 1373.

95 OVG Saarlouis v. 18. 6. 2002 – 2 R 2/01 –, NJW 2003, 768.

96 *Schöner/Stöber*, RN 3199; *Masloh*, NJW 1995, 1993, 1995, Ziff. V, m. w. N.; *Lorenz*, NJW 1996, 2612, Ziff. II (differenzierend).

97 BGH v. 24. 6. 1993 – IX ZR 84/92 – (Ziff. II, 6), NJW 1993, 2741; BGH v. 3. 2. 1989 – V ZR 224/87 – (Ziff. II, C 5), BGHZ 106, 348 = NJW 1989, 1607; BGH v. 19. 4. 1985 – V ZR 152/83 – (Ziff. II, 2), BGHZ 94, 160 = WM 1985, 893; BGH v. 8. 7. 1983 – V ZR 204/82 – (Ziff. II), BGHZ 88, 97 = NJW 1984, 124; *Schöner/Stöber*, RN 3199; *Jezewski*, Ziff. 6. 2; *Masloh*, NJW 1995, 1993, Ziff. V; *Lorenz*, NJW 1996, 2612, Ziff. III (differenzierend); *Weisemann*, NJW 1997, 2857, insbes. Ziff. IV, 2.

98 BGH v. 3. 7. 1992 – V ZR 203/91 –, NJW-RR 1992, 1484 = WM 1992, 1784; BGH v. 3. 2. 1989 – V ZR 224/87 – (Ziff. II, C 5), BGHZ 106, 348 = NJW 1989, 1607.

99 Z. B. wenn Baulast rechtlich unwirksam: OVG Münster v. 9. 5. 1995 – 11 A 4010/92 –, NJW 1996, 275; ausführlich *Weisemann*, NJW 1997, 2857, insbes. Ziff. III und V.

ten Grundstücks ist, durch Baulast und nicht (nur) durch eine Grunddienstbarkeit gesichert wird.

Die Baulast hat ähnliche **Wirkungen wie eine Dienstbarkeit**, und zwar wie *49* eine absolut erstrangige (RN 50). Deshalb ist sie bei der Beleihung eines dadurch belasteten Grundstücks entsprechend zu berücksichtigen. Ob und ggf. welche Baulasten bestehen, kann der Grundschuldgläubiger im Baulastverzeichnis (RN 48) feststellen[100].

Da sich eine Baulast wie eine Dienstbarkeit auswirkt, müsste ihre Bestellung richtigerweise der **Zustimmung der bereits bestehenden Grundpfandrechte** (und anderer Rechte, die durch die Baulast beeinträchtigt werden können) bedürfen[101]. Das sollte sich selbst ohne gesetzliche Regelung aus der Beeinträchtigung der bereits eingetragenen Pfandrechte ergeben. Dem entspricht jedoch die derzeit wohl herrschende Meinung nicht[102].

Zum Teil sehen die Vordrucke deshalb eine **schuldrechtliche Verpflichtung** des Grundstückseigentümers vor, eine **Baulast nicht ohne Zustimmung des Gläubigers** zu bestellen[103]. Das entspricht der gesetzlichen Verpflichtung des Grundstückseigentümers, nicht durch Verschlechterung des Grundstücks die Sicherheit des Grundpfandrechtes zu gefährden (§§ 1133, 1134 BGB). Ein Verstoß dagegen würde aber nur einen Schadensersatzanspruch auslösen; die Baulast selbst wäre wirksam.

Die öffentlich-rechtliche Baulast **geht in der Zwangsversteigerung** des belaste- *50* ten Grundstücks **nicht unter**[104]. Eine Baulast wirkt sich darum praktisch wie eine absolut erstrangige Dienstbarkeit aus. Der Interessent wird dies bei seinem Gebot berücksichtigen und für das Grundstück wegen der Baulast je nach deren Inhalt weniger bieten als ohne sie. Die Baulast kann also den Wert des belasteten Grundstücks erheblich verringern, und zwar mit Wirkung selbst gegenüber bereits bestehenden Grundpfandrechten, ohne dass der Grundschuldgläubiger dies kraft seines dinglichen Rechts verhindern könnte.

---

100 Z.B. für Baden-Württemberg: Bei berechtigtem Interesse besteht Anspruch auf Einsicht in das bei der Gemeinde geführte Baulastenverzeichnis und auf Abschrift daraus (§ 72 Landesbauordnung).
101 *Schöner/Stöber*, RN 3200 m.w.N.; *Alff*, Anmerkung zu BVerwG v. 29.10.1992 (FN 103) und OVG Hamburg v. 12.11.1992 (FN 103), Rpfleger 1993, 361; wohl auch *Weisemann*, NJW 1997, 2857, Ziff. V, 2.
102 *Masloh*, NJW 1995, 1993, Ziff. III (s. dort FN 29 bis 31). Dagegen wird die Zustimmung des Nacherben zur Bestellung der Baulast durch den Vorerben (VGH Mannheim v. 27.2.1989 – 5 S 3256/88 – (Ziff.2), NJW 1990, 268; VG Schleswig v. 15.11.1984 – 2 A 7/84 –, DNotZ 1986, 95) bzw. die Genehmigung des Betreuungsgerichts zur Bestellung durch den gesetzlichen Vertreter des Minderjährigen (OVG Münster v. 9.5.1995 – 11 A 4010/92 –, NJW 1996, 275) verlangt, was nicht konsequent ist.
103 Anhang 6 [12]; Anhang 7 [13]; Anhang 8 [14].
104 OVG Lüneburg v. 8.12.1995 – 1 M 7201/95 –, NJW 1996, 1363; OVG Nordrhein-Westfalen v. 26.4.1994 – 11 A 2345/92 – NJW 1994, 3370; OVG Hamburg v. 12.11.1992 – Bf II 29/91 Bf II 29/91 – NJW 1993, 1877 (Leitsatz) = Rpfleger 1993, 209 m.Anm. *Alff* S.361 ff.; s. auch (keine bundesrechtlichen Bedenken gegen diese landesrechtliche Regelung): BVerwG v. 29.10.1992 – 4 B 218/92 –, NJW 1993, 480 = Rpfleger 1993, 208 m.Anm. *Alff* S.361 ff.; *Jezewski*, Ziff.6.4.

2.7 *Exkurs*: Altlasten

51 Eine vom Kreditnehmer zu verantwortende Umweltbelastung kann auch den **Grundpfandgläubiger beeinträchtigen**[105], und zwar insbesondere unter zwei Aspekten: Zum einen kann das Grundpfandrecht durch eine öffentliche Grundstückslast nach § 25 BBodSchG nachträglich entwertet werden (RN 51.1) und zum anderen kann sich der Grundpfandgläubiger durch einen Rettungserwerb des belasteten Grundstücks einem zusätzlichen Risiko aussetzen (RN 51.2).

51.1 Werden Maßnahmen, die zur Sanierung von Altlasten (§ 2 Abs. 5 BBodSchG) und schädlichen Bodenveränderungen (§ 2 Abs. 3 BBodSchG) oder zur Abwehr der daraus drohenden Gefahren erforderlich sind, unter Einsatz öffentlicher Mittel durchgeführt, so ist für die dadurch eintretende Erhöhung des Grundstückswerts ein Ausgleich zu leisten. Die **Ausgleichspflicht ruht als öffentliche Last auf dem Grundstück** (§ 25 Abs. 6 BBodSchG) und geht allen – selbst den bereits eingetragenen – Grundpfandrechten im Rang vor (§ 10 Abs. 1 Nr. 3 ZVG). Sie wird in der Regel den zur Befriedigung von Grundpfandrechten zur Verfügung stehenden Betrag mindern und kann dazu führen, dass selbst ein erstrangiges Grundpfandrecht ausfällt[106].

Gerade wenn der Verpflichtete (§ 4 Abs. 3 BBodSchG) in wirtschaftliche Schwierigkeiten gerät, kann dies Anlass für die zuständige Behörde sein, auf die Durchführung der für erforderlich gehaltenen Maßnahmen, ggf. gegenüber dem Insolvenzverwalter des Pflichtigen[107], zu drängen und sie u. U. selbst zu vollziehen[108], wenn und weil sie aus dem Wert des sanierten Grundstücks erstrangig Ausgleich für ihre Aufwendungen erwartet.

Ist ein Wertausgleichsanspruch entstanden, wird in der Zweiten Abteilung des Grundbuchs ein Vermerk über die Bodenschutzlast eingetragen (§§ 93a und 93 b GBV); der Vermerk ist aber für das Entstehen des Anspruchs nicht erforderlich, sondern verdeutlicht ihn nur[109]. Die Höhe des Ausgleichsbetrags wird von der zuständigen Behörde festgesetzt (§ 25 Abs. 1 BBodSchG).

51.2 Zur Sanierung ist – neben dem Verursacher und dessen Gesamtrechtsnachfolger – u. a. auch der **Grundstückseigentümer verpflichtet** (§ 4 Abs. 3 BBodSchG); dessen Haftung setzt nicht voraus, dass er die Altlast verursacht hat. Durch einen **Rettungserwerb** wird das Kreditinstitut Eigentümer des Grundstücks und damit unmittelbar verantwortlich. Der Sanierungsaufwand ist schwer kalkulierbar[110] und kann den Wert des Grundstücks übersteigen. Das

---

105 Eingehend: *Lwowski/Tetzlaff*, WM 2001, 385 ff. und 437 ff.
106 Vgl. *Lwowski/Tetzlaff*, WM 2001, 385, 387, 395 und WM 1999, 2336, 2351 f.; *Albrecht/Teifel*, Rpfleger 1999, 366; s. auch *Knopp/Albrecht*, BB 1998, 1853. – Zur Behandlung und zur Bedeutung von Altlasten in der Zwangsversteigerung s. *Stöber/Becker*, § 66 RN 28.
107 BVerwG v. 10. 2. 1999 – BVerwG 11 C 9.97 –, ZIP 1999, 538 = EWiR § 7 GesO 2/2000, 629 (*Lüke/Blenske*).
108 *Lwowski/Tetzlaff*, WM 2001, 385, 386 f., 395.
109 *Albrecht/Teifel*, Rpfleger 1999, 366, Ziff. IV, 2.
110 *Lwowski/Tetzlaff*, WM 2001, 385 ff., 394.

Bundesverfassungsgericht[111] hat allerdings Leitlinien für die Begrenzung der Zustandshaftung des Eigentümers gezogen.

Die Haftung des Eigentümers endet nicht ohne Weiteres mit der (Weiter-)Veräußerung des Grundstücks; unter bestimmten Umständen haftet der frühere Eigentümer – selbst, wenn er nicht Verursacher ist – weiter (§4 Abs.6 BBodSchG)[112].

Tatsächlich ergibt sich das Risiko des Gläubigers einer Grundschuld schon aus dem bloßen Vorhandensein der Altlast bzw. der schädlichen Bodenveränderung und nicht erst aus der Festsetzung des Ausgleichsanspruchs oder der Eintragung des Vermerks. Deshalb ist es erforderlich, bei der Kreditierung **Umweltrisiken möglichst frühzeitig zu erkennen und zu berücksichtigen**[113].

Die Erfassung der Altlasten ist Sache der Länder (§ 11 BBodSchG). Diese können über den Kreis der altlastverdächtigen Flächen (§2 Abs.6 BBodSchG) hinaus weitere Verdachtsflächen erfassen (§21 Abs.2 BBodSchG) und allgemeine Bodeninformationssysteme einrichten (§21 Abs.4 BBodSchG). Bereits vor Inkrafttreten des BBodSchG (1.3.1999) sahen Abfallgesetze oder andere einschlägige Gesetze der Länder[114] die Erfassung von Altlasten und altlastenverdächtigen Flächen in zentralen Dateien (**Altlastenkataster**) vor. Diese Bestimmungen werden durch das BBodSchG, soweit sie ihm nicht widersprechen, nicht verdrängt[115].

Auch **Flächennutzungs- und Bebauungsplan** geben Auskunft über Altlasten. Darin sind Flächen, deren Böden erheblich mit umweltgefährdenden Stoffen belastet sind, zu kennzeichnen[116]. Die Kennzeichnungspflicht bezieht sich beim Flächennutzungsplan nur auf die für bauliche Nutzung vorgesehenen Flächen, im Bebauungsplan auf alle belasteten Flächen. Soweit für die Bauleitplanung erheblich, sind die Gemeinden in Verdachtsfällen auch zu Untersuchungen verpflichtet.

Besondere **Vorsicht ist bei einem Rettungserwerb** geboten, weil sich das Risiko dadurch noch vergrößern kann. Erforderlich sind eine sorgfältige Standortrecherche und die Ausschöpfung aller verfügbaren Informationsquellen. Je nach dem Verdachtsgrad kann eine vorherige Bodenuntersuchung empfehlenswert sein.

Soweit der Grundschuldgläubiger Kenntnis von einer Bodenkontamination oder einen dahingehenden konkreten Verdacht hat, kann sich daraus im Einzelfall bei Vorliegen einer schuldrechtlichen Sonderverbindung auch eine **Aufklärungspflicht** gegenüber Dritten ergeben. Finanziert beispielsweise der Grund-

---

111 BVerfG v. 16.2.2000 – 1 BvR 242/91 u.a. –, NJW 2000, 2573 = WM 2000, 1656; kritisch *Bickel*, NJW 2000, 2562.
112 *Lwowski/Tetzlaff*, WM 2001, 385 ff., 388 und 437 ff., 440/441; zur Nachhaftung: *Knopp*, NJW 2000, 905, 906; *Körner*, DNotZ 2000, 344, 356.
113 Vgl. *Meuche*, ZfgK 1995, 264; *Pudill*, ZfgK 1995, 258.
114 Vgl. den Überblick bei *Kügel*, NJW 1996, 2477 (Ziff.II, 2) und NJW 2000, 107, 109 (Ziff.II, 4).
115 *Knopp/Albrecht*, BB 1998, 1853, Ziff.III, 2.
116 § 5 Abs. 3 Nr. 3 und § 9 Abs. 5 Nr. 3 BauGB.

pfandrechtsgläubiger den Käufer des (möglicherweise) erheblich kontaminierten Objekts, kommt bei Vorliegen eines konkreten Wissensvorsprungs (RN 569) eine Haftung wegen Verletzung einer Aufklärungspflicht in Betracht[117]. Zur Vermeidung einer Schadensersatzhaftung empfiehlt es sich, den Darlehensnehmer über die Risiken aufzuklären oder von der Finanzierung ganz Abstand zu nehmen.

---

117 OLG Karlsruhe v. 15. 7. 2008 – 17 U 4/07 – (Ziff. II, 2), WM 2008, 1870 = ZfIR 2009, 29.

3 Verfahren beim Grundbuchamt

3.1 Umfang der Prüfung durch das Grundbuchamt

Eine geschlossene Darstellung des Verfahrens beim Grundbuchamt würde den Rahmen dieses Buches sprengen. Es können – über die in Ziff. 4 im Einzelnen dargestellten Voraussetzungen für die Eintragung einer Grundschuld hinaus – nur einige im Zusammenhang mit dem Erwerb einer Grundschuld **bedeutsame Fragen** erörtert werden. *53*

In fast allen Bundesländern wird mittlerweile das Grundbuch flächendeckend maschinell (elektronisch) geführt. Soweit das vereinzelt noch nicht der Fall ist, ist mit einer zeitnahen Umstellung zu rechnen. Beim maschinell geführten Grundbuch tritt die Aufnahme der Eintragung in den Datenspeicher (§ 129 GBO) an die Stelle der Unterzeichnung (§ 44 Abs. 1 GBO). Im Übrigen richtet sich aber das Verfahren, soweit nachstehend dargestellt, zunächst nach den gleichen Regeln, wenn – wie bislang üblich – die Eintragungsunterlagen dem Grundbuchamt in Papierform vorgelegt werden.

Mit dem zum 1. 10. 2009 in Kraft getretenen ERVGBG[1] wurden darüber hinaus die rechtlichen Rahmenbedingungen für eine elektronische Kommunikation zwischen den Verfahrensbeteiligten und dem Grundbuchamt geschaffen[2]. Auf dieser Grundlage können die für eine Grundbucheintragung erforderlichen Urkunden als elektronische Dokumente ohne Medienbruch übermittelt, bearbeitet und vom Grundbuchamt in einer elektronischen Grundakte aufbewahrt werden. Um den spezifischen Anforderungen der elektronischen Kommunikation gerecht zu werden, wurde die Grundbuchordnung durch das ERVGBG um besondere Verfahrensregeln ergänzt (§§ 135 bis 141 GBO). Der Bundesgesetzgeber hat die Landesregierungen ermächtigt, selbst durch Rechtsverordnung über Einführungszeitpunkt, Umfang sowie technische Einzelheiten des elektronischen Rechtsverkehrs und der elektronischen Grundakte zu entscheiden (§ 135 GBO). Innerhalb eines Bundeslandes kann der elektronische Rechtsverkehr zunächst auch auf einzelne Grundbuchämter beschränkt werden. Die konkrete Umsetzung auf Länderebene hat begonnen, ist aber noch nicht vollständig abgeschlossen. *53.1*

Soweit ein Bundesland von der Verordnungsermächtigung nach § 135 Abs. 1 Nr. 4 GBO Gebrauch gemacht hat, sind Notare (nicht Behörden[3]) zur Übermittlung der Eintragungsunterlagen in elektronischer Form verpflichtet. Gleichwohl in Papierform oder zwar elektronisch, aber nicht maschinenlesbarerer Form übermittelte Dokumente stellen im Interesse der Rechtssicherheit und -klarheit kein Eintragungshindernis dar und gelten als wirksam beim Grundbuchamt eingegangen.[4]

---

1 Gesetz zur Einführung des elektronischen Rechtsverkehrs und der elektronischen Akte im Grundbuchverfahren sowie zur Änderung weiterer grundbuch-, register- und kostenrechtlicher Vorschriften vom 11. 8. 2009 (BGBl. I, 2713 ff.).
2 Überblick bei *Aufderhaar/Jaeger*, ZfIR 2009, 681; *Meyer/Mödl*, DNotZ 2009, 743.
3 OLG Schleswig v. 26. 4. 2022 – 2 WX 22/22 –, NJW-RR 2022, 1181.
4 OLG Schleswig v. 1. 3. 2023 – Wx 10/23 –, ZfIR 2023, 339; *Demharter*, § 135 RN 8.

54 Das Grundbuchamt prüft lediglich die *(formellen)***Voraussetzungen für die Eintragung** einer Grundschuld im Grundbuch. Ob die Grundschuld (materiellrechtlich) entsteht und ob der eingetragene Gläubiger sie erwirbt, muss und darf das Grundbuchamt nicht prüfen (RN 59 bis 62). Entsprechendes gilt für die Eintragung von Veränderungen, etwa eines späteren Rangrücktritts (RN 358, 361).

Für die Eintragung einer Grundschuld oder von Veränderungen bezüglich einer Grundschuld sind immer erforderlich:

– der Antrag eines Beteiligten (RN 82, 83),

– die Bewilligung des Betroffenen (RN 101),

– in öffentlich beglaubigter oder beurkundeter Form (RN 111, 112) und

– die Voreintragung des Betroffenen im Grundbuch (RN 120 bis 125).

– Ferner ist für eine (nachträgliche) Eintragung bei einer Briefgrundschuld (RN 165) der Grundschuldbrief vorzulegen (§ 41 Abs. 1 Satz 1, § 42 Satz 1 GBO).

55 Das Grundbuchamt hat dabei zu prüfen, ob derjenige, der die Eintragung bewilligt hat, zur Verfügung über das Recht befugt ist. Regelmäßig muss die **Verfügungsbefugnis** im *Zeitpunkt der Eintragung* vorliegen (RN 102; Ausnahme: RN 158).

Ist er nicht uneingeschränkt verfügungsbefugt, so müssen die zusätzlichen Voraussetzungen für das Wirksamwerden der Verfügung nachgewiesen werden. Das Grundbuchamt hat bspw. zu prüfen, ob eine etwa erforderliche Genehmigung des Betreuungsgerichts *erteilt,* nicht aber, ob sie dem Gläubiger gegenüber wirksam geworden ist (RN 189, 190). Wegen der wichtigsten Verfügungsbeschränkungen und der zusätzlichen Erfordernisse wird auf RN 173 bis 229 verwiesen.

56 Nur ausnahmsweise hat das Grundbuchamt die – neben der Eintragung – für die Rechtsänderung erforderliche **Einigung** zu prüfen, nämlich bei Erwerb des Eigentums oder eines Erbbaurechts (§ 20 GBO). Nur in diesen Fällen hat es dann auch zu prüfen, ob eine etwa erforderliche Genehmigung dem Vertragspartner gegenüber wirksam geworden, also bspw. ihm auf dem richtigen Erklärungsweg (vgl. RN 189) zugegangen ist.

57 Die im Eintragungsverfahren dem Grundbuchamt vorgelegten Willenserklärungen sind der **Auslegung** zugänglich, sofern der Wortlaut nicht eindeutig ist[5]. Das Grundbuchamt kann dabei aber keine umfassende Prüfung anstellen, sondern außer den ihm vorliegenden Eintragungsunterlagen nur offenkundige Umstände berücksichtigen[6].

58 Bestehen aufgrund konkreter Tatsachen begründete **Zweifel**, ob die Voraussetzungen für die beantragte Eintragung wirksam erfüllt sind (bspw. wenn die

---

5   Z. B. OLG Zweibrücken v. 14.10.1994 – 3 W 200/93 –, DNotZ 1997, 325 m.w.N.; *Schöner/Stöber*, RN 103, 172 m.w.N.

6   BayObLG v. 17.2.1994 – 2 Z BR 138/93 – (Buchstabe b), DNotZ 1995, 56; OLG Frankfurt v. 25.1.1991 – 20 W 523/89 – (Ziff. 2), Rpfleger 1991, 361.

Eintragungsbewilligung für die Grundschuld durch einen Bevollmächtigten abgegeben worden ist und der Vollmachtgeber den wirksamen Widerruf der Vollmacht behauptet), so muss das Grundbuchamt den Sachverhalt aufklären. Die Tatsachen, auf die sich der Zweifel gründet, müssen sich nicht unbedingt aus (öffentlich beglaubigten oder beurkundeten) Eintragungsunterlagen ergeben, sondern können auch sonst bekannt geworden sein oder auf der Lebenserfahrung beruhen[7].

Das **Grundbuchamt prüft regelmäßig nicht**, ob die **Rechtsänderung**, zu der die Eintragung führen soll, tatsächlich eintritt, also bspw. ob die Grundschuld entsteht (RN 145) und ob der eingetragene Gläubiger sie tatsächlich erwirbt (RN 154, 159). Voraussetzung für die Eintragung und damit Gegenstand der Prüfung ist regelmäßig (nur) die Bewilligung des Betroffenen[8], also das einseitige Einverständnis des verlierenden Teils *(formelles Konsensprinzip)*.   59

Selbst wenn das Grundbuchamt begründeten Anlass zur Annahme hat, dass sich Eigentümer und Gläubiger über das Entstehen der beantragten Grundschuld noch nicht einig geworden sind oder dass die **Einigung** (noch) unwirksam ist[9], kann es deshalb die Eintragung nicht ablehnen, solange die Einigung nachgeholt oder wirksam gemacht werden kann[10] (vgl. § 879 Abs. 2 BGB). Das Gesetz nimmt bewusst in Kauf, dass die Einigung später als die Eintragung erfolgt (oder wirksam wird) und demnach auch, dass das Grundbuch vorübergehend unrichtig ist.   60

Entsprechendes gilt hinsichtlich der Verfügungsbefugnis. Das Grundbuchamt prüft nur, ob die Voraussetzungen gegeben sind, unter denen bspw. die Eltern über das Grundstück ihres Kindes wirksam verfügen dürfen. Es prüft aber nicht, ob die von ihnen getroffene Verfügung tatsächlich wirksam ist. Für das Grundbuchamt genügt es, dass das Familiengericht den Eltern die **Genehmigung** zur Belastung des Grundstücks des Minderjährigen *erteilt* hat (§§ 1643 Abs. 1, 1850 Nr. 1 BGB). Es prüft nicht, ob die Eltern diese Genehmigung dem Grundschuldgläubiger mitgeteilt haben (RN 189)[11], obwohl dies für eine wirksame Grundschuldbestellung unabdingbar notwendig ist (§ 1856 Abs. 1 Satz 2 i. V. m. § 1644 Abs. 3 BGB).

---

7   BGH v. 28.4.1961 – V ZB 17/60 – (Abschnitt B 1 c), BGHZ 35, 135 = NJW 1961, 1301; OLG Frankfurt v. 9.12.1976 – 20 W 829/76 – (Buchstabe d), Rpfleger 1977, 103; *Böttcher*, Rpfleger 1990, 486, 490 m. w. N.

8   OLG Zweibrücken v. 26.8.2003 – 3 W 171/03 –, Rpfleger 2004, 38; OLG Karlsruhe v. 20.3.2001 – 11 Wx 18/01 – (Ziff. 2), Rpfleger 2001, 343; OLG Hamm v. 4.9.1979 – 15 W 26/79 – (Ziff. II, 1 a), DNotZ 1979, 752; *Schmid*, Rpfleger 1987, 133, 136.

9   Bspw. deshalb, weil die familien- bzw. betreuungsgerichtliche Genehmigung für die Bestellung der Grundschuld noch nicht vom gesetzlichen Vertreter des minderjährigen Eigentümers dem Grundschuldgläubiger mitgeteilt worden ist.

10   *Demharter*, Anhang zu § 13 RN 42; *Wolfsteiner*, DNotZ 1987, 67, 74; Rpfleger 1990, 486, 491 und 494.

11   *Böttcher*, Rpfleger 1990, 486 (Ziff. II, 1) m. w. N.; *Böttcher* kann allerdings nicht zugestimmt werden, soweit er (S. 491) die Ansicht vertritt, die Eintragung sei abzulehnen, wenn dem Grundbuchamt sicher bekannt sei, dass die Eltern die gerichtliche Genehmigung dem Grundschuldgläubiger (noch) nicht mitgeteilt haben, weil dies nachgeholt werden kann.

Erst recht prüft das Grundbuchamt nicht die Wirksamkeit des schuldrechtlichen Grundgeschäfts[12], also der Verpflichtung, die Grundschuld zu bestellen (RN 566), oder die sonst mit der beantragten Eintragung wirtschaftlich zusammenhängenden Vereinbarungen, also bspw. ob der **Sicherungsvertrag** (RN 562 bis 565) wirksam oder die Forderung[13], die durch die Grundschuld gesichert werden soll, entstanden ist. Zum Prüfungsumfang im Hinblick auf eine im Außenverhältnis beschränkte Finanzierungsvollmacht s. RN 108 und 712.1.

61 Liegen die Eintragungsvoraussetzungen vor, dann darf das Grundbuchamt die **Eintragung nur ablehnen**, wenn es aufgrund feststehender Tatsachen sichere Kenntnis hat, dass das Grundbuch dadurch (auf Dauer) **unrichtig** werden würde[14]. Die entsprechenden Tatsachen müssen sich nicht unbedingt aus dem Grundbuchamt vorliegenden öffentlichen oder öffentlich beglaubigten Urkunden ergeben.

62 Die Bestimmungen über die durch **Allgemeine Geschäftsbedingungen** (RN 687) gestalteten Schuldverhältnisse (§§ 305 bis 310 BGB) haben Prüfungsrecht und Prüfungspflicht des Grundbuchamts nicht geändert, insbesondere nicht erweitert[15]. Selbstverständlich darf das Grundbuchamt diese Bestimmungen nicht unberücksichtigt lassen. Die Ablehnung der beantragten Eintragung kann aber nur dann in Betracht kommen, wenn sich aus den vorgelegten Eintragungsunterlagen ergibt, dass das *Grundbuch* durch die Eintragung (dauernd) unrichtig werden würde[16].

Insbesondere kann das Grundbuchamt die Frage nicht prüfen, ob bestimmte Forderungen durch die Grundschuld wirksam gesichert sind (RN 682 bis 700). Denn gerade die Verknüpfung mit einer Forderung kann nicht Inhalt der *Grundschuld* selbst sein[17]. Dieser Komplex ist vielmehr Gegenstand des Sicherungsvertrags (RN 562 bis 565), der der Prüfung durch das Grundbuchamt gerade nicht

---

12 BayObLG v. 18.12.1979 – 2 Z 11/79 – (Ziff. II, 3 a), Rpfleger 1980, 105 m. w. N.; OLG Frankfurt v. 3.3.1980 – 20 W 82/80 –, Rpfleger 1980, 292; OLG Oldenburg v. 31.10.1984 – 5 W 66/84 –, DNotZ 1985, 712; *Schöner/Stöber*, RN 208; *Böttcher*, Rpfleger 1990, 486, 494.

13 LG Oldenburg v. 22.9.1981 – 5 T 278/81 –, Rpfleger 1982, 19 = ZIP 1981, 1326; *v. Westphalen*, ZIP 1984, 6.

14 BGH v. 28.4.1961 – V ZB 17/60 – (Abschnitt B 1 c), BGHZ 35, 135 = NJW 1961, 1301; BayObLG v. 17.2.1994 – 2 Z BR 138/93 – (Buchstabe d), DNotZ 1995, 56; OLG Karlsruhe v. 20.3.2001 – 11 Wx 18/01 – (Ziff. 2), Rpfleger 2001, 343; OLG Hamm v. 4.9.1979 – 15 W 26/79 – (Ziff. II, 1 a), DNotZ 1979, 752; *Demharter*, Anhang zu § 13 RN 43; *Böttcher*, Rpfleger 1990, 486, 490; *Wolfsteiner*, DNotZ 1987, 67, 74.

15 BayObLG v. 18.12.1979 (Ziff. II, 3 c), Rpfleger 1980, 105 m. w. N.; – 15 W 26/79 – (Ziff. II, 1 b), DNotZ 1979, 752; LG Aschaffenburg v. 19.12.1978 – T 205/78 –, DNotZ 1979, 178 m. w. N.; *Schöner/Stöber*, RN 211 ff.; *Schmid*, Rpfleger 1987, 133 m. w. N.; *Schmidt*, MittBayNot 1978, 89; *v. Westphalen*, ZIP 1984, 6; *anderer Ansicht: Eickmann*, Rpfleger 1978, 4; *offen gelassen* (weil im konkreten Fall kein Verstoß gegen das AGB-Gesetz): BGH v. 27.2.1980 – V ZB 19/79 –, BGHZ 76, 371 = NJW 1980, 1625.

16 *Demharter*, § 19 RN 43 m. w. N.; *anderer Ansicht* (Recht, aber keine Pflicht zur Prüfung): OLG Celle v. 25.5.1979 – 4 Wx 16/79 –, DNotZ 1979, 622 mit abl. Anm. *Schöner*.

17 *Staudinger/Wolfsteiner* (2019), Vorbem. 4 zu §§ 1191 ff.

---

unterliegt. Im Übrigen ist dem Grundbuchamt eine **Inhaltskontrolle** durch Wertung des gesamten Vertragsinhalts regelmäßig schon deshalb nicht möglich, weil die dafür erforderlichen Erkenntnismittel im Grundbuchverfahren nicht zur Verfügung stehen[18].

Die bekannt gewordenen Beanstandungen beziehen sich im Wesentlichen auf Hypothekenbestellungsurkunden. Darauf wird hier nicht eingegangen. Anders als bei der Hypothek ist die Wirksamkeit oder Unwirksamkeit der gesicherten Forderung für die Eintragung der Grundschuld gänzlich unerheblich[19]. Auch ein etwaiges (vollstreckbares) persönliches Schuldversprechen des Eigentümers (RN 291, 292) ist nicht Gegenstand der Eintragung.

Die **Richtigkeitsvermutung,** dass das im Grundbuch eingetragene Recht besteht und dem eingetragenen Berechtigten zusteht (§ 891 Abs. 1 BGB), gilt auch für das Grundbuchamt, solange es nicht zuverlässig weiß, dass eine Eintragung unrichtig ist[20]. Dementsprechend kann es – bis zur Kenntnis des Gegenteils – davon ausgehen, dass der Berechtigte uneingeschränkt verfügungsbefugt ist, wenn eine Verfügungsbeschränkung, die eingetragen werden müsste oder könnte, nicht eingetragen ist. Das gilt selbst bei ernsthaften Zweifeln an der Richtigkeit des Grundbuchs, jedenfalls dann, wenn diese mit den Mitteln des Grundbuchamts nicht aufklärbar sind; streitig ist nur, ob das Grundbuchamt in solchen Fällen versuchen darf/soll, durch Zwischenverfügung auf Klärung hinzuwirken[21]. *63*

Bei Briefgrundpfandrechten ist dies modifiziert: Zugunsten des eingetragenen Gläubigers wird nur dann vermutet, dass ihm das Pfandrecht (noch) zusteht, wenn er zusätzlich den über das Recht ausgestellten Brief in Besitz hat. Hat ein anderer den Brief in Besitz, dann wird vermutet, dass der Briefbesitzer Gläubiger des Pfandrechts ist, falls er sich zusätzlich durch eine ununterbrochene Kette beglaubigter Abtretungserklärungen legitimieren kann (§ 1155 BGB).

Die Vermutung, dass die *Brief*grundschuld dem *eingetragenen* Gläubiger zusteht, ist bspw. ausgeräumt, wenn der Brief dem Grundbuchamt von einem Dritten zusammen mit einer privatschriftlichen Abtretungserklärung zu seinen Gunsten vorgelegt wird[22]. Die Vermutung, dass das Recht dem im Grundbuch Eingetragenen zusteht, wird aber durch Vorlage einer privatschriftlichen Rück-Abtretungserklärung wieder hergestellt[23].

---

18 BayObLG v. 18.12.1979 (Ziff. II, 3 f, bb), Rpfleger 1980, 105 m. w. N.; – 15 W 26/79 – (Ziff. II, 1 b), DNotZ 1979, 752 m. w. N.; OLG Hamm v. 4.9.1979 – 15 W 26/79 – (Ziff. II, I b), DNotZ 1979, 752; *Schmid*, Rpfleger 1987, 133, 136.
19 LG Oldenburg v. 22.9.1981 – 5 T 278/81 –, Rpfleger 1982, 19 = ZIP 1981, 1326.
20 BayObLG v. 3.7.1991 – 2 Z 71/91 –, Rpfleger 1992, 56 und 279 (Anm. *Bestelmeyer*); OLG Zweibrücken v. 28.1.1997 – 3 W 180/96 – (Ziff. 2), Rpfleger 1997, 428; OLG Frankfurt v. 25.1.1991 – 20 W 523/89 – (Ziff. 1), Rpfleger 1991, 361 m. w. N.; *Demharter*, Anhang zu § 13 RN 16; *Schöner/Stöber* RN 341 f.
21 *Böttcher*, Rpfleger 1990, 486, 489 (Ziff. VI, 1) m. w. N.
22 BayObLG v. 3.7.1991 – 2 Z 71/91 – (Ziff. 2a), Rpfleger 1992, 56 und 279 (Anm. *Bestelmeyer*); vgl. auch BayObLG v. 15.3.1989 – 2 Z 17/89 –, DNotZ 1990, 739.
23 BayObLG v. 3.7.1991 – 2 Z 71/91 – (Ziff. 2b), Rpfleger 1992, 56 und 279 (Anm. *Bestelmeyer*).

3.2 Bei Mängeln: Zurückweisung oder Zwischenverfügung

64 Der Antrag auf eine Eintragung ist vom Grundbuchamt sofort zurückzuweisen, wenn er mit **schweren**, nicht (rückwirkend) behebbaren **Mängeln** behaftet ist. Die sofortige Zurückweisung ist auch dann geboten, wenn bei Eingang des Antrags die erforderliche Eintragungsbewilligung noch nicht einmal erklärt ist[24].

Sofort zurückzuweisen ist ein Antrag insbesondere dann, wenn der Antragsteller nicht antragsberechtigt (RN 83) ist oder die beantragte Eintragung unzulässig ist oder ein Nicht-Berechtigter die Eintragung bewilligt hat und rückwirkende Heilung nicht erwartet werden kann oder wenn bei einem Antrag auf Eintragung einer Zwangshypothek die Voraussetzungen für die Zwangsvollstreckung noch nicht erfüllt sind[25].

Liegt dagegen die Bewilligung des unmittelbar Betroffenen vor (etwa die Löschungsbewilligung des Gläubigers), so kann durch Zwischenverfügung aufgegeben werden, die Zustimmung des (nur mittelbar betroffenen) Grundstückseigentümers beizubringen[26].

65 Muss der Antrag nicht zwingend zurückgewiesen werden, hat das Grundbuchamt eine **Zwischenverfügung** zu erlassen. Es hat in diesen Fällen keinen Ermessensspielraum, ob es die Zwischenverfügung erlassen oder den Antrag zurückweisen will[27].

In der Zwischenverfügung bezeichnet das Grundbuchamt die (alle) Eintragungshindernisse und die Möglichkeiten zu ihrer Beseitigung und fordert den Antragsteller auf, innerhalb einer bestimmten Frist[28] die Mängel zu beheben[29] (§ 18 Abs. 1 GBO).

66 Nach Erlass der Zwischenverfügung kann das Grundbuchamt aufgrund **später gestellter Anträge** Eintragungen vornehmen, muss aber (spätestens gleichzeitig) eine Vormerkung oder einen Widerspruch zugunsten des zuerst gestellten Antrags eintragen. Wird das Hindernis beseitigt, so wird die (früher) beantragte Eintragung vorgenommen, und zwar (aufgrund der Vormerkung bzw. des Widerspruchs) mit dem Rang, der dem Eingang des Antrags entspricht. Wird das Hindernis innerhalb der gesetzten Frist nicht beseitigt, wird (jetzt erst) der früher gestellte Antrag zurückgewiesen und die Vormerkung bzw. der Widerspruch gelöscht (§ 18 Abs. 2 GBO).

---

24 BayObLG v. 30. 6. 1988 – BR 2 Z 64/89 –, DNotZ 1989, 361; *Demharter*, § 18 RN 12.
25 *Demharter*, § 18 RN 5 ff. m. w. N.
26 BayObLG v. 10. 10. 1996 – 2 Z BR 102/96 –, DNotZ 1997, 324.
27 *Böttcher*, MittBayNot 1987, 9; *anderer Ansicht* (Ermessensspielraum): OLG Düsseldorf v. 7. 3. 1986 – 3 Wx 79/86 –, NJW RR 1986, 1313 = Rpfleger 1986, 297 = WM 1987, 717 m. w. N.; *Demharter*, § 18 RN 20 ff. m. w. N.
28 Eine Zwischenverfügung ohne Fristsetzung ist unzulässig: BayObLG v. 24. 8. 1995 – 2 Z BR 83/95 – (Ziff. II, 1), WM 1995, 1991 (in DNotZ 1997, 319 nicht abgedruckt).
29 OLG Frankfurt v. 9. 12. 1976 – 20 W 829/76 – (Buchstabe b), Rpfleger 1977, 103.

3.3 Eintragungsbekanntmachung

Nach Eintragung der Grundschuld erhält der eingetragene Gläubiger (sofern er   *67*
nicht durch einen Notar vertreten ist) vom Grundbuchamt eine **Eintragungsbekanntmachung** (§ 55 Abs. 1 GBO). Ob die Eintragung nur vom Eigentümer oder
auch vom Gläubiger beantragt worden ist, spielt dafür keine Rolle.

Hat jedoch der die Grundschuldbestellung beurkundende oder beglaubigende
Notar den Eintragungsantrag (auch) für den Gläubiger gestellt (§ 15 GBO), so
erfolgt die Bekanntmachung nicht unmittelbar an den Gläubiger, sondern **nur
an den Notar**[30]. Dies gilt selbst dann, wenn dieser ausdrücklich um unmittelbare Übersendung an den Gläubiger bittet[31] oder wenn er nach dem Inhalt der
Urkunde zur Entgegennahme der Eintragungsnachricht nicht bevollmächtigt
ist[32]. Lediglich durch den Notar nicht vertretene Beteiligte sind durch das
Grundbuchamt unmittelbar zu benachrichtigen[33].

Demjenigen, der als Gläubiger einer Grundschuld eingetragen ist, sind ferner
jeder Eigentumswechsel und alle **anderen Eintragungen bekannt zu machen**,
durch die die Grundschuld betroffen wird (§ 55 Abs. 1 GBO). Ist eine Grundschuld ohne Eintragung im Grundbuch abgetreten worden (RN 439), gehen
diese Nachrichten an den früheren Gläubiger, weil dieser noch eingetragen ist.
Durch Empfangsvollmacht (RN 70) kann die Information des wahren Gläubigers sichergestellt werden.

Die Eintragungsbekanntmachung hat nur beschränkte Aussagekraft. In ihr ist   *68*
die Eintragung wörtlich wiederzugeben; die Stelle der Eintragung im Grundbuch und der Name des Grundstückseigentümers sollen angegeben werden
(§ 55 Abs. 6 Satz 1 und 2 GBO). Das reicht aber zur zuverlässigen Bewertung der
Grundschuld nicht aus.

Um die Grundschuld sicher bewerten zu können, sind zusätzlich (mindestens)
die genaue Bezeichnung des belasteten Grundstücks und die Kenntnis aller
Belastungen im Vor- oder Gleichrang erforderlich. Die (in der Eintragungsbekanntmachung mitgeteilte) laufende Nummer, unter der eine Grundschuld eingetragen ist, lässt nur sehr eingeschränkt Schlüsse über etwaige vor- oder
gleichrangige Rechte in der *Dritten* Abteilung zu und sagt überhaupt nichts
darüber aus, ob und ggf. wie viele Rechte in der *Zweiten* Abteilung im Rang
vorgehen oder gleichstehen. Selbst dem Brief über eine Briefgrundschuld können diese Angaben nicht mehr zuverlässig entnommen werden (RN 163).

Zur **sicheren Bewertung** braucht der Gläubiger – sofern er sich die erforderliche Kenntnis nicht durch Einsicht in das Grundbuch verschafft – eine **Grund-

---

30 OLG Düsseldorf v. 2.6.1997 – 3 Wx 529/96 –, Rpfleger 1997, 474; LG Koblenz v.
    12.8.1996 – 2 T 498/96 –, Rpfleger 1996, 449; *Demharter*, § 15 RN 19; so auch schon
    vor der Neufassung des § 55 GBO durch Gesetz v. 23.12.1993: BayObLG v.
    5.10.1988 – 2 Z 93/88 – (Ziff. III), Rpfleger 1989, 147.
31 OLG Köln v. 20.11.2000 – 2 Wx 59/00 –, Rpfleger 2001, 123.
32 Thür. OLG v. 13.5.2002 – 6 W 203/02 –, Rpfleger 2002, 516; OLG Düsseldorf v.
    3.11.2000 – 3 Wx 360/00 –, DNotZ 2001, 704 = Rpfleger 2001, 124.
33 LG Bielefeld v. 2.9.2001 – 25 T 639/01 –, Rpfleger 2001, 142.

buchabschrift bzw. (beim maschinell geführten Grundbuch) einen Grundbuchausdruck (§ 131 GBO). Sichere Auskunft gibt nur eine Abschrift bzw. ein Ausdruck, die/der die Grundschuld schon ausweist. Deshalb enthalten manche Grundschuldbestellungsvordrucke[34] den Antrag auf Erteilung einer Grundbuchabschrift *nach* Eintragung der Grundschuld.

Völlige Sicherheit gibt eine beglaubigte Abschrift (§ 12 Abs. 2 Halbs. 2 GBO) bzw. ein amtlicher Ausdruck (§ 131 Satz 3 GBO) des Grundbuchs. Die einfache Fassung dürfte aber, wenn sie als Fotokopie des Papiergrundbuchs bzw. als Ausdruck des EDV-Grundbuchs hergestellt und unmittelbar vom Grundbuchamt an das Kreditinstitut versandt wird (Manipulationen durch Dritte also ausgeschlossen sind), praktisch dieselbe Gewähr für eine korrekte und vollständige Wiedergabe bieten.

Die unbeglaubigte **Abschrift** bzw. der einfache Ausdruck **kostet** 10 Euro, die beglaubigte Abschrift bzw. der amtliche Ausdruck 15 Euro (Nr. 25210 bzw. Nr. 25211 KV GNotKG). Eine Dokumentenpauschale wird daneben nicht erhoben (Nr. 25210 f. KV GNotKG).

69 Anhand einer ihm erteilten Grundbuchabschrift muss der Gläubiger **kritisch prüfen**, ob die Eintragung seinem Antrag hinsichtlich Inhalt, Rang und belastetem Grundstück entspricht. Entsprechendes gilt für die Eintragungsnachricht, soweit sich dies daraus entnehmen lässt.

Entspricht die Eintragung dem Antrag nicht, muss der Gläubiger umgehend beim Grundbuchamt Berichtigung oder Ergänzung verlangen[35]. Liegen besondere Umstände vor, dann kann der Gläubiger, wenn eine Eintragungsbekanntmachung ungewöhnlich lange ausbleibt, auch gehalten sein, nachzuforschen und die Erledigung anzumahnen[36]. Andernfalls läuft er Gefahr, einen etwaigen Schadensersatzanspruch (RN 77 bis 81) zu verlieren.

70 Der eingetragene Gläubiger der Grundschuld kann einen anderen eine **Empfangsvollmacht** für die ihm zu erteilenden Eintragungsbekanntmachungen (RN 67) erteilen. Das Grundbuchamt muss der Weisung, die Nachricht an den Bevollmächtigten zu übermitteln, entsprechen[36]. Auf diese Weise kann bei Abtretung einer (Brief-)Grundschuld außerhalb des Grundbuchs sichergestellt werden, dass der neue Gläubiger in demselben Umfang unterrichtet wird, wie wenn er im Grundbuch als Gläubiger eingetragen wäre.

---

34 Anhang 1 [14]; Anhang 2 [13]; Anhang 4 [11].

35 BGH v. 9.7.1958 – V ZR 5/57 – (Ziff. 2c), BGHZ 28, 104 = WM 1958, 1049 (der im konkreten Fall keine Fahrlässigkeit darin sah, dass eine Getreidegroßhandelsfirma mittleren Umfangs auf das Ausbleiben der Eintragungsbekanntmachung hinsichtlich einer vom Schuldner bestellten Grundschuld nicht reagiert hat); *Haegele*, BWNotZ 1977, 81 m. w. N.

36 OLG Stuttgart v. 15.10.1973 – 8 W 205/73 –, NJW 1974, 705; BayObLG v. 15.3.1989 – 2 Z 17/89 –, DNotZ 1990, 739; *Demharter*, § 55 RN 27.

3.4 Grundbucheinsicht

Einsicht in das Grundbuch setzt normalerweise[37] voraus, dass ein **berechtigtes** *71*
Interesse daran dargelegt wird (§ 12 Abs. 1 Satz 1 GBO). Ein berechtigtes Interesse hat jeder, dem ein Recht am Grundstück oder an einem Grundstücksrecht
zusteht; ob er im Grundbuch eingetragen ist, spielt keine Rolle[38].

Die Einsicht in ein maschinell geführtes Grundbuch kann auch durch ein anderes Grundbuchamt als das das Grundbuch führende gewährt werden (§ 132
GBO). In den Grenzen des § 133 GBO ist Einsicht auch durch Abruf von Daten
aus dem maschinell geführten Grundbuch möglich[39].

Das berechtigte Interesse setzt aber nicht ein bereits *bestehendes* Recht voraus[40].
Es genügt, dass die Grundbucheinsicht Erkenntnisse erwarten lässt, die bei
verständiger Würdigung für rechtlich erhebliches Handeln des Antragstellers
von Bedeutung sind[41]. Auch ein bloß tatsächliches, insbesondere wirtschaftliches Interesse kann das Recht auf Grundbucheinsicht begründen[42].

So ist anerkannt, dass derjenige ein berechtigtes Interesse an der Grundbucheinsicht besitzt, der dem Eigentümer einen **Personalkredit** in nennenswerter
Höhe bereits gewährt hat oder zu gewähren konkret beabsichtigt[43]. Erst recht
muss dies gelten, wenn dabei für das Kreditinstitut ein Grundpfandrecht bestellt
werden soll. Denn im Hinblick auf §§ 891, 892 BGB muss derjenige Einsicht
nehmen können, der ein Recht am Grundstück erwerben will[44].

Das Interesse eines Kreditinstituts auf Einsicht in das Grundbuch seines Kredit-
kunden wird sich regelmäßig auf alle Abteilungen des Grundbuchs, aber möglicherweise nicht auf alle Grundstücke beziehen. In anderen Fällen kann das
berechtigte Interesse auf einzelne Abteilungen beschränkt sein. Der Versuch der
vollständigen Umschreibung aller Fallgestaltungen würde den gegebenen Rahmen sprengen. Auf die eingehende Darstellung von Böhringer[45] wird verwiesen.

---

37 Ausgenommen von der Darlegungspflicht sind insbesondere Notare; im Einzelnen s.
    § 43 GBV.
38 LG Berlin v. 19. 8. 1981 – 84 T 125/81 –, ZIP 1981, 1197; *Demharter*, § 12 RN 8.
39 Dazu und zu den Entwicklungsmöglichkeiten: *Göttlinger*, DNotZ 2002, 743.
40 BayObLG v. 28. 5. 1975 – 2 Z 38/75 –, Rpfleger 1975, 361.
41 OLG Düsseldorf v. 19. 2. 1997 – 3 Wx 4/97 –, Rpfleger 1997, 258; *Böhringer*, Rpfleger
    1987, 181, 183.
42 BayObLG v. 3. 12. 1998 – 2 Z BR 174/98 –, DNotZ 1999, 739 = Rpfleger 1999, 216.
43 BayObLG v. 28. 5. 1975 – 2 Z 38/75 –, Rpfleger 1975, 361; LG Heilbronn v. 12. 7. 1982 –
    1 T 173/82 –, WM 1982, 971; *Demharter*, § 12 RN 9; *Schöner/Stöber*, RN 525; *Böhringer*,
    Rpfleger 1987, 181, 187; *einschränkend* (keine Einsicht zur Information über die
    Vermögensverhältnisse *nach* Gewährung eines Kredits, wenn nicht rechtserhebliches
    Handeln, für das der Inhalt des Grundbuchs bedeutsam, beabsichtigt): LG Offenburg
    v. 14. 3. 1996 – 4 T 40/96 –, Rpfleger 1996, 342.
44 *Eickmann*, DNotZ 1986, 499.
45 *Böhringer*, Rpfleger 1987, 181 ff. m. zahlr. w. N.

Der **Datenschutz** und das informationelle Selbstbestimmungsrecht bekräftigen zwar die Verpflichtung des Grundbuchamts, die Schranken des Einsichtsrechts zu beachten, aber sie engen dieses nicht ein[46].

Die Rechtsprechung hat das Einsichtsrecht sogar erweitert und es auch der Presse eingeräumt, wenn ein berechtigtes Informationsinteresse der Allgemeinheit besteht[47]. Auf diese Entwicklung soll hier nicht näher eingegangen werden.

72 Das berechtigte Interesse muss jeweils **dargelegt** werden; entgegen der früheren Praxis sind Sparkassen insoweit gegenüber privat-rechtlichen Kreditinstituten nicht privilegiert[48].

Darlegen bedeutet nicht Glaubhaftmachen (oder gar Beweisen) der Tatsachen, aus denen sich das berechtigte Interesse ergibt; diese müssen aber in einer solchen Weise vorgebracht werden, dass das Grundbuchamt von der Verfolgung berechtigter Interessen überzeugt ist[49]. Soweit ein Kreditinstitut eine Grundschuld außerhalb des Grundbuchs erworben hat, genügt seine Erklärung, dass ihm die konkret bezeichnete Grundschuld abgetreten worden sei[50].

73 Je nach dem Umfang des berechtigten Interesses kann Einsicht bezüglich eines Grundstücks oder mehrerer Grundstücke genommen werden. Diese **Grundstücke** müssen im Antrag bestimmt **bezeichnet** werden, aber nicht unbedingt nach § 28 Satz 1 GBO (also durch Grundbuchstelle oder Flurstücknummer)[51].

74 Wird ein berechtigtes Interesse an der Grundbucheinsicht dargelegt, dann hat das Grundbuchamt dem Antragsteller auch aus einem **Eigentümer- oder Grundstücksverzeichnis**, wenn es – wovon auszugehen sein dürfte[52] – öffentlich zugänglich gemacht ist, **Auskünfte** (nicht Einsicht[53]) zu erteilen, soweit dies zum Auffinden des betreffenden Grundbuchblatts dient und damit zur Einsicht in das Grundbuch erforderlich ist (§ 12a Abs. 1 Satz 3 GBO).

Die früher streitige Frage[54], ob Auskunft aus solchen Verzeichnissen oder Einsicht in sie gewährt werden darf, ist durch diese ausdrückliche gesetzliche Bestimmung gegenstandslos geworden. Auskunft kann daraus auch gewährt wer-

---

46 OLG Stuttgart v. 13. 1. 1992 – 8 W 420/91 –, Rpfleger 1992, 247; *Schöner/Stöber*, RN 524a; *Böhringer*, Rpfleger 1987, 181, 182; *Lüke/Dutt*, Rpfleger 1984, 253, jeweils m. w. N.

47 BVerfG v. 28. 8. 2000 – 1 BvR 1307/91 –, NJW 2001, 503 = Rpfleger 2001, 15; *KG v. 19. 6. 2001* – 1 W 132/01 –, NJW 2002, 223; *Böhringer*, Rpfleger 2001, 331.

48 BVerfG v. 15. 6. 1983 – 1 BvR 1025/79 –, NJW 1983, 2811 = Rpfleger 1983, 388 = WM 1983, 905.

49 BayObLG v. 23. 3. 1983 – 2 Z 12/83 –, Rpfleger 1983, 272 m. w. N.; *Demharter*, § 12 RN 13; *Böhringer*, Rpfleger 1987, 181, 184 f., jeweils m. w. N.

50 LG Berlin v. 19. 8. 1981 – 84 T 125/81 –, ZIP 1981, 1197.

51 *Böhringer*, Rpfleger 1987, 181, 185; *Nieder*, BWGZ 1981, 503, 505, jeweils m. w. N.

52 *Schöner/Stöber*, RN 72.

53 KG v. 28. 1. 1997 – 1 W 6919/96 –, DNotZ 1997, 734. Nach § 12a Abs. 1 Satz 5 GBO kann inländischen Gerichten, Behörden und Notaren *Einsicht* gewährt werden, auch ohne, dass sie ein berechtigtes Interesse darlegen (LG Berlin v. 28. 1. 1997 – 85 T 346/96 –, Rpfleger 1997, 212).

54 S. dazu *Lüke/Dutt*, Rpfleger 1984, 255; vgl. auch KG v. 18. 2. 1986 – 1 W 3991/85 –, Rpfleger 1986, 299; LG Ravensburg v. 18. 3. 1987– 1 T 72/87 –, Rpfleger 1987, 365.

den, wenn dadurch eine Einsicht in das Grundbuch entbehrlich wird (§ 12a Abs. 1 Satz 4 GBO). Das kann etwa der Fall sein, wenn nur der Eigentümer festgestellt werden soll.

Das Grundbuchamt ist nicht verpflichtet, die Verzeichnisse laufend auf dem neuesten Stand zu halten. Eine Haftung für die Richtigkeit der Auskunft aus dem Eigentümer- oder Grundstücksverzeichnis ist dementsprechend ausgeschlossen, wenn das Verzeichnis nicht den aktuellen Stand wiedergibt (§ 12a Abs. 1 Satz 2 GBO)[55].

Eine Abschrift aus den Verzeichnissen kann nicht verlangt werden (§ 12a Abs. 1 Satz 6 GBO).

Soweit ein Recht auf Einsicht in das Grundbuch besteht, kann auch **Einsicht in die Urkunden** genommen werden, auf die im Grundbuch zur Ergänzung einer Eintragung Bezug genommen ist. Dasselbe gilt für die noch nicht erledigten Eintragungsanträge (§ 12 Abs. 1 Satz 2 GBO). 75

Wenn und soweit er Einsicht in das Grundbuch oder in Urkunden nehmen darf, kann der Berechtigte auch eine unbeglaubigte oder eine beglaubigte **Abschrift** bzw. einen (amtlichen) **Ausdruck** verlangen (§ 12 Abs. 2, § 131 GBO) oder selbst solche Abschriften fertigen, soweit dies ohne Störung des Betriebs möglich ist. 76

3.5 Haftung für Fehler des Grundbuchamts

Der Grundbuchbeamte hat die Vorschriften über die Führung des Grundbuchs zu beachten, und zwar auch die bloßen Sollvorschriften. Diese Pflichten obliegen ihm nicht nur gegenüber denjenigen, auf deren Antrag oder in deren Interesse Eintragungen vorgenommen werden, sondern auch allen denjenigen gegenüber, die im Vertrauen auf die richtige Handhabung der Grundbuchgeschäfte und die dadurch geschaffene Rechtslage im **Rechtsverkehr** tätig werden, z. B. gegenüber einem künftigen Käufer des gebuchten Wohnungseigentums. 77

Verletzt der Grundbuchbeamte schuldhaft eine die Grundbuchführung betreffende Pflicht und entsteht dadurch bei einem sich auf ein Grundstück beziehenden Geschäft ein Schaden[56], der nicht außerhalb des Schutzzwecks der verletzten Norm liegt, so ist das Bundesland, in dessen Dienst der Grundbuchbeamte steht, zum Ersatz verpflichtet (§ 839 BGB i. V. m. Art 34 GG).

Der BGH[57] hat zum **Beispiel** einen **Amtshaftungsanspruch** des Käufers einer (vermeintlichen) Eigentumswohnung in folgendem Fall anerkannt: Der Grundbuchbeamte hatte sich bei der Aufteilung eines Grundstücks in Wohnungseigentum mit einer Abgeschlossenheitsbescheinigung (vgl. § 3 Abs. 2 und § 7 Abs. 4 WEG) begnügt, die das betroffene Grundstück nur unzulänglich beschrieben hat. Deshalb blieb unerkannt, dass das Gebäude mit der Eigentumswoh- 78

---

55 *Demharter*, § 12a RN 4.
56 Zur Feststellung, ob ein Schaden entstanden ist und ggf. in welcher Höhe, vgl. BGH v. 27. 10. 1998 – X ZR 92/96 –, NJW 1999, 430 = ZIP 1998, 2146.
57 BGH v. 12. 11. 1993 – V ZR 174/92 –, BGHZ 124, 100 = NJW 1994, 650.

nung nicht auf dem Grundstück stand, das nach dem Grundbuch (scheinbar) in Wohnungseigentum aufgeteilt war. Das hatte zur Folge, dass der Käufer kein Wohnungseigentum erwarb. Auch eine unzumutbare Verzögerung von Grundbucheintragungen stellt eine Amtspflichtverletzung dar und kann zu einem Schadensersatzanspruch führen[58].

Dagegen hat der BGH[59] einen Schadensersatzanspruch deshalb, weil der Schaden außerhalb des Schutzzwecks der Norm (§§ 13, 19 GBO) lag, in folgendem Fall abgelehnt: Der Erbbauberechtigte hatte unter Vorlage einer gefälschten Zustimmung des Grundstückseigentümers eine Grundschuld für sich selbst bestellt und diese an einen Dritten abgetreten. Das Grundbuchamt hat die Grundschuld unmittelbar für den Fremdgläubiger eingetragen, und nicht, wie beantragt, zuerst für den Erbbauberechtigten und danach die Abtretung der Grundschuld an den Zessionar. Dadurch hat das Grundbuchamt (unbewusst) verhindert, dass der Zessionar die Grundschuld gutgläubig erworben hat (s. RN 431).

79 Der Schadensersatzanspruch besteht aber dann nicht, wenn der Geschädigte schuldhaft **versäumt** hat, den Schaden durch ein **Rechtsmittel** abzuwenden (§ 839 Abs. 3 BGB). Ausgeschlossen ist der Anspruch nur soweit, wie der Schaden durch das Rechtsmittel hätte vermieden oder gemindert werden können[60].

Schuldhaft handelt der Geschädigte dann, wenn er nichts tut, obwohl die Annahme einer Amtspflichtverletzung des Grundbuchamts dringlich nahe gelegen hätte[61].

Rechtsmittel in diesem Sinne sind alle Maßnahmen (auch formlose Aufsichtsbeschwerde oder Erinnerung an die Erledigung), die sich gegen die schädigende Handlung oder Unterlassung wenden und deren Beseitigung oder Berichtigung und die Abwehr oder Minderung des Schadens zum Ziel haben[62].

80 Hat der Beamte nur fahrlässig gehandelt, dann scheidet ein Schadensersatzanspruch gegen den Beamten und das Land auch dann aus, wenn der Geschädigte in anderer Weise (etwa aufgrund eines Schadensersatzanspruchs gegen einen anderen Beteiligten) Ersatz erlangen hätte können (§ 839 Abs. 1 Satz 2 BGB). Der Schadensersatzanspruch ist insoweit **subsidiär.**

---

58 BGH v. 11. 1. 2007 – III ZR 302/05 – (Ziff. II, 1), 8 Monate für Eintragung einer Auflassungsvormerkung, DB 2007, 458 = WM 2007, 414 = ZInsO 2007, 209 = NJW 2007, 830 = ZfIR 2007, 238 (*Hutner*).

59 BGH v. 21. 2. 1986 – V ZR 38/84 –, BGHZ 97, 184 = NJW 1986, 1687 = WM 1986, 617; s. auch *Schmitz*, WM 1991, 1061.

60 *Ritzinger*, BWNotZ 1988, 104, 110; *Wilhelm*, WuB I F 2 Grundpfandrechte 6.05.

61 BGH v. 9. 7. 1958 – V ZR 5/57 – (Ziff. 2c), BGHZ 28, 104 = WM 1958, 1049 (der im konkreten Fall keine Fahrlässigkeit darin sah, dass eine Getreidegroßhandelsfirma mittleren Umfangs auf das Ausbleiben der Eintragungsbekanntmachung hinsichtlich einer vom Schuldner bestellten Grundschuld nicht reagiert hat); *Ritzinger*, BWNotZ 1988, 104, 111.

62 BGH v. 9. 7. 1958 – V ZR 5/57 – (Ziff. 2b), BGHZ 28, 104 = WM 1958, 1049; im Einzelnen s. *Ritzinger*, BWNotZ 1988, 104 m. zahlr. w. N.

Ein dem Grunde nach bestehender Amtshaftungsanspruch kann durch ein Mit- **80.1**
verschulden des Anspruchsinhabers gemindert oder bei weit überwiegendem
Mitverschulden sogar vollständig ausgeschlossen sein (§ 254 Abs. 1 BGB).

Ein Mitverschulden wurde von der Rechtsprechung bspw. darin erblickt, dass
eine Großbank eine Darlehensvalutierung bereits vor Grundschuldeintragung
(und ohne gesicherte Anwartschaft darauf, s. RN 176) sowie ohne sonstige Sicherheiten vornahm. Das Eigenverschulden der Bank wurde im konkreten Fall
dreimal schwerer gewichtet als die pflichtwidrige Zurückweisung des Eintragungsantrags, die dazu geführt hatte, dass zwischenzeitlich vorrangige Grundpfandrechte eingetragen wurden[63].

Ein Kreditinstitut muss nach Ansicht der Rechtsprechung auch den Inhalt eines
im Grundbuch eingetragenen Testamentsvollstreckervermerks (RN 191 bis 194)
selbstständig prüfen, bevor es sich eine Grundschuld bestellen lässt. Wird die
Grundschuld unter Nichtbeachtung eines Testamentsvollstreckervermerks vom
Grundbuchamt eingetragen, wirkt sich die Verletzung dieser Prüfungspflicht im
Einzelfall anspruchsmindernd aus[64].

Ausdrücklich **ausgeschlossen ist eine Haftung**, wenn die Auskunft aus einem **81**
beim Grundbuchamt (neben dem Grundbuch) geführten **Eigentümer- oder
Grundstücksverzeichnis** deshalb falsch sein sollte, weil das Verzeichnis nicht
auf dem Laufenden gehalten worden ist (§ 12a Abs. 1 Satz 2 GBO).

---

63 OLG Rostock v. 28.10.2004 – 1 U 11/03 – (Ziff.IV), WM 2005, 1224 = WuB I F 3
    Grundpfandrechte 6.05 (*Wilhelm*).
64 OLG München v. 28.4.2005 – 1 U 4922/04, OLGR München 2006, 70 = FamRZ 2 006
    2006, 434 (*Bestelmeyer*).

4 Eintragung der Grundschuld

4.1 Eintragungsantrag

82 Das Grundbuchamt wird regelmäßig nicht von Amts wegen tätig. Die Eintragung einer Grundschuld setzt darum einen **Antrag** voraus (§ 13 Abs. 1 Satz 1 GBO), der – im Unterschied zur Eintragungsbewilligung – in einfacher Schriftform gestellt werden kann.

Soweit beim jeweiligen Grundbuchamt bereits vorgesehen, kann der Eintragungsantrag auch durch Übermittlung eines elektronischen Dokuments gestellt werden (§ 137 Abs. 4 GBO). Notare trifft gegebenenfalls eine dahingehende Dienstpflicht (RN 53.1). Selbst wenn der elektronische Rechtsverkehr bei dem betreffenden Grundbuchamt noch nicht eröffnet ist, ist ein gleichwohl elektronisch eingereichter Antrag zu bearbeiten, wenn er beim Grundbuchamt ausgedruckt wird und damit zu einem schriftlichen Antrag wird. Dabei ist eine Unterschrift des Antragstellers nicht erforderlich, wenn sich dessen Person aus den Umständen eindeutig ergibt.[1]

83 **Antragsberechtigt** sind nur die unmittelbar Beteiligten, nämlich der durch die Eintragung Betroffene (also der verlierende Teil) und derjenige, zu dessen Gunsten die Eintragung erfolgen soll (§ 13 Abs. 1 Satz 2 GBO).

Bei der Eintragung einer *neuen* Grundschuld sind dies der Grundstückseigentümer (als der Betroffene) und der Grundschuldgläubiger (als der gewinnende Teil). Geht es um die Eintragung bezüglich einer *bestehenden* Grundschuld (bspw. Abtretung, Löschung oder Rangänderung), sind dies der (bisherige) Grundschuldgläubiger (als Betroffener) und der neue Gläubiger (bei Abtretung), der Eigentümer (bei Löschung) bzw. der vorrückende Berechtigte (bei Rangänderung) als gewinnender Teil.

So kann der noch nicht als Eigentümer eingetragene Käufer des Grundstücks nicht wirksam die Eintragung einer noch vom *Ver*käufer bewilligten Grundschuld beantragen, und zwar selbst dann nicht, wenn er mit einer für ihn als Käufer eingetragenen Auflassungsvormerkung im Rang hinter die Grundschuld zurückgetreten ist und wenn er selbst den Verkäufer bei Abgabe der Eintragungsbewilligung vertreten hat. Der Käufer ist nur hinsichtlich des Rangrücktritts, nicht hinsichtlich der Eintragung der Grundschuld antragsberechtigt[2].

Auch der künftige Gläubiger einer bestellten, aber noch nicht eingetragenen Eigentümergrundschuld kann deren Eintragung nicht beantragen, weil er durch die Eintragung (für den Eigentümer) nicht (unmittelbar) begünstigt wird. Das gilt selbst dann, wenn der Eigentümer die Abtretung der Grundschuld (vor ihrer Eintragung) bereits erklärt hat. Antragsberechtigt, weil unmittelbar begünstigt, ist der neue Gläubiger erst, wenn es um die Eintragung der Abtretung an ihn geht.

---

1 OLG München v. 7. 9. 2022 – 34 Wx 323/22 –, NJW-RR 2022, 1721 (für Antrag auf Eintragung einer Zwangssicherungshypothek).
2 OLG Rostock v. 17. 5. 1994 – 3 W 20/94 –, Rpfleger 1995, 15 mit (zu Unrecht) ablehnender Anmerkung von Suppliet.

Das Antragsrecht eines Beteiligten wird **nicht verwirkt**; der Antrag kann des- 84
halb auch auf eine Eintragungsbewilligung gestützt werden, die schon vor vielen Jahren wirksam geworden ist[3].

Kein Beteiligter kann auf sein Antragsrecht mit der Folge **verzichten**, dass das Grundbuchamt einen dennoch gestellten Antrag nicht zu beachten hätte[4]. Entsprechendes gilt für das Recht auf Rücknahme oder Änderung eines gestellten Antrags (RN 92 bis 94).

Nur *schuldrechtlich* kann sich ein Beteiligter verpflichten, einen Antrag nicht zu stellen bzw. einen gestellten Antrag nicht zurückzunehmen oder nicht zu ändern. Tut er es aber trotzdem, ist der Antrag bzw. dessen Rücknahme oder Änderung wirksam. Er macht sich allerdings seinem Vertragspartner gegenüber schadensersatzpflichtig.

Die Wirksamkeit des Antrags entfällt nicht durch Verlust der **Verfügungsbefug-** 85
nis[5]; der Gegenansicht[6] kann nicht gefolgt werden. Der vom Eigentümer gestellte Antrag auf Eintragung einer Grundschuld ist – sofern er vom Insolvenzverwalter nicht zurückgenommen wird – auch nach Eröffnung des Insolvenzverfahrens noch zu vollziehen (RN 228), sofern die Einigung bindend ist (RN 149 bis 153). Praktische Bedeutung kommt dem Streit nicht zu, wenn auch der Gläubiger den Eintragungsantrag gestellt hat, was dringend zu empfehlen ist (RN 95, RN 158 FN 22 und RN 228 FN 13).

Mehrere dasselbe Recht betreffende Anträge sind in der **Reihenfolge** zu erledi- 86
gen, wie sie beim Grundbuchamt eingegangen sind (§ 17 GBO); deshalb ist auf jedem in Papierform übermittelten Antrag der genaue Zeitpunkt seines **Eingangs** zu vermerken (§ 13 Abs. 2 GBO). Bei elektronischer Übermittlung per Datenfernübertragung (soweit beim jeweiligen Grundbuchamt bereits vorgesehen, RN 53.1) ist ein elektronischer Zeitstempel[7] anzubringen, aus dem ersichtlich ist, wann das Dokument eingegangen ist (§ 136 Abs. 1 Satz 2 GBO).[8]

Das kann dazu führen, dass der **später gestellte Antrag überhaupt nicht mehr** 87
vollziehbar ist. Geht bspw. zuerst der Antrag ein, den Käufer eines Grundstücks als neuen Eigentümer einzutragen, und (wenn auch nur wenige Minuten) spä-

---

3   BayObLG v. 29.7.1993 – 2 BR 62/93 –, DNotZ 1994, 182 = NJW-RR 1993, 1489 (Leitsatz).

4   LG Frankfurt v. 13.8.1991 – 2/9 T 674/91 –, Rpfleger 1992, 58 m.w.N.; *Demharter,* § 13 RN 57.

5   *MünchKomm/Lettmeier,* § 878 RN 26, 36; *Grüneberg/Herrler,* § 878 RN 10, 16 m.w.N.; *Staudinger/Gursky* (2018), § 878 RN 51; *Schöner/Stöber,* RN 120.

6   *Demharter,* § 13 RN 9;.

7   Lt. Gesetzesbegründung kein qualifizierter Zeitstempel i.S.d. § 9 SigG erforderlich, BT-Drucks 16/12 319, S. 28.

8   Für den Eingang ist auf den Zeitpunkt der Aufzeichnung in der für den Empfang bestimmten Einrichtung abzustellen (§§ 136 Abs. 1 Satz 1, 135 Abs. 1 Satz 2 Nr. 3 GBO; *Demharter,* § 136 RN 3); maßgeblich ist nach der Gesetzesbegründung insoweit der Zeitpunkt des Übertragungsabschlusses (BT-Drucks 16/12 319 v. 18.3.2009, S. 26); anders als ein Papierantrag kann ein elektronisch eingereichtes Dokument damit auch außerhalb der Dienstzeiten wirksam eingehen, vgl. *Meyer/Mödl,* DNotZ 2009, 743, 750.

ter der gegen den Verkäufer gerichtete Antrag auf Eintragung einer Zwangshypothek, so ist nach Vollzug des ersten Antrags der Verkäufer nicht mehr Eigentümer, sodass aufgrund eines Vollstreckungstitels gegen ihn eine Zwangshypothek nicht mehr eingetragen werden kann. Dass der Verkäufer im Zeitpunkt des Eingangs des Antrags auf Eintragung der Zwangshypothek noch Grundstückseigentümer war, hilft dem Antragsteller nichts.

Regelmäßig – nämlich bei der Konkurrenz zwischen zwei *beschränkten* dinglichen Rechten – erleidet das später beantragte Recht (nur) einen **Rangverlust.** Gehen bspw. die Anträge auf Eintragung einer Dienstbarkeit und einer Grundschuld in dieser Zeitfolge beim Grundbuchamt ein, so erhält die Dienstbarkeit Rang vor der Grundschuld (§ 45 Abs. 1 bzw. 2 GBO).

88 Die **Vorschriften über die Reihenfolge des Vollzugs sind abdingbar.** Sie gelten nicht, wenn die (alle) Antragsteller etwas anderes bestimmen (§ 45 Abs. 3 GBO). Die Rangbestimmung kann auch in der Eintragungsbewilligung (RN 101) enthalten sein[9]. Wäre im zweiten Beispiel (RN 87) in den Anträgen bzw. Eintragungsbewilligungen bestimmt, dass die Grundschuld Rang vor der Dienstbarkeit erhalten soll, so wären die Rechte ohne Rücksicht auf die Zeitfolge des Eingangs der Anträge mit dem vorgeschriebenen Rang einzutragen.

Sollen mehrere gleichzeitig bestellte Grundschulden *nicht* gleichrangig eingetragen werden, so empfiehlt es sich, in *allen* Urkunden eine entsprechende ausdrückliche Rangbestimmung aufzunehmen.

Im Einzelfall kann sich eine Rangbestimmung auch durch Auslegung des Eintragungsantrags ergeben (RN 57). Wird bspw. gleichzeitig mit den Eintragungsanträgen für eine Grundschuld und eine Dienstbarkeit eine Rangrücktrittserklärung (RN 358 ff.) des aus der Dienstbarkeit Berechtigten vorgelegt, so konkretisiert diese letztlich den Antrag auf Eintragung der Dienstbarkeit, nämlich im Rang nach der Grundschuld[10]. Da jedoch für den Grundschuldgläubiger nachteilige Auslegungsergebnisse nicht ausgeschlossen werden können, ist in der Praxis tunlichst eine ausdrückliche Rangbestimmung zu treffen. Auslegungsfragen entstehen dann gar nicht erst.

89 Der **Notar** kann von den Beteiligten bevollmächtigt[11] werden, für sie **Rangbestimmungen** abzugeben, Anträge zu stellen, zu **ändern** oder zu **ergänzen**[12], und zwar nicht nur für den Fall widersprüchlicher oder missverständlicher Erklärungen, sondern zu jedem für den Vollzug erforderlichen Zweck[13]. Die Vollmacht muss beurkundet (RN 112) oder beglaubigt (RN 111) sein, kann aber vom bevollmächtigten Notar selbst beurkundet werden[11].

---

9 *Demharter*, § 45 RN 31.
10 OLG München v. 14. 3. 2006 – 32 Wx 31/06 – (Ziff. II 2), NJW-RR 2006, 962 = DNotZ 2006, 545.
11 Vgl. Vorschlag des Ausschusses für Schuld- und Liegenschaftsrecht der Bundesnotarkammer für ein Grundschuldformular (DNotZ 2002, 84) Teil A II, 11 (S. 89).
12 *Demharter*, § 45 RN 31c; *Schöner/Stöber*, RN 164, 185 m. w. N.
13 LG Saarbrücken v. 25. 10. 1999 – 5 T 706/99 – (Ziff. 3), Rpfleger 2000, 109.

Dagegen kann der Notar, der nur aufgrund der Vollmachtsvermutung nach § 15 GBO handelt, lediglich den Vollzug der von den Beteiligten bewilligten Eintragung veranlassen. Er kann die so gestellten Anträge aber nicht ändern oder eine abweichende Rangfolge bestimmen, etwa dass mehrere gleichzeitig beantragte Grundschulden nicht gleichrangig, sondern in einem anderen Rangverhältnis eingetragen werden sollen[14]. Erst recht kann der Notar den vom Eigentümer oder vom Gläubiger selbst gestellten Antrag[15] auf Eintragung der Grundschuld allein aufgrund der nach § 15 GBO vermuteten Vollmacht nicht ändern[16].

Die gewünschte Rangfolge kann zwar auch dergestalt durch einen **gesteuerten** **Eingang** bewirkt werden, dass der Eingang der Anträge in der zeitlichen Reihenfolge beim Grundbuchamt erfolgt, die der gewollten Rangfolge entspricht. Dieses Verfahren ist aber, wenn die Urkunden nicht persönlich beim Grundbuchamt abgegeben werden, vom schwer steuerbaren Postlauf abhängig und deshalb deutlich risikobehaftet. **90**

Verletzt das Grundbuchamt versehentlich diese Vorschriften (trägt es etwa in dem ersten in RN 87 genannten Beispiel zuerst die Zwangshypothek und dann den Eigentumswechsel ein), so sind die Eintragungen wirksam. Die Zwangshypothek entsteht; der Käufer erwirbt ein belastetes Grundstück[17]. Da das Grundbuch die bestehende Rechtslage richtig ausweist, hat er weder einen Anspruch auf „Berichtigung" des Grundbuchs noch einen Bereicherungsanspruch gegen denjenigen, der durch den **Verstoß** begünstigt ist[18]. Ihm steht aber, sofern er nicht ausnahmsweise aus irgendeinem Grund die Belastung zu dulden hat, ein **Schadensersatzanspruch** gegen das Land zu (RN 77). **91**

Bis zur Eintragung kann der Antrag von dem, der ihn gestellt hat, jederzeit zurückgenommen werden; anders als der Antrag selbst muss seine **Rücknahme** öffentlich beglaubigt (RN 111) oder beurkundet (RN 112) sein (§ 31 GBO). **92**

Jeder Antragsteller kann nur *seinen* Antrag zurücknehmen, nicht den eines anderen Antragstellers. Haben sowohl Grundstückseigentümer wie auch (künftiger) Grundschuldgläubiger den Eintragungsantrag gestellt, darf das Grundbuchamt von der Eintragung nur absehen, wenn *beide* Anträge zurückgenommen worden sind[19]. Andernfalls läge eine Amtspflichtverletzung vor, die zum Schadensersatz verpflichtet[20].

---

14 OLG Frankfurt v. 27.3.1991 – 20 W 183/90 –, Rpfleger 1991, 362; *Demharter,* § 15 RN 15 m. w. N.; *Schöner/Stöber,* RN 184.

15 Antrag des *Eigentümers* s. Anhang 1 [11]; Anhang 2 [10]; Anhang 3 [1]; Anhang 4 [8]. Antrag des *Gläubigers* (wenn Vordruck von diesem unterschrieben) s. Anhang 1 [18]; Anhang 2 [15]; Anhang 4 [18].

16 OLG Frankfurt v. 27.3.1991 – 20 W 183/90 –, Rpfleger 1991, 362.

17 BayObLG v. 31.5.1994 – 2 Z BR 54/94 –, Rpfleger 1995, 16.

18 BGH v. 9.7.1958 – V ZR 5/57 – (Ziff. 3b), BGHZ 28, 104 = NJW 1958, 1532 = WM 1958, 1049.

19 *Demharter,* § 13 RN 37.

20 LG Hannover v. 27.11.1984 – 2 O 202/84 –, Rpfleger 1985, 146; *Hennings,* Sparkasse 1985, 403.

Liegt kein Antrag mehr vor, wird das Recht nicht eingetragen; die Unterlagen (insbesondere die Eintragungsbewilligung) werden zurückgegeben. Zur Eintragung kann es in einem solchen Fall nur aufgrund eines neuen Antrags kommen; selbstverständlich müssen die weiter erforderlichen Unterlagen, insbesondere eine ausreichende Eintragungsbewilligung (RN 106), erneut vorgelegt werden. Dieser neue Antrag ist später eingegangen als der erste. Ist in der Zwischenzeit die Eintragung einer anderen Belastung beantragt worden, so muss diese den Vorrang vor der Grundschuld erhalten (RN 86).

93 Der Antragsteller kann seinen Antrag **ändern**, solange die Eintragung nicht erfolgt ist. Die Änderungserklärung muss öffentlich beglaubigt (RN 111) oder beurkundet (RN 112) sein. Sie kann nach Maßgabe von § 137 Abs. 1 GBO auch in elektronischer Form übermittelt werden, soweit der elektronische Rechtsverkehr beim jeweiligen Grundbuchamt bereits eingerichtet wurde (s. RN 53.1).

Beispielsweise kann der Eigentümer, wenn er allein die Eintragung einer Grundschuld beantragt hat, bis zu deren Eintragung bestimmen, dass eine später bestellte Hypothek für einen anderen Gläubiger mit Rang vor der Grundschuld eingetragen wird (§ 45 Abs. 3 GBO). Dieser Weisung muss das Grundbuchamt entsprechen. Hat allerdings der (künftige) Grundschuldgläubiger ebenfalls einen Eintragungsantrag gestellt, darf von der Rangfolge nach § 45 Abs. 1 GBO nur abgewichen werden, wenn auch er seinen Antrag entsprechend ändert.

94 Im Hinblick auf die Bedeutung des Antrags ist es in vielen Fällen wünschenswert, ihn **gegen Rücknahme oder Änderung zu schützen**. Die Erklärung, dass der Antrag *unwiderruflich* gestellt werde[21], reicht dazu nicht aus.

Eine solche Bestimmung verpflichtet den Antragsteller nur *schuldrechtlich* gegenüber dem künftigen Gläubiger dazu, den Antrag unverändert aufrechtzuerhalten. Sie hindert ihn nicht, dem Grundbuchamt trotzdem eine andere Weisung zu erteilen, die für das Grundbuchamt verbindlich ist[22]. Ein Verstoß des Eigentümers gegen die Verpflichtung löst zwar eine Schadensersatzpflicht aus; damit ist dem Grundschuldgläubiger aber meist nicht geholfen.

95 Sicherheit vor Überraschungen durch Rücknahme (RN 92) oder Änderung (RN 93) des von einem anderen gestellten Antrags gewinnt der (künftige) **Grundschuldgläubiger** dadurch, dass er selbst – ggf. neben dem Eigentümer – einen **Antrag auf Eintragung der Grundschuld** stellt oder durch einen Bevollmächtigten (insbesondere den Notar) stellen lässt. Auch der Gläubiger ist antragsberechtigt (RN 83). Dessen Antrag kann der Eigentümer nicht ändern oder zurücknehmen.

Der vom Notar gestellte Antrag auf Eintragung der von ihm beurkundeten oder beglaubigten Eintragungsbewilligung hat diese Wirkung nur, wenn er aus der Sicht des Grundbuchamts (auch) für den Gläubiger gestellt ist; der (allein) auf der Grundlage des § 15 GBO gestellte Antrag auf Vollzug reicht, wenn er vom

---

21 Anhang 3 [1].
22 *Demharter*, § 13 RN 39; *Nieder*, NJW 1984, 330; *Wörbelauer*, DNotZ 1965, 530.

Notar ohne Zustimmung des Gläubigers zurückgenommen werden kann (§ 24 Abs. 3 Satz 1 BNotO), nicht aus[23].

Ein eigener Antrag des Gläubigers ist dringend auch deshalb zu empfehlen, damit die Grundschuld noch eingetragen wird, wenn der Eigentümer vor ihrer Eintragung die Verfügungsbefugnis verlieren sollte, etwa weil das Insolvenzverfahren über sein Vermögen eröffnet wird (RN 228). Von der Art der Grundschuldbestellung – beglaubigt (RN 111) oder beurkundet (RN 112) – hängt es ab, wie der Gläubiger dabei zweckmäßigerweise verfährt.

Wird die Bewilligung des Eigentümers *beglaubigt* (RN 111)[24], kann der **Gläubiger** durch **Unterzeichnung** der dem Grundbuchamt einzureichenden Urschrift den Antrag stellen[25]. Sieht der vorgedruckte Text einen solchen Antrag nicht vor, wird das Formular zuvor um den Satz ergänzt: 96

> *„Der Gläubiger beantragt auch seinerseits, die in dieser Urkunde bewilligten Eintragungen im Grundbuch zu vollziehen."*

Wird die Grundschuldbestellung *beurkundet* (RN 112)[26], bleibt die Urschrift beim Notar. Das Grundbuchamt erhält nur eine Ausfertigung oder beglaubigte Abschrift oder nach Einführung des elektronischen Rechtsverkehrs (RN 53.1) ein elektronisches Dokument nach Maßgabe von § 137 Abs. 1 GBO. Hier empfiehlt es sich, falls die Rücknahme des Antrags verhindert werden soll, den beurkundenden **Notar** damit zu betrauen, die **Eintragung namens des Gläubigers zu beantragen**. Dazu bedarf es eines besonderen Auftrags (s. auch RN 95).   97

Theoretisch kann der Gläubiger auch in diesen Fällen den Antrag selbst stellen. Falls er dafür den Grundschuldbestellungsvordruck[27] benutzen will, muss er sicherstellen, dass gerade das von ihm unterschriebene Exemplar dem Grundbuchamt eingereicht wird. Die Unterschrift auf der Urschrift, die beim Notar bleibt, reicht nicht aus.

Der Weg dürfte praktisch an bürotechnischen Schwierigkeiten scheitern. Falls er dennoch eingeschlagen werden soll, ist eine Abstimmung mit dem beurkundenden Notar dringend zu empfehlen. Vgl. zu ähnlichen Schwierigkeiten bezüglich einer Bindung an die Einigung: RN 153.

Der vom Gläubiger selbst gestellte Antrag muss **nicht beglaubigt** sein; auch die Beifügung eines etwa geführten Siegels (RN 119) ist nicht notwendig. Auf die Unterschriftsberechtigung ist aber zu achten. Die Erklärung kann schon abgegeben werden, bevor der Kunde unterschrieben hat. Eine Rechtswirkung tritt freilich erst ein, wenn die Urkunde beim Grundbuchamt eingeht.   98

---

23   BGH v. 26. 4. 2001 – IX ZR 53/00 – (Ziff. III, 2 b), NJW 2001, 2477 = WM 2001, 1078 = ZfIR 2001, 499 = ZIP 2001, 933 = EWiR § 9 ZVG 1/01, 695 (*Marotzke*).

24   Ausreichend, wenn sich der Eigentümer *nicht* der sofortigen Zwangsvollstreckung unterwirft; s. Anhang 2.

25   Anhang 2 [15].

26   Beurkundung ist immer notwendig, wenn sich der Eigentümer der sofortigen Zwangsvollstreckung unterwirft (RN 304); s. Vordrucke Anhang 1, 3 und 4.

27   Anhang 1 [18]; Anhang 4 [18].

99 Ohne **zusätzliche Maßnahmen** gewährleisten weder der vom Gläubiger selbst noch der für ihn vom Notar gestellte Antrag den Erwerb der Grundschuld. Vor der Eintragung im Grundbuch besteht nur dann eine gesicherte Anwartschaft, wenn auch die anderen Voraussetzungen, die in RN 167 zusammenfassend dargestellt sind, vorliegen.

100 Schließt sich der **Gläubiger** entweder durch eigene Erklärung oder durch den beauftragten Notar dem Antrag an, so **haftet** er gegenüber der Staatskasse freilich auch für die **Kosten der Eintragung** (§ 22 Abs. 1 GNotKG).

Das Kreditinstitut dürfte aber aufgrund seiner Allgemeinen Geschäftsbedingungen und/oder der üblichen Formularvereinbarungen regelmäßig einen Anspruch gegen den Kreditnehmer auf Ersatz dieser Aufwendungen haben.

4.2 Eintragungsbewilligung

101 Dem Antrag auf Eintragung der Grundschuld kann nur entsprochen werden, wenn sie vom **Betroffenen bewilligt** worden ist (§ 19 GBO); Antrag und Bewilligung müssen sich grundsätzlich inhaltlich decken[28]. Ausnahmsweise kann ein Teilvollzug erfolgen, wenn der Grundschuldbetrag in der Bewilligung über denjenigen im Antrag hinausgeht und sich durch Auslegung der Bewilligung (auch stillschweigend) ergibt, dass der Antrag hinter ihr zurückbleiben darf.[29]

Betroffener ist (nur) derjenige, dessen Recht durch die Eintragung *rechtlich* (nicht nur wirtschaftlich) beeinträchtigt wird oder wenigstens werden kann[30].

Bei der Bestellung einer neuen Grundschuld ist regelmäßig der Grundstückseigentümer Betroffener, bei einer Eintragung hinsichtlich einer bestehenden Grundschuld (z. B. Abtretung, Löschung, Rangänderung) ist es der (bisherige) Gläubiger der Grundschuld. Ist der Betroffene als solcher im Grundbuch eingetragen, bedarf es keines weiteren Nachweises; der Gläubiger einer Briefgrundschuld muss allerdings zusätzlich den Brief vorlegen (RN 63). Ist der Betroffene nicht eingetragen, muss er sein Recht durch öffentliche Urkunden nachweisen. Wegen der Legitimation des Gläubigers einer außerhalb des Grundbuchs abgetretenen Briefgrundschuld wird auf RN 458 verwiesen; wegen einiger Besonderheiten bei Erb- und Rückübertragungsfällen s. RN 121 bis 125.

102 Der Betroffene muss die **Verfügungsbefugnis** über das Recht besitzen. Bedarf er der Mitwirkung eines Dritten oder einer Behörde, muss dessen/deren Zustimmung dem Grundbuchamt nachgewiesen werden. Wegen der wichtigsten Fälle wird auf RN 173 ff. verwiesen.

Die Verfügungsbefugnis muss grundsätzlich im **Zeitpunkt der Eintragung** (noch) bestehen. Dass sie im Zeitpunkt der Abgabe der Erklärung (schon) bestanden hat, ist weder erforderlich noch ausreichend. War jedoch der Bewilligende bei Abgabe der Erklärung verfügungsbefugt, so gilt der Erfahrungssatz,

---

28 BayObLG v. 9.11.1995 – 2 ZR 85/95 – (Buchstabe b), DNotZ 1997, 321 m. w. N.
29 OLG Köln v. 17.1.2023 – 2 Wx 2/23 –, FGPrax 2023, 12.
30 BGH v. 13.9.2000 – V ZB 14/00 – (Ziff. III, 2 a), WM 2000, 2348.

dass die Verfügungsbefugnis fortbesteht[31]. Erst wenn aufgrund konkreter Tatsachen begründete Zweifel daran auftreten, muss das Grundbuchamt dem nachgehen (s. RN 58).

Ausnahmsweise schadet der Verlust der Verfügungsbefugnis (etwa Anordnung der Zwangsvollstreckung des Grundstücks oder Eröffnung des Insolvenzverfahrens über das Vermögen des Grundstückseigentümers) nicht, wenn der *Antrag* (des Gläubigers[32]) dem Grundbuchamt bereits vorliegt und bis zur Eintragung fortbesteht (RN 158), die *Einigung* nachweisbar bindend geworden ist (RN 149 bis 153)[33] und – bei der Bestellung oder Abtretung einer Briefgrundschuld – die *Briefübergabe* wirksam ersetzt ist (RN 162). Auf die Zusammenfassung RN 167 und auf die Verweisungen dort wird ergänzend Bezug genommen.

Streitig ist, ob das **Grundbuchamt bewusst beim gutgläubigen Erwerb eines** *103* **Rechts** (RN 229) **mitwirken** darf, wenn es vor der Eintragung der Grundschuld die Unrichtigkeit des Grundbuchs erkennt; vgl. dazu auch RN 63. Die Frage stellt sich bspw. dann, wenn nach Eingang des Antrags auf Eintragung der Grundschuld, aber vor deren Eintragung, beim Grundbuchamt das Ersuchen des Insolvenzgerichts oder der Antrag des Insolvenzverwalters auf Eintragung des Insolvenzvermerks (§ 32 Abs. 1 und 2 InsO) eingeht und sich daraus ergibt, dass der Eigentümer durch Eröffnung des Insolvenzverfahrens schon *vor* Eingang des Antrags[34] auf Eintragung der Grundschuld die Verfügungsbefugnis verloren hatte (§ 80 InsO).

Nach der einen Meinung[35] muss das Grundbuchamt die Eintragung der Grund- *104* schuld ablehnen. Nach der in der Literatur im Vordringen befindlichen Gegenansicht[36] muss es die vom Eigentümer bewilligte Grundschuld eintragen, wenn alle verfahrensrechtlichen Voraussetzungen für die Eintragung vorliegen, kein früherer Antrag entgegensteht und die Gutgläubigkeit des Erwerbers in dem

---

31 *Böttcher*, Rpfleger 1990, 486, 490.
32 Es ist umstritten, ob die Anwendung des § 878 BGB den Eintragungsantrag des Erwerbers erfordert; vgl. RN 158 und RN 228.
33 BGH v. 31.5.1988 – IX ZR 103/87 – (Ziff. 2b), NJW-RR 1988, 1274 = WM 1988, 1388 = EWiR § 27 ZVG 1/88, 1039 (*Gerhardt*); KG v. 19.2.1974 – 1 W 54/74 –, NJW 1975, 878; *Rahn*, BWNotZ 1967, 275.
34 Falls das Insolvenzverfahren erst *nach* Eingang des Antrags auf Eintragung der Grundschuld beim Grundbuchamt eröffnet worden ist (der Eigentümer bei Eingang des Antrags also noch verfügungsbefugt war) und falls die Einigung bindend ist (RN 149 bis 153), ist die nachträgliche Eröffnung des Insolvenzverfahrens für den Gläubiger unschädlich (§ 878 BGB); vgl. RN 158 und 228.
35 BayObLG v. 24.3.1994 – 2 Z BR 20/94 – (Buchst. f), Rpfleger 1994, 453 = MittBayNot 1994, 324; OLG Karlsruhe v. 2.9.1997 – 11 Wx 60/97 –, Rpfleger 1998, 68; OLG Frankfurt v. 25.1.1991 – 20 W 523/89 –, Rpfleger 1991, 361; KG v. 8.8.1972 – 1 W 1270/71 – (Ziff. 2a), DNotZ 1973, 301 = NJW 1973, 56 = Rpfleger 1973, 21; vgl. OLG Naumburg v. 12.2.2004 – 11 Wx 16/03 –, WM 2005, 173 = WuB I F 3 Grundpfandrechte 1.05 (*Ganter*); *Demharter*, § 13 RN 12a und § 19 RN 58.
36 *MünchKomm/Schäfer*, § 892 RN 67; *Grüneberg/Herrler*, § 892 RN 1; *Staudinger/Gursky* (2019), § 892 RN 218 m. w. N.; *Böhringer*, Rpfleger 1990, 486, 491 f. m. w. N.; *Lenenbach*, NJW 1999, 923; *die Frage offen lassend:* OLG Zweibrücken v. 28.1.1997 – 3 W 198/96 – (Ziff. 2), Rpfleger 1997, 428; *Schöner/Stöber*, RN 352.

nach § 892 Abs. 2 BGB maßgeblichen Zeitpunkt nicht widerlegt ist. Dieser erwirbt dann, falls er im maßgeblichen Zeitpunkt gutgläubig war, das Recht. Dieser Meinung ist zuzustimmen. Sie entspricht dem Normzweck des § 892 Abs. 2 BGB, der es dem Erwerber ermöglichen will, die Gegenleistung zu erbringen, wenn er das für den Grundschulderwerb seinerseits Erforderliche (RN 167) getan hat, ohne damals die Unrichtigkeit des Grundbuchs gekannt zu haben.

105 Es gilt im Übrigen das **formelle Konsensprinzip**, d. h., dem Grundbuchamt braucht nur die Bewilligung des Grundstückseigentümers oder des sonst über das Grundstück Verfügungsbefugten nachgewiesen zu werden.

Ob der Gläubiger die Grundschuld erwerben will, ob also die für das Entstehen des Rechts notwendige Einigung vorliegt, prüft das Grundbuchamt nicht (RN 59, 60). Deshalb kommt eine Kontrolle auf Vereinbarkeit mit dem AGB-Gesetz nur in sehr eingeschränktem Umfang in Betracht (vgl. RN 62).

106 Die Eintragungsbewilligung, die im Zusammenhang mit einem bestimmten Antrag beim Grundbuchamt eingereicht worden ist, **bindet** den Bewilligenden **nicht mehr**, sobald das konkrete Eintragungsverfahren durch Rücknahme oder endgültige Zurückweisung des Antrags beendet ist.

Eine Eintragungsbewilligung, die beim Grundbuchamt verblieben ist, wirkt deshalb nicht zugunsten eines anderen Antragstellers, der später den erledigten früheren Antrag neu stellt[37]. Dieser muss selbst eine ihm erteilte Ausfertigung der (beurkundeten) Bewilligung oder die Urschrift der (beglaubigten) Bewilligung vorlegen.

107 Das **Grundstück** (Erbbaurecht, Wohnungseigentum), das belastet werden soll, ist in der Bewilligung **genau zu bezeichnen**. Dafür werden zwei Möglichkeiten zur Wahl gestellt (§ 28 Satz 1 GBO):

Das Belastungsobjekt kann entweder wie im Grundbuch, also durch Angabe der im Bestandsverzeichnis eingetragenen Merkmale (insbesondere Gemarkung, Flur- und Flurstücksnummer) beschrieben werden. Stattdessen ist auch der Hinweis auf die Stelle, an der das Belastungsobjekt im Grundbuch eingetragen ist (Grundbuch von ... [Band ...] Blatt ... Bestandsverzeichnis Nr. ...), zulässig und ausreichend. Vor allem bei der Belastung von Wohnungseigentum ist wegen des beschränkten Raums im Vordruck oft die Wahl der zweiten Alternative zweckmäßig.

Bei mehreren betroffenen Grundstücken müssen *alle* entsprechend bezeichnet sein. Das gilt auch, wenn nicht die Bestellung eines Rechts, sondern dessen *Abtretung* (RN 478) oder *Löschung* (RN 547) bewilligt wird.

Der Kapitalbetrag der Grundschuld muss als **bestimmte Summe** angegeben werden, und zwar in inländischer oder in einer ausdrücklich zugelassenen anderen Währung (§ 28 Satz 2 GBO). Im Einzelnen s. RN 276.

---

37 BGH v. 26. 5. 1982 – V ZB 17/80 –, BGHZ 84, 202 = NJW 1982, 2817 = WM 1982, 929; *Nieder*, NJW 1984, 331 f.

Die **Eintragungsbewilligung** kann **durch einen Bevollmächtigten**[38] abgege-   *108*
ben werden; die Vollmacht muss öffentlich beurkundet oder beglaubigt sein
und kann nach Einführung des elektronischen Rechtsverkehrs (RN 53.1) auch
als elektronisches Dokument dem Grundbuchamt übermittelt werden (§§ 29
Abs. 1 Satz 1, 137 Abs. 1 GBO). Bei der einem Treuhänder erteilten umfassenden
Vollmacht ist Vorsicht geboten; sie kann unwirksam sein (im Einzelnen s.
RN 314).

Die Vollmacht muss dem Grundbuchamt in Urschrift oder als *Ausfertigung*
davon (RN 113) vorgelegt oder als elektronisches Dokument[39] nach Maßgabe
von § 137 Abs. 1 GBO (RN 53.1) übermittelt werden. Eine beglaubigte Abschrift
reicht (weil der *Besitz* der Urkunde zum Nachweis der Vollmacht erforderlich
ist) nur aus, wenn der Notar im Beglaubigungsvermerk bestätigt hat, dass ihm
vom Bevollmächtigten im maßgeblichen Zeitpunkt die Urschrift oder eine Ausfertigung der Vollmacht vorgelegt worden ist[40]. Geht die Vollmacht auf einen
gesetzlichen Vertreter einer im Handelsregister eingetragenen juristischen Person zurück, muss die notarielle Vollmachtsbescheinigung sämtliche Einzel-
schritte der Vollmachtskette beinhalten.[41]

Der Grundschuldgläubiger sollte selbst sorgfältig prüfen, ob die **Vollmacht** für
die Bestellung der Grundschuld **ausreichend**[42] ist. Genügt sie nicht, erwirbt er
die Grundschuld nicht, selbst wenn das Grundbuchamt sie einträgt. Das Vertrauen darauf, dass das Grundbuchamt die Vollmacht für ausreichend gehalten
hat, wird nicht geschützt.

Eine in einer Urkunde verlautbarte und nach außen kundgemachte Vollmacht
ist grundsätzlich so auszulegen, wie der Geschäftsgegner sie verstehen darf[43].
Die Erklärung, dass der Bevollmächtigte den Grundbesitz des Vollmachtgebers
„zum Zwecke der Finanzierung" belasten darf, hat der BGH[44] dahin ausgelegt,
dass sie auch die Bestellung einer Grundschuld zur Absicherung einer Verbindlichkeit des Bevollmächtigten deckt. Kommt jedoch aufgrund der Umstände des

---

38 Zur Eintragungsbewilligung durch einen *Unterbevollmächtigen* s. KG Berlin v.
    14.7.2015 – 1 W 688/15 –, Rpfleger 2016, 20 = FGPrax 2015, 195 = RNotZ 2015, 195.
39 Zum Vollmachtswiderruf in diesem Fall s. OLG Schleswig v. 3.6.2021 – 2 Wx 1/21 –
    (Ziff. II.2), FGPrax 2022, 17.
40 BayObLG v. 27.12.2001 – 2 Z BR 185/01 –, Rpfleger 2002, 194.
41 BGH v. 22.9.2016 – V ZB 177/15 – (RN 11), WM 2017, 20 = Rpfleger 2017, 137.
42 Ist die Vollmacht von einem Vertreter erteilt worden, so ist auch dessen Vollmacht zu
    prüfen; zur (nachträglichen) Genehmigung der von einem vollmachtlosen Vertreter
    erteilten Vollmacht s. *Schippers*, DNotZ 1997, 683.
43 BGH v. 9.7.1991 – XI ZR 218/90 – (Ziff. 2a), BB 1991, 2247 = DNotZ 1992, 94 = NJW
    1991, 3141 = WM 1991, 1748 = ZIP 1991, 1280 = EWiR § 1191 BGB 6/91, 1079 (*Cle-
    mente*) m.w.N; BGH v. 28.4.1992 – XI ZR 164/91 – (Ziff. 2a), WM 1992, 1362 = EWiR
    § 167 BGB 1/92, 1059 (*Gaberdiel*).
44 BGH v. 28.4.1992 – XI ZR 164/91 – (Ziff. 2a), WM 1992, 1362 = EWiR § 167 BGB 1/92,
    1059 (*Gaberdiel*); s. auch *Siol*, WM 1996, 2217, 2221.

Einzelfalls ein Missbrauch der Vertretungsmacht[45] in Betracht, kann und sollte dieser zur Vermeidung von Risiken durch Rücksprache mit dem Vollmachtgeber ausgeräumt werden. Um nicht später in Beweisnot zu geraten, ist darüber hinaus die Hereinnahme einer schriftlichen Klarstellung seitens des Vollmachtgebers zu empfehlen.

Eine betragsmäßig nicht begrenzte Vollmacht berechtigt zur Bestellung von Grundschulden auch über den Betrag des Kaufpreises hinaus; die Interessen des Verkäufers werden bei entsprechend eingeschränkter Sicherungsabrede (RN 704 bis 708) nicht verletzt[46].

Dagegen reicht die in einem Kaufvertrag vom Verkäufer dem Käufer erteilte Vollmacht zur Bestellung von Grundpfandrechten „im Rahmen der Finanzierung des Kaufpreises" nicht aus, um durch eine Grundschuld *alle* Ansprüche des Gläubigers gegen den Käufer zu sichern. Die Einschränkung betrifft aber den Verwendungszweck, und nicht das dingliche Recht. Deshalb geht die Annahme zu weit, die *Grundschuld* sei überhaupt nicht entstanden[47]. Richtigerweise ergibt sich daraus (nur) eine entsprechende Einschränkung des Sicherungsvertrags; s. dazu RN 712.

Im Übrigen s. zur Mitwirkung des Verkäufers bei der Bestellung von Grundschulden im Interesse des Käufers RN 704 ff.

109 In der notariellen Praxis lässt man mitunter für einen abwesenden Beteiligten einen **vollmachtlosen Vertreter** (häufig einen Mitarbeiter des Notars) mit der Erklärung handeln, Genehmigung des nicht anwesenden Beteiligten werde nachgebracht. Regelmäßig wird der Notar beauftragt, diese Genehmigung einzuholen und für die anderen Beteiligten entgegenzunehmen.

Das OLG Köln[48] hat in der Bitte des Notars an den Vertretenen, die Genehmigung zu erteilen, eine Aufforderung nach § 177 Abs. 2 BGB gesehen. Danach gilt die Genehmigung als verweigert, wenn sie nicht binnen zwei Wochen seit der Aufforderung beim Notar eingeht. In diesem Fall wird der Vertrag mit allen darin abgegebenen Erklärungen unwirksam und kann durch eine spätere Genehmigung nicht wieder wirksam gemacht werden. Handelt es sich bspw. um einen Kaufvertrag und ist darin die Auflassung erklärt, erwirbt der (vermeintliche) Käufer kein Eigentum; eine darin etwa enthaltene Ermächtigung, Grund-

---

45 Folge: schwebende Unwirksamkeit der Grundschuldbestellung (§ 177 BGB analog, keine Nichtigkeit nach § 138 BGB); bejaht vom OLG München bei nachteiligem Insichgeschäft, Urteil v. 28. 9. 2022 – 7 U 3238/20 – (Ziff. B. III. 1.), WM 2022, 2224 = EWiR 2023, 137 (*Samhat*) Überblick zur Rechtsfigur des Missbrauchs der Vertretungsmacht bei *Grüneberg/Ellenberger*, § 164 RN 14.

46 BayObLG v. 11. 5. 1995 – 2 Z BR 32/95 –, DNotZ 1996, 295; LG Koblenz v. 23. 1. 2003 – 2 T 58/03 –, NJW-RR 957 = Rpfleger 2003, 414.

47 So aber BGH v. 28. 10. 1988 – V ZR 14/87 – (Ziff. II, 1 c), BGHZ 106, 1 = WM 1988, 1849; vgl. BGH v. 21. 4. 2016 – V ZB 13/15 – (RN 12), WM 2016, 1218 = NJW-RR 2016, 1295 = WuB 2016, 668 (*Gladenbeck*).

48 OLG Köln v. 26. 5. 1994 – 18 W 14/94 –, NJW 1995, 1499 = JMBl NW 1994, 269; Gegenansicht: OLG Naumburg v. 28. 10. 1993, MittRhNotK 1994, 315; *Brambring*, Anmerkung zur Entscheidung des OLG Köln v. 26. 5. 1994, DNotI-Report Heft 22/94, S. 8, DNotI-Report Heft 22/94, S. 8; *Holthausen-Dux*, NJW 1995, 1470.

pfandrechte zu bestellen, ist ebenso unwirksam wie ein aufgrund dieser Ermächtigung bestelltes Grundpfandrecht.

Der Entscheidung des OLG Köln kann nicht gefolgt werden[49]. Die Aufforderung nach § 177 Abs. 2 BGB ist mit dem Risiko verbunden, dass der Vertrag endgültig unwirksam wird. Deshalb wird davon regelmäßig nur als letzte Möglichkeit nach gründlicher Überlegung Gebrauch gemacht. Der Auftrag an den Notar dient der Realisierung des Vertrags und geht dahin, die zur Durchführung des Vertrags erforderlichen Erklärungen zu beschaffen. Er schließt deshalb die Befugnis, eine Aufforderung nach § 177 Abs. 2 BGB auszusprechen, nicht ein[50]. Der BGH[51] weist im Übrigen darauf hin, dass es sich bei der Aufforderung nach § 177 Abs. 2 BGB um eine materiell-rechtliche Erklärung handelt. Der Notar jedoch ist nicht Bevollmächtigter oder Treuhänder einer Partei, sondern neutrale Amtsperson. Allein deswegen kann regelmäßig nicht davon ausgegangen werden, der Notar wolle mit der Bitte um Genehmigung eine rechtsgeschäftliche Erklärung im Namen einer Partei abgeben. Die Zweiwochenfrist wird danach nur ausgelöst, wenn der Notar ausdrücklich dazu bevollmächtigt worden ist, den vollmachtslos Vertretenen zur Genehmigung aufzufordern. Allein in einem solchen Fall wird die Erklärung nach Ablauf von zwei Wochen endgültig unwirksam.

4.3 Form der Bewilligung

Die Eintragungs*bewilligung* und die etwa erforderlichen **Erklärungen** Dritter *110* müssen öffentlich (notariell) **beglaubigt oder beurkundet** sein (§ 29 Abs. 1 GBO). Soweit beim jeweiligen Grundbuchamt bereits zugelassen, kann die Eintragungsbewilligung nach Maßgabe von § 137 Abs. 1 GBO auch als elektronisches Dokument (RN 114.1) übermittelt werden. Notare trifft gegebenenfalls eine dahingehende Dienstpflicht (RN 53.1).

Für den Eintragungs*antrag* ist diese Form nicht erforderlich, wohl aber für die Rücknahme oder eine Änderung des Antrags (§ 31 GBO).

Bei der **öffentlichen Beglaubigung** wird vom Notar oder der sonst zuständigen *111* Stelle urkundlich bestätigt, dass die Unterschrift auf einem bestimmten Schriftstück von einer näher bezeichneten Person stammt. Nur die Unterschrift, nicht etwa der Inhalt der Erklärung wird beglaubigt. Deshalb braucht die Urkundsperson den Text des Schriftstücks grundsätzlich nicht zu prüfen (§ 40 Abs. 2 BeurkG) und trägt dafür auch keine Verantwortung.

Diese kostengünstigere (RN 115 bis 117) Form reicht aus, wenn nicht notarielle Beurkundung vorgeschrieben ist, wie bspw. bei der Unterwerfung unter die

---

49 OLG Naumburg v. 28.10.1993, MittRhNotK 1994, 315; *Brambring,* Anmerkung zur Entscheidung des OLG Köln v. 26.5.1994, DNotI-Report Heft 22/94, S. 8; *Holthausen-Dux,* NJW 1995, 1470.
50 *Grüneberg/Ellenberger,* § 177 RN 5.
51 BGH v. 29.1.2001 – II ZR 183/00 – (Ziff. III 1), WM 2001, 629 = NJW 2001, 1647 = EWiR 2001, 361 (*Heckschen*) = WuB II C § 16 GmbHG 1.01 (*Schneider*).

sofortige Zwangsvollstreckung (RN 294, 307). Die Beurkundung kann durch die Beglaubigung nicht ersetzt werden, wohl aber umgekehrt (§ 129 Abs. 2 BGB).

Nach öffentlicher Beglaubigung der Unterschrift wird die Urschrift der Erklärung vom Notar zurückgegeben. Die Herausgabe hat grundsätzlich an denjenigen zu erfolgen, der unterschrieben bzw. die Unterschrift anerkannt hat; selbstverständlich kann er den Notar auch anweisen, die Urkunde unmittelbar an einen Dritten – etwa an das Grundbuchamt – weiterzuleiten. Der durch die Urkunde Begünstigte (also beispielsweise der Gläubiger, für den die Grundschuld bestellt wird) hat keinen Herausgabeanspruch.

112 Bei der **notariellen Beurkundung** wird unter Verantwortung des Notars ein Protokoll über die Erklärung aufgenommen, die die Beteiligten vor ihm abgeben. Die Urkundsperson muss dafür sorgen, dass die Beteiligten Klarheit über die rechtliche Tragweite ihrer Erklärungen erlangen und dass die Niederschrift ihren Willen korrekt wiedergibt. Deshalb trifft den Notar bei der Beurkundung eine umfangreiche Prüfungs- und Belehrungspflicht[52].

113 Bei notarieller Beurkundung bleibt die Urschrift der Urkunde beim Notar. Die von ihm hergestellten **Ausfertigungen** (nicht die beglaubigten oder einfachen Abschriften) haben im Rechtsverkehr die Bedeutung einer Urschrift (§ 47 BeurkG). Ob es sich im Einzelfall um eine Ausfertigung oder um eine beglaubigte Abschrift handelt, wird in der Überschrift und im Beglaubigungsvermerk ausdrücklich angegeben.

Kraft Gesetzes haben nur die Personen (und ihre Rechtsnachfolger[53]), deren Erklärungen beurkundet worden sind, einen Anspruch auf eine Ausfertigung; bei Erklärungen durch einen Bevollmächtigten steht der Anspruch dem Vertretenen zu (§ 51 Abs. 1 Nr. 1 BeurkG). Nach den üblichen Formularen werden keinerlei Erklärungen des künftigen Grundschuldgläubigers beurkundet. Er kann darum vom Notar eine Ausfertigung nur erhalten, wenn (wie regelmäßig) die Beteiligten den Notar entsprechend anweisen und ermächtigen.

114 Die Anweisung an den Notar ist zunächst widerruflich. Nach ganz h. M. erlischt das **Recht zum Widerruf** allerdings mit der Erteilung einer zumindest einfachen Ausfertigung.[54] Deshalb sollte sich der Grundschuldgläubiger, wenn er sich zunächst auf die Hereinnahme einer einfachen Ausfertigung beschränken möchte (etwa um sich den administrativen Aufwand im Umgang mit dem bis zum Eintritt des Sicherungsfalles tatsächlich nicht benötigten Vollstreckungstitel zu ersparen), **sofort eine einfache Ausfertigung** (nicht lediglich eine beglau-

---

52 § 17 BeurkG.
53 U. U. auch Sonderrechtsnachfolger bezüglich des Gegenstands der Beurkundung: KG v. 12. 8. 1997 – 1 W 491/96 –, DNotZ 1998, 200 = Rpfleger 1998, 65.
54 BayObLG v. 6. 8. 2003 – 3Z BR 137/03 –, DNotZ 2003, 847; OLG Hamm v. 24. 6. 1987 – 15 W 97/87 –, DNotZ 1988, 241; OLG Celle v. 17. 1. 1974 – 8 Wx 28/73 –, DNotZ 1974, 484; LG Lüneburg v. 30. 8. 1973 – 4 T 171/73 –, NJW 1974, 506; *Schöner/Stöber*, RN 2057; *Zöller/Greimer*, § 797 RN 2 m. w. N.; *anderer Ansicht* (bei Unterwerfung unter die sofortige Zwangsvollstreckung unwiderrufliche Befugnis des Gläubigers, sich vollstreckbare Ausfertigung erteilen zu lassen): *Röll*, DNotZ 1970, 147.

bigte Abschrift) geben lassen[55]. Nur dann ist wegen des Eintritts der Bindungswirkung sichergestellt, dass der Gläubiger bei Bedarf eine (weitere) vollstreckbare Ausfertigung erhält. Dazu genügt es, wenn der Gläubiger eine digitale Kopie der erhaltenen einfachen Ausfertigung aufbewahrt. Im Übrigen ist das Notariat verpflichtet, auf der Urschrift zu vermerken, wem und an welchem Tag eine Ausfertigung erteilt worden ist (§ 49 Abs. 4 BeurkG). Der Eintritt der Bindungswirkung ist damit dokumentiert.

Eine öffentliche oder öffentlich beglaubigte Urkunde kann auch als **elektronisches Dokument**, versehen mit einem einfachen elektronischen Zeugnis nach § 39a BeurkG, an das Grundbuchamt übermittelt werden (§ 137 Abs. 1 Satz 1 GBO).   *114.1*

Konkret bedeutet dies für die notarielle Praxis, dass die im Zuge der Bewilligung der Grundschuld abgegebenen Erklärungen der Beteiligten in einem ersten Schritt weiterhin in Papierform beurkundet, beziehungsweise die Unterschriften beglaubigt werden. In einem zweiten Schritt wird die Urkunde eingescannt, die elektronische Abschrift mittels angehängtem Vermerk und qualifizierter elektronischer Signatur[56] (Äquivalent der Unterschrift) mit Notarattribut (Äquivalent des Siegels) beglaubigt und an das Grundbuchamt übersandt[57]. Bei dem Verfahren nach § 137 Abs. 1 Satz 1 GBO liegt also kein originäres elektronisches Dokument vor.

Ein solches ist dagegen das öffentliche elektronische Dokument gemäß § 371 Abs. 2 Satz 1 ZPO. Sind die weiteren Voraussetzungen nach § 137 Abs. 1 Satz 2 GBO erfüllt, ist auch ein öffentliches elektronisches Dokument geeignet, eine öffentliche oder öffentlich beglaubigte Urkunde zu ersetzen. Für die Bestellung von Grundschulden dürfte das öffentliche elektronische Dokument jedoch keine Rolle spielen. Von Bedeutung ist es nur für sogenannte Eigenurkunden, die nicht in den Anwendungsbereich des BeurkG fallen, sodass § 137 Abs. 1 Satz 1 GBO darauf nicht anwendbar ist[58].

Die **Beurkundung** (RN 112) einer *einseitigen* Erklärung löst regelmäßig eine volle **Notargebühr** aus (Nr. 21200 KV GNotKG). Enthält das Schriftstück jedoch allein Eintragungsbewilligung und Eintragungsantrag, fällt nur eine halbe Gebühr an (Nr. 21201 Nr. 4 KV GNotKG).   *115*

Die Beurkundung einer Grundschuld mit Unterwerfung unter die sofortige Zwangsvollstreckung kostet stets eine volle Gebühr.

Fertigt der Notar den **Entwurf einer Erklärung und beglaubigt** (RN 111) er die Unterschriften darauf, entsteht dieselbe Gebühr wie bei einer Beurkundung (§ 119 Abs. 1 GNotKG), also je nach Inhalt eine halbe oder eine volle Gebühr. Ein Entwurf im Sinne des Kostenrechts liegt auch vor, wenn der Notar einen Vordruck ausfüllt.   *116*

---

55 S. Vordruck Anhang 4 [12].
56 Zu deren Beweiswert *Lüke/Püls/Roßnagel*, S. 9 ff.
57 *Meyer/Mödl*, DNotZ 2009, 743, 745 m. w. N.
58 Vgl. *Meyer/Mödl*, DNotZ 2009, 743, 745 f.

117 Die **bloße Beglaubigung** (RN 111) der Unterschrift auf einer vom Kreditinstitut vollständig vorbereiteten Grundschuldbestellung, die durch den Notar nicht mehr ergänzt oder geändert werden muss, kostet lediglich eine 0,2 Gebühr, höchstens 70 Euro (Nr. 25100 KV GNotK). Dies gilt auch dann, wenn der unterzeichnete Text mehrere Erklärungen enthält, die verschiedene Gegenstände betreffen.[59]

118 Die Höhe der vollen Notargebühr richtet sich nach dem **Geschäftswert**, regelmäßig dem Nominalbetrag der Grundschuld. Enthält die beurkundete Erklärung zusätzlich ein vollstreckbares Schuldversprechen des Eigentümers, so erhöht sich dadurch der maßgebliche Geschäftswert nicht, weil Schuldversprechen und Grundschuld kostenrechtlich derselbe Gegenstand sind (§ 109 Abs. 2 Satz 1 Nr. 3 GNotKG).

119 Die Erklärungen, die von zur Führung eines **Siegels** berechtigten Behörden oder sonstigen Stellen (z. B. Sparkassen) in der vorgeschriebenen Form abgegeben werden, sind den notariellen Urkunden gleichgestellt; sie sind öffentliche Urkunden (§ 415 Abs. 1 ZPO). Die seit 1998 bestehende Pflicht der Sparkassen, sich in das Handelsregister eintragen zu lassen, hat daran nichts geändert[60]. Das Beifügen des (Trocken- oder Farb-)Siegels begründet für das Grundbuchamt die Vermutung der Ordnungsmäßigkeit der Erklärung, auch hinsichtlich der Vertretungsbefugnis der Unterzeichner, sofern die siegelführende Stelle im Rahmen ihrer Zuständigkeit, insbesondere in eigenen Angelegenheiten, gehandelt hat[61]. Dasselbe gilt für einen maschinell ein- oder aufgedruckten Abdruck des Dienstsiegels (§ 29 Abs. 3 S. 2 GBO).

4.4 Voreintragung des Betroffenen

120 Eine neue Grundschuld darf regelmäßig nur dann eingetragen werden, wenn derjenige, der sie (selbst oder durch einen Bevollmächtigten) bewilligt hat, **im Grundbuch als Eigentümer eingetragen** ist oder wenigstens gleichzeitig eingetragen wird (§ 39 Abs. 1 GBO). Maßgeblich ist der Zeitpunkt der Eintragung der Grundschuld. Dass der Betroffene bei Abgabe der Eintragungsbewilligung als Eigentümer eingetragen war, ist weder erforderlich noch ausreichend.

Selbst wenn derjenige, der die Grundschuld bewilligt hat, nachweislich schon Eigentümer ist (etwa der Sohn, der den eingetragenen Vater beerbt hat), muss vor Eintragung der Grundschuld die Eigentümerbezeichnung berichtigt und der Sohn als Eigentümer eingetragen werden.

Soll bei einer bereits bestehenden Grundschuld eine Änderung (z. B. Abtretung, Löschung, Rangrücktritt) eingetragen werden, so muss ebenfalls der Bewilligende als Gläubiger eingetragen sein. Bei einer *Brief*grundschuld reicht es aus,

---

59 BGH v. 23.1.2020 – V ZB 70/19 (RN 11 ff.), WM 2020, 1321 = NJW-RR 2020, 757 = MittBayNot 2020 = ZNotP 2020, 224 (*Hagemann*).
60 LG Marburg v. 22.12.2000 – 3 T 330/00 –, Rpfleger 2001, 175.
61 BayObLG v. 28.11.1996 – 2 Z BR 81/96 – (Ziff. 2b (3) bb) NJW-RR 1997, 1173; BayObLG v. 5.1.1978 – 2 Z 90/76 – Rpfleger 1978, 141; *Demharter*, § 29 RN 45 ff.; *Schöner/Stöber*, RN 161.

wenn er stattdessen im Besitz des Briefs ist und sein Recht gemäß **§ 1155 BGB** (s. RN 458) nachweist (§ 39 Abs. 2 GBO).

Hat noch der inzwischen **verstorbene (frühere) Eigentümer die Grundschuld bewilligt**, so kann sie ausnahmsweise eingetragen werden, ohne dass zuvor der Betroffene (nämlich der Erbe) als Eigentümer eingetragen worden ist (§ 40 Abs. 1, zweite Alternative GBO); dasselbe gilt, wenn die Grundschuld durch den Nachlasspfleger oder den Testamentsvollstrecker (des noch eingetragenen, aber inzwischen verstorbenen früheren Eigentümers) bewilligt worden ist (§ 40 Abs. 2 GBO). Auch die Eintragung einer von einem transmortal Bevollmächtigten bewilligten Grundschuld setzt nicht die Voreintragung der Erben voraus (§ 40 Abs. 1 GBO analog).[62] Demgegenüber wird für die Bestellung einer Grundschuld zum Zweck der Kaufpreisfinanzierung durch den (erst) vom Erben bevollmächtigten Käufer die Voreintragung des Erben als notwendig erachtet.[63]   *121*

Der Erbe braucht nicht eingetragen zu werden, wenn das Recht übertragen oder aufgehoben werden soll (§ 40 Abs. 1, erste Alternative GBO). Bspw. kann die Abtretung einer (Brief- oder Buch-)Grundschuld, deren Gläubiger verstorben ist, auch **ohne Voreintragung der Erben** eingetragen werden. Voraussetzung ist selbstverständlich, dass der Erbe sein Erbrecht nachweist (§ 35 Abs. 1 GBO).   *122*

Ausschließlich für die *neuen Bundesländer* bestehen zusätzlich folgende Ausnahmen:

Ist über den Anspruch auf **Rückübertragung von Eigentum** nach den Bestimmungen des Vermögensgesetzes entschieden worden und der Bescheid unanfechtbar geworden (§ 34 VermG), so gilt § 39 Abs. 1 GBO für die **Eintragung** des dadurch Begünstigten nicht; dieser kann vielmehr unmittelbar im Grundbuch eingetragen werden, ohne dass zuvor Volkseigentum oder der bisher Verfügungsberechtigte eingetragen werden muss (§ 11 Abs. 1 Satz 1 GBBerG). Entsprechendes gilt, wenn Grundstücke durch Bescheid nach § 2 VZOG einer Gemeinde oder einem sonstigen öffentlichen Rechtsträger zugeordnet worden sind (§ 11 Abs. 1 Satz 3 GBBerG).   *123*

Will der durch den Bescheid nach § 34 VermG Begünstigte (oder sein Erbe) das Grundstück **belasten** (oder veräußern), so kann das von ihm bestellte Grundpfandrecht (oder seine sonstige Verfügung) eingetragen werden, ohne dass zuvor der Begünstigte als neuer Eigentümer eingetragen worden ist (§ 11 Abs. 1 Satz 2 GBBerG). Entsprechendes gilt, wenn Grundstücke durch Bescheid nach § 2 VZOG einer Gemeinde oder einem sonstigen öffentlichen Rechtsträger zugeordnet worden sind (§ 11 Abs. 1 Satz 3 GBBerG).   *124*

Für den Erwerber der Grundschuld ist es jedoch sicherer, auf der **Voreintragung** des Betroffenen zu bestehen[64]. Denn nur wenn der Betroffene im Grundbuch eingetragen ist, kann der Gläubiger die **Grundschuld gutgläubig erwer-**   *125*

---

62 OLG Hamburg v. 20. 12. 2021 – 13 W 162/21 –, FamRZ 2023, 165.
63 OLG Hamm v. 25. 11. 2022 – 15 W 114/22 –, NJW-RR 2023, 524; OLG Jena v. 18. 2. 2022 – 3 W 8/22 –, NotBZ 2022, 460 (Roos); OLG Oldenburg v. 23. 3. 2021 – 12 W 38/21 –, Rpfleger 2021, 484.
64 *Demharter,* § 40 RN 2.

ben, falls der Besteller aus irgendeinem Grund nicht Eigentümer geworden sein sollte. Wegen der Einzelheiten wird auf RN 429 bis 431 (für die vergleichbare Situation beim Erwerb einer Grundschuld durch Abtretung) verwiesen.

126 Ist die Grundschuld von einem (noch) nicht eingetragenen Eigentümer bestellt worden, ohne dass eine der in RN 121 bis 124 genannten Ausnahmen vorliegt, so muss der Antrag auf Eintragung der Grundschuld zurückgewiesen werden, wenn die **Voreintragung** (endgültig) **scheitert.**

127 Ursache dafür kann sein, dass der **Besteller** der Grundschuld (bspw. bei Bewilligung durch den Käufer des Grundstücks vor Vollzug des Eigentumswechsels) das **Eigentum nicht erwirbt,** etwa weil er den Kaufpreis nicht bezahlt und der Verkäufer zurücktritt oder weil die Gemeinde ein gesetzliches Vorkaufsrecht (RN 346) ausübt.

128 Die Eintragung der Grundschuld muss auch dann unterbleiben, wenn der Grundschuldbesteller den Antrag, ihn als Eigentümer einzutragen, **zurück-nimmt,** etwa weil er das Grundstück weiterverkauft, bevor er selbst als Eigentümer eingetragen worden ist und (um doppelte Eintragungskosten zu sparen) das Eigentum unmittelbar vom Erstverkäufer auf den Letztkäufer übergehen soll. Der Gläubiger kann sich dem Antrag auf Eintragung des Grundschuldbestellers als Eigentümer nicht anschließen, weil er insofern nicht Beteiligter (RN 83) ist. Der eigene Antrag, die Grundschuld einzutragen (RN 95), schützt ihn nicht, weil dieser ohne Voreintragung nicht vollziehbar ist.

Entsprechendes gilt selbst dann, wenn der Grundschuldbesteller (bspw. als Erbe) das Eigentum **außerhalb des Grundbuchs erworben** hat, aber als Eigentümer im Grundbuch noch nicht eingetragen ist. Auch hier könnte etwa der Verkauf des Grundstücks vor Eintragung der Grundschuld Anlass sein, den Antrag auf Eintragung des Erben als Eigentümer zurückzunehmen. Die Übereignung an den Käufer des Grundstücks kann nämlich ausnahmsweise ohne Voreintragung des Erben erfolgen (§ 40 Abs. 1 GBO). Auch in diesem Fall darf die vom Erben bewilligte Grundschuld nicht mehr eingetragen werden.

129 Eine **Besonderheit** gilt für den Eigentumserwerb durch **Zuschlag in der Zwangsversteigerung.** Die vom Ersteher bewilligte Grundschuld kann zwar auch nicht vor Eintragung des Erstehers als neuer Eigentümer eingetragen werden (§ 130 Abs. 3 ZVG). Der Antrag auf Eintragung der Grundschuld darf aber – wenn alle übrigen Voraussetzungen erfüllt sind – nicht deshalb zurückgewiesen werden, weil das Versteigerungsergebnis noch nicht eingetragen ist. Auch eine darauf gestützte Zwischenverfügung (RN 65) darf nicht ergehen[65]. Den Antrag und die übrigen Unterlagen hat das Grundbuchamt vielmehr (rangwahrend) aufzubewahren, bis das Eintragungsersuchen des Vollstreckungsgerichts eingetroffen ist. Auf den Grund der Verzögerung kommt es nicht an; meist wird die Unbedenklichkeitsbescheinigung des Finanzamts fehlen.

---

65 RG v. 9.12.1905 – B-R V 326/05 –, RGZ 62, 140; LG Darmstadt v. 4.11.1986 – 5 T 954/86 –, WM 1987, 636; LG Gießen v. 24.1.1979 – 7 T 26/79 –, Rpfleger 1979, 352, m. zustimmender Anm. *Schiffhauer; Demharter,* § 38 RN 41; *Stöber/Nicht,* § 130 RN 44.

Selbst wenn der rechtsgeschäftliche Erwerber später Eigentümer des Grund-   *130*
stücks wird, besteht die **Gefahr**, dass eine von ihm *zuvor* bestellte Grundschuld
nicht *rangrichtig* eingetragen wird.

Bis zur Eintragung des Eigentumswechsels kann nämlich der **Anspruch auf
Übertragung** des Eigentums (RN 138) bzw. die Anwartschaft auf Eigentumserwerb (RN 139) vom Käufer **verpfändet** oder durch seine Gläubiger gepfändet
werden[66]. In diesem Fall erwirbt der Pfandgläubiger, sobald der Käufer als
Eigentümer eingetragen wird, kraft Gesetzes eine Sicherungshypothek am
Grundstück (§ 1287 Satz 2 BGB), die der vom Käufer – selbst vor (Ver-)Pfän-
dung – für ein Kreditinstitut etwa bestellten Grundschuld im Rang vorgeht[67]; s.
auch RN 137 bis 142.

Der Grundschuldgläubiger kann allenfalls gutgläubig Vorrang vor der Sicherungshypothek erwerben, wenn die Sicherungshypothek (infolge eines Bearbeitungsfehlers des Pfandgläubigers oder infolge eines Versehens des Grundbuchamts) nicht zeitgleich mit dem Eigentumswechsel und erst nach der
Grundschuld eingetragen wird[68].

Wird über das Vermögen des Grundschuldbestellers das **Insolvenzverfahren**   *131*
eröffnet, **bevor** er durch **Eintragung im Grundbuch** Eigentümer des Grundstücks geworden ist, so erwirbt das Kreditinstitut die vom Käufer des Grundstücks (ohne Zustimmung des bisherigen Eigentümers) bestellte Grundschuld
nicht. Das Gleiche gilt, wenn dieser aus einem anderen Grund vor der Eintragung des Eigentumswechsels die Verfügungsbefugnis verliert.

§ 878 BGB, der unter gewissen Voraussetzungen (RN 228) den Erwerb noch
nach Eröffnung des Insolvenzverfahrens über das Vermögen des Eigentümers
ermöglicht, gilt nicht, solange der Besteller der Grundschuld noch gar nicht
grundbuchmäßig Eigentümer ist[69]. Auch nach der Meinung, die die bewusste
Mitwirkung des Grundbuchamts beim gutgläubigen Erwerb zulässt (RN 103,
104), kann die Grundschuld nicht eingetragen werden, wenn der Besteller bei
Eröffnung des Insolvenzverfahrens noch nicht einmal Eigentümer war.

---

66 Vgl. dazu: OLG Jena v. 28. 9. 1995 – 6 W 73/95 –, DNotZ 1997, 158 = Rpfleger 1996, 100
    und *Amann*, DNotZ 1997, 113.
67 BGH v. 18. 12. 1967 – V ZB 6/67 – (Ziff. III, a) BGHZ 49, 197; BayObLG v. 24. 9. 1985 – BR
    2 Z 28/85 – Ziff. 2c (4), DNotZ 1986, 345 (mit Anm. *Reithmann*). – Dagegen würde eine
    vom Erwerber aus Anlass des Erwerbs *für den Veräußerer* bestellte *Kaufgeld*hypothek
    mit Rang vor der Sicherungshypothek des Pfandgläubigers einzutragen sein:
    BayObLG v. 17. 2. 1972 – 2 Z 88/71 –, Rpfleger 1972, 182 m. w. N.; *Münch-
    Komm/Schäfer*, § 1274 RN 34 bzw. 38; *Grüneberg/Wicke*, § 1287 RN 4.
68 BayObLG v. 13. 8. 1993 – 2 Z BR 80/93 –, Rpfleger 1994, 162; BayObLG v. 24. 9. 1985 –
    BR 2 Z 28/85 – Ziff. 2c (4), DNotZ 1986, 345 (mit Anm. *Reithmann*); *Böttcher*, Rpfleger
    1988, 252 und *Kerbusch*, Rpfleger 1988, 475 (beide mit insoweit abl. Anm. zu LG Fulda
    v. 22. 12. 1987); *anderer Ansicht* (gesetzliche Hypothek behält Vorrang): LG Fulda v.
    22. 12. 1987 – 2 T 206/87 –, Rpfleger 1988, 252; *Stöber*, DnotZ 1985, 583.
69 BGH v. 18. 12. 1967 – V ZB 6/67 – (Ziff. III, a) BGHZ 49, 197; BayObLG v. 2. 12. 1960 –
    Breg 2 Z 164/60 – (Buchstabe b), DnotZ 1961, 202 = NJW 1961, 783; (wirksam nur,
    wenn noch nicht Eingetragener mit *Zustimmung* des Noch-Eigentümers handelt):
    MünchKomm/Lettmaier, § 878 RN 23 m. w. N.; *Grüneberg/Herrler*, § 878 RN 6, 7 m. w. N.

132 Soll im Zusammenhang mit einem rechtsgeschäftlichen Grundstückserwerb der dem Erwerber gewährte Kredit sofort durch eine Grundschuld gesichert werden, so lassen sich die in RN 126 bis 131 dargestellten **Gefahren vermeiden**, wenn der *Ver*käufer bereit ist, bei der Eintragung der Grundschuld noch vor dem Eigentumswechsel mitzuwirken.

133 In diesem Fall **bewilligt der Verkäufer selbst die Grundschuld** oder ermächtigt den Käufer dazu, für ihn (oder im eigenen Namen[70]) die Bewilligung zu erklären[71]. Betroffener ist der (als Eigentümer noch eingetragene) Verkäufer, sodass § 39 GBO der Eintragung nicht im Wege steht. Die Grundschuld wird auch eingetragen, wenn der Eigentumswechsel scheitert. Eine (formularmäßige) Vereinbarung, nach der die Grundschuld das dem Käufer gewährte Darlehen auch dann sichert, wenn der Kaufvertrag nicht ordnungsgemäß abgewickelt wird, wäre für den Verkäufer überraschend und daher unwirksam (§ 305c Abs. 1 BGB). Deshalb muss darauf geachtet werden, dass die Interessen des Verkäufers durch sachgerechte Einschränkung der Sicherungsabrede gewahrt bleiben (RN 704 bis 708).

Soll die Grundschuld vom Käufer oder sonst einem Dritten bewilligt werden, ist sorgfältig darauf zu achten, dass die Vollmacht bzw. **Ermächtigung** ausreichend ist. Sie wird regelmäßig nur eine Sicherstellung decken, die die Interessen des Verkäufers wahrt (RN 704 bis 708). Bei einem Verkauf durch den Erstkäufer wird sie nicht an den Zweitkäufer weitergeleitet werden können[72]. Ist die Bestellung der Grundschuld durch Vollmacht bzw. Ermächtigung nicht gedeckt, so erwirbt das Kreditinstitut das Recht nicht, auch wenn es vom Grundbuchamt infolge mangelhafter Prüfung eingetragen wird[73]. Dieses Risiko besteht nicht, wenn der Verkäufer selbst handelt.

Wegen der Unterwerfung unter die sofortige Zwangsvollstreckung durch einen Bevollmächtigten s. RN 314 bis 318.

Schließt sich der Käufer der Grundschuldbestellung des Verkäufers (oder seines Bevollmächtigten) an, dann kann aufgrund der Bewilligung des Käufers die Grundschuld auch noch nach Vollzug des Eigentumswechsels eingetragen werden, falls die Eintragung davor scheitern sollte oder es sonst zweckmäßig erscheint. Erklärt auch er die Unterwerfung, so kann die Vollstreckungsklausel unmittelbar gegen den Käufer erteilt werden, sodass keine Umschreibung (einer gegen den Verkäufer erteilten Klausel) erforderlich ist (s. RN 713).

---

70 Umdeutung einer Vollmacht in eine Ermächtigung des Käufers, im eigenen Namen zu handeln: OLG Naumburg v. 15.3.1999 – 11 Wx 13/98 –, DNotZ 1999, 1013.

71 Wegen eines geeigneten Verfahrens für die notarielle Praxis s.: *Everts* in Beck'sches Notar-Handbuch, A I RN 267 ff.; vgl. dazu auch BayObLG v. 11.5.1995 – 2 Z BR 32/95 –, DNotZ 1996, 295.

72 OLG Düsseldorf v. 16.4.1999 – 3 Wx 111/99 –, EwiR § 19 GBO 1/99, 785 (*Grunewald/Schaaf*).

73 BGH v. 28.10.1988 – V ZR 14/87 – (Ziff. II, 1 c), BGHZ 106, 1 = WM 1988, 1849; BGH v. 14.3.2000 – XI ZR 14/99 –, NJW 2000, 2021 = WM 2000, 1057 = EwiR § 1191 BGB 2/2000, 1049 (*Clemente*).

Die **Anträge** müssen so gestellt werden, dass die Grundschuld noch vor oder *134*
spätestens gleichzeitig mit dem Eigentumswechsel eingetragen wird[74]. Dazu ist
die ausdrückliche Zustimmung des Erwerbers gegenüber dem Grundbuchamt
erforderlich, falls der Antrag auf Eintragung des Eigentumswechsels schon eingegangen ist oder noch vor oder gleichzeitig mit der Grundschuldbestellung
eingehen wird (§§ 17, 45 GBO).

Ist zugunsten des Erwerbers eine **Auflassungsvormerkung** (RN 204) bestellt
oder schon eingetragen, muss ferner klargestellt werden, dass die Grundschuld
ihr **gegenüber wirksam** ist (vgl. § 883 Abs. 2 BGB); die Klarstellung kann entweder durch Eintragung eines Wirksamkeitsvermerks (RN 208) oder durch Eintragung der Grundschuld mit Rang vor der Auflassungsvormerkung (RN 349) oder
dadurch erfolgen, dass die (bereits eingetragene) Auflassungsvormerkung der
Grundschuld nachträglich den Vorrang einräumt (RN 358 bis 362).

Das kann bspw. dadurch bewirkt werden, dass die Grundschuldbestellungsur- *135*
kunde, in der noch der *Verkäufer* als Eigentümer bezeichnet wird und die vom
Verkäufer *und* Käufer in notariell beurkundeter oder beglaubigter Form errichtet werden muss, gemäß folgendem **Formulierungsvorschlag** ergänzt wird:

> *„Das belastete Grundstück wurde an X (Erwerber) mit Urkunde des Notars ...*
> *vom ... (UR Nr. ...) verkauft (ggf. und aufgelassen); der Eigentumswechsel ist im*
> *Grundbuch noch nicht vollzogen.*
> *X stimmt der vorstehenden Grundschuldbestellung ausdrücklich zu. Die Grund-*
> *schuld ist vor dem Eigentumswechsel einzutragen. [Ggf.: Die Grundschuld ist mit*
> *Rang vor der am ... für X bestellten Auflassungsvormerkung einzutragen. Oder:*
> *Gleichzeitig mit der Grundschuld ist einzutragen, dass sie gegenüber der am ... für*
> *X eingetragenen Auflassungsvormerkung wirksam ist.]“*

Die Grundschuld kann nur eingetragen werden, wenn das Belastungsobjekt *136*
grundbuchmäßig entstanden ist. **Bei Wohnungs-/Teileigentum** muss also die
Aufteilung in Wohnungs-/Teileigentum im Grundbuch vollzogen sein (RN 30).
Beim Erwerb eines realen Grundstücksteils muss zuerst die Teilung im Grundbuch eingetragen werden (RN 10).

4.5 *Exkurs*: Verpfändung von Übereignungsanspruch bzw. Anwartschaftsrecht des noch nicht eingetragenen Grundschuldbestellers

Gegen die Gefahren aus der fehlenden Voreintragung des Betroffenen kann sich *137*
das Kreditinstitut weitgehend auch dadurch sichern, dass es sich den Übereignungsanspruch bzw. die Anwartschaft[75] des Erwerbers **verpfänden** lässt, bevor
andere Gläubiger ein Pfandrecht daran erlangt haben; wegen der Konkurrenz
mit anderen Pfandrechten s. RN 144. Das Pfandrecht sollte im Grundbuch einge-

---

74 *Ertl*, DnotZ 1969, 661.
75 Wenn sich das Kreditinstitut *nur* das Anwartschaftsrecht verpfänden lässt, können
seine Rechte durch späteren Zugriff anderer auf den Übereignungsanspruch ausgehebelt werden: *Amann*, DnotZ 1997, 113, insbesondere 117 ff.

tragen werden; dies setzt voraus, dass das Recht des Grundstückserwerbers durch eine Vormerkung gesichert ist.

Im Einzelnen ist Vieles umstritten[76]. Die Bestellung einer Grundschuld noch durch den Veräußerer (RN 133 bis 135 und 704 bis 713) ist der sicherere Weg[77]. Dieser ist auch einfacher und billiger, aber manchmal nicht gangbar, beispielsweise wenn eine Eigentumswohnung bzw. ein Trennstück verkauft ist und das Wohnungsgrundbuch noch nicht angelegt bzw. die Teilung noch nicht vollzogen ist (RN 136).

138 Die Verpfändung des schuldrechtlichen **Anspruchs auf Übereignung** des Grundstücks kann formlos erfolgen[78]; sie muss aber dem Verkäufer angezeigt werden, und zwar durch den Käufer, nicht durch das Kreditinstitut (§ 1280 BGB)[79]. Befindet sich das betreffende Grundstück in einem Sanierungsgebiet nach dem BauGB (RN 213), ist nach Ansicht des BGH[80] für die wirksame Verpfändung die Genehmigung der Sanierungsbehörde erforderlich.

Die Verpfändung des Übereignungsanspruchs ist auch dann noch möglich, wenn der Verkäufer bereits die Auflassung erklärt hat, solange nur der Eigentumswechsel noch nicht eingetragen ist[81]. Ein Vermerk im Grundbuch (bei der Vormerkung[82] zur Sicherung des Übereignungsanspruchs) ist für die Entstehung des Pfandrechts nicht erforderlich, aber zulässig und zum Schutz des Gläubigers ratsam.

Der schuldrechtliche Anspruch auf Eigentumsübertragung kann nicht *ver*pfändet werden, wenn seine Abtretung von den Vertragsparteien ausgeschlossen worden ist (§§ 1274 Abs. 2, 399 BGB).

139 Die Verpfändung eines etwaigen **Anwartschaftsrechts** auf Eigentumserwerb muss notariell beurkundet, dem Verkäufer aber nicht angezeigt werden[83]. Ein Vermerk im Grundbuch ist nicht erforderlich, aber (bei der Vormerkung zur Sicherung des Übereignungsanspruchs) zulässig und zum Schutz des Gläubigers ratsam.

Ein Anwartschaftsrecht auf Erwerb des Eigentums an einem Grundstück hat der Käufer erlangt, wenn der Verkäufer die Auflassung bindend (RN 149) erklärt hat und entweder für den Käufer eine Auflassungsvormerkung im Grundbuch ein-

---

76 Vgl. z. B. *Ludwig*, DnotZ 1992, 339 ff.
77 *Tröder*, DnotZ 1984, 350 ff.
78 *MünchKomm/Schäfer*, § 1274 RN 28 m. w. N.
79 *MünchKomm/Schäfer*, § 1280 RN 8 m. w. N.
80 BGH v. 26. 2. 2015 – V ZB 86/13 – (RN 9 ff.), WM 2015, 1771 = DnotZ 2015, 526 = WuB 2015, 623 (*Gladenbeck*).
81 BGH v. 17. 6. 1994 – V ZR 204/92 –, DnotZ 1995, 47 = Rpfleger 1995, 101 m. w. N.; BayObLG v. 24. 9. 1985 – BR 2 Z 28/85 – Ziff. 2c (4), DNotZ 1986, 345 (mit Anm. *Reithmann*); OLG Jena v. 28. 9. 1995 – 6 W 73/95 –, DNotZ 1997, 158 = Rpfleger 1996, 100; *Ludwig*, DNotZ 1992, 339, 340 f.; *Medicus*, DNotZ 1990, 275; bestr.
82 *Ludwig*, DNotZ 1992, 339, 351 hält mit beachtlichen Gründen die Eintragung eines Verpfändungsvermerks auch ohne Eintragung einer Auflassungsvormerkung für zulässig.
83 *MünchKomm/Schäfer*, § 1274 RN 36 m. w. N.

getragen ist oder der *Käufer* den Antrag auf Eigentumswechsel beim Grundbuchamt gestellt hat[84]; vgl. auch RN 1233.

Das Grundbuchamt darf, wenn ihm die Verpfändung (etwa durch den Verpfändungsvermerk bei der Auflassungsvormerkung) bekannt ist, den Eigentumswechsel nur mit **Bewilligung des Pfandgläubigers** eintragen, weil dieser im Hinblick auf sein Pfandrecht dadurch betroffen (§ 19 GBO) ist. *140*

Dafür spielt es keine Rolle, ob der schuldrechtliche Anspruch auf Übereignung oder das Anwartschaftsrecht Gegenstand des Pfandrechts ist[85]. Die Zustimmung des Pfandgläubigers ist auch dann erforderlich, wenn die Verpfändung auflösend bedingt ist und der Pfandvermerk mit der (bereits erfolgten) Eintragung einer Grundschuld gelöscht werden soll[86].

Übereignet der Verkäufer das Grundstück mit Zustimmung des **Pfandgläubigers** an den Käufer, so verwandelt sich das Pfandrecht am Übereignungsanspruch kraft Gesetzes in eine **Sicherungshypothek** am Grundstück (§§ 1287, 1281, 1282 BGB)[87]. *141*

Auch ohne Mitwirkung des Pfandgläubigers muss ein Pfandrecht entstehen, wenn diese Mitwirkung zu einer wirksamen Erfüllung nicht erforderlich ist, beispielsweise weil der Pfandgläubiger gemäß § 1284 BGB darauf verzichtet

---

84 BGH v. 1.12.1988 – V ZB 10/88 – (Ziff. II C 1 b), BGHZ 106, 10889 = NJW 1989, 1093 = EWiR § 857 ZPO 1/89, 413 (*Münzberg*); OLG Jena v. 28.9.1995 – 6 W 73/95 –, DNotZ 1997, 158 = Rpfleger 1996, 100; *MünchKomm/Kanzleiter*, § 925 RN 35 ff.; *Grüneberg/Herrler*, § 925 RN 24, 25, jeweils m.w.N.; bestr.; für den Fall der Sicherung durch Auflassungsvormerkung ablehnend: *Hintzen*, Rpfleger 1989, 906 (Ziff. 3) m.w.N.; ausführlich zu den Voraussetzungen für die Annahme eines Anwartschaftsrechts: *Medicus*, DNotZ 1990, 275.

85 BayObLG v. 24.9.1985 – BR 2 Z 28/85 – Ziff. 2c (4), DNotZ 1986, 345 (mit Anm. *Reithmann*) und BayObLG v. 11.2.1987 – BR 2 Z 56/86 –, DNotZ 1987, 625 = Rpfleger 1987, 299. – Das BayObLG betrachtet die Frage – zu Recht – allein unter dem Gesichtspunkt der Grundbuchordnung und verlangt die Zustimmung des Pfandgläubigers, weil sein Pfandrecht bzw. die daraus etwa entstandene Sicherungshypothek am Grundstück durch den Vollzug des Eigentumswechsels beeinträchtigt werden kann; ob materiell-rechtlich eine Mitwirkung des Pfandgläubigers an der Erfüllung des Übereignungsanspruchs notwendig ist, lässt es offen. Unentschieden lässt es die Frage, ob die Bewilligung des Pfandgläubigers auch bei gleichzeitiger Eintragung einer Sicherungshypothek nach § 1286 Satz 2 BGB am Grundstück erforderlich ist. Kritisch: *Ludwig*, DNotZ 1992, 539 und Rpfleger 1987, 495. Demgegenüber stellen *MünchKomm/Schäfer*, § 1274 RN 33, *Reithmann*, DNotZ 1985, 605 sowie 1986, 352, *Stöber*, DNotZ 1985, 587, und *Weirich*, DNotZ 1987, 628 darauf ab, ob materiell-rechtlich zur Erfüllung des gepfändeten Übereignungsanspruchs die Zustimmung des Pfandgläubigers erforderlich ist (so auch LG Augsburg v. 28.3.1984 – 7 T 1112/84 –, Rpfleger 1984, 263); sie kommen zu teilweise voneinander abweichenden Ergebnissen.

86 BayObLG v. 11.5.1995 – 2 Z BR 37/95 –, DNotZ 1996, 554 (mit zust. Anm. *Ludwig*) = EWiR § 1274 BGB 1/95, 979 (*Heintzen*).

87 *MünchKomm/Schäfer*, § 1274 RN 31; *Ludwig*, DNotZ 1992, 339, 342.

hat[88] oder weil die Auflassung im Zeitpunkt der Verpfändung bereits erklärt war[89] oder weil der Eigentumserwerb aufgrund eines Anwartschaftsrechts und also ohne weitere Mitwirkung des Verkäufers erfolgt[90].

Umstritten ist, ob die Sicherungshypothek am übereigneten Grundstück auch entsteht, wenn der Pfandgläubiger an der Übereignung nicht mitwirkt, obwohl dies nach §§ 1281, 1282 BGB erforderlich ist (beispielsweise bei Verpfändung des schuldrechtlichen Übereignungsanspruchs vor Auflassung ohne abweichende Vereinbarung gemäß § 1284 BGB)[91].

142   Die **Sicherungshypothek** entsteht kraft Gesetzes, wird aber nur **auf Antrag**, nicht von Amts wegen eingetragen[92]. Zur Eintragung genügt ein entsprechender Antrag des Kreditinstituts, falls die Verpfändung des Übereignungsanspruchs im Grundbuch vermerkt war. Andernfalls ist ein anderer Nachweis der wirksamen Verpfändung oder die Bewilligung des neuen Eigentümers jeweils in grundbuchmäßiger Form erforderlich[93].

Die Sicherungshypothek erhält den **Rang** nach den vom Erwerber aus Anlass des Erwerbs für den Veräußerer etwa bestellten Rechten (z. B. Kaufpreishypothek) und im Übrigen den Rang der Auflassungsvormerkung; sie geht also anderen vom Erwerber bestellten Rechten[94], u. a. einer vom Käufer für ein Kreditinstitut bestellten Grundschuld vor[95]. Das gilt auch dann, wenn diese Grundschuld der Finanzierung des Kaufpreises dient[96].

Eine vom Erwerber für einen Dritten bewilligte Grundschuld kann aber gutgläubig mit Vorrang vor der Sicherungshypothek des Pfandgläubigers erworben werden, wenn diese beim Eigentumserwerb (infolge eines Bearbeitungsfehlers des Pfandgläubigers oder eines Versehens des Grundbuchamts) zunächst nicht eingetragen wird (RN 130).

143   Die aus dem Pfandrecht am Übereignungsanspruch bzw. am Anwartschaftsrecht entstehende Sicherungshypothek kann später ranggleich **in eine Grund-**

---

88   *MünchKomm/Schäfer*, § 1274 RN 32; für den Fall, dass die Anwendung von §§ 1281, 1282 BGB vereinbarungsgemäß ausgeschlossen ist, soll nach LG Passau v. 15. 4. 1992 – 2 T 44/92 –, Rpfleger 1992, 426 keine Hypothek entstehen.
89   BayObLG v. 24. 9. 1985 – BR 2 Z 28/85 – Ziff. 2c (4), DNotZ 1986, 345 (mit Anm. *Reithmann*); LG Augsburg v. 28. 3. 1984 – 7 T 1112/84 –, Rpfleger 1984, 263.
90   BayObLG v. 13. 8. 1993 – 2 Z BR 80/93 –, Rpfleger 1994, 162; *MünchKomm/Schäfer*, § 1274 RN 37, 38.
91   Zu Recht *bejahend:* BayObLG v. 24. 9. 1985 – BR 2 Z 28/85 – Ziff. 2c (4), DNotZ 1986, 345 (mit Anm. *Reithmann*); *verneinend: MünchKomm/Schäfer*, § 1274 RN 33 m. w. N.; *Ludwig*, Rpfleger 1987, 495. – *Ludwig*, DNotZ 1992, 339, 345 f nimmt an, dass der Käufer in diesem Fall – trotz Auflassung und Eintragung als Eigentümer – kein Eigentum erwirbt.
92   So auch *Ludwig*, DNotZ 1992, 339, 343.
93   *MünchKomm/Schäfer*, § 1274 RN 31 bzw. RN 37 i. V. m. RN 31.
94   OLG Jena v. 28. 9. 1995 – 6 W 73/95 –, DNotZ 1997, 158 = Rpfleger 1996, 100.
95   Ausführlich zu verschiedenen Rangfragen: *Hintzen*, Rpfleger 1989, 439 (Ziff. 4).
96   LG Fulda v. 22. 12. 1987 – 2 T 206/87 –, Rpfleger 1988, 252 (m. insoweit abl. Anm. *Böttcher*) und Rpfleger 1988, 475 (m. insoweit zust. Anm. *Kerbusch*).

schuld umgewandelt werden[97]. Sofern keine Gefahr durch Zwischeneintragungen droht, kann zu gegebener Zeit auch auf die Eintragung der Sicherungshypothek verzichtet und stattdessen die Eintragung einer vom Erwerber bewilligten Grundschuld veranlasst werden[98].

Ein Grundpfandrecht erwirbt das Kreditinstitut aus dem Pfandrecht am Übereignungsanspruch bzw. am Anwartschaftsrecht aber erst mit der Eintragung des Eigentumswechsels. Scheitert dieser endgültig, so erweist sich die Sicherheit als wertlos.

Ist der Übereignungsanspruch bzw. die Anwartschaft Gegenstand **mehrerer**   *144*
Pfandrechte, weil er mehrfach ge- bzw. verpfändet ist, so hat das zeitlich früher entstandene Pfandrecht Rang vor dem später entstandenen. Entscheidend ist der Zeitpunkt, in dem die letzte Wirksamkeitsvoraussetzung erfüllt ist, also bei der Verpfändung des Übereignungsanspruchs die Anzeige durch den Käufer (nicht genügend: durch den Pfandgläubiger) an den Verkäufer.

Auf die Eintragung im Grundbuch kommt es, weil zur Entstehung des Pfandrechts nicht erforderlich, nicht an. Die aus den Pfandrechten später entstehenden Sicherungshypotheken erlangen untereinander den Rang der Pfandrechte.

Da die Pfandrechte am Übereignungsanspruch bzw. an der Anwartschaft nicht eintragungsbedürftig sind, lässt sich aus dem Grundbuch nicht zuverlässig entnehmen, ob andere Pfandrechte bestehen.

---

97 S. dazu *Ludwig*, DNotZ 1992, 339, 355 ff.
98 Zur Löschung des Verpfändungsvermerks ist die Zustimmung des Pfandgläubigers erforderlich, und zwar selbst dann, wenn die Verpfändung unter der auflösenden Bedingung der Eintragung der Grundschuld erfolgt ist: BayObLG v. 11.5.1995 – 2 Z BR 37/95 –, DNotZ 1996, 554, mit insoweit zustimmender Anmerkung *Ludwig* (DNotZ 1996, 554).

5 Erwerb der (Fremd-)Grundschuld durch den Gläubiger

5.1 Die Einigung

145 Die **Eintragung** im Grundbuch (RN 82 ff.) allein reicht weder für das Entstehen der (Fremd-)Grundschuld noch für deren Erwerb durch den Gläubiger aus. Es muss daneben eine wirksame **Einigung** zwischen Grundstückseigentümer und Gläubiger vorliegen (§ 873 Abs. 1 BGB).

Der Grundstückseigentümer muss zur Verfügung über das Grundstück befugt sein. Wegen der Besonderheiten bei fehlender oder eingeschränkter Verfügungsbefugnis wird auf RN 173 ff. verwiesen.

Der Erwerb durch Abtretung einer bestehenden Grundschuld, für den Entsprechendes gilt, bleibt hier ausgeklammert. Insoweit wird auf RN 425 ff. verwiesen.

146 Die Einigung ist ein sachenrechtlicher Vertrag zwischen dem über das Grundstück Verfügungsberechtigten, also normalerweise dem Eigentümer, und dem (künftigen) Grundschuldgläubiger. **Inhalt** des Vertrags ist, dass die Grundschuld entstehen und dem Gläubiger zustehen soll.

Die Einigung bedarf grundsätzlich keiner **Form** und kommt häufig stillschweigend zustande[1]. Durch die vordruckmäßige Erklärung, dass der Gläubiger der Grundschuld zustimme[2] (vgl. dazu RN 152), wird nicht Schriftform vereinbart[1].

147 Die Einigung ist bis zur Eintragung der Grundschuld grundsätzlich frei **widerruflich** (vgl. § 873 Abs. 2 BGB). Das gilt auch dann, wenn der Eigentümer ausdrücklich erklärt hat, auf Widerruf zu verzichten[3]. Nur unter gewissen Voraussetzungen ist die Einigung schon vor der Eintragung bindend (RN 149).

148 Ist die Einigung (bspw. wegen Geschäftsunfähigkeit) von Anfang an unwirksam gewesen (wegen der Ersetzung durch eine wirksame s. RN 156) oder ist sie (bevor sie bindend wurde) widerrufen worden, **fehlt die Einigung** und es entsteht keine Grundschuld, selbst wenn sie eingetragen wird. Das Grundbuch ist falsch.

Der Eigentümer kann **Grundbuchberichtigung** durch Löschung verlangen (§ 894 BGB), es sei denn, dass er aus irgendeinem Grund zur Bestellung (gerade) dieser Grundschuld verpflichtet ist[4] (s. auch RN 156). Dem Berichtigungsanspruch kann kein Zurückbehaltungsrecht wegen anderer persönlicher Ansprüche entgegengesetzt werden[5].

---

1 BGH v. 20. 2. 1987 – V ZR 249/85 – (Ziff. 1), BGHZ 100, 82 = WM 1987, 586.

2 Anhang 1 [18]; Anhang 2 [15]; s. auch Anhang 4 [18].

3 *MünchKomm/Lettmaier*, § 873 RN 83; *Grüneberg/Herrler*, § 873 RN 15; *Wörbelauer*, DNotZ 1965, 527.

4 BGH v. 25. 4. 1988 – II ZR 17/87 – (Ziff. II, 1), WM 1988, 859; BGH v. 28. 6. 1974 – V ZR 131/72 –, WM 1974, 949.

5 BGH v. 25. 4. 1988 – II ZR 17/87 – (Ziff. II, 2), WM 1988, 859.

Die Einigung ist schon vor der Eintragung **bindend**, wenn eine der folgenden Fallgestaltungen vorliegt (§ 873 Abs. 2 BGB):   *149*

- Die Erklärungen des Eigentümers und des Grundschuldgläubigers sind notariell beurkundet oder
- die *beiderseitigen* Erklärungen sind vor dem Grundbuchamt abgegeben oder
- die Einigungserklärungen des Eigentümers *und* des Grundschuldgläubigers sind beim Grundbuchamt eingereicht worden (im Einzelnen s. RN 152, 153) oder
- der Grundstückseigentümer hat dem Grundschuldgläubiger eine ordnungsgemäße Eintragungsbewilligung ausgehändigt (im Einzelnen s. RN 150, 151).

Für die Praxis der Kreditinstitute kommen vor allem die beiden letzten Alternativen in Betracht.

Der Erwerb der Grundschuld wird aber nicht allein dadurch gesichert, dass die Einigung bindend ist. Es muss insbesondere auch der Eintragungsantrag so gestellt sein, dass er nicht einseitig vom anderen Teil zurückgenommen werden kann[6], und es müssen die sonstigen zum Erwerb etwa erforderlichen Voraussetzungen, z. B. eine notwendige Genehmigung, vorliegen. Im Einzelnen wird auf die zusammenfassende Darstellung in RN 167 verwiesen.

Wird die Erklärung des Eigentümers notariell beurkundet (RN 112)[7], so bleibt die Urschrift in der Verwahrung des Notars. Die Urschrift kann also nicht übergeben werden, sondern allenfalls eine Ausfertigung oder eine Abschrift davon.   *150*

Da die *Urkunde* ausgehändigt werden muss, ist die **Übergabe einer Ausfertigung** (RN 113) **erforderlich**[8], weil (nur) sie im Rechtsverkehr die Stelle der Urschrift einnimmt. Die Überlassung einer beglaubigten Abschrift genügt nicht.

Auch die vollstreckbare Ausfertigung genügt dieser Anforderung. Sie muss allerdings die Eintragungsbewilligung enthalten; es darf also nicht eine nur auszugsweise Ausfertigung sein, bei der gerade dieser Teil ausgespart worden ist. Dass die vollstreckbare Ausfertigung bei normalem Ablauf nicht dem Grundbuchamt vorgelegt wird, ist ohne Belang. Denn für den Eintritt der Bindung kommt es lediglich darauf an, dass der Gläubiger aufgrund des Besitzes der Urkunde in der Lage ist, die Eintragung herbeizuführen.

Wird allerdings die vollstreckbare Ausfertigung erst nach Eintragung der Grundschuld erteilt, kommt sie im Hinblick auf die Bindungswirkung zu spät. Denn spätestens mit der Eintragung wird die Einigung ohnehin bindend. Deshalb wird gelegentlich vordruckmäßig[9] die sofortige Erteilung einer einfachen Ausfertigung (neben der später zu erteilenden vollstreckbaren Ausfertigung) beantragt.

---

6 *Wörbelauer*, DNotZ 1965, 531.
7 Anhang 1, 3 und 4.
8 *Schöner/Stöber*, RN 109; *Schilling*, ZNotP 2000, 229; s. auch *Demharter*, § 19 RN 26, der allerdings für das *Wirksamwerden* (nicht für die *Bindungswirkung*) den Zugang einer beglaubigten Abschrift genügen lassen will.
9 Anhang 4 [12].

Die Bindungswirkung tritt ein, wenn die Ausfertigung vom Eigentümer dem Gläubiger ausgehändigt wird. Das kann natürlich auch über damit beauftragte Dritte, etwa durch den Notar, geschehen. Hat der Eigentümer die Übersendung der Ausfertigung veranlasst, was häufig formularmäßig geschieht[10], so wird (spätestens) mit dem *Eingang* dieser Urkunde beim Gläubiger die Einigung bindend (§ 873 Abs. 2, vierte Alternative BGB).

Die Einigung wird schon früher (also vor Zugang der Ausfertigung beim Gläubiger) bindend, wenn der Gläubiger den **Notar beauftragt** hat, die **Urkunde für ihn in Empfang zu nehmen**[11] und der Notar dies dann auch tut. Die Bindung tritt in dem Moment ein, in dem der Notar die Ausfertigung, nachdem er sie fertiggestellt hat, für den Gläubiger entgegennimmt. Da dieser Vorgang äußerlich nicht erkennbar ist, müssen die Entgegennahme und der Zeitpunkt vom Notar dokumentiert werden[12]. Die bloße *Weisung*[13] des Eigentümers, die Ausfertigung zu erteilen und dem Gläubiger zu übersenden, genügt nicht.

Will der Gläubiger diesen Weg gehen, sollte er den Auftrag zur Entgegennahme ausdrücklich und schriftlich erteilen. Der Notar ist nicht verpflichtet, den Auftrag anzunehmen, wird aber gehalten sein, eine etwaige Ablehnung dem Gläubiger unverzüglich mitzuteilen. Nimmt er ihn an und führt ihn aus, so ist das kein gebührenfreies Nebengeschäft, sondern eine zusätzliche Tätigkeit, die eine Gebühr auslöst[12].

151 Wird die **Eintragungsbewilligung** (nur) **beglaubigt** (RN 111), kann keine *Ausfertigung* erteilt werden. Die Bindung nach der vierten Alternative des § 873 Abs. 2 BGB (wegen der dritten Alternative s. RN 152) kann nur dadurch herbeigeführt werden, dass die für das Grundbuchamt bestimmte *Urschrift* auf Veranlassung des Eigentümers dem Gläubiger ausgehändigt und anschließend an das Grundbuchamt weitergeleitet wird.

Die Urkunde *körperlich* an den Gläubiger zu senden und sie dann von diesem beim Grundbuchamt einreichen zu lassen, ist umständlich und vor allem zeitraubend; außerdem sind im Streitfall Beweisschwierigkeiten zu erwarten. Dieser Weg ist daher nicht zu empfehlen.

Möglich ist es aber, dass Eigentümer und Gläubiger den Notar beauftragen, die Urkunde dem Gläubiger auszuhändigen (Auftrag des Eigentümers), für den Gläubiger in Empfang zu nehmen (Auftrag des Gläubigers) und dann beim Grundbuchamt einzureichen. Die Aufträge sollten ausdrücklich und schriftlich

---

10 Anhang 1 [15], 3 [11], 4 [13].

11 Anhang 4 [19].

12 Ausführlich zum ganzen Verfahren mit Empfehlungen für die Praxis: *Schilling*, ZNotP 2000, 229.

13 BGH v. 25. 1. 1967 – V ZR 172/65 – (Abschnitt C, 1), BGHZ 46, 398 = WM 1967, 238; s. auch *Ertl*, DNotZ 1967, 565. Ein unentziehbarer Anspruch des Gläubigers gegen den Notar auf Ausfertigung gem. § 51 Abs. 1 Nr. 1 BeurkG, der der Aushändigung der Urkunde gleichgestellt wird (BayObLG v. 29. 7. 1993 – 2 Z BR 62/93 –, DNotZ 1994, 182 = NJW-RR 1993, 1489 [L] m. w. N.), kommt regelmäßig nicht in Betracht, weil bei einer Grundschuldbestellung üblicherweise keine Erklärungen des Gläubigers beurkundet werden. Vgl. auch *MünchKomm/Lettmaier*, § 873 RN 84.

erteilt und die Ausführung vom Notar dokumentiert werden, am besten auf der Urkunde selbst[12].

Bei einer *beglaubigten* (RN 111) Eintragungsbewilligung kann (statt des Verfahrens nach RN 151) die Bindung unschwer dadurch herbeigeführt werden, dass dem Grundbuchamt die **beiderseitigen Einigungserklärungen vorgelegt** werden (§ 873 Abs. 2, Alt. 3 BGB). Das geschieht am einfachsten dadurch, dass die Eintragungsbewilligung auch vom Gläubiger unterschrieben wird, was ohne Weiteres mit dessen eigenem Antrag (RN 95, 96) verbunden werden kann.   *152*

In der Eintragungsbewilligung des Grundstückseigentümers einerseits und dem Eintragungsantrag des Gläubigers andererseits wird man regelmäßig zugleich diese Einigungserklärungen sehen können[14]. Um Auslegungsschwierigkeiten zu vermeiden, empfiehlt es sich dennoch, das dem Grundbuchamt einzureichende Formular um den Satz „Eigentümer und Gläubiger sind sich über das Entstehen der bewilligten Grundschuld einig" zu ergänzen und damit die Einigung ausdrücklich zu erklären. Gelegentlich ist das im Vordruck schon vorgesehen[15].

Die Einigungserklärung muss sowohl von der Unterschrift des Eigentümers wie von der des Gläubigers gedeckt werden. Eine Beglaubigung der Unterschriften des Gläubigers oder ein Beidrücken des Siegels ist nicht erforderlich. Auf die Unterschriftsberechtigung ist aber zu achten.

Das Verfahren ist theoretisch auch **bei einer beurkundeten Eintragungsbewilligung**[16] anwendbar, dort aber **kaum praktikabel**. Es müsste sichergestellt sein, dass das vom Gläubiger unterschriebene Exemplar beim Grundbuchamt eingereicht wird. Die Unterschrift des Gläubigers auf der Urschrift, die beim Notar bleibt, würde nicht genügen. Dieser Weg dürfte an diesen rein bürotechnischen Schwierigkeiten scheitern. Falls er dennoch eingeschlagen werden sollte, ist eine Abstimmung mit dem Notar dringend zu empfehlen. Vgl. zu ähnlichen Schwierigkeiten bezüglich des Antrags RN 97.   *153*

5.2 Erwerb einer Buchgrundschuld durch den Gläubiger

Der Gläubiger erwirbt die Buchgrundschuld, wenn er sich mit dem Grundstückseigentümer darüber geeinigt hat, dass dieser ihm das Recht einräumt, und wenn die Grundschuld im Grundbuch eingetragen ist. Das Recht ist entstanden und steht ihm zu, sobald das letzte dieser beiden Tatbestandsmerkmale erfüllt ist; regelmäßig ist dies die Eintragung.   *154*

Einigung und Eintragung sind selbstständige, voneinander unabhängige Akte eines Doppeltatbestands. Sie müssen inhaltlich **übereinstimmen**[17]. Deshalb entsteht bspw. kein dingliches Recht, wenn das Grundbuchamt versehentlich   *155*

---

14   BGH v. 15. 12. 1972 – V ZR 76/71 – (Ziff. 2b), BGHZ 60, 46 = NJW 1973, 323; BayObLG v. 24. 10. 1974 – BReg 2 Z 34/74 –, DNotZ 1975, 685.
15   Anhang 2 [9].
16   Vordrucke Anhang 1 [18] und 4 [18].
17   BGH v. 23. 9. 1993 – V ZB 27/92 – (Ziff. 1), BGHZ 123, 297.

einen falschen Berechtigten einträgt. Denn die Einigung ist nicht eingetragen worden, während für die tatsächlich erfolgte Eintragung eine inhaltsgleiche Einigung fehlt. Die eindeutige (aber falsche) Eintragung kann auch durch Auslegung mithilfe der Eintragungsbewilligung nicht korrigiert werden[18].

156 Im Übrigen braucht aber ein **innerer Zusammenhang** nicht zu bestehen. Insbesondere ist nicht erforderlich, dass die Eintragung aufgrund der entsprechenden Einigung bewirkt worden ist. War bspw. die zur Eintragung der Grundschuld führende Einigung nichtig, so entsteht das Recht, wenn später die Einigung wirksam nachgeholt wird[19]. Dazu kann der Sicherungsgeber vertraglich durch den Sicherungsvertrag (RN 561 bis 564) bzw. Sicherstellungsvertrag (RN 566) verpflichtet sein[20].

Ist dagegen eine für das Kreditinstitut wirksam entstandene Buchgrundschuld kraft Gesetzes auf den Eigentümer übergegangen (vgl. RN 251), im Grundbuch aber immer noch für das Kreditinstitut eingetragen, so genügt die bloße Einigung zur Rückübertragung an das Kreditinstitut nicht. Denn die (Rück-)Übertragung setzt ihrerseits (Einigung und) Eintragung voraus; die fortbestehende Eintragung des ersten Erwerbs bringt die Abtretung nicht zum Ausdruck und genügt deshalb nicht[21].

157 In welcher **Reihenfolge** die beiden Erfordernisse erfüllt werden, ist **gleichgültig**. Ist zuerst eingetragen worden und kommt später die Einigung zustande, so entsteht die Grundschuld erst im Zeitpunkt der Einigung; der Rang richtet sich allerdings auch in diesem Fall allein nach der Eintragung (§ 879 Abs. 2 BGB).

Das Grundbuch ist bis zur Einigung unrichtig; trotzdem kann der Eigentümer die Löschung nicht verlangen, sofern er schuldrechtlich zur Bestellung der Grundschuld verpflichtet ist[22].

158 Folgt, wie regelmäßig, die Eintragung der Einigung nach, so ist der **Erwerb der Grundschuld** normalerweise nur **gesichert, wenn**

---

18 BGH v. 23.9.1993 – V ZB 27/92 – (Ziff. 2 und 3), BGHZ 123, 297; *Münch-Komm/Lettmaier*, § 873 RN 104.
19 BGH v. 26.11.1999 – V ZR 432/98 – (Ziff. II, 3 b), BGHZ 143, 175 = WM 2000, 288 = DNotZ 2000, 639 (mit insoweit zust. Anm. *Wacke*) = Rpfleger 2000, 153 (mit abl. Anm. *Streuer*); *MünchKomm/Lettmaier*, § 873 RN 110; *Grüneberg/Herrler*, § 873 RN 2 jeweils m. w. N.; *kritisch*: Zimmer, NJW 2000, 2978.
20 BGH v. 29.9.1989 – V ZR 326/87 – (Ziff. II, 3 b der Urteilsgründe), WM 1989, 1862 = EWiR § 1191 BGB 1/90, 251 (*Clemente*).
21 *Streuer*, Rpfleger 1988, 513, 515 f (Ziff. III, 2). – BGH v. 26.11.1999 – V ZR 432/98 – (Ziff. II, 3), BGHZ 143, 175 = WM 2000, 288 = DNotZ 2000, 639 (mit insoweit zust. Anm. *Wacke*) = Rpfleger 2000, 153 (mit abl. Anm. *Streuer*), lässt zwar zu, dass eine (durch Untergang der gesicherten Forderung) erloschene Vormerkung mit einem neuen gleichen Anspruch unterlegt und damit reaktiviert wird. Das dürfte sich aber auf den hier diskutierten Fall nicht übertragen lassen. Die Ansicht des BGH *ablehnend*: Zimmer, NJW 2000, 2978 und *Streuer*, Rpfleger 2000, 155 (Anm. zum Urteil).
22 BGH v. 28.6.1974 – V ZR 131/72 –, WM 1974, 949.

– die (bis zur Eintragung widerrufliche [RN 147]) Einigung im Zeitpunkt der Eintragung noch besteht *und*
– der Grundschuldbesteller im Zeitpunkt der Eintragung noch verfügungsbefugt ist.

Ein Widerruf der Einigung durch den Grundschuldbesteller ist nicht mehr möglich, wenn die **Einigung bindend** geworden ist; im Einzelnen wird auf RN 149 bis 153 verwiesen.

Ausnahmsweise schadet auch der Verlust der Verfügungsbefugnis des Grundstückseigentümers (also etwa die Eröffnung des Insolvenzverfahrens über sein Vermögen) nichts mehr, wenn *vorher* die Einigung bindend geworden und der **Antrag** (des Gläubigers[23]) auf Eintragung der Grundschuld beim Grundbuchamt eingegangen ist[24] (§ 878 BGB).

Der Antrag muss aber **bis zur Eintragung fortbestehen.** Wird er (rechtsfehlerfrei) zurückgewiesen, so endet die Schutzwirkung des § 878 BGB. Das gilt auch dann, wenn der Zurückweisungsbeschluss auf eine *nach* Verlust der Verfügungsbefugnis eingelegte Erinnerung oder Beschwerde *aufgrund neuen Vorbringens* aufgehoben wird[25].

Ist zum Entstehen der Grundschuld die Zustimmung eines Dritten[26] oder die **Genehmigung** einer Behörde[27] **erforderlich** (RN 174 ff.), so muss auch diese so **erteilt** worden sein, dass sie nicht mehr widerrufen werden kann.

Sind diese Voraussetzungen erfüllt, so muss das Grundbuchamt, selbst wenn es die Anordnung der Zwangsversteigerung oder die Eröffnung des Insolvenzverfahrens kennt, die Grundschuld dennoch eintragen[28] und der Gläubiger erwirbt sie; s. auch RN 228.

---

23 Es ist dringend zu empfehlen, dass (auch) der Gläubiger/Erwerber den Eintragungsantrag stellt, weil die Meinung vertreten wird, dass dies Voraussetzung für die Anwendung des § 878 BGB sei: *(Voraussetzung): Demharter,* § 13 RN 9; *Staudinger/Ertl* (12. Aufl.), § 878 RN 16; *(keine Voraussetzung): MünchKomm/Lettmaier,* § 878 RN 26; *Grüneberg/Herrler,* § 878 RN 14; *Staudinger/Gursky* (2018), § 878 RN 51; *(offen gelassen):* BGH v. 31. 5. 1988 – IX ZR 103/87 – (Ziff. 2c, aa), WM 1988, 1388.

24 BGH v. 31. 5. 1988 – IX ZR 103/87 – (Ziff. 2b), WM 1988, 1388; KG v. 19. 2. 1974 – 1 W 54/74 –, NJW 1975, 878; *Rahn,* BWNotZ 1967, 275.

25 BGH v. 17. 6. 1997 – IX ZR 119/96 –, BGHZ 136, 87 = WM 1997, 1745; zustimmend: *Stürner/Bormann,* BGH EWiR § 878 BGB 1/97, 887.

26 Ganz überwiegende Ansicht, z. B. *Staudinger/Gursky* (2018), § 878 RN 39; *Grüneberg/Herrler,* § 878 RN 15; jeweils m. w. N.

27 Umstritten: wie hier OLG Rostock v. 25. 6. 1996 – 3 W 1/96 –, EWiR § 878 BGB 1/96, 839 (*Johlke,* zustimmend); *Staudinger/Gursky* (2018), § 878 RN 39; *Grüneberg/Herrler,* § 878, RN 15; *Schöner/Stöber,* RN 121 jeweils m. w. N. (auch für Gegenansicht); *anderer Ansicht* (§ 878 BGB auch anwendbar bei behördlicher Genehmigung nach Eintritt der Verfügungsbeschränkung): OLG Köln v. 24. 11. 1954 – 8 W 64/54 –, NJW 1955, 80 (L); (unwiderruflich schon vor betreuungsgerichtlicher Genehmigung) *MünchKomm/Lettmaier,* § 878 RN 20.

28 KG v. 19. 2. 1974 – 1 W 54/74 –, NJW 1975, 878.

5.3 Erwerb einer Briefgrundschuld durch den Gläubiger

159 Zum Erwerb der Briefgrundschuld ist neben Einigung und Eintragung (s. RN 154) regelmäßig erforderlich, dass der *Eigentümer* dem Gläubiger den **Grundschuldbrief übergibt** (§ 1117 Abs. 1 Satz 1 BGB). Um das zu ermöglichen, hat das Grundbuchamt den Brief über eine neu eingetragene Grundschuld dem Eigentümer auszuhändigen (§ 60 Abs. 1 GBO).

160 Der Übergabe durch den Eigentümer steht es gleich, wenn der Eigentümer das Grundbuchamt **veranlasst**, den Brief unmittelbar dem Gläubiger auszuhändigen. Die entsprechende Anweisung des Gläubigers an das Grundbuchamt muss öffentlich beurkundet (RN 112) oder öffentlich beglaubigt (RN 111) sein (§ 60 Abs. 2 GBO). Sie ist in den üblichen Vordrucken enthalten[29].

161 In beiden Fällen (RN 159 und 160) erwirbt der Gläubiger die Grundschuld erst, wenn der Brief bei ihm eingeht[30]. Bis zu diesem Zeitpunkt ist, entgegen dem Wortlaut der Eintragung, der **Grundstückseigentümer Gläubiger** der Grundschuld (§ 1163 Abs. 2 BGB). Der (im Grundbuch bereits eingetragene) Gläubiger hat – wenn nicht die Briefübergabe ersetzt ist (RN 162) – zunächst noch nicht einmal eine gesicherte Anwartschaft auf den Erwerb der Grundschuld[31].

Würde (nach Eintragung der Grundschuld, aber) vor Eingang des Grundschuldbriefs beim Gläubiger das **Insolvenzverfahren** über das Vermögen des Eigentümers eröffnet oder würde die zwischen Eintragung und Briefübergabe bestehende Eigentümergrundschuld **gepfändet**, würde der Gläubiger die Grundschuld nicht oder nicht lastenfrei erwerben. Tritt der Eigentümer vor Übergabe des Grundschuldbriefs die für A eingetragene Grundschuld unter Übergabe des Briefs an B ab, so erwirbt B die (für A eingetragene) Grundschuld[32].

162 Die körperliche **Übergabe des Briefes** durch den Eigentümer (oder in seinem Auftrag) an den Gläubiger kann durch deren Vereinbarung **ersetzt** werden, dass der Gläubiger sich den Brief unmittelbar vom Grundbuchamt aushändigen lassen darf (§ 1117 Abs. 2 BGB). Diese Vereinbarung ist unerlässlich, wenn die Grundschuld schon vor der Eintragung valutiert werden soll; ergänzend wird auf RN 167 bis 169 verwiesen.

Diese Übereinkunft führt dazu, dass die Briefübergabe zum Erwerb der Grundschuld nicht mehr erforderlich ist; sie sollte – obwohl nicht formbedürftig – ausdrücklich getroffen werden. Der Gläubiger erwirbt dann die Grundschuld – wie eine Buchgrundschuld – durch Einigung und Eintragung, und zwar schon vor Ausfertigung des Briefes.

Die einseitige Weisung des Eigentümers an das Grundbuchamt (RN 160), den Brief dem Gläubiger auszuhändigen, ist mit der Vereinbarung nach § 1117 Abs. 2 BGB nicht identisch und ersetzt sie nicht. Obwohl eine ähnliche Weisung

---

29 Anhang 1 [13], 2 [12], 4 [10].
30 *MünchKomm/Lieder,* § 1117 RN 12.
31 *MünchKomm/Lieder,* § 1163 RN 33; *Grüneberg/Herrler,* § 1163 RN 18.
32 So im Fall BGH v. 24. 9. 1991 – XI ZR 240/90 – (Ziff. II, 1 a), WM 1991, 1872 = EWiR § 1154 BGB 1/91, 1193 (*Steiner*).

erteilt worden war, wurde in einem gerichtlich entschiedenen Fall[33] eine (die Briefübergabe ersetzende) Vereinbarung nach § 1117 Abs. 2 BGB als nicht bewiesen angesehen.

Die Vordrucke (für die Bestellung einer Briefgrundschuld) enthalten üblicherweise auch die **Vereinbarung** nach § 1117 Abs. 2 BGB[34] oder stellen fest, dass sie getroffen worden ist[35]. Ist der beim Grundbuchamt eingereichte[36] Vordruck auch vom Gläubiger unterschrieben, dürfte dies gegenüber dem Grundbuchamt als Nachweis für die Vereinbarung ausreichen. Die Briefgrundschuld ist dann – selbst wenn zwischen dem Eingang des Antrags und der Eintragung das Insolvenzverfahren über das Vermögen des Eigentümers eröffnet wird – noch einzutragen[37], falls auch die Einigung bindend ist (RN 149). Der Gläubiger erwirbt damit die Grundschuld während des Insolvenzverfahrens.

Im Gegensatz zu früher ergibt sich aus dem **Inhalt der Grundschuldbriefe,** *163* ausgestellt seit 1. Januar 1978, keine Aussage mehr über die zur Bewertung des Grundpfandrechts erforderlichen Tatsachen. Insbesondere fehlen die Beschreibung des belasteten Grundstücks und die Angabe der vor- und gleichrangigen Lasten. In Literatur und Rechtsprechung ist umstritten, ob deshalb – entgegen dem Wortlaut von § 62 GBO – der Vermerk späterer Änderungen auf dem Brief zu unterbleiben hat[38]. Mit der wohl herrschenden Meinung ist davon auszugehen, dass trotzdem nachträgliche Eintragungen bei der Grundschuld, also etwa ein Rangrücktritt, auf dem Brief vermerkt werden müssen (§ 62 GBO)[39].

Ein solcher Rangvermerk kann **irreführend** sein, weil er den Eindruck erweckt, als ob alle vor- und gleichrangigen Rechte aus dem Brief ersichtlich seien, was für die ab 1. Januar 1978 ausgefertigten Briefe nicht zutrifft. In Verbindung mit

---

33 BGH v. 5. 5. 1972 – V ZR 27/70 –, zitiert bei *Mattern,* WM 1977, 1075.
34 Anhang 1 [10], 2 [8].
35 Anhang 4 [5].
36 Im Beschluss des KG v. 19. 2. 1974 – 1 W 54/74 –, NJW 1975, 878, heißt es, dass die Entstehung der Grundschuld (durch Einigung und Eintragung) und deren Erwerb durch den Gläubiger (zeitlich) nicht auseinanderfallen, wenn die Vereinbarung nach § 1117 Abs. 2 BGB rechtzeitig getroffen „und dem Grundbuchamt mitgeteilt worden ist". Nach dem klaren Wortlaut von § 1117 Abs. 2 BGB (und des Leitsatzes) kann das nicht heißen, dass die Einreichung beim Grundbuchamt *Voraussetzung* für den Eintritt dieser Wirkung sei. In der Praxis spielt die Frage keine Rolle, wenn – wie üblich – die Vereinbarung im Vordruck für die Grundschuldbestellung enthalten ist.
37 KG v. 19. 2. 1974 – 1 W 54/74 –, NJW 1975, 878.
38 Den Vermerk späterer Änderungen lehnen ab: OLG Celle v. 21. 5. 1985 – 4 W 45/85 –, Rpfleger 1985, 398 = WM 1985, 1041 = ZIP 1985, 1261 (m. abl. Anm. *Gaberdiel*); LG Krefeld v. 4. 12. 78 – 1 T 168/78 –, NJW 1979, 1309 (L) = Rpfleger 1979, 139; *Demharter,* § 62 RN 3; *MünchKomm/Lieder,* § 1116 RN 41 (bezüglich Rangänderung); *Mißling,* Rpfleger 1980, 322.
39 BayObLG v. 29. 5. 1979, MittBayNot 1979, 113 = MittRhNotK 1979, 193; OLG Düsseldorf v. 27. 7. 1994 – 3 Wx 444/94 –, Rpfleger 1995, 104; OLG Oldenburg v. 14. 8. 1980 – 5 Wx 25/80 –, WM 1982, 494; LG Köln v. 28. 8. 1979, MittRhNotK 1979, 194 m. zust. Anm. *Grundmann; Schöner/Stöber,* RN 287, 2027, 2568; *Böhringer,* Rpfleger 1987, 446 m. w. N.; *Gaberdiel,* Rpfleger 1980, 89. Der der Entscheidung des OLG Hamm v. 16. 5. 2002 – 15 W 104/02 –, Rpfleger 2002, 565, zugrunde liegende Fall zeigt, dass die Pflicht zum Briefvermerk auch der Fehlervermeidung dient.

einer die verbriefte Grundschuld bereits ausweisenden Grundbuchabschrift geben die Vermerke auf dem Brief aber Auskunft über spätere Veränderungen, die für den Gläubiger bedeutsam sind, und schreiben so die Grundbuchabschrift fort.

Allerdings gibt es Fälle, in denen – ohne Versehen des Grundbuchamts – auch aus der Kombination von Grundbuchabschrift und Brief der neueste Stand des Grundbuchs nicht erkennbar ist. So kann etwa ein Widerspruch bei der Grundschuld auf dem Brief nicht vermerkt (§ 53 Abs. 2 GBO) oder gar die in der Zwangsversteigerung ausgefallene Grundschuld gelöscht sein (§ 131 ZVG), ohne dass sich das aus dem Brief ergibt. Es ist auch möglich, dass ein scheinbar noch gültiger Brief durch Aufgebot kraftlos geworden ist.

Der **Brief** gibt deshalb **keine zuverlässige Auskunft über den Inhalt des Grundbuchs**. Verlässt sich das Kreditinstitut auf einen unrichtigen (unvollständigen) Brief, wird es nicht geschützt, weil der Brief – anders als das Grundbuch – keinen öffentlichen Glauben genießt. Notwendige Informationen kann man sich in zuverlässiger Weise nur durch Grundbucheinsicht oder eine neue Grundbuchabschrift verschaffen.

164 Für jede **Verfügung** über eine Briefgrundschuld wird der Grundschuldbrief benötigt. Bei der Abtretung (und der Verpfändung) muss der Brief übergeben werden (§ 1154 Abs. 1 und 2 BGB). Bei einer anderen Verfügung (bspw. einem Rangrücktritt [s. RN 361 ff.] oder der Löschung [s. RN 545]) muss der Grundschuldbrief dem Grundbuchamt vorgelegt werden, sonst darf das Grundbuchamt die zur Wirksamkeit der Verfügung notwendige Eintragung nicht vornehmen[40] (§ 42, § 41 Abs. 1 Satz 1 GBO).

Eine Briefgrundschuld kann abgetreten (und verpfändet) werden, ohne dass dies im Grundbuch eingetragen wird (RN 439 ff.). Sie steht dann einem anderen als dem Eingetragenen zu. Deshalb kann das Gläubigerrecht an einer Grundschuld mit dem Eingetragensein allein nicht nachgewiesen werden. Zusätzlich erforderlich ist der Besitz des Briefs.

Aus demselben Grund kann ein **gutgläubiger Erwerb** nicht allein an die Eintragung im Grundbuch anknüpfen. Voraussetzung ist vielmehr, dass der (zu Unrecht) Verfügende (im Grundbuch eingetragen oder durch eine ununterbrochene Kette von Abtretungserklärungen legitimiert und außerdem) Besitzer des Grundschuldbriefs ist[40] (§ 1155 BGB, s. auch RN 459). Der *Besitz* des Briefs ist Anknüpfungspunkt für den öffentlichen Glauben, obwohl sein *Inhalt* keinen öffentlichen Glauben genießt (RN 163).

Nicht selten ist eine **Versendung des Briefs** erforderlich. Es ist bei den vorhandenen Übermittlungsmöglichkeiten unmöglich, dabei einen Verlust des Briefs absolut sicher auszuschließen. Es muss aber dafür gesorgt werden, dass kurze Zeit nach der Übersendung des Briefs festgestellt werden kann, ob der Empfänger den Brief erhalten hat. Falls nicht, kann der Brief alsbald aufgeboten und für

---

40   OLG Hamm v. 16. 5. 2002 – 15 W 104/02 –, Rpfleger 2002, 565.

kraftlos erklärt werden.[41] Dadurch können Verzögerungen bei der nächsten Verfügung über das Recht weitgehend verhindert werden. Für das *Grundbuchamt* schreibt § 49a GBV vor, dass der Brief, wenn er nicht unmittelbar ausgehändigt wird, entweder durch die Post mit Zustellungsurkunde oder durch Einschreiben zu versenden ist; die Landesjustizverwaltungen können ein anderes Versendungsverfahren bestimmen.[42] Für den *Notar* gibt es keine die Versendung regelnde Vorschrift. Er muss wenigstens eine schnelle Überprüfung, ob der Brief angekommen ist, sicherstellen. Das kann durch Einschreiben mit Rückschein, durch Einschreiben unter Beifügung einer vorbereiteten Empfangsquittung oder durch einfachen Brief ebenfalls mit vorbereiteter Empfangsquittung geschehen[43]. Erhält der Notar die Empfangsquittung nicht in Kürze zurück, muss er nachfassen und ggf. das Notwendige veranlassen. Sonst ist er für den (Verzögerungs-)Schaden verantwortlich, der etwa entstehen kann, wenn eine Verfügung über die Grundschuld wegen eines dann erst eingeleiteten Aufgebotsverfahrens erst verspätet möglich ist[44]. Die *Kreditinstitute* sollten, um Regressansprüche zu vermeiden, entsprechend verfahren.

Gesetzliche Normalform der Grundschuld ist die **Briefgrundschuld.** Sie entsteht, wenn keine besondere Abrede hinsichtlich eines Briefs getroffen wird. Eine Buchgrundschuld entsteht nur, wenn die Erteilung des Briefs ausdrücklich ausgeschlossen und diese Vereinbarung im Grundbuch eingetragen wird (§ 1116 Abs. 2 BGB). Dies kann auch dadurch erfolgen, dass ausdrücklich eine *Buch*grundschuld bestellt und eingetragen wird. | *165*

Es steht im Belieben der Beteiligten, ob sie die Erteilung eines Grundschuldbriefs ausschließen wollen oder nicht. Im Wesentlichen sind Buchgrundschulden den Briefgrundschulden völlig gleichwertig. Buchgrundschulden können allerdings nicht außerhalb des Grundbuchs abgetreten werden. In der Praxis werden verstärkt Buchgrundschulden eingesetzt. Dabei mag mitgewirkt haben, dass die Aussagekraft des Grundschuld-(Hypotheken-)Briefs ab 1. Januar 1978 drastisch reduziert worden ist (RN 163). Außerdem verursacht die Erteilung eines Briefs höhere Grundbuchkosten, und zwar in Höhe von 1,3 Gebühren anstatt nur einer vollen Gebühr aus dem Nennbetrag der Grundschuld (Nr. 14120 KV GNotKG).

Die Vordrucke Anhang 1, 2 und 4 sind für die Bestellung von Briefgrundschulden vorgesehen. Sie können aber auch zur Bestellung von Buchgrundschulden verwendet werden; in diesem Fall sind die auf den Grundschuldbrief bezüglichen Erklärungen zu streichen und ferner die ausdrückliche Bestimmung auf-

---

41 Verfahren gemäß §§ 466 ff. FamFG; Einzelheiten dazu bei *Wilsch*, FGPrax 2012, 231 ff.; zu Anforderungen an die Glaubhaftmachung des Abhandenkommens OLG Zweibrücken v. 21.1.2022 – 3 W 127/21 – juris.

42 Ein Fehler bei der Form der Übersendung hat allerdings keinen Einfluss auf die Gültigkeit des erstellten Briefs, *Demharter*, § 60 RN 16.

43 OLG Oldenburg v. 8.9.1997 – 13 U 9/97 –, DNotZ 1998, 651 mit zustimmender Anmerkung *Waldner*.

44 OLG Oldenburg v. 8.9.1997 – 13 U 9/97 –, DNotZ 1998, 651 mit zustimmender Anmerkung *Waldner*.

zunehmen, dass die Erteilung eines Grundschuldbriefs ausgeschlossen wird. Der Vordruck Anhang 3 ist zur Bestellung einer Buchgrundschuld bestimmt.

166 Ein Briefrecht kann **nachträglich** in ein Buchrecht (§ 1116 Abs. 2 Satz 2 BGB) und umgekehrt (§ 1116 Abs. 3 BGB) **umgewandelt** werden. Dazu ist die Einigung zwischen Grundstückseigentümer und Grundschuldgläubiger und die Eintragung der Umwandlung im Grundbuch erforderlich; die Eintragung muss sowohl vom Eigentümer wie vom Gläubiger bewilligt werden[45]. Der Eigentümer kann den Gläubiger bei der Bestellung einer Buchgrundschuld bevollmächtigen, die Grundschuld später in eine Briefgrundschuld umzuwandeln[46]; diese Vollmacht reicht allerdings nur aus, wenn zwischenzeitlich kein Eigentumswechsel bezüglich des Grundstücks eintritt.

5.4 Valutierung vor Erwerb (Eintragung) der Grundschuld

167 Gelegentlich stellt sich für das Kreditinstitut die Frage, ob es bereits vor Eintragung der Grundschuld das dadurch zu sichernde Darlehen zur Verfügung stellen kann. Es ist mit einer für die Bedürfnisse der Praxis ausreichenden Sicherheit[47] gewährleistet, dass der Gläubiger die Grundschuld mit dem vereinbarten Rang erwerben wird, wenn alle folgenden **Voraussetzungen** vorliegen:

– Der auch vom Gläubiger (RN 96) oder für den Gläubiger (RN 97) gestellte Eintragungsantrag ist beim Grundbuchamt eingegangen und besteht fort (RN 158).

– Der Grundschuldbesteller ist als Eigentümer im Grundbuch eingetragen (RN 120 bzw. 132 bis 135) oder es liegen die Voraussetzungen dafür vor, dass die Grundschuld ausnahmsweise ohne Voreintragung des Grundschuldbestellers eingetragen werden kann (RN 121 bis 124; vgl. aber auch RN 125).

– Die Einigung mit dem Kreditinstitut über die Bestellung der Grundschuld ist für den anderen Teil bindend geworden (RN 149 bis 153).

– Die Zustimmung eines Dritten oder die Genehmigung einer Behörde ist nicht erforderlich oder sie ist erteilt (RN 158), und zwar so, dass sie nicht widerrufen werden kann. Die wichtigsten Fälle, in denen es der Mitwirkung eines Dritten oder einer Behörde bedarf, sind in RN 174 ff. dargestellt.

---

45 BayObLG v. 12. 3. 1987 – 2 Z 25/87 – (Ziff. IIb), DNotZ 1988, 111.

46 So Anhang 3 [10] und 4 [16].

47 Nach der Ansicht, die die (bewusste) Mitwirkung des Grundbuchamts beim gutgläubigen Erwerb nicht zulässt (RN 103, 104), muss – selbst wenn alle hier genannten Voraussetzungen erfüllt sind – der Eintragungsantrag zurückgewiesen werden, falls das Grundbuchamt vor der Eintragung zuverlässig erfährt, dass das Grundstück nicht dem eingetragenen Eigentümer gehört oder dass der Eigentümer schon bei Eingang des Eintragungsantrags (s. dazu RN 103t) nicht mehr verfügungsbefugt war (vgl. dazu: *Ertl*, MittBayNot 1975, 204; OLG Düsseldorf, MittBayNot 1975, 224). Nur nach der Gegenmeinung kann und muss in einem solchen Fall das Grundbuchamt die Grundschuld eintragen, es sei denn, der Gläubiger hat *vor* Stellung des Antrags oder vor der Einigung das mangelnde Eigentum oder die fehlende Verfügungsbefugnis gekannt und das Grundbuchamt kann dies hinreichend sicher feststellen.

- (Nur bei einer Briefgrundschuld:) Die Briefübergabe ist – beweisbar – durch die Vereinbarung nach § 1117 Abs. 2 BGB ersetzt (RN 162).
- Die Rangstelle, die die Grundschuld erhalten soll (RN 348, 349), ist frei.
- Dem Grundbuchamt liegen bezüglich desselben Grundstücks keine Anträge oder Eintragungsersuchen vor, die früher als der Eintragungsantrag des Kreditinstituts oder gleichzeitig mit ihm eingegangen sind.

Das lässt sich insbesondere bei größeren Grundbuchämtern meist erst einige Tage nach Eingang des eigenen Antrags zuverlässig feststellen; deshalb lässt die BaFin eine Notarbestätigung nur genügen, wenn die zugrunde liegende Prüfung frühestens sieben Tage nach Eingang des Antrags durchgeführt worden ist (s. RN 170).

Der **Nachweis**, dass alle diese Voraussetzungen erfüllt sind, kann – außer durch *168* eigene Prüfung seitens des Gläubigers – durch eine Bescheinigung des Grundbuchamts oder des Notars erbracht werden. Einschränkungen der Bescheinigung – insbesondere hinsichtlich der überprüften Unterlagen oder der Haftung für die Richtigkeit[48] – bedeuten für das Kreditinstitut eine Einbuße an Sicherheit.

Da der **Notar** keine Gewährleistung übernehmen darf (§ 14 Abs. 4 BNotO), kann *169* von ihm eine uneingeschränkte **Bestätigung**, dass die Grundschuld an einer bestimmten Rangstelle eingetragen werden wird, nicht erwartet werden, sondern nur eine auf bestimmten Feststellungen des Notars (die in der Erklärung angegeben werden) beruhende gutachterliche Äußerung, dass und an welcher Rangstelle das Recht einzutragen ist. Vor allem die Ermittlung, ob und ggf. welche Eintragungsanträge oder -ersuchen noch zu erledigen sind, *bevor* die beantragte Grundschuld eingetragen werden kann (s. RN 167, letzter Punkt), bereitet oft Schwierigkeiten. Das ist der Grund, weshalb die BaFin (s. RN 170) eine Notarbestätigung nur akzeptiert, wenn die Feststellungen frühestens sieben Tage nach Eingang des Eintragungsantrags getroffen worden sind. Aber auch der Ablauf dieser Frist gibt keine Gewähr dafür, dass alle zur korrekten Beurteilung erforderlichen Umstände erkannt sind.

Entspricht die Notarbestätigung nicht der Rechtslage, so ist der Notar zum Ersatz des durch die Unrichtigkeit verursachten Schadens verpflichtet, und zwar – wenn auch das Grundbuchamt fehlerhaft verfahren ist – selbst insoweit, wie der Schaden durch richtige grundbuchmäßige Behandlung nachträglich verringert worden wäre[49].

Nach Erklärung der Bundesanstalt für Finanzdienstleistungsaufsicht (**BaFin**) *170* werden bei Verzögerung der Grundbucheintragung aus von Kreditinstitut und Kreditnehmer nicht beeinflussbaren Gründen gegen eine **Valutierung vor Eintragung** der Grundschuld keine Bedenken zu erheben sein, wenn alle Eintragungsvoraussetzungen geschaffen sind und dem Kreditinstitut eine seine Grundbuchposition hinreichend sichernde Notarbestätigung vorliegt, die auf

---

48 Siehe dazu Rundschreiben Nr. 05/99 der Bundesnotarkammer an die Notarkammern mit ausführlich erläutertem Formulierungsvorschlag, DNotZ 1999, 369 ff.
49 BGH v. 26. 4. 2001 – IX ZR 453/99 –, NJW 2001, 2714.

einer frühestens sieben Tage nach Eingang des Eintragungsantrags beim Grundbuchamt durchgeführten Einsicht beruht[50].

Bei Valutierung über Notaranderkonto wird dagegen der Kredit nicht als dinglich gesichert angesehen, solange das Grundpfandrecht nicht eingetragen ist oder eine den vorgenannten Anforderungen entsprechende Notarbestätigung (RN 169) vorliegt[51].

Um die erworbene Grundschuld als Sicherheit verwenden zu können, muss außerdem eine **Sicherungsabrede** getroffen werden (vgl. RN 563, 654 ff.).

171   Sind Rechte eingetragen, die das Kreditinstitut nicht vorgehen lassen darf oder will, so kann es die rangrichtige Eintragung seiner Grundschuld aufgrund einer Rangänderung sicherstellen, wenn die in RN 370 bis 372 gegebenen Hinweise beachtet werden.

Die **Rangänderung** ist aus der Sicht des Grundschuldgläubigers der Löschung des vorrangigen Rechts (solange sie noch nicht erfolgt ist) **vorzuziehen**[52], weil sich der Gläubiger dem Antrag auf Rangverbesserung seines Rechts wirksam anschließen kann, nicht aber dem Antrag auf Löschung von Zwischenrechten (weil er insoweit nicht Beteiligter ist, RN 83). Deshalb kann er durch eigenen Antrag sicher verhindern, dass ein Antrag auf Rangänderung zurückgenommen oder geändert wird (RN 92 bis 95). Diese Möglichkeit hat er hinsichtlich des Antrags auf *Löschung* von Zwischenrechten nicht.

172   Bei der Hereinnahme einer Grundschuld lässt sich die Gefahr einer **Insolvenzanfechtung** nicht sicher beurteilen, weil das teilweise von der künftigen Entwicklung abhängt. Im Einzelnen wird auf RN 230 bis 233 verwiesen.

---

50   Schreiben des BAK (jetzt BaFin) vom 31.1.1986 an die Bundesnotarkammer, wiedergegeben in deren Rundschreiben Nr. 05/99, DNotZ 1999, 369 ff; *Consbruch/Möller/Bähre/Schneider*, Ziff. 8.17 [Schreiben des BAK vom 25.1.1979 (III 44 – 1511 – 3)].

51   *Consbruch/Möller/Bähre/Schneider*, Ziff. 8.25: Schreiben des BAK vom 30.9.1986 (III 11.43.1).

52   *Ertl*, DNotZ 1969, 669.

6 Die wichtigsten Verfügungsbeschränkungen

6.1 Ehegatten

Verheiratete leben normalerweise im gesetzlichen Güterstand der **Zugewinnge-** *173* **meinschaft**. Ein anderer Güterstand gilt nur dann, wenn die besonderen Voraussetzungen dafür erfüllt sind; im Einzelnen s. RN 183 (Gütergemeinschaft), RN 184 (Gütertrennung) und RN 185 bis 187 (Eigentums- und Vermögensgemeinschaft).

Die **Verfügung** eines Ehegatten (im gesetzlichen Güterstand) über sein **Vermö-** *174* **gen im Ganzen** ist nur mit Zustimmung des anderen wirksam (§ 1365 Abs. 1 BGB). Besteht allerdings das Vermögen im Wesentlichen nur aus *einem* Vermögensgegenstand (z. B. einem Grundstück oder einer Grundschuld), so ist die Verfügung ohne Zustimmung wirksam, es sei denn, dass der Vertragspartner im Zeitpunkt der Verfügung (RN 181) positiv weiß, dass es sich praktisch um das ganze Vermögen handelt oder dass er wenigstens die Vermögensverhältnisse der Ehegatten kennt, aus denen sich dies ergibt[1].

Die **Bestellung eines Grundpfandrechts** bedarf, selbst wenn das belastete *175* Grundstück praktisch das gesamte Vermögen des (im gesetzlichen Güterstand verheirateten) Eigentümers ausmacht, nach der wohl überwiegenden Meinung der Zustimmung des Ehegatten nur, wenn durch die Belastung der Grundstückswert ausgeschöpft wird[2].

Werden *mehrere* Grundschulden bestellt, kommt § 1365 BGB regelmäßig erst für die letzte Grundschuld zum Tragen, vorausgesetzt, der Gläubiger nimmt keine wertlose Sicherheit herein[3].

Wird ein Grundstück gekauft und im Zusammenhang damit zur Sicherung der Finanzierung des Kaufpreises belastet, so wird dies für zustimmungsfrei[4] gehalten, weil es sich wirtschaftlich um den Erwerb eines belasteten Grundstücks (und nicht um die Belastung eines schon vorhandenen Vermögensbestandteils) handelt.

Unabhängig vom Grad der Ausschöpfung des vorhandenen Vermögens unterliegt die dingliche Vollstreckungsunterwerfung in keinem Fall dem Zustim-

---

1   BGH v. 25.6.1993 – V ZR 7/92 – (Ziff. II, 1), BGHZ 123, 93 = WM 1993, 1556 = EWiR § 1365 BGB 1/94, 43 (*Möschel/Rohe*); BGH v. 25.6.1980 – IVb ZR 516/80 – (Ziff. 1a), BGHZ 77, 293 = DNotZ 1981, 43 = NJW 1980, 2350 = Rpfleger 1980, 423; *Grüneberg/Siede*, § 1365 RN 10 jeweils m. w. N.

2   BGH v. 25.6.1993 – V ZR 7/92 – (Ziff. II, 2), BGHZ 123, 93 = WM 1993, 1556 = EWiR § 1365 BGB 1/94, 43 (*Möschel/Rohe*); *Demharter*, Anhang zu § 33 RN 10 m. w. N.; *MünchKomm/Koch*, § 1365 RN 63, 64; *Grüneberg/Siede*, § 1365 RN 6; *Staudinger/Thiele* (2017), § 1365 RN 47, 48.

3   OLG München v. 15.11.2005 – 19 W 2583/05 (Ziff. II, 2 b), nicht veröffentlicht; *Grüneberg/Siede*, § 1365 RN 6.

4   *MünchKomm/Koch*, § 1365 RN 67; *Staudinger/Thiele* (2017), § 1365 RN 56; vergleichbar: gesetzlicher Vertreter bedarf zu der im Zusammenhang mit dem Erwerb erfolgenden Belastung eines Grundstücks des Minderjährigen keiner Genehmigung des Familiengerichts: RN 188.

mungserfordernis des § 1365 BGB, da es sich bei ihr um eine prozessuale Willenserklärung handelt[5] (RN 304 ff.).

176 Die *Bestellung* einer **Grundschuld für den Eigentümer** selbst ist zustimmungsfrei[6]. Aber die *Abtretung*[7] der Grundschuld bedarf der Zustimmung des Ehegatten, wenn das gesamte Vermögen des Eigentümers im Wesentlichen aus dem Grundstück besteht und dessen Wert durch die Grundschuld praktisch ausgeschöpft wird.

177 Zur Feststellung, ob die Belastung des Grundstücks oder die Abtretung der Grundschuld (nahezu) das ganze Vermögen ausschöpft, sind der Wert des Vermögens unmittelbar vor der Verfügung und der Wert des danach verbleibenden Restvermögens zu vergleichen. Sichere **Wertgrenzen** fehlen. Genannt werden Sätze zwischen 10 % und 30 % **Restvermögen** als Voraussetzung für die Zustimmungsfreiheit[8].

Bei der Bewertung des Vermögens sind jeweils die dinglichen Belastungen abzuziehen.[9] Dabei ist hinsichtlich der *bestehenden* Grundschulden nach Ansicht des BGH[10] auf den Stand der tatsächlichen Valutierung abzustellen. Demgegenüber sind nach Auffassung des BGH bei der *neu* zu bestellenden Grundschuld neben dem Nominalbetrag der Grundschuld zusätzlich auch die dinglichen Zinsen in Höhe des zweieinhalbfachen Jahresbetrags zu berücksichtigen. Dies erscheint bei der gebotenen wirtschaftlichen Betrachtung[11] in sich widersprüchlich. Zwar ließe sich der Ansatz der bestehenden Grundschulden allein in Höhe der damit gesicherten persönlichen Verbindlichkeit mit einer Kompensation durch den betreffenden Rückgewähranspruch als gesondertem Vermögensposten erklären.[12] Da aber der Rückgewähranspruch bei weitem Sicherungszweck nur aufschiebend bedingt entsteht (RN 723), wäre konsequent eine

---

5 BGH v. 29. 5. 2008 – V ZV 6/08 – (Ziff. III, 4), WM 2008, 1507 = NJW 2008, 3363.

6 OLG Hamm v. 18. 3. 1960 – 15 W 153/59 –, DNotZ 1960, 320 = NJW 1960, 1352; *Demharter*, Anhang zu § 33 RN 10 m. w. N.; *MünchKomm/Koch*, § 1365 RN 66; *Grüneberg/Siede*, § 1365 RN 7; *Staudinger/Thiele* (2017), § 1365 RN 49; *Böttcher*, Rpfleger 1985, 2.

7 *MünchKomm/Koch*, § 1365 RN 66; *Staudinger/Thiele* (2017), § 1365 RN 49.

8 Keine Zustimmung erforderlich, wenn bei größerem Vermögen 10 % verbleiben: BGH v. 13. 3. 1991 – XII ZR 79/90 –, DNotZ 1992, 239 = NJW 1991, 1739 = Rpfleger 1991, 309; wenn 10 % (bei großem Vermögen im Einzelfall auch weniger) verbleiben: *Staudinger/Thiele* (2017), § 1365 RN 27; keine Zustimmung erforderlich, wenn bei kleinerem Vermögen 15 % verbleiben: BGH v. 25. 6. 1993 – V ZR 7/92 – (Ziff. 1c), BGHZ 123, 93 = WM 1993, 1556 = EWiR § 1365 BGB 1/94, 43 (*Möschel/Rohe*)insoweit anderer Ansicht: *Grüneberg/Siede*, § 1365 RN 6, der die Unterscheidung nach kleinen und größeren Vermögen wohl für nicht gerechtfertigt hält; keinesfalls Zustimmung, wenn 30 % verbleiben: BGH v. 25. 6. 1993 – V ZR 7/92 – (Ziff. 1c), BGHZ 123, 93 = WM 1993, 1556 = EWiR § 1365 BGB 1/94, 43 (*Möschel/Rohe*).

9 BGH v. 25. 6. 1993 – V ZR 7/92 – (Ziff. 1b), BGHZ 123, 93 = WM 1993, 1556 = EWiR § 1365 BGB 1/94, 43 (*Möschel/Rohe*); *Grüneberg/Siede*, § 1365 RN 6; *Staudinger/Thiele* (2017), § 1365 RN 48.

10 BGH v. 7. 10. 2011 – V ZR 78/11 – (RN 7), NJW 2011, 3783 = WM 2012, 73; so auch OLG Karlsruhe v. 30. 3. 2015 – 14 U 14/15.

11 BGH v. 7. 10. 2011 – V ZR 78/11 – (RN 7), NJW 2011, 3783 = WM 2012, 73.

12 Vgl. *MünchKomm/Koch*, § 1365 RN 16.

Differenzierung nach Art des Sicherungszwecks geboten.[13] Bei weitem Sicherungszweck müsste man daher auf den Grundschuldnennbetrag zuzüglich Zinsen abstellen und demgegenüber bei engem Sicherungszweck nur auf den Stand der aktuellen Valuta. Auch die Rechtsprechung[14] geht davon aus, dass der Rückgewähranspruch in die Vermögensberechnung einzustellen ist, unterscheidet (anders als mit Blick auf das Insolvenzrecht[15]) aber letztlich nicht nach dem Sicherungszweck.

Da zum einen die Rechtsprechung insoweit noch nicht ganz am Ende ihrer Entwicklung angekommen zu sein scheint und zum anderen bei bestehenden Grundschulden weder der Stand der Valutierung noch die Reichweite des Sicherungszwecks ohne weiteres ersichtlich ist, bietet es sich für die Praxis an, für die Prüfung von § 1365 BGB *bestehende* Grundschulden grundsätzlich mit ihrem *Nennwert* zu berücksichtigen.

Die Darlehensvaluta, die dem Eigentümer aufgrund der Grundschuldbestellung zufließt, bleibt unberücksichtigt[16]. Die auf einem sicheren Arbeitsverhältnis beruhende Erwartung künftigen Arbeitseinkommens[17] ist kein anrechenbares Vermögen, auch nicht das Rentenstammrecht[18] selbst einer bereits laufenden Rente[19].

Das Grundbuchamt kann der Frage, ob eine Zustimmung erforderlich und ggf. *178* erteilt ist, nur nachgehen, wenn aufgrund konkreter Tatsachen begründete Zweifel an der Wirksamkeit der Grundschuldbestellung bestehen[20] (RN 58). Grundsätzlich hat es – wenn konkrete Anhaltspunkte fehlen – davon auszugehen, dass keine Verfügung über das Vermögen im Ganzen (RN 174, 175) vorliegt[21]. Insoweit besteht **keine Ermittlungspflicht des Grundbuchamtes**[22]. Die Eintragung ablehnen darf es nur, wenn es aufgrund feststehender Tatsachen

---

13 *Gladenbeck*, MittBayNot 2012, 223, 224; ähnlich wohl *MünchKomm/Koch*, § 1365 RN 24f., der auf die Möglichkeit der Valutierung abstellt; inkonsequent *Bernauer*, DNotZ 2019, 12ff., der einerseits für die Ermittlung der Belastung auf die Valutierung abstellt (S. 17), aber andererseits bei der Frage, inwieweit eine Verfügung über den Rückgewähranspruch unter § 1365 BGB fällt, auf den Sicherungszweck abstellt (S. 19).
14 BGH v. 7.10.2011 – V ZR 78/11 – (RN 7), NJW 2011, 3783 = WM 2012, 73.
15 Mit Blick auf das Insolvenzrecht unterscheidet der BGH demgegenüber konsequent nach der Reichweite des Sicherungszwecks: BGH v. 19.4.2018 – IX ZR 230/15 – (RN 70), WM 2018 = NJW 2018, 2049 = WuB 2018, 432 (*Gladenbeck*).
16 *Grüneberg/Siede*, § 1365 RN 6 m. w. N.; *Staudinger/Thiele* (2017), § 1365 RN 48.
17 BGH v. 1.7.1987 – IVb ZR 97/85 –, BGHZ 101, 225 = NJW 1987, 2673 m. w. N.; *Grüneberg/Siede*, § 1365 RN 5.
18 BGH v. 16.5.1975 – V ZR 16/74 –, WM 1975, 865.
19 BGH v. 12.7.1989 – IVb ZR 79/88 – (Ziff. 2a), NJW 1990, 112; *anderer Ansicht*: KG – 15 U 2366/75, NJW 1976, 717 m. w. N. für Gegenansicht.
20 OLG Zweibrücken v. 13.7.1988 – 3 W 72/88 –, Rpfleger 1989, 95 m. w. N.; LG Lüneburg v. 22.5.1990 – 4 T 72/90 –, Rpfleger 1990, 410.
21 OLG Zweibrücken v. 26.8.2003 – 3 W 171/03 –, Rpfleger 2004, 38.
22 OLG München v. 9.1.2007 (Ziff. II 2 b) – 32 Wx 176/06 – NJW-RR 2007, 810 = MittBayNot 2008, 119 (*Bauer*); OLG Saarbrücken v. 25.1.2023 – 5 W 87/22 –, NJW-RR 2023, 380.

sichere Kenntnis hat, dass die Zustimmung erforderlich ist, aber versagt wurde, das Grundbuch durch die Eintragung also unrichtig werden würde[23] (RN 61).

179 Der Gläubiger kann sich deshalb nicht darauf verlassen, dass die Bestellung/Abtretung der Grundschuld wirksam ist, wenn das Grundbuchamt sie ohne Zustimmung des Ehegatten einträgt. Einen Schutz des guten Glaubens gibt es insoweit nicht. Die letztlich vom Gläubiger selbst zu prüfende Frage, ob eine Zustimmung durch den Ehegatten erforderlich ist, ist oft nur schwer zuverlässig zu beantworten. Deshalb sollte der Gläubiger bei einem im gesetzlichen Güterstand verheirateten Eigentümer **nach Möglichkeit stets die Zustimmung des Ehegatten einholen.** Die Vordrucke[24] sehen eine solche Erklärung vor.

180 Die Zustimmung des Ehegatten kann gegenüber dem anderen Ehegatten oder gegenüber dem Kreditinstitut (Grundschuldgläubiger) erklärt werden. Sie ist **formfrei** und kann im Einzelfall sogar durch schlüssiges Handeln erfolgen[25], wird aber zweckmäßigerweise in öffentlich beglaubigter (RN 111) oder beurkundeter (RN 112) Form eingeholt.

Bis zum Erwerb der Grundschuld durch das Kreditinstitut (also ggf. bis zur Eintragung im Grundbuch) kann die **Einwilligung widerrufen** werden. Sie wird für den Ehegatten aber schon vorher bindend, sobald die Einigung zwischen dem Eigentümer bzw. dem bisherigen Grundschuldgläubiger einerseits und dem Kreditinstitut andererseits über das Entstehen bzw. den Übergang der Grundschuld bindend wird (RN 149 bis 153 [Neubestellung], 432 bis 434 [Abtretung einer *Buch*grundschuld] bzw. 442 [Abtretung einer *Brief*grundschuld]) und der Antrag auf Eintragung beim Grundbuchamt gestellt ist[26].

181 Streitig ist, auf welchen **Zeitpunkt** es ankommt hinsichtlich **der Kenntnis**, dass das Grundstück bzw. die Grundschuld praktisch das ganze Vermögen des verheirateten Eigentümers bzw. Zedenten ausmacht. Maßgebend muss der Moment sein, in dem die Einigung bindend wird (RN 149, 432 bzw. 442); denn damit erlangt der Erwerber eine geschützte Rechtsposition, die ihm nicht mehr – auch nicht durch die Vermittlung neuer Erkenntnisse über die Vermögensverhältnisse des Vertragspartners – entzogen werden kann.

Ist der Grundstückseigentümer bzw. Zedent aufgrund vorangegangener Vereinbarungen (schuldrechtlich) verbindlich zur Bestellung bzw. Abtretung der Grundschuld verpflichtet, so ist der Zeitpunkt des Abschlusses dieses schuldrechtlichen Vertrags maßgebend[27].

182 War der Eigentümer in dem Zeitpunkt, in dem die Bestellung oder Abtretung der Grundschuld erklärt worden ist, (noch) verheiratet und war in diesem

---

23 LG Lüneburg v. 22. 5. 1990 – 4 T 72/90 –, Rpfleger 1990, 410; ähnlich OLG München v. 15. 9. 2022 – 34 Wx 114/22 – (Ziff. II.2 a), NJW 2023, 159.

24 Anhang 1 [16], 2 [14], 3 [13] 4 [17] und 4 a [18].

25 OLG München v. 15. 11. 2005 – 19 W 2583/05 (Ziff. II, 2 c), nicht veröffentlicht.

26 BGH v. 27. 9. 1962 – III ZR 83/61 – (Ziff. III, 2), NJW 1963, 36 = WM 1962, 1356 (für Zustimmung zur Belastung eines Erbbaurechts).

27 BGH v. 12. 1. 1989 – V ZB 1/88 – (Ziff. III, 2 b), BGHZ 106, 253 = NJW 1989, 1609 = WM 1989, 577; OLG München v. 15. 9. 2022 – 34 Wx 114/22 – (Ziff. II.2 a), NJW 2023, 159; *MünchKomm/Lettmaier*, § 878 RN 32; *Grüneberg/Siede*, § 1365 RN 9, 6.

Zeitpunkt die Zustimmung des Ehegatten notwendig (wurde aber nicht erteilt), so bleibt das Geschäft auch nach rechtskräftiger **Scheidung** der Ehe (schwebend) unwirksam; der geschiedene Ehegatte kann die Unwirksamkeit geltend machen[28]. Eine Bestellung bzw. Abtretung *nach* rechtskräftiger Scheidung ist dagegen zustimmungsfrei[29].

In **Gütergemeinschaft** leben die Ehegatten, wenn sie dies durch Ehevertrag vereinbart haben; der Vertrag muss notariell beurkundet sein. *183*

Ehegatten in Gütergemeinschaft können auf einem zum Gesamtgut der Gütergemeinschaft gehörenden Grundstück nur gemeinsam eine *Grundschuld neu bestellen;* ob das Gesamtgut von einem Ehegatten allein oder von beiden gemeinsam verwaltet wird, spielt dabei keine Rolle (§ 1424 bzw. § 1450 Abs. 1 BGB).

Bei der *Abtretung* (oder *Löschung)* einer vorhandenen Grundschuld ist die Mitwirkung *beider* Ehegatten (nur) dann erforderlich, wenn sie das Gesamtgut – entsprechend der gesetzlichen Regel (§ 1421 Satz 2 BGB) – gemeinsam verwalten (§ 1450 BGB).

Haben sie aber die *Verwaltung durch einen allein* vereinbart, so ist dieser zur *entgeltlichen* Abtretung (oder Löschung) ohne Mitwirkung des anderen befugt; § 1424 BGB betrifft nur Verfügungen über Grundstücke, nicht über Grundstücksrechte.

Zu einer *Schenkung* bedarf aber auch der allein verwaltende Ehegatte der Zustimmung des anderen (§ 1425 Abs. 1 BGB). Die „Schenkung" i. S. d. § 1425 BGB dürfte der unentgeltlichen Verfügung bei Testamentsvollstrecker bzw. Vorerbe entsprechen. Auf RN 193 bzw. 198 wird verwiesen.

Ist ein Ehegatte im Grundbuch allein als Grundstückseigentümer bzw. Grundschuldgläubiger eingetragen und ist dem Kreditinstitut nicht bekannt, dass er in Gütergemeinschaft lebt, so **erwirbt** das Kreditinstitut die von ihm allein bestellte bzw. abgetretene Grundschuld **gutgläubig** (§ 892 Abs. 1 Satz 1 BGB), und zwar selbst dann, wenn im Güterrechtsregister der Güterstand richtig eingetragen ist[30].

Die Ehegatten leben in **Gütertrennung**, wenn sie dies in einem notariell beurkundeten Ehevertrag vereinbart haben. Gütertrennung tritt auch ein, wenn die Ehegatten in einem notariell beurkundeten Vertrag den gesetzlichen Güter- *184*

---

28 BGH v. 23. 6. 1983 – IX ZR 47/82 – (Ziff. 2), NJW 1984, 609; BGH v. 8. 3. 1978 – IV ZB 32/76 – (Ziff. III, 1 b), NJW 1978, 1380; *MünchKomm/Koch,* § 1365 RN 4, § 1366, RN 30; *Grüneberg/Siede,* § 1365 RN 12.
29 OLG Hamm v. 2. 12. 1986 – 1 WF 548/86 – (Ziff. 2a), FamRZ 1987, 591 (für Antrag auf Teilungsversteigerung); *Grüneberg/Siede,* § 1365 RN 11; *Staudinger/Thiele* (2017), § 1365 RN 102; *einschränkend* (nicht, solange im Scheidungsverfahren geltend gemachter Zugewinnausgleichsanspruch als abgetrennte Folgesache noch anhängig): OLG Hamm v. 14. 10. 1983 – 15 W 325/83 –, Rpfleger 1984, 15; *MünchKomm/Koch,* § 1365 RN 4, § 1366 RN 30.
30 *MünchKomm/Kanzleiter,* § 1422 RN 22; *Grüneberg/Siede,* § 1412 RN 2.

stand ausschließen oder den bestehenden (gleichgültig welchen) Güterstand aufheben, ohne einen anderen Güterstand zu vereinbaren (§ 1414 BGB).

Lebt der verheiratete Eigentümer bzw. Grundschuldgläubiger in Gütertrennung, so folgt aus der Ehe keinerlei Beschränkung seiner Verfügungsbefugnis. Bei der Belastung des Grundstücks bzw. der Abtretung der Grundschuld ist eine Mitwirkung des Ehegatten nicht erforderlich.

185 Der Güterstand der **Eigentums- und Vermögensgemeinschaft** (zuletzt gesetzlicher Güterstand der ehemaligen DDR) gilt für die Ehegatten weiter, die am 2.10.1990 in diesem Güterstand gelebt haben und die ausdrücklich für dessen Beibehaltung optiert haben.

Zur Option war jeder Ehegatte berechtigt. Der Güterstand besteht fort, wenn (wenigstens) ein Ehegatte bis spätestens 2.10.1992 gegenüber irgendeinem Kreisgericht (heute Amtsgericht) eine entsprechende Erklärung abgegeben hat (Art. 234 § 4 Abs. 2 und 3 EGBGB).

Der Güterstand ist ferner maßgeblich für das noch nicht auseinandergesetzte Vermögen von früheren Ehegatten, die in diesem Güterstand gelebt haben und deren Ehe vor dem 3.10.1990 rechtskräftig geschieden worden ist[31].

186 Besteht Eigentums- und Vermögensgemeinschaft, so gehört ein von einem oder beiden Ehegatten während der Ehe durch Arbeit oder aus Arbeitseinkünften erworbenes Grundstück oder Gebäude beiden Ehegatten gemeinsam (§ 13 Abs. 1 FGB; § 4 EGFGB). Ein etwa allein eingetragener Ehegatte ist dem anderen gegenüber verpflichtet, bei der Berichtigung des Grundbuchs mitzuwirken (§ 11 EGFGB). Das gilt auch für Grundstücke, die künftig erworben werden.

Im Alleineigentum eines Ehegatten steht ein Grundstück dann, wenn der andere in beglaubigter Erklärung bestätigt, dass die familienrechtlichen Voraussetzungen für den Erwerb von Alleineigentum erfüllt sind (§ 299 Abs. 2 Nr. 1 ZGB). Das ist der Fall, wenn ein Ehegatte das Grundstück durch Schenkung oder durch Erbschaft erworben hat (§ 13 Abs. 2 FGB). Auch das von einem Ehegatten *vor* der Ehe erworbene Grundstück ist sein alleiniges Eigentum (§ 13 Abs. 2 FGB).

Für Grundstücke oder Grundschulden, die den Ehegatten in Eigentums- und Vermögensgemeinschaft gehören, gelten die Vorschriften für gemeinsam verwaltetes Gesamtgut der Gütergemeinschaft (RN 183) entsprechend (Art. 234 § 4a Abs. 2 EGBGB). Die Ehegatten können demnach ein gemeinsames Grundstück nur gemeinsam mit einer Grundschuld belasten bzw. eine gemeinsame Grundschuld (bspw. eine Eigentümergrundschuld) nur gemeinsam abtreten; ob Grundstück oder Grundschuld am 2.10.1990 vorhanden waren oder später erworben worden sind, spielt keine Rolle.

---

31 *Peters,* FamRZ 1994, 673.

Bei Ehegatten in der früheren DDR, die sich – wie regelmäßig[32] – *nicht* für die   *187*
Fortsetzung entschieden haben, ist die Eigentums- und Vermögensgemeinschaft kraft Gesetzes in den Güterstand der **Zugewinngemeinschaft** (RN 173 bis
182) **übergeleitet** worden. Früher gemeinschaftliches Eigentum nach FGB ist ab
25. 12. 1993 in Bruchteilseigentum (RN 40 bis 42) übergegangen, und zwar zu je
½ Anteil, wenn bis 24. 6. 1994 keine anderen Bruchteile bestimmt worden sind
(Art. 234 § 4a Abs. 1 Sätze 1 bis 3 EBGBG).

Die Kreditinstitute können davon ausgehen, dass im Grundbuch eingetragenes
gemeinschaftliches Eigentum heute den Eheleuten zu je ½ Bruchteil gehört, es
sei denn, dass im *Grundbuch* andere Anteile eingetragen sind oder dass sich aus
dem *Güterrechtsregister* ergibt, dass die Eigentums- und Vermögensgemeinschaft fortgilt (RN 185) oder Gütergemeinschaft (RN 183) vereinbart worden ist
(Art. 234 § 4a Abs. 3 EGBGB).

6.2   Minderjährige, betreute oder unter Pflegschaft stehende Personen

Zur **Belastung des Grundstücks** eines Minderjährigen, eines Betreuten oder   *188*
eines Pflegebefohlenen mit einer Grundschuld bedarf der gesetzliche Vertreter,
Betreuer oder Pfleger der gerichtlichen Genehmigung. Das gilt auch für die
Bestellung einer Grundschuld zugunsten des Eigentümers selbst[33].

Erforderlich ist die Genehmigung des *Familiengerichts,* wenn die Eltern[34], ein die
elterliche Sorge allein ausübender Elternteil[35], ein Ergänzungspfleger[36] oder ein
Vormund[37] für den Minderjährigen handelt.

Der Betreuer[38], oder Pfleger[39] eines Volljährigen bedarf der Genehmigung des
Betreuungsgerichts.

Dies gilt allerdings nur für die Belastung eines Grundstücks, das dem Minderjährigen (bzw. Betreuten oder Pflegebefohlenen) bereits gehört[40]. Für Belastungen im Zusammenhang mit dem Erwerb[41] eines Grundstücks ist eine gerichtli-

---

32 Nach der Schätzung von *Peters* (FamRZ 1994, 673, 674) sollen nur etwas mehr als 3
    700 Ehepaare für die Fortsetzung der Eigentums- und Vermögensgemeinschaft op-
    tiert haben.
33 H. M.; z. B. *Grüneberg/Götz,* § 1850 RN 3; *MünchKomm/Lieder,* § 1196 RN 7.
34 § 1643 Abs. 1, § 1850 Nr. 1 BGB.
35 § 1629 Abs. 1 Satz 3, § 1643 Abs. 1, § 1850 Nr. 1 BGB.
36 § 1813 Abs. 1, § 1799 Abs. 1, § 1850 Nr. 1 BGB.
37 § 1799 Abs. 1, § 1850 Nr. 1 BGB.
38 § 1850 Nr. 1 BGB.
39 § 1888 Abs. 1, § 1850 Nr. 1 BGB.
40 RG v. 1. 7. 1924 – V B 2/24 – (Ziff. 2), RGZ 108, 356; vergleichbar: Ehegatte im gesetz-
    lichen Güterstand bedarf zur Belastung eines Grundstücks im Zusammenhang mit
    dem Kauf der Zustimmung des anderen Ehegatten nicht, auch wenn es sich um sein
    Vermögen im Ganzen handelt: RN 175.
41 Soweit es sich um einen *entgeltlichen* Erwerb handelt, ist dieser genehmigungsbe-
    dürftig (§ 1821 Abs. 1 Nr. 5, ggf. i. V. m. § 1643 Abs. 1 bzw. § 1908i Abs. 1 Satz 1 oder
    § 1915 BGB).

che Genehmigung nicht erforderlich, und zwar auch dann nicht, wenn die Grundschuld nicht der Finanzierung des Kaufpreises, sondern der Beschaffung von Mitteln für andere mit dem Erwerb zusammenhängende Zwecke (bspw. zur Renovierung des gekauften Hausgrundstücks) dient[42].

Keiner Genehmigung bedarf auch die Belastung eines Grundstücks, das einer juristischen Person (AG, GmbH usw.) oder einer Personenhandelsgesellschaft gehört, an der ein Minderjähriger beteiligt ist[43]. Genehmigungsfrei dürfte auch die Bestellung einer Grundschuld am Grundstück einer gewerblich tätigen BGB-Gesellschaft durch einen zur Geschäftsführung bestellten Gesellschafter sein, selbst wenn einer der Gesellschafter minderjährig ist[44].

Dagegen ist die Verfügung über ein Grundstück, das einer *nicht* gewerblich tätigen BGB-Gesellschaft mit minderjährigen Gesellschaftern gehört, genehmigungsbedürftig (§ 1850 Nr. 1 BGB)[45].

Für die **Abtretung** oder Löschung **der Grundschuld**, die einem Minderjährigen zusteht (etwa einer Eigentümergrundschuld), ist eine Genehmigung des Familiengerichts nicht erforderlich, wenn das Kind von den Eltern oder einem Elternteil gesetzlich vertreten wird[46].

Dagegen ist auch zur Abtretung oder Löschung einer Grundschuld die Genehmigung des Familien- bzw. Betreuungsgerichts erforderlich, wenn ein Vormund[47] oder ein Ergänzungspfleger[48] für einen Minderjährigen handelt oder ein Betreuer[49] oder Pfleger[50] für einen Volljährigen.

Entsprechendes gilt, wenn eine Grundschuld durch **Ausübung des Rückgewähranspruchs** (RN 639) als Sicherheit zur Verfügung gestellt wird. Denn der Rückgewähranspruch ist eine Forderung des Mündels, über die der Sicherungsgeber verfügt, wenn er die Abtretung der Grundschuld an einen Dritten verlangt. Dazu bedürfen Eltern oder der vertretungsberechtigte Elternteil keiner Genehmigung, wohl aber Vormund, (Ergänzungs-)Pfleger und Betreuer.

Für die Bestellung oder Abtretung der Grundschuld ist selbst dann eine eigene Genehmigung erforderlich, wenn die Verpflichtung, sie zu bestellen oder abzutreten, oder eine entsprechende Vollmacht bereits genehmigt worden sind[51].

---

42 BGH v. 7.10.1997 – XI ZR 129/96 –, DNotZ 1998, 490 = NJW 1998, 453 = Rpfleger 1998, 110 = WM 1997, 2212 = ZIP 1997, 2081 = EWiR § 1821 BGB 1/98, 359 (*Dauner-Lieb*).
43 *Grüneberg/Götz*, § 1850 RN 2, RN 4 vor § 1848.
44 OLG Schleswig v. 21.6.2001 – 2 W 133/01 –, DNotZ 2002, 552; *Grüneberg/Götz*, § 185 RN 2.
45 OLG Koblenz v. 22.8.2002 – 9 UF 397/02 –, NJW 2003, 1401 (zu § 1821 Abs. 1 Nr. 1 BGB).
46 § 1850 Nr. 1 BGB gilt für Eltern oder den allein vertretenden Elternteil nicht (§ 1643 Abs. 2 BGB); *Clemente*, RN 1113; *Schöner/Stöber*, RN 3704; s. auch *MünchKomm/Lieder*, § 1191 RN 63.
47 Wegen § 1812 Abs. 1 und 3 BGB: *Clemente*, RN 1115 (noch zu § 1812 Abs. 1 und Abs. 3 a.F.); *Schöner/Stöber*, RN 3722.
48 § 1813 Abs. 1, § 1799 Abs. 1 BGB, *Clemente*, RN 1115, 1117.
49 § 1850 Nr. 1 BGB; *Schöner/Stöber*, RN 3722.
50 § 1809, § 1888 Abs. 1, § 1850 Nr. 1 BGB.
51 LG Berlin v. 12.4.1994 – 85 T 78/94 –, Rpfleger 1994, 355.

Die Genehmigung der Bestellung oder Abtretung der Grundschuld kann allerdings mit der Genehmigung des Verpflichtungsgeschäfts oder der Vollmacht verbunden werden; der Grundschuldgläubiger sollte aber auf einer ausdrücklichen Erklärung bestehen.

Wegen der Genehmigung des *Sicherungsvertrags* wird auf RN 647 bis 653 verwiesen. Ferner bedarf die Aufnahme eines *Darlehens* im Namen des Minderjährigen (Betreuten/Pfleglings) regelmäßig (Ausnahme bei Überziehung des Girokontos für Verfügungsgeld[52]) der gerichtlichen Genehmigung[53]. Besteht ein enger rechtlicher und wirtschaftlicher Zusammenhang zwischen Sicherheitenbestellung und Darlehensaufnahme, kann im Einzelfall die Auslegung des Genehmigungsbeschlusses für die Grundstücksbelastung ergeben, dass die Darlehensaufnahme mit umfasst sein sollte.[54]

Die Genehmigung wird vom Familien- bzw. vom Betreuungsgericht gegenüber dem Vertreter[55] erklärt. Liegt sie bei der Einigung, wie häufig, noch nicht vor, wird sie erst wirksam, wenn sie **vom Vertreter** (also den Eltern, dem allein vertretenden Elternteil, dem Vormund, Pfleger oder Betreuer) dem Erwerber der Grundschuld **mitgeteilt** wird[56]. Auf diese förmliche Mitteilung kann nicht verzichtet werden. Die Vereinbarung etwa, dass die gerichtliche Genehmigung mit Eingang beim Notar wirksam werden soll, wäre unwirksam. Die Mitteilung ist **erst nach Eintritt der Rechtskraft**[57] des genehmigenden Beschlusses möglich.[58] Die Rechtskraft wird durch Rechtskraftzeugnis (widerleglich, § 418 Abs. 2 ZPO) bewiesen. Eine verfrühte Mitteilung entfaltet auch bei nachträglicher Rechtskraft keine Wirkung.[59]

Es steht im Belieben des gesetzlichen Vertreters, ob er die gerichtliche **Genehmigung** (nach Eintritt der Rechtskraft) an das Kreditinstitut weiterleitet und damit **wirksam** macht. Solange das nicht geschehen ist, bleiben die von ihm abgegebenen Erklärungen für ihn und für den von ihm Vertretenen unverbindlich[60]. Auch wenn alle sonstigen Voraussetzungen dafür vorliegen (RN 149 bis 153, 432 bis 434, 442), kann die Einigung über das Entstehen oder die Abtretung der Grundschuld darum erst bindend werden, wenn die gerichtliche Genehmi-

189

---

52 § 1854 Nr. 2 BGB.
53 § 1854 Nr. 2 BGB; die Vorschrift gilt nicht nur für den Betreuer, sondern auch für die Eltern (§ 1643 Abs. 1 BGB), den Ergänzungspfleger (§ 1813 Abs. 1, § 1799 Abs. 1, § 1854 Nr. 2 BGB), den Pfleger (§ 1888 Abs. 1 BGB) und den Vormund (§ 1799 Abs. 1 BGB).
54 OLG Dresden v. 19.4.2021 – 4 W 109/21 – (Ziff. II, 3.b), NJW-RR 2021, 796.
55 § 1855 BGB; diese Bestimmung gilt nicht nur für den Betreuer, sondern auch für Eltern bzw. allein vertretenden Elternteil (§ 1644 Abs. 3 BGB), Vormund (§ 1800 Abs. 2, 1795 Abs. 4 BGB) bzw. Pfleger (§ 1888 Abs. 1 BGB).
56 § 1856 Abs. 1 Satz 2 BGB; diese Bestimmung aus dem Betreuungsrecht gilt auch für Eltern bzw. allein vertretenden Elternteil (§ 1644 Abs. 3 BGB), Vormund (§ 1795 Abs. 4 BGB) bzw. Pfleger (§ 1888 Abs. 1 BGB) entsprechend.
57 §§ 40 Abs. 2 Satz 1, 63 Abs. 2 Nr. 2, Abs. 3, 45 FamFG: es gilt eine nur zweiwöchige Beschwerdefrist, beginnend mit der Bekanntgabe an den jeweiligen Beteiligten; vgl. BGH v. 2.12.2015 – XII ZB 283/15 – (RN 19), NJW 2016, 565 = Rpfleger 2016, 280.
58 *Schöner/Stöber*, RN 3731.
59 *Grüneberg/Götz*, § 1856 RN 3.
60 *Grüneberg/Götz*, § 1856 RN 2 und 3.

gung erteilt *und* vom gesetzlichen Vertreter dem Grundschuldgläubiger mitgeteilt worden ist.

Die Beteiligten können zwar den Notar (oder einen seiner Mitarbeiter) bevollmächtigen, die Genehmigung für sie entgegenzunehmen bzw. mitzuteilen.[61] Die Mitteilung muss dann dem Grundpfandrechtsgläubiger nicht mehr selbst zugehen[62]. Allerdings muss die Ausübung dieser Doppelvollmacht entsprechend dokumentiert werden, da das Bestehen der Vollmacht allein nicht genügt.[63] Bei einer solchen Gestaltung darf aber den Beteiligten die Möglichkeit, die Verfügung des Rechtspflegers gerichtlich überprüfen zu lassen, nicht abgeschnitten werden[64].

Wegen der Frage, inwieweit die gerichtliche Genehmigung auch den Sicherungsvertrag erfasst, wird auf RN 647 bis 653 verwiesen.

190   Das Grundbuchamt prüft nur, ob eine wirksame und rechtskräftige Eintragungsbewilligung vorliegt (§ 19 GBO). Es begnügt sich deshalb mit dem Nachweis, dass die gerichtliche Genehmigung erteilt und formell rechtskräftig worden ist; vgl. RN 55, 60. Eine Pflicht des Grundbuchamts zur Nachprüfung des Rechtskraftzeugnisses besteht nicht.[65] Das Grundbuchamt prüft auch nicht die Mitteilung der Genehmigung an den Gläubiger.[66] Der **Gläubiger sollte** sich deshalb nicht mit der Eintragung der Grundschuld oder der Abtretung im Grundbuch begnügen, sondern **selbst prüfen,** ob ihm die Genehmigung vom gesetzlichen Vertreter nach Eintritt der Rechtskraft mitgeteilt worden ist.

6.3   Testamentsvollstreckung

191   Der Erblasser kann dem (den) **Erben** durch die Bestellung eines Testamentsvollstreckers die Verwaltung des Nachlasses ganz oder teilweise entziehen. Eine solche **Beschränkung** wird von Amts wegen im Grundbuch vermerkt (§ 52 GBO), und zwar in der zweiten Abteilung, wenn sie sich auf das Eigentum an einem Grundstück bezieht, bzw. in der dritten Abteilung, wenn sie sich auf eine Grundschuld bezieht.

Unterliegen das Grundstück bzw. die Grundschuld der Verwaltung durch einen Testamentsvollstrecker, so muss dieser die zur Belastung bzw. Abtretung oder Löschung erforderlichen Erklärungen abgeben. Vorbehaltlich weiterer Beschränkungen nach dem Testamentsvollstreckerzeugnis bzw. dem notariellen

---

61   BGH v. 2. 12. 2015 – XII ZB 283/15 – (RN 35), NJW 2016, 565 = Rpfleger 2016, 280.
62   *Wormuth/Trenkel*, ZfIR 2009, 400, 405.
63   BGH v. 2. 12. 2015 – XII ZB 283/15 – (RN 37), NJW 2016, 565 = Rpfleger 2016, 280.
64   BVerfG v. 18. 1. 2000 – 1 BvR 321/96 – (Abschn. B, III), DNotZ 2000, 387 = NJW 2000, 1709 = Rpfleger 2000, 205; OLG Schleswig v. 13. 7. 2000 – 2 W 107/00 –, DNotZ 2001, 648 (mit Anm. *Waldner*) = Rpfleger 2000, 496.
65   *Schöner/Stöber*, RN 3730c m. w. N.
66   *Demharter*, § 19 RN 70; *Schöner/Stöber*, RN 3745; *Böttcher*, Rpfleger 1990, 486, 488 (Ziff. III, 2).

Testament[67], aus dem sich seine Befugnis ableitet (§ 35 Abs. 2 i. V. m. Abs. 1 Satz 2 GBO), ist er (regelmäßig nur) zu **entgeltlichen** Verfügungen befugt (§ 2205 BGB).

Eine Verfügung zulasten des Nachlasses ist dann entgeltlich, wenn für sie eine **Gegenleistung** in den Nachlass fließt, die der Testamentsvollstrecker für gleichwertig hält und halten darf[68]. Soll z. B. das durch die Grundschuld zu sichernde Darlehen in den Nachlass fließen und die Grundschuld darüber hinaus allenfalls Verbindlichkeiten des Nachlasses sichern, so ist die Bestellung oder Abtretung der Grundschuld durch den Testamentsvollstrecker eine entgeltliche und damit wirksame Verfügung (s. auch RN 198). *192*

Bestellt der Testamentsvollstrecker die Grundschuld für den oder die Erben (Eigentümergrundschuld), so ist die *Bestellung* stets entgeltlich, weil die Grundschuld (zunächst) in den Nachlass fällt[69]. Es ist dann aber bei der *Abtretung* zu prüfen, ob diese entgeltlich ist[70].

Die **Entgeltlichkeit muss dem Grundbuchamt nachgewiesen** werden. Wenn und soweit dieser Nachweis durch öffentliche oder öffentlich beglaubigte Urkunden nicht erbracht werden kann, genügt es, die Beweggründe und den Zweck des Geschäfts glaubhaft so darzulegen, dass für das Grundbuchamt keine begründeten Zweifel an der Entgeltlichkeit bestehen[71]. Bei der Bestellung einer Fremdgrundschuld hat der Testamentsvollstrecker etwa darzutun, dass die Grundschuld ein Darlehen sichern soll und dass dieses vollständig in den Nachlass fließt[72]. Zur Amtshaftung des Grundbuchamts bei Fehlern im Zusammenhang mit dem Testamentsvollstreckervermerk s. RN 80.1.

Um eine **unentgeltliche** und damit grundsätzlich unwirksame Verfügung des Testamentsvollstreckers handelt es sich, wenn dieser ohne gleichwertige Gegenleistung ein Opfer aus der Erbschaftsmasse erbringt und die fehlende Gleichwertigkeit erkennt oder erkennen muss[73]. Das wird immer der Fall sein, wenn die Valuta nicht dem Nachlass zugute kommt, sondern bspw. nur einem oder einigen von mehreren Miterben. *193*

---

67 Sofern die Beschränkungen seine Verfügungsbefugnis einschränken und ihn nicht nur schuldrechtlich binden; dazu: OLG Zweibrücken v. 15. 11. 2000 – 3 W 175/00 –, DNotZ 2001, 399 und (abl.) Anm. *Winkler* dazu.

68 BGH v. 24. 9. 1971 – V ZB 6/71 – (Ziff. IV, 1), BGHZ 57, 84 = NJW 1971, 2264 = Rpfleger 1972, 49.

69 *Schöner/Stöber*, RN 3442.

70 *Schöner/Stöber*, RN 3444.

71 BGH v. 24. 9. 1971 – V ZB 6/71 – (Ziff. IV, 2), BGHZ 57, 84 = NJW 1971, 2264; KG v. 3. 11. 1992 – 1 W 3761/92 – (Ziff. 2), DNotZ 1993, 607; *Demharter*, § 52 RN 23; *Münch-Komm/Zimmermann*, § 2205 RN 103; *Grüneberg/Weidlich*, § 2205 RN 31; *Schöner/Stöber*, RN 3443.

72 OLG Saarbrücken v. 17. 1. 2023 – 5 W 98/22 – (Ziff. II 3 b aa), FGPrax 2023, 57; LG Aachen v. 10. 10. 1983 – 3 T 273/83 –, Rpfleger 1984, 98.

73 BGH v. 24. 10. 1990 – IV ZR 296/89 – (Ziff. 2a der Urteilsgründe), DNotZ 1992, 507; BGH v. 24. 9. 1971 – V ZB 6/71 – (Ziff. IV, 1), BGHZ 57, 84 = NJW 1971, 2264; *Münch-Komm/Zimmermann*, § 2205 RN 75; *Grüneberg/Weidlich*, § 2205 RN 28 jeweils m. w. N.

Auch **teilweise Unentgeltlichkeit** führt dazu, dass die Bestellung oder Abtretung der Grundschuld unwirksam ist[74]. Falls nicht die Zustimmung aller Erben erreichbar ist, sollte die Sicherungsabrede so gefasst werden, dass eindeutig nur Ansprüche gegen den Nachlass darunterfallen. Selbstverständlich kann dann die Grundschuld nicht als Sicherheit für andere Forderungen herangezogen werden.

194 **In Zweifelsfällen** sollte die **Zustimmung aller Erben** und, sofern das Grundstück oder die Grundschuld Gegenstand eines Vermächtnisses ist, des oder der Vermächtnisnehmer verlangt werden. Dadurch wird selbst eine unentgeltliche Verfügung wirksam[75].

Soweit diese Zustimmung dem Grundbuchamt gegenüber benötigt wird, muss sie öffentlich beglaubigt (RN 111) oder beurkundet (RN 112) werden; durch Erbschein oder durch notarielles Testament bzw. Erbvertrag und Eröffnungsprotokoll (§ 35 Abs. 1 GBO) ist nachzuweisen, dass es sich bei dem (den) Zustimmenden um die (alle) Erben handelt[76]. Auch wenn die Zustimmung dem Grundbuchamt (zunächst) nicht nachgewiesen werden muss, empfiehlt sich öffentliche Beglaubigung, um den Nachweis ggf. später (etwa in einer Zwangsvollstreckung) führen zu können; auf jeden Fall sollte die Zustimmung mindestens schriftlich eingeholt werden.

6.4 Vor- und Nacherbfolge

195 Hat der Erblasser Vor- und Nacherbschaft angeordnet, so fällt der Nachlass mit allen dazugehörenden Gegenständen **vorläufig** an den Vorerben. Beim Eintritt des vom Erblasser festgelegten Ereignisses (häufig beim Tod des Vorerben) geht dieses Vermögen kraft Gesetzes vom Vorerben auf den Nacherben über.

Der Vorerbe kann bis zum Nacherbfall über den Nachlass verfügen (§ 2112 BGB). Seine Verfügungen werden vom Grundbuchamt eingetragen ohne Prüfung, ob sie dem Nacherben gegenüber wirksam sind (RN 199).

Wird ein Grundstück oder eine Grundschuld, die zu einem solchen Vermögen gehören, auf den Vorerben umgeschrieben, ist von Amts wegen ein **Nacherbschaftsvermerk** einzutragen (§ 51 GBO). Entsprechendes gilt, wenn nur ein

---

74 (Für den parallelen Fall beim Nacherben): *Grüneberg/Weidlich*, § 2113 RN 13 m. w. N.
75 BGH v. 24.9.1971 – V ZB 6/71 – (Ziff. IV, 2), BGHZ 57, 84 = NJW 1971, 2264; *Münch-Komm/Zimmermann*, § 2205 RN 71 und 83; *Grüneberg/Weidlich*, § 2205 RN 30; *Schöner/Stöber*, RN 3429. Siehe auch *Neuschwandner*, BWNotZ 1978, 73, der die Zustimmung der Vermächtnisnehmer für entbehrlich hält.
76 BayObLG v. 13.6.1986 – 2 Z 47/86 – (Ziff. 2a), Rpfleger 1986, 470.

Miteigentumsbruchteil[77] (bspw. die Hälfte des verstorbenen Ehemanns an dem den Ehegatten in Miteigentum zu je ½ gehörenden Grundstück) zum Nachlass gehört. Die Eintragung erfolgt bei einem Nachlassgrundstück in der zweiten Abteilung, bei einer zum Nachlass gehörenden Grundschuld in der Veränderungsspalte der dritten Abteilung.

Verfügt der Vorerbe unmittelbar über ein Grundstück oder eine Grundschuld, die noch für den Erblasser eingetragen sind, ergibt sich die Beschränkung aus dem Erbschein (§ 2363 Abs. 1 Satz 1 BGB), den der Vorerbe bei einer Verfügung über ein Grundstück oder eine Buchgrundschuld dem Grundbuchamt vorlegen muss und den sich das Kreditinstitut unbedingt vorlegen lassen sollte, wenn ihm der Vorerbe eine noch auf den Erblasser lautende *Brief*grundschuld abtritt.

Der Nacherbfolge unterliegen auch solche Vermögenswerte, die an die Stelle von Nachlasswerten treten (§ 2111 Abs. 1 Satz 1 BGB). Tilgt der Vorerbe dagegen mit eigenen freien Mitteln eine Fremdgrundschuld auf einem Nachlassgrundstück, so fällt die Grundschuld in sein freies, der Nacherbfolge nicht unterworfenes Vermögen[78].

Die **Verfügung des (nicht befreiten) Vorerben** über ein Nachlassgrundstück *196* wird mit Eintritt des Nacherbfalls unwirksam (§ 2113 Abs. 1 BGB). Das bedeutet, dass der Nacherbe, sobald er mit Eintritt des Nacherbfalls Grundstückseigentümer wird, ersatzlos die Löschung einer vom Vorerben bestellten Grundschuld verlangen kann, auch wenn das dadurch gesicherte Darlehen noch besteht. Entsprechendes gilt, wenn (nur) ein Miteigentumsanteil[79] an einem Grundstück der Nacherbfolge unterliegt; die Grundschuld ist dann (nur) an diesem Anteil zu löschen.

Entsprechendes gilt für eine zum Nachlass gehörende Grundschuld (§ 2114 Satz 3, § 2113 BGB). Sie fällt mit Eintritt des Nacherbfalls dem Nacherben zu, selbst wenn sie vom (nicht befreiten) Vorerben zur Sicherung einer Verbindlichkeit abgetreten worden ist. Soll sie vor Eintritt des Nacherbfalls gelöscht werden, so ist dazu regelmäßig die Zustimmung des (der) Nacherben erforderlich[80].

Dagegen gelten die aufgezeigten Beschränkungen nicht für in den Nachlass fallende Anteile des Erblassers an einem Gesamthandsvermögen, bspw. den

---

77 BayObLG v. 23.5.2002 – 2 Z BR 37/02 – (Ziff. 3b), Rpfleger 2002, 565. Dagegen ist nach der wohl h.M. kein Nacherbschaftsvermerk einzutragen, wenn einer von zwei *Miterben* eines Miteigentumsanteils Vorerbe des anderen wird und der Miteigentumsanteil auf ihn umgeschrieben wird: BayObLG v. 23.5.2002, 2 Z BR 37/02, Ziff. 3 a; erst recht keine Eintragung, wenn die anderen von der Nacherbschaft nicht betroffenen Gesamthandsanteile nicht dem Vorerben, sondern Dritten zustehen, so (nach Vorlage des OLG Stuttgart v. 14.9.2006 – 8 W 193/06 – gem. § 28 Abs. 2 FGG, FGPrax 2006, 249) BGH v. 15.3.2007 – V ZB 145/06 – (Ziff. III), FGPrax 2006, 249 = Rpfleger 2007, 136; *Demharter*, § 51 RN 3a.

78 BGH v. 7.7.1993 – IV ZR 90/92 – (Ziff. III, 2 der Urteilsgründe), WM 1993, 1719.

79 Dagegen keine Verfügungsbeschränkung, wenn einer von zwei *Miterben* eines Miteigentumsanteils als Vorerbe des anderen Alleininhaber des Miteigentumsanteils geworden ist: BayObLG v. 23.5.2002 – 2 Z BR 37/02 – (Ziff. 3a), Rpfleger 2002, 565.

80 BayObLG v. 15.5.2001 – 2 Z BR 52/01 –, DNotZ 2001, 808 = Rpfleger 2001, 408.

Anteil an einer Erbengemeinschaft oder einer Gesellschaft bürgerlichen Rechts. Gehört zu einem solchen Gesamthandsvermögen ein Grundstück oder eine Grundschuld, kann der Vorerbe deshalb zusammen mit den übrigen Mitgliedern der Gesamthandsgemeinschaft über dieses Grundstück bzw. diese Grundschuld ohne die Beschränkungen des § 2113 BGB verfügen[81].

Eine dem Nacherben gegenüber unwirksame Grundschuld kann der Gläubiger **nicht durch Zwangsversteigerung des Grundstücks verwerten**, und zwar auch nicht vor Eintritt des Nacherbfalls (§ 773 ZPO, § 2115 BGB). Jedenfalls im Ergebnis besteht darüber Einigkeit[82].

Wird die Zwangsversteigerung des belasteten Grundstücks aus einem anderen (vor- oder gleichrangigen) Recht betrieben (etwa aus einer noch vom *Erblasser* bestellten Grundschuld), so erlischt zwar die nachrangige (dem Nacherben gegenüber unwirksame) Grundschuld (RN 1078). Der darauf entfallende Erlös kann dem Gläubiger aber erst ausgehändigt werden, wenn die Nacherbfolge (endgültig) nicht eintritt. Andernfalls ist sein Recht unwirksam und der Erlös fällt an die nachrückenden ausfallenden Berechtigten, ggf. an die Nacherben[83]. Bis feststeht, ob die Nacherbfolge eintreten wird oder nicht, muss der Betrag hinterlegt werden[84].

Die von einem *nicht befreiten Vorerben* bestellte oder abgetretene Grundschuld ist mithin für ein Kreditinstitut keine ausreichende Sicherheit. Sie ist nur dann verwertbar, wenn die (alle) Nacherben der Bestellung bzw. Abtretung zugestimmt haben (RN 200).

197 Der Erblasser kann dem Vorerben u. a. gestatten, über Grundstücke oder Grundschulden zu verfügen (§§ 2136, 2113 Abs. 1 und 2114 BGB). Ob und in welchem Umfang der Vorerbe von den Beschränkungen befreit ist, ist im Erbschein[85] (§ 2363 Abs. 1 BGB) und im Grundbuch (§ 51 GBO) anzugeben. Die von einem so **befreiten Vorerben** bestellte Grundschuld ist den Nacherben gegenüber wirksam, aber nur, falls es sich bei der Grundschuldbestellung um ein **entgeltliches** Geschäft (vgl. dazu RN 198) handelt. Gleiches gilt für die *entgeltliche* Abtretung einer Nachlassgrundschuld.

Aus einer vom *befreiten* Vorerben *entgeltlich* bestellten oder abgetretenen Grundschuld kann das Kreditinstitut im Bedarfsfall die Zwangsversteigerung betreiben, und zwar sowohl gegen den Vorerben wie (nach Eintritt der Nacherb-

---

81 BGH v. 15. 3. 2007 – V ZB 145/06 – (Ziff. III, 1 und 2), FGPrax 2006, 249 = Rpfleger 2007, 136; *Grüneberg/Weidlich*, § 2113 RN 3.

82 *Stöber/Keller*, § 15 RN 264; *Klawikowski*, Rpfleger 1998, 100 (Ziff. I, 2 b); wohl auch LG Berlin v. 1. 6. 1987 – 81 T 344/87 – (Ziff. II), Rpfleger 1987, 457.

83 Der an die Stelle des Grundstücks tretende Erlösanteil fällt als Surrogat in den Nachlass (BGH v. 7. 7. 1993 – IV ZR 90/92 – (Ziff. I, 1), WM 1993, 1719), kann aber, solange nicht feststeht, ob die Grundschuld (wegen Nichteintritt des Nacherbfalls) wirksam ist, nicht an den Vorerben ausgezahlt werden.

84 *Klawikowski*, Rpfleger 1998, 100, 101 (Ziff. IV, 1 b); *anderer Ansicht* (keine Hinterlegung, sondern ggf. Herausgabe des Erlöses an den Nacherben bei Eintritt des Nacherbfalls): LG Göttingen v. 9. 4. 1985 – 411/2 O 466/84 –, WM 1985, 1353.

85 *Grüneberg/Weidlich*, § 2136 RN 9.

folge) gegen den Nacherben. Es muss aber die Umstände darlegen und – falls bestritten – **beweisen**[86], aus denen sich ergibt, dass die Grundschuld dem Nacherben gegenüber wirksam ist, also insbesondere, dass die Bestellung ein entgeltliches Geschäft (RN 198) war.

Ein weiterer Nachweis ist nicht notwendig, wenn im Grundbuch die Wirksamkeit der Grundschuld gegenüber den Nacherben (RN 201) eingetragen ist oder wenn die (alle) Nacherben der Bestellung der Grundschuld zugestimmt haben (und der Gläubiger dies notfalls beweisen kann), weil die Grundschuld dann in jedem Fall dem Nacherben gegenüber wirksam ist (RN 200).

Dagegen ist eine **unentgeltliche Verfügung** des Vorerben (selbst des befreiten Vorerben) den Nacherben gegenüber **unwirksam** (§ 2113 Abs. 2 BGB). Das gilt auch, wenn die Verfügung nur *teilweise* unentgeltlich ist[87]. Von der Beschränkung, nicht unentgeltlich verfügen zu dürfen (§ 2113 Abs. 2 BGB), kann der Erblasser den Vorerben nicht wirksam befreien (§ 2136 BGB).

Eine Grundschuld ist jedenfalls dann **entgeltlich** bestellt bzw. abgetreten, wenn *ausschließlich* den *Nachlass* insgesamt betreffende Verbindlichkeiten[88] gesichert sind und die Grundschuld nach Erledigung des Sicherungszwecks in den Nachlass zurückzugewähren ist. Denn Gegenleistung für die Bestellung oder Abtretung einer Sicherungsgrundschuld ist die Möglichkeit der Aufnahme gesicherter Darlehen, die in diesem Fall nur dem Nachlass zugute kommt. *198*

Bestellt der Vorerbe die Grundschuld (zunächst) für sich selbst (Eigentümergrundschuld), so ist die *Bestellung,* weil die Grundschuld in den Nachlass fällt, stets entgeltlich. Wird eine solche Grundschuld dann abgetreten, ist aber zu prüfen, ob die *Abtretung* entgeltlich ist.

Unentgeltlich ist dagegen die Bestellung oder Abtretung der Grundschuld dann, wenn keine gleichwertige Gegenleistung dafür in den Nachlass[89] (bzw. *bei befreiter* Vorerbschaft u. U. an den Vorerben[90]) fließt und der Vorerbe dies erkennt

---

86 *Stöber/Keller,* § 15 RN 261.

87 *Grüneberg/Weidlich,* § 2113 RN 13; *MünchKomm/Lieder,* § 2113 RN 58, jeweils m. w. N.

88 Zu den Voraussetzungen für die Begründung von Nachlassverbindlichkeiten durch den Vorerben: BGH v. 31.1.1990 – IV ZR 326/88 – (Ziff. I, 2), BGHZ 110, 176 = NJW 1990, 1237.

89 *Grüneberg/Weidlich,* § 2113 RN 10; *Schöner/Stöber,* RN 3480; *Hennings,* Ziff. 16. 4. 3 (RN 16.28); *anderer Ansicht* (da die Gegenleistung wegen § 2111 BGB zwingend in den Nachlass fällt, liege auch bei Verwendung der Gegenleistung durch den Vorerben keine unentgeltliche Verfügung vor): *MünchKomm/Lieder,* § 2113 RN 49.

90 Als entgeltlich wird eine Verfügung angesehen, wenn sie im Rahmen einer wirtschaftlich gerechtfertigten Verwaltung zur Bestreitung des Lebensunterhalts des *befreiten* Vorerben dient: *Grüneberg/Weidlich,* § 2113 RN 9 m. w. N., bzw. zur Befreiung von im Rahmen ordnungsgemäßer Verwaltung eingegangener Verbindlichkeiten: BGH v. 23.11.1983 – IVa ZR 147/81 – (Ziff. 2b), NJW 1984, 366; *weitergehend* (entgeltlich, wenn angemessene Gegenleistung dem Nachlass *oder* dem befreiten Vorerben zufließt): *Schöner/Stöber,* RN 3480; *MünchKomm/Lieder,* § 2113 RN 49 m. w. N.; vgl. DNotI-Report 2006, 125.

oder erkennen musste[91]. Das dürfte bspw. schon dann anzunehmen sein, wenn die Grundschuld (auch) die Verbindlichkeit nur eines von mehreren (Vor-)Erben sichert. In diesem Fall ist die Grundschuld, weil dem Nacherben gegenüber unwirksam, keine ausreichende Sicherheit (vgl. RN 196), es sei denn, dass *alle* Nacherben ihrer Bestellung zustimmen (RN 200).

199 Die Rechte der Nacherben (RN 196 bis 198) sind durch den von Amts wegen einzutragenden Nacherbschaftsvermerk (§ 51 GBO) gesichert. Nach Eintragung dieses Vermerks wird der Nacherbe durch eine vom Vorerben bewilligte Eintragung im Grundbuch nicht betroffen. Seine Einwilligung zur Eintragung ist daher nicht erforderlich.

Außer wenn die Eintragung eines Wirksamkeitsvermerks beantragt wird (RN 201), ist das **Grundbuchamt zur Prüfung**, ob die vom Vorerben bewilligte Eintragung dem Nacherben gegenüber wirksam ist, **weder berechtigt noch verpflichtet**[92]. Deshalb muss der Gläubiger diese Frage selbst besonders kritisch prüfen.

200 Eine eindeutige Feststellung, vor allem ob das Geschäft entgeltlich ist (RN 197, 198), wird für das Kreditinstitut häufig nicht leicht sein. Deshalb ist es stets empfehlenswert und bei Zweifeln dringend geboten, die **Zustimmung aller Nacherben** – bei minderjährigen Nacherben außerdem die Genehmigung des Familien- bzw. Betreuungsgerichts[93] – zur Bestellung oder Abtretung der Grundschuld einzuholen. Dadurch wird die Verfügung in jedem Fall wirksam[94], sodass aus der Grundschuld notfalls auch die Zwangsvollstreckung betrieben werden kann[95]. Nicht erforderlich ist dagegen die Zustimmungserklärung von Ersatznacherben[96].

Die Zustimmungserklärung ist **formlos** wirksam. Aus Beweisgründen sollte aber wenigstens eine schriftliche Erklärung verlangt werden. Noch besser ist eine notariell beglaubigte (RN 111) oder beurkundete (RN 112) Erklärung; denn sie ermöglicht die Eintragung eines Wirksamkeitsvermerks (RN 201) und erleichtert den Nachweis der Wirksamkeit in einer etwa notwendigen Zwangsversteigerung[97].

Sind die Nacherben im Zeitpunkt der Verfügung noch nicht sicher bekannt (bspw. wenn Nacherben die Abkömmlinge des Vorerben sind, die beim – noch nicht eingetretenen – Nacherbfall leben werden), empfiehlt es sich, einen Pfleger für die unbekannten Nacherben (§ 1913 BGB) bestellen zu lassen. Dieser

---

91 BGH v. 23.11.1983 – IVa ZR 147/81 – (Ziff. 1), NJW 1984, 366; *MünchKomm/Lieder*, § 2113 RN 41; *Grüneberg/Weidlich*, § 2113 RN 10.

92 BayObLG v. 7.11.1979 – 2 Z 41/79 –, Rpfleger 1980, 64; *Schöner/Stöber*, RN 3489.

93 LG Berlin v. 1.6.1987 – 81 T 344/87 – (Ziff. I, 2), Rpfleger 1987, 457.

94 BGH v. 25.9.1963 – V ZR 130/61 – (Ziff. IIIc), BGHZ 40, 115 = NJW 1963, 2320; *MünchKomm/Lieder*, § 2113 RN 62, 28 f.; *Grüneberg/Weidlich*, § 2113 RN 6; *Schöner/Stöber*, RN 3477 jeweils m. w. N.

95 S. dazu *Stöber/Keller*, § 15 RN 261.

96 LG Bonn v. 26.4.2005 – 6 T 101/105 – RNotZ 2005.

97 Vgl. *Wormuth/Trenkel*, ZfIR 2009, 400, 406.

kann die Zustimmung erteilen, braucht dafür aber die Genehmigung des Betreuungsgerichts[98].

Kann das Kreditinstitut in der erforderlichen Form – z. B. durch öffentlich beglaubigte Zustimmungserklärung aller Nacherben – nachweisen, dass die Bestellung oder Abtretung der Grundschuld den Nacherben gegenüber wirksam ist, so muss das Grundbuchamt dies auf Antrag des Gläubigers im Grundbuch eintragen[99]. Mit einem solchen Antrag wird auch das Grundbuchamt zur Prüfung der Frage gezwungen. Durch die Eintragung eines **Wirksamkeitsvermerks** wird eine spätere Verfügung über die Grundschuld, vor allem eine etwa erforderlich werdende Zwangsversteigerung erleichtert (RN 197). Zum Wirksamkeitsvermerk s. auch RN 208.   *201*

6.5 (Auflassungs-)Vormerkung

Ist der Anspruch auf Einräumung, Änderung oder Aufhebung eines Rechts an einem Grundstück durch Vormerkung gesichert, so ist eine später eingetragene **Grundschuld** gegenüber dem Vormerkungsberechtigten insoweit (relativ) **unwirksam**, wie sie den gesicherten Anspruch vereiteln oder beeinträchtigen würde (§ 883 Abs. 2 BGB).   *202*

Das gilt auch für eine Grundschuld, die für den (Noch-)Eigentümer eingetragen wird (Eigentümergrundschuld), nachdem das Recht des Dritten durch eine Vormerkung gesichert ist. Wegen einer im Zeitpunkt der Eintragung der Vormerkung bereits eingetragenen Eigentümergrundschuld s. RN 206.

Ist (nur) der Anspruch auf Eintragung eines **beschränkten dinglichen Rechts** (also z. B. einer anderen Grundschuld oder eines Wohnrechts) durch Vormerkung gesichert, so hat dies (nur) die Wirkung, dass das vorgemerkte Recht, wenn es später eingetragen wird, Rang vor der zwischenzeitlich eingetragenen Grundschuld erhält (§ 883 Abs. 3 BGB). Das muss ggf. bei der Bewertung der Grundschuld berücksichtigt werden.   *203*

Die Vormerkung für eine Bauhandwerkersicherungshypothek (§ 648 BGB) sichert nur eine Hypothek für diejenigen Ansprüche, die Anlass für die Eintragung der Vormerkung waren; der Rang kann nicht für eine Hypothek zur Sicherung *nachfolgender* Leistungen eingesetzt werden[100]. Da nach § 648 Abs. 1 Satz 2 BGB nur hinsichtlich bereits erbrachter Teilleistungen eine Hypothek verlangt werden kann, besteht gar kein Anspruch auf eine Vormerkung für eine spätere Teilleistungen sichernde Hypothek.

Eine Vormerkung zur Sicherung des Anspruchs auf Eintragung einer Hypothek kann nicht in eine Zwangshypothek (aus der Vollstreckung eines Zahlungsti-

---

98 BayObLG v. 24. 4. 1997 – 2 Z BR 38/97 –, NJW-RR 1997, 1239 = Rpfleger 1997, 429.

99 BGH v. 25. 3. 1999 – V ZB 34/98 – (Ziff. III, 2 a), BGHZ 141, 169 = WM 1999, 969; BayObLG v. 24. 4. 1997 – 2 Z BR 38/97 –, NJW-RR 1997, 1239 = Rpfleger 1997, 429; *Demharter*, § 51 RN 25 und § 22 RN 20.

100 BGH v. 26. 7. 2001 – VII ZR 203/00 –, NJW 2001, 3701 = WM 2001, 1771 = EWiR § 648 BGB 1/01, 993 (*Volmer*).

tels) umgeschrieben werden; geschieht dies dennoch, erhält die Zwangshypothek *nicht* den Rang der Vormerkung[101].

204 Sichert die Vormerkung den Anspruch auf Übertragung des Eigentums (sog. **Auflassungsvormerkung**), so kann der aus der Vormerkung Berechtigte verlangen, dass eine nach der Vormerkung eingetragene Grundschuld ersatzlos gelöscht wird, und zwar spätestens, sobald er als Eigentümer im Grundbuch eingetragen ist[102]. Das kann allenfalls hingenommen werden, wenn sich die vorgehende Auflassungsvormerkung nur auf eine Teilfläche bezieht und der durch die Vormerkung nicht betroffene Teil des Grundstücks als Beleihungsobjekt ausreicht.

Die nach einer Auflassungsvormerkung eingetragene Grundschuld hat normalerweise praktisch keinen Sicherungswert. Der Gläubiger muss deshalb darauf achten, dass seine Grundschuld der Vormerkung gegenüber wirksam ist (RN 207, 208).

Selbst nach Eintragung des Vormerkungsberechtigten als Eigentümer kann die Auflassungsvormerkung, wenn sie nicht (materiell-rechtlich) aufgehoben und (verfahrensrechtlich) gelöscht wird, den Erwerb oder den Fortbestand einer im Rang danach eingetragenen Grundschuld gefährden[103].

205 Erleidet das versicherte Hausgrundstück einen Brandschaden, so kann der Vormerkungsberechtigte, sobald sein Übereignungsanspruch fällig wird, vom Grundpfandgläubiger die Herausgabe der an ihn gezahlten **Feuerversicherungssumme** verlangen, und zwar selbst dann, wenn der Versicherer seine Leistung schon in einem Zeitpunkt erbracht hat, in dem noch nicht alle Voraussetzungen für den Übereignungsanspruch erfüllt waren[104].

206 Der Berechtigte aus einer Auflassungsvormerkung kann zu gegebener Zeit (RN 204) auch von einem Rechtsnachfolger des ersten Grundschuldgläubigers Löschung verlangen. Durch die **Abtretung** einer Grundschuld, der eine Auflassungsvormerkung vorgeht, kann deshalb eine werthaltige Sicherheit ebenfalls nicht erworben werden. Ein gutgläubig vormerkungsfreier Erwerb kommt nicht in Betracht, solange die Vormerkung eingetragen ist.

Dagegen wird eine Grundschuld durch eine *spätere* Auflassungsvormerkung nicht beeinträchtigt. Dies gilt auch dann, wenn die Grundschuld im Zeitpunkt der Eintragung der Auflassungsvormerkung dem Grundstückseigentümer zusteht (Eigentümergrundschuld). Die **nach der Grundschuld eingetragene Vor-**

---

101 BayObLG v. 15.6.2000 – 2 Z BR 46/00 – (Ziff.II, 2 a (2)), ZfIR 2000, 1263 = EWiR § 868 ZPO 1/2000, 887 (*Hintzen*).

102 OLG Zweibrücken v. 27.4.2006 – 4 U 55/05 – (Ziff.II, 1), DNotZ 2006, 861 = NZM 2006, 878; *Grüneberg/Herrler*, § 888 RN 2 m.w.N.; *anderer Ansicht* (bereits bei fälligem Eintragungsanspruch) OLG Naumburg v. 15.2.2000 – 11 U 151/99 – (Ziff.I, 2 c), nicht veröffentlicht.

103 *Ritzinger*, BWNotZ 1983, 25; s. auch BayObLG v. 31.1.2002 – 2 Z BR 183/01 –, Rpfleger 2002, 260; BGH v. 15.12.1972 – V ZR 76/71 –, BGHZ 60, 46 = NJW 1973, 323.

104 BGH v. 30.1.1987 – V ZR 32/86 –, BGHZ 99, 385 = NJW 1987, 1631 = WM 1987, 469.

merkung beeinträchtigt die Wirksamkeit einer späteren Abtretung der Eigentümergrundschuld nicht[105].

Trotz Auflassungsvormerkung erwirbt der Gläubiger eine unangreifbare Grundschuld, wenn der **Vormerkungsberechtigte** der Bestellung bzw. Abtretung der Grundschuld **zustimmt** oder zugestimmt hat[106]. Die Grundschuld bleibt dann auch zugunsten künftiger Gläubiger unangreifbar[107]. *207*

Die Zustimmung kann formlos erklärt werden. Aus Beweisgründen sollte der Gläubiger aber auf einer wenigstens schriftlichen Erklärung bestehen. Wirkt der Vormerkungsberechtigte bei der Bestellung der Grundschuld mit, sollte seine Zustimmung in die Bestellungsurkunde aufgenommen werden.

Die Wirksamkeit der Grundschuld gegenüber der Vormerkung kann im Grundbuch dadurch ausgedrückt werden, dass der Berechtigte mit seiner Vormerkung formal im Rang hinter die Grundschuld **zurücktritt** (RN 358 bis 370)[108]. *208*

Möglich ist es aber auch, bei der Grundschuld *und* bei der Vormerkung[109] ausdrücklich einzutragen, dass die Grundschuld der Vormerkung gegenüber wirksam ist (**Wirksamkeitsvermerk**)[110]. Dafür muss die Zustimmungserklärung des Vormerkungsberechtigten (RN 207) öffentlich beglaubigt (RN 111) oder beurkundet (RN 112) sein.

Umstritten ist, ob die Eintragung des Wirksamkeitsvermerks Eintragungskosten auslöst. Wird er gleichzeitig mit der Grundschuld eingetragen, wird wohl überwiegend Kostenfreiheit angenommen[111].

Muss später aus der Grundschuld die **Zwangsversteigerung** betrieben werden, wird ein Bieter Wert darauf legen, dass die Vormerkung gelöscht wird. Das ist

---

105 BGH v 16.5.1975 – V ZR 24/74 –, BGHZ 64, 316 = NJW 1975, 1536.
106 *MünchKomm/Lettmaier*, § 883 RN 71; *Grüneberg/Herrler*, § 883 RN 21.
107 RG v. 21.4.1937 – V 297/36 –, RGZ 154, 355, 367.
108 OLG Bremen v. 7.2.2005 – 3 W 58/04 –, WM 2005, 1241 = WuB IV A § 879 BGB 1.05 (*Reithmann*); *anderer Ansicht* (Rangrücktritt nicht zulässig, weil zwischen einer Auflassungsvormerkung und einer Grundschuld kein materielles Rangverhältnis besteht und nur Wirksamkeitsvermerk eingetragen werden kann): *Schubert*, DNotZ 1999, 967; wohl auch *Skidzun*, Rpfleger 2002, 9.
109 BGH v. 25.3.1999 – V ZB 34/98 – (Ziff. III, 2 c), BGHZ 141, 169 = WM 1999, 969; BayObLG v. 26.2.1998 – 3 Z BR 277/97 – (Buchst. b), Rpfleger 1998, 375 m. w. N.; *Demharter*, § 22 RN 20; *Schöner/Stöber*, RN 1523.
110 BGH v. 25.3.1999 – V ZB 34/98 – (Ziff. III, 2 a und b), BGHZ 141, 169 = WM 1999, 969; OLG Saarbrücken v. 16.1.1995 – 5 W 331/94 –, EWiR § 883 BGB 1/95, 447 (*Demharter*); BayObLG v. 26.2.1998 – 3 Z BR 277/97 – (Buchst. b), Rpfleger 1998, 375 m. w. N.; *Demharter*, § 22 RN 20; *Grüneberg/Herrler*, § 883 RN 21; *Schöner/Stöber*, RN 1523; *Gursky*, DNotZ 1998, 273; anders (wegen der Rangfähigkeit der Vormerkung nur Rangänderung, nicht Wirksamkeitsvermerk zwischen Vormerkung und Grundschuld): OLG Köln v. 25.8.1997 – 2 Wx 42/97 –, DNotZ 1998, 311 = Rpfleger 1998, 106.
111 SchlHOLG v. 3.1.2002 – 9 W 167/01 –, Rpfleger 2002, 226; OLG Düsseldorf v. 1.8.2000 – 10 W 51/00 –, Rpfleger 2000, 568; *Demharter*, § 22 RN 66 m. w. N.; *Lehmann*, NJW 1993, 1558, 1560; *differenzierend*: BayObLG v. 29.3.2001 – 3 Z BR 94/01 –, NJW-RR 2001, 1583 = Rpfleger 2001, 459 (offen gelassen für den Fall der gleichzeitigen Eintragung mit der Vormerkung, sonst gebührenpflichtig); s. auch *Skidzun*, Rpfleger 2002, 9, 12; *Vierling/Mehler/Gotthold*, MittBayNot 2005, 375, 376 m. w. N.

dann ohne Weiteres gewährleistet, wenn die Vormerkung Rang nach der Grundschuld hat[112]. Ist bei der Vormerkung ein Wirksamkeitsvermerk zugunsten einer Grundschuld eingetragen, so wird die Vormerkung auf Antrag des begünstigten Grundschuldgläubigers nicht ins geringste Gebot aufgenommen, was ebenfalls dazu führt, dass sie erlischt[113].

6.6   Grundstück in der Umlegung (BauGB)

209   Zur Erschließung oder Neugestaltung bestimmter Gebiete können bebaute und unbebaute Grundstücke durch **Umlegung** für eine bauliche oder sonstige Nutzung zweckmäßig neu gestaltet werden (§ 45 BauGB). Die Umlegung wird von der Gemeinde (Umlegungsstelle) angeordnet und durchgeführt (§ 46 BauGB); die Aufgaben sind aber übertragbar (§ 46 Abs. 2 und 4 BauGB)[114].

Theoretisch kann durch den Umlegungsplan eine Grundschuld aufgehoben oder geändert werden (§ 61 Abs. 1 Satz 1 BauGB); etwaige Vermögensnachteile sind in Geld auszugleichen (§ 61 Abs. 2 BauGB). Normalerweise wird aber eine **bestehende Grundschuld** durch das Umlegungsverfahren nicht nachhaltig berührt. Mit Abschluss der Umlegung treten hinsichtlich der Grundpfandrechte die im Verfahren zugeteilten Grundstücke an die Stelle der alten (§ 63 Abs. 1 BauGB). Sind sie gleichwertig, verschlechtert sich der Sicherungswert der Grundschuld nicht. Erhält der Grundstückseigentümer eine Geldabfindung oder einen Geldausgleich, so müssen sich Grundpfandgläubiger, wenn ihre Rechte durch die Umlegung beeinträchtigt werden, daran schadlos halten (§ 63 Abs. 2 BauGB)[115].

210   Während des Umlegungsverfahrens dürfen Verfügungen über davon betroffene Grundstücke und **Verfügungen** über Rechte an solchen Grundstücken **nur mit schriftlicher Genehmigung der Umlegungsstelle** (Gemeinde) getroffen werden (§ 51 Abs. 1 Satz 1 Nr. 1 BauGB). Falls das vom Umlegungsverfahren betroffene Grundstück in einem förmlich festgelegten *Sanierungsgebiet* liegt und eine Genehmigungspflicht nach § 144 BauGB besteht (RN 213), bedarf es nur jener Genehmigung (§ 51 Abs. 1 Satz 2 BauGB).

Die Einleitung des Umlegungsverfahrens wird dem Grundbuchamt mitgeteilt. Dieses trägt bei allen dadurch betroffenen Grundstücken in Abteilung II des Grundbuchs einen **Umlegungsvermerk** ein (§ 54 Abs. 1 BauGB).

Der Vermerk im Grundbuch ist aber nicht konstitutiv. Die Umlegung mit ihren Folgen (insbesondere Genehmigungsbedürftigkeit) beginnt vielmehr mit der

---

112 Wird aus der Grundschuld die Zwangsversteigerung betrieben, so fällt die nachrangige Auflassungsvormerkung nicht in das geringste Gebot (§ 44 Abs. 1 ZVG). Sie erlischt deshalb mit dem Zuschlag (§§ 52 Abs. 1, 91 Abs. 1 ZVG).

113 *Schöner/Stöber*, RN 1523; *Skidzun*, Rpfleger 2002, 9, 11; *weitergehend* (Nichtberücksichtigung selbst ohne Antrag bei Wirksamkeitsvermerk zugunsten des [best]betreibenden Gläubigers:) *Stöber/Gojowczyk*, § 48 RN 11; *Lehmann*, NJW 1993, 1558, 1559 m. w. N.

114 *Schöner/Stöber*, RN 3860.

115 Im Einzelnen s. *Jezewski*, RN 16.1.

Bekanntmachung des Umlegungsbeschlusses – nicht erst mit Benachrichtigung des Grundbuchamts oder Eintragung des Umlegungsvermerks im Grundbuch[116]; sie dauert bis zur Bekanntmachung des Umlegungsplans (§ 51 Abs. 1 Satz 1, § 71 BauGB).

Während des Umlegungsverfahrens ist u. a. die **Begründung von Grundpfandrechten** an den Grundstücken im Umlegungsgebiet genehmigungsbedürftig[117] (RN 210). Ohne Vorlage des Genehmigungsbescheids oder eines Negativzeugnisses darf das Grundbuchamt eine neue Grundschuld nicht eintragen (§ 54 Abs. 2 Satz 2, § 22 Abs. 6 Satz 1 BauGB).   *211*

Die Verfügungssperre bezieht sich auch auf Rechte an Grundstücken. Deshalb darf auch die **Abtretung oder die Löschung einer Grundschuld**[118], die auf einem im Umlegungsgebiet gelegenen Grundstück lastet, nur noch mit Genehmigung der Umlegungsstelle eingetragen werden.

Selbstverständlich gilt das auch für die Abtretung einer *Brief*grundschuld außerhalb des Grundbuchs; auch sie bedarf der Genehmigung der Umlegungsstelle.

Eine Eintragung zulasten der *neuen* Grundstücke ist vor Abschluss des Umlegungsverfahrens und vor Berichtigung des Grundbuchs nicht möglich.

Da die Verfügungssperre über Grundstücke in der Umlegung nicht dem Schutz *bestimmter* Personen dient, wird der **gute Glaube** an das Nichtbestehen der Verfügungsbeschränkung **nicht geschützt** (vgl. § 892 Abs. 1 Satz 2 und § 135 Abs. 1 Satz 1 BGB)[119].   *212*

Das kann – vor allem, wenn die Gemeinde die Eintragung nicht unverzüglich veranlasst – dazu führen, dass Belastungen eingetragen werden, die materiellrechtlich schwebend unwirksam sind. Entsprechendes gilt für die Abtretung einer Grundschuld auf einem Grundstück in der Umlegung.

6.7 Grundstück in der Sanierung (BauGB)

Zur Behebung städtebaulicher Missstände kann ein **Sanierungsverfahren** durchgeführt werden (§ 136 BauGB). In dem durch Sanierungssatzung förmlich festgelegten Gebiet bedürfen u. a. die Verfügung über Grundstücke und der dazu verpflichtende schuldrechtliche Vertrag der schriftlichen Genehmigung der Gemeinde, es sei denn, dass diese Genehmigungspflicht in der Sanierungssatzung ausgeschlossen ist (vgl. § 143 Abs. 2 Satz 4 BauGB).   *213*

Besteht Genehmigungspflicht, wird die Sanierungssatzung dem Grundbuchamt mitgeteilt; dieses trägt bei allen betroffenen Grundstücken in Abteilung II des Grundbuchs einen **Sanierungsvermerk** ein (§ 143 Abs. 2 BauGB).

---

116 *Schöner/Stöber*, RN 3861.
117 *Demharter*, § 19 RN 127; *Grüneberg/Herrler*, Überbl. RN 20 vor § 873; *Schöner/Stöber*, RN 3863; *Jezewski*, Ziff 16.1 jeweils m. w. N.
118 *Demharter*, § 19 RN 127; *Schöner/Stöber*, RN 3863.
119 *Clemente*, RN 1126; *Schöner/Stöber*, RN 3862.

214 Die **Bestellung einer neuen Grundschuld** auf einem Grundstück im Sanierungsgebiet bedarf der schriftlichen Genehmigung der Gemeinde. Dies gilt nicht für eine Grundschuld im Zusammenhang mit einer Baumaßnahme[120] nach § 148 Abs. 2 BauGB (§ 144 Abs. 2 Nr. 2 BauGB).

Ohne Vorlage der Genehmigung oder eines Negativzeugnisses darf das Grundbuchamt eine genehmigungsbedürftige Grundschuld nicht eintragen (§ 145 Abs. 6, § 22 Abs. 6 Satz 1 BauGB).

Auch der zur Bestellung der Grundschuld verpflichtende **schuldrechtliche Vertrag** ist genehmigungsbedürftig. Dessen Genehmigung beinhaltet zugleich die Genehmigung zum Vollzug, also zur Bestellung der Grundschuld (§ 144 Abs. 2 Nr. 3 BauGB). Eine umgekehrte Bestimmung, wonach die Genehmigung der Grundschuldbestellung auch das schuldrechtliche Verpflichtungsgeschäft erfasst, fehlt. Um Zweifel auszuräumen, sollte die Genehmigung auch für die Verpflichtung zur Sicherstellung (RN 566) und den Sicherungsvertrag (RN 562 bis 564) eingeholt werden.

Da § 144 Abs. 2 Nr. 2 BauGB nur die Bestellung (nicht die Abtretung) einer Grundschuld erfasst, ist die **Abtretung einer** (genehmigten) **Grundschuld** nicht genehmigungsbedürftig, wohl aber der Abschluss eines neuen Sicherungsvertrags bezüglich der Grundschuld[121]. Faktisch wird also auch im Zusammenhang mit der Abtretung einer Grundschuld eine Genehmigung häufig erforderlich sein.

Genehmigungsbedürftig ist schließlich auch eine **Verpfändung des Übereignungsanspruchs** (RN 138), wenn das betreffende Grundstück in einem Sanierungsgebiet liegt.[122]

215 Die Genehmigungsbedürftigkeit beginnt mit der Bekanntmachung der Sanierungssatzung (§ 143 Abs. 1 Satz 4 BauGB), nicht erst mit der Mitteilung an das Grundbuchamt oder mit der Eintragung des Sanierungsvermerks. **Der gute Glaube** an das Nichtbestehen der Verfügungsbeschränkung wird aus denselben Gründen wie bei Grundstücken in der Umlegung (RN 212) **nicht geschützt**[123].

6.8 Erbbaurecht, Wohnungseigentum, Reichsheimstätte

216 Regelmäßig kann der Erbbauberechtigte das **Erbbaurecht** nur mit Zustimmung des Grundstückseigentümers belasten; im Einzelnen s. RN 21. Ist dies vereinbart, bedarf auch die Eintragung einer Grundschuld für den Erbbauberechtigten selbst („Eigentümer"grundschuld) der Zustimmung des Grundstückseigentümers.

---

120 Z. B. Instandsetzung, Neubebauung, Verlagerung/Änderung von Betrieben.

121 *Schöner/Stöber*, RN 3886.

122 BGH v. 26. 2. 2015 – V ZB 86/13 – (RN 9 ff.), WM 2015, 1771 = WuB 2015, 623 (*Gladenbeck*).

123 *Clemente*, RN 1130, 1126; *Schöner/Stöber*, RN 3862; vgl. auch *Wormuth/Trenkel*, ZfIR 2009, 400, 401, die (praxisfern) empfehlen, sich mit einem sog. Negativzeugnis zu schützen.

Die Abtretung einer auf dem Erbbaurecht lastenden Grundschuld durch den Erbbauberechtigten ist an sich genehmigungsfrei. Besteht jedoch eine Löschungsvormerkung für den Grundstückseigentümer, so ist deshalb die Zustimmung des Eigentümers erforderlich (RN 22).

Die Bestellung einer Grundschuld auf einem **Wohnungseigentum** ist regelmä-   *217*
ßig genehmigungsfrei (RN 31). Der Gläubiger sollte darauf achten, dass die Veräußerung des Wohnungseigentums in einer etwaigen Zwangsversteigerung möglichst von keiner Genehmigung abhängt (RN 32).

Die früheren **Reichsheimstätten** sind ab 1. Oktober 1993 normale Grundstücke   *218*
geworden. Das Reichsheimstättengesetz ist zu diesem Zeitpunkt außer Kraft gesetzt worden. Die Reichsheimstättenvermerke werden (nach und nach) von Amts wegen **gelöscht**[124]. Für ab 1. Oktober 1993 auf (früheren) Reichsheimstätten eingetragene Grundschulden gelten keine Besonderheiten mehr.

Für die **vor dem 1. Oktober 1993** auf einer Reichsheimstätte **eingetragenen**   *219*
Grundpfandrechte gilt aber § 17 Abs. 2 Satz 2 RHeimstG weiter[125]. Das heißt, dass das Grundpfandrecht mit der Tilgung der gesicherten Forderung regelmäßig erlischt, und zwar auch eine Grundschuld. Das gilt selbst für Tilgungsleistungen, die erst nach dem 1. 10. 1993 erbracht werden.

Eine vor dem 1. 10. 1993 auf einer Reichsheimstätte eingetragene Grundschuld kann deshalb regelmäßig nicht revalutiert werden. Sie geht weder kraft Gesetzes auf den Grundstückseigentümer über, noch kann sie vom Grundschuldgläubiger an den Grundstückseigentümer abgetreten werden. Sie kann also auch nicht Gegenstand eines Rückgewähranspruchs sein.

Abweichende Vereinbarungen (z. B. Bestellung einer Grundschuld zur Sicherung eines Kontokorrentkredits oder zur Sicherung aller künftigen Verbindlichkeiten des Grundstückseigentümers) waren möglich, bedurften aber neben der Zustimmung des Ausgebers einer besonderen Zulassung durch die zuständige Stelle (§ 17 Abs. 2 Satz 1 RHeimstG)[126]. In diesem Fall erlischt die Grundschuld erst mit vollständiger Erledigung des Sicherungszwecks, also ggf. erst mit Tilgung aller gesicherten Forderungen[127]. Soweit solche Vereinbarungen bestanden, sind sie durch Aufhebung des Reichsheimstättengesetzes nicht berührt worden.

Wegen der mit der Belastung einer Reichsheimstätte verbundenen Besonderheiten wird im Einzelnen auf Ziff. 3.8 (Seite 57 ff.) der 5. Auflage (1991) verwiesen.

Ist bei Löschung des Reichsheimstättenvermerks noch eine **Hypothek oder Grundschuld** aus der Zeit vor dem 1. 10. 1993 eingetragen, so wird bei dieser (in

---

124 Im Einzelnen s. *Hornung*, Rpfleger 1994, 277.
125 Art. 6 § 1 Abs. 1 Satz 2 Gesetz zur Aufhebung des Reichsheimstättengesetzes (BGBl. 1993, 912).
126 *Wormit/Ehrenforth*, § 17 Anm. 4 ff.
127 *Wormit/Ehrenforth*, § 17 Anm. 7.

der Veränderungsspalte der Abteilung III) **vermerkt**, dass für sie weiterhin § 17 Abs. 2 Satz 2 RHeimstG gilt[128].

Der Vermerk ändert die bestehende Rechtslage nicht. Soweit bspw. für eine Grundschuld wirksam vereinbart worden war, dass sie der Sicherung aller künftigen Verbindlichkeiten des Eigentümers dienen soll mit der Folge, dass sie vor vollständiger Erledigung des Sicherungszwecks nicht erlischt, bleibt es trotz Eintragung des Vermerks dabei[129].

Streitig ist, ob auch bei einer Grundschuld, für die insoweit abweichende Vereinbarungen getroffen sind, der Vermerk einzutragen ist oder nicht[130]. Der Verzicht auf die Eintragung würde voraussetzen, dass das Grundbuchamt bei Löschung des Heimstättenvermerks, die von Amts wegen erfolgt, die materielle Rechtslage zu prüfen hätte. Das ist grundsätzlich nicht Aufgabe des Grundbuchamts (RN 59, 60). Deshalb ist der Ansicht zu folgen, dass der Vermerk in jedem Fall einzutragen ist. Er bringt nur zum Ausdruck, dass das belastete Grundstück zur Zeit seiner Belastung Heimstätte war. Das entspricht dem, was dem Grundbuch bis zur Löschung des Heimstättenvermerks entnommen werden konnte. Bis dahin hat es auch keine nähere Auskunft zu der Frage gegeben, ob und ggf. wann eine eingetragene Grundschuld erlischt.

---

128 Art. 6 § 2 Abs. 3 Satz 1 Gesetz zur Aufhebung des Reichsheimstättengesetzes (BGBl. 1993, 912).

129 OLG Hamm v. 22. 6. 1995 – 15 W 166/95 –, Rpfleger 1995, 501 mit *insoweit* zust. Anm. *Knees*;; zur Möglichkeit der Löschung des Vermerks DNotI-Report 2005, 140, 141 a. E.

130 Dafür: OLG Hamm v. 22. 6. 1995 – 15 W 166/95 –, Rpfleger 1995, 501; dagegen: *Knees*, Rpfleger 1995, 502.

7   Insolvenz des Sicherungsgebers

7.1   Verlust der Verfügungsbefugnis durch Insolvenz oder Verfügungsverbot

Mit der **Eröffnung des Insolvenzverfahrens** geht die Befugnis des Schuldners, über die Insolvenzmasse zu verfügen, auf den Verwalter über (§ 80 Abs. 1 InsO). Zu der Masse zählen alle Vermögensgegenstände, die dem Schuldner zur Zeit der Eröffnung des Verfahrens gehören oder die er während dessen Dauer erwirbt (§ 35 InsO).   *220*

Die Verfügungsmacht des Schuldners endet in dem **Zeitpunkt** (d. h. zu der Stunde), in dem der Eröffnungsbeschluss ergeht; dieser Zeitpunkt ist im Beschluss anzugeben (§ 27 Abs. 2 Nr. 3 InsO). Fehlt diese Angabe, so wird die Eröffnung um 12.00 Uhr des entsprechenden Tages wirksam (§ 27 Abs. 3 InsO).

Ist bei einer Verfügung am Tag der Eröffnung der genaue Zeitpunkt zweifelhaft, so wird vermutet, dass sie *nach* der Eröffnung erfolgte (§ 81 Abs. 3 InsO), also (meist) unwirksam ist.

Die Eröffnung des Insolvenzverfahrens wird sofort öffentlich bekannt gemacht (§ 30 InsO). Sie ist **im Grundbuch** einzutragen (§ 32 Abs. 1 InsO), und zwar bei Grundstücken des Insolvenzschuldners in Abt. II, bei Grundpfandrechten, die zur Masse gehören, in der Veränderungsspalte der Abt. III.

Bei einer Nachlassinsolvenz ist der Insolvenzvermerk auch dann einzutragen, wenn noch der Erblasser als Rechtsinhaber eingetragen ist; die Voreintragung der Erben ist nicht erforderlich[1].

Verfügungen und andere Rechtshandlungen, die der Schuldner *nach* Eröffnung des Verfahrens bezüglich eines zur Masse gehörenden Gegenstandes vornimmt, sind **unwirksam**; aufgrund einer solchen Rechtshandlung kann nach der Eröffnung des Verfahrens – außer im Rahmen des gutgläubigen Erwerbs (RN 229) – ein Recht nicht mehr erworben werden (§ 81 Abs. 1 Satz 1 und 2, § 91 Abs. 1 InsO). Nur noch der Insolvenzverwalter kann eine Grundschuld zulasten eines Massegrundstücks bestellen oder eine zur Masse gehörende Grundschuld abtreten oder eine Sicherungsvereinbarung darüber treffen oder ändern.

Eine vom späteren Gemeinschuldner früher bestellte Grundschuld kann dagegen vom Gläubiger auch nach Eröffnung des Insolvenzverfahrens wirksam jedenfalls dann abgetreten werden, wenn die Belastung der Masse dadurch nicht vergrößert wird[2]. Das gilt insbesondere für die Abtretung einer zunächst treuhänderisch für einen Dritten gehaltene Grundschuld[3] (RN 994).

Eine vom Schuldner *vor* der Eröffnung des Verfahrens bestellte, aber *bei* Eröffnung im Grundbuch noch nicht eingetragene (und deshalb noch nicht entstan-

---

1   OLG Düsseldorf v. 18. 3. 1998 – 3 Wx 14/98 –, NJW-RR 1998, 1267 noch zu § 113 KO.
2   (Zu dem § 81 Abs. 1 InsO entsprechenden § 15 KO:) BGH v. 20. 12. 2001 – IX ZR 419/98 – (Ziff. II, 1 b), NJW 2002, 1578 WM 2002, 337 und 776.
3   BGH v. 21. 2. 2008 – IX ZR 255/06 –, WM 2008, 602 = BKR 2008, 258 (*Freckmann*) = WuB VI A § 91 InsO 1.08 (*Servatius*) = EWiR 2008, 475 (*Krüger/Achsnick*).

dene) Grundschuld kann der Gläubiger nur noch ausnahmsweise (RN 227 bis 229) erwerben.

Eine **Zwangshypothek** (oder ein anderes durch *Zwangsvollstreckung* erlangtes Sicherungsmittel), das ein Insolvenzgläubiger nach dem Antrag auf Eröffnung des Insolvenzverfahrens oder im letzten Monat (bei Verbraucherinsolvenz in den letzten drei Monaten) davor erlangt, wird unwirksam, wenn und sobald das Verfahren eröffnet wird (§ 88 bzw. §§ 88, 312 Abs. 1 Satz 3 InsO). Anders als bislang von der herrschenden Meinung vertreten, entsteht damit keine Eigentümergrundschuld (RN 254).

221   Zwischen dem Antrag auf Eröffnung des Insolvenzverfahrens (§ 13 Abs. 1 InsO) und dem Erlass des Eröffnungsbeschlusses ist der Schuldner an sich noch verfügungsbefugt. Das Vollstreckungsgericht kann aber (und wird häufig) **Sicherungsmaßnahmen** treffen (§ 21 Abs. 1 InsO), die dem Schuldner die Verfügungsbefugnis entziehen oder jedenfalls seine Verfügungsbefugnis einschränken.

Davon abgesehen sind Rechtsgeschäfte mit dem Schuldner, die vorgenommen werden, nachdem der Antrag auf Eröffnung des Insolvenzverfahrens gestellt worden ist, in starkem Maß von der Insolvenzanfechtung bedroht (RN 230 bis 233), insbesondere, wenn der andere Teil den Antrag kennt.

222   Erlässt das Gericht ein **allgemeines Verfügungsverbot** gegen den Schuldner (§ 21 Abs. 2 Nr. 2, erste Alternative InsO) *und*[4] bestellt es einen *vorläufigen* Verwalter, so geht die Verfügungsbefugnis des Schuldners bereits mit diesem Beschluss (nicht erst mit der späteren Eröffnung des Insolvenzverfahrens) auf den vorläufigen Verwalter über (§ 22 Abs. 1 Satz 1 InsO). Dieser wird deshalb **starker vorläufiger Verwalter** genannt. Verfügungen des Schuldners sind absolut und gegenüber jedermann unwirksam[5]. Ab sofort treten die Wirkungen ein, die sonst erst die Eröffnung des Verfahrens hat (RN 220). Verbindlichkeiten, die ein solcher sogenannter starker vorläufiger Verwalter eingeht, sind nach Eröffnung Masseverbindlichkeiten (§ 55 Abs. 2 Satz 1 InsO).

Der Beschluss ist öffentlich bekannt zu machen (§ 23 Abs. 1 Satz 1 InsO). Die Verfügungsbeschränkung (= Verlust der Verfügungsbefugnis des Schuldners) wird im Grundbuch eingetragen (§ 23 Abs. 3, § 32 Abs. 1 InsO).

223   Weniger weit geht es, wenn das Gericht mit der Bestellung eines vorläufigen Verwalters die Anordnung verbindet, dass (alle) Verfügungen des Schuldners **nur mit Zustimmung des Verwalters** wirksam sind (§ 21 Abs. 2 Nr. 2, zweite Alternative InsO). Das ist zwar eine andere Art der Verfügungsbeschränkung als bei Anordnung eines allgemeinen Verfügungsverbots (RN 222). Dennoch sind Verfügungen des Schuldners (bspw. die Bestellung oder Abtretung einer Grund-

---

4   Bei Erlass eines allgemeinen Verfügungsverbots ist die Bestellung eines vorläufigen Verwalters geboten, weil es sonst keinen Verfügungsberechtigten für das Vermögen des Schuldners gibt: *FK-InsO/Schmerbach*, § 21 RN 31; *flexibler:* („sollte bestellt werden"): *HK-InsO/Rüntz/Laroche*, § 21 RN 15.

5   *FK-InsO/Schmerbach*, § 21 RN 69 und § 24 RN 5; *HK-InsO/Kirchhof*, § 24 RN 2; *MK-InsO/Haarmeyer/Schildt*, § 21 RN 55.

schuld) ohne Zustimmung des Verwalters (absolut) unwirksam (§ 24 Abs. 1, § 81 Abs. 1 Satz 1 InsO)[6]. Der Gläubiger kann dadurch – außer im Rahmen des gutgläubigen Erwerbs (RN 229) – kein Recht erwerben.

Entsprechendes gilt, wenn das Insolvenzgericht nur die Wirksamkeit einzelner (nicht aller) Verfügungen des Schuldners an die Zustimmung des vorläufigen Verwalters bindet, bspw. Verfügungen über Grundstücke und Rechte an Grundstücken. Auch in diesem Fall ist eine Verfügung ohne die erforderliche Zustimmung absolut (mit Wirkung gegen jedermann) unwirksam[6] (§ 21 Abs. 2 Nr. 2, zweite Alternative, § 24 Abs. 1, § 81 Abs. 1 Satz 1 InsO).

Demgegenüber fällt die (lediglich schuldrechtliche) Verpflichtung zur Stellung einer Grundschuld als Kreditsicherheit nicht unter den allgemeinen Zustimmungsvorbehalt. Es liegt insoweit keine Verfügung im Sinne der §§ 81, 82 InsO vor.[7] Auch einer wirksamen Veranlassung der Grundschuldvalutierung stehen die im Eröffnungsverfahren angeordneten Verfügungsbeschänkungen nicht entgegen.[8] Denn der mit der Valutierung einhergehende Verlust der Einrede der Nichtvalutierung fällt in den Schutzbereich von § 91 Abs. 1 InsO, der mangels dahingehender Verweisung in § 24 InsO nur im eröffneten Verfahren gilt. Allerdings wäre eine nach Anordnung eines allgemeinen Verfügungsverbotes vom Schuldner vorgenommene **Erweiterung des Sicherungszwecks** (RN 593 ff.) einer Grundschuld unwirksam.[9] Insoweit geht es um die Verfügung über den Rückgewähranspruch[10], welcher der Insolvenzmasse entgegen einer angeordneten Verfügungsbeschränkung nicht entzogen werden darf (zum insolvenzfesten Erwerb des Rückgewähranspruchs s. RN 859).

Der Beschluss über die Anordnung des Zustimmungsvorbehalts ist öffentlich bekannt zu machen (§ 23 Abs. 1 Satz 1 InsO) und die Verfügungsbeschränkung (= Bindung des Schuldners an die Zustimmung des Verwalters) im Grundbuch einzutragen (§ 23 Abs. 3, § 32 Abs. 1 InsO)[11].

Bestellt das Gericht einen vorläufigen Verwalter, **ohne ein allgemeines Verfügungsverbot** zu erlassen (RN 222) oder ohne (alle oder einzelne) Verfügungen des Schuldners an dessen Zustimmung zu binden (RN 223), so verliert der Schuldner seine Verfügungsbefugnis dadurch nicht. Der **schwache vorläufige** *224*

---

6 OLG Frankfurt v. 14. 3. 2005 – 20 W 312/04 – (RN 23), OLGR Frankfurt 2006, 364; OLG Naumburg v. 12. 2. 2004 – 11 Wx 16/03 – (Ziff. II, 1 b, cc), WM 2005, 173 = WuB I F 3 Grundpfandrechte 1.05 (Ganter). *FK-InsO/Schmerbach*, § 21 RN 75 und § 24 RN 5; *HK-InsO/Rüntz/Laroche*, § 24 RN 2 und § 21 RN 16; *MK-InsO/Haarmeyer/Schildt*, § 21 RN 65.

7 BGH v. 19. 4. 2018 – IX ZR 230/15 – (RN 53), WM 2018, 1054 = WuB 2018, 432 (*Gladenbeck*).

8 BGH v. 19. 4. 2018 – IX ZR 230/15 – (RN 40), WM 2018, 1054 = WuB 2018, 432 (*Gladenbeck*).

9 BGH v. 30. 4. 2020 – IX ZR 162/16 – (RN 66), WM 2020, 1169; BGH v. 19. 4. 2018 – IX ZR 230/15 – (RN 66), WM 2018, 1054 = WuB 2018, 432 (*Gladenbeck*).

10 BGH v. 19. 4. 2018 – IX ZR 230/15 – (RN 67), WM 2018, 1054 = WuB 2018, 432 (*Gladenbeck*).

11 Wegen der Eintragung im Grundbuch s. *Bachmann*, Rpfleger 2001, 105, 109 (Abschnitt C I, 2).

Verwalter ist zu Verfügungen oder Verpflichtungsgeschäften nur insoweit berechtigt, wie das Insolvenzgericht dies festlegt[12].

Soweit die Verfügungsbefugnis des Schuldners dadurch eingeschränkt wird, sind von diesem dennoch getroffene (verbotswidrige) Verfügungen nicht schlechthin (absolut), sondern nur im Verhältnis zu den (späteren) Insolvenzgläubigern (relativ) unwirksam[13].

225 Auch ohne Bestellung eines vorläufigen Verwalters kann das Insolvenzgericht zur **Sicherung der Masse** jeweils Maßnahmen ergreifen (§ 21 Abs. 1 InsO). Solche Beschränkungen führen aber allenfalls zu einem Verfügungsverbot nach §§ 136, 135 BGB[14] mit der Wirkung, dass eine widersprechende Verfügung nur relativ unwirksam ist (RN 224).

226 Durch die Eröffnung des Insolvenzverfahrens verliert der Schuldner die Verfügungsbefugnis (RN 220). Von ihm bewilligte Eintragungen können normalerweise nicht mehr vollzogen werden (RN 102). Deshalb führt die Eröffnung des Verfahrens regelmäßig zu einer **Grundbuchsperre.**

Die gleiche Wirkung hat der Erlass eines allgemeinen Verfügungsverbots mit Bestellung eines vorläufigen Verwalters; denn auch dadurch verliert der Schuldner die Verfügungsbefugnis (RN 222).

Werden Verfügungen des Schuldners an die Zustimmung des vorläufigen Verwalters gebunden, so sind Verfügungen ohne die erforderliche Zustimmung ebenfalls absolut unwirksam (RN 223) und dürfen – wenn dem Grundbuchamt bekannt – nicht eingetragen werden.

Lediglich wenn der Schuldner *vor* der Eröffnung des Verfahrens eine Eintragung **insolvenzfest** bewilligt hat (RN 228), muss das Grundbuchamt die Eintragung auch *nach* Eröffnung des Verfahrens noch vollziehen (RN 158). Ob es – in Kenntnis der Eröffnung des Insolvenzverfahrens – eine Eintragung dann vornehmen darf, wenn diese zu einem gutgläubigen Erwerb führt (RN 229), ist umstritten (RN 103, 104).

Andere Sicherungsmaßnahmen (RN 224, 225) führen zu keiner absolut (gegenüber jedermann wirkenden) Verfügungsbeschränkung und bewirken deshalb keine Grundbuchsperre. Sobald solche relativen Verfügungsbeschränkungen im Grundbuch eingetragen sind und damit gutgläubiger Erwerb nicht mehr möglich ist, kann und muss das Grundbuchamt vom Schuldner bewilligte Verfügungen, etwa die Bestellung oder Abtretung einer Grundschuld, eintragen.

---

12 *FK-InsO/Schmerbach*, § 22 RN 21, 118; *HK-InsO/Rüntz/Laroche*, § 22 RN 52; *MK-InsO/Haarmeyer/Schildt*, § 22 RN 128 und 131 ff.
13 *FK-InsO/Schmerbach*, § 21 RN 88; *HK-InsO/Kirchhof*, § 21 RN 14 und § 24 RN 4.
14 *FK-InsO/Schmerbach*, § 21 RN 88.

Das Recht, das der Gläubiger erwirbt, ist aber den durch die Beschränkung geschützten Personen gegenüber unwirksam (§§ 136, 135 BGB)[15]. Eine solche Grundschuld ist daher – trotz Eintragung – **als Kreditsicherheit nicht brauchbar.**

Ist für den Erwerb des Rechts die Eintragung im Grundbuch erforderlich (insbesondere Bestellung einer neuen Grundschuld, Abtretung einer bereits bestehenden *Buch*grundschuld), so wird die Verfügung des Schuldners erst mit der Eintragung wirksam. Ist diese im Zeitpunkt der Eröffnung des Insolvenzverfahrens[16] noch nicht erfolgt, so kann der Gläubiger das Recht aufgrund einer Bewilligung des Schuldners **regelmäßig nicht mehr erwerben.** Dies gilt selbst dann, wenn der Schuldner seine Erklärung noch vor der Eröffnung abgegeben hat. Ungeachtet der für den Sicherungsnehmer bedeutsamen Anfechtungsgefahr (RN 230 bis 233) gibt es allerdings zwei **Ausnahmen**, in denen der Gläubiger das Recht (zunächst) erwirbt: 227

Hat der Gläubiger[17] den **Antrag auf Eintragung** der Grundschuld beim Grundbuchamt noch **vor Eröffnung des Insolvenzverfahrens**[12] gestellt (RN 95) und ist die Einigung zwischen Eigentümer und Gläubiger bindend geworden (RN 149 bis 153), so muss das Grundbuchamt die Grundschuld trotz (späterer) Eröffnung noch eintragen und der Gläubiger erwirbt das Recht (RN 158), selbst wenn das Grundbuchamt im Zeitpunkt der Eintragung die Eröffnung des Insolvenzverfahrens (bzw. das Verfügungsverbot) kennt (§ 91 Abs. 2 InsO, § 878 BGB)[18]. Handelt es sich um eine *Brief*grundschuld, so muss zusätzlich die Briefübergabe ersetzt sein (RN 161, 162), und zwar *bevor* der Schuldner die Verfügungsbefugnis verliert. 228

---

15 OLG Stuttgart v. 22.11.1984 – 8 W 240/84 –, WM 1985, 1371 (für ein allgemeines Veräußerungsverbot im Konkurseröffnungsverfahren, § 106 KO); OLG Koblenz v. 17.11.1988 – 5 U 720/88 –, ZIP 1989, 1593 (für ein allgemeines Veräußerungsverbot im Konkurseröffnungsverfahren); *Demharter*, § 22 RN 52; *Grüneberg/Ellenberger*, §§ 135, 136 RN 6.

16 Der Eröffnung des Insolvenzverfahrens steht der Erlass eines allgemeinen Verfügungsverbots mit Bestellung eines vorläufigen Insolvenzverwalters (RN 222) oder die Bindung des Schuldners an die Zustimmung des Verwalters (RN 223) gleich.

17 Es ist umstritten, ob die Anwendung des § 878 BGB voraussetzt, dass der Eintragungsantrag vom *Gläubiger* gestellt worden ist (oder ob auch ein vom Eigentümer bzw. Schuldner gestellter Antrag genügt). Wenn der Gläubiger den Antrag (mit)stellt, was dringend zu empfehlen ist, ist dieses Risiko ausgeräumt. *Antrag des Gläubigers* halten für *erforderlich: Demharter*, § 13 RN 9, 54; *Kesseler* ZfIR 2006, 117, 123 f.; halten für *nicht erforderlich: MünchKomm/Lettmaier*, § 878 RN 17; *Grüneberg/Herrler*, § 878 RN 14; *Staudinger/Gursky* (2018), § 878 RN 51; *offen gelassen:* BGH v. 31.5.1988 – IX ZR 103/87 – (Ziff. 2c, aa), DNotZ 1989, 160 = NJW-RR 1988, 1274 = Rpfleger 1988, 543 = WM 1988, 1388 = ZIP 1988, 1612 = EWiR § 27 ZVG 1/88, 1039 (*Gerhardt*).

18 BGH v. 26.4.2012 – IX ZR 136/11 – (RN 10), WM 2012, 1129 = WuB VI A § 133 InsO 3.13 (*Weber*); vgl. BGH v. 10.2.2005 – IX ZR 100/03 – (dort Erwerb einer Vormerkung verneint wegen Eintragungsantrag erst *nach* Eröffnungszeitpunkt), WM 2005, 749 = WuB VI A § 106 InsO 1.06 (*Lüke/Stengel*) = ZfIR 2005, 424 (*Grziwotz*).

Entsprechendes gilt für die *Abtretung* einer *Buch*grundschuld durch den (späteren) Insolvenzschuldner, die vor Eröffnung des Insolvenzverfahrens[12] nicht mehr eingetragen worden ist.

229 Der Gläubiger kann das Recht trotz Eröffnung des Insolvenzverfahrens[12]**gutgläubig erwerben**, wenn er im Zeitpunkt des Eingangs seines Antrags beim Grundbuchamt (oder falls die Einigung später erfolgen sollte: bei der Einigung) von der Eröffnung des Insolvenzverfahrens nichts gewusst hat (§ 24 Abs. 1, § 81 Abs. 1 Satz 2 bzw. § 91 Abs. 2 InsO, § 892 Abs. 2 BGB). Für eine *Brief*grundschuld gilt dies nur, wenn die Briefübergabe wirksam ersetzt worden war, bevor der Gläubiger die Eröffnung des Verfahrens erfahren hat (RN 161, 162). Ein gutgläubiger Erwerb ist auch möglich, wenn die Erklärungen bzw. der Eintragungsantrag nach Eröffnung des Insolvenzverfahrens[12] abgegeben bzw. gestellt worden sind.

Der Erwerb hängt allerdings davon ab, dass das Grundbuchamt die Eintragung tatsächlich vornimmt. Damit ist – anders als bei Ausnahme RN 228 – nur zu rechnen, wenn es bei der Eintragung von der Eröffnung des Insolvenzverfahrens[12] (noch) nichts weiß. Denn nach einer in der Rechtsprechung verbreiteten Ansicht muss das Grundbuchamt die Eintragung ablehnen, wenn es in diesem Zeitpunkt den Wegfall der Verfügungsbefugnis kennt (RN 103, 104).

7.2 Insolvenzanfechtung

230 Der Erwerb einer Grundschuld (durch Neubestellung oder Abtretung) noch kurz *vor* oder *nach* der Eröffnung des Insolvenzverfahrens ist unter bestimmten Voraussetzungen anfechtbar (vgl. §§ 129 ff. InsO[19]). Entsprechendes gilt, wenn in der kritischen Zeit eine nicht gesicherte Forderung (etwa durch Ankauf seitens des Grundschuldgläubigers) in den Schutzbereich einer dem Gläubiger bereits zustehenden Grundschuld gebracht wird[20] oder wenn die Schutzwirkung durch nachträgliche Erweiterung der Sicherungsabrede auf weitere Verbindlichkeiten erstreckt wird[21].

Bis zu zehn Jahre zurückliegende Handlungen sind anfechtbar, wenn sie in Benachteiligungsabsicht vorgenommen worden sind (§ 133 InsO) oder wenn es sich um die Sicherung oder Befriedigung von Gesellschafterdarlehen handelt (§ 135 InsO). Unentgeltliche Leistungen können bis vier Jahre zurück angefochten werden (§ 134 InsO).

231 **Bargeschäfte** – das sind Geschäfte, bei denen für die Leistung des Schuldners *vereinbarungsgemäß* eine gleichwertige Gegenleistung *unmittelbar* in sein Ver-

---

19 Instruktiver Überblick zum Anfechtungsrecht bei *Staufenbiel,* InsbürO 2006, 402 ff. (Teil 1) und InsbürO 2007, 1 ff. (Teil 2).

20 BGH v. 25. 6. 1975 – VIII ZR 71/74 – (Ziff. II, 2 c), WM 1975, 947 (für Anfechtung nach § 30 Nr. 2 KO); das dürfte auch *Clemente,* RN 1036, mit „Valutierung der Grundschuld" meinen.

21 LG Potsdam v. 3. 6. 1997 – 33 O 88/97 –, ZIP 1997, 1383.

mögen gelangt[22] – sind regelmäßig der **Anfechtung entzogen**, selbst wenn die Leistung des Schuldners nach Zahlungseinstellung (aber vor Eröffnung des Insolvenzverfahrens oder dem sonstigen Verlust der Verfügungsbefugnis) erbracht worden ist[23] (§ 142 InsO). Sie sind lediglich bei vorsätzlicher Benachteiligung der anderen Gläubiger (RN 232.4) anfechtbar.

Allerdings wird vermutet, dass der Gläubiger den Benachteiligungsvorsatz des Schuldners kennt, sobald er weiß, dass die Zahlungsunfähigkeit des Schuldners droht (also noch nicht eingetreten sein muss) und die Maßnahme die (anderen) Gläubiger benachteiligt (§ 133 Abs. 1 Satz 2 InsO). In einem solchen Fall ist die Maßnahme nach RN 232.4 anfechtbar, sofern nicht der Gläubiger den Gegenbeweis führen kann.

Auch die **Bestellung einer Grundschuld** als Sicherheit für die Gewährung eines neuen Darlehens kann ein **Bargeschäft** sein[24]. Eine unmittelbare und unverzügliche Gegenleistung liegt auch dann noch vor, wenn zwischen der Gewährung des Darlehens und der Eintragung der Grundschuld einige Zeit vergeht[25], und selbst dann, wenn der Antrag auf Eintragung der Grundschuld wegen eines Hindernisses zunächst zurückgewiesen wird, falls nur der Sicherungsgeber das seinerseits Erforderliche jeweils unverzüglich vornimmt[26].

Liegt zwischen der Darlehensgewährung und dem Antrag auf Eintragung der Grundschuld ein Zeitraum von sechs Monaten, scheidet ein Bargeschäft aus[27].

Gleichwertigkeit zwischen Sicherheit und (neuem) Darlehen fehlt (und damit liegt kein Bargeschäft vor), wenn die neu bestellte Grundschuld zusätzlich zum neuen Darlehen bereits bestehende Verbindlichkeiten sichern soll[28]. Deshalb sollte in entsprechenden Fällen sicherheitshalber auf die weite Sicherungsabrede verzichtet werden. Zumindest sollte eine gestufte Sicherungsabrede getroffen werden, wonach die neue Sicherheit erstrangig das neue Darlehen und nur zweitrangig die bestehenden Verbindlichkeiten absichert.

Gleichwertigkeit ist auch dann nicht gegeben, wenn zusätzlich zu einer werthaltigen Grundschuld in Höhe des Darlehens Forderungen in einem solchen Um-

---

22 BGH v. 7. 3. 2002 – IX ZR 223/01 – (Ziff. III, 3 [insbes. zu Gutschriften auf dem Girokonto]), BGHZ 150, 122 = WM 2002, 951 = EWiR § 131 InsO 3/02, 685 (*Ringstmeier/Rigol*); im Einzelnen *FK-InsO/Dauernheim/Blank*, § 142 RN 2 ff.; *HK-InsO/Thole*, § 142 RN 3 ff.

23 BGH v. 26. 1. 1977 – VIII ZR 122/75 – (Ziff. II, 1 a), WM 1977, 254; BGH v. 27. 9. 1984 – IX ZR 3/84 –, WM 1984, 1430 (beide für die Rechtslage nach der KO).

24 BGH v. 26. 1. 1977 – VIII ZR 122/75 – (Ziff. II, 1 b), WM 1977, 254; *Ganter*, WM 1998, 2081, 2083 (beide für die Rechtslage nach der KO); *HK-InsO/Thole*, § 142 RN 3.

25 *HK-InsO/Thole*, § 142 RN 7.

26 BGH v. 26. 1. 1977 – VIII ZR 122/75 – (Ziff. II, 2), WM 1977, 254 (für die Rechtslage nach der KO); nicht mehr unmittelbar bei mehr als 6 Monaten zwischen Darlehensgewährung und Erbringung der Sicherheit: OLG Brandenburg v. 21. 3. 2002 – 8 U 71/01 – (Ziff. II, 1 b), ZIP 2002, 1902; *FK-InsO/DauernheimIBlank*, § 142 RN 12.

27 BGH v. 8. 5. 2008 – IX ZR 116/07 – (Ziff. 2), MittBayNot 2009, 61 (*Kesseler*).

28 BGH v. 12. 11. 1992 – IX ZR 236/91 – (Ziff. III, 3 a, bb), WM 1993, 270 = EWiR § 31 KO 1/93, 161 (*Onusseit*); *FK-InsO/Dauernheim/Blank*, § 142 RN 9; *HK-InsO/Thole*, § 142 RN 6; *Ganter*, WM 1998, 2081, 2083.

fang zediert werden, dass der zusammengerechnete Wert der Sicherheiten das gewährte Darlehen erheblich übersteigt[29]; im konkreten Fall kam hinzu, dass die Darlehensmittel dem Schuldner nicht zur freien Verfügung zur Verfügung standen.

Andererseits ist die Absicherung eines **Sanierungskredits** als Sonderfall eines Bargeschäfts nicht anfechtbar. Voraussetzung dafür ist ein schlüssiges Sanierungskonzept, das ernsthafte und begründete Aussicht auf Erfolg bietet und in den Anfängen bereits umgesetzt ist; das gilt selbst dann, wenn die Sanierungsbemühungen letztlich scheitern[30]. Ein solches Sanierungskonzept ist im Übrigen geeignet, eine Vorsatzanfechtung (RN 232.4) auszuschließen[31].

Nicht anfechtbar ist auch die **Tilgung einer Grundschuld**, wenn die Grundschuld selbst der Insolvenzanfechtung nicht unterlegen hätte. Im Einzelnen wird auf RN 837 verwiesen.

232 Die Anfechtung setzt in jedem Fall voraus, dass die **anderen Gläubiger** durch die Rechtshandlung des Schuldners **objektiv benachteiligt** sind und ihre Befriedigungsmöglichkeit dadurch beeinträchtigt wird[32] (§ 129 Abs. 1 InsO). Zu den anderen Gläubigern zählen auch Gesellschafter der Gemeinschuldnerin mit Ansprüchen auf Rückgewähr von Gesellschafterdarlehen nach § 39 Abs. 1 Nr. 5 InsO[33].

Die Bestellung (oder Abtretung) einer Grundschuld an einem vorrangig über den Verkehrswert hinaus belasteten Grundstück (Schornsteinhypothek) führt normalerweise nicht zu einer objektiven Benachteiligung und ist deshalb nicht anfechtbar[34], es sei denn, dass aus ihr tatsächlich ein Lästigkeitswert realisiert werden kann[35]. Zur insolvenzrechtlichen Zulässigkeit einer Lästigkeitsprämie s. RN 1097.1. Der bei einer freihändigen Veräußerung des Grundstücks zu erzielende Erlös ist für die Beurteilung der Gläubigerbenachteiligung nur dann ausschlaggebend, wenn der Insolvenzverwalter zu einer freihändigen Veräußerung rechtlich in der Lage ist. Ist er dies nicht, weil der für den Eintritt der Gläubigerbenachteiligung maßgebliche Zeitpunkt *vor* der Verfahrenseröffnung liegt oder einer freihändigen Verwertung die von einem Grundpfandrechtsgläubiger be-

---

29 OLG Brandenburg v. 21. 3. 2002 – 8 U 71/01 – (Ziff. II, 1 c), ZIP 2002, 1902.

30 OLG Brandenburg v. 21. 3. 2002 – 8 U 71/01 – (Ziff. II, 2), ZIP 2002, 1902, m. w. N.; s. auch BGH v. 12. 11. 1992 – IX ZR 236/91 – (Ziff. III, 3 c, bb), WM 1993, 270 = EWiR § 31 KO 1/93, 161 (*Onusseit*).

31 BGH v 16. 10. 2008 – IX ZR 183/06 – (Ziff. II 4 a. E.), WM 2009, 117 = EWIR 2009, 305 (*Frind*).

32 Ständige Rechtsprechung, z. B. BGH v. 7. 6. 1988 – IX ZR 144/87 – (Ziff. II, 1), BGHZ 104, 355 = WM 1988, 1244 =EWiR § 3 AnfG 2/88, 847 (*Brehm*) m. w. N.; *FK-InsO/Dauernheim*, § 129 RN 45; *HK-InsO/Thole*, § 129 RN 44 ff.; *Ganter*, WM 1998, 2081, 2083.

33 OLG München v. 23. 11. 2001 – 23 U 2639/01 –, WM 2002, 617 = § 135 InsO 1/02, 529 (*O'Sullivan*).

34 *HK-InsO/Thole*, § 129 RN 75.

35 OLG Hamburg v. 9. 5. 2001 – 8 U 8/01 – (Ziff. 1), WM 2001, 2124 = EWiR § 32 KO 2/01, 925 (*Holzer*), noch zu § 32 KO.

triebene Zwangsvollstreckung entgegensteht, ist der in einer Zwangsversteigerung zu erwartende Erlös maßgeblich.[36]

Zur dinglichen Mietpfändung bei Insolvenzeröffnung s. RN 1265.

Bei einer Anfechtung nach § 132 Abs. 1 InsO (RN 232.3) muss eine unmittelbare Benachteiligung (RN 232.7) gegeben sein[37]. In den übrigen hier angesprochenen Fällen (RN 232.1, 232.2, 232.4 bzw. 232.5) genügt eine mittelbare Benachteiligung (RN 232.6)[38].

Eine **kongruente Sicherung** des Gläubigers ist nur unter relativ engen Voraussetzungen anfechtbar. Um eine kongruente Deckung handelt es sich, wenn der Gläubiger einen *fälligen* Anspruch auf Gewährung dieser *konkreten* identifizierbaren Sicherheit hatte[39]. Sie liegt bspw. vor, wenn zugunsten des Gläubigers diejenige Grundschuld bestellt wird, von der die Auszahlung des durch sie zu sichernden Darlehens abhängig gemacht worden war[40]. Dass der Gläubiger einen Anspruch auf eine *andere* Sicherheit oder *allgemein* auf Sicherstellung hatte, genügt nicht[41]. Entsprechendes gilt in anderen Fällen der Sicherung, bspw. wenn eine Forderung neu in den Schutzbereich einer bereits bestehenden (nicht voll valutierten) Grundschuld fällt.

232.1

Eine kongruente Deckung[42] ist anfechtbar, wenn sie gewährt (RN 233) wurde

entweder (§ 130 Abs. 1 Nr. 1 InsO)

- in den letzten drei Monaten *vor* dem Antrag auf Eröffnung des Insolvenzverfahrens,
- der Schuldner bei Gewährung bereits zahlungsunfähig (§ 17 Abs. 2 InsO) war und
- der Gläubiger damals schon die Zahlungsunfähigkeit kannte;

---

36 BGH v. 9. 6. 2016 – IX ZR 153/15 – (RN 19), WM 2016, 1455 = WuB 2016, 638 (*Ganter*).
37 *FK-InsO/Dauernheim*, § 132 RN 6; *HK-InsO/Thole*, § 132 RN 5 und § 129 RN 58.
38 *HK-InsO/Thole*, § 129 RN 57; *Huber*, ZIP 1998, 897 (Ziff. III, 1.2 [zu § 3 AnfG 1999]); zu § 130 InsO s. *FK-InsO/Dauernheim*, § 130 RN 4.
39 BGH v. 7. 3. 2002 – IX ZR 223/01 – (Ziff. III, 1 [zur Kongruenz von Gutschriften auf dem Girokonto: Ziff. III, 2]), BGHZ 150, 122 = WM 2002, 951 = EWiR § 131 InsO 3/02, 685 (*Ringstmeier/Rigol*); BGH v. 4. 12. 1997 – IX ZR 47/97 – (Ziff. III, 2 a), WM 1998, 248 = EWiR § 31 KO 1/98, 225 (*Gerhardt*); vgl. auch (für nach § 10 GesO anfechtbare Sicherungsübereignung) BGH v. 2. 12. 1999 – IX ZR 412/98 – (Ziff. II, 2), WM 2000, 157 = ZIP 2000, 82.
40 Vgl. BGH v. 19. 3. 1998 – IX ZR 22/97 – (Abschn. B, II, 4), BGHZ 138, 291 = WM 1998, 968, zu § 10 Abs. 1 Nr. 1 GesO ("gegen gleichzeitige Stellung einer Sicherheit [...]... Kredit eingeräumt").
41 Z. B. BGH v. 3. 12. 1998 – IX ZR 313/97 – (Ziff. II, 3 b, aa), WM 1999, 12 = EWiR § 10 GesO 2/99, 169 (*Haas*) m. w. N.; *Ganter*, WM 1998, 2081, 2083 f.
42 Zu Einzelfragen der Anfechtung einer kongruenten Deckung s. *Breutigam/Tanz*, WM 1998, 717 ff.

oder (§ 130 Abs. 1 Nr. 2 InsO)

– *nach* dem Antrag auf Eröffnung des Verfahrens

– und wenn der Gläubiger bei Gewährung die Zahlungsunfähigkeit *oder* den Eröffnungsantrag kannte.

232.2 Unter leichteren Voraussetzungen anfechtbar ist eine **nicht kongruente Sicherung** des Gläubigers. Um eine nicht kongruente Deckung handelt es sich, wenn bspw. eine Grundschuld bestellt wird, ohne, dass der Gläubiger gerade diese Grundschuld[43] oder ohne, dass er sie schon zu diesem Zeitpunkt hätte verlangen können; bspw. wenn – ohne, dass darauf ein Anspruch besteht – für das Stehenlassen eines bereits ausgereichten, derzeit nicht realisierbaren Kredits eine Sicherung neu gewährt wird[44].

Eine nicht kongruente Deckung ist anfechtbar, wenn die Sicherung gewährt (RN 233) wurde

entweder (§ 131 Abs. 1 Nr. 1 InsO)

– im letzten Monat *vor* dem Antrag auf Eröffnung des Insolvenzverfahrens oder danach;

oder (§ 131 Abs. 1 Nr. 2 InsO)

– im zweiten oder dritten Monat vor dem Eröffnungsantrag

– und der Schuldner bei Gewährung zahlungsunfähig (§ 17 Abs. 2 InsO) war;

oder (§ 131 Abs. 1 Nr. 3 InsO)

– im zweiten oder dritten Monat vor dem Eröffnungsantrag

– und dem Gläubiger bei Gewährung bekannt war, dass die (anderen) Insolvenzgläubiger dadurch benachteiligt werden.

232.3 Anfechtbar kann nach § 132 Abs. 1 InsO auch ein **sonstiges Rechtsgeschäft** des Schuldners, etwa die schuldrechtliche Sicherungsabrede sein; das Kriterium „kongruent" oder „nicht kongruent" kann dabei nicht greifen, weil der Vertrag den Sicherungsanspruch erst schafft[45]. Voraussetzung der Anfechtung ist die *unmittelbare* Benachteiligung (RN 232.7) der anderen Gläubiger. Im Übrigen entsprechen aber die Voraussetzungen denen des § 130 InsO (kongruente Deckung); auf RN 232.1 wird deshalb verwiesen.

232.4 Anfechtbar ist eine Rechtshandlung des Schuldners in den letzten zehn Jahren vor dem Eröffnungsantrag oder danach, durch die dieser seine **sonstigen Gläubiger vorsätzlich benachteiligt** hat, wenn der andere Teil diesen Vorsatz kannte (§ 133 Abs. 1 InsO).

Für diesen Vorsatz reicht aus, dass der Schuldner die Benachteiligung seiner Gläubiger als einen (ggf. neben anderen) Erfolg seiner Handlung im Zeitpunkt

---

43   Vgl. BGH v. 2.12.1999 – IX ZR 412/98 – (Ziff. II, 2), WM 2000, 157 = ZIP 2000, 82 (für eine nach § 10 GesO anfechtbare Sicherungsübereignung).

44   BGH v. 2.12.1999 – IX ZR 412/98 – (Ziff. III, 3 b), WM 2000, 157 = ZIP 2000, 82.

45   BGH v. 4.12.1997 – IX ZR 47/97 – (Ziff. III, 3 c), WM 1998, 248 = EWiR § 31 KO 1/98, 225 (*Gerhardt*).

der Vornahme gewollt[46] oder wenigstens erkannt und billigend in Kauf genommen[47] hat. Die bloße Hoffnung des Schuldners, seine Gläubiger zu befriedigen, schließt diesen Vorsatz nicht aus[48]. Wer allerdings ernsthaft und – aus seiner Sicht – mit tauglichen Mitteln eine Sanierung anstrebt, will eine Gläubigerbenachteiligung gerade vermeiden, handelt also nicht vorsätzlich[49]. Entsprechendes gilt bei einem Unternehmensgründer, der unter hohem Einsatz von Eigenmitteln davon ausgeht, er habe gute Chancen, sein Unternehmen am Markt zu etablieren[50].

Kennt der andere Teil die *drohende* (also noch nicht unbedingt eingetretene) Zahlungsunfähigkeit des Schuldners und die Benachteiligung der Gläubiger, so wird grundsätzlich vermutet, dass er auch den Benachteiligungsvorsatz kennt (§ 133 Abs. 1 Satz 2 InsO)[51].

Wegen vorsätzlicher Benachteiligung der Gläubiger (§ 133 InsO) ist anfechtbar

– eine Rechtshandlung des Schuldners in den letzten **zehn Jahren** vor dem Eröffnungsantrag oder danach,
– vorgenommen mit dem Vorsatz, seine Gläubiger zu benachteiligen,
– wenn der andere Teil zur Zeit der Handlung diesen Vorsatz kannte.

Die Anfechtungsfrist für die Vorsatzanfechtung wurde mit der Reform des Anfechtungsrechts im Jahr 2017 auf **vier Jahre** verkürzt, wenn die Rechtshandlung dem anderen Teil eine Sicherung oder Befriedigung gewährt oder ermöglicht (§ 133 Abs. 2 InsO). Bei diesen Deckungsgeschäften wird zudem die Vermutungsregel des § 133 Abs. 1 Satz 2 InsO auf die Fälle beschränkt, in denen der Anfechtungsgegner Kenntnis von der tatsächlich eingetretenen Zahlungsunfähigkeit des Schuldners hatte; bloße Kenntnis der drohenden Zahlungsunfähigkeit genügt insoweit nicht (§ 133 Abs. 3 Satz 1 InsO). Darüber hinaus wird

---

46 BGH v. 4. 12. 1997 – IX ZR 47/97 – (Ziff. III, 3 c, bb), WM 1998, 248 = EWiR § 31 KO 1/98, 225 (*Gerhardt*).

47 BGH v. 17. 7. 2003 – IX ZR 272/02 – (Ziff. II, 1 c), ZIP 2003, 1799 = EWiR § 133 InsO 1/04, 25 (*Gerhardt*); BGH v. 4. 12. 1997 – IX ZR 47/97 – (Ziff. III, 4) m. w. N., WM 1998, 248 = EWiR § 31 KO 1/98, 225 (*Gerhardt*); BGH v. 26. 6. 1997 – IX ZR 203/96 – (Ziff. II vor 1), ZIP 1997, 1509 = EWiR § 30 KO 3/97, 897 (*Huber*); BGH v. 12. 11. 1992 – IX ZR 236/91 – (Ziff. III, 3 c, bb), WM 1993, 270 = EWiR § 31 KO 1/93, 161 (*Onusseit*); *FK-InsO/Dauernheim*, § 133 RN 33; *HK-InsO/Thole*, § 133 RN 16.

48 BGH v. 26. 6. 1997 – IX ZR 203/96 – (Ziff. II, 2), ZIP 1997, 1509 = EWiR § 30 KO 3/97, 897 (*Huber*), zu dem gleichgelagerten Problem der Begünstigungsabsicht nach § 30 Nr. 2 KO.

49 BGH v 16. 10. 2008 – IX ZR 183/06 – (Ziff. II 4 a. E.), WM 2009, 117 = EWiR 2009, 305 (*Frind*); BGH v. 4. 12. 1997 – IX ZR 47/97 – (Ziff. III, 3 d, bb), WM 1998, 248 = EWiR § 31 KO 1/98, 225 (*Gerhardt*); BGH v. 12. 11. 1992 – IX ZR 236/91 – (Ziff. III, 3 c, bb), WM 1993, 270 = EWiR § 31 KO 1/93, 161 (*Onusseit*).

50 BGH v. 5. 3. 2009 – IX ZR 85/07 – (Ziff. II, 2 b, cc), BGHZ 180, 98 = WM 2009, 905 = NJW 2009, 1601.

51 BGH v. 17. 7. 2003 – IX ZR 272/02 – (Ziff. II, 2), ZIP 2003, 1799 = EWiR § 133 InsO 1/04, 25 (*Gerhardt*); mit ähnlichem Ergebnis schon die Rechtsprechung zur KO: BGH v. 26. 6. 1997 – IX ZR 203/96 – (Ziff. II vor 1), ZIP 1997, 1509 = EWiR § 30 KO 3/97, 897 (*Huber*) zu dem gleich gelagerten Problem bezüglich der Begünstigungsabsicht bei § 30 Nr. 2 KO; *Huber*, WM 1998, 897 (Ziff. III, 1.2) zu § 3 Abs. 1 AnfG 1999.

vermutet, dass der Gläubiger zur Zeit der Handlung die Zahlungsunfähigkeit des Schuldners nicht kannte, wenn er dem Schuldner Zahlungserleichterungen gewährt hat (§ 133 Abs. 3 Satz 2 InsO). Diese Neuregelungen gelten für Insolvenzverfahren, die seit dem 5. 4. 2017 eröffnet worden sind (Art. 103j Abs. 1 EGInsO).

232.5 Anfechtbar ist schließlich eine **unentgeltliche Leistung**, die nicht früher als vier Jahre vor dem Antrag auf Eröffnung des Insolvenzverfahrens erbracht worden ist (§ 134 Abs. 1 InsO).

Die nachträgliche Sicherstellung einer *fremden* Schuld ist eine unentgeltliche Leistung, wenn der Gläubiger dafür nichts aufzuwenden hat[52]. Demgegenüber sieht der BGH die nachträgliche Sicherung eines *eigenen* Kredits durch den Schuldner selbst als entgeltliche Leistung an[53]. In der Literatur wird dagegen teilweise geltend gemacht, dass auch die vom Schuldner nachträglich bestellte Sicherheit dann unentgeltlich gewährt sei, wenn der Gläubiger dafür nichts aufzuwenden habe[54]. Allein die Stundung der Rückforderung eines gewährten Kredits stellt nach neuerer Rechtsprechung keine die Unentgeltlichkeit ausschließende Aufwendung dar, und zwar unabhängig davon, inwieweit die Kreditrückführung durchsetzbar wäre[55]. Dagegen ist die Bestellung einer Sicherheit, für die dem Sicherungsgeber die Gewährung eines Kredits versprochen wird, eine entgeltliche Leistung[56], und zwar selbst dann, wenn die Kreditgewährung an einen Dritten erfolgen soll[57]. Auf ein eigenes wirtschaftliches Interesse des Sicherungsgebers kommt es dabei nicht an[58].

232.6 Für eine Anfechtung nach RN 232.1, 232.2, 232.4 bzw. 232.5 reicht jede auch nur **mittelbare Benachteiligung** der anderen Gläubiger als Folge der anfechtbaren Handlung aus (RN 232). Dafür genügt es, wenn die Handlung (erst) zusammen mit einem anderen Umstand die Benachteiligung auslöst[59], etwa wenn aus der

---

52 BGH v. 1. 6. 2006 – IX ZR 159/04 – (Ziff. II, 2), WM 2006, 1396 = EWiR 2006, 663 (*Stiller*) = NZI 2006, 524 (*Henkel*) = WuB VI A § 134 InsO 2.06 (*Würdinger*); BGH v. 15. 12. 1982 – VIII 264/81 – (Ziff. II, 2 a), NJW 1983, 1679 = WM 1983, 62 (zu § 3 Abs. 1 Nr. 3 AnfG [1879]); OLG Köln v. 1. 6. 2004 – 2 U 19/04 –, WM 2005, 477 = WuB VI A § 134 InsO 3.05 (*Bartels*); *Ganter*, WM 1998, 2081, 2084; *Ganter*, WM 2006, 1081, 1084.

53 BGH v. 6. 12. 2012 – IX ZR 105/12 – (RN 3), WM 2013, 136; BGH v. 22. 7. 2004 – IX ZR 183/03 – (Ziff. III, 1), WM 2004, 1837 = WuB VI A § 134 InsO 1.05 (*Pape*) = EWiR 2005, 29 (*Holzer*); BGH v. 12. 7. 1990 – IX ZR 245/89 – (Ziff. I, 3), BGHZ 112, 136 = WM 1990, 1558 (zu § 32 KO); BGH v. 11. 12. 1997 – IX ZR 278/96 – (Ziff. III), WM 1998, 304 (zu § 10 Abs. 1 GesO); ähnlich *MK-InsO/Kayser*, 134 RN 29.

54 *Ganter*, WM 1998, 2081, 2084; weitere Zitate bei BGH v. 12. 7. 1990 – IX ZR 245/89 – (Ziff. I, 2), BGHZ 112, 136 = WM 1990, 1558 (zu § 32 KO).

55 BGH v. 7. 5. 2009 – IX ZR 71/08 – (Ziff. II, 2 b), WM 2009, 1099 = ZIP 2009, 1122 = ZInsO 2009, 1056 = NJW 2009, 2065 = NZI 2009, 435 = MDR 2009, 1006 = WuB VI A – 1.09 (*Carnano*); EWiR 2009, 487 (*Henkel*).

56 BGH v. 25. 6. 1992 – IX ZR 4/91 – (Ziff. II, 4), WM 1992, 1502 (zu § 3 Abs. 1 Nr. 3 AnfG [1879]); *Ganter*, WM 1998, 2081, 2084.

57 Vgl. BGH v. 19. 3. 1998 – IX ZR 22/97 – (Abschn. B, VI, 3 b), BGHZ 138, 291 = WM 1998, 968; BGH v. 25. 6. 1992 – IX ZR 4/91 – (Ziff. II, 4), WM 1992, 1502; *Ganter*, WM 1998, 2081, 2084.

58 BGH v. 1. 6. 2006 – IX ZR 159/04 – (Ziff. II, 3), WM 2006, 1396 = EWiR 2006, 663 (*Stiller*) = NZI 2006, 524 (*Henkel*) = WuB VI A § 134 InsO 2.06 (*Würdinger*).

59 *FK-InsO/Dauernheim*, § 129 RN 76; *HK-InsO/Thole*, § 129 RN 44.

Insolvenzmasse deshalb weniger zur Verfügung steht, weil – ohne Anfechtung der Sicherheit – an den gesicherten Gläubiger der höhere Wert der Sicherheit statt der geringeren Quote auf die (ungesicherte) Forderung abfließt[60] oder wenn (zunächst Erfolg versprechende) Sanierungsbemühungen scheitern[61].

Bei RN 232.3 ist dagegen eine **unmittelbare Benachteiligung** erforderlich (RN 232). Sie liegt nur vor, wenn bereits die Vornahme des Rechtsgeschäfts zu einer Benachteiligung der Gläubiger führt, bspw. wenn die Leistung des Schuldners höherwertig als die in sein Vermögen gelangte Gegenleistung ist[62]. Das ist allerdings aus der Sicht zur Zeit der Handlung und nicht im Nachhinein zu beurteilen. Zum Beispiel ist ein ernsthafter Sanierungsversuch mit einem schlüssigen Konzept, der nicht offensichtlich undurchführbar ist, objektiv selbst dann keine Benachteiligung, wenn er scheitert[63]. | *232.7*

Eine unmittelbar für den Gläubiger neu bestellte Grundschuld ist nur dann anfechtbar, wenn der Anfechtungstatbestand bereits in dem **Zeitpunkt** voll erfüllt war, in dem alle *Voraussetzungen* für die Eintragung vorlagen (und nicht erst – wie bisher nach ständiger Rechtsprechung[64] – im Zeitpunkt der Eintragung). Entsprechendes gilt, wenn eine bereits eingetragene (Buch-)Grundschuld abgetreten wird. Die Begünstigung greift aber jeweils nur, wenn die Willenserklärung für den Schuldner bindend geworden (RN 149 bis 153) ist und der *andere* Teil den Eintragungsantrag gestellt hat (§ 140 Abs. 2 InsO)[65]. Andernfalls bleiben die Verhältnisse zur Zeit der (späteren) Eintragung für die Anfechtbarkeit maßgeblich. | *233*

Bei einer neu bestellten Grundschuld können die Voraussetzungen dafür, dass der frühere Sachstand der Prüfung zugrunde zu legen ist, nur dann erfüllt sein, wenn sie unmittelbar für den künftigen Gläubiger bestellt wird.

Bestellt der spätere Insolvenzschuldner nämlich eine (Eigentümer-)Grundschuld und tritt sie (vor ihrer Eintragung) an einen Dritten ab, so ist § 140 Abs. 2 InsO deshalb nicht anwendbar, weil es an einem Antrag des „anderen Teils" fehlt. Denn der künftige Gläubiger (der „andere Teil") kann den Antrag auf Eintragung der Eigentümergrundschuld (rechtswirksam) nicht stellen, weil er insoweit nicht antragsberechtigt ist (RN 83).

Selbst wenn gleichzeitig „beantragt" wird, die Abtretung der (noch einzutragenden) Eigentümergrundschuld an den künftigen Gläubiger einzutragen, sind die

---

60 BGH v. 4.12.1997 – IX ZR 47/97 – (Ziff. III, 3 a), WM 1998, 248 = EWiR § 31 KO 1/98, 225 (*Gerhardt*).
61 BGH v. 4.12.1997 – IX ZR 47/97 – (Ziff. III, 3 d, bb), WM 1998, 248 = EWiR § 31 KO 1/98, 225 (*Gerhardt*).
62 BGH v. 4.12.1997 – IX ZR 47/97 – (Ziff. III, 3 c, aa), WM 1998, 248 = EWiR § 31 KO 1/98, 225 (*Gerhardt*); *FK-InsO/Dauernheim,* § 129 RN 73.
63 BGH v 16.10.2008 – IX ZR 183/06 – (Ziff. II 4 a. E.), WM 2009, 117 = EWiR 2009, 305 (*Frind*); BGH v. 4.12.1997 – IX ZR 47/97 – (Ziff. III, 3 d, aa), WM 1998, 248 = EWiR § 31 KO 1/98, 225 (*Gerhardt*).
64 Z.B. GH v. 3.12.1998 – IX ZR 313/97 – (Ziff. II, 2), WM 1999, 12 = EWiR § 10 GesO 2/99, 169 (*Haas*) m. w. N.
65 BGH v. 8.5.2008 – IX ZR 116/07 – (Ziff. 1), MittBayNot 2009, 61 (*Kesseler*).

Voraussetzungen nicht erfüllbar, solange die Grundschuld nicht eingetragen ist. Denn der Eigentümer ist (bis zur Eintragung) an die Bestellung der Eigentümergrundschuld nicht gebunden[66] und die Eintragung der Abtretung kann (rechtswirksam) überhaupt erst beantragt werden, wenn das abzutretende Recht entstanden (die Grundschuld also eingetragen) ist (RN 463).

Wer sich darauf berufen will, dass ein früherer Zeitpunkt als der endgültige Erwerb der Grundschuld bei der Prüfung der Anfechtbarkeit zugrunde zu legen ist, muss die Voraussetzungen dafür darlegen und ggf. beweisen. Soweit es darauf ankommt, dass der Erwerber die Eintragung beantragt hat, reicht der vom Notar nach § 15 GBO gestellte Eintragungsantrag, wenn er von ihm ohne Zustimmung des Gläubigers wieder zurückgenommen werden könnte (§ 24 Abs. 3 Satz 1 BNotO), nicht aus; maßgebend ist, ob der Antrag aus der Sicht des Grundbuchamts (auch) für den Gläubiger gestellt ist[67]. Vgl auch RN 95.

Folgt ausnahmsweise die dingliche Einigung der Eintragung nach, ist gemäß § 140 Abs. 1 InsO auf den Zeitpunkt der Einigung abzustellen.[68]

7.3 Anfechtung außerhalb des Insolvenzverfahrens

234 Auch ohne Insolvenzverfahren können gewisse Rechtshandlungen des Schuldners nach dem **Anfechtungsgesetz** angefochten werden. Für die Praxis der Kreditsicherung kann insbesondere die Anfechtung von Rechtshandlungen des Schuldners, die seine Gläubiger vorsätzlich benachteiligen (§ 3 Abs. 1 AnfG), oder von unentgeltlichen Leistungen (§ 4 Abs. 1 AnfG) in Betracht kommen. Die Bestimmungen entsprechen nahezu wörtlich § 133 Abs. 1 bzw. 134 Abs. 1 InsO[69]; auf RN 232 (insbesondere Teil 232.4 bzw. 232.5) kann deshalb verwiesen werden.

---

66 OLG Brandenburg v. 21. 3. 2002 – 8 U 71/01 –, ZIP 2002, 1902.
67 BGH v. 26. 4. 2001 – IX ZR 53/00 – (Ziff. III, 2 b), NJW 2001, 2477 = WM 2001.
68 OLG Düsseldorf v. 23. 4. 2015 – 12 U 39/14 – (RN 21), ZInsO 2015, 1164 = ZIP 2015 1650 = NZI 2015, 616.
69 Lediglich für die Berechnung der zehn- bzw. vierjährigen Frist tritt der Beginn des Anfechtungsprozesses an die Stelle des Eröffnungsantrags; im Einzelnen dazu *Huber*, ZIP 1998, 897 (Ziff. IV, 1.2).

8 Eigentümergrundschuld

8.1 Unterschied zur Fremdgrundschuld

Das Eigentum am belasteten Grundstück und die darauf lastende Grundschuld können derselben Person zustehen. In diesem Fall spricht man von einer Eigentümergrundschuld. Sie ist kein Recht besonderer Art[1] und wird auch im Grundbuch nicht besonders gekennzeichnet. Ihr Gläubiger kann nur, solange er zugleich Eigentümer des belasteten Grundstücks ist, einzelne Rechte nicht geltend machen (RN 236). *235*

Eine Eigentümergrundschuld kann jederzeit Fremdgrundschuld werden und umgekehrt. Zur Fremdgrundschuld wird die Eigentümergrundschuld dadurch, dass die Grundschuld durch den Grundstückseigentümer abgetreten oder dass das Grundstück ohne die Grundschuld veräußert wird. Bei einem Eigentumswechsel geht nämlich die Eigentümergrundschuld nur dann mit über, wenn sie ausdrücklich übertragen wird.

Eine Fremdgrundschuld (oder Fremdhypothek) wird dadurch Eigentümergrundschuld (oder Eigentümerhypothek, s. dazu RN 260), dass sie kraft Gesetzes auf den Eigentümer übergeht (RN 251, 263 bis 265) oder an ihn abgetreten (RN 425, 439, 440) wird.

Eine (Gesamt-)Grundschuld kann teils Eigentümer-, teils Fremdgrundschuld sein, bspw. eine mehreren Miteigentümern eines Grundstücks zustehende Grundschuld am gemeinsamen Grundstück (RN 385).

Der Grundstückseigentümer kann aus einer ihm zustehenden Grundschuld **nicht** selbst die **Zwangsvollstreckung** in das eigene Grundstück betreiben (§ 1197 Abs. 1 BGB). *236*

Betreibt ein anderer Gläubiger die **Zwangsversteigerung**, so kann der Grundstückseigentümer aus dem Versteigerungserlös **keine Zinsen** für eine ihm selbst zustehende Grundschuld erhalten. Zinsen aus einem eigenen Recht erhält er nur in einem von einem anderen betriebenen Zwangs*verwaltungsverfahren* (§ 1197 Abs. 2 BGB).

Die **Einschränkungen** (RN 236) sind aber nur dem Eigentümer als persönliche Beschränkungen[2] auferlegt. Sie **entfallen** von selbst, sobald Eigentum am Grundstück und Grundschuld verschiedenen Personen zustehen, also etwa **mit der Abtretung** der Grundschuld an einen Dritten. *237*

Deshalb kann eine Eigentümergrundschuld mit Zinsen ab Eintragung oder einem früheren Zeitpunkt bestellt (RN 242) und mit diesen Zinsen auch abgetreten werden (RN 456); auch die Unterwerfung unter die sofortige Zwangsvollstreckung ist möglich (RN 243).

---

1   BGH v. 16. 5. 1975 – V ZR 24/74 – (Ziff. 2), BGHZ 64, 316 = WM 1975, 756.
2   BGH v. 18. 12. 1987 – V ZR 163/86 – (Ziff. II, 3), BGHZ 103, 30 = NJW 1988, 1026 (für § 1197 Abs. 1 BGB); OLG Düsseldorf v. 14. 8. 1989 – 3 Wx 279/89 –, WM 1989, 1814; zur Zinsbeschränkung und deren Reichweite s. auch *Achenbach*, ZfIR, 2023, 10 ff.

238 Die **Einschränkungen** (RN 236) wirken auch **nicht gegenüber dem Pfandgläubiger** an einer Eigentümergrundschuld. Dieser kann aus der Grundschuld die Zwangsversteigerung in das Grundstück betreiben[3]. Entsprechend müssen ihm in der (von ihm oder einem Dritten betriebenen) Zwangsversteigerung (ab dem Wirksamwerden der Pfändung) Zinsen aus der gepfändeten Eigentümergrundschuld wie einem Fremdgläubiger zugeteilt werden[4].

239 Auch **Zubehör haftet** für eine Eigentümergrundschuld in gleicher Weise wie für eine Fremdgrundschuld (§ 1120 BGB). Ein Erwerber der Grundschuld kann die Haftung geltend machen (RN 1229, 1261).

8.2   Eigentümergrundschuld kraft Bestellung

240 Der Eigentümer kann sein eigenes Grundstück mit einer Grundschuld für sich selbst belasten (§ 1196 BGB). Da der Eigentümer einziger Beteiligter an diesem Vorgang ist, kommt eine vertragliche Einigung (RN 146) nicht in Betracht. Die **Grundschuld entsteht** (und wird vom Grundstückseigentümer erworben) **mit ihrer Eintragung** aufgrund des Antrags (RN 82 ff.) und der Bewilligung (RN 101, 102) des Grundstückseigentümers. Entsprechendes gilt für die Belastung eines Erbbaurechts zugunsten des Erbbauberechtigten.

Im Übrigen gilt für die Bestellung einer Eigentümergrundschuld im Wesentlichen dasselbe wie bei einer Fremdgrundschuld. Die Eintragungsbewilligung muss also öffentlich beglaubigt (RN 111) oder beurkundet (RN 112), der Eigentümer als solcher voreingetragen (RN 120) und im Zeitpunkt der Eintragung verfügungsbefugt (RN 55) sein.

241 Ist der Eigentümer nicht (allein) verfügungsbefugt, so ist regelmäßig die **Mitwirkung Dritter** erforderlich. Das heißt, es müssen andere Personen oder Stellen in demselben Umfang und in derselben Weise mitwirken oder zustimmen wie bei der Bestellung einer Fremdgrundschuld; wegen der wichtigsten Fälle wird auf RN 173 bis 226 verwiesen.

Ausnahmsweise braucht der im gesetzlichen Güterstand (Zugewinngemeinschaft) verheiratete Eigentümer für die *Bestellung* einer Eigentümergrundschuld die Zustimmung des anderen Ehegatten nicht, selbst wenn das Grundstück sein gesamtes Vermögen darstellt und dessen Wert durch die Grundschuld ausgeschöpft wird; in diesem Fall ist aber für die *Abtretung* der Grundschuld die Zustimmung des Ehegatten erforderlich (RN 176).

242 Die Eigentümergrundschuld kann **verzinslich** bestellt und eingetragen werden[5]. Als Anfang der Verzinsung kann auch ein vor der Eintragung liegender

---

3   BGH v. 18.12.1987 – V ZR 163/86 – (Ziff. II, 3), BGHZ 103, 30 = NJW 1988, 1026 (für § 1197 Abs. 1 BGB); *MünchKomm/Lieder*, § 1197 RN 6; *Grüneberg/Herrler*, § 1197 RN 3, jeweils m. w. N.

4   *MünchKomm/Lieder*, § 1197 RN 7 m. w. N.; *Staudinger/Wolfsteiner* (2019), § 1197 RN 5, 14; *anderer Meinung: Stöber*, Forderungspfändung, RN F.196.

5   BGH v. 16.5.1975 – V ZR 24/74 – (Ziff. 2), BGHZ 64, 316 = WM 1975, 756; OLG Düsseldorf v. 14.8.1989 – 3 Wx 279/89 –, WM 1989, 1814; *Räfle*, WM 1983, 814.

Zeitpunkt festgesetzt werden[6]. Der Eigentümer kann zwar Zinsen selbst nicht geltend machen (RN 236), wohl aber der Zessionar der Grundschuld, wenn und soweit ihm die Zinsen abgetreten werden, was möglich ist (RN 456).

Bei der Bestellung der Eigentümergrundschuld kann der Eigentümer sich selbst **243** und den jeweiligen Grundstückseigentümer der sofortigen **Zwangsvollstreckung** aus der Grundschuld in das belastete Grundstück **unterwerfen**[7] (RN 304), obwohl eine Vollstreckung durch ihn (solange er Grundstückseigentümer ist) nicht möglich ist (§ 1197 Abs. 1 BGB).

Der Grundstückseigentümer kann (schon) bei der Bestellung der (für ihn selbst **244** einzutragenden) Grundschuld die **persönliche Haftung** für den Grundschuldbetrag übernehmen und sich wegen der Verbindlichkeit daraus der Zwangsvollstreckung in sein gesamtes Vermögen unterwerfen (RN 291 bis 295).

Die Erklärungen sind als Angebot des Grundstückseigentümers an den künftigen Erwerber der Grundschuld zu verstehen, neben der Grundschuld eine selbstständige persönliche Verpflichtung in der Form eines abstrakten Schuldversprechens zu begründen (RN 291); das Angebot nimmt der Zessionar der Grundschuld spätestens durch Betreiben der Zwangsvollstreckung an[8].

Schließlich kann der Grundstückseigentümer bei der Bestellung einer Eigentü- **245** mergrundschuld den gesetzlichen **Löschungsanspruch** des jeweiligen Gläubigers dieser Grundschuld hinsichtlich vor- und gleichrangiger Pfandrechte (§ 1179a BGB) und hinsichtlich des neu bestellten Rechts selbst (§ 1179b BGB) durch einseitige (eintragungsbedürftige) Erklärung **ausschließen**. Damit schränkt er den Inhalt des dinglichen Rechts, zu dem kraft Gesetzes auch der Löschungsanspruch gehören würde, ein; im Einzelnen s. RN 495, 510, 515.

Eine Eigentümergrundschuld soll meist als Kreditsicherheit dienen. Dazu muss **246** sie abgetreten werden. Um dies ohne (weitere) Eintragung im Grundbuch zu ermöglichen, wird sie regelmäßig als *Brief*grundschuld bestellt. Diese kann schon vor ihrer Eintragung abgetreten werden (RN 462). Aber der Zessionar kann die Grundschuld vor ihrer Entstehung (= Eintragung, RN 240) nicht erwerben. **Vor der Eintragung** hat er noch nicht einmal eine gesicherte Anwartschaft auf den Erwerb (RN 463).

Wenn es den Beteiligten darum geht, dem Kreditinstitut möglichst schnell eine **247** gesicherte Position zu verschaffen, ist die Bestellung einer **Fremdgrundschuld**

---

6   BayObLG v. 6.6.1978 – 2 Z 26/77 –, DNotZ 1978, 550 = Rpfleger 1978, 309 = WM 1978, 1024.
7   BGH v. 16.5.1975 – V ZR 24/74 – (Ziff. 2), BGHZ 64, 316 = WM 1975, 756; KG v. 20.6.1975 – 1 W 484/75 –, DNotZ 1975, 718.
8   BGH v. 18.10.1990 – IX ZR 258/89 – (Ziff. II, 1), NJW 1991, 228 = WM 1991, 20 = EWiR § 1196 BGB 1/91, 153 (*Reimann*); BGH v. 21.1.1976 – VIII ZR 148/74 – (Ziff. I, 2 b), NJW 1976, 567 = WM 1976, 254; OLG Frankfurt v. 9.9.1980 – 20 W 408/80 –, Rpfleger 1981, 59; *Zawar*, NJW 1976, 1824 m.w.N.; *Zöller/Geimer*, § 794 RN 31 m.w.N.; *einschränkend:* BGH v. 16.5.1975 – V ZR 24/74 – (Ziff. 2), BGHZ 64, 316 = WM 1975, 756; KG v. 20.6.1975 – 1 W 484/75 –, DNotZ 1975, 718; *anderer Ansicht* (keine Unterwerfung zugunsten eines noch völlig unbestimmten Gläubigers): *MK-ZPO/Wolfsteiner*, § 794 RN 185; *Staudinger/Wolfsteiner* (2019), § 1196 RN 16.

für das Kreditinstitut **besser geeignet** als die Bestellung und Abtretung einer *erst einzutragenden* Eigentümergrundschuld. Denn bei Beachtung der Empfehlungen in RN 167 erhält das Kreditinstitut bereits bei *Eingang* der Unterlagen beim Grundbuchamt (und nicht erst nach Vollzug der Eintragung) wenigstens eine gesicherte Anwartschaft.

248 Die Sicherung eines Kredits durch Bestellung und Abtretung einer Eigentümergrundschuld ist überdies regelmäßig teurer als die Bestellung einer Grundschuld unmittelbar für das Kreditinstitut. Denn durch die normalerweise verlangte Beglaubigung der Abtretungserklärung entstehen **Notariatsgebühren**, die bei Bestellung der Grundschuld für den Gläubiger nicht anfallen.

Akzeptiert das Kreditinstitut, wie weitgehend üblich, auch eine Buchgrundschuld, können überdies die zusätzlichen Gerichtskosten für die Erteilung des Grundschuldbriefs erspart werden. Der Brief ist dann nur erforderlich, wenn die Grundschuld außerhalb des Grundbuchs abtretbar sein soll.

249 Wird die Eigentümergrundschuld nicht sofort, sondern später abgetreten und sind dann gleich- oder nachrangige andere Grundpfandrechte eingetragen, wird der Zessionar der Grundschuld regelmäßig darauf bestehen, die Gefahr aus einem etwaigen **gesetzlichen Löschungsanspruch** dieser Grundpfandrechte auszuschließen (RN 496). Das kann die Kreditsicherung durch Abtretung einer Eigentümergrundschuld erschweren.

Bevor zum Zwecke der Kreditsicherung eine Eigentümergrundschuld neu eingetragen wird, sollte deshalb stets geprüft werden, ob nicht die Bestellung einer Grundschuld für den Gläubiger vorzuziehen ist.

8.3 Eigentümergrundschuld kraft Gesetzes

250 Der Eigentümer kann eine Grundschuld an seinem Grundstück auch kraft Gesetzes erwerben. Die wichtigsten Fälle werden im Folgenden dargestellt. Auch eine solche Grundschuld kann der Grundstückseigentümer durch Abtretung an ein Kreditinstitut **zur Sicherung eines Kredites einsetzen**.

Durch die Abtretung erwirbt das Kreditinstitut das Recht so, wie es dem Grundstückseigentümer zustand, also ggf. als Grundschuld, selbst wenn es im Grundbuch noch als Hypothek bezeichnet ist.

251 Wird das durch **Hypothek** gesicherte Darlehen **getilgt**, geht im Regelfall das dingliche Recht auf den Grundstückseigentümer über (§ 1163 Abs. 1 Satz 2 BGB) und verwandelt sich sofort in eine Grundschuld (§ 1177 Abs. 1 Satz 1 BGB). Wegen der wichtigsten Ausnahmen s. RN 255 bis 262.

Die Grundschuld ist mit demselben Prozentsatz wie die hypothekarisch gesichert gewesene Forderung verzinslich; sie ist auch dann verzinslich, wenn die Grundschuld aus einer Tilgungshypothek entstanden ist[9]. Der Eigentümer selbst kann allerdings **Zinsen** nur ausnahmsweise geltend machen (RN 236).

---

9 BGH v. 5.11.1976 – V ZR 240/74 –, BGHZ 67, 291 = NJW 1977, 100 = WM 1976, 1314 m.w.N.

Erfolgt die **Tilgung in Raten**, erwirbt der Eigentümer mit jeder Teilzahlung einen entsprechenden Teil der Hypothek als Grundschuld. Die Eigentümergrundschuld geht der dem Gläubiger verbleibenden Hypothek im Rang nach (§ 1176 BGB).

Die **Höchstbetragshypothek** kann im Gegensatz zu allen anderen Hypotheken   *252*
bis zur endgültigen Feststellung der Forderung laufend neu valutiert werden. Solange dies möglich bleibt, erwirbt der Eigentümer durch Rückzahlungen stets nur eine auflösend bedingte Grundschuld, die durch erneute Valutierung (= Eintritt der auflösenden Bedingung) kraft Gesetzes auf den ursprünglichen Gläubiger zurückfällt (RN 263). Die aus einer Höchstbetragshypothek entstehende Eigentümergrundschuld ist deshalb **vor endgültiger Tilgung** aller dadurch gesicherten Forderungen zur Absicherung eines anderen Kredits **ungeeignet**. Sie kann vorher auch grundbuchtechnisch nicht abgetreten werden (RN 271).

Hatte sich der Eigentümer hinsichtlich der Hypothek der sofortigen Zwangsvoll-   *253*
streckung unterworfen, so muss auch die daraus entstehende Eigentümergrundschuld **sofort vollstreckbar** sein[10].

Die Vollstreckungsunterwerfung nach § 800 ZPO bezieht sich nämlich auf das dingliche Recht, das – anders als die gesicherte Forderung – gerade nicht erlischt, sondern auf den Eigentümer übergeht. Eine erneute Unterwerfung des Eigentümers unter die sofortige Zwangsvollstreckung bei Abtretung der Grundschuld an ein Kreditinstitut ist dann unnötig.

Eine **Zwangshypothek** geht auf den Eigentümer über, wenn entweder der Titel,   *254*
aufgrund dessen sie eingetragen worden ist, oder wenigstens dessen vorläufige Vollstreckbarkeit aufgehoben oder wenn die Vollstreckung daraus für unzulässig erklärt wird (§ 868 Abs. 1 ZPO). Das Gleiche gilt, wenn die Vollstreckung aus dem Titel einstweilen eingestellt und die erfolgten Vollstreckungsmaßnahmen aufgehoben werden oder wenn der Schuldner die Sicherheit leistet, durch die er die Vollstreckung abwenden darf (§ 868 Abs. 2 ZPO)[11]. Der Eigentümer erwirbt das Recht als Grundschuld (§ 1177 Abs. 1 Satz 1 BGB).

Eine Zwangshypothek für einen (späteren) Insolvenzgläubiger auf dem Grundstück des (späteren) Insolvenzschuldners wird mit der Eröffnung des Insolvenzverfahrens (zunächst) unwirksam, wenn sie einen Monat bzw. drei Monate, *bevor* der *Antrag* auf Eröffnung des Verfahrens gestellt worden ist, oder später eingetragen wurde (§§ 88, 312 Abs. 1 Satz 3 InsO, sog. **Rückschlagsperre**[12]).

---

10   LG Düsseldorf v. 14.9.1961 – 14 T 427/61 –, DNotZ 1962, 97 (für nach § 1198 BGB umgewandelte Hypothek); *MünchKomm/Lieder*, § 1198 RN 7; *Grüneberg/Herrler*, § 1198 RN 1; *anderer Ansicht:* OLG Hamm v. 27.5.1986 – 15 W 128/86 –, Rpfleger 1987, 297 m. Anm. *Knees; Staudinger/Wolfsteiner* (2019), § 1198 RN 15.

11   Wegen Besonderheiten bei einer Gesamtzwangshypothek s. *Deimann*, Rpfleger 2000, 193.

12   Keine Einrechnung der Zeitdauer eines Restrukturierungsverfahrens nach dem StaRUG, §§ 91, 31 Abs. 3 StaRUG.

Nach neuerer Ansicht des BGH[13] entsteht infolge der Rückschlagsperre entgegen der bis dahin h. M.[14] jedoch *keine* Eigentümergrundschuld. Vielmehr sei die Zwangshypothek absolut, d. h. gegenüber jedermann, unwirksam. Im Falle der Freigabe des Grundstücks durch den Insolvenzverwalter allerdings entstehe die Zwangshypothek ggf. in Ausnutzung der vorhandenen Buchposition neu (§ 185 Abs. 2 BGB analog). Ihr Rang richte sich nach dem Zeitpunkt der Freigabe.

Diese Auffassung der höchstrichterlichen Rechtsprechung wird für die Praxis bis auf Weiteres maßgeblich sein. Jedoch begegnen ihr **erhebliche Bedenken**[15]:

Die Einführung des § 1179a BGB ist kein überzeugendes Argument für das Nichtentstehen einer Eigentümergrundschuld. Denn weder führt der gesetzliche Löschungsanspruch zum automatischen Wegfall des betroffenen Rechts noch wäre das Entstehen einer Eigentümergrundschuld unvereinbar mit der Vormerkungswirkung des § 1179a BGB.

Besonders problematisch ist das Wiederaufleben der Zwangshypothek durch Freigabe des Grundstücks aus dem Insolvenzbeschlag mit einem Rang in Abhängigkeit vom Freigabezeitpunkt. Diese sog. Konvaleszenz steht im Widerspruch zu der von § 88 InsO gewollten *absoluten* Unwirksamkeit. Darüber hinaus kann insoweit das Grundbuch seine Gutglaubensfunktion nicht mehr zuverlässig erfüllen[16]. Vor allem aber hat der BGH dem Grundgedanken des § 879 Abs. 2 BGB nicht ausreichend Rechnung getragen: Wenn der BGH schon das Wiedervorliegen der Vollstreckungsvoraussetzungen der dinglichen Einigung gleichsetzt[17], müsste sich die Rangfolge nach der Reihenfolge der Eintragungen richten. In der Literatur[18] wird im Übrigen auf erhebliche praktische Schwierigkeiten im Zusammenhang mit der Rangzuweisung und der Auswirkung auf ein aus der Zwangshypothek betriebenes Zwangsversteigerungsverfahren hingewiesen.

255 In **Ausnahmefällen** geht die Hypothek bei Tilgung der gesicherten Forderung nicht auf den Grundstückseigentümer über, sondern *erlischt*. Ein solches Recht

---

13 BGH v. 19.1.2006 – IX ZR 232/04 – (Ziff. II, 2 c), BGHZ 166, 74 = WM 2006, 580 ff. = BGHReport 2006, 604 (*Ringsmeier*) = EwiR 2006, 317 (*Gundlach*) = Rpfleger 2006, 253 (*Demharter*) = WuB VI A § 88 InsO 1.06 (*Bartels*).

14 BayObLG v. 15.6.2000 – 2 Z BR 46/00 –, Rpfleger 2000, 448 = ZfIR 2000, 633 = ZIP 2000, 1263 = EwiR § 868 ZPO 1/2000, 887 (m. Anm. *Hintzen*); OLG Düsseldorf v. 25.7.2003 – 3 Wx 167/03 –, Rpfleger 2004, 39 m. Anm. *Deimann*; *Demharter*, Anhang zu § 44 RN 66b; *Uhlenbruck*, § 88 RN 12, 15; *Anders-Gehle/Nober*, § 868 RN 2; *MK-ZPO/Dörndorfer*, § 868 RN 9; *Keller*, ZIP 2000, 1324, 1329 f.

15 So im Ergebnis und mit ähnlichen Begründungen auch *Demharter*, Rpfleger 2006, 256 f.; *Alff/Hintzen*, ZinsO 2006, 481 ff.; *Bestelmeyer*, Rpfleger 2006, 388 ff.; *Gundlach/Frenzel*, EwiR 2006, 317 f.; *Keller*, ZIP 2006, 1174 ff.; kritisch auch *Pape*, WM 2023, 1153, 1155.

16 So auch *Alff/Hintzen*, ZinsO 2006, 481, 482, welche sogar den Realkredit in Gefahr sehen.

17 BGH v. 19.1.2006 – IX ZR 232/04 – (Ziff. II, 2 d), BGHZ 166, 74 = WM 2006, 580 ff. = BGHReport 2006, 604 (*Ringsmeier*) = EWiR 2006, 317 (*Gundlach*) = Rpfleger 2006, 253 (*Demharter*) = WuB VI A § 88 InsO 1.06 (*Bartels*).

18 *Demharter*, Rpfleger 2006, 256 f.; *Alff/Hintzen*, ZinsO 2006, 481 ff.; *Bestelmeyer*, Rpfleger 2006, 388 ff.; *Gundlach/Frenzel*, EwiR 2006, 317 f.; *Keller*, ZIP 2006, 1174 ff.

kann selbstverständlich nicht zur Sicherung einer anderen Forderung verwendet werden. Insbesondere handelt es sich um folgende Fälle:

Eine **Hypothek nach ZGB** (das ist eine auf einem Grundstück in den neuen Bundesländern im Zeitraum vom 1. 1. 1976 bis 2. 10. 1990, jeweils einschließlich, bestellte Hypothek) erlischt, wenn die gesicherte Forderung (bei einer Höchstbetragshypothek: wenn der ganze Kreis der gesicherten Forderungen) getilgt wird (§ 454 Abs. 2, § 454a ZGB) und zwar auch dann, wenn die Erfüllung erst nach dem 3. 10. 1990 eingetreten ist[19]. Das gilt auch für eine Aufbauhypothek (§ 456 Abs. 2 ZGB).   *256*

Das Gleiche gilt für eine **Abgeltungshypothek** in den neuen Bundesländern, auch wenn sie erst nach dem 2. 10. 1990 eingetragen worden ist[20].   *257*

Eine Hypothek in den neuen Bundesländern erlischt, wenn sie durch den Eigentümer nach § 10 GBBerG abgelöst wird (RN 558).   *258*

Eine Hypothek auf einem Grundstück in den neuen Bundesländern, die bei Rückübertragung vom Rückerstattungsberechtigten nicht übernommen werden muss, erlischt kraft Gesetzes (RN 559).

Eine vor dem 1. 10. 1993 auf einer **Reichsheimstätte eingetragene Hypothek** erlischt, wenn die gesicherte Forderung getilgt wird; dies gilt auch dann, wenn die Tilgungsleistungen erst nach dem 1. 10. 1993 erbracht werden (RN 219).   *259*

Geht auf den Eigentümer nicht nur das dingliche Recht, sondern ausnahmsweise auch die gesicherte Forderung über, so bleibt das Recht auch in seiner Hand Hypothek. Das ist insbesondere dann der Fall, wenn der Eigentümer nicht persönlicher Schuldner der gesicherten Verbindlichkeit ist, aber zur Vermeidung einer Zwangsvollstreckung doch den Hypothekengläubiger befriedigt (§ 1143 Abs. 1 BGB).   *260*

Eine solche **Eigentümerhypothek bleibt mit der gesicherten Forderung verbunden.** Solange diese Verbindung besteht, kann die Hypothek nur durch Abtretung der Forderung abgetreten werden (§ 1153 BGB). Soll sie als Sicherheit für eine andere Forderung dienen, wird sie zweckmäßigerweise vor der Abtretung in eine Grundschuld umgewandelt. Die Umwandlung erfolgt durch einseitige beglaubigte (RN 111) oder beurkundete (RN 112) Erklärung des Eigentümers gegenüber dem Grundbuchamt und Eintragung im Grundbuch; die gesicherte Forderung besteht daneben fort[21].

---

19 BGH v. 17. 3. 2022 – IX ZR 182/21 – (RN 16), WM 2022, 776 = NotBZ 2022, 304 (*Böhringer*).

20 § 8 Abs. 3 DVO v. 31. 7. 1942 (RGBl. I S. 503). Eine Abgeltungshypothek konnte anstelle einer (öffentlich-rechtlichen) Abgeltungslast für Gebäudeentschuldungssteuer bis 31. 12. 1995 eingetragen werden; falls dies nicht rechtzeitig geschehen ist, ist die Abgeltungslast spätestens am 31. 12. 1995 erloschen. Im Einzelnen s. *Böhringer*, DtZ 1995, 432.

21 BGH v. 9. 5. 1969 – V ZR 26/66 – (Ziff. 2a), BGHZ 52, 93 = WM 1969, 766; *Münch-Komm/Lieder*, § 1198 RN 8; *Grüneberg/Herrler*, § 1198 RN 2; *Staudinger/Wolfsteiner* (2009), § 1198 RN 11, 12.

Bei der Umwandlung sollten für die Grundschuld neue Zins- und Rückzahlungsbedingungen vereinbart werden; sonst gelten diejenigen fort, die für die hypothekarisch gesicherte Forderung vereinbart waren[22] und die für eine Grundschuld regelmäßig ungeeignet sein dürften. Streitig ist, ob ein für die Hypothek bestehender Vollstreckungstitel für die Grundschuld fortwirkt[23].

261   Ausnahmsweise geht die Hypothek auf den *Schuldner* über, nämlich wenn der persönliche Schuldner die gesicherte Forderung tilgt (bspw. weil er vom Gläubiger in Anspruch genommen wird), obwohl im Verhältnis zu ihm der Eigentümer dazu verpflichtet ist. In diesem Fall kann der Schuldner vom Eigentümer Ersatz verlangen[24]. Die auf den Schuldner **übergegangene Hypothek sichert** jetzt den **Ersatzanspruch** des Schuldners gegen den Eigentümer (§ 1164 BGB).

262   Im Falle der **Ablösung** der Hypothekenforderung durch einen Dritten (weder Eigentümer noch Schuldner) geht die Forderung samt der Hypothek auf den Dritten über, wenn dieser ein Ablösungsrecht hat[25]. Insbesondere der Inhaber eines nachrangigen Rechts am Grundstück darf die Hypothek ablösen, wenn diese geltend gemacht wird (RN 829, 830). Wegen der Zahlung durch einen nicht ablösungsberechtigten Dritten s. RN 831.

Es versteht sich von selbst, dass der Eigentümer die auf einen Dritten übergegangene Hypothek nicht zur Sicherung einer anderen Forderung einsetzen kann.

263   Ist die **Forderung**, die durch eine Hypothek gesichert werden soll, **noch nicht entstanden** (bspw. das zu sichernde Darlehen noch nicht ausbezahlt), so steht die Hypothek dem Eigentümer zu (§ 1163 Abs. 1 Satz 1 BGB), und zwar als Grundschuld, weil die zu sichernde Forderung noch nicht besteht (§ 1177 Abs. 1 Satz 1 BGB).

Der Gläubiger erwirbt die Hypothek automatisch und ohne weiteres Zutun des Grundstückseigentümers, sobald die gesicherte Forderung entsteht, also sobald das zu sichernde Darlehen ausbezahlt wird. Für eine Briefhypothek gilt dies allerdings erst, wenn der Brief übergeben (RN 161) oder die Briefübergabe ersetzt (RN 162) ist. In diesem Augenblick verliert der Eigentümer die Grundschuld; wird ratenweise valutiert, erfolgt der Verlust in entsprechenden Teilen. Die Grundschuld steht dem Eigentümer daher nur **vorläufig und auflösend bedingt** zu. Überträgt er sie vor der Valutierung – was nur bei einem Briefrecht

---

22 *Grüneberg/Herrler, § 1198 RN 1.*

23 *Bejahend: Grüneberg/Herrler, § 1198 RN 1; verneinend: Staudinger/Wolfsteiner* (2019), § 1198 RN 15.

24 Beispiel: Der Schuldner ist ursprünglich Grundstückseigentümer gewesen. Beim Verkauf des Grundstücks hat der Käufer die gesicherte Schuld in Anrechnung auf den Kaufpreis übernommen. Der Darlehensgeber hat aber die Genehmigung dieser Schuldübernahme verweigert (vgl. §§ 415, 416 BGB). Der alte Eigentümer ist deshalb Schuldner geblieben. Er kann aber, wenn er zahlt, vom neuen Eigentümer Ersatz verlangen, weil dieser im Innenverhältnis zur rechtzeitigen Befriedigung des Gläubigers verpflichtet ist (§ 415 Abs. 3 BGB).

25 §§ 1150, 268 Abs. 3, 412, 401 Abs. 1 BGB.

möglich ist (RN 464, 271) –, so erwirbt sie der Gläubiger nur mit dieser Einschränkung.

Die Abtretung der vorläufigen Eigentümergrundschuld ist darum meist nur gemeinsam mit der Abtretung des Anspruchs auf Auszahlung des durch die Hypothek zu sichernden Betrags sinnvoll, wie bspw. bei der Zwischenfinanzierung eines Darlehens, das durch eine vorrangige Briefhypothek gesichert werden soll (RN 466).

Stellt sich heraus, dass es nicht mehr zur Valutierung kommen wird, etwa weil der Gläubiger wirksam vom Darlehensvertrag zurückgetreten ist, so entfällt die Bedingung. Die Grundschuld wird endgültig, und zwar gleichgültig, ob sie noch dem Eigentümer zusteht oder aufgrund Abtretung bspw. einem Kreditinstitut.

Eine Briefhypothek oder Briefgrundschuld erwirbt der Gläubiger erst, wenn *264* ihm der Eigentümer den Hypotheken-(Grundschuld-)**Brief** übergibt (RN 159) oder durch das Grundbuchamt übergeben lässt (RN 160) oder wenn beide vereinbaren, dass sich der Gläubiger den Brief vom Grundbuchamt aushändigen lassen darf (RN 162).

Vorher steht das Grundpfandrecht dem Grundstückseigentümer zu, und zwar – auch die Hypothek – als Grundschuld (§ 1163 Abs. 2, § 1177 Abs. 1 Satz 1 BGB). Praktische Bedeutung kommt diesen Fällen nicht zu, weil die Vordrucke, soweit überhaupt noch Briefrechte bestellt werden, üblicherweise die die Briefübergabe ersetzende Vereinbarung enthalten oder bestätigen (RN 162).

Verzichtet der Hypothekengläubiger – ohne die gesicherte Forderung aufzuge- *265* ben – auf deren Sicherung durch die **Hypothek**, so geht die Hypothek (mit laufenden und künftigen Zinsen) auf den Eigentümer über, und zwar als Grundschuld (§§ 1168 Abs. 1, 1177 Abs. 1 Satz 1 BGB); Rückstände von Zinsen und anderen Nebenleistungen erlöschen (§ 1178 Abs. 1 BGB).

Der Verzicht erfolgt durch einseitige Erklärung des Gläubigers gegenüber Grundbuchamt oder Grundstückseigentümer; er bedarf der Eintragung im Grundbuch (§ 1168 Abs. 2 Satz 1 BGB). Um die Eintragung zu ermöglichen, muss die Erklärung öffentlich beglaubigt (RN 111) oder beurkundet (RN 112) sein. Forderung und Hypothek werden dadurch getrennt.

Auf eine **Grundschuld** kann der Gläubiger in der gleichen Weise verzichten. Mit der Eintragung des Verzichts im Grundbuch geht die Grundschuld auf den Eigentümer über[26]. Das ist eine der Möglichkeiten zur Rückgewähr einer Grundschuld (RN 745).

Als Verzicht auf die Grundschuld wird es überwiegend auch behandelt, wenn der Gläubiger – ohne vorherige Einwilligung des Eigentümers – zustimmt, dass die durch die Grundschuld gesicherte Verbindlichkeit von einem Dritten (schuldbefreiend) übernommen wird. Diese Ansicht ist aber nicht richtig; im Einzelnen s. RN 957 bis 961.

---

26 Für den Sonderfall des Verzichts im Rahmen des Verteilungsverfahrens s. RN 1215.1.

Der Verzicht führt zwingend dazu, dass das dingliche Recht auf den Grundstückseigentümer übergeht. Ein Verzicht „zugunsten des A" ist deshalb regelmäßig kein Verzicht i. S. d. § 1168 BGB[27].

266 Der Verzicht des Gläubigers kann auf einen Teil des belasteten Grundstücks oder eines/einige von mehreren belasteten Grundstücken beschränkt werden (**Pfandfreigabe**).

In diesem Fall erlischt die Hypothek oder Grundschuld auf dem freigegebenen Grundstück oder Grundstücksteil (§ 1175 Abs. 1 Satz 2 BGB). Im Übrigen bleibt sie aber in voller Höhe als Fremdhypothek oder Fremdgrundschuld bestehen.

Die sonst zur Löschung eines Grundpfandrechts notwendige Zustimmung des Eigentümers (§ 1183 BGB) ist zum Vollzug der Pfandfreigabe nicht erforderlich[28]. Davon unabhängig muss aber der Gläubiger einer Sicherungsgrundschuld die Zustimmung des Rückgewährberechtigten zur Pfandfreigabe einholen, um sich nicht der Gefahr eines Schadensersatzanspruchs auszusetzen (RN 780, 781)[29].

267 Bei einer Sicherungsgrundschuld gibt es regelmäßig zwei verschiedene Ansprüche: die Forderung des Gläubigers gegen seinen persönlichen Schuldner und den Anspruch des Gläubigers aus der Grundschuld. **Tilgt der Grundstückseigentümer die Grundschuld**, so geht sie in entsprechender Anwendung von § 1143 BGB kraft Gesetzes auf ihn über[30] (RN 824).

Zahlt dagegen nicht der Eigentümer, sondern ein ablösungsberechtigter Dritter, so erwirbt dieser die Grundschuld (RN 829).

Wird eine Aufbaugrundschuld (RN 339) getilgt, geht sie ausnahmsweise nicht auf den Eigentümer über (§ 7 Abs. 7 FinanzierungsVO private Baumaßnahmen), sondern erlischt.

268 Erwirbt der Grundstückseigentümer ein (für einen anderen eingetragenes) Grundpfandrecht kraft Gesetzes, so ist oder wird das **Grundbuch** – und bei einem Briefrecht auch der **Brief** – **unrichtig**. Das steht aber weder dem Eintritt der Rechtsänderung noch der späteren Abtretung der Eigentümergrundschuld im Wege.

Wenn der Eigentümer das Recht tatsächlich erworben hat, ist es unschädlich, dass im Grundbuch noch der bisherige oder schon der künftige Gläubiger oder die Grundschuld noch als Hypothek eingetragen ist. Dennoch ist es bei Abtretung dieses Rechts für den Erwerber ratsam, auf der Voreintragung des Eigentümers zu bestehen (RN 431).

---

27 BGH v. 20.3.1986 – IX ZR 118/85 –, Rpfleger 1986, 312; OLG Celle v. 31.5.1985 – 4 U 91/84 –, Rpfleger 1986, 312 = WM 1985, 1112 = EWiR § 124 ZVG 1/85, 819 (*Gaberdiel*).

28 *MünchKomm/Lieder*, § 1183 RN 5; *Grüneberg/Herrler*, § 1175 RN 3 m. w. N.; *Schöner/Stöber*, RN 2718 m. w. N.

29 Vgl. BGH v. 9.5.1969 – V ZR 26/66 – (Ziff. 2a), BGHZ 52, 93 = WM 1969, 766.

30 Allgemeine Meinung; lediglich die Begründung ist umstritten. Wie hier z. B. BGH v. 25.3.1986 – IX ZR 104/85 – (Ziff. I, 3 e), BGHZ 97, 280 = NJW 1986, 2108 = WM 1986, 763; *MünchKomm/Lieder*, § 1191 RN 127 m. w. N.; *Grüneberg/Herrler*, § 1191 RN 10.

Zur **Berichtigung des Grundbuchs** ist entweder die Bewilligung des als Gläubiger Eingetragenen (§ 19 GBO) oder der Nachweis der Unrichtigkeit (§ 22 GBO) erforderlich.

Ist eine Hypothek durch Tilgung der gesicherten Forderung (RN 251) oder ist *269*
eine Grundschuld durch Tilgung der Grundschuld selbst (RN 267) auf den Eigentümer übergegangen, so kann die Unrichtigkeit des Grundbuchs mithilfe einer **löschungsfähigen Quittung** nachgewiesen werden. Das ist eine öffentlich beglaubigte (RN 111) oder beurkundete (RN 112) oder – wenn der Gläubiger ein Siegel führt – gesiegelte[31] (RN 119) Erklärung des (bisherigen) Gläubigers, dass er wegen der durch die Hypothek gesicherten Forderung bzw. wegen des Grundschuldbetrags vom Eigentümer befriedigt worden ist.

Die löschungsfähige Quittung muss die Erklärung enthalten, von wem[32] und (bei Eigentümerwechsel) wann[33] der Gläubiger befriedigt worden ist, um dem Grundbuchamt die Feststellung zu ermöglichen, dass die Leistungen vom *Eigentümer* erbracht worden sind. Mit einer solchen Urkunde kann der Grundstückseigentümer **nachweisen**, dass das **Recht auf ihn übergegangen** ist. Er kann dann sich selbst als Gläubiger und die Umschreibung der Hypothek in eine Grundschuld (= Berichtigung des Grundbuchs) oder die Löschung des Grundpfandrechts (weil er mit der Urkunde nachweist, dass er Rechtsinhaber ist) eintragen lassen.

Die löschungsfähige Quittung vermittelt normalerweise dem Grundbuchamt *270*
die zuverlässige Kenntnis, dass das Recht auf den Eigentümer übergegangen ist. Deshalb kann nach deren Vorlage die Bewilligung des (noch) eingetragenen Gläubigers regelmäßig nicht mehr Grundlage einer Eintragung sein[34].

Die löschungsfähige Quittung ist aber keine Willenserklärung, die eine Rechtsänderung bewirkt, sondern eine Wissenserklärung, also ein Beweismittel. Dessen Beweiskraft kann durch einen **Gegenbeweis** erschüttert werden, bspw. wenn der Gläubiger nachweist, dass der Empfang der quittierten Leistung unwahrscheinlich ist[35].

Eine **vorläufige Eigentümerbuchgrundschuld** (RN 263) ist **nicht abtretbar.** *271*
Denn die Darstellung, dass die noch nicht valutierte Hypothek zunächst (auflösend bedingt) dem Eigentümer als Grundschuld zusteht, ist grundbuchtechnisch solange nicht möglich, wie der eingetragene Hypothekengläubiger das Recht noch erwerben kann[36]. Die Eintragung der Abtretung (des vorläufigen Rechts) durch den Eigentümer setzt aber dessen Eintragung als Gläubiger voraus.

---

31 Für die Anbringung des Siegels kann – jedenfalls durch AGB oder Formularvertrag (RN 687) – kein Entgelt vereinbart werden, s. RN 549.
32 OLG Frankfurt a. M. v. 16. 10. 1996 – 20 W 248/96 –, Rpfleger 1997, 103; LG Aachen v. 5. 8. 1985 – 3 T 378/84 –, Rpfleger 1985, 489.
33 OLG Frankfurt a. M. v. 16. 10. 1996 – 20 W 248/96 –, Rpfleger 1997, 103.
34 KG v. 8. 8. 1972 – 1 W 1270/71 –, DNotZ 1973, 301 = NJW 1973, 56 = Rpfleger 1973, 21.
35 BayObLG v. 24. 1. 2001 – 2 Z BR 140/00 –, Rpfleger 2001, 296.
36 RG v. 1. 3. 1911 – B-R V 120/10 –, RGZ 75, 245, 249 ff.

Wegen der Abtretung einer vorläufigen Eigentümer*brief*grundschuld s. RN 464 bis 467.

272 Die **Abtretung** einer **dem Eigentümer endgültig zugefallenen Buchgrundschuld** (bspw. eine Hypothek nach Tilgung der gesicherten Forderung) erfolgt durch Einigung und Eintragung im Grundbuch. Die Voreintragung des Eigentümers als Gläubiger der Grundschuld ist ausnahmsweise nicht erforderlich, aber zu empfehlen (RN 430, 431).

273 Ein **Briefrecht** kann der Grundstückseigentümer auch außerhalb des Grundbuchs **abtreten** (oder verpfänden). Im Einzelnen s. RN 439 bis 459. Da eine Eintragung im Grundbuch nicht erforderlich ist, ist auch eine (nur) vorläufige Eigentümergrundschuld abtretbar (RN 464 bis 467).

274 Es ist möglich, dass die **Eigentümergrundschuld** einen anderen **Rang** hat als das Pfandrecht, aus dem sie entstanden ist. Wurde diesem nämlich der Vorrang vor einem anderen Recht eingeräumt, so kann dies mit der Maßgabe geschehen sein, dass die Rangänderung nicht für die aus dem Recht etwa entstehende Eigentümergrundschuld gilt.

Beim Erwerb einer Eigentümergrundschuld, der der Vorrang vor einem anderen Recht eingeräumt worden ist, muss deshalb stets auch geprüft werden, ob die Grundschuld den gewünschten Rang hat. Eine etwaige Einschränkung des Rangrücktritts ist gegen den Grundschulderwerber nur wirksam, wenn sie sich aus der Eintragung des Rangrücktritts oder der Eintragungsbewilligung, sofern auf sie Bezug genommen worden ist, deutlich ergibt[37].

---

37 BGH v. 23. 2. 1973 – V ZR 10/71 – (Ziff. II), BGHZ 60, 226 = NJW 1973, 846 = WM 1973, 485 m. w. N. (auch für abweichende Ansicht).

9 Grundschuldkapital, Zinsen und sonstige Nebenleistungen

9.1 Grundschuldkapital

Die Grundschuld muss über einen **bestimmten Betrag** lauten. Uneingeschränkt zulässig ist die Angabe **in inländischer Währung** (§ 28 Satz 2 Halbsatz 1 GBO). Das ist seit 1.1.1999 der Euro. Die Eintragung in anderer Währung kann zugelassen werden (§ 28 Satz 2 Halbsatz 2 GBO); im Einzelnen s. RN 276.   *275*

Bis 31.12.2001[1] eingetragene **DM-Rechte** bleiben bestehen, und zwar in Höhe des amtlich festgelegten Umrechnungskurses[2]. Bruchteile von Cents sind nach kaufmännischen Regeln[3] auf- oder abzurunden[4].

Da sich nicht der Wert des Rechts, sondern nur die Maßeinheit dafür geändert hat, ist das Grundbuch nicht materiell unrichtig (= falsch) geworden. Es ist nur insofern unvollkommen, als sich daraus die (inhaltlich unverändert fortbestehende) Belastung nicht *unmittelbar* in der gültigen Währungseinheit ablesen lässt[5].

Die in DM eingetragenen Rechte kann das Grundbuchamt (ab 1.1.2002) **von Amts wegen auf Euro umstellen**, und zwar bei der nächsten anstehenden Eintragung in dem betreffenden Grundbuchblatt (§ 26a Abs. 1 Satz 2 GBMaßnG)[6]. Die Vorlage des Briefs ist dazu nicht notwendig. Auf ihm wird die Umstellung ohnehin nur auf Antrag vermerkt (§ 26a Abs. 1 Satz 5 GBMaßnG)[7].

Auf Antrag des Eigentümers oder des eingetragenen Gläubigers ist die Umstellung im Grundbuch auch losgelöst von einer anderen Eintragung vorzunehmen[8]. Auf dem Brief wird die Umstellung immer nur auf Antrag vermerkt.

Im Rahmen von § 28 Satz 2 Halbsatz 2 GBO zugelassen[9] ist die Eintragung von   *276*
Grundpfandrechten **in anderer Währung** als Euro; nämlich in US-Dollar oder Schweizer Franken oder in der Währung eines Mitgliedstaats der Europäischen Union, in dem der Euro (noch) nicht an die Stelle der nationalen Währung getreten ist[10].

---

1 Bis 31.12.2001 konnten (über den 1.1.1999 hinaus) Rechte noch in DM (als einer Untereinheit des Euro) eingetragen werden.
2 Amtlicher Umrechnungskurs: 1,95583 DM = 1 Euro.
3 Danach werden Bruchteile von 0,5 Cent und mehr auf volle Cents aufgerundet, geringere abgerundet.
4 *Demharter*, § 28 RN 24; *Rellermeyer*, Rpfleger 2001, 291; *anderer Meinung* [immer abzurunden]: *Böhringer*, DNotZ 1999, 701 f.
5 Vgl. *Böhringer*, DNotZ 1999, 692 (Ziff. II, 4).
6 *Schöner/Stöber*, RN 4211.
7 Im Einzelnen s. *Rellermeyer*, Rpfleger 1999, 522 ff.
8 *Schöner/Stöber*, RN 4212.
9 § 1 Nr. 2 bis 4 i.V.m. § 2 Verordnung über Grundpfandrechte in ausländischer Währung und in Euro vom 30.10.1997 (BGBl. I 1997, 2683).
10 Das sind (Stand: 1.7.2023) Bulgarien, Dänemark, Polen, Rumänien, Schweden, Tschechien und Ungarn.

Etwaige Eintragungen[11] in Währungen von Mitgliedstaaten der EU, in denen der Euro an die Stelle der nationalen Währung getreten ist, werden wie DM-Eintragungen auf Euro umgestellt (§ 26a Abs. 1 Satz 1 GBMaßnG); im Einzelnen s. RN 275.

Bei Rechten in US-Dollar, in Schweizer Franken oder in der Währung eines Mitgliedstaats der Europäischen Union, in dem der Euro *nicht* an die Stelle der nationalen Währung getreten ist[10], können künftige **Wechselkursänderungen** zu Wertveränderungen führen. Insoweit besteht ein echtes Währungsrisiko. Das muss bedacht werden, wenn einer Sicherungsgrundschuld ein solches Recht im Rang vorgeht oder gleichsteht. Das wird in erster Linie bei der Bestellung eines neuen Rechts in Betracht kommen, wenn bereits ein Recht in einer dieser Währungen eingetragen ist. Soll ein im Vorrang oder Gleichrang bereits eingetragenes Recht nachträglich in eine solche Währung umgestellt werden, bedarf es der Zustimmung der gleich- oder nachrangigen Gläubiger, weil deren Recht dadurch beeinträchtigt wird, diese also Betroffene sind (§ 19 GBO).

277 Die Grundschuld ist nicht akzessorisch. Deshalb kann der **Grundschuldbetrag auch höher** als das zunächst in Aussicht genommene Darlehen sein, etwa wenn Sicherheitsspielraum für einen (absehbaren) künftigen Bedarf geschaffen werden soll. Der Grundschuldbetrag sollte aber nicht ohne vernünftigen Anlass den augenblicklichen Sicherungsbedarf übersteigen, weil der Sicherungsvertrag sonst wegen anfänglicher Übersicherung unwirksam sein kann (RN 658). Sobald feststeht, dass der ursprünglich angenommene Bedarf nicht (mehr) besteht, kann der Sicherungsgeber Korrektur durch Teilrückgewähr verlangen (RN 724).

278 Ist für die Grundschuld nichts anderes vereinbart, so wird sie **erst nach Kündigung fällig**; die Kündigungsfrist beträgt sechs Monate (§ 1193 Abs. 1 BGB). Bis zum Inkrafttreten des Risikobegrenzungsgesetzes[12] waren in den üblichen Vordrucken fast stets abweichende Bestimmungen enthalten.

Meist wurde vereinbart, dass die Grundschuld ohne Kündigung sofort fällig sein soll[13]; gelegentlich wurde beiden Parteien oder allein dem Gläubiger das Recht zur jederzeitigen fristlosen Kündigung eingeräumt. Solche Vereinbarungen waren bis zum Inkrafttreten des Risikobegrenzungsgesetzes möglich (§ 1193 Abs. 2 BGB) und – auch im Blick auf §§ 305 bis 310 BGB – wirksam[14]. Sie gelten auch gegenüber etwaigen Rechtsnachfolgern des Gläubigers oder des Grundstückseigentümers, wenn sie in das Grundbuch eingetragen sind, wozu Bezugnahme auf die Eintragungsbewilligung ausreicht (§ 874 BGB).

---

11 Eintragungen in diesen Währungen waren vom 15. 11. 1997 bis 31. 12. 2001 zugelassen.
12 Gesetz zur Begrenzung der mit Finanzinvestitionen verbundenen Risiken (Risikobegrenzungsgesetz) vom 12. 8. 2008, BGBl. I, 1666; Überblick bei *König*, BB 2008, 1910; *Köchling*, ZinsO 2008, 848.
13 Siehe Vorauflage Anhang 1 [6], 2 [6], 3 [5], 4 [4]; so auch Vorschlag des Ausschusses für Schuld- und Liegenschaftsrecht der Bundesnotarkammer für ein Grundschuldformular Teil A II, 1 (DNotZ 2002, 84, 85).
14 *LG Konstanz v. 21. 5. 1987 – 4 O 31/87 –*, nicht veröffentlicht; *Clemente*, RN 52.

Mit dem Inkrafttreten des Risikobegrenzungsgesetzes allerdings ist diese Praxis unzulässig geworden. Ihr steht nun § 1193 Abs. 2 Satz 2 BGB entgegen. Danach sind abweichende Bestimmungen unzulässig, wenn die Grundschuld der Sicherung einer Geldforderung dient, was im Kreditgeschäft naturgemäß immer der Fall ist[15]. Diese Regelung gilt nur für nach dem 19. 8. 2008 bestellte Grundschulden (Art. 229 § 18 Abs. 3 EGBGB). Alle bis dahin bestellten Grundschulden mit einer vom gesetzlichen Grundfall des § 1193 Abs. 1 BGB abweichenden Fälligkeitsregelung behalten Bestand. Das gilt auch dann, wenn hinsichtlich einer zunächst nicht vollstreckbar bewilligten Altgrundschuld nach dem genannten Datum eine (Teil-)Unterwerfung nachträglich erklärt wird. Denn die Vollstreckungsunterwerfung ist eine rein prozessuale Erklärung, während § 1193 Abs. 2 Satz 2 BGB eine Regelung des materiellen Grundschuldrechts ist. Die Zwangsvollstreckungsunterwerfung als solche unterfällt nicht den Anforderungen des § 1193 Abs. 2 Satz 2 BGB. Daher ist es insbesondere nicht erforderlich, die in der Grundschuldbestellungsurkunde enthaltene Bestimmung über die uneingeschränkte Fälligkeit des Grundschuldkapitals herauszunehmen.[16]

Fraglich ist, was mit dem Begriff der Bestellung in der **Übergangsregelung** (Art. 229 § 18 Abs. 3 EGBGB) gemeint ist. Das Gesetz ist insoweit unklar, als nicht ersichtlich ist, ob auf den Zeitpunkt der Bewilligung der Grundschuld oder auf ihre Eintragung abzustellen ist. Würde man auf die Grundbucheintragung abstellen, ergäbe sich eine verfassungsrechtlich problematische Rückwirkung des Gesetzes auf die vor seinem Inkrafttreten bewilligten, aber noch nicht zur Eintragung gelangten Grundschulden. Mit der Bestellung ist nach wohl h. M.[17] daher ein untechnisches „Bestellen" beim Notar gemeint, also die Bewilligung. Hierfür spricht insbesondere die Gesetzesbegründung[18].   *278.1*

Wurde die Grundschuld trotz der neuen Bestimmung mit sofort fälligem Kapital bewilligt, ist nicht die ganze Grundschuld unwirksam, sondern lediglich die Fälligkeitsregelung (§ 1193 Abs. 2 Satz 2, §§ 306 Abs. 1, 139 BGB)[19].

Zur nachträglichen Pfandunterstellung s. RN 386.

Die **Kündigung** des Grundschuldkapitals *kann* unter Berücksichtigung **jederzeit** und formfrei erfolgen. Insoweit ist allein die dingliche Rechtslage maßgeblich, die wegen der Abstraktheit der Grundschuld keinerlei Kündigungsgrund vorsieht. Eine andere Frage ist, wann die Grundschuld gekündigt werden *darf*,   *278.2*

---

15   Auch das Grundbuchamt darf daher davon ausgehen, dass die Grundschuld eine Geldforderung sichert, wenn eine Bank als Gläubigerin eingetragen soll, BGH v. 6. 3. 2014 – V ZB 27/13 – (RN 7), WM 2014, 791 = NJW 2014, 1450.

16   DNotI, Gutachten Nr. 112211 vom 14. 12. 2011.

17   MünchKomm/Lieder, § 1193 RN 8; *Schmid/Voss*, DNotZ 740, 745; Bundesnotarkammer, Rundschreiben v. 26. 8. 2008, S. 10; *Clemente*, BankPraktiker 2009, 118, 119; *Volmer*, MittBayNot 2009, 1; *a. A. (Einigung und Eintragung erforderlich)*: Staudinger/Wolfsteiner (2019), § 1193 RN 13.

18   BT-Drucks 16/9821, S. 18, wonach nicht in frühere Parteivereinbarungen eingegriffen werden soll.

19   *Wellenhofer*, JZ 2009, 1077, 1085; das Grundbuchamt hat einen entsprechenden Vermerk von Amts wegen anzubringen, § 53 Abs. 1 Satz 2 GBO.

was unter Berücksichtigung der schuldrechtlichen Lage, insbesondere unter **Einbeziehung des Sicherungsvertrags** zu beurteilen ist.

Die Frage nach der Zulässigkeit der Grundschuldkündigung wird in der Literatur ganz unterschiedlich beantwortet. Das Meinungsspektrum reicht von der jederzeitigen Kündbarkeit bereits ab Darlehensausreichung[20] über die Kündbarkeit erst bei einer Krise des Darlehensnehmers[21] oder bei objektiv nachvollziehbarem Bedürfnis für die Kündigung[22] bis hin zur Ansicht, die Kündigung der Grundschuld dürfe ohne gesonderte Abrede im Darlehensvertrag erst nach Fälligkeit der gesicherten Forderung erfolgen[23].

Die Rspr. hatte sich mit der Frage bislang kaum zu beschäftigen. Vereinzelt wurde entschieden, dass eine Grundschuld, die eine konkrete und nur bei Vorliegen bestimmter Gründe kündbare Forderung sichert – selbst bei abweichendem Wortlaut der Grundschuldbestellung –, nicht vor deren Fälligkeit gekündigt werden darf[24]. Ob das verallgemeinerungsfähig ist, erscheint zweifelhaft.

Richtig dürfte es sein, den Treuhandcharakter des Sicherungsvertrags angemessen zu berücksichtigen. Zwar ist die Fälligkeit der Grundschuld nicht mit ihrer Verwertungsreife gleichzusetzen. Jedoch gebietet es der Sicherungsvertrag, vom Sicherungsrecht nur soweit Gebrauch zu machen, als das zur Wahrung des Sicherungsinteresses notwendig ist. Außerdem darf der Schutzzweck des § 1193 Abs. 2 Satz 2 BGB nicht außer Acht gelassen werden: Der Gesetzgeber wollte damit dem säumigen Schuldner eine Art Warnschuss zukommen lassen und ihn vor allzu großem Handlungsdruck schützen[25]. Vor diesem Hintergrund wird man die Kündigung des Grundschuldkapitals erst bei Eintritt von Leistungsstörungen bei dem mit der Grundschuld besicherten Darlehen als zulässig erachten können[26].

Um unnötige Irritationen beim Sicherungsgeber und den Vorwurf einer Verletzung des Sicherungsvertrags zu vermeiden, ist der Sicherungsnehmer deshalb gut beraten, die Kündigung des Grundschuldkapitals frühestens bei Eintritt von Leistungsstörungen auszusprechen.

Eine unter Verletzung des schuldrechtlichen Sicherungsvertrags entgegen der hier vertretenen Ansicht verfrüht ausgesprochene Kündigung wäre gleichwohl wirksam[27]. Letztlich hat der Streit um den richtigen Zeitpunkt der Grundschuld-

---

20 *Bachner*, DNotZ 2008, 644, 647.
21 *Hinrichts/Jaeger*, ZfIR 2008, 745, 750.
22 *MünchKomm/Lieder*, § 1193 RN 7.
23 *Staudinger/Wolfsteiner* (2019), RN 115 vor § 1191.
24 *BGH v. 6.3.1986* – III ZR 245/84 – (Ziff. I, 1), WM 1986, 605 = BB 1986, 1180 = NJW 1986, 1928 = ZIP 1986, 770 = EWiR 1986, 641 (*v. Stebut*).
25 BT-Drucks 16/9821, S. 17.
26 *Hager/Gladenbeck*, S. 16.
27 *Schmid/Voss*, DNotZ 2008, 740, 746; *Bachner*, DNotZ 2008, 644, 647; *Hager/Gladenbeck*, S. 17; *a. A.: Hinrichts/Jaeger*, ZfIR 2008, 745, 750; *Derleder*, ZIP 2009, 2221, 2225: Arg.: die frühzeitige Kündigung entspreche der Bestellung mit sofortiger Kündigung; im Hinblick auf die Abstraktheit der Grundschuld wenig überzeugend.

kündigung aber kaum praktische Relevanz. Denn **vollstrecken** darf der Gläubiger aus der Grundschuld nach allgemeiner Meinung **erst, wenn** auch die mit ihr gesicherte **persönliche Forderung fällig** ist (RN 799). Vorzeitige Vollstreckungsmaßnahmen könnten mit einer einstweiligen Einstellung (§ 769 ZPO) und einer Vollstreckungsabwehrklage (§ 767 ZPO) einfach abgewehrt werden.

Für eine aus einer Hypothek entstandene (inzwischen vom Eigentümer abgetretene) Grundschuld (RN 251) ist hinsichtlich der Kündigung die Vereinbarung maßgeblich, die für die hypothekarisch gesichert gewesene Forderung getroffen worden war, sofern diese Bestimmung nicht inzwischen durch Einigung und Eintragung geändert worden ist. Das gilt auch für die aus einer Tilgungshypothek entstandene Grundschuld[28].

Die Kündigung des Grundschuldkapitals ist als solche **formlos wirksam.** Erhält der Sicherungsnehmer aber mangels Nachweisverzicht (RN 309) nicht sofort eine vollstreckbare Ausfertigung, wird er dem Notar zwecks Klauselerteilung zu gegebener Zeit die Kündigung des Grundschuldkapitals nach Maßgabe von § 726 Abs. 1 ZPO nachweisen müssen[29]. Den danach erforderlichen **Kündigungsnachweis** durch öffentliche (RN 112) oder öffentlich beglaubigte (RN 111) Urkunde kann der Gläubiger mit der Urkunde über die Zustellung des Kündigungsschreibens durch einen Gerichtsvollzieher erbringen (RN 305).

278.3

Auch wenn der Sicherungsnehmer sofort eine vollstreckbare Ausfertigung der Grundschuldbestellungsurkunde erhält, sollte er darauf bedacht sein, die Grundschuldkündigung im Falle des Bestreitens zuverlässig nachweisen zu können.

Denn der Nachweisverzicht vereinfacht nur die Klauselerteilung, macht aber nicht die Grundschuldkündigung entbehrlich. Auch in solchen Fällen ist die Gerichtsvollzieherzustellung ein zuverlässiger Nachweis, wenn auch nicht zwingend erforderlich. Auch eine persönliche Übergabe gegen Quittung kommt im Einzelfall in Betracht. Andere Übermittlungsarten, bspw. mittels Einschreiben-Rückschein-Eigenhändig, bleiben demgegenüber in ihrer Beweiskraft deutlich zurück.

9.2 Grundschuldzinsen

Grundschulden, die der Kreditsicherung dienen, sind regelmäßig verzinslich. Die Grundschuldzinsen sind Inhalt des dinglichen Rechts. Sie laufen deshalb in der Insolvenz des persönlichen Schuldners[30] oder des Grundstückseigentümers

279

---

28 BGH v. 12. 5. 1978 – V ZR 199/75 –, BGHZ 71, 206 = NJW 1978, 1579.
29 *Zimmer*, NotBZ 2008, 386, 387; *Volmer*, MittBayNot 2009, 1, 6; *MünchKomm/Lieder*, § 1193, RN 4; *a. A.* (Grundschuldfälligkeit keine Vollstreckungsvoraussetzung i. S. d. § 726 Abs. 1 ZPO): *Habersack*, NJW 2008, 3173, 3176.
30 BGH v. 28. 11. 1986 – V ZR 257/86 – (Ziff. I, 2 a), WM 1987, 584 = EWiR § 242 BGB 5/87, 343 (*Reimer*).

weiter. Sie sind ebenso wie der Kapitalbetrag **nicht akzessorisch**[31] Dem Gläubiger stehen gegenüber dem nachrangigen Berechtigten die eingetragenen Zinsen in voller Höhe zu, auch wenn die gesicherte Forderung nur mit einem geringeren Satz verzinslich ist.

Mit den überschießenden Grundschuldzinsen kann der Gläubiger einen Teil der gesicherten Hauptforderung abdecken[32], wenn die Sicherungsabrede wie üblich eine Haftung auch der Grundschuldzinsen für alle gesicherten Forderungen vorsieht. Der Gläubiger kann zu diesem Zweck die dinglichen Grundschuldzinsen in voller Höhe selbst dann geltend machen, wenn die Zinsen auf das gesicherte Darlehen jeweils gezahlt worden sind[33]. Dies gilt nur dann nicht, wenn ausnahmsweise etwas anderes vereinbart oder die Zahlung auf die dinglichen (Grundschuld-)Zinsen erbracht worden ist (RN 824).

280 Der **Beginn der Verzinsung** ist Teil der Einigung und wird von Eigentümer und Gläubiger festgelegt[34]. Der Zinsbeginn muss sich aus der Eintragungsbewilligung ergeben[35]. Beispielsweise kann Verzinsung **ab Eintragung** (also ab Entstehen) der Grundschuld vereinbart werden; für die Unterwerfung unter die sofortige Zwangsvollstreckung ist dieser Zeitpunkt ausreichend bestimmt (RN 304).

Es bestehen aber auch keine Bedenken gegen die Vereinbarung eines Zinsbeginns **vor Eintragung** (und damit vor Entstehen) der Grundschuld[36]. Die gängigen Vordrucke sehen häufig vor, dass die Zinsen ab Bestellung der Grundschuld („vom heutigen Tag an") laufen[37].

---

31 *BGH v. 9. 11. 1995* – IX ZR 179/94 – (Ziff. 4c), WM 1995, 2173 = EWiR § 9 AGBG 4/96, 147 (*Tiedtke*); *BGH v. 27. 2. 1981* – V ZR 9/80 – (Ziff. II, 1 a), WM 1981, 581 = ZIP 1981, 487.

32 BGH v. 28. 9. 1999 – XI ZR 90/98 – (Ziff. II, 2 d), BGHZ 142, 332 = WM 1999, 2253 = EWiR § 202 BGB 1/2000, 59 (*Medicus*); FN; *BGH v. 13. 5. 1982* – III ZR 164/80 – (Ziff. III, 2), NJW 1982, 2768 = WM 1982, 839 = ZIP 1982, 1051 m. w. N.; *Clemente*, RN 11 b; *Räfle*, WM 1983, 813; *Reithmann*, WM 1985, 441, 444; *Siol*, WM 1996, 2217, 2223.

33 *BGH v. 27. 2. 1981* – V ZR 9/80 – (Ziff. II, 1 a), WM 1981, 581 = ZIP 1981, 487; *OLG Karlsruhe v. 11. 10. 1985* – 14 U 3/84 – (Ziff. II, 2 der Urteilsgründe), ZIP 1986, 299, bestätigt durch BGH v. 28. 11. 1986 – V ZR 257/86 – (Ziff. I, 2 a), WM 1987, 584 = EWiR § 242 BGB 5/87, 343 (*Reimer*); *Stöber/Nicht*, § 114 Anm. 157; *Reithmann*, WM 1985, 441, 444.

34 *Siol*, WM 1996, 2217, 2223.

35 *Schöner/Stöber*, RN 2292 und 1957 m. w. N.; s. auch *MünchKomm/Lieder*, § 1115 RN 29 (falls keine Angabe, so auszulegen, dass Zinsen ab Tag der Eintragung zu laufen beginnen).

36 *BGH v. 3. 10. 1985* – V ZB 18/84 – (Ziff. 2), NJW 1986, 314 = WM 1985, 1453; *Grüneberg/Herrler*, § 1115 RN 13.

37 Anhang 1 [4], 2 [4], 3 [4], 4 [3] und 4 a [6]; ebenso Vorschlag des Ausschusses für Schuld- und Liegenschaftsrecht der Bundesnotarkammer für ein Grundschuldformular Teil A II, 1, DNotZ 2002, 84, 86.

Ist über den Verzinsungsbeginn nichts eingetragen (auch nicht durch Bezugnahme auf die Eintragungsbewilligung), ist dies dahin auszulegen, dass die Zinsen ab Eintragung der Grundschuld im Grundbuch laufen[38].

Selbst eine **Eigentümergrundschuld** kann mit Zinsbeginn vor ihrer Eintragung 281 bestellt und eingetragen werden (RN 242). Der Eigentümer kann allerdings Zinsen aus seiner Grundschuld regelmäßig nicht geltend machen (RN 236), wohl aber der neue Gläubiger, wenn die Grundschuld (nebst Zinsen) an ihn abgetreten worden ist (RN 456).

In der Zwangsvollstreckung können (nur) die laufenden (RN 1089) und die für 282 zwei Jahre rückständigen (RN 1091) Zinsen mit dem gleichen **Rang** wie die Grundschuld geltend gemacht werden (§ 10 Abs. 1 Nr. 4 ZVG). Ältere Zinsansprüche haben Rang nach allen anderen Rechten (§ 10 Abs. 1 Nr. 8 ZVG). Der Versteigerungserlös reicht deshalb für eine Zuteilung auf sie meist nicht aus.

Ist über die Fälligkeit der Grundschuldzinsen nichts vereinbart, so sind sie 283 jeweils nach Ablauf eines Jahres, also **am ersten Tag des folgenden Jahres fällig**; § 488 Abs. 2 BGB gilt entsprechend[39]. Die Zinsfälligkeit kann von der Fälligkeit des Grundschuldkapitals abweichen (vgl. § 488 Abs. 2 BGB). Deshalb ist die häufig getroffene Vereinbarung, dass die Zinsen kalenderjährlich nachträglich fällig werden[40], zulässig und wirksam[41], auch wenn (wie nur noch bis zum 19. 8. 2008 zulässig, RN 278) zugleich vereinbart wurde, dass das Grundschuldkapital sofort fällig ist.

Die hinsichtlich der Grundschuldzinsen vereinbarten Fälligkeitstermine spielen eine wichtige Rolle für die Abgrenzung zwischen laufenden und rückständigen Beträgen. Denn **laufende Zinsen** sind der letzte vor der Beschlagnahme *fällig* gewordene Betrag und alle später, also während des Vollstreckungsverfahrens, fällig werdenden Beträge (§ 13 Abs. 1 ZVG).

Wird, wie üblich, vereinbart, dass die Grundschuldzinsen jährlich nachträglich fällig werden, so sind laufende Zinsen: die Zinsen für das der Beschlagnahme vorangehende Kalenderjahr, die Zinsen für das Kalenderjahr, in dem die Beschlagnahme erfolgt, und die Zinsen für die anschließende Zeitspanne bis zum Tag vor der Erlösverteilung. Auf die Beispiele RN 1090 wird verwiesen.

Was die **Höhe des Zinssatzes** anbelangt, ist es zweckmäßig, den Zinssatz so 284 hoch zu wählen, dass er auch mögliche künftige Zinserhöhungen für das Darlehen deckt. Solange die Darlehenszinsen unter den Grundschuldzinsen bleiben, steht damit zugleich ein gewisser Sicherheitsspielraum (RN 279) zur Verfügung.

---

38 RG v. 23. 4. 1932 – V 3/32 – RGZ 136, 232; MünchKomm/Lieder § 1115 RN 29; *Schöner/ Stöber*, RN 2292; *Grüneberg/Herrler*, § 1192 RN 5.

39 *OLG Stuttgart v. 28. 3. 2001 – 9 U 205/00 –*, WM 2001, 2206; *Grüneberg/Herrler*, § 1193 RN 4.

40 Anhang 1 [4], 2 [4], 3 [4] und 4 [3]; ebenso Vorschlag des Ausschusses für Schuld- und Liegenschaftsrecht der Bundesnotarkammer für ein Grundschuldformular Teil A II, 1, DNotZ 2002, 84, 86.

41 *LG Augsburg v. 26. 2. 1986 – 4 T 644/86 –*, Rpfleger 1986, 211 m. abl. Anmerkung Bauch; *Stöber/Achenbach*, § 13 RN 9; anderer Ansicht: *Bauch*, Rpfleger 1985, 466 mit beachtlichen Gründen.

Möglich, aber unzweckmäßig[42] ist es, für die Grundschuld einen variablen Zinssatz zu vereinbaren; Voraussetzung ist jedoch grundsätzlich, dass Mindest- und Höchstzinssatz und die Voraussetzungen angegeben werden, unter denen Änderungen eintreten, sodass die Höhe, auch für Dritte, bestimmbar ist[43]. Die Angabe eines Höchstzinssatzes ist entbehrlich, wenn sich die Zinshöhe aus der Bezugnahme auf eine gesetzlich bestimmte Bezugsgröße ergibt[44]. Insbesondere die Ausrichtung der Zinsvereinbarung an § 288 Abs. 1 BGB wurde vom BGH als hinreichend bestimmt angesehen[45]. Gleichermaßen zulässig dürfte es sein, an den Basiszins nach § 247 anzuknüpfen (z. B. „6 % über dem jeweiligen Basiszinssatz nach § 247 BGB")[46]. Die Kreditinstitute sollten bei der Wahl des Zinssatzes Zurückhaltung üben. Denn bei jährlich nachträglicher Fälligkeit (RN 283) und einer Dauer des Versteigerungsverfahrens von nur einem Jahr können (zusammen mit den für zwei Jahre rückständigen Zinsen, die ebenfalls den Rang des Hauptrechts haben) Zinsen für vier bis fünf Jahre im Rang der Grundschuld geltend gemacht werden. Bei einem hohen Zinssatz führt dies zu einer beträchtlichen Erhöhung des Sicherheitsvolumens, gelegentlich sogar zur Verdoppelung des Nominalbetrags[47]; das kann Probleme unter dem Gesichtspunkt der Übersicherung (RN 657, 658) zur Folge haben[48]. Erfahrungsgemäß laufen auch lange anerkannte Gestaltungen Gefahr, durch die Rechtsprechung eingeschränkt zu werden, wenn von ihnen exzessiv Gebrauch gemacht wird.

285 Der Zinssatz kann **nachträglich geändert** werden. Erforderlich ist eine Einigung über die Änderung zwischen Grundstückseigentümer und Grundschuldgläubiger und die Eintragung der Änderung im Grundbuch (§§ 877, 873 Abs. 1 BGB).

Bei einer Briefgrundschuld setzt die Eintragung voraus, dass dem Grundbuchamt der Grundschuldbrief vorgelegt wird (§ 42 Satz 1, § 41 Abs. 1 Satz 1 GBO); die Änderung ist auf dem Brief zu vermerken (§ 70 Abs. 1 Satz 1, § 62 Abs. 1 Satz 1 GBO).

286 Wird der Zinssatz erhöht, so darf der **Mehrbetrag** den **Rang**[49] der Grundschuld nur erhalten, wenn die Inhaber aller in Abteilung II oder III gleich- oder nach-

---

42 So auch *Freckmann*, BKR 2005, 167, 170.

43 BGH v. 31. 10. 1962 – V ZR 231/60 –, DNotZ 1963, 436; (für Hypothek) *OLG Schleswig v. 12. 12. 2002* – 2 W 147/02 –, ZIP 2003, 250 = EWiR § 1115 BGB 1/03, 365 (*Demharter*, zustimmend); *Grüneberg/Herrler*, § 1115 RN 14.

44 *Grüneberg/Herrler*, § 1115 RN 10; durch die Bezugnahme ergeben sich zugleich Mindestzinssatz und Änderungsvoraussetzungen, sodass auch insoweit eine *gesonderte* Angabe nicht erforderlich ist.

45 BGH v. 26. 1. 2006 – V ZB 143/05 – (Ziff. III 2), WM 2006, 672 = NJW 2006, 1341; Darstellung des Streitstands in Ziff. III 1.

46 *Zimmer*, NJW 2006, 1325, 1226 (rechte Spalte); vgl. *Wagner*, Rpfleger 2004, 668, 673 (zu Hypothek und Zwangssicherungshypothek); für andere Bezugsgrößen *Kesseler*, MittBayNot 2006, 468.

47 Kritisch dazu: *Clemente*, RN 15, 15 a; *Brych*, Sparkasse 1982, 224; *Clemente/Lenk*, ZfIR 2002, 337, 341 ff. (Ziff. IV und V); *Reithmann*, WM 1985, 445 f.

48 *MünchKomm/Lieder*, § 1191 RN 57 ff.; *Staudinger/Wolfsteiner* (2019), Vorbem. 85 zu §§ 1191 ff.; *Clemente/Lenk*, ZfIR 2002, 337, 341 (Ziff. IV, 1); vgl. auch *Göbel*, S. 205 ff.

49 Zu der Frage, wie der Rang des Zinsmehrbetrags im Grundbuch zum Ausdruck gebracht wird, vgl. *Schöner/Stöber*, RN 2495 ff.

rangigen Rechte der Zinserhöhung zustimmen (vgl. § 1119 Abs. 1 BGB) und dem Mehrbetrag damit den Vorrang einräumen. Andernfalls ist der Erhöhungsbetrag mit Rang[48] nach den im Zeitpunkt der Zinserhöhung auf dem Grundstück lastenden Rechten[50], die der Erhöhung nicht zugestimmt haben, einzutragen.

Ist die Grundschuld unverzinslich oder mit weniger als 13 % bzw. 5 % verzinslich, kann der Zinssatz im Rang der Grundschuld **auch ohne Zustimmung der gleich- oder nachrangigen Berechtigten** erhöht werden, und zwar bei einer (nur in den neuen Bundesländern möglichen) Aufbauhypothek oder Aufbaugrundschuld bis insgesamt 13 % (Art. 233 § 9 Abs. 3 EGBGB), bei allen anderen Grundpfandrechten bis 5 % (§ 1119 Abs. 1 BGB).

Anders als das Grundschuldkapital (§ 902 Abs. 1 Satz 1 BGB) **verjähren die Grundschuldzinsen** in drei Jahren (§ 902 Abs. 1 Satz 2, § 195 BGB). Die **kurze Verjährungsfrist** gilt selbst für rechtskräftig festgestellte (künftige) Zinsen (§ 197 Abs. 1 Nr. 3, Abs. 2 BGB). Die Verjährung der Grundschuldzinsen **beginnt durch Vollstreckung neu zu laufen**, wenn der Gläubiger (vor Eintritt der Verjährung) aus der Grundschuld (auch) wegen der dinglichen Grundschuldzinsen die Zwangsversteigerung des belasteten Grundstücks oder die Zulassung des Beitritts zu dem von einem anderen Gläubiger betriebenen Versteigerungsverfahren (RN 1069) oder das Weiterbetreiben eines einstweilen eingestellten (u.a. wegen der Grundschuldzinsen betriebenen) Versteigerungsverfahrens (§ 30f Abs. 1, § 31 Abs. 1 ZVG) beantragt (§ 212 Abs. 1 Nr. 2 BGB). Die gleiche Wirkung hat jede wesentliche verfahrensfördernde gerichtliche Vollstreckungshandlung (z.B. Bestimmung des Versteigerungstermins, Feststellung des geringsten Gebots, Entscheidung über den Zuschlag, Aufstellung des Teilungsplans)[51]. Dagegen genügt die bloße Anmeldung der Ansprüche in dem (nur) von einem anderen Gläubiger betriebenen Verfahren nicht[52].   *287*

Es ist aber zu bedenken, dass die Verjährung am Folgetag nach jeder dieser Maßnahmen wieder neu zu laufen beginnt[53]. Der Gläubiger muss also darauf achten, dass der zeitliche Abstand zwischen einer solchen Maßnahme und der nächsten nie drei Jahre erreicht. Eine solche Verzögerung tritt bei einem normal ablaufenden Zwangsversteigerungsverfahrens nicht ein. Sollte aber einmal die drohende Verjährung durch diese (oder andere) Maßnahmen nicht zu verhindern sein, so kann ausnahmsweise trotz Rechtskraft der Vorentscheidung zur Unterbrechung der Verjährung erneut Feststellungsklage erhoben werden[54].

Die Verjährung jeder einzelnen Zinsrate **beginnt jeweils mit dem Schluss des Jahres**, in dem sie fällig geworden ist (§ 199 Abs. 1 BGB). Dass die Grundschuld   *288*

---

50 *MünchKomm/Lieder,* § 1119 RN 6; *Grüneberg/Herrler,* § 1119 RN 1; *Schöner/Stöber,* RN 2494.
51 BGH v. 18.1.1985 – V ZR 233/83 – (Ziff. 2b), BGHZ 93, 287 = WM 1985, 581.
52 *Grüneberg/Ellenberger,* § 212 RN 10.
53 BGH v. 29.4.1993 – III ZR 115/91 – (Ziff. III, 2 c, cc), BGHZ 122, 287 = NJW 1993, 1847 = WM 1993, 1045; BGH v. 18.1.1985 – V ZR 233/83 – (Ziff. 1d und 2), BGHZ 93, 287 = WM 1985, 581; *Grüneberg/Ellenberger,* § 212 RN 11.
54 BGH v. 18.1.1985 – V ZR 233/83 – (Ziff. 1b, bb), BGHZ 93, 287 = WM 1985, 581; *Schmitz,* WM 1991, 1061, 1067.

deshalb nicht geltend gemacht werden kann, weil die gesicherte Forderung vertragsgemäß bedient wird (RN 799), hemmt die Verjährung nicht; § 205 BGB ist nicht anwendbar[55].

Zwar beginnt die Verjährung regelmäßig erst, wenn der Gläubiger sein Recht auch einklagen kann[56]. Dies deshalb, weil ihm normalerweise sonst ein von ihm nicht beherrschbarer Rechtsverlust droht. Bei der Verjährung der Grundschuldzinsen ist das aber nicht zu befürchten, weil für jede verjährende Zinsrate eine neue nachgewachsen ist. Das Hinausschieben des Verjährungsbeginns würde hier im Gegenteil eine nicht gerechtfertigte Besserstellung des Gläubigers bewirken, nämlich dass sich das Volumen seiner Sicherheit jährlich – ohne Begrenzung nach oben – um einen Jahreszinsbetrag vergrößern würde. Deshalb richtet sich der Verjährungsbeginn der Grundschuldzinsen allein danach, wann sie formal fällig werden.

288.1 Betreibt der Grundschuldgläubiger die Zwangsvollstreckung (auch) wegen verjährter Grundschuldzinsen, kommt eine **Vollstreckungsabwehrklage** (§ 767 ZPO) des Eigentümers in Betracht. Das Rechtsschutzbedürfnis für eine solche Klage besteht grundsätzlich solange, wie der Gläubiger den Vollstreckungstitel mit überschießender Rechtsmacht in den Händen hält.[57] Dem Gläubiger kann daher nur angeraten werden, die Zwangsvollstreckung auf die nicht verjährten Grundschuldzinsen (und das Grundschuldkapital) zu beschränken. Tut er dies und erhebt der Vollstreckungsschuldner gleichwohl Klage, ist sein **Rechtsschutzbedürfnis** nach zutreffender Ansicht des BGH ausnahmsweise zu verneinen, wenn Indizien vorliegen, die in einer Gesamtwürdigung den sicheren Schluss erlauben, dass die Vollstreckungsabwehrklage ausschließlich prozessfremden Zielen dient.[58] Als *ein* gewichtiges Indiz für eine solche Zielsetzung bewertet der BGH die Erhebung der Verjährungseinrede im laufenden Versteigerungsverfahren zur Unzeit, d. h. wenn es durch die Klage zu einer Verzögerung des Versteigerungsverfahrens kommt. Eine solche tritt zwangsläufig ein, wenn der Gläubiger sich erst eine neue vollstreckbare Ausfertigung ohne die verjährten Zinsen beim Notar beschaffen[59] und diesen Titel zustellen muss. Ebenso verzögert (ohne das erneute Zustellungserfordernis) die teilweise Einziehung der Vollstreckungsklausel (in Bezug auf die verjährten Zinsteile) das Verfahren. Zur Aberkennung eines Rechtsschutzbedürfnisses muss nach Ansicht des BGH mindestens ein *weiteres* Indiz für die Verfolgung prozessfremder Ziele hinzukommen; dies kann der Verzicht (RN 265) des Gläubigers auf die

---

55 BGH v. 28.9.1999 – XI ZR 90/98 – (insb. Ziff. II, 2 a bis c), BGHZ 142, 332 = WM 1999, 2253 = EWiR § 202 BGB 1/2000, 59 (*Medicus*) (für § 202 BGB i. d. bis 31.12.2001 geltenden Fassung); *Amann*, DNotZ 2002, 94, 123; *anderer Ansicht*: BGH v. 9.11.1995 – IX ZR 179/94 – (Ziff. 4c), WM 1995, 2173 = EWiR § 9 AGBG 4/96, 147 (*Tiedtke*); *Siol*, WM 1996, 2217, 2223; *Medicus*, BGH EWiR § 202 BGB 1/2000, 59 (Ziff. 4).

56 *Grüneberg/Ellenberger*, § 199 RN 3.

57 BGH v. 21.10.2016 – V ZR 230/15 – (RN 7), WM 2016, 2381 = ZfIR 2017, 282 (m. Anm. *Clemente*).

58 BGH v. 21.10.2016 – V ZR 230/15 – (RN 23 ff.), WM 2016, 2381 = ZfIR 2017, 282 (m. Anm. *Clemente*).; BGH v. 9.2.2017 – V ZR 154/16 – (RN 7).

59 Vgl. DNotI-Report 2014, 19 ff.

verjährten Zinsansprüche sein oder die Prognose, dass der zu erwartende Vollstreckungserlös die Summe aus Hauptforderung und unverjährten Zinsen nicht annähernd erreichen wird.[60] Mit dahingehenden Schritten bzw. Feststellungen kann einer lediglich die Vollstreckung verschleppenden Vollstreckungsgegenklage wirksam der Boden entzogen werden.

9.3 Sonstige Nebenleistungen

Außer Zinsen können auch sonstige Nebenleistungen vereinbart und eingetragen werden. Die Nebenleistung kann entweder in einem **Prozentsatz** vom Grundschuldkapital **oder in einem festen Betrag** angegeben werden[61]. Die Nebenleistung muss in einem Abhängigkeitsverhältnis zur Grundschuld stehen, braucht aber ihrer Art nach nicht näher gekennzeichnet zu werden; die Bezeichnung „Nebenleistung" reicht aus[62].   *289*

Trotz ihrer *wirtschaftlichen* Nähe zum Grundschuldkapital gilt für die Nebenleistung nicht die Fälligkeitsregelung der §§ 1193 Abs. 1 Satz 1, Abs. 2 Satz 2 BGB. Sonstige Nebenleistungen sind *rechtlich* genauso wie Zinsen einzuordnen (vgl. § 1115 Abs. 1 Halbsatz 1 BGB). Die Fälligkeit der Nebenleistung ist mithin frei gestaltbar, sodass es vor der Verwertung keiner Kündigung der Nebenleistung bedarf, es sei denn, es wäre etwas anderes vereinbart.

Wirtschaftlich stellt die Nebenleistung eine unverzinsliche und keine zusätzlichen Notar- und Eintragungskosten auslösende Erhöhung des Grundschuldkapitals dar. Erkennt der Besteller die Bedeutung der Klausel nicht, kann die Erweiterung nach § 305c BGB unwirksam sein. Erkennt er die Bedeutung, wird sie ihm oft schwer verständlich zu machen sein. Eine extrem überzogene Nebenleistung könnte im Einzelfall vielleicht sogar wegen anfänglicher Übersicherung zur Unwirksamkeit führen (RN 658)[63]. Deshalb sollte eine Nebenleistung nur dort vereinbart werden, wo besondere, dem Besteller **unschwer zu vermittelnde Gründe** dafür sprechen[64].

9.4 Unabhängigkeit von gesicherter Forderung

Die vorstehend erörterten Vereinbarungen über Fälligkeit, Verzinsung und sonstige Nebenleistungen beziehen sich nur auf die Grundschuld selbst. Für die   *290*

---

60   BGH v. 21. 10. 2016 – V ZR 230/15 – (RN 28), WM 2016, 2381 = ZfIR 2017, 282 (m. Anm. *Clemente*).

61   Vgl. Anhang 1 [5], 2 [5] und 4 [3].

62   OLG Stuttgart v. 30. 7. 1986 – 8 W 147/86 – (Ziff. II, 2), DNotZ 1987, 230 = NJW-RR 1986, 1397 = WM 1986, 1184 = ZIP 1986, 1377; *LG Bielefeld v. 20. 4. 1999 –* 25 T 234/99 –, Rpfleger 1999, 388; *LG Berlin v. 25. 7. 1984* – 84 T 55/84 –, Rpfleger 1985, 56 = WM 1985, 49 = ZIP 1985, 97; *Grüneberg/Herrler*, § 1115 RN 21; *Schöner/Stöber*, RN 2295 ff.; *anderer Ansicht: MünchKomm/Lieder*, § 1192 RN 23; *Staudinger/Wolfsteiner* (2019), § 1192 RN 30; *Schmidt*, DNotZ 1984, 334; *Stöber*, ZIP 1980, 613.

63   Vgl. *Göbel*, S. 205 ff.

64   Der Vordruck Anhang 3 und der Vorschlag des Ausschusses für Schuld- und Liegenschaftsrecht der Bundesnotarkammer für ein Grundschuldformular, Teil B II, zu 1 (DNotZ 2002, 84, 91) sehen keine Nebenleistung vor.

dadurch gesicherte Forderung können, anders als bei der Hypothek, durchaus andere Bestimmungen gelten. Auch wenn bspw. die Grundschuldzinsen jährlich fällig sind, können die Zinsen des gesicherten Darlehens jeweils am Quartalsende zu zahlen sein.

10 Persönliche Haftung des Grundstückseigentümers

10.1 Abstraktes Schuldversprechen neben der Grundschuld

Aus der Grundschuld haftet der Grundstückseigentümer nur mit dem Grund- *291*
stück (§ 1191 Abs. 1 BGB). In sein sonstiges Vermögen kann daraus nicht vollstreckt werden.

Der Eigentümer kann aber die persönliche Haftung für die Grundschuld übernehmen, und zwar dadurch, dass er ein abstraktes Schuldversprechen gemäß § 780 BGB abgibt[1]. Das Schuldversprechen begründet einen selbstständigen Anspruch neben der Grundschuld. Für die Verbindlichkeit daraus haftet der Versprechende mit seinem **gesamten Vermögen**. Zum Verbot der Doppelbelastung s. RN 296.

Inhalt des Schuldversprechens ist normalerweise die abstrakte Verpflichtung, den Grundschuldbetrag (oder einen Geldbetrag in Höhe der Grundschuld) nebst den vereinbarten Zinsen und Nebenleistungen[2] zu zahlen. Eine solche Vereinbarung ist auch bezüglich der Zinsen und sonstigen Nebenleistungen sowie des Zinsbeginns „ab dem Tag der Eintragung der Grundschuld" ausreichend bestimmt, und zwar selbst für einen Vollstreckungstitel (RN 294). Denn es genügt, wenn sich der Anspruch aus der Urkunde oder aus offenkundigen (bspw. aus dem Grundbuch ersichtlichen) Umständen berechnen lässt[3].

Die durch die Grundschuld (und das Schuldversprechen) gesicherten Ansprüche oder die Sicherungsabrede sind nicht unmittelbarer Gegenstand des Schuldversprechens.

Zur Abgabe eines abstrakten Schuldversprechens ist der Schuldner verpflichtet, wenn er eine dahingehende Vereinbarung getroffen hat (RN 566). Nach Ansicht des OLG Brandenburg[4] kann sich eine solche Verpflichtung im Einzelfall auch aus einer hinsichtlich der zu bestellenden Sicherheiten im Darlehensvertrag enthaltenen Verweisung auf einen gesonderten Sicherungsvertrag ergeben, der seinerseits den Sicherungszweck des persönlichen Schuldversprechens regelt. Dem kann jedenfalls dann zugestimmt werden, wenn der in Bezug genommene Sicherungsvertrag zugleich mit dem Darlehensvertrag abgeschlossen wurde.

Die **Verpflichtung zur Abgabe** eines abstrakten Schuldversprechens kann auch stillschweigend vereinbart werden, sofern nicht eine bestimmte Form vorgeschrieben ist (vgl. RN 575 und 575.1). Von einer stillschweigenden Vereinbarung wird regelmäßig dann auszugehen sein, wenn dem Schuldner bei Abgabe

---

1   BGH v. 10.12.1991 – XI ZR 48/91 – (Ziff. II, 1), WM 1992, 132; BGH v. 2.10.1990 – XI ZR 306/89 – (Ziff. 1), WM 1990, 1927, beide m.w.N.; *Staudinger/Wolfsteiner* (2019), Vorbem. 203 zu §§ 1191 ff.

2   Anhang 1 [9], 3 [12], 4 [14], 4 a [11] und 10 [16]; ebenso Vorschlag des Ausschusses für Schuld- und Liegenschaftsrecht der Bundesnotarkammer für ein Grundschuldformular Teil A II, 2 (DNotZ 2002, 84, 86).

3   BGH v. 28.3.2000 – XI ZR 184/99 – WM 2000, 1058; *Wolfsteiner*, DNotZ 2001, 696 (insoweit zustimmende Anmerkung zum Urteil des BGH v. 28.3.2000).

4   OLG Brandenburg v. 20.6.2007 – 4 U 213/06 – (Ziff. II, 2 a), nicht veröffentlicht.

des Schuldanerkenntnisses bewusst ist, dass es sich dabei um eine selbstständige Sicherheit handelt. Bei dahingehender Belehrung durch den Notar[5] kann das nicht zweifelhaft sein.

Ist wirksam vereinbart, dass der Schuldner sich der „sofortigen Zwangsvollstreckung in sein gesamtes Vermögen" zu unterwerfen hat, so enthält dies die Verpflichtung, ein sofort vollstreckbares Schuldanerkenntnis abzugeben[6]. Daraus, dass er diese Verpflichtung nicht sofort erfüllt, darf der Schuldner keine Vorteile ziehen. Deshalb kann er sich in einem solchen Fall auf die Unwirksamkeit einer etwa beurkundeten, aber (z.B. wegen Verstoßes gegen das RBerG [dazu RN 314]) nicht wirksamen Vollstreckungsunterwerfung nicht berufen[7]. Die Verpflichtung, sich der sofortigen Zwangsvollstreckung zu unterwerfen, liegt nicht bereits in der abstrakten Vollstreckungsunterwerfung selbst[8].

Nach Auffassung des BGH[9] trägt das abstrakte Schuldversprechen als Personalsicherheit[10] seinen Rechtsgrund in sich[11], sodass der Sicherungsgeber es selbst dann nicht wieder herausverlangen können soll, wenn es entgegen den verbraucherdarlehensrechtlichen Bestimmungen (§ 492 Abs. 2 BGB, Art. 247 § 7 Nr. 2 EGBGB, vormals § 492 Abs. 1 Nr. 7 BGB) nicht im Darlehensvertrag als zu bestellende Sicherheit aufgeführt ist. Das ist im Ergebnis zutreffend, wenngleich die bloß formelhafte Begründung mit einem angeblich immanenten Rechtsgrund wenig zu überzeugen vermag[12]. Vielmehr kommt es nach der hier vertretenen Ansicht für das Behaltendürfen der Sicherheit auf das Vorliegen einer wirksamen Sicherungsabrede an (RN 566).

292 Bei der Bestellung einer *Fremd*grundschuld wird das Schuldversprechen gegenüber dem (ersten) **Gläubiger der Grundschuld** erklärt[13]. Ihm steht der Anspruch daraus zunächst zu.

Erster Inhaber einer **Eigentümergrundschuld** ist der Eigentümer selbst. Er kann nicht Gläubiger seines eigenen Schuldversprechens sein. In diesem Fall wird das Schuldversprechen gegenüber demjenigen abgegeben, dem der Eigentümer die Grundschuld abtreten wird; im Einzelnen (auch zur Zulässigkeit) s. RN 244.

---

5 Vgl. Anhang 4 [14 a].
6 BGH v. 22.11.2005 – XI ZR 226/04 – (Ziff. II, 1), WM 2006, 87 = WuB IV C § 3 AGBG 1.06 (*Haertlein*); BGH v. 22.10.2003 – IV ZR 33/03 – (Ziff. II, 5 a), WM 2003, 2375.
7 BGH v. 22.10.2003 – IV ZR 33/03 – (Ziff. II, 3 c), WM 2003, 2375; BGH v. 22.10.2003 – IV ZR 33/03 – (Ziff. II, 5), WM 2003, 2375.
8 BGH v. 15.3.2005 – XI ZR 135/04 – (Ziff. II 3 b bb [3] [b]), WM 2005, 828 = EWiR 2005, 531 (*Weber*) = WuB I G 5 Immobilienanlagen 9.05 (*Roth*).
9 BGH v. 22.7.2008 – XI ZR 389/07 – (Ziff. II, 3), BGHZ 177, 345 = WM 2008, 1679 = EWiR 2008, 703 (*Gladenbeck*).
10 Nach *Dieckmann*, RNotZ, 2008, 597, 603, liegt bei einem Schuldversprechen des Darlehensnehmers mangels einer weiteren Haftungsmasse keine Personalsicherheit vor, sondern ein atypisches Sicherungsrecht eigener Art.
11 A. A. (gesonderter Schuldgrund erforderlich): *Ehmann*, WM 2007, 329.
12 *Gladenbeck*, EWiR 2009, 703; kritisch auch *Wolters*, ZfIR 2009, 92.
13 BGH v. 22.10.2003 – IV ZR 33/03 – (Ziff. II, 6), WM 2003, 2375.

Der Anspruch aus dem Schuldversprechen ist nicht Teil der Grundschuld und 293
steht nicht automatisch dem *jeweiligen* Grundschuldgläubiger zu. Er muss vielmehr eigens abgetreten werden, wenn er bei der **Abtretung der Grundschuld**
übergehen soll (RN 480).

Die **Trennung von Grundschuld und Schuldversprechen** durch Abtretung
(allein) der Grundschuld ohne den Anspruch aus dem Schuldversprechen kann
nicht zu einer doppelten Inanspruchnahme des Schuldners führen, wenn dieser
(wie üblich) aus dem Schuldversprechen nicht kumulativ neben der Grundschuld in Anspruch genommen werden darf (RN 297). Das ist dadurch gewährleistet, dass der Schuldner das Schuldversprechen nur Zug um Zug gegen Rückgewähr der Grundschuld zu erfüllen braucht[14] oder wenn sonst eine doppelte
Inanspruchnahme sicher ausgeschlossen ist (vgl. RN 795 für das vergleichbare
Verhältnis Grundschuld/gesicherte Forderung). Umgekehrt kann der Anspruch
aus dem Schuldversprechen nicht mehr geltend gemacht werden, wenn der
(neue) Gläubiger der Grundschuld aus dieser befriedigt worden ist[15].

Ein abstraktes Schuldversprechen wird in der Praxis meist im Zusammenhang 294
mit der Bestellung einer sofort vollstreckbaren Grundschuld (RN 304) abgegeben. Dabei unterwirft sich der Schuldner regelmäßig auch hinsichtlich der Ansprüche aus dem **Schuldversprechen** der sofortigen **Zwangsvollstreckung**[16].
Dafür ist Beurkundung (RN 212) durch einen deutschen Notar erforderlich
(§ 794 Abs. 1 Nr. 5 ZPO).

Verzichtet der Gläubiger auf die sofortige Vollstreckbarkeit[17], so genügt für das
Schuldversprechen einfache Schriftform (§ 780 BGB).

Aus einer **vollstreckbaren Ausfertigung** dieser Urkunde kann der Gläubiger in
das gesamte Vermögen des Schuldners vollstrecken (zum Erfordernis der Wartefrist für eine Zwangsversteigerung des mit der Grundschuld belasteten Objekts s. RN 1072). Für die Erteilung ist der Notar zuständig, der das Schuldversprechen beurkundet hat. Die vollstreckbare Ausfertigung kann ohne Weiteres
(vgl. dagegen für die Grundschuld RN 305) sofort nach Abgabe des Schuldversprechens erteilt werden.

---

14 *Staudinger/Wolfsteiner* (2019), Vorbem. zu §§ 1191 ff., RN 267.
15 BGH v. 22.6.1999 – XI ZR 256/98 – (Ziff. II), WM 1999, 1616 = EWiR § 780 BGB 1/99,
    1055 (*Joswig*); *Clemente*, RN 249; *Everts*, MittBayNot 2008, 356, 358 hält das zitierte
    Urteil unter Hinweis auf BGH v. 12.12.2007 – VII ZB 108/06 – (Ziff. II, 2, c, aa), WM
    2008, 411 = ZIP 2008, 527 = WuB I F 3 – 3.08 (*Rimmelspacher*) für überholt, was
    unzutreffend sein dürfte, da im erstgenannten Urteil Grundschuld und Schuldver-
    sprechen durch Abtretung an zwei verschiedene Gläubiger getrennt wurden, wäh-
    rend im Urteil aus 2007 die beiden Sicherheiten parallel übertragen, die Grundschuld
    zwischenzeitlich aber verwertet wurde; vgl. *Rimmelspacher*, WuB I F 3 – 3.08.
16 Anhang 1 [9], 3 [12] und 4 [14]; ebenso Vorschlag des Ausschusses für Schuld- und
    Liegenschaftsrecht der Bundesnotarkammer für ein Grundschuldformular Teil A II, 2
    (DNotZ 2002, 84, 86).
17 Vgl. Anhang 10 [16]. Nach diesem Vordruck übernimmt der Eigentümer die persönli-
    che Haftung, ohne sich wegen des Anspruchs daraus der sofortigen Zwangsvollstre-
    ckung zu unterwerfen.

Wird die Grundschuld abgetreten, so kann die Vollstreckungsklausel wegen des Anspruchs aus dem Schuldversprechen auf den neuen Gläubiger nur umgeschrieben werden, wenn auch dieser Anspruch abgetreten ist und die Abtretung in öffentlicher oder öffentlich beglaubigter Form nachgewiesen wird (RN 480f). Hat der Schuldner das Schuldversprechen nur gegenüber dem *jeweiligen* Gläubiger der Grundschuld abgegeben und sich (nur) insoweit der Vollstreckung in sein gesamtes Vermögen unterworfen, ist bereits zur Umschreibung der Vollstreckungsklausel allein für das Schuldversprechen grundsätzlich auch der Erwerb der Grundschuld nachzuweisen[18]. Scheidet dieser Erwerb aus, weil die Grundschuld vom Zedenten des Schuldversprechens bereits verwertet wurde, ohne dass dies zur vollständigen Befriedigung in Höhe der dinglichen Forderung geführt hätte, muss es genügen, dass der Zessionar des Schuldversprechens neben der Abtretung des Schuldversprechens den (teilweisen) Ausfall der Grundschuld nachweist[19]. Dies könnte insb. durch Vorlage einer Ausfertigung des Teilungsplans erfolgen.

Ein Nachweis der treuhänderischen Bindung (wie vom BGH bei der Grundschuld gefordert, s. RN 306 bis 306.9) ist für das Schuldversprechen nicht erforderlich (RN 481).

Die Eröffnung des Insolvenzverfahrens gegen den Schuldner steht der Klauselumschreibung nicht entgegen[20].

Unterwirft sich der Schuldner wirksam[21] (auch) wegen des Schuldversprechens der sofortigen Zwangsvollstreckung, so hat das die weitere Folge, dass der Anspruch daraus erst in 30 Jahren verjährt (§ 197 Abs. 1 Nr. 4 BGB). Das gilt allerdings nicht für die Ansprüche auf (künftige) Zinsen und sonstige regelmäßig wiederkehrende Leistungen aus dem Schuldversprechen; diese unterliegen der regelmäßigen dreijährigen **Verjährung** (§ 197 Abs. 2 BGB); wegen der Verjährung der Grundschuldzinsen s. RN 287, 288.

Dagegen verjähren die Ansprüche aus einem nicht vollstreckbaren Schuldversprechen seit 1. Januar 2002[22] in drei Jahren. Die Frist beginnt mit dem Ende des Jahres, in dem die Ansprüche entstanden sind (§§ 195, 199 Abs. 1 BGB). Da der Gläubiger aufgrund der Sicherungsabrede das Schuldversprechen nicht realisieren darf, solange die gesicherten Ansprüche vertragsgemäß bedient werden (vgl. RN 799 zur Grundschuld), dürfte jedoch während dieser Zeitspanne die

---

18 BGH v. 12.12.2007 – VII ZB 108/06 – (Ziff. II, 2, c, aa), WM 2008, 411 = ZIP 2008, 527 = WuB I F 3 – 3.08 (*Rimmelspacher*).
19 *Rimmelspacher*, WuB I F 3 – 3.08.
20 BGH v. 12.12.2007 – VII ZB 108/06 – (Ziff. II, 2, c, bb), WM 2008, 411 = ZIP 2008, 527 = WuB I F 3 – 3.08 (*Rimmelspacher*).
21 *Grüneberg/Ellenberger*, § 197 RN 8 m. w. N.
22 Inkrafttreten der Schuldrechtsmodernisierung. – Der neuen, ab 1.1.2002 laufenden dreijährigen Verjährungsfrist unterliegen auch (nicht vollstreckbare) Ansprüche aus den bis zum 31.12.2001 entstandenen Schuldversprechen, sofern nicht die alte 30-jährige Verjährungsfrist früher abläuft (Art. 229 § 6 Abs. 1 und 4 EGBGB).

Verjährung des Hauptanspruchs[23] gehemmt sein (§ 205 BGB). Das gilt letztlich auch für die Verjährung des vollstreckbaren Schuldversprechens.

Beurkundungsbedürftig ist nur das vollstreckbare Schuldversprechen, nicht aber die **Sicherungsabrede** oder die gesicherten Forderungen, sie sind **formfrei**. Deren Änderung bedarf deshalb nicht der notariellen Beurkundung, selbst wenn das Schuldversprechen wegen der Unterwerfung unter die sofortige Zwangsvollstreckung beurkundungsbedürftig war[24].

Kann der Gläubiger – wie regelmäßig – aus Grundschuld und Schuldversprechen zusammen nur einmal einen Betrag in Höhe aller Ansprüche aus der Grundschuld geltend machen (RN 297), so hat das abstrakte Schuldversprechen kostenrechtlich mit der Grundschuld den gleichen Gegenstand. Für die gleichzeitige Beurkundung von Grundschuld und Schuldanerkenntnis wird daher die Gebühr nur einmal aus dem Nennbetrag der Grundschuld erhoben (§ 109 Abs. 2 Nr. 3 GNotKG)[25].

Schuldversprechen und Unterwerfung unter die sofortige Zwangsvollstreckung *295* können auch durch einen **Bevollmächtigten** erklärt werden, wenn dies durch den Umfang der Vollmacht gedeckt[26] ist. Bei der einem Treuhänder erteilten umfassenden Vollmacht ist Vorsicht geboten; sie kann unwirksam sein (im Einzelnen s. RN 314). Wird die Vollmacht in der Form von Allgemeinen Geschäftsbedingungen (RN 687) erteilt, ist ihre Wirksamkeit an denselben Maßstäben zu messen wie das formularmäßige Schuldversprechen selbst.

Werden Verbindlichkeiten eines Dritten gesichert, ist das formularmäßige Schuldversprechen des Eigentümers regelmäßig unwirksam (RN 301). Die **formulармäßige Vollmacht**, die dazu ermächtigt, wird – jedenfalls wenn sie in unmittelbarem Zusammenhang mit der Bestellung der Grundschuld erteilt wird – aus denselben Gründen wie das Schuldversprechen unwirksam sein.

Handelt es sich dagegen um ein Schuldversprechen zur „Sicherung" ausschließlich eigener Verbindlichkeiten, so muss die Vollmacht auch als Allgemeine Geschäftsbedingung genauso zulässig sein wie das Schuldversprechen selbst (RN 300). Sie kann in diesem Fall nur dazu führen, dass der Vollmachtgeber

---

23 Die Entscheidung des BGH v. 28. 9. 1999 – XI ZR 90/98 –, BGHZ 142, 332 = WM 1999, 2253 = EWiR § 202 BGB 1/2000, 59 (*Medicus*), betrifft die Zinsverjährung und steht deshalb wohl der Anwendung des § 205 BGB auf den Hauptanspruch nicht im Wege. Die Verjährung der einzelnen Zinsraten ist dagegen aus denselben Gründen wie bei den Grundschuldzinsen (RN 288) nicht gehemmt.

24 BGH v. 3. 6. 1997 – XI ZR 133/96 – WM 1997, 1280 = EWiR § 3 AGBG 1/97, 673 (*Joswig*); *Schmitz-Valckenberg*, DNotZ 1998, 581, 582.

25 Noch zu § 44 Abs. 1 KostO: BayObLG v. 3. 2. 1984 – BR 3 Z 113 + 114/83 –, WM 1984, 645.

26 Nicht bei Vollmacht für „*Bestellung einer Briefgrundschuld [...] beliebigen Inhalts*", BGH v. 9. 9. 2015 – VII ZB 17/13 – (RN 14).

seine eigenen Verbindlichkeiten erfüllen muss. Dies ist nicht überraschend[27]. Der abweichenden Meinung[28] kann nicht gefolgt werden. Will der Gläubiger jedes Risiko daraus ausschließen, muss er darauf bestehen, dass der Schuldner die Erklärung selbst (nicht durch einen Bevollmächtigten) abgibt.

10.2 Schuldversprechen als selbstständiger, aber alternativer Anspruch

296 Das Schuldversprechen sichert nicht die Grundschuld, sondern ist vom Bestand der Grundschuld unabhängig. Das wird in den Vordrucken meist zum Ausdruck gebracht[29]. Die Bezugnahme auf den Grundschuldbetrag bringt lediglich eine Erleichterung in der Formulargestaltung[30]. Das Schuldversprechen steht als **selbstständiger Anspruch** neben der Grundschuld. Aus dem Anspruch kann auch dann vollstreckt werden, wenn die Grundschuld in der Zwangsvollstreckung ohne Befriedigung erloschen[31], sonst gelöscht worden[32] oder gar nicht entstanden[33] ist.

Zweck des abstrakten Schuldversprechens ist es, dem Grundschuldgläubiger eine zusätzliche Sicherheit neben der Grundschuld zu verschaffen. Wenn die Grundschuld mangels Eintragung nicht entsteht oder in der Zwangsversteigerung ohne Befriedigung erlischt, kann dies deshalb kein Grund sein, dem Gläu-

---

27 BGH v. 26.11.2002 – XI ZR 10/00 – (Ziff. III, 1), WM 2003, 64; OLG Jena v. 8.6.1999 – 5 U 1288/98 –, WM 1999, 2315 = EWiR § 276 BGB 1/2000, 11 (*Frisch*); s. auch BGH v. 10.12.1991 – XI ZR 48/91 –, WM 1992, 132, der das durch einen Bevollmächtigten abgegebene Schuldversprechen des persönlichen Schuldners zur Abdeckung von Verbindlichkeiten des Schuldners für wirksam gehalten hat, und zwar ohne weitere Erörterung, obwohl der Schuldner die Vollmacht angefochten und sich im Prozess auf ihre Unwirksamkeit berufen hatte.

28 OLG Hamm v. 13.6.1994 – 5 U 44/94 –, nicht veröffentlicht, inhaltlich wiedergegeben in DNotI-Report 1995, 161; OLG Düsseldorf v. 21.5.1993 – 17 U 74/92 –, ZIP 1993, 1376, teilweise abgedruckt in DNotI-Report 1995, 163 (nur in der Hilfsbegründung). – Die beiden Urteile sollten aber für den Notar Anlass sein, bei der Beurkundung der Vollmacht ausreichend darüber zu belehren, dass der Bevollmächtigte aufgrund der Vollmacht ein Schuldanerkenntnis für den Vollmachtgeber abgeben und diesen der sofortigen Zwangsvollstreckung daraus unterwerfen kann (so auch DNotI-Report 1995, 161, 164); OLG Koblenz v. 7.2.2002 – 5 U 662/00 – (Ziff. II, 2), ZfIR 2002, 284 = EWiR § 3 AGBG 1/02, 689 (*Kröll*), wonach formularmäßige Vollmacht für Haftungsübernahme ohne Hervorhebung und notarielle Belehrung überraschend und unwirksam ist, was jedoch in BGH v. 26.11.2002 – XI ZR 10/00 – (Ziff. III, 1), WM 2003, 64, abgelehnt wird.

29 Anhang 1 [9] („unabhängig von der Eintragung der Grundschuld").

30 BGH v. 2.10.1990 – XI ZR 306/89 – (Ziff. 2b), WM 1990, 1927.

31 BGH v. 2.10.1990 – XI ZR 306/89 – (Ziff. 2b), WM 1990, 1927; BGH v. 17.4.1986 – III ZR 246/84 – (Ziff. I, 5: Haftung entfällt nur, soweit Gläubiger aus erloschener Grundschuld tatsächlich befriedigt), WM 1986, 1032; *anderer Ansicht* (im Zweifel erlischt Schuldversprechen mit Grundschuld): OLG Celle v. 20.11.1984 – 16 U 69/84 – (Ziff. I, 1 a, bb), WM 1985, 1313; *Marburger*, S. 43 ff., insbes. S. 50.

32 OLG München v. 21.10.1980 – 9 U 1753/80 –, WM 1982, 834.

33 BGH v. 10.12.1991 – XI ZR 48/91 – (Ziff. II, 3), WM 1992, 132; *Marburger*, S. 43 ff., insbes. S. 50.

biger auch noch die andere Sicherheit, nämlich das Schuldversprechen zu versagen[34].

Unabhängig ist das abstrakte Schuldversprechen auch von der mit ihm besicherten persönlichen Forderung. Im Zuge der Vollstreckung aus dem Schuldversprechen kann daher auch eine Zwangshypothek auf dem bereits mit der Grundschuld belasteten Grundstück eingetragen werden. Anders als bei einer Hypothek steht das sogenannte Verbot der Doppelbelastung dem nicht entgegen.[35]

Das in einer Urkunde mit der Grundschuld abgegebene Schuldversprechen *297* steht aber regelmäßig nicht kumulativ, sondern **nur alternativ** zur Grundschuld zur Verfügung. Denn das Ziel der Beteiligten besteht normalerweise nicht darin, die Zugriffsmöglichkeiten dem Volumen nach zu verdoppeln, sondern nur darin, auch auf sonstiges Vermögen zugreifen zu können, wenn die Befriedigung aus der Grundschuld rechtlich oder tatsächlich schwierig oder gar unmöglich ist.

Unbeschadet der Haftung sowohl der Grundschuld wie des Schuldversprechens für die gesicherten Forderungen darf die Zwangsvollstreckung aus der Urkunde darum nur solange betrieben werden, bis der Gläubiger *einmal* Befriedigung wegen eines Betrags in Höhe aller Ansprüche aus der Grundschuld erlangt hat[36]; gelegentlich wird dies ausdrücklich klargestellt[37].

Hat der Gläubiger aus dem **einen Recht volle Befriedigung** erlangt, dann ist damit zugleich der Sicherungszweck des anderen Rechts, obwohl darauf nicht geleistet worden ist, erledigt. Auch eine Teilbefriedigung aus der Grundschuld muss sich der Gläubiger auf das Schuldversprechen anrechnen lassen[38]. Entsprechendes gilt für beide Rechte, wenn die gesicherte Forderung getilgt wird.

Soweit der Gläubiger durch Leistung auf das eine Recht befriedigt worden ist, hat er **das andere zurückzugewähren**. Im Einzelnen wird auf RN 302 (Rückge-

---

34 BGH v. 10.12.1991 – XI ZR 48/91 – (Ziff. II, 3), WM 1992, 132.
35 OLG München v. 6.2.2015 – 34 Wx 4/15 – (RN 11), Rpfleger 2015, 395; *Grüneberg-Herrler*, § 1113 RN 11; *MünchKomm/Lieder*, § 1113 RN 80; *Staudinger/Wolfsteiner* (2019), § 1113 RN 52, 45; *unklar* OLG Köln v. 23.10.1995 – 2 Wx 30/95 – (Ziff. 2), WM 1996, 151 = WuB VI E – 1.96 (*Wilhelm*).
36 BGH v. 28.3.2000 – XI ZR 184/99 – (Ziff. II, 1), WM 2000, 1058; BGH v. 10.12.1991 – XI ZR 48/91 – (Ziff. II, 3), WM 1992, 132; BGH v. 2.10.1990 – XI ZR 306/89 – (Ziff. 2b), WM 1990, 1927; BGH v. 3.12.1987 – III ZR 261/86 –, DNotZ 1988, 487 (m. abl. Anm. *Schmitz-Valckenberg*) = EWiR § 1191 BGB 1/88, 153 (*Gaberdiel*, zust.) m.w.N.; OLG Düsseldorf v. 29.1.1986 – 9 U 199/85 –, WM 1986, 1345; *Staudinger/Wolfsteiner* (2019), Vorbem. 215 zu §§ 1191 ff.; *Marburger*, S. 50 ff., insbes. S. 56 f.; *Rainer*, WM 1988, 1663; *Siol*, WM 1996, 2217, 2221; *anders* (Grundschuld und Schuldversprechen können kumulativ zur Verfügung stehen): BGH v. 18.12.1986 – IX ZR 11/86 – (Ziff. 1b), BGHZ 99, 274 = WM 1987, 228 = EWiR § 11 Nr. 15 AGBG 2/87, 323 (*Stürner*) m.w.N.; *Rastätter*, DNotZ 1987, 459, 474; (Schuldversprechen nach § 9 AGBG unwirksam; falls aber wirksam, steht es bei ordnungsgemäßer Beleihung kumulativ zur Verfügung): *Eickmann*, ZIP 1989, 143 f.
37 Anhang 4 [15] und 10 [17].
38 BGH v. 17.4.1986 – III ZR 246/84 – (Ziff. I, 5), WM 1986, 1032.

währ des Schuldversprechens) bzw. RN 723 (Rückgewähr der Grundschuld) verwiesen. Der fällige Anspruch auf Rückgewähr des Schuldversprechens begründet eine Einwendung gegen das Schuldversprechen, die dessen Geltendmachung ausschließt. Das gilt selbst dann, wenn dem Gläubiger noch weitere (an sich gesicherte) Forderungen gegen den Schuldner zustehen, zu deren Erfüllung der aus Grundschuld bzw. Schuldversprechen erlangte Betrag nicht ausgereicht hat.

298 Die Vereinbarung, dass Grundschuld und abstraktes Schuldversprechen unabhängig voneinander (also zusammen bis zum doppelten Betrag von Grundschuld und Nebenleistungen) geltend gemacht werden können, ist rechtlich nicht ausgeschlossen[39]. Die Vereinbarung einer **kumulativen Haftung** muss aber ganz eindeutig getroffen werden[40]. Dies dürfte in einer den Anforderungen an Allgemeine Geschäftsbedingungen (§§ 305 bis 310 BGB) genügenden Weise (also formularmäßig) nicht möglich sein, wenn Schuldversprechen und Grundschuldbestellung in einer Urkunde enthalten sind[41].

10.3 Sicherungszweck des abstrakten Schuldversprechens

299 Das Schuldversprechen ist ein abstraktes Sicherungsmittel (RN 296). Es dient der Sicherung bestimmter Ansprüche[42]. In den Vordrucken für die Sicherungsabrede (RN 562) wird regelmäßig ausdrücklich vereinbart, dass das **Schuldversprechen** der Sicherung derselben Forderungen dient wie die **Grundschuld** selbst[43]. Das kann bei Sicherheiten, die dem Gläubiger alternativ zur Verfügung stehen (RN 297), auch nicht anders sein; sie müssen **denselben Sicherungszweck** haben. Sollte ausnahmsweise eine ausdrückliche Sicherungsabrede für das abstrakte Schuldversprechen fehlen, so würde sich deshalb dieser Sicherungszweck durch Auslegung ergeben[44]. Regelmäßig teilt das abstrakte Schuldversprechen den Sicherungszweck der Grundschuld[45].

---

39 *Schmitz-Valckenberg*, DNotZ 1988, 487 (Anm. zu BGH v. 3.12.1987 – III ZR 261/86).
40 BGH v. 28.3.2000 – XI ZR 184/99 – (Ziff. II, 1), WM 2000, 1058; BGH v. 3.12.1987 – III ZR 261/86 –, DNotZ 1988, 487 (m. abl. Anm. *Schmitz-Valckenberg*) = NJW 1988, 707 = EWiR § 1191 BGB 1/88, 153 (*Gaberdiel*, zust.) m. w. N.
41 *Gaberdiel*, EWiR § 1191 BGB 1/88, 153 (Komm. zu BGH v. 3.12.1987 – III ZR 261/86); *Rainer*, WM 1988, 1663.
42 *Reithmann*, EWiR § 1191 BGB 2/93, 667 (OLG Köln v. 24.3.1993).
43 Anhang 6 [2], 7 [2], 8 [2], 9 [2] mit [4] bzw. [5], 10 [2], 11 [2] und 12 [2]; ebenso Vorschlag des Ausschusses für Schuld- und Liegenschaftsrecht der Bundesnotarkammer für ein Grundschuldformular Teil A II, 3 (DNotZ 2002, 84, 86/87).
44 BGH v. 2.10.1990 – XI ZR 306/89 – (Ziff. 2b), WM 1990, 1927; *Marburger*, S. 45 ff., insbes. S. 50; *anderer Ansicht* (ohne *ausdrückliche* Sicherungsabrede [und ohne entsprechende Vereinbarung im Darlehensvertrag, s. dazu RN 574] fehle der Rechtsgrund für das Schuldversprechen, sodass es nicht geltend gemacht werden könne): OLG Saarbrücken v. 19.11.2002 – 7 U 59/02 – 16 –, ZfIR 2003, 153 (m. insoweit zust. Anm. *Clemente*) = EWiR § 1191 BGB 1/03, 163 (*Joswig*, ablehnend).
45 BGH v. 16.5.2006 – XI ZR 6/04 – (Ziff. II, 1), WM 2006, 1194 = EWiR 2006, 463 (*Rösler*); BGH v. 5.4.2005 – XI ZR 167/04 – (B II, 2 c), WM 2005, 1076 = WuB I F Grundpfandrechte 2.05 (*Rimmelspacher*).

Sichert bspw. die Grundschuld, wie üblich, u. a. Verzugszinsen, so kann selbstverständlich auch wegen Verzugszinsen aus dem Schuldversprechen vollstreckt werden[46]. Sichert die Grundschuld Schadensersatzansprüche wegen Nichterfüllung nicht, so fallen sie auch nicht in den Schutzbereich des abstrakten Schuldversprechens[47].

10.4 Formularmäßiges Schuldversprechen

Gibt der **persönliche Schuldner** das abstrakte Schuldversprechen ab (ob er   *300*
zugleich Grundstückseigentümer ist oder nicht, spielt dabei keine Rolle), so
erwirbt der Gläubiger – neben der oder den gesicherten Forderung(en) – einen
weiteren (rechtlich selbstständigen) Anspruch gegen seinen Schuldner. Dabei
handelt es sich nicht um eine Sicherheit im eigentlichen Sinne, weil dieser
Anspruch weder ein dingliches Recht (RN 2, 3) ist, noch den Zugriff auf das
Vermögen einer weiteren Person (wie etwa eine Bürgschaft) eröffnet[48]. Der
Gläubiger kann daher mithilfe des Schuldversprechens vom Schuldner[49] nicht
mehr als die Summe der „gesicherten" Forderungen erlangen. Der Schuldner
kann mithin allein durch das Schuldversprechen weder benachteiligt noch
überrascht werden, selbst wenn es wegen aller, auch künftiger Ansprüche des
Gläubigers gegen ihn abgegeben wird[50].

Unterwirft sich der persönliche Schuldner der sofortigen **Zwangsvollstreckung** aus dem Schuldversprechen, so erhält der Gläubiger ohne Rechtsstreit
einen Vollstreckungstitel gegen den Schuldner. Insofern wird aber lediglich von
einer gesetzlich eingeräumten Möglichkeit Gebrauch gemacht. Nach der Konzeption des Gesetzgebers ist der Schutz des Schuldners durch das Erfordernis
notarieller Beurkundung und die – gegenüber einem Urteil – erweiterten Verteidigungsmöglichkeiten (§ 797 Abs. 4 ZPO) gewährleistet[51].

Deshalb ist auch die Unterwerfung des persönlichen Schuldners unter die sofortige Vollstreckung aus einem Schuldversprechen, sofern dieses lediglich zur
Realisierung seiner eigenen Verbindlichkeiten verwendet werden kann, weder

---

46   *Reithmann,* EWiR § 1191 BGB 2/93, 667 (OLG Köln v. 24. 3. 1993); *anderer Ansicht:* OLG
     Köln v. 24. 3. 1993 – 13 U 123/92 –, ebenda.
47   OLG Rostock v. 18. 1. 2001 – 1 U 64/99 –, WM 2001, 1377 = EWiR § 3 AGBG 5/01, 977
     (*Fraune*).
48   Nach *Dieckmann,* RNotZ 2008, 597, 603, deshalb Sicherung eigener Art, atypisches
     Sicherungsrecht.
49   Auch im Verhältnis zu anderen Gläubigern hat er – anders als mit der Grundschuld –
     kein Vorrecht.
50   Zustimmend *Freckmann,* BKR 2005, 167, 172.
51   BGH v. 18. 12. 1986 – IX ZR 11/86 – (Ziff. 2a), BGHZ 99, 274 = WM 1987, 228 = EWiR
     § 11 Nr. 15 AGBG 2/87, 323 (*Stürner*) m. w. N.; OLG Koblenz v. 7. 2. 2002 – 5 U 662/00 –
     (Ziff. I, 4), ZfIR 2002, 284 = EWiR § 3 AGBG 1/02, 689 (*Kröll*).

überraschend im Sinne von § 305c Abs. 1 BGB[52] noch unangemessen nachteilig nach § 307 Abs. 1 Satz 1 und Abs. 2 BGB[53]. Auch liegt darin keine unzulässige Änderung der Beweislast nach § 309 Nr. 12 BGB[54], wie auch ein Verstoß gegen § 496 BGB[55] nicht gegeben ist. Ergänzend, insbesondere wegen der sofortigen Erteilung einer vollstreckbaren Ausfertigung, wird auf die Darstellung zur vollstreckbaren Grundschuld verwiesen (RN 308, 309).

301 Gibt der Grundstückseigentümer, der **nicht persönlicher Schuldner** ist, ein **Schuldversprechen** ab, so kann daraus auch in andere Vermögensgegenstände als in das belastete Grundstück vollstreckt werden. Die Zugriffsmöglichkeit des Gläubigers wird zwar nicht betragsmäßig vergrößert, wenn dieser aus Grund-

52 BGH v. 28.10.2003 – XI ZR 263/02 – (Ziff. III, 1 a), WM 2003, 2410 = EWiR § 3 HWiG a.F. 1/04, 343 (*Weber*); BGH v. 22.10.2003 – IV ZR 33/03 – (Ziff. II, 3 a und b), WM 2003, 2375; BGH v. 26.11.2002 – XI ZR 10/00 – (Ziff. III, 1), WM 2003, 64; BGH v. 23.5.2000 – XI ZR 214/99 – (Ziff. II, 1 a. E.), NJW 2000, 2675 = WM 2000, 1328 = EWiR § 3 AGBG 2/2000, 797 (*Weber/Bonin*); BGH v. 23.11.1989 – III ZR 40/89 – (Ziff. 2b), WM 1990, 304 (bei entsprechendem Hinweis des Notars); BGH v. 18.12.1986 – IX ZR 11/86 – (Ziff. 2a), BGHZ 99, 274 = WM 1987, 228 = EWiR § 11 Nr. 15 AGBG 2/87, 323 (*Stürner*) m. w. N.; *Grüneberg/Grüneberg,* § 305c BGB RN 11; *Clemente,* RN 370; *Marburger,* S. 58 ff., 90, *Siol,* WM 1996, 2217, 2220; *anderer Ansicht* (überraschend, wenn weder drucktechnisch hervorgehoben noch vom Notar belehrt): OLG Koblenz v. 7.2.2002 – 5 U 662/00 –, ZfIR 2002, 284 = EWiR § 3 AGBG 1/02, 689 (*Kröll*), wohl auch (letztlich offen lassend) OLG Saarbrücken v. 19.11.2002 – 7 U 59/02 – 16 –, ZfIR 2003, 153 (Ziff. B II, 1 a) = EWiR § 1191 BGB 1/03, 163 (*Joswig*), jedoch in BGH v. 26.11.2002 – XI ZR 10/00 –, WM 2003, 64, ausdrücklich abgelehnt.

53 BGH v. 30.3.2010 – XI ZR 200/09 – WM 2010, 1022; BGH v. 22.11.2005 – XI ZR 226/04 – (Ziff. II, 2), WM 2006, 87 = WuB IV C § 3 AGBG 1.06 (*Haertlein*); BGH v. 28.10.2003 – XI ZR 263/02 – (Ziff. III, 1 a), WM 2003, 2410 = EWiR § 3 HWiG a. F. 1/04, 343 (*Weber*); BGH v. 22.10.2003 – IV ZR 398/02 – (Ziff. II, 3 a und b), FN 7; BGH v. 22.10.2003 – IV ZR 33/03 – (Ziff. II, 5 b), WM 2003, 2375; BGH v. 26.11.2002 – XI ZR 10/00 – (Ziff. III, 1), WM 2003, 64; BGH v. 10.12.1991 – XI ZR 48/91 – (Ziff. II, 1), WM 1992, 132; BGH v. 23.11.1989 – III ZR 40/89 – (Ziff. 2b), WM 1990, 304; BGH v. 18.12.1986 – IX ZR 11/86 – (Ziff. 2a), BGHZ 99, 274 = WM 1987, 228 = EWiR § 11 Nr. 15 AGBG 2/87, 323 (*Stürner*) m. w. N.; *Grüneberg/Grüneberg,* § 307 RN 94; *Staudinger/Wolfsteiner* (2019), Vorbem. 208 zu §§ 1191 ff.; *Clemente,* RN 371; *Marburger,* S 58 ff., 113 (bei Haftungsübernahme hinsichtlich der gesicherten Verbindlichkeit); *Siol,* WM 1996, 2217, 2220; *anderer Ansicht: Marburger,* S. 58 ff., 101 (wenn Haftungsübernahme „verstanden als abstraktes Schuldanerkenntnis").

54 BGH v. 27.9.2001 – VII ZR 388/00 – (Ziff. II, 2 b [2]), WM 2001, 2352; BGH v. 3.4.2001 – XI ZR 120/00 – (Ziff. II, 1 c), BGHZ 147, 203 = WM 2001, 1035 = EWiR § 767 ZPO 1/01, 693 (*Joswig*); BGH v. 10.12.1991 – XI ZR 48/91 – (Ziff. II, 1), WM 1992, 132; BGH v. 5.3.1991 – XI ZR 75/90 – (Ziff. II, 3), BGHZ 114, 9 WM 1991, 758 = EWiR § 1191 3/91, 457 (*Clemente,* zust.); BGH v. 23.11.1989 – III ZR 40/89 – (Ziff. 2b), WM 1990, 304; BGH v. 18.12.1986 – IX ZR 11/86 – (Ziff. 2a), BGHZ 99, 274 = WM 1987, 228 = EWiR § 11 Nr. 15 AGBG 2/87, 323 (*Stürner*) m. w. N.; *Grüneberg/Grüneberg,* § 309 RN 107; *Staudinger/Wolfsteiner* (2019), Vorbem. 208 zu §§ 1191 ff.; *Clemente,* RN 372; *Siol,* WM 1996, 2217, 2220.

55 BGH v. 15.3.2005 – XI ZR 135/04 – (Ziff. II 3 b bb [2]), WM 2005, 828 = EWiR 2005, 531 (*Weber*) = WuB I G 5 Immobilienanlagen 9.05 (Roth); so auch *Grüneberg/Weidenkaff,* § 496 RN 1; *MünchKomm/Weber,* § 496 RN 9; *Reiß,* MittBayNot 2005, 371 ff.; *anderer Ansicht* (entgegen dem ausdrücklichen Willen des Gesetzgebers) *Staudinger/Kessal-Wulf (2012),* § 496 RN 8, 30; *Vollkommer,* NJW 2004, 818 ff.

schuld und Schuldversprechen nur insgesamt einmal in Höhe des Betrags der Grundschuld vollstrecken kann (RN 297). Im Ergebnis steht der Eigentümer aber mit seinem sonstigen Vermögen für die Werthaltigkeit der Grundschuld ein.

Diese Ausdehnung der Haftung über das Grundstück hinaus dürfte regelmäßig für denjenigen, der zur Sicherung einer *fremden* Verbindlichkeit in derselben Urkunde eine Grundschuld bestellt, überraschend und damit – falls in einem Vordruck (RN 687) erklärt – nach § 305c Abs. 1 BGB **unwirksam** sein. Es ist kaum vorstellbar, dass in einem einheitlichen Vordruck, der Grundschuldbestellung und Schuldversprechen enthält, der Überraschungseffekt in einer Weise, die den an Allgemeine Geschäftsbedingungen zu stellenden Anforderungen genügt, ausgeräumt werden kann[56].

Der BGH hat ein Schuldversprechen, das der Eigentümer, der nicht Schuldner war, auf einem Vordruck zusammen mit der Grundschuld abgegeben hatte, als unangemessene Benachteiligung des Grundstückseigentümers nach § 9 Abs. 2 Nr. 1 AGBG (jetzt § 307 Abs. 2 Nr. 1 BGB) für unwirksam gehalten[57]. Die Frage, ob die Klausel überraschend und deshalb nach § 3 AGBG (jetzt § 305c Abs. 1 BGB) unwirksam[58] ist, hat er offen gelassen.

Dementsprechend sehen die üblichen Vordrucke meist[59] vor, dass nur der persönliche Schuldner ein Schuldversprechen abgibt, und zwar einige Vordrucke schon vor der Entscheidung des BGH.

Soweit die Bestellung einer Grundschuld durch den Dritten der Bank nicht ausreichend erscheint, ist es ihr aber unbenommen, durch eine urkundlich gesonderte Vereinbarung die persönliche Haftung des Grundschuldbestellers zu begründen.[60] Für diesen Fall wird empfohlen, in beiden Urkunden klarzustel-

---

56 *MünchKomm/Habersack*, § 780 RN 32; *Staudinger/Wolfsteiner* (2019) Vorbem. 211 zu §§ 1191 ff.; wohl auch *Rösler*, WM 1998, 1377, 1381; ähnlich OLG Oldenburg v. 26. 7. 1990 – 1 U 55/90 – (Ziff. 2b), WM 1991, 221.

57 BGH v. 5. 3. 1991 – XI ZR 75/90 – (Ziff. II, 4 b, bb), BGHZ 114, 9 WM 1991, 758 = EWiR § 1191 3/91, 457 (*Clemente*, zust.); ebenso: OLG Oldenburg v. 18. 6. 1984 – 9 U 1/84 –, WM 1985, 728; OLG Stuttgart v. 11. 9. 1985 – 1 U 26/85 –, NJW 1987, 71; *Eickmann*, ZIP 1989, 142; *Siol*, WM 1996, 2217, 2220; *anderer Ansicht:* OLG Hamm v. 6. 11. 1986 – 5 U 108/86 –, DNotZ 1987, 500; OLG Düsseldorf v. 7. 3. 1986 – 16 U 128/85 –, WM 1987, 717; *Staudinger/Wolfsteiner* (2019), Vorbem. 211 zu §§ 1191 ff. (unwirksam nach § 305c BGB); ähnlich *Marburger*, S. 113f (unwirksam nach § 9 Abs. 1, nicht nach § 9 Abs. 2 Nr. 1 AGBG).

58 Das hätte nahe gelegen, weil der BGH (BGH v. 5. 3. 1991 – XI ZR 75/90 – (Ziff. II, 4, b, bb a. E.), BGHZ 114, 9 WM 1991, 758 = EWiR § 1191 3/91, 457 (*Clemente*, zust.)) das vom dazu bereiten Dritten in *gesonderter* Vereinbarung abgegebene Schuldversprechen für zulässig hält. Die *inhaltliche* Angemessenheit einer Erklärung kann aber nicht davon abhängen, ob sie und eine korrespondierende Erklärung auf einem Stück Papier oder auf *zwei verschiedenen* Blättern abgegeben werden. Vgl. dazu auch *Stürner*, DNotZ 1992, 97 (Anm. zu BGH v. 5. 3. 1991 – XI ZR 75/90).

59 Anhang 1 [9] („übernimmt der Darlehensnehmer"); Anhang 3 [12]; Anhang 4 [14].

60 BGH v. 5. 3. 1991 – XI ZR 75/90 – (Ziff. II, 4 b, bb), BGHZ 114, 9 WM 1991, 758 = EWiR § 1191 3/91, 457 (*Clemente*, zust.).

len, dass insoweit nur eine alternative Haftung des Sicherungsgebers besteht.[61] Ist demgegenüber beabsichtigt, das Haftungsvolumen zu erhöhen, sollte zusätzlich eine Bürgschaft vom Grundschuldbesteller hereingenommen werden.

10.5 Rückgewähr des Schuldversprechens nach Erledigung des Sicherungszwecks

302 Werden alle *Forderungen* getilgt, die durch das abstrakte Schuldversprechen gesichert sind, so führt dies – wegen seiner Abstraktheit – dennoch nicht dazu, dass auch der Anspruch aus dem Schuldversprechen von selbst erlischt. Dessen Gläubiger darf daraus aber nicht mehr vorgehen, sondern ist gegenüber dem Schuldner verpflichtet, das Recht **zurückzugeben.** Entsprechendes gilt, wenn das Schuldversprechen, wie regelmäßig, alternativ neben der Grundschuld abgegeben worden ist (RN 297) und der Gläubiger Befriedigung aus der Grundschuld erlangt hat.

Der Gläubiger des Schuldversprechens kann sein Recht dadurch zurückgewähren, dass er seinen Anspruch entweder erlässt oder auf den Schuldner überträgt oder, ähnlich wie bei der Grundschuld (RN 743), auf Verlangen des Schuldners – insbesondere zusammen mit der Grundschuld – an einen Dritten abtritt. Der **Erlass** erfolgt durch Vereinbarung zwischen Gläubiger und Schuldner (§ 397 BGB); damit geht der Anspruch unter. Der Anspruch erlischt ebenfalls, wenn ihn der Gläubiger auf den Schuldner überträgt, weil damit Gläubiger und Schuldner zusammenfallen[62]. Die Rückgewähr durch **Abtretung** an einen Dritten kann für den Schuldner sinnvoll sein, etwa wenn er sich dadurch die Abgabe eines neuen Schuldversprechens zugunsten eines anderen Gläubigers erspart.

Erlass und Abtretung des Anspruchs sind **formfrei** wirksam. Die Abtretung des Anspruchs aus dem Schuldversprechen an einen Dritten muss aber (regelmäßig zusammen mit der Abtretung der Grundschuld) notariell beglaubigt oder beurkundet werden, damit die Vollstreckungsklausel auf den neuen Gläubiger umgeschrieben werden kann (RN 481).

Hat der Schuldner dagegen auf den Anspruch aus dem *Schuldversprechen* selbst gezahlt oder ist daraus (erfolgreich) die Zwangsvollstreckung betrieben worden, so ist der Anspruch aus dem Schuldversprechen erloschen (§ 362 Abs. 1 BGB). Dem Gläubiger ist nichts mehr verblieben, was er zurückgewähren könnte.

303 Der **Anspruch auf Rückgewähr** des Schuldversprechens kann, ähnlich wie der Anspruch auf Rückgewähr der Grundschuld, **abgetreten** werden. Ist dies – etwa zusammen mit dem Rückgewähranspruch bezüglich der Grundschuld (RN 483) – geschehen, kann der neue Gläubiger des Rückgewähranspruchs Abtretung (nicht nur der Grundschuld, sondern auch) der Forderung aus dem abstrakten Schuldversprechen verlangen.

---

61 *Pfeifer,* MittRhNotK 1998, 334, 338.
62 *Grüneberg/Grüneberg,* RN 4 vor § 362.

11 Sofort vollstreckbare Grundschuld

11.1 Unterwerfung durch den Grundstückseigentümer

Der Grundstückseigentümer kann sich der sofortigen Zwangsvollstreckung aus *304*
der Grundschuld in das Grundstück unterwerfen[1], und zwar auch bei Bestellung
einer Eigentümergrundschuld (RN 243). Die **Vollstreckungsunterwerfung** bezieht sich auf die Grundschuld nebst Nebenleistungen und ggf. auf das abstrakte
Schuldversprechen (RN 291, 294), nicht auf die dadurch gesicherten Forderungen (RN 307).

Der Anspruch, wegen dessen der Eigentümer sich der Zwangsvollstreckung
unterwirft, muss **bestimmt** sein. Beginn der Verzinsung ab Eintragung der
Grundschuld ist ausreichend bestimmt[2]. Bestimmt ist auch ein bedingter, aber
dem Betrag nach feststehender Zinsteil (z. B. 1 % Zinszuschlag bei Zahlungsrück-
stand); zulässig ist dessen Zusammenfassung mit einem unbedingten Zinsanspruch zu einem Höchstzinssatz und die Unterwerfung unter die Zwangsvollstreckung „bis zu" diesem Höchstzinssatz[3].

Zur Vollstreckung aus der Grundschuld benötigt der Gläubiger eine **vollstreck-** *305*
bare Ausfertigung der Urkunde. Sie wird von dem Notar erteilt, der die Urschrift der Urkunde verwahrt (§ 797 Abs. 2 Satz 1 ZPO, § 48 BeurkG); das ist der,
der die Unterwerfung unter die sofortige Zwangsvollstreckung beurkundet hat
(§ 45 Abs. 1 BeurkG). Die vollstreckbare Ausfertigung ist ein Vollstreckungstitel,
mit dem der Gläubiger aus der Grundschuld in gleicher Weise in das Grundstück vollstrecken kann, wie wenn er ein entsprechendes Urteil erstritten hätte
(RN 1074).

Ab welchem **Zeitpunkt** eine vollstreckbare Ausfertigung für die Grundschuld *305.1*
erteilt werden kann, hängt von der Ausgestaltung der Grundschuldurkunde ab.

Wurde die Grundschuld *bis* zum 19. 8. 2008 bestellt, konnte der allgemeinen
Praxis entsprechend die sofortige Fälligkeit des Grundschuldkapitals vereinbart
werden (RN 278). In diesem Fall durfte ohne Weiteres jedenfalls mit Eintragung
der Grundschuld im Grundbuch eine vollstreckbare Ausfertigung erteilt werden.

Bei Grundschuldbestellungen *nach* dem 19. 8. 2008 jedoch ist wegen des neuen
§ 1193 Abs. 2 Satz 3 BGB[4] eine Bestimmung, wonach die Grundschuld sofort
fällig sein soll, unzulässig (RN 278.1). Vor Erteilung einer vollstreckbaren Aus-

---

1   Anhang 1[8], 3 [8], 4 [7]; ebenso Vorschlag des Ausschusses für Schuld- und Liegen-
    schaftsrecht der BNotKammer für ein Grundschuldformular, Teil A II, 1 (DNotZ 2002,
    84, 86).
2   BGH v. 28. 3. 2000 – XI ZR 184/99 –, DNotZ 2001, 379 (m. insoweit zust. Anm. *Wolfstei-*
    ner) = Rpfleger 2000, 399 = WM 2000, 1058; OLG Stuttgart v. 12. 3. 1973 – 8 W 202/72 –,
    DNotZ 1974, 358 = Justiz 1973, 176; *Zöller/Geimer*, § 794 RN 28.
3   BGH v. 30. 6. 1983 – V ZB 20/82 –, BGHZ 88, 62 = WM 1983, 960; *Schöner/Stöber*,
    RN 2042a; *Schmitz*, WM 1991, 1061, 1068.
4   Eingeführt mit dem Gesetz zur Begrenzung der mit Finanzinvestitionen verbunde-
    nen Risiken (Risikobegrenzungsgesetz) vom 12. 8. 2008, BGBl. I, 1666 und gültig für
    alle nach dem 19. 8. 2008 bestellten Grundschulden, Art. 229 § 18 Abs. 3 EGBGB.

fertigung wird sich der Notar bei solchen Grundschulden wegen § 726 Abs. 1 ZPO daher mangels anderweitiger Regelung die Fälligkeit der Grundschuld durch öffentliche (RN 112) oder öffentlich beglaubigte (RN 111) Urkunde nachweisen lassen[5]. Dieser Nachweis kann insbesondere durch die Zustellungsurkunde eines Gerichtsvollziehers erbracht werden, mit welcher die Zustellung der Grundschuldkündigung dokumentiert wird[6]. Eine ohne diesen Nachweis vorzeitig erteilte Vollstreckungsklausel dürfte im Rahmen eines Klauselerinnerungsverfahrens (§ 732 ZPO) angreifbar sein. Der Grundschuldgläubiger ist deshalb gut beraten, sich nach Grundschuldkündigung eine neue Vollstreckungsklausel erteilen zu lassen, um Probleme bei der Sicherheitenverwertung zu vermeiden.

Keines Fälligkeitsnachweises bedarf es zur Klauselerteilung, wenn § 726 Abs. 1 ZPO durch einen sog. Nachweisverzicht abbedungen wurde. Üblicherweise ist ein solcher Nachweisverzicht in den Grundschuldbestellungsformularen der Kreditwirtschaft enthalten[7]. Zur Frage der Wirksamkeit des formularmäßigen Nachweisverzichts s. RN 309.

Erhält der Gläubiger nicht sofort eine vollstreckbare Ausfertigung, sollte er sich wenigstens sofort eine einfache Ausfertigung (nicht beglaubigte Abschrift) erteilen lassen, um die spätere Erteilung der Vollstreckungsklausel sicherzustellen (im Einzelnen RN 113, 114).

Selbstverständlich darf der Gläubiger aus dem vollstreckbaren Titel erst vorgehen, wenn die Grundschuld fällig (RN 278) ist und auch die gesicherte Forderung trotz Fälligkeit nicht erfüllt wird (RN 799).

306 Wird die Grundschuld abgetreten, so muss die Vollstreckungsklausel auf den neuen Gläubiger umgeschrieben werden; andernfalls kann dieser aus der Urkunde nicht vollstrecken. Für die **Umschreibung** ist der Notar zuständig, der die Unterwerfung unter die sofortige Zwangsvollstreckung beurkundet hat (§ 797 Abs. 2 Satz 1 ZPO, §§ 48, 45 Abs. 1 BeurkG), nicht derjenige, der die Abtretung beglaubigt oder beurkundet hat.

Die Umschreibung setzt voraus, dass die Rechtsnachfolge durch öffentliche (RN 112) oder öffentlich beglaubigte (RN 111) Urkunden nachgewiesen wird (§§ 795 Satz 1, 727 Abs. 1 ZPO). Dabei genügt der Nachweis der auf der *Verliererseite* notwendigen Maßnahmen, also bspw. der *Abgabe* der Abtretungserklä-

---

5   Ob es sich bei der Grundschuldfälligkeit um eine Vollstreckungsvoraussetzung i. S. d. § 726 Abs. 1 ZPO handelt, ist umstritten; *bejahend: MünchKomm/Lieder*, § 1193 RN 5; *Ruzik*, ZInsO 2008, 1225, 1227; *verneinend: Habersack*, NJW 2008, 3173, 3176; *differenzierend: Wolfsteiner*, RN 6.69 ff.

6   Str., ob vor Klauselerteilung die Kündigungsfrist des § 1193 Abs. 1 Satz 3 BGB abzuwarten ist; *bejahend: Ruzik*, ZInsO 2008, 1225, 1227; *Zöller/Geimer*, § 797 RN 16; *verneinend: MünchKomm/Lieder*, § 1193 RN 6; *Wolfsteiner* RN 39.20; wird in der Klausel das Zustellungsdatum genannt, können die Vollstreckungsorgane den Fristablauf nachvollziehen, sodass der Erteilung der Klausel bereits vor Fristablauf nichts entgegensteht, so zutreffend *Schmid/Voss*, DNotZ 2008, 740 mit Formulierungsvorschlag.

7   Anhang 1 [17], 3 [11 a], 4 [13 a].

rung; nicht erforderlich ist der Nachweis des Zugangs und der Annahme[8] seitens des Erwerbers.

Bei der Buchgrundschuld ist nachzuweisen, dass die Abtretung im Grundbuch eingetragen ist. Dies genügt – obwohl die zum Übergang erforderliche Mitwirkung des neuen Gläubigers dabei nicht nachgeprüft wird – als Nachweis der Rechtsnachfolge[9]. Wegen § 1159 BGB ist fraglich, ob die Eintragung auch den Übergang der zur Zeit der Abtretung rückständigen Zinsen nachweist oder ob dafür eine entsprechende Abtretungserklärung vorgelegt werden muss.

Bei der Briefgrundschuld ist eine beurkundete (RN 112) oder beglaubigte (RN 111) Abtretungserklärung vorzulegen und nachzuweisen, dass der Brief übergeben oder die Übergabe ersetzt worden ist (RN 450 bis 454)[10]. Stattdessen muss auch der Nachweis genügen, dass die Abtretung im Grundbuch eingetragen[9] worden ist, wofür wegen § 41 GBO der Brief vorzulegen war.

Der **Notar ist zur Umschreibung der Klausel verpflichtet**, wenn die Rechtsnachfolge gemäß RN 306 nachgewiesen ist. Eine Überprüfung, ob auf Seiten des neuen Grundschuldgläubigers ein **Eintritt in den Sicherungsvertrag** stattgefunden hat, findet entgegen früherer, mittlerweile überholter BGH-Rechtsprechung[11] im Zuge der Klauselumschreibung grundsätzlich nicht statt.[12] Eine dahingehende Prüfung kommt nur in Betracht, wenn der Eintritt in den Sicherungsvertrag ausnahmsweise als Vollstreckungsbedingung im Wortlaut der notariellen Urkunde zumindest angelegt ist.[13] Dies ist in der Praxis aber bislang regelmäßig nicht der Fall.

306.1

Jedenfalls aber ist nach Ansicht des BGH eine formularmäßig erfolgte Unterwerfungserklärung zugunsten des Schuldners dahin auszulegen, dass sich die Vollstreckungsunterwerfung nur auf Ansprüche aus einer **treuhänderisch gebundenen Sicherungsgrundschuld** erstreckt[14]. Auch wenn im Rahmen des Klauselerteilungsverfahrens dem Notar eine dahingehende Prüfung grundsätzlich verwehrt ist (RN 306.1), kommt ein fehlender Eintritt in den Sicherungsvertrag durch den Zessionar der Grundschuld als Einrede für den Schuldner in Betracht. Relevant ist dies praktisch allerdings nur für **Forderungsverkäufe mit Grundschulderwerb bis zum 19. 08. 2018** bei einer **Vollstreckung durch den Zessionar selbst**. In diesen Fällen bietet sich ein Schuldbeitritt als echter Vertrag

306.2

---

8 *MK-ZPO/Wolfsteiner*, § 727 RN 69.

9 *Stein-Jonas/Münzberg*, ZPO, § 799 RN 1.

10 OLG Düsseldorf v. 13.6.2001 – 3 Wx 116/01 –, ZfIR 2001, 688 = EWiR § 1192 BGB 2/01, 953 (*Joswig*); *anders:* (keine Briefvorlage, wenn auf Recht aus § 1160 BGB verzichtet wird): *Wolfsteiner*, RN 46.96.

11 BGH v. 30.3.2010 – XI ZR 200/09 – (Ziff. II, 2 b, bb), BGHZ 185, 133 = WM 2010, 1022 = WuB I F 3 – 4.10 (*Meyer*).

12 BGH v. 29.6.2011 – VII ZB 89/10 – (RN 28), BGHZ 190, 172 = WM 2011, 1460 = WuB VI D – 2.11 (*Dieckmann*).

13 BGH v. 29.6.2011 – VII ZB 89/10 – (RN 28), BGHZ 190, 172 = WM 2011, 1460 = WuB VI D – 2.11 (*Dieckmann*).

14 BGH v. 30.3.2010 – XI ZR 200/09 – (Ziff. II, 2 b, aa), BGHZ 185, 133 = WM 2010, 1022 = WuB I F 3 – 4.10 (*Meyer*).

zugunsten Dritter[15] (§ 328 BGB) zwischen Zedent und Zessionar der Grundschuld an. Begünstigter aus einem solchen Vertrag ist der Sicherungsgeber und Eigentümer. Gegenstand des Schuldbeitritts ist der bisherige Sicherungsvertrag. Entscheidend kommt es darauf an, dass der neue Grundschuldgläubiger zur Einhaltung des Sicherungsvertrags verpflichtet ist. Der Schuldbeitritt zugunsten des Sicherungsgebers darf daher keinen Vorbehalt, das Recht des Sicherungsgebers ohne dessen Zustimmung zu ändern, enthalten.[16]

Über diese Konstellation hinaus ist zum Schutz des Schuldners **kein Eintritt in den Sicherungsvertrag erforderlich**. So ist der Schuldner bei einem **wirksamen Grundschulderwerb nach dem 19.08.2008** bereits dadurch geschützt, dass Einreden aus dem mit dem Zedenten geschlossenen Sicherungsvertrag ohne weiteres auf den Zessionar durchschlagen (§ 1192 Abs. 1a BGB, Art. 229 § 18 Abs. 2 EGBGB, RN 789.2). Aber auch in **Altfällen bis zum 19.08.2008** ist kein besonderer Schutzbedarf gegeben, wenn die Vollstreckung durch den Zedenten der Grundschuld als Titelgläubiger (ohne Umschreibung der Vollstreckungsklausel) erfolgt und der Zessionar diesen zur Einziehung der Grundschuld ermächtigt hat; der Sicherungsvertrag gilt ohne weiteres fort und entfaltet seine treuhänderische Bindung im Verhältnis der ursprünglichen Vertragsparteien.[17]

Im **Umschuldungsfall** schließlich erlischt – anders als beim Verkaufsfall – der ursprünglich mit dem Zedenten geschlossene Sicherungsvertrag regelmäßig durch Erfüllung (RN 982 bis 984). Nichts anderes gilt letztlich, wenn die mit der Grundschuld gesicherten Verbindlichkeiten zunächst aus eigenen Mitteln getilgt wurden und der Sicherungsgeber die insoweit rückgewährreife Grundschuld einem anderen Darlehensgeber als Sicherheit zur Verfügung stellt. In Umschuldungs- und Neuvalutierungsfällen gibt es keinen Sicherungsvertrag mehr, dessen Bindungen der Zessionar der Grundschuld wie auch immer übernehmen könnte. Vielmehr schließt der Zessionar mit dem Sicherungsgeber einen neuen Sicherungsvertrag, der den Sicherungsgeber und Eigentümer durch die treuhänderische Bindung des Sicherungsnehmers schützt.[18]

306.3 Hat sich der Eigentümer, wie üblich, der Zwangsvollstreckung in der Weise unterworfen, dass diese gegen den *jeweiligen* Eigentümer zulässig ist (§ 800 ZPO)[19], so ist es bei der Zwangsvollstreckung gegen einen späteren (im Grundbuch eingetragenen) Eigentümer weder erforderlich, den **Eigentumswechsel** durch öffentliche oder öffentlich beglaubigte Urkunden nachzuweisen, noch diese Urkunden dem (neuen) Eigentümer zuzustellen (§ 800 Abs. 2 ZPO). Allerdings ist es für die Vollstreckung gegen den neuen Eigentümer erforderlich, die Vollstreckungsklausel in Schuldnerhinsicht umschreiben zu lassen (§ 727 Abs. 1

---

15   BGH v. 11.5.2012 – V ZR 237/11 – (RN 8), WM 2012, 1331.

16   BGH v. 11.5.2012 – V ZR 237/11 – (RN 12), WM 2012, 1331.

17   BGH v. 6.7.2018 – V ZR 115/17 – (RN 18), WM 2018, 1932 = ZfIR 2019, 20 (m. Anm. *Gladenbeck*).

18   *Bork*, WM 2010, 2057, 2061.

19   Anhang 1 [8], 3 [8] und 4 [7]; ebenso Vorschlag des Ausschusses für Schuld- und Liegenschaftsrecht der BNotKammer für ein Grundschuldformular, Teil A II, 1 (DNotZ 2002, 84, 86).

ZPO).[20] Die Unterwerfung mit Wirkung gegen den jeweiligen Eigentümer muss im Grundbuch eingetragen werden (§ 800 Abs. 1 Satz 2 ZPO).

Gegen den Eigentümer, der sich der Zwangsvollstreckung unterworfen hat, wirkt die Unterwerfung auch ohne Eintragung im Grundbuch.

Die Unterwerfung unter die Zwangsvollstreckung muss von einem deutschen Notar **beurkundet** (RN 112) werden (§ 794 Abs. 1 Nr. 5 ZPO); öffentliche Beglaubigung (RN 111) reicht dafür nicht aus.

307

Gegenstand der Unterwerfungserklärung ist das dingliche Recht (Grundschuld nebst Grundschuldzinsen und sonstigen *dinglichen* Nebenleistungen), nicht dagegen die Sicherungsabrede oder die gesicherten Forderungen. Deshalb wird der Inhalt der Unterwerfungserklärung nicht berührt (und es bedarf keiner erneuten Beurkundung), falls der Sicherungszweck der Grundschuld (und ggf. des abstrakten Schuldversprechens) später erweitert[21] oder nach zwischenzeitlicher Rückgabe des Titels neu vereinbart[22] wird.

Für die Beurkundung fällt eine volle Notargebühr an (Nr. 21200 KV GNotKG). Die Unterwerfung unter die sofortige Zwangsvollstreckung verursacht deshalb regelmäßig höhere **Kosten** als die Beurkundung oder Beglaubigung der Eintragungsbewilligung ohne Unterwerfung (RN 115 bis 118). Wegen der Möglichkeit der Kostenersparnis durch Teilunterwerfung s. RN 326 bis 330.

Die Unterwerfung unter die sofortige Zwangsvollstreckung kann auch in einem **Vordruck** (RN 687) **wirksam** erklärt werden. Die Beteiligten machen damit von einer gesetzlich eingeräumten Möglichkeit Gebrauch (§ 794 Abs. 1 Nr. 5, § 800 ZPO). Der Schutz des Schuldners ist nach der Konzeption des Gesetzgebers durch die Notwendigkeit notarieller Beurkundung und die gegenüber einem Urteil erweiterten Verteidigungsmöglichkeiten (§ 797 Abs. 4 ZPO) gewährleistet. Die Unterwerfung unter die sofortige Zwangsvollstreckung kann daher weder überraschend im Sinne von § 305c Abs. 1 BGB (bis 31. 12. 2001: § 3 AGBG) noch unangemessen nachteilig nach § 307 Abs. 1 Satz 1 und Abs. 2 BGB (bis 31. 12. 2001: § 9 AGBG) sein, noch liegt darin eine nach § 309 Nr. 12 BGB (bis 31. 12. 2001: § 11 Nr. 15 AGBG) unwirksame Änderung der Beweislast. Die Ausführungen unter RN 300 gelten insoweit entsprechend.

308

---

20   BGH v. 12. 4. 2018 – V ZB 212/17 (RN 7), WM 2018, 1222 = ZInsO 2018, 1576 = ZfIR 2018, 626.

21   BGH v. 3. 6. 1997 – XI ZR 133/96 –, DNotZ 1998, 575 = NJW 1997, 2320 = WM 1997, 1280 = ZIP 1997, 1229 = EWiR § 3 AGBG 1/97, 673 (*Joswig*); *Schmitz-Valckenberg*, DNotZ 1998, 581, 582.

22   BGH v. 27. 3. 2015 – V ZR 296/13 – (RN 11), WM 2015, 1005 = Rpfleger 2015, 487 = ZfIR 2015, 915 = NJW-RR 2015, 915 = DNotZ 2015, 760 = WuB 2015, 421 (*Joswig*).

Soweit vereinzelt[23] vertreten wird, die formularmäßige Vollstreckungsunterwerfung sei wegen der freien Abtretbarkeit von Kreditforderung und Grundschuld auch an Nichtbanken, insb. Finanzinvestoren, unangemessen i.S.v. § 307 Abs. 1 Satz 1 und Abs. 2 BGB, kann dem nicht gefolgt werden[24]. Erwirbt nämlich ein Dritter die Darlehensforderung nebst Sicherungsgrundschuld nach Kündigung des Darlehens und damit *nach* Eintritt des Sicherungsfalls, bleiben Darlehensfälligkeit und Verwertungsreife unberührt. Auf die vom neuen Gläubiger verfolgte Geschäftspolitik kann es angesichts seiner unbestrittenen Dispositionsbefugnis über Forderung und Grundschuld nicht ankommen. Auch das dem Titel immanente Missbrauchspotenzial ist nicht höher als vor der Abtretung.

Erfolgte der gemeinsame Verkauf von Darlehensforderung und Grundschuld *vor* Eintritt des Sicherungsfalls, tritt das oben beschriebene Beitreibungsinteresse zunächst zurück. Allerdings wird der Schuldner durch den mit seinem bisherigen Vertragspartner geschlossenen Sicherungsvertrag geschützt. Dieser begründet ein Treuhandverhältnis[25], dem sich der Sicherungsnehmer nicht durch eine Abtretung vor Eintritt der Verwertungsreife entziehen kann (RN 989 und 1285). Soweit die Abtretung eine ungerechtfertigte Zwangsvollstreckung begünstigt hat, kommt deshalb für den Schuldner ein Schadensersatzanspruch gegen seinen bisherigen Vertragspartner in Betracht. Die Bonität des Forderungskäufers ist insofern irrelevant. Abgesehen davon wird in der Praxis häufig ein (Sicherungs-)Vertrag zugunsten Dritter vorliegen, für dessen Einhaltung der neue Gläubiger dem Sicherungsgeber unmittelbar haftet[26]. Diese Wirkungen des Sicherungsvertrags dürfen bei der Angemessenheitsprüfung der sofortigen Vollstreckungsunterwerfung nicht unberücksichtigt bleiben, da bei der Billigkeitsprüfung auf das gesamte Vertragsgefüge abzustellen ist[27]. Dazu gehören auch Klauseln eines anderen Vertrags, wenn wie hier mit dem Sicherungsvertrag ein enger innerer Zusammenhang besteht[28]. Mit der Einführung von § 1192

---

23 Vor allem *Schimansky*, WM 2008, 1049; ihm folgend LG Hamburg v. 9.7.2008 – 318 T 183/07 –, ZfIR 2008, 543 = WM 2008, 1450 = ZIP 2008, 1466 = NJW 2008, 2784 = EWiR 2008, 543 (*Selke*) = BB 2008, 1865 (*Gladenbeck*); *aufgehoben*, weil die materiellrechtliche Einwendung, die Unterwerfungserklärung verstoße gegen § 307 Abs. 1 BGB, im Klauselerinnerungsverfahren nicht überprüfbar ist, durch BGH v. 16. 4. 2009 – VII ZB 62/08 – ZIP 2009, 855 = WM 2009, 846 = NJW 2009, 1887 = ZfIR 2009, 431 = Rpfleger 2009, 465 = DNotZ 2009, 935 = EWiR 2009, 359 (*Koch*).

24 Wie hier i. E. auch BGH v. 15.02.2022 – XI ZR 646/20 –, juris, auch unter Hinweis auf die EU-rechtliche Unbedenklichkeit; BGH v. 6.7.2018 – V ZR 115/17 – (RN 11), WM 2018, 1932 = ZfIR 2019, 20 (m.Anm. *Gladenbeck*); BGH v. 30. 3. 2010 – XI ZR 200/09 – (Ziff. II, 4 b), BGHZ 185, 133 = WM 2010, 1022 = WuB I F 3 – 4.10 (*Meyer*).; OLG Celle v. 27. 5. 2009 – 3 U 292/08 – (Ziff. II, 2 b), WM 2009, 1185 = ZIP 2009, 1515 = WuB I F 3 – 4.09 (*Haertlein*).; OLG Schleswig v. 26. 2. 2009 – 5 U 71/08 – WM 2009, 1193 = ZIP 2009, 1802 = EWiR 2009, 469 (*Schulz*); Bork, ZIP 2009, 1261; Schulz, ZIP 2008, 1858; *Lehleiter/Hoppe*, BKR 2008, 363; *Freitag*, WM 2008, 1813; *Binder/Piekenbrock*, WM 2008, 1816.

25 BGH ZIP 1987, 764, 768 = EWiR § 242 BGB 9/87, 757 (*Gaberdiel*).

26 Vgl. *Domke/Sperlich*, BB 2008, 342, 344 f.

27 BGHZ 116, 1, 4 = ZIP 1991, 1944; BGHZ 106, 259, 263 = ZIP 1989, 154.

28 Vgl. *Grüneberg/Grüneberg*, BGB, § 307 Rz. 12 f.

Abs. 1a BGB durch das Risikobegrenzungsgesetz[29] ist für Erwerbsvorgänge nach dem 19. 8. 2008 schließlich auch das verbleibende (theoretische) Risiko eines gutgläubig einredefreien Erwerbs der Grundschuld (RN 789.1 ff.) entfallen.

Rechtliche Bedenken gegen die formularmäßige Vollstreckungsunterwerfung **309** bestehen auch dann keine, wenn dem Gläubiger **sofort**[30] (also ggf. vor Eintragung der Grundschuld) eine **vollstreckbare Ausfertigung** (RN 305) erteilt werden soll, sofern die Grundschuld – wie bis zum Inkrafttreten des Risikobegrenzungsgesetzes[31] üblich – von Anfang an fällig ist. Die Fälligkeit braucht in diesem Fall nicht eigens nachgewiesen zu werden; ein Verzicht auf diesen Nachweis ist daher für die als sofort fällig bestellten Grundschulden bedeutungslos, sodass es in diesen Fällen auf die umstrittene[32] Wirksamkeit des Nachweisverzichts nicht ankommt.

Relevant ist die **Wirksamkeit des Nachweisverzichts** hingegen für solche Grundschulden, die mangels sofortiger Fälligkeit der Kündigung bedürfen. Dies gilt wegen § 1193 Abs. 2 Satz 2 BGB zwingend für alle nach dem 19. 8. 2008 zur Kreditsicherung bestellten Grundschulden (RN 278 ff.). Die gängigen Vordrucke sehen einen Nachweisverzicht nunmehr regelmäßig vor[33]. Teilweise wird argumentiert, ein solcher Verzicht auf den Fälligkeitsnachweis stelle eine AGB-rechtlich unwirksame Umgehung des § 1193 Abs. 2 Satz 2 BGB dar, weil der Gesetzgeber den Sicherungsgeber ausdrücklich[34] vor hohem Handlungsdruck habe schützen wollen[35]. Diese Ansicht verkennt allerdings, dass § 726 ZPO allein

29 Gesetz zur Begrenzung der mit Finanzinvestitionen verbundenen Risiken (Risikobegrenzungsgesetz) vom 12. 8. 2008, BGBl. I, 1666 und gültig für alle nach dem 19. 8. 2008 bestellten Grundschulden, Art. 229 § 18 Abs. 3 EGBGB.
30 Anhang 1 [15], 3 [11].
31 Gesetz zur Begrenzung der mit Finanzinvestitionen verbundenen Risiken (Risikobegrenzungsgesetz) vom 12. 8. 2008, BGBl. I, 1666 und gültig für alle nach dem 19. 8. 2008 bestellten Grundschulden, Art. 229 § 18 Abs. 3 EGBGB.
32 *Zulässig:* OLG München v. 23. 06. 2016 – 34 Wx 189/16 –, Rpfleger 2017, 23; OLG Hamm v. 19. 2. 1991 – 14 W 190/89 –, DNotZ 1993, 244 m. w. N.; (jedenfalls bezüglich Ansprüchen aus Grundschuld): OLG Koblenz v. 7. 2. 2002 – 5 U 662/00 – (Ziff. I, 4), ZfIR 2002, 284 = ZIP 2002, 702 = EWiR § 3 AGBG 1/02, 689 (*Kröll*); *Grüneberg/Herrler*, § 1193 RN 3 m. w. N.; *Clemente*, RN 366, 367; *Reymann*, DNotZ, 2021, 692; *Reymann*, FS Martinek, 2020, 653; *Rastätter*, NJW 1991, 392 m. w. N.; vgl. auch *Reithmann*, BWNotZ 1990, 88; *unzulässig:* LG Düsseldorf v. 23. 05. 2019 – 25 T 284/19 – RNotZ 2020, 102 (abl. Anm. *Lindemeier*) = BKR 2020, 300 (m. abl. Anm. *Freckmann*); LG Münster v. 10. 12. 2018 – 5 T 557/18 –, MittBayNot 2020, 194 (m. abl. Anm. *Everts*) = EWiR 2020, 739 (m. abl. Anm. *Samhat*) = ZfIR 2020, 211 (m. abl. Anm. *Volmer*); OLG Nürnberg v. 8. 5. 1990 – 11 W 361/90 – (Ziff. II, 5 b), WM 1991, 426; *Grüneberg/Grüneberg* § 309 BGB RN 107; *unzulässig in Bauträgervertrag: Jagenburg/Weber*, NJW 2001, 3453 (Ziff. III, 2), m. w. N.; vgl. auch *Ritzinger*, BWNotZ 1990, 25; *offen gelassen* von *Stöber/Keller*, § 15 Rn 115 m. w. N.
33 Anhang 1 [17], 3 [11 a], 4 [13 a].
34 BT-Drucks 16/9821, S. 17.
35 LG Münster v. 10. 12. 2018 – 5 T 557/18 – (RN 16); LG Trier v. 26. 1. 2018 – 5 T 5/18 – (Ziff. II.), ZfIR 2018, 359 (Anm. *Weis*); *Derleder*, ZIP 2009, 2221, 2224.

prozessualen Charakter hat und die materielle Rechtslage nicht tangiert.[36] Außerdem ist der Grundstückseigentümer umfassend vor ungerechtfertigten Vollstreckungshandlungen geschützt, sodass eine unangemessene Benachteiligung des Eigentümers i. S. d. § 307 BGB nicht in Betracht kommt: Eine Vollstreckungsgegenklage (§ 767 ZPO) wäre bei fehlender Grundschuldkündigung ganz offensichtlich begründet und es könnte sogar ohne Sicherheitsleistung die Einstellung der Zwangsvollstreckung erfolgen (§ 769 Abs. I Satz 2 ZPO). Es ist daher mit der h. M. von der Wirksamkeit des Nachweisverzichts im Rahmen einer Grundschuldbestellungsurkunde auszugehen[37].

Vor diesem Hintergrund bestehen auch keine tiefgreifenden Bedenken gegen die vielfach auch nach dem Inkrafttreten des Risikobegrenzungsgesetzes geübte Praxis, die vollstreckbare Ausfertigung bereits **am Tag der Beurkundung** zu erteilen. Zwar dürfte zu diesem Zeitpunkt die Kündigungsfrist regelmäßig noch nicht angelaufen sein. Die daraus vereinzelt gezogene Schlussfolgerung, der Nachweisverzicht werde dadurch sinnlos[38], ist jedoch nicht nachvollziehbar. Ziel des Nachweisverzichts ist es, den Notar auf prozessrechtlicher Ebene von der Prüfung der Fälligkeit der dinglichen Forderung zu entbinden. Es ist nicht ersichtlich, weshalb diese prozessuale Erleichterung erst eine bestimmte Zeit (welche?) nach der Beurkundung greifen sollte. Vielmehr würde ein Hinausschieben der Erteilung der vollstreckbaren Ausfertigung allein zu einer Verzögerung des Klauselerteilungsverfahrens führen. Für den Schuldner, der ja wegen der Möglichkeit einer Vollstreckungsabwehrklage nicht schutzlos gestellt ist, wäre damit nichts gewonnen. Im Normalfall tangiert die frühzeitige Klauselerteilung die materielle Position des Schuldners nicht.[39] Überschießend erscheint insoweit erst recht die vom LG Münster[40] zwischenzeitlich vertretene Ansicht, eine am Tag der Beurkundung der Grundschuldbestellung erteilte Vollstreckungsklausel sei nichtig, weil ein evidenter Wirksamkeitsmangel vorliege. Soweit ersichtlich hat der BGH eine solche Evidenz im vorliegenden Zusammenhang bislang in keinem einzigen Fall bejaht.[41] Wäre die Rechtsprechung des LG

---

36 BGH v. 3. 4. 2001 – XI ZR 120/00 – (Ziff. II, 1 c bb), BGHZ 147, 203 = BB 2001, 1327 = DNotZ 2001, 793 = NJW 2001, 2096 = WM 2001, 1035 = ZfIR 2001, 501 = ZIP 2001, 873 = EWiR § 767 ZPO 1/01, 693 (*Joswig*); *Lindemeier*, RNotZ 2020, 86, 90; *Freckmann*, BKR 2020, 301.

37 Noch für die alte Rechtslage, aber nach Beschlussfassung über das Risikobegrenzungsgesetz BGH v. 22. 7. 2008 – XI ZR 389/07 – (Ziff. III, 1 b bb) = BGHZ 177, 345 = WM 2008, 1679 = ZIP 2008, 1669 = BB 2008, 2145 = NJW 2008, 3208 = EWiR 2008, 703 (*Gladenbeck*); unter besonderer Berücksichtigung der neuen Rechtslage: OLG München v. 23. 6. 2016 – 34 Wx 189/16 – (RN 23) Rpfleger 2017, 2 = DNotZ 2017, 371 = EWiR 2017, 255 (*Wagner*); LG Meiningen v. 9. 7. 2013 – 4 T 80/13 –, Rpfleger 2013, 691; LG Lübeck v. 4. 12. 2008 – 7 T 548/08 – Rpfleger 2009, 451; *Böttcher*, ZfIR 2018, 121, 124; *Everts*, DNotZ 2017, 343, 345; *Schmieszek*, WM 2014, 1804, 1808; *Hinrichs/Jaeger*, ZfIR 2008, 745, 749; *Ruzik*, ZInsO 2008, 1225, 1227; *Schulz*, Rpfleger 2009, 452, 453; *Koch*, ZBB 2008, 232, 236; *Volmer*, MittBayNot 2009, 1, 8; *Schmid/Voss*, NJW 740, 756 f.; BNotKammer, Rundschreiben Nr. 23/2008, ZfIR 2008, 696, 699.

38 So *Böttcher*, ZfIR 2021, 249, 251.

39 *Samhat*, EWiR 2020, 739, 740.

40 Beschluss v. 10. 12. 2018 – 5 T 557/18 –, ZfIR 2020, 211.

41 Kritisch insoweit auch *Volmer*, ZfIR 2020, 213.

Münster zutreffend, müsste man die meisten der seit dem 20.08.2008 entstandenen vollstreckbaren Grundschuldbestellungsurkunden in Deutschland als Makulatur betrachten. Wem soll das dienen, wenn doch in der Praxis der Gläubiger jederzeit eine neue vollstreckbare Ausfertigung erhält?

Jedenfalls hat nach Ansicht des BGH das Vollstreckungsgericht bei der Anordnung der Zwangsversteigerung aufgrund der von einem Notar erteilten vollstreckbaren Ausfertigung einer Grundschuldbestellungsurkunde nicht zu prüfen, ob der erklärte Nachweisverzicht wirksam ist.[42] Nach dieser höchstrichterlichen Klarstellung geht auch das LG Münster ausdrücklich nicht mehr von der Nichtigkeit einer bereits am Beurkundungstag erteilten vollstreckbaren Ausfertigung aus.[43]

Der **Käufer** eines Grundstücks kann, **schon bevor er als Eigentümer im Grundbuch eingetragen worden** ist, die Grundschuld bestellen und sich wegen ihr der sofortigen Zwangsvollstreckung unterwerfen[44].   *310*

Die allein vom Käufer bestellte Grundschuld und die Unterwerfung unter die Zwangsvollstreckung können erst nach Vollzug des Eigentumswechsels oder frühestens gleichzeitig damit eingetragen werden (RN 120), es sei denn, dass auch der Verkäufer die Eintragung bewilligt hat (s. RN 133).

Wegen der Bestellung einer sofort vollstreckbaren Grundschuld durch den Käufer als Bevollmächtigter des Verkäufers s. RN 315. Wegen der Vereinfachung hinsichtlich der Vollstreckungsklausel bei Unterwerfung durch den Käufer s. RN 713.

Regelmäßig wird die Unterwerfungserklärung bei Bestellung der Grundschuld abgegeben. Der Eigentümer kann sich aber **auch nachträglich** der Zwangsvollstreckung aus einer bereits bestellten oder schon eingetragenen Grundschuld unterwerfen.   *311*

Die Unterwerfungserklärung selbst muss beurkundet werden. Dagegen braucht die (bereits erklärte) Grundschuldbestellung, selbst wenn sie nur beglaubigt ist, nicht nachträglich beurkundet zu werden, gleichgültig, ob die Grundschuld bereits eingetragen ist oder nicht[45]. Eine Zustimmung der gleich- oder nachrangig Berechtigten ist nicht erforderlich[46].

---

42 BGH v. 28.04.2022 – V ZB 12/20 – (RN 9), BWNotZ 2022, 426; BGH v. 07.10.2020 – VII ZB 56/18 – (RN 18), BGHZ 227, 154 = WM 2020, 2113 = EWiR 2020, 739 (*Samhat*) = ZfIR 2021, 166 (*Clemente*).

43 Beschluss v. 19.10.2021 – 5 T 1565/21 –, ZVI 2022, 67.

44 BGH v. 28.9.1989 – V ZB 17/88 – (Ziff. C II, 2 b, aa), BGHZ 108, 372 = WM 1989, 1760 = DNotZ 1990, 586 (m. Anm. *Wolfsteiner*) = EWiR § 800 ZPO 1/89, 1243 (*Muth*); BayObLG v. 13.8.1986 – BR 2 Z 77/86 –, DNotZ 1987, 216 m.w.N.; KG v. 12.5.1987 – 1 W 2053/86 –, DNotZ 1988, 238 = NJW-RR 1987, 1229; OLG Saarbrücken v. 7.4.1977 – 5 W 19/77 –, NJW 1977, 1202; *MK-ZPO/Wolfsteiner*, § 794 RN 280; *Zöller/Geimer*, § 800 RN 5; *Nieder*, NJW 1984, 333.

45 BGH v. 24.11.1978 – V ZB 17/78 –, BGHZ 73, 156 = DNotZ 1979, 342 = NJW 1979, 928 = WM 1979, 278; *Zöller/Geimer*, § 800 RN 9 m.w.N.

46 *Zöller/Geimer*, § 800 RN 9 m.w.N.

312 Bei einer Gesamtgrundschuld (RN 385, 386) kann sich der Eigentümer nicht nur bezüglich der ganzen Grundschuld, sondern **auch hinsichtlich einzelner Grundstücke** der sofortigen Zwangsvollstreckung unterwerfen. Damit wird nur ein prozessuales Nebenrecht begründet; deshalb widerspricht dies nicht dem Prinzip der Gleichartigkeit des Rechts[47].

313 Deshalb kann – außer bei Nachbelastung durch Zuschreibung als Bestandteil (RN 13, 408) – bei der **Mitbelastung** eines weiteren Grundstücks mit einer bereits eingetragenen (und auf dem schon belasteten Grundstück gegen den jeweiligen Grundstückseigentümer sofort vollstreckbaren) Grundschuld frei entschieden werden, ob die Grundschuld **auf dem nachbelasteten Grundstück** gegen den jeweiligen Grundstückseigentümer **sofort vollstreckbar** sein soll **oder nicht.**

Falls ja, muss die (Erstreckung der Grundschuld samt) Zwangsvollstreckungsunterwerfung **beurkundet** (RN 112) werden. Zweckmäßigerweise erfolgt dies genau in dem Umfang (auch hinsichtlich der Nebenleistungen und des Zinsbeginns), in dem die bereits belasteten Grundstücke der Zwangsvollstreckung unterworfen sind (obwohl dies, weil auch eine Teilunterwerfung zulässig [RN 319], nicht zwingend ist). Auf jeden Fall muss sich der genaue Umfang der Vollstreckungsunterwerfung zweifelsfrei aus der Urkunde ergeben[48]. Daneben müssen Nachbelastung und Unterwerfung unter die sofortige Zwangsvollstreckung im Grundbuch eingetragen werden. Dies geschieht, wenn das nachbelastete Grundstück in demselben Grundbuch eingetragen ist wie wenigstens eines der schon belasteten, durch den in der Veränderungsspalte einzutragenden Mithaftvermerk ohne ausdrückliche Angabe über die sofortige Vollstreckbarkeit der Grundschuld[49]. Wegen der Einheit von Haupt- und Veränderungsspalte (RN 342) gilt der Eintrag über die Vollstreckbarkeit in der Hauptspalte auch für das nachverpfändete Grundstück.

Ist die Erstreckung der Vollstreckbarkeit **nicht gewollt**, reicht eine **beglaubigte** (RN 111) Erklärung zur Nachverpfändung aus. In diesem Fall ist im Mithaftvermerk ausdrücklich anzugeben, dass der Eigentümer des nachverpfändeten Grundstücks der sofortigen Zwangsvollstreckung *nicht* unterworfen ist[50].

11.2 Unterwerfung durch einen Bevollmächtigten

313.1 Die Unterwerfung des Eigentümers unter die sofortige Zwangsvollstreckung kann auch durch einen Vertreter erklärt werden[51]. Anders als im gerichtlichen Verfahren, in dem der Kreis der vertretungsberechtigten Personen auch ohne

---

47 BGH v. 14.2.1958 – V ZB 49/57 – (Ziff. 2), BGHZ 26, 344 = WM 1958, 362; BGH v. 6.3.1981 – V ZB 2/80 – (Ziff. III, 1), BGHZ 80, 119 = NJW 1981, 1503 = WM 1981, 527; *Grüneberg/Herrler*, § 1132 RN 2.

48 LG Aachen v. 28.5.1990 – 3 T 128/90 –, Rpfleger 1991, 15.

49 BGH v. 14.2.1958 – V ZB 49/57 – (Ziff. 2), BGHZ 26, 344 = WM 1958, 362; BayObLG v. 15.10.1991 – 2 Z 118/91 –, DNotZ 1992, 309 = Rpfleger 1992, 196 m. w. N.

50 BGH v. 14.2.1958 – V ZB 49/57 – (Ziff. 2), BGHZ 26, 344 = WM 1958, 362.

51 OLG Düsseldorf v. 24.5.1989 – 3 Wx 217/89 –, Rpfleger 1989, 499; *MK-ZPO/Wolfsteiner*, § 794 RN 157; *Zöller/Geimer*, § 794 RN 33.

Anwaltszwang im sog. Parteiprozess (§ 79 Abs. 1 Satz 1 ZPO) zum Schutz der Parteien vor unqualifizierter Rechtsberatung und zur Gewährleistung eines reibungslosen Verfahrensablaufs[52] mittlerweile stark eingeschränkt ist (§ 79 Abs. 2 ZPO), kommt **im Beurkundungsverfahren als Vertreter jede natürliche und juristische Person** in Betracht. § 79 Abs. 2 ZPO findet auf die Vollstreckungsunterwerfung im Rahmen notarieller Urkunden nach h. M.[53] keine Anwendung.

Soweit teilweise eine gegenteilige Ansicht[54] vertreten wird, kann dem nicht gefolgt werden. Zwar ist die Vollstreckungsunterwerfungserklärung nach zutreffender Ansicht des BGH eine ausschließlich auf das Zustandekommen eines Vollstreckungstitels gerichtete einseitige prozessuale Willenserklärung, die rein prozessualen Grundsätzen untersteht[55]. Hieraus kann jedoch noch nicht die Anwendbarkeit von § 79 Abs. 2 ZPO abgeleitet werden. Gegenstand der bisherigen BGH-Rechtsprechung war nämlich nur die Frage, welche Form für die Vollmacht erforderlich ist und ob die §§ 164 ff. BGB zur Anwendung gelangen (hierzu s. RN 314). Eine prozessrechtliche Beschränkung des Kreises möglicher Bevollmächtigter ist dagegen vom BGH bislang nicht erwogen worden. Gegen die Anwendbarkeit von § 79 ZPO auf die notarielle Unterwerfungserklärung spricht bereits die Betitelung der Vorschrift („Partei*prozess*") und der Umstand, dass die Urkunde nicht in einem gerichtlichen Erkenntnisverfahren errichtet wird. Das Beurkundungsverfahren wird als solches nicht durch zivilprozessuale Vorschriften bestimmt, sondern durch das BeurkG.

Bejaht man gleichwohl die Anwendbarkeit von § 79 ZPO, ist zu berücksichtigen, dass gemäß Abs. 3 Satz 2 der Vorschrift die Prozesshandlung eines nicht vertretungsbefugten Bevollmächtigten bis zu ihrer Zurückweisung wirksam ist. Zuständig für die Zurückweisung wäre der Urkundsnotar (vgl. § 79 Abs. 3 Satz 1 ZPO). Bleibt sie aus, liegt eine wirksame Vollstreckungsunterwerfung vor[56].

Die Vollmacht selbst braucht für ihre materiell-rechtliche Wirksamkeit – jedenfalls wenn sie widerruflich ist – nicht notariell beurkundet (RN 112) zu werden[57]. Allerdings gelten besondere Anforderungen für die Klauselerteilung, s. hierzu RN 316. Die **Unterwerfungsvollmacht** kann bspw. **in der vorformulierten (AGB-)Vollmacht** (RN 687) zur Grundschuldbestellung enthalten sein[58]. Denn da es für den Eigentümer nicht überraschend ist, wenn er sich in einer vorformulierten Grundschuldbestellung der Zwangsvollstreckung unterwirft

314

52 *Zöller/Althammer*, § 79 RN 1.
53 LG Münster v. 5.12.2008 – 5 T 798/08 –, NJW-RR 2009, 665; LG Bielefeld v. 15.10.2008 – 23 T 824/08 –, Rpfleger 2008, 636 = Rpfleger 2009, 83 (*Weber*); *Zöller/Geimer*, § 794 RN 33; *Zöller/Althammer* § 79 RN 2; Stöber, NotBZ 2008, 209, 212; *Lindemeier*, RNotZ 2009, 37; *Zimmer*, ZfIR 2009, 34; BNotKammer, Rundschreiben Nr. 24/2008 v. 5.9.2008.
54 LG Osnabrück v. 16.10.2008 – 3 T 811/08 –, ZfIR 200.
55 BGH v. 18.11.2003 – XI ZR 332/02 – (Ziff. II, 2 a, aa), WM 2004, 27.
56 *Stöber*, NotBZ 2008, 209, 213.
57 BGH v. 17.4.2008 – V ZB 146/07 – (Ziff. III, 2 b), WM 2008, 1278 = NJW 2008, 2266 = Rpfleger 2008, 505 = MittBayNot, 406 = ZfIR 2008, 512 (*Volmer*); BGH v. 18.11.2003 – XI ZR 332/02 – (Ziff. II, 2 a, aa), WM 2004, 27.
58 So wohl auch BGH v. 18.11.2003 – XI ZR 332/02 – (Ziff. II, 2 a, aa), WM 2004, 27.

(RN 308, 300), kann es für ihn auch nicht überraschend sein, wenn die Vollmacht zur Grundschuldbestellung eine entsprechende Ermächtigung für den Bevollmächtigten enthält[59]. Entsprechendes gilt für die anderen in RN 308 und 300 erörterten Kriterien.

Ein **Treuhänder** mit umfassender Vollmacht zur Abwicklung eines Grundstückserwerbs (z. B. Vollmacht für den Auftraggeber, einen Kaufvertrag über eine Eigentumswohnung oder einen Immobilienfondsanteil abzuschließen, die zur Finanzierung erforderlichen Darlehen aufzunehmen und die dazu benötigten Sicherheiten zu bestellen) bedarf, wenn er diese Aufgaben geschäftsmäßig übernimmt, der **Erlaubnis nach dem Rechtsdienstleistungsgesetz** bzw. dem bis zu dessen Inkrafttreten am 1. 7. 2008 geltenden Rechtsberatungsgesetz. Fehlt sie, so ist der Treuhand- oder Geschäftsbesorgungsvertrag nichtig[60]. Dies führt dazu, dass die im Rahmen des Treuhandvertrags erteilte **Vollmacht ebenfalls**

59 Ähnlich OLG Jena v. 8. 6. 1999 – 5 U 1288/98 –, WM 1999, 2315 = ZfIR 2000, 111 = ZIP 1999, 1554 = EWiR § 276 BGB 1/2000, 11 (*Frisch*); so auch DNotI-Report 1995, 161 ff., 164; *anderer Ansicht:* OLG Hamm v. 13. 6. 1994 – 5 U 44/94 – (inhaltlich wiedergegeben in DNotI-Report, a. a. O.) und OLG Düsseldorf v. 21. 5. 1993 – 17 U 74/92 –, ZIP 1993, 1376 (teilweise abgedruckt in DNotI-Report, a. a. O.).

60 Durchweg noch unter Anwendung des Rechtsberatungsgesetzes: BGH v. 25. 4. 2006 – XI ZR 29/05 – (Ziff. II, 1), WM 2006, 1008 = DStR 2006, 1087 (*Goette*) = EWiR 2006, 351 (*Kindler*); BGH v. 9. 11. 2004 – XI ZR 315/03 – (Ziff. II, 1 b, cc), WM 2005, 72 = EWiR 2005, 415 (*Tiedtke*) = WuB IV A § 172 BGB 1.05 (*Jungmann*); BGH v. 22. 10. 2003 – IV ZR 398/02 – (Ziff. II, 2 a), WM 2003, 2372; BGH v. 22. 10. 2003 – IV ZR 33/03 – (Ziff. II, 1), WM 2003, 2375 = ZfIR 2004, 65 (m. Bespr. *Joswig*, S. 45) = EWiR § 242 BGB 2/04, 423 (*Kulke*); BGH v. 25. 3. 2003 – XI ZR 227/02 – (Ziff. II, 2 a), WM 2003, 1064 = EWiR Art. 1 § 1 RBerG 8/03, 1103 (*Allmendinger*); BGH v. 18. 3. 2003 – XI ZR 188/02 – (Ziff. II, 1 a), WM 2003, 918 = EWiR Art. 1 § 1 RBerG 6/03, 1049 (*Frisch*); BGH v. 11. 10. 2001 – III ZR 182/00 – (Ziff. II, 2 b, aa), WM 2001, 2260 = EWiR Art. 1 § 1 RBerG 3/02, 259 (Reich); zur *Abgrenzung gegenüber der (zulässigen) Baubetreuung: Jagenburg/Weber*, NJW 2001, 3453 (Ziff. II, 1); BGH v. 18. 9. 2001 – XI ZR 321/00 –, WM 2001, 2113 = EWiR Art. 1 § 1 RBerG 1/02, 121 (*Allmendinger*); BGH v. 28. 9. 2000 – IX ZR 279/99 –, BGHZ 145, 265 = WM 2000, 2443 = EWiR Art 1 § 1 RBerG 1/01, 133 (*Grziwotz*).

nichtig ist[61], und zwar auch die Vollmacht zur Unterwerfung unter die Zwangs-vollstreckung[62].

Eine unwirksame Vollmacht kann jedoch beim *Abschluss eines Vertrags* **als gültig zu behandeln** sein, etwa wenn der (scheinbar) Bevollmächtigte dem Partner *vor* Vertragsschluss eine ihm erteilte Vollmachtsurkunde im Original oder als insoweit gleichwertige Durchschrift[63] – bei notariell beurkundeter Voll-macht eine *Ausfertigung* (keine Abschrift) der Vollmachtsurkunde[64] – vorgelegt hat und der andere Teil die Unwirksamkeit der Vollmacht weder kannte noch kennen musste (§ 172 BGB)[65] oder wenn die Voraussetzungen einer sog. Dul-

---

61 BGH v. 22. 10. 2003 – IV ZR 398/02 – (Ziff. II, 2 b), WM 2003, 2372; BGH v. 22. 10. 2003 – IV ZR 33/03 – (Ziff. II, 2), WM 2003, 2375 = ZfIR 2004, 65 (m. Bespr. *Joswig*, S. 45) = EWiR § 242 BGB 2/04, 423 (*Kulke*); BGH v. 25. 3. 2003 – XI ZR 227/02 – (Ziff. II, 2 b), WM 2003, 1064 = EWiR Art. 1 § 1 RBerG 8/03, 1103 (*Allmendinger*); BGH v. 18. 3. 2003 – XI ZR 188/02 – (Ziff. II, 1 b), WM 2003, 918 = EWiR Art. 1 § 1 RBerG 6/03, 1049 (*Frisch*); BGH v. 26. 3. 2003 – IV ZR 222/02 – (Ziff. II, 2 a), BGHZ 154, 283 = WM 2003, 914 = EWiR Art. 1 § 1 RBerG 4/03, 597 (*Derleder*); BGH v. 16. 12. 2002 – II ZR 109/01 – (Ziff. II, 3), BGHZ 153, 214 = WM 2003, 247; BGH v. 14. 5. 2002 – XI ZR 155/01 – (Ziff. II, 2), WM 2002, 1273 = EWiR § 171 BGB 1/02, 797 (*Grziwotz*); BGH v. 11. 10. 2001 – III ZR 182/00 – (Ziff. II, 2 b, bb), WM 2001, 2260 = EWiR Art. 1 § 1 RBerG 3/02, 259 (Reich); die vom XI. Senat anfänglich vertretene Auffassung, die Vollmacht sei nur nichtig, wenn sie mit dem Grundgeschäft zu einem einheitlichen Rechtsgeschäft verbunden sei, wurde aufgegeben, Urteile v. 18. 03. 2003 – XI ZR 188/02 – und 25. 3. 2003 – XI ZR 227/02 – sowie BGH v. 8. 4. 2003 – XI ZR 193/02 – (Ziff. 2b und c), WM 2003, 1346 = EWiR Art. 1 § 1 RBerG 5/03, 883 (*Joswig*); dadurch wohl *überholt*: OLG München v. 1. 3. 2002 – 21 U 4755/01 – (Ziff. 3 und 4), WM 2002, 2460 (Vollmacht zur Aufnahme Darlehen wirksam) und OLG Naumburg v. 12. 7. 2001 – 2 U 198/00 – (Ziff. III, 3), WM 2002, 2200 (Vollmacht im Außenverhältnis wirksam, wenn nicht der Vertragspartner an der unerlaubten Rechtsbesorgung beteiligt war).
62 BGH v. 22. 10. 2003 – IV ZR 398/02 – (Ziff. II, 2 b (2)), WM 2003, 2372; BGH v. 22. 10. 2003 – IV ZR 33/03 – (Ziff. II, 2), WM 2003, 2375 – ZfIR 2004, 65 (m. Bespr. *Joswig*, S. 45) = EWiR § 242 BGB 2/04, 423 (*Kulke*); OLG Brandenburg v. 15. 1. 2002 – 11 U 202/00 – (Ziff. II, 2); WM 2002, 2197.
63 BGH v. 25. 4. 2006 – XI ZR 219/04 – (Ziff. II, 1 b, bb, [2], [b]), WM 2006, 1060 = DStR 2006, 1097 (*Goette*) = EWiR 2006, 475 (*Aigner*).
64 BGH v. 25. 3. 2003 – XI ZR 227/02 – (Ziff. II, 2 c, bb), WM 2003, 1064 = EWiR Art. 1 § 1 RBerG 8/03, 1103 (*Allmendinger*); BGH v. 18. 3. 2003 – XI ZR 188/02 – (Ziff. II, 1 c), WM 2003, 918 = EWiR Art. 1 § 1 RBerG 6/03, 1049 (*Frisch*); BGH v. 14. 5. 2002 – XI ZR 155/01 – (Ziff. II, 3, aa), WM 2002, 1273 = EWiR § 171 BGB 1/02, 797 (*Grziwotz*).
65 BGH v. 22. 10. 2003 – IV ZR 33/03 – (Ziff. II, 5 d (3)), WM 2003, 2375 = ZfIR 2004, 65 (m. Bespr. *Joswig*, S. 45) = EWiR § 242 BGB 2/04, 423 (*Kulke*) ; BGH v. 16. 9. 2003 – XI ZR 447/02 – (Ziff. 2b), NJW 2004, 153 = WM 2003, 2184 = ZfIR 2004, 155 = ZIP 2004, 406; BGH v. 3. 6. 2003 – XI ZR 289/02 – (Ziff. II, 3 b), WM 2003, 1710 = ZIP 2003, 1644; BGH v. 29. 4. 2003 – XI ZR 201/02 – (Ziff. II, 2 d), WM 2004, 21 = EWiR Art. 1 § 1 RBerG 2/04, 133 (Lange); BGH v. 25. 3. 2003 – XI ZR 227/02 – (Ziff. II, 2 c, aa), WM 2003, 1064 = EWiR Art. 1 § 1 RBerG 8/03, 1103 (*Allmendinger*); BGH v. 18. 3. 2003 – XI ZR 188/02 – (Ziff. II, 1 c), WM 2003, 918 = EWiR Art. 1 § 1 RBerG 6/03, 1049 (*Frisch*); BGH v. 18. 9. 2001 – XI ZR 321/00 – (Ziff. II, 5), WM 2001, 2113 = EWiR Art. 1 § 1 RBerG 1/02, 121 (*Allmendinger*); OLG Karlsruhe v. 29. 10. 2002 – 17 U 140/01 – (Ziff. II, 2 b), NJW-RR 2003, 185 = ZIP 2003, 109 = EWiR § 1 HWiG a. F. 4/03, 529 (Lange); *Grüneberg/Ellenberger*, § 172 RN 1; *anderer Ansicht* (keine Wirksamkeit der Vollmacht kraft Rechtsscheins): *Reich*, EWiR 2002, 259, 260 (Ziff. 3.2).

dungsvollmacht vorliegen[66]. Der BGH bestätigt in ständiger Rechtsprechung[67], dass sich lange Zeit weder Rechtsprechung noch Literatur zur Frage der Unwirksamkeit solcher Verträge im Hinblick auf das seinerzeit geltende Rechtsberatungsgesetz geäußert haben. Erst mit Urteil vom 28.9.2000 hat der BGH eine Änderung der Rechtsprechung eingeleitet[67]. Jedenfalls vorher kann es nicht fahrlässig gewesen sein, von der Wirksamkeit der einem Treuhänder ohne Erlaubnis nach dem damals geltenden Rechtsberatungsgesetz erteilten Vollmacht auszugehen.

Die Grundsätze der **Rechtsscheinhaftung** (§§ 172, 173 BGB) gelten zugunsten der kreditgebenden Bank auch dann, wenn das finanzierte Geschäft und der Darlehensvertrag ein verbundenes Geschäft (RN 579 bis 583.1 und RN 588) bilden[68].

Im Einzelfall kann sich eine wirksame Vollmacht auch aus einem gesondert erteilten Zeichnungsschein[69] ergeben, wenn er nur einige wenige Rechtsgeschäfte betrifft und deshalb nicht gegen das Rechtsberatungsgesetz bzw. das neuere Rechtsdienstleistungsgesetz verstößt. Die Nichtigkeit einer daneben erteilten umfassenden Vollmacht steht der Wirksamkeit dieser isolierten Vollmacht nicht entgegen, wenn kein Einheitlichkeitswille i. S. d. § 139 BGB gegeben ist[70]. Soweit die wirksame Vollmacht reicht, kommt es auf eine Rechtsscheinhaftung nicht an.

Für die **Vollstreckungsunterwerfung** dagegen gelten die Bestimmungen über die Prozessvollmacht. Die dem Schutz des Vertragsgegners dienenden §§ 172 ff.

---

66 BGH v. 25.3.2003 – XI ZR 227/02 – (Ziff. II, 2 c. cc), WM 2003, 1064 = EWiR Art. 1 § 1 RBerG 8/03, 1103 (*Allmendinger*), im entschiedenen Fall Voraussetzungen nicht erfüllt.

67 BGH v. 11.10.2001 – III ZR 182/00 – (Ziff. II, 2 b, aa), WM 2001, 2260 = EWiR Art. 1 § 1 RBerG 3/02, 259 (Reich).

68 BGH v. 25.4.2006 – XI ZR 29/05 – (Ziff. II, 1 b, bb), WM 2006, 1008 = DStR 2006, 1087 (*Goette*) = EWiR 2006, 351 (*Kindler*); BGH v. 25.4.2006 – XI ZR 193/04 – (Ziff. II, 3 b), ZIP 2006, 940 = DB 2006, 1152 = BB 2006, 1130 = WM 2006, 1003 = NJW 2006, 1788 = DStR 2006, 1093 = NZM 2006, 469 = BKR 2006, 237; BGH v. 25.4.2006 – XI ZR 219/04 – (Ziff. II, 1 b, bb), WM 2006, 1060 = DStR 2006, 1097 (*Goette*) = EWiR 2006, 475 (*Aigner*); BGH v. 26.10.2004 – XI ZR 255/03 – (Ziff. II, 2, a, cc, (b)), BGHZ 161, 15 = ZIP 2005, 69 = WM 2005, 127 = NJW 2005, 664 = DNotZ 2005, 208 = MDR 2005, 464 = NZM 2005, 274 = WuB IV A § 172 BGB 1.05 (*Jungmann*); *anders noch* (aufgegeben) der II. Zivilsenat des BGH z. B. in BGH v. 14.6.2004 – II ZR 393/02 – (Ziff. I, 1 b, obiter dictum), BGHZ 159, 294 = DB 2004, 1655 = ZIP 2004, 1394, WM 2004, 1529 = DStR 2004, 1346 = BB 2004, 1587 = NJW 2004, 2736 = BKR 2004, 359.

69 Zur Unwiderruflichkeit solcher Vollmachten *Edelmann/Mackenroth*, DB 2007, 730 ff.

70 BGH v. 24.10.2006 – XI ZR 216/05 – (Ziff. II, 1 b), ZIP 2007, 16 = WM 2007, 116 = BKR 2007, 70 = NZM 2007, 180 = MDR 2007, 347 = WuB IV A § 139 BGB 1.07 (*Batereau*); offen gelassen zunächst noch von BGH v. 25.4.2006 – XI ZR 29/05 – (Ziff. II, 1 b, bb), WM 2006, 1008 = DStR 2006, 1087 (*Goette*) = EWiR 2006, 351 (*Kindler*).

BGB sind nicht anwendbar[71]. Ist allerdings der Schuldner wirksam zur Unterwerfung unter die Zwangsvollstreckung verpflichtet (bspw. weil er eine entsprechende Vereinbarung selbst unterschrieben hat), so kann er sich nach Treu und Glauben auf die Unwirksamkeit der vom (Schein-)Vertreter abgegebenen Unterwerfungserklärung nicht berufen (RN 291)[72]. Gleiches soll nach Ansicht des BGH gelten, wenn die Unterwerfung auf einen den Schuldner bindenden Gesellschafterbeschluss zurückgeht[73].

Soll im Zusammenhang mit dem Kauf eines Grundstücks alsbald eine Grundschuld zur Sicherung eines der Kaufpreisfinanzierung dienenden Darlehens bestellt werden (RN 132 bis 135), wird nicht selten der **Käufer oder der Verkäufer bevollmächtigt**, die dazu erforderlichen Erklärungen einschließlich der Unterwerfung unter die sofortige Zwangsvollstreckung (auch) für den anderen Teil abzugeben. In diesem Fall kann und wird die Grundschuld (anders als bei Bestellung durch den Käufer als künftigen Eigentümer [RN 310]) schon vor Vollzug des Eigentumswechsels eingetragen werden.

315

Die vom **Käufer für den Verkäufer** als dessen Vertreter erklärte Unterwerfung kann aber auch noch nach Vollzug des Eigentumswechsels (zulasten des jetzt dem Käufer gehörenden Grundstücks) eingetragen werden, weil der Käufer durch Abgabe der Erklärung im Namen des Verkäufers zugleich auch im eigenen Namen darin einwilligt[74]; eine Klarstellung, dass dies gewollt ist, dürfte dennoch zweckmäßig sein. Bedeutsam kann dies insbesondere dann werden, wenn die Eintragung der Grundschuld mit Unterwerfung *vor* dem Eigentumswechsel nicht möglich ist, etwa weil ein erst durch den Eigentumswechsel entstehender Miteigentumsanteil belastet werden soll.

Zur Frage der Anwendbarkeit von § 79 Abs. 2 ZPO s. RN 313.1.

---

71 BGH v. 2.12.2003 – XI ZR 421/02 – (Ziff. II, 3 c), WM 2004, 372 = EWiR § 172 BGB 1/04, 421 (Mues, kritisch); BGH v. 18.11.2003 – XI ZR 332/02 – (Ziff. II, 2 a, cc), WM 2004, 27; BGH v. 22.10.2003 – IV ZR 398/02 – (Ziff. II, 2 b (2) und c), WM 2003, 2372; BGH v. 22.10.2003 – IV ZR 33/03 – (Ziff. II, 2 und 3), WM 2003, 2375 = ZfIR 2004, 65 (m. Bespr. *Joswig*, S. 45) = EWiR § 242 BGB 2/04, 423 (*Kulke*); BGH v. 26.3.2003 – IV ZR 222/02 – (Ziff. II, 2 b und 3), BGHZ 154, 283 = WM 2003, 914 = EWiR Art. 1 § 1 RBerG 4/03, 597 (*Derleder*); OLG Zweibrücken v. 21.1.2002 – 7 U 70/01 –, WM 2002, 1927 und OLG Zweibrücken v. 1.7.2002 – 7 U 69/01 – (Ziff. 1), WM 2003, 380 = ZfIR 2003, 352 = EWiR § 767 ZPO 1/93, 347 (Prütting); *kritisch: Mues*, BGH EWiR § 172 BGB 1/04, 421.

72 BGH v. 2.12.2003 – XI ZR 421/02 – (Ziff. III, 5), WM 2004, 372 = EWiR § 172 BGB 1/04, 421 (Mues, kritisch); BGH v. 18.11.2003 – XI ZR 332/02 – (Ziff. II, 2 b, aa), WM 2004, 27; BGH v. 22.10.2003 – IV ZR 398/02 – (Ziff. II, 2 c), WM 2003, 2372; BGH v. 22.10.2003 – IV ZR 33/03 – (Ziff. II, 5), WM 2003, 2375 = ZfIR 2004, 65 (m. Bespr. *Joswig*, S. 45) = EWiR § 242 BGB 2/04, 423 (*Kulke*); s. auch BGH v. 29.4.2003 – XI ZR 201/02 – (Ziff. III), WM 2004, 21 = EWiR Art. 1 § 1 RBerG 2/04, 133 (Lange).

73 So entschieden für ein Schuldversprechen in BGH v. 26.6.2007– XI ZR 287/05 – (Ziff. III), ZIP 2007, 1650 = WM 2007, 1648 = BB 2007, 2088 = BKR 2007, 412 = ZfIR 2008, 52 (*Barnert*) = WuB II J § 705 BGB 2.07 (*Escher-Weingart*).

74 OLG Köln v. 16.3.1990 – 2 Wx 32/89 –, Rpfleger 1991, 13.

316 Der **Notar hat** bei Erteilung der vollstreckbaren Ausfertigung die **Vertretungs-macht**[75] **zu prüfen** und sich die Vollmacht durch öffentliche (RN 112) oder öffentlich beglaubigte (RN 111) Urkunde nachweisen zu lassen (§ 726 ZPO analog)[76]. Der Nachweis der Vollmacht ist **entbehrlich,** wenn der die Unterwerfung beurkundende Notar selbst die Vollmacht dazu beurkundet und der Bevollmächtigte Anspruch auf eine Ausfertigung der Vollmacht hat[77], wie dies bei Bevollmächtigung des Käufers durch den Verkäufer im Rahmen eines Kaufvertrags (RN 315) üblich ist.

317 **Zusammen mit der vollstreckbaren Ausfertigung** der Urkunde über die Unterwerfung unter die Zwangsvollstreckung ist nach nunmehr gefestigter Rechtsprechung des BGH auch die **Vollmachtsurkunde dem Schuldner vor Beginn der Zwangsvollstreckung zuzustellen**[78]. Dies war lange Zeit streitig[79]. Selbst wenn man dem BGH nicht folgen wollte, so muss jedenfalls der Vollmachtsinhalt dem Vollstreckungsgericht in öffentlicher oder öffentlich beglaubigter Urkunde nachgewiesen werden; die Bezugnahme auf eine (nicht beigefügte) Urkunde oder eine Bestätigung des Notars reicht nicht aus[80]. Außerdem ist bereits zur Klauselerteilung ein Nachweis der Vollmacht in öffentlicher oder öffentlich beglaubigter Form erforderlich (RN 316). Der Gläubiger braucht also in jedem Fall einen Vollmachtsnachweis, sodass es sich stets empfiehlt, dem Eigentümer mit dem Vollstreckungstitel auch eine beglaubigte Abschrift der Vollmacht zustellen zu lassen.

Erforderlichenfalls kann dies noch während des Zwangsversteigerungsverfahrens nachgeholt werden, was nach Ansicht des BGH sogar noch in der Frist für die Verkündung des Zuschlagsbeschlusses möglich sein soll[81].

318 Es wird gelegentlich empfohlen, der Grundstückseigentümer solle – statt sich *sofort* der Zwangsvollstreckung zu unterwerfen – den Grundschuldgläubiger **unwiderruflich bevollmächtigen,** dies nachzuholen, wenn sich die Vollstreckung als notwendig erweist[82]. Ziel einer solchen Vollmacht ist es, die durch die Unterwerfung entstehenden hohen Notargebühren nicht sofort, sondern erst

---

75 Zur Frage, inwieweit die Wirksamkeit einer Vollmacht (im Hinblick auf einen behaupteten Verstoß gegen das RBerG) geprüft werden muss, *bejahend*: OLG Stuttgart v. 2.5.2002 – 8 W 108/2002 –, unveröffentlicht; *verneinend*: AG München v. 5.6.2001 – 123 C 4108/01 –, WM 2001, 1635.

76 BGH v. 17.4.2008 – V ZB 146/07 –, WM 2008, 1278 = NJW 2008, 2266 = ZfIR 2008, 512 = Rpfleger 2008, 505 = DNotZ 2008, 840.

77 *Stöber*, Rpfleger 1994, 393, Ziff. I und II, 2, m. w. N.

78 BGH v. 10.4.2008 – V ZB 114/07 – (Ziff. II 2), WM 2008, 1505 = ZfIR 2008, 468 (*Zimmer*); BGH v. 21.9.2006 – V ZB 76/06 –, WM 2006, 2266 = NZM 2006, 911 = BGHReport 2006, 1553 = DNotZ 2007, 33 = ZNotP 2007, 75 = MDR 2007, 297 = Rpfleger 2007 37 (*Alff*) = WuB VI D § 750 ZPO 1.07 (*Rimmelspacher*) = ZfIR 2007, 110 (*Zimmer*).

79 Gegen Erfordernis der Zustellung: *Stöber*, Rpfleger 1994, 393, Ziff. V, m. w. N., auch für die gegenteilige Ansicht.

80 *Stöber*, Rpfleger 1994, 393, Ziff. II, 3 bis 6 und III, m. w. N.

81 BGH v. 10.4.2008 – V ZB 114/07 – (Ziff. II 3), WM 2008, 1505 = ZfIR 2008, 468 (*Zimmer*).

82 *Dux*, WM 1994, 1145.

dann zu verursachen, wenn sich die Vollstreckung als unvermeidbar herausgestellt hat.

Davon muss aber **abgeraten** werden[83]. Denn einmal ist es fraglich, ob gerade der *Gläubiger* bevollmächtigt werden kann, weil das die Befreiung vom Vertretungsverbot entsprechend § 181 BGB voraussetzt, was in der Literatur bei einer selbstständigen Unterwerfungserklärung für unzulässig gehalten wird[84]. Zum anderen ist zweifelhaft, ob eine solche Vollmacht (als Prozesserklärung) *unwiderruflich*[85] erteilt werden kann. Schließlich versagt die Unterwerfungsvollmacht, selbst wenn man sie für zulässig hält, gegenüber dem *Erwerber* des Grundstücks (außer bei Gesamtrechtsnachfolge) und nach Eröffnung des Insolvenzverfahrens (§ 117 Abs. 1 InsO)[86]. Außerdem dürfte eine unwiderrufliche Vollmacht beurkundungsbedürftig sein[87], sodass für sie sonst nicht anfallende Notargebühren[88] entstehen, was den (scheinbaren) Kostenvorteil aufhebt oder jedenfalls mindert.

11.3 Unterwerfung wegen eines Teilbetrags

Die Unterwerfung unter die Zwangsvollstreckung kann zur Kostenbegrenzung (RN 326 bis 330) **auf einen Teilbetrag der Grundschuld beschränkt** werden. Dabei kann der vollstreckbare Teil der Grundschuld entweder in einem bestimmten Rangverhältnis zur restlichen Grundschuld stehen (RN 320) oder nicht (RN 321)[89], was unterschiedliche Voraussetzungen und Folgen hat (RN 322 bis 324).   *319*

Unterwirft sich der Eigentümer wegen eines „erstrangigen" oder eines „letztrangigen" Teilbetrags der sofortigen Zwangsvollstreckung, so muss die Grund-   *320*

---

83 Ebenso *Clemente*, ZfIR 2003, 94 (Ziff. III, 4.1); mit Bedenken u. a. wegen § 79 ZPO *Grziwotz*, ZfIR 2008, 821.

84 Unzulässig: *Stein-Jonas/Münzberg*, § 794 RN 126; *differenzierend* (Befreiung eingeschränkt möglich): *MK-ZPO/Wolfsteiner*, § 794 RN 164; *anders* (Bevollmächtigung des Gläubigers zulässig): *Zöller/Geimer*, § 794 RN 34.

85 Keine unwiderrufliche Unterwerfungsvollmacht: *MK-ZPO/Wolfsteiner*, § 794 RN 159; *Dux*, WM 1994, 1145, lit. B, m. w. N.; *anders (unwiderrufliche* Vollmacht möglich) anscheinend: *Rösler*, WM 1998, 1377, 1380 (die von ihm zitierte Entscheidung des OLG Düsseldorf v. 24. 5. 1989 – 3 Wx 217/89 –, Rpfleger 1989, 499, enthält aber keine Aussage zur Unwiderruflichkeit).

86 Ebenso früher nach Eröffnung des Konkurs- oder Gesamtvollstreckungsverfahrens: *Dux*, WM 1994, 1145, lit. E III, 2 und IV.

87 *Stein-Jonas/Münzberg*, § 794 RN 126 Fußnote 624; Dux, WM 1994, 1145 (Abschn. D I); *Rösler*, WM 1998, 1377, 1380; offengelassen: BGH v. 18. 11. 2003 – XI ZR 332/02 – (Ziff. II, 2 a, aa), WM 2004, 27.

88 Die Widerruflichkeit kann nicht einseitig durch den Vollmachtgeber in der Vollmacht, sondern nur durch Vertrag, also im Grundgeschäft ausgeschlossen werden: BayObLG v. 14. 3. 1996 – 2 Z BR 121/95 –, DNotZ 1997, 312 = NJW-RR 1996, 848 m. w. N. mit zust. Anm. *Wufka*; *MK-ZPO/Wolfsteiner*, § 794 RN 164; *Grüneberg/Ellenberger*, § 168 RN 6 m. w. N. (streitig).

89 *MK-ZPO/Wolfsteiner*, § 794 RN 277taler ff.; vgl. zum Ganzen auch *Peters*, Sparkasse 1996, 338.

schuld geteilt und das gewollte **Rangverhältnis** zwischen dem vollstreckbaren und dem nicht vollstreckbaren Teil hergestellt werden.

Ist die Grundschuld **bereits eingetragen**, ist dazu (neben der Unterwerfungserklärung des Grundstückseigentümers) eine beurkundete oder beglaubigte Teilungs- und Rangänderungserklärung des Grundschuldgläubigers erforderlich[90].

Soll die Grundschuld **neu eingetragen** werden, ist die Gesamtsumme in mehrere Grundschulden mit dem gewollten Rang aufzuteilen. Es ist nicht möglich, eine Grundschuld als *einheitliches* Recht (neu) so einzutragen, dass Teile davon unterschiedlichen Rang haben[91].

Um etwas völlig anderes handelt es sich, wenn der Gläubiger nur aus einem Teilbetrag einer (insgesamt vollstreckbaren) Grundschuld die Zwangsversteigerung betreibt und dabei erklärt, dass dies der erstrangige (oder letztrangige) Teil sei. Durch eine solche Erklärung wird die Grundschuld nicht in Teile mit verschiedenem Rang aufgespalten[92]. Wegen der Frage, was ein ablösender Dritter in diesem Fall erwirbt, s. RN 323.

321 Die Vollstreckungsunterwerfung wegen eines Teilbetrags kann aber auch **ohne Bestimmung eines Rangverhältnisses** erfolgen, etwa mit der Formulierung, dass sich der Eigentümer *„wegen eines zuletzt zu zahlenden Teilbetrags"* der sofortigen Zwangsvollstreckung unterwirft. Eine solche Bestimmung, die kein bestimmtes Rangverhältnis zwischen vollstreckbarem und nicht vollstreckbarem Teil schafft oder verlangt, ist zulässig und eintragungsfähig[93]. Eine Teilung der Grundschuld ist nicht erforderlich. Für die Eintragung im Grundbuch genügt die Bewilligung des Grundstückseigentümers[94].

Die Erklärung, dass die **Unterwerfung wegen eines zuletzt zu zahlenden Teilbetrags** erfolgt, bezieht sich ihrem Sinn nach nur auf Zahlungen außerhalb des Zwangsversteigerungsverfahrens[95]. Eine Leistung *in der Zwangsversteigerung*

---

90 OLG Hamm v. 24.10.1983 – 15 W 262/83 –, DNotZ 1984, 489 = Rpfleger 1984, 60 = ZIP 1984, 227; *Wolfsteiner*, Ziff.2 seiner Anmerkung zu OLG Hamm v. 30.10.1986 – 15 W 129/86 –, DNotZ 1988, 233, 235; *anderer Ansicht: Muth*, JurBüro 1984, 9, 10.

91 OLG Zweibrücken v. 28.9.1984 – 3 W 146/84 –, Rpfleger 1985, 54; ebenso wohl OLG Celle v. 7.4.1989 – 4 U 57/88 – WM 1990, 860 = EWiR §268 BGB 1/90, 557 (*Storz*, zust.).

92 BGH v. 13.3.1990 – XI ZR 206/89 – WM 1990, 860 = Rpfleger 1990, 378 (mit Anm. *Muth*), und OLG Celle v. 7.4.1989 – 4 U 57/88 – WM 1990, 860 = EWiR §268 BGB 1/90, 557 (*Storz*, zust.); *Muth*, Rpfleger 1990, 380 (Anmerkung zu BGH v. 13.3.1990 und OLG Celle v. 7.4.1989).

93 BGH v. 28.9.1989 – V ZB 17/88 – (Ziff.C II, 2 b), BGHZ 108, 372 = WM 1989, 1760 = DNotZ 1990, 586 (m.Anm. *Wolfsteiner*) = EWiR §800 ZPO 1/89, 1243 (*Muth*); OLG Hamm v. 30.10.1986 – 15 W 129/86 –, DNotZ 1988, 233 (mit Anm. *Wolfsteiner*).

94 BayObLG v. 4.4.1985 – 2 Z 29/85 –, DNotZ 1985, 476 = Rpfleger 1985, 355 = EWiR §1191 BGB 3/85, 777 (*Gaberdiel*).

95 BGH v. 29.3.2007 – V ZB 160/06 – (Ziff.III 3), BGHZ 172, 37 = WM 2007, 1127 = ZfIR 2007, 499 (*Kesseler*) = DNotZ 2007, 675 (*Wolfsteiner* = WuB VI D §775 ZPO 1.07 (*Bartels*); BGH v. 28.9.1989 – V ZB 17/88 – (Ziff.C II, 2 b, cc [1]), BGHZ 108, 372 = WM 1989, 1760 = DNotZ 1990, 586 (m.Anm. *Wolfsteiner*) = EWiR §800 ZPO 1/89, 1243 (*Muth*); Schmitz, WM 1991, 1061, 1068.

gemäß § 75 ZVG oder § 775 Nr. 5 ZPO ist immer auf den vollstreckbaren Teil zu verrechnen, weil nur daraus betrieben werden kann[96] (wegen des Rangs des abgelösten Teils s. RN 323). Das Ablösungsrecht des Eigentümers *außerhalb der Zwangsvollstreckung* (§ 1142 BGB) wird durch die Klausel nicht eingeschränkt, weil der Eigentümer eine Grundschuld immer nur in voller Höhe ablösen kann; zu einer Teilleistung ist er nicht (§ 266 BGB) bzw. nur mit Zustimmung des Gläubigers berechtigt. Entsprechendes gilt für das Ablöserecht Dritter nach §§ 1150, 268 BGB[97].

In der Zwangsversteigerung hat eine Teilunterwerfung folgende **Konsequenzen:**

Beim geringsten Gebot: *322*

Besteht die Grundschuld aus Teilen mit **unterschiedlichem Rang** (RN 320) und wird die Zwangsvollstreckung aus dem *letztrangigen* Teilbetrag betrieben, so gehört der andere Teil der Grundschuld – weil vorrangig – zum geringsten Gebot (RN 1075 bis 1081) und bleibt bestehen (falls nicht zusätzlich aus einem besserrangigen Recht betrieben wird). Nur der Teil, aus dem betrieben wird, erlischt mit dem Zuschlag. Das kann dazu führen, dass kein Gebot abgegeben wird, wenn nämlich der bestehenbleibende Betrag zu hoch ist.

Wird aus dem *erstrangigen* Teil betrieben, so erlischt mit dem Zuschlag die Grundschuld in vollem Umfang, weil dann beide Teile nicht ins geringste Gebot fallen. Das Ergebnis ist dasselbe, als hätte sich der Eigentümer wegen der ganzen Grundschuld der Zwangsvollstreckung unterworfen.

Hat das Recht **einheitlichen Rang** (RN 321), so fällt das *ganze* Recht nicht in das geringste Gebot (RN 1075 bis 1081), auch wenn nur wegen eines Teilbetrags vollstreckt wird[98]. Mit dem Zuschlag erlischt die Grundschuld in vollem Umfang. Das Ergebnis ist also dasselbe, wie wenn sich der Eigentümer wegen der ganzen Grundschuld (oder wegen eines erstrangigen Teils) der Vollstreckung unterworfen hätte.

---

96   Die durch Nichtannahmebeschluss des BGH v. 13. 3. 1990 – XI ZR 206/89 –, WM 1990, 860 = Rpfleger 1990, 378 (mit Anm. *Muth*), gebilligte Entscheidung des OLG Celle v. 7. 4. 1989 – 4 U 57/88 – WM 1990, 860 = EWiR § 268 BGB 1/90, 557 (*Storz*, zust.), steht der hier vertretenen Ansicht nicht entgegen. Die Entscheidungen sprechen sich nur über den Rang des übergegangenen Teilbetrags aus (s. dazu RN 323), nicht aber darüber, ob der titulierte oder ein nicht titulierter Teil übergegangen ist. Das Vollstreckungsgericht ging jedenfalls (richtigerweise) davon aus, dass der ursprüngliche Gläubiger aus dem Vollstreckungstitel nach der Ablösung nicht weiter betreiben könne, sonst hätte es die Versteigerung aufgrund der (Teil-)Ablösung nicht eingestellt.

97   BGH v. 28. 9. 1989 – V ZB 17/88 – (Ziff. C II, 2 b, cc [2]), BGHZ 108, 372 = WM 1989, 1760 = DNotZ 1990, 586 (m. Anm. *Wolfsteiner*) = EWiR § 800 ZPO 1/89, 1243 (*Muth*); vgl. auch *Wolfsteiner*, DNotZ 1988, 235 (Ziff. 3 seiner Anmerkung zu OLG Hamm v. 30. 10. 1986 – 15 W 129/86); Muth, JurBüro 1984, 10; anderer Ansicht: Muth, Rpfleger 1990, 380 (Ziff. 3 seiner Anmerkung zu BGH v. 13. 3. 1990).

98   *Stöber/Gojowczyk*, § 44 RN 6.

323 Für die **Ablösung** durch den Eigentümer oder einen Dritten:

Löst der Eigentümer oder ein sonst zur Ablösung berechtigter Dritten den wegen eines Teilbetrags betreibenden Gläubiger ab, so geht dieser Teilbetrag auf den Ablösenden über (§ 268 Abs. 3 Satz 1 BGB)[99]. Auf die Vereinbarung, dass Zahlungen auf die gesicherte Forderung verrechnet werden sollen, kann sich der Gläubiger nicht mehr berufen, sobald er die Grundschuld geltend macht (RN 810). Hat der übergehende Teil bereits einen **bestimmten Rang** (RN 320), so tritt der Ablösende insofern in die Position des Gläubigers ein, erwirbt also ggf. den erstrangigen oder den letztrangigen Teilbetrag[100].

Hat der übergehende Teilbetrag **keinen bestimmten Rang** (RN 321), so erhält der abgelöste und auf den Dritten übergehende Teil in dessen Hand – weil es sich nur um einen Teilbetrag des ganzen Rechts handelt – kraft Gesetzes Rang nach dem beim bisherigen Gläubiger verbleibenden Rest (§ 268 Abs. 3 Satz 2 BGB)[101].

Da sich die Ablösung in der Zwangsversteigerung auf das Recht bezieht, aus dem betrieben wird, erwirbt der Ablösende in jedem Fall den (einen) *vollstreckbaren* Teilbetrag[102]. Ist der Rest nicht vollstreckbar, verliert der Gläubiger mit der Ablösung den Vollstreckungstitel. Daraus folgt zugleich, dass – soweit nicht der Gläubiger über weitere Vollstreckungstitel verfügt – das Zwangsversteigerungsverfahren allein mit Zahlung des vollstreckbaren Teilbetrags nebst Kosten zur Einstellung gebracht werden kann[103].

324 Wenn sich der Gläubiger mit der Unterwerfung wegen eines Teilbetrags zufrieden gibt, dürfte aus seiner Sicht die **Unterwerfung ohne bestimmten Rang** (RN 321) **vorzuziehen** sein, weil das hinsichtlich der Folgen in der Zwangsvollstreckung der Vollunterwerfung nahe kommt: Was das geringste Gebot betrifft,

---

99 So auch *Wolfsteiner*, DNotZ 1990, 589 (Ziff. 6 seiner Anmerkung zu BGH v. 28. 9. 1989 – V ZB 17/88). Ein Widerspruch zu der von *Wolfsteiner* kritisierten Auffassung des BGH ist allerdings nicht erkennbar. Denn das Ablöserecht des Dritten nach §§ 1150, 268 BGB (das der BGH anspricht) besteht schon, wenn der Gläubiger Befriedigung aus dem Grundstück nur verlangt. Dass die Vollstreckung bereits begonnen habe (und dass ein Vollstreckungstitel bereits vorliege), ist dafür nicht erforderlich; durch § 1150 BGB wird das Ablöserecht aus § 268 BGB schon in den Zeitraum vor Beginn der Vollstreckung vorverlegt. In dieser Phase muss der Gläubiger Teilleistungen nicht annehmen (§ 266 BGB). Betreibt der Gläubiger dann aber die Zwangsvollstreckung, so kann der Dritte die Versteigerung gem. § 268 Abs. 1 BGB dadurch abwenden, dass er den Gläubiger wegen des Betrags befriedigt, aus dem betrieben wird, auch wenn der Gläubiger nur wegen eines Teilbetrags vollstreckt.

100 Das Urteil des OLG Celle v. 7. 4. 1989 – 4 U 57/88 – WM 1990, 860 = EWiR § 268 BGB 1/90, 557 (*Storz*, zust.), steht der hier vertretenen Ansicht nicht entgegen.

101 BGH v. 13. 3. 1990 – XI ZR 206/89 –, WM 1990, 860 = Rpfleger 1990, 378 (mit Anm. *Muth*) und OLG Celle v. 7. 4. 1989 – 4 U 57/88 – WM 1990, 860 = EWiR § 268 BGB 1/90, 557 (*Storz*, zust.); Münch*Komm/Lieder*, § 1150 RN 35; Grüneberg/Herrler, § 1150 RN 5.

102 *Ähnlich* (Leistung auf vollstreckbaren Teil kann Ablösungsberechtigten nicht verwehrt werden): *MK-ZPO/Wolfsteiner*, § 794 RN 279.

103 BGH v. 29. 3. 2007 – V ZB 160/06 – (Ziff. III 3), BGHZ 172, 37 = WM 2007, 1127 = ZfIR 2007, 499 (*Kesseler*) = DNotZ 2007, 675 (*Wolfsteiner* = WuB VI D § 775 ZPO 1.07 (Bartels).

kann der Gläubiger mit derselben Wirkung vollstrecken, wie wenn sich der Eigentümer wegen der ganzen Grundschuld unterworfen hätte (RN 322, zweite Alternative). Bei einer Ablösung in der Zwangsvollstreckung behält er – ebenso wie wenn die ganze Grundschuld vollstreckbar wäre – den rangbesseren Teil (RN 323, zweite Alternative).

Bei der Ablösung verliert er allerdings – das ist der Nachteil aus der betragsmäßig begrenzten Unterwerfung – den vollstreckbaren Teil, muss also zur Fortsetzung der Zwangsversteigerung aus dem ihm verbliebenen Rest einen neuen Vollstreckungstitel erwirken. Das wird in dieser Situation meist nur durch Klage möglich sein.

In der Literatur wird vorgeschlagen, diesen Nachteil dadurch zu verringern, dass sich der Gläubiger unwiderruflich bevollmächtigen lässt, den Eigentümer hinsichtlich des Restbetrags der sofortigen Zwangsvollstreckung zu unterwerfen[104], also die Teilunterwerfung mit der Vollmachtslösung (RN 318) zu kombinieren. Wegen der Schwächen der Vollmachtslösung wird auf RN 318 verwiesen; sie bestehen natürlich auch bei der Kombination, allerdings beschränkt auf den nicht sofort vollstreckbaren Teil.

Hat sich der Eigentümer nur teilweise der Zwangsvollstreckung aus einer Grundschuld unterworfen, so verlangt die **Abtretung eines Teilbetrags** daraus besonderer Aufmerksamkeit. *325*

Haben der vollstreckbare und der nicht vollstreckbare Teil **unterschiedlichen Rang** (RN 320), muss der Rangteil angegeben werden, aus dem abgetreten wird; damit ist zugleich klargestellt, ob der abgetretene Teil vollstreckbar ist oder nicht. Fehlt diese Angabe, so ist der abgetretene Teil nicht zweifelsfrei bezeichnet und damit die Teilabtretung unwirksam (RN 470).

Hat die Grundschuld **einheitlichen Rang** (RN 321), so unterscheidet sich kein Teil der Grundschuld vom Rest. Die aus der Zwangsvollstreckungsunterwerfung folgende Vollstreckbarkeit ist keine Eigenschaft der Grundschuld, sondern ein prozessuales Nebenrecht (RN 312). Sie ist mit keinem bestimmbaren (oder gar bestimmten) Teil der Grundschuld verbunden; auch in Bezug auf die Vollstreckungsunterwerfung sind alle Teile der Grundschuld untereinander gleichwertig. Der abgetretene Teilbetrag wird deshalb (allein) durch Angabe des Betrags ausreichend bestimmt; mehr Möglichkeiten, den abgetretenen Teil zu bestimmen, gibt es gar nicht.

Der abgetretene Teil und der dem Zedenten verbleibende Teil haben, wenn keine Rangänderung erfolgt, gleichen Rang (RN 476). Dementsprechend muss sich auch das prozessuale Nebenrecht „Vollstreckbarkeit" verhältnismäßig auf die Teilgrundschulden aufteilen[105]. So wie Zedent und Zessionar bei der Teilabtretung einer Grundschuld ohne Mitwirkung des Eigentümers (§ 1151 BGB) eine andere Rangfolge (als Gleichrang) für die beiden Teile vereinbaren können, müssen sie nach der hier vertretenen Ansicht auch hinsichtlich der Vollstreck-

---

104 *Thaler*, ZfIR 2002, 669.
105 *Wolfsteiner*, DNotZ 1988, 233 (Ziff. 3b seiner Anmerkung zu OLG Hamm v. 30. 10. 1986 – 15 W 129/86).

barkeit eine andere als die verhältnismäßige Aufteilung vereinbaren können[106]; Interessen des Eigentümers (Schuldners) werden dadurch nicht verletzt. Die Vollstreckbarkeit geht deshalb nur dann verhältnismäßig auf die beiden Teilgrundschulden über, wenn Zedent und Zessionar keine abweichende Vereinbarung treffen.

326 Die **Unterwerfung nur wegen eines Teilbetrags vermindert die Notargebühren.** Die Kostenminderung wird aber durch den (aus der Sicht des Kreditinstitutes) Nachteil erkauft, dass der Eigentümer oder ein nachrangiger Gläubiger die Vollstreckung dadurch beenden kann, dass er den vollstreckbaren Teil bezahlt (RN 323, 324), wodurch es zu einer drastischen Kostensteigerung und einer Verzögerung der Sicherheitenverwertung kommt[107]. Der vollstreckbare Teilbetrag darf deshalb nicht zu gering gewählt werden.

327 Ist das Kreditinstitut bei einer Grundschuld von 3 Mio. Euro beispielsweise mit einer Teilunterwerfung wegen eines Betrags von 100 000 Euro einverstanden, kann das auf verschiedene Weise (RN 328, 329 oder 330) mit unterschiedlichen Kostenfolgen umgesetzt werden. In den folgenden **Beispielen** bleiben Dokumentenpauschale (Schreibgebühren), Auslagen, Umsatzsteuer und eine etwaige Vollzugsgebühr jeweils außer Ansatz.

Bei der Bestellung einer **in vollem Umfang** vollstreckbaren Grundschuld über 3 Mio. Euro entsteht beim Notar eine 1,0 Beurkundungsgebühr (Nr. 21200 KV GNotKG, Geschäftswert nach §§ 97, 53 GNotKG) von 4 935 Euro und beim Grundbuchamt eine Eintragungsgebühr (Nr. 14121 KV GNotKG) in gleicher Höhe, also Kosten von zusammen 9 870 Euro.

328 Werden Grundschuldbewilligung und auf 100 000 Euro **beschränkte** Zwangsvollstreckungsunterwerfung **in einer Urkunde** zusammengefasst, entstehen beim Notar folgende Gebühren

für die Beurkundung der Eintragungsbewilligung	
0,5 Gebühr aus 3 Mio. Euro (Nr. 21201 Nr. 4 KV GNotKG)	2 467,50 Euro
für die Beurkundung der Zwangsvollstreckungsunterwerfung	
1,0 Gebühr aus 100 000 Euro (Nr. 21200 KV GNotKG)	273,00 Euro
und beim Grundbuchamt für die Eintragung	
1,0 Gebühr aus 3 Mio. Euro (Nr. 14121 KV GNotKG)	4 935,00 Euro
zusammen also	7 675,50 Euro

---

106 *Anderer Ansicht: Wolfsteiner,* DNotZ 1988, 233 (Ziff. 3b seiner Anmerkung zu OLG Hamm v. 30.10.1986 – 15 W 129/86). Der die Grundschuld teilende Gläubiger könne den verhältnismäßigen Übergang der Unterwerfungserklärung nicht einseitig ändern, weil er über die Unterwerfungserklärung des Eigentümers (Schuldners) nicht verfügen könne. Das dürfte so zu verstehen sein, dass er eine Abweichung von der verhältnismäßigen Aufteilung nur bei Mitwirkung des Schuldners für zulässig hält. Dafür besteht im Hinblick auf die Rangänderung bei Teilabtretung kein Anlass; es ist auch nicht ersichtlich, welches berechtigte Interesse der Schuldner daran haben könnte, dass eine abweichende Verteilung der Vollstreckbarkeit nur mit seiner Zustimmung möglich ist.

107 Rechenbeispiele bei *Grziwotz,* BankPraktiker 2007, 410 ff.; noch zum GKG, aber in den Kernaussagen auch unter dem GNotKG zutreffend.

Eine deutlich größere Kostenminderung lässt sich erreichen, wenn die Bestellung der Grundschuld (3 Mio. Euro) und die **Teilunterwerfung** (mit 100 000 Euro) **in getrennten Urkunden** erfolgen und die Grundschuldbestellung vom Kreditinstitut oder vom Eigentümer so vorbereitet wird, dass sich die Tätigkeit des Notars insoweit auf eine reine Beglaubigung beschränkt. *329*

Es entstehen beim Notar für die Beglaubigung der Grundschuldbestellung

0,2 Gebühr (Nr. 25100 KV GNotK) aus 3 Mio. Euro, Höchstsatz	70,00 Euro
für die Beurkundung der Zwangsvollstreckungsunterwerfung	
1,0 Gebühr (Nr. 21200 KV GNotKG) aus 100 000 Euro	273,00 Euro
und beim Grundbuchamt für die Eintragung	
1,0 Gebühr aus 3 Mio. Euro (Nr. 14121 KV GNotKG)	<u>4 935,00 Euro</u>
zusammen also	5 278,00 Euro

Ist eine (nicht vollstreckbare) Grundschuld bereits eingetragen und unterwirft sich der Eigentümer **nachträglich** der sofortigen Zwangsvollstreckung in Höhe eines Teilbetrags von 100 000 Euro, so entstehen zusätzlich zu den für die Eintragung bereits angefallenen Kosten beim Notar Gebühren von 273 Euro (Nr. 21200 KV GNotKG) und beim Grundbuchamt Gebühren in Höhe von 136,50 Euro (Nr. 14130 KV GNotKG). Zur Grundschuldfälligkeit bei nachträglicher (Teil-)unterwerfung s. RN 278. *330*

12 Rang der Grundschuld

12.1 Darstellung des Rangs im Grundbuch

331 Die Rechte an einem Grundstück stehen untereinander in einer bestimmten Rangfolge. Maßgeblich ist der Rang, der sich *aus dem Grundbuch* – aufgrund der gesetzlichen Regeln (RN 334, 336 bis 339) oder der eingetragenen Abweichungen (RN 332) – ergibt.

Der Rang richtet sich (ohne entsprechende Eintragung) nicht danach, mit welchem Rang die Rechte bei korrektem Verfahren des Grundbuchamts (RN 86 ff.) hätten eingetragen werden müssen[1].

332 Ist im Grundbuch **ausdrücklich** etwas über das Rangverhältnis mehrerer Rechte **eingetragen**, so geht diese Eintragung den gesetzlichen Rangregeln (RN 334, 336 bis 339) vor. Eine Eintragung über den Rang kann entweder in der Hauptspalte oder in der Veränderungsspalte zu finden sein.

Jede (ursprüngliche) Abweichung von der gesetzlichen Rangfolge und jede (spätere) Änderung der Rangfolge bedarf zu ihrer Wirksamkeit der Eintragung im Grundbuch, und zwar auch bei Briefrechten (RN 361).

Rangvermerke kommen vor allem in Betracht, wenn das Rangverhältnis nachträglich geändert wird. Hier ist bei der Prüfung des Rangs besondere Sorgfalt geboten, weil manchmal überraschende Folgen eintreten. Im Einzelnen s. RN 373.

333 Ist – wie meist – **nichts** über den Rang der Rechte **eingetragen**, gilt für Rechte nach BGB, also alle Rechte an Grundstücken in den alten Bundesländern und solche Rechte an Grundstücken in den neuen Bundesländern, die nach dem 2. 10. 1990 entstanden sind, Folgendes:

334 Der Rang von in der *gleichen* Abteilung eingetragenen Rechten bestimmt sich nach der räumlichen Reihenfolge. In *verschiedenen* Abteilungen kommt es auf das Datum der Eintragung (nicht der Bewilligung) an; bei gleichem Datum haben die Rechte gleichen Rang (§ 879 BGB).

Wenn nicht ausdrücklich etwas anderes eingetragen ist, hat zum **Beispiel** eine in Abteilung III unter Nr. 1 eingetragene Grundschuld Rang vor einer in *derselben Abteilung* unter Nr. 2 eingetragenen Hypothek, weil die Grundschuld rein räumlich vor der Hypothek steht; das Eintragungsdatum ist für den Rang zwischen Rechten derselben Abteilung ohne Bedeutung.

Andererseits: Ein am 25. Januar 2003 (in der Abteilung II) eingetragenes Vorkaufsrecht hat Rang nach einer am 24. Januar 2003 (in der Abteilung III) eingetragenen Grundschuld, weil es später eingetragen worden ist; die räumliche Reihenfolge ist für den Rang zwischen Rechten *verschiedener Abteilungen* gleichgültig.

335 Für den Rang der **Rechte nach ZGB**, also für die Rechte an Grundstücken in den **neuen Bundesländern**, die bei Ablauf des 2. 10. 1990 bestanden, gilt Folgendes:

---

1 Missverständlich: OLG Brandenburg v. 3. 9. 2001 – 8 Wx 218/00 –, Rpfleger 2002, 135.

Der Rang der Rechte, die im Grundbuch eingetragen sind, bestimmt sich regel- *336*
mäßig nach der Zeitfolge ihrer Eintragung (Art. 233 § 9 Abs. 1 EGBGB); einen
Unterschied zwischen Rechten verschiedener Abteilungen gibt es nicht. Rechte
nach ZGB, die nicht eingetragen werden mussten und (noch) nicht eingetragen
sind, haben Rang nach dem Zeitpunkt ihrer Entstehung (Art. 233 § 9 Abs. 2
EGBGB).

Abgestellt wird auf den *Zeitpunkt,* nicht (wie nach § 879 Abs. 1 Satz 2 BGB) auf
den *Tag* der Eintragung (bzw. des Entstehens). Sind bspw. zwei Hypotheken am
gleichen Tag eingetragen worden, so hat die räumlich vorgehende Rang vor der
räumlich nachfolgenden, weil sie, wenn auch nur wenige Minuten, früher als
die andere eingetragen worden ist[2]. Das entspricht im Ergebnis § 879 Abs. 1
Satz 1 BGB.

Wurden oder werden Nutzungsrechte (die ohne Eintragung entstehen konnten) *337*
nach dem 2.10.1990 mit einem Vermerk über ihren Rang eingetragen, ist der
Rangvermerk maßgeblich (Art. 233 § 9 Abs. 2 i. V. m. § 5 Abs. 3 Satz 2 und 3
EGBGB).

Ausnahmsweise haben **Aufbauhypotheken**, die vor dem 1.7.1990 bestellt wor- *338*
den sind, Rang vor anderen (nicht privilegierten) Hypotheken und gleichen
Rang mit anderen Aufbauhypotheken[3], und zwar gleichgültig, in welcher Reihenfolge die Rechte eingetragen worden sind. Ein besonderer Rangvermerk ist
nicht erforderlich. Wird der Zinsanspruch aus einer Aufbauhypothek nachträglich erhöht, so haben auch die erhöhten (später vereinbarten) Zinsen bis zu
insgesamt 13 % den Vorrang der Aufbauhypothek (Art. 233 § 9 Abs. 3 Satz 2
EGBGB).

Der gesetzliche Vorrang besteht nur gegenüber anderen Hypotheken, nicht
gegenüber Rechten anderer Art. Das kann zu schwierigen (relativen) Rangver-
hältnissen (RN 356, 373) führen, z. B. wenn nach einer nicht privilegierten Hypothek ein Nutzungsrecht begründet und danach eine Aufbauhypothek eingetragen wurde. Dann hat die Aufbauhypothek Rang vor der anderen Hypothek,
aber nach dem Nutzungsrecht, während die andere Hypothek Rang vor dem
Nutzungsrecht hat.

Aufbaugrundschulden, die bis zum Inkrafttreten des ZGB (1.1.1976) unter *339*
gewissen Voraussetzungen[4] bestellt werden konnten, haben Vorrang vor allen
anderen im Grundbuch eingetragenen Belastungen[5], also auch bspw. gegenüber einem eingetragenen Nutzungsrecht. Werden die Zinsen aus einer Aufbau-

---

2 Ebenso *Grüneberg-Archiv II/Bassenge,* Art. 233 EGBGB § 9 RN 2.
3 § 456 Abs. 3 ZGB in der bis 30. 6. 1990 geltenden Fassung, i. V. m. Art. 233 § 3 Abs. 1
   und § 9 Abs. 3 EGBGB.
4 Die Bestellung einer Aufbaugrundschuld war zulässig, wenn die Sicherung eines
   langfristigen Baukredits durch (regelmäßig) erstrangige Hypothek nicht möglich war
   oder der Kreditnehmer aufgrund der Ertragslage des Grundstücks die vorgeschriebenen Zins- und Mindesttilgungssätze nicht erbringen konnte; § 7 Abs. 5 FinanzierungsVO private Baumaßnahmen. Die Aufbaugrundschuld dürfte deshalb auch nicht
   mit einer Forderung verbunden gewesen sein.
5 Vgl. § 7 Abs. 5 ff. FinanzierungsVO private Baumaßnahmen.

grundschuld nachträglich erhöht, haben auch die erhöhten Zinsen bis zu insgesamt 13 % den Vorrang der Aufbaugrundschuld (Art. 233 § 9 Abs. 3 Satz 4 und 2 EGBGB).

340 Die Grundschuld kann auf *einem* Beleihungsobjekt nur einen **einheitlichen Rang** haben. Deshalb kann sie auf demselben Objekt nicht bezüglich eines Teilbetrags mit Rang vor, im Übrigen mit Rang nach einem anderen Recht eingetragen werden. Ein solches Ergebnis kann nur durch die Eintragung von zwei Grundschulden[6] erreicht werden.

Soll der Rang nur eines Teils einer bereits eingetragenen Grundschuld geändert werden, so setzt dies eine Teilung der Grundschuld (RN 369) voraus.

Dagegen kann die Grundschuld auf *verschiedenen* Objekten entweder von Anfang an (RN 386) oder bei späterer Mitbelastung (RN 341) unterschiedlichen Rang erhalten. Das sollte aber nach Möglichkeit vermieden werden.

341 Soll eine Grundschuld, die Rang vor einem anderen Recht (bspw. einem Altenteil) hat, nachträglich auf ein weiteres Grundstück erstreckt werden, das ebenfalls mit dem Altenteil belastet ist, so ist ein Rangrücktritt des Altenteils erforderlich, wenn die Grundschuld auch auf dem zweiten Grundstück Rang vor dem Altenteil erhalten soll. Das ist unstreitig.

Umstritten ist jedoch, wie das Rangverhältnis zwischen Grundschuld und Altenteil auf dem nachbelasteten Grundstück zum *Ausdruck* zu bringen ist, falls beide Grundstücke im gleichen Grundbuch eingetragen sind und die **Nachverpfändung** deshalb nur durch einen Vermerk in der Veränderungsspalte erfolgt.

342 Die herrschende Meinung[7] geht zu Recht davon aus, dass die Eintragungen in der **Haupt- und in der Veränderungsspalte eine Einheit** bilden. Das bedeutet, dass eine Eintragung hinsichtlich des Rangs dann, aber auch nur dann erforderlich ist, wenn die Rechte auf dem nachbelasteten Grundstück eine andere Rangfolge erhalten sollen als auf dem anfänglich belasteten Grundstück. Andernfalls stehen die Rechte auf dem nachbelasteten Grundstück im selben Rangverhältnis zueinander wie auf dem anfänglich belasteten Grundstück.

Demgegenüber wird teilweise die Ansicht[8] vertreten, dass der (keine Angaben zum Rang enthaltende) Vermerk in der Veränderungsspalte über die nachträgliche Mitbelastung eines Grundstücks mit bereits bestehenden Rechten ausdrücke, dass diese Rechte auf dem nachbelasteten Grundstück untereinander gleichen Rang haben. Danach wäre es notwendig, im Mithaftvermerk ausdrücklich zu erklären, dass die bestehenden Rechte auch auf dem nachbelasteten Grund-

---

6 OLG Zweibrücken v. 28. 9. 1984 – 3 W 146/84 –, Rpfleger 1985, 54; ebenso wohl OLG Celle v. 7. 4. 1989 – 4 U 57/88 –, Rpfleger 1990, 378 = WM 1990, 860 = EWiR § 268 BGB 1/90, 557 (*Storz*).

7 BayObLG v. 22. 12. 1959 – BReg 2 Z 192/59 – (Ziff. 1), NJW 1960, 1155; OLG Frankfurt v. 3. 2. 1978 – 20 W 758/77 –, Rpfleger 1978, 312; OLG Hamm v. 9. 10. 1984 – 15 W 250/83 –, Rpfleger 1985, 17 = WM 1985, 289; *Demharter*, § 48 RN 20; *MünchKomm/Kohler*, § 879 RN 21; *MünchKomm/Lieder*, § 1132 RN 16; *Grüneberg/Herrler*, § 879 RN 10 und § 1132 RN 5; *Schöner/Stöber*, RN 2659; *Streuer*, Rpfleger 1985, 144.

8 *Schmid*, Rpfleger 1984, 130 und 1982, 251 m. w. N.

stück denselben Rang wie auf dem ursprünglich belasteten Grundstück haben, wenn dies gewollt ist.

Bei der Prüfung des Rangs einer Grundschuld müssen auch **nicht eingetragene** **Rechte** in Betracht gezogen werden. In den *alten Bundesländern*[9] sind sie praktisch bedeutungslos. Seit Anlegung des Grundbuchs, also seit über 100 Jahren, können ohne Eintragung Rechte an Grundstücken nicht mehr entstehen (Art. 189 EGBGB); ältere Rechte sind weitgehend erledigt.   *343*

In den **neuen Bundesländern** sind – mit einigen Ausnahmen (RN 345) – im Grundbuch nicht eingetragene Mitbenutzungsrechte und sonstige beschränkte **dingliche Rechte** an Grundstücken mit Ablauf des 31.12.2000[10] **erloschen** (§ 8 Abs. 1 GBBerG)[11].   *344*

Allerdings reicht es aus, wenn bis 31.12.2000 entweder der Eigentümer das Recht förmlich anerkannt und die Berichtigung des Grundbuchs bewilligt oder der Inhaber des Rechts Klage auf Abgabe einer zur Eintragung geeigneten Erklärung erhoben hat (§ 8 Abs. 1 Satz 1 GBBerG)[12]. Deshalb kann es für eine gewisse Übergangszeit noch über den 31.12.2000 hinaus nicht eingetragene Rechte geben.

Entscheidend für den Erwerber einer Grundschuld ist aber letztlich, dass *im Beitrittsgebiet* ab 1.1.2001 der **öffentliche Glaube des Grundbuchs** für alle nicht eingetragenen[13] Rechte an Grundstücken gilt (Art. 233 § 5 Abs. 2 Satz 1 EGBGB). Das bedeutet: Eine danach durch Neueintragung oder Abtretung erworbene Grundschuld erhält Rang vor einem nicht eingetragenen[13] Recht am Grundstück (bei Gebäudeeigentum s. RN 345, 36), wenn weder das Recht dem Erwerber der Grundschuld bekannt noch im Grundbuch des belasteten Grundstücks ein Widerspruch eingetragen ist (§ 892 Abs. 1 Satz 1 BGB).

Das einem **Gebäudeeigentum** (RN 35) zugrunde liegende Nutzungsrecht bzw. das selbstständige Gebäudeeigentum bleiben – selbst wenn im Grundbuch des belasteten Grundstücks nicht eingetragen – über den 31.12.2000 hinaus beste-   *345*

---

9   Im Einzelnen s. Art. 184 und 187 EGBGB und *Schöner/Stöber*, RN 347 und 1171 ff.

10   Wegen der Fristverlängerung s. § 13 Abs. 1 SachenR-DV v. 20.12.1994 (BGBl. I, 399) i.V.m. Art. 233 § 5 Abs. 2 Satz 1 EGBGB i.d.F. des 2. Eigentumsfristengesetzes v. 20.12.1999 (BGBl. I, 2493).

11   BGH v. 28.3.2003 – V ZR 271/02 – (Ziff. II, 3), WM 2003, 1911 (keine verfassungsrechtlichen Bedenken). – Im Übrigen und im Einzelnen s. *Böhringer*, Rpfleger 1997, 244, 245 f., wobei zu berücksichtigen ist, dass inzwischen die Frist verlängert wurde, § 13 Abs. 1 SachenR-DV v. 20.12.1994 (BGBl. I, 399) i.V.m. Art. 233 § 5 Abs. 2 Satz 1 EGBGB i.d.F. des 2. Eigentumsfristengesetzes v. 20.12.1999 (BGBl. I, 2493).

12   Es reicht bspw. Nicht aus, ein Notwegrecht einzuklagen: BGH v. 28.3.2003 – V ZR 271/02 – (Ziff. II, 2), WM 2003, 1911. – Im Übrigen und im Einzelnen s. Böhringer, Rpfleger 1997, 244, 245 f. – Wegen der Fristverlängerung, § 13 Abs. 1 SachenR-DV v. 20.12.1994 (BGBl. I, 399) i.V.m. Art. 233 § 5 Abs. 2 Satz 1 EGBGB i.d.F. des 2. Eigentumsfristengesetzes v. 20.12.1999 (BGBl. I, 2493).

13   Es reicht aus, dass der Antrag auf Eintragung des Mitbenutzungsrechts oder des sonstigen Rechts vor dem 1.1.2001 gestellt worden ist, auch wenn die Eintragung später erfolgt (s. auch *Grüneberg-Archiv II/Bassenge*, Art. 233 § 5 RN 5). Die rechtzeitig gestellten Eintragungsanträge dürften aber inzwischen alle erledigt sein.

hen; § 8 Abs. 1 Satz 1 GBBerG klammert das Nutzungsrecht für Gebäudeeigentum ausdrücklich aus.

Aber eine ab 1.1.2001 (hinsichtlich des Gebäudeeigentums **gutgläubig) erworbene Grundschuld** *am Grundstück* erstreckt sich auf das Gebäude. Das bedeutet, dass der (gutgläubige) Erwerber der Grundschuld so behandelt wird, wie wenn das Gebäude wesentlicher Bestandteil des Grundstücks wäre (RN 36).

Beschränkte dingliche Rechte zur Errichtung oder zum Betrieb von Energieanlagen oder für wasserwirtschaftliche Anlagen nach § 40 Abs. 1c (DDR-)Wassergesetz vom 2.7.1982 bleiben auch ohne Eintragung im Grundbuch über den 31.12.2000 hinaus bestehen (§ 8 Abs. 3 Satz 1 GBBerG)[14].

Die kraft Gesetzes entstandenen Dienstbarkeiten zur Fortleitung von Energie (Strom, Gas, Wärme) oder für wasserwirtschaftliche Anlagen, Telekommunikationsanlagen, Ölleitungen u. dgl. (§ 9 Abs. 1, 9 und 11 GBBerG)[15] unterliegen den Vorschriften über den öffentlichen Glauben des Grundbuchs zunächst[16] nur hinsichtlich des Rangs (§ 9 Abs. 1 Satz 2 GBBerG); das ist aber der für die Belastung mit Grundpfandrechten entscheidende Teil. Wird zulasten eines durch eine solche Dienstbarkeit betroffenen Grundstücks eine Grundschuld bestellt (oder eine bereits eingetragene abgetreten), ohne dass der Erwerber des Grundpfandrechts die Dienstbarkeit kennt, so erwirbt er die Grundschuld gutgläubig mit Rang vor der Dienstbarkeit (§ 892 BGB)[17].

346   Ein etwaiges **Vorkaufsrecht der Gemeinde** nach §§ 24 ff. BauGB entfaltet für die Belastung eines Grundstücks Wirkung erst, wenn die Gemeinde es ausgeübt und zur Sicherung ihres daraus folgenden Übereignungsanspruchs nach § 28 Abs. 2 Satz 3 eine (Auflassungs-)Vormerkung hat eintragen lassen. Dadurch wird der Erwerber einer Grundschuld gewarnt. Bestellt der Grundstückseigentümer eine Grundschuld, *bevor* eine Vormerkung zur Sicherung des Vorkaufsrechts eingetragen worden ist, erwirbt sie der Gläubiger wirksam[18]. Eine *nach* Eintragung der Vormerkung eingetragene Grundschuld kann dagegen nur dann als Kreditsicherheit angesehen werden, wenn der Vormerkungsberechtigte der Eintragung oder der Abtretung zugestimmt hat (RN 204, 207).

12.2   Rangvereinbarung bei der Grundschuldbestellung

347   Vereinbarungen über den Rang sind **kein notweniger Bestandteil** einer Grundschuldbestellung. Ist keinerlei Rangvereinbarung getroffen, erwirbt der Gläubiger die Grundschuld mit dem Rang, mit dem sie im Grundbuch eingetragen wird, und ohne einen Anspruch auf Rangverbesserung gegenüber dem Grundschuldbesteller.

---

14   Im Einzelnen s. *Böhringer*, Rpfleger 2002, 186 (Ziff. I).
15   Im Einzelnen s. *Böhringer*, Rpfleger 2002, 186 (Ziff. II).
16   Vollständig (also auch bei Veräußerung des Grundstücks) gelten die Gutglaubensvorschriften erst ab 1.1.2011 (§ 9 Abs. 1 Satz 2 GBBerG).
17   Im Einzelnen s. *Böhringer*, Rpfleger 2002, 186 (Ziff. III); s. auch ders. Rpfleger 1997, 244, 247 ff.
18   *Schöner/Stöber*, RN 4124.

In der Praxis wird sich der Gläubiger aber stets einen bestimmten Rang der Grundschuld zusichern lassen. Die Zusage ist Teil des Darlehensvertrags oder der sonstigen schuldrechtlichen Vereinbarung, die der Grundschuldbestellung zugrunde liegt. Sie sollte dort schriftlich festgehalten werden.

Normalerweise genügt es, wenn sich der Vertragspartner (meist der Eigen-   *348*
tümer) **schuldrechtlich verpflichtet**, der Grundschuld den verlangten **Rang zu verschaffen**; der Weg ist nur dann nicht geeignet, wenn Bedarf besteht, einen – auch nur vorübergehend – anderen Rang der Grundschuld mit Sicherheit auszuschließen.

Auch bei nur schuldrechtlicher Rangbestimmung wird die Grundschuld sofort rangrichtig eingetragen, wenn die Voraussetzungen dafür erfüllt sind. Aber es bleibt, wenn es Schwierigkeiten geben sollte, möglich, die Bestellung in zwei Stufen vorzunehmen, nämlich zunächst die Grundschuld hinter den bereits bestehenden Lasten einzutragen und ihr danach den gewünschten Rang zu verschaffen. Der Gläubiger erwirbt in einem solchen Fall sofort die Grundschuld, wenn auch ggf. zunächst noch mit schlechterem als dem vereinbarten Rang.

Ist dies gewollt, dann darf eine **dingliche Rangbestimmung** (RN 349) nicht getroffen werden. Es muss also entweder klargestellt werden, dass eine Rangbestimmung nur als schuldrechtliche Verpflichtung des Grundschuldbestellers gemeint ist[19] oder es muss ausdrücklich erklärt werden, dass die Grundschuld zunächst an rangbereiter Stelle eingetragen werden soll[20] oder es muss auf jede Rangbestimmung verzichtet werden[21].

Enthält ein Vordruck zur Grundschuldbestellung mehrere Alternativen hinsichtlich des Rangs[22], von denen eine durch **Streichung** der anderen auszuwählen ist, unterbleibt aber die vorgesehene Streichung, so ist keine (wirksame) Bestimmung über den Rang getroffen. In diesem Fall ist die Grundschuld mit dem Rang einzutragen, wie er sich aus den gesetzlichen Bestimmungen ergibt, also an rangbereiter Stelle[23]. Der Praxis ist aber dringend zu empfehlen, die Vordrucke vollständig auszufüllen und sich nicht auf diese Auslegung zu verlassen.

Die Eintragung der Grundschuld an rangbereiter Stelle ist zweckmäßig, wenn es dem Gläubiger darauf ankommt, das dingliche Recht auf alle Fälle und so bald wie möglich zu erwerben, insbesondere wenn die Grundschuld etwa schon vor Eintragung valutiert werden soll.

---

19 Anhang 4 [9]: Ausdrückliche Erklärung, dass die Grundschuld auch dann eingetragen werden soll, wenn der ausbedungene Rang zunächst nicht verschafft werden kann (vgl. *Schöner/Stöber*, RN 321).

20 Anhang 1 [7, 1. Alternative]; Anhang 2 [7, 1. Alternative] – Anhang 3 [7]: Ermächtigung des Notars, entsprechenden Eintragungsantrag zu stellen.

21 Die Grundschuld wird dann an nächstoffener Stelle, bei mehreren Anträgen an der dem Zeitpunkt des Eingangs entsprechenden Stelle (§§ 17, 45 GBO) eingetragen.

22 Anhang 1 [7]; Anhang 2 [7].

23 OLG Celle v. 22.7.1997 – 4 W 131/97 –, ZIP 1997, 1830 = EWiR § 45 GBO 1/97, 1083 (*Demharter*, zustimmend).

349 Will das Kreditinstitut (ausnahmsweise) lieber gar keine als – wenn auch nur vorübergehend – eine Grundschuld mit schlechterem als dem verlangten Rang erwerben, dann ist es angezeigt, sie mit einem bestimmten (nämlich dem verlangten) Rang zu bewilligen und zu beantragen[24]; damit wird die **Rangbestimmung** zugleich auch **Teil der Einigung**.

Ist eine solche dingliche Rangbestimmung getroffen, kann die Grundschuld nur mit dem verlangten Rang eingetragen werden. Werden die dafür erforderlichen Unterlagen nicht beigebracht (und die Rangbestimmung auch nicht nachträglich geändert), hat das Grundbuchamt den Antrag auf Eintragung der Grundschuld insgesamt zurückzuweisen. Würde die Grundschuld (versehentlich) mit einem von der dinglichen Rangbestimmung abweichenden Rang eingetragen werden, so würde – weil Eintragung und Einigung sich nicht decken – eine Grundschuld nicht entstehen (RN 155); das Grundbuch wäre falsch[25]. Allenfalls im Rahmen des § 139 BGB könnte eine Umdeutung in eine Grundschuld mit gesetzlichem Rang in Betracht kommen[26].

Dieses Verfahren kann deshalb nur dann in Erwägung gezogen werden, wenn das Kreditinstitut an einer Grundschuld mit anderem Rang keinerlei Interesse hat. Soll die Grundschuld ggf. vor der Eintragung valutiert werden, muss von einer dinglichen Rangbestimmung abgeraten werden.

Sind alle beteiligten Rechte noch nicht eingetragen, genügt die übereinstimmende – notariell beglaubigte oder beurkundete (RN 111, 112) – Erklärung aller Antragsteller, dass die Grundschuld mit dem verlangten Rang eingetragen werden soll (RN 88, 93). Ist das andere Recht bereits eingetragen, so müssen alle Voraussetzungen für einen Rangrücktritt dieses Rechts (RN 358 bis 370) erfüllt sein, wenn die Grundschuld Rang vor oder gleichen Rang mit diesem Recht erhalten soll.

12.3 Rangvorbehalt

350 Gelegentlich behält sich der Eigentümer die Befugnis vor, nachträglich einem anderen Recht den Vorrang vor dem betroffenen Recht beizulegen (§ 881

---

24 Anhang 1 [7, 2. und 3. Alternative]; Anhang 2 [7, 2. und 3. Alternative]; Anhang 3 [7], sofern der Notar von der Ermächtigung, die Eintragung an nächstoffener Rangstelle zu beantragen, keinen Gebrauch macht; Anhang 4 [9], falls der verlangte Rang angegeben und der Antrag auf Eintragung an nächstoffener Stelle gestrichen wird. – Der Vorschlag des Ausschusses für Schuld- und Liegenschaftsrecht der Bundesnotarkammer für ein Grundschuldformular sieht (Teil A II, 1) ebenfalls eine dingliche Rangbestimmung vor, zugleich allerdings auch (Teil A II, 11) eine Vollmacht an den Notar, Bewilligung und Antrag zu ändern (DNotZ 2002, 84, 86, 89).
25 BGH v. 20. 2. 2014 – V ZB 179/13 – (RN 23), WM 2014, 1441.
26 BGH v. 20. 2. 2014 – V ZB 179/13 – (RN 23), WM 2014, 1441; BGH v. 29. 9. 1989 – V ZR 343/87 – (Ziff. II, 2), NJW-RR 1990, 206 = WM 1989, 1811 = MittBayNot 1990, 102.

Gladenbeck

BGB)[27]. Der Rangvorbehalt wird bei dem damit belasteten Recht im Grundbuch eingetragen.

Wird er gleichzeitig mit dem betroffenen Recht eingetragen, genügt die Bewilligung des Grundstückseigentümers[28]. Wird er bei einem bereits bestehenden Recht nachträglich begründet, was möglich ist, ist dazu die Bewilligung des Gläubigers des betroffenen Rechts und des Eigentümers erforderlich[29].

Seit 1.10.1994 kann auch mit Wirkung gegenüber dem jeweiligen Inhaber einer Reallast für Erbbauzins (= jeweiliger Grundstückseigentümer: § 9 Abs. 2 ErbbauVO) vereinbart werden, dass der *jeweilige* **Erbbauberechtigte** das Erbbaurecht in bestimmtem Umfang mit Grundpfandrechten belasten und diesen den Rang vor der Reallast zuweisen darf (§ 9 Abs. 3 Satz 1 Nr. 2 ErbbauVO). Darin liegt zugleich auch die Zustimmung des Eigentümers zur Belastung des Erbbaurechts (RN 21) im Umfang des Rangvorbehalts, weil dieser sonst durch Verweigerung der Zustimmung zur Belastung ausgehebelt werden könnte[30].

Das **vorbehaltene Recht** muss seinem **Umfang** nach bestimmt sein (§ 881 Abs. 1 BGB). Dazu gehören Kapitalbetrag, dinglicher Zinssatz und etwaige Nebenleistungen. *351*

Teilweise wird auch die **Angabe des Zinsbeginns** verlangt[31]. Das ist unrichtig[32]. Denn für den Inhaber des mit dem Vorbehalt belasteten Rechts ist es ohne Belang, ab wann der Gläubiger des vorbehaltenen Rechts vom Eigentümer Zinsen verlangen kann. Für ihn kommt es (nur) darauf an, welcher Höchstbetrag seinem Recht im Falle einer Zwangsvollstreckung vorgeht. Diesen muss er notfalls aufbieten, um sein Recht zu retten. Der Zinsbeginn spielt dafür keine Rolle. Lediglich für die Anfangszeit (etwa zwei bis vier Jahre ab Eintragung des vorbehaltenen Rechts) kann der gewählte Zinsbeginn dazu führen, dass der Höchstbetrag noch nicht ganz ausgeschöpft ist. *352*

Dagegen hängt der Höchstbetrag der Zinsen, die gegenüber dem mit dem Vorrang belasteten Recht geltend gemacht werden können, davon ab, ob die Zinsen

---

27 Eingehend zum gesamten Komplex des Rangvorbehalts: *Jezewski*, Ziff. 18; zum (bedingten) Rangvorbehalt als Alternative zum Wirksamkeitsvermerk *Vierling/Mehler/Gotthold*, MittBayNot 2005, 375.

28 *Demharter*, § 45 RN 37.

29 *Demharter*, § 45 RN 37; *Schöner/Stöber*, RN 2131.

30 *Weber*, Rpfleger 1998, 5, 7.

31 BGH v. 9.2.1995 – V ZB 23/94 –, BGHZ 129, 1 = WM 1995, 659 = EWiR § 881 BGB 1/95, 445 (*Clemente*; zust.) = WuB IV A. § 881 BGB 1.95 (mit abl. Anm. *Gaberdiel*); OLG Frankfurt v. 27.3.1996 – 20 W 575/94 –, WM 1997, 1984 = EWiR § 881 BGB 1/96, 649 (m. abl. Anm. *Gaberdiel*); OLG Frankfurt v. 19.6.1989 – 20 W 248/88 –, DNotZ 1990, 743 (mit insofern zustimmender Anm. *Kutter*) = WM 1989, 1545 = EWiR § 881 BGB 1/91, 257 (*Gaberdiel*, abl.); LG Dresden v. 21.2.1994 – 2 T 661/93 –, Rpfleger 1994, 292 m. Anm. *Hintzen*; *Demharter*, § 45 RN 38; *Schöner/Stöber*, RN 2136; *weniger streng:* (falls Angabe fehlt, Zinslauf ab Eintragung) *Grüneberg/Herrler*, § 881 RN 2. *Anderer Ansicht* (Angabe nicht zwingend): LG Aachen v. 5.8.1985 – 3 T 278/84 –, Rpfleger 1986, 89; *Gaberdiel*, Anm. zu BGH v. 9.2.1995, WuB IV A. § 881 BGB 1.95.

32 Im Einzelnen s. *Gaberdiel*, Anm. zu BGH v. 9.2.1995 – V ZB 23/94 – in WuB IV A. § 881 BGB 1.95.

jährlich oder in anderen Zeitabschnitten zu zahlen sind und ob im Voraus oder nachträglich (vgl. die Beispiele in RN 1090). Deshalb wäre es eher überzeugend, wenn diese Angaben verlangt würden. Das geschieht aber nur bezüglich der Zeitabschnitte und nur vereinzelt und in sich widersprüchlich[33].

Im Übrigen ist die Angabe des Zinsbeginns auch gar nicht geeignet, den Umfang des Vorbehalts hinsichtlich der vorrangigen Zinsen zu bestimmen. Die allgemein für ausreichend gehaltene Angabe, dass das vorbehaltene Recht ab seiner Eintragung (oder ab seiner Bestellung) verzinslich sein darf, stellt auf ein künftiges völlig ungewisses Ereignis ab. Sie hat im Zeitpunkt der Vereinbarung des Rangvorbehalts überhaupt keinen Erkenntniswert, kann also den Umfang des vorbehaltenen Rechts auch nicht „bestimmt" machen.

Auch die **Rechtsprechung** des BGH[34] zu der Frage ist **widersprüchlich**: Einerseits kann danach einer Eintragungs*bewilligung* mit Rangvorbehalt, die keine ausdrückliche Erklärung zum Verzinsungsbeginn des vorbehaltenen Rechts enthält, eine solche auch nicht durch Auslegung entnommen werden. Andererseits akzeptiert er in derselben Entscheidung, dass ein *eingetragener* Rangvorbehalt ohne Angabe des Zinsbeginns dahin ausgelegt wird, dass das vorbehaltene Recht *ab seiner Eintragung* verzinslich sein darf (s. dazu RN 355).

353 Bei der Bestellung eines Rechts mit Rangvorbehalt ist der Praxis derzeit zu empfehlen, den frühesten Verzinsungsbeginn ausdrücklich anzugeben, und zwar am zweckmäßigsten „ab heute", also ab Bestellung des mit dem Rangvorbehalt belasteten Rechts. Das ist die einzig wirklich bestimmte Angabe, die in der Praxis möglich ist. Sie ist dem Inhaber des mit dem Vorbehalt belasteten Rechts zuzumuten, weil dieser ab sofort mit der Ausübung des Rangvorbehalts rechnen muss[35].

Im Hinblick auf künftig vielleicht mögliche weitere Einschränkungen könnte es sich empfehlen, auch (die wirklich bedeutsamen) Zinsfälligkeit und Zinsperiode anzugeben; die Beteiligten sind dann allerdings bei der Bestellung des vorbehaltenen Rechts daran auch gebunden.

Diesen Empfehlungen wird durch folgende **Formulierung** Rechnung getragen:

---

33 *Schöner/Stöber*, RN 2136, die einerseits die Angabe des Zinsberechnungszeitraums für das vorbehaltene Recht verlangen, und andererseits erklären, „Zinsfälligkeiten (Zinstermine) und Zahlungsbedingungen gehören nicht zum Umfang des Grundpfandrechts" und müssen in der Bewilligung nicht dargestellt werden.

34 BGH v. 9. 2. 1995 – V ZB 23/94 –, BGHZ 129, 1 = WM 1995, 659 = EWiR § 881 BGB 1/95, 445 (*Clemente*; zust.) = WuB IV A. § 881 BGB 1.95 (mit abl. Anm. *Gaberdiel*); ebenso: Schöner/Stöber, RN 2136; anderer Ansicht (Auslegungsmöglichkeit bejaht): OLG Frankfurt v. 19. 6. 1989 – 20 W 248/88 –, DNotZ 1990, 743 (mit insofern zustimmender Anm. *Kutter*) = WM 1989, 1545 = EWiR § 881 BGB 1/91, 257 (*Gaberdiel*, abl.); LG Dresden v. 21. 2. 1994 – 2 T 661/93 –, Rpfleger 1994, 292 m. Anm. *Hintzen* und LG Aachen v. 5. 8. 1985 – 3 T 278/84 –, Rpfleger 1986, 89.

35 *Kutter*, Ziff. 3a der Anm. zu OLG Frankfurt v. 19. 6. 1989 – 20 W 248/88 –, DNotZ 1990, 743.

„Vorbehalten vor dem hier bestellten Recht bleibt der Vorrang für Grundpfandrechte bis zu ... Euro nebst kalenderjährlich nachträglich fälligen Zinsen und
sonstigen Nebenleistungen bis zusammen ... % jährlich ab heute."

Dieser Rangvorbehalt reicht für die in der Praxis üblichen Zinsvereinbarungen
aus.

Die Befugnis aus dem Vorbehalt steht dem *jeweiligen* Grundstückseigentümer **354**
zu (§ 881 Abs. 3 BGB). Bei **Ausübung des Rangvorbehalts** durch Bewilligung
eines anderen Rechts unter Beilegung des vorbehaltenen Vorrangs rückt das
zuerst eingetragene Recht im Rang hinter das neu bestellte Recht zurück. Einer
Mitwirkung des Gläubigers des ersten Rechts bedarf es dazu nicht.

Voraussetzung ist freilich, dass das zweite Recht sowohl hinsichtlich der Hauptsumme wie bezüglich der Zinsen (wegen des Zinsbeginns s. RN 352 und 355)
und sonstigen Nebenleistungen den noch freien Rahmen des Vorbehalts nicht
übersteigt; andernfalls muss der Antrag auf Eintragung des neuen Rechts insgesamt zurückgewiesen werden[36]; vgl. auch RN 349.

Ist beim Rangvorbehalt **angegeben, ab wann die Zinsen** für das begünstigte **355**
Recht laufen dürfen (bspw. ab dessen Bestellung), so kann das neue Recht nur
mit Zinsen ab diesem Zeitpunkt bestellt werden. Wird ein Recht mit früher
beginnenden Zinsen bestellt, so muss der Antrag insgesamt zurückgewiesen
werden (RN 354).

Ist beim **Rangvorbehalt nicht angegeben, ab wann das vorrangige Recht
verzinslich** sein darf, so kann dennoch der Vorbehalt zugunsten eines Rechts
mit Zinsen (frühestens) ab dem Tag seiner Eintragung[37] ausgeübt werden.

Zu beachten ist, dass der Rangvorbehalt bis zu seiner Ausübung allein eine **356**
Beschränkung des Rechts, bei dem er besteht, nicht aber eine Belastung des
Grundstücks darstellt. Werden im Anschluss **Zwischenrechte** ohne Rangvorbe-
halt eingetragen (bspw. eine Zwangshypothek), dann bleibt der nicht ausgeübte
Rangvorbehalt ohne jede Auswirkung auf deren Rangstelle (§ 881 Abs. 4 BGB).

Insofern ergeben sich **relative Rangverhältnisse**: Werden bspw. unter Nr. 1
eine Grundschuld über 100 000 Euro[38] mit einem Rangvorbehalt über
50 000 Euro[38], unter Nr. 2 eine Zwangshypothek von 45 000 Euro[38] ohne Rangvorbehalt und als Nr. 3 eine Grundschuld von 50 000 Euro[38] eingetragen und
dieser der beim Recht Nr. 1 vorbehaltene Vorrang beigelegt, so erwirbt die
Grundschuld Nr. 3 nicht den Rang vor der Hypothek Nr. 2 und auch die Grundschuld Nr. 1 braucht sich im Gegensatz zum Rangrücktritt (RN 373) nur insgesamt 50 000 Euro[38] vorgehen zu lassen.

---

36 OLG Frankfurt v. 27. 3. 1996 – 20 W 575/94 –, WM 1997, 1984 = EWiR § 881 BGB 1/96,
    649 (m. abl. Anm. *Gaberdiel*).
37 BGH v. 9. 2. 1995 (Ziff. III, 2 d), OLG Frankfurt v. 19. 6. 1989, LG Aachen v. 5. 8. 1985 –
    3 T 278/84 –, Rpfleger 1986, 89; *Siol*, WM 1996, 2217, 2223.
38 Der größeren Klarheit wegen bleiben vorweg zu befriedigende Kosten, öffentliche
    Lasten usw. sowie Zinsen und sonstige Nebenleistungen außer Betracht.

In diesem Fall erhält der Gläubiger der Grundschuld Nr. 3 in einer (von den Gläubigern Nr. 1 und 2 betriebenen) Zwangsversteigerung bei einem Erlös von 150 000 Euro nur 5 000 Euro[38], weil das Recht Nr. 1 Befriedigung aus dem 50 000 Euro[38] (Höhe des Rangvorbehalts) und die Hypothek Nr. 2 aus dem 100 000 Euro[38] (Betrag der Vorlast) übersteigenden Teil des Versteigerungserlöses verlangen kann und deshalb für die Grundschuld Nr. 3 nur der Rest von 5 000 Euro[38] übrig bleibt. Bei einem geringeren Gebot als 145 000 Euro würde der Gläubiger der Grundschuld Nr. 3 dagegen mehr bekommen, ebenso bei einem 150 000 Euro übersteigenden Gebot[39].

357 Mit einer Grundschuld, die durch Ausnutzung eines an sich ausreichenden Rangvorbehalts Rang vor einem früheren Recht erhalten soll, erlangt der Gläubiger deshalb nur dann eine rangrichtige Sicherheit, wenn zwischen seiner Grundschuld und dem mit dem Rangvorbehalt belasteten Recht weder in Abteilung II noch in Abteilung III eine Last eingetragen ist oder wenn seine Grundschuld zusammen mit allen Zwischenrechten[40] den noch nicht ausgenutzten Rangvorbehalt nicht übersteigt. Ein Zwischenrecht gibt dann keinen Anlass zu Bedenken, wenn bei ihm ebenfalls ein ausreichender Rangvorbehalt besteht und der Grundschuld des Gläubigers beigelegt wird oder wenn das Zwischenrecht hinter die Grundschuld des Gläubigers zurücktritt.

12.4 Rangänderung

358 Der Rang eines Rechts kann **nachträglich** geändert werden. Dazu ist die Einigung der Beteiligten (RN 359), u. U. die Zustimmung des Grundstückseigentümers (RN 364) und ggf. Dritter (RN 365, 366), sowie die Eintragung im Grundbuch (RN 361, 362) erforderlich.

359 Zwischen dem vortretenden und dem zurücktretenden Berechtigten muss **Einigung** über die Rangänderung bestehen. Die Einigung bedarf – anders als die Eintragungsbewilligung (RN 362) – keiner bestimmten Form. Sie ist bis zur Eintragung der Rangänderung frei widerruflich (RN 147), es sei denn, dass sie nach § 873 Abs. 2 BGB bindend (RN 149 bis 153) ist.

360 Eine **Bindung** an die Einigung tritt bspw. ein, wenn die Erklärung über den Rangrücktritt um den Satz „A (vorrückender Grundschuldgläubiger) und B (zurücktretender Berechtigter) sind sich über die bewilligte Rangänderung einig; A beantragt auch seinerseits die Eintragung der Rangänderung" ergänzt, vom zurücktretenden Berechtigten und vom vorrückenden Gläubiger unterschrieben und beim Grundbuchamt eingereicht wird (RN 152). Die Unterschrift des vorrückenden Gläubigers braucht nicht beglaubigt zu sein; auf die Unterschriftsberechtigung muss aber geachtet werden.

---

39 Vgl. im Einzelnen *Grüneberg/Herrler*, § 881 RN 11 u. 12; *Jezewski*, Ziff. 18.4; zur Auswirkung des Rangvorbehalts auf eine Auflassungsvormerkung *Morvilius*, MittBayNot 2005, 477.

40 Wenn der Geldwert eines Rechts der zweiten Abteilung, wie üblich, nicht bestimmt ist, sollte es als Zwischenrecht nicht akzeptiert werden.

Die Rangänderung bedarf zu ihrer Wirksamkeit immer der **Eintragung** im *361* Grundbuch (§ 880 Abs. 2 BGB). Im Gegensatz zur Abtretung oder Verpfändung ist eine Rangänderung außerhalb des Grundbuchs nicht möglich, selbst nicht bei der Briefgrundschuld.

Das gilt auch dann, wenn nur der **Teilbetrag** einer Briefgrundschuld abgetreten wird und der abgetretene Teil Rang vor oder nach dem Rest erhalten soll[41]. Der gegenteiligen Ansicht[42] kann, so wünschenswert auch das Ergebnis sein mag, nicht zugestimmt werden. Denn wäre eine in der Teilabtretungserklärung enthaltene Rangbestimmung ohne Eintragung dinglich wirksam, so könnte nur mithilfe dieser Erklärung, die sich normalerweise in der Hand des anderen Teilgläubigers befindet, der Rang des Rests sicher festgestellt werden. Das kann nicht angehen.

Deshalb sieht das Gesetz bei Briefrechten – anders als etwa bei der Abtretung (§ 1154 Abs. 1 BGB) – keine Ausnahme vom Eintragungszwang für die Rangänderung (§ 880 Abs. 2 BGB) vor. Die Teilbeträge haben also gleichen Rang, wenn im Grundbuch nichts anderes eingetragen ist. Die nicht eingetragene Vereinbarung über ein anderes Rangverhältnis begründet, auch wenn sie in der Abtretungserklärung enthalten ist, allenfalls eine schuldrechtliche Verpflichtung der Beteiligten, durch Einigung und Eintragung eine dinglich wirksame Rangänderung herbeizuführen.

Die Eintragung der Rangänderung erfolgt **nur auf Antrag** (RN 82). Antragsberechtigt (RN 83) ist jeder Inhaber eines der an der Rangänderung beteiligten Rechte, bei Beteiligung eines Grundpfandrechts auch der Grundstückseigentümer[43]. Der Inhaber des im Rang zurücktretenden Rechts (RN 363) muss die Eintragung bewilligen; diese Erklärung und die etwa erforderlichen Zustimmungen des Eigentümers (RN 364) und/oder von Löschungsberechtigten (RN 365, 366) müssen in öffentlich beglaubigter oder beurkundeter Form (RN 111, 112) nachgewiesen werden.

Sind **Briefrechte** an der Rangänderung beteiligt, so müssen ferner alle Briefe vorgelegt[44] (§§ 42, 41 Abs. 1 GBO) und die Rangänderung darauf vermerkt werden (§ 62 Abs. 1 GBO); vgl. auch RN 163 und 363.

Wenn der Gläubiger seinen Brief zum Vermerk der Rangänderung versendet, sollte er dies so tun, dass er alsbald eine Quittung erhält (RN 164).

Erforderlich ist die Rangrücktrittserklärung des **materiell Berechtigten**. Ist der *363* zurücktretende Gläubiger im Grundbuch eingetragen, so spricht die Vermutung

---

41 *Grüneberg/Herrler*, § 1151 RN 2; *Schöner/Stöber*, RN 2412; *Schmid*, Rpfleger 1988, 136.
42 OLG Düsseldorf v. 12. 12. 1990 – 3 Wx 460/90 –, DNotZ 1992, 31 = Rpfleger 1991, 240; OLG Hamm v. 24. 11. 1987 – 15 W 495/87 –, DNotZ 1988, 249 = Rpfleger 1988, 58 (m. zust. Anm. *Muth*) und 136 (m. abl. Anm. *Schmid*) = WM 1988, 112 = ZIP 1988, 428 = EWiR § 1151 BGB 1/88, 151 (*Eickmann*, zust.); *Demharter*, § 45 RN 47.
43 *Demharter*, § 13 RN 46 und 47; *Schöner/Stöber*, RN 2563.
44 OLG Hamm v. 16. 5. 2002 – 15 W 104/02 –, Rpfleger 2002, 565, zugleich auch als Beispiel für das Schadensrisiko bei Verletzung dieser Bestimmung.

des § 891 Abs. 1 BGB dafür, dass er Rechtsinhaber ist, bei einem Briefgrundpfandrecht allerdings nur, wenn er den Brief besitzt[44] (RN 63).

Ist der (wahre) Inhaber der Grundschuld nicht eingetragen (weil er die [Brief-]Grundschuld **außerhalb des Grundbuchs** erworben hat), so muss er sich dem Grundbuchamt gegenüber durch eine ununterbrochene Reihe beglaubigter oder beurkundeter (RN 111, 112) Abtretungserklärungen und den Briefbesitz als Gläubiger ausweisen (§ 1155 Satz 1, § 891 Abs. 1 BGB).

Soll nicht offengelegt werden, dass eine Briefgrundschuld außerhalb des Grundbuchs abgetreten worden ist (oder ist die Abtretung an den neuen Gläubiger nicht beurkundet oder beglaubigt), kann der Rangrücktritt dennoch eingetragen werden, wenn er vom (noch) *eingetragenen* Gläubiger bewilligt und im Zusammenhang mit dieser Erklärung – am besten über den die Rangrücktrittserklärung beglaubigenden oder beurkundenden Notar – der Brief vorgelegt[45] wird. Selbstverständlich muss der wahre Gläubiger mit diesem Verfahren einverstanden sein. Ist dies der Fall, dann ist der Rangrücktritt materiell-rechtlich wirksam. Dass die Eintragungsbewilligung vom nicht (mehr) Berechtigten abgegeben wird, schadet nichts, wenn dies im Einverständnis mit dem wahren Gläubiger geschieht[46].

Der Umstand, dass der Brief dem Grundbuchamt vom *neuen* Gläubiger vorgelegt wird und/oder dass an diesen der Brief zurückgegeben werden soll, reicht allein nicht aus, um die Vermutung zugunsten des eingetragenen Gläubigers (§ 891 BGB) zu widerlegen[47], wohl aber, wenn der neue Gläubiger dem Grundbuchamt mit dem Brief (versehentlich) auch noch eine (privatschriftliche) Abtretungserklärung zu seinen Gunsten vorlegt[48].

Für die Wiederherstellung der Vermutung zugunsten des eingetragenen Gläubigers soll es ausreichen, wenn dem Grundbuchamt eine privatschriftliche **Rückabtretungserklärung** vorgelegt wird[47]. Dieser Weg ist aber für den wahren Gläubiger **gefährlich**. Denn dieser verliert vorübergehend seine Sicherheit. Der noch eingetragene Gläubiger wird Rechtsinhaber mit allen Konsequenzen. Ist, wie im entschiedenen Fall, der Eigentümer als Gläubiger eingetragen und wird die Grundschuld (wenn auch nur vorübergehend) an ihn abgetreten, erlöschen die dinglichen Zinsen für die Vergangenheit (§ 1178 Abs. 1 Satz 1 BGB); vor allem können durch die Abtretung an den Eigentümer den Bestand des Rechts bedrohende Löschungsansprüche ausgelöst werden (RN 495 ff. und 527 ff.). Zu dem gleichartigen Problem bei einer Nachverpfändung s. RN 407.

---

45 OLG Frankfurt v. 14. 11. 2017 – 20 W 289/17 – (RN 25), Rpfleger 2018, 437.
46 *Reithmann*, EWiR § 880 BGB 1/91, 781, Ziff. 3 des Kurzkommentars zu BayObLG v. 3. 7. 1991 – 2 Z 71/91–, Das Vertrauen des durch den Rangrücktritt Begünstigten darauf, dass der Zustimmende der wahre Gläubiger ist, wird allerdings nur geschützt, wenn dieser sich – außer durch Briefbesitz – durch eine ununterbrochene Reihe beglaubigter oder beurkundeter Abtretungserklärungen ausweisen kann (§§ 1155, 891 BGB); so auch *Ertl*, DNotZ 1990, 684, 704.
47 *Ertl*, DNotZ 1990, 684, 700 m. w. N.
48 BayObLG v. 3. 7. 1991 – 2 Z 71/91 –, DNotZ 1993, 335 = EWiR § 880 BGB 1/91, 781 (*Reithmann*); *anderer Ansicht* (Vermutung wird durch bloß privatschriftliche Abtretungserklärung nicht widerlegt): *Ertl*, DNotZ 1990, 684, 699 f.

Tritt ein Grundpfandrecht im Rang zurück, so ist außerdem die **Zustimmung** 364
des Eigentümers erforderlich (§ 880 Abs. 2 Satz 2 BGB). Der Rangtausch zweier
Grundpfandrechte bedarf deshalb stets der Zustimmung des Eigentümers. Nur
wenn ausschließlich Rechte der Zweiten Abteilung (bspw. Vorkaufsrecht oder
Dienstbarkeit) zurücktreten (und alle beteiligten Grundpfandrechte ihren Rang
nur verbessern), ist die Zustimmung entbehrlich.

Die Zustimmungserklärung wird mit Eingang beim Grundbuchamt bindend.
Der nachträgliche Verlust oder die nachträgliche Einschränkung der Verfügungsbefugnis des Eigentümers steht daher dem Vollzug der Rangänderung
nicht im Wege[49].

Ist das zurücktretende Recht mit dem **Recht eines Dritten** belastet, so muss 365
auch dieser der Rangänderung zustimmen (§§ 880 Abs. 3, 876 BGB). Eine in der
Literatur weit verbreitete Meinung[50] wendet diese Bestimmungen auf die **Löschungsvormerkung** (RN 527 ff.) an einem Grundpfandrecht entsprechend an.
Nichts anderes kann dann gelten, wenn bezüglich des zurücktretenden Grundpfandrechts ein **gesetzlicher Löschungsanspruch** nach § 1179a BGB
(RN 495 ff.) besteht[51].

Diese mit der (nur) entsprechenden Anwendung von §§ 880 Abs. 3, 876 BGB 366
begründete Ansicht bedarf jedoch einer **einschränkenden Korrektur.** Der
gesetzliche Löschungsanspruch (§ 1179a BGB) oder der durch Löschungsvormerkung gesicherte Löschungsanspruch (§ 1179 BGB) eines Berechtigten mit
Rang nach allen an der Rangänderung beteiligten Rechten wird durch die Rangänderung überhaupt nicht berührt. Wenn der Berechtigte den Löschungsanspruch geltend machen kann und geltend macht, verbessert sich der Rang
seines Rechts um den Betrag des gelöschten Rechts. Das ergibt sich schlicht
daraus, dass ihm das gelöschte Recht im Rang vorgegangen ist; völlig gleichgültig dafür ist, an welcher Rangstelle. Der Löschungsberechtigte wird schließlich
durch die Rangänderung auch nicht berührt, wenn sein Recht *Rang vor* den an
der Rangänderung beteiligten Rechten hat, was nur in Ausnahmefällen vorkommen wird. In solchen Fällen die Zustimmung der Löschungsberechtigten
zum Rangrücktritt einzuholen, macht keinen Sinn. Deshalb kann nur die Zustimmung derjenigen Löschungsberechtigten erforderlich sein, deren Recht
zwischen den an der Rangänderung beteiligten Rechten liegt oder *gleichen Rang*
mit einem von ihnen hat.

Schon aus anderen Gründen muss der durch die Rangänderung begünstigte
Gläubiger dafür sorgen, dass etwaige Zwischenrechte die Rangänderung mit-

---

49 RG v. 5.11.1902 – Rep. V 400/02 –, RGZ 52, 411, 416 f.; *MünchKomm/Lettmaier,*
    § 880 RN 13.
50 *MünchKomm/Lieder,* § 1179 RN 32; *Grüneberg/Herrler,* § 1179 RN 14; *Zagst,* S. 76 ff.;
    anderer Ansicht: Schöner/Stöber, RN 2560; *Staudinger/Wolfsteiner,* (2019), § 1179 RN 46
    (keine Zustimmung erforderlich); *Schmidt,* BWNotZ 1968, 281 (Rangrücktritt ohne
    Zustimmung zunächst wirksam, aber rückgängig zu machen, wenn Löschungsan-
    spruch geltend gemacht wird, selbst wenn zurückgetretenes Recht zwischenzeitlich
    gelöscht, weil nicht als rechtsgeschäftliche Aufhebung i.S. von § 880 Abs. 4 BGB zu
    behandeln).
51 *MünchKomm/Lieder,* § 1179a RN 26 i.V. m. § 1179 RN 32.

vollziehen (RN 374). Dabei sollte er wegen der in RN 365 dargestellten Meinung darauf drängen, dass jedes den Rangrücktritt mitvollziehende Recht sicherheitshalber dem Rangrücktritt der übrigen beteiligten Rechte ausdrücklich zustimmt; es können sonst kaum lösbare Probleme[52] auftreten.

Geschieht dies, dann ist normalerweise den Anforderungen (RN 365) genügt, wenn man entsprechend der hier vertretenen Ansicht nur die Zustimmung derjenigen Löschungsberechtigten für erforderlich hält, die durch den Rangrücktritt betroffen sind. Nur wenn ausnahmsweise eine Löschungsvormerkung am zurücktretenden Recht besteht und einer *Person* (nicht dem Inhaber eines in die Rangordnung eingegliederten Rechts) zusteht, muss zusätzlich dessen Zustimmung zum Rangrücktritt eingeholt werden.

367 Tritt der Gläubiger einer Sicherungsgrundschuld mit dieser im Rang zurück, sollte er dazu die **Zustimmung des Rückgewährberechtigten** einholen und, wenn der Rückgewähranspruch ge- oder verpfändet ist, auch die Zustimmung des Pfandgläubigers.

Dinglich wirksam ist der Rangrücktritt zwar auch ohne diese Zustimmung. Der zurücktretende Gläubiger kann sich aber gegenüber dem Rückgewährberechtigten (bzw. dem Pfandgläubiger) ersatzpflichtig machen (RN 780, 781). Soweit der *Eigentümer* rückgewährberechtigt ist, genügt die Zustimmung nach RN 364.

368 Ist die durch die Grundschuld gesicherte Forderung zusätzlich verbürgt, sollte der Grundschuldgläubiger zum Rangrücktritt die **Zustimmung des Bürgen** einholen. Der Rangrücktritt ist zwar auch ohne Zustimmung des Bürgen wirksam. Je nach den Wertverhältnissen kann der Rangrücktritt aber wie eine Aufgabe der Grundschuld wirken mit der Folge, dass der Bürge aus der Bürgschaft entsprechend § 776 BGB endgültig[53] frei wird[54].

369 Soll ein Recht nur hinter einen **Teilbetrag** einer Grundschuld zurücktreten, so muss der begünstigte Teilbetrag rechtlich verselbstständigt werden. Dazu ist die öffentlich beglaubigte (RN 111) oder beurkundete (RN 112) Zustimmung des Grundschuldgläubigers erforderlich. Denn da der nicht vorrückende Teil der Grundschuld im Verhältnis zum anderen Teil einen schlechteren Rang erhält, ist der Grundschuldgläubiger durch den Rangrücktritt betroffen[55].

370 Der **Eintritt der Rangänderung** zugunsten des Grundschuldgläubigers ist **gewährleistet,** wenn dem Grundbuchamt

- die uneingeschränkte (s. RN 371) Bewilligung des zurücktretenden Berechtigten (RN 362, 363)

- und (bei Rangrücktritt eines Grundpfandrechts) die Zustimmung des Eigentümers (RN 364)

---

52 Vgl. dazu *Rambold,* Rpfleger 1995, 284, 285 ff.

53 Kein Wiederaufleben der Bürgschaft bei Rückerwerb der aufgegebenen Sicherheit bzw. des Rangs, BGH v. 4. 6. 2013 – XI ZR 505/11 – (RN 16), BGHZ 197, 335 = WM 2013, 1318 = NJW 2013, 2508.

54 OLG Köln v. 22. 5. 1990 – 22 U 150/88 –, NJW 1990, 3214; *Grüneberg/Sprau,* § 776 RN 5.

55 BayObLG v. 7. 8. 1985 – 2 Z 135/84 –, Rpfleger 1985, 434; *Bauch,* Rpfleger 1984, 349 (A8); *anderer Ansicht:* LG Augsburg v. 28. 5. 1984 – 7 T 1509/84 –, Rpfleger 1984, 348.

- sowie ggf. die Zustimmung von Löschungsberechtigten (RN 365, 366)
- in öffentlich beglaubigter (RN 111) oder beurkundeter (RN 112) Form
- sowie (bei Briefrechten) alle Briefe vorliegen,
- der vorrückende Grundschuldgläubiger selbst den Antrag auf Eintragung der Rangänderung gestellt oder sich ihm angeschlossen hat (RN 95)
- und wenn die Einigung zwischen dem vorrückenden Grundschuldgläubiger und den zurücktretenden Berechtigten bindend (RN 360) geworden ist.

Häufig erfolgt durch den zurücktretenden Gläubiger nur eine **eingeschränkte Bewilligung**, indem er etwa den Vollzug der Rangänderung von anderen Eintragungen, bspw. vom gleichzeitigen Rangrücktritt eines Zwischenrechts (RN 374), abhängig macht. Sofern der vorrückende Gläubiger den Eintritt dieser Voraussetzungen nicht sicherstellt (was manchmal aus Rechtsgründen nicht möglich ist), erwirbt er in solchen Fällen vor der Eintragung der Rangänderung im Grundbuch keine absolute Sicherheit, dass die bewilligte Rangänderung durchgeführt werden wird. *371*

Auch bei der Rangänderung besteht die Gefahr der **Insolvenzanfechtung**; wegen der Voraussetzungen im Einzelnen wird auf RN 230 bis 233 verwiesen. Ein echtes Risiko wird aber allenfalls dann vorliegen, wenn die zurücktretenden Rechte nicht Kreditinstituten zustehen. *372*

Tritt ein Recht im Rang hinter ein anderes zurück, so werden dadurch die **Rangstellen ausgetauscht**. Besondere Probleme tauchen nicht auf, wenn die beiden Rechte im Rang unmittelbar hintereinander folgen, wohl aber, wenn Zwischenrechte vorhanden sind und diese den Rangrücktritt nicht in gleichem Umfang oder nicht gleichzeitig vollziehen. Hierzu folgende **Beispiele:** *373*

Sind drei Grundpfandrechte (Nr. 1 über 50 000 Euro, Nr. 2 über 100 000 Euro und Nr. 3 über 150 000 Euro) eingetragen und treten Nr. 1 und Nr. 2 gleichzeitig im Rang hinter Nr. 3 zurück, so entsteht dieselbe Situation, wie wenn Nr. 3 schon anfänglich an erster Stelle eingetragen worden wäre.

Räumt aber nur Nr. 1 der Nr. 3 den Vorrang ein, so ergibt sich folgende Rangfolge[56]: Ein Teilbetrag (Nr. 3a) von 50 000 Euro des Rechts Nr. 3 steht an erster Stelle. Dann folgt das in seiner Rangposition unveränderte Recht Nr. 2 mit 100 000 Euro (§ 880 Abs. 5 BGB). Der Restbetrag (Nr. 3b) von 100 000 Euro des Rechts Nr. 3 schließt sich an. An letzter Stelle steht Nr. 1 mit 50 000 Euro. Obwohl dieses Recht nach dem Wortlaut der Rangrücktrittserklärung nur hinter Nr. 3 mit 150 000 Euro zurückgetreten ist, gehen ihm jetzt doch 250 000 Euro vor; andererseits hat Nr. 3 nur mit einem Teilbetrag von 50 000 Euro absolut ersten Rang erhalten[57].

Bei einer Rangänderung in mehreren Schritten zu verschiedenen Zeitpunkten ist das Ergebnis schrittweise für die einzelnen Änderungen festzustellen[58].

---

56 Der Einfachheit halber wird angenommen, dass die Grundpfandrechte unverzinslich und nicht mit sonstigen Nebenansprüchen ausgestattet sind.
57 Vgl. *Grüneberg/Herrler*, § 880 RN 7 m. w. N.
58 *Grüneberg/Herrler*, § 880 RN 8 m. w. N.

Ist an der Rangänderung ein Recht der zweiten Abteilung beteiligt, dann verlieren die Rechte – falls vorhandene Zwischenrechte die Rangänderung nicht mitvollziehen – regelmäßig ihren absoluten Rang. Ist bspw. ein Grundstück in der Rangfolge der Aufzählung mit einem Wohnungsrecht, einer Grundschuld Nr. 1 über 150 000 Euro und einer Grundschuld Nr. 2 über 70 000 Euro belastet und tritt das Wohnungsrecht (nur) hinter die Grundschuld Nr. 2 zurück, so entsteht ein sog. **relatives Rangverhältnis**: die Grundschuld Nr. 2 hat nämlich Rang vor dem Wohnungsrecht, aber Rang nach der Grundschuld Nr. 1, die ihrerseits weiterhin Rang nach dem Wohnungsrecht hat (§ 880 Abs. 5 BGB). Da das Wohnungsrecht nicht über einen bestimmten Geldbetrag lautet, lässt sich nicht feststellen, ob und in welchem Umfang die Grundschuld Nr. 1 durch die Rangänderung berührt wird. Eine Klärung kann meist erst in der Zwangsvollstreckung über ein Doppelausgebot erfolgen[59].

374 Um solche Ergebnisse zu **vermeiden**, sollte deshalb immer – gleichgültig, ob das Kreditinstitut als Vorrückender oder als Zurücktretender an der Rangänderung beteiligt ist – darauf geachtet werden, dass etwaige Zwischenrechte den Rangrücktritt mitvollziehen.

Bei Abgabe der Rangrücktrittserklärung kann der weichende Gläubiger nicht mit völliger Sicherheit beurteilen, ob im Zeitpunkt der Rangänderung zwischen seinem und dem begünstigten Recht Eintragungen bestehen werden; das kann sich bis dorthin noch ändern. Es empfiehlt sich deshalb, die Rangrücktrittserklärung – falls der Vordruck diese Erklärung nicht schon enthält – um folgenden zulässigen[60] Vorbehalt zu ergänzen:

„Die Eintragung darf nur gleichzeitig mit der Eintragung des Rangrücktritts etwaiger unserem Grundpfandrecht gleich- oder nachstehender, im Grundbuch eingetragener Rechte hinter das begünstigte Recht erfolgen."

375 Tritt ein Grundpfandrecht – ausgenommen ein Altrecht aus der Zeit vor 1978 (RN 508) – im Rang hinter ein anderes Grundpfandrecht zurück, so erwirbt sein Gläubiger kraft Gesetzes den gesetzlichen **Löschungsanspruch** bezüglich des vorrückenden Rechts (RN 512).

376 Räumt dagegen der Gläubiger eines **Altrechts** aus der Zeit vor 1978 (RN 508) einem anderen Pfandrecht den Vor- oder Gleichrang ein, so erwirbt er nach herrschender Meinung den gesetzlichen Löschungsanspruch nicht[61]. Deshalb sollte er die Eintragung einer Löschungsvormerkung gemäß § 1179 BGB in der bis 31. 12. 1977 geltenden Fassung zu seinen Gunsten verlangen. Das ist zulässig (RN 538). Ist dies gewollt, dann sollte die Vorrangs-(Gleichrangs-)Einräumung – falls der Vordruck einen entsprechenden Vorbehalt nicht schon enthält – wie folgt ergänzt werden:

---

59 Vgl. OLG Hamm v. 6. 3. 1985 – 15 W 38/85 –, Rpfleger 1985, 246.

60 *Demharter*, § 16 RN 15; *Schöner/Stöber*, RN 103 und 2575.

61 BayObLG v. 3. 5. 1979 – 2 Z 74/78 –, DNotZ 1979, 505 = WM 1979, 844 m. w. N. (auch für die Gegenmeinung); OLG Frankfurt v. 3. 10. 1978 – 20 W 742/78 –, Rpfleger 1979, 19; OLG Celle v. 20. 6. 1978 – 4 Wx 7/78 –, Rpfleger 1978, 308; OLG Oldenburg v. 1. 6. 1978 – 5 Wx 18/78 –, Rpfleger 1978, 307; *Grüneberg/Herrler*, § 1179a RN 19; *anderer Ansicht: Brych/Meinhard*, MittBayNot 1978, 138 m. w. N.

„Die Eintragung des Rangrücktritts darf nur erfolgen, wenn gleichzeitig bei dem Grundpfandrecht, dem der Vor-/Gleichrang eingeräumt wird, eine Löschungsvormerkung zugunsten des jeweiligen Gläubigers des zurücktretenden Rechts für den Fall eingetragen wird, dass sich das vorrückende Recht mit dem Eigentum/Erbbaurecht in einer Person vereinigt hat oder vereinigen wird oder dass es dem Eigentümer/Erbbauberechtigten aus einem sonstigen Grund zusteht (Löschungsvormerkung nach § 1179 BGB in der bis zum 31. 12. 1977 geltenden Fassung)".

Wird der **Inhalt** eines gegenüber der Grundschuld vorrangigen Rechts erweitert (bspw. die Laufzeit einer vorrangigen Dienstbarkeit verlängert), so wird dadurch die Rechtsstellung des Grundpfandgläubigers verschlechtert. Die Erweiterung (Verlängerung) bedarf deshalb der Zustimmung des nachrangigen Gläubigers[62].   377

Fehlt die Zustimmung, so ist die Erweiterung nicht unwirksam. Der erweiterte Teil hat aber nur Rang nach der Grundschuld. Das ist bei Eintragung der Erweiterung im Grundbuch ausdrücklich zu vermerken, weil sonst wegen der Einheit von Haupt- und Veränderungsspalte das Grundbuch hinsichtlich der Erweiterung einen falschen Rang (nämlich gleichen Rang mit dem Haupteintrag und damit Rang vor der Grundschuld) ausweisen würde (RN 342). Unterbleibt der Rangvermerk, so kann (und sollte[63]) der Grundschuldgläubiger die Berichtigung des Grundbuchs verlangen.

12.5 Stillhalteerklärung und/oder Bewertungserklärung statt Rangrücktritt bei Reallast bzw. Dienstbarkeit?

Geht der Grundschuld ein Recht der Zweiten Abteilung (z. B. Tankstellendienstbarkeit, Dienstbarkeit zur Sicherung einer Bierbezugsverpflichtung, Reallast für Erbbauzins) vor, so bieten die Berechtigten statt eines Rangrücktritts gelegentlich eine **Stillhalteerklärung** an. Darin verpflichten sie sich, im Falle einer Versteigerung das vorrangige Recht nach § 59 ZVG (oder § 91 ZVG, was dem Gläubiger aber nichts nützt, s. dazu RN 381) stehen zu lassen[64].   378

Dem Angebot der Stillhalteerklärung liegt die Vorstellung zugrunde, dass der potenzielle Ersteher die fortbestehende Dienstbarkeit oder Reallast nicht als wertmindernd (oder jedenfalls als deutlich weniger wertmindernd, als dies dem Ersatzbetrag entsprechen würde) betrachten und deshalb für das belastete Grundstück nicht (oder nicht wesentlich) weniger bieten werde als bei Wegfall des Rechts[65]. Die Berechtigten der Dienstbarkeit bzw. Reallast erwarten, dass der Grundschuldgläubiger bereit ist, im Hinblick darauf diese Last im Rang vor der Grundschuld hinzunehmen.

---

62 BayObLG v. 22. 12. 1959 – BReg 2 Z 192/59 – (Ziff. 2b), NJW 1960, 1155.
63 Weil ein Dritter das Recht, wenn er keine Kenntnis vom wahren Rangverhältnis hätte, gutgläubig vorrangig (nämlich mit dem eingetragenen Rang) erwerben würde.
64 Vgl. für das Erbbaurecht: *Jezewski,* Ziff. 19.1.6; *Sperling,* NJW 1983, 2487; *Winkler,* NJW 1985, 944.
65 *Karow,* NJW 1984, 2669.

Bevor der Grundschuldgläubiger sich darauf einlässt, muss er zweierlei prüfen, nämlich einmal, ob durch die Erklärung tatsächlich sichergestellt ist, dass die Dienstbarkeit/Reallast in der Zwangsversteigerung bestehen bleibt (RN 379 bis 381) und falls nicht, ob und ggf. wie das sonst erreicht werden kann, und zum anderen, ob ihm aus dem Bestehenbleiben kein unangemessener Nachteil (RN 382, 383) entsteht.

379 Bezüglich der Reallast für *Erbbauzins* kann (seit 1.10.1994) mit Wirkung gegen alle Rechtsnachfolger vereinbart werden, dass die **Reallast für Erbbauzins in der Zwangsversteigerung bestehen bleibt**, selbst wenn sie dem betreibenden Gläubiger im Rang nachgeht (RN 25 und 26).

Ohne eine solche Vereinbarung, die bis 30.9.1994 nicht zulässig war, geht die Reallast für Erbbauzins unter, wenn das Erbbaurecht aus einer Grundschuld, der der Vorrang vor dem Erbbauzins eingeräumt worden war, versteigert wird[66]. Der Ersteher erwirbt damit ein Erbbaurecht, für das er keinen Erbbauzins zahlen muss, während aus dem Versteigerungserlös nach Befriedigung der Vorlasten für den Grundstückseigentümer zum Ausgleich für die untergegangene Reallast meist nichts übrigbleibt.

Dieses Risiko für den Grundstückseigentümer besteht beim Rangrücktritt einer „zwangsversteigerungsfesten" Reallast hinter Grundpfandrechte nicht mehr (RN 26). Der Eigentümer läuft nur noch Gefahr, die bei einer Zwangsversteigerung *fälligen,* aber noch *nicht bezahlten* Erbbauzins*raten* zu verlieren. Das ist überschaubar. Bei Bedarf sollte deshalb versucht werden, den Erbbauzins zwangsversteigerungsfest zu machen, was auch nachträglich möglich ist (RN 25). Dann dürften dafür die hier diskutierten Behelfslösungen nicht mehr notwendig sein.

380 Der **Fortbestand anderer Rechte**, wie einer *anderen Reallast* (auch einer nicht „zwangsversteigerungsfesten" Reallast für Erbbauzins) oder *einer Dienstbarkeit* ist nur gewährleistet, wenn entweder eine etwaige Versteigerung nicht aus einem vor- oder gleichrangigen Recht betrieben wird oder (in einem von einem vorrangigen Gläubiger betriebenen Versteigerungsverfahren) der betreibende Gläubiger und alle Berechtigten zwischen ihm und der Dienstbarkeit/Reallast zustimmen, dass dieses Recht gem. § 59 ZVG ins geringste Gebot aufgenommen wird.

Eine andere Reallast (als die für Erbbauzins) kann nicht durch eine Vereinbarung, dass das Stammrecht in der Zwangsversteigerung abweichend von § 12 ZVG den Vorrang vor den einzelnen Leistungsraten habe, wenigstens im praktischen Ergebnis „zwangsversteigerungsfest" ausgestaltet werden[67]. Denn die Re-

---

66 Wegen § 44 Abs. 1, § 52 Abs. 1 Satz 2, § 91 Abs. 1 ZVG; vgl. auch BGH v. 26.2.1987 – V ZB 10/86 –, BGHZ 100, 107 = NJW 1987, 1942 = Rpfleger 1987, 257 und 320 = WM 1987, 438 = EWiR § 7 ErbbauVO 2/87, 785 (*Reimann*); BGH v. 25.9.1981 – V ZR 244/80 – (Ziff. II, 2 a), BGHZ 81, 358 = NJW 1982, 234.

67 BGH v. 2.10.2003 – V ZB 38/02 – (Ziff. III, 2 und 3), NJW 2004, 361 = WM 2003, 2427; OLG Hamm v. 11.7.2002 – 15 W 144/02 –, Rpfleger 2003, 24 (Vorlagebeschluss); *anders:* BayObLG v. 11.10.1990 – 2 Z 114/90 –, DNotZ 1991, 805 = NJW RR 1991, 407 = Rpfleger 1991, 50.

allast wird durch diese Vereinbarung nicht in Teile mit materiell unterschiedlichem Rang aufgespalten[68]. Deshalb kann der Reallastberechtigte auch nicht nur mit den Einzelraten im Rang hinter bspw. einer Grundschuld zurücktreten, was aber notwendig wäre, um den Fortbestand des Stammrechts trotz Zwangsversteigerung aus der bevorrechtigten Grundschuld zu gewährleisten.

Die Vollstreckung aus einem der Dienstbarkeit/Reallast vor- oder gleichrangigen Recht ist nicht zu befürchten, wenn

– die kraft Gesetzes vorrangigen Ansprüche nach § 10 Abs. 1 Nr. 1 bis 3 ZVG (also insbesondere die öffentlichen Lasten auf dem Grundstück) jeweils bezahlt werden,

– der Dienstbarkeit/Reallast *derzeit* keine Rechte, aus denen vollstreckt werden kann, im Rang vorgehen oder gleichstehen und

– der Berechtigte auch *in Zukunft* solchen Rechten den Vor- oder Gleichrang nicht einräumt.

Lässt sich die Zwangsversteigerung aus einem der Dienstbarkeit/Reallast vor- oder gleichrangigen Recht nicht vermeiden, dann bleibt diese nur bestehen (sodass für sie kein Wertersatz aus dem Versteigerungserlös zu entnehmen ist), wenn sie abweichend von den gesetzlichen Bestimmungen in das geringste Gebot aufgenommen wird. Dafür ist die **Zustimmung aller Beteiligten, die dadurch beeinträchtigt werden** können, erforderlich, also des betreibenden Gläubigers und aller Inhaber von Rechten mit gleichem Rang wie dieser oder mit Rang zwischen diesem und der Dienstbarkeit bzw. Reallast (RN 1110, 1112).

Ohne diese Zustimmung muss ein Doppelausgebot erfolgen. Auf das Gebot, bei dem die Dienstbarkeit/Reallast bestehen bleibt, ist das Grundstück dann zuzuschlagen, wenn die anderen Beteiligten dadurch nicht beeinträchtigt werden (RN 1113).

Die Zusicherung des Berechtigten, er werde im Versteigerungsverfahren mit dem Ersteher vereinbaren, dass sein Recht nach **§ 91 Abs. 2 ZVG** bestehen bleibt, **schützt den Gläubiger nicht.** Denn in diesem Fall vermindert sich der vom Ersteher zu zahlende Betrag um den Kapitalwert des bestehen bleibenden Rechts (§ 91 Abs. 3 ZVG). Der nachrangige Gläubiger steht also im Ergebnis genauso, wie wenn das Recht erlöschen und der Berechtigte aus dem Erlös Wertersatz erhalten würde, was gerade vermieden werden soll. *381*

Das **Verhalten des Bietinteressenten** ist schwer abschätzbar. Die Erwartung, dass ein Interessent in der Zwangsversteigerung auf das Grundstück *mit* Dienstbarkeit/Reallast nicht (oder nicht wesentlich) weniger bieten wird, als wenn dieses Recht erlöschen würde, lässt sich rechtlich nicht absichern. Tatsächlich wird es Fälle geben, in denen die fortbestehende Dienstbarkeit oder Reallast vom Interessenten nicht als starke Wertminderung empfunden wird. Die Verpflichtung, kein anderes als Bier der Brauerei X auszuschenken, wird bspw. denjenigen nicht sonderlich stören, der die Gaststätte auf dem Grundstück in *382*

---

68 LG Münster v. 21. 2. 2002 – 5 T 27/02 –, Rpfleger 2002, 435; *Stöber/Achenbach*, § 12 RN 16.

Zusammenarbeit mit der berechtigten Brauerei weiterführen will; sie wird aber auch denjenigen nicht wesentlich beeinträchtigen, der überhaupt kein Bier auf dem Grundstück ausschenken will. In einem solchen Fall wird der Interessent im Hinblick auf das fortbestehende Recht wahrscheinlich kaum weniger bieten, als er für ein lastenfreies Grundstück/Erbbaurecht zu bieten bereit wäre. Der Abschlag wird erheblich geringer sein als der möglicherweise sehr hohe[69] Wertersatz, der dem Berechtigten aus dem Erlös an der Rangstelle des Rechts zuzuteilen wäre (§ 92 Abs. 2 ZVG), wenn das vorrangige Recht erlöschen würde. Deshalb wird der auf die Grundschuld entfallende Erlösanteil häufig erheblich weniger beeinträchtigt werden, wenn die Dienstbarkeit/Reallast bestehen bleibt (RN 380), als wenn sie erlischt. Das hängt aber jeweils vom Einzelfall ab und wird sich zuverlässig im Vorhinein nur schwer abschätzen lassen.

383 Bei der Entscheidung, ob eine **Stillhalteerklärung** (statt eines Rangrücktritts der Dienstbarkeit/Reallast) ausreicht, um eine Grundschuld als ausreichende Sicherheit zu akzeptieren, ist deshalb zu bedenken:

– Die Annahme, dass der Bietinteressent auf das Grundstück *mit* Dienstbarkeit/Reallast nicht (deutlich) weniger als auf das Grundstück *ohne* sie bietet, ist eine Hoffnung, die sich rechtlich nicht absichern lässt (RN 382).

– Voraussetzung dafür ist aber auf jeden Fall, dass die Dienstbarkeit/Reallast als Teil des geringsten Gebots bestehen bleibt.

– Diese Voraussetzung ist am ehesten gewährleistet, wenn der Dienstbarkeit/Reallast im Augenblick der Kreditentscheidung kein Recht vorgeht oder gleichsteht, aus dem die Zwangsversteigerung des Grundstücks betrieben werden kann, wenn nur geringe Beträge als Lasten nach § 10 Abs. 1 Nr. 1 bis 3 ZVG in Betracht kommen, wenn der Inhaber der Dienstbarkeit/Reallast sich verpflichtet, keinem anderen Recht den Vorrang einzuräumen, und wenn er so zuverlässig ist, dass auf die Einhaltung dieser Verpflichtung[70] vertraut werden kann (RN 380).

– Gehen der Dienstbarkeit/Reallast jetzt oder künftig Rechte vor, aus denen die Zwangsversteigerung betrieben werden kann, so ist (später während des Zwangsversteigerungsverfahrens) ggf. die Zustimmung *anderer* Beteiligter erforderlich, damit die Dienstbarkeit/Reallast bestehen bleibt (RN 380). Das wird sich im Vorhinein oft nicht sicherstellen lassen.

– Schließlich muss die Stillhalteerklärung denjenigen binden, der im Zeitpunkt einer etwaigen Zwangsversteigerung Inhaber der Dienstbarkeit/Reallast ist.

---

69 *Götz* (DNotZ 1980, 26) hat den kapitalisierten Wert einer Reallast für Erbbauzins über anfänglich 3 000 DM jährlich, kombiniert mit einer durch Vormerkung gesicherten Gleitklausel, bei einer Laufzeit von 99 Jahren mit 1 022 431 DM errechnet. Entsprechendes gilt für andere Reallasten, die hinsichtlich Jahreswert und Laufzeit vergleichbar sind.

70 Die Verpflichtung wirkt nur schuldrechtlich, schließt also einen vereinbarungswidrigen Rangrücktritt nicht aus. In diesem Fall bliebe nur ein Schadensersatzanspruch gegen den Vertragspartner. Siehe dazu *Karow*, NJW 1984, 2670; *Götz*, DNotZ 1980, 27 ff.

Ist das Recht übertragbar, muss Vorsorge getroffen werden, dass bei einer Abtretung der neue Inhaber in die Verpflichtung eintritt.

Ob die von einer Stillhalteerklärung erhoffte Wirkung eintreten wird, ist deshalb meist unsicher. Wenn der Gläubiger bereit ist, den Fortbestand der vorrangigen Dienstbarkeit/Reallast hinzunehmen, bietet sich eher der umgekehrte Weg an, nämlich deren Rangrücktritt hinter die Grundschuld mit der verbindlichen Erklärung des Grundpfandgläubigers, ggf. dem Bestehenbleiben der Dienstbarkeit/Reallast nach § 59 Abs. 1 Satz 3 ZVG zuzustimmen und dafür zu sorgen, dass diese Verpflichtung bei Abtretung der Grundschuld vom jeweiligen Zessionar übernommen wird[71].

Manchmal bietet der Berechtigte einer vorrangigen Dienstbarkeit oder Reallast statt des Rangrücktritts eine **Bewertungserklärung** an. Darin verpflichtet er sich gegenüber dem (nachrangigen) Grundschuldgläubiger, sein Recht in der Zwangsvollstreckung höchstens mit einem bestimmten (meist sehr niedrigen) Betrag geltend zu machen.   *384*

Den Gläubiger schützende Bedeutung kommt einer solchen Erklärung nur zu, wenn die Dienstbarkeit/Reallast bei der Erlösverteilung im Zwangsversteigerungsverfahren bewertet werden muss. Voraussetzung dafür ist normalerweise, dass dieses Recht in der Zwangsversteigerung erlischt. Das kommt aber regelmäßig nicht in Betracht, wenn die Dienstbarkeit/Reallast den Vorrang vor der Grundschuld (und weiteren Grundpfandrechten anderer Gläubiger) behält, was der Berechtigte mit dem Angebot der Bewertungserklärung gerade erreichen will. Denn dann bleibt sie bei der Versteigerung aus einem Grundpfandrecht als Teil des geringsten Gebots bestehen (RN 1075, 1076). Die Bewertungserklärung allein hat also keine Schutzwirkung[72].

Eine Bewertungserklärung kann aber als **Ergänzung zu anderen Maßnahmen** sinnvoll sein, etwa bei einer Stillhalteerklärung zur Abschirmung für den Fall, dass die Dienstbarkeit/Reallast, aus welchen Gründen auch immer, nicht fortbesteht (RN 380).

Auch die Bewertungserklärung entfaltet die gewünschte Wirkung nur, wenn derjenige an sie gebunden ist, dem dieses Recht im Zeitpunkt der Zwangsversteigerung zusteht. Ist das Recht, auf das sich die Bewertungserklärung bezieht, abtretbar, muss also sichergestellt werden, dass auch der Erwerber daran gebunden ist.

---

71 *Groth*, DNotZ 1984, 373 f.; *Tradt*, DNotZ 1984, 371.
72 Vgl. auch *Rudolph*, Bankinformation 11/76 Nr. 32.

13 Belastung mehrerer Beleihungsobjekte (Gesamtgrundschuld)

13.1 Einheitliche Belastung von wirtschaftlichen Einheiten

385 Mit ein und derselben Grundschuld können mehrere Beleihungsobjekte (RN 10, 18, 29, 35, 40) belastet werden (Gesamtgrundschuld); die belasteten Objekte können verschiedenen Eigentümern gehören. Jedes Beleihungsobjekt haftet für den vollen Betrag (§ 1132 Abs. 1 BGB). Insgesamt kann der Gläubiger den Grundschuldbetrag allerdings nur einmal verlangen.

Auch die Grundschuld auf einem Grundstück, das mehreren Eigentümern nach Bruchteilen gehört (RN 40), ist (weil die mehreren Miteigentumsanteile belastet sind) eine Gesamtgrundschuld[1]. Wenn und solange sie den Miteigentümern gemeinsam zusteht, ist sie für jeden der Miteigentümer teils Fremdgrundschuld (soweit sie auf dem/den Miteigentumsanteil/en des/der anderen Miteigentümer[s] lastet), teils Eigentümergrundschuld (soweit sie den eigenen Miteigentumsanteil belastet)[2].

386 Eine **Gesamtgrundschuld** muss auf allen belasteten Objekten **gleichartig** sein, also z. B. einheitlich Brief- oder Buchgrundschuld, und demselben Gläubiger (oder derselben Gläubigergemeinschaft) zustehen[3]. Nur in beschränktem Umfang sind Abweichungen zulässig.

Das Gesamtrecht kann insbesondere auf den einzelnen Beleihungsobjekten unterschiedlichen Rang haben (RN 340), nur bezüglich einzelner Objekte sofort vollstreckbar (RN 312) und nur auf einzelnen Grundstücken mit dem gesetzlichen Löschungsanspruch nach § 1179a BGB verknüpft sein (RN 509). Solche inhaltlichen Abweichungen erschweren aber die Handhabung, insbesondere eine etwa notwendige Verwertung der Grundschuld, und sollten möglichst vermieden werden.

Ferner kann bei einem Gesamtrecht das Grundschuldkapital eine unterschiedliche Fälligkeit aufweisen. Hierzu kommt es insbesondere, wenn eine vor dem 20. 8. 2008 mit sofortiger Fälligkeit bestellte Grundschuld zur Sicherung einer Geldforderung nach diesem Datum im Wege der nachträglichen Mitbelastung (RN 399) auf ein anderes Grundstück erstreckt wird. Das mit dem Risikobegrenzungsgesetz eingeführte obligatorische Kündigungserfordernis (§ 1193 Abs. 1, Abs. 2 Satz 2 BGB, hierzu RN 278) gilt insoweit nur für das hinzugekommene

---

1   Einhellige Meinung: z. B. BGH v. 25. 9. 1963 – V ZR 130/61 – (Ziff. IIIe), BGHZ 40, 115 = NJW 1963, 2320; *MünchKomm/Lieder*, § 1114 RN 3.
2   Siehe etwa BGH v. 9. 5. 1996 – IX ZR 50/95 – (Ziff. II, 1), NJW 1996, 2231 = WM 1996, 1245.
3   *MünchKomm/Lieder*, § 1132 RN 7 ff.; *Staudinger/Wolfsteiner* (2019), § 1132 RN 40 ff.; *Ertl*, DNotZ 1990, 684, 687 (Ziff. II, 1).

Grundstück[4]. Die Grundschuld bleibt also auf dem Altbestand sofort fällig, während sie für den nachträglich pfandunterstellten Teil erst nach Kündigung (RN 278.3) fällig wird. Dies hat das Grundbuchamt von Amts wegen durch einen Klarstellungsvermerk zu kennzeichnen.[5]

Die Belastung mehrerer (rechtlich selbstständiger) Beleihungsobjekte mit einem Gesamtgrundpfandrecht gewährleistet, dass – falls eine **Verwertung** notwendig ist – *alle* belasteten Objekte *gleichzeitig* zu einem *gemeinsamen* Ausgebot (Gesamtausgebot) versteigert werden können (§ 18, § 63 Abs. 2 Satz 2 ZVG)[6].   *387*

Zwar können mehrere (in demselben Verfahren zu versteigernde) Grundstücke – auch ohne Belastung mit einer Gesamtgrundschuld – gemeinsam ausgeboten werden, falls sie mit einem **einheitlichen Bauwerk** überbaut sind (§ 63 Abs. 1 Satz 2 ZVG)[7]; dies kann selbst ohne Antrag nach Ermessen des Vollstreckungsgerichts geschehen[8]. Das gilt auch für mehrere Grundstücksbruchteile (wenn das Grundstück etwa zwei Ehegatten zu je ½ gehört), sofern das Grundstück bebaut ist[9].

Eine nur *wirtschaftliche* Einheit (bspw. wenn mehrere Grundstücke mit *verschiedenen* Gebäuden eines einheitlichen Betriebs bebaut sind) genügt für das gemeinsame Ausgebot nach § 63 Abs. 1 Satz 2 ZVG nicht[10]. Schon deshalb ermöglicht die Bestimmung eine sinnvolle Lösung nicht in allen in Betracht kommenden Fällen.

Die Anwendung von § 63 Abs. 1 Satz 2 ZVG kommt jedoch nur in Betracht, wenn die Grundstücke in **demselben Verfahren versteigert** werden, die Verfahren also vorher verbunden worden sind (§ 18 ZVG). Zwar werden die Voraussetzungen für eine Verbindung nach § 18 ZVG häufig vorliegen; sichergestellt ist dies – anders als bei der Belastung der Grundstücke mit *einem* Recht (also einer Gesamtgrundschuld) – allein durch die Bebauung mit einem einheitlichen Bauwerk aber nicht.

In der Vergangenheit ist verschiedentlich versucht worden, auch bei der Belastung nur mit Einzelgrundschulden eine wirtschaftlich sinnvolle (Gesamt-)Verwertung dadurch zu erreichen oder zu erleichtern, dass der Versteigerungstermin in den mehreren Versteigerungsverfahren – auch wenn sie nicht nach § 18 ZVG verbunden werden konnten – wenigstens auf den gleichen Zeitpunkt am

---

4   BGH v. 10.6.2010 – V ZB 22/10 – (Ziff. IV, 2 b), WM 2010, 1615; ZfIR 2010, 622; DNotZ 2010, 683; Rpfleger 2010, 485; ZNotP 2010, 395; NJW 2010, 3300; FGPrax 2010, 221; WuB I F 3 – 6.10 (*Rimmelspacher*); *Grüneberg/Herrler* § 1193 RN 3; *Münch-Komm/Lieder*, § 1132 RN 10; *Bestelmeyer*, Rpfleger 2009, 377; *Volmer*, MittBayNot 2009, 1; *Demharter*, § 48 RN 10.

5   BGH v. 6.3.2014 – V ZB 27/13 – (RN 12), WM 2014, 791 = NJW 2014, 1450.

6   Vgl. *Büchmann*, ZIP 1988, 825.

7   In Kraft seit 1.8.1998.

8   *Stöber/Gojowczyk*, § 63 RN 9; *Hornung*, NJW 1999, 460, 463 f.

9   *Stöber/Gojowczyk*, § 63 RN 12; *Hornung*, NJW 1999, 460, 464.

10 *Stöber/Gojowczyk*, § 63 RN 10.

gleichen Ort[11] anberaumt wurde. Das wurde vom OLG Köln[12] für unzulässig erklärt. Es ist deshalb zweifelhaft, ob die Versteigerungsgerichte – zumal nach der Verkürzung der „Bietstunde" (§ 73 Abs. 1 ZVG) – künftig noch dazu bereit sind[13].

388 Deshalb sollten mehrere (rechtlich selbstständige) Beleihungsobjekte, die eine **wirtschaftliche Einheit** bilden und sinnvollerweise nur gemeinsam verwertet werden können, möglichst mit Gesamtgrundpfandrechten belastet werden, weil bei Belastung mit Einzelgrundschulden eine den Wert erhaltende gemeinsame Verwertung nicht gewährleistet ist.

Beispielsweise sollte ein Grundstück, das mehreren Miteigentümern nach Bruchteilen gehört (etwa einem Ehegatten in Miteigentum zu je ½ gehörendes Hausgrundstück), möglichst nur einheitlich (also jeweils alle Miteigentumsanteile) belastet werden, weil das Grundstück sinnvoll meist nur als Ganzes verwertbar ist (RN 42). Einzelgrundpfandrechte auf den einzelnen Miteigentumsanteilen sind zwar möglich, aber nur mit großer Schwierigkeit (und normalerweise mit deutlich schlechterem Ergebnis) zu verwerten (RN 41).

Das kann auch für mehrere rechtlich selbstständige Grundstücke gelten, wenn sie eine wirtschaftliche Einheit bilden, die bei Zerschlagung (= Erwerb durch verschiedene Personen) an Wert verliert, bspw. mehrere Grundstücke eines Betriebs, die nur gemeinsam sinnvoll genutzt werden können, oder Wohnhaus und Garage, wenn sie auf zwei benachbarten, aber rechtlich verschiedenen Grundstücken stehen.

Gebäudeeigentum (RN 35) und das dazugehörende Grundstück dürfen – wenn sie aufgrund eines Erwerbs nach dem SachenRBerG derselben Person gehören – gar nicht mehr einzeln (sondern nur noch gemeinsam) belastet werden (RN 38).

389 Eine Gesamtgrundschuld ist auch geboten, wenn die **Eigentumswohnungen**/Teileigentumsrechte *eines* Komplexes **vor Fertigstellung** belastet werden. Denn wenn der Bau vor der Fertigstellung wegen wirtschaftlicher Schwierigkeiten des Bauträgers ins Stocken kommt, kann eine Gesamtverwertung der am ehesten Erfolg versprechende Weg sein, einen neuen, zur Fertigstellung fähigen und bereiten Erwerber einzubinden. War das Grundstück *vor* der Aufteilung in Eigentumswohnungen/Teileigentumsrechte mit einer Grundschuld belastet, entsteht daraus durch die Aufteilung ohne Weiteres (RN 398) eine Gesamtgrundschuld.

---

11 Zur Problematik gleichzeitiger oder sich überlappender Versteigerungstermine s. OLG Düsseldorf v. 12.4.1989 – 3 W 63/89 –, Rpfleger 1989, 419 = WM 1989, 1950 = EWiR § 83 ZVG 1/89, 727 (*Schneider*); Büchmann, ZIP 1988, 825; *Schneider*, EWiR § 83 ZVG Nr. 1/87, 307 (OLG Köln v. 8.1.1987 – 2 W 279/86), Nr. 2/87, 1147 (LG Osnabrück v. 14.7.1987 – 8 T 50/87) und Nr. 1/89, 727 (OLG Düsseldorf v. 12.4.1989 – 3 W 63/89).

12 OLG Köln v. 8.1.1987 – 2 W 279/86 – ZIP 1987, 320 = EWiR § 83 ZVG Nr. 1/87, 307 (*Schneider*).

13 *Hornung*, NJW 1999, 460, 463, hält – jedenfalls seit die Mindestzeitspanne zwischen der Aufforderung zur Abgabe von Geboten und dem Schließen der Versteigerung auf 30 Minuten verkürzt worden ist – sich überlappende Termine für unzulässig.

Solange die wirtschaftliche Einheit besteht, kann das **Aufgeben der Gesamthaf-** 390
tung nicht empfohlen werden. In den Fällen der RN 388 wird dies regelmäßig
auf Dauer der Fall sein. Dagegen ist in den Fällen der RN 389 eine Aufteilung
notwendig, sobald die Anlage fertig gestellt ist und alle Wohnungs- bzw. Teileigentumsrechte wirtschaftlich sinnvoll einzeln genutzt werden können.

Vor Fertigstellung des Komplexes kann dagegen die Freigabe einzelner Eigen-
tumswohnungen/Teileigentumsrechte aus der Gesamtgrundschuld (RN 413 ff.)
bzw. die Verteilung der Gesamtgrundschuld auf die einzelnen Eigentumswoh-
nungen/Teileigentumsrechte (RN 410 ff.) mit Nachteilen für den Gläubiger verbunden sein. Deshalb sollte – wenn vor Fertigstellung einzelne Eigentumswohnungen verkauft werden – dem berechtigten Interesse der Käufer mit einer
Freigabeverpflichtung (RN 418 ff.) – statt mit einer Freigabe – entsprochen werden.

Der Gläubiger des Gesamtrechts kann zwar bei Bedarf einheitlich in alle belie- 391
henen Objekte vollstrecken, er muss es aber nicht. Er kann stattdessen nach
seinem Belieben ganz oder teilweise Befriedigung durch **Einzelvollstreckung** in
jedes der belasteten Objekte suchen (§ 1132 Abs. 1 Satz 2 BGB), bis er einmal
wegen des Grundschuldbetrags befriedigt worden ist.

Dabei braucht er keine Rücksicht auf die Interessen anderer Berechtigter zu
nehmen, solange sein Verhalten (wenigstens auch) der Wahrung eigener Interessen dient. Er darf nur nicht ausschließlich zum Schaden anderer, also willkürlich zu deren Nachteil handeln[14].

Die nachfolgenden Gläubiger müssen deshalb bei der Prüfung, ob sie im Rang 392
hinter der Gesamtgrundschuld ausreichend gesichert sind, stets damit rechnen,
dass diese gerade auf dem für sie nachbelasteten Grundstück in voller Höhe
geltend gemacht wird. Wird der Gläubiger der vorgehenden Gesamtgrundschuld aus einem oder einzelnen Grundstücken in voller Höhe befriedigt, so
erlischt die Gesamtgrundschuld normalerweise[15] an den übrigen Grundstücken
(§ 1173 Abs. 1 BGB). Dieser Freiraum kommt dem nachrangigen Gläubiger aber
nur zugute, wenn sein Recht als Gesamtgrundschuld auch auf dem freiwerden-
den Grundstück lastet. Deshalb führt die Vorbelastung häufig dazu, dass die
nachrangigen Rechte ebenfalls als Gesamtgrundpfandrechte auf allen vorrangig belasteten Grundstücken eingetragen werden (müssen).

Im Wege der Zwangsvollstreckung aus dem Vollstreckungstitel über eine Geld- 393
forderung kann ein Gesamtgrundpfandrecht normalerweise nicht begründet
werden. Der Gläubiger, der Zwangshypotheken auf mehreren Grundstücken
eintragen lassen will, muss den Betrag seiner Forderung auf die mehreren
Grundstücke (beliebig) verteilen (§ 867 Abs. 2 ZPO). Dadurch entstehen **Einzel-**

---

14   BGH v. 22. 1. 1987 – IX ZR 100/86 – (Ziff. 3a), BGHZ 99, 363 = NJW 1987, 2078 = WM
     1987, 356 = EWiR § 1179a BGB 1/87, 471 (*Kollhoser*).
15   Sofern der den Gläubiger befriedigende Eigentümer keinen Ersatzanspruch gegen
     den anderen Eigentümer hat (§ 1173 Abs. 2 BGB).

zwangshypotheken; eine Befriedigungsreihenfolge unter ihnen braucht der Gläubiger bei der Aufteilung nicht anzugeben[16].

Ausnahmsweise kann eine **Gesamtzwangshypothek** entstehen, wenn mehrere Eigentümer als Gesamtschuldner haften[17] (die Einschränkung des § 867 Abs. 2 ZPO gilt dafür nicht) oder wenn gegen den Gebäudeeigentümer, der das entsprechende Grundstück nach den Vorschriften des SachenRBerG erworben hat, vollstreckt wird (RN 38).

13.2   Entstehung einer Gesamtgrundschuld

394   Eine Gesamtgrundschuld entsteht durch die **Belastung mehrerer**[18] rechtlich selbstständiger **Grundstücke** mit einer Grundschuld. Erfolgt die Eintragung an verschiedenen Tagen (weil die Grundstücke in verschiedenen Grundbüchern stehen), so entsteht – falls keine abweichende Vereinbarung (s. dazu RN 395) getroffen ist – das Recht erst mit der Eintragung auf dem letzten der zu belastenden Grundstücke[19].

Entsprechendes gilt für die Belastung von Erbbaurechten (RN 18), Wohnungs- bzw. Teileigentum (RN 29), Gebäudeeigentum (RN 35) und/oder Miteigentums- anteilen an Grundstücken oder **anderen Beleihungsobjekten** (RN 40). Auch eine Kombination ist möglich. Bspw. können ein Erbbaurecht und das Grund- stück, an dem es besteht, gemeinsam mit einer Gesamtgrundschuld belastet werden.

395   **Scheitert die Eintragung** der Grundschuld auf **einzelnen Beleihungsobjekten** endgültig[20], so ist normalerweise die Belastung der übrigen wirksam. Denn im Zweifel hätten die Beteiligten auch die Belastung allein der restlichen Grundstü- cke gewollt, wenn sie die Entwicklung vorausgesehen hätten[21]. Empfehlenswert ist jedoch, diesen Willen ausdrücklich zu erklären, wie dies in den gängigen Vordrucken erfolgt[22]. Danach entsteht die Grundschuld bei zeitverschiedener Eintragung schon bei der ersten Eintragung auf dem (den) zunächst belasteten

---

16   BGH v. 14. 3. 1991 – IX ZR 300/90 –, NJW 1991, 2022 = WM 1991, 723.

17   Z. B. *Grüneberg/Herrler*, § 1132 RN 7; *Deimann*, Rpfleger 2004, 40 (Anm. zu OLG Düs- seldorf v. 25. 7. 2003).

18   Auch einer sehr großen Vielzahl, ohne dass allein dadurch die Gefahr der Verwirrung entsteht, so bei 2.100 Grundstücken OLG München v. 9. 4. 2013 – 34 Wx 52/13 –, FGPrax 2013, 112.

19   OLG Düsseldorf v. 4. 3. 1973 – 3 W 5/73 –, DNotZ 1973, 613 = WM 1973, 793; *Grüne- berg/Herrler*, § 1132 RN 5.

20   Beispielsweise, weil nach der ersten Eintragung, aber vor vollständiger Eintragung auf allen Grundstücken das Insolvenzverfahren über das Vermögen des Grund- stückseigentümers eröffnet worden ist, aber die Voraussetzungen für eine Eintragung trotz Insolvenzverfahren (RN 158) nicht erfüllt sind.

21   BGH v. 3. 7. 1974 – V ZB 15/72 –, DNotZ 1975, 152 = WM 1974, 972; *Grüneberg/Herrler*, § 1132 RN 5.

22   Anhang 1 [12], 2 [11], 3 [9] und 4 [6]; ebenso Vorschlag des Ausschusses für Schuld- und Liegenschaftsrecht der Bundesnotarkammer für ein Grundschuldformular Teil A II, 1 (DNotZ 2002, 84, 86).

Objekt(en). Bei den zeitlich nachfolgenden Eintragungen wird sie dann jeweils auf das (die) neu belastete(n) Objekt(e) erstreckt (RN 399).

Eine Gesamtgrundschuld entsteht auch durch **Realteilung** eines belasteten 396 Grundstücks in zwei oder mehrere neue Grundstücke. Die Grundschuld lastet dann in voller Höhe auf allen Teilstücken fort; denn die ohne Zustimmung des Grundschuldgläubigers zulässige Grundstücksteilung kann dessen Recht nicht schmälern. Die Grundschuld wird damit zur Gesamtgrundschuld an allen Teilstücken.

Entsprechendes gilt, wenn ein belastetes Grundstück oder ein sonstiges Beleihungsobjekt rechtlich in **Bruchteile** geteilt wird. Das kann bspw. dadurch geschehen, dass der Alleineigentümer ein Grundstück an zwei oder mehr Erwerber in Miteigentum nach Bruchteilen veräußert oder dass er lediglich einen Bruchteil am Grundstück überträgt und den anderen behält. Die Grundschuld, die weiterhin in voller Höhe auf allen Bruchteilen lastet, wird Gesamtgrundschuld. 397

Nichts anderes gilt, wenn ein insgesamt belastetes Grundstück in **Eigentums-** 398 **wohnungen oder Teileigentumsrechte** aufgeteilt wird. Die Grundschuld setzt sich an allen Wohnungs- bzw. Teileigentumsrechten fort; eine Zustimmung des Grundpfandgläubigers ist nicht erforderlich[23].

Waren nur *einzelne* Miteigentums*anteile* mit einem Grundpfandrecht belastet (was nur möglich ist, wenn schon bisher Miteigentum bestand), so bedarf die Bildung von Wohnungs-/Teileigentum der Zustimmung der Pfandgläubiger an den einzelnen Anteilen, weil mit der Bildung von Wohnungs-/bzw. Teileigentum – selbst wenn die Miteigentumsquoten dabei unverändert bleiben – eine Inhaltsänderung verbunden ist[24].

Eine Einzelgrundschuld an einem Beleihungsobjekt wird schließlich dadurch 399 zur Gesamtgrundschuld, dass (mindestens) ein weiteres Beleihungsobjekt **mitbelastet** wird. Dazu sind wie bei der Neubestellung eine Einigung zwischen Eigentümer und Gläubiger (RN 145 ff.) und die Eintragung der Mitbelastung im Grundbuch (RN 82 ff.) erforderlich.

Handelt es sich um eine außerhalb des Grundbuchs abgetretene Briefgrundschuld, verursacht die Eintragung der Mitbelastung Schwierigkeiten; s. RN 402 bis 408.

Bei einer Briefgrundschuld ist die Mitbelastung zusätzlich auf dem Brief zu vermerken (§ 63 GBO); vgl. auch RN 163. Wird das nachbelastete Beleihungsobjekt bei einem anderen Grundbuchamt geführt, ist dort über die Mitbelastung ein (neuer) Brief zu erteilen und mit dem (bisherigen) Brief über die ursprüngliche Grundschuld zu verbinden (§ 59 Abs. 2 GBO).

Wegen der Unterwerfung unter die sofortige **Zwangsvollstreckung** gegen den 400 jeweiligen Eigentümer des nachbelasteten Grundstücks wird auf RN 313, wegen

---

23 OLG Frankfurt/M. v. 26. 4. 1996 – 20 W 45/96 –, Rpfleger 1996, 340.
24 BayObLG 16. 12. 1985 – 2 Z 82/85 –, Rpfleger 1986, 177; LG Wuppertal v. 17. 2. 1987 – 6 T 55/87 –, Rpfleger 1987, 366 mit abl. Anm. *Meyer-Stolte*.

des **Rangs** der Grundschuld auf dem nachbelasteten Grundstück auf RN 340, 341 verwiesen. Zur Fälligkeit der Grundschuld s. RN 386.

401 Aus Anlass der Nachbelastung fallen beim Notar dieselben **Kosten** an wie bei der Neubestellung der Grundschuld (RN 327), berechnet aus deren vollem Betrag, höchstens aber aus dem Wert des nachbelasteten Grundstücks (§ 44 Abs. 1 Satz 1 GNotKG). Beim Grundbuchamt entsteht eine halbe Gebühr Nr. 14123 KV GNotKG) aus demselben Wert.

Deshalb ist die Nachbelastung verhältnismäßig teuer, insbesondere die nachträgliche Mitbelastung eines Grundstücks mit mehreren Grundpfandrechten.

13.3 Problem: Mitbelastung mit außerhalb des Grundbuchs abgetretener Grundschuld

402 Das nachverpfändete Grundstück ist wirksam mitbelastet, sobald die **Einigung** von Eigentümer und Gläubiger über die Mitbelastung **vorliegt** und **Eintragung** der Mitbelastung (zugunsten des Gläubigers) im Grundbuch erfolgt ist (RN 399).

Bei der außerhalb des Grundbuchs abgetretenen Grundschuld wird jedoch durch den Mithaftvermerk wegen der Einheit von Haupt- und Veränderungsspalte (RN 342) eine Belastung nicht zugunsten des wahren Gläubigers, sondern zugunsten des nicht mehr berechtigten, aber noch eingetragenen (bloßen Buch-)Gläubigers verlautbart. Solange Einigung und Eintragung nicht übereinstimmen, ist die Mitbelastung unwirksam (RN 155).

Die Übereinstimmung kann nur dadurch hergestellt werden, dass entweder die Grundschuld (vorübergehend) an den eingetragenen Gläubiger zurückabgetreten (RN 406, 407) oder dass der wahre Gläubiger im Grundbuch eingetragen wird[25] (RN 405). Da die Gesamtgrundschuld zwingend demselben Gläubiger zustehen muss, ist es nicht möglich, dass sich die Beteiligten stattdessen darüber einigen, dass die Grundschuld zunächst zwei verschiedenen Personen zustehen soll, nämlich am ursprünglich belasteten Grundstück dem wahren Gläubiger, am nachverpfändeten Grundstück zunächst dem noch eingetragenen (bloßen Buch-)Gläubiger.

403 In der Literatur sind verschiedene Wege diskutiert worden, wie vielleicht doch die **außerhalb des Grundbuchs** abgetretene Grundschuld wirksam auf ein weiteres Grundstück erstreckt werden könnte, ohne dass die Gläubigerbezeichnung im Grundbuch berichtigt wird. Teilweise wird die Ansicht vertreten[26], die Nachverpfändung könne entgegen dem Wortlaut als zugunsten des wahren Gläubigers der Stammgrundschuld eingetragen angesehen werden. Gegen diese Umdeutung der Grundbucheintragung werden aber Bedenken geltend ge-

---

25 Vgl. OLG Frankfurt v. 21.11.1988 – 20 W 305/87 –, WM 1989, 864; in dem entschiedenen Fall war die Nachverpfändung zweifellos wirksam geworden, weil beides erfolgt war, nämlich zunächst die (treuhänderische) Rückabtretung an den Buchgläubiger und anschließend die Eintragung des wahren Gläubigers.

26 *Westermann*, NJW 1970, 1023; im Ergebnis ebenso: *Maurer*, ZfgK 1968, 489.

macht[27], die im Hinblick auf die Einheit von Haupt- und Veränderungsspalte (RN 342) nicht beiseitegeschoben werden können. Ertl[28] stellt zur Diskussion, unter Einbeziehung aller Beteiligten, auch des im Grundbuch eingetragenen (Nichtmehr-)Gläubigers, eine Mitbelastung zu dessen Gunsten einzutragen und dann diesen das (materiell nicht existente) Recht mit Ermächtigung des Grundstückseigentümers an den Gläubiger der Grundschuld abtreten zu lassen. Er weist selbst darauf hin, dass der (Nichtmehr-)Gläubiger dabei kein Recht erwirbt. Er verkennt aber, dass selbst mit Zustimmung des Eigentümers ein nicht existentes Recht nicht abgetreten werden kann (außer im Rahmen des gutgläubigen Erwerbs, der hier nicht in Betracht kommt).

Bei jedem dieser Wege (RN 403) bestehen ernsthafte **Bedenken** gegen die Wirksamkeit der Nachverpfändung. Erst wenn einer von ihnen obergerichtlich bestätigt worden wäre, könnte man ihn für die Praxis in Erwägung ziehen[29]. Solange dies wie bisher nicht der Fall ist, ist den Kreditinstituten zu empfehlen, auf einen der nachstehend dargestellten Vorschläge, die allerdings teilweise andere Nachteile haben, auszuweichen: *404*

Wirksam ist die Nachverpfändung, wenn vor oder spätestens gleichzeitig mit der Eintragung des Mithaftvermerks der wahre Gläubiger der Grundschuld im Grundbuch eingetragen wird. In diesem Fall stehen hinsichtlich der Nachbelastung Einigung und Eintragung von Anfang an in Übereinstimmung miteinander.   *405*

Eine zunächst ohne **Gläubigerberichtigung** erfolgte Nachverpfändung wird wirksam, sobald nachträglich die Gläubigerbezeichnung berichtigt wird; die Einigung muss in diesem Zeitpunkt allerdings noch wirksam sein (RN 147, 149). Denn es stimmen dann Einigung und Eintragung überein (RN 155 bis 157).

Allerdings lässt sich ab der Berichtigung aus dem Grundbuch entnehmen, wer Gläubiger der Grundschuld ist. Da die Briefgrundschuld häufig deshalb gewählt wird, um den wahren Gläubiger nicht in Erscheinung treten zu lassen, kann der Weg daran scheitern.

Wirksam ist die Nachverpfändung auch, wenn die Grundschuld vor Eintragung des Mithaftvermerks an den noch eingetragenen früheren Gläubiger (außerhalb des Grundbuchs) treuhänderisch **vorübergehend abgetreten** und nach Eintragung des Mithaftvermerks wieder an das Kreditinstitut, dem die Grundschuld endgültig zustehen soll, rückabgetreten wird.   *406*

Auch noch nach Eintragung des Mithaftvermerks kann die Nachverpfändung durch (treuhänderische) Abtretung an den noch eingetragenen Gläubiger jedenfalls dann wirksam gemacht werden, wenn der Grundstückseigentümer nach Abtretung an den noch eingetragenen Gläubiger die Nachverpfändung zu dessen Gunsten noch einmal bewilligt[30] (und beide sich über die Nachverpfän-

---

27 *Schöner/Stöber*, RN 2649; *Lwowski*, DNotZ 1979, 328; *Willke*, WM 1980, 859.
28 *Ertl*, DNotZ 1990, 684, 692 ff. (Ziff. II, 6).
29 So auch *Ertl*, DNotZ 1990, 684, 695 für den von ihm vorgeschlagenen Weg.
30 OLG Frankfurt v. 21. 11. 1988 – 20 W 305/87 –, WM 1989, 864.

dung einig sind). Anschließend ist die Grundschuld wieder an das Kreditinstitut, dem die Grundschuld endgültig zustehen soll, zurückabzutreten.

407 Der Weg ist aber für den wahren Gläubiger **gefährlich** (vgl. auch RN 363). Er verliert (zumindest) vorübergehend seine Sicherheit. Der noch eingetragene Gläubiger wird Rechtsinhaber. Damit erhält dieser in der Zeitspanne bis zur Rückabtretung die Möglichkeit, treuwidrig über die Grundschuld zu verfügen. Schwierigkeiten können entstehen, wenn seine Gläubiger die Grundschuld pfänden oder wenn das Insolvenzverfahren eröffnet wird. Vor allem aber wird, wenn der Grundstückseigentümer als Grundschuldgläubiger eingetragen ist und die Abtretung demgemäß an ihn erfolgt, regelmäßig die Voraussetzung dafür geschaffen, dass in diesem Zeitpunkt vorhandene gleich- oder nachrangige Grundpfandgläubiger aufgrund gesetzlichen oder durch Vormerkung gesicherten Anspruchs (RN 495 ff., 527 ff.) die Löschung der Grundschuld verlangen können, und zwar auch noch (ggf. jahrelang) nach Rückabtretung an den wahren Gläubiger[31]. Ferner erlöschen durch die Abtretung an den Grundstückseigentümer die dinglichen Zinsen für die Vergangenheit (§ 1178 Abs. 1 BGB)[32].

408 Ohne Gefahr für den Gläubiger und ohne Aufdeckung der Abtretung kann das nachzuverpfändende Grundstück dadurch mitbelastet werden, dass es dem bzw. einem mit der Stammgrundschuld belasteten Grundstück nach § 890 Abs. 2 BGB als **Bestandteil zugeschrieben** wird. Voraussetzung ist, dass die Grundstücke demselben Eigentümer gehören. Im Einzelnen s. RN 13 ff.

Durch die Zuschreibung erstrecken sich alle Grundpfandrechte am Hauptgrundstück auf das zugeschriebene Grundstück (§ 1131 Satz 1 BGB). Soweit die Grundpfandrechte hinsichtlich des Hauptgrundstücks sofort vollstreckbar sind, sind sie es auch bezüglich des zugeschriebenen Grundstücks[33].

Die Zuschreibung ist durch Teilung wieder aufhebbar. Unter Umständen ist dafür aber eine Teilungsgenehmigung erforderlich[34], die möglicherweise dann nicht erreichbar ist[35]. Das kann Anlass sein, diesen Weg nicht zu gehen. Auch an § 6 GBO (RN 14, 17) kann die Zuschreibung scheitern.

409 Ein wirtschaftlich gleichartiges Ergebnis kann auch dadurch erreicht werden, dass der Eigentümer das „nachzuverpfändende" Grundstück mit einer **selbstständigen Grundschuld** belastet.

Dadurch entsteht zwar keine Gesamtgrundschuld. Es kann aber schuldrechtlich vereinbart werden, dass der Gläubiger den oder die Grundstückseigentümer so zu stellen hat, wie wenn eine Gesamtgrundschuld bestünde[36]. Die neue Grundschuld kann entweder sofort für das Kreditinstitut eingetragen oder zunächst für den ursprünglichen (im Grundbuch noch eingetragenen) Gläubiger bestellt

---

31 S. auch *Ertl*, DNotZ 1990, 684, 690 f. m. w. N.
32 Anders: *Willke*, WM 1980, 858.
33 *Demharter*, § 6 RN 23; *Schöner/Stöber*, RN 652, jeweils m. w. N.
34 Im Einzelnen: *Schöner/Stöber*, RN 3818 ff.
35 S. *Ertl*, DNotZ 1990, 684, 689 f.
36 *Lwowski*, DNotZ 1979, 331.

und dann von diesem außerhalb des Grundbuchs an das Kreditinstitut abgetreten werden.

13.4 Verteilung der Gesamtgrundschuld

Der Gläubiger ist berechtigt, aber – falls nichts Abweichendes vereinbart ist – nicht verpflichtet, die Gesamtgrundschuld jederzeit beliebig auf die belasteten Objekte zu verteilen (§ 1132 Abs. 2 BGB). Dies geschieht durch (einseitige) öffentlich beglaubigte (RN 111) oder beurkundete (RN 112) **Erklärung** des Grundschuldgläubigers und **Eintragung** im Grundbuch. Die Erklärung kann gegenüber dem Grundbuchamt oder dem Eigentümer abgegeben werden. *410*

Die Gesamtsumme der Einzelgrundschulden muss genau den Betrag der Gesamtgrundschuld ergeben. Eine Aufteilung in der Weise, dass jedes Beleihungsobjekt mit einer Einzelgrundschuld in Höhe der ursprünglichen Gesamtgrundschuld belastet bleibt, ist nicht möglich.

Beim Briefrecht ist für jede Einzelgrundschuld von Amts wegen ein neuer Brief zu erteilen (§ 64 GBO).

Für den Vollzug der Aufteilung ist die Zustimmung des Grundstückseigentümers nicht erforderlich[37]. Dessen ungeachtet sollte der Gläubiger eine Sicherungsgrundschuld aber nur mit Zustimmung des *Sicherungsgebers* – und nach Abtretung bzw. (Ver-)Pfändung des Rückgewähranspruchs mit Zustimmung des Rückgewährberechtigten bzw. des Pfandgläubigers – aufteilen. Denn da er nach dem Sicherungsvertrag verpflichtet ist, die Grundschuld bei Wegfall des Sicherungsvertrags so zurückzugewähren, wie er sie empfangen hat, könnten sonst Schadensersatzansprüche infrage kommen (s. RN 780, 781).

Durch die Verteilung entstehen einzelne voneinander **unabhängige Grundschulden** an den Einzelobjekten. Soweit die Gesamtgrundschuld den Betrag der Einzelgrundschuld übersteigt, erlischt sie an dem jeweiligen Einzelobjekt; im Übrigen treten die Einzelgrundschulden jeweils an die Stelle der Gesamtgrundschuld, erhalten insbesondere deren Rang[38]. Die Entstehung von Einzelgrundschulden kann alternativ zur Verteilung nicht etwa durch isolierte Löschung des Mithaftvermerks herbeigeführt werden. Damit würde der ursprünglich bewilligten Gesamtgrundschuld ohne jegliche Grundlage ein gänzlich neuer Rechtscharakter verliehen.[39] *411*

Hat das Kreditinstitut eine Gesamtgrundschuld verteilt und erhält es in der Zwangsversteigerung auf die Einzelgrundschuld an einem Objekt weniger als den Betrag der Grundschuld samt dinglicher Nebenleistungen, so kann es wegen des Fehlbetrags nicht mehr auf die anderen Objekte zugreifen. Deshalb muss der Verteilung eine genaue Prüfung der Werte der Einzelobjekte vorausgehen.

---

37 *MünchKomm/Lieder,* § 1132 RN 38; *Grüneberg/Herrler,* § 1132 RN 10.
38 OLG Celle v. 30. 7. 1997 – 4 W 168/97 –, ZIP 1997, 1830.
39 OLG Frankfurt v. 22. 02. 2022 – 20 W 168/21 – juris.

412 Die **Verteilung** kann auch **in mehreren Schritten** erfolgen, etwa dadurch, dass aus einer auf zehn Eigentumswohnungen lastenden Gesamtgrundschuld über 1 Mio. Euro eine Einzelgrundschuld über 120 000 Euro auf einer der Wohnungen abgetrennt und der Rest mit 880 000 Euro als Gesamtgrundschuld auf den restlichen neun Wohnungen fortbesteht[40]. Die verbliebene Gesamtbelastung kann später erneut aufgeteilt werden.

13.5 Pfandfreigabe

413 Verzichtet der Gläubiger auf die Gesamtgrundschuld an **einzelnen** von mehreren belasteten Objekten, so erlischt die Grundschuld daran (§ 1175 Abs. 1 Satz 2 BGB); an den übrigen Beleihungsobjekten bleibt sie in voller Höhe bestehen. Die Zustimmung des Grundstückseigentümers ist dafür nicht erforderlich[41]. Ob nur Pfandfreigabe oder Gesamtlöschung gewollt ist, kann Auslegungsfrage sein.[42]

414 Da der Grundschuldgläubiger nach dem Sicherungsvertrag bei Wegfall des Sicherungszwecks die Grundschuld so zurückgewähren muss, wie er sie erhalten hat, darf er sie nicht verschlechtern. Deshalb sollte er die **Zustimmung des Sicherungsgebers** (und wenn der Rückgewähranspruch abgetreten, ge- oder verpfändet ist, auch die Zustimmung des neuen **Rückgewährberechtigten** bzw. des Pfandgläubigers) einholen, bevor er die Pfandfreigabe erklärt. Sonst setzt er sich der Gefahr eines Schadensersatzanspruchs aus (s. RN 780, 781).

Eigentlich müsste der Grundschuldgläubiger bedenkenlos eine *Löschungsbewilligung* erteilen können, wenn der Eigentümer – wie meist – zugleich Sicherungsgeber ist. Denn diese kann nur mit Zustimmung des Eigentümers (also, bei Personengleichheit, des Sicherungsgebers) vollzogen werden (§ 1183 BGB). Solange die wohl herrschende Meinung aber die Umdeutung in eine Pfandfreigabe zulässt[43], sollte der Grundschuldgläubiger auch eine Löschungsbewilligung nur auf Verlangen oder mit (nachweisbarer) Zustimmung des Sicherungsgebers (bei mehreren mit Zustimmung aller) einem anderen als dem (den) Sicherungsgeber(n) selbst aushändigen.

415 Gehören die Beleihungsobjekte **verschiedenen Eigentümern** (A und B), so kann die Rechtsstellung des verhaftet bleibenden Eigentümers durch die Freigabe (nur) eines der gemeinsam belasteten Objekte verschlechtert werden.

Ist bspw. A im Innenverhältnis zu B allein zur Zahlung verpflichtet, so geht, wenn B vom Gläubiger aus der Grundschuld in Anspruch genommen wird, die Grundschuld am Grundstück des A auf ihn über (§ 1173 Abs. 2 BGB). Diese sonst übergehende Grundschuld besteht jedoch nicht mehr, wenn der Gläubiger zuvor das Grundstück des A freigegeben hat. Dennoch ist die Freigabeerklärung

---

40 *Grüneberg/Herrler*, § 1132 BGB RN 10 m. w. N.

41 BGH v. 9. 5. 1969 – V ZR 26/66 –, BGHZ 52, 93 = WM 1969, 766; *Grüneberg/Herrler*, § 1175 RN 3.

42 OLG Schleswig v. 03. 06. 2021 – 2 Wx 43/20 –, FGPrax 2022, 15.

43 OLG Celle v. 27. 08. 2018 – 18 W 42/18 –, FGPrax 2018, 250; OLG Frankfurt v. 06. 06. 2019 – 20 W 108/19 –, FGPrax 2019, 252; OLG Hamm v. 11. 8. 1998 – 15 W 285/98 –, Rpfleger 1998, 511 m. w. N; *Schöner/Stöber*, RN 2724a.

des Gläubigers dinglich wirksam. B kann, wenn nichts anderes vereinbart ist, die Befriedigung des Gläubigers aus dem Grundstück nicht verweigern[44].

Der Grundschuldgläubiger ist aber dem B regelmäßig zum Ersatz des Schadens verpflichtet, wenn er ohne dessen Zustimmung das mithaftende Grundstück des A freigibt (RN 780, 781)[45].

Die Pfandfreigabe wird wirksam, wenn die (einseitige) Verzichtserklärung des (wahren) Gläubigers im Grundbuch eingetragen wird (§ 1168 Abs. 2 BGB).   *416*

Ist der **Gläubiger** im Grundbuch eingetragen (und ist er – bei einer Briefgrundschuld – im Besitz des Briefes), so braucht seine **Berechtigung** – auch gegenüber dem Grundbuchamt – nicht weiter nachgewiesen zu werden (RN 63).

Ist die Grundschuld **außerhalb des Grundbuchs** abgetreten worden, so hat der   *417* die Pfandfreigabe bewilligende (neue) Gläubiger sein Recht durch beglaubigte oder beurkundete Abtretungserklärung(en) und Briefbesitz nachzuweisen (RN 63).

Soll eine Abtretung außerhalb des Grundbuchs nicht offengelegt werden, kann die Pfandfreigabe auch aufgrund Bewilligung des (noch) *eingetragenen* (früheren) Gläubigers eingetragen werden, wenn im Zusammenhang mit dieser Erklärung dem Grundbuchamt der Brief vorgelegt wird. Selbstverständlich muss der wahre Gläubiger mit der Erklärung der Pfandfreigabe durch den (nicht mehr berechtigten) eingetragenen Gläubiger einverstanden sein. Dann ist das Verfahren materiell-rechtlich unbedenklich[46]. Die Bewilligung des (noch) eingetragenen Gläubigers reicht für das Grundbuchamt allerdings nicht mehr aus, wenn diesem die Abtretung (etwa durch eine versehentlich vorgelegte privatschriftliche Abtretungserklärung) bekannt ist[47].

Zum gleichartigen Problem beim Rangrücktritt s. (ausführlicher) RN 363. Zu den Gefahren, wenn die Berechtigung des eingetragenen Gläubigers durch vorübergehende Rückübertragung der Grundschuld auf ihn hergestellt werden soll, s. RN 407.

---

44   BGH v. 9. 5. 1969 – V ZR 26/66 –, BGHZ 52, 93 = WM 1969, 766; *Pikart,* WM 1973, 835; *einschränkend:* BGH v. 10. 12. 82 – V ZR 244/81 –, NJW 1983, 1423 = WM 1983, 384; *anderer Ansicht* (B wird entsprechend § 1165 BGB insoweit frei, wie er ohne den Verzicht aus der übergehenden Grundschuld hätte Ersatz erlangen können): *Münch-Komm/Lieder,* § 1175 RN 6 m. w. N.

45   BGH v. 9. 5. 1969 – V ZR 26/66 –, BGHZ 52, 93 = WM 1969, 766; *Schanbacher,* WM 1998, 1806.

46   *Ertl,* DNotZ 1990, 684, 704, der zu Recht darauf hinweist, dass die Wirksamkeit der Pfandfreigabe davon abhängt, dass der Zustimmende tatsächlich Gläubiger oder durch eine unterbrochene Kette von beglaubigten Abtretungserklärungen ausgewiesen ist.

47   BayObLG v. 15. 3. 1989 – 2 Z 17/89 – m. w. N., DNotZ 1990, 739 = NJW-RR 1989, 718; *anderer Ansicht* (keine Widerlegung der Vermutung durch nur privatschriftliche Abtretungserklärung): *Ertl,* DNotZ 1990, 684, 699 m. w. N.

13.6 Freigabeversprechen nach § 3 MaBV

418 Verkauft ein Bauträger eine Eigentumswohnung aus einem noch nicht fertig gestellten Komplex, so ist die Wohnung meist mit einer Gesamtgrundschuld (im vorliegenden Zusammenhang **Globalgrundschuld** genannt) für das den Bau finanzierende Kreditinstitut belastet (RN 389, 390). Zahlungen des Käufers[48] darf der Bauträger regelmäßig erst entgegennehmen, wenn die Voraussetzungen nach § 3 MaBV erfüllt sind[49]. Entsprechendes gilt beim Erwerb aufgrund eines anderen Rechtsverhältnisses, etwa aufgrund eines Werkvertrags.

Nach § 3 Abs. 1 MaBV muss insbesondere der Erwerbsvertrag wirksam und vollzugsreif (§ 3 Abs. 1 Nr. 1 MaBV), der Übereignungsanspruch des Erwerbers durch eine rangrichtige Vormerkung gesichert[50] – und wenn der Vertrag sich auf eine Eigentumswohnung bezieht, die Teilungserklärung im Grundbuch vollzogen[51] – (§ 3 Abs. 1 Satz 1 Nr. 2 MaBV), die Freistellung des Erwerbers von allen nicht zu übernehmenden Grundpfandrechten durch eine entsprechende Verpflichtung des Gläubigers gewährleistet (§ 3 Abs. 1 Nr. 3 MaBV) sowie sicher sein, dass das Projekt baurechtlich verwirklicht werden kann[52] (§ 3 Abs. 1 Satz 1 Nr. 4 MaBV).

Will der Bauträger Zahlungen entgegennehmen, bevor alle diese Voraussetzungen erfüllt sind, muss er dem Erwerber eine äquivalente Sicherheit zur Verfügung stellen. Für die Vereinnahmung von *Abschlagszahlungen* ist die Bürgschaft eines Kreditinstituts nach § 7 MaBV zu stellen. Soll der Erwerber dagegen vom Bautenstand unabhängige *Vorauszahlungen* leisten, muss der Bauträger über die gewerberechtlich erforderliche Bürgschaft nach § 7 MaBV ergänzend Sicherheit stellen. Denn die Bürgschaft nach § 7 MaBV bietet keinen ausreichenden Ausgleich für die mit einer Vorauszahlung verbundenen Risiken. Vielmehr wird eine umfassende Bürgschaft zur Sicherung der Erfüllungs- und Mängelansprüche zu fordern sein[53]. Die formularmäßige Vereinbarung von Vorauszahungen allein gegen eine Bürgschaft nach § 7 MaBV benachteiligt nach Auffassung der Rspr. den Erwerber unangemessen i. S. d. § 9 Abs. 2 Nr. 1 AGBG (nunmehr § 307 Abs. 2 Nr. 1 BGB) und ist deshalb unwirksam[54].

---

48 Zur Frage der – trotz Verordnung über Abschlagszahlungen bei Bauträgerverträgen v. 23. 5. 2001 (BGBl. I, 981) und Art. 244 EGBGB (früher: § 27a AGBG) umstrittenen – Zulässigkeit von Ratenzahlungen entsprechend § 3 Abs. 2 MaBV: *Grüneberg/Retzlaff*, § 632a RN 3 und die dort zitierte Rechtsprechung und Literatur; *Jagenburg/Weber*, NJW 2001, 3453, 3455 ff. (Ziff. II, 1).

49 Zum Ganzen s. *v. Heymann/Rösler*, WM 1998, 2456; *Schöner/Stöber*, RN 3214.

50 Es reicht, anders als bis 28. 2. 1991, nicht mehr aus, dass die Vormerkung unwiderruflich bewilligt und (auch) vom Erwerber beantragt ist; vgl. *Basty*, DNotZ 1991, 18, 21 f.

51 Die Wohnungsgrundbücher müssen also schon angelegt sein; vgl. auch *Basty*, DNotZ 1991, 18, 20.

52 Vgl. *Schöner/Stöber*, RN 3215.

53 Einzelheiten bei *Basty*, RN 6/29; vgl. auch *Basty*, DNotZ 2005, 94, 95 m. w. N.; *Thode*, ZNotP 2006, 162 ff.

54 OLG Karlsruhe v. 19. 4. 2001 – 4 U 83/00 – (Ziff. 2), BB 2001, 1325 = OLGR Karlsruhe 2001, 293 = MittBayNot 2001, 478.

Die Bürgschaft nach § 7 MaBV kann, sobald die Voraussetzungen für die Anwendung von § 3 MaBV erfüllt sind, durch Vereinbarungen nach § 3 MaBV ersetzt werden[55]. Dies geschieht aber nicht automatisch, sondern setzt voraus, dass der Käufer auf Verlangen des Bauträgers – Zug um Zug gegen Aushändigung einer entsprechenden Freistellungserklärung – die Bürgschaft zurückgibt[56]. Verpflichtet dazu ist der Käufer nur, wenn dies im Kaufvertrag vereinbart ist.

Bei der Veräußerung von Grundstücksparzellen (etwa beim Erwerb eines Reihenhauses) genügt die Teilungsgenehmigung; der Vollzug der Teilung im Grundbuch ist nicht Voraussetzung für ein Verfahren nach § 3 MaBV[57].

Wegen des Ausgleichs der unterschiedlichen Interessen beim Erwerb vom Bauträger wird im Übrigen auf RN 714 bis 722 verwiesen.

Der **Inhalt** der Freigabeverpflichtung[58] des Kreditinstituts muss (mindestens) *419* gewährleisten, dass bei Zahlung der geschuldeten Beträge das Vertragsobjekt aus nicht übernommenen Grundpfandrechten freigegeben wird oder dass diese hinter die Auflassungsvormerkung des Erwerbers zurücktreten, und zwar sowohl bei Vollendung des Bauwerks wie beim Steckenbleiben des Baus (§ 3 Abs. 1 Satz 2 MaBV). Für den letzteren Fall kann das Kreditinstitut einen Rückzahlungsvorbehalt gem. § 3 Abs. 1 Satz 3 MaBV in sein Freigabeversprechen aufnehmen (RN 421).

Sind **Abweichungen von § 3 MaBV** *zugunsten* des Erwerbers vereinbart, hindert dies den Einsatz des Freigabeversprechens im Rahmen der Abwicklung des Kaufvertrags nicht[59]; das Kreditinstitut ist an seine Erklärung ggf. über § 3 MaBV hinaus gebunden.

---

55 § 7 Abs. 1 Satz 4 MaBV; Vermischung der beiden Sicherheiten derart, dass sich Bürgschaft nach Baufortschritt reduziert, ist nicht zulässig: BGH v. 6.5.2003 – XI ZR 33/02 – (Ziff. II, 3 a, bb), WM 2003, 1259 = DNotZ 2004, 48 (m. krit. Anm. *Riemenschneider*) = EWiR § 7 MaBV 2/03, 879 (*Rösler*); vgl. auch *Basty*, DNotZ 1991, 18, 25 f.; *anderer Meinung* (Mischung der beiden Sicherheiten zulässig): *Boergen*, NJW 2000, 251.

56 *Jagenburg/Weber*, NJW 2001, 3453 (Ziff. III, 4).

57 § 3 Abs. 1 Satz 1 Nr. 1 MaBV; vgl. auch *Basty*, DNotZ 1991, 18, 21.

58 Muster der Bundesnotarkammer (mit Erläuterungen): DNotZ 2002, 402; problematisch geworden wegen Einordnung als Wahlschuld durch BGH v. 30.9.2004 – VII ZR 458/02 –, BGHZ 160, 277 = WM 2004, 2386; von der Kreditpraxis deshalb als Ersetzungsbefugnis formuliert, vgl. Vordruck des Deutschen Sparkassenverlags Nr. 192 740 000 (seit Fassung Jan. 2005).

59 § 3 Abs. 1 Nr. 3 Satz 2 MaBV schreibt nur den Mindestinhalt des Freigabeversprechens vor; *Basty*, DNotZ 1992, 131, 132, 138 (Ziff. 2 und 3 Stichworte „Mehrwertklausel" sowie „Steckenbleiben des Baus").

Enthält das Freigabeversprechen – auch bei sachgerechter Auslegung[60] – Abweichungen von § 3 MaBV zu*un*gunsten des Erwerbers, so ist das Kreditinstitut aus der Freigabeerklärung nicht über deren Inhalt hinaus verpflichtet[61]. § 3 MaBV bindet nur den Bauträger, nicht aber das Kreditinstitut. In diesem Fall fehlt eine ausreichende Freistellungserklärung. Liegt das Papier bei der Beurkundung des Kaufvertrags vor, muss der Notar auf den Mangel hinweisen und darf im Kaufvertrag nicht gem. § 3 Abs. 1 Satz 5, 1. Halbsatz MaBV auf das Papier Bezug nehmen; wird die Erklärung nachgereicht, muss der Notar dem Käufer im Kaufvertrag eine konkrete Beschreibung des erforderlichen Inhalts (§ 3 Abs. 1 Satz 5, 2. Halbsatz MaBV) geben[62].

Ziel des Freigabeanspruchs ist es, die in der Gesamtgrundschuld liegende Gefahr, dass der Käufer für andere als die im Kaufvertrag übernommenen Verbindlichkeiten in Anspruch genommen werden könnte, zu beseitigen. Er zielt – anders als der Rückgewähranspruch (der modifiziert werden muss, s. dazu RN 718) – nicht darauf, dem Sicherungsgeber nach Wegfall des Sicherungszwecks den in der Grundschuld steckenden Vermögenswert wieder zu verschaffen. Das ist bei einer Gesamtgrundschuld auf mehreren belasteten Eigentumswohnungen schon deshalb nicht möglich, weil sie nur *einmal* zur Verfügung steht, also auch nur an den Käufer einer der Wohnungen (an welchen?) abgetreten werden könnte. Außerdem würde der Zessionar mit der Gesamtgrundschuld ein Pfandrecht auch an den anderen Eigentumswohnungen erhalten, was ihm nicht gebührt.

Ein einzelner Käufer kann deshalb niemals einen Anspruch auf Abtretung der Gesamtgrundschuld haben. Ein Abtretungsanspruch kann allenfalls nach Aufteilung der Gesamtgrundschuld bezüglich der Einzelgrundschuld auf dem gekauften Objekt bestehen, wenn sich der Sicherungszweck erledigt hat. Dieser Anspruch folgt aber nicht aus der Freistellungsverpflichtung; das ist vielmehr der Rückgewähranspruch aus dem Sicherungsvertrag[63].

---

60 Die Formulierung, dass der Käufer Freigabe nur verlangen könne, wenn er den „vollen im notariellen Kaufvertrag festgelegten Kaufpreis" gezahlt habe, meinte das OLG Dresden in seiner Entscheidung v. 27. 6. 1997 – 7 U 860/97 –, DNotZ 1998, 372 nicht dahin auslegen zu können, dass dies gleichbedeutend mit der „geschuldeten Vertragssumme" (§ 3 Abs. 1 Satz 2 MaBV) sei. Das ist angesichts des dem Kreditinstitut bekannten Zwecks und notwendigen Inhalts der Erklärung eng und dürfte dazu führen, dass sich die Notare bei der Prüfung bzw. Belehrung ganz eng an den Wortlaut der MaBV halten werden.

61 BGH v. 6. 5. 2003 – XI ZR 33/02 – (Ziff. II, 3 b), WM 2003, 1259 = DNotZ 2004, 48 (m. krit. Anm. *Riemenschneider*) = EWiR § 7 MaBV 2/03, 879 (*Rösler*); OLG Dresden v. 27. 6. 1997 – 7 U 860/97 –, DNotZ 1998, 372; *anders: Habscheid,* DNotZ 1998, 325; der allerdings das Zusammenspiel der Bestimmungen der MaBV verkennt.

62 *Basty,* DNotZ 1992, 131, 141/142.

63 Das Verkennen der BGH, Urteil v. 30. 1. 1992 – IX ZR 64/91 –, WM 1992, 605 = EWiR § 1192 BGB 1/92, 351 (*Gaberdiel*) und *Siol,* WM 1996, 2217, 2223, wenn sie meinen, dass der Freistellungsanspruch „wie ein Rückgewähranspruch" u.a. auf die Abtretung des überschießenden Teils der Grundschuld an den Käufer gerichtet sei; wie hier: *Volmer,* ZfIR 2001, 549 (Ziff. 2 seiner Anmerkung zu BGH v. 5. 4. 2001 – VII ZR 498/99); vgl. auch *Gaberdiel,* BGH EWiR § 1192 BGB 1/92, 351, Ziff. 4.2.

Ist zu erwarten, dass zwischen der Abgabe des Freigabeversprechens und der Zahlung durch den Erwerber einige Zeit verstreicht, muss die Frage der **Verzinsung** bedacht werden. Da die Freigabe im Hinblick auf die MaBV nur von der Erfüllung der Verpflichtungen *des Käufers* abhängig gemacht werden kann, sind die *vom Verkäufer* für das ihm gewährte Darlehen geschuldeten Zinsen durch die Grundschuld nicht mehr (auch nicht anteilig) gesichert. Wird jedoch im Kaufvertrag eine Verzinsung *des Kaufpreises* vereinbart, kann die Freigabe von deren Zahlung abhängig gemacht und damit mittelbar eine angemessene Verzinsung des Darlehens gewährleistet werden[64].

Das Kreditinstitut muss sich verpflichten, **bei Vollendung**[65] **des Bauwerks** das Vertragsobjekt unverzüglich nach Zahlung der geschuldeten Vertragssumme **freizugeben** oder mit seinen Grundpfandrechten im Rang hinter die Auflassungsvormerkung des Erwerbers zurückzutreten. Grundsätzlich muss das Kreditinstitut eine Aufrechnung oder Minderung gegen sich gelten lassen. Das ergibt sich unmittelbar aus dem heutigen[66] Wortlaut der Bestimmung[67], wurde aber auch schon für die frühere Fassung vertreten[68]. Das gilt nach dem Normzweck jedoch für die Aufrechnung nur mit einer Forderung, die sich aus dem Kaufvertrag ergibt, nicht aber mit solchen, die ihre Grundlage außerhalb der Erfüllungs- und Gewährleistungshaftung des Bauträgers für das konkrete Objekt haben[69]. Es dürften deshalb keine begründeten Bedenken gegen die Vereinbarung bestehen, dass die Freigabeverpflichtung nicht besteht, wenn und soweit der Käufer den Kaufpreis durch Aufrechnung mit einer Forderung getilgt hat, „die nicht dem kaufvertraglichen Rechtsverhältnis entstammt"[70].

Bei Reihenhäusern dürfte „Bauwerk" das einzelne Reihenhaus, nicht die ganze Zeile sein, bei Eigentumswohnungen jedoch der gesamte im Miteigentum aller Wohnungseigentümer stehende Komplex. Denn beim Reihenhaus ist eine von den anderen Reihenhäusern unabhängige Nutzung möglich, während die sinnvolle Nutzung der zu einem Miteigentumsverbund gehörenden Eigentumswoh-

420

---

64   Der dem Urteil des BGH v. 30.1.1992 – IX ZR 64/91 –, WM 1992, 605 = EWiR § 1192 BGB 1/92, 351 (*Gaberdiel*), zugrunde liegende Fall wäre durch eine ausdrückliche Vereinbarung dieser Art entschärft worden. Der BGH gibt dem Berufungsgericht auf, zu prüfen, ob sich durch Auslegung entsprechende Vereinbarungen feststellen lassen (Ziff. III, 3); vgl. auch *Gaberdiel*, EWiR § 1192 BGB 1/92, 351, Ziff. 3 und 4.1.

65   Zum unklaren Begriff der Vollendung s. *Basty*, RN 4/112 ff.

66   Neu gefasst durch VO v. 7.11.1990 (BGBl. I, 2479); in Kraft seit 1.3.1991.

67   *Basty*, DNotZ 1992, 131, 133 (Ziff. 2a); derselbe, DNotZ 1990, 18, 22 (Ziff. 4).

68   Z.B. BGH v. 10.6.1983 – V ZR 252/80 –, DNotZ 1984, 322 = NJW 1984, 169 = WM 1983, 961; *Basty*, DNotZ 1991, 18, 22 (Ziff. 4) m. w. N.

69   KG v. 20.2.2003 – 10 U 403/01 – (Abschn. A I, 1 b), ZfIR 2003, 860 = ZIP 2003, 1881 = EWiR § 3 MaBV 1/03, 1101 (Vogel); vgl. OLG Düsseldorf v. 31.8.1998 – 9 U 25/98 –, ZIP 1998, 1790 = EWiR § 406 BGB 1/98, 1071 [*Demharter*]); im entschiedenen Fall war im Kaufvertrag die Aufrechnung gegen den Kaufpreis ausgeschlossen.

70   So Muster der Bundesnotarkammer und Vordruck des Deutschen Sparkassenverlags Nr. 192 740 000. Vgl. auch Erläuterung Ziff. I, 5 zum Muster der Bundesnotarkammer DNotZ 2002, 402, 407 f.; zulässig: *Staudinger/Wolfsteiner* (2019), Vorbem. 299 zu §§ 1191 ff.

nungen ein gewisses Zusammenwirken mit den anderen Miteigentümern verlangt.

421   Bei einem (endgültigen) **Steckenbleiben des Baus** muss der Gläubiger das Vertragsobjekt nach Zahlung des dem Bautenstand entsprechenden Teils der geschuldeten[71] Vertragssumme freigeben. Ist bspw. das Grundstück mit dem unfertigen Objekt halb so viel wert wie das Grundstück mit dem fertigen Objekt, muss der Erwerber für die Freistellung die Hälfte der vertraglich (für das fertige Objekt) geschuldeten Summe zahlen; auf den Verkehrswert kommt es nicht an[72].

Das Kreditinstitut kann sich nach § 3 Abs. 1 Satz 3 MaBV im Freigabeversprechen das Recht vorbehalten, sich aus der Freigabeverpflichtung dadurch zu lösen, dass es dem Erwerber alle von diesem vertragsgemäß erbrachten Zahlungen (ohne Zinsen), höchstens aber den Verkehrswert des (unfertigen) Vertragsobjekts Zug um Zug gegen Löschung[73] oder Rangrücktritt der für den Erwerber eingetragenen Auflassungsvormerkung erstattet[74]. Wird dieser Weg beschritten, bleibt das ganze Objekt mit der Gesamtgrundschuld belastet und kann einheitlich verwertet werden (RN 387, 389). Da dies für eine sinnvolle Verwertung wichtig sein kann, sollte das Kreditinstitut diesen Rückzahlungsvorbehalt ausdrücklich in die Freigabeverpflichtung aufnehmen; dadurch wird es nicht verpflichtet, davon dann auch Gebrauch zu machen.

Bei der Formulierung des Rückzahlungsvorbehalts ist allerdings darauf zu achten, dass **nicht** eine **Wahlschuld** (§ 262 BGB), sondern eine Ersetzungsbefugnis begründet wird. Erstere führt nach Ansicht des BGH bei Rücktritt des Erwerbers für diesen zu einem Rückzahlungsanspruch gegen das Kreditinstitut unmittelbar aus der Freigabeverpflichtung; Gleiches gilt bei Vorliegen eines Rücktrittsrechts für den Erwerber, wenn die Parteien den Bauträgervertrag einvernehmlich aufheben[75].

---

71   *Schöner/Stöber*, RN 3214: nach Abzug aller Gegenforderungen des Erwerbers aus Nicht- oder Schlechterfüllung des Vertrags.

72   *Basty*, DNotZ 1992, 131, 133 f (Ziff. 2b) m. w. N.

73   Das Muster und der Vordruck des Deutschen Sparkassenverlags Nr. 192 740 000 sehen keine Löschungspflicht (und auch keine Pflicht zum Rangrücktritt) vor, sondern nur den deklaratorischen Hinweis, dass das Kreditinstitut erwartet, dass eine Löschungsbewilligung nicht rechtsmissbräuchlich verweigert wird (s. dazu Erläuterung I, 4 c in DNotZ 2002, 402, 405 f.).

74   *Reithmann*, NJW 1997, 1816, 1818; *Basty*, DNotZ 1992, 131, 134 f (Ziff. 3a) m. w. N.; *anders* (Pflicht, Vormerkung zu *löschen* [nicht: im Rang zurückzutreten], nach §§ 3, 9 AGBG [jetzt: § 305c Abs. 1 bzw. § 307 Abs. 1 Satz 1 und Abs. 2 BGB] unwirksam): *Basty*, WM 1995, 1525, 1528 f.

75   BGH v. 30. 9. 2004 – VII ZR 458/02 – (Ziff. II. 2), BGHZ 160, 277 = WM 2004, 2386; zum gleichen Ergebnis wird man bei konsequenter Umsetzung auch bei Kündigung oder großem Schadensersatz gelangen; bei *nichtigem* Bauträgervertrag allerdings schützt auch die Vereinbarung einer Ersetzungsbefugnis das Kreditinstitut nicht vor einer Inanspruchnahme durch den Erwerber, dem der BGH in einer solchen Konstellation einen Anspruch aus Leistungskondiktion zubilligt, so BGH v. 10. 2. 2005 – VII ZR 184/04 – (Ziff. II.2), BGHZ, 162, 157 = NJW 2005, 1356.

Die Freigabeverpflichtung des Kreditinstituts begründet – ungeachtet der 422
Sondersituation bei Rückabwicklung des Bauträgervertrags bei Vorliegen einer
Wahlschuld (RN 421) – einen **vertraglichen Freigabeanspruch** des Erwerbers
gegen das Kreditinstitut. Der Freigabeanspruch resultiert entweder aus einem
unmittelbar zwischen Kreditinstitut und Erwerber zustande gekommenen Vertrag[76] oder aus einem Vertrag zwischen Bauträger und Kreditinstitut zugunsten
des Erwerbers[77]. Diese Verpflichtung kann das Kreditinstitut nicht deshalb
widerrufen, weil der Erwerber die Erfüllung seiner Verbindlichkeiten gegenüber dem Bauträger zu Unrecht verweigert[78].

Das Freigabeversprechen muss dem Erwerber ausgehändigt (§ 3 Abs. 1 Satz 4
MaBV) und deshalb schriftlich abgegeben werden. Liegt es bei der Beurkundung
schon vor, muss dies im notariellen Vertrag erwähnt werden[79]; andernfalls
muss der notarielle Vertrag ausdrücklich auf die Pflicht des Bauträgers zur
Vorlage des Freigabeversprechens und auf dessen notwendigen Inhalt hinweisen.

Das Kreditinstitut muss durch geeignete Fassung des Sicherungsvertrags (s.
RN 718) verhindern, dass der Rückgewährberechtigte (bei nur teilweiser Valutierung der Grundschuld oder bei teilweiser Tilgung) Abtretung der Grundschuld verlangen kann, bevor die eingegangenen Freigabeversprechen erfüllt
sind[80]. Sollte es die Grundschuld abtreten, muss es durch entsprechende Vereinbarung mit dem neuen Gläubiger die **Erfüllbarkeit des Freigabeanspruchs**
sicherstellen; andernfalls kann es sich dem Erwerber gegenüber schadenersatzpflichtig machen.

Das Kreditinstitut muss sicherstellen, dass es die den Freistellungsanspruch 423
auslösende Zahlung erhält und zur Rückführung des durch die Gesamtgrundschuld gesicherten Kredits (RN 717) des Bauträgers verwenden kann. Das Muster der Bundesnotarkammer und der Vordruck des Deutschen Sparkassenverlags[58] gehen davon aus, dass dies außerhalb des Freigabeversprechens etwa
dadurch geschieht, dass die Forderung des Bauträgers gegen den Käufer aus
dem Kaufvertrag sofort[81] an das Kreditinstitut abgetreten und die Abtretung

---

76 *Basty,* DNotZ 1992, 131 (Ziff. 1); *Behmer,* DNotZ 1985, 195; *Schelter,* DNotZ 1984, 332;
    Schöner, DNotZ 1974, 330.

77 BGH v. 28. 5. 1976 – V ZR 203/75 –, DNotZ 1977, 356 (m. abl. Anm. *Schöner*) = NJW
    1976, 2340 = WM 1976, 845.

78 BGH v. 30. 1. 1992 – IX ZR 64/91 –, WM 1992, 605 = EWiR § 1192 BGB 1/92, 351
    (*Gaberdiel*).

79 Faktisch hat der Notar deshalb die Wirksamkeit des Freigabeversprechens zu prüfen;
    Basty, DNotZ 1992, 131, 141 (Ziff. 5).

80 *Basty,* DNotZ 1992, 131, 142 (Ziff. 6); *Reithmann,* DNotZ 1994, 168, 170 ff. (Ziff. III); vgl.
    auch *v. Heymann/Rösler,* WM 1998, 2456, 2460 (Abschn. B I, 3 a).

81 Eine Verzögerung kann dazu führen, dass das Kreditinstitut den Anspruch nicht oder
    nicht unbelastet erwirbt, z. B., weil er zwischenzeitlich anderweit abgetreten oder
    gepfändet worden ist.

dem Käufer angezeigt wird[82]. Der Käufer kann dann befreiend nur noch an das Kreditinstitut, ggf. auf das von diesem benannte Konto leisten. Würde er stattdessen Zahlungen an den Verkäufer erbringen, etwa auf dessen allgemeines Firmenkonto, so würde er nicht befreiend leisten und keinen Anspruch auf Freigabe des von ihm gekauften Objekts erwerben[83].

Das Kreditinstitut kann den erforderlichen Zahlungsweg stattdessen auch dadurch sicherstellen, dass es seine Freigabeverpflichtung von der Zahlung des Kaufpreises auf ein bestimmtes Konto abhängig macht (Zahlstellenklausel)[84]. *Lediglich* die **Zahlstellenklausel** würde aber zu Problemen für den Käufer führen, wenn er mit dieser Zahlung nicht zugleich auch seine Kaufpreisschuld tilgen könnte, bspw. weil der Bauträger den Kaufpreis anderweitig abgetreten hat oder weil der Anspruch gepfändet worden ist[85].

Diese Gefahr besteht für den Käufer aber nicht, wenn im Kaufvertrag hinsichtlich der Zahlungen eine entsprechende **Zweckbindung** vereinbart ist. Das ist etwa dann der Fall, wenn nach dem Vertrag der Kaufpreis über Notaranderkonto zu zahlen ist und daraus die vom Käufer nicht übernommenen Grundpfandrechte abzulösen sind[86]. Denkbar ist auch die Vereinbarung, dass der Kaufpreis in dem zur Ablösung erforderlichen Umfang unmittelbar an den Grundschuldgläubiger zu zahlen ist. Denn eine solche *Vereinbarung im Kaufvertrag* – eine bloß einseitige Weisung würde nicht genügen – bleibt bei Abtretung des Kaufpreises gegenüber dem Abtretungsempfänger und bei Pfändung gegenüber dem Pfandgläubiger[87] wirksam, sodass der Käufer sich auch diesen gegenüber darauf berufen kann.

Allein durch die Zweckbindung wäre andererseits das Kreditinstitut nur unvollkommen gesichert, weil die Zweckbindung von den Vertragspartnern (Verkäufer/Bauträger und Käufer) gemeinsam aufgehoben werden kann. Deshalb muss sie im Interesse des Kreditinstituts mit der Zahlstellenklausel kombiniert sein.

---

82 Erläuterung Ziff. I, 6 a, aa zum Muster der Bundesnotarkammer, DNotZ 2002, 402, 408 f. – Denkbar wäre es auch, im Kaufvertrag dem Kreditinstitut den Kaufpreisanspruch durch echten (begünstigenden) Vertrag zugunsten Dritter (§ 328 BGB) zu verschaffen (Erläuterung Ziff. I, 6 a, bb, zum Muster der Bundesnotarkammer, DNotZ 2002, 402, 408 f).

83 LG Aschaffenburg v. 15.11.1996 – 3 O 177/96 –, WM 1997, 1849; s. auch BGH v. 17.9.1976 – V ZR 244/75 –WM 1976, 1165.

84 BGH v. 17.9.1976 – V ZR 244/75 – WM 1976, 1165; *Basty,* DNotZ 1992, 131, 136 (Ziff. 3b, Stichwort „Kaufpreiszahlung/-abtretung"); *v. Heymann/Rösler,* WM 1998, 2456, 2460 (Abschnitt B I, 3 a); *Bedenken dagegen: Staudinger/Wolfsteiner* (2019), Vorbem. 300 zu §§ 1191 ff.

85 Im Einzelnen s. Erläuterungen Ziff. I, 6 b zum Muster der Bundesnotarkammer, DNotZ 2002, 402, 409.

86 BGH v. 20.11.1997 – IX ZR 152/96 – (Ziff. II, 1), WM 1998, 40 = DNotZ 1998, 626 (mit. Anm. *Albrecht*) = EWiR § 851 ZPO 1/98, 143 (*Hintzen*).

87 *Zahlung über Notaranderkonto:* BGH v. 20.11.1997 – IX ZR 152/96 – (Ziff. II, 1 und 3 [vertragliche Vereinbarung] bzw. Ziff. II, 4 [einseitige Weisung]), WM 1998, 40 = DNotZ 1998, 626 (mit. Anm. *Albrecht*) = EWiR § 851 ZPO 1/98, 143 (*Hintzen*); Zahlung *unmittelbar an Gläubiger: Albrecht,* DNotZ 1998, 631, Anmerkung zu BGH v. 20.11.1997.

Obwohl der Kaufpreisanspruch bei diesem Weg bis zur Zahlung dem Verkäufer (Bauträger) zusteht, dürfte das Kreditinstitut die eingehenden Zahlungen selbst nach Erlass eines Verfügungsverbots oder nach Eröffnung des **Insolvenzverfahrens** gegen den Verkäufer (Bauträger) mit dessen Verbindlichkeiten **verrechnen** können, wenn und soweit diese durch die Gesamtgrundschuld gesichert sind (RN 717) und das Kreditinstitut sein Grundpfandrecht in entsprechender Höhe aufgibt[88].

Gibt das Kreditinstitut im Voraus über den Notar ein globales Freigabeversprechen ab, muss es – wenn es sicherstellen will, dass ein bestimmter **Mindestpreis** erzielt wird – das Freigabeversprechen ausdrücklich davon abhängig machen, dass im Kaufvertrag über das einzelne Objekt (bspw. Eigentumswohnung) ein dafür vorgegebener Mindestpreis vereinbart wird. Soll der Mindestpreis dem Erwerber nicht bekannt werden, kann der Gläubiger das Freigabeversprechen (ohne Preisangabe) dem Notar mit der Einschränkung zuleiten, dass es nur an solche Erwerber weitergegeben werden darf, mit denen ein bestimmter Mindestpreis vereinbart wird. Im letzteren Fall hat ein Erwerber, der die Erklärung erhalten hat, auch dann einen Freigabeanspruch, wenn mit ihm ein geringerer Preis vereinbart worden ist; der Gläubiger kann Ansprüche nur gegen den Notar geltend machen[89].

424

Das Erzielen bestimmter Mindestpreise kann auch dadurch sichergestellt werden, dass das Kreditinstitut – statt eines globalen Freigabeversprechens im Voraus – eine Freigabeerklärung erst abgibt, wenn der Kaufvertrag über das Objekt bereits abgeschlossen ist und der Kaufpreis damit festliegt. Dieses Verfahren ermöglicht es auch, etwaige Besonderheiten des konkreten Kaufvertrags in anderen Punkten zu berücksichtigen.

---

88 OLG Koblenz v. 15. 5. 1997 – 5 U 1565/96 –, WM 1997, 1869 (für allgemeines Veräußerungsverbot nach KO).
89 *Basty,* DNotZ 1992, 131, 137 f (Ziff. 3b Stichwort „Sicherstellung eines Mindestpreises").

14 Abtretung der Grundschuld

14.1 Buchgrundschuld

425 Eine Buchgrundschuld kann *rechtsgeschäftlich* (nur) durch **Einigung** zwischen altem Gläubiger (Zedent) und neuem Gläubiger (Zessionar) sowie **Eintragung** der Abtretung im Grundbuch übertragen werden (§ 1154 Abs. 3, § 873 Abs. 1 BGB). Auf die *Eintragung* der Abtretung kann nicht verzichtet werden, selbst wenn der Zessionar (bspw. weil die inzwischen kraft Gesetzes auf den Eigentümer übergegangene Grundschuld früher ihm zustand) schon im Grundbuch als Gläubiger eingetragen ist.

Im Hinblick auf die Eintragungsbedürftigkeit ist die Abtretung einer Buchgrundschuld zeit- und kostenaufwendig. In manchen Fällen kann die Abtretung dadurch erspart werden, dass der eingetragene Gläubiger die Grundschuld ganz oder teilweise treuhänderisch für den anderen Beteiligten verwaltet (vgl. etwa RN 1016 bis 1021). Dabei kann zur Schaffung einer insolvenzfesten Position des Treugebers die Eintragung der Grundschuld in ein Refinanzierungsregister in Betracht kommen (RN 1005.1 bis 1005.3).

Die **Abtretbarkeit** der Grundschuld kann von Anfang an oder nachträglich **ausgeschlossen** werden[1]. Als Teil der Einigung muss der Ausschluss (wenigstens) durch Bezugnahme auf die Eintragungsbewilligung (§ 874 BGB) eingetragen werden; wegen seiner Bedeutung für den Rechtsverkehr sollte er aber in die Eintragung selbst aufgenommen werden[2].

Ein Kreditinstitut muss deshalb, bevor es sich eine Grundschuld mit nicht genau bekanntem Inhalt abtreten lässt, prüfen, ob deren Abtretung nicht ausgeschlossen ist. Wenn der Ausschluss eingetragen ist (und sei es auch nur durch Bezugnahme auf die Eintragungsbewilligung), wird das Recht nicht erworben, selbst wenn das Grundbuchamt die Eintragung eintragen würde. Da das Grundbuch richtig ist, scheidet gutgläubiger Erwerb aus.

Weder das Bankgeheimnis noch datenschutzrechtliche Vorschriften führen zu einem Abtretungsausschluss oder -verbot (RN 979.3).

Auch liegt bei einer zugunsten eines Kreditinstituts bestellten Grundschuld keine die Abtretung ausschließende Inhaltsänderung (§ 399 Alt. 1 BGB) vor, nur weil es sich bei dem Zessionar nicht um ein Kreditinstitut handelt[3]. Die Abtretung lässt den Inhalt der dinglichen Forderung unabhängig von der Person des Zessionars unberührt.

---

1 *Demharter*, § 26 RN 7; *Grüneberg/Herrler*, § 1191 RN 8 und Einf. 12 vor § 854; *Schöner/Stöber*, RN 2379 und (für Grundschuld) FN 1 dazu; *anderer Ansicht* (wegen sachenrechtlichem Typenzwang nicht möglich): *Raebel*, in *Lambert-Lang/Tropf/Frenz*, Handbuch der Grundstückspraxis, Abschn. 1 B, RN 88f (S. 601), jeweils m. w. N.; *Maurer*, JuS 2004, 1045 ff.

2 *Schöner/Stöber*, RN 2379.

3 So aber *Schwintowski/Schantz*, NJW 2008, 472, 475; wie hier, jedoch in Bezug auf die Darlehensforderung: *Reuter/Buschmann*, ZIP 2008, 1003; *Grüneberg/Grüneberg*, § 399 RN 8.

Auch **kraft Gesetzes** kann die **Grundschuld übergehen**, bspw. durch Ablösung der Grundschuld seitens des Eigentümers (RN 824) oder eines nachrangigen (dinglich) Berechtigten (RN 829). Eine Eintragung im Grundbuch ist für den Übergang kraft Gesetzes nicht erforderlich; sie ist, wenn sie erfolgt, lediglich eine Berichtigung des Grundbuchs. Der Übergang der Grundschuld kraft Gesetzes wird hier, weil er bei der Kreditsicherung praktisch keine Rolle spielt, nicht im Einzelnen erörtert. Es soll nur darauf hingewiesen werden, dass es dabei keinerlei gutgläubigen Erwerb gibt[4]. Insbesondere können etwaige Einreden gegen die Grundschuld dem Erwerber kraft Gesetzes entgegengehalten werden, ohne Rücksicht darauf, ob er sie gekannt hat oder nicht (RN 792).

Die Eintragung der Abtretung setzt einen **Antrag** voraus (RN 82), der bis zum Vollzug im Grundbuch zurückgenommen (RN 92) oder geändert (RN 93) werden kann. Der Erwerber ist ebenfalls antragsberechtigt (RN 83). Schließt er sich dem Antrag an, verhindert er, dass sich eine etwaige Rücknahme oder Änderung des Antrags durch den Altgläubigen zu seinem Nachteil auswirkt (RN 95); er haftet dann allerdings auch für die Eintragungskosten (RN 100). *426*

Sofern der verwendete Vordruck einen Antrag des Erwerbers nicht vorsieht, kann er um den Satz ergänzt werden: „…. (Name des Erwerbers) beantragt, ihn als neuen Gläubiger einzutragen."

Erforderlich ist die **Bewilligung des Betroffenen** (RN 101). Das ist der (bisherige) Gläubiger der Grundschuld. Normalerweise muss er im Grundbuch eingetragen sein (Ausnahme s. RN 430, 431). Ist dies der Fall, braucht er sein Recht gegenüber dem Grundbuchamt nicht nachzuweisen (RN 63). *427*

Vollberechtigter Gläubiger ist auch derjenige, der die Grundschuld kraft seines guten Glaubens von einem Nichtberechtigten erworben hat. Er kann darüber wirksam verfügen, selbst wenn der nächste Erwerber weiß, dass der (jetzige) Gläubiger die Grundschuld von einem Nichtberechtigten erlangt hat[5].

Die Bewilligung des Grundschuldgläubigers auf Eintragung einer Abtretung enthält normalerweise zugleich die Ermächtigung an den Begünstigten, über die Grundschuld – ohne Zwischeneintragung – zu verfügen, also bspw. sie weiter abzutreten. Der zweite (oder weitere) Abtretungsempfänger kann dann auf Bewilligung des ersten unmittelbar eingetragen werden (sog. Kettenerwerb)[6].

Ein Kreditinstitut kann sich aber mit einer uneingetragenen „Abtretung" nie begnügen, weil die Grundschuld erst mit der Eintragung der Abtretung übergeht. Außerdem wird der Erwerber bei Mängeln der uneingetragenen „Abtretung(en)" durch den öffentlichen Glauben des Grundbuchs nicht geschützt (vgl. RN 125, 431). Es ist deshalb sicherer, wenn der Erwerber auf der Eintragung seines unmittelbaren Vormannes besteht.

---

4 S. aber *Gursky*, WM 2001, 2361, der eingeschränkt (nur soweit es die Person des eingetragenen Gläubigers betrifft) Gutglaubensschutz annimmt.

5 BGH v. 16. 1. 2001 – XI ZR 41/00 – (Ziff. II, 2 b), WM 2001, 453 = EWiR § 1191 BGB 2/01, 805 (*Clemente*).

6 *Demharter*, § 39 RN 7 und § 19 RN 73; *Schöner/Stöber*, RN 2405.

Der abtretende Gläubiger muss über die Grundschuld **verfügungsberechtigt** sein. Ist die Abtretung an die Mitwirkung eines Dritten, bspw. des Ehegatten (RN 176) oder einer Behörde bzw. des Familien- oder Betreuungsgerichts (RN 188), gebunden, muss dessen/deren Zustimmungserklärung vorgelegt werden. Wegen der wichtigsten Fälle s. RN 174 bis 229.

Dass der Gläubiger (schuldrechtlich) zur Rückgewähr der Grundschuld verpflichtet ist, schränkt seine Verfügungsbefugnis (dinglich) nicht ein. Deshalb schließt auch die Pfändung des Rückgewähranspruchs eine (selbst der Rückgewährpflicht widersprechende) Abtretung der Grundschuld nicht aus[7]. Eine Verletzung des Rückgewähranspruchs kann den abtretenden Gläubiger allerdings schadenersatzpflichtig machen (RN 776). Außerdem kann eine etwaige Einrede gegen die Grundschuld aus dem Rückgewähranspruch u. U. auch dem neuen Gläubiger entgegengesetzt werden (RN 790).

Die Eintragungsbewilligung muss den alten und den neuen Gläubiger und das abgetretene Recht zweifelsfrei benennen (vgl. auch RN 443, 444). Sie muss das belastete Objekt (RN 445), bei einer Gesamtgrundschuld alle belasteten Objekte (RN 478), bezeichnen (§ 28 GBO) und eine Angabe darüber enthalten, ob und ggf. ab wann (Grundschuld-)Zinsen abgetreten werden (RN 455).

Bei der Abtretung eines noch **in DM eingetragenen** Rechts sollte der Betrag in Euro angegeben werden. Zwar ist der Betrag bei der Abtretung des gesamten Rechts – anders als bei einer Teilabtretung (RN 470) – nicht eigentlicher Gegenstand der (in der Spalte 7 der III. Abteilung erfolgenden) Eintragung; er ist aber zur näheren Bezeichnung des Rechts in Spalte 6 anzugeben (§ 11 Abs. 6 und 8 GBV). Deshalb kann nicht ausgeschlossen werden, dass das zuständige Grundbuchamt die Angabe in der jetzigen Währung verlangt (vgl. § 28 Satz 2 GBO).

Nicht notwendig ist es, ausdrücklich die Eintragung der Umstellung auf Euro zu *beantragen*, weil bei der Eintragung der Abtretung das Recht von Amts wegen umgestellt werden wird (§ 26a Abs. 1 GBMaßnG). Die Eintragung der Umstellung von Amts wegen ist gebührenfrei; für die Eintragung auf Antrag fällt eine Gebühr von 25 Euro an (§ 26a Abs. 2 Satz 2 bzw. 3 GBMaßnG).

Auch **Zinsen** für die Vergangenheit, soweit sie noch nicht erloschen sind, können – selbst vom Grundstückseigentümer – übertragen werden (RN 456).

Ein mit der Grundschuld etwa verbundenes abstraktes **Schuldversprechen** (RN 291) und dem Altgläubiger etwa zustehende **Rückgewähransprüche** bezüglich anderer Grundschulden (RN 723 ff.) gehen nicht automatisch über (RN 293 bzw. 856), sondern müssen, falls gewollt, eigens übertragen werden (RN 480 ff. bzw. 488 ff.).

428 Die Eintragungsbewilligung muss **öffentlich beglaubigt** (RN 111) **oder beurkundet** (RN 112) sein. Tritt eine Sparkasse ein Recht ab, so genügt ihre Erklärung mit Unterschrift und Siegel (RN 119).

---

7   *Stöber*, DNotZ 1999, 742 (Anm. zu OLG Hamburg v. 17. 11. 1998); im Ergebnis ebenso OLG Hamburg v. 17. 11. 1998 – 2 Wx 71/96 –, DNotZ 1999, 740 (mit teilweise unrichtiger Begründung, s. dazu Anmerkung *Stöber*, DNotZ 1999, 742).

Derjenige, der eine (Buch-)Grundschuld abtritt, muss normalerweise als deren *429*
Gläubiger eingetragen sein (§ 39 Abs. 1 GBO).

Ausnahmsweise kann die Abtretung einer kraft Gesetzes auf den Grundstücks- *430*
eigentümer übergegangenen Hypothek oder Grundschuld ohne **Voreintragung**
des jetzigen Gläubigers eingetragen werden, wenn und solange der Gläubiger
des Rechts (noch) als *Eigentümer eingetragen* ist[8]. In diesem Fall muss der Übergang des Rechts auf den Eigentümer durch öffentliche (RN 112, 119) oder öffentlich beglaubigte (RN 111) Urkunden, etwa durch eine löschungsfähige Quittung (RN 269), nachgewiesen werden. Ob die Eigentümergrundschuld aus einer
Fremdhypothek oder einer *Fremdgrundschuld* entstanden ist, spielt keine Rolle.

Tritt der Grundstückseigentümer eine (nur vermeintlich) auf ihn übergegan- *431*
gene Grundschuld ab, ohne dass zunächst er als Gläubiger im Grundbuch eingetragen wird, so wird der Erwerber durch den **öffentlichen Glauben** des Grundbuchs nicht geschützt, wenn sich später herausstellt, dass die Fremdhypothek
oder -grundschuld gar nicht auf den Eigentümer übergegangen war[9], bspw. weil
der zahlende Schuldner einen Ersatzanspruch gegen den Eigentümer hatte
(RN 261). Ist dagegen der Eigentümer, wenn auch zu Unrecht, als Gläubiger
voreingetragen, so erwirbt der Abtretungsempfänger das Recht, es sei denn, dass
er die Unrichtigkeit dieser Eintragung kennt oder ein Widerspruch dagegen
eingetragen ist (§ 892 Abs. 1 Satz 1 BGB)[10].

Verlangt das Kreditinstitut zu seiner Sicherheit, dass zunächst der Eigentümer
als Gläubiger und erst dann die Abtretung eingetragen wird, so kann der übliche
Antrag des Eigentümers wie folgt geändert werden:

„... (Eigentümer) bewilligt und beantragt, zunächst ihn und alsdann ... (Kreditin-
stitut) als neuen Gläubiger im Grundbuch einzutragen; ... (Kreditinstitut) schließt
sich diesem Antrag an."

Ein solcher Antrag verpflichtet das Grundbuchamt, entsprechend zu verfahren.
Bei Verstoß dagegen hat der BGH allerdings einen Schadensersatzanspruch
versagt (RN 78).

Die **Zwischeneintragung** des Eigentümers hat zwei Nachteile: Einmal entstehen dadurch zusätzliche Eintragungskosten. Zum anderen kann sich der Zessionar dem Antrag des Eigentümers, zuvor ihn als Gläubiger einzutragen, nicht
wirksam anschließen, weil er insoweit nicht antragsberechtigt ist (RN 83); er
kann darum nicht verhindern, dass durch Rücknahme dieses Antrags die Eintragung der Abtretung scheitert.

Die zum Erwerb der Grundschuld erforderliche **Einigung** zwischen Alt- und *432*
Neugläubiger, die keiner bestimmten Form bedarf (RN 146), ist bis zur Eintra-

---

8 OLG Düsseldorf v. 20.12.1995 – 3 Wx 413/95 – (Ziff. II, 1), DNotZ 1996, 559 = Rpfleger
   1996, 194; KG v. 17.12.1974 – 1 W 1444/74 –, Rpfleger 1975, 136; *Demharter*,
   § 39 RN 19.
9 *Staudinger/Picker* (2019), § 892 RN 48 m.w.N. (auch für Gegenmeinung); vgl. auch
   BGH v. 21.2.1986 – V ZR 38/84 –, BGHZ 97, 184 = NJW 1986, 1687 = WM 1986, 617.
10 Ein Briefrecht kann der Gläubiger auch ohne Voreintragung des Zedenten gutgläubig
   erwerben (RN 459).

gung frei **widerruflich** (RN 147). Bindend wird sie (vor der Eintragung) erst, wenn gewisse Voraussetzungen erfüllt sind, im Einzelnen s. RN 149 bis 153.

433 Falls der verwendete Vordruck nicht schon eine entsprechende Vereinbarung enthält[11], kann er um den Satz „Wir sind uns einig, dass die abgetretene Grundschuld auf ... (Zessionar) übergeht" ergänzt und beiderseits unterschrieben werden. Sobald diese Erklärung beim Grundbuchamt eingereicht wird, ist die **Einigung bindend** (RN 152).

Das ist bei einer beglaubigten (RN 111) Abtretungserklärung unschwer möglich, bei einer beurkundeten (RN 112) aber kaum praktikabel (vgl. RN 153).

434 Es ist hinreichend **sicher gewährleistet**, dass das Kreditinstitut die **Grundschuld erwirbt** (vgl. aber noch RN 435), wenn die (alle) folgenden Voraussetzungen erfüllt sind:

– Der auch vom Kreditinstitut gestellte Antrag, die Abtretung einzutragen, ist beim Grundbuchamt eingegangen (RN 426).

– Die Eintragungsbewilligung des (bisherigen) Gläubigers (RN 427) liegt in der erforderlichen Form (RN 428) dem Grundbuchamt vor.

– Die Grundschuld als solche (zur Abtretung einer noch einzutragenden Grundschuld s. RN 463) und der Zedent als ihr Gläubiger (RN 429) sind im Grundbuch eingetragen.

– Die Einigung über den Rechtsübergang ist für die Beteiligten bindend (RN 433).

– Für die Abtretung ist die Zustimmung eines Dritten oder einer Behörde nicht erforderlich oder sie ist so erteilt, dass sie nicht mehr widerrufen werden kann, und liegt dem Grundbuchamt vor (wegen der wichtigsten Fälle s. RN 174 ff.).

– Es liegen dem Grundbuchamt bezüglich derselben Grundschuld keine Anträge oder Eintragungsersuchen vor, die früher als der Antrag des Kreditinstituts auf Eintragung der Abtretung oder gleichzeitig mit ihm eingegangen sind.

435 Trotz wirksamen Erwerbs müsste der Gläubiger die Grundschuld aber löschen lassen, wenn ein gesetzlicher (RN 495, 504) oder durch Vormerkung gesicherter (RN 527, 535) **Löschungsanspruch** bestünde. Damit ist insbesondere zu rechnen, wenn die Grundschuld vom *Eigentümer* abgetreten wird; aber auch beim Erwerb vom Fremdgläubiger kann ausnahmsweise ein Löschungsanspruch in Betracht kommen (RN 505). Die abgetretene Grundschuld ist nur dann eine taugliche Sicherheit, wenn etwaige Löschungsansprüche in geeigneter Weise ausgeschlossen oder eingeschränkt sind (RN 516 bis 526 bzw. 542 bis 544).

---

11 Z.B. Anhang 5, in dem mit der ausdrücklichen Erklärung, dass die Sparkasse die Abtretung [4] des bisherigen Gläubigers annimmt [9], die Einigung über die Abtretung enthalten ist. Diese wird also bindend, sobald die beiderseits unterschriebene Erklärung beim Grundbuchamt eingereicht wird (vgl. RN 152).

Ferner muss eine wirksame **Sicherungsabrede** (RN 562 ff.) bestehen. Denn nur in dessen Rahmen steht die Grundschuld dem Kreditinstitut als Kreditsicherheit zur Verfügung.

Der **Nachweis**, dass alle Voraussetzungen erfüllt sind, kann außer durch eigene   *436*
Prüfung seitens des Kreditinstituts durch eine uneingeschränkte Bescheinigung des Grundbuchamts oder des Notars erbracht werden. Einschränkungen der Bescheinigung etwa hinsichtlich der überprüften Unterlagen oder der Haftung für die Richtigkeit bedeuten eine Einbuße an Sicherheit; wegen der Notarbestätigung wird auf RN 169 verwiesen.

Nach Erklärung des Bundesaufsichtsamts für das Kreditwesen (jetzt: Bundesan-   *437*
stalt für Finanzdienstleistungsaufsicht) sind gegen eine **Valutierung vor Eintragung** keine Bedenken zu erheben, wenn die Eintragungsvoraussetzungen (RN 434) erfüllt sind und zusätzlich weitere bestimmte Voraussetzungen vorliegen; im Einzelnen s. RN 170.

Trotz Beachtung der vorstehenden Hinweise kann die Abtretung **anfechtbar**   *438*
sein, wenn sie kurz vor oder nach Eröffnung des **Insolvenzverfahrens** über das Vermögen des Altgläubigers erfolgt. Im Einzelnen wird auf RN 230 bis 233 verwiesen.

14.2 Briefgrundschuld

Die Briefgrundschuld kann **außerhalb des Grundbuchs abgetreten** werden;   *439*
das ist oft der Grund, weshalb eine Brief- statt einer Buchgrundschuld gewählt wird. Die Abtretung erfolgt durch Einigung (RN 442), Erteilung einer (mindestens) schriftlichen Abtretungserklärung (RN 443 bis 449) und Übergabe des Grundschuldbriefs (RN 450 bis 454). Wird die Abtretung danach im Grundbuch eingetragen, ist das lediglich eine nachträgliche Berichtigung des Grundbuchs.

Ist die Grundschuld bereits eingetragen und der Brief erteilt (wegen der Risiken bei Abtretung einer noch nicht eingetragenen Grundschuld s. RN 462 und 463), so geht die Grundschuld auf den Erwerber über, sobald sich der alte und der neue Gläubiger darüber einig sind und der Abtretende dem Erwerber die formgerechte Abtretungserklärung und den Brief übergibt (oder die **Briefübergabe** wirksam ersetzt wird [RN 452 bis 454]). Die Sicherheit steht dem neuen Gläubiger von diesem Augenblick an zu. Vorher gibt es keine gesicherte Anwartschaft auf den Erwerb der Grundschuld.

Die Briefgrundschuld kann aber auch – wie die Buchgrundschuld – durch   *440*
(formlose) Einigung und Eintragung im Grundbuch (RN 425 ff.) und Übergabe des Grundschuldbriefs oder Übergabeersatz (RN 450 bis 454) abgetreten werden[12]. In diesem Fall ist die Eintragung im Grundbuch Voraussetzung für die Wirksamkeit der Abtretung.

Dieser Form der Abtretung kommt aber bei der Briefgrundschuld keine praktische Bedeutung zu. Deshalb wird sie hier nicht näher erörtert.

---

12   § 1154 Abs. 1 und 2, § 873 Abs. 1 BGB.

441 Bei der Abtretung der Grundschuld außerhalb des Grundbuchs findet keine Prüfung durch das Grundbuchamt statt. Deshalb muss das Kreditinstitut selbst besonders **sorgfältig prüfen, ob die Abtretung wirksam** ist. Dazu gehört auch, dass der Abtretende als Inhaber der Grundschuld ausreichend legitimiert ist (RN 457 und 458), dass er über die Grundschuld verfügen kann, dass etwa erforderliche Zustimmungen Dritter (wegen der wichtigsten Fälle s. RN 174 bis 229) vorliegen und dass die Abtretbarkeit nicht ausgeschlossen ist (RN 425). Wegen der Abtretung einer vorläufigen Eigentümergrundschuld s. RN 464 bis 467.

Damit die Grundschuld als Sicherheit eingesetzt werden kann, muss ferner sichergestellt sein, dass etwaige Löschungsansprüche ausgeschlossen sind und dass eine wirksame Sicherungsabrede besteht. Insoweit gilt nichts anderes als bei der Buchgrundschuld; auf RN 435 wird verwiesen.

442 Zur Abtretung der Briefgrundschuld ist – wie bei der Buchgrundschuld – eine **Einigung** zwischen altem und neuem Gläubiger erforderlich. Die Abtretungserklärung des bisherigen Gläubigers bedarf der Schriftform (RN 447), nicht aber die Annahme seitens des neuen Gläubigers. Diese kann formlos erfolgen und liegt im Zweifel in der Entgegennahme des Briefs[13].

Die Einigung ist frei widerruflich (RN 432), bis das Recht übergegangen ist. Für die Praxis ergeben sich daraus aber keine Probleme, weil in aller Regel gleichzeitig Abtretungserklärung und Brief übergeben werden und die Abtretung damit ohne Verzögerung wirksam wird.

443 In der **Abtretungserklärung** muss das abgetretene Recht **eindeutig** benannt (bspw. „die im Grundbuch von ... Band ... Blatt ... Abt. III Nr. ... eingetragene Grundschuld über Euro ..."), der Abtretungswillen hinsichtlich Kapital und Nebenleistungen, insbesondere Zinsen (RN 455), klar zum Ausdruck gebracht und der neue Gläubiger zweifelsfrei bezeichnet (RN 444) werden. Es ist ferner ratsam, das belastete Grundstück anzugeben (RN 445). Diese Erklärungen müssen in der Urkunde selbst enthalten sein; zur Auslegung darf nicht auf Umstände außerhalb der Urkunde, die nicht jedem Leser ohne Weiteres erkennbar sind, zurückgegriffen werden[14].

Wird ein noch in **DM eingetragenes Recht** abgetreten, sollte in der Abtretungserklärung der Betrag in Euro angegeben werden. Damit wird fürsorglich eine Anforderung erfüllt, die möglicherweise an eine entsprechende Eintragungsbewilligung (RN 427) und vielleicht auch an die die Eintragungsbewilligung ersetzende Abtretungserklärung (§ 26 Abs. 1 GBO) gestellt werden könnte. Da die Wirksamkeit einer Abtretung außerhalb des Grundbuchs durch Grundbuchamt oder Versteigerungsgericht oft erst dann überprüft wird, wenn eine Korrektur

---

13 BGH v. 26. 11. 1982 – V ZR 145/81 – (Ziff. II, 1 b), BGHZ 85, 388 = NJW 1983, 752 = WM 1983, 173; *Räfle*, WM 1983, 810.
14 BGH v. 24. 9. 1991 – XI ZR 240/90 – (Ziff. II, 1 b), WM 1991, 1872 = EWiR § 1154 BGB 1/91, 1193 (*Steiner*), m. w. N.; *Demharter*, § 26 RN 17; *Grüneberg/Herrler*, § 1154 RN 5; *Siol*, WM 1966, 2217, 2221.

nicht oder kaum mehr möglich ist, sollte alles getan werden, um ein auch nur entferntes Risiko auszuräumen.

Die **Bezeichnung des neuen Gläubigers** muss so bezeichnet erfolgen, dass   *444* dieser aufgrund der Angabe im Grundbuch eingetragen werden könnte. Die Angabe „Bauherrengemeinschaft W.-Straße in K., vertreten durch ..." reicht dazu bspw. nicht aus[15], weil die Bauherrengemeinschaft keine juristische Person ist und die natürlichen Personen, die die Gemeinschaft bilden, und das Gemeinschaftsverhältnis zwischen ihnen aus der Erklärung nicht ersichtlich sind. Zwar muss der bisherige Gläubiger, wenn er zur Abtretung verpflichtet ist, die Abtretungserklärung ggf. ergänzen; dinglich wirksam wird die Abtretung aber erst mit der Ergänzung (und Übergabe) der Urkunde.

In einer späteren Entscheidung[16] hat der BGH die Abtretung der Grundschuld an die „B. Verwaltungsgesellschaft mbH" statt richtig an die „B. GmbH Immobilienverwaltung" genügen lassen. Er hat akzeptiert, dass diese Unrichtigkeit, die er als bloße Ungenauigkeit gewertet hat, durch Rückgriff auf Umstände außerhalb der Erklärung behoben wird, und ist damit von dem sonst strikt geltenden Prinzip (RN 443) abgewichen, dass Umstände außerhalb der Urkunde zur Auslegung nicht herangezogen werden dürfen. Der Praxis ist trotz dieser Entscheidung dringend zu empfehlen, auch weiterhin Ungenauigkeiten in der Gläubigerbezeichnung zu vermeiden.

Die Entscheidung des BGH[17], dass die Abtretungserklärung die **Bezeichnung**   *445* **des belasteten Grundstücks** enthalten müsse, ist auf Widerspruch gestoßen. Vielfach wird die grundbuchmäßige Bezeichnung des abgetretenen Grundpfandrechts auch als ausreichender Hinweis auf das belastete Grundstück angesehen[18]. Im Hinblick auf § 28 GBO sollte dennoch vorsorglich das belastete Grundstück bzw. bei einer Gesamtgrundschuld alle belasteten Grundstücke (RN 478) wie im Grundbuch oder durch Hinweis auf das Grundbuch (RN 107) angegeben werden.

Eine **Angabe über die vorrangigen Rechte gehört nicht zum notwendigen**   *446* **Inhalt** der Abtretungserklärung. Aus keiner Vorschrift des materiellen oder formellen Rechts kann eine Verpflichtung dazu abgeleitet werden[19]. Dies verlangt auch der BGH in seiner umstrittenen Entscheidung[17] nicht zwingend.

---

15 BGH v. 12.5.1989 – V ZR 128/88 – WM 1989, 995 = EWiR § 1154 BGB, 1/89, 879
    (*Häsemeyer*); *Schmitz*, WM 1991, 1061, 1064 (Ziff. V, 1).
16 BGH v. 28.1.1997 – XI ZR 168/96 –, WM 1997, 675 = EWiR § 1154 BGB 1/97, 505
    (*Reimann*, abl.).
17 BGH v. 5.7.1974 – V ZR 30/73 –, WM 1974, 905. In seinem Urteil v. 12.5.1989 – V ZR
    128/88 –, WM 1989, 995 = EWiR § 1154 BGB, 1/89, 879 (*Häsemeyer*)hat der BGH
    erklärt, dass er an der Entscheidung v. 5.7.1974 festhalte.
18 LG Stuttgart v. 29.10.1975 – 1 T 8/75 –, WM 1976, 1346; *Demharter*, § 26 RN 17;
    Grüneberg/Herrler, § 1154 RN 5 m.w.N.; *Schöner/Stöber*, RN 2382; *Haegele*, Rpfleger
    1975, 396 (Anm. zu LG Heilbronn v. 14.7.1975 – 1 T 65/75 –5); *Neuschwander*,
    BWNotZ 1975, 168; *anderer Ansicht: Mattern*, WM 1977, 1076.
19 LG Heilbronn v. 14.7.1975 – 1 T 65/75 –, Rpfleger 1975, 395 mit zust. Anm. *Haegele*;
    MünchKomm/Lieder, § 1154 RN 10; *Schöner/Stöber*, RN 2382; beide m.w.N.; *Kohler*,
    WM 1975, 438.

Etwas ganz anderes ist es, dass ausnahmsweise die Angabe des Rangs dazu dienen kann, unter mehreren sonst gleichartigen Rechten das abgetretene zu bestimmen, z. B. wenn eine von mehreren Grundschulden mit gleichem Betrag vor Eintragung der Grundschulden im Grundbuch abgetreten werden soll (RN 462).

Üblicherweise wird in der Abtretungserklärung auch noch ausdrücklich die **Eintragung der Abtretung bewilligt**. Das ist unschädlich, aber **nicht notwendig**, weil die Vorlage der öffentlich beglaubigten oder beurkundeten Abtretungserklärung die Eintragungsbewilligung ersetzt (§ 26 GBO).

447   Die **privatschriftliche Abtretungserklärung** genügt zur Übertragung der Grundschuld. Trotzdem sollte der neue Gläubiger regelmäßig öffentliche Beglaubigung (RN 111) oder Beurkundung (RN 112) verlangen, selbst wenn einstweilen die Eintragung im Grundbuch nicht beabsichtigt ist.

Denn nur dann kann der neue Gläubiger sein Recht bei einer Weiter-Abtretung in der wünschenswerten Weise nachweisen (RN 458, 459) oder die Abtretung ohne Mitwirkung des bisherigen Gläubigers im Grundbuch eintragen lassen (§§ 26, 29 GBO) oder in einer etwaigen Zwangsvollstreckung den auf die Grundschuld entfallenden Erlös erhalten (RN 1118) oder die Grundschuld ohne Schwierigkeiten kündigen oder einklagen (§ 1160 BGB).

Der Beglaubigungsvermerk oder die Beurkundung beweist auch den *Zeitpunkt*, zu dem die Abtretung (spätestens) erklärt worden ist. Das ist etwa nach Eröffnung des Insolvenzverfahrens über das Vermögen des Abtretenden für den Nachweis wichtig, dass die Abtretung vor Verlust der Verfügungsbefugnis wirksam geworden ist[20].

448   Der neue Gläubiger kann vom bisherigen Gläubiger **Beglaubigung** der Abtretungserklärung auf dessen Kosten verlangen (§ 1154 Abs. 1 Satz 2 BGB). Er verliert den Anspruch nicht dadurch, dass er sich zunächst mit einer privatschriftlichen Erklärung zufriedengibt.

Ist eine Beglaubigung (nach dem Tod des Zedenten) nicht mehr möglich oder (nach Insolvenz des Zedenten) nicht mehr ausreichend (weil eine Beglaubigung *nach* Verlust der Verfügungsbefugnis nicht beweist, dass die Erklärung schon *vorher* abgegeben worden ist), kann der neue Gläubiger vom Erben bzw. Insolvenzverwalter[21] formgerechte Zustimmung zur Berichtigung des Grundbuchs verlangen (§ 894 BGB). Wird der Anspruch bestritten, muss der neue Gläubiger im Prozess nachweisen, dass er die Grundschuld seinerzeit wirksam erworben hat.

449   Die **Erteilung der Abtretungserklärung** des bisherigen Gläubigers gegenüber dem neuen Gläubiger ist **unverzichtbar**. Dies kann auch dadurch geschehen, dass der Notar aufgrund entsprechender Anweisung des alten Gläubigers die Urkunde dem neuen Gläubiger übergibt. Entscheidend ist, dass die Aushändi-

---

20   Vgl. etwa OLG Hamm v. 14. 11. 1994 – 15 W 202/94 –, Rpfleger 1995, 292.
21   OLG Celle v. 16. 3. 1984 – 4 U 78/83 –, NJW 1985, 204 = WM 1984, 1136; *Münch-Komm/Kohler*, § 894 RN 32.

gung vom Willen des bisherigen Gläubigers getragen ist. Davon kann ausgegangen werden, wenn der neue Gläubiger die Urschrift der beglaubigten bzw. eine Ausfertigung der beurkundeten Abtretungserklärung besitzt.

Die **bloße Briefübergabe verschafft** dem Abtretungsempfänger das **Recht nicht.** Wurde bspw. eine (Brief-)Grundschuld für A bestellt und eingetragen, dann aber (vor Übergabe des Briefes an A) durch den Eigentümer außerhalb des Grundbuchs an B abgetreten (vgl. RN 161), so reicht zur Weiterabtretung von B an A – obwohl A schon als Gläubiger eingetragen ist – (Einigung und) bloße Briefübergabe nicht aus; B muss dem A zusätzlich eine formgerechte Abtretungserklärung erteilen[22].

Auch die **Rückgabe einer früheren Abtretungserklärung** reicht zur (Rück-)Abtretung nicht aus. Stand bspw. die Grundschuld früher dem Kreditinstitut zu, wurde sie (etwa nach Tilgung der gesicherten Forderung) an den Eigentümer abgetreten und soll sie jetzt erneut als Kreditsicherheit eingesetzt werden, so muss sie förmlich an das Kreditinstitut abgetreten werden.

Anders ist es, wenn das Kreditinstitut nach Rückzahlung eines durch Grundschuld (nicht Hypothek) gesicherten Darlehens (nicht bei Zahlung auf die Grundschuld, RN 824) dem Grundstückseigentümer eine Löschungsbewilligung (nicht löschungsfähige Quittung, RN 269) erteilt hat. Da das Kreditinstitut in diesem Fall bis zur Löschung Gläubiger der Grundschuld bleibt, reicht die Rückgabe der Löschungsbewilligung und des Briefes (weil für die Geltendmachung der Grundschuld erforderlich, z. B. RN 1118) aus. Es muss allerdings eine neue Sicherungsabrede getroffen werden (RN 761 bis 764).

Der Altgläubiger muss dem neuen Gläubiger (außer der Abtretungserklärung) den **Brief übergeben.** Die Übergabe kann auch durch einen Dritten erfolgen, der mit Willen und auf Weisung des Abtretenden handelt[23]. Eine bloß vorübergehende Übergabe, etwa zur Einsicht, genügt nicht[24]. *450*

Ist der Erwerber bereits im Besitz des Briefes, so genügt die bloße Einigung[25]; eine nochmalige Übergabe ist nicht erforderlich.

Befindet sich der **Brief beim Grundbuchamt**, kann die Briefübergabe durch die Vereinbarung ersetzt werden, dass sich der neue Gläubiger den Brief vom Grundbuchamt aushändigen lassen darf[26]. *451*

---

22 BGH v. 24.9.1991 – XI ZR 240/90 – (Ziff. II, 1 b), WM 1991, 1872 = EWiR § 1154 BGB 1/91, 1193 (*Steiner*).
23 *Kollhoser*, EWiR § 1155 BGB 1/93, 253 (zu BGH v. 8.12.1992) m.w.N.; *Reinicke/Tiedtke*, NJW 1994, 345 (Ziff. III) m.w.N.; wohl auch (wenngleich der BGH von „Vertretung" spricht, die es bei einem Realakt nicht gibt) BGH v. 8.12.1992 – XI ZR 44/92 – (Ziff. II, 1 a und b), WM 1993, 285 = EWiR § 1155 BGB 1/93, 253 (*Kollhoser*); s. auch *Siol*, WM 1996, 2217, 2222.
24 *V. Prittwitz und Gaffron*, NJW 1957, 86.
25 § 1154 Abs. 1 Satz 1 Halbsatz 2, § 1117 Abs. 1 Satz 2, § 929 Satz 2 BGB.
26 § 1154 Abs. 1 Satz 1 Halbsatz 2, § 1117 Abs. 2 BGB.

452 Die Übergabe kann durch die Vereinbarung ersetzt werden, dass der abtretende Gläubiger den Brief für den Erwerber verwahrt[27].

Dieser **Übergabeersatz** kommt allerdings nur in Betracht, wenn die Grundschuld von einem absolut zuverlässigen Partner abgetreten wird. Denn der nicht mehr berechtigte frühere Gläubiger kann, solange er einerseits im Grundbuch eingetragen oder durch eine ununterbrochene Kette öffentlich beglaubigter Abtretungserklärungen legitimiert ist und andererseits den Brief in Händen hat, die Grundschuld wirksam an einen gutgläubigen Dritten übertragen (RN 459).

453 Ist der Brief im Besitz eines Dritten, so kann die Übergabe dadurch ersetzt werden, dass der Abtretende seinen **Herausgabeanspruch** gegen den Dritten an den Zessionar **abtritt**[28]. Es ist dringend zu empfehlen, die Formulierung ggf. genau dem gesetzlich vorgegebenen Weg anzupassen. Der Satz „der Notar (wird) angewiesen, den Grundschuldbrief an ... (den Abtretungsempfänger) zu übergeben" wurde in einem entschiedenen Fall nicht als Abtretung des Herausgabeanspruchs verstanden[29].

Der Ersatz der Briefübergabe durch Abtretung des Herausgabeanspruchs sollte aber möglichst vermieden und stattdessen unmittelbare Übergabe des Briefs verlangt werden. Denn das Kreditinstitut erwirbt die Grundschuld nicht, wenn der Herausgabeanspruch dem Zedenten nicht (mehr) zusteht, etwa wenn der Kreditnehmer die Grundschuld auf dieselbe Weise bereits früher einem anderen abgetreten hat. Eine Anfrage beim unmittelbaren Besitzer des Briefs kann keine sichere Gewissheit verschaffen, weil die erste Abtretung auch ohne Anzeige wirksam ist. Ferner ersetzt die Abtretung des Herausgabeanspruchs die Übergabe nur dann, wenn der Brief in diesem Zeitpunkt körperlich vorhanden ist. Dies (und damit der Rechtserwerb) lässt sich praktisch nicht mehr nachweisen, wenn der Abtretungsempfänger später den Brief nicht beschaffen kann, sondern aufbieten lassen muss[30].

454 Die Vereinbarung des Besitzkonstituts (RN 452) oder die Abtretung des Herausgabeanspruchs (RN 453) sind **formlos** wirksam. Falls überhaupt einer dieser Wege gegangen wird, ist aber aus Beweisgründen (wenigstens) Schriftform dringend zu empfehlen.

455 Da das Recht auf **Zinsen** vom Hauptrecht getrennt werden kann, muss in der Abtretungserklärung angegeben werden, ob und ggf. ab wann Zinsen mitabge-

---

27 § 1154 Abs. 1 Satz 1 Halbsatz 2, § 1117 Abs. 1 Satz 2, § 930 BGB.
28 § 1154 Abs. 1 Satz 1 Halbsatz 2, § 1117 Abs. 1 Satz 2, § 931 BGB.
29 OLG Düsseldorf v. 13. 6. 2001 – 3 Wx 116/01 –, ZfIR 2001, 688 = EWiR § 1192 BGB 2/01, 953 (*Joswig*).
30 Vgl. dazu BayObLG v. 12. 3. 1987 – 2 Z 25/87 –, DNotZ 1988, 111 = Rpfleger 1987, 363; BayObLG v. 25. 9. 1987 – BR 2 Z 109/87 –, DNotZ 1988, 120 = NJW-RR 1988, 84 = Rpfleger 1987, 493; BayObLG v. 11. 5. 1988 – 2 Z 44/88 –, Rpfleger 1988, 477 (alle drei Entscheidungen in derselben Sache).

treten werden[31]. Enthält die Abtretungserklärung keine Angabe hinsichtlich der Zinsen, erfasst sie nur das Stammrecht[32].

Nicht wirksam abgetretene Zinsen verbleiben beim alten Gläubiger. Sie gehen in der Zwangsversteigerung, soweit sie im Rang der Grundschuld geltend gemacht werden können (RN 1089 bis 1091), dem Kapitalbetrag der Grundschuld im Rang vor (§ 12 Nr. 2 ZVG)[33]. Um unliebsame Überraschungen auszuschließen, sollte der Erwerber der Grundschuld deshalb darauf bestehen, dass auch die **rückständigen Zinsen** aus der Grundschuld vollständig mit abgetreten werden.

Wegen der Abtretung von Zinsen aus einer Eigentümergrundschuld s. RN 456.

Zur Frage, welche Angabe zur Bezeichnung des **Zeitraums, für den die Zinsen abgetreten** werden, bestimmt bzw. nicht bestimmt genug ist, gibt es eine Fülle von (teilweise nicht überzeugenden) Entscheidungen. So sollen die Angaben „nebst sämtlichen Zinsen"[34] oder „samt Zinsen"[34] oder „mit den laufenden Zinsen" oder mit den Zinsen „vom Tage der Eintragung"[35] an nicht bestimmt genug sein. Dagegen wurden die Abtretung der Zinsen „von Anfang an"[36] oder „seit dem Tage des Zinsbeginns"[37] als hinreichend bestimmte Erklärung des Willens angesehen, alle Zinsansprüche in vollem Umfang abzutreten.

Keine Auslegungszweifel können bei Nennung des Kalendertags[38], ab dem Zinsen abgetreten werden, bestehen. Um keine Zinsen beim Abtretenden zu belassen, sollte der Tag genommen werden, ab dem die Grundschuld verzinslich ist; dieser Tag ergibt sich aus der Grundschuldeintragung oder der ihr zugrunde liegenden Eintragungsbewilligung. Eindeutig ist auch die Angabe, dass die Zinsen seit dem Tag der Eintragung *der Grundschuld* abgetreten werden.

Der **Grundstückseigentümer** kann die **Zinsen** aus einer ihm zustehenden *456* Grundschuld abtreten, obwohl er selbst Zinsen aus seiner Grundschuld (außer während der Zwangsverwaltung) nicht geltend machen kann (RN 236). Denn bei § 1197 Abs. 2 BGB handelt es sich nur um eine nur für den Eigentümer persönlich geltende Beschränkung[39], die mit der Abtretung entfällt. Selbst für

---

31 *Demharter*, § 26 RN 19; *Grüneberg/Herrler*, § 1154 RN 12.
32 BayObLG v. 10. 1. 1997 – 2 Z BR 137/96 –, Rpfleger 1997, 258.
33 *Stöber/Achenbach*, § 12 RN 3; *anderer Ansicht: Steiner/Hagemann*, § 12 RN 9.
34 OLG Frankfurt v. 8. 7. 1993 – 20 W 241/93 –, DNotZ 1994, 186 = Rpfleger 1993, 486 m. w. N.
35 OLG Oldenburg v. 16. 1. 1976 – 5 Wx 6/76 –, Rpfleger 1976, 181 (bei dieser Formulierung bleibe offen, ob der Tag der Eintragung der Grundschuld oder der Eintragung der Abtretung gemeint sei).
36 BayObLG v. 23. 5. 1984 – 2 Z 28/84 –, DNotZ 1984, 562 = Rpfleger 1984, 351.
37 OLG Düsseldorf v. 24. 9. 1986 – 3 Wx 264/86 –, Rpfleger 1986, 468.
38 So z. B. Anhang 5 [4].
39 OLG Düsseldorf v. 14. 8. 1989 – 3 Wx 279/89 –, WM 1989, 1814; *für § 1197 Abs. 1 BGB* ebenso: BGH v. 18. 12. 1987 – V ZR 163/86 –, BGHZ 103, 30 = NJW 1988, 1026.

die Vergangenheit bestehende Zinsansprüche können, wenn sie an ihn abgetreten sind, vom Zessionar geltend gemacht werden[40].

Zu beachten ist aber: War die Grundschuld *früher ein Fremdrecht,* so sind die beim Erwerb des Rechts durch den Eigentümer bereits fällig gewesenen (rückständigen) Zinsen erloschen (§ 1178 Abs. 1 BGB)[41]. Sie können durch Weiter-Abtretung des Rechts nicht wieder entstehen. In diesem Fall kann die Abtretung des Eigentümers höchstens solche Zinsen übertragen, die in der Zeitspanne fällig geworden sind, während der die Grundschuld dem Eigentümer zustand[42].

Ist die Grundschuld unverzinslich, so können im Zusammenhang mit der Abtretung Zinsen auch rückwirkend vereinbart, eingetragen und abgetreten werden[43], im Rang der Grundschuld aber nur, wenn die Zinsen 5 % nicht übersteigen (§ 1119 Abs. 1 BGB) oder wenn die gleich- und nachrangigen Gläubiger den Zinsen den Gleich- bzw. Vorrang einräumen.

457 Der Erwerber muss sich vergewissern, dass der **Zedent Gläubiger** der Grundschuld ist. Davon kann er ausgehen, wenn dieser im Grundbuch als Gläubiger eingetragen ist (§ 891 BGB) *und* den Grundschuldbrief in Besitz hat[44].

458 **Ohne Eintragung** im Grundbuch ist ein Zedent (nur) dann ausreichend als Grundschuldgläubiger legitimiert, wenn er den Grundschuldbrief besitzt *und* den Erwerb der Grundschuld durch eine ununterbrochene Kette öffentlich beglaubigter (RN 111) oder beurkundeter (RN 112) Abtretungserklärungen bis hin zu einem eingetragenen Gläubiger nachweisen kann. Er wird dann so behandelt, wie wenn er im Grundbuch eingetragen wäre (§ 1155 BGB).

Hat der letzte Gläubiger oder einer seiner nicht eingetragenen Vorberechtigten die Grundschuld kraft Gesetzes erworben, so hat ein Anerkenntnis dieses Rechtsübergangs, wenn es öffentlich beglaubigt oder beurkundet ist, dieselbe

---

40 BayObLG v. 2.7.1987 – 2 Z 143/86 –, BB 1987, 2124 = DNotZ 1988, 116 = NJW-RR 1987, 1418 = Rpfleger 1987, 364; OLG Celle v. 17.2.1989 – 4 U 187/87 –, DNotZ 1989, 890 = Rpfleger 1989, 323 und 363 (m. zust. Anm. *Hennings*) = WM 1989, 890 = ZIP 1989, 703 = EWiR § 1197 BGB 1/89, 575 (*Hennings*); OLG Düsseldorf v. 14.8.1989 – 3 Wx 279/89 –, WM 1989, 1814; OLG Köln v. 1.10.1984 – 2 Wx 27/84 –, WM 1984, 1475 = ZIP 1984, 1333; *MünchKomm/Lieder,* § 1197 RN 9 m.w.N.; *Grüneberg/Herrler,* § 1197 RN 3; *Stöber/Nicht,* § 114 RN 124; *anderer Ansicht: Bayer,* Rpfleger 1988, 139 (Anm. zu BayObLG v. 2.7.1987); frühere Rechtsprechung des BayObLG bis DNotZ 1979, 221 = Rpfleger 1979, 100; *offen gelassen:* BGH v. 3.10.1985 – V ZB 18/84 – (Ziff. 2), WM 1985, 1453 = EWiR § 1197 BGB 1/85, 983 (*Eickmann*); *unklar:* BGH v. 16.5.1975 – V ZR 24/74 –, BGHZ 64, 316 = NJW 1975, 1536 = Rpfleger 1975, 295 = WM 75, 756; *im Ergebnis anders* (bei der *Abtretung* rückständige Zinsen erlöschen nach § 1178 BGB): *Staudinger/Wolfsteiner* (2015), § 1197 RN 10.

41 § 1178 gilt auch für die Grundschuld: *Grüneberg/Herrler,* § 1178 RN 4; *Staudinger/Wolfsteiner* (2015), § 1192 RN 28.

42 *Ähnlich: Schöner/Stöber,* RN 2362; *im Ergebnis anders* (während der Vereinigung fällig gewordene [also bei der Weiter-*Abtretung* rückständige] Zinsen erlöschen nach § 1178 BGB): *Staudinger/Wolfsteiner* (2015), § 1197 RN 10.

43 BGH v. 3.10.1985 – V ZB 18/84 – (Ziff. 2), WM 1985, 1453 = EWiR § 1197 BGB 1/85, 983 (*Eickmann*); *Schmitz,* WM 1991, 1061, 1067.

44 BayObLG v. 3.7.1991 – 2 Z 71/91 – (Ziff. 2a), DNotZ 1993, 335 = NJW-RR 1991, 1398 = Rpfleger 1992, 56 = ZIP 1991, 1000 = EWiR § 880 BGB 1/91, 781 (*Reithmann*) m.w.N.

Wirkung wie eine beglaubigte Abtretungserklärung. Ist also bspw. eine Hypothek durch Rückzahlung der gesicherten Forderung als Grundschuld auf den Eigentümer übergegangen (RN 251) und tritt dieser die Grundschuld ab, so sollte der Erwerber darauf bestehen, dass zuvor der (noch) eingetragene Hypothekengläubiger den Übergang des Rechts auf den Eigentümer ausdrücklich anerkennt. Eine löschungsfähige Quittung (RN 269) reicht dafür nicht aus[45]. Sie müsste vielmehr um etwa folgenden Satz ergänzt sein: „... (bisheriger Gläubiger) anerkennt, dass die Hypothek aufgrund der vorstehend genannten Zahlungen kraft Gesetzes auf ... (Eigentümer) übergegangen ist."

Gibt der eingetragene Gläubiger eine solche Erklärung ab, so beschränkt er sich nicht mehr (wie in der löschungsfähigen Quittung) auf die Angabe von Tatsachen. Er äußert sich vielmehr über die Rechtsfolgen der Zahlung. Das Anerkenntnis kann er darum nur abgeben, wenn er sicher ist, dass keine Ausnahme (RN 255 bis 259, 261, 262) vorliegt, die den Erwerb des Rechts durch den Eigentümer ausschließt.

Das Kreditinstitut **erwirbt die Grundschuld gutgläubig**, wenn der Abtretende *459* im Besitz des Briefs ist und sein Recht nach RN 457 oder 458 nachweist, selbst wenn die Grundschuld dem Abtretenden aus irgendeinem Grund nicht zustehen sollte. Dies gilt nur dann nicht, wenn ein Widerspruch gegen die Richtigkeit des Grundbuchs eingetragen oder dem Kreditinstitut positiv bekannt ist, dass der Abtretende nicht Gläubiger der Grundschuld ist (§ 892 Abs. 1 Satz 1 ggf. i. V. m. § 1155 BGB).

Ist der die Grundschuld Abtretende nicht (unmittelbarer oder mittelbarer) Besitzer des Briefs, kann er aber bewirken, dass der Besitzer dem Erwerber den Brief aushändigt (sog. Geheißerwerb), so reicht dies für einen gutgläubigen Erwerb aus[46].

Tritt derjenige, der seinerseits gutgläubig erworben hat, die Grundschuld später an einen anderen ab, so erwirbt dieser die Grundschuld wirksam, weil er vom Berechtigten erwirbt. Es schadet diesem (Folge-)Erwerber nicht, wenn er weiß, dass derjenige, von dem der (ein) Vorgläubiger erworben hat, Nichtberechtigter war[47].

Der gute Glaube wird aber nur beim Erwerb der Grundschuld durch Rechtsgeschäft geschützt, **nicht beim Erwerb kraft Gesetzes**, etwa in Ausübung eines gesetzlichen Ablösungsrechts (RN 792).

Auch bei der Abtretung einer (nur) vorläufigen Eigentümergrundschuld (RN 263) ist gutgläubiger Erwerb ausgeschlossen (RN 465).

---

45 *Grüneberg/Herrler*, § 1155 RN 6; *MünchKomm/Lieder*, § 1155 RN 16.
46 So überzeugend: *Kollhoser*, EWiR § 1155 BGB 1/93, 253 (zu BGH v. 8.12.1992 – XI ZR 44/92) und *Reinicke/Tiedtke*, NJW 1994, 345 (Ziff. IV, 2 m. w. N.); *anderer Ansicht* (gutgläubiger Erwerb nur, wenn der Zedent unmittelbarer oder mittelbarer Besitzer des Briefs ist): BGH v. 8.12.1992 – XI ZR 44/92 – (Ziff. II, 2 b), WM 1993, 285 = EWiR § 1155 BGB 1/93, 253 (*Kollhoser*); *Siol*, WM 1996, 2217, 2222.
47 BGH v. 16.1.2001 – XI ZR 41/00 – (Ziff. II, 2 b), WM 2001, 453 = EWiR § 1191 BGB 2/01, 805 (*Clemente*).

460 Der Grundschuldbrief genießt keinen öffentlichen Glauben. **Gutgläubiger Erwerb aufgrund eines falschen Briefs** (bei richtigem Grundbuch) **scheidet darum aus.** Beim Erwerb eines Briefrechts außerhalb des Grundbuchs muss deshalb stets der Inhalt des Grundbuchs geprüft werden, zumal die seit 1. Januar 1978 ausgestellten Grundschuldbriefe keine vollständige Auskunft insbesondere über das belastete Grundstück und etwaige vor- und gleichrangige Rechte mehr geben (RN 163).

461 Andererseits zerstört ein vom Grundbuch abweichender richtiger Vermerk auf dem Brief den öffentlichen Glauben des Grundbuchs (§ 1140 BGB). Ist bspw. eine Abtretung der Grundschuld außerhalb des Grundbuchs auf dem Brief (privatschriftlich) vermerkt, so ist ein gutgläubiger Erwerb vom eingetragenen, aber nicht mehr berechtigten Gläubiger ausgeschlossen. Bei einer (sehr seltenen) **Abweichung zwischen Grundbuch und Brief** muss der Zessionar darauf bestehen, dass vor dem Erwerb die Übereinstimmung wieder hergestellt wird. Bis dahin kann er sich nur auf die ihm ungünstigere Darstellung verlassen.

462 Eine **Grundschuld** kann schon **vor ihrer Eintragung abgetreten** werden, sofern sie genügend bestimmt oder bestimmbar ist. Das kann so geschehen, dass in einer Urkunde die Grundschuld für den Eigentümer bestellt und in einer anderen Urkunde gleichzeitig an einen Dritten abgetreten wird. Die sonst übliche Kennzeichnung der Grundschuld durch Angabe der Grundbuchstelle (RN 443) ist in diesen Fällen meist nicht möglich. Deshalb muss die Grundschuld sonst in eindeutiger Weise bezeichnet werden.

Hierzu dürften die Angabe des belasteten Grundstücks, des Betrags, ggf. des Zinssatzes und der Vorlasten (RN 446) ausreichen. Der Hinweis auf die notarielle Urkunde, mit der die Grundschuld bestellt wurde, kann ebenfalls zur Kennzeichnung herangezogen werden; es empfiehlt sich aber, davon nur zusätzlich neben anderen Angaben Gebrauch zu machen.

463 Der Gläubiger erwirbt das Recht frühestens mit dessen Eintragung[48], und wenn, dann so, dass die Grundschuld zuerst vom Eigentümer erworben wird, bevor sie an den Gläubiger weitergeht. Deshalb kann die Abtretung einer noch nicht eingetragenen Eigentümergrundschuld (vor deren Eintragung) dem Gläubiger auch noch **keine gesicherte Anwartschaft** auf den Erwerb des Rechts verschaffen.

Das bedeutet, dass der Gläubiger das Risiko, dass der Eigentümer wegen Zahlungsunfähigkeit die Verfügungsbefugnis verliert, wenigstens bis zur Eintragung der Grundschuld trägt. Würde nach der Erklärung der (Voraus-)Abtretung, aber vor der Eintragung der Eigentümergrundschuld bspw. ein Verfügungsverbot (RN 222) gegen den Eigentümer verhängt, würde die (Voraus-)Abtretung nicht mehr wirksam werden können. Die Grundschuld (weil sie zunächst für den Eigentümer entsteht) würde beim Eigentümer bleiben und bei Eröffnung des Insolvenzverfahrens in die Insolvenzmasse fallen (§ 81 Abs. 1, § 91 Abs. 1 InsO).

---

48 BGH v. 23.2.1973 – V ZR 10/71 – (Ziff. I), BGHZ 60, 226 = WM 1973, 485; BGH v. 21.11.1969 – V ZR 149/66 – (Ziff. 1), BGHZ 53, 60 = WM 1970, 122.

Auch das Risiko der Insolvenzanfechtung (RN 230 ff.) ist größer als bei Bestellung der Grundschuld unmittelbar für den Gläubiger, weil die Voraussetzungen, unter denen nach § 140 Abs. 2 InsO der für die Prüfung der Anfechtungsvoraussetzungen maßgebliche Zeitpunkt vorverlegt wird, nicht erfüllt und nicht erfüllbar sind (RN 233).

Schließlich ist die Bestellung der Grundschuld (bis zur Eintragung) für den Eigentümer nicht bindend[49]. Er kann seinen Antrag auf Eintragung der Grundschuld bis zu dessen Vollzug zurücknehmen oder ändern. Dann entsteht das Recht nicht[50] oder mit anderem Inhalt oder Rang. Denn da die Grundschuld (zunächst) für den Eigentümer eingetragen werden soll, ist der spätere Erwerber nicht antragsberechtigt (RN 83) und kann sich deshalb dem Antrag auf Eintragung der Eigentümergrundschuld nicht anschließen, wodurch sonst Änderungen des Antrags durch den Eigentümer verhindert werden können (RN 95)[51].

Aus der Sicht des Kreditinstituts ist deshalb eine Bestellung der Grundschuld unmittelbar für den Gläubiger vorzuziehen. Wenn die Grundschuld gar – wie in dem vom OLG Brandenburg[49] entschiedenen Fall – alsbald im Grundbuch auf den Gläubiger umgeschrieben werden soll, hat der Umweg über eine Eigentümergrundschuld überhaupt keinen Sinn und führt nur zu einer Erhöhung des Risikos und der Kosten.

Bei einer Briefhypothek kann der Eigentümer die bis zur Valutierung bestehende **vorläufige Eigentümergrundschuld** (RN 263) abtreten, und zwar durch Einigung (RN 442), Erteilung einer schriftlichen Abtretungserklärung (RN 443 bis 445) und Abtretung seines Anspruchs auf Herausgabe des Briefs gegen den Endfinanzierer (RN 453)[52]. Davon wird (wurde) insbesondere bei der Zwischenfinanzierung von durch erststellige Hypotheken gesicherten Darlehen Gebrauch gemacht. *464*

Die Abtretung ist schon vor Eintragung der Hypothek möglich; der Abtretungsempfänger erwirbt die Grundschuld allerdings erst mit Eintragung der Hypothek im Grundbuch[53] (s. auch RN 463).

Ein **gutgläubiger Erwerb** der Grundschuld durch den Zwischenfinanzierer ist aber **nicht möglich**, weil die vorläufige Eigentümergrundschuld im Grundbuch nicht eingetragen ist und nicht eingetragen werden kann (RN 271). Das Kreditinstitut würde deshalb kein dingliches Recht erwerben, falls der Eigentümer die Grundschuld bereits früher anderweitig abgetreten hätte. Dadurch verursachte Schäden sind allerdings bisher nicht bekannt geworden. *465*

---

49 OLG Brandenburg v. 21. 3. 2002 – 8 U 71/01 – (Ziff. I, 3 d), ZIP 2002, 1902.
50 So etwa in dem Fall BGH v. 29. 6. 1989 – IX ZR 62/88 –, NJW 1990, 324 = WM 1989, 1466; vgl. auch *Schmitz*, WM 1991, 1061, Ziff. I, rechte Spalte.
51 OLG Celle v. 8. 5. 1989 – 4 W 101/89 –, Rpfleger 1989, 499.
52 BGH v. 21. 11. 1969 – V ZR 149/66 – (Ziff. 1 und 2 e), BGHZ 53, 60 = WM 1970, 122; *Grüneberg/Herrler*, § 1163 RN 11.
53 BGH v. 23. 2. 1973 – V ZR 10/71 – (Ziff. I), BGHZ 60, 226 = WM 1973, 485; BGH v. 21. 11. 1969 – V ZR 149/66 – (Ziff. 1), BGHZ 53, 60 = WM 1970, 122.

466 Die vorläufige Eigentümergrundschuld ist auflösend bedingt und bleibt es zunächst auch in der Hand des Zwischenfinanzierers; dieser verliert das Recht ohne Weiteres mit der Valutierung (RN 263). Deshalb muss er sich zusätzlich den **Anspruch gegen den Endfinanzierer auf Auszahlung des Darlehens abtreten** lassen[54] und die Abtretung diesem anzeigen[55], damit nur durch Zahlung an den Zwischenfinanzierer die Hypothek wirksam valutiert werden kann. Auf eine klare Abtretungsbestätigung des Endfinanzierers mit verbindlicher Angabe der äußerstenfalls zulässigen Kürzungen des Auszahlungsbetrags sollte Wert gelegt werden[56].

Falls der Endfinanzierer (durch Vereinbarung mit dem Kreditnehmer) die Abtretung des Auszahlungsanspruchs ausgeschlossen oder von seiner Zustimmung abhängig gemacht hat, muss schnellstmöglich der Abtretungsausschluss aufgehoben bzw. die Zustimmung eingeholt werden. Vorher wird die Abtretung nicht wirksam; weder die Aufhebung des Abtretungsverbots noch die Zustimmung wirken zurück[57].

467 Wird die Darlehenszusage widerrufen oder kommt es aus einem sonstigen Grund nicht zur Darlehensgewährung, so fällt die auflösende Bedingung weg. Die Grundschuld steht dem Zwischenfinanzierer bedingungsfrei zu. Da er sie vom Eigentümer erworben hat, muss der Zwischenfinanzierer dafür sorgen, dass der gesetzliche **Löschungsanspruch** des eingetragenen Hypothekengläubigers (RN 515) und etwaiger gleich- oder nachrangiger anderer Grundpfandgläubiger (RN 495) **ausgeschlossen** (RN 517 bis 526) ist und, falls Löschungsvormerkungen eingetragen sind, alle daraus Berechtigten der Abtretung der vorläufigen Eigentümergrundschuld zugestimmt haben (RN 542 bis 544).

468 Seit Jahren sichern selbst Hypothekenbanken (nunmehr Pfandbriefbanken genannt[58]) die von ihnen ausgereichten Darlehen durch Grundschulden und nicht mehr durch Hypotheken. Damit hat das hier dargestellte Verfahren praktisch seine Bedeutung verloren. Ein etwaiger Zwischenkredit kann durch **Treuhandvereinbarung** (RN 1010 bis 1015) gesichert werden, die auch bei Buch-

---

54 Sofern die Abtretung ohne Zustimmung des Endfinanzierers wirksam ist, kann sich der Zwischenfinanzierer keine absolute Gewissheit verschaffen, ob der Anspruch nicht bereits anderweitig abgetreten ist.

55 Sonst besteht die Gefahr, dass der Zwischenfinanzierer eine Zahlung des Endfinanzierers an den Eigentümer gegen sich gelten lassen muss (§ 407 BGB).

56 Die Valutierung des Hypothekendarlehens durch Aufrechnung ist nach BGH v. 24. 2. 1978 – V ZR 182/75 –, BGHZ 71, 19 = NJW 1978, 883 = WM 1978, 318, nicht zulässig, wenn dies nicht ganz eindeutig vereinbart ist. Sogar hinsichtlich einer klaren Vereinbarung hat der BGH die Wirksamkeit infrage gestellt; die Frage blieb aber offen.

57 BGH v. 29. 6. 1989 – VII ZR 211/88 – (Ziff. 3b, c und e), BGHZ 108, 172 = NJW 1990, 109 = ZIP 1989, 1137 = EWiR § 399 BGB 1/89, 861 (*Bülow*); (für Abtretungsverbot) BGH v. 1. 2. 1978 – VIII ZR 232/75 – (Ziff. II, 2 c), BGHZ 70, 299 = NJW 1978, 813 = WM 1978, 267; *MünchKomm/Kieninger*, § 399 RN 43; *Grüneberg/Grüneberg*, § 399 RN 12.

58 Das frühere HypBkG wurde mit Wirkung zum 19. 7. 2005 aufgrund des Gesetzes zur Neuordnung des Pfandbriefrechts v. 22. 5. 2005, BGBl. I S. 1373, durch das neue PfandBG ersetzt.

rechten (nicht nur bei Briefrechten) möglich ist und überdies die durch Löschungsansprüche oder Löschungsvormerkungen ausgelösten Schwierigkeiten (RN 467) vermeidet.

14.3 Abtretung eines Teilbetrags

Sowohl Buch- wie Briefgrundschulden können auch nur zu einem Teilbetrag 469
abgetreten werden. Dafür gelten die gleichen Regeln wie für die Vollabtretung.

Erforderlich sind also für die Buchgrundschuld Einigung und Eintragung (RN 425 bis 438), für die Briefgrundschuld Einigung, Erteilung einer schriftlichen Abtretungserklärung (oder Eintragung im Grundbuch) und Briefübergabe oder ausreichender Übergabeersatz (RN 439 bis 458). Eine zusätzliche Erklärung zur Teilung der Grundschuld ist daneben nicht erforderlich. Die Teilabtretung bewirkt ohne Weiteres eine Teilung der Grundschuld[59].

Die Abtretung eines Teilbetrags verlangt besondere Aufmerksamkeit, wenn sich der Eigentümer nur wegen eines Teilbetrags der Zwangsvollstreckung unterworfen hat (RN 325).

Der **Teil**, auf den sich die Abtretung bezieht, muss **zweifelsfrei bezeichnet** 470
werden[60]. Das gilt für die (materiell-rechtliche) Abtretungserklärung ebenso wie für die (grundbuchrechtliche) Eintragungsbewilligung. Bei der Auslegung der Urkunde kann auf Umstände außerhalb der Abtretungsurkunde nicht zurückgegriffen werden (RN 443).

Der abgetretene Teilbetrag muss sich aus der Urkunde selbst ergeben. Die Erklärung, dass der (bspw. durch teilweise Tilgung der Hypothekenforderung oder durch Leistung eines Teilbetrags auf die Grundschuld) „auf den Eigentümer übergegangene Teil des Pfandrechts abgetreten"[61] werde, reicht dafür nicht aus. Das dürfte auch dann gelten, wenn „der auf den Eigentümer übergegangene Teil" an den Gläubiger des restlichen Rechts (zurück)abgetreten und damit die ursprünglich eingetretene Teilung des Rechts wieder beseitigt wird.

In der *Eintragungsbewilligung* muss der abgetretene Teilbetrag in Euro angegeben werden (§ 28 Satz 2 GBO). Selbst bei einem noch in **DM eingetragenen Recht** genügt die Angabe in der alten Währung nicht[62]. Für die *Abtretungserklärung* hinsichtlich einer Briefgrundschuld dürfte – weil sie die Eintragungsbewilligung ersetzt (§ 26 GBO) – Entsprechendes gelten, selbst wenn die Teilabtretung (zunächst) nicht eingetragen werden soll.

---

59 OLG Hamm v. 7.2.1992 – 15 W 6/92 –, Rpfleger 1992, 340 und 386 (zust. Anm. *Meyer-Stolte*); *Demharter*, § 61 RN 4, 5.
60 OLG Frankfurt v. 23.12.1975 – 20 W 837/75 –, Rpfleger 1976, 183; *Demharter*, § 26 RN 17; *Schöner/Stöber*, RN 2410.
61 OLG Frankfurt v. 23.12.1975 – 20 W 837/75 –, Rpfleger 1976, 183, hat die Eintragung der Abtretung aufgrund der notariell beurkundeten Erklärung „Rechte, die dem Verkäufer aus der Hypothek über 7,6 Mio. DM zustehen, tritt dieser hiermit an die Käuferin ab. Die Käuferin nimmt die Abtretung an" abgelehnt; ob die Erklärung materiell wirksam ist, hat das OLG offengelassen.
62 *Schöner/Stöber*, RN 4217.

Bei Eintragung der Teilabtretung bezüglich eines DM-Rechts wird das ganze Recht von Amts wegen in Euro umgestellt werden (§ 26a Abs. 1 Satz 2 GBMaßnG). Ein ausdrücklicher Antrag auf Eintragung der Umstellung ist nicht erforderlich. Die Eintragung der Umstellung von Amts wegen ist gebührenfrei, die Eintragung auf Antrag kostet 25 Euro (§ 26a Abs. 2 Satz 3 bzw. 2 GBMaßnG).

471 Bei einer Briefgrundschuld reicht die **Übergabe** eines entsprechenden **Teilbriefs** aus. Ein Teilbrief kann jederzeit für jeden Teil gebildet werden (§ 1152 BGB); zuständig ist das Grundbuchamt oder jeder deutsche Notar (§ 61 Abs. 1 GBO). Da dadurch Kosten verursacht werden, unterbleibt die Bildung eines Teilbriefs aber oft.

Wird ein Teilbrief durch das Grundbuchamt gebildet, so kann seine **Übergabe** durch die Vereinbarung zwischen altem und neuem Gläubiger **ersetzt** werden, dass der neue Gläubiger berechtigt sein soll, sich den Teilbrief vom Grundbuchamt aushändigen zu lassen[63]. Entsprechend **§ 1117 Abs. 2 BGB** (dazu RN 162) erwirbt der neue Gläubiger – falls alle anderen Voraussetzungen erfüllt sind – die Teilgrundschuld in dem Moment, in dem der Bildung des Teilbriefs durch das Grundbuchamt nichts mehr im Wege steht, insbesondere der Stammbrief mit dem Antrag auf Bildung eines Teilbriefs dort eingereicht ist[64].

472 Wenn **kein Teilbrief** gebildet ist oder wird, kann die erforderliche Briefübergabe durch Übergabe des Briefs über die *gesamte* Grundschuld erfolgen. Auch in diesem Fall erwirbt der Zessionar nur den ihm abgetretenen Teilbetrag. Obwohl er den Brief über die ganze Grundschuld in Händen hat, kann er nur über den ihm abgetretenen Teilbetrag verfügen, weil er durch die Abtretungserklärung nur hinsichtlich des Teilbetrags als Berechtigter ausgewiesen ist (RN 458).

Der bisherige (Allein-)Gläubiger bleibt Miteigentümer des Briefs (§ 952 Abs. 2 BGB), verliert aber den unmittelbaren Besitz daran. Das kann für ihn zu einer Erschwernis führen, wenn er das ihm verbliebene Recht geltend machen will; denn dafür benötigt er den Besitz am Brief.

473 Will der abtretende Gläubiger den Brief in seinem unmittelbaren Besitz behalten, ist ein **Besitzkonstitut** notwendig. Es muss eine Vereinbarung getroffen werden, kraft derer der Erwerber mittelbaren Besitz am Brief erlangt (vgl. § 930 BGB). Das ist nur der Fall, wenn der bisherige (Allein-)Gläubiger den Brief etwa als Verwahrer (nur noch) für den Erwerber besitzt.

Da der Brief eine einheitliche Sache ist, kann der Zedent ihn nicht teilweise (nämlich soweit die Grundschuld noch ihm zusteht) für sich selbst und nur im

---

63 § 1154 Abs. 1 Satz 1 i. V. m. § 1117 Abs. 2 BGB.
64 *Grüneberg/Herrler*, § 1154 RN 7, *Staudinger/Wolfsteiner* (2015), § 1117 RN 19; jeweils m. w. N.; der BGH hat in einem nicht veröffentlichten Beschluss vom 20. 4. 1993 – XI ZR 127/92 – die Frage der Rückwirkung offengelassen, weil in jenem Fall der Stammbrief dem Grundbuchamt noch nicht vorgelegen hatte (zitiert nach *Siol*, WM 1996, 2217, 2222).

Übrigen für den Zessionar besitzen; ebenso wenig kann er den ganzen Brief sowohl für sich wie für den Zessionar besitzen[65].

Falls ernsthaft gewollt, dürfte aber die Vereinbarung ausreichen, dass der abtretende Gläubiger den ganzen Brief **nur für den Erwerber verwahrt**, also seinen Willen, für sich selbst zu besitzen, vollständig aufgibt[66]. Dies könnte etwa wie folgt **formuliert** werden:

> *„Die Übergabe des Grundschuldbriefs wird dadurch ersetzt, dass der Zedent (= bisheriger Alleingläubiger) den Brief ausschließlich als Besitzmittler für den Zessionar (= Erwerber) verwahrt. Der Zedent verpflichtet sich, den Brief auf Verlangen an den Zessionar herauszugeben. Der Zessionar hat den ihm übergebenen Brief auf Verlangen des Zedenten dem Grundbuchamt zur Bildung eines Teilbriefs vorzulegen.*
>
> *Der Zedent verpflichtet sich ferner, den Zessionar jeweils sofort von allen Vorgängen, die den Wert des belasteten Grundstücks und die Sicherheit beeinträchtigen können, insbesondere von eingeleiteten Zwangsvollstreckungsmaßnahmen in das belastete Grundstück, zu unterrichten.“*

Wegen der Möglichkeit des bisherigen Alleingläubigers, unerlaubt, aber wirksam verfügen zu können (RN 459), und wegen der nicht ganz auszuräumenden Zweifel gegen die Wirksamkeit des Besitzkonstituts bei Teilabtretung sollte hiervon nur bei einem absolut zuverlässigen Zedenten Gebrauch gemacht werden (bei dem der Anspruch auf Teilabtretung auch noch in der Krise des Schuldners realisiert werden könnte).

Die Übergabe des Grundschuldbriefs an den neuen Gläubiger kann rechtlich unbedenklich durch **Übergabe an einen Dritten** ersetzt werden, wenn ihn dieser für Alt- und Neugläubiger gemeinsam[67] oder nur für den Neugläubiger verwahrt.   *474*

Keine Probleme hinsichtlich der Briefübergabe treten auf, wenn ein Teilbetrag an denjenigen abgetreten wird, der den Brief **bereits in Besitz** hat. In diesem Fall genügen Einigung und schriftliche Abtretungserklärung; eine Briefübergabe ist nicht erforderlich[68].   *475*

---

65 BGH v. 10.11.1982 – V ZR 245/81 –, BGHZ 85, 263 = NJW 1983, 568 = WM 1982, 1431 m.w.N. für die verschiedenen Ansichten; *MünchKomm/Lieder*, § 1154 RN 23; *Grüneberg/Herrler*, § 1154 RN 11; *Clemente*, RN 200; *Räfle*, WM 1983, 811; *Rutke*, WM 1987, 93 m.w.N. (ausführlich unter Berücksichtigung des früheren Hypothekenbankengesetzes).

66 *Clemente*, RN 198; *Rutke*, WM 1987, 94, der zu Recht darauf hinweist, dass die schriftliche Vereinbarung auch wirklich gewollt sein muss und deshalb ähnlich wie im nachstehenden Vorschlag die Herausgabepflicht des Zedenten durch die Pflicht des Zessionars, bei der Bildung eines Teilbriefs mitzuwirken, ergänzt; eher zweifelnd: *Lauer*, MDR 1983, 635, der eine Aufgabe des Eigenbesitzwillens vor allem dann für fraglich hält, wenn der abgetretene Teil im Verhältnis zum Rest geringfügig ist.

67 RG v. 12.5.1928 – V 468/27 –, JW 1928, 2782, 2783; OLG Köln v. 18.9.1956 – 1 U 107/56 –, NJW 1957, 104; *MünchKomm/Lieder*, § 1154 RN 23; *Grüneberg/Herrler*, § 1154 RN 11; *Rutke*, WM 1987, 94 und 96 ff.; so wohl auch: *Clemente*, RN 199.

68 § 1154 Abs. 1 Satz 1 Hs. 2, § 1117 Abs. 1 Satz 2, § 929 Satz 2 BGB.

Dies gilt etwa, wenn ein Teil eines Briefgrundpfandrechts (bspw. durch Teiltilgung) kraft Gesetzes auf den Eigentümer übergegangen ist (RN 251) und an den Gläubiger des Rests zurückübertragen werden soll. In einem solchen Fall ist der abgetretene Teilbetrag genau zu bezeichnen (RN 470). Ferner ist stets zu prüfen, ob ein gesetzlicher (RN 495) oder ein durch Vormerkung gesicherter (RN 527, 528) Löschungsanspruch besteht. Falls ja, muss er ausgeschlossen oder eingeschränkt werden (RN 516 bis 526 bzw. 542 bis 544); sonst ist der abgetretene Teilbetrag keine taugliche Sicherheit.

476 Soll ein **Teil Rang** vor oder nach dem anderen erhalten, ist eine Rangänderung erforderlich; andernfalls sind aus einer Grundschuld gebildete Teile untereinander gleichrangig (RN 361).

Die Rangänderung muss von den beteiligten Gläubigern vereinbart und in das Grundbuch eingetragen werden. Die Zustimmung des Eigentümers ist zur Rangänderung zwischen Teilen eines ursprünglich einheitlichen Rechts nicht erforderlich (§ 1151 BGB).

Ohne Eintragung wird, auch bei Briefrechten, die Rangänderung dinglich nicht wirksam; im Einzelnen (auch wegen anderer Ansichten in der Rechtsprechung) s. RN 361. Die Eintragung der Rangänderung setzt keine zusätzliche Teilungserklärung voraus; die Teilabtretung bewirkt ohne Weiteres die Teilung der Grundschuld[69].

477 Die Abtretung des Teilbetrags einer Grundschuld durch ein Kreditinstitut an ein anderes kann ggf. durch die Vereinbarung ersetzt werden, dass die dinglich beim bisherigen Gläubiger verbleibende Grundschuld von diesem hinsichtlich des Teilbetrags **treuhänderisch** für das andere Institut gehalten wird. Im Einzelnen wird auf RN 1016 bis 1021 verwiesen.

14.4 Abtretung einer Gesamtgrundschuld

478 Die Gesamtgrundschuld wird wie eine Einzelgrundschuld abgetreten. Folgt man der Rechtsprechung des BGH, dass die Abtretungserklärung das belastete Grundstück bezeichnen muss (RN 445), so bedeutet dies für die Gesamtgrundschuld, dass grundsätzlich **alle belasteten Grundstücke anzugeben** sind.

Der Ansicht[70], die Angabe (allein) *eines* Grundstücks reiche aus, weil sich die anderen aus dem Grundbuch ergeben, sollte, um ein unnötiges Risiko zu vermeiden, nicht gefolgt werden. Bei einer in mehreren Grundbüchern eingetragenen Gesamtgrundschuld genügt jedenfalls die Angabe *einer* Grundbuchstelle mit dem Zusatz „und allerorten" nicht[71].

Würde die Abtretungserklärung bzw. Eintragungsbewilligung nur einzelne (etwa die wichtigsten) Grundstücke aufzählen, könnte dies auf den Willen hin-

---

69 OLG Hamm v. 7.2.1992 – 15 W 6/92 –, Rpfleger 1992, 340 und 386 (zust. Anm. *Meyer-Stolte*); *Demharter*, § 61 RN 4, 5.

70 *Demharter*, § 28 RN 10.

71 Vgl. BayObLG v. 24.8.1995 – 2 Z BR 83/95 –, DNotZ 1997, 319 = WM 1995, 1991 (für die Löschung einer Gesamtgrundschuld).

deuten, die Abtretung auf die Grundschuld an diesen Grundstücken zu beschränken. Eine entsprechende Erklärung wäre unwirksam. Denn die Gesamtgrundschuld muss auf allen belasteten Objekten demselben Gläubiger zustehen (RN 386) und kann deshalb nicht in der Weise teilweise abgetreten werden, dass sie auf den Erwerber nur bezüglich einzelner Grundstücke übertragen wird und bezüglich der übrigen Grundstücke beim Zedenten verbleibt[72].

Wird die Gesamtgrundschuld nur **an einen von mehreren (Mit-)Eigentümern** 479 übertragen, so erwirbt dieser die Grundschuld nur insoweit, wie sie auf seinem Grundstück (bzw. Miteigentumsanteil) lastet. Auf dem (den) Grundstück(en) bzw. Miteigentumsanteil(en) des (der) anderen (Mit-)Eigentümer(s) **erlischt** sie kraft Gesetzes (§ 1173 Abs. 1 Satz 2 BGB)[73, 74], es sei denn, dass der die Grundschuld erwerbende (Mit-)Eigentümer einen Ersatzanspruch gegen die anderen (Mit-)Eigentümer hat (§ 1173 Abs. 2 BGB). Das gilt bspw. auch für die Grundschuld auf einem Grundstück, das Ehegatten in Miteigentum zu je ½ gehört, weil diese Gesamtgrundschuld ist (RN 385).

Bei einem (Rück-)Erwerb von nur einem (Mit-)Eigentümer ist daher **Vorsicht** geboten: Die Rechtsfolge des Erlöschens wird in der Abtretungsurkunde (bei Abtretung einer Briefgrundschuld außerhalb des Grundbuchs) bzw. im Grundbuch (nach Eintragung der Abtretung) häufig nicht ausdrücklich dargestellt sein. Dennoch kann der neue Gläubiger – wenn die Grundschuld von dem *einen* Grundstücks(mit)eigentümer wiederum als Kreditsicherheit abgetreten wird – die Grundschuld nicht etwa gutgläubig an allen (ursprünglich) belasteten Grundstücken bzw. Miteigentumsanteilen erwerben, weil Abtretungserklärung bzw. Grundbuch richtig sind. Einen gutgläubigen Erwerb gegen die Unkenntnis der Rechtsfolgen gibt es nicht.

Soll die Grundschuld (nach Rückgewähr durch Abtretung) erneut als Kreditsicherheit einsetzbar sein, muss sie **an alle (Mit-)Eigentümer** abgetreten werden, und zwar am besten in Mitgläubigerschaft nach § 432 BGB oder in Gesamtgläubigerschaft nach § 428 BGB[75].

14.5 Was geschieht mit Anspruch aus abstraktem Schuldversprechen?

Der Anspruch aus einem abstrakten Schuldversprechen steht **selbstständig** 480 neben der Grundschuld (RN 296). Er geht deshalb bei Abtretung der Grund-

---

72 OLG München v. 11.2.2014 – 34 Wx 372/13 – (RN 9), Rpfleger 2014, 415 = FGPrax 2014, 108; *MünchKomm/Lieder*, § 1132 RN 26, 27 m.w.N.; *Grüneberg/Herrler*, § 1132 RN 8; *Staudinger/Wolfsteiner* (2009), § 1132 RN 37.
73 OLG Düsseldorf v. 3.7.1995 – 3 Wx 168/95 –, DNotZ 1996, 539; für eine Hypothek: BGH v. 25.9.1963 V ZR 130/61 – (Ziff. IIIe), BGHZ 40, 115 = NJW 1963, 2320.
74 § 1173 Abs. 1 BGB gilt auch für die Grundschuld: *Grüneberg/Herrler*, § 1173 RN 11; *Staudinger/Wolfsteiner* (2015), § 1192 RN 26 i.V.m. RN 3 (§ 1142t); *bezüglich § 1173 Abs. 1 Satz 2 unklar: MünchKomm/Lieder*, § 1192 RN 2.
75 *Everts* in Beck'sches Notar-Handbuch, A VI RN 99.

schuld auf den neuen Grundschuldgläubiger nur dann über, wenn er ebenfalls abgetreten wird[76]; s. auch RN 293.

Ob der Anspruch zusammen mit der Grundschuld abgetreten werden darf oder was sonst mit ihm zu geschehen hat, richtet sich nach den Vereinbarungen, die der Hingabe des abstrakten Schuldversprechens zugrunde liegen. Sind diese nicht ausdrücklich getroffen worden, muss ihr Inhalt durch Auslegung ermittelt werden. Wichtig dabei ist, ob Grundschuld und Schuldversprechen – wie regelmäßig – im Sachzusammenhang stehen und wenn ja, ob der Gläubiger beide Rechte vom selben Sicherungsgeber (dazu RN 482 bis 484) oder von verschiedenen Personen (dazu RN 485) erhalten hat und ob der Sicherungszweck ganz oder teilweise erledigt ist (bei teilweiser Erledigung: RN 486).

Hat der Sicherungsgeber die persönliche Haftung in der Weise übernommen, dass der *jeweilige* Gläubiger der Grundschuld ihn aus dem Schuldversprechen in Anspruch nehmen kann, ist das dahingehend auszulegen, dass Rechtsnachfolger hinsichtlich des Schuldversprechens nur sein kann, wer auch Gläubiger der Grundschuld ist[77] (zur Trennung von Grundschuld und Schuldversprechen s. RN 293).

Steht ausnahmsweise das Schuldversprechen isoliert neben der Grundschuld, kann natürlich hinsichtlich der Rückgewähr kein Zusammenhang mit einer Grundschuld bestehen (RN 487).

481 Soll der Anspruch aus dem Schuldversprechen abgetreten werden, muss dies aus praktischen Gründen in öffentlich beglaubigter (RN 111) oder beurkundeter (RN 112) **Form** geschehen, am besten dadurch, dass er in der (öffentlich beglaubigten oder beurkundeten) Erklärung über die Abtretung der Grundschuld, mit der er verbunden ist, *ausdrücklich* mitabgetreten wird[78]. Die Erklärung, dass die Grundschuld „mit allen Nebenrechten" abgetreten werde, reicht dafür *nicht* aus[79].

Der neue Gläubiger kann wegen des (regelmäßig vollstreckbaren) Schuldversprechens nur vollstrecken, wenn die Vollstreckungsklausel auch insoweit auf ihn umgeschrieben wird. Das setzt voraus, dass er den Erwerb des Anspruchs in der genannten Form nachweist (§§ 795, 727 Abs. 1 ZPO).

Der Zessionar des Schuldversprechens muss zur Klauselumschreibung *nicht* auch die treuhänderische Bindung des Schuldversprechens nachweisen, wie dies der BGH für die Grundschuld fordert (dazu s. RN 306.1 bis 306.9). Eine Übertragung der dahingehenden Rechtsprechung ist für das abstrakte Schuldversprechen nicht geboten, weil dem Schuldner kein Verlust von Einwendungen droht (§ 404 BGB)[80].

---

76 *Clemente*, RN 246, 609; *Wolfsteiner*, RN 46.97; *Reithmann*, DNotZ 1982, 76 f und WM 1985, 443.

77 BGH v. 12. 12. 2007 – VII ZB 108/06 – (Ziff. II, 2 c bb), WM 2008, 411 = NJW 2008, 918.

78 So bspw. Anhang 5 [6].

79 *Clemente*, RN 246; *Wolfsteiner*, RN 46.97; *Zawar*, NJW 1976, 1823.

80 *Herrler*, BB 2010, 1931, 1936; DNotI-Report 2010, 93, 103.

Zuständig für die Umschreibung ist der Notar, der das Schuldanerkenntnis beurkundet hat (§ 797 Abs. 2 Satz 1 ZPO, §§ 48, 45 Abs. 1 BeurkG).

Haben Grundschuld *und* Schuldanerkenntnis – wie üblich – denselben Sicherungszweck (RN 297, 299) und sind beide Rechte von derselben Person als Sicherheit zur Verfügung gestellt worden, so hat der Gläubiger nach Erledigung des Sicherungszwecks den Anspruch aus dem Schuldversprechen (zusammen mit der Grundschuld) **an den Sicherungsgeber zurückzugewähren** (RN 302), sofern dieser den Rückgewähranspruch nicht abgetreten hat (dazu RN 483). *482*

Sicherungsgeber ist in diesen Fällen meist zugleich Eigentümer des belasteten Grundstücks und persönlicher Schuldner der gesicherten Forderung.

Die Rückgewähr kann durch Abtretung (§ 398 BGB) oder durch Erlass (§ 397 BGB) des Anspruchs erfolgen (wegen der Abtretung an einen Dritten auf Weisung des Sicherungsgebers s. RN 484). Durch Erlass oder durch Abtretung an den Sicherungsgeber (= Schuldner des abgetretenen Anspruchs) **erlischt der Anspruch** (RN 302). Wird die Grundschuld später erneut als Sicherheit eingesetzt, kann der Anspruch aus dem (alten) Schuldversprechen, weil erloschen, nicht mitabgetreten werden. Gegebenenfalls muss ein neues Schuldversprechen abgegeben werden. Dagegen bleibt der Anspruch aus Schuldanerkenntnis erhalten, wenn er durch Abtretung unmittelbar an einen neuen Gläubiger zurückgewährt wird (RN 484).

Hat der Sicherungsgeber den **Anspruch auf Rückgewähr abgetreten** (was normalerweise nicht isoliert, sondern zusammen mit dem Rückgewähranspruch hinsichtlich der Grundschuld geschieht), so sind bei Rückgewährreife beide Rechte an den (neuen) Gläubiger der beiden Rückgewähransprüche zu übertragen. *483*

Wird bei der Abtretung des Anspruchs auf Rückgewähr der Grundschuld keine ausdrückliche Erklärung zum Rückgewähranspruch hinsichtlich des Schuldversprechens abgegeben, so ist es eine Frage der Auslegung, ob die Abtretung des Rückgewähranspruchs bezüglich der Grundschuld auch den Rückgewähranspruch hinsichtlich des Schuldversprechens umfasst. Etwaige Zweifel sollte der zur Rückgewähr Verpflichtete vor der Abtretung klären, am besten durch klarstellende Erklärung des Sicherungsgebers.

So wie die Grundschuld (RN 743) kann bei entsprechender **Weisung des Sicherungsgebers** auch der Anspruch aus dem Schuldversprechen – meist zusammen mit der Grundschuld – durch Abtretung an einen neuen Grundschuldgläubiger zurückgewährt werden (RN 302). Da der Sicherungsgeber (= Schuldner) den Anspruch in keinem Moment erwirbt, erlischt dieser – anders als bei Abtretung über den Sicherungsgeber (RN 482) – nicht, sondern bleibt erhalten. Dieser Weg erspart also ggf. dem Sicherungsgeber ein erneutes (mit Kosten verbundenes) vollstreckbares Schuldversprechen. *484*

Die Weisung auf Mitabtretung des Anspruchs aus dem Schuldversprechen kann sich, wenn eine ausdrückliche Erklärung fehlt, auch durch Auslegung der entsprechenden Weisung bezüglich der Grundschuld ergeben. Verbleibende Zweifel sollten vor der Abtretung geklärt werden.

485 Ist das abstrakte **Schuldversprechen nicht vom Sicherungsgeber** der Grundschuld abgegeben worden (etwa vom persönlichen Schuldner der gesicherten Forderung, der nicht zugleich Eigentümer des belasteten Grundstücks ist), so stehen die Rückgewähransprüche hinsichtlich Grundschuld bzw. Schuldversprechen verschiedenen Personen zu.

In einem solchen Fall kann in der Abtretung des Rückgewähranspruchs bezüglich der Grundschuld (bzw. in der Weisung, sie an einen anderen abzutreten) keine (stillschweigende) Abtretung des Rückgewähranspruchs (bzw. keine stillschweigende Weisung) hinsichtlich des Schuldversprechens liegen.

Der Anspruch aus dem Schuldversprechen ist (nach Erledigung des Sicherungszwecks) an den Schuldner des Schuldversprechens zurückzugewähren. Nur mit dessen Zustimmung kann er an eine andere Person, etwa den Erwerber der Grundschuld, übertragen werden.

Wird bei der Abtretung der Grundschuld der in Anhang 5 abgedruckte Vordruck oder ein Vordruck mit insoweit ähnlichem Inhalt verwendet, muss ggf. die Passage über die Abtretung der Ansprüche aus der persönlichen Haftungserklärung gestrichen werden.

486 Ist der Sicherungszweck nur teilweise erledigt und wird deshalb nur ein **Teilbetrag** der Grundschuld zurückgewährt, so kann – wenn das Schuldversprechen, wie regelmäßig, in Zweckgemeinschaft mit der Grundschuld (RN 297) steht – auch ein entsprechender Teil des Schuldversprechens zurückverlangt werden.

Ist eine und dieselbe Person Sicherungsgeber beider Rechte, so ist bezüglich des Teilbetrags nach RN 482 bis 484 zu verfahren, sonst nach RN 485.

Bei Abtretung sollte der betroffene Teil des Schuldversprechens den gleichen Umfang und das gleiche Rangverhältnis zum Rest haben wie der abgetretene Teil der Grundschuld. Die Formulierung, dass (zusammen mit dem genau beschriebenen Teil der Grundschuld) „der entsprechende Teil des Schuldversprechens" übertragen wird, dürfte dies eindeutig zum Ausdruck bringen.

487 Dient das Schuldversprechen (ausnahmsweise) als **eigenständige**, das gesamte Sicherheitsvolumen vergrößernde **Sicherheit** (RN 298), so steht es in keinem Sachzusammenhang mit der Grundschuld.

Es hängt von der Sicherungsabrede hinsichtlich des Schuldversprechens ab, unter welchen Voraussetzungen und an wen das Schuldversprechen zurückzugewähren ist. Eine Abtretung gemeinsam mit der Grundschuld wäre ein zufälliges Zusammentreffen.

14.6 Was geschieht mit Rückgewähranspruch bezüglich einer anderen Grundschuld?

488 Ist dem Gläubiger einer Grundschuld der Rückgewähranspruch hinsichtlich einer – meist vor- oder gleichrangigen – anderen Grundschuld abgetreten worden, so ist dieser Anspruch **kein Nebenrecht** im Sinne des § 401 BGB. Er geht deshalb bei Abtretung der Grundschuld auf den Erwerber nur dann über, wenn er mitübertragen wird (RN 856).

Ob der Anspruch auf Rückgewähr einer *anderen* Grundschuld nach Erledigung des Sicherungszwecks (RN 891) zusammen mit der verstärkten Grundschuld abgetreten werden darf bzw. muss oder was sonst mit ihm zu geschehen hat, richtet sich nach der Vereinbarung, die der Abtretung des Rückgewähranspruchs zugrunde liegt. Ist diese nicht ausdrücklich getroffen worden, muss ihr Inhalt durch Auslegung ermittelt werden. Im Einzelnen s. RN 489 bis 491. Stehen dem Gläubiger mehrere Grundschulden auf demselben Objekt zur Verfügung oder wird nur ein Teil der verstärkten Grundschuld zurückgewährt, sind die Wechselwirkungen auf die anderen Grundschulden (RN 492) bzw. auf den beim Gläubiger verbleibenden Grundschuldteil (RN 493) zu bedenken. Keine Verknüpfung mit der Rückgewähr einer anderen Grundschuld besteht dort, wo der Rückgewähranspruch als eigenständige Sicherheit (RN 869 bis 871) abgetreten worden ist (RN 494).

Der Rückgewähranspruch kann – anders als die Grundschuld – formlos und sogar stillschweigend abgetreten werden (RN 857). Der Erwerber sollte aber schon aus Beweisgründen auf wenigstens schriftlicher Abtretung bestehen.

Der Rückgewähranspruch ist (nach Erledigung des Sicherungszwecks) an denjenigen **abzutreten**, von dem ihn der Gläubiger seinerzeit erhalten hat, sofern dieser seinen Anspruch auf Rückgewähr des Rückgewähranspruchs nicht abgetreten hat. Das ist meist der Sicherungsgeber der Grundschuld. *489*

In diesem Fall bestehen keine Bedenken gegen eine gemeinsame Rückgewähr der Grundschuld und des Rückgewähranspruchs bezüglich anderer Grundschulden. Selbst wenn der Sicherungsgeber den Rückgewähranspruch abgetreten haben sollte, wird der Gläubiger aus seiner Rückgewährpflicht frei, falls ihm die Abtretung nicht bekannt ist (§ 407 Abs. 1 BGB).

Anders als der Anspruch aus einem Schuldversprechen (RN 482) geht der Rückgewähranspruch hinsichtlich einer vor- oder gleichrangigen Grundschuld bei Abtretung an den Sicherungsgeber nicht unter, weil sich der Anspruch nicht gegen ihn, sondern gegen den Sicherungsnehmer richtet. Er kann also bei erneuter Abtretung der Grundschuld wiederum mitabgetreten werden.

Ist der **Anspruch auf Rückgewähr des Rückgewähranspruchs abgetreten** worden und ist dies dem Grundschuldgläubiger bekannt, so muss er dies bei der Rückgewähr natürlich berücksichtigen. *490*

Beispiel:

Der Rückgewähranspruch bezüglich der Grundschuld Nr. 1 (der dem Eigentümer gegen den Gläubiger dieser Grundschuld zusteht) ist bei der Bestellung der Grundschuld Nr. 2 an den Gläubiger dieser Grundschuld abgetreten worden. Der Eigentümer hat jetzt gegen den Gläubiger der Grundschuld Nr. 2 einen Anspruch auf Rückgewähr dieser Grundschuld *und* einen Anspruch auf Rückgewähr des ihm abgetretenen Rückgewähranspruchs bezüglich der Grundschuld Nr. 1. Bei der Bestellung der Grundschuld Nr. 3 werden beide Ansprüche an deren Gläubiger abgetreten[81] und dies dem Gläubiger der Grundschuld Nr. 2 mitgeteilt.

Im Beispielsfall hat der Gläubiger der Grundschuld Nr. 2 nach Erledigung des Sicherungszwecks nicht nur die Grundschuld Nr. 2, sondern auch den Rückgewähranspruch bezüglich der Grundschuld Nr. 1 zurückzugewähren, und zwar im Hinblick auf die Abtretung an den Gläubiger der Grundschuld Nr. 3. Das erfolgt am besten gemeinsam.

Ist es zweifelhaft, ob und in welchem Umfang der Anspruch auf Rückgewähr des Rückgewähranspruchs (hinsichtlich der Grundschuld Nr. 1) dem Gläubiger des Rückgewähranspruchs hinsichtlich der Grundschuld Nr. 2 (= Gläubiger der Grundschuld Nr. 3) zusteht, so sollte der zur Rückgewähr Verpflichtete (= Gläubiger der Grundschuld Nr. 2) dies vor der Abtretung klären, am besten durch eine klarstellende Erklärung des Sicherungsgebers.

491 Wird die Grundschuld Nr. 2 (nach Erledigung des Sicherungszwecks) auf **Weisung des Sicherungsgebers** an einen anderen zurückgewährt (RN 743), ist bei entsprechender Weisung auch der die Grundschuld Nr. 2 verstärkende Rückgewähranspruch hinsichtlich der Grundschuld Nr. 1 abzutreten.

Eine solche Weisung kann sich, wenn eine ausdrückliche Erklärung fehlt, auch durch Auslegung ergeben. Verbleibende Zweifel sollten vor Abtretung geklärt werden.

492 Stehen dem abtretenden Gläubiger **mehrere Grundschulden** an demselben Objekt zu, so sind an ihn normalerweise mehrere Rückgewähransprüche gestaffelt[82] abgetreten worden. Die unterschiedlichen Rückgewähransprüche haben verschiedene Sicherungszwecke. Entsprechendes gilt, wenn dem Gläubiger neben einer Grundschuld ein Rückgewähranspruch als selbstständige Sicherheit dient.

Ist nur der Sicherungszweck *einer* Grundschuld und der zu *ihrer* Verstärkung abgetretenen Rückgewähransprüche (bezüglich anderer Grundschuldschulden) erledigt, so sind auch nur diejenigen Rückgewähransprüche des Gläubigers abzutreten, die mit dieser frei gewordenen Grundschuld in Zweckgemeinschaft stehen, nicht aber solche, die der Gläubiger im Zusammenhang mit den ihm als Sicherheit verbleibenden anderen Grundschulden oder als eigenständige Sicherheit erworben hat.

Zum **Beispiel** wird der Gläubiger der Grundschulden Nr. 2 und 3, wenn allein die (letztrangige) Grundschuld Nr. 3 zurückzugewähren ist, nicht auch die Rückgewähransprüche bezüglich der (erstrangigen) Grundschuld Nr. 1, die er

---

81 Anhang 6 [7] u. [9], 7 [8] u. [10], 8 [9] u. [11], 9 [6] u. [7], 10 [14] u. [15] und 12 [16] u. [17]; ebenso Vorschlag des Ausschusses für Schuld- und Liegenschaftsrecht der Bundesnotarkammer für ein Grundschuldformular, Teil A II, 5 (DNotZ 2002, 84, 88).

82 Dem Gläubiger wird regelmäßig abgetreten: bei Bestellung der Grundschuld Nr. 2 der Rückgewähranspruch bezüglich der Grundschuld Nr. 1; bei Bestellung der Grundschuld Nr. 3 der Rückgewähranspruch bezüglich der Grundschuld Nr. 2 und der Anspruch auf Rückgewähr des Rückgewähranspruchs bezüglich Grundschuld Nr. 1.

im Zusammenhang mit der Grundschuld Nr. 2 erhalten hat, abtreten wollen und müssen. Sonst könnte der neue Gläubiger der Grundschuld Nr. 3 aus dem Rückgewähranspruch bezüglich der Grundschuld Nr. 1 eine Sicherheit mit Rang vor der Grundschuld Nr. 2 erlangen, was den Vorstellungen der Beteiligten nicht entsprechen dürfte.

Bei Abtretung einer von mehreren Grundschulden sollten deshalb die mitabgetretenen Rückgewähransprüche exakt bezeichnet werden. Die Formulierung, dass *alle* Rückgewähransprüche bezüglich vor- oder gleichrangiger Grundschulden mitabgetreten werden, dürfte häufig zu einem nicht gewollten Ergebnis führen. Ein für die Abtretung der Grundschuld verwendeter Vordruck muss deshalb genau geprüft und ggf. entsprechend geändert werden.

Ist der Sicherungszweck einer nachrangigen Grundschuld *teilweise* erledigt und wird deshalb die Grundschuld teilweise zurückgewährt (RN 724, 725), so kommt regelmäßig eine Abtretung der zur Verstärkung dieser Grundschuld erhaltenen Rückgewähransprüche nicht in Betracht, auch nicht eine **teilweise Abtretung.** *493*

Denn die zur Verstärkung der Grundschuld abgetretenen Rückgewähransprüche bezüglich vor- oder gleichrangiger anderer Grundschulden sollen dem Grundschuldgläubiger (über die Abtretung oder Löschung rangbesserer oder ranggleicher Grundschulden) die Möglichkeit der Befriedigung an besserer Rangstelle verschaffen (RN 865, 866). Dieser Bedarf besteht uneingeschränkt fort, solange auch nur ein Teilbetrag der zu verstärkenden Grundschuld besteht.

Der Bedarf ist unabhängig vom Betrag der jeweils vorrangigen Rechte. Schon als bei der Bestellung der zu verstärkenden Grundschuld die Rückgewähransprüche bezüglich der vor- und gleichrangigen Rechte abgetreten wurden, wurde keine Relation zwischen den Beträgen dieser Rechte und der neu bestellten Grundschuld geknüpft. Diese Rückgewähransprüche wären in voller Höhe selbst dann abgetreten worden, wenn von Anfang an das zu verstärkende Recht nur in der Höhe bestellt worden wäre, die es jetzt – nach Teilrückgewähr – noch hat. Deshalb kann die Reduzierung des zu verstärkenden Rechts auch kein Anlass für eine Teilrückgewähr der abgetretene Rückgewähransprüche sein.

Dient der **Rückgewähranspruch** – losgelöst von einer Grundschuld – **als eigenständige Sicherheit** (RN 869 bis 871), so gibt es keine Verknüpfung mit einer bestimmten Grundschuld, bei deren Abtretung sich die Frage stellen könnte, ob der Rückgewähranspruch mitabgetreten werden soll. *494*

Der Gläubiger hat den Rückgewähranspruch nach Erledigung des Sicherungszwecks an denjenigen abzutreten, der ihn ihm als Sicherheit zur Verfügung gestellt hat (RN 872), bzw. an denjenigen, dem dieser Anspruch auf Rückabtretung abgetreten worden ist. Der Berechtigte kann auch die Abtretung an einen Dritten verlangen. Die gleichzeitige Abtretung des Rückgewähranspruchs zusammen mit einer Grundschuld wäre reiner Zufall.

15 Gesetzlicher Löschungsanspruch

15.1 Voraussetzungen der Löschungspflicht

495 Erwirbt der Grundstückseigentümer ein Grundpfandrecht am eigenen Grundstück, so ist er gegenüber den Gläubigern gleich- oder nachrangiger anderer Grundpfandrechte (RN 507 bis 514) kraft Gesetzes (§ 1179a Abs. 1 Satz 1 BGB) verpflichtet, sein Grundpfandrecht löschen zu lassen. Eine gleichartige Verpflichtung (§ 1179b Abs. 1 BGB) besteht gegenüber demjenigen, der als Gläubiger eines in Wirklichkeit dem Grundstückseigentümer zustehenden Grundpfandrechts im Grundbuch eingetragen ist (RN 515).

Es muss eine sogenannte **Vereinigungslage** vorliegen. Das bedeutet, der Grundstückseigentümer muss Inhaber des zu löschenden Grundpfandrechts geworden sein, also etwa durch Abtretung der Grundschuld an den Grundstückseigentümer (RN 742), durch Verzicht des Gläubigers auf Grundschuld oder Hypothek vor Zuschlag (RN 265, 745), durch Tilgung der Grundschuld (RN 824) oder durch Tilgung der durch eine Hypothek gesicherten Forderung (RN 251).

Bloße **Rückgewährreife genügt nicht.** Allein die Tilgung der durch eine Grundschuld gesicherten Forderung erfüllt nicht die Voraussetzungen für den gesetzlichen Löschungsanspruch.[1]. Der Grundstückseigentümer kann dann zwar verlangen, dass der Gläubiger die Grundschuld an ihn abtritt oder darauf verzichtet. Der Eigentümer wird aber erst Gläubiger der Grundschuld, wenn die Abtretung oder der Verzicht tatsächlich erfolgt. Es genügt auch nicht, dass der Eigentümer aufgrund seines Rückgewähranspruchs die nicht mehr valutierte Grundschuld vom Grundschuldgläubiger unmittelbar an einen Dritten abtreten lässt (RN 743, 744)[2]; auch in diesem Fall wird der Grundstückseigentümer nicht Gläubiger der Grundschuld.

Solange der Eigentümer (nur) Rückgewähr der vorrangigen Grundschuld verlangen kann, aber nicht deren Gläubiger geworden ist, kann der Inhaber des Löschungsanspruchs auch einen erneuten Einsatz der Grundschuld als Sicherheit für andere Forderungen nicht verhindern[3].

496 Die Löschung einer **anfänglichen Eigentümergrundschuld**, also einer Grundschuld, die auf den Namen des Grundstückseigentümers bestellt und eingetragen ist, kann ausnahmsweise (zunächst) nicht verlangt werden. Ein Löschungsanspruch bezüglich dieser Grundschuld entsteht erst, wenn sie einmal an einen anderen abgetreten worden war und danach vom Eigentümer des Grundstücks wieder erworben wird (§ 1196 Abs. 3 BGB). Es reicht jeder Erwerb der Grund-

---

1 BGH v. 6. 7. 1989 – IX ZR 277/88 – (Ziff. 2a, bb), BGHZ 108, 237 = WM 1989, 1412 = EWiR § 1191 BGB 4/89, 881 (*Clemente*); BGH v. 20. 11. 1981 – V ZR 245/80 – (Ziff. II, 2), WM 1982, 154 (für Löschungsvormerkung); *Schmitz*, WM 1991, 1061, 1065; *Stöber* (Anm. zu OLG München v. 17. 9. 1980), ZIP 1980, 976, 977 (Ziff. 4).

2 BGH v. 6. 7. 1989 – IX ZR 277/88 – (Ziff. 2a, bb), BGHZ 108, 237 = WM 1989, 1412 = EWiR § 1191 BGB 4/89, 881 (*Clemente*); BGH v. 20. 11. 1981 – V ZR 245/80 – (Ziff. II, 2), WM 1982, 154; *Wörbelauer*, NJW 1958, 1516.

3 BGH v. 21. 2. 1991 – IX ZR 64/90 – (Ziff. II, 1 a), NJW-RR 1991, 1197 = Rpfleger 1991, 381 = WM 1991, 779.

schuld durch einen Dritten aus; die Grundschuld muss dabei nicht valutiert oder sonst als Kreditsicherheit verwendet worden sein[4].

Für die aus einem Fremdgrundpfandrecht entstandene Eigentümergrundschuld gilt § 1196 Abs. 3 BGB entsprechend, wenn sie *im Grundbuch* **auf den Eigentümer umgeschrieben** wird, *bevor* gleich- oder nachrangig ein anderes Grundpfandrecht für einen Dritten bestellt wird[5]; gleich- oder nachrangige Grundpfandrechte, die *für den Eigentümer* eingetragen sind und ihm auch zustehen, sind unschädlich[6]. Der Gläubiger eines später gleich- oder nachrangig eingetragenen anderen Grundpfandrechts kann Löschung eines solchen Rechts – wie bei einer *ursprünglichen* Eigentümergrundschuld – erst verlangen, wenn es erneut abgetreten und, nachdem das löschungsbegünstigte Recht entstanden ist, vom Eigentümer wieder erworben worden ist.

Da eine Briefgrundschuld (und nur solche werden in der Praxis für den Eigentümer eingetragen) ohne Eintragung im Grundbuch abgetreten werden kann (RN 439), ist nicht sicher feststellbar, ob eine Eigentümergrundschuld schon einmal abgetreten war, ob also tatsächlich Löschungsansprüche gleich- oder nachrangiger Gläubiger bestehen oder nicht.

Deshalb sollte der Erwerber auch einer für den Eigentümer eingetragenen Grundschuld sicherheitshalber darauf bestehen, dass etwaige Löschungsansprüche gleich- oder nachrangiger Gläubiger ausgeschlossen oder sachgerecht eingeschränkt werden (RN 518 bis 525), sofern nicht mit Sicherheit ein zwischenzeitlicher Erwerb durch einen Dritten ausgeschlossen werden kann. Ein solcher Fall dürfte gegeben sein, wenn die Eigentümergrundschuld sofort bei der Bestellung abgetreten wird (RN 462), weil in diesem Fall eine Zwischenabtretung an einen Dritten praktisch unmöglich ist.

Die Löschung einer **Hypothek**, die dem Eigentümer nur vorläufig zusteht, weil die gesicherte Forderung noch nicht entstanden ist (RN 263), kann nicht verlangt werden. Dasselbe gilt für eine Briefhypothek oder eine für einen Dritten eingetragene Briefgrundschuld, solange weder dem Gläubiger der Brief übergeben noch die Briefübergabe ersetzt worden ist (RN 264). *497*

Der Löschungsanspruch entsteht erst, wenn das Grundpfandrecht auf den eingetragenen Gläubiger übergegangen ist und dann wieder an den Eigentümer zurückfällt (§ 1179a Abs. 2 BGB).

---

4   OLG Celle v. 11.4.1986 – 4 U 76/85 –, Rpfleger 1986, 398; *Schelter*, DNotZ 1987, 518; *offen gelassen:* BGH v. 22.1.1987 – IX ZR 100/86 –, BGHZ 99, 363 = WM 1987, 356 = DNotZ 1987, 510 (m. Anm. *Schelter*), da die Eigentümergrundschuld im entschiedenen Fall zur Sicherung bestimmter, auch künftiger oder bedingter Forderungen abgetreten worden war und (da gesicherte Forderungen entstanden und pünktlich bezahlt worden sind) ihren Sicherungszweck vor der Rückübertragung erfüllt hat, wodurch nach Ansicht des BGH die Voraussetzungen des § 1196 Abs. 3 BGB „jedenfalls" erfüllt sind.

5   BGH v. 15.7.1997 – XI ZR 145/96 – (Ziff. II, 2 a), BGHZ 136, 246 = WM 1997, 1616 = EWiR § 1196 BGB 1/97, 977 (*Joswig*); *Grüneberg/Herrler*, § 1179a RN 7, § 1196 RN 8.

6   BGH v. 15.7.1997 – XI ZR 145/96 – (Ziff. II, 2 a), BGHZ 136, 246 = WM 1997, 1616 = EWiR § 1196 BGB 1/97, 977 (*Joswig*).

Stellt sich aber heraus, dass die Hypothekenforderung endgültig nicht entsteht (bspw. weil die Hypothekenbank wegen Vermögensverfalls des Eigentümers den Darlehensvertrag vor Auszahlung gekündigt hat), dann kann ein gleich- oder nachrangiger anderer Grundpfandgläubiger die Löschung der (Eigentümer-)Grundschuld verlangen. Dies gilt selbst dann, wenn sie inzwischen (aber nach Eintragung des löschungsbegünstigten Rechts) abgetreten worden ist (§ 1179a Abs. 2 Satz 1 Halbsatz 2 BGB)[7].

498 Steht ein **Gesamtgrundpfandrecht**, das auf mehreren Beleihungsobjekten **desselben Eigentümers** lastet, dem Eigentümer zu, gilt Entsprechendes. Ruht das gleich- oder nachrangige löschungsbegünstigte Grundpfandrecht nur auf einzelnen dieser Beleihungsobjekte, kann nur auf ihnen Löschung der Gesamtgrundschuld verlangt werden[8]. Zur Beschränkung des Löschungsanspruchs auf einzelne Grundstücke vgl. auch RN 509.

499 Lastet das **Gesamtrecht** auf Objekten, die **verschiedenen Eigentümern** gehören (bspw. auf einem Hausgrundstück, das Ehegatten in Miteigentum zu je ½ gehört) und wird die durch die Hypothek gesicherte Forderung (RN 251) oder die Grundschuld (RN 824) durch alle (Mit-)Eigentümer *gemeinsam* getilgt oder das Pfandrecht auf alle *gemeinsam* übertragen, so entsteht eine Eigentümergrundschuld, deren Löschung ein gleich- oder nachrangiger Grundpfandrechtsgläubiger – ggf. nur auf dem für ihn belasteten Grundstück – verlangen kann (RN 498).

Tilgt jedoch nur *einer* der mehreren Eigentümer die durch die Hypothek gesicherte Forderung (RN 251) oder die Grundschuld (RN 824) oder wird das Pfandrecht nur auf *einen* der (Mit-)Eigentümer übertragen, so erwirbt dieser die Hypothek oder Grundschuld lediglich auf *seinem* Grundstück bzw. Miteigentumsanteil; im Übrigen erlischt sie kraft Gesetzes (§ 1173 Abs. 1 BGB), ohne dass ein Löschungsanspruch geltend gemacht werden muss oder kann (vgl. auch RN 479).

Lediglich wenn und soweit der das Pfandrecht erwerbende Eigentümer einen Ersatzanspruch gegen den bzw. die anderen Eigentümer hat, geht das Gesamtgrundpfandrecht auch an den fremden Grundstücken (Miteigentumsanteilen) auf ihn über (§ 1173 Abs. 2 BGB). Auf den fremden Grundstücken ist es aber *Fremd*grundpfandrecht[9], sodass insoweit die Voraussetzungen für den Löschungsanspruch nicht gegeben sind. Gleich- oder nachrangige andere Gläubiger können in diesem Fall Löschung nur auf den Beleihungsobjekten verlangen, die dem tilgenden Eigentümer gehören, weil nur darauf eine Eigentümergrundschuld entsteht[8].

500 Das durch die Löschung betroffene vor- oder gleichrangige Grundpfandrecht muss dem Eigentümer entweder im **Zeitpunkt** der Eintragung des löschungsbe-

---

7   *MünchKomm/Lieder*, § 1179a RN 22; *Grüneberg/Herrler*, § 1179a RN 5.
8   Anderer Meinung anscheinend: *Jerschke*, DNotZ 1977, 708, 728, der, ohne eine Begründung dafür zu geben, die Ansicht äußert, dass der Löschungsanspruch nicht durchgreife, solange ein Gesamtrecht besteht.
9   Vgl. dazu BayObLG v. 25. 5. 1962 – BReg 2 Z 55/62 – (Buchst. c, bb und cc), NJW 1962, 1725.

günstigten Grundpfandrechts schon (und noch) zustehen oder sich nach dessen Eintragung mit dem Eigentum in einer Person vereinigen. Zutreffend bejaht der BGH[10] den gesetzlichen Löschungsanspruch auch dann, wenn im Zwangsversteigerungsverfahren der Vorranggläubiger nach Zuschlag auf seinen Erlösanspruch verzichtet; zu den Einzelheiten s. insoweit RN 1215.1.

Ein Löschungsanspruch entsteht nicht, wenn das (frühere) Eigentümergrundpfandrecht im Zeitpunkt der Eintragung des löschungsbegünstigten Rechts dem Eigentümer nicht mehr zustand, bspw. bereits an einen Dritten abgetreten war. Erwirbt der frühere Eigentümer das Pfandrecht erst, nachdem er das Eigentum durch rechtsgeschäftliche Übertragung oder Zuschlag in der Zwangsversteigerung verloren hat, entsteht ebenfalls kein Löschungsanspruch.

Keine Rolle spielt es, wann das **betroffene Grundpfandrecht** bestellt worden *501* ist. Der Löschungspflicht unterliegen alle Grundpfandrechte, auch die **vor dem 1. Januar 1978**[11] eingetragenen[12].

Löschungsberechtigt sind dagegen nur Gläubiger der nach dem 31.12.1977 neu eingetragenen Grundpfandrechte; im Einzelnen s. RN 507 ff.

Der gesetzliche Löschungsanspruch gegenüber einem vor- oder gleichrangigen *502* anderen Grundpfandrecht (§ 1179a BGB) dient der **Verstärkung des begünstigten Rechts**. Eine Realisierung des Löschungsanspruchs vor der Erlösverteilung in der Zwangsversteigerung ist deshalb praktisch selten[13], aber nicht von vornherein ausgeschlossen[14].

15.2 Zur Löschung Verpflichteter

Zur **Löschung verpflichtet ist der Eigentümer.** Sind (bei Eigentumswechsel) *503* mehrere Personen nacheinander Eigentümer gewesen, ist derjenige zur Löschung verpflichtet, der – als er Eigentümer war – das *zu löschende* Grundpfandrecht erworben hat.

Das *begünstigte* Grundpfandrecht muss bereits bestehen, wenn der Eigentümer das zu löschende Recht erwirbt, oder spätestens in einem Zeitpunkt entstehen, in dem der Eigentümer (noch) Gläubiger des zu löschenden Rechts bzw. der Gläubiger (noch) Eigentümer ist (RN 500).

Überträgt der zur Löschung verpflichtete Eigentümer das Grundstück zusammen mit dem zu löschenden Grundpfandrecht, so ist neben ihm auch der neue Grundstückseigentümer zur Löschung verpflichtet (§ 1179a Abs. 1 Satz 2 BGB); veräußert er das Grundstück ohne das betroffene Grundpfandrecht, so bleibt er

---

10 BGH v. 27.4.2012 – V ZR 270/10 – (RN 12), BGHZ 193, 144 = WM 2012, 1077 = NJW 2012, 2274.
11 Der gesetzliche Löschungsanspruch wurde durch Gesetz zur Änderung sachenrechtlicher, grundbuchrechtlicher und anderer Vorschriften vom 22.6.1977 (BGBl. I, 998) mit Wirkung ab 1.1.1978 begründet.
12 BGH v. 22.1.1987 – IX ZR 100/86 –, BGHZ 99, 363 = WM 1987, 356 = DNotZ 1987, 510 (m. Anm. *Schelter*); Schmitz, WM 1991, 1061, 1065.
13 *Staudinger/Wolfsteiner* (2019), § 1179a RN 59.
14 LG Ansbach v. 15.1.1998 – 1 S 1131/97 –, WM 1998, 811.

allein löschungspflichtig[15]. Der neue Eigentümer muss aber der Löschung zustimmen (RN 504).

504   Ein einmal entstandener **Löschungsanspruch ist gegen Dritte durchsetzbar** und wird nicht dadurch beeinträchtigt, dass der Grundstückseigentümer das davon betroffene Grundpfandrecht abtritt oder das Grundstück ohne das Grundpfandrecht veräußert. Denn der Löschungsanspruch wird so behandelt, wie wenn er durch Vormerkungen zugunsten aller Löschungsberechtigten (RN 507 bis 515) gesichert wäre (§ 1179a Abs. 1 Satz 3 BGB).

Das bedeutet, dass gegenüber den Löschungsberechtigten insbesondere jede Abtretung des zu löschenden Grundpfandrechts, aber auch die Übertragung des Grundstücks unwirksam ist (§ 883 Abs. 2 Satz 1 BGB).

Deshalb muss jeder künftige Gläubiger des vom Löschungsanspruch betroffenen Grundpfandrechts auf Verlangen eines Löschungsberechtigten der Löschung zustimmen (§ 888 Abs. 1 BGB), selbst wenn seine durch das abgetretene Grundpfandrecht zu sichernde Forderung noch besteht.

Ebenso muss – nach einem Eigentumswechsel – der neue Grundstückseigentümer die zur Löschung des Grundpfandrechts erforderliche Zustimmung (§ 1183 BGB, § 27 GBO) erteilen, auch wenn er selbst nicht kraft Gesetzes (RN 503) zur Löschung verpflichtet ist (§ 888 Abs. 1 BGB).

505   Selbst nach mehreren Abtretungen des zu löschenden Grundpfandrechts bleiben der Löschungsanspruch und sein Schutz durch die Vormerkungsfiktion erhalten. Auch **beim Erwerb vom Fremdgläubiger** kann deshalb ein **Löschungsanspruch** in Betracht kommen, nämlich dann, wenn dieser oder einer seiner Rechtsvorgänger die Grundschuld durch Abtretung vom Eigentümer in einem Zeitpunkt erworben hat, zu dem gleich- oder nachrangige löschungsberechtigte Grundpfandrechte bestanden.

Eine einwandfreie Sicherheit erwirbt der neue Gläubiger nur, wenn der Löschungsanspruch bereits auf Veranlassung eines Vorberechtigten ausgeschlossen oder sachgerecht eingeschränkt (RN 518 bis 526) worden ist (was der neue Gläubiger nachprüfen sollte) oder wenn dies jetzt erfolgt.

506   Das gilt jedenfalls dann, wenn es sich aus dem Grundbuch (insbesondere bei der Abtretung einer Buchgrundschuld) oder aus der das Grundbuch gemäß § 1155 BGB ergänzenden Kette beglaubigter Abtretungserklärungen (bei der Abtretung einer Briefgrundschuld ohne Eintragung im Grundbuch) ergibt, dass der Zedent oder einer seiner Rechtsvorgänger die Grundschuld vom Eigentümer erworben hat. Das Gleiche gilt, wenn dem Zessionar sonst bekannt ist, dass der Eigentümer Gläubiger der Grundschuld war.

Fraglich ist aber, ob der Zessionar die Grundschuld **gutgläubig** frei vom Löschungsanspruch wenigstens dann erwerben kann, wenn er weder weiß noch aus dem Grundbuch oder der Kette der Abtretungserklärungen ersehen kann, dass die Grundschuld einmal dem Eigentümer zugestanden hat. Das kann bspw. in Betracht kommen, wenn die für A eingetragen gewesene Grundschuld kraft

---

15   *Grüneberg/Herrler*, § 1179a RN 3.

Gesetzes auf den Eigentümer übergegangen ist, etwa durch Zahlung auf die Grundschuld selbst (RN 824), dennoch aber von dem nicht mehr berechtigten A an den gutgläubigen B abgetreten worden ist. Zweifellos erwirbt B die Grundschuld als solche, wenn die Voraussetzungen nach § 892 BGB (ggf. i. V. m. § 1155 BGB) erfüllt sind (RN 459). Dieser vom Gesetz gewollte Verkehrsschutz würde unerträglich durchlöchert, wenn B einem nachrangigen (löschungsberechtigten) Gläubiger gegenüber das (gutgläubig erworbene) Recht aufgeben müsste. Gegen den gutgläubigen Erwerber der Grundschuld kann darum der gesetzliche Löschungsanspruch (oder ein durch Löschungsvormerkung gesicherter Löschungsanspruch) nicht durchgesetzt werden[16].

15.3 Löschungsberechtigter

Der gesetzliche Löschungsanspruch steht dem Grunde nach dem **Gläubiger** *507* **jedes Grundpfandrechts** – mit Ausnahme der Altrechte aus der Zeit vor dem 1.1.1978 (RN 508) – zu, das Rang nach oder gleichen Rang mit dem zu löschenden Grundpfandrecht hat, und zwar dem jeweiligen Gläubiger (RN 514).

Auch dem Gläubiger einer nach dem Stichtag (1.1.1978) eingetragenen Zwangshypothek steht der Löschungsanspruch zu, nicht aber dem Gläubiger einer Arresthypothek (§ 932 Abs. 1 Satz 2 ZPO).

Dem Gläubiger eines **Altrechts** steht der gesetzliche Löschungsanspruch **nicht** *508* zu. Altrecht ist ein Grundpfandrecht, das *vor* dem 1.1.1978 im Grundbuch eingetragen[17] worden ist.

Altrecht ist aber auch ein *nach* dem 31.12.1977 eingetragenes Recht, wenn der Antrag (oder das Ersuchen) auf Eintragung vor dem Stichtag beim Grundbuchamt eingegangen ist; auf den Tag der Bewilligung (oder des Ersuchens) kommt es nicht an. Ob ein seit dem 1.1.1978 eingetragenes Recht vorher beantragt worden ist, ist daran zu erkennen, dass in diesem Fall das Fehlen des Löschungsanspruchs von Amts wegen im Grundbuch eingetragen worden ist[18].

Zugunsten von (nicht erstrangigen) Altrechten wurde aber meist eine Löschungspflicht des Eigentümers rechtsgeschäftlich begründet und durch Löschungsvormerkung gesichert (RN 527 ff., 537).

Erfolgt (seit dem 1.1.1978) eine **nachträgliche Mitbelastung**, indem ein *509* Grundpfandrecht auf ein weiteres Grundstück erstreckt, so erwirbt sein Gläubiger dem Grunde nach den gesetzlichen Löschungsanspruch hinsichtlich aller (vor- und gleichrangigen) Grundpfandrechte, die auf dem nachverpfändeten

---

16 *MünchKomm/Lieder*, § 1179 RN 33 m. w. N., § 1179a RN 4; *Grüneberg/Herrler*, § 1179 RN 14; *Staudinger/Wolfsteiner* (2019), § 1179 RN 52; *Jerschke*, DNotZ 1977, 715; *anderer Ansicht:* RG v. 5. 6. 1918 – Rep. V 45/18 –, RGZ 93, 114, 118.

17 Art. 8 § 1 Abs. 1 Gesetz zur Änderung sachenrechtlicher, grundbuchrechtlicher und anderer Vorschriften vom 22. 6. 1977 (BGBl. I, 998), abgedruckt bei *Grüneberg/Herrler*, § 1179a RN 18.

18 Art. 8 § 1 Abs. 2 Gesetz zur Änderung sachenrechtlicher, grundbuchrechtlicher und anderer Vorschriften vom 22. 6. 1977 (BGBl. I, 998), abgedruckt bei *Grüneberg/Herrler*, § 1179a RN 18.

Grundstück lasten; denn die Nachverpfändung ist für das hinzukommende Grundstück eine Neubelastung.

Das gilt – aber *nur* bezüglich der Grundpfandrechte auf dem nachverpfändeten Grundstück – auch dann, wenn es sich bei dem erstreckten Grundpfandrecht um ein Altrecht aus der Zeit vor 1978 (RN 508) handelt[19]. Eine Löschungsvormerkung an den Grundpfandrechten auf dem nachverpfändeten Grundstück kann daneben nicht eingetragen werden[20].

Das kann dazu führen, dass der Gläubiger eines solchen Altrechts einen gesetzlichen Löschungsanspruch hinsichtlich vor- oder gleichrangiger Grundpfandrechte hat, soweit diese auf dem nachverpfändeten Grundstück lasten, aber nicht insoweit, wie sie auf den früher (vor dem 1.1.1978) belasteten Grundstücken ruhen.

510   Ist der **Eigentümer** selbst als Gläubiger einer **nachrangigen Grundschuld** eingetragen, so steht auch ihm ein dinglicher Löschungsanspruch bezüglich vor- oder gleichrangiger anderer Grundpfandrechte in gleicher Weise[21] wie einem Fremdgläubiger zu[22].

Zwar sind zunächst Gläubiger und Schuldner personengleich, sodass der Anspruch nicht geltend gemacht werden kann. Wird aber die löschungsbegünstigte (nachrangige) Grundschuld später abgetreten, so geht der Löschungsanspruch als Teil der Grundschuld auf den neuen Gläubiger über (RN 514). Dieser kann den Anspruch so geltend machen, wie wenn er ihm von Anfang an zugestanden hätte.

511   Eine **verdeckte Eigentümergrundschuld** liegt vor, wenn eine Hypothek oder Grundschuld gemäß § 1163 BGB nicht dem eingetragenen Gläubiger, sondern dem Eigentümer zusteht (RN 251, 263, 264), ohne dass sich dies aus dem Grundbuch ergibt. In diesem Fall ist der als Gläubiger eingetragene Dritte bzw. sein Rechtsnachfolger Inhaber des aus diesem Recht fließenden Löschungsanspruchs (§ 1179a Abs. 3 BGB).

---

19   BGH v. 6.3.1981 – V ZB 2/80 – (Ziff. II, 1), BGHZ 80, 119 = WM 1981, 527; BayObLG v. 7.2.1980 – BR 2 Z 6/79 –, BB 1980, 602 = WM 1980, 448; *MünchKomm/Lieder*, § 1179a RN 28 m. w. N.; *zweifelnd:* OLG Düsseldorf v. 22.12.1978 – 3 W 332/78 –, WM 1979, 874 und OLG Köln v. 26.3.1979 – 2 Wx 142/78 –, WM 1979, 875.

20   BGH v. 6.3.1981 – V ZB 2/80 – (Ziff. II, 2), BGHZ 80, 119 = WM 1981, 527; *anderer Ansicht* (jedenfalls wegen unklarer Rechtslage Eintragung möglich): OLG Düsseldorf v. 22.12.1978 – 3 W 332/78 –, WM 1979, 874; OLG Köln v. 26.3.1979 – 2 Wx 142/78 –, WM 1979, 875.

21   Also bspw. auch mit der Einschränkung (§ 1196 Abs. 3 BGB), dass die Löschung einer vorrangigen offenen Eigentümergrundschuld erst verlangt werden kann, wenn sie *einmal* einem Dritten zugestanden hat und dann wieder vom Eigentümer erworben wird (RN 496).

22   BayObLG v. 9.10.1991 – 2 Z 132/91 –, DNotZ 1992, 306; OLG Düsseldorf v. 8.2.1988 – 3 Wx 503/87 –, NJW 1988, 1798 = Rpfleger 1988, 308; OLG Braunschweig v. 20.10.1986 – 2 W 80/86 –, DNotZ 1987, 515 (mit zust. Anm. *Schelter*); *Grüneberg/Herrler*, § 1179a RN 2; *Willke*, WM 1978, 2; *anderer Ansicht: MünchKomm/Lieder*, § 1196 RN 23.

Die Löschung eines vor- oder gleichrangigen anderen Pfandrechts kann er (bzw. sein Rechtsnachfolger) aber erst verlangen, wenn er Gläubiger des löschungsbegünstigten Rechts geworden ist, dann aber so, wie wenn ihm das Grundpfandrecht von Anfang an zugestanden hätte[23].

Tritt ein Grundpfandrecht – ausgenommen ein Altrecht aus der Zeit vor 1978 *512* (RN 508) – nachträglich im Rang hinter ein anderes zurück, so erwirbt sein Gläubiger kraft Gesetzes den **Anspruch auf Löschung** des vortretenden Rechts, wenn dieses im Zeitpunkt des **Rangrücktritts** dem Grundstückseigentümer zusteht oder später auf den Grundstückseigentümer übergeht. Entsprechendes gilt, wenn statt des Vorrangs nur der Gleichrang eingeräumt wird (§ 1179a Abs. 4 BGB).

Räumt dagegen ein Altrecht aus der Zeit vor 1978 (RN 508) einem anderen Grundpfandrecht den Vor- oder Gleichrang ein, so erwirbt der zurücktretende Gläubiger nach der herrschenden Meinung keinen gesetzlichen Löschungsanspruch am vortretenden Recht (RN 376). Zu seinen Gunsten kann aber eine Löschungsvormerkung (RN 527, 528) zur Sicherung einer rechtsgeschäftlichen Löschungsverpflichtung eingetragen werden (RN 538).

Umgekehrt verliert der Gläubiger eines Grundpfandrechts seinen Löschungsanspruch gegenüber einem **vor- oder gleichrangigen** anderen Pfandrecht, sobald *513* ihm der Vorrang vor diesem Recht eingeräumt wird[24].

Wird das **löschungsbegünstigte Grundpfandrecht abgetreten**, so geht mit ihm *514* auch der Löschungsanspruch auf den neuen Gläubiger über. Dieser wird behandelt, wie wenn ihm das löschungsbegünstigte Recht von Anfang an zugestanden hätte.

Der neue Gläubiger kann also die Löschung auch solcher vor- oder gleichrangiger anderer Grundpfandrechte verlangen, die dem Grundstückseigentümer irgendwann nach Bestellung des löschungsbegünstigten Rechts zugestanden haben, selbst wenn sie ihm bei der Abtretung des löschungsbegünstigten Rechts nicht mehr zustehen[25].

Ein gleichartiger **Löschungsanspruch besteht am „eigenen" Recht** zugunsten *515* desjenigen, der als Gläubiger einer Hypothek oder Grundschuld – ausgenommen einem Altrecht (RN 508) – eingetragen (oder durch eine ununterbrochene Reihe beglaubigter Abtretungserklärungen nach § 1155 BGB ausgewiesen) ist, sofern nicht er, sondern der Grundstückseigentümer Gläubiger dieses Pfandrechts ist (§ 1179b BGB).

So kann bspw. der noch eingetragene Hypothekengläubiger nach Tilgung des gesicherten Darlehens vom Grundstückseigentümer die Löschung der aus der Hypothek entstandenen Eigentümergrundschuld verlangen. Dieser Anspruch ermöglicht es ihm, eine u.U. Nachprüfungen voraussetzende löschungsfähige Quittung (RN 269) zu verweigern und stattdessen nur eine Löschungsbewilli-

---

23   *MünchKomm/Lieder*, § 1179a RN 16 f.; *Grüneberg/Herrler*, § 1179a RN 2.
24   *Jerschke*, DNotZ 1977, 726; *Stöber*, Rpfleger 1977, 405.
25   *Jerschke*, DNotZ 1977, 715.

gung zu erteilen. Bei Abtretung einer vorläufigen Eigentümergrundschuld etwa zur Zwischenfinanzierung (RN 464 bis 467) ist es deshalb geboten, auch diesen Löschungsanspruch auszuschließen (RN 526).

15.4 Ausschluss/Einschränkung des Löschungsanspruchs

516 Da der Löschungsanspruch auch gegenüber dem neuen Gläubiger einer abgetretenen Grundschuld durchgesetzt werden kann (RN 504, 505), muss beim Erwerb einer Grundschuld durch Abtretung (nicht bei Neubestellung) **sorgfältig geprüft** werden, ob die Grundschuld durch einen Löschungsanspruch bedroht sein könnte, ggf. muss er ausgeschlossen oder eingeschränkt werden (RN 518 bis 526).

Ein durch den Löschungsanspruch bedrohtes Grundpfandrecht ist keine brauchbare Kreditsicherheit, weil damit gerechnet werden muss. dass der Gläubiger in einer etwa notwendigen Zwangsversteigerung – trotz guter Rangstelle – darauf nichts erhält (RN 1212 bis 1221).

517 Eine **Bedrohung** durch den Löschungsanspruch liegt stets vor, wenn das **Grundpfandrecht vom Eigentümer abgetreten** wird und im Zeitpunkt der Abtretung ein anderes Grundpfandrecht – außer einem Altrecht aus der Zeit vor 1978 (RN 508) – mit gleichem oder schlechterem Rang besteht.

Ein Löschungsanspruch droht auch aus einem gleich- oder nachrangigen Grundpfandrecht, das im Augenblick der Abtretung dem Eigentümer zusteht (RN 510, 511). Auch insoweit müssen etwaige Löschungsansprüche ausgeschlossen werden, was zulässig ist[26].

Selbst ein Grundpfandrecht, das **von einem Dritten** (nicht dem Eigentümer) erworben wird, kann u. U. durch einen Löschungsanspruch bedroht sein. Im Einzelnen s. RN 505, 506.

518 Der **Ausschluss** oder die Einschränkung des gesetzlichen Löschungsanspruchs ändern den Inhalt des durch den Löschungsanspruch begünstigten Grundpfandrechts (§ 1179a Abs. 5 Satz 1 BGB). Eine entsprechende Einigung zwischen dessen Gläubiger und dem Grundstückseigentümer und deren Eintragung ist daher notwendig (§§ 877, 873 Abs. 1 BGB).

Der Gläubiger des löschungsbedrohten Rechts kann die Vereinbarung nur anregen; er ist an ihr aber nicht beteiligt. Die Zustimmung gleich- oder nachrangiger Grundpfandgläubiger ist nicht erforderlich[27].

519 Wird der Ausschluss oder die Einschränkung des Löschungsanspruchs bei einem bereits eingetragenen Recht **nachträglich** eingetragen, so ist dafür die beglaubigte (RN 111) oder beurkundete (RN 112) **Bewilligung** des Grundpfand-

---

26   OLG Düsseldorf v. 8. 2. 1988 – 3 Wx 503/87 –, NJW 1988, 1798 = Rpfleger 1988, 308; OLG Braunschweig v. 20. 10. 1986 – 2 W 80/86 –, DNotZ 1987, 515 (mit zust. Anm. *Schelter*).

27   *Grüneberg/Herrler*, § 1179a RN 11; *Staudinger/Wolfsteiner* (2019), § 1179a RN 32; *Schöner/Stöber*, RN 2627; *Jerschke*, DNotZ 1977, 708, 715; *Schelter*, DNotZ 1987, 518 m. w. N.

gläubigers erforderlich; das Einverständnis des Eigentümers ist zwar notwendig, braucht dem Grundbuchamt aber nicht nachgewiesen zu werden.

Wird sofort bei Bestellung des Grundpfandrechts der damit verbundene Löschungsanspruch ausgeschlossen oder eingeschränkt, genügt die einseitige Erklärung des Eigentümers in der Bestellungsurkunde[28]; ob die Einigung mit dem Gläubiger zustande gekommen ist, prüft das Grundbuchamt nicht (RN 56). Auch bei Bestellung einer Eigentümergrundschuld kann der damit verbundene Löschungsanspruch ausgeschlossen oder eingeschränkt werden[29].

Bei der **Eintragung sind die Grundpfandrechte**, die dem Löschungsanspruch ganz oder teilweise nicht unterliegen, **zu bezeichnen** (§ 1179a Abs. 5 Satz 2 BGB). Das geschieht durch Angabe der laufenden Nummer, unter der sie in Abteilung III eingetragen sind. Für die Eintragungsbewilligung reicht die Angabe, dass der Löschungsanspruch gegenüber allen vor- oder gleichrangigen Grundpfandrechten ausgeschlossen wird, aus[30].

Wird dieser Weg gewählt, **scheidet** die Gefahr eines **gutgläubig einredefreien Erwerbs** des Löschungsanspruchs, der bei nur schuldrechtlichem Verzicht auf den Löschungsanspruch droht (RN 523), **aus.**

520 Wird der Ausschluss sofort bei der Eintragung des (sonst löschungsbegünstigten) Grundpfandrechts eingetragen, fallen keine zusätzlichen **Kosten** an. Durch die nachträgliche Eintragung des Ausschlusses oder der Einschränkung entsteht beim Grundbuchamt eine halbe Gebühr (Nr. 14130 KV GNotKG) aus dem Wert des begünstigten, höchstens jedoch des Rechts, dessen Löschungsanspruch ausgeschlossen oder eingeschränkt wird (§ 45 Abs. 1 und Abs. 2 Satz 3 GNotKG).

521 Sollen die mit einer Grundschuld verbundenen **Löschungsansprüche ganz ausgeschlossen** werden, so kann dafür etwa folgende **Formulierung** gewählt werden[31]:

> *„Als Inhalt der bestellten Grundschuld wird vereinbart, dass der gesetzliche Löschungsanspruch bezüglich der bestellten Grundschuld selbst und bezüglich der vor- und gleichrangigen Grundpfandrechte ausgeschlossen ist. Die Eintragung dieses Ausschlusses in das Grundbuch wird bewilligt und beantragt."*

Auch wenn die vor- oder gleichrangigen anderen Pfandrechte vom Eigentümer mehrfach erworben und wieder abgetreten werden, kann deren Löschung danach nicht verlangt werden. Ausgeschlossen ist auch der Anspruch nach § 1179b BGB bezüglich des Rechts selbst (RN 515).

Dieser (vollständige) Ausschluss des Löschungsanspruchs kann auf ein einzelnes Grundpfandrecht beschränkt werden, etwa auf die Grundschuld, die an das

---

28 *Jerschke*, DNotZ 1977, 708, 725.
29 BayObLG v. 9.10.1991 – 2 Z 132/91 – (Ziff. 1), DNotZ 1992, 306; OLG Düsseldorf v. 8.2.1988 – 3 Wx 503/87 –, NJW 1988, 1798 = Rpfleger 1988, 308; OLG Braunschweig v. 20.10.1986 – 2 W 80/86 –, DNotZ 1987, 515 (mit zust. Anm. *Schelter*); *Grüneberg/Herrler*, § 1179a RN 10.
30 BayObLG v. 9.10.1991 – 2 Z 132/91 – (Ziff. 3), DNotZ 1992, 306; LG Nürnberg-Fürth v. 2.4.1980 – 13 T 1306/80 –, Rpfleger 1980, 386; *Schöner/Stöber*, RN 2626.
31 Formulierung nach *Everts*, in Beck'sches Notar-Handbuch, A VI RN 103.

Kreditinstitut zur Kreditsicherung abgetreten werden soll. Dann kann nur deren Löschung nicht verlangt werden, aber (bei vollständigem Ausschluss) gleichgültig, wie oft der Eigentümer sie erwirbt und wieder abtritt.

522 Der **Ausschluss** kann auch auf einzelne Fälle der Vereinigung **beschränkt** werden, etwa wenn dem Kreditinstitut eine durch den Löschungsanspruch einer nachrangigen Grundschuld (bspw. Abt. III Nr. 3) bedrohte Eigentümergrundschuld (bspw. Abt. III Nr. 2) abgetreten und dabei nur gegen den bereits bestehenden Löschungsanspruch gesichert werden soll.

Löschungsansprüche, die entstehen, wenn die Grundschuld Nr. 2 später einmal wieder dem Eigentümer zufällt, werden in diesem Fall nicht ausgeschlossen. Das Interesse des Kreditinstituts an der rechtsbeständigen Sicherung des konkret ins Auge gefassten Kredits wird auch dadurch ausreichend gewahrt. Die Eintragungsbewilligung kann etwa wie folgt **formuliert** werden:

> *„Der gesetzliche Löschungsanspruch des jeweiligen Gläubigers der im Grundbuch ... Band ... Blatt ... Abt. III Nr. 3 eingetragenen Grundschuld hinsichtlich der vorrangigen Grundschuld Nr. 2, die durch (bspw. Abtretung gemäß Erklärung vom ...) auf den Grundstückseigentümer übergegangen ist, wird für diesen Fall ihrer Vereinigung mit dem Eigentum und für alle etwaigen früheren Vereinigungsfälle ausgeschlossen.*
>
> *Es wird bewilligt und beantragt, diesen Ausschluss als Inhalt der Grundschuld Nr. 3 im Grundbuch einzutragen."*

523 Der löschungsberechtigte Gläubiger eines gleich- oder nachrangigen Grundpfandrechts kann auch nur **schuldrechtlich** auf die Durchsetzung seines Löschungsanspruchs gegenüber dem löschungsbedrohten Grundpfandrecht verzichten; eine Eintragung im Grundbuch ist dafür nicht erforderlich.

Auch dieser Verzicht bindet denjenigen, der ihn erklärt hat. Tritt er aber das Grundpfandrecht ab und weiß der Erwerber von diesem Verzicht nichts, so erwirbt dieser den Löschungsanspruch **gutgläubig** einredefrei[32, 33].

---

32 *Grüneberg/Herrler*, § 1179a RN 13; *Clemente*, RN 205; *Gaberdiel*, Sparkasse 1977, 282; *Kissel*, NJW 1977, 1761; *Stöber*, Rpfleger 1977, 430; *anderer Ansicht: Willke*, WM 1978, 2.

33 Da der gute Glaube nur bei rechtsgeschäftlichem Erwerb geschützt ist, würde sich derjenige, der das nachrangige Grundpfandrecht kraft Gesetzes erwirbt (bspw. ein ablösungsberechtigter Dritter durch Ablösung), den schuldrechtlichen Verzicht seines Rechtsvorgängers einredeweise entgegenhalten lassen müssen (§ 1157 Satz 1 BGB). Entsprechendes würde für denjenigen gelten, der das nachrangige Grundpfandrecht gepfändet hat. Vgl. BGH v. 11.5.2005 – IV ZR 279/04 – (Ziff. II, 2 b), WM 2005, 1271 = ZIP 2005, 1268 = NJW 2005, 2398 = Rpfleger 2005, 555 = MDR 2005, 1120 = DNotZ 2005, 850 = EWiR 2005, 631 (*Kesseler*) = WuB I F 3 Grundpfandrechte 4.05 (*Rimmelspacher*) = ZfIR 2006, 27 (*Joswig*); BGH v. 24.9.1996 – XI ZR 227/95 –, DNotZ 1997, 383 (mit krit. Anm. *Wolfsteiner*) = NJW 1997, 190 = WM 1996, 2197 = EWiR § 1157 BGB 1/96, 1127 (*Gaberdiel*); BGH v. 12.12.1985 – IX ZR 15/85 –, NJW 1986, 1487 (mit abl. Anm. *Canaris*) = WM 1986, 293 = EWiR § 893 BGB 1/86, 571 (*Clemente*); *Reinicke/Tiedtke*, WM 1986, 813; *kritisch: Clemente*, BGH v. 12.12.1985, EWiR § 893 BGB 1/86, 571; *Rimmelspacher*, WM 1986, 809.

Dieses **Risiko wird deutlich vermindert,** wenn der Gläubiger des Rechts, mit   *524*
dem der Löschungsanspruch verbunden ist, nicht nur auf die Geltendmachung
seines Löschungsanspruchs verzichtet, sondern sich zusätzlich **verpflichtet,** vor
Abtretung seines Grundpfandrechts den Ausschluss des Löschungsanspruchs
im Grundbuch eintragen zu lassen. Würde er sein Recht ohne Ausschluss des
Löschungsanspruchs abtreten, wäre er zum Ersatz des dadurch verursachten
Schadens verpflichtet. Bei guter Bonität des Partners ist der durch den schuldrechtlichen Verzicht begünstigte Gläubiger also ausreichend geschützt. Diese
Erklärung könnte etwa wie folgt **formuliert** werden:

> *„Die im Grundbuch ... Abt. III Nr. ... eingetragene Grundschuld soll/ist vom
> Eigentümer an ... abgetreten werden/worden. Wir verpflichten uns gegenüber
> dem jeweiligen Gläubiger dieser Grundschuld, den mit unserem nachrangigen
> (gleichrangigen) Grundpfandrecht Abt. III Nr. ... verbundenen gesetzlichen Lö-
> schungsanspruch (§ 1179a BGB) nicht geltend zu machen und im Falle der Abtre-
> tung unseres Grundpfandrechts zuvor den Ausschluss des Löschungsanspruchs
> gemäß § 1179a Abs. 5 BGB mit dem Grundstückseigentümer zu vereinbaren und
> im Grundbuch eintragen zu lassen."*

Wird dieser Weg gewählt, verbleibt allerdings – außer der Gefahr, dass ein   *525*
etwaiger Schadenersatzanspruch mangels Leistungsfähigkeit nicht durchgesetzt
werden kann – folgendes **Restrisiko:** Die Grundschuld könnte kraft Gesetzes,
etwa durch Ablösung, auf einen an die Vereinbarung nicht gebundenen Dritten
übergehen. Der kraft Gesetzes erwerbende Gläubiger müsste zwar die Einrede
gegen sich gelten lassen, auch wenn er sie nicht kennt[31]. Er könnte die Grundschuld aber (insbesondere wenn er von dem Verzicht nichts weiß) uneingeschränkt rechtsgeschäftlich an einen Dritten abtreten, der – falls er den Verzicht
nicht kennt – den Löschungsanspruch einredefrei erwerben würde.

Dagegen ist kein Schaden zu befürchten, wenn der noch eingetragene (Schein-   *526*
)Gläubiger eines Grundpfandrechts, das auf den Eigentümer übergegangen und
von diesem unter Übergabe des Briefs weiter abgetreten worden ist, gegenüber
dem neuen Gläubiger **nur schuldrechtlich** (RN 523) auf seinen Löschungsanspruch **nach § 1179b BGB (RN 515) verzichtet.**

Denn ohne Brief kann der noch eingetragene Gläubiger das Grundpfandrecht
nicht abtreten, insbesondere nicht an einen Gutgläubigen (RN 450, 459). Er
selbst ist aber an seine eigene Erklärung gebunden.

Hat der noch eingetragene Gläubiger eine löschungsfähige Quittung (RN 269)
oder eine Abtretungserklärung erteilt, was er aufgrund des Löschungsanspruchs
nach § 1179b BGB hätte verweigern können (RN 515), so hat er selbst akzeptiert,
dass er als Gläubiger des Rechts eingetragen bleiben kann. Darin dürfte ein
stillschweigender Verzicht auf seinen Löschungsanspruch liegen.

Bei einem Buchrecht kann der Fall, dass der frühere Gläubiger trotz Abtretung
des Grundpfandrechts durch den Eigentümer an den Zessionar noch im Grundbuch eingetragen ist, nicht eintreten.

15.5 Löschungsanspruch in der Insolvenz des Eigentümers

526.1 Die lange umstrittene Frage der Insolvenzfestigkeit des gesetzlichen Löschungsanspruchs bei Insolvenz des Eigentümers hat der BGH unter Aufgabe seiner früheren Rechtsprechung geklärt: Der Löschungsanspruch ist unabhängig davon insolvenzfest, ob die Vereinigungslage (RN 495) vor oder nach der Insolvenzeröffnung eintritt.[34]

---

34 BGH v. 27.4.2012 – V ZR 270/10 – (RN 12), BGHZ 193, 144 = WM 2012, 1077 = NJW 2012, 2274; *Staudinger/Wolfsteiner*, § 1179a RN 63; *MünchKomm/Lieder*, 1179a RN 20, § 1179 RN 45; *Grüneberg/Herrler*, § 1179a RN 17, § 1179 RN 16.

16 Löschungsvormerkung

16.1 Voraussetzungen der Löschungspflicht

Der Grundstückseigentümer kann sich gegenüber einem Dritten durch Rechts- *527*
geschäft verpflichten, ein Grundpfandrecht löschen zu lassen, wenn es ihm
zusteht. Eine solche **schuldrechtliche Verpflichtung** kann in bestimmten Fällen (RN 538 bis 540) durch eine Löschungsvormerkung gesichert werden
(§ 1179 BGB).

Die Löschungsvormerkung bedarf der Eintragung im Grundbuch. Dafür genügt *528*
die Eintragungsbewilligung des Grundstückseigentümers. Da die **Vormerkung**
erst greift, wenn das Grundpfandrecht dem Eigentümer zusteht, ist die Mitwirkung des Gläubigers des Pfandrechts nicht erforderlich[1].

Die Löschungsvormerkung wird immer, auch bei gleichzeitiger Eintragung mit
dem belasteten Grundpfandrecht, in der Veränderungsspalte eingetragen.

Bei einer durch Löschungsvormerkung gesicherten Verpflichtung kann – *529*
ebenso wie beim gesetzlichen Löschungsanspruch – Löschung nur verlangt
werden, wenn der **Grundstückseigentümer Inhaber des zu löschenden
Grundpfandrechts** geworden ist[2]; im Einzelnen s. RN 495.

Der genaue Umfang der **Löschungsverpflichtung** hängt aber – anders als beim *530*
gesetzlichen Löschungsanspruch – von der **individuellen Vereinbarung** ab.
Alle gängigen Formulierungen begründen das Recht des Vormerkungsberechtigten, die Löschung des durch die Vormerkung belasteten Grundpfandrechts zu
verlangen, wenn der Grundstückseigentümer es *nach* Eintragung der Vormerkung erwirbt.

Stand aber das betroffene Pfandrecht schon bei Eintragung der Vormerkung *531*
dem Eigentümer zu, ohne dass sich dies aus dem Grundbuch ergab (sog. **verdeckte vorläufige Eigentümergrundschuld**), hat die Rechtsprechung einzelnen Löschungsverpflichtungen je nach ihrem Wortlaut unterschiedliche Tragweite zuerkannt. Hat sich der Eigentümer bspw. verpflichtet, „die Hypothek
löschen zu lassen, wenn und soweit sie auf den Eigentümer *übergeht*", so soll
kein Löschungsanspruch bestehen, falls sich die Gewährung des Hypothekendarlehens endgültig zerschlägt (RN 263), weil dann die vorläufige Eigentümergrundschuld beim Eigentümer *verbleibt*[3]. Bei einer solchen Formulierung könne
Löschung nur und erst verlangt werden, wenn das Grundpfandrecht auf einen
Dritten übergegangen ist und dann wieder dem Eigentümer zufällt.

Die Verpflichtung, die Hypothek löschen zu lassen, „wenn und soweit sie sich
mit dem Eigentum in einer Person vereinigt hat oder vereinigen wird, oder
soweit eine Forderung nicht zur Entstehung gelangt", wird als umfassende Lö-

---

1   *Grüneberg/Herrler*, § 1179 RN 12.
2   BGH v. 20. 11. 1981 – V ZR 245/80 – (Ziff. II, 2), NJW 1982, 928 = WM 1982, 154.
3   BGH v. 23. 2. 1973 – V ZR 10/71 – (Ziff. III), BGHZ 60, 226 = NJW 1973, 846 = WM 1973,
    485; *anderer Ansicht* (für eine ähnliche Formulierung): RG v. 5. 6. 1918 – Rep. V
    48/18 –, RGZ 93, 114.

schungsverpflichtung verstanden, die auch die ursprüngliche Eigentümer-grundschuld ergreift[4].

532 Es ist streitig, ob es zulässig ist, bei einer **offenen (d. h. auf den Namen des Eigentümers lautenden) Eigentümergrundschuld** eine Löschungsvormer-kung überhaupt einzutragen, solange das Recht dem Eigentümer (noch) zu-steht, und wenn ja, ob die Löschungsvormerkung dann diesen Fall der Vereini-gung schon erfasst[5]. § 1196 Abs. 3 BGB, der diese Frage für den gesetzlichen Löschungsanspruch eindeutig regelt, gilt für den durch Vormerkung gesicher-ten Löschungsanspruch nicht.

Wenn, wie oft, die Formulierung der Löschungsverpflichtung Zweifel offen lässt, kann vernünftigerweise nur gemeint sein, dass der Eigentümer das Recht erst löschen lassen muss, wenn er es nach einer zwischenzeitlichen Abtretung wie-der erwirbt. Denn hätten die Beteiligten eine unbedingte Löschung der bei Bestellung der Löschungsvormerkung bestehenden (offenen) Eigentümer-grundschuld gewollt, hätten sie den sofortigen Vollzug veranlasst. Der Umweg über eine Löschungsvormerkung wäre weder verständlich noch sinnvoll.

Zu der dennoch verbleibenden Unsicherheit über die Auslegung des Löschungs-anspruchs kommt, wie beim gesetzlichen Löschungsanspruch (RN 496), dazu, dass nicht zuverlässig festgestellt werden kann, ob die (Brief-)Grundschuld vor-her schon einmal abgetreten war und inzwischen zurückübertragen worden ist. Deshalb sollte das Kreditinstitut, das sich eine solche Grundschuld abtreten lässt, die Zustimmung des Löschungsvormerkungsberechtigten einholen (RN 543, 544).

533 Ist eine Löschungsvormerkung zulasten eines **Gesamtrechts** eingetragen, so gilt dafür Entsprechendes wie für den gesetzlichen Löschungsanspruch (s. RN 498, 499).

16.2   Zur Löschung Verpflichteter

534 **Zur Löschung des Grundpfandrechts verpflichtet** ist derjenige **Grundstücks-eigentümer**, der die schuldrechtliche Löschungsverpflichtung (RN 527) einge-gangen ist. Er schuldet die Löschung, sobald dem Eigentümer (und zwar entwe-der ihm *oder* einem künftigen Eigentümer) das Grundpfandrecht – so wie in der Löschungsverpflichtung vereinbart (RN 529 bis 532) – zusteht.

535 Diese **Verpflichtung** kann, sobald die Voraussetzung dafür erfüllt ist, **durchge-setzt werden**, selbst wenn der Verpflichtete dann nicht mehr Eigentümer sein sollte. Denn wegen der Vormerkung muss **jeder künftige Gläubiger** bzw. jeder künftige Eigentümer der geschuldeten Löschung zustimmen (§§ 883, 888 BGB). Im Einzelnen wird auf RN 504 bis 506 verwiesen.

---

4   BGH v. 9. 3. 1973 – V ZR 77/71 – (Ziff. II, a), NJW 1973, 895 = WM 1973, 488; vgl. auch *Willke*, WM 1973, 718.
5   *Grüneberg/Herrler*, § 1179 RN 10 und 8 m. w. N.

16.3   Löschungsberechtigter

Löschungsberechtigt ist der Gläubiger des durch die eingetragene Löschungs-   *536*
vormerkung gesicherten Löschungsanspruchs. Das kann eine natürliche oder
juristische Person sein. Seit 1. Januar 1978 darf eine Löschungsvormerkung nur
noch eingetragen werden, wenn der Berechtigte Inhaber bestimmter Rechte ist
(RN 539, 540).

Die Löschungsvormerkung kann – anders als eine „alte" Löschungsvormerkung
(RN 537, 538) – nicht mehr für den (namentlich nicht benannten) *jeweiligen*
Inhaber eines Rechts eingetragen werden[6].

Allerdings geht der Löschungsanspruch – sofern die Beteiligten dies nicht ausgeschlossen haben oder ausschließen – bei Übertragung des Hauptrechts
(RN 539, 540) regelmäßig mit über und mit ihm die Löschungsvormerkung[7].

Bis zum 1. Januar 1978 ist bei Bestellung eines Grundpfandrechts, das nicht   *537*
erstrangig war, regelmäßig bei den vor- bzw. gleichrangigen anderen Grundpfandrechten eine Löschungsvormerkung (zur Sicherung einer entsprechenden
Löschungsverpflichtung des Eigentümers) eingetragen worden, und zwar meist
zugunsten des *jeweiligen* Gläubigers des begünstigten Rechts. Solche Löschungsvormerkungen bestehen unverändert fort[8], obwohl sie heute grundsätzlich
nicht mehr eingetragen werden dürfen (§ 1179 BGB[9]).

Eine Löschungsvormerkung zugunsten des *jeweiligen* Gläubigers des begünstigten Pfandrechts steht bei dessen Übertragung ohne Weiteres dem **neuen Gläubiger** zu. Wenn allerdings die Vormerkung zugunsten einer bestimmten (natürlichen oder juristischen) Person eingetragen ist, geht sie – zusammen mit dem
dadurch gesicherten Löschungsanspruch – nur über, wenn dieser abgetreten
wird, was auch stillschweigend möglich ist.

16.4   Neueintragung von Löschungsvormerkungen

Zugunsten des Gläubigers eines Grundpfandrechts darf eine Löschungsvor-   *538*
merkung nur noch eingetragen werden, wenn es sich dabei um ein **Altrecht** aus
der Zeit vor 1978 (RN 508) handelt, das nicht mit einem gesetzlichen Löschungsanspruch ausgestattet ist[10]. Eingetragen wird dann eine Löschungsvormerkung
gemäß § 1179 BGB in der bis 31. 12. 1977 geltenden Fassung.

---

6   *Schöner/Stöber*, RN 2608.
7   RG v. 3. 1. 1934 – V 265/33 –, RGZ 143, 70, 73; *Grüneberg/Herrler*, § 1179 RN 3; vgl. auch
      Schöner/Stöber, RN 2623.
8   Art. 8 § 1 Abs. 3 Satz 1 Gesetz zur Änderung sachenrechtlicher, grundbuchrechtlicher
      und anderer Vorschriften v. 22. 6. 1977 (BGBl. I, 998), abgedruckt bei *Grüne-
      berg/Herrler* § 1179a RN 18.
9   In der seit 1. 1. 1978 geltenden Fassung.
10   Art. 8 § 1 Abs. 3 Satz 2 Gesetz zur Änderung sachenrechtlicher, grundbuchrechtlicher
      und anderer Vorschriften v. 22. 6. 1977 (BGBl. I, 998), abgedruckt bei *Grüne-
      berg/Herrler* § 1179a RN 18; *Grüneberg/Herrler*, § 1179a RN 18 und 20, wo auch der
      Wortlaut von § 1179 in der bis 31. 12. 1977 geltenden Fassung wiedergegeben ist.

Wann das Grundpfandrecht, *zu dessen Lasten* die Löschungsvormerkung eingetragen werden soll, bestellt worden ist, spielt keine Rolle.

Eine solche Löschungsvormerkung kann, da für sie § 1179 BGB alter Fassung gilt, auch noch für den *jeweiligen* Gläubiger des begünstigten Pfandrechts bestellt werden[11].

Die nachträgliche Eintragung kann etwa in Betracht kommen, wenn ein vor dem 1.1.1978 bestelltes Grundpfandrecht nach diesem Stichtag einem anderen Grundpfandrecht den Vor- oder Gleichrang einräumt, wodurch es keinen gesetzlichen Löschungsanspruch erwirbt (RN 376, 512).

An **Kosten** fällt für die nachträgliche Eintragung einer Löschungsvormerkung eine halbe Gebühr (Nr. 14130 KV GNotKG) aus dem Wert des begünstigten, höchstens jedoch aus dem Wert des belasteten Rechts (§ 45 Abs. 1 und Abs. 2 Satz 3 GNotKG) an.

539   Dagegen darf **zugunsten des** (namentlich benannten) **Inhabers eines gleich- oder nachrangigen anderen Rechts** als eines Grundpfandrechts (z. B. eines Wohnungsrechts oder Vorkaufsrechts) – und zwar auch eines neu bestellten – eine Löschungsvormerkung eingetragen werden (§ 1179 Nr. 1 BGB).

So kann bspw. an dem auf einem Erbbaurecht lastenden Grundpfandrecht eine Löschungsvormerkung zugunsten des Grundstückseigentümers eingetragen werden, wenn dieser z. B. Gläubiger einer gleich- oder nachrangigen Reallast für Erbbauzins (RN 24) ist[12].

Die Löschungsvormerkung kann aber nur zugunsten der *Person* bestellt werden, die Inhaber des begünstigten Rechts ist, nicht zugunsten des *jeweiligen* Inhabers[13], es sei denn, dass schon das begünstigte Recht „dem jeweiligen Eigentümer" eines anderen Grundstücks zusteht (vgl. z. B. § 1018 BGB); in diesem Fall ist auch die Löschungsvormerkung entsprechend einzutragen[14].

Wird später das begünstigte Recht – sofern es übertragbar ist – abgetreten, so geht normalerweise der Löschungsanspruch samt Vormerkung mit über (RN 536).

540   Schließlich kann eine Löschungsvormerkung an einem Grundpfandrecht auch zugunsten dessen bestellt werden, der (schuldrechtlich) die Übereignung des Grundstücks oder die **Einräumung eines gleich- oder nachrangigen Rechts** am Grundstück, das nicht Grundpfandrecht sein darf, verlangen kann (§ 1179 Nr. 2 BGB). Der Anspruch muss glaubhaft gemacht werden; dafür sind alle Beweismittel zulässig, nicht nur Urkunden nach § 29 GBO (§ 29a GBO).

---

11   KG v. 7.3.1980 – 1 W 4820/79 –, DNotZ 1980, 487.
12   OLG Hamm v. 13.8.1980 – 15 W 33/80 –, Rpfleger 1981, 35; *Schöner/Stöber*, RN 2599.
13   BayObLG v. 5.5.1980 – 2 Z 50/79 – (Ziff. II, 3 b, bb), DNotZ 1980, 483; KG v. 7.3.1980 – 1 W 4820/79 –, DNotZ 1980, 487; *Grüneberg/Herrler*, § 1179 RN 3; *Schöner/Stöber*, RN 2608.
14   BayObLG v. 5.5.1980 – 2 Z 50/79 – (Ziff. II, 3 b, bb), DNotZ 1980, 483; *Schöner/Stöber*, RN 2608.

Wird die Löschungsvormerkung *gleichzeitig* mit dem begünstigten Recht einge-   *541*
tragen (was nur bei einer Vormerkung nach § 1179 Nr. 1 BGB [RN 539] möglich
ist), so ist die Eintragung gebührenfrei (Nr. 14130 Abs. 1 Satz 2 KV GNotKG).

Für die *nachträgliche* Eintragung einer Löschungsvormerkung, die **kosten**rechtlich als Veränderung des Pfandrechts behandelt wird, fällt eine halbe Gebühr an
(Nr. 14130 Abs. 1 Satz 1 KV GNotKG).

Die Kosten sind nach dem Wert des begünstigten Rechts, höchstens aus dem
Wert des Pfandrechts (§ 45 Abs. 1 und 2 GNotKG) zu berechnen, wenn die
Vormerkung für den Inhaber eines nach- oder gleichrangigen Rechts am
Grundstück (RN 539) eingetragen wird. Wird sie dagegen für den Gläubiger
eines *Anspruchs* auf Eintragung eines solchen Rechts oder auf Erwerb des Eigentums (RN 540) eingetragen, richten sich die Kosten allein nach dem Nominalwert des Grundpfandrechts; § 45 Abs. 2 Satz 1 GNotKG ist in diesem Fall nicht
anwendbar[15].

Kann die Vormerkung (bspw. Vormerkung zugunsten des Grundstückseigentümers an einem auf dem Erbbaurecht ruhenden Pfandrecht) sowohl nach § 1179
Nr. 1 BGB (RN 539) im Hinblick auf ein eingetragenes Recht des Eigentümers
(etwa die Reallast für Erbbauzins) wie auch nach § 1179 Nr. 2 BGB (RN 540) im
Hinblick auf einen schuldrechtlichen Anspruch des Eigentümers (etwa den
Heimfallanspruch) eingetragen werden, so ist im Hinblick auf die u. U. erheblichen Kostenunterschiede das Gewollte klar anzugeben[16].

16.5 Zustimmung des Vormerkungsberechtigten

Beim Erwerb einer mit einer Löschungsvormerkung belasteten Grundschuld   *542*
durch Abtretung (nicht bei Neubestellung) muss **sorgfältig geprüft** werden, ob
der durch die Vormerkung gesicherte Löschungsanspruch irgendwann einmal
durchsetzbar geworden war.

Das ist immer der Fall, wenn der Grundstückseigentümer nach Eintragung der
Löschungsvormerkung Gläubiger der Grundschuld geworden ist (RN 529, 530).
Ein **Löschungsanspruch** kann, je nach seinem Inhalt, ferner bestehen, wenn
die Grundschuld bei Eintragung der Löschungsvormerkung dem Eigentümer
schon zustand (RN 531, 532). Da die Entscheidung darüber wegen der sehr auf
die konkrete Formulierung abstellenden Rechtsprechung eindeutig oft nicht
möglich ist, sollte man vor einer Beleihung im Zweifel davon ausgehen, dass
Löschung verlangt werden kann.

Der Löschungsanspruch kann das Grundpfandrecht auch dann bedrohen, wenn
die Grundschuld nicht unmittelbar vom Eigentümer an den neuen Gläubiger
abgetreten wird, nämlich dann, wenn einer der Vorberechtigten das Recht

---

15 Noch zur gleichlautenden Vorgängernorm § 23 Abs. 3 Satz 2 KostO: BayObLG v.
    11. 6. 1997 – 3 Z BR 27/97 –, Rpfleger 1997, 540; OLG Hamm v. 13. 8. 1980 –
    15 W 33/80 –, Rpfleger 1981, 35.
16 OLG Hamm v. 13. 8. 1980 – 15 W 33/80 –, Rpfleger 1981, 35.

(nach Eintragung der Löschungsvormerkung) vom Eigentümer erworben hat (RN 505, 506).

Ist der Löschungsanspruch einmal entstanden und durchsetzbar geworden, so kann der Vormerkungsberechtigte die Löschung des Grundpfandrechts auch gegen jeden neuen Gläubiger erzwingen, und zwar spätestens in der Zwangsversteigerung (RN 1226 bis 1228 i. V. m. 1215 bis 1225), es sei denn, dass der Vormerkungsberechtigte der Abtretung des Grundpfandrechts zugestimmt hat (RN 543, 544). Ohne diese Zustimmung ist das Grundpfandrecht für den neuen Gläubiger **keine brauchbare Sicherheit.**

543 Stimmt der Löschungsberechtigte zu, dass das Grundpfandrecht, dessen Löschung er verlangen könnte, vom Eigentümer an einen anderen abgetreten wird, kann er später gegen den Erwerber seinen Löschungsanspruch nicht mehr durchsetzen[17]. Bei mehreren Löschungsvormerkungen ist die **Zustimmung aller Berechtigten erforderlich.**

Die Zustimmungserklärung sollte aus Beweisgründen schriftlich verlangt werden. Eine Eintragung ins Grundbuch ist nicht erforderlich. Der nur schuldrechtliche Löschungsanspruch kann nämlich nicht gutgläubig (einredefrei) erworben werden. Deshalb besteht hier anders als beim gesetzlichen Löschungsanspruch (RN 523) keine Gefahr des gutgläubigen Erwerbs durch den Zessionar des begünstigten Rechts.

544 Die Zustimmungserklärung kann etwa wie folgt **formuliert** werden:

„Im Grundbuch ... Abt. III Nr. ... ist eine Hypothek (Grundschuld) über Euro ... und bei ihr für uns eine Löschungsvormerkung eingetragen. Das Grundpfandrecht steht (stand) dem Grundstückseigentümer zu und soll (ist) von ihm an ... abgetreten werden (worden). Im Hinblick auf unsere Löschungsvormerkung stimmen wir dieser Abtretung zu und verzichten gegenüber dem neuen Gläubiger und seinen Rechtsnachfolgern und gegenüber dem Grundstückseigentümer auf unseren Löschungsanspruch, bis das Grundpfandrecht erneut dem Grundstückseigentümer zufällt."

---

17 *MünchKomm/Lettmaier*, § 883 RN 71; *Grüneberg/Herrler*, § 883 RN 21.

17 Erlöschen der Grundschuld

17.1 Aufhebung durch Rechtsgeschäft

Eine Grundschuld erlischt, wenn der Gläubiger sie – mit Zustimmung des Eigen- *545* tümers (§ 1183 BGB) – aufhebt und wenn sie im Grundbuch gelöscht wird (§ 875 BGB).

Die **Eintragung** der Löschung im Grundbuch setzt voraus, dass ein Beteiligter (Gläubiger oder Grundstückseigentümer, RN 83) dies beantragt, dass der Gläubiger als Betroffener (RN 101) die Löschung bewilligt (RN 547 bis 549) und dass der Eigentümer ihr zustimmt (RN 550, 551). Bei einer Briefgrundschuld muss zudem der Brief vorgelegt werden (§§ 41, 42 GBO).

Erst mit der Eintragung erlischt das Recht; solange steht es dem Gläubiger zu. *546* Durch die bloße Aushändigung einer Löschungsbewilligung und ggf. des Briefs verliert der Gläubiger die Grundschuld noch nicht.

Werden die **Löschungsunterlagen** vor Vollzug der Löschung im Grundbuch **zurückgegeben**, kann die Grundschuld, wenn sie (dinglich) dem Gläubiger noch zusteht (also nicht, wenn sie *kraft Gesetzes* erloschen [RN 554 bis 559] oder auf einen anderen übergegangen [RN 824, 829] ist) erneut als Sicherheit eingesetzt werden. Das gilt bei einer vollstreckbar erteilten Grundschuld (RN 304) auch für den Vollstreckungstitel, wenn sich Gläubiger und Sicherungsgeber formlos darüber einigen, dass die Vollstreckung aus dem Titel erneut möglich sein soll. Hiervon ist in aller Regel auszugehen, wenn eine neue Sicherungsabrede getroffen wird.[1] Eine solche ist in jedem Fall erforderlich, weil (spätestens) durch Aushändigung der Löschungsunterlagen der Sicherungsvertrag beendet wird (RN 613).

Die Löschung muss vom Gläubiger bewilligt werden. Das ist grundsätzlich der *547* wahre Berechtigte. Auch die Bewilligung des eingetragenen Berechtigten genügt, solange die Vermutung der Richtigkeit des Grundbuchs (§ 891 BGB) nicht widerlegt ist.[2] Die **Löschungsbewilligung** darf keinerlei Bedingungen oder Befristungen enthalten[3]. Etwaige vom Gläubiger z.B. einem Treuhänder gegenüber ausgesprochene Verwendungsbeschränkungen sind unschädlich, solange die Löschungsbewilligung als solche unbedingt erklärt wird. Dies gilt selbst dann, wenn sie dem Grundbuchamt bekannt sind[4]. Bei Missachtung der schuldrechtlich gleichwohl bedeutsamen Auflagen kommt allerdings eine Schadensersatzhaftung des Treuhänders in Betracht.

Hat der Gläubiger einer Buchgrundschuld deren Abtretung bewilligt, so dürfte darin zugleich die Ermächtigung an den Abtretungsempfänger liegen, über die

---

1 BGH v. 27.3.2015 – V ZR 296/13 – (RN 11), WM 2015, 1005 = NJW-RR 2015, 915.
2 OLG Düsseldorf v. 31.7.2015 – 3 Wx 98/15 – (RN 19), NJW-RR 2015, 1429; OLG Sachsen-Anhalt v. 4.3.2015 – 12 Wx 49/14 – (RN 15), NotBZ 2016, 67; *Demharter*, § 27 RN 20.
3 *Demharter*, § 27 RN 20 i. V. m. § 19 RN 31.
4 *Bestelmeyer*, Rpfleger 2006, 121, 121; *anderer Ansicht* LG Hamburg v. 26.7.2005 – 321 T 16/05 – (Ziff. 2b, bb), Rpfleger 2006, 10 (zustimmend *Alff*).

Grundschuld zu verfügen, sodass dieser – ohne zuvor selbst als Gläubiger eingetragen zu sein – auch wirksam die Löschung bewilligen kann (vgl. auch RN 427)[5].

Die Löschungsbewilligung muss das Recht, das gelöscht werden soll, und die belasteten Grundstücke gemäß § 28 GBO (s. dazu RN 107) eindeutig bezeichnen.

Soll eine Gesamtgrundschuld (RN 385 bis 399) auf *allen* Grundstücken gelöscht werden, so müssen alle betroffenen Grundstücke entsprechend bezeichnet werden[6]. Dafür dürfte es ausreichen, alle Grundbuchstellen zu nennen, an denen das Recht eingetragen ist. Die Angabe nur *einer* von mehreren Grundbuchstellen mit dem Zusatz „überhaupt allerorts" genügt nicht[4]. Auch der auf Löschung gerichtete **Antrag** muss sich auf alle Grundstücke beziehen.[7]

Ist dagegen nur eine „Löschung" auf *einzelnen* Grundstücken oder Miteigentumsanteilen gewollt, erfolgt dies nicht durch eine Löschungsbewilligung, sondern durch Pfandfreigabe (RN 413 bis 417)[8].

Der die Löschung Bewilligende muss hinsichtlich der Grundschuld **verfügungsbefugt** sein. Im Falle einer Gesamtberechtigung an einer Grundschuld ist jeder Gläubiger nur zusammen mit den anderen verfügungsbefugt.[9] Wegen der wichtigsten Verfügungsbeschränkungen wird auf RN 173 ff. verwiesen.

Auf die Löschungsbewilligung des Gläubigers ist § 181 BGB anwendbar[10], d. h., der Eigentümer kann, wenn er zugleich Vertreter des Gläubigers ist, die Erklärung wirksam nur abgeben, wenn ihm dies generell oder im Einzelfall gestattet ist oder wenn der Gläubiger dem Eigentümer zur Aufhebung der Grundschuld verpflichtet ist.

548 Die Löschungs*bewilligung* des Gläubigers muss **öffentlich beglaubigt** (RN 111) oder **beurkundet** (RN 112) oder – wenn der Gläubiger (bspw. eine Sparkasse) ein Siegel führt – gesiegelt (RN 119) sein.

Dagegen genügt für den *Antrag* auf Eintragung der Löschung, den Gläubiger oder Eigentümer stellen können (RN 83), einfache Schriftform.

Eine umgestellte Hypothek, deren Umstellungsbetrag 3 000 Euro (= 5 867,49 DM)[11] nicht übersteigt, kann ausnahmsweise auch aufgrund einer *nicht*

---

5   LG Detmold v. 26. 2. 2001 – 3 T 42/01 –, Rpfleger 2001, 299; *Demharter*, § 39 RN 7 und § 19 RN 73; vgl. auch *Schöner/Stöber*, RN 2405.

6   BayObLG v. 24. 8. 1995 – 2 Z BR 83/95 –, DNotZ 1997, 319 = WM 1995, 1991 m. w. N.; *anderer Ansicht: Schöner/Stöber*, RN 2752, 133 m. w. N., s. aber auch RN 2724a.

7   OLG München v. 15. 12. 2022 – 34 Wx 482/22 e –, NJW-RR 2023, 448.

8   LG Frankfurt v. 4. 11. 2005 – 2 – 21 O 172/05 – (Ziff. 3), WM 2006, 183 = WuB I F 3 Grundpfandrechte 1.06 (*Haustein*).

9   OLG München v. 04. 10. 2013 – 34 Wx 316/19 –, WM 2020, 1070.

10   BGH v. 27. 2. 1980 – V ZB 15/79 – (Ziff. III), BGHZ 77, 7 = NJW 1980, 1577 = WM 1980, 651.

11   Also in den *alten Bundesländern* eine aus der Zeit vor dem 20. 6. 1948 herrührende Hypothek mit (bei der Normalumstellung von 10 zu 1) bis zu 58 674,90 RM Ausgangsbetrag (§ 18 Abs. 2 GBMaßnG), in den *neuen Bundesländern* eine aus der Zeit vor dem 1. 7. 1990 herrührende Hypothek mit bis zu 11 734,98 Mark DDR oder RM Ausgangsbetrag (§ 18 Abs. 2 i. V. m. § 36a GBMaßnG).

beglaubigten oder beurkundeten Löschungsbewilligung gelöscht werden (§ 18 Abs. 1 Satz 1 GBMaßnG). Die Erleichterung betrifft aber nur die *Form;* eine (wenigstens privatschriftliche) Löschungsbewilligung ist dennoch erforderlich[12].

Für die Erteilung der Löschungsbewilligung kann das Kreditinstitut **Ersatz der** **tatsächlich entstandenen Auslagen** verlangen. Ein Anspruch auf ein darüber hinausgehendes Entgelt kann durch AGB oder Formularvereinbarung (RN 687) nicht begründet werden[13], auch nicht für die Anbringung des Siegels[14], obwohl dadurch die Gebühren der Beglaubigung durch einen Notar entfallen. Entsprechendes gilt für die Erteilung einer löschungsfähigen Quittung (RN 269)[15].   *549*

Die Löschung einer (bestehenden[16]) Grundschuld bedarf der **Zustimmung des** **Grundstückseigentümers** (§ 27 Satz 1 GBO). Gehört das Grundstück einer GbR, ist die Zustimmung von allen im Grundbuch eingetragenen Gesellschaftern abzugeben (§ 47 Abs. 2 Satz 2 GBO).[17] Ist der Eigentümer über das Grundstück nicht verfügungsbefugt, so muss an seiner Stelle der Verfügungsbefugte zustimmen[18]; wegen der wichtigsten Einschränkungen der Verfügungsbefugnis s. RN 173 ff. Bei einem herrenlosen Grundstück entfällt das Zustimmungserfordernis ganz.[19]   *550*

Die Zustimmung des Eigentümers oder des sonst Verfügungsbefugten zur Löschung bedarf der **öffentlichen Beglaubigung** (RN 111) oder **Beurkundung** (RN 112). Sie kann im Voraus erklärt und auf alle eingetragenen Grundpfandrechte erstreckt werden[20].

Die Zustimmungserklärung des Eigentümers kann nicht ersetzt werden durch die Vorlage eines Pfändungs- und Überweisungsbeschlusses, mit dem neben dem Rückgewähranspruch das „Zustimmungsrecht" des Grundstückseigentümers „zur Löschung der Grundschuld gemäß § 1183, § 27 Satz 1 GBO" gepfändet worden ist.[21]

Wird die **Zustimmung** zur Löschung durch einen **Vormund oder Pfleger** erklärt, so bedarf dieser nach § 1850 Nr. 1 BGB der familiengerichtlichen Genehmi-   *551*

---

12 BayObLG v. 20. 11. 1997 – 2 Z BR 91/97 –, NJW-RR 1998, 522 = Rpfleger 1998, 157.
13 BGH v. 7. 5. 1991 – XI ZR 244/90 –, BGHZ 114, 330 = BB 1991, 1289 = DNotZ 1992, 546 = NJW 1991, 1953 = WM 1991, 1113 = ZIP 1991, 857 = EWiR § 9 AGBG 14/91, 735 (*Heinrichs*, kritisch); OLG Köln v. 28. 2. 2001 – 13 U 95/00 – (Ziff. 5), WM 2002, 853.
14 AG Steinfurt v. 26. 7. 1994 – 21 C 275/94 –, NJW-RR 1994, 1259.
15 *Siol*, WM 1996, 2217, 2222.
16 Keine Zustimmung des Eigentümers erforderlich, wenn Gesamtgrundschuld an dem nicht versteigerten Grundstück nach §§ 1181 Abs. 2, 1192 Abs. 1 BGB (s. RN 1107) erloschen: OLG Nürnberg v. 15. 2. 2013 – 15 W 97/13 – (Ziff. II.3), Rpfleger 2013, 446 = FGPrax 2013, 113.
17 BGH v. 10. 02. 2022 – V ZB 5/21 – (RN 7), NZG 2022, 1250.
18 *Demharter*, § 27 RN 16.
19 BGH v. 10. 5. 2012 – V ZB 36/12 – (RN 4), WM 2012, 1451 = Rpfleger 2012, 511.
20 OLG Köln v. 29. 4. 1981 – 2 Wx 10/81 –, DNotZ 1982, 260 = Rpfleger 1981, 354; *Demharter*, § 27 RN 11.
21 BGH v. 12. 10. 2017 – V ZB 131/16 – (RN 12), WM 2018, 30 = NJW 2018, 710.

gung[22], und zwar auch bei einem letztrangigen Grundpfandrecht[23]. Auf (den Eigentümer vertretende) Eltern ist § 1812 BGB nicht anwendbar (§ 1643 BGB); sie bedürfen daher einer (familien-)gerichtlichen Genehmigung nicht.

17.15 Ausschließlich für die *neuen* Bundesländer gilt:

552   Für die Löschung einer nach dem Zivilgesetzbuch der früheren DDR (in Kraft ab 1.1.1976 bis 2.10.1990) bestellten[24] Hypothek (**ZGB-Hypothek**) ist die Zustimmung des Eigentümers nicht erforderlich[25]. Dasselbe gilt für eine vor dem 1.1.1976 bestellte Aufbaugrundschuld[26], weil sie bei Tilgung nicht auf den Eigentümer übergehen kann (RN 267).

Befristet bis 31.12.2020[27] gilt ferner Folgendes:

553   Zur Verfügung über bestimmte Grundpfandrechte (und andere beschränkte dingliche Rechte), deren Eintragung vor dem 1.7.1990 beantragt worden ist, genügt gegenüber dem Grundbuchamt die **Erklärung einer Bewilligungsstelle**[28] (§ 113 Abs. 1 Nr. 6 Satz 1 GBV). Diese kann wirksam u. a. die **Löschung bewilligen**.

Für Grundpfandrechte, als deren Gläubiger eine Sparkasse oder Volkseigentum in Rechtsträgerschaft einer Sparkasse eingetragen ist, ist Bewilligungsstelle die Sparkasse, in deren Geschäftsgebiet das Grundstück, das Gebäude oder das sonstige grundstücksgleiche Recht liegt, in Berlin die Landesbank (§ 113 Abs. 1 Nr. 6 Satz 2 GBV).

Ist u. a. ein anderes Kreditinstitut oder Volkseigentum in Rechtsträgerschaft eines anderen Kreditinstituts als Gläubiger eingetragen, so ist Bewilligungsstelle jede Dienststelle des Bundes oder einer bundesunmittelbaren Körperschaft oder Anstalt des öffentlichen Rechts (§ 113 Abs. 1 Nr. 6 Satz 2 GBV).

Die Bewilligungsstelle braucht nicht als Berechtigte im Grundbuch eingetragen zu sein; § 39 GBO gilt für sie nicht (§ 113 Abs. 1 Nr. 6 Satz 5 GBV).

Die von ihr bewilligte Löschung eines Briefrechts kann entgegen §§ 41, 42 GBO **ohne Vorlage des Briefs vollzogen** werden (§ 113 Abs. 1 Nr. 6 Satz 6 GBV).

---

22   BayObLG v. 10.8.1984 – 2 Z 54/84 –, DNotZ 1985, 161 = Rpfleger 1985, 24 (mit abl. Anm. *Damrau*); *Demharter*, § 27 RN 16; *MünchKomm/Lieder*, § 1183 RN 16.
23   BayObLG v. 10.8.1984 – 2 Z 54/84 –, DNotZ 1985, 161 = Rpfleger 1985, 24 (mit abl. Anm. *Damrau*); *Böttcher*, Rpfleger 1987, 488 m. w. N.; *anderer Ansicht* (keine Genehmigung bei letztrangigem Recht): *Demharter*, § 27 RN 16.
24   *Böhringer*, Rpfleger 1995, 139 (Ziff. I, 2).
25   *Demharter*, § 27 RN 3.
26   *Böhringer*, Rpfleger 1995, 139 (Ziff. I, 1).
27   § 113 Abs. 3 GBV.
28   Die Zweifel, wer Gläubiger der entsprechenden Rechte ist (s. dazu insbes. KG v. 24.6.1997 – 1 W 7908/96 –, Rpfleger 1997, 522), wurden durch Art. 231 § 10 EGBGB (eingefügt durch Grundstücksrechtsänderungsgesetz v. 2.11.2000, BGBl. I 2000, 1481), ausgeräumt; dazu: *Trimbach*, NJW 2001, 662. S. auch *Demharter*, § 19 RN 59.

17.2 Erlöschen kraft Gesetzes

Ist ein Grundpfandrecht kraft Gesetzes erloschen, so ist die Eintragung der **554** **Löschung** nicht konstitutiv, sondern **bloße Berichtigung** des Grundbuchs. Kann das Erlöschen durch öffentliche (RN 112, 119) oder öffentlich beglaubigte (RN 111) Urkunde nachgewiesen werden, ist zur Eintragung die Zustimmung des Eigentümers nicht erforderlich (§ 27 Satz 2 GBO).

Für das gesamte Bundesgebiet kommen dabei insbesondere folgende Fälle in Betracht:

Gehören die mit einer Gesamtgrundschuld belasteten Objekte verschiedenen **555** Personen und **tilgt nur ein Eigentümer** von ihnen die Grundschuld, so erlischt die Grundschuld auf den Grundstücken bzw. grundstücksgleichen Rechten der anderen Miteigentümer, es sei denn, dass der leistende Eigentümer einen Ausgleichsanspruch gegen die anderen Eigentümer hat (RN 826). Entsprechendes gilt bei Tilgung einer durch Gesamthypothek gesicherten Forderung (§ 1173 BGB).

Erfolgt die **Pfandfreigabe** eines von mehreren durch eine Gesamtgrundschuld belasteten Grundstücken, so erlischt die Grundschuld auf dem freigegebenen Grundstück (RN 413). Entsprechendes gilt bei der Belastung durch eine Gesamthypothek.

Wird die durch ein Grundpfandrecht auf einer (früheren) **Heimstätte** gesicherte Forderung getilgt, so erlischt das Grundpfandrecht, und zwar auch eine Grundschuld, soweit nicht mit besonderer Genehmigung Abweichendes vereinbart worden ist (RN 219).

Wird aus der Grundschuld oder aus dem vor- oder gleichrangigen Recht eines anderen Gläubigers die Zwangsversteigerung in das belastete Grundstück betrieben, so fällt die Grundschuld nicht in das geringste Gebot (RN 1075 bis 1077), sondern erlischt mit dem **Zuschlag** (RN 1078), gleichgültig, ob aus dem Erlös ein Betrag auf das Recht zugeteilt werden kann.

17.2.1 *Alte* Bundesländer

Bei Pfandrechten aus der **Zeit vor der Währungsreform** (20.6.1948), die im **556** Grundbuch nicht auf Deutsche Mark umgestellt worden sind, darf nur noch ausnahmsweise (§§ 3, 11 GBMaßnG) ein höherer Umstellungsbetrag eingetragen werden, als er sich bei einem Umstellungssatz von 1 DM für 10 RM ergibt. Im Normalfall besteht das Pfandrecht nur noch in Höhe von einem Zehntel des Reichsmarkbetrages (§ 7 Abs. 1, § 11 GBMaßnG); im Übrigen ist das Recht erloschen.

17.2.2 *Neue* Bundesländer

Wird die durch eine **Hypothek nach ZGB** gesicherte Forderung getilgt, so er- **557** lischt die Hypothek (RN 256). Entsprechendes gilt für eine Aufbaugrundschuld (RN 339), wenn sie getilgt wird (RN 267).

558 **Abgelöste Rechte erlöschen** (§ 10 GBBerG). Durch den Eigentümer abgelöst werden können vor dem 1.7.1990 begründete Grundpfandrechte mit einem umgerechneten Nennbetrag von nicht mehr als 6000 Euro (= bis zu 11734,98 DM bzw. bis zu 23469,96 RM oder Mark der DDR)[29]. Eine Ablösung dürfte vor allem dann in Betracht kommen, wenn der Gläubiger unbekannt ist, was aber nicht Voraussetzung dafür ist[30].

559 Grundpfandrechte auf **rückerstatteten Grundstücken**, die aufgrund Bewilligung des staatlichen Verwalters eingetragen worden sind, bleiben nach Aufhebung der staatlichen Verwaltung nur in dem Umfang, der sich aus dem Bescheid des Amtes zur Regelung offener Vermögensfragen ergibt, bestehen (§ 16 Abs. 5 i.V.m. § 18 Abs. 2 VermG). Im Übrigen erlöschen sie (§ 16 Abs. 9 VermG; vgl. auch Art. 14 Abs. 6 Satz 2 Zweites VermRÄndG)[31]; für etwa rückständige Zinsen, die während der staatlichen Verwaltung aufgelaufen sind, haftet das Grundstück nicht[32].

---

29 *Demharter*, Anhang zu §§ 84–89 RN 43 und (noch vor der Anpassung von § 10 Abs. I Satz 1 GBBerG an Euro-Währung durch Gesetz v. 27.6.2000, BGBl. I, 897) *Böhringer*, Rpfleger 1995, 139, 140 (Ziff. III).

30 KG v. 9.1.1996 – 1 VA 5/94 –, DNotZ 1996, 561; zur Ablösung im Einzelnen s. *Demharter*, Anhang zu §§ 84–89 RN 42 ff.

31 *Böhringer*, Rpfleger 1995, 139, 141 (Ziff. IV, 6 a); s. dort auch wegen weiterer Einzelheiten zur Löschung von Grundpfandrechten in den neuen Bundesländern.

32 BGH v. 6.10.1998 – XI ZR 36/98 – (Ziff. II, 1), BGHZ 139, 357 = NJW 1999, 494 = WM 1998, 2423 = EWiR § 16 VermG 1/99, 137 (*Kohler*).

Teil 2
Grundschuld und gesicherte Forderung

18   Sicherungsvertrag

18.1   Inhalt und Abgrenzung zu anderen Rechtsverhältnissen

Die Grundschuld begründet ein Rechtsverhältnis zwischen dem (jeweiligen) *561*
Eigentümer des belasteten Grundstücks und dem (jeweiligen) Gläubiger der
Grundschuld.[1] Aus ihr fließt das Recht des Grundschuldgläubigers auf Zahlung
einer bestimmten Geldsumme aus dem Grundstück (§ 1191 Abs. 1 BGB). Das
bedeutet aber nicht, dass der Eigentümer allein aufgrund des Grundpfandrechts
oder der Sicherungsabrede die Zahlung des Grundschuldbetrags schuldet.

Mit dem letzten Satz ist die umstrittene Frage nach der **Rechtsnatur des grund-** *561.1*
pfandrechtlichen[2] **Anspruchs** angesprochen.[3] Die Grundschuld ist (ebenso wie
die Hypothek) ein dingliches beschränktes Recht und verleiht dem Grundschuldgläubiger weder Besitz- noch Nutzungsrechte[4] (unstreitig), sondern nach
der zutreffenden ganz herrschenden Ansicht nur ein dingliches Verwertungsrecht, sodass der Gläubiger kraft dessen vom Eigentümer nach § 1147 BGB die
Duldung der Zwangsvollstreckung in das belastete Grundstück verlangen
darf.[5]

Die Mindermeinung bejaht hingegen einen unmittelbaren Zahlungsanspruch
des Grundpfandrechtsgläubigers gegen den Grundstückseigentümer.[6] Die Formulierung „Recht auf Zahlung einer bestimmten Geldsumme aus dem Grundstück" spreche für das Bestehen einer korrespondierenden Leistungspflicht des
Eigentümers, die aber wegen § 1147 BGB nur durch Zwangsvollstreckung in das
Grundstück durchgesetzt werden könne.[7]

Auch die h. M. kann sich auf den Wortlaut berufen, weil „aus dem Grundstück"
nicht gezahlt werden könne. Das Haftungsobjekt sei nur das Grundstück (samt
Zubehör usw.). Die Verwertung des Grundstücks im Zwangsversteigerungsverfahren führt nach dem BGH zur Befriedigung des Grundschuldgläubigers und

---

1   Ausführlicher internationaler Rechtsvergleich zu den Grundpfandrechten *Stö-
     cker/Stürner*, Runder Tisch Grundpfandrechte, Teil 1: Zielsetzung und Arbeitsweise,
     EuZW 2023, 107; Teil 2: Akzessorietät der Grundpfandrechte, EuZW 2023, 163.
2   Der Streit wird – wenn überhaupt – im Zusammenhang mit dem hypothekarischen
     Anspruch erörtert, er betrifft aber auch den grundschuldnerischen Anspruch. Bei der
     Reallast ist die persönliche Haftung des Eigentümers (§ 1108 BGB) zu beachten.
3   Zum Streit: MünchKomm/*Lieder*, BGB § 1147 RN 2 ff.
4   Vgl. §§ 1133–1135 BGB zum Beseitigungsanspruch des Grundpfandgläubigers gegen
     den Eigentümer bei Verschlechterung des Grundstücks. Die Vorschriften sind auf die
     Grundschulden über § 1192 BGB entsprechend anwendbar, statt vieler *BeckOK/Rohe*
     BGB §§ 1133 – 1135 jeweils RN 2.
5   Siehe BGH v. 16. 7. 2010 – V ZR 215/09 (RN 20) = NJW 2011, 451; Grüneberg/*Herrler*,
     Überbl § 1113 RN 1; *Wieling*, 5. Aufl. 2017, Sachenrecht, § 26 I 1.
6   Etwa MünchKomm/*Lieder*, BGB § 1147 RN 4; Staudinger/*Wolfsteiner*, (2019) Einl. zu
     §§ 1113 ff. RN 38 ff.
7   So etwa (ausführlich) MünchKomm/*Lieder*, BGB § 1147 RN 4.

zum Erlöschen des Rechts (§§ 1192, 1181 Abs. 1 BGB).[8] Für die Ablösung der Grundschuld aus dem sonstigen Vermögen des Eigentümers bedürfe es einer besonderen Regelung, die sich in § 1142 BGB, der auf die Grundschuld entsprechend anwendbar sei, finde.[9] Die Ablösung könne nach § 1142 Abs. 1 BGB durch Zahlung erfolgen. Deshalb erfolgt die Zahlung des Eigentümers nicht zur Erfüllung einer Schuld, sondern nur, um die Belastung am Grundstück zu löschen. Nach der Mindermeinung wäre § 1147 BGB keine echte Anspruchsgrundlage, sondern nur eine vollstreckungsrechtliche Eingrenzung des eigentlich aus § 1113 Abs. 1 BGB bzw. aus § 1191 Abs. 1 BGB resultierenden Leistungsanspruchs.

561.2 Auch aus dem Sicherungsvertrag folgt keine Geldzahlungspflicht des Grundschuldschuldners. Die gängigen Sicherungsverträge formulieren eine solche Zahlungspflicht nicht (vgl. z. B. Anhang 6, Anhang 9 und Anhang 11). Sofern der Eigentümer in der Zweckerklärung eine persönliche Haftung für die Zahlung eines Geldbetrags übernimmt (vgl. etwa den Sicherungsvertrag im Anhang 10, Ziffer 3) resultiert die Zahlungspflicht aus dem abstrakten Schuldanerkenntnis, insoweit liegt also keine grundschuldspezifische Zahlungspflicht vor.

561.3 Der skizzierte Streit schärft das Grundpfandrechtsverständnis[10] und kann auch in der Praxis Bedeutung erlangen, wie das an Wieling[11] angelehnte Beispiel zeigt: Der Eigentümer E hat sein Grundstück im Wert von 300 000 € bereits mit Grundschulden zu 300 000 € belastet. E kommt einer Bitte seines Freundes F nach und bestellt für den Gläubiger G des F eine weitere Grundschuld über 20 000 €. Als die Forderung des G gegen F fällig wird, glaubt E, beraten im Sinne der Mindermeinung, er sei zur Zahlung von 20 000 € an G verpflichtet; er zahlt. Das Grundstück wird für 300 000 € versteigert und das Geld an die vorrangigen Grundschuldgläubiger ausgezahlt. Nach der Mindermeinung kann E die 20 000 € nicht von G kondizieren, weil er zur Zahlung verpflichtet war, also insoweit ein Rechtsgrund besteht. Nach der herrschenden Ansicht kommt unter den Voraussetzungen des § 812 Abs. 1 Satz 1 Var. 1 BGB ein bereicherungsrechtlicher Anspruch auf Zahlung von 20 000 € in Betracht. Hat der Sicherungsgeber aber neben der Grundschuld ein abstraktes Schuldanerkenntnis abgegeben (persönliche Schuldübernahme, dazu RN 291 ff.), kann sich der Rechtsgrund für die Zahlung eines Geldbetrags aus dem Schuldanerkenntnis ergeben.

561.4 Die Grundschuld ist von einer gesicherten Forderung unabhängig. Betrachtet man allein das dingliche Recht, kann die Grundschuld ohne Rücksicht auf das Bestehen und die Fälligkeit einer gesicherten Forderung geltend gemacht werden.

---

8   BGH v. 16. 7. 2010 – V ZR 215/09 (RN 20) = NJW 2011, 451 = WM 2010, 1757.

9   BGH v. 16. 7. 2010 – V ZR 215/09 (Rn 20) = NJW 2011, 451 = WM 2010, 1757.

10 MünchKomm/*Lieder*, BGB § 1147 RN 4 „für das Verständnis des Grundpfandrechts unerlässlich".

11 *Wieling*, 5. Aufl. 2017, Sachenrecht, § 26 I 1.

Eine **isolierte Grundschuld**[12], die also nicht der Sicherung einer Forderung dient, kommt in der Praxis nur selten vor. Denkbar ist beispielsweise, dass der Vater bei der Übergabe des Grundstücks an sein Kind eine zuvor oder gleichzeitig für ihn eingetragene Grundschuld ohne jede Einschränkung zurückbehält. Die Übernahme dieser Grundstücksbelastung ist Teil der Übergabebedingungen. Der Gläubiger kann die Grundschuld beliebig verwenden. Er kann sie bei Fälligkeit beitreiben, er kann sie vorher verkaufen oder als Sicherheit verwenden. Der Anspruch aus der Grundschuld steht ihm in ähnlicher Weise zur Verfügung wie dem Eigentümer einer Inhaberschuldverschreibung die darin verbriefte Forderung.

Eine isolierte Grundschuld kann auch entstehen, wenn der Eigentümer das **Eigentum** an dem Grundstück **bereits belastet** mit einer **Grundschuld** erlangt und im Verhältnis zu ihm die Grundschuld **keinen Bezug zu einer gesicherten Forderung** hat.[13] Eine solche isolierte Grundschuld erlischt nicht infolge einer Schuldübernahme, da hier § 418 Abs. 1 Satz 2 BGB nicht zugunsten des Eigentümers greift (s. auch RN 957.1).[14] Dem Eigentümer steht in so einem Fall auch der **Schutz des § 768 ZPO** (Klage gegen Vollstreckungsklausel) **nicht zu.**[15]

Normalerweise wird eine Grundschuld aber im Rahmen eines schuldrechtlichen **Sicherungsvertrags** als Sicherheit für eine Forderung oder für mehrere Forderungen zur Verfügung gestellt. Im Bankgeschäft (Bank als Grundschuldgläubigerin) darf sogar regelmäßig davon ausgegangen werden, dass die Grundschuld eine Geldforderung sichert.[16]   *562*

Partner des Sicherungsvertrags (auch Sicherungsabrede oder Zweckabrede genannt) sind Sicherungsgeber und Sicherungsnehmer. Sicherungsgeber ist häufig (aber nicht immer) der Eigentümer; im Einzelnen s. RN 637 bis 646. Sicherungsnehmer ist der Gläubiger der Grundschuld (RN 632). Da es sich um einen schuldrechtlichen Vertrag handelt, treten bei Übertragung des Grundstücks oder bei Abtretung der Grundschuld die jeweiligen Rechtsnachfolger nicht von selbst in den Sicherungsvertrag ein. Rechte und Pflichten daraus gehen nur über, wenn sie übertragen bzw. übernommen werden (s. RN 634 bis 636).

Der Sicherungsvertrag regelt die Rechte und Pflichten von Sicherungsgeber und   *563* Sicherungsnehmer bezüglich der Grundschuld. Er stellt insb. die **Verbindung** zwischen der **Grundschuld** und der(n) gesicherten **Forderung(en)** (s. RN 654 ff.) her.

Der Sicherungsvertrag begründet insb. die Befugnis[17] des Gläubigers, die Grundschuld zu behalten, solange eine unter die Sicherungsabrede fallende

---

12 Zur isolierten Grundschuld (auch „Primärgrundschuld" genannt): Münch-Komm/*Lieder*, BGB § 1191 RN 3 f. i. V. m. RN 205 ff., Staudinger/*Wolfsteiner* (2019), Vorbem. zu §§ 1191 ff., RN 13 ff.
13 Siehe Fallbeispiel dazu in BGH v. 20.10.2023 – V ZR 9/22, RN 16 und RN 34 = BeckRS 2023, 34426 = ZIP 2023, 2626.
14 BGH Urt. v. 20.10.2023 – V ZR 9/22, RN 38 = BeckRS 2023, 34426 = ZIP 2023, 2626.
15 BGH v. 20.10.2023 – V ZR 9/22, RN 34 = BeckRS 2023, 34426 = ZIP 2023, 2626.
16 BGH v. 6.3.2014 – V ZB 27/13 (RN 7) = WM 2014, 791 = ZIP 2014, 817.
17 *Huber*, S. 81 f.

Forderung wenigstens dem Grunde nach (RN 604, 734) besteht (wegen des Anspruchs auf Bestellung der Grundschuld RN 566). Daraus folgt auch das Recht des Gläubigers, die Grundschuld zu verwerten und den Erlös zur Abdeckung der gesicherten Forderung zu verwenden, sobald diese fällig geworden ist, aber nicht bezahlt wird. Die üblichen Vordrucke enthalten regelmäßig weitere Einzelheiten über Voraussetzungen für die Verwertung[18].

Häufig enthält der Sicherungsvertrag weitere, die gesetzlichen Vorschriften (§§ 1133 bis 1135 BGB) ergänzende oder erweiternde Vereinbarungen über die Pflicht zur Versicherung der Pfandobjekte (RN 1269), zur Erhaltung des Grundstücks und der mithaftenden Gegenstände (wegen des Zubehörs vgl. RN 1255) oder zur Vorausverfügung über Miete oder Pacht (RN 1266)[19].

Der Sicherungsvertrag schränkt andererseits die Befugnisse ein[20], die dem Grundschuldgläubiger aus dem dinglichen Recht an sich zustehen. Beispielsweise darf der Gläubiger die Grundschuld, auch wenn sie als solche fällig ist, nur im Rahmen des Sicherungszwecks verwerten, also nur, wenn eine durch sie gesicherte Forderung trotz Fälligkeit nicht erfüllt wird (RN 799). Schließlich folgt aus dem Sicherungsvertrag die Pflicht des Gläubigers, die Grundschuld zurückzugewähren, wenn der Sicherungszweck endgültig weggefallen ist (im Einzelnen RN 729 bis 738).

564 Der Sicherungsvertrag ist somit die Gesamtheit der Rechte und Pflichten der Beteiligten hinsichtlich der dem Gläubiger überlassenen Grundschuld (wegen des Anspruchs auf Überlassung RN 566). Er verknüpft die nicht akzessorische Grundschuld und die zu sichernde Forderung so miteinander, dass die Grundschuld als Sicherheit für bestimmte Forderungen eingesetzt werden kann. Die **Sicherungsgrundschuld** ist nunmehr in **§ 1192 Abs. 1a Satz 1 BGB** legaldefiniert.

Mit dieser durch das Risikobegrenzungsgesetz[21] eingeführten Legaldefinition wurde kein eigenständiger **sachenrechtlicher Grundschuldtypus** geschaffen.[22] Das zeigt sich schon daran, dass sich der Charakter der Grundschuld beliebig oft ändern kann, je nachdem, ob gerade eine Verknüpfung der Grundschuld mit einer Forderung gegeben ist oder nicht. Dieser Wechsel findet außerhalb des Grundbuchs statt, da die Sicherungsgrundschuld als solche nicht im Grundbuch

---

18 Anhang 6 [5], Anhang 7 [5], Anhang 8 [5], Anhang 10 [1.2], Anhang 11 [1.2], Anhang 12 [1.2].

19 *Versicherungspflicht:* Anhang 6 [1.2 sowie 3.1], Anhang 7 [1.2 sowie 3.1], Anhang 8 [1.2 sowie 3.1], Anhang 9 [4], Anhang 10 [1.8], Anhang 11 [1.8], Anhang 12 [1.10]; *Erhaltungspflicht:* Anhang 6 [3.2], Anhang 7 [3.2], Anhang 8 [3.2]; *Vorauszahlung der Miete/Pacht:* Anhang 6 [3.5], Anhang 7 [3.5], Anhang 8 [3.5].

20 *Huber,* S. 77 ff.

21 Gesetz zur Begrenzung der mit Finanzinvestitionen verbundenen Risiken vom 12. 8. 2008, BGBl. I, 1666.

22 Der Sache nach wie hier BGH v. 20. 4. 2018 – V ZR 106/17 (RN 24 ff.) = WM 2018, 1168; dazu *Samhat,* WuB 2018, 436; *anderer Ansicht:* Staudinger/*Wolfsteiner* (2019), Vorbem. zu §§ 1191 ff. RN 3 und 11; *Nietsch,* NJW 2009, 3606, 3606 f.

eintragbar ist.[23] Deshalb ist es richtig, wenn der V. Zivilsenat aus den §§ 1191 Abs. 1, 1192 Abs. 1 BGB herleitet, dass eine schuldrechtliche Forderung auch bei der Sicherungsgrundschuld nicht vorausgesetzt wird.[24] Dass sie der Sicherung eines Anspruchs diene, mache den Erwerb des gesicherten Anspruchs nicht zur Voraussetzung für die Geltendmachung des Duldungsanspruchs aus der Sicherungsgrundschuld gem. §§ 1192 Abs. 1, 1147 BGB oder der Vollstreckung aus einem Duldungsurteil oder aus einer Unterwerfungserklärung für den dinglichen Anspruch.[25] Die neue Regelung bezweckt vielmehr den Erhalt der aus dem Sicherungsvertrag resultierenden Einreden im Falle einer Grundschuldübertragung[26]. Dass § 1192 Abs. 1a BGB nach der Übergangsregelung in Art. 229 § 18 Abs. 2 EGBGB dann anwendbar ist, sofern der Erwerb der Grundschuld nach dem 19. August 2008 erfolgt, und es bezogen auf den Zeitraum zwischen Grundschuldbestellung und Grundschuldübertragung zu unterschiedlichen Ergebnissen kommen kann (RN 789.1 bis 792), rechtfertigt noch nicht die Annahme verschiedener sachenrechtlicher Grundschuldtypen.

Für die Praxis ist bei der Typusfrage letztlich entscheidend, dass die Sicherungsgrundschuld trotz der Sicherungsabrede und des § 1192 Abs. 1a BGB eine nichtakzessorische (abstrakte) Kreditsicherheit bleibt. Das hat der V. Zivilsenat im Jahre 2018 deutlich formuliert.[27] **§ 1192 Abs. 1a BGB begründet also keine Akzessorietät.**[28] Der Schritt „in Richtung auf mehr Akzessorietät"[29] bezieht sich nur auf den Erhalt der aus dem Sicherungsvertrag resultierenden Einreden bei einer Grundschuldübertragung; er macht aus der Sicherungsgrundschuld keine akzessorische Sicherheit.[30] Zu Recht wird darauf hingewiesen, dass die Sicherungsgrundschuld ihre Verbreitung gerade der fehlenden Akzessorietät verdankt[31] und dass Versuche, die Grundschuld über die Rechtsfolgen des Sicherungsvertrags hinaus akzessorisch zu gestalten, die Verkehrsfähigkeit der

564.1

23 DNotI, Gutachten Nr. 11 537 v. 22. 9. 2008; Grüneberg/*Herrler*, § 1191 RN 13; nach alter Rechtslage BGH v. 30. 4. 1985 – X ZR 34/84 (Ziff. 3b) = WM 1985, 978 = EWiR § 1185 BGB 1/85, 773 (*Clemente*); a. A.: *Nietsch*, NJW 2009, 3606, 3606 f.
24 BGH v. 20. 4. 2018 – V ZR 106/17 (RN 25) = WM 2018, 1168 = NJW 2018, 3441.
25 BGH v. 20. 4. 2018 – V ZR 106/17 (RN 25) = WM 2018, 1168 = NJW 2018, 3441.
26 Statt vieler BGH v. 20. 4. 2018 – V ZR 106/17 (RN 25) = WM 2018, 1168 = NJW 2018, 3441.
27 BGH v. 20. 4. 2018 – V ZR 106/17 (RN 24 ff.) = WM 2018, 1168; dazu *Samhat*, WuB 2018, 436.
28 Ganz h. M., vgl. BeckOK/*Rohe* BGB, 1. 11. 2023, § 1192 RN 49; *Habersack*, WM 2018, 1625; rechtskonstruktiv ebenso *Jost*, S. 211; anders etwa *Knops* NJW 2015, 3121 (3123 f.); wiederum anders MünchKomm/*Lieder*, BGB § 1191 RN 15 (wegen des Sicherungsvertrags sei es eine terminologische Frage, ob hier von einer Akzessorietät im strengen Sinne gesprochen werden könne); *Stöcker/Stürner*, Runder Tisch Grundpfandrechte, EuZW 2023, 163, 164 (eine Art „vertraglich geschaffene Akzessorietät"); nicht eindeutig Staudinger/*Wolfsteiner* (2019), einerseits § 1192 RN 35 (Verbindung der Forderung nur schuldrechtlich, nicht Inhalt der Grundschuld), andererseits Vorbem. zu §§ 1191 ff. RN 3 („*Sicherungsgrundschulden i. S. d. § 1192 Abs. 1a [unterliegen] einer zwar inhaltlich diffusen, aber strengen Akzessorietät*").
29 *Derleder*, ZIP 2009, 2221, 2222.
30 Ebenso nicht nur *Derleder*, ZIP 2009, 2221, 2222; *Jost*, S. 210 f.
31 Vgl. BGH, Versäumnisurt. v. 27. 3. 2015 – V ZR 296/13 = WM 2015, 1005 [dort RN 12].

Grundschuld und damit die Interessen des Kreditverkehrs schlechthin beeinträchtigen.[32]

565 Die Sicherungsgrundschuld ist ein gegenüber jedermann wirkendes (RN 2) dingliches Recht. Daran ändert weder der Sicherungsvertrag noch § 1192 Abs. 1a BGB etwas. Der Sicherungsvertrag führt nur zu einer schuldrechtlichen Bindung des Grundschuldgläubigers, die regelmäßig nur gegenüber dem Sicherungsgeber[33] (bzw. demjenigen, der in diese Pflichten eingetreten ist, s. dazu RN 634 bis 636) wirkt. Allerdings kann sich im Rahmen der §§ 1157, 1192 Abs. 1a BGB die Bindung aus dem Sicherungsvertrag auch gegen einen Erwerber der Grundschuld auswirken, der die Verpflichtungen nicht übernommen hat (etwa RN 790, 793)[34].

Einem Dritten, etwa einem nachrangigen Gläubiger gegenüber, unterliegt der Grundschuldgläubiger keinen Einschränkungen. Der nachrangige Gläubiger kann ihn aus eigenem Recht nicht an der Realisierung der Grundschuld etwa mit der Begründung hindern, es bestehe keine gesicherte Forderung (mehr).

Der Gläubiger einer Sicherungsgrundschuld hat also im Außenverhältnis mehr Rechtsmacht, als er im Verhältnis zum Sicherungsgeber (intern) gebrauchen darf. Das ist die für einen Treuhänder typische Situation. Die Sicherungsgrundschuld ist mithin eine **fiduziarische Sicherheit** und begründet auch ohne ausdrückliche Vereinbarung ein **Treuhandverhältnis**[35] (zur treuhänderisch – auch – für einen anderen gehaltene Grundschuld RN 992 ff.)

566 Nicht jede Kreditforderung ist durch eine Sicherungsgrundschuld zu sichern. Ob der Schuldner dazu verpflichtet ist, ergibt sich aus einem anderen, vom Sicherungsvertrag gedanklich zu unterscheidenden[36] Rechtsverhältnis[37], insb. dem Kreditvertrag. Bereits aus Beweisgründen ist zu empfehlen, im Darlehensvertrag explizit zu regeln, ob der **Kreditnehmer zur Sicherheitenbestellung verpflichtet** ist. Es besteht Einigkeit darüber, dass die Bestellung der Sicherheiten in dem Kreditvertrag selbst nicht enthalten sein muss, sondern dass es ausreicht, wenn nur die schuldrechtliche Verpflichtung zur Bestellung der Si-

---

32 So z.B. *BeckOK/Rohe* BGB, 1.11.2023, § 1192 RN 50; vgl. auch *Epp*, in *Bankrechts-Handbuch*, § 73 RN 23 ff.

33 MünchKomm/*Lieder*, BGB § 1191 RN 26.

34 Trotz § 1192 Abs. 1a BGB bleibt es bei einem Schutz des Sicherungsgebers auf schuldrechtlicher Ebene; *a.A.:* Staudinger/*Wolfsteiner* (2019), Vorbem. zu § 1191 ff. RN 28 (dinglicher Schutz).

35 BGH v. 15.5.2014 – IX ZR 257/13 = ZIP 2014, 837 = ZInsO 2014, 1331 = BeckRS 2014, 12526; MünchKomm/*Lieder*, BGB § 1191 RN 17 ff.; *Becker-Eberhard*, S. 86 – 101, der zugleich darauf hinweist, dass dieser bloße Ordnungsbegriff keine Erkenntnisse für die praktische Handhabung bietet.

36 Die h.M. unterscheidet nicht zwischen diesen beiden Rechtsverhältnissen und entnimmt die Pflicht zur Sicherheitenbestellung auch aus dem Sicherungsvertrag, z.B. MünchKomm/*Lieder*, BGB § 1191 RN 20; Grüneberg/*Herrler*, § 1191 RN 17; Staudinger/*Wolfsteiner* (2019), Vorbem. zu §§ 1191 ff. RN 40, 42; *Jost*, S. 36 f.; *Siol*, WM 1996, 2217, 2218; *für die Unterscheidung* wie hier: etwa *Becker-Eberhard*, S. 80 ff.; *Buchholz*, ZIP 1987, 891, 895 und *Neuhof/Richrath*, NJW 1996, 2894, 2896 (Ziff. II. 2).

37 *Becker-Eberhard*, S. 80 ff.; *Buchholz*, ZIP 1987, 891, 895; vgl. dazu auch *Huber*, S. 91 ff.; *Gladenbeck*, EWiR 2008, 703, 704.

cherheiten hier aufgenommen wird.[38] Ist bezogen auf die Pflicht zur Sicherheitenbestellung überhaupt keine Regelung im Darlehensvertrag getroffen, folgt die (Rücksichts-)Pflicht zur Sicherheitenbestellung grundsätzlich gleichwohl aus dem Kreditvertrag.[39] Diese Aussage gilt – losgelöst von dogmatischen Feinheiten[40] – jedenfalls für den Eigensicherungsgeber (Kreditnehmer ist zugleich der Sicherungsgeber)[41], zum Drittsicherungsgeber in diesem Kontext s. diese RN ganz unten und RN 567. Die Beteiligten sprechen regelmäßig bereits bei den Kreditverhandlungen auch über die Bestellung von Sicherheiten. Der Abschluss des zu besichernden Kreditvertrags, jedenfalls dessen Valutierung, erfolgt in aller Regel erst, wenn die Frage nach der Kreditsicherung geklärt ist. Zumal § 494 Abs. 6 Satz 2 BGB den Umkehrschluss erlaubt, dass fernab dieser verbraucherschützenden Vorschrift der Kreditvertrag – auch ohne explizite Regelung – grundsätzlich eine (Rücksichts-)Pflicht zur Sicherheitenbestellung begründet (näher zur Pflicht, beim Verbraucherdarlehensvertrag eine Sicherheit zu stellen RN 572 ff.).

Ob die Grundschuld bestellt werden muss, richtet sich nach der im Darlehensvertrag (oder sonst) getroffenen Vereinbarung. Die Bestellung der Grundschuld[42] erfolgt dann auf Grundlage des (ausdrücklich oder konkludent geschlossenen) Sicherungsvertrags. Aus diesem Vertrag ergibt sich, dass und wie lange der Gläubiger die Grundschuld behalten und wozu er sie verwenden darf. Bei einer Sicherungsgrundschuld ist also der schuldrechtliche Sicherungsvertrag der Rechtsgrund der dinglichen Grundschuldbestellung oder -übertragung.[43] Die Ausgangsposition, dass die Pflicht zur Sicherheitenbestellung aus dem Kreditvertrag folgt, schließt nach hier vertretener Ansicht nicht aus, den im Zuge des Kreditgeschäfts (ggf. konkludent) geschlossenen Sicherungsvertrag als

38 Statt aller BGH, v. 22.1.2002 – XI ZR 31/01 (Ziff.II.2.b.) = WM 2002, 536 = ZIP 2002, 476.
39 Vgl. BGH v. 24.09.1962 – VIII ZR 234/61 = WM 1962, 1264; *Derleder*, JZ 1989, 165 (170); *Neuhof/Richrath*, NJW 1996, 2894, 2896 (Ziff.II.2); eine im Schrifttum verbreitete Ansicht stellt ausschließlich auf den Sicherungsvertrag ab, etwa *Jost*, S.37 f.; *Bülow*, Recht der Kreditsicherheiten, 10. Aufl. 2021, RN 62; *Bülow*, NJW 1997, 641.
40 Offen ist die Frage, ob insoweit ausschließlich eine Rücksichtspflicht nach § 241 Abs.2 BGB vorliegt (so Staudinger/*Freitag*, (2015), § 488 RN 27 m.w.N.) oder ausnahmsweise eine synallagmatische Hauptleistungspflicht bestehen kann (dafür etwa Staudinger/*Mülbert*, (2015), § 490 RN 224).
41 Im Übrigen folgt die Pflicht des Bankkunden zur (Nach-)Bestellung von Sicherheiten auch aus Nr.13 AGB-Banken/Nr.22 Abs.1 AGB-Sparkassen. Gegen die Klauseln bestehen keine Bedenken, vgl. nur BGH v. 18.12.1980 – III ZR 157/78 = WM 1981, 150; Staudinger/*Freitag*, (2015), § 488 RN 215.
42 Nach höchstrichterlicher Rechtsprechung darf das Kreditinstitut für die Bestellung, Verwaltung und Verwertung von Sicherheiten kein gesondertes Entgelt verlangen, da das Kreditinstitut insoweit eigene Vermögensinteressen verfolge und ein solcher Aufwand regelmäßig mit dem gemäß § 488 Abs.1 Satz 2 BGB zu zahlenden Zins abgegolten sei, vgl. (m.w.N.) nur BGH v. 19.2.2019 – XI ZR 562/17 (RN 35) = WM 2019, 698 = ZIP 2019, 698 = Müller-Christmann, WuB 2019, 354.
43 So etwa BGH, v. 8.12.1988 – III ZR 107/87 (Ziff.II.2.) = WM 1989, 210 = ZIP 1989, 157; BGH v. 27.02.2018 – XI ZR 224/17, RN 17 = WM 2018, 737; OLG Bamberg Urt. v. 20.03.2019 – 8 U 99/18, BeckRS 2019, 38142 RN 36.

Rechtsgrund für das Behalten- und Verwendendürfen der Grundschuld anzusehen.[44]

Die Unterscheidung zwischen der Pflicht zur Bestellung und dem Recht zum Behalten und Verwenden gilt auch für ergänzende Sicherheiten, wie insb. ein abstraktes Schuldanerkenntnis (RN 291 ff.) oder die Abtretung der Rückgewähransprüche bzgl. vorrangiger Grundschulden (RN 864 ff.). Daran ändert sich auch nichts, wenn nicht der Gläubiger selbst die Grundschuld samt ergänzender Sicherheiten erwerben soll, sondern wenn die Kreditsicherheit ihm über einen Treuhänder (RN 992, 993) zur Verfügung gestellt werden soll.

Die Verpflichtung des Schuldners, eine Verbindlichkeit durch Grundschuld zu sichern, kann ausdrücklich oder – vorbehaltlich der Besonderheiten bei einem Verbraucherdarlehen (RN 572 ff.) – stillschweigend begründet werden. Die Vereinbarung kann auch dadurch zustande kommen (und wird dann zugleich erfüllt), dass das Kreditinstitut die Bestellung einer Grundschuld verlangt und der Kreditnehmer sie ohne Weiteres bestellt oder ihre Bestellung veranlasst.[45]

Dass es sich tatsächlich um zwei verschiedene Ebenen handelt, wird in den Fällen besonders deutlich, in denen Schuldner und Sicherungsgeber[46] verschiedene Personen sind. Die Verpflichtung zur Sicherung der Forderung durch eine bestimmte Grundschuld ergibt sich aus dem Rechtsverhältnis zwischen Gläubiger und Schuldner der zu sichernden Forderung.[47] Erfüllt wird diese Sicherstellungsverpflichtung des Schuldners aber durch den Sicherungsgeber, der dem Gläubiger die Grundschuld verschafft und in diesem Zusammenhang auch den Sicherungsvertrag schließt. Damit erbringt der Sicherungsgeber eine Leistung zugunsten des Schuldners; wegen des Rechtsgrundes s. RN 567. Liegt im Verhältnis zwischen dem Schuldner und dem Drittsicherungsgeber ein Auftrag vor, dann besteht die Pflicht des Dritten, der Bank eine Grundschuld zu bestellen, in

---

44 Anders *Jost*, S. 50 f. (Rechtsgrund für Verpflichtung und Behaltendürfen zwangsläufig identisch). Wiederum anders der Ansatz von *Leitmeier*, Der zweigliedrige Rechtsgrund von Hypothek und Grundschuld, NJW 2022, 14: Darlehens- und Sicherungsabrede seien zusammen die einheitliche causa der Grundschuldbestellung: Die Grundschuld sei nur dann mit Rechtsgrund beim Sicherungsnehmer, wenn er Anspruch auf die Darlehensrückzahlung und zugleich Anspruch auf eine Sicherheit habe. Ablehnend insoweit *Schnauder*, Zum Rechtsgrund von Hypothek und Grundschuld, in WM 2022, 449 (*Leitmeier* erwidert in WM 2022, 1673). *Schnauder* sieht im allgemeinen Prinzip der Zweckerreichung den Rechtsgrund jeder Vermögensverschiebung (also auch der Grundschuldbestellung); dies gründe – im Unterschied zu den objektiven Schuldrechtslehren – auf einem in sich geschlossenen System, das ohne Unterstellungen und fiktive Willenserklärungen auskomme; mit dem Thema beschäftigt sich *Schnauder* auch in JZ 2021, 388: Schuldrechtliche Grundlagen von Hypothek und Grundschuld – Das Rechtsgrundproblem.

45 Ebenso *Becker-Eberhard*, S. 81.

46 Der Schuldner kann allerdings – in seltenen Ausnahmefällen – auch dann Sicherungsgeber sein, wenn die Grundschuld aus fremdem Vermögen zur Verfügung gestellt wird (RN 644 bis 646).

47 *Jost*, S. 98 f., muss für Drittsicherungsfälle einen nicht unerheblichen Begründungsaufwand betreiben, um die These zu halten, die Pflicht zur Sicherheitenbestellung folge ausschließlich aus der Sicherungsabrede.

der Regel ausschließlich gegenüber dem Schuldner. Theoretisch kann die Pflicht des Drittsicherungsgebers, eine Grundschuld zu bestellen, auch gegenüber der Bank bestehen, etwa dann, wenn im Darlehensvertrag explizit geregelt ist, dass der Drittsicherungsgeber eine Sicherungsgrundschuld zugunsten des Kreditinstituts zu bestellen hat bzw. bestellen wird. Schließt der im Darlehensvertrag genannte und mit dieser Regelung einverstandene (kein Vertrag zulasten Dritter) Drittsicherungsgeber in so einem Fall den Sicherungsvertrag und sind insoweit noch weitere Akte oder Erklärungen für die wirksame Begründung der Sicherheit erforderlich, dann kann sich aus dem Darlehensvertrag und hier ergänzend aus dem Sicherungsvertrag die Pflicht des Dritten gegenüber der Bank ergeben, die Bestellung der Sicherheit zu perfektionieren, z.B. die etwa nicht wirksam erklärte Eintragungsbewilligung (RN 101) noch einmal wirksam abzugeben.

Ist ein Dritter (also nicht der Schuldner) Sicherungsgeber, dann besteht auch *567* zwischen dem Schuldner (Kreditnehmer) und dem Drittsicherungsgeber ein Rechtsverhältnis. Aus ihm ergibt sich, warum der Drittsicherungsgeber die Grundschuld zur Verfügung stellt (und damit die Verpflichtung des Schuldners zur Sicherheitsbestellung erfüllt). Anlass wird häufig ein Auftrag des Schuldners sein.[48] Auch andere Beziehungen sind vorstellbar, z.B. Geschäftsführung ohne Auftrag oder Schenkung.

Aus diesem Verhältnis zwischen Schuldner und Drittsicherungsgeber ergibt sich, ob und unter welchen Voraussetzungen der Sicherungsgeber vom Schuldner **Freistellung**[49] verlangen kann. Bei einem Auftrag können vor dem Zeitpunkt, zu dem das Kreditverhältnis bei normalem Verlauf abgewickelt sein wird, die Freistellungs- und Aufwendungsersatzansprüche des Drittsicherungsgebers ausgeschlossen sein[50]; bei Ehegatten kann eine Kündigung des Auftragsverhältnisses während bestehender Ehe ausgeschlossen sein.[51] Aus demselben Rechtsverhältnis folgt, ob der Sicherungsgeber vom Schuldner Ersatz verlangen kann, wenn die Grundschuld entsprechend dem Sicherungsvertrag verwertet wird. Regelmäßig wird der Schuldner ersatzpflichtig sein (§ 670 BGB bzw.

---

48 Staudinger/*Wolfsteiner* (2019), Vorbem. zu §§ 1191 ff. RN 290 ff.; *Jost*, S. 95 ff.; OLG Rostock v. 8.12.2010 – 3 W 155/10 = NotBZ 2011, 302 = BeckRS 2011, 6554; OLG Bremen v. 26.4.2005–4 U 9/05 = NJW 2005, 3502.
49 Zu Einzelfragen bei der Freistellung vgl. BGH v. 10.2.1998 – XI ZR 72/97 –, NJW-RR 1998, 1005 = WM 1998, 858 = ZIP 1998, 858 = EWiR § 257 BGB 1/98, 587 (*Hager*); BGH v. 17.12.1954 – V ZR 77/53 – WM 1955, 377; Staudinger/*Wolfsteiner* (2019), Vorbem. zu §§ 1191 ff. RN 290.
50 OLG Karlsruhe v. 29.11.1989 – 1 U 167/89 = WM 1991, 1161 (Sicherstellung aufgrund eines Scheidungsvergleichs).
51 BGH v. 5.4.1989 – IV b ZR 35/88 – (Ziff. 3c und d) = WM 1989, 861 = ZIP 1989, 975.

§§ 677, 683, 670 BGB oder §§ 684 Satz 1, 812 Abs. 1 Satz 1 Alt. 1 BGB).[52] Es ist aber auch denkbar, dass im Verhältnis zwischen Schuldner und Sicherungsgeber ein **Ersatzanspruch** ausgeschlossen ist. Nach den ausdrücklichen oder (durch Auslegung zu ermittelnden) stillschweigenden Vereinbarungen richtet es sich, ob und unter welchen Voraussetzungen der Sicherungsgeber vom Schuldner Informationen über die Entwicklung der gesicherten Forderung(en) verlangen kann (RN 1057); zur **Auskunft** durch den Grundschuldgläubiger RN 1052 bis 1056, 1058.

18.2 Abschluss des Sicherungsvertrags und Rücksichtspflichten insb. des Kreditgebers/Sicherungsnehmers

568 Der Sicherungsvertrag kann **formfrei**[53] (auch konkludent[54]) abgeschlossen werden. Das gilt auch für eine Erweiterung der Sicherungsabrede, etwa die Aufnahme von Ansprüchen Dritter in den Sicherungszweck.[55]

Wenigstens die Erklärung des Sicherungsgebers, welche Ansprüche durch die Grundschuld gesichert werden (RN 654 ff.), sollte aber in eindeutiger Fassung gegenüber dem Sicherungsnehmer schriftlich abgegeben werden. Damit wird vermieden, dass der Sicherungsnehmer in Bezug auf diesen wichtigen Teil des Sicherungsvertrags[56] in Beweisnot kommt (zu den besonderen Nachweiserfordernissen im Hinblick auf eine Umschreibung der Vollstreckungsklausel nach Abtretung der Grundschuld s. RN 306.1 bis 306.9). Ausnahmsweise kann sich bezogen auf den Sicherungsvertrag eine Formbedürftigkeit aus § 311b Abs. 1 Satz 1 BGB ergeben.[57] Unter Umständen kann der Sicherungsvertrag genehmigungsbedürftig sein (z. B. § 144 Abs. 2 Nr. 3 BauGB und § 1821 f. BGB).[58] Zudem zu beachten ist das Schriftformerfordernis (§ 494 Abs. 6 Satz 2 BGB i. V. m. § 492 Abs. 1 BGB) bezüglich der Verpflichtung des Verbrauchers, dem Kreditgeber eine Grundschuld zur Besicherung des Verbraucherdarlehens zu bestellen (dazu RN 572).

---

52 OLG Koblenz v. 1. 8. 2008 – 5 U 551/08 = WM 2008, 2293 = WuB I F 3 - 2.09 (*Baterau*); BGH v. 25. 11. 1985 – II ZR 80/85 = WM 1986, 288 = ZIP 1986, 226 = EWiR § 128 HGB 1/86, 173 (*Schmidt*); vgl. BGH v. 2. 11. 2006 – III ZR 274/05 = NJW 2007, 63, wonach selbst jemand, der das gesicherte Darlehen nicht schuldet, dem Sicherungsgeber gegenüber zum Aufwendungsersatz verpflichtet sein kann, wenn die Beschaffung und Besicherung des Darlehens aufgrund seines Innenverhältnisses zum Sicherungsgeber (hier Kaufvertrag) zumindest auch ein Geschäft des Dritten war.
53 BGH v. 21. 2. 2008 – IX ZR 255/06 [dort RN 16] = WM 2008, 602; BGH v. 16. 6. 1981 – V ZR 114/80 = WM 1982, 443; Staudinger/*Wolfsteiner* (2019), Vorbem. zu §§ 1191 ff. RN 237; *Schmitz*, WM 1991, 1061, 1062; *Siol*, WM 1996, 2217, 2218.
54 Jeweils m. w. N. BGH v. 20. 3. 2013 – XII ZB 81/11 (RN 14) = NJW 2013, 1676; *Brünink*, in Gehrlein/Graewe/Wittig, § 3 RN 3.
55 BGH v. 15. 5. 2014 – IX ZR 257/13 = BeckRS 2014, 12526 = ZIP 2014, 837 = ZInsO 2014, 1331.
56 Vgl. *Huber*, S. 77.
57 BGH v. 14. 07. 1994 – IX ZR 110/93 = NJW 1994, 2885 = WM 1994, 1711; Staudinger/*Wolfsteiner* (2019) Vor § 1191 RN 237.
58 *Langenbucher/Bliesener/Spindler/Haertlein*, BGB § 1192 RN 15.

Eine Verständigung der Parteien, den Sicherungsvertrag schriftlich abzuschließen, kann eine formularmäßige Vereinbarung einer Schriftform sein (§§ 127, 154 Abs. 2 BGB).[59] Die Vereinbarung einer Schriftform ist **AGB-rechtlich unbedenklich**, insb. greift der seit dem 1. Oktober 2016 geltende § 309 Nr. 13b BGB nicht, weil das dort geregelte Verbot des formularmäßigen Schriftformerfordernisses nicht für zweiseitige Verträge gilt[60] (hier die Sicherungsabrede), sondern nur für einseitige Willensäußerungen von Verbrauchern.[61] Haben die Parteien eine Beurkundung i. S. v. § 154 Abs. 2 BGB[62] vereinbart, kommt der Sicherungsvertrag im Zweifel erst mit der Unterzeichnung zustande, nicht schon mit der mündlichen Vereinbarung.[63]

Stellt der Schuldner die Sicherheit selbst und **enthält der Darlehensvertrag die Zweckerklärung**, so genügt es, wenn der Schuldner diese Urkunde unterschreibt. Ist ein Dritter Sicherungsgeber, so sollte die Sicherungsabrede außerhalb des Darlehensvertrags getroffen werden. Das gilt insb. bei weiter Sicherungsabrede (RN 668), soweit diese bei Drittgrundschulden zulässig ist (RN 695), damit durch die Aufnahme der Sicherungsabrede in den Darlehensvertrag nicht der Eindruck entsteht oder verstärkt wird, dass die Grundschuld nur mit diesem Darlehen verknüpft sei.

Es gibt keine einheitliche Praxis, alle zum Sicherungsvertrag gehörenden Abreden in einer Urkunde zusammenzufassen. Deshalb kann die Vermutung der Vollständigkeit der Schrifturkunde regelmäßig nicht gelten[64], sondern nur dann, wenn die Urkunde für die Vertragspartner erkennbar alle zum Sicherungsvertrag gehörenden Vereinbarungen wiedergeben soll.

Jedes Geschäftsverhältnis kann nach seinem Inhalt jeden Teil zur Rücksicht auf die Rechte, Rechtsgüter und Interessen des anderen Teils verpflichten (§ 241 Abs. 2 BGB). Solche Rücksichtspflichten können bereits bei der Vertragsanbahnung bestehen (§ 311 Abs. 2 BGB). Das gilt im Ausgangspunkt auch für Kredit- und Kreditsicherungsverhältnisse. Eine **Rücksichtnahmepflicht des Sicherungsnehmers** besteht etwa darin, die Interessen des Sicherungsgebers bei der Verwertung der Grundschuld zu beachten, soweit ihm dies auch unter Berücksichtigung eigener schutzwerter Interessen zumutbar ist.[65] So darf der Gläubiger ohne Zustimmung des Sicherungsgebers die Löschung einer Grundschuld, die

569

---

59 Etwa BGH v. 10.11.1989 – V ZR 201/88 = WM 1989, 1926, der im Verkehr mit Banken eine Beurkundungsabrede i. S. v. § 154 Abs. 2 BGB vermutet.

60 Statt vieler MünchKomm/*Wurmnest*, BGB § 309 Nr. 13 RN 4.

61 Das Klauselverbot in § 309 Nr. 13b BGB ist nach der zutreffenden ganz herrschenden Ansicht im Rechtsverkehr zwischen Unternehmern i. S. v. § 14 BGB nicht anwendbar, vgl. Grüneberg/*Grüneberg*, § 309 RN 114; MünchKomm/*Wurmnest*, BGB § 309 Nr. 13 RN 11.

62 „Beurkundung" ist weit zu verstehen, sodass auch eine Schriftformabrede erfasst wird, vgl. BGH v 15.9.2009 – X ZR 115/05 = GRUR 2010, 322; BGH v. 10.11.1989 – V ZR 201/88 = WM 1989, 1926; MünchKomm/Busche, BGB § 154 RN 12.

63 BGH v. 10.11.1989 – V ZR 201/88 (Ziff. II. 2 a) = BGHZ 109, 197 = WM 1989, 1926 = ZIP 1990, 299 = EWiR § 1191 BGB 2/90, 253 (*Gnamm*).

64 Staudinger/*Wolfsteiner* (2019), Vorbem. zu §§ 1191 ff. RN 237.

65 BGH v. 3.2.2012 – V ZR 133/11 = WM 2012, 591 = NJW 2012, 1142; MünchKomm/*Lieder*, BGB § 1191 RN 20.

dem Gläubiger in Höhe des restlichen Nennbetrages weiterhin zusteht, nicht bewilligen, wenn der Ersteher des Grundstücks zur Ablösung einer in der Zwangs- oder Teilungsversteigerung bestehen gebliebenen Grundschuld eine unter deren Nennbetrag liegende Summe zahlt.[66] Das bedeutet aber nicht, dass der Grundschuldgläubiger verpflichtet ist, in der Zwangsversteigerung gegenüber dem Ersteher zugunsten des Sicherungsgebers auch **Grundschuldzinsen** geltend zu machen (dazu RN 1152 ff.), die der Grundschuldgläubiger nicht benötigt.[67] Der Gläubiger, der im Verhältnis zu einem Schuldner/Sicherungsgeber mehrere Grundschulden unterschiedlichen Rangs hält, darf die Zwangsvollstreckung aus der nachrangigen Grundschuld betreiben, auch wenn es wirtschaftlich nicht nachvollziehbar ist.[68]

Nach ganz h. M. ist die kreditgebende Bank (Sicherungsnehmer) **grundsätzlich nicht verpflichtet**, den **Darlehensnehmer/Sicherungsgeber über Risiken** der Kredit- und Kreditsicherungsgeschäfte **aufzuklären**.[69] Dies gilt auch dann, wenn die Grundschuld als Sicherheit für Verbindlichkeiten eines Dritten bestellt wird. Hier kann der Gläubiger davon ausgehen, dass sich der Sicherungsgeber selbst über die Wahrscheinlichkeit seiner Inanspruchnahme ausreichend informiert hat. Der Gläubiger ist grundsätzlich nicht verpflichtet, den Sicherungsgeber ungefragt über Art und Höhe des Risikos oder über die Vermögensverhältnisse des Schuldners aufzuklären. Etwas anderes gilt nur, wenn der Gläubiger selbst einen Irrtum des Sicherungsgebers hinsichtlich seines Risikos veranlasst hat.[70] Eine Hinweispflicht des Sicherungsnehmers hat der BGH auch in dem Fall angenommen, in dem der Sicherungsgeber eine Bürgschaft übernommen hat, nachdem er es abgelehnt hatte, zur Absicherung der Forderung eine Grundschuld an seinem Grundstück als seinem einzigen nennenswerten Vermögensgegenstand zu bestellen, und es für den Sicherungsnehmer erkennbar war, dass der Bürge nicht weiß, dass die Bürgschaft im wirtschaftlichen

---

66 BGH v. 29. 1. 2016 – V ZR 285/14 = WM 2016, 452 = *Gladenbeck*, WuB 2016, 387.

67 Gegen eine solche Pflicht (bzw. für zulässige vertragliche Einschränkung) BGH v. 16. 12. 2011 – V ZR 52/11 = BGHZ 192, 131 = WM 2012, 301 = ZIP 2012, 896; BGH v. 4. 2. 2011 – V ZR 132/10 = BGHZ 188, 186 = WM 2011, 596 = NJW 2011, 1500; Münch-Komm/*Lieder*, BGB § 1191 RN 177; für Pflicht und gegen AGB-rechtliche Einschränkung OLG München 21. 05. 2010 – 5 U 5090/09 (RN 39 ff.) = WM 2010, 1459 = BKR 2010, 468 (Revision wurde mangels Zinsanspruchs zurückgewiesen, ohne auf diese Frage einzugehen, vgl. BGH v. 28. 4. 2011 – V ZR 132/10, BeckRS 2011, 16858); *Joswig*, WuB I F 3.–5.10 D. (2010, Heft 11, S. 647); Staudinger/*Wolfsteiner* (2019) Vorbem. zu §§ 1191 ff. RN 135 ff.; kritisch auch *Kesseler*, DNotZ 2016, 701, 706 f.

68 BGH v. 29. 1. 2016 – V ZR 285/14 (RN 7) = WM 2016, 452 = *Gladenbeck*, WuB 2016, 387.

69 BGH v. 15. 4. 1986 – 3 U 203/86, WM 1988, 1085; BGH v. 26. 5. 1988 – III ZR 115/87, WM 1988, 1225; BGH v. 19. 6. 2002 – IV ZR 168/01 – (Ziff. II. 3 c), BGHZ 152, 147 = NJW 2002, 2633 = WM 2002, 1642 = ZIP 2002, 1439; BGH v. 9. 10. 1990 – XI ZR 200/89 (Ziff. I. 2 a) = WM 1990, 1956 = ZIP 1990, 1545; für die Bürgschaft: BGH v. 19. 1. 1989 – IX ZR 124/88, ZIP 1989, 219; BGH v. 24. 4. 1990 – XI ZR 236/89, WM 1990, 920, 922; BGH v. 14. 12. 1995 – IX ZR 57/95, WM1996, 196, 197; BGH v. 27. 6. 2000 – XI ZR 174/99, WM 2000, 1685 m. w. N.

70 BGH v. 19. 6. 2002 – IV ZR 168/01 (Ziff. II. 3 c), BGHZ 152, 147 = WM 2002, 1642 = ZIP 2002, 1439 = EWiR § 138 BGB 9/02, 845 (*Joswig*); BGH v. 9. 10. 1990 – XI ZR 200/89 (Ziff. I. 2 a) = WM 1990, 1956 = ZIP 1990, 1545.

Ergebnis den Zugriff auf das Grundstück ebenso ermöglicht wie eine dingliche Belastung.[71]

Will der Sicherungsgeber das zu beleihende Grundstück erst kaufen, darf das Kreditinstitut davon ausgehen, dass er sich selbst über den Zustand der Immobilie informiert hat. Es ist nicht verpflichtet, den Käufer aufzuklären, wenn es den Kaufpreis für unangemessen hoch hält; allenfalls dann, wenn die Bank von einer sittenwidrigen Übervorteilung des Käufers durch den Verkäufer ausgehen muss, kann das anders sein.[72] Der BGH hat in diesem Kontext entschieden, dass allein die Kenntnis von der für die Immobilie erzielten Jahresnettomiete im Wege eines – auf schlichter Vervielfältigung der Nettomiete mit einem frei gegriffenen Faktor beruhenden – „vereinfachten Ertragswertverfahrens" nicht für die Bejahung eines solchen **Wissensvorsprung** der Bank genügt.[73]

Auch als Darlehensgeber ist das Kreditinstitut grds. nicht verpflichtet, den Darlehensnehmer über die Gefahren und Risiken der Verwendung des Darlehens aufzuklären und ihn vor dem Vertragsschluss zu warnen[74] oder zu prüfen, ob das zu finanzierende Geschäft wirtschaftlich und/oder steuerlich vorteilhaft ist.[75] Bei steuersparenden Bauherren- und Erwerbermodellen darf es regelmäßig davon ausgehen, dass der Kunde entweder selbst über die notwendigen Kenntnisse verfügt oder sie sich anderweitig beschafft; nur unter ganz besonderen Voraussetzungen ist es zur Risikoaufklärung verpflichtet.[76]

In den folgenden **(Ausnahme-)Fallgruppen**[77] besteht eine **Rücksichtspflicht:** Überschreiten der Kreditgeberrolle[78], Schaffung eines besonderen Gefährdungstatbestands[79], Bestehen eines schwerwiegenden Interessenkonflikts sowie Vor-

---

71 BGH, v. 1.7.1999 – IX ZR 161/98 = WM 1999, 1614 = NJW 1999, 2814.
72 BGH v. 20.5.2003 – XI ZR 248/02 (Ziff. B II. 2 b) = WM 2003, 1370 = ZIP 2003, 1240; BGH v. 18.4.2000 – XI ZR 193/99 (Ziff. II. 2 a) = WM 2000, 1245 = ZIP 2000, 1051 = EWiR § 3 VerbrKrG 1/2000, 699 (*Pfeiffer*).
73 BGH v. 18.10.2016 – XI ZR 145/14 = BGHZ 212, 286 = WM 2016, 2384 = NJW 2017, 1313.
74 Ständige Rechtsprechung des BGH, z.B. BGH v. 22.10.2003 – IV ZR 398/02 (Ziff. II. 5 b), NJW 2004, 59 = WM 2003, 2372; BGH v. 27.6.2000 – XI ZR 210/99 – (Ziff. II. 1 d) = WM 2000, 1687 = ZIP 2000, 1483 = § 276 BGB 3/01, 155 (*Nielsen*); *BeckOGK/Binder*, 1.11.2023, BGB § 488 RN 170.
75 BGH v. 20.5.2003 – XI ZR 248/02 (B II. 2 a) = WM 2003, 1370 = ZIP 2003, 1240 = EWiR § 280 BGB 4/03, 899 (*F. Wagner*); BGH v. 12.11.2002 – XI ZR 25/00 (Ziff. II. 1), ZIP 2003, 160 = EWiR § 3 HWiG a.F. 3/03, 975 (*Fritz*); OLG Karlsruhe v. 29.10.2002 – 17 U 140/01 (Ziff. II. 3 c) = ZIP 2003, 109.
76 Ständige Rechtsprechung, z.B. BGH v. 20.1.2004 – XI ZR 460/02 (Ziff. II. 2 a), WM 2004, 521 = ZIP 2004, 500 = EWiR § 1 HWiG a.F. 1/04, 389 (*Medicus*); BGH v. 3.6.2003 – XI ZR 289/02 (Ziff. II. 4 a), WM 2003, 1710 = ZIP 2003, 1644; BGH v. 18.3.2003 – XI ZR 188/02 (Ziff. II. 3 a) = WM 2003, 918 = ZIP 2003, 984; BGH v. 18.4.2000 – XI ZR 193/99 (Ziff. II. 1) = WM 2000, 1245 = ZIP 2000, 1051; vgl. auch BGH v. 8.4.2003 – XI ZR 193/02 (Ziff. 1b) = WM 2003, 1346 = ZIP 2003, 1082 = EWiR Art. 1 § 1 RBerG 5/03, 883 (*Joswig*).
77 Grüneberg/*Grüneberg*, § 280 RN 60 – 62 m.w.N.; *BeckOGK/Binder*, 1.11.2023, BGB § 488 RN 172 ff.; *BeckOK/Rohe*, BGB § 488 Rn 82 ff.; Rechtsprechungsüberblick bei *Martis*, MDR 2005, 788.
78 LG Köln v. 18.06.2009 – 15 O 531/08, BeckRS 2010, 23157.
79 Dazu BGH v. 28.1.1997 – XI ZR 22/96 = WM 1997, 662.

liegen eines konkreten Wissensvorsprungs[80]. Typologisch handelt es sich bei den einschlägigen Fallgruppen häufig um (vorvertragliche) Rücksichtspflichten nach § 241 Abs. 2, § 311 Abs. 2 BGB.[81]

Für die Fälle realkreditfinanzierter Immobilienkäufe und Immobilienfondsbeteiligungen hat der BGH diese Rechtsprechung weiterentwickelt, um der Forderung des EuGH[82] nach einer Effektivierung des Verbraucherschutzes nachzukommen. Ein konkreter Wissensvorsprung des Darlehensgebers im Zusammenhang mit einer arglistigen Täuschung des Anlegers durch unrichtige Angaben des Unternehmers oder Vermittlers ist i. S. e. Beweiserleichterung widerleglich zu vermuten, wenn der Unternehmer oder ein von ihm beauftragter Vermittler und der Darlehensgeber in institutionalisierter Art und Weise zusammenwirken, auch die Finanzierung vom Unternehmer oder Vermittler angeboten wurde und die Unrichtigkeit der Angaben des Unternehmers oder Vermittlers nach den Umständen des Falles evident ist, sodass sich aufdrängt, der Darlehensgeber habe sich der Kenntnis der arglistigen Täuschung geradezu verschlossen[83]. Die im Fall objektiver Evidenz bestehende Vermutung kann der Darlehensgeber durch den Nachweis entkräften, dass er von den täuschenden Angaben keine Kenntnis hatte.[84] Gelingt ihm dieser Nachweis nicht, ist der Verbraucher so zu stellen, wie er ohne schuldhafte Pflichtverletzung stünde. Sowohl das finanzierte Geschäft als auch das Darlehen selbst wären dann regelmäßig nicht abgeschlossen worden.[85] Diese Folge erinnert an die Haftungsfolgen bei Vorliegen verbundener Verträge (RN 583.1 und 583.2).

---

80 Zur Fallgruppe Wissensvorsprung BGH v. 31.3.1992 – XI ZR 70/91, NJW-RR 1992, 879; BGH v. 21.10.1997 – XI ZR 25/97, NJW 1998, 305; BGH v. 18.10.2016 – XI ZR 145/14, NJW 2017, 1313; BGH, 27.11.1990 – XI ZR 308/89 = WM 1991, 85 = ZIP 1991, 90; OLG Köln v. 24.03.2004 – 13 U 123/03, WM 2005, 557.

81 *BeckOGK/Binder*, 1.11.2023, BGB § 488 RN 171; BGH v. 11.1.2011 – XI ZR 220/08 = WM 2011, 309 = ZIP 2011, 368; BGH v. 29.6.2010 – XI ZR 104/08 = BGHZ 186, 96 (102 f.) = WM 2010, 1451 = ZIP 2010 1481.

82 EuGH v. 25.10.2005 – C-350/03 – „Schulte" (nach Vorlagebeschluss von LG Bochum v. 29.7.2003 – I O 795/02 = WM 2003, 1609 = ZIP 2003, 1437) = ZIP 2005, 1959 = WM 2005, 2079; EuGH v. 25.10.2005 – C-229/04 – „Crailsheimer Volksbank", ZIP 2005, 1965 = WM 2005, 2086 = WuB IV D § 3 HWiG 1.06 (*Thume/Edelmann*); zu beiden Urteilen neben vielen anderen *Derleder*, BKR 2005, 442 ff.; *Sauer*, BKR 2006, 96 ff.; *Thume/Edelmann*, BKR 2005, 477 ff.; *Fischer*, DB 2005, 2507.

83 BGH v. 23.10.2007 – XI ZR 167/05 (Ziff. II. 3 b. aa); WM 2008, 154 = ZIP 2008, 112; BGH v. 26.9.2006 – XI ZR 283/03 (Ziff. II. 2 b. bb), ZIP 2006, 2258 = WM 2006, 2347; BGH v. 19.9.2006 – XI ZR 209/04 (Ziff. II. 1 b. bb); BGH v. 19.9.2006 – XI ZR 204/04 (Ziff. II. 1 b. bb), BGHZ 169, 109 = ZIP 2006, 2262 = WM 2006, 2343 = NJW 2007, 357 (*Kulke*) = DNotZ 2007, 29 = WuB IV A § 311 BGB 1.07 (*Jungmann*); BGH v. 16.5.2006 – XI ZR 6/04 (Ziff. II. 4. b. bb), BGHZ 168, 1 = WM 2006, 1194 = ZIP 2006, 1187; WuB I G 5 Immobilienanlagen 6.06 (*Bülow*), eingehend *Habersack*, BKR 2006, 305, 310 ff.; *Hofmann*, WM 2006, 1847 ff.; *Oechsler*, NJW 2006, 2451.

84 BGH v. 3.6.2008 – XI ZR 131/07 (Ziff. II 1 b, dd [2]), ZIP 2008, 1368 = WM 2008, 1394 = WuB I G 5 – 9.08 (*Bülow*); BGH v. 27.5.2008 – XI ZR 132/07 (Ziff. II. 1, a, bb), WM 2008, 1260 = ZIP 2008, 1268 = WuB I G 5 – 8.08 (*Schäfer/Fuchs*).

85 BGH v. 16.5.2006 – XI ZR 6/04 – (Ziff. II. 4. b. dd) = BGHZ 168, 1 = WM 2006, 1194 = ZIP 2006, 1187.

§ 242 BGB kann aber einer Wissenszurechnung entgegenstehen. Hat etwa ein Kapitalanleger zusammen mit einem Kreditvermittler dem ein Darlehen gewährenden Kreditinstitut die Verwendung der Kreditmittel für eine bestimmte Kapitalanlage verschwiegen, so kann sich der Kapitalanleger (Kreditnehmer) nicht auf einen zur Aufklärung über Risiken der konkreten Kapitalanlage verpflichtenden Wissensvorsprung des Kreditinstituts berufen, der auf der nach § 166 Abs. 1 BGB dem Kreditinstitut zuzurechnenden Kenntnis des Kreditvermittlers von der Zeichnung dieser Kapitalanlage beruhen würde.[86] Zu Recht wird darauf hingewiesen, dass für § 166 Abs. 1 BGB (auch ohne Rückgriff auf § 242 BGB) kein Raum besteht, wenn der „Wissensvertreter" gemeinsam mit dem Vertragspartner (Kreditnehmer) den Geschäftsherrn (Kreditgeber) täuscht, weil der Vermittler dann das Lager des Kreditgebers verlässt und sich in das Lager des Kreditnehmers begibt.[87]

Der Vollständigkeit halber sei erwähnt, dass auch der Sicherungsgeber nach § 241 Abs. 2 BGB verpflichtet ist, Rücksicht auf die berechtigten Interessen der Bank (Sicherungsnehmer) zu nehmen, z. B. der Bank mitzuteilen, wenn eine gestellte Kreditsicherheit wegfällt oder an Wert verliert. Aus dem Sicherungsvertrag folgt z. B. auch seine Pflicht, an der Bestellung einer eintragungsfähigen Grundschuld erneut mitzuwirken, falls die erste (dingliche) Grundschuldbestellung unwirksam ist.[88] *569.1*

Von den grundsätzlich nicht bestehenden Aufklärungs- und Warnpflichten ist die Beratungspflicht der Bank zu unterscheiden, die dann gegeben ist, wenn ein Beratungsvertrag zwischen dem Kreditgeber und dem Kreditnehmer ausdrücklich oder konkludent[89] zustande kommt. Von den allgemeinen Rücksichtspflichten (§ 241 Abs. 2 BGB) zu unterscheiden sind auch verbraucherdarlehensspezifische Informations-, Beratungs- und Aufklärungspflichten.[90] Zu nennen ist etwa die seit dem 21. März 2016 in § 505a BGB geregelte zivilrechtliche Kreditwürdigkeitsprüfung im Zusammenhang mit dem Abschluss eines Verbraucherdarlehens.[91] Das strenge und erweiterte verbraucherdarlehensrechtliche Pflichten- und Sanktionsprogramm (z. B. die **Kreditwürdigkeitsprüfung**) ist aber weder auf allgemeine Gelddarlehensverträge[92] noch auf Kreditsicherungsverträge zu erstrecken. *569.2*

Nach dem V. BGH-Zivilsenat[93] gibt es keinen allgemeinen Grundsatz, dass der Sicherungsgeber, der mit dem Sicherungsnehmer eine bestimmte Sicherheit vereinbart hat, einen Austausch dieser Sicherheit gegen eine ihm genehmere verlangen kann. In dem genannten Fall war keine Bank Sicherungsnehmerin, *569.3*

---

86 BGH v. 19. 3. 2013 – XI ZR 46/11 = WM 2013, 924 = ZIP 2013, 1063.
87 *Wardenbach*, GWR 2013, 274.
88 BGH v. 29. 9. 1989 – V ZR 326/87 = WM 1989, 1862 = ZIP 1990, 31.
89 Vgl. BGH v. 6. 7. 1993 – XI ZR 12/93, WM 1993, 1455; OLG Karlsruhe v. 22. 11. 2016 – 17 U 25/16, ZIP 2017, 366, dazu *Zahrte*, EWiR 2017, 99.
90 Näher *Reifner/Feldhusen*, Kreditrecht, 2. Aufl. 2019, § 14 – § 17.
91 Näher dazu *Feldhusen*, BKR 2016, 441; *Buck-Heeb*, NJW 2016, 2065; *König*, WM 2017, 269.
92 *BeckOGK/Binder*, 1. 11. 2023, BGB § 488 RN 170.
93 BGH v. 30. 6. 2017 – V ZR 248/16 = WM 2017, 1937 = ZIP 2017, 2479.

sondern ein Eigentümer einer Wohnungseinheit. Der Eigentümer der anderen Wohnungseinheiten (Sicherungsgeber) verpflichtete sich, dem Sicherungsnehmer eine monatliche Leibrente von 1400 € zu zahlen. Zur Absicherung wurde eine Sicherungshypothek eingetragen. Der Sicherungsgeber beabsichtigte, seine Miteigentumsanteile zu verkaufen, und forderte vom Sicherungsnehmer die Löschung der Sicherungshypothek Zug-um-Zug gegen Gestellung einer unbefristeten, unwiderruflichen, unbedingten und gesamtschuldnerischen Bankbürgschaft. Die Entscheidung ist grundsätzlich auf das Bankgeschäft übertragbar.[94] Gleichwohl muss im Grundschuldgeschäft die **Interessenlage** des Einzelfalles beachtet werden. Es kann also Fälle geben, in denen der Sicherungsnehmer verpflichtet sein kann, einem Sicherheitenaustausch zuzustimmen.[95] So hat der XI. BGH-Zivilsenat im Zusammenhang mit einer Vorfälligkeitsentschädigung am 3. 2. 2004 klargestellt, dass der Sicherungsgeber einen **Anspruch auf Sicherheitenaustausch** hat (an Stelle der erstrangigen Grundschuld auf dem veräußerten Grundstück die Bestellung einer entsprechenden Grundschuld auf dem neu erworbenen Hausgrundstück), wenn er gegen die realkreditgebende Bank einen Anspruch auf Einwilligung in eine vorzeitige Darlehensablösung gegen angemessene Vorfälligkeitsentschädigung hat (dazu RN 823.1).[96] Daran angelehnt dürfte ein Anspruch des Sicherungsgebers auf Sicherheitenaustausch immer dann in Betracht kommen, wenn eine vom Darlehensnehmer/Sicherungsgeber als Ersatz angebotene Sicherheit das Risiko der realkreditgebenden Bank genauso gut abdeckt wie die der Bank vereinbarungsgemäß eingeräumte Grundschuld, der Darlehensnehmer/Sicherungsgeber bereit und in der Lage ist, alle mit dem Austausch verbundenen Kosten zu tragen und das Kreditinstitut auch nicht befürchten muss, etwa bei der Verwaltung/Verwertung der Ersatzsicherheit irgendwelche Nachteile zu erleiden.[97] Denkbar ist auch eine geringerwertige Sicherheit, die aber das Sicherungsinteresse genauso gut abdeckt, etwa dann, wenn der gesicherte Kredit zu einem großen Teil getilgt ist und wegen Unteilbarkeit des Sicherungsmittels eine Teilsicherheitenfreigabe ausscheidet.[98] Es besteht aber kein Recht des Sicherungsgebers auf Austausch der Grundschuld, wenn er dem Sicherungsnehmer statt der dinglichen Sicherheit (Grundschuld) z. B. nur eine Personalsicherheit (Bürgschaft) anbietet.[99] Der Sicherungsgeber (Kreditnehmer) ist auch nicht berechtigt, statt der Sicherheit dem Sicherungsnehmer (Bank) einen neuen Darlehensnehmer anzubieten (Ersatzkreditnehmer).[100]

569.4 Die Frage, ob eine (Rücksichts-)**Pflicht** besteht, ist **von Bedeutung** für einen etwaigen **Schadensersatz** bei Pflichtverletzung (vgl. etwa RN 776) und für die Einschätzung, ob das Kreditinstitut für eine Leistung ein **Entgelt** verlangen darf.

---

94 Ebenso *Krüger*, EWiR 2018, 109, 110.
95 Ausführlich zum Sicherheitenaustausch und dessen Bedeutung im insolvenzrechtlichen Anfechtungsrecht *Ganter*, WM 2017, 261.
96 BGH v. 3. 2. 2004 – XI ZR 398/02 = BGHZ 158, 11 = WM 2004, 780 = ZIP 2004, 801.
97 Vgl. Leitsatz 2 zu BGH v. 3. 2. 2004 – XI ZR 398/02 = BGHZ 158, 11 = WM 2004, 780 = ZIP 2004, 801.
98 *Ganter*, Der Austausch von Sicherheiten, WM 2017, 261.
99 Ebenso etwa *Schultheiß*, WuB 2018, S. 121, 124.
100 Richtig *Rösler/Lang*, BKR 2004, 191, 192 m. w. N.

Denn nach der ständigen BGH-Rechtsprechung ist es AGB-rechtlich u. a. unzulässig, ein Entgelt für eine Leistung zu verlangen, die das Kreditinstitut im eigenen Interesse erbringt oder aufgrund einer gesetzlichen oder vertraglichen (Neben-/Rücksichts-)Pflicht schuldet.[101] So darf z. B. kein Entgelt für die **Löschungsbewilligung** (RN 549) verlangt werden. Eine pauschale Aussage zu einer etwaig bestehenden Pflicht des Kreditinstituts verbietet sich, da insoweit häufig die Einzelfallumstände berücksichtigt werden müssen. Das gilt z. B. bei der Frage, ob das Kreditinstitut für die Erfüllung eines **Treuhandauftrags** zwecks **Ablösung eines Kundendarlehens** (dazu RN 964 ff.) etwa für die Sicherheitenfreigabe ein Entgelt verlangen darf. Diese umstrittene Frage[102] hat der BGH am 10. 9. 2019 verneint (RN 980.3).[103] Zur Lästigkeitsprämie für die Zustimmung zum Verkauf einer Immobilie durch einen Grundpfandgläubiger RN 1097.1.

Bei **minderjährigen Sicherungsgebern** kann eine Genehmigung des Betreuungs- bzw. Familiengerichts zum Abschluss/zur Änderung der Sicherungsabrede erforderlich sein (RN 647 ff.).   *570*

18.3   Allgemeine Geschäftsbedingungen (AGB)

Anders als bei der Grundschuld selbst (RN 62) kommt beim Sicherungsvertrag   *571*
den Vorschriften über die Gestaltung rechtsgeschäftlicher Schuldverhältnisse durch AGB (§§ 305 bis 310 BGB) erhebliche Bedeutung zu. Auf eine zusammenfassende Darstellung wird verzichtet, vielmehr werden einschlägige AGB-rechtliche Fragen bei jedem relevanten Einzelpunkt dargestellt. In der Praxis spielt vor allem die Frage nach der Zulässigkeit der weiten Sicherungsabrede bei der sog. Drittgrundschuld eine große Rolle (RN 687 bis 695).

18.4   Sicherungsgrundschuld und Verbraucherrecht

Im Grundschuldgeschäft sind einschlägige verbraucherrechtliche Aspekte zu   *571.1*
berücksichtigen. Dabei sind insb. zwei Komplexe zu unterscheiden. Zum einen geht es um die Frage, welchen Einfluss das Grundschuldgeschäft auf das Verbraucherdarlehensgeschäft hat. Im Ausgangspunkt spielt hierbei der zum 21. 3. 2016 modifizierte § 491 BGB (Umsetzung der **Wohnimmobilienkreditrichtlinie**[104], Richtlinie 2014/17/EU) eine Rolle. Der geltende § 491 Abs. 1 BGB unterscheidet zwischen dem Allgemein-Verbraucherdarlehensvertrag (§ 491 Abs. 2 BGB) und dem Immobiliar-Verbraucherdarlehensvertrag (§ 491 Abs. 3 BGB) und lässt erkennen, dass der Begriff „Verbraucherdarlehensvertrag" nun-

---

101 Statt vieler BGH v. 13.05.2014 – XI ZR 405/12 (RN 24 und RN 66) = BGHZ 201, 168 = WM 2014, 1224.
102 Für Zulässigkeit des Entgelts: OLG Köln v. 27.5.2009 – 13 U 202/08 = BeckRS 2011, 17348; *Hofauer*, BKR 2015, 397, 402, ; dagegen etwa *OLG Hamm* v. 4.12.2018 – 19 U 27/18, BeckRS 2018, 33845.
103 BGH v. 10.9.2019 – XI ZR 7/19; *von Spannenberg*, in Bankrechts-Handbuch, § 53 RN 168.
104 Etwa *Omlor*, ZIP 2017, 112.

mehr der Oberbegriff ist.[105] Zum anderen geht es um den Komplex, ob allgemeine verbraucherrechtliche Vorschriften auf die Grundschuld (vor allem auf die Sicherungsabrede) anwendbar sind und, wenn ja, welche Auswirkungen dies konkret hat. Die mit Wirkung zum 13.6.2014 umgesetzte **Verbraucherrechterichtlinie** (RL 2008/48/EG v. 23.4.2008)[106] führte zu wichtigen Änderungen des allgemeinen Verbraucherprivatrechts. Im Kern geht es um eine umfassende Neuregelung des Fernabsatzrechts und des Rechts der Verbrauchergeschäfte, die außerhalb von Geschäftsräumen (näher RN 584 ff.) geschlossen werden.[107] Im Zusammenhang mit gesetzlichen Widerrufsrechten hat der **BGH**[108] am 22.09.2020 in einem Grundsatzurteil entschieden, dass die **§§ 312 ff. BGB nicht auf Kreditsicherungsgeschäfte anwendbar sind** (näher RN 584 ff.).

18.4.1 Grundpfandrechtliche Besicherung führt zum Immobiliar-Verbraucherdarlehensvertrag

571.2   Die seit dem 21.3.2016 geltenden Neuregelungen zum Immobiliar-Verbraucherdarlehensvertrag[109], die auf der Umsetzung der Wohnimmobilienkreditrichtlinie basieren, betreffen im Wesentlichen die bisher als Immobiliardarlehen (§ 503 BGB a.F.) eingestuften klassischen Baufinanzierungen. Der **Anwendungsbereich** der Regelungen für **Immobiliar-Verbraucherdarlehen** ist im Vergleich zur Rechtslage bis zum 20.3.2016 zum Immobiliardarlehen (§ 503 Abs. 1 BGB a.F. verlangte für dessen Anwendbarkeit eine Abhängigkeit der Darlehensgewährung von der Sicherung durch ein Grundpfandrecht[110]) aber **deutlich ausgeweitet** (s. RN 571.5). Die neuen Regelungen zielen vor allem darauf ab, die Position des Verbrauchers zu stärken, insb. bei Vergabe von Immobiliar-Verbraucherkrediten.[111] Von den Vorschriften des § 491 BGB darf nicht zum Nachteil des Verbrauchers abgewichen werden (§ 512 BGB). Nach § 512 Satz 2 BGB finden die verbraucherdarlehensrechtlichen Vorschriften, die in § 512 Satz 1 BGB genannt werden, auch Anwendung, wenn sie durch anderweitige Gestaltungen umgangen werden. Abweichungen zugunsten des Verbrauchers sind stets zulässig.

571.3   Nach Art. 229 § 38 Abs. 1 Satz 1 EGBGB gelten die aufgrund der Wohnimmobilienkreditrichtlinie eingeführten Normen grds. für alle Verträge, die nach dem oder am 21.3.2016 geschlossen wurden; es sind **keine Übergangsfristen** vorge-

---

105 Dazu *Jungmann* zu § 58 RN 1 ff.; Grüneberg/*Weidenkaff*, § 491 RN 1 f. und RN 18 ff.

106 BR-Drs. 639/09 v. 03.07.2009; die Begründung zum Gesetzesentwurf findet sich in BT-Drs. 16/11643 v. 21.01.2009.

107 Dazu *Wendehorst* NJW 2014, 577.

108 BGH, Urt. vom 22.09.2020 – XI ZR 219/19 = BGHZ 227, 72 = WM 2020 Heft 44, 2082; dazu *Samhat*, WuB 2020 Heft 12, 608; *Omlor*, EWiR 2020, 673.

109 Näher *Jungmann*, in *Bankrechts-Handbuch*, § 58 RN 1 ff.; *Samhat*, in *Schwintowski*, Bankrecht, 5. Auflage 2018, Kap. 15 RN 20 ff. (die folgenden Ausführungen sind zu großen Teilen aus diesem Werk).

110 Ausführlich zu § 503 BGB a.F. *Jungmann*, in *Bankrechts-Handbuch*, § 58 RN 12 ff. m.w.N.

111 Vgl. etwa BT-Drs. 18/5922, S. 61.

sehen.[112] Für Bestandsverträge, deren Vertragsabschluss vor dem 21.3.2016 liegt, gilt gemäß Art. 229 § 38 Abs. 1 EGBGB also weiterhin die frühere Rechtslage.[113]

Von den in § 491 BGB genannten Vertragstypen interessiert im Kontext der hier behandelten Sicherungsgrundschuld nur der Immobiliar-Verbraucherdarlehensvertrag i.S.v. § 491 Abs. 3 Satz 1 Nr. 1 BGB, weil insoweit die grundpfandrechtliche Besicherung eine Rolle spielt. Der Allgemein-Verbraucherdarlehensvertrag (§ 491 Abs. 2 Satz 1 BGB) und der Immobilienverzehrkreditverträge (§ 491 Abs. 3 Satz 4 BGB) können vernachlässigt werden. § 491 Abs. 2 Satz 2 Nr. 6 BGB stellt klar, dass der Immobiliar-Verbraucherdarlehensvertrag kein Allgemein-Verbraucherdarlehensvertrag ist. Das **hilft bei der Rechtsanwendung**. Sofern das Gesetz für den Immobiliar-Verbraucherdarlehensvertrag besondere Pflichten vorschreibt, gelten diese ausschließlich für diese Vertragsart. *571.4*

Mit der geltenden Systematik des § 491 BGB geht keine Änderung des Rechts der Grundschuldsicherung einher. Vielmehr ist eine etwaig vereinbarte grundpfandrechtliche Sicherheit bei der Frage zu berücksichtigen, welche Verbraucherkreditform vorliegt, was wiederum darüber entscheidet, welches Pflichtenprogramm der unternehmerische Kreditgeber zu erfüllen hat. *571.5*

Der Immobiliar-Verbraucherdarlehensvertrag ist ein entgeltlicher Darlehensvertrag zwischen einem Unternehmer (§ 14 BGB) als Darlehensgeber und einem Verbraucher (§ 13 BGB) als Darlehensnehmer (s. zum Verbraucherbegriff RN 574), der unter anderem dann vorliegt, wenn der Darlehensvertrag durch ein **Grundpfandrecht oder eine Reallast** (§§ 1105 ff. BGB)[114] **besichert** ist (§ 491 Abs. 3 Satz 1 Nr. 1 BGB). Bereits die **mittelbare Besicherung** – etwa über eine Einbeziehung in eine weite Grundschuldsicherungsabrede – **genügt** für die Bejahung dieses Vertragstyps. Ausweislich der Gesetzesmaterialien[115] genügt bereits eine rein schuldrechtliche Verbindung zwischen dem dinglichen Recht und dem Verbraucherdarlehensvertrag, um den Tatbestand einer grundpfandrechtlichen Besicherung nach § 491 Abs. 3 Satz 1 Nr. 1 BGB zu erfüllen. Nach dieser Wertung führt also auch eine „Negativverklärung", die eine Verpflichtung zur grundpfandrechtlichen Nachbesicherung bei Eintritt bestimmter Ereignisse enthält, zur Bejahung eines Immobiliar-Verbraucherdarlehensvertrags. Allein die Besicherung des Verbraucherdarlehens mit einem „**abstrakten Schuldanerkenntnis" genügt** demgegenüber **nicht**, um einen Immobiliar-Verbraucherdarlehensvertrag anzunehmen. Das abstrakte Schuldanerkenntnis begründet einen eigenständigen Anspruch, der auch keine schuldrechtliche Verknüpfung zur Grundschuld beinhaltet. Darin ist grundsätzlich auch keine Umgehung gemäß § 512 Satz 2 BGB zu sehen.

Möchte der unternehmerische Kreditgeber bei Vergabe von Verbraucherkrediten vermeiden, dass die für den Immobiliar-Verbraucherdarlehensvertrag gel-

---

112 Vgl. auch BT-Drs. 18/5922, S. 35.
113 Für eingeräumte und geduldete Überziehungen (§§ 504a, 505 Abs. 2 BGB) ist allerdings Art. 229 § 38 Abs. 2 EGBGB zu beachten, s. auch BT-Drs. 18/5922, S. 110.
114 Zur Sicherungsreallast in diesem Kontext *Bülow*, Kreditsicherheiten, RN 400a ff.
115 BT-Drs. 18/5922, S. 77.

tenden Anforderungen[116] zur Anwendung kommen, muss er auf Grundschulden verzichten. Dabei ist auch darauf zu achten, dass **bestehende weite Zweckerklärungen**, die typischerweise auch zukünftige Forderungen/Kredite besichern, nicht (ungewollt) auch den Vertrag erfassen, dessen Abschluss ansteht. Hier hilft im abzuschließenden Verbraucherdarlehensvertrag z. B. die **Klausel**, dass bestehende **Sicherungszweckerklärungen** zu Grundpfandrechten sich **nicht auf** diesen **Darlehensvertrag erstrecken**.

Nicht empfehlenswert ist es, zunächst ein Verbraucherdarlehen als Allgemein-Verbraucherdarlehensvertrag abzuschließen und nach Vertragsabschluss etwa eine Grundpfandsicherheit zu vereinbaren. Mit Blick auf das **Umgehungsverbot** in § 512 Satz 2 BGB und den gesetzgeberischen Willen[117] ist nicht ausgeschlossen, dass sich ein Vertrag zu einem Immobiliar-Verbraucherdarlehensvertrag wandelt. Diese Wertung ist dem Gesetz nicht fremd. So bestimmt § 506 Abs. 1 Satz 3 BGB, dass eine unentgeltliche Stundung als entgeltlicher Zahlungsaufschub (Immobiliar-Verbraucherdarlehensvertrags) gilt, wenn der Aufschub davon abhängig gemacht wird, dass die Forderung durch ein Grundpfandrecht oder eine Reallast besichert wird. Außerdem heißt es in den Gesetzesmaterialien zum Nachbesicherungsrecht gem. § 494 Abs. 6 Satz 2 Hs. 2 BGB: „Da aber im Anwendungsbereich des § 491 Absatz 3 Satz 1 Nummer 1 BGB die Bestellung eines Grundpfandrechts [...] als Sicherheit wesentliches Element für das Vorliegen eines Immobiliar-Verbraucherdarlehensvertrags ist, erscheint es sachgerecht, die Erwähnung im Vertrag [gemeint ist der Ausgangsvertrag] zu verlangen. Damit wird hinsichtlich der Sicherheiten erreicht, dass aus dem Vertragstext [des Ausgangsvertrags] selbst hervorgeht, ob es sich um ein Allgemein- oder ein Immobiliar-Verbraucherdarlehensvertrag handelt."[118]

18.4.2 Verpflichtung zur Besicherung von Verbraucherdarlehen

572 Die generelle Empfehlung, die Pflicht zur Bestellung von Sicherheiten im Darlehensvertrag zu vereinbaren (RN 566), gilt umso mehr für den Abschluss eines Verbraucherdarlehensvertrags (RN 574), insb. eines Immobiliar-Verbraucherdarlehensvertrags. Denn gemäß § 494 Abs. 6 Satz 2 BGB können Sicherheiten nicht gefordert werden, wenn Angaben zu Sicherheiten fehlen; dies gilt nicht bei Allgemein-Verbraucherdarlehensverträgen, wenn der Nettodarlehensbetrag 75 000 Euro (früher 50 000 Euro[119]) übersteigt. Das Umsetzungsgesetz zur Wohnimmobilienkreditrichtlinie modifizierte § 494 Abs. 6 Satz 2 BGB mit Wirkung zum 21. März 2016. Seitdem können Sicherheiten, die nicht bereits im

---

116 Weiterführend dazu etwa *von Klitzing/Seiffert*, WM 2016, 774; *Omlor*, ZIP 2017, 112; *Kraatz/Klevenhagen*, BKR 2017, 45; zur Kreditwürdigkeitsprüfung (§ 505a BGB und § 18a KWG) nach der Immobiliar-Kreditwürdigkeitsprüfungsleitlinien-Verordnung, *Binder*, ZIP 2018, 1201; *Buck-Heeb/Siedler*, BKR 2018, 269; *Omlor*, NJW 2018, 2445.

117 BT-Drs. 18/5922, S. 87.

118 BT-Drs. 18/5922, S. 87.

119 Betrag mit Wirkung zum 11. 6. 2010 angehoben durch das Gesetz zur Umsetzung der Verbraucherkreditrichtlinie, des zivilrechtlichen Teils der Zahlungsdiensterichtlinie sowie zur Neuordnung der Vorschriften über das Widerrufsrecht des Verbrauchers (VerbrKrRL-UG), BGBl. 2009 I, 2355 ff.

Verbraucherdarlehensvertrag angegeben werden, nur noch bei einem Allgemein-Verbraucherdarlehensvertrag mit einem Nettodarlehensbetrag von über 75 000 EUR nachträglich (nach Vertragsabschluss) verlangt werden. Bisher war dies bei allen Verbraucherdarlehensverträgen (auch bei Immobiliar-Verbraucherdarlehensvertrag) oberhalb von 75 000 EUR zulässig. Zum Hintergrund dieser Einschränkung heißt es in den Gesetzesmaterialien:

> *„Immobiliar-Verbraucherdarlehensverträge werden nicht von der Ausnahme erfasst. Andernfalls könnten Darlehensgeber bei Verträgen ab einem Nettodarlehensbetrag von über 75 000 Euro darauf verzichten, die Bestellung eines Grundpfandrechts oder einer Reallast als Sicherheit im Vertrag zu erwähnen. Trotzdem wären sie berechtigt, diese zu fordern, wenn dies außerhalb des Darlehensvertrags vereinbart wäre. Da aber im Anwendungsbereich des § 491 Absatz 3 Satz 1 Nummer 1 BGB die Bestellung eines Grundpfandrechts oder einer Reallast als Sicherheit wesentliches Element für das Vorliegen eines Immobiliar-Verbraucherdarlehensvertrags ist, erscheint es sachgerecht, die Erwähnung im Vertrag [gemeint ist der Ausgangsvertrag] zu verlangen. Damit wird hinsichtlich der Sicherheiten erreicht, dass aus dem Vertragstext selbst hervorgeht, ob es sich um ein Allgemein- oder ein Immobiliar-Verbraucherdarlehensvertrag handelt."[120]*

Die einschlägigen Nachsicherungsklauseln in den Grundlagenbedingungen der Kreditinstitute wurden infolgedessen angepasst (vgl. Nr. 22 Abs. 1 Satz 2 AGB-Sparkassen und Nr. 13 Abs. 2 AGB-Banken). Der geltende § 494 Abs. 6 Satz 2 BGB erfasst nur Verträge, die ab dem 21. März 2016 geschlossen wurden (vgl. Art. 229 § 38 EGBGB). Die Kreditinstitute können also bei allen Verbraucherdarlehensverträgen, die vor dem 21. März 2016 abgeschlossen wurden und einen Nettodarlehensbetrag von über 75 000 EUR aufweisen, auch ohne Erwähnung im Kreditvertrag weiterhin eine angemessene Sicherheit verlangen.

Auf eine bereits bestehende Grundschuld, die wegen der weiten Sicherungsabrede (RN 668) auch den neuen Kredit erfasst, sollte im Vertrag ebenfalls hingewiesen werden. In diesem Fall liegt ein Immobiliar-Verbraucherdarlehensvertrag vor. Möchte der Kreditgeber einen Allgemein-Verbraucherdarlehensvertrag abschließen, sollte im Kreditvertrag geregelt werden, dass die bestehende weite Grundschuldzweckerklärung den einschlägigen Kreditvertrag nicht erfasst. Auch eine Nachsicherungsklausel im Allgemein-Verbraucherdarlehensvertrag sollte klarstellen, dass der Kredit nicht durch Grundpfandrechte oder Reallasten gesichert ist und gesichert werden soll. Mit einer solchen Klarstellung wird sichergestellt, dass sich der Vertrag nicht in einen Immobiliar-Verbraucherdarlehensvertrag umwandelt. Ist im Zusammenhang mit der Bestellung einer Grundschuld ein abstraktes Schuldversprechen (RN 291 ff.) abzugeben, so muss auch die Verpflichtung dazu ausdrücklich in den Darlehensvertrag aufgenommen werden[121]; zu den Fehlerfolgen s. RN 575.1.

Dagegen sind auf die Bestellung der Grundschuld (gleichgültig, ob durch den Kreditnehmer oder durch einen Dritten) die **Vorschriften über Verbraucherdarlehen nicht** (auch nicht entsprechend) **anwendbar**, weil die Grundschuld 573

---

120 BT-Drs. 18/5922, S. 87.
121 OLG Saarbrücken v. 19.11.2002 – 7 U 59/02 – 16 = ZfIR 2003, 153 = EWiR
§ 1191 BGB 1/03, 163 (*Joswig*).

kein Darlehensvertrag (und kein gleichstehendes Geschäft) ist, was § 491 Abs. 1 BGB voraussetzt[122]. Für sie gilt also nichts Besonderes. Insbesondere die Einigung kann – wie auch sonst (RN 146) – stillschweigend erfolgen. Der Sicherungsgeber kann auch nicht die Kreditsicherheit und/oder die Sicherungsabrede gemäß § 495 Abs. 1 BGB widerrufen.

573.1 Das Verbraucherdarlehensrecht findet auch auf den **Sicherungsvertrag keine Anwendung.**[123]

573.2 Eine andere Frage ist, ob das Außergeschäftsraum- und/oder das Fernabsatzrecht auf Kreditsicherungsgeschäfte eines Verbrauchers Anwendung finden (s. RN 584 ff.).

574 Bei der Anwendung des § 494 Abs. 6 Satz 2 BGB kann im Einzelfall vor allem die **Verbrauchereigenschaft des Kreditnehmers** klärungsbedürftig sein. Daher wird der Verbraucherbegriff der §§ 491 ff. BGB skizziert. Die Unternehmereigenschaft der kreditgebenden Bank ist in aller Regel unproblematisch. Mindestvoraussetzung für die Eröffnung des Anwendungsbereichs des Verbraucherdarlehensrechts (§ 491 BGB) ist, dass ein entgeltlicher Darlehensvertrag zwischen einem Verbraucher i. S. v. § 13 BGB als Kreditnehmer und einem Unternehmer i. S. v. § 14 BGB als Kreditgeber (hier Kreditinstitut) besteht (zum Immobiliar-Verbraucherdarlehensvertrag auch RN 571.5).

Verbraucher ist jede natürliche Person, die ein Rechtsgeschäft zu Zwecken abschließt, die überwiegend weder ihrer gewerblichen noch ihrer selbständigen beruflichen Tätigkeit zugerechnet werden können (§ 13 BGB). In diesem Fall spielt die Darlehenshöhe keine Rolle (§ 491 Abs. 1 BGB). Von Bedeutung ist die Darlehenshöhe aber für **Existenzgründer** i. S. v. § 513 BGB.[124] Nach dieser Vorschrift gelten die §§ 491 bis 512 BGB auch für natürliche Personen, die sich ein Darlehen, einen Zahlungsaufschub oder eine sonstige Finanzierungshilfe für die Aufnahme einer gewerblichen oder selbständigen beruflichen Tätigkeit gewähren lassen oder zu diesem Zweck einen Ratenlieferungsvertrag schließen, es sei denn, der Nettodarlehensbetrag oder Barzahlungspreis übersteigt 75 000 Euro.

---

122 BGH v. 28. 1. 1997 – XI ZR 251/95 (Ziff. 3) = WM 1997, 663 = ZIP 1997, 643 = EWiR § 1 VerbrKrG 1/97, 621 (*Vortmann*) – zum VerbrKrG; MünchKomm/*Lieder*, BGB § 1191 RN 76; *BeckOGK/R. Rebhan*, 01.09.2023, BGB § 1191 RN 193; *Fischer*, ZIP 2000, 828, 830 (Ziff. III a. E.); *Kurz*, DNotZ 1997, 552, 557 f.; vgl. auch EuGH v. 23. 3. 2000 – Rs. C-208/98 = WM 2000, 713 = ZIP 2000, 574, wonach die *Bürgschaft* nicht in den Geltungsbereich der Verbraucherkreditrichtlinie fällt.

123 BGH v. 28. 1. 1997 – XI ZR 251/95 (Ziff. 3) = WM 1997, 663 = ZIP 1997, 643 = EWiR § 1 VerbrKrG 1/97, 621 (*Vortmann*); BGH v. 26. 9. 1995 – XI ZR 199/94 = BGHZ 131, 1 = WM 1995, 2027 = ZIP 1995, 1813 = EWiR § 1 HWiG 3/95, 1107 (*Huff*) (konkludent, da nur nach HausTWG beurteilt, was nach damaliger Ansicht nur zulässig, wenn VerbrKrG nicht anwendbar), beide für das VerbrKrG; MünchKomm/*Lieder*, BGB § 1191 RN 76; *BeckOGK/R. Rebhan*, 01.09.2023, BGB § 1191 RN 193; *Kurz*, DNotZ 1997, 552, 557 f.; *Jost*, S. 69 ff., S. 88 und S. 91; *anderer Ansicht: Bülow*, NJW 1996, 2889, 2892.

124 Zu § 513 BGB Grüneberg/*Weidenkaff*, § 513 RN 1 ff.; BeckOK/*Möller*, 01.05.2023, BGB § 513 RN 1 ff.

Eine juristische Person ist nie Verbraucher.[125] Verbraucher kann aber eine aus mehreren natürlichen Personen gebildete BGB-Gesellschaft sein; diese ist **keine juristische Person**.[126] Allerdings hat der BGH am 30.3.2017 entschieden, dass eine Außen-GbR, deren Gesellschafter eine natürliche Person und eine juristische Person sind, nicht Verbraucher i.S.d. § 13 BGB in der bis zum 13.6.2014 geltenden Fassung ist, unabhängig davon, ob sie lediglich zu privaten Zwecken und nicht gewerblich oder selbständig beruflich tätig ist.[127] Erforderlich für die Verbrauchereigenschaft der GbR ist also, dass sie ausschließlich aus natürlichen Personen besteht. Die Aussage des BGH dürfte auch für die geltende Fassung des § 13 BGB gelten.[128]

Wichtig für die Frage, ob jemand als Verbraucher handelt, ist der Darlehenszweck, nicht die Person oder die (Haupt-)Tätigkeit des Darlehensnehmers. Selbst der von einem Kaufmann aufgenommene Kredit ist Verbraucherdarlehen, wenn er überwiegend[129] einem **privaten Zweck** (etwa der Finanzierung des privaten Wohnhauses) dienen soll. Entsprechendes gilt für den Allein- oder Mehrheitsgesellschafter oder den Geschäftsführer einer GmbH.[130]

Die Verwaltung des eigenen Vermögens ist, solange der Umfang der damit verbundenen Geschäfte keinen planmäßigen Geschäftsbetrieb erfordert, keine gewerbliche Betätigung, selbst wenn es sich um beträchtliche Werte (entschieden für Erwerb, Umbau und Verwaltung eines Grundstücks mit einem Umbauvolumen von insgesamt 9,5 Mio. DM)[131] handelt.[132]

Maßgeblich ist der Zweck zur Zeit des Vertragsschlusses; es kommt nicht darauf an, wie die Mittel später tatsächlich verwendet werden.[133] Der Zweck ist ggf. durch Auslegung des Rechtsgeschäfts zu ermitteln.[134]

Sollen **mehrere Personen** aus einem Darlehensvertrag verpflichtet sein, so ist *574.1* für jeden getrennt zu prüfen, ob es sich um ein Verbraucherdarlehen handelt. Das gilt auch dann, wenn eine natürliche Person die gesamtschuldnerische Mithaft für die Verbindlichkeiten eines anderen durch Schuldbeitritt über-

---

125 EuGH v. 22.11.2001 – Rs C-541/99 und C-542/99 = NJW 2002, 205.
126 BGH v. 23.10.2001 (Ziff. II. 1) = BGHZ 149, 80 = WM 2001, 2379 = ZIP 2001, 2224.
127 BGH v. 30.3.2017 – VII ZR 269/15 = ZIP 2017, 917 = WM 2017, 868; *Otte-Gräbener*, BB 2017, 1425.
128 Ebenso *Otte-Gräbener*, BB 2017, 1425.
129 Das Merkmal „überwiegend" ergibt sich seit dem 13.6.2014 explizit aus § 13 BGB, sodass es nicht mehr auf die frühere Streitfrage (dazu MünchKomm/*Micklitz*, 9. Aufl. 2021, BGB § 13 RN 52 ff.) ankommt, wie mit gemischten Zwecken umzugehen ist.
130 *Wiechers*, WM 2000, 1077, 1080 (Abschnitt B, 1 a, bb).
131 BGH v. 23.10.2001 (Ziff. II. 2) = BGHZ 149, 80 = WM 2001, 2379 = ZIP 2001, 2224 = EWiR § 401 BGB 1/02, 93 (*Saenger/Bertram*).
132 Vgl. auch BGH Beschl. v. 24.10.2017 – XI ZR 189/17, BeckRS 2017, 134975.
133 BGH v. 23.10.2001 (Ziff. II. 2 b. bb), BGHZ 149, 80 = WM 2001, 2379 = ZIP 2001, 2224 = EWiR § 401 BGB 1/02, 93 (*Saenger/Bertram*); OLG Hamm v. 25.6.2001 – 31 U 34/01 (Ziff. 2 bis 7) = WM 2001, 2339.
134 OLG Hamm v. 25.6.2001 (Ziff. 2 bis 7); Grüneberg/*Ellenberger*, § 13 RN 4 m.w.N.

nimmt.[135] Es entspricht gefestigter Rechtsprechung des BGH[136], dass der Schuld-beitritt einem Kreditvertrag – auch hinsichtlich der Formwirksamkeit[137] – gleichzustellen ist, wenn es sich bei dem Vertrag, zu dem der Beitritt erklärt wird, um einen Kreditvertrag handelt. Das kann dazu führen, dass die Vorschriften für Verbraucherkredite nur auf einzelne von mehreren Gesamtschuldnern anzuwenden sind. Wegen des Falles, dass der Verbraucher eine Grundschuld als Sicherheit für die Verbindlichkeit bestellt (RN 696).

Beispielsweise ist der von Ehegatten für eine bereits ausgeübte gewerbliche Tätigkeit des Ehemanns aufgenommene Kredit für die Ehefrau Verbraucherdar-lehen, nicht aber für den Ehemann.[138] Entsprechendes gilt, wenn GmbH und Geschäftsführer (oder Gesellschafter) gemeinsam einen Kredit aufnehmen, der nicht für eine eigene unternehmerische oder freiberufliche Tätigkeit des Ge-schäftsführers bestimmt ist.[139]

574.2 Bei Beurkundungsvorgängen ist im Zusammenhang mit § 17 Abs. 2a BeurkG die BGH-Entscheidung vom 28. Mai 2020 zu berücksichtigen.[140] Der BGH formuliert im zweiten Leitsatz: *„Verbleiben hiernach* [also nach einer notarseitigen Prüfung der Verbrauchereigenschaft] *Zweifel an der Verbrauchereigenschaft des Urkunds-beteiligten, muss der Notar den sichersten Weg wählen und den Beteiligten wie einen Verbraucher behandeln."*

575 Die Vereinbarung, dass für ein Verbraucherdarlehen (RN 574) eine Grund-schuld als Sicherheit zu stellen ist, muss in dem grundsätzlich schriftlich abzu-schließenden Darlehensvertrag enthalten sein (§ 494 Abs. 6 Satz 2 BGB). Zur Einhaltung der **Schriftform** bedarf es grundsätzlich der eigenhändigen Unter-schrift (§ 126 BGB).[141] **Blanko-Unterschriften** erfüllen die Schriftform nicht.[142] Zulässig ist aber die **elektronische Form**. Verbraucherdarlehensverträge kön-nen also nach geltendem Recht auch durch Verwendung einer qualifizierten elektronischen Signatur (§§ 126 Abs. 3, 126a BGB) abgeschlossen werden; **nicht** aber in **Textform i. S. v. § 126b BGB**, da diese in § 492 BGB nicht explizit zuge-lassen wird (Ausnahme für Teilzahlungsgeschäfte in § 507 Abs. 1 Satz 2 BGB).[143]

---

135 BGH v. 27. 6. 2000 – XI ZR 322/98 (Ziff. II. 1) = WM 2000, 1580 = ZIP 2000, 1523; BGH v. 12. 11. 1996 – XI ZR 202/95 (Ziff. II. 2 a), BGHZ 134, 94 = WM 1997, 158 = ZIP 1997, 197, beide zum VerbrKrG; Grüneberg/*Weidenkaff*, § 491 RN 11.

136 BGH v. 24. 06. 2003 – XI ZR 100/02, BGHZ 155, 240, 243 = ZIP 2003, 1494 = WM 2003, 1606; BGH v. 24. 7. 2007 – XI ZR 208/06 (RN 12) = WM 2007, 1833 = ZIP 2007, 1850; BGH v. 9. 12. 2008 – XI ZR 513/07 (RN 24) = BGHZ 179, 126 = ZIP 2009, 261 = WM 2009, 262.

137 BGH v. 09. 12. 2008 – XI ZR 513/07 (RN 24) = BGHZ 179, 126 = ZIP 2009, 261 = WM 2009, 262.

138 BGH v. 28. 1. 1997 – XI ZR 251/95 (Ziff. 2) = WM 1997, 663 = ZfIR 1997, 342 = ZIP 1997, 643.

139 BGH v. 28. 6. 2000 – VIII ZR 240/99 (Ziff. III. 2 b. bb) = BGHZ 144, 370 = WM 2000, 1632 = ZIP 2000, 1493.

140 BGH, Urt. vom 28. 05. 2020 – III ZR 58/19 = BGHZ 226, 39 = WM 2020 Heft 27, 1247.

141 Jeweils m. w. N. Grüneberg/*Weidenkaff*, § 492 RN 2; Grüneberg/*Ellenberger*, § 126 RN 6.

142 BGH v. 19. 5. 2005 – III ZR 240/04 = NJW-RR 2005, 1141 = WM 2005, 1330.

143 Statt aller Grüneberg/*Weidenkaff*, § 492 RN 2.

Nach OLG München genügt die Unterschrift des Darlehensnehmers auf einem elektronischen Schreibtablett weder für die Schriftform noch für die elektronische Form.[144]

Die beiderseitigen Erklärungen können auch getrennt abgegeben werden (§ 492 Abs. 1 Satz 2 BGB). Auch dann muss die Sicherstellungsverpflichtung – anders als bislang[145] – in beiden Erklärungen enthalten sein (§ 492 Abs. 2 BGB). Die Erklärung des Darlehensgebers bedarf keiner Unterzeichnung, wenn sie mit Hilfe einer automatischen Einrichtung erstellt wird (§ 492 Abs. 1 Satz 3 BGB).

Ist die Verpflichtung, Sicherheit durch eine konkrete Grundschuld zu stellen, im Verbraucherdarlehensvertrag nicht entsprechend der Anforderung des § 494 Abs. 6 Satz 2 BGB enthalten, bleibt der Darlehensvertrag wirksam, allerdings können dann grundsätzlich keine Kreditsicherheiten verlangt werden.[146] Diese **Rechtsfolge des Formverstoßes** kann nicht dadurch einseitig geändert werden, dass ein nachträglicher Hinweis auf z. B. eine zu bestellende Sicherheit erfolgt.[147] Daraus folgt aber nicht, dass Darlehensvertrag und (insb. weite) Zweckerklärung i. S. v. § 139 BGB untrennbar zusammenhängen.[148]   *575.1*

Bei Allgemein-Verbraucherdarlehen von mehr als 75 000 Euro netto kann das Kreditinstitut die vereinbarte Bestellung einer Sicherheit (kein Grundpfandrecht oder keine Reallast, da dann ein Immobiliar-Verbraucherdarlehensvertrag vorliegt, § 491 Abs. 3 Satz 1 Nr. 1 BGB) selbst dann verlangen, wenn der schriftliche Darlehensvertrag keine Angaben darüber enthält (§ 494 Abs. 6 Satz 2 BGB). Im Streitfall muss das Kreditinstitut die Vereinbarung, dass eine Sicherheit zu bestellen ist, darlegen und beweisen.

Die von der Privilegierung des § 494 Abs. 6 Satz 2 letzter HS BGB nicht erfassten Verbraucherdarlehen muss das Kreditinstitut gewähren, ohne die Sicherheit verlangen zu können, und zwar selbst dann, wenn es die (nicht formgerechte) Vereinbarung nachweisen kann. Wird die Grundschuld in Kenntnis der fehlenden Verpflichtung dennoch bestellt, kann sie – vor Wegfall des Sicherungszwecks (RN 608 ff.) – nach herrschender Meinung nicht zurückverlangt werden

---

144 OLG München, v. 4.6.2012 – 19 U 771/12 = NJW 2012, 3584 = WM 2012, 1766; zustimmend etwa Grüneberg/*Weidenkaff*, § 492 RN 2; MünchKomm/*Weber*, BGB § 492 RN 10 m. w. N.

145 Bis zum Inkrafttreten des VerbrKrRL-UG (BGBl. 2009 I, 2355 ff.) am 11.6.2010 musste die Sicherstellungsverpflichtung nur in der vom Verbraucher unterschriebenen Erklärung enthalten sein (§ 492 Abs. 1 Satz 5 BGB a. F.). Der Abschluss des Darlehensvertrages über zwei getrennte Erklärungen spielt jedoch in der Praxis keine große Rolle.

146 Vgl. BT-Drs. 17/1394, S. 16.

147 BT-Drs. 17/1394, S. 16.

148 Wie hier *Jost*, S. 69 ff.; *Otten*, Sicherungsvertrag, RN 307; a. A. Staudinger/*Wolfsteiner* (2019), Vorbem. zu §§ 1191 ff. RN 238, der aber nicht berücksichtigt, dass die Unwirksamkeitsvermutung des § 139 BGB jedenfalls bei der weiten Zweckerklärung nicht greift.

(§ 814 BGB).[149] Diesem Ergebnis steht insb. der Schutzzweck des § 494 Abs. 6 Satz 2 BGB nicht entgegen. Aber auch fernab von § 814 BGB wird die streitige Ansicht vertreten, dass der Kreditnehmer – wenn die Verbindlichkeit wirksam wird – keinen **bereicherungsrechtlichen Anspruch auf Rückübertragung** der Sicherheit hat.[150] Nach dem BGH dürfte es letztlich darauf ankommen, ob ein Rechtsgrund für das Behaltendürfen der Sicherheit besteht. Deshalb verneint er beim abstrakten Schuldanerkenntnis (diese Sicherheit trägt den Rechtsgrund in sich selbst) einen Anspruch aus § 812 BGB, also auch dann, wenn der Kreditnehmer nicht wusste, dass er nicht verpflichtet war, diese Sicherheit zu bestellen. Konsequenterweise müsste der BGH diese Position auch bei einer Grundschuld vertreten, weil er den Sicherungsvertrag (nicht den Kreditvertrag) als Rechtsgrund für die Grundschuldbestellung ansieht.[151] Ausgehend von der hier vertretenen Position, dass zwar die Pflicht zur Sicherheitenbestellung aus dem Kreditvertrag folgt, aber gleichwohl die Sicherungsabrede den Rechtsgrund für die Bestellung und das Behaltendürfen bildet (RN 566), liegt ein Rechtsgrund für das Behalten der Grundschuld vor, wenn der Sicherungsvertrag wirksam abgeschlossen worden ist. Diese Frage dürfte sich in der Bankpraxis aber kaum stellen, weil die üblichen Kreditformulare die Pflicht zur Bestellung einer Sicherheit im Kreditvertrag angeben.

18.4.3 Widerruf bei Verbraucherdarlehensverträgen

576 Widerruft der Verbraucher nach § 495 Abs. 1 BGB[152] wirksam den Verbraucherdarlehensvertrag, führt dies nicht dazu, dass damit zugleich die dafür bestellte Grundschuld und die Sicherungsabrede hinfällig werden.[153] Diese **Folge des Widerrufs** tritt nicht ein, weil die Vorschriften über Verbraucherdarlehen auf die Grundschuld und die Sicherungsabrede nicht anwendbar sind (RN 573 und

---

149 OLG Dresden v. 23.3.2001 – 8 U 2844/00 (Ziff. II 1 b) = WM 2001, 1854 = ZIP 2001, 1531 = EWiR 2001, 887 (*Mues*) = WuB I E 2. § 4 VerbrKrG 1.02 (*Peters/Gröpper*); Streitstand bei Staudinger/*Kessal-Wulf*, § 494 RN 33 m. w. N.; offen lassend BGH v. 18.12.2001 – XI ZR 156/01 (Ziff. II 1) = WM 2002, 380 = ZIP 2002, 391); Bereicherungsanspruch für abstraktes Schuldversprechen verneint in BGH v. 22.7.2008 – XI ZR 389/07 (Ziff. II. 2. b) cc) (3): Personalsicherheiten wie Schuldversprechen tragen ihren Rechtsgrund in sich selbst), BGHZ 177, 345 = WM 2008, 1679 = ZIP 2008, 1669 = NJW 2008, 3208 = DNotZ 2009, 103 = ZfIR 2009, 88 (*Wolters*) = EWiR 2008, 703 (*Gladenbeck*).
150 Etwa Grüneberg/*Weidenkaff*, § 494 RN 11; OLG Dresden v. 23.3.2001 – 8 U 2844/00 (Ziff. II 1 b) = WM 2001, 1854 = ZIP 2001, 1531; für einen bereicherungsrechtlichen Anspruch OLG Hamm v 4.6.2007 – 5 U 42/07 = WM 2007, 1839; MünchKomm/*Weber*, BGB § 494 RN 39; *BeckOK/Möller*, 01.05.2023 BGB § 494 RN 22 (Anspruch aus § 813 BGB).
151 Vgl. BGH, v. 8.12.1988 – III ZR 107/87 (Ziff. II. 2.) = WM 1989, 210 = ZIP 1989, 157.
152 Widerrufsrechte nach § 312b BGB und § 312c BGB (jeweils i. V. m. § 312g Abs. 1, § 355 BGB) sind gemäß § 312g Abs. 3 BGB ausgeschlossen, dazu BGH v. 3.7.2018 – XI ZR 702/16 (RN 11) = WM 2018, 1601 = ZIP 2018, 1626 (vgl. auch RN 590).
153 BGH v. 17.1.2017 – XI ZR 170/16 (RN 7) = BKR 2017, 152; OLG Stuttgart v. 26.6.2018 – 6 U 76/17 (RN 21 ff.) = BeckRS 2018, 35423; OLG Frankfurt v. 2.8.2016 – 10 W 38/16 (RN 6) = BeckRS 2016, 16729; OLG Köln v. 31.1.2019 – 12 U 61/16 (RN 33), BeckRS 2019, 1854; OLG Köln v. 4.7.2016 – 13 U 247/15 (RN 9) = BeckRS 2016, 111159; LG Köln v. 15.12.2016 – 15 O 75/15 (RN 36) = BeckRS 2016, 117873.

573.1 bzw. 573.2). Die Sicherungsabrede gilt also auch nach dem Widerruf des Verbraucherdarlehens weiter und sichert grundsätzlich auch ohne ausdrückliche Vereinbarung etwaige Rückabwicklungsansprüche (RN 578).[154] Der Sicherungsnehmer (Bank) muss die Grundschuld zurückgewähren, wenn die gesicherten Forderungen getilgt sind (aufschiebende Bedingung)[155], also endgültig kein Interesse an einer Besicherung besteht (s. RN 665 und RN 795). Nicht ausreichend für eine Wirkung i.S.v. § 298 BGB (hier Verzug der Bank) ist es, wenn dem Darlehensgeber nur die Rückzahlung der Darlehensvaluta Zug-um-Zug angeboten wird.[156]

Bei den von der Grundschuld erfassten Ansprüchen ist § 216 Abs. 2 BGB zu beachten (RN 801). Danach kann die Rückübertragung der Grundschuld nicht auf Grund der **Verjährung** des Anspruchs gefordert werden, wenn das Recht[157] zur Sicherung eines Anspruchs verschafft worden ist. Eine Verjährung der gesicherten (Rückgewähr-)Ansprüche des Sicherungsnehmers schließt also die Möglichkeit der Befriedigung aus der Grundschuld nicht aus. Die Norm findet keine Anwendung auf die Verjährung von Ansprüchen auf Zinsen und andere wiederkehrende Leistungen (§ 216 Abs. 3 BGB[158]).

Bei einer **weiten Sicherungsabrede** (RN 668) werden durch die Grundschuld alle gegenwärtigen und zukünftigen Ansprüche des Kreditinstituts gegen den Darlehensnehmer aus der bankmäßigen Geschäftsverbindung gesichert. Sie erfasst deshalb auch den Anspruch aus der Abwicklung nach Widerruf[159], weil es sich dabei um einen solchen Anspruch handelt.   *576.1*

Auch bei **enger Sicherungsabrede** (RN 667), die auf einen oder einzelne Geschäftsvorfälle beschränkt ist, wird es der Absicht redlicher Parteien entsprechen, den jeweiligen Geschäftsvorfall insgesamt zu sichern. Deshalb dürfte bei   *576.2*

---

154 Etwa BGH v. 17.1.2017 – XI ZR 170/16 (RN 7) = BKR 2017, 152; OLG Stuttgart v. 26.6.2018 – 6 U 76/17 (RN 28) = BeckRS 2018, 35423; OLG Frankfurt v. 2.8.2016 – 10 W 38/16 (RN 6) = BeckRS 2016, 16729; OLG Köln v. 31.1.2019 – 12 U 61/16 (RN 33), BeckRS 2019, 1854; OLG Köln v. 4.7.2016 – 13 U 247/15 (RN 9) = BeckRS 2016, 111159; LG Köln v. 15.12.2016 – 15 O 75/15 (RN 36) = BeckRS 2016, 117873; zum Haustürwiderrufsrecht (jetzt Außergeschäftsraumrecht) BGH v. 26.9.2006 – XI ZR 358/04 (Ziff. II. A. 1 d. bb); BGH v. 26.11.2002 – XI ZR 10/00 (Ziff. III. 2) = WM 2003, 64 = ZIP 2003, 247; BGH v 28.10.2003 – XI ZR 263/02 = WM 2003, 2410 = ZIP 2004, 64.

155 BGH v. 17.1.2017 – XI ZR 170/16 (RN 7) = BKR 2017, 152; BGH v. 5.11.1976 – V ZR 5/75 = WM 1977, 17; BGH v. 13.5.1982 – III ZR 164/80 = WM 1982, 839 = ZIP 1982, 1051; *Reifner/Feldhusen*, Kreditrecht, 2. Aufl. 2019, § 39 RN 88.

156 *Reifner/Feldhusen*, Kreditrecht, 2. Aufl. 2019, § 39 RN 88, mit Verweis auf KG, Urteil vom 22.12.2014 – 24 U 169/13.

157 Darunter fällt unstreitig die Sicherungsgrundschuld (Begr. RegE, BT-Drs. 14/6040, 123) und in analoger Anwendung auch das abstrakte Schuldversprechen, vgl. BGH v. 12.1.2010 – XI ZR 37/09 (RN 29, RN 31 ff.) = ZIP 2010, 319; WM 2010, 308; gegen diese Analogie etwa MünchKomm/*Grothe* BGB § 216 RN 4 m. w. N.

158 Dazu MünchKomm/*Grothe* BGB § 216 RN 5.

159 BGH v. 26.9.2006 – XI ZR 358/04 (RN 19), BeckRS 2006, 14267; BGH v. 26.11.2002 (Ziff. III. 2), NJW 2003, 885 = WM 2003, 64, *Knott*, WM 2003, 49, 50 (Ziff. III. 3), für Abwicklungsanspruch nach HausTWG.

unwirksamem Darlehen (aber wirksamer Grundschuld[160]) der Abwicklungsanspruch[161] zu den Folgeansprüchen zu rechnen sein, die – selbst ohne ausdrückliche Nennung – regelmäßig in den Schutzbereich der Grundschuld fallen[162] (im Einzelnen RN 667). Sicherer und deshalb empfehlenswert ist es aber, dies ausdrücklich zu vereinbaren. Die banküblichen Formulare enthalten eine solche Regelung.[163]

577 Der Verbraucher kann den wirksamen Darlehensvertrag ohne Angabe von Gründen widerrufen (§ 495 Abs. 1, § 355 BGB). Das **Widerrufsrecht** kann weder eingeschränkt noch ausgeschlossen werden (§ 512 BGB). Das Widerrufsrecht ist befristet; die Frist beginnt mit ordnungsgemäßer Belehrung.[164] In diesem Kontext ist auf die wichtige BGH-Wertung hinzuweisen, dass eine fehlerhaft angegebene Methode der Berechnung der Vorfälligkeitsentschädigung in einem Verbraucherdarlehensvertrag zwar zum Wegfall des Vorfälligkeitsentschädigungsanspruchs nach § 502 BGB führt, aber nicht den Beginn der Widerrufsfrist berührt (also aussetzt).[165]

578 Hat der Verbraucher seine Erklärung wirksam widerrufen, so ist er an sie nicht mehr gebunden (§ 355 Abs. 1 BGB). Der zunächst (schwebend) wirksame Darlehensvertrag wandelt sich in ein **Rückabwicklungsverhältnis** um.[166] Gemäß § 355 Abs. 3 Satz 1 BGB sind die empfangenen Leistungen unverzüglich (spätestens nach 30 Tagen, § 357b Abs. 1 BGB) zurückzugewähren. Die in §§ 355, 357b[167] BGB geregelten Rechtsfolgen sind abschließend (§ 361 Abs. 1 BGB). Der Darlehensnehmer hat für den Zeitraum zwischen der Auszahlung und der Rückzahlung des Darlehens den vereinbarten Sollzins zu entrichten (§ 357b Abs. 3 Satz 1 BGB). Bei einem Immobiliar-Verbraucherdarlehen kann nachgewiesen werden, dass der Wert des Gebrauchsvorteils niedriger war als der vereinbarte Sollzins (§ 357b Abs. 3 Satz 2 BGB); dann ist nur der niedrigere Betrag geschuldet (§ 357b Abs. 3 Satz 3 BGB). Darüber hinaus hat der Darlehensnehmer dem Darlehensgeber nur die Aufwendungen (z. B. Notarkosten) zu ersetzen, die der Darlehensgeber gegenüber öffentlichen Stellen erbracht hat und nicht zurückverlangen kann (§ 357b Abs. 3 Satz 5 BGB[168]). Einen Anspruch auf Herausgabe oder Ersatz von Nutzungen gemäß § 346 Abs. 1, § 347 Abs. 1 Satz 1 BGB hat

---

160 Zum Fall einer Sittenwidrigkeit (§ 138 Abs. 1 und Abs. 2 BGB) des Darlehensvertrags, die ausnahmsweise auch das Grundschuldgeschäft erfasst, OLG Köln v. 8. 6. 1999 – 15 U 159/98 (Ziff. 1. c. und 2.) = ZIP 1999, 2092 = ZfIR 2000, 106.
161 MünchKomm/*Lieder*, § 1191 RN 54; *anders* wohl: *Koch*, WM 2002, 1593, 1600 (Ziff. IV, 1 a).
162 Etwa BGH v. 13. 3. 1991 – VIII ZR 34/90 (Ziff. II. 3. a.) = NJW 1991, 1746 = WM 1991, 954 = ZIP 1991, 519; MünchKomm/*Lieder*, BGB § 1191 RN 54.
163 Siehe etwa Anhang 7, Ziff. 1.1 a. E. und Anhang 11, Ziff. 1.1 a. E.
164 Im Einzelnen dazu Grüneberg/*Weidenkaff*, § 495 RN 3; MünchKomm/*Weber*, BGB § 495 RN 11 ff.
165 Siehe BGH, Urt. v. 28. 07. 2020 – XI ZR 288/19 = WM 2020 Heft 35, 1627.
166 Statt vieler MünchKomm/*Weber*, BGB § 495 RN 20.
167 Zuvor § 357a; geändert durch Gesetz vom 10. 08. 2021 (BGBl. 2021 I 3483) mWv 28. 05. 2022.
168 Dazu etwa MünchKomm/*Fritsche*, BGB § 357b RN 21.

der Verbraucher gegenüber dem Unternehmer infolge des Wegfalls der Verweisung auf das Rücktrittsrecht nicht mehr.[169]

18.4.4 Widerruf bei verbundenen Verträgen

Unter bestimmten Voraussetzungen können der finanzierte Vertrag über die Lieferung einer Ware oder die Erbringung einer anderen Leistung (Liefervertrag) eines Verbrauchers (§ 13 BGB) mit einem Unternehmer (§ 14 BGB)[170] und das (wenigstens teilweise) seiner Finanzierung dienende Verbraucherdarlehen (also nicht der Sicherungsvertrag) eine **wirtschaftliche Einheit** bilden. Die allgemeinen Voraussetzungen hierfür sind in § 358 Abs. 3 BGB geregelt. Bei einem finanzierten Erwerb eines Grundstücks oder eines grundstücksgleichen Rechts kommt dagegen eine wirtschaftliche Einheit mit dem Darlehensvertrag nur ausnahmsweise, nämlich allein in den Fällen des § 358 Abs. 3 Satz 3 BGB in Betracht.[171] Ohne diese Vorschrift wären die Voraussetzungen einer wirtschaftlichen Einheit nach § 358 Abs. 3 Satz 2 BGB regelmäßig erfüllt, was beim finanzierten Grundstückserwerb zweckwidrig wäre, weil sich der Darlehensgeber bezogen auf den Kaufvertrag neutral verhält.[172] Die Anforderungen für die Annahme verbundener Verträge sind also je nach Verwendungszweck des Darlehens unterschiedlich hoch. Eine grundpfandrechtliche Sicherung steht einem Verbundgeschäft nicht entgegen (vgl. aber RN 579.1). Beim Immobiliar-Verbraucherdarlehen werden im Falle des § 492a BGB (**Kopplungsgeschäft**) die §§ 358 – 360 BGB (vor allem der Einwendungsdurchgriff gemäß § 359 BGB, dazu RN 583) aufgrund von Verbraucherschutzerwägungen für anwendbar erklärt, also auch dann, wenn es wegen der Unwirksamkeit des finanzierten Geschäfts (§ 492a Abs. 2 BGB) an zwei rechtlich selbstständigen Verträgen fehlt.[173] § 358 (vgl. insb. Abs. 2) BGB ist seit dem 21. 3. 2016 (Umsetzung der Wohnimmobilienkredit-RL) auch auf unentgeltliche Darlehensverträge (**Null-Prozent-Finanzierungen**) anwendbar.[174] Bei verbundenen Verträgen führt der Widerruf eines der beiden Verträge (RN 580) zu einer gebündelten Abwicklung beider (RN 581 bis 581.2); wegen der Folgen für die Sicherung durch eine bestellte Grundschuld s. RN 582.

579

---

169 MünchKomm/*Fritsche*, BGB § 357b RN 22; BeckOGK/*Knops*, 01.06.2023, BGB § 357b RN 36 ff.; EuGH BeckRS 2020, 10941 RN 31–37 = BKR 2020, 568 – Leonhard, zu Art. 7 Abs. 4 Finanzdienstleistungs-Fernabsatz-RL.
170 Für den Erwerb von einem anderen Verbraucher gilt § 358 BGB nicht: MünchKomm/*Habersack*, § 358 RN 18.
171 BGH v. 16.9.2003 – XI ZR 447/02 (2 c. aa) = NJW 2004, 153 = WM 2003, 2184; näher MünchKomm/*Habersack*, BGB § 358 RN 53 ff.; Grüneberg/*Grüneberg*, § 358 RN 15 ff.; *Reifner/Feldhusen*, Kreditrecht, 2. Aufl. 2019, § 43 RN 19 f.
172 Richtig etwa Staudinger/*Herresthal*, (2021) BGB § 360 RN 142 f.
173 *Reifner/Feldhusen*, Kreditrecht, 2. Aufl. 2019, § 43 RN 8; MünchKomm/*Weber*, § 492a RN 1 ff.; *Rosenkranz*, NJW 2016, 1473, 1474.
174 *Klocke*, Grundfälle zu den verbundenen und zusammenhängenden Verträgen, JuS 2016, 875, 879; der BGH (v. 30.09.2014 – XI ZR 168/13 = BGHZ 202, 302 = WM 2014, 2091 = ZIP 2014, 79) hat bzgl. der früheren Vorschrift, die explizit das Merkmal „Verbraucherdarlehensvertrag" verwendete und damit einen entgeltlichen Vertrag voraussetzte, die Anwendbarkeit des § 358 BGB auf Null-Prozent-Finanzierungen abgelehnt.

§ 358 Abs. 1, Abs. 2 BGB setzt einen Darlehensvertrag zwischen einem Unternehmer als Darlehensgeber und einem Verbraucher als Darlehensnehmer voraus.[175] Eine **Prolongationsabrede** ist kein Darlehensvertrag i. S. d. § 358 Abs. 2 BGB.[176] Dies gilt auch für (jedenfalls externe) **Umfinanzierungen** (Umschuldungen).[177] Auch ein zur Darlehenstilgung dienender **Bausparvertrag** ist kein verbundener Vertrag.[178] Gleiches gilt für eine **Kapitallebensversicherung**, wenn die Prämie nicht als Einmalzahlung zu entrichten ist, die ganz oder teilweise durch das Darlehen finanziert wird[179]; allerdings wird dann ein zusammenhängender Vertrag i. S. v. § 360 BGB (RN 583.4) angenommen.[180] Wird der Verbraucherkredit mit einer **Restschuldversicherung** verbunden und die Versicherungsprämie über den Kredit mitfinanziert, so kann darin nach h. M. ein verbundenes Geschäft liegen.[181] Ist dies nicht der Fall, liegt grundsätzlich kein Verbundgeschäft i. S. v. § 358 Abs. 3 BGB vor[182], doch werden die Geschäfte verbreitet als zusammenhängende Verträge i. S. v. § 360 BGB eingestuft.[183]

579.1 Ursprünglich galten die Vorschriften über verbundene Geschäfte nicht für **Realkredite**[184] (jetzt **Immobiliardarlehen** genannt). Diese Freistellung wurde aber für nach dem 1. 8. 2002 abgeschlossene Haustürgeschäfte bzw. nach dem

---

175 MünchKomm/*Habersack*, BGB § 358 RN 18; a. A. *Rosenkranz* NJW 2016, 1473, 1476 (Darlehensvertrag zwischen Verbrauchern genügt).
176 BGH v. 28. 5. 2013 – XI ZR 6/12 (RN 29 ff.) = WM 2013, 1314 = ZIP 2013, 1372; MünchKomm/*Habersack*, BGB § 358 RN 18.
177 MüKoBGB/*Habersack*, BGB § 358 RN 37; OLG Köln Beschl. v. 22. 10. 2008 – 13 U 10/08, BeckRS 2009, 8576; *Ruland*, BKR 2017, 140 ff.; für interne Umschuldungen s. hingegen BGH Urt. v. 27. 09. 2004 – II ZR 321/03, BeckRS 2004, 10174.
178 BGH v. 27. 2. 2018 – XI ZR 160/17 = WM 2018, 729 = ZIP 2018, 774; zustimmend Staudinger/Herresthal, 2021, § 358 RN 226; a. A. BeckOGK/*Rosenkranz*, 01. 07. 2023, BGB § 358 RN 52.2.
179 BGH v. 5. 5. 2015 – XI ZR 406/13 = BGHZ 205, 249 = WM 2015, 1332 = ZIP 2015, 1383; MüKoBGB/*Habersack*, 9. Aufl. 2022, BGB § 358 RN 16.
180 Statt vieler Staudinger/*Herresthal* (2021) BGB § 360 RN 18; *BeckOGK/Rosenkranz*, 01. 07. 2023, BGB § 360 RN 24.4.
181 Vgl. BGH v. 18. 1. 2011 – XI ZR 356/09 = NJW 2011, 1063; BGH v. 15. 12. 2009 – XI ZR 45/09 = NJW 2010, 531; OLG Schleswig v. 26. 4. 2007 – 5 U 162/06 = NJW-RR 2007, 1347; OLG Schleswig v. 17. 3. 2010 – 5 U 2/10 = WM 2010, 1074; OLG Frankfurt v. 10. 12. 2013 – 1 W 79/13 = ZIP 2014, 365 = BeckRS 2014, 2831; MünchKomm/*Habersack*, § 360 RN 15; *BeckOGK/Rosenkranz*, 01. 07. 2023, BGB § 358 RN 53; a. A. *Lange/Schmidt*, BKR 2007, 493, 497; OLG Oldenburg v. 15. 1. 2009 – 8 U 122/08 = WM 2009, 796 = ZIP 2009, 706; vgl. auch OLG Celle v. 17. 6. 2009 – 3 U 53/09 = WM 2009, 1600 = ZIP 2009, 1755.
182 BGH v. 15. 12. 2009 – XI ZR 45/09 = WM 2010, 166.
183 Etwa Staudinger/*Herresthal*, (2021) BGB § 360 RN 18; *BeckOGK/Rosenkranz*, 01. 07. 2023, BGB § 360 RN 24.4.; Grüneberg/*Grüneberg*, § 360 RN 2; BeckOK BGB/*Müller-Christmann*, 68. Ed. 01. 05. 2023, BGB § 360 RN 8 f.
184 Ohne grundpfandrechtliche Sicherung war ein Verbraucherkredit zum Erwerb eines Grundstücks nicht freigestellt (§ 3 Abs. 2 Nr. 2, § 9 VerbrKrG): BGH v. 23. 9. 2003 – XI ZR 135/02 (Ziff. B II. 2 a) = WM 2003, 2232 = ZIP 2003, 2111.

1.11.2002 entstandene sonstige Schuldverhältnisse aufgegeben.[185] Freigestellt bleiben jedoch weiterhin alle bis dahin abgeschlossenen Verträge über Realkredite (Immobiliardarlehen) und die entsprechenden Immobilienkaufverträge; insoweit gebietet die Haustürgeschäftsrichtlinie keine einschränkende Auslegung des § 5 HausTWG a. F.[186]

Eine **Ausnahme** gilt gemäß § 358 Abs. 5 BGB[187] **für Darlehen zur Finanzierung** *579.2* **von Finanzinstrumenten**, weil bei Spekulationsgeschäften das Risiko von Verlusten grundsätzlich mit Vertragsabschluss auf den Erwerber übergeht. Der Darlehensgeber oder Verkäufer soll deshalb nicht durch einen Widerruf mit diesen Risiken belastet werden.[188] Der Begriff „Finanzinstrumente" wurde in § 1 Abs. 11 KWG gesetzlich definiert und ist im BGB entsprechend zu verstehen.[189] Finanzinstrumente unterliegen ständigen Preisschwankungen; da dies dem Erwerber auch bekannt ist, soll er nicht durch den Widerruf eines Darlehensvertrags, der dem Erwerb solcher Finanzinstrumente dient, das Risiko der Kursschwankungen auf den Verkäufer oder Darlehensgeber abwälzen können.[190] Darüber hinaus sah der Gesetzgeber aber keine Notwendigkeit, diese Verträge aus dem Anwendungsbereich der § 491 ff. BGB auszunehmen.[191]

Kann der Verbraucher den Darlehensvertrag widerrufen (RN 577), so endet mit *580* dem Widerruf seine Bindung an den Liefervertrag (§ 358 Abs. 2 BGB). Umgekehrt würde Gleiches gelten, wenn er den Liefervertrag wirksam widerrufen würde (§ 358 Abs. 1 BGB).[192] Der **Widerruf** hat also eine **Doppelwirkung**. Bei Grundstückskaufverträgen kann dies kaum praktisch werden, weil der Kaufvertrag notarieller Beurkundung bedarf (§ 311b Abs. 1 BGB) und selbst Außergeschäftsraumverträge (früher Haustürgeschäfte) und Fernabsatzverträge bei Beurkundung unwiderruflich sind (§ 312g Abs. 2 Nr. 13 BGB, vgl. auch § 312 Abs. 2 Nr. 1 und Nr. 2 BGB).

---

185 § 491 Abs. 3 Nr. 1 BGB a. F. (bis 31.7.2002), der die Freistellung enthielt, wurde durch Gesetz v. 23.7.2002 (BGBl. I, 2850) gestrichen; der geltende § 491 BGB (ohne Freistellung) gilt für nach dem 1.8.2002 abgeschlossene Haustürgeschäfte und für nach dem 1.11.2002 abgeschlossene Immobiliardarlehen, sofern sie keine Haustürgeschäfte sind (Art. 229 § 9 Abs. 1 Satz 1 EGBGB); klargestellt durch BGH v. 13.6.2006 – XI ZR 94/05 = ZIP 2006, 1942 = WM 2006, 1995 = NJW 2006, 3349.

186 BGH v. 16.9.2003 – XI ZR 447/02 (Ziff. 3) = WM 2003, 2184; BGH v. 28.10.2003 – XI ZR 263/02 (Ziff. II. 2 b) = WM 2003, 2410 = ZIP 2004, 64; BGH v. 15.7.2003 – XI ZR 162/00 – (Ziff. II. 3), ZIP 2003, 1741; BGH v. 12.11.2002 – XI ZR 47/01 (Ziff. III. 1 b. bb) = BGHZ 152, 331 = WM 2002, 2501 = ZIP 2003, 64; BGH v. 12.11.2002 – XI ZR 25/00 (Ziff. III) = ZIP 2003, 160; BGH v. 10.9.2002 – ZR XI ZR 151/99 (Ziff. III) = WM 2002, 2409; BGH v. 9.4.2002 – XI ZR 91/99 (Ziff. III), BGHZ 150, 248 = WM 2002, 1181 = EWiR § 1 HWiG a. F. 1/02, 523 (Lange); insoweit bestätigt durch EuGH v. 25.10.2005 – C-350/03 „Schulte" – (RN 67 – 69 und RN 82 – 89) = ZIP 2005, 1959 = WM 2005, 2079.

187 Früher war diese Ausnahme in § 491 Abs. 3 Nr. 2 BGB (bis Fassung 10.6.2010) und in § 359a Abs. 3 BGB (bis Fassung 12.6.2014) geregelt.

188 BT-Drs. 16/11643, S. 76.

189 BT-Drs. 16/11643, S. 72.

190 BT-Drs. 16/11643, S. 72 iVm S. 76; vgl. auch MüKoBGB/*Habersack*, BGB § 358 RN 99 f.

191 BT-Drs. 16/11643, S. 76.

192 Vgl. in diesem Kontext *Nordholtz/Bleckwenn*, NJW 2017, 2497.

581 Ist das Darlehen ganz oder teilweise[193] ausbezahlt und dem Unternehmer zugeflossen, so wird – gleichgültig, welcher Vertrag widerrufen worden ist – die
Rückabwicklung beider Verträge im Verhältnis zum Verbraucher in einem
einzigen Vorgang **gebündelt** und dem Kreditinstitut übertragen. Hinsichtlich
der Widerrufsfolgen und der Rückgabe tritt die **Bank** dem Verbraucher gegenüber nicht neben, sondern **anstelle** des **Unternehmers** in dessen Rechte und
Pflichten aus dem Liefervertrag ein (§ 358 Abs. 4 Satz 5 BGB) und wird – jedenfalls im Verhältnis zum Verbraucher – auch Gläubiger der Ansprüche und
Schuldner der Pflichten des Unternehmers.[194] Dadurch wird der Verbraucher
vor den Folgen einer Aufspaltung des Abwicklungsverhältnisses geschützt. Infolge dieses gesetzlichen Schuldnerwechsels hat der Verbraucher auch nicht die
Wahl, anstelle der Abwicklung mit dem Darlehensgeber direkt den Unternehmer in Anspruch zu nehmen.[195] Es ist auch nicht (etwa durch Verzicht oder
Vertragsgestaltung) erlaubt, die in § 358 Abs. 4 Satz 5 BGB halbzwingend ange-
ordnete Konzentration auf das Verhältnis zwischen Kreditgeber und Verbraucher aufzuweichen.[196]

581.1 Aus der gesetzlich angeordneten Konzentration auf das **Verhältnis zwischen
dem Darlehensgeber** und dem **Verbraucher** folgt eine **Doppelrolle des Darlehensgebers.** Viele Forderungen aus dem Drei-Personen-Verhältnis (Bank, Unternehmer[197], Verbraucher) gehen insoweit unter.[198] So erlöschen etwa die Ansprüche des Verbrauchers gegen den Unternehmer und des Darlehensgebers
gegen den Verbraucher kraft Gesetzes, soweit das Darlehen dem Unternehmer
zugeflossen ist; dies gilt auch in der Insolvenz des Verbrauchers.[199] Fernab
hiervon kann der Verbraucher Rückerstattung der an die Bank und an den
Unternehmer erbrachten einschlägigen Leistungen (Tilgungs- und Zinszahlun-
gen an Bank, Anzahlung an Unternehmer) verlangen.[200] Der Verbraucher hat
der Bank (in ihrer Unternehmerrolle) die finanzierte Leistung zurückzugeben,

---

193 MünchKomm/*Habersack*, BGB § 358 RN 89 m. w. N.

194 BGH v. 11. 10. 1995 – VIII ZR 325/94 (Ziff. II. 2 a), BGHZ 131, 66 = WM 1995, 1988 = ZIP
1995, 1808 = EWiR § 9 VerbrKrG 2/95, 1227 (*Bülow*) zum VerbrKrG; Münch-
Komm/*Habersack*, § 358 RN 89; Grüneberg/*Grüneberg*, § 358 RN 21.

195 Vgl. (jeweils m. w. N.) BGH v. 4. 4. 2017 – II ZR 179/16 (RN 19) = WM 2017, 999 = ZIP
2017, 1108; MünchKomm/*Habersack*, BGB § 358 RN 93; für Wahlrecht des Verbrauchers *Bülow/Artz*, BGB § 495 RN 382 f.

196 Jeweils m. w. N. MünchKomm/*Habersack*, BGB § 358 RN 93; Staudinger/*Herresthal*
(2021) § 358 RN 90 und RN 194.

197 Darlehensgeber und Unternehmer können auch personenidentisch sein, etwa Stau-
dinger/*Herresthal* (2021) § 358 RN 114; Grüneberg/*Grüneberg*, § 358 RN 2.

198 Dazu und zu den Ansprüchen, die weiterhin bestehen, MünchKomm/*Habersack*, BGB
§ 358 RN 91 ff.; Staudinger/*Herresthal* (2021) § 358 RN 198 ff.; Grüneberg/*Grüneberg*,
§ 358 RN 21.

199 BGH v. 3. 3. 2016 – IX ZR 132/15 = BGHZ 209, 179 = NJW 2016, 2118 = WM 2016, 320 =
ZIP 2016, 678.

200 Dazu BGH v. 10. 3. 2009 – XI ZR 33/08 (RN 27) = BGHZ 180, 123 = WM 2009, 932 = ZIP
2009, 952; BGH v. 3. 3. 2016 – IX ZR 132/15 (RN 30) = BGHZ 209, 179 = WM 2016, 320 =
ZIP 2016, 678; MünchKomm/*Habersack*, BGB § 358 RN 91 ff.; *Reifner/Feldhusen*, Kreditrecht, 2. Aufl. 2019, § 43 RN 39 ff.

insb. also die Kaufsache zu übereignen.[201] Dient ein Darlehen aber nur teilweise der Finanzierung eines verbundenen Vertrags, ist § 358 Abs. 4 Satz 4 BGB[202] (Ausschluss von Zinsen- und Kostenansprüchen aus der Darlehensrückabwicklung) nur auf diesen Teil, nicht aber auf den an den Darlehensnehmer selbst ausgezahlten Restbetrag des Darlehens anwendbar.[203] Auf die Rückabwicklung des Restbetrags ist also § 357b Abs. 3 BGB anzuwenden. Erfasst sind aber nur die „Rechtsfolgen des Widerrufs", sodass andere Ansprüche weiterhin gegenüber dem jeweiligen Anspruchsgegner geltend gemacht und durchgesetzt werden müssen; so besteht etwa bei Mängelgewährleistungsansprüche des Verbrauchers gegen den Unternehmer (außer in den Fällen des § 359 BGB) kein Zurückbehaltungsrecht gegenüber dem Darlehensgeber.[204]

Ein abschließender **Ausgleich findet dann im Verhältnis zwischen Kreditinstitut und Unternehmer**[205] statt. Er ist aber gesetzlich nicht ausdrücklich geregelt und deshalb hinsichtlich der Begründung und der Einzelheiten umstritten. Bestehen vertragliche Abreden zwischen dem Kreditinstitut und dem Unternehmer hinsichtlich der Rückabwicklung, dann sind diese maßgebend.[206] In manchen Branchen wird es praktiziert, das Regressverhältnis vertraglich zu regeln.[207] Bei Immobilienfinanzierungen wird eine Zurückhaltung bezogen auf vorsorgliche Rückabwicklungsabreden beobachtet, wohl um nicht in die Nähe des Merkmals „durch Zusammenwirken mit dem Unternehmer" i. S. v. § 358 Abs. 3 Satz 3 BGB zu kommen.[208] Doch erscheint eine solche Sorge übertrieben, weil allein eine Regressvereinbarung nicht genügt, um eine der Kriterien des § 358 Abs. 3 Satz 3 BGB[209] zu kompensieren. Besteht keine Vereinbarung, ist streitig, nach welchen Regeln die Rückabwicklung vonstattengeht. Es werden

581.2

---

201 MünchKomm/*Habersack*, BGB § 358 RN 91.

202 Nach überwiegender Ansicht gilt die Norm, die nur auf § 358 Abs. 1 BGB verweist, nicht, falls § 358 Abs. 2 BGB einschlägig ist, also der Darlehensvertrag widerrufen wird, vgl. OLG Stuttgart, Urteil vom 28. 05. 2019 – 6 U 78/18 = WM 2019 Heft 25, 1160, 1162 RN 54 f.; MünchKomm/*Habersack*, BGB § 358 RN 86; Staudinger/*Herresthal* (2021) § 358 RN 207; *Klocke*, JuS 2016, 875, 881.

203 BGH v. 18. 1. 2011 – XI ZR 356/09 = WM 2011, 451 = ZIP 2011, 656 = NJW 2011, 1063; Grüneberg/*Grüneberg*, § 358 RN 20.

204 BeckOGK/*Rosenkranz*, 01. 07. 2023, BGB § 358 RN 127; MünchKomm/*Habersack*, BGB § 358 RN 93.

205 Näher Staudinger/*Herresthal* (2021) § 358 RN 211; *Lobinger*, Zur Rückabwicklung zwischen Darlehensgeber und Unternehmer beim Scheitern verbundener Verträge, in Festschrift für Picker zum 70. Geburtstag, 2010, S. 575 ff.

206 Staudinger/*Herresthal* (2021) § 358 RN 212 ff.; *BeckOK/Müller-Christmann*, 01. 05. 2023, BGB § 358 RN 82 f.

207 *Lobinger*, FS für Picker, 2010, S. 575, 580 f. (Autokredite: Vereinbarungen zwischen Autobanken und Autohändler).

208 *Lobinger*, FS für Picker, 2010, S. 575, 582.

209 Näher zum finanzierten Grundstückserwerb Staudinger/*Herresthal* (2021) § 358 RN 142 ff.

im Wesentlichen die folgenden zwei Auffassungen[210] vertreten. Eine Ansicht[211] möchte § 358 Abs. 5 Satz 4 BGB analog anwenden, also den Darlehensgeber im Verhältnis zum Unternehmer wie den Verbraucher behandeln; für eine bereicherungsrechtliche Rückabwicklung fehle es an einer Kondiktionslage, weil der Widerruf die Wirksamkeit der Verträge unberührt lasse[212], und auch das Prinzip Vorrang der Leistungsbeziehungen spreche dagegen. Die h. M.[213] überwindet den Grundsatz „Vorrang der Leistungsbeziehung"[214] und wendet unmittelbar das **Bereicherungsrecht**[215] im Verhältnis Darlehensgeber und Unternehmer an.

581.3 Trotz des Streits dürften die **Ergebnisse** (die Anspruchsinhalte) i.d.R. **nicht voneinander abweichen.**[216]

Lösung nach § 358 Abs. 5 Satz 4 BGB analog: Der Darlehensgeber hat gegen den Unternehmer einen Anspruch auf Rückzahlung des Nettodarlehensbetrags sowie der vom Verbraucher an den Unternehmer geleisteten und vom Darlehensgeber zurückerstatteten Anzahlung; der Unternehmer hat seinerseits Anspruch auf Herausgabe oder Rückübereignung der finanzierten Leistung (bzw. eines etwaigen Surrogats); die vom Verbraucher nach § 357b Abs. 3 BGB geleisteten Zinsen gebühren dem Darlehensgeber; die Frage, ob der Darlehensgeber gegen den Unternehmer einen Anspruch auf Zinsen hat, erübrigt sich dann.[217]

Lösung nach Bereicherungsrecht: Darlehensgeber kann vom Unternehmer den Nettokreditbetrag verlangen. Der Unternehmer kann sich nicht auf eine Entreicherung nach § 818 Abs. 3 BGB berufen, weil er wegen der Widerrufsmöglichkeit des Verbrauchers nicht auf das Behaltendürfen vertraut hat.[218] Auch der Erstattungsanspruch hinsichtlich der Anzahlung besteht.[219] Der Darlehensgeber muss dem Unternehmer die vom Verbraucher erhaltene Sache überlassen.[220]

---

210 Die auch in der Vorauflage (9. Aufl. 2011) sympathisierte Abwicklung über die Geschäftsführung ohne Auftrag (§§ 677 ff. BGB) hat sich mangels gesetzlicher Stütze nicht durchgesetzt, vgl. *Lobinger*, FS für Picker, 2010, S. 575, 590; Klocke, JuS 2016, 875, 881.

211 Etwa MünchKomm/*Habersack*, § 358 RN 94 ff. m. w. N. zum Streitstand.

212 Dagegen argumentiert *BeckOGK/Rosenkranz*, 01.07.2023, BGB § 358 RN 128 ff.

213 BGH, v. 26.03.2019 – XI ZR 228/17 = WM 2019 Heft 24, 1107 RN 23; BGH v. 17.9.1996 – XI ZR 164/94 (Ziff. II. 5) = BGHZ 133, 254 = NJW 1996, 3414, 3416 = WM 1996, 2100; Staudinger/*Herresthal* (2021) § 358 RN 218 ff.; *BeckOK/Müller-Christmann*, 01.05.2023, BGB § 358 RN 82 f.; *BeckOGK/Rosenkranz*, 01.7.2023, BGB § 358 RN 128; Grüneberg/*Grüneberg*, § 358 RN 21; *Klocke*, JuS 2016, 875, 881.

214 Siehe Staudinger/*Herresthal* (2021) § 358 RN 219.

215 Hier wird verbreitet eine Nichtleistungskondiktion (§ 812 Abs. 1 Satz 1 Var. 2 BGB) angenommen, Staudinger/*Herresthal* (2021) BGB § 358 RN 218; *BeckOGK*/Rosenkranz, 01.07.2023, BGB § 358 RN 129, der auch die Ansicht, die eine Leistungskondiktion nach § 812 Abs. 1. Satz 1 Var. 1 BGB bejaht, vorstellt.

216 Ebenso *BeckOGK/Rosenkranz*, 01.07.2023, BGB § 358 RN 128.

217 So nahezu wörtlich MünchKomm/*Habersack*, BGB § 358 RN 96; ähnlich *BeckOGK/Rosenkranz*, 01.07.2023, BGB § 358 RN 130.

218 Staudinger/*Herresthal* (2021) BGB § 358 RN 222.

219 Staudinger/*Herresthal* (2021) BGB § 358 RN 222; *BeckOGK/Rosenkranz*, 01.07.2023, BGB § 358 RN 130.

220 Staudinger/*Herresthal* (2021) BGB § 358 RN 222; *BeckOGK/Rosenkranz*, 01.07.2023, BGB § 358 RN 130.

Das **Risiko der Verschlechterung oder des Untergangs** des finanzierten 581.4
Gegenstands trägt grundsätzlich der Beteiligte, dem es auch bei einer (hypothetischen) getrennten Rückabwicklung zugewiesen wäre.[221] Entscheidend ist insoweit, wer schuldhaft notwendige Belehrungen versäumt oder fehlerhaft erteilt hat; fehlt insoweit eine Abrede, trägt in den Fällen des § 358 Abs. 1 BGB der
Unternehmer, in den Fällen des § 358 Abs. 2 BGB dagegen der Darlehensgeber
das Risiko.[222]

Die Forderung gegen den Verbraucher, die die Bank (in ihrer Unternehmerrolle) 582
bezogen auf die Herausgabe der finanzierten Leistung beanspruchen darf,
dürfte bei der üblichen (engen oder weiten) **Sicherungsabrede** durch die
Grundschuld nicht gedeckt sein, weil sie nicht aus der bankmäßigen Geschäftsverbindung (s. RN 655) stammen. Im Übrigen erscheint es zweifelhaft, ob die
Grundschuld hier im Interesse der Bank besteht, weil die Bank die übertragene
finanzierte Leistung letztlich an den Unternehmer weitergeben muss, sodass
hier nicht allein das eigene Bankinteresse (s. RN 681), sondern (zumindest
auch) das Interesse des Unternehmers verfolgt wird.

Auch die gegen den Unternehmer gerichteten Ansprüche des Kreditinstituts
dürften durch eine für den Darlehensanspruch gegen den Verbraucher bestellte
Grundschuld nicht gesichert sein.[223] Dem Wortlaut nach fallen sie jedenfalls
nicht unter die Sicherungsabrede, wenn danach (nur) Verbindlichkeiten des
Schuldners gesichert sind.

Ist das Darlehen durch eine **nicht auf dem Kaufobjekt** lastende Grundschuld
gesichert, können die gegen den Unternehmer gerichteten Ansprüche aus der
Abwicklung nicht unter deren Deckung gebracht werden. Selbst eine entsprechende ausdrückliche Vereinbarung wäre unwirksam, weil sie dazu führen
würde, dass der Verbraucher letztlich für die Ansprüche aus der Rückabwicklung einzustehen hätte, was zulasten des Verbrauchers von § 358 BGB abweichen würde und darum gemäß § 361 BGB unzulässig wäre.[224]

Wird dagegen im Fall des finanzierten Grundstückserwerbs **lediglich das Kaufobjekt belastet** und erfolgt dies aus Anlass des Erwerbs, so ist eine Vereinbarung wirksam, durch die (neben dem Immobiliardarlehen) die aus der Abwicklung nach einem etwaigen Widerruf des Verbrauchers folgenden Ansprüche des
Kreditinstituts gegen den Unternehmer gesichert sind. Dass schon ohne diese
Erweiterung – im Hinblick darauf, dass es sich um Folgeansprüche aus der
Abwicklung des Verbraucherdarlehens handelt – eine großzügige Auslegung zu
diesem Ergebnis führt, ist eher unwahrscheinlich.

Eine solche Vereinbarung ist auch formularmäßig wirksam. Zum einen ist die
Absicherung der Verbindlichkeit eines Dritten unbedenklich, wenn diese in

---

221 MünchKomm/*Habersack*, BGB § 358 RN 98; *BeckOGK/Rosenkranz*, 01.07.2023, BGB
§ 358 RN 130.
222 Vgl. *BeckOGK/Rosenkranz*, 01.07.2023, BGB § 358 RN 130.
223 Nach MünchKomm/*Habersack*, BGB § 358 RN 91 sichert das Sicherungseigentum Ansprüche des Darlehensgebers gegen den Unternehmer, wenn der Darlehensgeber
zuvor bereits Sicherungseigentümer war.
224 Vgl. zu unzulässigen Gestaltungen etwa MünchKomm/*Habersack*, BGB § 358 RN 25.

sachlichem und zeitlichem Zusammenhang mit der Grundschuldbestellung steht (RN 685), was hier der Fall ist. Zum anderen entfaltet die Vereinbarung erst dann ihre Wirkung, wenn der Verbraucher Kaufvertrag oder Darlehensvertrag widerruft. Geschieht dies, dann muss er das Grundstück zurückgeben, sodass die Grundschuld dann (wirtschaftlich) auf einem Objekt des Unternehmers (= Schuldners der gesicherten Ansprüche aus der Abwicklung) lastet.

18.4.5 Einwendungen aus dem verbundenen Vertrag

583 Sind Verbraucherdarlehen und Liefervertrag verbunden (RN 579), kann der Darlehensnehmer den Ansprüchen aus dem Darlehen Einwendungen aller Art aus dem mit dem Unternehmer geschlossenen Liefervertrag entgegensetzen (§ 359 Abs. 1 Satz 1 BGB), sog. **Einwendungsdurchgriff.** Als Einwendungen in Betracht kommen insb. Mängel des Kaufgegenstands.[225]

Ausgenommen sind Einwendungen aus nachträglichen (nach Abschluss des Darlehensvertrags getroffenen) Vereinbarungen[226] zwischen Unternehmer und Käufer und bei Bagatellgeschäften (§ 359 Satz 2 BGB). Sofern der Verbraucher Nacherfüllung (§ 437 Nr. 1, § 439 bzw. § 634 Nr. 1, § 635 BGB) verlangen kann – d. h., wenn ein behebbarer Mangel vorliegt –, kann er die Rückzahlung des Darlehens erst verweigern, wenn die Nacherfüllung fehlgeschlagen[227] ist (§ 359 Abs. 1 Satz 3 BGB). Der Einwendungsdurchgriff gilt nach § 359 Abs. 2 BGB nicht für Finanzinstrumente und Bagatellgeschäfte (Entgelt weniger als 200 Euro).[228]

Der Einwendungsdurchgriff beruht auf einer eigenständigen Regelung. Er hängt nicht davon ab, dass das Verbraucherdarlehen (noch) widerrufen werden kann. Er besteht deshalb auch in Fällen, in denen der Widerruf eines verbundenen Immobiliardarlehens nach dem (nur bis 30. 6. 2005 geltenden) § 506 Abs. 3 BGB ausgeschlossen worden oder die Widerrufsfrist abgelaufen ist.

Hat der Verbraucher eine **dauernde** (nicht nur eine vorübergehende) **Einwendung** gegen den Zahlungsanspruch des Unternehmers (z. B. bei Kaufpreisminderung nach § 441 BGB), so muss er in entsprechender Höhe auch den Kredit weder zurückzahlen noch verzinsen.[229]

Da die **Grundschuld** die (unter die Sicherungsabrede fallenden) Forderungen nur in dem Umfang sichert, in dem der Gläubiger die Forderungen geltend machen darf, bietet auch die Grundschuld **keinen Schutz gegen den Einwendungsdurchgriff.** Wenn und solange die Forderung rechtlich nicht durchgesetzt werden kann, darf der Gläubiger auch aus der Grundschuld nicht vorgehen (vgl. RN 654).

Die Ausnahme, wonach die Grundschuld den Kapitalanspruch (nicht die Zinsen) selbst dann noch sichert, wenn die zugrunde liegende Forderung verjährt

---

225 Im Einzelnen MünchKomm/*Habersack*, BGB § 359 RN 39 bis 44, und wegen der Folgen anderer (in §§ 358, 359 BGB nicht geregelter) Störungen RN 55 ff.
226 Näher MünchKomm/*Habersack*, BGB § 359 RN 45 f.
227 Näher MünchKomm/*Habersack*, BGB § 359 RN 49 bis 53.
228 Dazu MünchKomm/*Habersack*, BGB § 359 RN 47 f.
229 Grüneberg/*Grüneberg*, § 359 RN 4.

ist (RN 801, 802), beruht auf einer ausdrücklichen gesetzlichen Bestimmung und kann nicht ausgeweitet werden.

Sichert die Grundschuld nur (noch) die eine – mit der Einwendung behaftete – Forderung und schließt diese Einwendung die Geltendmachung der Forderung ganz oder teilweise dauerhaft aus, muss der Gläubiger die Grundschuld (ggf. teilweise) zurückgewähren (RN 729).

Gefährdet wird die Sicherungswirkung der Grundschuld auch im Falle einer $\quad$ 583.1 Verlagerung der Risiken aus dem Liefervertrag auf den Darlehensgeber. Eine solche **Risikoverlagerung** droht nach der Rechtsprechung dann, wenn der Verbraucher den Liefervertrag in Form des Erwerbs von Anteilen an einem geschlossenen Immobilienfonds[230] nur deswegen eingegangen ist, weil er über dessen Gegenstand arglistig getäuscht wurde. Die insoweit kausale[231] **Täuschung** und die damit einhergehende schuldhafte Pflichtverletzung sind allein aufgrund des Vorliegens verbundener Verträge dem Darlehensgeber zuzurechnen.[232] Der BGH gibt dem Verbraucher damit ein **Anfechtungsrecht** hinsichtlich des Darlehensvertrags sowie einen Schadensersatzanspruch aus Verschulden bei Vertragsschluss gegen den Darlehensgeber.[233] Mit seiner fristgerechten (§ 124 BGB) Anfechtung wegen arglistiger Täuschung (§ 123 Abs. 1 BGB) entfällt der Darlehensvertrag und zugleich die Rückzahlungspflicht des Verbrauchers. Gegen ihn hat der Darlehensgeber lediglich einen Anspruch auf die Übertragung des finanzierten Gegenstands, etwa des finanzierten Fondsanteils oder, nach dessen Kündigung, des Abfindungsanspruchs. Nur durch diese von der allgemeinen bereicherungsrechtlichen Rückabwicklung abweichende Rechtsfolge wird der erforderliche Gleichlauf zur schadensersatzrechtlichen Abwicklung verwirklicht.[234] Mit Wegfall der Rückzahlungspflicht erledigt sich insoweit zugleich der Sicherungszweck der Grundschuld. Diese wird mit der wirksamen Anfechtung rückgewährreif, wenn und soweit sie nicht noch für andere Verbindlichkeiten haftet.

Im Zuge des Schadensersatzes hat der Darlehensgeber den Verbraucher so zu stellen, wie wenn er weder den Darlehensvertrag noch den damit verbundenen Liefervertrag jemals abgeschlossen hätte. Wurde mit dem Darlehen beispielsweise der Beitritt zu einem geschlossenen Immobilienfonds finanziert, schuldet

---

230 Nach hiesiger Ansicht übertragbar auf andere Finanzierungsgegenstände, da der Auslöser für den Durchgriff nicht in der Art des Finanzierungsgegenstands zu suchen ist, sondern vielmehr im Vorliegen eines Verbundgeschäfts.

231 Kausalität wird bei wirtschaftlicher Einheit der Verträge regelmäßig anzunehmen sein, BGH v. 25. 4. 2006 – XI ZR 106/05 (Ziff. IV. 4) = BGHZ 167, 239 = WM 2006, 1066 = ZIP 2006, 1084.

232 Ein täuschender Vermittler ist nicht Dritter i. S. d. § 123 Abs. 2 BGB, BGH v. 25. 4. 2006 – XI ZR 106/05 (Ziff. IV. 4 und 5) = BGHZ 167, 239 = WM 2006, 1066 = ZIP 2006, 1084.

233 BGH v. 25. 4. 2006 – XI ZR 106/05 (Ziff. IV. 4 und 5) = BGHZ 167, 239 = WM 2006, 1066 = ZIP 2006, 1084; dem Wortlaut des Urteils nach bestehen diese beiden Möglichkeiten alternativ, vgl. Ziff. IV, 5. „Anstelle ...".

234 *Habersack*, BKR 2006, 305, 308; der BGH thematisiert in seinem Urteil vom 25. 4. 2006 – XI ZR 106/05 = BGHZ 167, 239 = WM 2006, 1066 = ZIP 2006, 1084, die Rechtsfolgen der Anfechtung nicht weiter.

der Verbraucher nur die Übertragung des Fondsanteils, ersatzweise des Abfindungsanspruchs, an den Darlehensgeber. Im Gegenzug hat der Darlehensgeber dem Verbraucher sämtliche auf das Darlehen geleisteten Zins- und Tilgungsleistungen zurückzuzahlen.[235] Dabei ist der Grundsatz der Vorteilsausgleichung zu berücksichtigen.[236] Bei der schadensersatzrechtlichen Abwicklung von Fondsfinanzierungen muss sich der Verbraucher deshalb den Abzug von Fondsausschüttungen und Steuervorteilen gefallen lassen.[237]

Die aus dieser Rückabwicklung resultierenden wirtschaftlichen Nachteile kann der Darlehensgeber nicht durch die Verwertung einer etwa für die Sicherung des Darlehens bestellten Grundschuld ausgleichen. Denn in Bezug auf das mit dem Liefervertrag verbundene Darlehen verliert die Grundschuld durch den Wegfall des Darlehensrückzahlungsanspruchs ihren Sicherungszweck.

583.2 Daneben und unabhängig vom Vorliegen eines verbundenen Geschäfts[238] kommt für den Darlehensnehmer nach dem BGH unter erleichterten Voraussetzungen ein Schadensersatzanspruch aus einem **Aufklärungsverschulden des Darlehensgebers** wegen eines Wissensvorsprungs in Betracht (RN 569). Von Bedeutung ist ein solcher Anspruch in Fällen, in denen kein Verbundgeschäft nach § 358 Abs. 3 (insb. Satz 3) BGB vorliegt. Dann nämlich entfallen für den Darlehensnehmer die unter RN 583.1 dargestellten Durchgriffsmöglichkeiten. Ferner ist an einen Schadensersatzanspruch wegen schuldhaft unterlassener Erteilung der Widerrufsbelehrung zu denken.[239] Auch diese Ansprüche können – wie die beim Verbundgeschäft bestehenden Durchgriffsmöglichkeiten – zu einem vollständigen Ausfall des Darlehensgebers führen.

18.4.6 Zusammenhängender Vertrag gemäß § 360 BGB

583.3 § 360 BGB fasst überwiegend die bisherigen Regelungen der §§ 312f, 359a Abs. 1 und 2 sowie § 485 Abs. 3 BGB an einer neuen Stelle zusammen und setzt zugleich Art. 15 Verbraucherrechte-RL um. Seit dem 21. 3. 2016 (Umsetzung der Wohnimmobilienkredit-RL) verwendet die Vorschrift nicht mehr den Begriff „Verbraucherdarlehensvertrag", sondern den extensiveren Begriff „Darlehensvertrag", sodass auch unentgeltliche Darlehensverträge erfasst sind. Gleichwohl sind die Rechtsfolgen begrenzt, weil für die **Rückabwicklung** lediglich auf § 358

---

235 BGH v. 25. 4. 2006 – XI ZR 106/05 (Ziff. IV. 5) = BGHZ 167, 239 = WM 2006, 1066 = ZIP 2006, 1084; dem ist im Ergebnis zuzustimmen, wenngleich hinsichtlich der Heranziehung von § 123 BGB als Haftungsgrundlage Zweifel angebracht sind, vgl. *Habersack*, BKR 2006, 305, 309; *Schäfer*, DStR 2006, 1753, 1758.

236 Einzelheiten hierzu bei Grüneberg/*Grüneberg*, Vorbem. RN 67 ff. vor §§ 249 ff.

237 BGH v. 25. 4. 2006 – XI ZR 106/05 (Ziff. IV. 5) = BGHZ 167, 239 = WM 2006, 1066 = ZIP 2006, 1084.

238 BGH v. 21. 11. 2006 – XI ZR 347/05 (Ziff. III. 3 und 4), WM 2007, 200 = ZIP 2007, 264.

239 Zum Verschuldens- und Kausalitätserfordernis BGH v. 6. 11. 2007 – XI ZR 322/03 (Ziff. III 2) = WM 2008, 115 = ZIP 2008, 210 = WuB IV A § 311 BGB 2.08 (*Jungmann*); BGH v. 17. 4. 2007 – XI ZR 130/05 (Ziff. II. 4); BGH v. 19. 9. 2006 – XI ZR 204/04 (III. 2 b), BGHZ 169, 109 = ZIP 2006, 2262 = WM 2006, 2343; zum Schutzzweck der Widerrufsbelehrung BGH v. 19. 9. 2006 – XI ZR 242/05 (Ziff. III.), ZIP 2006, 2210 = WM 2006, 2303 = WuB IV D § 3 HWiG 1.07 (Arnold).

Abs. 4 Satz 1 – Satz 3 BGB verwiesen wird. Hier wird ausschließlich **zwischen den jeweiligen Vertragspartnern** rückabgewickelt. Der Darlehensgeber nimmt also nicht nach § 358 Abs. 4 Satz 5 BGB die Rolle des Unternehmers ein, die in § 358 Abs. 4 Satz 4 BGB erwähnten Zins- und Kostenansprüche sind hier nicht ausgeschlossen und bei einem zusammenhängenden Vertrag findet **kein Einwendungsdurchgriff** gemäß § 359 BGB statt. Die Voraussetzungen für zusammenhängende Verträge werden in § 360 Abs. 2 BGB genannt. Dazu werden z. B. der Darlehensvertrag und der Restschuldversicherungsvertrag – sofern insoweit nicht bereits § 358 Abs. 3 BGB erfüllt ist – gezählt.[240] § 360 BGB erfasst **keine Grundstücksrechte und grundstücksgleiche Rechte**, weil es andernfalls zu einer Unvereinbarkeit mit dem besonderen Tatbestand des insoweit vorrangigen § 358 Abs. 3 Satz 3 BGB käme; insoweit ist also auch eine analoge Anwendung abzulehnen.[241]

Die Anwendbarkeit der Regeln zum verbundenen Geschäft beschränkt sich auf die Erstreckung der Auswirkungen eines Widerrufs des finanzierten Vertrags auf den Darlehensvertrag. Zu der in RN 580 beschriebenen Doppelwirkung des Widerrufs kommt es also nicht bei einem alleinigen Widerruf des Darlehensvertrags, sondern nur, wenn der Liefervertrag widerrufen wird. Ist aber der Liefervertrag ein **Grundstückskaufvertrag**, ist dessen **Widerruflichkeit** in der Praxis wegen § 312g Abs. 2 Nr. 13 BGB grundsätzlich **ausgeschlossen** (vgl. auch RN 580).[242]

18.4.7 Außergeschäftsraum- und Fernabsatzverträge: Gesetzliches Widerrufsrecht des Verbrauchersicherungsgebers nach § 312g Abs. 1 BGB?

Mit Wirkung zum 13. 6. 2014 wurde die Verbraucherrechterichtlinie *584* (2008/48/EG vom 23. 04. 2008)[243] umgesetzt. Überarbeitet wurde das allgemeine Verbraucherprivatrecht; in diesem Kontext also auch das Fernabsatzrecht (§ 312c BGB) und das Außergeschäftsraumrecht (§ 312b BGB).[244] Voraussetzung für die Anwendbarkeit der §§ 312b, 312c BGB war ausweislich des Wortlauts des § 312 Abs. 1 BGB in der Fassung 13. 06. 2014 bis 31. 12. 2021 ein Verbrauchervertrag, der eine **entgeltliche Leistung des Unternehmers** zum Gegenstand hat. Für die kreditsicherungsrechtliche Praxis von Bedeutung ist, ob dem **Verbrau-**

---

240 Etwa (auch zu anderen erfassten Verträgen) Staudinger/*Herresthal*, (2021) BGB § 360 RN 18; *BeckOGK/Rosenkranz*, 01.07.2023, BGB § 360 RN 24.4; Grüneberg/*Grüneberg*, § 360 RN 2 f.; *BeckOK/Müller-Christmann*, 68. Ed. 01.05.2023, BGB § 360 RN 7 ff.

241 Statt vieler Staudinger/*Herresthal*, (2021) BGB § 360 RN 18; MünchKomm/*Habersack*, BGB § 360 RN 9; *BeckOGK/Rosenkranz*, 01.07.2023, BGB § 360 RN 33.2; Grüneberg/*Grüneberg*, § 360 RN 3; ausführlich *Bergmann*, BKR 2010, 189, 190; *Volmer*, DNotZ 2010, 591, 594.

242 Siehe auch *BeckOGK/Rosenkranz*, 01.07.2023, BGB § 360 RN 33.1.

243 BR-Drs. 639/09 v. 03.07.2009; die Begründung zum Gesetzesentwurf findet sich in BT-Drs. 16/11643 v. 21.1.2009.

244 Dazu etwa *Wendehorst*, NJW 2014, 577; *Förster*, Teil I in JA 2014, 721, Teil II in JA 2014, 801; *Schinkels*, WM 2017, 113; *Kropf*, WM 2015, 1699; *von Loewenich*, WM 2015, 113.

chersicherungsgeber ein gesetzliches **Widerrufsrecht** nach § 312g Abs. 1 BGB zusteht.

Diese früher stark **umstrittene Frage** hat der **BGH am 22.09.2020**[245] für die Bankpraxis dahingehend **eindeutig beantwortet**, dass **Kreditsicherheiten nicht gemäß §§ 312 Abs. 1 BGB, 312g Abs. 1 BGB widerrufen** werden können (näher RN 591). Die Vorauflage des vorliegenden Werkes unterstellte in Randnummer 585 ein Widerrufsrecht gemäß § 312g Abs. 1 BGB, um die daraus folgenden Grundsätze zu skizzieren. Da der BGH am 22.09.2020 die frühere Rechtsunsicherheit beseitigt hat, **verzichtet** die hiesige **Auflage auf** eine **Unterstellung eines Widerrufsrechts** und auf die Darstellung der daraus folgenden Grundsätze – insoweit **verweisen** wir **auf die 10. Auflage 2020, Randnummern 585 bis 592.**

18.4.7.1 Keine eindeutige Gesetzeslage bis zum 22.09.2020 (BGH-Urteil XI ZR 219/19) sowie 15.06.2021 (Gesetzesanpassung)

585   Das Gesetz enthält keine generelle Aussage zu der Frage, ob bei verbraucherseitig bestellten Kreditsicherheiten außerhalb der Geschäftsräume oder im Fernabsatz ein Widerrufsrecht besteht und somit eine Widerrufsbelehrung erforderlich ist.[246] Dieses Schweigen erzeugte bis zur BGH-Entscheidung vom 22.09.2020 (XI ZR 219/19) eine enorme Rechtsunsicherheit in der Bankpraxis. Einerseits sprach der Wortlaut des § 312 Abs. 1 BGB (Fassung 13.06.2014 bis 31.12.2021) gegen ein Widerrufsrecht des Sicherungsgebers gemäß § 312g Abs. 1 BGB, weil es im Zuge der **Hereinnahme** einer verbraucherseitig bestellten **Kreditsicherheit** an einer **entgeltlichen Leistung des Unternehmers** (Sicherungsnehmers) **fehlte.** Andererseits verunsicherte nicht nur der frühere Gestaltungshinweis 3 in der Anlage 3 zu Art. 246b § 2 Abs. 3 EGBGB[247], der exemplarisch die Hereinnahme einer Bürgschaft nannte (der Gesetzgeber hat den Hinweis mittlerweile gestrichen, s. RN 591.2). Auch die zum alten Haustürgeschäft ergangene höchstrichterliche Rechtsprechung insb. zur Verbraucherbürgschaft (s. RN 589) trug zur Rechtsunsicherheit bei.[248]

586   Mit Blick auf § 312 Abs. 2 Nr. 2 BGB besteht Einigkeit, dass der Verbrauchersicherungsgeber die dingliche **Grundschuldbestellung nicht** nach § 312g Abs. 1 BGB

---

245 BGH, 22.09.2020 – XI ZR 219/19 = BGHZ 227, 72 = WM 2020 Heft 44, 2082; dazu *Samhat*, WuB 2020, 609; *Omlor*, EWiR 2020, 673; *Schinkels*, LMK 2020, 434762.
246 Dazu etwa *Schürnbrand*, in WM 2014, 1157; *Kehl*, WM 2018, 2018; *Hoffmann*, ZIP 2015, 1365; *Loewenich*, WM 2016, 2011; *Schinkels*, WM 2017, 113.
247 Die genannte Anlage stellt dem Rechtsanwender ein fakultatives „Muster für die Widerrufsbelehrung bei außerhalb von Geschäftsräumen geschlossenen Verträgen und bei Fernabsatzverträgen über Finanzdienstleistungen" zur Verfügung.
248 Näher dazu (m. w. N.) etwa *Kehl*, WM 2018, 2026; *Auer*, ZBB 1999, 161.

widerrufen darf.[249] Gleiches gilt für die **Grundschuldzweckerklärung** (Grundschuldsicherungsvertrag).[250]

Auch beim abstrakten **Schuldanerkenntnis** (dazu RN 291 ff.), das häufig im   587
Zusammenhang mit der Grundschuld bestellt wird, bestand bis zur BGH-Entscheidung vom 22.09.2020 Rechtsunsicherheit.[251] Spätestens seit dem besagten BGH-Urteil ist aus hiesiger Sicht eindeutig, dass das Schuldanerkenntnis eines Verbrauchers nicht gemäß § 312g Abs. 1 BGB widerrufen werden kann, weil es an einer Gegenleistung des Unternehmers (Sicherungsnehmers) fehlt (näher RN 591). Vor diesem Hintergrund wird es in der Praxis regelmäßig nicht auf die Einschlägigkeit des § 312g Abs. 2 Nr. 13 BGB (dann kein Widerrufsrecht) ankommen.

Aber auch fernab der grundschuldorientierten Diskussion (z.B. bei Verbrau-   588
cherbürgschaften) bestand bis zum BGH-Urteil vom 22.09.2020 in der Literatur ein breites (mitunter unklares) Meinungsspektrum zu der Frage, ob dem Verbrauchersicherungsgeber ein gesetzliches Widerrufsrecht gemäß § 312g Abs. 1 BGB zustand. Es wurde zum Beispiel vertreten, dass der Sicherungsgeber beim Außergeschäftsraumvertrag, nicht aber beim Fernabsatzgeschäft ein Widerrufsrecht habe.[252] Andere bejahten in richtlinienkonformer Rechtsfortbildung die Anwendbarkeit des Fernabsatz- und Außergeschäftsraumrechts auf Verbrau-

---

249 Etwa MünchKomm/*Lieder*, BGB § 1191 RN 76; Staudinger/*Wolfsteiner*, 2019, Vor
§ 1191 RN 254 f. sowie Einl. zu §§ 1113 ff. RN 74 f.; Grüneberg/*Grüneberg*, § 312 RN 6;
vgl. auch OLG Koblenz v. 29.1.1998 – 11 U 1690/96 (Ziff. 1), NJW-RR 1999, 1178 = WM
1999, 2068 = WuB I F 3. – 15.99 (*Gaberdiel*).

250 Statt vieler MünchKomm/*Lieder*, BGB § 1191 RN 76; Staudinger/*Wolfsteiner*, 2019,
Vor § 1191 RN 254 f. sowie Einl. zu §§ 1113 ff. RN 74 f.; BeckOGK/*Busch*, 01.07.2023,
BGB § 312 RN 29 f.; *Catano/Edelmann*, WM 2004, 775, 777; anders noch zum alten
Haustürwiderrufsrecht BGH v. 26.9.1995 – XI ZR 199/94 = BGHZ 131, 1 = WM 1995,
2027 = ZIP 1995, 1813 (Grundschuld war noch nicht bestellt; der Vorteil besteht,
wenn die Bestellung der Grundschuld – nach der Vorstellung des Sicherungsgebers –
das Kreditinstitut zur Gewährung eines Kredits an ihn oder einen bestimmten Dritten
veranlasst (Ziff. II. 1 a und c)); vgl. auch (Verpfändung von Wertpapieren) BGH, v.
10.1.2006 – XI ZR 169/05 (Ziff. II. 1. a.) = BGHZ 165, 363 = ZIP 2006, 363 = WM 2006,
377; OLG Hamm, v. 13.6.2005 – 5 U 34/05 = WM 2005, 2378; OLG Naumburg v.
23.8.2007 – 2 U 49/07 = BKR 2009, 124 = BeckRS 2008, 18873.

251 Meinungsbild vor der BGH-Entscheidung vom 22.09.2020: Zu Recht gegen die Anwendbarkeit des § 312g Abs. 1 BGB auf ein solches Schuldanerkenntnis *BeckOGK/Reb-
han*, 15.5.2018, BGB § 1191 RN 191; MünchKomm/*Lieder*, BGB § 1191 RN 76; für die
Anwendbarkeit des § 312g Abs. 1 BGB *BeckOGK/Busch*, 15.4.2019, BGB § 312 RN 19
(mittlerweile wie BGH); *Meier*, ZIP 2015, 1156; bezogen allein auf den Außergeschäftsraumvertrag wohl auch *Schürnbrand*, WM 2014, 1157, 1159; *Kehl*, WM 2018,
2018, 2027.

252 So *Schürnbrand*, WM 2014, 1157; für die analoge Anwendbarkeit des § 312g BGB auf
die Verbraucherkreditbürgschaft beim Außergeschäftsraumvertrag (nicht jedoch
beim Fernabsatzvertrag) *Schinkels*, WM 2017, 113.

cherbürgschaften (und auch auf andere Kreditsicherheiten).[253] Während einige[254] das Außergeschäftsraumrecht auf alle Kreditsicherheiten anwenden wollten, beschränkten andere[255] die Anwendbarkeit dieses Rechts auf die Personalsicherheiten Verbraucherbürgschaft und Verbraucherschuldbeitritt. Zum Fernabsatzgeschäft wurde die Ansicht vertreten, dass das Fernabsatzrecht keine von Verbrauchern nach dem 13.06.2014 bestellten Kreditsicherheiten erfasse.[256] Der I. BGH-Zivilsenat entschied im November 2015 zum alten Fernabsatzrecht, dass dieses Recht auf Sicherungsgeschäfte wie den **Schuldbeitritt** eines Verbrauchers keine Anwendung finde, weil der Schuldbeitritt den Unternehmer nicht zu einer vertragscharakteristischen Leistung verpflichte.[257]

589 Bereits im alten **Haustürgeschäftsrecht** (§§ 312, 312g, 355 BGB in der Fassung bis 12.06.2014) war die **Frage umstritten**, ob dem Verbrauchersicherungsgeber (insb. dem Verbraucherbürgen) ein Widerrufsrecht zustand.[258] Denn § 312 Abs. 1 Satz 1 BGB a. F. setzte einen Vertrag voraus, der eine entgeltliche Leistung zum Gegenstand hatte. Diese Frage ging zum IX. Zivilsenat, zum XI. Zivilsenat (Bankensenat) und auf Vorlage des IX. Zivilsenats zum EuGH.[259] Während der IX. Zivilsenat[260] ein Widerrufsrecht des Bürgen zunächst verneinte mit der Kernbegründung, es fehle bei der Bürgschaft an einer Entgeltlichkeit i. S. v. § 312 Abs. Satz 1 BGB a. F., bejahte der XI. Zivilsenat[261] den Anwendungsbereich des § 312 Abs. 1 Satz 1 BGB a. F. Der EuGH[262] bejahte – unter bestimmten Voraussetzungen (Stichwort: doppelte Haustürsituation) – den Anwendungsbereich des § 312 Abs. 1 Satz 1 BGB. Maßgebend für die Bankpraxis war dann die Entscheidung des Bankensenats[263] vom 10.01.2006, in der der Senat klarstellte, dass es für die Einschlägigkeit des § 312 Abs. 1 Satz 1 BGB a. F. bezogen auf die Bürgschaft nicht auf die Situation des Hauptgeschäfts (Kreditgeschäfts) ankomme. Nach dieser BGH-Rechtsprechung kam es – entgegen der EuGH-Vorgabe – also nicht darauf an, ob die Hauptschuld ein Verbraucherdarlehen oder ein gewerb-

---

253 So etwa Staudinger/*Thüsing* (2019), § 312 RN 10 m. w. N., der aber die Grundschuldbestellung an sich nicht unter § 312 BGB subsumiert; vgl. auch *Meier*, ZIP 2015, 1156, der nur dann den Anwendungsbereich ablehnt, wenn das Geschäft rechtlich vorteilhaft für den Verbraucher ist, was aber bei einer verbraucherseitigen Sicherheitenbestellung praktisch nie vorkommt.

254 *Kehl*, WM 2018, 2018, 2027.

255 Etwa *Hoffmann*, ZIP 2015, 1365.

256 *Kropf*, WM 2015, 1699.

257 BGH v. 12.11.2015 – I ZR 168/14 (dort RN 29) = WM 2016, 968 = ZIP 2016, 1640.

258 *Gegen Anwendbarkeit des HausTWG auf Kreditsicherheiten:* BGH v. 14.5.1998 – IX ZR 56/95 (Ziff. I. 1), BGHZ 139, 21 = WM 1998, 1388 = ZIP 1998, 1144 = EWiR § 1 HWiG 2/98, 845 (Eckert); *für Anwendbarkeit:* BGH v. 9.3.1993 – XI ZR 179/92 (Ziff. IIIa) = NJW 1993, 1594 = WM 1993, 683 = ZIP 1993, 585; *Tiedtke/Szczesny*, WM 2006, 1661, 1666; *Reinicke/Tiedtke*, ZIP 1998, 893; *Treber*, WM 1998, 1908, 1909.

259 Den alten Streitstand zusammenfassend *Kehl*, WM 2018, 2018, 2019 f.; *Auer*, ZBB 1999, 161.

260 BGH, v. 24.1.1991 – IX ZR 174/90 = WM 1991, 359.

261 BGH, v. 26.9.1995 – XI ZR 199/94 = WM 1995, 2027.

262 Slg. 1998, I-1199 – Dietzinger = WM 1998, 649.

263 BGH, v. 10.1.2006 – XI ZR 169/05 = BGHZ 165, 363 = ZIP 2006, 363 = WM 2006, 377.

licher Kredit war und ob der Hauptschuldner ebenfalls durch eine Haustürsituation zum Vertragsschluss bestimmt worden war.[264]

Diese im Vergleich zum EuGH verbraucherfreundlichere Rechtsprechung des XI. Zivilsenats war unter der Anwendung der Haustürgeschäftsrichtlinie unionsrechtlich zulässig, weil diese Richtlinie nur einen Mindeststandard vorschrieb. Demgegenüber ist die mit Wirkung zum 13.06.2014 umgesetzte **Verbraucherrechterichtlinie** ausweislich des Art. 4 der Richtlinie[265] **vollharmonisierend** gestaltet, insb. um vergleichbare Regelungen auf Unionsebene zu schaffen.   *590*

18.4.7.2 Rechtslage seit 22.09.2020 (BGH-Urteil XI ZR 219/19) sowie 15.06.2021 (Gesetzesanpassung)

Der Bankensenat hat am 22.09.2020 mit einem **Grundsatzurteil**[266] die seit Jahren umstrittene Frage geklärt und entschieden, dass **Bürgschaften nicht unter § 312 Abs. 1 BGB** (Fassung ab 13.06.2014) fallen. Für die Praxis positiv hervorzuheben ist, dass der BGH nicht bei der „Außergeschäftsraumbürgschaft" stehenbleibt, sondern über den Streitgegenstand hinaus klarstellt, dass das Urteil nicht nur für Bürgschaften gilt, sondern **auch für andere Kreditsicherheiten und einseitig den Verbraucher verpflichtende Verträge** (Urteilsgründe RN 18), die ein Verbraucher außerhalb von Geschäftsräumen oder im **Fernabsatz** (insoweit also **einheitliche Behandlung**) bestellt (Urteilsgründe RN 24). Die Aussage des Bankensenats zu „einseitig den Verbraucher verpflichtende Verträge" ist von Bedeutung, weil solche Verträge nicht zwingend Kreditsicherheiten i.e.S. sein müssen. Das gilt z.B. für das **abstrakte Schuldanerkenntnis** (persönliche Haftungsübernahme), das häufig im Zusammenhang mit der Grundschuld bestellt wird (dazu RN 291 ff.). Denn für die persönliche Haftungsübernahme erhält der Verbraucher keine Gegenleistung des Unternehmers. Auch insoweit beseitigt das vorliegende BGH-Urteil bisher bestehende Unklarheiten zur Widerruflichkeit eines abstrakten Schuldanerkenntnisses (dazu RN 587).   *591*

Unternehmer sind veranlasst, die – aufgrund der bisher unsicheren Rechtslage – verbreitete Erteilung vorsorglicher **Widerrufsbelehrungen** zu **überdenken** (dazu RN 592).

Der Bankensenat sieht – **mangels Auslegungszweifel** – **keinen Anlass**, den **EuGH nach Art. 267 AEUV** anzurufen. Doch sieht auch das Gericht (Urteils-   *591.1*

---

264 BGH v. 10.1.2006 – XI ZR 169/05 – (Ziff. II. 1 b), BGHZ 165, 363 = ZIP 2006, 363 = WM 2006, 377 = WuB IV D § 312 BGB 1.06 (*Medicus*) = DNotZ 2006, 468.

265 „Grad der Harmonisierung: Sofern diese Richtlinie nichts anderes bestimmt, erhalten die Mitgliedstaaten weder von den Bestimmungen dieser Richtlinie abweichende innerstaatliche Rechtsvorschriften aufrecht noch führen sie solche ein; dies gilt auch für strengere oder weniger strenge Rechtsvorschriften zur Gewährleistung eines anderen Verbraucherschutzniveaus."

266 BGH, 22.09.2020 – XI ZR 219/19 = BGHZ 227, 72 = WM 2020 Heft 44, 2082; dazu *Samhat*, WuB 2020, 609; *Omlor*, EWiR 2020, 673; *Schinkels*, LMK 2020, 434762; *Suchowerskyj*, Verbraucherschutz bei Kreditsicherheiten – eine Bestandsaufnahme, WM 2022, 1721.

gründe RN 30), dass es Stimmen[267] gibt, die in diesem Kontext eine EuGH-Vorlage in Betracht ziehen. Es ist also nicht ausgeschlossen, dass ein nationales Gericht irgendwann den EuGH gemäß Art. 267 AEUV anruft und dass der EuGH dann anders als der BGH entscheidet.[268] Gleichwohl kann sich der nationale Rechtsanwender bis zu einer maßgeblichen Änderung der Rechtssituation auf die Rechtsprechung des BGH verlassen. Eine etwaig abweichende EuGH-Entscheidung würde zwecks Neubewertung letztlich wieder beim BGH landen. Insoweit ist davon auszugehen, dass der **Bankensenat an seiner Auslegung des § 312 Abs. 1 BGB festhalten** wird. Dann wäre allenfalls der nationale Gesetzgeber, der bereits auf das BGH-Urteil vom 22. 09. 2020 reagiert hat (dazu RN 591.2), veranlasst, etwaig erforderliche Gesetzesanpassungen mit Wirkung für die Zukunft vorzunehmen.

591.2 Der **Gesetzgeber** hat **auf** die **BGH-Rechtsprechung reagiert** und eine wichtige **Gesetzesänderung** vorgenommen. Bis zum 14. 06. 2021 war in Anlage 3 zu Artikel 246b § 2 Absatz 3 Satz 1 EGBGB[269] noch folgender Gestaltungshinweis 3 enthalten: *„Dieser Absatz kann entfallen, wenn die beiderseitigen Leistungen erst nach Ablauf der Widerrufsfrist erbracht werden. Dasselbe gilt, wenn eine Rückabwicklung nicht in Betracht kommt (z. B. Hereinnahme einer Bürgschaft)."* Dieser Hinweis sorgte zusätzlich für Rechtsunsicherheit.

Der **Gesetzgeber** hat infolge des BGH-Urteils vom 22. 09. 2020 diesen **Hinweis** ersatzlos **gestrichen**. Im Referentenentwurf des Bundesjustizministeriums[270] heißt es dazu auf Seite 37:

> *„In Gestaltungshinweis 4 neu ist der bisher in Gestaltungshinweis 3 alt enthaltene Klammerzusatz ‚(z. B. Hereinnahme einer Bürgschaft)' aus Gründen der Klarstellung gestrichen. Hintergrund hierfür ist, dass in Übereinstimmung mit der Rechtsprechung des Bundesgerichtshofes davon auszugehen ist, dass dem Bürgen kein Widerrufsrecht nach § 312g BGB zusteht (vergleiche. Bundesgerichtshof, Urteil vom 22. September 2020 – XI ZR 219/19)."*

---

267 Etwa BeckOGK/*Busch*, 15. 07. 2020, § 312 RN 19 (in der aktuellen Aufl., Stand 11. 07. 2023, BGB § 312 RN 30.2).

268 *Suchowerskyj*, Verbraucherschutz bei Kreditsicherheiten – eine Bestandsaufnahme, WM 2022, 1721, 1726, hält eine erneute EuGH-Einbindung für nicht erforderlich.

269 Muster für die Widerrufsbelehrung bei im Fernabsatz und außerhalb von Geschäftsräumen geschlossenen Verträgen über Finanzdienstleistungen mit Ausnahme von Verträgen über die Erbringung von Zahlungsdiensten und Immobiliarförderdarlehensverträgen.

270 Hier verfügbar: *https://www.bmj.de/SharedDocs/Downloads/DE/Gesetzgebung/RefE/ RefE_Muster_Widerrufsbelehrung.pdf?__blob=publicationFile&v=3* (zuletzt aufgerufen am 19. 12. 2023). Im beschlossenen Gesetz (s. Bundesgesetzblatt Jahrgang 2021 Teil I Nr. 31, ausgegeben zu Bonn am 14. Juni 2021, Seite 1670 f.) fehlt diese Begründung – der besagte Gestaltungshinweis ist aber ersatzlos gestrichen.

18.4.7.3 Keine Änderung durch Anpassung des § 312 Abs. 1 BGB zum 01.01.2022

Der geltende § 312 Abs. 1 BGB, der mit Wirkung zum 01.01.2022 angepasst worden ist, führt nicht zu einer anderen Betrachtung.[271] Demgegenüber bejaht *Kehl* wegen der neuen Formulierung in § 312 Abs. 1 BGB „[…] *Verbraucherverträge* […]*, bei denen sich der Verbraucher zu der Zahlung eines Preises verpflichtet*" ein Widerrufsrecht bei Bürgschaften.[272] Diese Ansicht überzeugt nicht.[273] Dagegen spricht bereits der **Gesetzeswortlaut.** Zudem ist davon auszugehen, dass der Gesetzgeber mit der Anpassung des § 312 Abs. 1 BGB nichts an der Bewertung des BGH-Urteils vom 22.09.2020 – XI ZR 219/19 ändern wollte. Die **Gesetzesmaterialien** erwähnen das besagte BGH-Urteil überhaupt nicht, sondern formulieren zur Änderung unter anderem, dass das Tatbestandsmerkmal „entgeltliche Leistung" künftig nicht mehr verwendet werden soll, um mögliche **Abgrenzungsschwierigkeiten zum § 312 Abs. 1a BGB** zu vermeiden.[274]

591.3

Auch der **BGH** hat in seinem Beschluss vom **26.07.2022**[275] zum **Garantieversprechen** den seit dem 01.01.2022 geltenden § 312 Abs. 1 BGH nicht zum Anlass genommen, seine Rechtsprechung zur **Nichtanwendbarkeit der §§ 312 ff. BGB** auf Kreditsicherheiten anzupassen. Er nennt im besagten Beschluss die §§ 312 ff. BGB ohne eine Beschränkung auf eine konkrete – in der Vergangenheit liegende – Gesetzesfassung.

18.4.7.4 Erteilte Widerrufsbelehrung: Folgefragen

Häufig wurde in der Praxis wegen der unklaren Rechtslage in der Vergangenheit vorsorglich eine Widerrufsbelehrung erteilt, wenn der Grundschuldsicherungsvertrag im Fernabsatz oder außerhalb der Geschäftsräume abgeschlossen worden ist. Grund für diese vorsorgliche Widerrufsbelehrung war also ein vermeintliches Widerrufsrecht nach § 312g Abs. 1 BGB. Dadurch räumte aber der unternehmerische Sicherungsnehmer (Bank) dem Sicherungsgeber regelmäßig kein vertragliches Widerrufsrecht ein.[276] Sollte die Auslegung ausnahmsweise ein vertragliches Widerrufsrecht ergeben, erscheint es interessengerecht, allein

592

---

271 Ebenso Grüneberg/*Grüneberg*, BGB § 312 RN 6; *Suchowerskyj*, Verbraucherschutz bei Kreditsicherheiten – eine Bestandsaufnahme, WM 2022, 1721, 1725; BeckOGK/*Busch*, 01.07.2023, BGB § 312 RN 30, sieht im Wortlaut des geltenden § 312 Abs. 1 BGB sogar eine Bestätigung der BGH-Rechtsprechung vom 22.09.2020.

272 *Kehl*, WM 2022 Heft 11, S. 507.

273 Im Ergebnis ebenso Grüneberg/*Grüneberg*, BGB § 312 RN 6; BeckOGK/*Busch*, 01.07.2023, BGB § 312 RN 30.

274 BT-Drucksache 19/27653, S. 35.

275 BGH-Beschluss 26.07 2022 – XI ZR 483/21 = BKR 2022, 717; dazu *Samhat*, EWiR 2022, 705.

276 Die diese Richtung deutlich: BGH v. 6.12.2011 – XI ZR 401/10 = WM 2012, 262, 264 (Rz. 17). Der XI. Zivilsenat distanziert sich damit von einer Entscheidung des VIII. Zivilsenats (BGH v. 30.6.1982 – VIII ZR 115/81 = WM 1982, 1027 = ZIP 1982, 1212) zum alten Schuldrecht (gesetzliches und vertragliches Rücktrittsrecht) und de facto auch von OLG Düsseldorf v. 17.7.2013 – VI-U (*Kart*) 5/13 (Ziff. II. 2.a). Wie hier auch OLG Schleswig v. 24.5.2017 – 5 U 23/17 (Rz. 28 ff.) = ZIP 2017, 2094; OLG München v. 28.6.2001 – 24 U 129/00 = WM 2003, 1324 (rechtskräftig).

etwaige **Anforderungen der** einschlägigen **Abrede anzuwenden,** also nicht die gesetzlichen widerrufsrechtlichen Vorschriften (etwa Widerrufsfristbeginn usw.).[277]

Seit dem BGH-Urteil vom 22.09.2020 (RN 591) und spätestens seit der gesetzgeberischen Streichung des Gestaltungshinweises *„Hereinnahme einer Bürgschaft"* (RN 591.2) gilt eindeutig: Bürgschaften und andere Sicherheiten fallen nicht unter § 312 Abs.1 BGB, sodass insoweit kein gesetzliches Widerrufsrecht besteht. Wenn Unternehmer gleichwohl weiterhin Widerrufsbelehrungen zu Verbrauchersicherheiten erteilen, ist die **Begründung** erheblich **erschwert,** warum hierdurch dem Verbraucher **kein vertragliches Widerrufsrecht** eingeräumt wird.

18.5 Änderung des Sicherungsvertrags

593 Der Sicherungsvertrag kann – etwa durch Erweiterung oder Einschränkung des Kreises der gesicherten Forderungen (RN 701) – nachträglich und auch wiederholt geändert werden. Die Änderung bedarf einer **Vereinbarung** zwischen den Parteien dieses Vertrags[278], also zwischen Sicherungsgeber (RN 637 bis 646) und Sicherungsnehmer (RN 632). Die Änderung des Sicherungsvertrags ist – ebenso wie der Abschluss (RN 568) – **formfrei.**[279] Wurde im Zuge der Grundschuldbestellung auch die Unterwerfung unter die sofortige Zwangsvollstreckung (dazu RN 304 ff.) notariell beurkundet (kommt in der Bankpraxis häufig vor), folgt daraus nicht das Erfordernis, die Änderung der Sicherungsabrede notariell zu beurkunden, weil insoweit keine Änderung der notariellen Unterwerfungserklärung vorliegt.[280] Der **Sicherungszweck** kann also formlos etwa dadurch **erweitert** werden, dass der Sicherungsnehmer (Gläubiger) eine Zahlung auf die Grundschuld auf eine andere als die ursprünglich gesicherte Forderung verrechnet und der Sicherungsgeber dem – auch stillschweigend – zustimmt.[281] Eine nachträgliche **Zweckeinschränkung** wird etwa in der Erklärung des Sicherungsnehmers gesehen, die vollstreckbare Ausfertigung der Grundschuldurkunde an den Sicherungsgeber zurückzugeben, sobald ein bestimmter Betrag gezahlt worden ist.[282] Auch die Abrede, dass der Sicherungsnehmer vorrangig

---

277 Mit ähnlicher Tendenz BGH v. 22.5.2012 – II ZR 88/11 (Rz. 16 ff.) = WM 2012, 1479 = ZIP 2012, 1509. Daran ändert das BGH-Urteil v. 22.11.2016 – XI ZR 434/15 = WM 2017, 427 = ZIP 2017, 417 nichts, weil sich die dortige Aussage auf eine vertragliche Erweiterung hinsichtlich des Anlaufens einer Widerrufsfrist eines gesetzlichen Widerrufsrechts bezieht; zutreffend darauf hinweisend auch OLG Schleswig v. 24.5.2017 – 5 U 23/17 = ZIP 2017, 2094.

278 BGH v. 20.11.2009 – V ZR 68/09 – (Ziff. II 1 f, RN 10) = WM 2010, 210 = NJW 2010, 935.

279 Statt vieler BGH v. 15.5.2014 – IX ZR 257/13 = ZIP 2014, 837 = ZInsO 2014, 1331 = BeckRS 2014, 12526; MünchKomm/*Lieder,* BGB § 1191 RN 34.

280 BGH v. 3.6.1997 – XI ZR 133/96 = WM 1997, 1280 (Fall: Erweiterung des Grundschuldsicherungszwecks).

281 BGH v. 14.7.1988 – V ZR 308/86 = BGHZ 105, 154 = WM 1988, 1259 = ZIP 1988, 1096 = EWiR § 1191 BGB 4/88, 1087 (*Tiedtke*); *Schmitz,* WM 1991, 1061, 1062.

282 BGH v. 26.6.2001 – XI ZR 330/00 = NJW-RR 2002, 282; Staudinger/*Wolfsteiner* (2019) Vorbem. zu §§ 1191 ff. RN 243; MünchKomm/*Lieder,* BGB § 1191 RN 34.

auf eine von mehreren Sicherheiten zugreifen werde, wird als nachträgliche Zweckeinschränkung gewertet.[283]

Zulässig ist auch eine **formlose Fortsetzungsabrede.** Übergibt der Grundschuldgläubiger die vollstreckbare Ausfertigung der Grundschuldbestellungsurkunde (RN 305) und den Grundschuldbrief (RN 159 ff.) samt einer Löschungsbewilligung (RN 547) an den Schuldner, nachdem dieser die gesicherte Schuld getilgt hat, können sich die Parteien bei Fortbestehen der Grundschuld formlos darüber einigen, dass die Vollstreckung aus dem Titel erneut möglich sein soll.[284] Hiervon ist in aller Regel auszugehen, wenn die Parteien vereinbaren, dass die Grundschuld wiederum eine Darlehensverbindlichkeit sichern soll.[285] Eine solche Fortsetzungsabrede ist bei der **nichtakzessorischen Grundschuld –** anders als bei der Hypothek – deshalb **möglich**, weil die **Zahlung** in aller Regel nicht auf die Grundschuld, sondern **auf** die gesicherte **Forderung** (zur Verrechnungsabrede RN 805) erfolgt.[286] In diesem Kontext müssen die zurückgegebenen, aber weiterhin bestehenden Vollstreckungstitel also nicht erneut notariell beurkundet werden (RN 546). Nach der Interessenlage wollen sich die Parteien in der Tat häufig gerade die Möglichkeit offenhalten, die Grundschulden erneut als Sicherungsmittel (kostengünstig) zu verwenden.[287]

Hat der Sicherungsgeber das Grundstück veräußert und/oder der Gläubiger die Grundschuld abgetreten, so genügt eine **Vereinbarung** zwischen dem jetzigen Grundstückseigentümer und/oder dem jetzigen Gläubiger der Grundschuld nur, wenn diese **Partei des Sicherungsvertrags** geworden sind (RN 636). Der Übergang des Eigentums am Grundstück und/oder die Übertragung der Grundschuld als solche führen nicht ohne Weiteres zum Eintritt in den Sicherungsvertrag (im Einzelnen: RN 634, 635) oder zur Änderung des Sicherungszwecks (RN 701). Auch der aus dem Sicherungsvertrag fließende Rückgewähranspruch geht nicht automatisch mit Übergang des Eigentums am belasteten Grundstück auf den neuen Eigentümer über (im Einzelnen: RN 766).

Insbesondere bei einer **Änderung des Sicherungszwecks** (also einer Erweiterung oder Einschränkung des Kreises der gesicherten Forderungen)[288] müssen sämtliche Sicherungsgeber (RN 637 bis 646) und der Sicherungsnehmer (RN 632) mitwirken.[289] Dasselbe gilt, wenn die Möglichkeiten der Rückgewähr (durch Abtretung, Löschung oder Verzicht) nachträglich eingeschränkt oder bestehende Einschränkungen aufgehoben oder gelockert werden sollen.

594

---

283 Staudinger/*Wolfsteiner* (2019) Vorbem. zu §§ 1191 ff. RN 243; MünchKomm/*Lieder*, BGB § 1191 RN 34; a. A. wohl OLG Brandenburg v. 17. 10. 2013 – 5 U 48/12 = ZIP 2014, 164 = BeckRS 2013, 19332.
284 BGH, Versäumnisurt. v. 27. 3. 2015 – V ZR 296/13 (RN 12) = WM 2015, 1005.
285 BGH, Versäumnisurt. v. 27. 3. 2015 – V ZR 296/13 = WM 2015, 1005.
286 Siehe auch *K. Schmidt*, JuS 2015, 750.
287 BGH, Versäumnisurt. v. 27. 3. 2015 – V ZR 296/13 = WM 2015, 1005, 1007 [RN 12].
288 Siehe etwa BGH v. 24. 11. 2016 – IX ZR 278/14 = WM 2017, S. 22 = *Samhat* in WuB 2017, 260.
289 BGH v. 20. 11. 2009 – V ZR 68/09 – (Ziff. II 1 f), WM 2010, 210 = NJW 2010, 935 = DNotZ 2010, 375 = WuB I F 3 – 2.10 (*Rimmelspacher*); *Räfle*, WM 1983, 807.

Eine Mitwirkung des persönlichen Schuldners ist, falls nichts anderes vereinbart, nicht erforderlich[290], auch nicht die Mitwirkung des Sicherungsgebers einer anderen Sicherheit.[291]

595 Ist der **Rückgewähranspruch abgetreten**, so bedarf eine Änderung des Sicherungsvertrags, durch die der Rückgewähranspruch beeinträchtigt wird (insb. eine Erweiterung des Sicherungszwecks), zusätzlich der **Mitwirkung des neuen Rückgewährgläubigers**[292] (s. RN 887 bis 889); andernfalls ist diesem gegenüber die Erweiterung nicht wirksam.[293] Entsprechend ist die Zustimmung des Pfandgläubigers erforderlich, wenn der Rückgewähranspruch gepfändet oder verpfändet worden ist.[294] Keine Änderung des Sicherungsvertrags (und daher kein Erfordernis der Zustimmung des Rückgewährgläubigers) liegt allerdings vor, wenn sich etwaige Rechtsaktionen innerhalb der Zweckerklärung bewegen, etwa bei einer weiten Sicherungsabrede die Erfassung einer neuen bankmäßigen Forderung; der Abtretungsempfänger muss diese Schwäche seines Rückgewähranspruchs hinnehmen.[295] Die Sicherungsvereinbarung kann aber nach der Abtretung nur unter Mitwirkung des Zessionars inhaltlich geändert werden, soweit die Änderung den Rückgewähranspruch einschließlich der aufschiebenden Bedingung (etwa eine in der Sicherungsvereinbarung nicht vorgesehene Neuvalutierung oder nach endgültigem Wegfall des Sicherungszwecks) betrifft, weil der Zedent (mangels Anspruchsinhaberschaft) nicht mehr über den Rückgewähranspruch verfügen kann.[296] Eine ursprüngliche Abrede zwischen Sicherungsgeber und Sicherungsnehmer, wonach Änderungen auch ohne Zustimmung des Zessionars zulässig sind, ist wirksam.[297] Ist die Zustimmung des neuen Rückgewährgläubigers erforderlich, kann er im Verhältnis zum Sicherungsgeber verpflichtet sein, die Zustimmung zu erteilen, was insb. dann in Betracht kommt, wenn der Rückgewähranspruch – wie meist – nur sicherungshalber abgetreten worden ist.[298]

---

290 BGH v. 14.7.1988 – V ZR 308/86 (Ziff. II. 1 c), BGHZ 105, 154 = WM 1988, 1259 = ZIP 1988, 1096; *anderer Ansicht* (falls Schuldner, wenn er zahlt, einen Erstattungsanspruch gegen den Eigentümer hat): *Dieckmann*, WM 1990, 1481.

291 BGH v. 16.2.1989 – IX ZR 256/87 (III. 1 d. aa) = WM 1989, 484 = ZIP 1989, 359 = EWiR § 765 BGB 3/89, 345 (*Gaberdiel*).

292 Etwa BGH, 10.11.2011 – IX ZR 142/10 = BGHZ 191, 277 = WM 2011, 2338 = ZIP 2011, 2364; Staudinger/*Wolfsteiner* (2019) Vorbem. zu §§ 1191 ff. RN 245.

293 Vgl. zur insolvenzrechtlichen (Un-)Wirksamkeit nach § 81 Abs. 1 InsO BGH, v 19.4.2018 – IX ZR 230/15 = WM 2018, 1054 = ZIP 2018, 1082 = *Gladenbeck* WuB 2018, 432; BGH v. 21.11.2013 – IX ZR 52/13 = WM 2014, 21 = ZIP 2014, 32; BGH v. 12.7.2012 – IX ZR 210/11 = WM 2012, 1553 = ZIP 2012, 1565.

294 MünchKomm/*Lieder*, § 1191 RN 87; *Stöber/Rellermeyer*, Forderungspfändung, RN F.116.

295 Vgl. BGH, v. 10.11.2011 – IX ZR 142/10 (RN 14) = BGHZ 191, 277 = WM 2011, 2338 = ZIP 2011, 2364; BGH, v. 19.4.2013 – V ZR 47/12 (RN 14) = BGHZ 197, 155 = WM 2013, 1070 = ZIP 2013, 1113.

296 BGH v. 19.4.2013 – V ZR 47/12 (RN 15) = BGHZ 197, 155 = WM 2013, 1070 = ZIP 2013, 1113 = NJW 2013, 2894.

297 Vgl. Staudinger/*Wolfsteiner* (2019) Vorbem. zu §§ 1191 ff. RN 245 m. w. N.

298 Vgl. auch *Clemente* Rn. 947.

Weiß der Grundschuldgläubiger im Zeitpunkt der (den Rückgewähranspruch beeinträchtigenden) Änderung des Sicherungsvertrags nicht, dass der Rückgewähranspruch abgetreten worden ist, so muss der **neue Rückgewährberechtigte** die vom Sicherungsnehmer (Grundschuldgläubiger) mit dem Sicherungsgeber allein getroffene **Vereinbarung gem. § 407 Abs. 1 BGB gegen sich gelten lassen** (s. RN 889).[299]

Andererseits genügt – nach Abtretung des Rückgewähranspruchs – die Zustimmung des neuen Rückgewährgläubigers für die Änderung des Sicherungsvertrags nicht. Auf die **Mitwirkung des Sicherungsgebers** (RN 637 bis 646) kann **nicht verzichtet** werden.[300] Denn welche Forderungen durch die Grundschuld gesichert sind oder ob die Grundschuld nur durch (ausschließlich dem Grundstückseigentümer zugutekommenden) Verzicht oder auch durch Abtretung zurückgewährt werden kann, hat – über den Rückgewähranspruch hinaus – erhebliche Auswirkungen auf die Rechtsstellung des Sicherungsgebers. Das gilt insb. (aber nicht nur) dann, wenn der Rückgewähranspruch (wie oft) selbst nur sicherungshalber abgetreten worden ist und deshalb später auf den Sicherungsgeber zurückübertragen werden muss. *596*

Die Wirksamkeit einer **formularmäßigen** (RN 687) **Änderungsvereinbarung** ist an §§ 305 bis 310 BGB zu messen. Im Hinblick auf den Schutzzweck des Gesetzes sind solche Vereinbarungen unproblematisch, die für den Partner des Vordruckverwenders nicht nachteilig sind. Wegen der (nachträglichen) Erweiterung des Kreises der durch die Grundschuld gesicherten Forderungen s. RN 701 bis 703. *597*

Erteilt der Sicherungsgeber bei der Bestellung der Grundschuld eine formularmäßige (RN 687) Vollmacht zur späteren Erweiterung der Sicherungsabrede, so ist die **Wirksamkeit der Vollmacht** nach denselben Maßstäben zu messen wie die anfängliche Sicherungsabrede bei einer von einem Dritten gestellten Grundschuld; im Einzelnen wird auf RN 685 bis 695 verwiesen. *598*

Der BGH[301] hat deutlich gemacht, dass die gegenseitige Bevollmächtigung zweier Miteigentümer als überraschende Klausel unwirksam wäre (§ 305c Abs. 1 BGB), wenn sie jeden Miteigentümer dazu ermächtigen würde, die nur zur Sicherung einer gemeinsamen Verbindlichkeit bestellte Grundschuld auch auf Forderungen gegen nur einen Miteigentümer auszudehnen. Hier ist es ratsam, eine **Änderung** möglichst **nur** mit **dem Sicherungsgeber** selbst (RN 637 bis 646) zu vereinbaren.

Eine **Zweckeinschränkung** kommt auch **durch Vereinbarung zwischen Grundschuldgläubigern** in Betracht. Gelegentlich tritt ein durch nachrangige Grundschuld gesichertes Institut (z. B. eine Bausparkasse) an den Gläubiger einer vorrangigen Grundschuld mit der Aufforderung heran, verbindlich zu *599*

---

299 Einstweilen BGH, v. 19.4.2013 – V ZR 47/12 = BGHZ 197, 155 = WM 2013, 1070 = ZIP 2013, 1113 = NJW 2013, 2894.
300 BGH, v 1.10.1991 – XI ZR 186/90 = BGHZ 115, 241 = WM 1991, 2019 = ZIP 1991, 1481.
301 BGH v. 15.1.1988 – V ZR 183/86 = BGHZ 103, 72 = WM 1988, 446 = ZIP 1988, 899; *Schmitz*, WM 1991, 1061, 1063.

erklären, dass die vorrangige Grundschuld nur zur Sicherung eines bestimmten Darlehens verwendet oder höchstens bis zu einem (unter dem Gesamtbetrag aus Grundschuldkapital und Grundschuldzinsen liegenden) **Höchstbetrag** geltend gemacht wird. Meist wird die ausdrückliche Verpflichtung verlangt, diese Bindung einem etwaigen späteren Erwerber der Grundschuld aufzuerlegen. Da der Grundschuldgläubiger zur Abgabe einer solchen Erklärung nicht verpflichtet ist, steht es in seinem Ermessen, ob er der Bitte entsprechen will.

Eine solche Vereinbarung beschneidet die Möglichkeit des Grundschuldgläubigers, die Grundschuld später als Sicherheit für andere Verbindlichkeiten zu verwenden, und zwar selbst dann, wenn der Sicherungsgeber darum bittet. Da der Gläubiger der Grundschuld auch nach deren Abtretung an seine Erklärung gegenüber dem nachrangigen Gläubiger gebunden bleibt, läuft er nach Erledigung des Sicherungszwecks Gefahr, sich – wie immer er sich verhält – schadensersatzpflichtig zu machen. Und zwar entweder gegenüber dem Rückgewährberechtigten, wenn er die Grundschuld nur mit der von ihm versprochenen Einschränkung zurückgibt, oder dem nachrangigen Gläubiger gegenüber, weil er nach uneingeschränkter Abtretung der Grundschuld die von ihm versprochene Einschränkung hinsichtlich der Verwendung der Grundschuld nicht mehr gewährleisten kann.

600 Deshalb sollte der Grundschuldgläubiger eine solche Vereinbarung – wenn er denn überhaupt dazu bereit ist – nur mit ausdrücklicher **Zustimmung des Sicherungsgebers** und – nach Abtretung des Rückgewähranspruchs – des neuen Rückgewährgläubigers treffen. Kennt der Grundschuldgläubiger die Abtretung des Rückgewähranspruchs nicht, muss der neue Gläubiger die Zustimmung allein des Sicherungsgebers gegen sich gelten lassen (§ 407 Abs. 1 BGB).

601 Ist die den Grundschuldgläubiger beschränkende Vereinbarung mit dem nachrangigen Gläubiger erledigt und soll die Grundschuld dann wieder uneingeschränkt und/oder als Sicherheit für eine andere Forderung eingesetzt werden, so empfiehlt es sich, mit dem Sicherungsgeber eine **neue Sicherungsabrede** zu treffen. Dafür ist, falls der Rückgewähranspruch abgetreten oder ge- bzw. verpfändet worden ist, die Zustimmung des Zessionars bzw. Pfandgläubigers erforderlich.

18.6   Kündigung des Sicherungsvertrags

602 Die **weite Vereinbarung**, dass die Grundschuld alle, auch künftige Verbindlichkeiten des Kreditnehmers aus der Geschäftsverbindung sichert, ist – sofern sie nicht ausnahmsweise auf eine bestimmte Zeit abgeschlossen ist – **mit Wirkung für die Zukunft** (RN 603) **jederzeit kündbar**. Dies gilt nicht nur für den Fall,

dass Sicherungsgeber und Schuldner verschiedene Personen sind[302], sondern auch bei Identität von Schuldner und Sicherungsgeber[303]. Dies ergibt sich aus Folgendem:

Der Sicherungsvertrag mit weiter Sicherungsabrede regelt u. a., dass die Grundschuld auch künftige Forderungen sichert, sobald diese entstehen (RN 731, 732). Die Vereinbarung kann auch Zeiten ohne gesicherte Ansprüche überdauern. Sobald danach solche Forderungen wieder vorhanden sind, verknüpft sie sie erneut mit der Grundschuld. Da aber weder Gläubiger noch Schuldner dazu verpflichtet sind, neue Ansprüche zu begründen, ist völlig ungewiss, ob das geschehen wird.

Das ist unproblematisch, wenn der Sicherungsgeber bereit bleibt, die Grundschuld als Sicherheit vorrätig zu halten. Aber **auch bei fortbestehender Geschäftsverbindung**[304] – hier können gesicherte Forderungen jederzeit neu entstehen – kann er die **Sicherungsabrede kündigen** und die Grundschuld (nach Erledigung aller dann gesicherten Forderungen) herausverlangen. Der BGH[305] hat einem Kreditinstitut verwehrt, eine Grundschuld, die nach der Sicherungsabrede auch künftig entstehende Forderungen decken sollte, bei einem Forderungsstand von weniger als einem Drittel des Grundschuldbetrags in voller Höhe zu behalten. Er entschied, dass – ohne aktuelle weitere Ansprüche gegen den Kreditnehmer – die „Weigerung, jegliche Grundschuld freizugeben, nicht der Billigkeit" entspricht. Er verwies auf die AGB des Kreditinstituts, wonach es verpflichtet war, Sicherungsgegenstände nach seiner Wahl freizugeben, wenn es sie nach seinem billigen Ermessen nicht mehr benötigt. Die Entscheidung hätte aber auch ohne diese AGB-Klausel nicht anders ergehen können. Wenn dies bereits bei einer noch teilweise valutierten Grundschuld gilt, muss es erst recht gelten, wenn zeitweilig überhaupt keine gesicherte Forderung besteht. Wenn der Gläubiger nicht verpflichtet ist, einen Kredit zu gewähren, kann auch der Sicherungsgeber nicht verpflichtet sein, eine Sicherheit für nur mögliche unbestimmte Forderungen zur Verfügung zu halten. Der Freiheit des Kreditinstituts, neue Kredite zu gewähren oder nicht (die – wenn gewährt – kraft der

---

302 Für diesen Fall *ebenso*: *Huber*, S. 179; *Gerth*, BB 1990, 78; *Räbel*, NJW 1953, 1248 f.; *Stegmaier*, BB 1996, 2587 (der sogar verlangt, dass der Grundschuldgläubiger den rechtsunkundigen Drittsicherungsgeber auf das Kündigungsrecht ausdrücklich hinweist); *Clemente*, RN 279; *Ganter*, in *Bankrechts-Handbuch*, § 69 RN 235; Münch-Komm/*Lieder*, BGB § 1191 RN 82 (der allerdings die hier vertretene Ansicht nur unvollständig darstellt, da er lediglich auf RN 606 verweist, die einen Kündigungsausschluss bei enger Sicherungsabrede bejaht). Für den Fall, dass der Sicherungsgeber mit dem Schuldner nicht personengleich ist, gewähren ihm die Vordrucke Anhang 6 [1.5], Anhang 7 [1.5] und Anhang 8 [1.5] ausdrücklich ein ordentliches Kündigungsrecht.

303 Staudinger/*Wolfsteiner* (2019), Vorbem. zu §§ 1191 ff., RN 38; anders (Kündigung nur aus wichtigem Grund): *Gerth*, BB 1990, 78.

304 Durch Beendigung seiner Geschäftsbeziehung zum Kreditinstitut kann der Sicherungsgeber, der zugleich Kreditnehmer ist, bewirken, dass unter die Sicherungsabrede fallende Forderungen nicht mehr entstehen können, und nach Erledigung seiner noch gesicherten Verbindlichkeiten die Freigabe der Grundschuld verlangen.

305 BGH v. 20. 10. 1980 – II ZR 190/79 = WM 1980, 1306 = ZIP 1980, 1076.

Sicherungsvereinbarung durch die Grundschuld gesichert sind), entspricht die Freiheit des Sicherungsgebers, diese Sicherungsabrede für die Zukunft zu kündigen.

Ist der **Sicherungsgeber** einer Grundschuld mit weiter Sicherungsabrede (ausnahmsweise) **nicht zugleich persönlicher Schuldner**, so kann sich aus seinem Rechtsverhältnis zum Schuldner (RN 567) ergeben, dass er diesem die Sicherheit zur Verfügung halten muss und deshalb nicht kündigen darf. So wird der Sicherungsgeber dem Schuldner gegenüber regelmäßig verpflichtet sein, durch eine Kündigung dem gewöhnlichen Ablauf des Kreditverhältnisses nicht vorzugreifen. Eine gleichwohl erklärte Kündigung ist aber nicht unwirksam. Sie macht den **Sicherungsgeber (nur) dem Schuldner gegenüber möglicherweise schadensersatzpflichtig.**

603 Ab dem **Zeitpunkt**, da die **Kündigung** der Sicherungsabrede ihre **Wirkung**[306] **entfaltet**, sind **künftige Verbindlichkeiten** durch die Grundschuld **nicht mehr gesichert.**[307] Künftige Verbindlichkeiten sind solche, die im besagten Zeitpunkt noch nicht einmal dem Grunde nach bestehen, sodass der Gläubiger noch völlig frei ist, ob er sie überhaupt entstehen lässt oder nicht.

Verbindlichkeiten dagegen, die im besagten Zeitpunkt – wenn auch nur dem Grunde nach[308] – bereits bestehen (und unter die Sicherungsabrede fallen), bleiben gesichert.[309] Denn der Sicherungsgeber kann dem Gläubiger Sicherungsrechte, die bereits begründete Ansprüche sichern, nicht entziehen (vgl. auch RN 734).

Was den Zeitpunkt anbelangt, so hat der Sicherungsgeber auf die Interessen des Gläubigers und – wenn mit ihm nicht identisch – des Schuldners Rücksicht zu nehmen und eine **angemessene Kündigungsfrist** einzuhalten, damit diese sich auf die veränderte Lage einstellen können.[310] Bei einer ordentlichen (also im Belieben des Sicherungsgebers stehenden) Kündigung dürfte – anders als bei wichtigem Grund (dazu RN 605) – eine fristlose Kündigung nicht in Betracht kommen.

---

306 Die Kündigung wird mit Zugang beim Empfänger wirksam, sie entfaltet ihre Wirkung ggf. aber erst später. Beispiel: Kündigt der Sicherungsgeber die Sicherungsabrede mit einer Zwei-Monatsfrist, dann wird die Kündigung mit Zugang beim Sicherungsnehmer wirksam, die Kündigung entfaltet ihre Wirkung aber erst mit Ablauf der Zwei-Monatsfrist. Zur Unterscheidung zwischen Zustandekommen, Wirksamkeit und Wirkung eines Rechtsgeschäfts *Leenen*, JuS 2008, 577.

307 BGH v. 21.1.1993 – III ZR 15/92 = WM 1993, 897; OLG Nürnberg v. 28.12.2012 – 6 U 2035/10 = WM 2013, 979.

308 Zum Beispiel besteht – schon vor Valutierung – dem Grunde nach eine Darlehensforderung, wenn ein Darlehensvertrag geschlossen worden ist, aus dem der Darlehensnehmer – ggf. nach Erfüllung von bestimmten Voraussetzungen – einen Anspruch auf Auszahlung hat (vgl. auch RN 734).

309 Etwa MünchKomm/*Lieder*, § 1191 RN 82; Staudinger/*Wolfsteiner* (2019) Vorbem. zu §§ 1191 ff. RN 38.

310 Für die Kündigung eines Bürgen: BGH v. 10.6.1985 – III ZR 63/84 (Ziff. II. 2 a und b und 3 b) = WM 1985, 1059 = ZIP 1985, 1192 = EWiR § 765 BGB 6/85, 767 (*Schmidt*).

Auch ein verbindlich eingeräumter Kredit in laufender Rechnung (**Kontokor-** 604
rentkredit) ist – selbst, wenn er im Zeitpunkt der Kündigung nicht in Anspruch
genommen ist – eine dem Grunde nach bestehende Verbindlichkeit. Insoweit
besteht **kein ordentliches Kündigungsrecht** (insb. des Drittsicherungsgebers),
solange das Kreditinstitut verpflichtet ist, eine im Rahmen des Kredits liegende
Verfügung des Kunden über das Konto ohne Weiteres zuzulassen (bspw. eine
den Kredit ausschöpfende, aber nicht überschreitende Überweisung auszuführen oder eine Lastschrift einzulösen), braucht es die vereinbarte Sicherheit (s.
auch RN 730). Diese kann durch eine ordentliche (also im freien Belieben des
Sicherungsgebers stehende) Kündigung nicht entzogen oder eingeschränkt
werden[311], ggf. aber durch Kündigung aus wichtigem Grund (s. dazu RN 605).

Ist der **Sicherungsgeber selbst Kreditnehmer**, kann er den **Kreditvertrag kündigen**. Damit verliert er die Befugnis, über sein Konto im Rahmen des bisherigen Kreditlimits – also ohne (ausreichendes) Guthaben – zu verfügen. Die
Grundschuld sichert dann nur noch die Verbindlichkeiten des Kreditnehmers,
die im Zeitpunkt des Wirksamwerdens der Kündigung bestehen.[312]

Der Drittsicherungsgeber, der nicht Kreditnehmer ist, kann den Kontokorrentkredit nicht selbst kündigen. Den Sicherungsvertrag kann er nur bei Vorliegen
eines wichtigen Grundes kündigen (RN 605). Liegt ein solcher nicht vor, dann
kann er allenfalls vom Kreditnehmer verlangen, dass dieser ihn freistellt, vielleicht sogar seinerseits den Kreditvertrag kündigt; im Einzelnen hängt dies von
seinem Rechtsverhältnis zum Kreditnehmer (RN 567) ab.

Bezieht sich die **Sicherungsabrede** auf einen für lange Zeit (oder gar unbefris- 605
tet) gewährten Kontokorrentkredit, kann sie – wie jedes Dauerschuldverhältnis
(§ 314 Abs. 1 BGB) – jedenfalls **aus wichtigem Grund** (oder nach Ablauf einer
angemessenen Zeitspanne) **gekündigt** werden.[313] Ein wichtiger Grund liegt vor,
wenn die Fortsetzung des Vertrags unter Berücksichtigung aller Umstände und
unter Abwägung der Interessen für den Sicherungsgeber nicht mehr zumutbar
ist.[314]

Sichert die Grundschuld Verbindlichkeiten eines Dritten (nicht des Sicherungsgebers), so wird eine deutliche Verschlechterung der Vermögenslage des

311 Anders (ordentliche Kündigung wirkt auch auf *gewährten* Kontokorrentkredit, wohl
   so, dass Forderungen aus Inanspruchnahme nach der Kündigung nicht mehr gesichert) Staudinger/*Wolfsteiner* (2019), Vorbem. §§ 1191 ff. RN 38. Doch dürfte es insoweit auf die dort vorgenommene Unterscheidung (un-)selbstständige Sicherungsabrede nicht ankommen.
312 BGH v. 25. 3. 1986 – IX ZR 104/85 (Ziff. I. 2) = BGHZ 97, 280 = WM 1986, 763 = ZIP 1986,
   900 = EWiR § 1191 BGB 3/86, 573 (*Gaberdiel*).
313 BGH v. 7. 10. 2002 – II ZR 74/00 (Ziff. 1a) = WM 2002, 2367 = ZIP 2002, 2123; BGH v.
   21. 1. 1993 – III ZR 15/92 (II. 1 b) = NJW-RR 1993, 944 = WM 1993, 897; für den
   unbefristet haftenden Bürgen: BGH v. 22. 5. 1986 – IX ZR 108/85 (Ziff. 3a) = WM 1986,
   850 = ZIP 1986, 1240; BGH v. 4. 7. 1985 – IX ZR 135/84 (Ziff. I. 2) = WM 1985, 969 = ZIP
   1985, 984; BGH v. 10. 6. 1985 – III ZR 63/84 (Ziff. II. 2 a) = WM 1985, 1059 = ZIP 1985,
   1192.
314 Grüneberg/*Grüneberg*, § 314 RN 7.

Schuldners regelmäßig ein wichtiger Grund sein.[315] Auch bei Schuldner- oder Gläubigerwechsel durch Gesamtrechtsnachfolge kann ein wichtiger Grund vorliegen.[316] Hat ein Ehegatte die Sicherheit ersichtlich im Hinblick auf die Ehe bestellt, kann die Scheidung ein wichtiger Grund sein.[317] Auch wenn die Grundschuld ausschließlich Verbindlichkeiten des Sicherungsgebers sichert, kann bspw. ein wichtiger Grund vorliegen, wenn der Sicherungsgeber das belastete Grundstück veräußern will und es dazu lastenfrei stellen muss.

Den Beteiligten muss aber grds. ein angemessener Zeitraum verbleiben, um ihre Dispositionen der durch die Kündigung veränderten Lage anzupassen. Bei der Festlegung einer **angemessenen Kündigungsfrist** ist auch auf das Sicherungsbedürfnis des Gläubigers abzustellen.[318] Die Kündigung ist unzulässig, solange der Gläubiger Verfügungen des Schuldners über das Konto zulassen muss. Trotz des Wortlautes von § 314 Abs. 1 Satz 1 BGB („ohne [...] Kündigungsfrist") kann aus diesem Grund nach Treu und Glauben (§ 242 BGB) im Einzelfall die Einhaltung einer Auslauffrist geboten sein.[319]

Doch wird es bei der Kündigung aus wichtigem Grund nicht selten Fälle geben, in denen die Kündigung sofort ihre Wirkung entfaltet, weil dies der Interessenlage der Beteiligten entspricht. Das ist dann der Fall, wenn Schäden vom Sicherungsgeber abzuwenden sind, der Gläubiger nicht gefährdet ist, weil er weitere Verfügungen über den gesicherten Kontokorrentkredit sofort stoppen kann, und schützenswerte Interessen des Schuldners nicht ersichtlich sind.[320] Sobald die (aus wichtigem Grund erklärte) Kündigung des Sicherungsgebers wirkt, haftet die Grundschuld nur noch für bis dahin bestehenden Forderungen (beim Kontokorrentkredit grundsätzlich der Tagessaldo an diesem Tag).[321]

Bei der Kündigung aus wichtigem Grund ist die **Ausschlussfrist des § 314 Abs. 3 BGB** zu beachten. Danach kann der Berechtigte nur innerhalb einer angemessenen Frist kündigen, nachdem er vom Kündigungsgrund Kenntnis erlangt hat. Die Norm bezweckt, zeitnah klare Verhältnisse zu schaffen, und verdeutlicht, dass der Berechtigte durch längeres Zuwarten zu erkennen gibt, dass ihm die Fortsetzung des Vertrags zumutbar ist.[322] Bei der Bestimmung der

---

315 BGH v. 21.1.1993 – III ZR 15/92 (Ziff. II. 1 b) = WM 1993, 897; *Siol*, WM 1996, 2217, 2218.

316 Staudinger/*Wolfsteiner* (2009), Vorbem. zu §§ 1191 ff., RN 270 (insb. zur formwechselnden Umwandlung); wichtiger Grund kann aber auch ein Schuldnerwechsel durch Erbfolge sein.

317 BGH v. 7.10.2002 – II ZR 74/00 (Ziff. 1b) = NJW 2003, 61 = WM 2002, 2367 = ZIP 2002, 2123.

318 Für die Kündigung einer auf unbestimmte Zeit übernommenen Bürgschaft bzw. einer unbefristeten Schuldmitübernahme: BGH v. 10.6.1985 – III ZR 63/84 (Ziff. II. 2 b und 3 b) = WM 1985, 1059 = ZIP 1985, 1192.

319 Grüneberg/*Grüneberg*, § 314 RN 10; OLG Nürnberg, v. 28.12.2012 – 6 U 2035/10 = WM 2013, 979.

320 BGH v. 7.10.2002 – II ZR 74/00 (Ziff. 1b) = WM 2002, 2367 = ZIP 2002, 2123; BGH v. 4.7.1985 – IX ZR 135/84 (Ziff. I. 2) = NJW 1985, 3007 = WM 1985, 969 = ZIP 1985, 984.

321 BGH v. 7.10.2002 – II ZR 74/00 (Ziff. 1a) = WM 2002, 2367 = ZIP 2002, 2123; BGH v. 4.7.1985 – IX ZR 135/84 (Ziff. I. 3) = WM 1985, 969 = ZIP 1985, 984.

322 Vgl. BGH v. 25.11.2010 – Xa ZR 48/09 (RN 28) = NJW 2011, 1438.

angemessenen Frist sind die Einzelfallumstände maßgebend. Der BGH lehnt einen Rückgriff auf starre Fristen ab, etwa auf die 2-Wochenfrist des § 626 Abs. 2 BGB.[323] Gleichwohl kann die 2-Wochenfrist des § 626 Abs. 2 BGB bei der Kündigung einer Sicherungsabrede durch den Sicherungsgeber eine Orientierungshilfe geben. Zumal der Sicherungsgeber, der bei der Ausübung der Kündigung auch andere Interessen berücksichtigen möchte (etwa – bei Personenverschiedenheit – das Interesse des persönlichen Schuldners, dem Gläubiger andere Sicherheiten zu bestellen) die Kündigung aus wichtigem Grund etwa innerhalb von zwei Wochen erklären kann mit einer bestimmten Kündigungsfrist. Der Kündigende, der den Ausschluss nach § 314 Abs. 3 BGB vermeiden möchte, kann die Kündigung aus wichtigem Grund also sofort erklären mit einer Kündigungsfrist von z. B. zwei Monaten.

Sichert die Grundschuld nach der Abrede **nur eine Forderung**, so ist der Sicherungsnehmer, solange die Forderung besteht, befugt, die Grundschuld zu behalten und ggf. zu verwerten. Der Sicherungsgeber kann hier **nicht** (vorzeitig) **kündigen**, unabhängig davon, ob der Sicherungsgeber zugleich Schuldner ist. Zumal eine solche Kündigung ohnehin nur ex nunc wirken würde, also nicht die Sicherung der einen Forderung vernichten kann. Eine Kündigung ist im Übrigen auch nicht erforderlich. Denn selbst ohne Kündigung ist die Grundschuld nach Tilgung der Forderung zurückzugewähren (RN 729), und zwar – nach nur teilweiser Tilgung der Forderung – auf Verlangen auch teilweise (RN 724). *606*

Die Kündigung der Sicherungsabrede vernichtet also nicht die Kreditsicherheit, sondern beschränkt diese auf wenigstens dem Grunde nach bestehenden Forderungen (RN 603, 605). Erst wenn die gesicherten Forderungen endgültig erfüllt sind (RN 609 ff.), muss der Gläubiger die **Grundschuld zurückgewähren**. Unter Umständen kann der Inhaber des Rückgewähranspruchs schon vorher teilweise Rückgewähr verlangen (RN 724). *607*

18.7 Beendigung des Sicherungsvertrags

Nach **endgültigem Wegfall des Sicherungszwecks**[324] (RN 609 bis 612) muss der Gläubiger die Grundschuld dem Sicherungsgeber (RN 723 bis 727) bzw. – nach Abtretung des Rückgewähranspruchs – dem neuen Rückgewährgläubiger (RN 873 bis 879) zurückgeben. Soll die Grundschuld zur Absicherung einer außerhalb des vereinbarten Sicherungszwecks liegenden Forderung eingesetzt werden, muss eine neue Sicherungsabrede getroffen werden (RN 761 bis 765). *608*

Sichert die Grundschuld nur eine oder nur einzelne Forderung(en), so endet der Sicherungszweck, wenn entweder die bzw. alle **gesicherte(n) Forderung(en)** *609*

---

323 BGH, v. 25. 11. 2010 – Xa ZR 48/09 (RN 28) = NJW 2011, 1438; vgl. auch OLG Nürnberg, v. 28. 12. 2012 – 6 U 2035/10 = WM 2013, 979; MünchKomm/*Gaier*, BGB § 314 RN 44.
324 BGH v. 19. 4. 2018 – IX ZR 230/15 (RN 65) = WM 2018, 1054 = ZIP 2018, 1082 = *Gladenbeck* WuB 2018, 432; Staudinger/*Wolfsteiner* (2019), Vorbem. zu §§ 1191 ff. RN 155.

getilgt sind oder sobald feststeht, dass sie nicht mehr entstehen werden (RN 729, 730).

610 Bei einer **weiten Zweckerklärung** (RN 668 und RN 682 ff.) besteht, sofern die Vereinbarung nicht gekündigt wird (RN 602 ff.), der Sicherungszweck fort, **bis** die **Geschäftsverbindung beendet** und alle gesicherten Forderungen getilgt sind. Der Sicherungszweck ist nicht schon dann endgültig erledigt, wenn die Forderung, die Anlass für die Grundschuldbestellung war, getilgt ist. Denn solange die Geschäftsverbindung besteht und die Sicherungsabrede nicht gekündigt ist, kann jederzeit eine Verbindlichkeit entstehen, die dann durch die Grundschuld gesichert ist (RN 731 bis 738; zu Forderungen, die erst nach Beendigung der Geschäftsbeziehung erworben werden RN 680).

611 **Kündigt** der Sicherungsgeber die **weite Sicherungsabrede** mit der Folge, dass künftige Verbindlichkeiten nicht mehr gesichert sind (RN 602 ff.), so endet der Sicherungsvertrag, sobald alle bis zum Wirksamwerden der Kündigung wenigstens dem Grunde nach (RN 603, 734) entstandenen und unter die Sicherungsabrede fallenden Forderungen erledigt sind.

Verlangt der Sicherungsgeber eine **Grundschuld zurück**, so liegt darin eine **konkludente Kündigung der Sicherungsabrede.**[325] Die Grundschuld muss dann zurückgegeben werden, falls die Forderung, die Anlass für die Bestellung der Grundschuld war, getilgt ist (oder feststeht, dass sie endgültig nicht entstehen wird) und falls im Zeitpunkt des Verlangens keine andere unter die (weite) Sicherungsabrede fallende Verbindlichkeit (auch nicht dem Grunde nach).

612 Da eine weite Zweckerklärung i. d. R. auch bedingte und künftige Forderungen sichert, werden die **gesicherten Verbindlichkeiten** erst durch die Beendigung der Geschäftsverbindung oder die (konkludente) Kündigung der Sicherungsabrede (RN 602, 605, 611) **konkretisiert**. Danach (auch von Dritten) erworbene Forderungen gegen den Schuldner sind nicht mehr gesichert.[326]

613 Gewährt der Gläubiger die **Grundschuld auf Verlangen** des Sicherungsgebers **vor** dem endgültigen **Wegfall des Sicherungszwecks** zurück, ist dies eine schlüssige Aufhebung der Sicherungsabrede.

Die Rückgewährpflicht erfüllt der Gläubiger, wenn er das seinerseits zur Rückgabe Erforderliche getan hat; ob der Grundstückseigentümer etwa von den Löschungsunterlagen Gebrauch macht und die Grundschuld löschen lässt, spielt keine Rolle. Soll die Grundschuld nach zwischenzeitlicher Abtretung an den Sicherungsgeber oder nach Aushändigung der Löschungsunterlagen (Löschungsbewilligung und ggf. Brief) erneut als Sicherheit eingesetzt werden, muss eine neue Sicherungsvereinbarung getroffen werden (vgl. auch RN 546).

614 Der Sicherungsvertrag endet auch, wenn die **Grundschuld verwertet** wird und dadurch untergeht oder auf einen anderen übergeht. Das ist insb. der Fall, wenn die Grundschuld in der Zwangsversteigerung des Grundstücks erlischt

---

325 So auch (für Pfandbestellungsvertrag) BGH v. 7. 10. 2002 – II ZR 74/00 = WM 2002, 2367 = ZIP 2002, 2123.
326 *Lohmann*, S. 83 f. m. w. N.

(RN 1106, 1123) oder wenn sie freihändig veräußert wird (RN 1276 und RN 1288 f.). Aber auch dann, wenn der Eigentümer oder ein dazu berechtigter Dritter[327] auf die Grundschuld selbst (nicht auf die gesicherte Forderung) zahlt (RN 267, RN 824 ff.). In diesen Fällen tritt der Erlös[328] an die Stelle der Grundschuld.[329] Der Erlös ist auf die gesicherten Verbindlichkeiten zu verrechnen (RN 839 ff.). Der Sicherungsgeber kann nicht mehr Rückgewähr der Grundschuld verlangen, sondern allenfalls Herausgabe eines etwaigen Übererlöses (RN 834, 1147).

Der Abschluss eines neuen Sicherungsvertrags ist auch dann angezeigt, wenn die Grundschuld in der Zwangsversteigerung (obwohl sie nicht in das geringste Gebot gefallen ist und darum eigentlich erloschen wäre) deshalb bestehen bleibt, weil Grundschuldgläubiger und Ersteher einen **Fortbestand der Grundschuld gemäß § 91 Abs. 2 ZVG** vereinbaren (dazu RN 1179 ff.). Die Abrede wirkt, als wäre der Gläubiger aus der Grundschuld befriedigt worden (§ 91 Abs. 3 Satz 2 ZVG). Der Gläubiger muss mit dem Ersteher des Grundstücks einen neuen Sicherungsvertrag schließen, der künftig die Grundlage für den Fortbestand der Grundschuld bildet.[330] *615*

Dagegen handelt es sich nicht um eine Verwertung der **Grundschuld**, wenn diese in der Zwangsversteigerung als **Teil des geringsten Gebots bestehen** bleibt (RN 1131 ff.). In diesem Fall sichert die Grundschuld weiterhin die vereinbarten Verbindlichkeiten gemäß Sicherungsvertrag. *616*

Mit der **Eröffnung des Insolvenzverfahrens über das Vermögen des Sicherungsgebers** endet das Treuhandverhältnis zwischen Sicherungsgeber und Kreditinstitut hinsichtlich der Grundschuld (§ 115 InsO), und zwar gleichgültig, ob der Sicherungsgeber zugleich persönlicher Schuldner ist oder ob er die Grundschuld für fremde Verbindlichkeiten zur Verfügung gestellt hat. Vom Kreditinstitut nach Eröffnung des Insolvenzverfahrens neu erworbene Forderungen gegen den Schuldner sind durch die Grundschuld nicht mehr gesichert.[331] Wenigstens dem Grunde nach (s. RN 603, 604, 734) bestehende Forderungen bleiben gesichert. Eine Neuvalutierung der Grundschuld im Rahmen eines bestehenden Sicherungsvertrags ist nach dem BGH regelmäßig keine Verfügung des Schuldners i. S. v. § 81 InsO, sondern allenfalls ein sonstiger Rechtserwerb i. S. v. § 91 Abs. 1 InsO, der aber im Insolvenzeröffnungsverfahren wegen § 24 InsO weder direkt noch analog anwendbar ist.[332] Nach dem BGH schließt auch ein angeordneter Zustimmungsvorbehalt i. S. v. § 21 Abs. 2 Satz 1 Nr. 2 Fall 2 *617*

---

327 Etwa nachrangiger Rechtsinhaber, wenn der Gläubiger Befriedigung aus dem Grundstück sucht (§§ 1150, 268 BGB).
328 Für den Erlös in der Zwangsversteigerung: RN 1147 (mit Rechtsprechungshinweisen).
329 Vgl. Staudinger/*Wolfsteiner* (2019), Vorbem. zu §§ 1191 ff. RN 139.
330 BGH v. 11. 10. 1984 – IX ZR 111/82 (Ziff. II. 2 a) = WM 1984, 1577 = ZIP 1984, 1536.
331 Für die Rechtslage nach der Konkursordnung BGH v. 30. 10. 1974 – VIII ZR 81/73 = NJW 1975, 122 = WM 1974, 1218.
332 BGH v 19. 4. 2018 – IX ZR 230/15 (RN 38 ff. und RN 49) = WM 2018, 1054 = ZIP 2018, 1082 = *Gladenbeck* WuB 2018, 432; BGH v. 20. 10. 2023 – V ZR 9/22 = WM 2023 Heft 49, 2263 (Urteilsgründe RN 22).

InsO (da nur Verfügungsgeschäfte erfassend) die Wirksamkeit eines Verpflichtungsgeschäfts, eine Grundschuld zur Absicherung eines Darlehensrückzahlungsanspruchs zu stellen, nicht aus.[333] Doch kann aufgrund des dem Schuldner zustehenden Rückgewähranspruchs hinsichtlich der Grundschuld in einer nach Eintritt der Verfügungsbeschränkung getroffenen **neuen Sicherungsvereinbarung eine verfügungsgleiche** und daher nach § 81 Abs. 1 InsO unwirksame **Handlung** des Schuldners liegen.[334] Ausgehend von der Prämisse, die Änderung oder der Abschluss eines Sicherungsvertrags könne eine verfügungsgleiche Handlung sein, liegt eigentlich der Schluss nahe, beim Vorliegen einer verfügungsgleichen Handlung auch den **Gutglaubensschutz** (§ 81 Abs. 1. Satz 2 InsO, §§ 892 f. BGB) anzuwenden. Dies lehnt der BGH aber mit dem Argument ab, die Sicherungsvereinbarung sei eine schuldrechtliche Abrede, die Einreden gegen die Grundschuld begründe.[335]

618 Erwirbt das Kreditinstitut **vor Eröffnung des Insolvenzverfahrens** eine in den Schutzbereich der Grundschuld fallende Forderung (etwa durch Ankauf von einem Dritten), so ist diese zunächst durch die Grundschuld gesichert. Aber die dadurch für die Forderung erworbene Sicherung kann **anfechtbar** sein, wenn die Voraussetzungen dafür vorliegen (dazu RN 230 bis 233), insb. wenn der Ankauf der Forderung (und damit die für sie erworbene Sicherung) in die **kritische Zeit** fällt.[336] Das gilt auch dann, wenn der Erwerb der Grundschuld und die weite Sicherungsabrede lange zurückliegen und selbst nicht anfechtbar sind. Wegen der Voraussetzungen für die Insolvenzanfechtung wird auf RN 230 bis 233 verwiesen.

619 Der **Insolvenzverwalter** kann eine **neue Sicherungsabrede** mit der Bank schließen. Dies geschieht konkludent, wenn er auf die Grundschuld erneut **Kredit in Anspruch nimmt.** Dadurch darf aber – falls der Rückgewähranspruch vom Gemeinschuldner vor Eröffnung des Insolvenzverfahrens wirksam abgetreten (oder durch einen anderen Gläubiger gepfändet) worden war – die Stellung des neuen Rückgewährgläubigers (oder Pfandgläubigers) nicht verschlechtert werden.[337] Kannte die Bank die Abtretung des Rückgewähranspruchs bei der Kreditaufnahme durch den Insolvenzverwalter nicht, kann sie die Grundschuld als Sicherheit für den neuen Kredit verwenden (§ 407 Abs. 1 BGB).

620 Der Gläubiger hat im Insolvenzverfahren wegen der Forderungen, die (noch) durch die Grundschuld gesichert sind, ein **Recht auf abgesonderte Befriedi-**

---

333 BGH, v 19.4.2018 – IX ZR 230/15 (RN 53 ff.) = WM 2018, 1054 = ZIP 2018, 1082 = *Gladenbeck* WuB 2018, 432.
334 So BGH, v 19.4.2018 – IX ZR 230/15 (RN 62 ff.) = WM 2018, 1054 = ZIP 2018, 1082 = *Gladenbeck* WuB 2018, 432.
335 BGH, v 19.4.2018 – IX ZR 230/15 (RN 71 ff.) = WM 2018, 1054 = ZIP 2018, 1082 = *Gladenbeck* WuB 2018, 432.
336 BGH v. 25.6.1975 – VIII ZR 71/74 (Ziff. II. 3 c) = WM 1975, 947; BGH v. 25.9.1972 – VIII ZR 216/71 (Ziff. 2) = BGHZ 59, 230 = WM 1972, 1187 – beide für die Rechtslage nach der Konkursordnung; *Kuhn*, WM 1976, 235.
337 *Huber*, S. 240, dort FN 55, der allerdings teilweise zu einer anderen Schlussfolgerung kommt.

gung (vgl. aber RN 859 zur Insolvenzfestigkeit beim Wegfall des Sicherungszwecks nach Eröffnung des Insolvenzverfahrens). Er kann die Zwangsversteigerung ins Grundstück betreiben, sobald die Voraussetzungen dafür erfüllt sind,
insb. die gesicherte Forderung fällig ist (§ 49 InsO).

Erbringt der **Insolvenzverwalter Zahlungen**, so dürften sie auf die Grund-   *621*
schuld anzurechnen sein. Im Einzelnen und wegen der Wirkung auf die Grundschuld wird auf RN 811 verwiesen. Die Grundschuld kann in Höhe der Zahlungen des Insolvenzverwalters nicht ohne Weiteres revalutiert werden. Deshalb
sollten bei einer durch Grundschuld gesicherten Kreditgewährung mit dem
Insolvenzverwalter eindeutige, diese Fragen sachgerecht regelnde Vereinbarungen getroffen werden.

Die **Insolvenz des Schuldners**, der nicht Sicherungsgeber ist, muss – unter dem   *622*
Blickwinkel des Insolvenzrechts – den Sicherungsvertrag zwischen Sicherungsgeber und Kreditinstitut nicht beenden. Doch fallen neue Forderungen nicht
unter die Sicherungsabrede.

So sind Masseverbindlichkeiten (§ 55 Abs. 1 Nr. 1 InsO) keine Verbindlichkeiten
des Schuldners im Sinne der Sicherungsabrede.[338] Vom Schuldner während des
Verfahrens neu begründete Verbindlichkeiten, für die die Masse nicht haftet,
sind akut ausfallgefährdet und deshalb etwas völlig anderes als die Forderungen, für die die Grundschuld als Sicherheit bestellt worden ist. Ähnliches gilt
(von der meist geringen Quote abgesehen) von nach Eröffnung des Insolvenzverfahrens (durch Abtretung von einem Dritten) erworbene Forderungen gegen
den Gemeinschuldner. Solche Forderungen fallen im Zweifel nicht unter die
Sicherungsabrede.[339]

18.8 Exkurs: Erteilung von Zweitschriften/Aufbewahrung von Unterlagen nach Beendigung des Sicherungs-vertrags

Gelegentlich tritt der Sicherungsgeber – manchmal noch nach Jahren – an das   *623*
Kreditinstitut mit der Bitte heran, ihm eine **Zweitschrift** für eine nicht auffind-
bare Erklärung zur Rückgewähr einer (noch im Grundbuch eingetragenen)
Grundschuld **oder eine andere Erklärung** (z. B. eine Abtretungserklärung statt
der Löschungsbewilligung) zu erteilen. Manchmal bestehen sogar Meinungs-
verschiedenheiten, ob solche Erklärungen überhaupt abgegeben worden sind.

Aufgrund einer früher erteilten, im Grundbuch noch nicht vollzogenen **Lö-**   *624*
schungsbewilligung kann ein Dritter ein Recht nicht erworben haben
(RN 545). Das Kreditinstitut ist deshalb noch Inhaber der Grundschuld und in
der Lage, darüber zu verfügen. Durch eine nochmalige Löschungsbewilligung

---

338 BGH v. 13.11.1990 – XI ZR 217/89 (Ziff. II. 1) = WM 1991, 60 = ZIP 1991, 155; *Siol*, WM
    1996, 2217, 2221.
339 Für Bürgschaft und für die Rechtslage nach der Konkursordnung: BGH v. 27.6.1979 –
    VIII ZR 233/78 (Ziff. I. 2 b) = NJW 1979, 2040 = WM 1979, 884; im Ergebnis ebenso:
    Lohmann, S. 24 ff.

kann kein Schaden entstehen. Da die Löschungsbewilligung mit der Aushändigung an den Eigentümer für das Kreditinstitut bindend geworden ist (§ 875 Abs. 2 BGB), sollte aber eine andere Erklärung (etwa eine Abtretungserklärung) nur bei Rückgabe der Löschungsbewilligung und nur mit Zustimmung des (damaligen und heutigen) Grundstückseigentümers erteilt werden.

625 Ist die Eintragung der **Abtretung einer Buchgrundschuld bewilligt** worden, so erfolgt eine Rechtsänderung erst, wenn die Abtretung im Grundbuch steht (RN 425); bis dahin ist das Kreditinstitut weiterhin Gläubiger der Grundschuld. Durch die erneute Abgabe einer Erklärung mit völlig identischem Inhalt kann ein Schaden nicht entstehen. Da die Erklärung bei Übergabe der formgerechten Eintragungsbewilligung an den Begünstigten bindend geworden ist (§ 873 Abs. 2, Var. 4. BGB), sollte eine **andere Erklärung** (beispielsweise eine Löschungsbewilligung) **nur bei Rückgabe der** damals erteilten **Eintragungsbewilligung** und nur mit **Zustimmung** des dadurch **Begünstigten** erteilt werden.

626 Ist eine **Abtretungserklärung** hinsichtlich einer **Briefgrundschuld** (und der Brief) übergeben worden, so ist die Grundschuld damit auf den Zessionar übergegangen (§ 1154 Abs. 1 BGB). Ist eine **löschungsfähige Quittung** (RN 269) für eine Buch- oder Briefgrundschuld erteilt worden, so muss ein Sachverhalt vorliegen, aufgrund dessen die Grundschuld kraft Gesetzes auf einen anderen übergegangen ist. In diesen Fällen steht die Grundschuld dem Kreditinstitut nicht mehr zu. Erklärungen, die es bezüglich der Grundschuld abgibt, sind (auch wenn die Grundschuld noch auf den Namen des Kreditinstituts eingetragen ist) Erklärungen eines Nichtberechtigten. Das Kreditinstitut kann sich dadurch ersatzpflichtig machen, wenn dem Berechtigten (etwa einem zwischenzeitlichen Erwerber der Grundschuld) dadurch ein Schaden entsteht.

Eine andere als die frühere Erklärung (beispielsweise Löschungsbewilligung statt Abtretungserklärung) sollte deshalb nicht mehr abgegeben werden. Die Erteilung einer Erklärung mit völlig gleichem Inhalt (auch unter Angabe des Datums, das die erste Erklärung trägt) dürfte dagegen unbedenklich sein; sie sollte aber deutlich als Zweitschrift (oder mit einem inhaltlich gleichen Ausdruck) gekennzeichnet werden. So wie der Gläubiger schon damals seine Erklärung in doppelter Fertigung hätte abgeben können, muss auch eine nachträgliche Verdoppelung möglich sein.

Bevor aber langwierige und vielleicht auch kostspielige Nachforschungen nach dem Schicksal einer Briefgrundschuld angestellt werden, sollte der Eigentümer auf die Möglichkeit eines Aufgebotsverfahrens (RN 628) hingewiesen werden.

627 Sachgerechte Entscheidungen können diesbezüglich nur getroffen werden, wenn der Inhalt der früher abgegebenen Erklärung feststeht. Dieser lässt sich normalerweise nur anhand einer Kopie feststellen. Mit deren Hilfe kann auch nachgewiesen werden, dass die Rückgewähr erfolgt ist, wenn der Sicherungsgeber dies in Zweifel zieht; die Beweislast dafür trägt das Kreditinstitut als Schuldner des Rückgewähranspruchs. Das sollte bei der Entscheidung über die **Vernichtung von Unterlagen nach Ablauf der Mindestaufbewahrungsfrist** bedacht werden.

Lässt sich nicht mehr feststellen, ob eine noch für das Kreditinstitut eingetra- 628
gene Briefgrundschuld in der Vergangenheit abgetreten worden ist, so ist der
derzeitige Gläubiger dieser Grundschuld von Person unbekannt. Falls seit der
letzten die Grundschuld betreffenden Eintragung zehn Jahre verstrichen sind,
kann der **Gläubiger gemäß § 1170 BGB (Aufgebotsverfahren) ausgeschlossen**
werden. Allein ein unbekannter Aufenthalt des von Person bekannten Gläubigers genügt nicht für den Ausschluss nach § 1170 Abs. 1 BGB.[340] Andererseits
greift § 1170 Abs. 1 BGB, wenn der Grundschuldbrief unauffindbar und der
Aufenthalt des letzten bekannten Inhabers unbekannt ist.[341] Dies setzt voraus,
dass der Gläubiger nicht nur dem Grundstückseigentümer, sondern schlechthin
unbekannt ist; der Antragsteller muss durchaus einen Aufwand betreiben, um
den Sachverhalt zu klären (z.B. Nachfrage beim Erben und/oder Angestellte
oder Bekannte des Gläubigers), er muss aber keine Nachlasspflegschaft für un-
bekannte Erben einrichten.[342] Bei einer Briefgrundschuld kommt es – anders als
bei einer Buchgrundschuld – nicht nur auf die **Erbfolge** nach dem eingetragenen Eigentümer an, sondern (auch) auf den Verbleib des Grundschuldbriefs
und des letzten Inhabers an.[343] Das **Rechtsschutzbedürfnis** für ein Aufgebotsverfahren zum Ausschluss der unbekannten Erben des eingetragenen
Grundpfandgläubigers fehlt nicht deshalb, weil für die unbekannten Erben ein
Nachlasspfleger bestellt und von diesem die Bewilligung der Löschung des
Grundpfandrechts verlangt werden könnte.[344]

Mit dem Erlass des Ausschlussurteils wird der Grundschuldbrief kraftlos; zugleich geht die Grundschuld auf den jetzigen Grundstückseigentümer über
(§ 1170 Abs. 2 BGB). Dieses wegen des Briefs (wenn er unauffindbar ist) ohnehin
erforderliche Verfahren erspart also zugleich eine Erklärung des noch eingetragenen Grundschuldgläubigers.

Im Hinblick auf die Möglichkeit des Aufgebots kann die **Rückgabe eines** 629
Grundschuldbriefs, auch wenn das Original nicht mehr auffindbar ist, nicht
unmöglich werden.[345] Ist der Gläubiger mit der Rückgabe im Verzug, hat er
jedoch den Verzögerungsschaden (bspw. Mehrzinsen für die Zeit bis zur Löschung der Grundschuld) zu ersetzen.

---

340 BGH v. 3. 3. 2004 – IV ZB 38/03 (Ziff. II. 2. e) = WM 2004, 874 = DNotZ 2004, 922 = WuB I
    F 3 – 1.04 (*Rimmelspacher*).
341 BGH v. 29. 1. 2009 – V ZB 140/08 (Ziff. III. 3) = WM 2009, 756 = DNotZ 2009, 544.
342 Dazu BGH v. 22. 5. 2014 – V ZB 147/13, BeckRS 2014, 14865 = ZfIR 2014, 611; OLG
    München v. 22. 12. 2017 – 34 Wx 302/17 = RPfleger 2018, 380 = BeckRS 2017, 137368;
    zu den Anforderungen an die Glaubhaftmachung im Aufgebotsverfahren auch OLG
    Düsseldorf v. 12. 10. 2018 – I-3 Wx 145/17 = MittBayNot 2019, 252 = RNotZ 2019, 113;
    OLG Düsseldorf v. 13. 12. 2012 – 3 Wx 247/12 = RNotZ 2013, 100 = BeckRS 2013, 26 =
    NotBZ 2013, 39.
343 Vgl. BGH v. 22. 5. 2014 – V ZB 146/13 = WM 2014, 1969 = DNotZ 2014, 920.
344 Für Buchgrundschuld BGH v 14. 11. 2013 – V ZB 204/12 = NJW 2014, 693 = ZfIR 2014,
    247.
345 LG Düsseldorf v. 30. 12. 1992 – 23 S 463/91 = WM 1993, 1388 = EWiR § 1144 BGB 1/93,
    251 (Schlüter).

Steht fest, dass der Gläubiger den Brief (zuletzt) besessen hat, trägt er die Beweislast für die Rückgabe. Auch deshalb sollte ein Kreditinstitut Quittungen über die Herausgabe von Grundschuldbriefen angemessen lange aufbewahren. Dass es alsbald eine Quittung erhält, muss das Kreditinstitut bei der Versendung des Briefs (RN 164) sicherstellen.

19 Sicherungsgeber und Sicherungsnehmer

19.1 Parteien des Sicherungsvertrags

Der Sicherungsvertrag wird zwischen dem Sicherungsgeber und dem Siche- *630* rungsnehmer geschlossen. Rechte und Pflichten aus dem Sicherungsvertrag treffen, sofern sie nicht wirksam abgetreten oder übernommen werden, nur diese **Parteien.**

Sicherungsgeber ist derjenige, der die Grundschuld als Sicherheit zur Verfü- *631* gung stellt (RN 637 ff.), und zwar in aller Regel aus seinem Vermögen. Meistens ist es der Eigentümer des belasteten Grundstücks. Dass A Sicherungsgeber ist, obwohl die Grundschuld aus dem Vermögen des B stammt, kann zwar vereinbart werden (RN 644 bis 646), ist aber recht selten.

Ein **Eigentumswechsel** am belasteten Grundstück führt – auch wenn der bisherige Eigentümer Sicherungsgeber ist – nicht von selbst zu einem Wechsel im Sicherungsvertrag (im Einzelnen RN 634, 636 und 928 ff.). Nur bei Gesamtrechtsnachfolge tritt der Rechtsnachfolger ohne Weiteres als Sicherungsgeber in den Sicherungsvertrag ein (RN 931). Wegen der Bedeutung, die ein **Wechsel beim Schuldner** der gesicherten Forderung auf den Sicherungsvertrag hat, wird auf RN 663 verwiesen.

Ist der Sicherungsgeber **minderjährig** oder wird ein volljähriger Sicherungsgeber durch einen Pfleger oder Betreuer vertreten, kann eine Genehmigung des Familien- bzw. Betreuungsgerichts für den Sicherungsvertrag erforderlich sein; im Einzelnen RN 647 bis 653.

Bestellt eine **AG oder** eine **GmbH** als Sicherungsgeber eine Grundschuld, die Verbindlichkeiten eines Aktionärs oder Gesellschafters sichern soll, kann eine unzulässige Einlagenrückgewähr vorliegen (§ 57 Abs. 1 AktG bzw. § 30 Abs. 1 GmbHG).[1] Nach dem II. BGH-Zivilsenat liegt mit der Bestellung (nicht erst Verwertung) einer dinglichen Sicherheit für einen Darlehensrückzahlungsanspruch eines Sicherungsnehmers gegen den Gesellschafter eine verbotene Auszahlung i. S. v. § 30 Abs. 1 Satz 1 GmbHG zu Lasten des zur Erhaltung des Stammkapitals erforderlichen Vermögens etwa dann vor, wenn der Gesellschafter nicht voraussichtlich zur Rückzahlung in der Lage ist und zudem eine Unterbilanz entsteht oder vertieft wird.[2] Gleichwohl führt ein Verstoß gegen § 30 Abs. 1 GmbH/§ 57 Abs. 1 AktG grundsätzlich weder zur Unwirksamkeit der Grund-

---

1   Im Einzelnen *Ganter*, WM 1999, 1741, 1751; *Ganter*, WM 1998, 2045, 2048 ff.; *Theusinger/Kapteina*, NZG 2011, 881; für GmbH: BGH v. 19.3.1998 – IX ZR 22/97 = BGHZ 138, 291 = WM 1998, 968 = ZIP 1998, 793 = EWiR § 30 GmbHG 1/98, 699 (*Eckardt*), verneint (bei Globalzession) einen eigenständigen *gesellschaftsrechtlichen* Rückgewähranspruch gegen den Sicherungsnehmer, während ein solcher in der Literatur unter unterschiedlichen Voraussetzungen bejaht wird, im Einzelnen Nachweise bei Ganter und Eckardt; vgl. auch Staudinger/*Wolfsteiner* (2019), Vorbem. zu §§ 1191 ff., RN 80.

2   BGH v. 21.3.2017 – II ZR 93/16 = BGHZ 214, 258 = ZIP 2017, 971 = WM 2017, 945 = WuB 2017, 454 (*Laengsfeld*) = *K. Schmidt*, JuS 2017, 1217.

schuldbestellung noch der Zweckerklärung.[3] Nur ausnahmsweise schlägt der Verstoß gegen §30 Abs.1 GmbH/§57 Abs.1 AktG auf die Kreditsicherheit/Zweckerklärung durch, etwa bei einem kollusiven Zusammenwirken[4] oder (was auch vertreten wird) bei einem existenzvernichtenden Eingriff[5] in das Gesellschaftsvermögen.

Hat ein **GmbH-Gesellschafter** für ein von der GmbH aufgenommenes Darlehen eine Grundschuld bestellt, liegt ein sogenanntes gesellschafterbesichertes Drittdarlehen vor. In der Insolvenz der Gesellschaft muss der Kreditgeber zuerst diese Sicherheit verwerten, bevor er wegen des Ausfalls auf die Insolvenzmasse zugreifen darf (§44a i.V.m. §39 Abs.1 Nr.5 InsO[6]). Diese Rechtsfolge galt bis zum Inkrafttreten des MoMiG[7] nur für sog. (in der Krise der Gesellschaft gewährte) Eigenkapital ersetzende Darlehen (§32a Abs.2 i.V.m. Abs.1 GmbHG a.F.). Mit der Neuregelung ist das Merkmal des Eigenkapitalersatzes entfallen.

Eine neben der Gesellschaftersicherheit von der Gesellschaft bestellte Sicherheit kann der Gläubiger dagegen uneingeschränkt verwerten (RN 1050).

632 **Sicherungsnehmer** ist derjenige, dem der Sicherungsgeber die Grundschuld als Sicherheit überlässt, also der Grundschuldgläubiger. Da er die Grundschuld *dinglich* uneingeschränkt erwirbt, aber schuldrechtlich nur eingeschränkt davon Gebrauch machen darf, ist er Treuhänder des Sicherungsgebers (RN 565). Er ist insbesondere gegenüber dem Sicherungsgeber verpflichtet, die Grundschuld nach Erledigung des Sicherungszwecks zurückzugewähren (RN 723 ff.).

Der Sicherungsnehmer ist meist zugleich Gläubiger der gesicherten Forderung. Das gilt aber nicht ausnahmslos (dazu RN 992). **Änderungen aufseiten des Sicherungsnehmers**, die **nicht** mit einem **Personenwechsel** verbunden sind (z.B. Namensänderung), sind für den Sicherungsvertrag grds. bedeutungslos. Bei einem Personenwechsel tritt der neue Gläubiger der Grundschuld und/oder der gesicherten Forderung nicht automatisch als Sicherungsnehmer in den Sicherungsvertrag ein. Nur bei einem Wechsel durch Gesamtrechtsnachfolge (bspw. durch Fusion eines Kreditinstitutes mit einem anderen) gehen alle

---

3   Ebenso etwa Staudinger/*Wolfsteiner* (2019) Vorbem. zu §§1191 ff., RN 80; BGH v. 12.3.2013 – II ZR 179/12 = BGHZ 2013, 312 = WM 2013, 748 = ZIP 2013, 819 = K. Schmidt, JuS 2013, 738.

4   BGH v. 19.3.1998 – IX ZR 22/97 (B. I. b) = BGHZ 138, 291 = NJW 1998, 2592 = WM 1998, 968 = ZIP 1998, 793 = EWiR §30 GmbHG 1/98, 699.

5   Dazu Staudinger/*Wolfsteiner* (2019) Vorbem. zu §§1191 ff., RN 80; *Diem*, ZIP 2003, 1283.

6   Siehe zur Privilegierung von Darlehen staatlicher Förderbanken §39 Abs.1 Satz 2 InsO, der §39 Abs.1 Satz 1 Nr.5 InsO für insoweit unanwendbar erklärt; vgl. dazu BeckOK InsR/*Prosteder/Dachner*, 33. Ed. 15.10.2023, InsO §39 RN 98a – RN 98d. Siehe zur Privilegierung neuer Kredite ab 01.03.2020 die Regelungen in §2 Abs.1 Nr.2 und Abs.2 Sanierungs- und insolvenzrechtliches Krisenfolgenabmilderungsgesetz (SanInsKG), doch ist gemäß §2 Abs.1 Nr.2 Halbsatz 4 SanInsKG die Gewährung von aus dem Gesellschaftsvermögen gewährten Sicherheiten für Gesellschafterdarlehen nicht privilegiert, vgl. BeckOK InsR/*Prosteder/Dachner*, 33. Ed. 15.10.2023, InsO §39 RN 106c.

7   Gesetz zur Modernisierung des GmbH-Rechts und zur Bekämpfung von Missbräuchen v. 23.10.2008 (BGBl. I, 2026), in Kraft getreten am 1.11.2008.

Rechte und Pflichten aus der Sicherungsabrede ohne Weiteres auf ihn über[8] (näher RN 635, 636 und 659.1). Ein Wechsel hinsichtlich der Person des Sicherungsnehmers kann Grund für eine Kündigung des Sicherungsvertrags durch den Sicherungsgeber sein (RN 605).

Vor allem der Frage, **wer Sicherungsgeber ist**, kommt **große Bedeutung** zu.[9]   *633*
Denn an ihn ist die Grundschuld nach Erledigung des Sicherungszwecks zurückzugewähren. Nur er kann den Rückgewähranspruch abtreten. Er muss zustimmen, wenn der Sicherungszweck geändert (insb.) erweitert werden soll. Ist der Sicherungsgeber zugleich der Schuldner der gesicherten Forderung(en), kann eine formularmäßige weite Sicherungszweckerklärung unbedenklich vereinbart werden. Deshalb muss klar sein, wer Sicherungsgeber ist.

Im Normalfall ist die Vereinbarung sachgerecht, dass der (alle) **Eigentümer** Sicherungsgeber ist (sind). Denn regelmäßig stammt aus dessen (deren) Vermögen die Grundschuld. Das gilt bei der Neubestellung einer Grundschuld (RN 637), bei der Abtretung einer Eigentümergrundschuld (RN 638) und bei der Abtretung einer Fremdgrundschuld auf Veranlassung des Eigentümers (RN 639). Dementsprechend wird in den meisten Vordrucken der Eigentümer des belasteten Grundstücks als Sicherungsgeber bezeichnet.[10] Falls eine **andere Person** als der Eigentümer Sicherungsgeber sein soll, muss auf eine unmissverständliche Vereinbarung[11] Wert gelegt werden. Gleiches gilt, falls sonst irgendwelche Zweifel hinsichtlich der Person des Sicherungsgebers möglich sind.

Wird (nur) das **belastete Grundstück** (Wohnungseigentum usw.) **veräußert**, so   *634*
führt der Eigentumswechsel *allein* nicht zu einer Änderung hinsichtlich der Person des Sicherungsgebers. Das gilt für den Erwerb kraft Rechtsgeschäfts (bspw. durch Kauf und Auflassung) genauso wie für den gesetzlichen Erwerb (etwa durch Zuschlag in der Zwangsversteigerung). Der neue Eigentümer allein nicht allein durch den Erwerb des belasteten Objekts Partei des Sicherungsvertrags; gleichgültig, ob der bisherige Eigentümer (RN 637 bis 639) oder ein anderer (RN 641 bis 646) Sicherungsgeber ist.[12] Auch der Rückgewähranspruch – der wichtigste Anspruch des Sicherungsgebers – geht nicht ohne Weiteres mit Übergang des Eigentums bzw. des Erbbaurechts auf den Erwerber über (s. RN 766). Der neue Eigentümer wird nur dann Gläubiger des Rückgewähranspruchs, wenn der bisher Rückgewährberechtigte den Anspruch an ihn (konkludent)

---

8   BGH v. 20.2.1981 – V ZR 197/79 – (Ziff. II. 2), WM 1981, 553 = ZIP 1981, 596 (entschieden für Fusion zweier Sparkassen); Staudinger/*Wolfsteiner* (2019), Vorbem. zu §§ 1191 ff., RN 270.

9   Zur Illustration: BGH v. 11.10.1995 – XII ZR 62/94 = NJW-RR 1996, 234 = WM 1996, 113.

10 Anhang 1 [1] und [2], Anhang 2 [1], Anhang 6 [1], Anhang 7 [1], Anhang 8 [1], Anhang 10 [vor Ziff. 1], Anhang 11 [vor Ziff. 1] und Anhang 12 [vor Ziff. 1].

11 Anhang 9 sieht die Möglichkeit vor, einen vom Eigentümer personenverschiedenen Sicherungsgeber zu benennen: [vor Ziff. 1] und [in der Unterschriftenzeile, S. 2 des Vordrucks].

12 MünchKomm/*Lieder*, BGB § 1191 RN 28–30, 143; Staudinger/*Wolfsteiner* (2019), Vorbem. zu §§ 1191 ff., RN 271; *Reithmann,* WM 1985, 446 (Ziff. II. 2 a).

abtritt (RN 935 ff.) oder wenn der neue Eigentümer in den Sicherungsvertrag eintritt (RN 636).

635 Die **Abtretung** der **Grundschuld** allein macht den neuen Grundschuldinhaber **nicht** (stillschweigend) zum **Partner** des **Sicherungsvertrags**; er wird also auch nicht (vertraglich[13]) verpflichtet, die Grundschuld bei Wegfall des Sicherungszwecks (RN 729 ff.) an den Sicherungsgeber zurückzugewähren, auch nicht, wenn er daneben die gesicherten Forderungen erwirbt (s. RN 772). Vielmehr bleibt der ursprüngliche Gläubiger der Grundschuld im Verhältnis zum Sicherungsgeber weiterhin zur Rückgewähr verpflichtet (RN 723 ff.). Vermag er diese Pflicht nicht zu erfüllen, kann er sich gegenüber dem Sicherungsgeber (= Gläubiger des Rückgewähranspruchs) schadensersatzpflichtig machen. Vertraglich zur Rückgewähr verpflichtet ist der neue Gläubiger nur, wenn er diese Pflicht (zusätzlich) übernommen hat. Der ursprüngliche Grundschuldgläubiger wird daraus nur frei, wenn der Sicherungsgeber der Schuldübernahme zustimmt (§ 415 Abs. 1 BGB)[14] oder wenn der neue Grundschuldgläubiger anstelle des bisherigen in den Sicherungsvertrag eintritt, was die Mitwirkung des Sicherungsgebers voraussetzt (RN 636). Gegebenenfalls ist der neue Gläubiger aber *kraft Gesetzes* zur Aufgabe der Grundschuld verpflichtet (RN 791 bis 793) oder muss sich die Einreden entgegenhalten lassen, die dem Sicherungsgeber gegen den alten Grundschuldgläubiger zustehen (RN 790).

636 Der neue Grundstückseigentümer bzw. der neue Grundschuldgläubiger kann durch rechtsgeschäftliche Übertragung aller Rechtsbeziehungen **in den Sicherungsvertrag eintreten.** Dies ist durch einen einheitlichen Akt möglich und geschieht entweder durch Vertrag zwischen allen drei Beteiligten oder durch Vertrag zwischen dem ausscheidenden alten und dem eintretenden neuen Eigentümer bzw. Grundschuldgläubiger unter Zustimmung des anderen Vertragspartners.[15] Bezogen auf die Nachfolge in die Rechte aus einer formularmäßigen **Vollstreckungsunterwerfung** für eine Sicherungsgrundschuld kommen folgende Rechtsgeschäfte in Betracht: Eintritt des Nachfolgers in den Sicherungsvertrag[16] oder ein zwischen dem Zessionar und dem Zedenten geschlossener **Vertrag zugunsten des Sicherungsgebers**[17] (s. auch RN 306.2) oder es liegt

---

13 Der (nicht gutgläubige) Grundschuldgläubiger kann aber kraft Gesetzes zur Aufgabe der Grundschuld verpflichtet sein (RN 791 bis 793), was wirtschaftlich einem vertraglichen Rückgewähranspruch nahekommt.

14 Staudinger/*Wolfsteiner* (2019), Vorbem. zu §§ 1191 ff., RN 175; MünchKomm/*Lieder*, § 1191 RN 26.

15 BGH v. 11.5.2012 – V ZR 237/11 (RN 7) = WM 2012, 1331 = ZIP 2012, 1549; BGH v. 30.3.2010 – XI ZR 200/09 = BGHZ 185, 133 = WM 2010, 1022 = ZIP 2010, 1072; BGH v. 20.6.1985 – IX ZR 173/84 – (Ziff. III. 2 c und d) = BGHZ 95, 88 = WM 1985, 1172 = EWiR § 398 BGB 2/85, 649 (*Heinrichs*); BGH v. 25.3.1986 – IX ZR 104/85 – (Ziff. I. 1 b), BGHZ 97, 280 = WM 1986, 763 = ZIP 1986, 900 = EWiR § 1191 BGB 3/86, 573 (*Gaberdiel*); BGH v. 10.11.1989 – V ZR 201/88 – (Ziff. II. 1), BGHZ 109, 197 = WM 1989, 1926 = ZIP 1990, 299 = EWiR § 1191 BGB 2/90, 253 (*Gnamm*); Grüneberg/*Grüneberg*, § 398 RN 42.

16 BGH v. 30.3.2010 – XI ZR 200/09 = BGHZ 185, 133 = WM 2010, 1022 = ZIP 2010, 1072.

17 BGH v. 11.5.2012 – V ZR 237/11 (RN 8) = WM 2012, 1331 = ZIP 2012, 1549.

eine **Ermächtigung zur Grundschuldverwertung** vor[18] (s. RN 306.2 und RN 791). Unter Umständen muss sich der Sicherungsgeber so behandeln lassen, als sei der neue Grundschuldgläubiger in den Sicherungsvertrag eingetreten.[19] Das ist insbesondere dann der Fall, wenn der Sicherungsgeber, der sich bei der Grundschuldbestellung der sofortigen Zwangsvollstreckung unterworfen und der freihändigen Verwertung des Rechts durch Abtretung ohne seine Zustimmung zugestimmt hat, **treuwidrig ablehnt, das Schuldübernahme- bzw. Schuldbeitrittsangebot** des neuen Grundschuldgläubigers **anzunehmen.**[20] Zwar ist der Sicherungsgeber grundsätzlich nicht verpflichtet, ein solches Angebot anzunehmen. Doch liegt im besagten Fall eine treuwidrige Verweigerung (§ 242 BGB) vor, da er sich bei der Bestellung der Grundschuld der sofortigen Zwangsvollstreckung unterworfen und damit einen Vertrauenstatbestand für jeden Zessionar geschaffen hat, nunmehr aber verhindern möchte, dass der neue Gläubiger das erworbene Recht unter denselben Voraussetzungen und in demselben Umfang wie der ursprüngliche Gläubiger durchsetzen kann.[21]

Tritt der bisherige Eigentümer (E_1) mit dem belasteten Objekt zugleich auch den Rückgewähranspruch an den Erwerber (E_2) des belasteten Objekts ab, so erhält E_2 damit alle Rechte, die E_1 aus dem Sicherungsvertrag zustanden. Dahinter steht in aller Regel der Wille der Beteiligten, dass E_2 die Rechtsstellung von E_1 (auch) bezüglich der Grundschuld voll übernimmt. Stimmt der Sicherungsnehmer als der andere Partner des Sicherungsvertrags zu, bestehen keine Bedenken, dies als Eintritt des E_2 in den Sicherungsvertrag anzusehen. E_2 wird damit Sicherungsgeber.

Hatte E_1 seinen Rückgewähranspruch bei der Veräußerung des belasteten Objekts bereits abgetreten (RN 851 ff.), ist eine erneute Abtretung an E_2 nicht wirksam. Auf eine etwaige Gutgläubigkeit des E_2 kommt es nicht an, weil es – mangels Rechtsscheintatbestand – grundsätzlich keinen gutgläubigen Forderungserwerb gibt (Ausnahme z. B. § 405, § 2366 BGB). E_1 ist in diesem Fall nur der Anspruch auf Rückabtretung des Rückgewähranspruchs verblieben (RN 891). Tritt er diesen statt des Rückgewähranspruchs ab, gehen damit alle ihm verbliebenen Rechte aus dem Sicherungsvertrag auf E_2 über. Auch das dürfte von der Vorstellung getragen sein, dass E_2 voll in die Rechtsstellung des E_1 eintritt. E_2 wird also Sicherungsgeber, wenn der Vertragspartner zustimmt.

Normalerweise ist es sachgerecht, dass der Grundstückeigentümer Sicherungsgeber und der Grundschuldgläubiger Sicherungsnehmer ist. Deshalb sollte es **angestrebt** werden, dass bei Übertragung des Grundstücks (s. dazu RN 932 bis 934) oder der Grundschuld (RN 974) der Erwerber in den Sicherungsvertrag eintritt.

---

18 BGH v. 6.7.2018 – V ZR 115/17 – (RN 18), WM 2018, 1932 = ZNotP 2018, 427 = ZfIR 2019, 20 (m. Anm. *Gladenbeck*).
19 BGH v. 14.6.2013 – V ZR 148/12 = ZBB 2014, 324 = MittBayNot 2014, 268 = BeckRS 2013, 12160.
20 BGH v. 14.6.2013 – V ZR 148/12 = ZBB 2014, 324 = MittBayNot 2014, 268 = BeckRS 2013, 12160.
21 BGH v. 14.6.2013 – V ZR 148/12 = ZBB 2014, 324 = MittBayNot 2014, 268 = BeckRS 2013, 12160.

Der Titelgläubiger kann nach Abtretung der Grundschuld aus der **Unterwerfungserklärung** des Schuldners nach dem BGH[22] zwar gegen diesen vollstrecken, wenn der Zessionar, der ihn materiell-rechtlich zur Einziehung der Grundschuld ermächtigt hat, **nicht in den Sicherungsvertrag eingetreten** ist; hierbei muss sich der Titelgläubiger aber die **Einreden entgegenhalten** lassen, die dem Schuldner aus dem Sicherungsvertrag zustehen (dazu RN 306.2, vgl. auch RN 791).

19.2 Eigentümer als Sicherungsgeber

637 Wird eine **Grundschuld** zugunsten eines Kreditinstituts **neu bestellt**, ist in aller Regel der Eigentümer des belasteten Grundstücks (bzw. der Eigentumswohnung, des Gebäudeeigentums oder – bei Belastung eines Erbbaurechts – der Erbbauberechtigte) Sicherungsgeber. Gehört das Grundstück oder das sonstige Belastungsobjekt mehreren Personen, sind sie alle Sicherungsgeber. Falls etwas anderes gewollt sein sollte, muss das sehr eindeutig zum Ausdruck gebracht werden.

638 Nichts anderes gilt, wenn der Eigentümer bzw. Erbbauberechtigte eine bereits bestehende **Grundschuld** an seinem Grundstück (Wohnungseigentum, Gebäudeeigentum bzw. Erbbaurecht) **abtritt.** Dabei kann es sich um eine Grundschuld handeln, die der Eigentümer für sich selbst hat eintragen lassen (RN 240 ff.), meist schon mit der Absicht, sie an einen anderen abzutreten. Es kann aber auch eine Grundschuld sein, die nach Erledigung eines anderen Sicherungszwecks an ihn zurückübertragen worden ist (RN 742) oder die kraft Gesetzes auf ihn übergegangen ist (RN 250 ff.). Beim Erwerb der Grundschuld durch Abtretung seitens des Eigentümers muss immer geprüft werden, ob ein gesetzlicher (RN 495 ff.) oder ein durch Löschungsvormerkung gesicherter (RN 527 ff.) **Löschungsanspruch** in Betracht kommt. Falls ja, muss er ausgeräumt werden (RN 516 bis 526 bzw. RN 542 bis 544). Sonst hat die Grundschuld keinen Sicherungswert.

639 Der Eigentümer (E) kann eine Grundschuld an seinem Grundstück (Wohnungseigentum usw.) auch dadurch als Sicherheit zur Verfügung stellen, dass er den derzeitigen **Grundschuldgläubiger (A) auffordert**, die Grundschuld unmittelbar **an** einen **anderen (B) abzutreten.** Der Eigentümer kann dies von A verlangen, wenn er einen fälligen Rückgewähranspruch gegen ihn hat (RN 743).

Mit der Abtretung der Grundschuld durch A an B werden gleichzeitig zwei Leistungen erbracht: Zum einen erfüllt A seine Verpflichtung gegenüber E auf Rückgewähr der Grundschuld. Zum anderen stellt E (durch Vermittlung von A) die Grundschuld dem B als Sicherheit zur Verfügung. Auch in diesem Fall ist E (nicht A) Sicherungsgeber bezüglich der dem B übertragenen Grundschuld.[23]

---

22 BGH v. 6. 7. 2018 – V ZR 115/17 (RN 18), WM 2018, 1932 = ZNotP 2018, 427 = ZfIR 2019, 20 (m. Anm. *Gladenbeck*).
23 BGH v. 16. 2. 1989 – IX ZR 256/87 (Ziff. III. 1 d aa), = WM 1989, 484 = ZIP 1989, 359 = EWiR § 765 BGB 3/89, 345 (*Gaberdiel*).

E ist nur dann befugt, die Abtretung der Grundschuld zu verlangen, wenn ihm der Rückgewähranspruch uneingeschränkt zusteht. Hat E den Rückgewähranspruch abgetreten und ist die Abtretung A bekannt, so macht sich A gegenüber dem Inhaber des Rückgewähranspruchs schadensersatzpflichtig, wenn er trotzdem auf Weisung des E die Grundschuld an B abtritt. Entsprechendes gilt, wenn der Rückgewähranspruch gepfändet bzw. verpfändet ist. Ist A die Abtretung des Rückgewähranspruchs nicht bekannt, wird dieser (A) zwar durch die Abtretung der Grundschuld gemäß der Weisung des vermeintlich Rückgewährberechtigten (E) aus seiner Rückgewährpflicht frei (§ 407 Abs. 1 BGB); der wahre Gläubiger des Rückgewähranspruchs kann aber von E Ersatz verlangen (§ 816 Abs. 2 BGB). In keinem der beiden Fälle muss aber B die Grundschuld herausgeben, wenn er sie *im Verhältnis* zu E berechtigt erhalten hat.

Wird dieser Weg (RN 639) gewählt, erwirbt B die Grundschuld (dinglich) von A. Der Eigentümer wird *nicht* Gläubiger der Grundschuld, sodass die **Voraussetzungen** für einen gesetzlichen (oder durch Vormerkung gesicherten) **Löschungsanspruch nicht erfüllt** sind (RN 495, 529). *640*

19.3 Fremdgrundschuldgläubiger als Sicherungsgeber

Auch der Gläubiger einer Grundschuld, dem das belastete Grundstück nicht gehört, kann seine Grundschuld als Sicherheit für einen von ihm oder einem Dritten aufgenommenen Kredit zur Verfügung stellen.[24] Wenn das aus eigenem Antrieb und nicht auf Weisung eines anderen (insbesondere des rückgewährberechtigten Eigentümers, s. RN 639) geschieht, dann ist der bisherige Grundschuldgläubiger Sicherungsgeber. Ihm steht insbesondere der Anspruch auf Rückgewähr der Grundschuld zu, sobald der Sicherungszweck entfallen ist. Das ist rechtlich dann unproblematisch, wenn der **Grundschuldgläubiger dazu befugt** ist, die Grundschuld für eigene Zwecke einzusetzen, beispielsweise wenn der Grundstückseigentümer den Gläubiger dazu ermächtigt hat (wie im BGH-Fall vom 27. 03. 1981[25]). Falls nicht, s. RN 642, 643. *641*

---

24 BGH v. 27. 3. 1981 – V ZR 202/79 (Ziff. II. 1 a. E.), BGHZ 80, 228 = WM 1981, 691 = ZIP 1981, 588; vgl. auch BGH v. 9. 2. 1990 – V ZR 200/88 (dort als selbstverständlich vorausgesetzt), BGHZ 110, 241 = WM 1990, 464 = ZIP 1990, 439 = EWiR § 399 BGB 2/90, 341 (*Serick*). So im Grunde auch BGH v. 8. 12. 1988 – III ZR 107/87 (Ziff. 2) = WM 1989, 210 = ZIP 1989, 157 = EWiR § 1191 BGB 2/89, 157 (*Clemente*). Zwar wurde dort die Grundschuld nicht unmittelbar vom Kläger (sondern auf Veranlassung des Eigentümers [Fa. I.]) an die Beklagte (Sicherungsnehmerin) abgetreten. Die Fa. I. hatte aber vom Kläger ein Darlehen erhalten, das sie durch eben diese Grundschuld zu sichern hatte; der Kläger seinerseits hatte sich bei der Beklagten refinanziert und musste das Refinanzierungsdarlehen durch die gleiche Grundschuld sicherstellen. Die (in Kenntnis dieser Beziehungen erfolgte) Abtretung der Grundschuld unmittelbar an den Beklagten war also nur die vereinfachte Erfüllung beider Sicherungsverpflichtungen, sodass der Kläger als (wirtschaftlicher) Fremdgläubiger Sicherungsgeber der Beklagten war.

25 BGH v. 27. 03. 1981 – V ZR 202/79 = BGHZ 80, 228 = WM 1981, 691 = ZIP 1981, 588.

642 Darf der **(bisherige) Grundschuldgläubiger** die Grundschuld nicht für eigene Zwecke als Sicherheit einsetzen[26], scheidet der Erwerb einer durchsetzbaren Sicherheit grundsätzlich aus: Der **gutgläubig einredefreie Erwerb** ist bei Sicherungsgrundschulden für Erwerbsvorgänge nach dem 19.08.2008 **ausgeschlossen** (§ 1192 Abs. 1a Satz 1 BGB, RN 789.2). Ein gutgläubig einredefreier Erwerb von Sicherungsgrundschulden kommt daher nur in Altfällen in Betracht, wenn der Grundschuldgläubiger im Zeitpunkt des Erwerbs (bis zum 19.08.2008) die mangelnde Befugnis des Grundschuldgläubigers nicht kannte. Dann kann sich der Grundstückseigentümer auf die Einreden, die er gegen den bisherigen Grundschuldgläubiger hat, nicht berufen (s. auch RN 791, 792).[27]

643 Ist dagegen dem Erwerber im Zeitpunkt des bis zum 19.08.2008 erfolgten Erwerbs **bekannt**, dass der (bisherige) Gläubiger die Grundschuld nicht für eigene Zwecke einsetzen darf, oder erfolgte der Erwerb nach dem 19.08.2008, so kann der Eigentümer seine Einreden gegen den bisherigen Gläubiger auch dem neuen Gläubiger entgegenhalten (§ 1157 bzw. § 1192 Abs. 1a Satz 1 BGB). Der Eigentümer kann sich also in diesen Fällen auch dem neuen Gläubiger gegenüber darauf berufen, dass die Grundschuld wegen der neuen Forderungen nicht verwertet werden darf (s. auch RN 790).[28]

19.4 Schuldner als Sicherungsgeber

644 Auch der persönliche Schuldner (oder ein sonstiger **Dritter**) kann Sicherungsgeber sein, auch wenn er weder Eigentümer ist noch bisher Gläubiger der abgetretenen Grundschuld war, sofern er (mithilfe des Eigentümers oder des bisherigen Grundschuldgläubigers) dem Gläubiger die **Grundschuld als Sicherheit verschafft**.[29] Solche **Fälle** sind **äußerst selten**. Vielleicht kann bspw. der Geschäftsführer einer GmbH den Alleingesellschafter (vor allem wenn er das selbst ist) veranlassen, für eine Schuld der GmbH eine Grundschuld so zu bestellen, dass die GmbH Sicherungsgeber ist. Bei genauer Prüfung wird sich aber meist ergeben, dass etwas anderes gewollt ist (RN 645).

---

26 Zum Beispiel, wenn er die Grundschuld seinerseits als Sicherheit erhalten hat und deshalb durch den Sicherungsvertrag in der Verwendung der Grundschuld beschränkt ist.

27 BGH v. 15.1.1988 – V ZR 183/86 (B II. 1 d bb), BGHZ 103, 72 = WM 1988, 446 = ZIP 1988, 899.

28 BGH v. 25.10.1984 – IX ZR 142/83 = WM 1985, 12 = ZIP 1985, 89 = EWiR § 398 BGB 1/85, 67 (*Clemente*).

29 BGH v. 5.2.1991 – XI ZR 45/90 (Ziff. 1a) = WM 1991, 723 = ZIP 1991, 434 = EWiR § 404 BGB 2/91, 771 (*Eickmann*); BGH v. 8.12.1988 – III ZR 107/87 (Ziff. II. 2), = WM 1989, 210 = ZIP 1989, 157 = EWiR § 1191 BGB 2/89, 157 (*Clemente*); OLG Bamberg Urt. v. 20.03.2019 – 8 U 99/18, BeckRS 2019, 38142 RN 32; *Clemente*, RN 253; *Rösler*, WM 1998, 1377, 1378.

In diesem Kontext kommt es – mangels eindeutiger Festlegungen – umso mehr auf die Auslegung des Sicherungsvertrags an.[30] Ein geeigneter **Prüfungsmaßstab** dafür, wer nach der Vorstellung der Beteiligten **Sicherungsgeber** sein soll, ist die Frage, an wen die Grundschuld nach Erledigung des Sicherungszwecks zurückzugewähren ist. Nur wenn das – auch bei Kenntnis der Konsequenzen – der Schuldner ist, kann er als Sicherungsgeber angesehen werden. Ist das aber der Grundstückseigentümer, dann ist in Wirklichkeit er Sicherungsgeber[31] (s. auch RN 766).   *645*

Der Eigentümer bzw. der Zedent, der die Grundschuld so zur Verfügung stellt, dass der Rückgewähranspruch dem persönlichen Schuldner zusteht, bestellt keine Sicherheit im üblichen Sinne, nämlich eine, die er bei ordnungsgemäßer Abwicklung des Kredits wieder zurückerhält. Er überlässt vielmehr im wirtschaftlichen Ergebnis die Grundschuld endgültig dem persönlichen Schuldner. Das ist aber regelmäßig nicht gewollt. Nur wenn dem Schuldner die Grundschuld bzw. ihr Wert wirklich auf Dauer zustehen soll[32], ist der persönliche **Schuldner Sicherungsgeber**. Das ist, wenn Grundstückseigentümer (bzw. bisheriger Grundschuldgläubiger) und Schuldner verschiedene Personen sind, die Ausnahme. Die Ansicht, dass – mangels anderer Vereinbarung – in der Regel[33] *der Schuldner* Sicherungsgeber sei, trägt fernab der Eigensicherheit der skizzierten Interessenlage nicht hinreichend Rechnung.

AGB-rechtlich äußerst bedenklich (wegen der Abweichung vom Leitbild einer Sicherheitenbestellung) ist eine **formularmäßige Vereinbarung**, nach der der *Schuldner* Sicherungsgeber einer Grundschuld sein soll, die ein Dritter (zulasten seines Vermögens) dem Kreditinstitut bestellt oder abtritt.[34]   *646*

---

30 BGH v. 20.11.2009 – V ZR 68/09 (Ziff. II. 1 f), WM 2010, 210 = NJW 2010, 935 = WuB I F 3 – 2.10 (*Rimmelspacher*); es ist also keinesfalls so, dass nach der hier vertretenen Auffassung der Sicherungsgeber nach sachenrechtlichen Gesichtspunkten zu bestimmen sei, wie von *Clemente*, ZfIR 2010, 95, 96, unzutreffend angenommen.

31 Ebenso *Volmer*, MittBayNot 2011, 377, 378; MünchKomm/*Lieder*, § 1191 RN 31, 32; *Reinicke/Tiedtke*, WM 1991 Beilage 5 Seite 3; *ähnlich*: Grüneberg/*Herrler*, § 1191 RN 16 (in der Regel der Eigentümer); Staudinger/*Wolfsteiner* (2019), Vorbem. zu §§ 1191 ff., RN 291 f. (in der Regel Besteller oder Inhaber der Grundschuld); vgl. auch *Lettl*, WM 2002, 788, 789 f.; *Ganter*, WM 2011, 1585; in dem konkret entschiedenen Fall auch OLG Bamberg Urt. v. 20.3.2019 – 8 U 99/18, BeckRS 2019, 38142 RN 33.

32 Wie bspw. in dem der Entscheidung des BGH vom 5.2.1991 – XI ZR 45/90 = WM 1991, 723 = ZIP 1991, 434 = EWiR § 404 BGB 2/91, 771 (*Eickmann*), zugrunde liegenden Fall.

33 So aber BGH v. 20.11.2009 – V ZR 68/09 (Ziff. II. 1 f), WM 2010, 210 = NJW 2010, 935 = WuB I F 3 – 2.10 (*Rimmelspacher*); BGH v. 25.11.1968 – III ZR 134/66 = WM 1969, 209; *Müller*, RNotZ 2012, 199, 204; *Clemente*, RN 295; *Clemente*, ZfIR 2010, 95, 96; *Rösler*, WM 1998, 1377, 1378; im Grundsatz auch OLG Bamberg Urt. v. 20.03.2019 – 8 U 99/18, BeckRS 2019, 38142 RN 32.

34 Anders wohl *Clemente*, RN 295; *Clemente*, EWiR § 1191 BGB 2/89, 157 (zu BGH v. 8.12.1988 – III ZR 107/87 = WM 1989, 210 = ZIP 1989, 157); *Clemente*, ZIP 1990, 969 (Ziff. II).

19.5 Minderjähriger, betreuter oder unter Pflegschaft stehender Sicherungsgeber

647 Bestellt ein Vertreter des Minderjährigen[35] die Grundschuld als **Sicherheit** (auch) **für Verbindlichkeiten Dritter** (also nicht ausschließlich für Verbindlichkeiten des Minderjährigen selbst), dann bedarf der *Sicherungsvertrag* der Genehmigung des Familien- bzw. Betreuungsgerichts, weil der Minderjährige damit die Haftung für fremde Verbindlichkeiten übernimmt (§ 1854 Nr. 4 BGB[36]).[37] Das gilt auch dann, wenn der Minderjährige durch die Eltern oder einen Elternteil vertreten wird (§ 1643 Abs. 1 BGB). Entsprechendes gilt, wenn für einen Volljährigen ein Betreuer handelt (§ 1854 Nr. 4 BGB[38]). Keine Genehmigung ist erforderlich, wenn sich die Grundschuldbestellung beim Grundstückserwerb eines Minderjährigen bei wirtschaftlicher Betrachtung als Element des Erwerbsvorgangs darstellt sowie Auflassung und dingliche Einigung über die Belastung gleichzeitig erfolgen sollen.[39]

648 Nach einer Entscheidung des BayObLG soll die Vereinbarung, dass die (genehmigte) Grundschuld des Minderjährigen eine *fremde* Schuld sichert, deshalb genehmigungsfrei sein, weil dadurch die Haftung nicht über den Umfang der Grundschuld hinaus erweitert werde.[40] Diese Ansicht ist zweifelhaft.[41] Mit Blick auf § 1854 Nr. 4 BGB (Genehmigung bei Übernahme einer fremden Verbindlichkeit) und im Interesse eines effektiven Minderjährigenschutzes ist es geboten und (um Unwirksamkeitsrisiken auszuschließen) empfehlenswert, bei solchen Geschäften eine Genehmigung[42] einzuholen.[43]

---

35 Zu Anforderungen der Vertretung bei Grundstücksbelastung wird auf RN 188 ff. verwiesen.

36 Bis Ende 2022: § 1822 Nr. 10 BGB.

37 MünchKomm/*Lieder*, BGB § 1191 RN 63; Staudinger/*Wolfsteiner* (2019), Vorbem. zu §§ 1191 ff., RN 241; *Klüsener*, Rpfleger 1993, 133, 138; *Senft*, MittBayNot 1986, 230, 231; *anders* (keine Genehmigung erforderlich): BayObLG v. 31.1.1986 – BReg 1 Z 55/85 (Ziff. II. B, 3 a, bb), FamRZ 1986, 597 = Rpfleger 1986, 223 = WM 1986, 774; (Genehmigung nur für *nachträgliche* Zweckerklärung oder deren *nachträgliche* Erweiterung erforderlich) *Böttcher*, Rpfleger 1987, 485, 490, 491.

38 Bis Ende 2022: § 1822 Nr. 10 BGB.

39 BGH v. 11.03.2021 – V ZB 127/19, RN 6 = WM 2021, 1964; MüKoBGB/*Lieder*, BGB § 1191 RN 63.

40 BayObLG v. 31.1.1986 – BReg 1 Z 55/85 (Ziff. II. B, 3 a, bb), FamRZ 1986, 597 = Rpfleger 1986, 223 = WM 1986, 774; ebenso OLG Hamm v. 2.12.2009 – 31 U 3/08 = BeckRS 2010, 21972.

41 Die Genehmigungsfreiheit des *fremde* Verbindlichkeiten deckenden Sicherungsvertrags ist auch mit Blick auf BVerfG v. 13.5.1986 – 1 BvR 1542/84 = WM 1986, 828 = ZIP 1986, 975 nicht unkritisch, da das Betreuungsgericht die nicht bekannten fremden Verbindlichkeiten, die ggf. der gesetzliche Vertreter veranlasst hat, nicht kontrollieren kann.

42 Keine Genehmigung des Betreuungsgerichts ist erforderlich, wenn die *Eltern* eine Eigentümergrundschuld des Minderjährigen als Sicherheit abtreten oder eine (nicht mehr valutierte) Grundschuld (deren Gläubiger noch ein Dritter ist) durch entsprechende Ausübung des Rückgewähranspruchs des Minderjährigen einem anderen zur Verfügung stellen. Im Einzelnen RN 188.

43 Im Ergebnis ebenso MünchKomm/*Lieder*, BGB § 1191 RN 63 f.

Wird das Vollzugsgeschäft (also die Bestellung oder die Abtretung der Grund- 649
schuld bzw. deren Verschaffung mithilfe des Rückgewähranspruchs) genehmigt, so erfasst die Genehmigung grundsätzlich auch die zugrunde liegende
Verpflichtung.[44] Davon, dass dies auch für die Sicherungsabrede gilt, wird
man – im Hinblick auf die große Variationsbreite – nur dann ausgehen können,
wenn das Familien- bzw. Betreuungsgericht auch deren konkreten Inhalt, insbesondere den Sicherungszweck, kennt.[45] Das Kreditinstitut sollte Wert darauf
legen, dass möglichst die **Genehmigung ausdrücklich auf** die **Sicherungsabrede erstreckt** wird, wenigstens aber eindeutig dokumentiert wird, dass der
Sicherungszweck dem Gericht bekannt ist.

Soll der Sicherungszweck einer bestehenden Grundschuld nachträglich **auf bis-** 650
her nicht gesicherte fremde Verbindlichkeiten erstreckt werden, so ist auch
für diese Änderung – weil die Haftung des Vermögens für fremde Verbindlichkeiten dadurch erweitert wird – eine gerichtliche Genehmigung erforderlich
(§ 1854 Nr. 4 BGB).[46]

Sichert die Grundschuld **ausschließlich Verbindlichkeiten des Minderjähri-** 651
gen (bzw. des Betreuten), so bedarf die *Verpflichtung,* eine Sicherheit durch
Grundschuld zu gewähren, der Genehmigung des Familien- bzw. Betreuungsgerichts dann, wenn die *Erfüllung* dieser Verpflichtung genehmigungsbedürftig
ist (vgl. auch RN 188). Die Verpflichtung, eine Grundschuld *neu zu bestellen,* ist
also stets (auch bei Vertretung durch die Eltern) **genehmigungsbedürftig;** die
Verpflichtung, eine bestehende **Grundschuld** *abzutreten* oder durch *Ausübung
des Rückgewähranspruchs* zu verschaffen, nur **bei Vertretung durch einen
Pfleger oder Betreuer**[47] (also nicht für Eltern, dazu nächste RN). Es gilt der
Grundsatz, dass durch die Genehmigung der Grundschuldbestellung (bzw. der
Abtretung oder der Verschaffung mittels des Rückgewähranspruchs) – wenn
das Gericht den Sicherungsvertrag kennt (RN 649) – zugleich das Verpflich-
tungsgeschäft als genehmigt gilt.[48]

Wird ein bestehender Sicherungsvertrag **auf (weitere) ausschließlich eigene** 652
Verbindlichkeiten des **Minderjährigen erstreckt,** so ist – wenn der Minderjährige von seinem(n) (gesetzlichen) Vertreter(n) wirksam vertreten wird – für die
Änderung des Sicherungsvertrags eine **Genehmigung des Familiengerichts
nicht erforderlich.** Die darin liegende Verfügung über den Rückgewähranspruch können Eltern genehmigungsfrei treffen; § 1849 BGB (bis Ende 2022:
§ 1812 BGB) gilt für die Eltern nicht, da § 1643 BGB nicht auf § 1849 BGB verweist. Im Übrigen besteht für **Eltern** bezogen auf **grundpfandrechtliche Verfügungen gemäß 1643 Abs. 2 BGB** (bis Ende 2022: § 1850 Abs. 2 BGB) eine **Genehmigungsfreiheit.**

---

44   RG v. 27.10.1930 – VI 802/29, RGZ 130, 148; MünchKomm/*Lieder,* BGB § 1191 RN 64;
     Böttcher, Rpfleger 1987, 485, 490.
45   *Clemente,* RN 1113; *Senft,* MittBayNot 1986, 230; *anders* wohl: BayObLG v. 31.1.1986 –
     BReg 1 Z 55/85 (Ziff. II. B, 3 a, bb), FamRZ 1986, 597 = Rpfleger 1986, 223 = WM 1986,
     774; *Böttcher,* Rpfleger, 1987, 490 f.
46   *Böttcher,* Rpfleger 1987, 485, 491; *Klüsener,* Rpfleger 1993, 133, 138.
47   MünchKomm/*Lieder,* BGB § 1191 RN 63; *Böttcher,* Rpfleger 1987, 485, 490.
48   MünchKomm/*Lieder,* BGB § 1191 RN 64; RG v. 27.10.1930 – VI 802/29, RGZ 130, 148.

653 Eine etwa erforderliche gerichtliche **Genehmigung** wird erst **wirksam**, wenn sie dem Kreditinstitut *vom gesetzlichen Vertreter* mitgeteilt wird. Es genügt nicht, dass das Kreditinstitut auf einem anderen Weg von der Genehmigung erfährt. Im Einzelnen wird auf RN 189 verwiesen.

20 Gesicherte Forderungen

20.1 Beschreibung der Forderung; Begrenzung des Verwertungsrechts

Die Vereinbarung, welche Forderungen durch die Grundschuld – einschließlich Grundschuldzinsen (RN 279) – gesichert sind, ist ein Kernstück des Sicherungsvertrags. Denn der Gläubiger darf die Grundschuld, obwohl sie ihm dinglich uneingeschränkt zusteht (RN 4), nur geltend machen, wenn und soweit **fällige Verbindlichkeiten**, die durch die Grundschuld **gesichert** sind, nicht bezahlt werden. Die Verwertung der Grundschuld zu einem anderen Zweck oder im Interesse eines anderen – ohne eigenes wirtschaftliches Interesse des Sicherungsnehmers (RN 681) – braucht der Sicherungsgeber nicht zu dulden. | 654

Da die gesicherten Forderungen nicht Teil des dinglichen Rechts sind, brauchen sie nicht exakt bestimmt zu sein; es können auch nach gewissen Kriterien umgrenzte Forderungskreise oder alle Forderungen gegen einen Schuldner gesichert sein.[1] | 655

Die gesicherte(n) **Forderung(en) muss (müssen)** aber wenigstens **bestimmbar sein.** Dazu gehört einmal die Beschreibung der Forderungen mit Angabe des Rechtsgrundes (RN 667 bis 681). Die Klausel, dass künftige Forderungen „aus jedem Rechtsgrund" gesichert sind, ist – wenn in dem von einem Kreditinstitut verwendeten Formular enthalten – regelmäßig dahin auszulegen, dass sich die Sicherheit nur auf Forderungen aus bankmäßiger Geschäftsverbindung bezieht.[2] In der Bankpraxis stellen sich solche Auslegungsfragen regelmäßig nicht, weil die gängigen weiten Zweckerklärungen explizit das Merkmal *„aus der bankmäßigen Geschäftsverbindung"* verwenden.[3]

Erforderlich ist aber auch die Nennung des Gläubigers (RN 659, 660) und des Schuldners (RN 661 bis 663), weil sowohl Forderungen eines anderen als des Grundschuldgläubigers (RN 992 ff.) wie auch Verbindlichkeiten eines anderen als des Sicherungsgebers gesichert sein können (RN 685 ff.). Wegen **nachträglicher Änderung** der Sicherungsabrede durch Erweiterung oder Einschränkung des Kreises der gesicherten Forderungen wird auf RN 701 bis 703 verwiesen. Wegen der Auswirkung einer bankinternen Umschuldung oder (falls befristet) einer Verlängerung des gesicherten Kredits bzw. Darlehens auf die Sicherung s. RN 685.

Die Sicherung der Verbindlichkeiten eines Dritten durch Grundschuld kann nicht wegen finanzieller Überforderung des Sicherungsgebers nichtig sein. Die **Grundsätze**, nach denen eine (insbesondere aus emotionaler Verbundenheit mit dem Schuldner übernommene) **Bürgschaft** sittenwidrig und damit nichtig | 656

---

1 MünchKomm/*Lieder*, BGB § 1191 RN 85; Staudinger/*Wolfsteiner* (2019), Vorbem. zu §§ 1191 ff., RN 44 ff.

2 So in einem Individualverfahren BGH v. 8. 5. 1987 – V ZR 89/86 (Ziff. 2), BGHZ 101, 29 = WM 1987, 802 = ZIP 1987, 829 = EWiR § 1191 BGB 3/87, 781 (*Brych*).

3 Siehe „weite Zweckerklärung" etwa in den Anhängen 6 [1.1]; 8 [1.1]; 10 [1.1] und 12 [1.1].

sein kann, wenn ihr Verpflichtungsumfang die finanzielle Leistungsfähigkeit des Bürgen erheblich übersteigt, sind auf die Grundschuld **nicht anwendbar**. Diese wird nämlich aus vorhandenem Vermögen zur Verfügung gestellt, sodass sich daraus – anders als bei der Bürgschaft eines finanziell nicht leistungsfähigen Bürgen – **kein grobes Missverhältnis** zwischen der übernommenen Verpflichtung und der Leistungsfähigkeit ergeben kann.[4]

So hat der BGH die Sicherung einer Drittverbindlichkeit durch eine Grundschuld für wirksam gehalten, mit der der Sicherungsgeber aus familiärer Verbundenheit mit dem Schuldner das selbst bewohnte Eigenheim in einer solchen Höhe belastet hat, dass er die gesicherten Verbindlichkeiten aus laufendem Einkommen oder sonstigem Vermögen nicht verzinsen oder wesentlich tilgen konnte. Wesentlich war, dass der Sicherungsgeber dadurch (nur) Gefahr läuft, das belastete Grundstück zu verlieren; dass ihm aber wegen seiner ausschließlich dinglichen Haftung keine weitergehende Inanspruchnahme droht, insbesondere kein Zugriff auf seine laufenden Einkünfte oder sein sonstiges Vermögen. § 138 Abs. 1 BGB soll den Sicherungsgeber nicht davor bewahren, seinen einzigen oder letzten Vermögensgegenstand als Sicherheit zur Verfügung zu stellen, auch nicht, wenn er bei dessen Verwertung persönliche Nachteile (etwa Verlust des Eigenheims und der Möglichkeit, mietfrei zu wohnen) erleidet.[5]

657 Die Pflicht des Gläubigers, die Grundschuld freizugeben, wenn sie – später – endgültig nicht mehr benötigt wird, ergibt sich, selbst ohne ausdrückliche Regelung, unmittelbar aus dem Sicherungsvertrag (RN 723). Ist der Sicherungszweck teilweise, aber insoweit endgültig weggefallen, sind entsprechende **Teilbeträge** zurückzugewähren (RN 724). Diese Freigabepflicht ist vom Ermessen des Grundschuldgläubigers unabhängig (RN 725). Im Hinblick darauf kann eine erst während des Vertragsverhältnisses entstehende, also **nachträgliche Übersicherung** nicht zur Unwirksamkeit des Sicherungsvertrags führen. Eine Freigabepflicht für den Fall, dass die gesicherten Forderungen eine bestimmte **Deckungsgrenze** unterschreiten, **muss** deshalb bei der Grundschuld **nicht ausdrücklich vereinbart werden**[6], selbst dann nicht, wenn neben der Grundschuld noch andere Sicherheiten bestellt sind, wie bspw. Sicherungsübereignung[7] oder Bürgschaft[8].[9]

---

4   BGH v. 19. 6. 2002 – IV ZR 168/01 (Ziff. 1 und 2), BGHZ 152, 147 = WM 2002, 1642 = ZIP 2002, 1439 = EWiR § 138 BGB 9/02, 846 (*Joswig*); *Schimansky*, WM 2002, 2437, 2439 (Ziff. II. 2 b); *Zimmer*, MDR 2006, 306, 309; vgl. auch BGH v 30. 1. 2001 – IX ZR 118/00 (Ziff. II. 1 b. aa [2]) = WM 2001, 623 = ZIP 2001, 507; *anderer Ansicht* etwa *Wagner*, AcP 205, 715, 722; *Bülow*, Recht der Kreditsicherheiten, RN 163; *Schüßler*, Sittenwidrige Sicherungsgrundschulden von Nahbereichspersonen?, in VuR 2023, 415.

5   BGH v. 19. 6. 2001 – IV ZR 168/01 (Ziff. 1 und 2), BGHZ 152, 147 = WM 2002, 1642 = ZIP 2002, 1439 = EWiR § 138 BGB 9/02, 846 (*Joswig*).

6   BGH v. 28. 4. 1994 – IX ZR 248/93 (Ziff. III. 1 a) = WM 1994, 1161 = ZIP 1994, 939.

7   BGH v. 28. 4. 1994 – IX ZR 248/93 (Ziff. III. 1 b) = WM 1994, 1161 = ZIP 1994, 939.

8   BGH v. 28. 4. 1994 – IX ZR 248/93 (Ziff. III. 2) = WM 1994, 1161 = ZIP 1994, 939.

9   Vgl. zur Rechtsprechung bezogen auf sog. revolvierenden Sicherheiten BGH v. 27. 11. 1997 – GSZ 1 + 2/97 (Abschnitt B II. 2), BGHZ 137, 212 = WM 1998, 227 = ZIP 1998, 235 = EWiR § 138 BGB 2/98, 155 (*Medicus*); ausführlich *Ganter*, WM 1999, 1741 und WM 1998, 2045, 2046 f.

Dagegen kann der Sicherungsvertrag **wegen anfänglicher Übersicherung unwirksam** sein.[10] Hier besteht – anders als bei der nachträglichen Übersicherung – kein Raum dafür, einen immanenten Freigabeanspruch des Sicherungsgebers per Auslegung der Abrede zu konstruieren, weil eine Abrede, die die Bestellung von Sicherheiten von Anfang an im Übermaß festschreibt, nicht zugleich eine sofortige Freigabepflicht enthalten kann.[11]

658

Die anfängliche Übersicherung setzt voraus, dass bereits bei Abschluss des Sicherungsvertrags gewiss ist, dass bei einer künftig etwa notwendigen Verwertung ein auffälliges Missverhältnis zwischen dem realisierbaren Wert der Sicherheit (auch der von einem Dritten gestellten[12]) und den gesicherten Ansprüchen bestehen wird. Der Wert der Sicherheit muss also das gesicherte Risiko krass übersteigen. Insoweit kommt es nicht darauf an, welchen Nennbetrag die bestellte Grundschuld bei Vertragsschluss hat, entscheidender ist, welcher Erlös bei Vertragsschluss aus einer Verwertung zu erwarten und wie sicher dies bei Vertragsschluss zu beurteilen war.[13] Bei der Beurteilung einer anfänglichen Übersicherung sind die BGH-Grundsätze für Grundstückskaufverträge nicht heranzuziehen.[14] Allein der Umstand, dass der Kaufpreis etwa doppelt so hoch ist wie der Wert des Grundstücks, begründet also keine anfängliche Übersicherung.[15]

Zum **gesicherten Risiko** zählen – zusätzlich zu den gesicherten Ansprüchen einschließlich Zinsen – die etwaigen Feststellungs-, Verwertungs- und Prozesskosten.[16] Hinsichtlich der gesicherten Forderungen kann nicht auf deren derzeitigen Stand abgestellt werden. Zu berücksichtigen ist vielmehr das gesamte (auch **künftige**) **Forderung**svolumen (auch Verbindlichkeiten Dritter, soweit ihre Sicherung wirksam vereinbart ist)[17], das durch die Grundschuld vereinbarungsgemäß gesichert werden soll.[18]

---

10 BGH v. 19.3.2010 – V ZR 52/09 = WM 2010, 834 = NJW 2010, 8; BGH v. 30.1.2001 – IX ZR 118/00 (Ziff. II. 1 b. aa [1]) = WM 2001, 623 = ZIP 2001, 507; BGH v. 12.3.1998 – IX ZR 74/95 = WM 1998, 856 = ZIP 1998, 684 = EWiR § 138 BGB 4/98, 627 (*Medicus*); BGH v. 28.4.1994 – IX ZR 248/93 (Ziff. III 3) = WM 1994, 1161 = ZIP 1994, 939; BGH v. 27.11.1997 – GSZ 1 + 2/97 (Abschnitt B II. 2 a. bb) = BGHZ 137, 212 = WM 1998, 227 = ZIP 1998, 235 = EWiR § 138 BGB 2/98, 155 (*Medicus*); MünchKomm/*Lieder*, BGB § 1191 RN 60; Grüneberg/*Herrler*, § 1191 RN 21; *Canaris*, WM 1996, 1109, 1122 f.; *ders.*, ZIP 1997, 813, 817; *Ganter*, WM 1999, 1741, 1742 und WM 1998, 2045, 2047 f.; *Tetzlaff*, ZIP 2003, 1826; vgl. auch Staudinger/*Wolfsteiner* (2019), Vorbem. zu §§ 1191 ff., RN 84 ff.

11 Ähnlich *Canaris*, Die Problematik der Sicherheitenfreigabeklauseln im Hinblick auf § 9 AGBG und § 138 BGB, ZIP 1995, 1109, 1115; *Wiegand/Brunner*, Übersicherung und Freigabeanspruch, NJW 1995, 2513, 2520.

12 *Ganter*, WM 2001, 1, 2 m. w. N.

13 Vgl. BGH v. 19.3.2010 – V ZR 52/09 (RN 12) = WM 2010, 834 = NJW 2010, 8.

14 BGH v. 19.3.2010 – V ZR 52/09 (RN 12) = WM 2010, 834 = NJW 2010, 8.

15 BGH v. 19.3.2010 – V ZR 52/09 (RN 12) = WM 2010, 834 = NJW 2010, 8.

16 BGH v. 27.11.1997 – GSZ 1 u. 2/97 (Abschn. B II. 3 b. bb [2]) = BGHZ 137, 212 = WM 1998, 227 = ZIP 1998, 235 = EWiR § 138 BGB 2/98, 155 (*Medicus*).

17 Für Globalzession BGH v. 19.3.1998 – IX ZR 22/97 (B I. 1 c) = BGHZ 138, 291 = WM 1998, 968 = ZIP 1998, 793.

18 Vgl. Staudinger/*Wolfsteiner* (2019), Vorbem. zu §§ 1191 ff., RN 84.

Maßgeblich ist der realisierbare **Wert der Sicherheit** im Zeitpunkt der Verwertung. Die Feststellung dieses Werts bereitet Schwierigkeiten, wenn er bei Abschluss des Sicherungsvertrags nicht sicher prognostiziert werden kann. Bewertungsrisiken und Bewertungsunschärfen sind bei der Prüfung, ob eine anfängliche Übersicherung vorliegt, angemessen zu berücksichtigen. Ist die Grundschuld alleinige Sicherheit, **spielt** der **Grundstückswert keine Rolle**. Denn aus der Grundschuld kann – unabhängig vom Wert des Grundstücks – immer nur ein betragsmäßig begrenzter Anspruch geltend gemacht werden.[19] Der Grundschuldgläubiger erhält weder einen höheren Erlös, wenn das Grundstück besonders wertvoll ist, noch kann ein ungenügender Grundstückswert durch einen höheren Grundschuldbetrag ausgeglichen werden.[20] Eine (anfängliche) Übersicherung kann, wenn die Grundschuld einzige Sicherheit ist, deshalb nur dadurch eintreten, dass entweder der Grundschuldbetrag (deutlich) zu hoch gewählt wird[21] oder dass unverhältnismäßig hohe (ggf. einmalige) Nebenleistungen vereinbart werden. Lediglich dann, wenn neben der Grundschuld zusätzliche (werthaltige) Sicherheiten vereinbart werden[22], kann der Wert des Grundstücks für die Frage bedeutsam sein, ob die Grundschuld voll werthaltig, d. h. (an ihrer Rangstelle) sicher gedeckt ist, und ob deshalb vielleicht die Gesamtheit der Sicherheiten eine Übersicherung bedeutet.

Die (objektive) Übersicherung führt (nur) zur Unwirksamkeit, wenn ein **krasses Missverhältnis** besteht oder wenn der Sicherungsvertrag im Zeitpunkt seines Abschlusses nach seinem Gesamtcharakter (Inhalt, Beweggrund und Zweck) mit den guten Sitten nicht vereinbar ist, insbesondere wenn sich der Sicherungsnehmer aus eigensüchtigen Gründen rücksichtslos über die berechtigten Belange des Sicherungsgebers in einer nach sittlichen Maßstäben unerträglichen Weise hinwegsetzt.[23]

Insbesondere die (subjektiven) Voraussetzungen für die Unwirksamkeit (Sittenwidrigkeit) einer anfänglichen Übersicherung[24] sind sehr unpräzise[25]; sie **lassen sich nicht sicher pauschalieren**. Von krassen Fällen abgesehen, wird im Zeitpunkt der Bestellung der Sicherheit kaum zuverlässig vorausgesagt werden können, ob ihr Vorliegen in einem etwaigen Rechtsstreit oft viele Jahre später bejaht werden wird oder nicht. Das Kreditinstitut sollte deshalb das Volumen

---

19 Nur auf sein Verhältnis zum gesicherten Risiko, nicht auf den (kaum sicher feststellbaren) Wert des Grundstücks, kommt es an; anders insoweit Staudinger/*Wolfsteiner* (2019), Vorbem. zu §§ 1191 ff., RN 85 f.

20 So auch BGH v. 20. 10. 1980 – II ZR 190/79 = WM 1980, 1306 = ZIP 1980, 1076.

21 Zum Ganzen *Göbel*, S. 205 ff.

22 Dazu BGH v. 28. 4. 1994 – IX ZR 248/93 (Ziff. III. 3) = WM 1994, 1161 = ZIP 1994, 939.

23 BGH v. 12. 3. 1998 – IX ZR 74/95 (B II 1 und 2) = WM 1998, 856 = ZIP 1998, 684 = EWiR § 138 BGB 4/98, 627 (*Medicus*); MünchKomm/*Lieder*, BGB § 1191 RN 60; Grüneberg/*Herrler*, § 1191 RN 21; Staudinger/*Wolfsteiner* (2019), Vorbem. zu § 1191 ff., RN 84.

24 Eingehend: *Ganter*, WM 2001, 1.

25 So auch *Medicus*, BGH EWiR § 138 BGB 4/98, 627; demgegenüber meint *Ganter*, WM 1998, 2045, 2048, dort FN 17, Medicus verkenne „die dem Sicherungsnehmer günstige Tendenz des Senats, die Nichtigkeit wegen anfänglicher Übersicherung auf krasse Fälle zu beschränken".

der Grundschuld – also Kapital, dingliche Zinsen (RN 279 ff., insbes. 284) und sonstige dingliche Nebenleistungen (RN 289) – und etwaiger zusätzlicher Sicherheiten **so bemessen, dass sie in einem vertretbaren Verhältnis**[26] **zum Volumen der Ansprüche stehen**, die durch die Grundschuld aktuell gesichert sind bzw. nach der Vereinbarung künftig gesichert sein sollen. Durch die zusätzliche Zession der Mietansprüche aus dem mit der Grundschuld belasteten Grundstück tritt keine unzulässige Übersicherung ein, weil diese ohnehin für die Grundschuld haften (§§ 1192 Abs. 1, 1123 Abs. 1 BGB).[27]

Normalerweise ist das Kreditinstitut, das **Gläubiger** der Sicherungsgrundschuld ist, auch Gläubiger der gesicherten Forderung(en). Das wird in den üblichen Vordrucken für die Zweckerklärung meist ausdrücklich[28] erklärt. Fehlt eine ausdrückliche Erklärung, dürfte sich dies durch Auslegung ergeben. Eine ausdrückliche und eindeutige Regelung ist aber vorzuziehen. Sollen Ansprüche eines anderen als des Gläubigers der Grundschuld gesichert werden, muss dies, weil es der Ausnahmefall ist, klar zum Ausdruck gebracht werden. *659*

Änderungen auf der Gläubigerseite haben für den Sicherungsvertrag nur dann Bedeutung, wenn sie mit einem Wechsel der Rechtsperson verbunden sind. Das ist insbesondere dann der Fall, wenn das Vermögen als Ganzes auf einen anderen Rechtsträger übergeht.[29] Hierher gehören etwa Fusion oder Verschmelzung mit einem anderen Kreditinstitut, wenn dabei der (bisherige) Gläubiger in dem anderen (bestehenden oder neu gebildeten) Institut aufgeht. Änderungen, bei denen der bisherige Gläubiger fortbesteht, sind für den Sicherungsvertrag bedeutungslos. Ist das Institut nach der Veränderung (noch) dasselbe wie vorher, so werden durch eine davor bestellte Grundschuld mit weiter Sicherungsabrede (RN 668) nicht nur früher begründete, sondern auch danach erworbene Forderungen gesichert. In diese Gruppe fallen etwa die bloße Namensänderung, aber auch die Aufnahme eines anderen Kreditinstituts, selbst wenn dies mit einer Firmenänderung (Namensänderung) verbunden ist. *659.1*

Bei einer Veränderung mit **Gläubigerwechsel** bleiben die im Zeitpunkt der Veränderung (wenigstens dem Grunde nach [RN 734]) bestehenden Verbindlichkeiten weiterhin durch die Grundschuld gesichert. Da das neue (oder übernehmende) Institut bei Gläubigerwechsel regelmäßig anders firmiert als der alte Gläubiger, fallen nach der Veränderung vom neuen Gläubiger erworbene neue Ansprüche – streng nach dem Wortlaut – normalerweise nicht unter die mit dem bisherigen Gläubiger vereinbarte weite Sicherungsabrede (RN 668). Dennoch hat der BGH angenommen, dass die – nach der Fusion zweier Sparkassen – vom Nachfolgerinstitut neu erworbenen Forderungen durch die für die aufgenommene Sparkasse bestellte Grundschuld mit weiter Sicherungsabrede ge-

---

26   Vgl. Grüneberg/*Ellenberger*, § 138 RN 97 (für Sicherungsübertragung).
27   OLG Köln v. 5.3.1996 – 22 U 142/95 = WM 1997, 759 = ZIP 1996, 828 = EWiR § 9 AGBG 13/96, 579 (Johlke).
28   Siehe Anhänge 6 [1.1], 7 [1.1]; 8 [1.1], 10 [vor Ziff. 1], 11 [vor Ziff. 1], 12 [vor Ziff. 1].
29   BGH v. 20.2.1981 – V ZR 197/79 (Ziff. II. 2) = WM 1981, 553 = ZIP 1981, 596 (entschieden für Fusion zweier Sparkassen); Staudinger/*Wolfsteiner* (2019), Vorbem. zu §§ 1191 ff., RN 270.

deckt sind.[30] Das entspricht der Vorstellung der Beteiligten. Interessen des Sicherungsgebers, dessen Risiko durch einen Gläubigerwechsel weit weniger tangiert wird als durch einen Schuldnerwechsel, stehen nicht entgegen. Zumal insoweit eine Kündigung der Sicherungsabrede für die Zukunft in Betracht kommt (RN 602, 605). Dennoch ist es zu empfehlen, dass das neue Institut vor der Gewährung neuer Kredite eine neue Sicherungsvereinbarung trifft.

Unbesicherte Altforderungen eines Gläubigers fallen dagegen bei Fusion mit einem anderen Gläubiger nicht unter dessen weite Sicherungsabrede. Sie bleiben solange unbesichert, wie nicht eine neue Sicherungsabrede getroffen wird. Etwas anderes wäre mit dem Willen der Beteiligten bei Vertragsabschluss nicht zu vereinbaren.

660 Wird eine Geschäftsstelle des Kreditinstituts als Gläubigerin in der Sicherungsabrede genannt, kann dies als Ausdruck des Willens verstanden werden, dass nur die von dieser Geschäftsstelle betreuten Ansprüche gesichert sein sollen. Dies wäre als schuldrechtliche Einschränkung des Sicherungszwecks wirksam, obwohl die Geschäftsstelle nur ein rechtlich unselbstständiger Teil des Gesamtinstituts ist. Wenn diese **Einschränkung** nicht gewollt ist, sollte deshalb auf die **Benennung der Geschäftsstelle** verzichtet werden.

661 In der Abrede klarzustellen ist auch, wessen Verbindlichkeiten gesichert sein sollen (wer **Schuldner** der gesicherten Ansprüche ist). Davon, ob dieser zugleich auch Sicherungsgeber ist, hängt u. a. ab, was als formularmäßiger Inhalt der Sicherungsabrede wirksam vereinbart werden darf (RN 682 ff.).

662 Sind **mehrere** Personen (bspw. Ehegatten) als **Schuldner** beteiligt und soll die Grundschuld noch weitere, insbesondere künftige Verbindlichkeiten sichern (RN 668), so muss eindeutig vereinbart werden, ob nur von allen gemeinsam geschuldete Verbindlichkeiten oder auch Verbindlichkeiten nur eines Schuldners gesichert sein sollen. Insoweit bestehende Unklarheiten gehen regelmäßig zulasten des Gläubigers (§ 305c Abs. 2 BGB).[31]

Falls sowohl Verbindlichkeiten aller wie auch einzelner Schuldner gesichert sein sollen (bspw. bei Verwendung der Formulierung „**Ansprüche gegen Herrn X und/oder Frau X**"), führt dies zwingend dazu, dass die Grundschuld – teilweise[32] – auch Verbindlichkeiten Dritter (nicht des Sicherungsgebers) deckt. Insoweit ist die Vereinbarung hinsichtlich künftiger Verbindlichkeiten – jedenfalls formularmäßig – unwirksam, sofern nicht die Voraussetzungen vorliegen,

---

30 BGH v. 20. 2. 1981 – V ZR 197/79 (Ziff. II. 2) = WM 1981, 553 = ZIP 1981, 596. Der BGH hat die Frage, ob es sich um einen Gläubigerwechsel gehandelt hat, nicht thematisiert; aus Ziff. II. 1 folgt aber, dass es sich um Fusion durch Aufnahme gehandelt hat, die ursprüngliche Sparkasse also in der neuen aufgegangen ist.

31 BGH v. 16. 6. 2009 – XI ZR 539/07 (Ziff. II. 3 b bb) = WM 2009, 1460 = ZIP 2009, 1462.

32 Gehört das belastete Grundstück *Herrn X allein*, so sind alle Verbindlichkeiten der *Frau X allein* Verbindlichkeiten eines Dritten. Gehört das Grundstück Herrn X und Frau X *gemeinsam*, so sind alle Verbindlichkeiten des Herrn X oder der Frau X *allein* insoweit, wie die Grundschuld auf der Miteigentumshälfte des anderen lastet, Verbindlichkeiten eines Dritten.

unter denen auch künftige Verbindlichkeiten Dritter gesichert werden können (RN 685 ff., insbes. 692 und 694, aber auch RN 696 f.).

Eine **Veränderung beim Schuldner** hat nur dann Einfluss auf den Sicherungs-   663
vertrag, wenn dabei eine andere Rechtsperson an seine Stelle tritt, also wenn sein Vermögen kraft Gesetzes auf einen anderen Rechtsträger übergeht. Das ist bspw. der Fall bei Erbfolge, bei Verschmelzung (Fusion) von Kapitalgesellschaften oder wenn bei Ausscheiden aller anderen Gesellschafter das gesamte Vermögen einer OHG oder KG dem einzigen verbleibenden Gesellschafter anwächst.[33]

Veränderungen, die nicht zu einem Schuldnerwechsel führen, berühren den Sicherungsvertrag nicht, sodass bei weiter Sicherungsabrede (RN 668) auch neu erworbene Ansprüche gesichert sind. In Betracht kommen bspw. Gesellschafterwechsel bei der Schuldner-GmbH, Firmenänderung (= bloße Änderung des Handelsnamens), Umwandlung einer BGB-Gesellschaft in eine OHG oder umgekehrt (nämlich dadurch, dass der Betrieb zum Handelsgewerbe wird oder aufhört es zu sein), formwechselnde Umwandlung einer AG, GmbH oder KGaA in eine andere Kapitalform.[34] Die Zuordnung ist mitunter umstritten.

Verbindlichkeiten, die bei Eintritt einer Veränderung mit Personenwechsel (wenigstens dem Grunde nach [RN 734]) **bestehen** und unter die Sicherungsabrede fallen, bleiben auch nach Eintritt der Veränderung gesichert.[35] Im Bedarfsfall kann sich der Gläubiger aus der Grundschuld befriedigen.

Bei einer weiten Sicherungsabrede (RN 668) stellt sich die Frage, ob vom Gesamtrechtsnachfolger des bisherigen Schuldners nach der Änderung **neu eingegangene Verbindlichkeiten** durch die Grundschuld gedeckt sind.

Ist die **Sicherheit von einem Dritten** bestellt, so hat für dessen Entscheidung normalerweise die Bonität des Schuldners eine wesentliche Rolle gespielt. Deshalb kann die zur Sicherung von Verbindlichkeiten des Rechtsvorgängers bestellte Grundschuld für Verbindlichkeiten, die der Gesamtrechtsnachfolger des Schuldners neu eingeht, nicht herangezogen werden.[36] Eine formularmäßige (RN 687) Vereinbarung, wonach auch Verbindlichkeiten eines Gesamtrechtsnachfolgers gesichert sein sollen, dürfte im Hinblick auf die große Bedeutung,

---

33   *Ganter,* in Bankrechts-Handbuch, § 69. Allgemeines, RN 170; *Wenzel/Gratias,* in Bankrecht und Bankpraxis, RN 4/90; sowie dort *Wenzel,* RN 4/2353 f.; BGH v. 6. 5. 1993 – IX ZR 73/92 (Ziff. IV. 2 b) = WM 1993, 1080 = ZIP 1993, 906 = EWiR § 765 BGB 2/93, 771 (*Bydlinski*).

34   *Ganter,* in Bankrechts-Handbuch, § 69. Allgemeines, RN 169; *Huber,* in Bankrecht und Bankpraxis, 4/582a; für Umwandlung einer Kapitalgesellschaft in eine andere BGH v. 6. 5. 1993 – IX ZR 73/92 (Ziff. IV. 2 b und 3 b) = WM 1993, 1080 = ZIP 1993, 906 = EWiR § 765 BGB 2/93, 771 (*Bydlinski*).

35   Für Bürgschaft BGH v. 6. 5. 1993 – IX ZR 73/92 (Ziff. IX. 1) = WM 1993, 1080 = ZIP 1993, 906 = EWiR § 765 BGB 2/93, 771 (*Bydlinski*); *Ganter,* in Bankrechts-Handbuch, § 69. Allgemeines, RN 171.

36   BGH v. 6. 5. 1993 – IX ZR 73/92 (Ziff. IV. 2 a und b) = WM 1993, 1080 = ZIP 1993, 906 = EWiR § 765 BGB 2/93, 771 (*Bydlinski*); *Ganter,* in Bankrechts-Handbuch, § 69. Allgemeines, RN 171; wohl auch *Huber,* in Bankrecht und Bankpraxis, RN 4/582b (für Sicherungszession bei Verschmelzung).

die der Person des Schuldners für den Sicherungsgeber zukommt, nicht wirksam sein (§ 305c Abs. 1 BGB).[37]

Hat der **Schuldner die Grundschuld selbst zur Verfügung gestellt**, so betrifft die Veränderung nicht nur den Schuldner, sondern in gleicher Weise den Sicherungsgeber. Da bei Gesamtrechtsnachfolge Aktiva und Passiva übergehen, bleibt die Identität von Schuldner und Sicherungsgeber erhalten. Die Interessenlage und die wirtschaftlichen Konsequenzen ändern sich nicht.[38] Daher kann die Sicherungsabrede so verstanden werden, dass sie im Zweifel auch neue Verbindlichkeiten des Schuldners erfasst.[39] Kein Zweifel dürfte bestehen, wenn die Sicherungsabrede die Bestimmung enthält, dass nach einem Wechsel des Inhabers oder der Rechtsform auch Verbindlichkeiten des Rechtsnachfolgers[40] des Schuldners gesichert sind. Falls Schuldner und Sicherungsgeber identisch sind (und bleiben), kann diese Bestimmung selbst formularmäßig (RN 687) wirksam getroffen werden.[41] Da der (neue) Schuldner (und Sicherungsgeber) auch nach der Veränderung für alle seine Verbindlichkeiten mit seinem gesamten Vermögen haftet, kann eine solche Bestimmung weder überraschend noch unangemessen sein. Diese Fragen treten nicht auf, wenn nach Veränderungen beim Schuldner das **Kreditverhältnis neu geordnet** und dabei klargestellt wird, wofür die fortbestehenden Sicherheiten haften. Das ist **zu empfehlen**.[42]

664 Die allgemeine **Pfandklausel** in den **AGB** der Kreditinstitute[43] **berührt den Sicherungszweck nicht.** Durch sie wird ein Pfandrecht an den Wertgegenständen des Kunden, die sich im Besitz des Kreditinstituts befinden, begründet. Gläubiger der Grundschuld ist aber das Kreditinstitut, nicht der Kunde, sodass die Voraussetzungen der Klausel nicht erfüllt sind.[44]

665 Das Kreditinstitut kann – nach Tilgung der gesicherten Forderungen – nicht wegen anderer Forderungen die Rückgewähr der Grundschuld verweigern (und

---

37   BGH v. 6.5.1993 – IX ZR 73/92 (Ziff. IV. 3 b) = WM 1993, 1080 = ZIP 1993, 906 = EWiR § 765 BGB 2/93, 771 (Bydlinski); *im Ergebnis ebenso Ganter*, in Bankrechts-Handbuch, § 69. Allgemeines, RN 172; wohl auch *Huber*, in Bankrecht und Bankpraxis, RN 4/582b; BGH Hinweisbeschluss v. 24.9.2007 – II ZR 237/05 = WM 2008, 65 = ZIP 2008, 120; *anders* (Frage des Einzelfalls, aber im Normalfall wirksam) *Wenzel*, in Bankrecht und Bankpraxis, RN 4/2354; vgl. auch OLG Celle v. 15.2.1989 – 3 U 72/87 = EWiR 1989, 353 (*Vortmann*).

38   In diese Richtung auch *Huber*, in Bankrecht und Bankpraxis, RN 4/582b; vgl. auch BGH Hinweisbeschluss v. 24.9.2007 – II ZR 237/05 = WM 2008, 65 = ZIP 2008, 120.

39   *Anders* (im Zweifel nicht): *Ganter*, in Bankrechts-Handbuch, § 69. Allgemeines, RN 171.

40   Treten mehrere Personen an die Stelle des Schuldners (etwa im Erbfall), sind nur deren *gemeinsame* Verbindlichkeiten solche „des Rechtsnachfolgers". Hier bleiben Schuldner und Sicherungsgeber identisch (s. auch RN 684, 698).

41   *Wenzel*, in BuB, (Stand 08.17 – 129. Lieferung) RN 4/2353 (ohne Beschränkung auf Identität zw. Schuldner und Sicherungsgeber).

42   Ebenso nicht nur *Huber*, in Bankrecht und Bankpraxis, RN 4/582b.

43   Zum Beispiel Nr. 14 Abs. 1 AGB Banken (Fassung Januar 2023), Nr. 21 Abs. 1 AGB-Sparkassen (Fassung September 2021).

44   BGH v. 16.2.1989 – IX ZR 256/87 (Ziff. III. 1 d, bb) = WM 1989, 484 = ZIP 1989, 359 = EWiR § 765 BGB, 3/89, 345 (*Gaberdiel*); *Clemente*, RN 340 bis 343; *Clemente*, ZIP 1990, 969, 976 (Ziff. V).

damit im praktischen Ergebnis den Sicherungszweck erweitern). Ihm steht wegen nicht gesicherter anderer Forderungen **kein Zurückbehaltungsrecht** am Rückgewähranspruch zu, weil sonst die Beschränkung des Sicherungszwecks auf bestimmte Forderungen praktisch wertlos wäre.[45]

Wegen der Aufrechnung mit nicht gesicherten Forderungen gegen einen Anspruch auf Übererlös s. RN 753.1; wegen der Verrechnung von Zahlungen auf durch die Grundschuld nicht gesicherte Verbindlichkeiten s. RN 817.

Wird (wirksam[46]) vereinbart, dass eine **Forderung**, die bereits durch eine Grundschuld gesichert ist, auch **noch durch eine andere Grundschuld gesichert** sein soll, so wird allein dadurch die erste Sicherungsabrede nicht aufgehoben oder eingeschränkt, auch wenn es sich dabei um eine (wirksame) weite Sicherungsabrede handelt. Denn aus der Vereinbarung einer bestimmten Sicherheit für einen Anspruch ergibt sich nicht, dass der Sicherungsnehmer damit eine für die gleiche Forderung bereits erhaltene andere Sicherheit aufgibt.[47] Sofern nicht eindeutig etwas anderes vereinbart wird, ist die Forderung durch beide Grundschulden gesichert; der Gläubiger kann deshalb weiterhin auch aus der zuerst bestellten Grundschuld Befriedigung wegen dieses Darlehens suchen. **666**

20.2 Enge und weite Sicherungsabrede sowie ihr jeweiliger Umfang

Sicherungszweck der Grundschuld kann sein, (nur) Ansprüche aus einem bestimmten Rechtsverhältnis (oder aus mehreren ganz bestimmten Rechtsverhältnissen) zu sichern.[48] Diese Ansprüche bzw. dieses Rechtsverhältnis werden in der (**engen**) **Sicherungsabrede** konkret bezeichnet (z. B. „die Ansprüche aus dem Darlehen gemäß Vertrag vom ..."). Ansprüche aus einem anderen Rechtsverhältnis (etwa aus einem anderen Darlehensvertrag) fallen dann nicht unter den Schutz der Grundschuld. **667**

Auch bei enger Sicherungsabrede sind aber mit dem Hauptanspruch – selbst ohne ausdrückliche Nennung – alle **Nebenansprüche** aus demselben Rechtsverhältnis gesichert, insbesondere die Ansprüche auf Zinsen (s. dazu auch

---

45 BGH v. 9.5.2000 – XI ZR 299/99 = WM 2000, 1443 = EWiR § 273 BGB 1/2000, 1099 (*Knops*); BGH v. 25.4.1988 – II ZR 17/87 = WM 1988, 859 = ZIP 1988, 829 = EWiR Nr. 21 AGB-Spark. 1/88, 739 (*Parthe*); OLG Köln v. 14.6.1983 – 22 U 11/83 (Ziff. C) = WM 1984, 46 = ZIP 1983, 926; *Clemente*, ZIP 1990, 969, 976 (Ziff. VI) und ZIP 1985, 193, 201; *anders* anscheinend (Zurückbehaltungsrecht bei bankmäßig erworbenen Forderungen, was im entschiedenen Fall aber verneint wurde): BGH v. 21.12.1984 – V ZR 204/83 (Ziff. 1) = WM 1985, 116 = ZIP 1985, 149 = EWiR Nr. 21 AGB-Spark. 1/85, 27 (*Räfle*).

46 Die Mithaftung der weiteren Grundschuld darf insbesondere nicht zu einer sittenwidrigen Übersicherung (RN 658) führen, was nicht der Fall ist, wenn die Gesamtsumme der durch beide Grundschulden gesicherten Forderungen in vernünftigem Verhältnis zur Gesamtsumme der Grundschulden steht.

47 BGH v. 8.5.1987 – V ZR 89/86 (Ziff. 2 a. E.) = BGHZ 101, 29 = WM 1987, 802 = ZIP 1987, 829.

48 Anhänge 7 [1.1], 9 [1, 1. Ankreuzfeld], 11 [1.1].

RN 669) und Kosten, weil dies dem berechtigten Interesse des Kreditinstituts entspricht und für den Sicherungsgeber als gewollt erkennbar ist.[49] In den gängigen Vordrucken mit enger Sicherungsabrede wird dies meist ausdrücklich klargestellt[50], sodass sich eine Auslegung des Sicherungsvertrags zu diesem Punkt normalerweise erübrigt. Gedeckt dürfte auch der Anspruch auf Vorfälligkeitsentschädigung bei vorzeitiger Kündigung eines Festdarlehens sein, da er im Grunde Ersatz für sonst entstehende und gedeckte Zinsansprüche ist (RN 823). Darüber hinaus deckt (nicht nur die weite, sondern auch) die enge Sicherungsabrede bei Unwirksamkeit des eigentlichen Erfüllungsanspruchs – außer bei Nichtigkeit wegen Wuchers nach § 138 Abs. 2 BGB[51] – regelmäßig die typischen **Folgeansprüche** (**Surrogate**), insbesondere etwaige Bereicherungsansprüche[52] (RN 671). Bei einem widerrufenen Verbraucherdarlehen gehören dazu auch die Ansprüche aus der Abwicklung des widerrufenen Vertrags (RN 576 und RN 576.2, zur Prozesssituation RN 671.1), weil sie im Grunde nur besonders ausgestaltete Bereicherungsansprüche sind[53]; sie sind dann ebenfalls – selbst ohne ausdrückliche Nennung – durch eine für das Darlehen bestellte Grundschuld gesichert. Werden die einzelnen Ansprüche in der Sicherungsabrede

---

49 Vgl. BGH v. 5.12.1996 – IX ZR 53/96 (Ziff. 1), BGHZ 134, 195 = NJW 1997, 522 = ZIP 1997, 120.

50 Anhang 7 [1.1]: „für alle Forderungen ... (Hauptsumme, Zinsen und Kosten sowie etwaige gesetzliche Ansprüche) aus: ...“; Anhang 9 [1, 1. Ankreuzfeld]: „Sicherung der Ansprüche ... aus ...“; Anhang 11 [1.1]: „zur Sicherung aller bestehenden, künftigen und bedingten Forderungen ... aus ...“.

51 In diesem Fall ist nämlich auch die Grundschuldbestellung nichtig: BGH v. 8.2.1994 – XI ZR 77/93 (Ziff. II.1) = WM 1994, 583 = ZIP 1994, 527 = EWiR § 138 BGB 3/94, 435 (H. P. Westermann); BGH v. 8.7.1982 – III ZR 1/81 (Ziff. II. 1) = NJW 1982, 2767 = ZIP 1982, 1181; Grüneberg/*Ellenberger*, § 138 RN 75; Grüneberg/*Herrler*, § 1191 RN 20; Staudinger/*Wolfsteiner* (2019), Vorbem. zu §§ 1191 ff.; RN 21.

52 BGH v. 28.10.2003 – XI ZR 263/02 (Ziff. III. 1 b) = WM 2003, 2410 = ZIP 2004, 65 = EWiR § 3 HWiG a.F. 1/04, 343 (*Weber*) (sogar bei formloser und konkludenter Sicherungsabrede); BGH v. 20.6.2000 – XI ZR 237/99 (Ziff. II. 4 b) = WM 2000, 1580 = ZIP 2000, 1376 = EWiR § 138 BGB 4/2000, 901 (*Weber*); BGH v. 13.3.1991 – VIII ZR 34/90 (Ziff. II. 3 a und 1), BGHZ 114, 57 = WM 1991, 954 = ZIP 1991, 519; Münch-Komm/*Lieder*, BGB § 1191 RN 86; Staudinger/*Wolfsteiner* (2019), Vorbem. zu §§ 1191 ff., RN 22. Siehe auch BGH v. 28.1.1997 – XI ZR 251/95 (Ziff. 4) = WM 1997, 663 = ZIP 1997, 643, wonach die von einem „Gesamtschuldner“ bestellte Grundschuld trotz Nichtigkeit der eigenen Verbindlichkeit „konkludent“ die Darlehensverbindlichkeit des anderen „Gesamtschuldners“ sichert. – *Anders* (auch Grundschuld nichtig) das vom BGH mit Urteil v. 20.6.2000 (s. oben) aufgehobene Berufungsurteil des OLG Köln v. 8.6.1999 – 15 U 159/98 = ZIP 1999, 2092 = EWiR § 138 BGB 3/2000, 373 (Wissmann).

53 Vgl. das rechtskräftige Urteil des KG v. 27.3.2017 – 8 U 87/16 (Ziff. II) = WM 2017, 1298 = BKR 2017, 301; für den Rückgewähranspruch nach § 3 HausTWG: BGH v. 26.11.2002 – XI ZR 10/00 (Ziff. III. 2) = WM 2003, 64 = ZIP 2003, 247 = EWiR § 3 HWiG a.F. 2/03, 639 (*Weber/Madaus*); BGH v. 28.10.2003 – XI ZR 263/02 (Ziff. III. 1 b) = WM 2003, 2410 = ZIP 2004, 65 = EWiR § 3 HWiG a.F. 1/04, 343 (*Weber*) (sogar bei formloser und konkludenter Sicherungsabrede); wohl auch (aber letztlich offen gelassen) OLG Celle v. 7.8.2002 – 4 W 158/02 = WM 2002, 2453.

ausdrücklich genannt[54], erübrigt sich insoweit eine spätere Auslegung. Andererseits läuft der Vordruckverwender bei detaillierter Aufzählung Gefahr, dass nicht genannte Ansprüche in einem späteren Rechtsstreit als nicht gesichert angesehen werden.

Sichert die Grundschuld einen **befristeten Kredit**, kommt bei einer engen Zweckerklärung auch die Vereinbarung einer **Prolongationsklausel** in Betracht.[55] Die Prolongationsklausel regelt, dass die Grundschuldsicherung auch dann bestehen bleibt, wenn die vereinbarte Kreditlaufzeit verlängert wird. Ohne eine solche Regelung müsste die Bank bei jeder Kreditverlängerung dafür sorgen, dass eine Sicherheit gestellt wird. Es besteht Praxisbedarf, diesen Aufwand zu vermeiden. Eine Prolongationsklausel wird bei einer weiten Sicherungszweckabrede nicht benötigt, weil diese auch zukünftige Forderungen erfasst. Hinsichtlich enger Zweckerklärungen gelten folgende Grundsätze: Die Klausel ist bei allen Formen von Eigensicherheiten wirksam. Bei Drittsicherheiten ist der Personalsicherungsgeber (z.B. Bürge), der keinen entscheidenden Einfluss auf das Kreditgeschäft hat, grundsätzlich schutzbedürftiger – da er mit seinem gesamten (vollstreckbaren) Vermögen haftet – als der Realsicherungsgeber. Bei einer Bürgschaft ist die Prolongationsklausel dann unbedenklich, wenn der Bürge maßgebenden Einfluss auf das Kreditgeschäft hat (in diesem Fall wäre sogar eine weite Zweckerklärung zulässig) oder – falls nicht – auf eine mögliche Kreditverlängerung individuell hingewiesen wurde oder dies aufgrund der Umstände des Einzelfalls ersichtlich war.[56] Bei **Drittrealsicherheiten** (z.B. Verpfändung, Grundschuld) ist die Klausel auch ohne einen individuellen Hinweis auf eine mögliche Kreditverlängerung wirksam. Gleichwohl sollte bei der Sicherheitenbestellung darauf geachtet werden, dass beim Drittrealsicherungsgeber nicht der falsche Eindruck entsteht, die Kreditlaufzeit sei zeitlich abschließend befristet.

667.1

Mit der Grundschuld kann auch ein ganzes Bündel von Forderungen gesichert werden, selbst wenn diese teilweise (oder alle) noch nicht einmal dem Grunde nach bestehen, sondern erst künftig entstehen sollen (**weite Sicherungsabrede**). Statt der (nicht oder teilweise nicht möglichen) bestimmten Bezeichnung der Forderungen genügt eine Kennzeichnung, die sie wenigstens bestimmbar macht (RN 655), sodass jedenfalls dann, wenn sie entstehen, feststeht, dass bzw. ob sie durch die Grundschuld gesichert sind. Dafür genügt z.B. die in den

668

---

54 Anhang 11 [1.1 a. E.]: „auch alle Ansprüche gesichert, die der Gläubigerin infolge der Unwirksamkeit oder des Widerrufs zustehen"; ebenso – wenngleich nicht wortgleich – Anhang 7 [1.1 a. E.].

55 Ausführlich zur Prolongationsklausel *Samhat*, WM 2016, 962.

56 BGH v. 15. 7. 1999 – IX ZR 243/98 (Ziff. II. 2 c) = BGHZ 142, 213 = WM 1999, 1761 (1763) = ZIP 1999, 1480; vgl. auch *Fischer*, WM 1998, 1705 (1711). Aufgrund des zitierten BGH-Urteils gehen etwa *Rösler/Fischer*, BKR 2006, 50 (54) davon aus, dass der Bürge auch ohne Prolongationsklausel für den verlängerten Kredit haftet, wenn er mit der Kreditverlängerung rechnen musste, etwa beim befristeten Betriebsmittelkredit.

üblichen Vordrucken[57] verwendete Formulierung, dass alle Forderungen „aus der bankmäßigen Geschäftsverbindung" gesichert sind.[58]

Unter diese weite Sicherungsabrede fallen – über die schon bei enger Sicherungsabrede gedeckten **Neben- und Folgeansprüche** (RN 667) hinaus – alle Ansprüche, die mit dem allgemeinen Geschäfts- und Rechtsverkehr zwischen der Bank und dem Kunden in Zusammenhang stehen und die eine in diesem Verhältnis erbrachte vertragstypische Bankleistung zur Grundlage haben.[59] Es sind Ansprüche, die sich aus der rechtsgeschäftlich begründeten, auf Dauer angelegten, auf banküblichen Leistungen aller Art gerichteten Beziehung zwischen dem Kreditinstitut und seinem Kunden ergeben, insbesondere Ansprüche aus laufender Rechnung oder aus Krediten jeder Art.[60]

Gesichert sind durch die weite Sicherungsabrede jeweils der Haupt-(Kapital-)Anspruch und die Nebenansprüche auf Zinsen (RN 669) und Kosten sowie (bei Unwirksamkeit des Darlehens- oder des sonstigen Vertrags[61]) ein etwaiger Bereicherungsanspruch oder (nach dessen Widerruf) ein Anspruch auf Rückabwicklung des Darlehensvertrags (RN 671).[62] Die weite Sicherungsabrede ist aber AGB-rechtlich (§§ 305 bis 310 BGB) **problemlos nur einsetzbar, wenn Sicherungsgeber und Schuldner völlig personengleich** sind (RN 682 bis 684, 696). Ist das nicht der Fall, kann für die Grundschuld regelmäßig (wegen der Ausnahmen RN 692 bis 695) nur die enge Sicherungsabrede eingesetzt werden. Individuelle Sicherungsverträge, für die diese Beschränkungen nicht gelten würden, sind bei der großen Anzahl von grundpfandrechtlich gesicherten Krediten rein praktisch nicht möglich.

669 Die enge (und damit erst recht die weite) Zweckerklärung sichert u. a. die nach dem Darlehensvertrag oder dem sonstigen Rechtsverhältnis **geschuldeten Zinsen** (RN 667). Ob und in welcher Höhe die Grundschuld als solche verzinslich ist (RN 279 ff.), spielt dafür keine Rolle. Endet der Darlehensvertrag etwa durch Kündigung, endet damit die vertragliche Zinspflicht. Gerät der Schuldner mit der Darlehensrückzahlung in Verzug (§ 286 BGB), dann **sichert** die **Grundschuld** auch den Anspruch auf Ersatz des **Verzugsschadens**.[63] Ist der Vertrag

---

57 Anhang 6 [1.1], Anhang 8 [1.1, 1. Ankreuzkästchen], Anhang 9 [1.1, 2. Ankreuzkästchen], Anhang 10 [1.1], Anhang 12 [1.1].

58 *Siol*, WM 1996, 2217, 2219 (für die Bürgschaft): BGH v. 16.1.1992 – IX ZR 113/91 (Ziff. I. 1 a) = WM 1992, 391 = ZIP 1992, 233. Fehlt diese Eingrenzung in der Sicherungsabrede für eine zugunsten eines Kreditinstituts bestellte Grundschuld, so ergibt sie sich (jedenfalls im Individualverfahren) durch Auslegung, BGH v. 13.12.1990 – IX ZR 118/90 (Ziff. II. 1) = BGHZ 113, 169 = WM 1991, 253 = ZIP 1991, 245 = EWiR § 115 ZVG 1/91, 415 (*Muth*).

59 BGH v. 28.10.1997 – XI ZR 26/97 (Ziff. II. 2) = WM 1997, 2355 = ZIP 1997, 2194.

60 Zum Begriff „Geschäftsverbindung" auch *Clemente*, ZIP 1990, 969, 971.

61 Vgl. etwa Anhang 10 [1.1] und Anhang 12 [1.1]: „auch alle Ansprüche gesichert, die der Gläubigerin infolge der Unwirksamkeit zustehen"; der Sache nach ebenso Anhang 7 [1.1 a. E.].

62 BGH v. 26.11.2002 – XI ZR 10/00 (Ziff. III. 2) = WM 2003, 64 = ZIP 2003, 247 = EWiR § 3 HWiG a. F. 2/03, 639 (*Weber/Madaus*).

63 BGH v. 18.2.1992 – XI ZR 134/91 (der in Ziff. 4 ohne weitere Erörterung davon ausgeht) = WM 1992, 566 = ZIP 1992, 389 = EWiR § 1191 BGB 2/92, 463 (*Lauer*).

infolge einer schuldhaften Vertragsverletzung des Schuldners vorzeitig beendet worden, kann der Gläubiger – wenn § 497 Abs. 1 BGB nicht einschlägig ist – stattdessen den entgangenen vertraglichen Zins als Schadensersatz fordern.[64] Auch dieser Anspruch muss als Ersatz für den gesicherten vertraglichen Anspruch durch die Grundschuld gesichert sein; andernfalls könnte der Schuldner durch Vertragsverletzung die Sicherheit des Gläubigers reduzieren. Der BGH[65] hat Anfang 2016 entschieden, dass § 497 Abs. 1 BGB eine spezielle **verbraucherschützende**[66] **Regelung zur Schadensberechnung** bei Krediten, die vom Darlehensgeber infolge Zahlungsverzugs des Darlehensnehmers vorzeitig gekündigt worden sind, enthält, die die Geltendmachung einer als Ersatz des Erfüllungsinteresses verlangten Vorfälligkeitsentschädigung ausschließt.[67]

Inwieweit andere **Schadensersatzansprüche** auch ohne ausdrückliche Nennung gesichert sind, ist umstritten. Der Schadensersatzanspruch wegen Nichtabnahme des durch die Grundschuld zu sichernden Darlehens ist in der Rechtsprechung bei weiter Sicherungsabrede (RN 668) als gesichert angesehen worden, weil er ein Anspruch aus der Geschäftsverbindung ist[68], bei enger Sicherungsabrede (RN 667) dagegen nicht[69]. Dagegen sind Ansprüche aus unerlaubter Handlung ohne Bezug zu einer rechtsgeschäftlichen Beziehung zum Gläubiger nicht gesichert.[70]   *670*

Stellt sich heraus, dass der gesicherte Anspruch unwirksam (die Sicherungsabrede aber wirksam) ist, so sichert die Grundschuld in aller Regel schon bei enger (RN 667) – und erst recht bei weiter[71] – Sicherungsabrede die für diesen Fall typischerweise entstehenden Folgeansprüche, also die Ansprüche, die bei Nichtigkeit oder einer sonstigen Störung an die Stelle einer von der Sicherungsabrede erfassten Forderung treten[72]; dazu gehört regelmäßig der **Bereicherungs-**   *671*

---

64   BGH v. 8.2.2000 – XI ZR 313/98 (Abschn. B II. 1) = WM 2000, 718 = ZIP 2000, 585.
65   BGH v. 19.01.2016 – XI ZR 103/15 = BGHZ 208, 278 = ZIP 2016, 709 = WM 2016, 687.
66   Die Sperrwirkung des § 497 BGB gilt nicht im unternehmerischen Rechtsverkehr, so explizit BGH v. 20.02.2018 – XI ZR 445/17 = ZIP 2018, 821 = WM 2018, 782.
67   Näher m. w. N. *Samhat*, in Bankrechts-Handbuch, § 55. Leistungsstörungen RN 69 ff.
68   BGH v. 2.11.1989 – III ZR 143/88 (Ziff. II. 3) = WM 1990, 8 = ZIP 1990, 29; Münch-Komm/*Lieder*, BGB § 1191 RN 86; *anders wohl* Staudinger/*Wolfsteiner* (2019), Vorbem. zu §§ 1191 ff., RN 49.
69   OLG Rostock v. 18.1.2001 – 1 U 64/99 = WM 2001, 1377 = EWiR § 3 AGBG 5/01, 977 (*Fraune*); das OLG hat die Haftung für den Nichtabnahmeschaden abgelehnt, weil die nur in den allgemeinen Darlehensbedingungen enthaltene weite Sicherungsabrede unwirksam sei.
70   OLG Köln v. 14.6.1983 – 22 U 11/83 (Ziff. B II. 2 a) = WM 1984, 46 = ZIP 1983, 926; MünchKomm/*Lieder*, BGB § 1191 RN 86; Staudinger/*Wolfsteiner* (2019), Vorbem. zu §§ 1191 ff., RN 49.
71   BGH v. 26.11.2002– XI ZR 10/00 (Ziff. III. 2) = WM 2003, 64 = ZIP 2003, 247 = EWiR § 3 HWiG a. F. 2/03, 639 (*Weber/Madaus*). Zugrunde lag ein Fall mit weiter Sicherungsabrede; dass Bereicherungsansprüche *nur* bei weiter (nicht auch bei enger) Klausel gesichert sind, ist der Entscheidung nicht zu entnehmen.
72   MünchKomm/*Lieder*, BGB § 1191 RN 86; Grüneberg/*Herrler*, § 1191 RN 19; Staudinger/*Wolfsteiner* (2019), Vorbem. zu §§ 1191 ff., RN 49; *Lohmann*, S. 11 ff.; *Rastätter*, DNotZ 1987, 463.

anspruch des Darlehensgläubigers wegen der Geldhingabe[73] oder der bereicherungsähnliche Anspruch auf Rückabwicklung nach Widerruf[74].

671.1 Widerruft der Eigensicherungsgeber in seiner Eigenschaft als Verbraucherkreditnehmer den Darlehensvertrag, dann stellt sich etwa die Frage, welcher **Gerichtsstand** für den Anspruch auf Rückgewähr der Grundschuld, die den Darlehensrückzahlungsanspruch sichert, gilt, sofern der Rückgewährberechtigte mit seiner Klage die **Löschung der Grundschuld** (was in den Widerrufsfällen häufig vorkommt) beantragt. Nach einer Ansicht ist der **Gerichtsstand des § 24 ZPO** nicht gegeben, wenn der Anspruch auf Rückgewähr einer Grundschuld auf der schuldrechtlichen Sicherungszweckabrede beruht; dies gilt auch dann, wenn er in Form eines Anspruchs auf Abgabe einer Löschungsbewilligung geltend gemacht wird.[75] Eine andere Ansicht wendet § 24 ZPO auf den Rückgewähranspruch an.[76] Zudem ist in diesem Kontext zu beachten, dass der **Antrag auf Rückgewähr der Grundschuld** den **Streitwert** erheblich erhöht, da dann der Nennwert der Grundschuld zum Streitwert hinzuzurechnen ist.[77] Zudem ist der Antrag auf Rückgabe (z. B. Löschung) der **Grundschuld Zug um Zug gegen Rückzahlung der Darlehenssumme** nicht statthaft. Denn die Rückgewährpflicht des Kreditgebers (Sicherungsnehmers) setzt den endgültigen Wegfall des Sicherungszwecks voraus und kann erst nach Erfüllung und nicht Zug um Zug gegen Zahlung der besicherten Forderung verlangt werden.[78]

672 Die weite Sicherungsabrede (RN 668) erfasst auch eine Verbindlichkeit des Kreditnehmers, die sich daraus ergibt, dass dieser den von einem Dritten geschlossenen Darlehensvertrag als **Gesamtschuldner** mit unterzeichnet.[79]

673 Übernimmt das **Kreditinstitut im Auftrag des Kunden für diesen eine Bürgschaft** (etwa eine Gewährleistungsbürgschaft[80]), so gewährt es damit dem Kunden einen (Aval-)Kredit. Der in diesem Kontext gegen den Kunden bestehende Ersatzanspruch des Kreditinstituts (im Falle der Bürgschaftsleistung) ist ein Anspruch aus bankmäßiger Geschäftsverbindung, der durch die Grundschuld mit weiter Zweckabrede (RN 668) gesichert ist, auch ohne dass Ansprüche aus Bürgschaft ausdrücklich genannt sind.

---

73 BGH v. 26.11.2002 – XI ZR 10/00 (Ziff. III. 2) = WM 2003, 64 = ZIP 2003, 247 = EWiR § 3 HWiG a. F. 2/03, 639 (*Weber/Madaus*); MünchKomm/*Lieder*, BGB § 1191 RN 86.

74 Vgl. das rechtskräftige Urteil des KG v. 27.3.2017 – 8 U 87/16 (Ziff. II) = WM 2017, 1298 = BKR 2017, 301; für den Rückgewähranspruch nach § 3 HausTWG: BGH v. 26.11.2002 – XI ZR 10/00 (Ziff. III. 2) = WM 2003, 64 = ZIP 2003, 247 = EWiR § 3 HWiG a. F. 2/03, 639 (*Weber/Madaus*); BGH v. 28.10.2003 – XI ZR 263/02 = WM 2003, 2410 = ZIP 2004, 64.

75 LG Kleve v. 15.3.2016 – 4 O 193/14 = BeckRS 2016, 6607 = NJOZ 2016, 755; LG Itzehoe v. 15.2.2016 – 7 O 185/15 = BeckRS 2016, 3368.

76 OLG Hamm v. 28.1.2016 – 32 SA 75/15 = BeckRS 2016, 4266 = GWR 2016, 169 (*Fuxman*).

77 BGH v. 4.3.2016 – XI ZR 39/15 = BKR 2016, 204; *Fuxman*, GWR 2016, 169.

78 Zutreffend etwa LG Kleve v. 15.3.2016 – 4 O 193/14 = BeckRS 2016, 6607 = NJOZ 2016, 755; OLG Hamm v 27.5.2015 – 31 U 41/15 (RN 6) = BeckRS 2016, 03258.

79 BGH v. 8.5.1987 – V ZR 89/86 (Ziff. 2), BGHZ 101, 29 = WM 1987, 802 = ZIP 1987, 829 = EWiR § 1191 BGB 3/87, 781 (*Brych*); *Schmitz*, WM 1991, 1061, 1062.

80 Vgl. Grüneberg/*Sprau*, Einf. RN 13 vor § 765.

Die in der weiten Sicherungsabrede (RN 668) meist[81] zusätzlich enthaltene Vereinbarung, dass auch fällige Forderungen des Kreditinstituts aus einer **vom Sicherungsgeber für Dritte übernommenen Bürgschaft**[82] gesichert sind, betrifft einen anderen Fall. Solche Ansprüche wären von einer weiten Zweckabrede nach RN 668 nicht erfasst, weil sie sich regelmäßig nicht aus der bankmäßigen Geschäftsverbindung des Bürgen mit dem Kreditinstitut ergeben; eine formularmäßige Ergänzung ist also notwendig, um diese Ansprüche zu erfassen. Eine solche eindeutige formulierte Klausel ist wirksam. Denn es kann weder überraschend noch unbillig sein, wenn der Sicherungsgeber mit der Grundschuld (auch) für seine Verbindlichkeit aus der übernommenen Bürgschaft einstehen muss, für die er ohnehin mit seinem ganzen Vermögen haftet.[83] Allerdings kann das Kreditinstitut aus der Vereinbarung Rechte erst ableiten, wenn sein Anspruch aus der Bürgschaft fällig geworden ist.[84]

Dagegen ist durch eine weite Sicherungsabrede (RN 668) nicht gesichert der   *674* Anspruch des Kreditinstituts gegen seinen Kreditnehmer daraus, dass dieser die persönliche Haftung für eine von ihm zur Verfügung gestellte andere Grundschuld zur Sicherung von Verbindlichkeiten eines Dritten übernommen hat.[85] Im Übrigen wird bei einer Bestellung einer **Grundschuld für fremde Verbindlichkeiten** die – jedenfalls in der selben Abrede[86] – formularmäßige Übernahme der persönlichen **Haftung** für **überraschend gemäß § 305c Abs. 1 BGB** (RN 301) gehalten; die Frage der (zusätzlichen) Haftung einer anderen Grundschuld wird sich daher regelmäßig gar nicht stellen.

Ansprüche des Kreditinstituts auf **Erstattung von Kosten** aus einem gegen den   *675* Kreditnehmer geführten **Prozess** stammen nicht aus der bankmäßigen Geschäftsverbindung. Sie fallen daher auch **nicht** unter die weite Sicherungsab-

---

81   Anhänge 6 [1.1 a. E.], 8 [1.1, 1. Ankreuzkästchen], 9 [1, 2. Ankreuzkästchen], 10 [1.1, 2. Spiegelstrich], 12 [1.1, 2. Spiegelstrich].

82   Bei der Formulierung wie in den Anhängen 6 [1.1 a. E.], 8 [1.1, 1. Ankreuzkästchen], 9 [1, 2. Ankreuzkästchen], 10 [1.1, 2. Spiegelstrich], 12 [1.1, 2. Spiegelstrich] besteht keine Unklarheit. Das Urteil des OLG München (v. 4.8.1998 – 25 U 2306/98, EWiR § 1191 BGB 1/99, 451 [*Clemente*]), wonach die konkrete Klausel zur Einbeziehung der Ansprüche „aus Bürgschaften" unwirksam sei, betrifft offensichtlich einen anderen Vordruck (die betroffene Klausel formulierte nicht klar, ob eine Bürgschaft des Kunden oder zugunsten des Kunden gemeint war).

83   Nicht überzeugend *Clemente*, BGH EWiR § 1191 BGB 1/99, 451, Ziff. 4 (unwirksam, weil überraschend). Der Fall ist nicht vergleichbar mit der Bürgschaft für *eine von einem anderen* begründete Verbindlichkeit (aus Bürgschaft); dazu: BGH v. 5.4.1990 – IX ZR 111/89 = WM 1990, 969 = ZIP 1990, 708 = EWiR § 765 BGB 2/90, 677 (*Tiedtke*).

84   Für das AGB-Pfandrecht und für die Sicherungszession: BGH v. 25.9.1990 – XI ZR 142/89 = WM 1990, 1910 = ZIP 1990, 1392 = EWiR § 765 BGB 4/90, 1197 (*Brink*).

85   BGH v. 19.9.1986 – V ZR 72/85 (Ziff. I. 2), BGHZ 98, 256 = WM 1986, 1467 = ZIP 1986, 1540 = EWiR § 11 Nr. 15 AGBG 1/87, 9 (*Stürner/Münch*); *Schmitz*, WM 1991, 1061, 1062; auch *Clemente*, ZIP 1990, 969, 971.

86   Vgl. BGH v 5.3.1991 – XI ZR 75/90 = BGHZ 114, 9 = ZIP 1991, 503 = WM 1991, 758, der aber am Ende der Ziff. 4b) bb) der Urteilsgründe formuliert: „*Ist die Einräumung der dinglichen Sicherheit aus der Sicht des Kreditinstituts nicht ausreichend, ist es ihm unbenommen, durch eine gesonderte Vereinbarung die persönliche Haftung des zur Sicherung bereiten Dritten zu begründen.*".

rede und sind durch die Grundschuld nicht gesichert.[87] Das gilt nicht für die Kosten der Geltendmachung der Grundschuld selbst (Kosten für den dinglichen Titel und die Zwangsvollstreckung daraus[88]), zumal diese gemäß §§ 1192, 1118 BGB erstattungsfähig sind.[89]

676 Ist der Kreditnehmer zugleich persönlich haftender **Gesellschafter** einer **OHG oder KG**, sind Verbindlichkeiten der Gesellschaft – trotz der persönlichen **Haftung** des Kreditnehmers – **durch** die **weite Sicherungsabrede** (RN 668) **nicht erfasst**, weil sie nicht aus der bankmäßigen Geschäftsverbindung mit dem Kreditnehmer persönlich (sondern mit der weitgehend als juristischen Person behandelten Gesellschaft) stammen[90] (s. RN 698 ff. zur Erstreckung der Haftung einer vom persönlich haftenden Gesellschafter privat bestellten Sicherheit auf Verbindlichkeiten der Gesellschaft und umgekehrt).

677 Regelmäßig dürfte **Entsprechendes** auch für Verbindlichkeiten einer **BGB-Gesellschaft** gelten.[91] Die Betrachtung der BGB-(Außen-)Gesellschaft hat sich sehr der OHG angenähert, was etwa die BGH-Rechtsprechung[92] zeigt. Der BGB-Gesellschafter haftet somit nach der entsprechenden Wertung des § 126 HGB[93] für Verbindlichkeiten der BGB-Gesellschaft. Da es keinen Grund gibt, den BGB-Gesellschafter schlechter zu stellen als einen OHG-Gesellschafter, werden regelmäßig auch Verbindlichkeiten der BGB-Gesellschaft von der weiten Sicherungsabrede einer von einem BGB-Gesellschafter bestellten Grundschuld nicht erfasst. Dabei ist es grds. unerheblich, ob die Gesellschaftsverbindlichkeit durch den Sicherungsgeber der Grundschuld selbst oder einen der anderen Gesellschafter begründet worden ist. Da es hier aber immer noch eine Gestaltungsvielfalt gibt, lässt sich keine allgemeingültige Regel aufstellen. Nicht ausgeschlossen werden können daher auch Fälle, in denen Verbindlichkeiten der BGB-Gesellschaft aus der Geschäftsverbindung des Kreditnehmers (und Sicherungsgebers) mit dem Kreditinstitut herrühren. Diese sind dann gesichert (s. auch RN 698 zur – ausdrücklichen – Erstreckung der Haftung einer Grundschuld des Gesellschafters auf Verbindlichkeiten der Gesellschaft und umgekehrt).

678 Auch **von Dritten erworbene Ansprüche** gegen den Kreditnehmer können im Rahmen der weiten Sicherungsabrede (RN 668) gesichert sein. Die Vordrucke

---

87 BGH v. 28.10.1997 – XI ZR 26/97 (Ziff. II 2) = WM 1997, 2355 = ZIP 1997, 2194; BGH v. 10.11.1988 – III ZR 215/87 = WM 1989, 129 = ZIP 1989, 159; MünchKomm/*Lieder*, BGB § 1191 RN 86.

88 Grüneberg/*Herrler*, § 1118 RN 2 und 3.

89 Vgl. *Heinrichs*, BGH EWiR § 1191 BGB 1/98, 113 (Ziff. 3.3); MünchKomm/*Lieder*, BGB § 1118 RN 11 ff. iVm RN 22.

90 *Tiedtke*, NJW 1991, 3241, 3244; vgl. BGH v. 9.3.1987 – II ZR 186/86 (Ziff. I. 1) = BGHZ 100, 126 = WM 1987, 571= ZIP 1987, 572, der es als zweifelhaft bezeichnete, ob die Gesellschaftsverbindlichkeit unter die Sicherungsabrede fällt, die Frage aber offenlassen konnte.

91 Vgl. *Tiedtke*, NJW 1991, 3241, 3246 f.; BeckOK/*Rohe*, 1.11.2023, BGB § 1192 RN 112.

92 BGH v. 29.1.2001 – II ZR 331/00 (Teil B) = BGHZ 146, 341 = WM 2001, 408 = ZIP 2001, 330 = NJW 2001, 1056 = EWiR 2001, 341 (*Prütting*); BGH v. 19.11.2013 – II ZR 150/12 (dort RN 24) = WM 2014, 560 = ZIP 2014, 565.

93 Bis Ende 2023 noch in § 128 HGB geregelt. Änderung aufgrund des Personengesellschaftsrechtsmodernisierungsgesetzs – MoPeG.

enthalten häufig[94] die Bestimmung, dass die Grundschuld auch solche Ansprüche gegen den Schuldner sichert, die das Kreditinstitut aus Abtretungen oder gesetzlichem Forderungsübergang erworben hat oder erwirbt. Das kann z.B. dadurch erfolgen, dass das Kreditinstitut einen Wechsel hereinnimmt, der von dem durch die Grundschuld begünstigten Schuldner akzeptiert, ausgestellt oder indossiert worden ist. Oder auch dadurch, dass ein anderer Kunde Forderungen gegen den Schuldner an das Kreditinstitut abtritt. Wenn und soweit die von Dritten erworbenen Forderungen ausdrücklich genannt werden, können sonst mögliche Zweifel, ob sie unter die Sicherungsabrede fallen, nicht auftreten.[95]

Forderungen, die in der Person eines Dritten entstanden sind, werden durch die Grundschuld aber nur dann gesichert, wenn das Kreditinstitut sie in banküblicher Weise erworben hat.[96] Dementsprechend werden in den Vordrucken[97] nur solche Forderungen einbezogen, die das Kreditinstitut im Rahmen seiner bankmäßigen Geschäftsbeziehungen mit dem Kreditnehmer bzw. **im Rahmen der üblichen Bankgeschäfte** erwirbt.   *679*

Schließlich fallen Forderungen, die erst nach **Beendigung** der **Geschäftsbeziehung** zum Schuldner (RN 610) oder nach Beginn des Insolvenzverfahrens[98] über das Vermögen des Schuldners von Dritten erworben oder vom Insolvenzverwalter begründet[99] werden, regelmäßig **nicht** mehr unter den **Schutz der Grundschuld** (s. – auch zu Differenzierungen – RN 617, 619).   *680*

Die Inanspruchnahme der Grundschuld kann auch bei in banküblicher Weise (z.B. durch Sicherungszession) erworbenen Ansprüchen ausnahmsweise unzulässig sein. Das ist etwa dann der Fall, wenn kein wirtschaftliches Interesse des Kreditinstituts daran besteht, sondern die Verwertung ausschließlich **im Interesse eines anderen** (bspw. des Zedenten) erfolgt, um diesen in den Genuss freier Sicherheitsteile zu bringen.[100] Forderungen, die nur zu dem Zweck abge-   *681*

---

94 Anhänge 6 [1.1 a. E.], 8 [1.1], 10 [1.1], 12 [1.1].

95 *Lohmann*, S. 20 ff., 85; *Clemente*, ZIP 1990, 969, 972.

96 BGH v. 18.11.2008 – XI ZR 590/07 (Ziff. II. 2) für Leasingforderungen vom Verbundpartner = ZIP 2009, 117 = WM 2009, 66 = WuB I F 4 – 1.09 (*Assies*) = EWiR 2009, 373 (*Jenal*); BGH v. 5.4.2005 – XI ZR 167/04 (Teil B Ziff. II. 2 b) für sog. „Vorausdarlehen" bei Vorfinanzierung eines Bauspardarlehens = ZIP 2005, 1024 = WM 2005, 1076 = WuB I F Grundpfandrechte 2.05 (*Rimmelspacher*); BGH v. 27.2.1981 – V ZR 48/80 = WM 1981, 518 = ZIP 1981, 486; BGH v. 17.12.1980 – VIII ZR 307/79 (Ziff. I. 2 c) = WM 1981, 162 = ZIP 1981, 147; *Rastätter*, DNotZ 1987, 463 bis 465.

97 Siehe Anhänge 6 [1.1], 8 [1.1, 1. Ankreuzkästchen], 9 [1, 2. Ankreuzkästchen], 10 [1.1], 12 [1.1].

98 Für Bürgschaft: BGH v. 27.6.1979 – VIII ZR 233/78 (Ziff. I. 2 b) = NJW 1979, 2040 = WM 1979, 884 (für Rechtslage nach Konkursordnung).

99 BGH v. 13.11.1990 – XI ZR 217/89 (Ziff. II. 1) = WM 1991, 60 = ZIP 1991, 155 = EWiR § 1191 BGB 2/91, 151 (*Bülow*); BGH v. 13.05.1997 – IX ZR 129/96 = WM 1997, 1324 = ZIP 1997, 1231; MünchKomm/*Lieder*, BGB § 1191 RN 185; vgl. aber die abweichende Bewertung für das Pfändungspfandrecht an einem Girokonto BGH v. 20.03.1997 – IX ZR 71/96 = BGHZ 135, 140 = WM 1997, 831 = ZIP 1997, 737.

100 BGH v. 17.12.1980 – VIII ZR 307/79 (Ziff. I. 2 c) = WM 1981, 162 = ZIP 1981, 147; für Sicherungszession: BGH v. 20.3.1991 – IV ZR 50/90 = WM 1991, 846 = ZIP 1991, 573 = EWiR § 242 BGB 2/91, 539 (*Rehbein*) sowie BGH v. 31.1.1983 – II ZR 24/82 = WM 1983, 537 = ZIP 1983, 667.

treten worden sind, einem anderen Kunden (Gläubiger des in Schwierigkeiten geratenen Sicherungsgebers) Vorteile zu verschaffen, werden nicht geschützt (vgl. auch RN 1051).

20.3 Gesichert: ausschließlich Verbindlichkeiten des Sicherungsgebers

682 Sichert die Grundschuld ausschließlich Verbindlichkeiten des Sicherungsgebers (RN 637 ff.), bestehen **keine Bedenken**, die Sicherungsabrede – selbst formularmäßig (RN 687) – auf alle gegenwärtigen und künftigen Verbindlichkeiten (des Sicherungsgebers) zu erstrecken (RN 668 ff.). Die **Ausdehnung des Sicherungszwecks** auf künftige eigene Verbindlichkeiten ist weder unbillig noch überraschend. Der Sicherungsgeber kann das gegenwärtige Risiko überschauen und eine künftige Erhöhung des Risikos vermeiden. Die Ausnutzung der Grundschuld für spätere Kreditgeschäfte dient auch seinem eigenen Interesse; er selbst bestimmt, ob er weitere Verbindlichkeiten eingeht. Gesichert sind stets nur eigene Verbindlichkeiten des Sicherungsgebers, für die er ohnehin mit seinem ganzen Vermögen – also auch mit dem belasteten Grundstück – einstehen muss. Die **weite Sicherungsabrede** in ihrem ganzen Umfang (RN 668 bis 681) ist in diesem Fall unbedenklich **wirksam**. Das ist inzwischen **gesicherte Rechtsprechung**[101] und herrschende Meinung in der **Literatur**[102]. An dieser Wertung hat § 1192 Abs. 1a BGB nichts geändert.[103]

Aber auch in diesem Kontext sind **Einzelfallumstände** zu berücksichtigen. So hat das OLG Karlsruhe entschieden, dass eine formularmäßige **weite Sicherungsabrede** für den Eigensicherungsgeber ausnahmsweise **überraschend** i. S. v. § 305c Abs. 1 BGB sein kann, wenn er unter den gegebenen **Umständen** davon ausgehen durfte, die Grundschuld solle **nur** der Sicherung des **Anlass-**

---

101 BGH v. 24.11.2016 – IX ZR 278/14 = ZIP 2017, 12 = WM 2017, 22 = *Samhat*, WuB 2017, 260; BGH v. 23.5.2000 – XI ZR 214/99 (Ziff. II. 1) = WM 2000, 1328 = ZIP 2000, 1202 = EWiR § 3 AGBG 2/2000, 797 (*Weber/Bonin*); BGH v. 3.6.1997 – XI ZR 133/96 (Ziff. II. 3 a) = WM 1997, 1280 = ZIP 1997, 1229 = EWiR § 3 AGBG 1/97, 673 (*Joswig*); BGH v. 18.11.1988 – V ZR 75/87 (Ziff. I. 2 b) = BGHZ 106, 19 = WM 1989, 88 = ZIP 1989, 85 = EWiR § 1191 BGB 1/89, 155 (*Gaberdiel*); BGH v. 8.5.1987 – V ZR 89/86 (Ziff. 2) = BGHZ 101, 29 = WM 1987, 802 = ZIP 1987, 829 = EWiR § 1191 BGB 3/87, 781 (*Brych*); OLG Köln v. 4.4.2001 – 13 U 96/00 (Ziff. 6b) = WM 2003, 1468.

102 Staudinger/*Wolfsteiner* (2019), Vorbem. zu §§ 1191 ff. RN 67; *Clemente*, ZIP 1990, 969, 971 f., 976; *Rösler*, WM 1998, 1377, 1378; *Schmitz*, WM 1991, 1061, 1062; *Siol*, WM 1996, 2217, 2219; *Tiedtke*, NJW 1991, 3241; *Graf v. Westphalen*, NJW 2003, 1635, 1637; MünchKomm/*Lieder*, BGB § 1191 RN 46; *anders* (auch bei Identität von Schuldner und Sicherungsgeber komme Verstoß gegen das AGB-rechtliche Überraschungsverbot in Betracht): *Volmer*, WM 1998, 914; noch weitergehend *Knops*, ZIP 2006, 1965, der darüber hinaus Unwirksamkeit wegen Unangemessenheit nach § 307 BGB für möglich hält.

103 Anders, aber nicht überzeugend *Knops*, NJW 2015, 3121 (3123 f.), überzeugend gegen Knops etwa *Heinze* DNotZ 2016, 255 (257 ff.); vgl. auch BGH v. 24.11.2016 – IX ZR 278/14 = ZIP 2017, 12 = WM 2017, 22 = *Samhat*, WuB 2017, 260.

kredits dienen.[104] Das ist – wie in der OLG-Karlsruhe-Entscheidung – etwa dann der Fall, wenn der Grundstückseigentümer (Veräußerer) und die Grundschuldgläubigerin wenige Wochen vorher bei der Grundschuldbestellung vereinbart hatten, dass der Sicherungszweck der Grundschuld auf das Anlassdarlehen, das der Finanzierung des Erwerbs diente, beschränkt sein sollte. Bestehen **mehrere Sicherungsgeber**, dann ist nach OLG Frankfurt eine formularmäßige Vereinbarung einer **weiten Zweckerklärung** insoweit **überraschend** (also nicht Vertragsbestandteil), als sie es einem von mehreren Sicherungsgebern erlaubt, die für eine gemeinsame Verbindlichkeit gestellte Grundschuld auch auf weitere, **allein eingegangene Verpflichtungen** zu erstrecken.[105]

Ist eine **einzige Person Sicherungsgeber**, so kommt es darauf an, dass gerade er   683
die künftige Verbindlichkeit uneingeschränkt schuldet. Ob er als alleiniger Schuldner oder als einer von mehreren Gesamtschuldnern für die künftige Verbindlichkeit haftet, ist unerheblich.[106] Die Gesamtschuldnerschaft des Sicherungsgebers darf allerdings nicht nur vorgeschoben sein[107]. Durch die übliche weite Sicherungsabrede (RN 668) wirksam einbezogen sind daher auch künftige Verbindlichkeiten des Sicherungsgebers, für die neben ihm noch andere Personen als Gesamtschuldner haften. Voraussetzung ist selbstverständlich, dass es sich um Verbindlichkeiten aus der bankmäßigen Geschäftsverbindung mit dem Sicherungsgeber handelt, weil diese nur dann von der Sicherungsabrede erfasst werden.

Sind **mehrere Personen Sicherungsgeber** (z. B. Ehegatten, denen das belastete   684
Hausgrundstück gemeinsam gehört), so liegt Personengleichheit zwischen Sicherungsgeber und Schuldner nur vor, wenn durch die Grundschuld ausschließlich gemeinsame Verbindlichkeiten gesichert sind. Deshalb ist (nur) die Erstreckung auf künftige gemeinsame Verbindlichkeiten unbedenklich.[108] Wegen der Fälle, in denen die Sicherungsabrede auf weitere Verbindlichkeiten einzelner Sicherungsgeber erstreckt werden soll (z. B. durch Verwendung der Klausel „Verbindlichkeiten von Herrn und/oder Frau X"), wird auf RN 662 und RN 696–698 verwiesen.

---

104 OLG Karlsruhe v. 26. 07. 2012 – 9 U 154/11 = WM 2013, 1072; vgl. auch OLG Rostock v. 18. 1. 2001 – 1 U 64/99 (Ziff. II. 2 b, dd) = WM 2001, 1377 = EWiR § 3 AGBG 5/01, 977 (*Fraune*).
105 OLG Frankfurt v. 4. 5. 2018 – 3 U 103/16 (RN 89) = BeckRS 2018, 16561.
106 BGH v. 23. 5. 2000 – XI ZR 214/99 (Ziff. II. 1) = WM 2000, 1328 = ZIP 2000, 1202 = EWiR § 3 AGBG 2/2000, 797 (*Weber/Bonin*); BGH v. 3. 6. 1997 – XI ZR 133/96 (Ziff. II. 3 a) = WM 1997, 1280 = ZIP 1997, 1229 = EWiR § 3 AGBG 1/97, 673 (*Joswig*); BGH v. 8. 5. 1987 – V ZR 89/86 (Ziff. 2) = BGHZ 101, 29 = WM 1987, 802 = ZIP 1987, 829 = EWiR § 1191 BGB 3/87, 781 (*Brych*); OLG Köln v. 4. 4. 2001 – 13 U 96/00 (Ziff. 6b) = WM 2003, 1468; Staudinger/*Wolfsteiner* (2019), Vorbem. zu §§ 1191 ff., RN 68; *Rösler*, WM 1998, 1377, 1378.
107 Staudinger/*Wolfsteiner* (2019), Vorbem. zu §§ 1191 ff., RN 69.
108 Unmissverständlich: Anhang 9a [1, 2. Ankreuzkästchen].

20.4 Gesichert: ausschließlich Verbindlichkeiten Dritter

685 Anlass für die Bestellung/Abtretung der Grundschuld ist meist die Absicht, die Finanzierung eines bestimmten Vorhabens zu sichern. Darlehensgewährung und Grundschuldbestellung stehen in unmittelbarem zeitlichen und sachlichen Zusammenhang (wegen Grundschuldbestellung bzw. Sicherungsabrede ohne solchen Zusammenhang mit einem bestimmten Anlass s. RN 694).

In solchen Fällen ist die Vereinbarung wirksam, dass diejenige Verbindlichkeit des Dritten, die **Anlass für die Grundschuldbestellung** war, durch die vom Sicherungsgeber zur Verfügung gestellte Grundschuld gesichert ist (s. RN 686). Das gilt auch dann, wenn zur Finanzierung des Vorhabens mehrere bestimmte Darlehen (oder Kredite) gewährt und durch die Grundschuld gesichert werden sollen[109] oder wenn die Grundschuld neben der Verbindlichkeit des Dritten auch noch eigene Verbindlichkeiten des Sicherungsgebers sichert (dazu RN 696).

Wird ein gesicherter Kredit **bankintern umgeschuldet**, so kann das – je nach den Umständen – eine bloße, das ursprüngliche Schuldverhältnis bestehen lassende Vertragsänderung oder die Begründung eines neuen Schuldverhältnisses sein.[110] Im ersteren Fall bleibt die Forderung im bisherigen Umfang gesichert, weil sie mit der ursprünglichen identisch ist. Im letzteren Fall entsteht eine neue Forderung, die nur bei entsprechender (wirksamer) Vereinbarung gesichert ist. Ein Fall der bloßen Vertragsänderung (bei der die Sicherheit fortbesteht) liegt im Zweifel vor[111], wenn ein nicht mehr benötigter Kontokorrentkredit in ein Darlehen umgewandelt wird. Wird umgekehrt ein Darlehen(-srest) in ein Kontokorrent eingestellt, so wird ebenfalls regelmäßig eine für das Darlehen bestellte Grundschuld in Höhe des in das Kontokorrent übernommenen Darlehensbetrags (höchstens aber in Höhe des geringsten künftigen Kontokorrentsaldos) weiterhaften (§ 356 HGB)[112]; s. auch RN 729.

Wird ein befristeter Kredit verlängert, so dürfte auch der Verlängerungskredit wirksam gesichert sein, falls die Beteiligten von Anfang an eine **mehrfache Verlängerung** beabsichtigt haben[113]; in diesem Fall ist der Ursprungskredit

---

109 BGH v. 23.2.1999 – XI ZR 49/98 (Ziff. II. 1) = BGHZ 140, 391 = WM 1999, 684 = ZIP 1999, 550 (Anlass für die Bestellung der Grundschuld war die Sicherung von vier Darlehen); BGH v. 30.10.1987 – V ZR 174/85 = BGHZ 102, 152 = WM 1988, 12 = ZIP 1988, 12.

110 Für Bürgschaft: BGH v. 2.3.2000 – IX ZR 328/98 (Ziff. II. 2 c. aa) = BGHZ 144, 52 = WM 2000, 764 = ZIP 2000, 656 = EWiR § 765 BGB 4/2000, 813 (*Klaas*); BGH v. 30.9.1999 – IX ZR 287/98 = WM 1999, 2251 = ZIP 1999, 1881 = EWiR § 767 BGB 1/2000, 171 (*Tiedtke*); *a.A.*, aber nicht überzeugend (neue Forderung): *Tiedtke*, EWiR § 767 BGB 1/2000, 171.

111 Für Bürgschaft: BGH v. 2.3.2000 – IX ZR 328/98 (Ziff. II. 2 c, aa) = BGHZ 144, 52 = WM 2000, 764 = ZIP 2000, 656 = EWiR § 765 BGB 4/2000, 813 (*Klaas*); BGH v. 30.9.1999 – IX ZR 287/98 = WM 1999, 2251 = ZIP 1999, 1881.

112 *Knops*, EWiR 2000, 799 (Ziff. 4); *a.A.* die von ihm besprochene Entscheidung KG v. 1.12.1999 – 11 U 3872/99 (Ziff. II), ZfIR 2000, 735.

113 Für Bürgschaft: BGH v. 15.7.1999 – IX ZR 243/98 (Ziff. II. 2 c) = BGHZ 142, 213 = WM 1999, 1761 = ZIP 1999, 1480 = EWiR § 765 BGB 12/99, 1001 (*Tiedtke*).

einschließlich der Verlängerungskredite Anlass der Grundschuldbestellung (s. zur Prolongationsklausel RN 667.1). Dagegen dürfte die bei Ablauf der Laufzeit gewährte Verlängerung des Kredits, die ursprünglich nicht beabsichtigt war, selbst bei sonst unveränderten Bedingungen ein neuer Kredit sein, der nur ausnahmsweise (s. dazu RN 667.1 und RN 688 ff.) gesichert ist.[114] Um bei diesen oft nicht leicht zu unterscheidenden Varianten das Risiko einer Fehlbeurteilung auszuschließen, sollte das Kreditinstitut sicherheitshalber sowohl die interne Umschuldung wie die Verlängerung eines gesicherten Kredits von der ausdrücklichen **Bestätigung des (Dritt-)Sicherungsgebers** abhängig machen, dass auch die umgeschuldete bzw. verlängerte Verbindlichkeit gesichert ist. Kein Problem tritt dagegen auf, wenn – insbesondere bei der vom Schuldner bestellten Grundschuld – eine wirksame weite Sicherungsabrede (RN 668) besteht, weil in diesem Fall die (aus der Geschäftsverbindung stammende) Forderung auch dann gesichert ist, wenn sie neu ist.

Wird formularmäßig (RN 687) vereinbart, dass über die Anlassverbindlichkeit hinaus auch alle (anderen) Verbindlichkeiten eines Dritten gesichert sein sollen, so ist diese **(Erweiterungs-)Vereinbarung** meist nach § 305c Abs. 1 BGB **überraschend** und damit nicht Vertragsbestandteil (RN 688 bis 695). Dennoch bleibt die (Grund-)Abrede, dass die die Sicherungsgewährung veranlassende Verbindlichkeit gesichert ist (RN 685), jedenfalls dann wirksam, wenn sie, wie regelmäßig, aus sich allein heraus verständlich und sinnvoll von der Erweiterung trennbar ist.[115] Daher ist – selbst bei Unwirksamkeit der Erweiterung – dasjenige Darlehen wirksam gesichert, das den Anlass der Vereinbarung bildet.[116]

686

Allgemeine Geschäftsbedingungen (AGB) im Sinne der §§ 305 bis 310 BGB sind alle für eine Vielzahl von Verträgen vorformulierten Vereinbarungen, die vom Verwender der anderen Partei gestellt werden. Umfang, Schriftform (also ob handschriftlich, maschinenschriftlich oder gedruckt) und ob in den Vertrag integriert oder nicht, spielen keine Rolle (§ 305 Abs. 1 BGB). Eine AGB kann auch eine einzelne Bestimmung aus einem Vertrag sein.[117] Die maschinen- oder handschriftliche Ausfüllung von dafür vorgesehenen Lücken im Vordruck, durch die der Regelungsgehalt nicht beeinflusst wird (z. B. Namen, Bezeichnung des Belastungsobjekts), macht daraus keine Individualvereinbarung; auch

687

---

114 Für Bürgschaft: BGH v. 15. 7. 1999 – IX ZR 243/98 (Ziff. II. 2 a) = BGHZ 142, 213 = WM 1999, 1761 = ZIP 1999, 1480 = EWiR § 765 BGB 12/99, 1001 (*Tiedtke*).

115 BGH v. 18. 11. 1988 – V ZR 75/87 (Ziff. I. 2 b) = BGHZ 106, 19 = WM 1989, 88 = ZIP 1989, 85 = EWiR § 1191 BGB 1/89, 155 (*Gaberdiel*); BGH v. 10. 11. 1989 – V ZR 201/88 (Ziff. II. 2 e) = BGHZ 109, 197 = WM 1989, 1926 = ZIP 1990, 299 = EWiR § 1191 BGB 2/90, 253 (*Gnamm*); *Clemente*, RN 496; *Siol*, WM 1996, 2117, 2119; *kritisch* Staudinger/*Wolfsteiner* (2019), Vorbem. zu §§ 1191 ff., RN 65.

116 BGH v. 4. 10. 1995 – XI ZR 215/94 (Ziff. III) = BGHZ 131, 55 = WM 1995, 2133 = ZIP 1995, 1979 = EWiR § 1191 BGB 1/96, 651 (*Clemente*); KG v. 1. 12. 1999 – 11 U 3872/99 (Ziff. II) = ZfIR 2000, 735 = EWiR § 3 AGBG 3/2000, 799 (*Knops*); OLG Koblenz v. 29. 1. 1998 – 11 U 1690/96 (Ziff. 3b) = NJW-RR 1999, 1178 = WM 1999, 2068 = WuB I F 3. – 15.99 (*Gaberdiel*).

117 Etwa *Graf v. Westphalen*, NJW 2002, 1688, 1689 (Ziff. I. 1 a).

nicht, wenn zwischen mehreren vorformulierten Alternativen gewählt werden kann.[118]

Für eine Vielzahl von Verträgen bestimmt sind Vereinbarungen schon dann, wenn die Absicht besteht, sie mehrfach (mindestens dreimal) zu verwenden. Nicht erforderlich ist, dass sie auch tatsächlich so oft verwendet werden.[119] Beim Verbrauchervertrag genügt für eine AGB-Kontrolle nach Maßgabe des § 310 Abs. 3 Nr. 2 BGB bereits die Absicht einer einmaligen Verwendung. Vorformuliert sind die Bedingungen dann, wenn sie in irgendeiner Weise fixiert sind, etwa als Vordruck vorhanden oder als Textbaustein gespeichert. Es genügt aber auch, wenn sie durch interne Richtlinien vorgegeben sind oder auch nur aus dem Gedächtnis des Verwenders abgerufen werden können.[120] Als vom Kreditinstitut gestellt gelten bei einem **Verbrauchervertrag** – wenn also ein Verbraucher (RN 574) Partner des Kreditinstituts ist – alle Vertragsklauseln, die nicht der Kunde selbst eingeführt hat (§ 310 Abs. 3 Nr. 1 BGB). Das trifft auch auf Klauseln zu, die auf Vorschlag eines Dritten verwendet werden, also bspw. bei notarieller Beurkundung oder Beglaubigung für vom Notar selbstständig entworfene, in seiner Praxis häufig gebrauchte Klauseln.[121]

Bei Verträgen, die keine Verbraucherverträge sind, sind die Bedingungen dann vom Kreditinstitut gestellt, wenn diese Teil des Vertragsangebots an den anderen Teil sind.[122] Das gilt selbst dann, wenn der Vertrag notariell beurkundet wird.[123] Eine Klausel, die von einem Dritten, etwa vom Notar, selbstständig (also nicht auf Anregung des Kreditinstituts oder weil von diesem sonst häufig verwendet) entworfen oder vorgeschlagen worden ist, wird dagegen nicht so behandelt, als wäre sie vom Kreditinstitut gestellt (§ 310 Abs. 3 Nr. 1 BGB gilt für nur für Verbraucherverträge) und unterliegt deshalb nicht der AGB-Kontrolle.[124]

Die **Praxis muss davon ausgehen**, dass alle **Vereinbarungen** von Kreditinstituten, die mithilfe von Vordrucken oder Textbausteinen oder nach allgemeinen internen Richtlinien oder aufgrund einer bestehenden Übung formuliert werden, **AGB sind und den Maßstäben der §§ 305 bis 310 BGB genügen müssen.** Wirklich individuell ausgehandelte Vereinbarungen über die Absicherung von

---

118 BGH v. 2. 7. 1998 – IX ZR 255/97 (Ziff. II. 2 a) = NJW 1998, 2815 = WM 1998, 1675; OLG Hamm v. 17. 12. 1998 – 5 U 123/98 (Ziff. I. 2 a), WM 1999, 2065 = WuB I F 3. – 2.00 (*Gaberdiel*); Grüneberg/*Grüneberg*, § 305 RN 12.

119 BGH v. 27. 9. 2001 – VII ZR 321/00 (Ziff. II. 2 a) = WM 2001, 2352 = ZIP 2001, 2288 = EWiR § 767 ZPO 1/02, 131 (*Siegburg*); *Graf v. Westphalen*, NJW 2002, 1688 (Ziff. I. 1 a).

120 Grüneberg/*Grüneberg*, § 305 RN 8; *Graf v. Westphalen*. NJW 2002, 1688, 1689 (Ziff. I. 1 a).

121 Grüneberg/*Grüneberg*, § 310 RN 12.

122 Grüneberg/*Grüneberg*, § 305 RN 10.

123 BGH v. 10. 11. 1989 – V ZR 201/88 (Ziff. II. 2 b) = BGHZ 109, 197 = WM 1989, 1926 = ZIP 1990, 299 = EWiR § 1191 BGB 2/90, 253 (*Gnamm*).

124 Grüneberg/*Grüneberg*, § 305 RN 12 m. w. N.

Krediten durch Grundschulden, für die diese Maßstäbe nicht gelten würden[125], dürfte es kaum geben.

Bei der Prüfung, ob die **formularmäßige** (RN 687) **Erweiterung** des Siche- 688
rungszwecks wirksam ist, stellt der BGH in ständiger Rechtsprechung darauf ab, ob die Zweckerklärung eine Regelung enthält, die von den berechtigten Erwartungen des Sicherungsgebers deutlich zu seinem Nachteil abweicht und mit der er den Umständen nach vernünftigerweise nicht zu rechnen braucht. Die dabei maßgeblichen Erwartungen werden von allgemeinen und individuellen Begleitumständen bestimmt. Zu den allgemeinen Begleitumständen gehören bspw. der Grad der Abweichung vom dispositiven Gesetzesrecht und die übliche Gestaltung derartiger Geschäfte; zu den individuellen Begleitumständen zählen etwa der Gang und der Inhalt der Vertragsverhandlungen sowie der äußere Zuschnitt des Vertrags, wobei für (berechtigte) Erwartungen bestimmend nur solche Umstände sind, die in unmittelbarem sachlichen und zeitlichen Zusammenhang mit der Sicherungsabrede stehen.[126]

Ist Anlass für die Bestellung der Grundschuld die Besicherung eines bestimmten Kredits (oder bestimmter Kredite), so ist eine **weite Zweckabrede**, die alle bestehenden und künftigen Verbindlichkeiten (RN 668) des mit dem **Sicherungsgeber nicht identischen Schuldners** erfasst, nach der **Rechtsprechung** in aller Regel **überraschend** gemäß § 305c Abs. 1 BGB (RN 687).[127] Dabei spielt es keine Rolle, ob die Erweiterung darin besteht, dass andere gegenwärtige[128] (also schon bestehende und damit bestimmte) oder künftige (also noch unbestimmte) Verbindlichkeiten in den Sicherungszweck einbezogen werden (näher zur Ausräumung der Überraschung durch individuelle Hinweise RN 691, zur kreditanlasslosen bestellten Grundschuld RN 694; zur späteren Erweiterung der Sicherungsabrede RN 701, 702; zur Verlängerung der Laufzeit des gesicherten Kredits RN 667.1 und RN 685).

---

125 BGH v. 7.5.1987 – IX ZR 198/85 (Ziff. 3b) = WM 1987, 853 = ZIP 1987, 764 = EWiR § 242 BGB 9/87, 757 (*Gaberdiel*).
126 BGH v. 16.1.2001 – XI ZR 84/00 (Ziff. II. 2 a) = WM 2001, 455 = ZIP 2001, 408 = EWiR § 3 AGBG 1/01, 349 (*Weber*); BGH v. 30.1.2001 – IX ZR 118/00 (Ziff. II. 1 b, bb [2]) = WM 2001, 623 = ZIP 2001, 507.
127 BGH v. 30.1.2001 – IX ZR 118/00 (Ziff. II. 1 b, bb [2]) = WM 2001, 623 = ZIP 2001, 507; BGH v. 16.1.2001 – XI ZR 84/00 (Ziff. II. 2 a) = WM 2001, 455 = ZIP 2001, 408 = EWiR § 3 AGBG 1/01, 349 (*Weber*); BGH v. 18.2.1992 – XI ZR 126/91 (Ziff. II. 2 a) = WM 1992, 563 = ZIP 1992, 386 = EWiR § 1191 BGB 1/92, 461 (*Clemente*); BGH v. 24.6.1997 – XI ZR 288/96 = WM 1997, 1615 = ZIP 1997, 1538 = EWiR § 9 AGBG 19/97, 1105 (*Hadding*); MünchKomm/*Lieder*, BGB § 1191 RN 48; *Siol*, WM 1996, 2217, 2219.
128 BGH v. 10.11.1989 – V ZR 201/88 (Ziff. II. 2 d) = BGHZ 109, 197 = WM 1989, 1926 = ZIP 1990, 299 = EWiR § 1191 BGB 2/90, 253 (*Gnamm*); *Tiedtke*, ZIP 1997, 1949, 1954.

Dass die Grundschuld für einen bestimmten Anlass bestellt worden ist und für welchen, hat der Sicherungsgeber darzulegen und zu beweisen.[129] Ist dies geschehen, trifft den Grundschuldgläubiger die Darlegungs- und **Beweislast**, dass er im Rahmen der Verhandlungen auf die Erweiterung der Haftung (über den Anlass der Grundschuldbestellung hinaus) ausdrücklich hingewiesen hat[130] (zur Beweislast beim Rückgewähranspruch RN 739 bis 741).

689 Dass eine überraschende Klausel häufig als „unwirksam" bezeichnet wird[131], darf nicht darüber hinwegtäuschen, dass der **überraschende Charakter** einer Klausel in dogmatischer Hinsicht nur bei der **AGB-Einbeziehungskontrolle** (§ 305 Abs. 1 BGB) eine Rolle spielt, also nicht bei der Inhaltskontrolle (§§ 307–309 BGB). Zunächst hatte sich die Rechtsprechung nicht eindeutig festgelegt, ob die AGB-rechtliche Kritik (nur) aus § 305c Abs. 1 BGB folgt oder sich (auch) aus § 307 Abs. 1 Satz 1 und Abs. 2 BGB ergibt.[132] Im ersten Fall ist die Klausel wirksam, wenn nur – wie auch immer – die „Überraschung" (§ 305c Abs. 1 BGB) ausgeräumt wird. Demgegenüber ist im Fall einer negativen **Inhaltskontrolle** nach § 307 Abs. 1 Satz 1 und Abs. 2 BGB die Klausel als unangemessene Benachteiligung schlechthin unwirksam. Inzwischen ist es ständige BGH-Rechtsprechung, dass eine weite Sicherungsabrede bei Drittgrundschulden **nicht** nach § 307 Abs. 1 Satz 1 und Abs. 2 BGB **schlechthin unwirksam**

---

129 BGH v. 28. 3. 1995 – XI ZR 151/94 (Ziff. II. 2 b) = WM 1995, 790 = ZIP 1995, 727 = EWiR § 1191 BGB 2/95, 565 (*Clemente*); BGH v. 30. 1. 2001 – IX ZR 118/00 (Ziff. II. 1 b, bb [2]) = WM 2001, 623 = ZIP 2001, 507; BGH v. 13. 3. 1991 – VIII ZR 34/90 (Ziff. II. 1) = BGHZ 114, 57 = WM 1991, 954 = ZIP 1991, 519; BGH v. 18. 2. 1992 – XI ZR 126/91 (Ziff. 2b) = WM 1992, 563 = ZIP 1992, 386 = EWiR § 1191 BGB 1/92, 461 (*Clemente*); OLG Rostock v. 18. 1. 2001 – 1 U 64/99 (Ziff. II. 2 a) = WM 2001, 1377 = EWiR § 3 AGBG 5/01, 977 (*Fraune*); Staudinger/*Wolfsteiner* (2019), Vorbem. zu §§ 1191 ff., RN 52.
130 BGH v. 10. 11. 1989 – V ZR 201/88 (Ziff. II. 2 d) = BGHZ 109, 197 = WM 1989, 1926 = ZIP 1990, 299 = EWiR § 1191 BGB 2/90, 253 (*Gnamm*).
131 Etwa BGH v. 29. 1. 1982 – V ZR 82/81 = BGHZ 83, 56 = WM 1982, 290 = ZIP 1982, 290; MünchKomm/*Lieder*, BGB § 1191 RN 53.
132 Noch offen gelassen etwa: BGH v. 12. 12. 1986 – V ZR 282/85 = BGHZ 99, 203 = WM 1987, 498 = ZIP 1987, 565 = EWiR § 1191 2/87, 593 (*Clemente*); vgl. auch Gaberdiel/Gladenbeck 8. Auflage, S. 193 f. m. w. N.

ist.[133] Die Literatur folgt teilweise der BGH-Rechtsprechung[134], verbreitet wird aber auch die Inhaltskontrolle nach § 307 BGB befürwortet.[135]

Doch de facto bewertet der **BGH** die Ausdehnung der Haftung über den Anlass der Sicherungsabrede hinaus auf alle bestehenden und künftigen Verbindlichkeiten eines Dritten **„grundsätzlich als überraschend"**.[136] Obwohl regelmäßig erklärt wird, dass die Überraschung u. a. entfällt, wenn bei Verhandlungen auf die Erweiterung der dinglichen Haftung hingewiesen worden ist[137], gibt es kaum ein Beispiel für eine ausreichende Information.[138] § 305c Abs. 1 BGB wird regelmäßig mit der Annahme bejaht, dass der Hinweis nicht erfolgt oder nicht ausreichend gewesen sei.

Bei einer aus Anlass eines bestimmten Kredits vom Nicht-Schuldner bestellten **690** Grundschuld hat der BGH nur in Ausnahmefällen eine weite Zweckerklärung gebilligt:

– In dem einen Fall war der Tatrichter (nach Beweiserhebung über die Behauptung, die Sicherungsgeberin sei „vor der Unterschriftsleistung durch den Geschäftsstellenleiter C. auf die Bedeutung und Tragweite der weiten Sicherungszweckerklärung hingewiesen worden") zur Überzeugung gekommen,

---

133 BGH v. 20. 3. 2002 – IV ZR 93/01 (Ziff. II. 1) = WM 2002, 1117 = ZIP 2002, 932 = EWiR § 1191 BGB 1/02, 809 (*Clemente*); BGH v. 30. 1. 2001 – IX ZR 118/00 (Ziff. II 1 b. bb [3]) = WM 2001, 623 = ZIP 2001, 507; BGH v. 24. 6. 1997 – XI ZR 288/96 = WM 1997, 1615 = ZIP 1997, 1538 = EWiR § 9 AGBG 19/97, 1105 (*Hadding*); BGH v. 3. 6. 1997 – XI ZR 133/96 (Ziff. II 3 b) = WM 1997, 1280 = ZIP 1997, 1229 = EWiR § 3 AGBG 1/97, 673 (*Joswig*); BGH v. 28. 3. 1995 – XI ZR 151/94 (Ziff. II. 2 c) = WM 1995, 790 = ZIP 1995, 727 = EWiR § 1191 BGB 2/95, 565 (*Clemente*); BGH v. 9. 7. 1991 – XI ZR 218/90 (Ziff. 2b) = WM 1991, 1748 = ZIP 1991, 1280 = EWiR § 1191 BGB 6/91, 1079 (*Clemente*); *Ganter*, WM 1998, 2045, 2046; *Siol*, WM 1996, 2217, 2220; *Wenzel*, ZIR 1997, 13; *Graf v. Westphalen*, NJW 2002, 1688, 1690 (Ziff. I. 2); *kritisch*: Staudinger/*Wolfsteiner* (2019), Vorbem. zu §§ 1191 ff., RN 59 ff.; *Volmer*, WM 1998, 914, 917 ff.; *ablehnend*: *Schmitz-Valckenberg*, DNotZ 1996, 492 und DNotZ 1998, 581, 583 ff.; *Tiedtke*, ZIP 1997, 1949.

134 Etwa Grüneberg/*Herrler*, § 1191 RN 42, RN 44.

135 Verwiesen wird auf die Darstellung des Meinungsstands bei Staudinger/*Wolfsteiner* (2019), Vorbem. zu §§ 1191 ff., RN 60 f. (der selbst eine Lösung *allein* nach der einen oder der anderen Norm ablehnt) und bei MünchKomm/*Lieder*, BGB § 1191 RN 41 ff. (der bei Verbraucherverträgen eine Inhaltskontrolle bejaht und ihr wohl auch bei anderen Verträgen zuneigt).

136 Etwa BGH v. 4. 10. 1995 – XI ZR 215/94 (Ziff. II. 3 c) = BGHZ 131, 55 = WM 1995, 2133 = ZIP 1995, 1979 = EWiR § 1191 BGB 1/96, 651 (*Clemente*); BGH v. 18. 2. 1992 – XI ZR 126/91 = WM 1992, 563 = ZIP 1992, 386 = EWiR § 1191 BGB 1/92, 461 (*Clemente*); BGH v. 3. 6. 1997 – XI ZR 133/96 = WM 1997, 1280 = ZIP 1997, 1229 = EWiR § 3 AGBG 1/97, 673 (*Joswig*); BGH v. 24. 6. 1997 – XI ZR 288/96 = WM 1997, 1615 = ZIP 1997, 1538 = EWiR § 9 AGBG 19/97, 1105 (*Hadding*); MünchKomm/*Lieder*, BGB § 1191 RN 48 ff.; *kritisch*: Staudinger/*Wolfsteiner* (2019), Vorbem. zu §§ 1191 ff., RN 63 und RN 71.

137 Etwa BGH v. 27. 6. 1995 – XI ZR 213/94 (Ziff. II. 2) = WM 1995, 1663 = ZIP 1995, 1404 = EWiR § 366 BGB 1/95, 959 (*Clemente*); *Siol*, WM 1996, 2217, 2219 mit weiteren Rechtsprechungszitaten.

138 Vgl. auch *Volmer*, WM 1998, 914, 916 f., der die Anforderungen des BGH an eine ausreichende Information für zu hoch hält.

dass die Sicherungsgeberin (Ehefrau eines Rechtsanwalts) „ausreichend informiert" worden sei; das hat der BGH nicht beanstandet.[139]

– In einem anderen Fall, in dem die Grundschuld aus Anlass der Prolongation von Wechseln bestellt worden ist, hätte der BGH die Erstreckung auf alle bestehenden Forderungen für nicht überraschend und deshalb für wirksam gehalten, wenn die Gläubigerin „im Rahmen der Verhandlungen darauf bestanden hätte, dass sie nur gegen Absicherung ›aller bestehenden‹ Verbindlichkeiten die Wechsel prolongieren werde".[140]

– In einem dritten Fall war die Sicherungsgeberin beim Abschluss der Sicherungsabrede von in Kreditgeschäften erfahrenen Personen vertreten.[141]

691 Daraus folgt: Eine Überraschung deswegen, weil die Vereinbarung von den durch die konkreten Umstände beim Vertragsabschluss erweckten Erwartungen deutlich abweicht (also bspw. weil die Grundschuldhaftung über den Anlasskredit hinaus erweitert wird), lässt sich nach der BGH-Rechtsprechung **allenfalls durch individuelle Hinweise außerhalb des Vordrucks**, nicht aber durch drucktechnische Gestaltung des Vordrucks oder ähnliche allgemeine, vom konkreten Fall losgelöste Maßnahmen (etwa eine zusätzliche Formularerklärung[142]) **ausräumen**.[143] Darüber hinaus lassen sich aber den veröffentlichten Entscheidungsgründen keine klaren Kriterien[144] entnehmen, was nach Form und Inhalt für die Ausräumung einer Überraschung erforderlich ist. So hielt der BGH eine maschinenschriftliche – vorformulierte und daher als AGB anzusehende (RN 687) – Zusatzbelehrung, die vom Sicherungsgeber unterschrieben und in der er über die Haftung mit Hinweis auf die Gefahr des Eigentumsverlusts belehrt worden war, nicht für ausreichend, um eine zur Unwirksamkeit führende Überraschung auszuräumen.[145] Auch eine (pflichtgemäße)

---

139 BGH v. 24.6.1997 – XI ZR 288/96 = WM 1997, 1615 = ZIP 1997, 1538 = EWiR § 9 AGBG 19/97, 1105 (*Hadding*).

140 BGH v. 10.11.1989 – V ZR 201/88 (Ziff. II. 2 d) = BGHZ 109, 197 = WM 1989, 1926 = ZIP 1990, 299 = EWiR § 1191 BGB 2/90, 253 (*Gnamm*).

141 BGH v. 9.7.1991 – XI ZR 218/90 = WM 1991, 1748 = ZIP 1991, 1280 = EWiR § 1191 BGB 6/91, 1079 (*Clemente*).

142 Vgl. BGH v. 4.10.1995 – XI ZR 215/94 = BGHZ 131, 55 = WM 1995, 2133 = ZIP 1995, 1979 = EWiR § 1191 BGB 1/96, 651 (*Clemente*).

143 MünchKomm/*Lieder*, BGB § 1191 RN 49; ähnlich: *Graf v. Westphalen*, NJW 2002, 1688 (Ziff. I. 2 a [S. 1690 linke Spalte unten]); vgl. schon *Amann*, MittBayNot 1997, 341.

144 Siehe auch *Rösler*, WM 1998, 1377, 1379, der darauf hinweist, dass der Ausnahmetatbestand „mit Kreditgeschäften vertraut" in der Praxis sehr schwer zu fassen ist.

145 BGH v. 4.10.1995 – XI ZR 215/94 = BGHZ 131, 55 = WM 1995, 2133 = ZIP 1995, 1979 = EWiR § 1191 BGB 1/96, 651 (*Clemente*); *Siol*, WM 1996, 2217, 2219.

Belehrung durch den Notar dürfte nicht ausreichen.[146] Dieser kann regelmäßig nur über das abstrakte (theoretische) Risiko – ähnlich wie in einem Vordruck – belehren.[147] Eine Belehrung durch Vordruck genügt aber gerade nicht; erforderlich ist stattdessen ein individueller Hinweis im Rahmen von Verhandlungen.[148] Da sich der BGH diesbezüglich – soweit ersichtlich – noch nicht geäußert hat, ist davon auszugehen, dass eine Vermutung dafür besteht, dass die Ausdehnung der Haftung über den Anlass der Grundschuldbestellung hinaus überraschend ist. Wolfsteiner[149] spricht sogar von einer (unwiderlegbaren) Überraschungsfiktion.

Die Erweiterung der Sicherungsabrede über den Anlass für die Grundschuldbestellung hinaus hält der BGH **ausnahmsweise nicht** für **überraschend**, wenn der Sicherungsgeber mit dem Schuldner „**persönlich und wirtschaftlich so eng verbunden**" ist, dass unter die Grundschuldhaftung fallende künftige Kreditaufnahmen des Schuldners für ihn „berechenbar und vermeidbar" sind. Erforderlich ist eine auf rechtlichen Möglichkeiten beruhende, nicht nur tatsächliche Einflussnahme.[150]

692

Die Voraussetzungen sind bspw. erfüllt, wenn der (alleinige) **Geschäftsführer und Mehrheitsgesellschafter der Schuldner-GmbH** aus seinem privaten Vermögen eine Grundschuld zur Sicherung der Darlehensverbindlichkeit[151] der GmbH bestellt. Denn als Geschäftsführer hat er Einfluss auf Art und Höhe der

---

146 Die Annahme von *Schmitz-Valckenberg*, DNotZ, 1996, 492, 495, eine ordnungsgemäße Belehrung durch den Notar schließe die Anwendung von § 305c Abs. 1 BGB aus und mache die Erweiterung der Sicherungsabrede wirksam, kann jedenfalls nicht mit der BGH-Rechtsprechung belegt werden. Vielmehr wurden in diesem Kontext auch notariell beurkundete Zweckerklärungen für überraschend erklärt (z.B. BGH v. 10.11.1989 – V ZR 201/88 = BGHZ 109, 197 = WM 1989, 1926 = ZIP 1990, 299 = EWiR § 1191 BGB 2/90, 253 [*Gnamm*]). *Schmitz-Valckenberg*, DNotZ 1998, 581, 583, weist in seiner Anmerkung zu BGH v 24.6.1997 – XI ZR 288/96 = ZIP 1997, 1538 = WM 1997, 1615 = DNotZ 1998, 578 selbst darauf hin, dass der BGH nicht das Problem behandelt habe, dass Überraschung auch durch notarielle Belehrung ausgeschlossen werden könne. Für (zur Wirksamkeit führende) Berücksichtigung der notariellen Belehrung *Volmer*, WM 1998, 914, 916 f.
147 Vgl. *Amann*, MittBayNot 1997, 341.
148 BGH v. 4.10.1995 – XI ZR 215/94 (Ziff. II. 3 c) = BGHZ 131, 55 = WM 1995, 2133 = ZIP 1995, 1979 = EWiR § 1191 BGB 1/96, 651 (*Clemente*); auch BGH v. 27.6.1995 – XI ZR 213/94 (Ziff. II. 2) = WM 1995, 1663 = ZIP 1995, 1404 = EWiR § 366 BGB 1/95, 959 (*Clemente*); *Rösler*, WM 1998, 1377, 1379; *Siol*, WM 1996, 2217, 2219. Durch eine „konkrete Anlassbelehrung" (im Sinne von *Amann*, MittBayNot 1997, 341) könnte die Überraschung nicht schlechthin (Sicherung *aller künftigen* Verbindlichkeiten des Dritten), sondern nur bezüglich der Haftung für Verbindlichkeiten aus dem anderen *konkreten* Anlass ausgeräumt werden.
149 Staudinger/*Wolfsteiner* (2019), Vorbem. zu §§ 1191 ff., RN 63.
150 BGH v. 18.2.1992 – XI ZR 126/91 – (Ziff. II. 2 b. cc) = WM 1992, 563 = ZIP 1992, 386 = EWiR § 1191 BGB 1/92, 461 (*Clemente*); BGH v. 20.2.1987 – V ZR 249/85 = BGHZ 100, 82 = WM 1987, 586 = ZIP 1987, 695; *Clemente*, RN 472 bis 475; *Siol*, WM 1996, 2217, 2219; MünchKomm/*Lieder*, BGB § 1191 RN 50; *ablehnend* Staudinger/*Wolfsteiner* (2019), Vorbem. zu §§ 1191 ff., RN 78 f.
151 Zum gesellschafterbesicherten Darlehen auch RN 631.

von der GmbH eingegangenen Verbindlichkeiten.[152] Und seine Position als Geschäftsführer ist rechtlich dadurch abgesichert, dass sie ihm nur von der Gesellschafterversammlung genommen werden könnte, die dies aber gegen ihn (als Mehrheitsgesellschafter) nicht beschließen kann.[153] Gleiches dürfte für die Sicherung der Verbindlichkeiten einer KG gelten, wenn der Sicherungsgeber alleiniger Komplementär und Mehrheitsgesellschafter der KG ist. Es dürfte auch ausreichen, wenn der Sicherungsgeber (nur) als Geschäftsführer oder (nur) als Allein- oder Mehrheitsgesellschafter einer GmbH die (gesicherte) Möglichkeit hat, den Umfang zu bestimmen, in dem die Gesellschaft Kredite aufnehmen darf.[154]

Dagegen **reicht es nicht aus**, wenn der Sicherungsgeber nur **Minderheitsgesellschafter** der Schuldner-GmbH ohne Geschäftsführungsbefugnis ist, es sei denn, dass in anderer Weise gesellschaftsrechtlich sichergestellt ist, dass eine Erweiterung der (durch die Grundschuld gesicherten) Verbindlichkeiten der Gesellschaft seiner Mitwirkung bedarf.[155]

Im Übrigen wird wegen der Erweiterung des Sicherungszwecks von Grundschulden einer Personengesellschaft auf Verbindlichkeiten der Gesellschafter und umgekehrt auf RN 698 bis 700 verwiesen.

Bestellt umgekehrt die **GmbH eine Grundschuld als Sicherheit für Verbindlichkeiten ihres Geschäftsführers**, so **fehlt eine hinreichende persönliche und wirtschaftliche Verbundenheit**, die die Erweiterung des Sicherungszwecks auf künftige Verbindlichkeiten des Schuldners (Geschäftsführers) erlauben würde.[156] Denn die GmbH hat keine rechtliche Handhabe, die von ihrem Geschäftsführer außerhalb ihres Geschäftsbetriebs (privat) aufgenommenen Verbindlichkeiten zu steuern oder zu begrenzen, und zwar selbst dann nicht, wenn es sich bei ihm um den Alleingesellschafter handelt. Künftige Kreditaufnahmen durch den Geschäftsführer/Gesellschafter sind für die GmbH nicht berechenbar und nicht vermeidbar. Der BGH[157] hat zwar vor Jahren die Aus-

---

152 Vgl. (für Bürgschaft): BGH v. 24.9.1996 – IX ZR 316/95 (Ziff. 1) = NJW 1996, 3205 = ZIP 1997, 449 = EWiR § 765 BGB 7/97, 837 (*Medicus*).

153 Vgl. auch OLG Brandenburg, 3.11.2010 – 4 U 13/10 (Ziff. A. I. 2a) = BeckRS 2010, 28561.

154 So (für Bürgschaft): BGH v. 23.5.2000 – XI ZR 214/99 (Ziff. II. 1) = WM 2000, 1328 = ZIP 2000, 1202 = EWiR § 3 AGBG 2/2000, 797 (*Weber/Bonin*); BGH v. 30.9.1999 – IX ZR 287/98 (Ziff. I. 2 b) = WM 1999, 2251 = ZIP 1999, 1881; BGH v. 15.7.1999 – IX ZR 243/98 (Ziff. I. 2) = BGHZ 142, 213 = *BGH*, WM 1999, 1761 (1763) = ZIP 1999, 1480; *Tiedtke*, BGH EWiR § 765 BGB 12/99, 1001 (Ziff. 2); (für Bürgschaft eines Mit-Geschäftsführers und hälftigen Gesellschafters): OLG Köln v. 16.5.2001 – 13 U 204/00 = WM 2002, 1389 = EWiR § 9 AGBG 3/02, 47 (Nielsen).

155 OLG Hamm v. 17.12.1998 – 5 U 123/98 (Ziff. I. 2 c. aa) = WM 1999, 2065 = WuB I F 3. – 2.00 (*Gaberdiel*); für Bürgschaft: BGH v. 30.9.1999 – IX ZR 287/98 (Ziff. I. 2 b) = WM 1999, 2251 = ZIP 1999, 1881; BGH v. 15.7.1999 – IX ZR 243/98 (Ziff. I. 2) = BGHZ 142, 213 = *BGH*, WM 1999, 1761 (1763) = ZIP 1999, 1480.

156 Für eine Bürgschaft: BGH v. 18.7.2002 – IX ZR 294/00 (Ziff. I. 2 a), BGHZ 151, 374 = WM 2002, 1836 = ZIP 2002, 1611 = EWiR § 765 BGB 11/02, 901 (Mues).

157 BGH v. 20.2.1987 – V ZR 249/85 (Ziff. 3b) = BGHZ 100, 82 = WM 1987, 586 = ZIP 1987, 695.

dehnung des Sicherungszwecks einer von einer GmbH bestellten Grundschuld auf künftige Verbindlichkeiten u. a. ihres Geschäftsführers und einer KG, deren Komplementär er war, für wirksam gehalten. Das Gericht hat dies u. a. auch damit begründet, dass das Risiko der GmbH wegen dieser personellen Verflechtung berechenbar und vermeidbar sei. Hauptbegründung für die Wirksamkeit der Erstreckung war aber der Umstand, dass u. a. die Absicherung noch nicht bestehender Verbindlichkeiten (und nicht nur die Sicherung einer bestimmten Forderung) Anlass für die Grundschuldbestellung war (vgl. RN 694) und dass die GmbH mit Kreditgeschäften vertraut war (vgl. RN 690, dritter Fall). Im Hinblick auf die neuere Rechtsprechung muss davon ausgegangen werden, dass jedenfalls heute allein die gesellschaftliche Verflechtung zwischen einer GmbH und ihrem (Allein-)Gesellschafter eine derartige Entscheidung nicht mehr tragen würde.

Die (im Hinblick auf die enge persönliche und wirtschaftliche Verbundenheit) wirksame weite Sicherungsabrede wird nicht dadurch hinfällig, dass der **Einfluss** des Sicherungsgebers auf die Kreditaufnahme des Schuldners **wegfällt**, bspw. durch Veräußerung seiner Gesellschaftsanteile an der Schuldner-GmbH oder durch Abberufung als Geschäftsführer oder durch Einschränkung seiner Zuständigkeit.[158] Es ist dann Sache des Sicherungsgebers, eine Einschränkung seiner Haftung herbeizuführen, etwa im Rahmen der Veräußerung seines Anteils oder dadurch, dass er die Sicherungsabrede mit Wirkung für die Zukunft kündigt (RN 602, 603).

Dagegen **schließen allein enge persönliche Beziehungen** zwischen Sicherungsgeber und Schuldner den **Überraschungsvorwurf nicht aus.** Der zur Unwirksamkeit führende Vorwurf, dass die Erstreckung auf andere, auch künftige Verbindlichkeiten überraschend sei, entfällt insbesondere nicht deshalb, weil der Schuldner Ehegatte des Sicherungsgebers ist; denn die Ehe ist keine Solidargemeinschaft.[159] Das **gilt auch**, wenn Sicherungsgeber und Schuldner **nahe verwandt** sind, etwa Eltern und Kinder.[160]   693

Allein der Umstand, dass der Sicherungsgeber **Kaufmann** ist, führt ebenfalls zu keiner anderen Beurteilung.[161] § 305c Abs. 1 BGB ist auch auf Kaufleute anwendbar (§ 310 Abs. 1 BGB). Die Entscheidungen lassen allerdings offen, ob für

---

158 OLG Köln v. 2. 8. 1999 – 16 U 106/98 – (Ziff. I. 1 b), ZIP 1999, 1840 = EWiR § 3 AGBG 1/2000, 201 (*Weber/Bonin*); vgl. auch (für Bürgschaft) BGH v. 24. 9. 1996 – IX ZR 316/95 = NJW 1996, 3205 = ZIP 1997, 449 = EWiR § 765 BGB 7/97, 837 (*Medicus*).

159 BGH v. 18. 11. 1988 – V ZR 75/87 (Ziff. I. 2 a) = BGHZ 106, 19 = WM 1989, 88 = ZIP 1989, 85 = EWiR § 1191 BGB 1/89, 155 (*Gaberdiel*); BGH v. 23. 5. 2000 – XI ZR 214/99 (Ziff. II. 1) = WM 2000, 1328 = ZIP 2000, 1202 = EWiR § 3 AGBG 2/2000, 797 (*Weber/Bonin*); MünchKomm/*Lieder*, BGB § 1191 RN 52; *Clemente*, RN 458; *Siol*, WM 1996, 2217, 2219.

160 OLG Hamm v. 17. 12. 1998 – 5 U 123/98 (Ziff. I. 2 c) = WM 1999, 2065 = WuB I F 3. – 2.00 (*Gaberdiel*).

161 BGH v. 30. 10. 1987 – V ZR 174/85 (Ziff. II. 2 b. bb) = BGHZ 102, 152 = WM 1988, 12 = ZIP 1988, 12; BGH v. 10. 11. 1989 – V ZR 201/88 (Ziff. II. 2 d) = BGHZ 109, 197 = WM 1989, 1926 = ZIP 1990, 299 = EWiR § 1191 BGB 2/90, 253 (*Gnamm*); MünchKomm/*Lieder*, BGB § 1191 RN 51; *anders* wohl *v. Westphalen*, ZIP 1984, 9.

einen mit Kreditgeschäften besonders vertrauten Kaufmann etwas anderes gelten würde (vgl. dazu RN 690, dritter Fall).

694 Die weite Sicherungsabrede (RN 668) ist selbst bei der von einem Dritten (Nicht-Schuldner) bestellten Grundschuld **wirksam, wenn kein** unmittelbarer zeitlicher und sachlicher **Zusammenhang mit einer bestimmten Kreditaufnahme besteht**[162]; es fehlt dann ein Anlass für die Erwartung des Sicherungsgebers, die Grundschuldhaftung sei auf eine bestimmte Verbindlichkeit beschränkt.[163]

So hat der BGH in einem Fall, in dem die **Grundschuld von vornherein „nicht** mit einem bestimmten **Kreditvertrag** (mit festgelegtem Kreditrahmen) **verknüpft"** war und „nicht eine der Höhe nach feststehende Schuld, sondern ein Kredit in laufender Rechnung abgesichert werden" sollte, die formularmäßige Erstreckung der Haftung auf alle, auch künftige Verbindlichkeiten des Dritten nicht für in treuwidriger Weise überraschend, sondern für wirksam gehalten.[164]

In einem anderen Fall, in dem **Eltern** „der Gesellschaft ihres Sohnes die weitere Kreditinanspruchnahme in laufender Geschäftsverbindung" ermöglichen wollten und ihnen **klar war,** „dass es **nicht** um die **Absicherung** eines **bestimmten Kredits** ging", sondern darum, „die gegenwärtigen und künftigen Kreditverpflichtungen" dieses Unternehmens abzusichern, hat der BGH eine weite Sicherungsabrede ebenfalls nicht beanstandet.[165]

Ferner hat der BGH[166] die weite Sicherungsabrede für die Grundschuld auf einem vier Miteigentümern in BGB-Gesellschaft gehörenden Grundstück akzeptiert, die gemeinschaftliche Verbindlichkeiten und alle (auch künftige) Verbindlichkeiten Dritter besicherte, nämlich Verbindlichkeiten der einzelnen Miteigentümer (dazu RN 698) sowie einer GmbH, die unter dem Namen eines von ihnen lief. Der BGH hat eine Überraschung nach § 305c Abs. 1 BGB verneint, da ein sachlicher und zeitlicher Zusammenhang der Grundschuldbestellung nur mit dem gemeinschaftlichen Darlehen nicht gegeben sei, sondern eher mit allen gewährten Darlehen. Zugrunde lag folgender **Sachverhalt:** Die Grundschuld mit

---

162 BGH v. 30.1.2001 – IX ZR 118/00 (Ziff. II. 1 b, bb [2]) = WM 2001, 623 = ZIP 2001, 507; BGH v. 16.1.2001 – XI ZR 84/00 (Ziff. II. 2 b) = WM 2001, 455 = ZIP 2001, 408 = EWiR § 3 AGBG 1/01, 349 (*Weber*); BGH v. 28.3.1995 – XI ZR 151/94 (Ziff. II. 2 a) = WM 1995, 790 = ZIP 1995, 727 = EWiR § 1191 BGB 2/95, 565 (*Clemente*); BGH v. 6.2.1996 – XI ZR 121/95 – (Ziff. II. 2 c), NJW-RR 1996, 673 = WM 1996, 2233 (für 9 bis 10 Monate nach Darlehensgewährung bestellte Grundschuld mit Sicherungsabrede); Münch-Komm/*Lieder*, BGB § 1191 RN 51; *Ganter*, WM 1998, 2045, 2046.

163 BGH v. 14.7.1992 – XI ZR 256/91 (Ziff. 2 b. aa) = WM 1992, 1648; BGH v. 30.1.2001 – IX ZR 118/00 (Ziff. II. 1 b, bb [2]) = WM 2001, 623 = ZIP 2001, 507.

164 BGH v. 28.11.1986 – V ZR 257/85 (Ziff. I. 1) = WM 1987, 584 = ZIP 1987, 245 = EWiR § 242 BGB 5/87, 343 (Reimer); dazu *Clemente,* ZIP 1990, 969, 974; *Rainer,* WM 1988, 1657, 1659; *Rastätter*, DNotZ 1987, 459, 476 ff.; *ähnlich* BGH v. 20.2.1987 – V ZR 249/85 = BGHZ 100, 82 = WM 1987, 586 = ZIP 1987, 695 und OLG Karlsruhe v. 29.2.2000 – 8 U 44/99 (Ziff. II. 2 – juris), EWiR § 1191 BGB 1/01, 225 (*Joswig*).

165 BGH v. 5.3.1991 – XI ZR 75/90 – (Ziff. II. 4 b. aa), BGHZ 114, 9 = BB 1991, 1077 = DNotZ 1992, 91 = NJW 1991, 1677 = WM 1991, 758 = ZIP 1991, 503 = EWiR § 1191 BGB 3/91, 457 (*Clemente*).

166 BGH v. 6.2.1996 – XI ZR 121/95 = NJW-RR 1996, 673 = WM 1996, 2233.

Sicherungsvertrag wurde erst neun bis zehn Monate nach der Darlehensgewährung an die BGB-Gesellschaft (= Sicherungsgeberin) bestellt. Die gesicherte Bank hatte am gleichen Tag wie dieses gemeinschaftliche Darlehen zwei Gesellschaftern je einen Einzelkredit und der in der Sicherungsabrede genannten GmbH ein weiteres Darlehen gewährt. Der Betrag der Grundschuld (800 000 DM) lag weit über dem des gemeinschaftlichen Darlehens (300 000 DM).[167]

Sicherte die Grundschuld ursprünglich eine bestimmte Verbindlichkeit und wird die diesbezügliche **Sicherungsabrede** nach **längerer Zeit neu gefasst**, verändert oder erweitert, so kann der Sicherungsgeber vernünftigerweise nicht mehr damit rechnen, dass die neue Sicherungsabrede immer noch (nur) mit dem ursprünglich aufgenommenen Darlehen zusammenhängt. Er wird nicht in einer berechtigten Erwartung getäuscht, wenn durch die neue Vereinbarung der Sicherungszweck auf eine Vielzahl von Forderungen erweitert wird. Das **Fehlen eines Anlasskredits** allein macht die Erweiterung des Sicherungszwecks nicht überraschend.[168] Die mit entsprechendem (zeitlichen) Abstand vereinbarte Erweiterung ist deshalb regelmäßig nicht überraschend (näher RN 701, 702).

Andererseits ist die formularmäßige Erstreckung der Haftung auf alle anderen, auch künftige, Verbindlichkeiten jedenfalls **nicht** allein deshalb unkritisch, weil ein **betragsmäßig begrenzter Kontokorrentkredit** Anlass für die Bestellung der Grundschuld ist.[169] Gleiches gilt bei einem (wohl kaum vorkommenden) betraglich unbegrenzten Kontokorrentkredit, bei dem sich die Reichweite der weiten Sicherungsabrede auf den im Zeitpunkt ihres Zustandekommens bestehenden Tagessaldo beschränkt.[170] Jedenfalls dürften **Fälle**, in denen die Sicherheit **kreditanlasslos**[171] steht, in der Praxis **selten** sein.

Bei einer Grundschuld, die die Verbindlichkeiten eines Dritten (nicht des Sicherungsgebers) sichert, muss nach der derzeitigen Rechtsprechung des BGH von Folgendem ausgegangen werden:

695

- Wird die Grundschuld aus Anlass der Aufnahme eines bestimmten Kredits bestellt, so ist diejenige Verbindlichkeit des Dritten, die Anlass für die Bestellung der Grundschuld ist, wirksam gesichert (RN 685, 686).
- Wird der Sicherungszweck der Grundschuld formularmäßig (RN 687) darüber hinaus auf alle künftigen Verbindlichkeiten des Dritten ausgedehnt, so ist

---

167 BGH v. 6. 2. 1996 – XI ZR 121/95 (Ziff. II. 2 a) = NJW-RR 1996, 673 = WM 1996, 2233.
168 BGH v. 24. 11. 2016 – IX ZR 278/14 (RN 7) = ZIP 2017, 12 = WM 2017, 22 = *Samhat*, WuB 2017, 260.
169 *Clemente*, RN 500; für *Bürgschaft* (unter Aufgabe seiner bisherigen Rechtsprechung) ebenso: BGH v. 18. 5. 1995 – IX ZR 108/94 (Ziff. B. II. 2 c) = BGHZ 130, 19 = WM 1995, 1397 = ZIP 1995, 1244 = EWiR § 765 BGB 5/95, 971 (*Tiedtke*); *anders:* München-Komm/*Lieder*, BGB § 1191 RN 51.
170 Vgl. *Clemente*, RN 499 der insoweit unzutreffend auf den Zeitpunkt der Grundschuldbestellung abstellt.
171 Exemplarisch BGH v. 28. 11. 1986 – V ZR 257/85 (Ziff. I. 1) = WM 1987, 584 = ZIP 1987, 245 = EWiR § 242 BGB 5/87, 343 (Reimer).

dies regelmäßig überraschend i. S. v. § 305c Abs. 1 BGB (RN 688 bis 691), auch wenn enge persönliche Beziehungen zwischen Sicherungsgeber und Drittem bestehen oder wenn der Sicherungsgeber Kaufmann ist (RN 693).

– Der Überraschungseffekt fehlt, wenn der Sicherungsgeber persönlich und wirtschaftlich so eng mit dem Schuldner verbunden ist, dass etwaige künftige Verbindlichkeiten (aufgrund rechtlicher Möglichkeiten) für den Sicherungsgeber berechenbar und vermeidbar sind (RN 692). Die Fälle, in denen das Kreditinstitut im Zeitpunkt der Kreditgewährung sicher sein kann, dass die Vereinbarung später als wirksam angesehen wird, dürften allerdings nicht sehr häufig sein.

– Es ist nicht möglich, einigermaßen zuverlässig Maßnahmen zu benennen, durch die der Überraschungsvorwurf ausgeräumt werden kann. Auch eine Belehrung durch den Notar dürfte dafür nicht ausreichen (RN 691).

– Ist die Bestellung/Abtretung der Grundschuld nicht mit einem bestimmten Kredit verknüpft, kann die formularmäßige (RN 687) Sicherung aller gegenwärtigen und künftigen Verbindlichkeiten des Dritten wirksam sein (RN 694). Solche Fälle werden in der Praxis aber selten vorkommen, am ehesten bei späterer Erweiterung der Sicherungsabrede für eine früher bestellte Grundschuld (RN 701). Es ist aber kaum möglich, zuverlässig die Voraussetzungen aufzulisten, die das Kreditinstitut bei Gewährung des Kredits erfüllen muss, um sicher sein zu können, dass der Fall später so bewertet wird. In Zweifelsfällen empfiehlt sich deshalb die Vereinbarung eines engen Sicherungszwecks.

20.5 Gesichert: Verbindlichkeiten des Sicherungsgebers und eines Dritten

696 Sichert die Grundschuld Verbindlichkeiten des Sicherungsgebers und weiterer Personen, ist auf jeden Fall diejenige **Verbindlichkeit wirksam gesichert**, die **Anlass für** die **Grundschuldbestellung** war. Dieser Teil der Vereinbarung ist wirksam, auch ohne dass der Sicherungsgeber Mitschuldner ist (RN 685). Insoweit kommt es auf seine Mithaftung nicht an. Deshalb ist es gleichgültig, ob sich die vermeintliche Mithaftung des Sicherungsgebers nachträglich als unwirksam herausstellt. Das kann etwa der Fall sein, wenn es sich (nur) für ihn (also in seiner Eigenschaft als Eigensicherungsgeber) um ein Verbraucherdarlehen (RN 574, 574.1) handelt, das er wirksam nach § 495 Abs. 1 BGB widerruft (RN 577)[172], was Grundschuldbestellung und Sicherungsabrede[173] grundsätz-

---

172 BGH v. 28. 1. 1997 – XI ZR 251/95 (Ziff. 3 und 4) = WM 1997, 663 = ZIP 1997, 643.

173 Ob der Eigensicherungsgeber zusätzlich zum Widerruf des Darlehensvertrags nach § 495 Abs. 1 BGB auch die Sicherungsabrede gemäß § 312g Abs. 1 BGB widerrufen darf, erscheint wegen § 312 Abs. 2 Nr. 2 BGB und wegen des Merkmals „Entgeltlichkeit" in § 312 Abs. 1 BGB zweifelhaft (dazu RN 584.2).

lich nicht berührt, weil die Vorschriften über Verbraucherdarlehen dafür nicht gelten (RN 573, 573.1).[174]

Wirksam ist auch die **Belastung eines Grundstücks,** das **mehreren Miteigentümern** nach Bruchteilen **gehört,** um verschiedene Darlehen der einzelnen Miteigentümer zu sichern. Zwar ist jeder Miteigentümer teilweise Drittsicherungsgeber (nämlich soweit die Grundschuld auf seinem Anteil für die Verbindlichkeiten der anderen haftet). Dennoch ist der – selbst formularmäßige (RN 687) – Sicherungsvertrag wirksam, wenn die Sicherung dieser Darlehen Anlass für die Grundschuldbestellung war (RN 685). Der Gläubiger kann, falls ein Darlehen bei Fälligkeit nicht bezahlt wird, die Grundschuld auf dem ganzen Grundstück wegen dieses Darlehens verwerten und sich aus dem Erlös befriedigen; er ist nicht zur Rücksichtnahme auf die anderen Schuldner verpflichtet.[175]

Soll eine **weite Zweckabrede** (RN 668) auch künftige Verbindlichkeiten eines Dritten sichern (ohne Vorliegen eines Sonderfalls insb. gemäß RN 692 oder 694), so ist die Vereinbarung nur wirksam, wenn und soweit es sich bei den gesicherten Verbindlichkeiten um solche handelt, die (auch) der Sicherungsgeber schuldet. Es genügt, dass er Mitschuldner ist (RN 683). Stellt sich die **Mithaftung** des Sicherungsgebers als **unwirksam** heraus (weil er beispielsweise das Verbraucherdarlehen wirksam widerrufen hat [RN 574, 574.1, 577]), so haftet die Grundschuld nicht. Hinsichtlich des Sicherungsgebers deshalb nicht, weil er nichts schuldet, bezüglich des Dritten nicht, weil die Erstreckung der Sicherungsabrede auf seine künftigen Verbindlichkeiten nicht wirksam ist.

Sind mehrere Personen Sicherungsgeber und besteht zwischen ihnen **Bruchteilsgemeinschaft** (beispielsweise wenn Ehegatten das ihnen in Miteigentum zu je ½ gehörende Grundstück zur Sicherung gemeinschaftlicher Verbindlichkeiten belastet haben), hat der BGH[176] die formularmäßige **Erstreckung des**   *697*

---

174 Zu berücksichtigen ist aber, dass der Eigensicherungsgeber, der den Darlehensvertrag nach § 495 Abs. 1 BGB wirksam widerruft, einen Anspruch auf Rückgewähr der Grundschuld hat, wenn die einschlägigen Voraussetzungen der §§ 812 ff. BGB erfüllt sind. Beim Rechtsgrund (RN 566 und RN 575) stellt sich etwa die Frage, ob dieser durch den Widerruf des Darlehensvertrag weggefallen ist (nach hiesiger Ansicht ist das nicht der Fall, da zwar die Pflicht zur Bestellung der Grundschuld aus dem Darlehensvertrag folgt, aber nicht das Recht, die Grundschuld zu behalten, dieses folgt aus der Sicherungsabrede) und/oder ob es für die Sicherung der miterfassten Drittforderung einen anderen Rechtsgrund gibt, der das Recht begründet, die Grundschuld zu behalten.

175 BGH v. 4.11.1997 – XI ZR 181/96 (Ziff. II. 1) = WM 1997, 2396 = ZIP 1998, 286 = EWiR § 1191 BGB 2/98, 305 (*Clemente*) = WuB I F 3. – 4.98 (*Gaberdiel*).

176 BGH v. 18.11.1988 – V ZR 75/87 (Ziff. I. 2 b) = BGHZ 106, 19 = WM 1989, 88 = EWiR § 1191 BGB 1/89, 155 (*Gaberdiel*); BGH v. 20.3.2002 – IV ZR 93/01 (Ziff. II. 1 b und d) = WM 2002, 1117 = ZIP 2002, 932 = EWiR § 1191 BGB 1/02, 809 (*Clemente*); BGH v. 23.2.1999 – XI ZR 129/98 (Ziff. II. 2 und 3) = WM 1999, 685 = ZIP 1999, 876 = EWiR § 1191 BGB 2/99, 693 (*Clemente*, ablehnend); OLG Karlsruhe v. 29.2.2000 – 8 U 44/99, EWiR 2001, 225 (*Joswig*); OLG Saarbrücken v. 11.5.2006 – 8 U 449/05 (Ziff. 3), OLGR Saarbrücken 2006, 778; *anders* (totale Unwirksamkeit der Erstreckung): OLG Düsseldorf v. 23.5.1996 – 6 U 100/95 (Ziff. I. 2 b), WM 1998, 1875; WuB I F 3. Grundpfandrechte 1.99 (*Rösler*).

Sicherungszwecks der auf dem ganzen Grundstück lastenden Grundschuld auf Verbindlichkeiten allein des Ehemannes beschränkt für wirksam gehalten, nämlich insoweit, wie dadurch allein dessen Miteigentumsanteil betroffen ist.[177]

Gegen diese Rechtsprechung bestehen **Bedenken**.[178] Die Grundschuld auf mehreren Miteigentumsanteilen ist eine (Gesamt-)Grundschuld (RN 385, 386), also ein einheitliches Recht, das nicht insgesamt einen anderen Sicherungszweck (nämlich Sicherung der gemeinsamen Verbindlichkeiten) haben kann als auf den einzelnen Miteigentumsanteilen (nämlich Sicherung jeweils der Verbindlichkeiten allein des jeweiligen Miteigentümers).[179] Klar ist, dass das Kreditinstitut die Grundschuld z. B. auf einem den beiden Ehegatten je zur Hälfte gehörenden Hausgrundstück nicht auf der einen Miteigentumshälfte behalten und auf der anderen Hälfte durch Abtretung zurückgewähren kann; denn die Gesamtgrundschuld würde dabei unzulässigerweise verdoppelt werden. Der Gläubiger könnte allenfalls die Gesamtgrundschuld über z. B. 100 000 Euro auf die Miteigentumsanteile verteilen, etwa je 50 000 Euro auf jeden Miteigentumsanteil, und der Ehefrau die Grundschuld über 50 000 Euro auf ihrer Hälfte zurückgewähren. Das wäre aber ohne Zustimmung beider Miteigentümer unzulässig. Denn die Grundschuld ist für den Gläubiger Treugut, das er grundsätzlich nach Erledigung des Sicherungszwecks „unbeschädigt" zurückzugeben hat. Eine Gesamtgrundschuld über 100 000 Euro auf dem Hausgrundstück ist aber qualitativ etwas anderes als zwei Einzelgrundschulden über je 50 000 Euro auf jeder der beiden Miteigentumshälften. Auf diese Weise lässt sich also die Berechtigung der mehreren Miteigentümer hinsichtlich der von ihnen bestellten Grundschuld nicht aufteilen. Zweifelsfrei sollte sein, dass dem gemeinschaftlichen Anspruch der beiden Sicherungsgeber, nach Tilgung der gemeinschaftlichen Verbindlichkeiten die Rückgewähr der ganzen Grundschuld an beide verlangen zu können, ein nur gegen einen der Berechtigten gerichtetes Gegenrecht (nämlich Verbindlichkeiten allein des einen Miteigentümers) nicht entgegengesetzt werden kann.[180] Dazu kann aber die vom BGH angenommene Haftung nur einer Miteigentumshälfte für die vom betreffenden Miteigentümer jeweils allein eingegangenen Verbindlichkeiten führen. Das wird nicht offenkundig, wenn einseitige Verbindlichkeiten nur von einem der beiden Miteigentümer begründet worden sind und der andere mit Rückgewähr durch Löschung auf seinem Anteil zufrieden ist[181], oder wenn es sich nur um die Beschränkung der Zwangsversteigerung auf den Anteil des allein noch haften-

---

177 Das nimmt Anhang 9a [1, 2. Ankreuzkästchen] auf.
178 Ebenso *Clemente*, RN 484; *derselbe* EWiR 2002, 809 (Ziff. 4); *derselbe* EWiR 1999, 693 (Ziff. 3).
179 Die Unmöglichkeit unterschiedlicher Sicherungszwecke wird durch das Urteil des OLG Düsseldorf v. 23. 5. 1996 – 6 U 100/95 (Ziff. I. 2 b), WM 1998, 1875, belegt.
180 BGH v. 21. 12. 1984 – V ZR 204/83 (Ziff. 2) = WM 1985, 116 = ZIP 1985, 149 = EWiR Nr. 21 AGB-Spark. 1/85, 27 (*Räfle*); *Clemente*, ZIP 1990, 969, 974.
181 So im Fall BGH v. 20. 3. 2002 – IV ZR 93/01 = WM 2002, 1117 = ZIP 2002, 932 = EWiR § 1191 BGB 1/02, 809 (*Clemente*).

den Miteigentümers handelt.[182] Die Probleme zeigen sich aber in dem folgenden vom BGH entschiedenen Fall[183]: Nachdem beide Miteigentümer (getrennt lebende Ehegatten) aus dem Verkaufserlös für das belastete Grundstück sowohl die gemeinsamen Verbindlichkeiten wie auch die Verbindlichkeiten allein des Ehemanns hatten tilgen müssen, um die Löschung der Grundschuld zu erreichen, hat die Ehefrau vom Kreditinstitut Rückerstattung der Hälfte der allein vom Ehemann geschuldeten Verbindlichkeiten verlangt. Obwohl die Beteiligten (jedenfalls in der Revisionsinstanz) darin übereinstimmten, dass die Sicherungsabrede insoweit unwirksam war, als danach Verbindlichkeiten allein des Mannes auch auf der Hälfte der Frau gesichert sein sollten, hat der BGH (anders als beide Vorinstanzen) der Ehefrau die Rückforderung gegenüber dem Kreditinstitut versagt und sie auf den (internen) Ausgleichsanspruch gegen den Ehemann verwiesen. Damit ist die Sicherungsabrede faktisch wie voll wirksam behandelt worden. Denn wäre wirksam vereinbart gewesen, dass die Grundschuld (alle gemeinsamen Verbindlichkeiten und) die Verbindlichkeiten allein des Mannes auch auf der Frauenhälfte sichert, wäre genauso zu entscheiden gewesen: volle Haftung gegenüber dem Gläubiger der Grundschuld und (nur) interner Ausgleich zwischen den Ehegatten. Bei der gegebenen Sachlage konnte der BGH seine Entscheidung damit begründen, dass die von beiden Ehegatten angestrebte vollständige Löschung der Grundschuld die Tilgung eben auch der Verbindlichkeiten des Ehemannes voraussetzte.[184] Wie aber hätte er entschieden, wenn die Ehefrau – nach Tilgung der gemeinschaftlichen Verbindlichkeiten – die Rückgewähr der Grundschuld an sich und ihren Ehemann gemeinsam verlangt hätte? Der BGH hätte dann entweder den Anspruch verneinen müssen (und damit zugeben, dass die einseitige Kreditaufnahme des Mannes den gemeinsamen Rückgewähranspruch beeinträchtigt) oder den Anspruch anerkennen (und damit eingestehen, dass einseitige Verbindlichkeiten durch eine einheitliche Gesamtgrundschuld nicht lediglich zulasten eines Miteigentumsanteils gesichert werden können). Genau diese Problematik hat das OLG Saarbrücken[185] erkannt, sie aber unzutreffend im Sinne der ersten Alternative gelöst: In dem zugrunde liegenden Fall war die Klägerin im Rahmen einer Ablösung durch ein anderes Kreditinstitut auf die Abtretung der anlässlich des gemeinsamen Darlehens bewilligten Gesamtgrundschuld angewiesen. Das OLG Saarbrücken konstatiert ausdrücklich, dass deshalb eine Löschung der Grundschuld allein auf dem Miteigentumsanteil der Klägerin dieser nichts nütze. Es meint jedoch, dieses Risiko der eingeschränkten Beleihbarkeit bestehe bei Bruchteilseigentum immer, da jeder Miteigentümer seinen Anteil selbstständig belasten könne. Das ist zweifelhaft. Denn die Belastung einzelner Miteigentumsanteile durch einen Miteigentümer zwecks Absicherung allein seiner Verbindlichkeiten kann nicht den gemeinsamen Rückgewähranspruch hinsichtlich der Ge-

---

182 So im Fall BGH v. 18.11.1988 – V ZR 75/87 = BGHZ 106, 19 = WM 1989, 88 = ZIP 1989, 85 = EWiR § 1191 BGB 1/89, 155 (*Gaberdiel*).
183 BGH v. 23.2.1999 – XI ZR 129/98 (Ziff. II. 3), = WM 1999, 685 = ZIP 1999, 876 = EWiR § 1191 BGB 2/99, 693 (*Clemente*).
184 BGH v. 23.2.1999 – XI ZR 129/98 (Ziff. II. 3), = WM 1999, 685 = ZIP 1999, 876 = EWiR § 1191 BGB 2/99, 693 (*Clemente*).
185 OLG Saarbrücken v. 11.5.2006 – 8 U 449/05 (Ziff. 3), OLGR Saarbrücken 2006, 778.

samtgrundschuld beeinträchtigen. Außerdem steht das Gesamtrecht einer Belastung einzelner Bruchteile im Gleich- oder Vorrang zunächst einmal entgegen. Ohne Rangrücktritt des Gesamtrechts könnten also nur nachrangige Belastungen vorgenommen werden, die den Sicherungswert des Gesamtrechts nicht mindern. Die Überlegungen des OLG Saarbrücken sind demnach nicht geeignet, die Beeinträchtigung des gemeinsamen Rückgewähranspruchs durch die Anerkennung einer Teilbarkeit der Sicherungsabrede zu rechtfertigen.

Die **Problematik verschärft sich** noch, **wenn** nicht nur der eine, sondern auch der andere **Miteigentümer einseitige Verbindlichkeiten gegenüber dem Gläubiger** hat. Da jeder Miteigentumsanteil bis zum vollen Betrag der Grundschuld haftet, hat die Bank – nach der Ansicht des BGH – für jeden Miteigentümer eine (auf seinen Miteigentumsanteil begrenzte) Sicherheit bis zur vollen Höhe der Grundschuld. Verliert sie diese – z.B. für Verbindlichkeiten eines Miteigentümers voll ausgeschöpfte – Sicherheit, wenn anschließend auch Verbindlichkeiten allein des anderen entstehen? Oder schließt die Verwendung der Sicherheit für den einen aus, dass sie auch (natürlich beschränkt auf dessen Miteigentumsanteil) für den anderen zur Verfügung steht? Sicher ist jedenfalls, dass die **Bank bei Realisierung der Grundschuld den Betrag höchstens einmal erhalten** kann.

Es ist also gut möglich, dass der BGH seine Meinung in diesem Punkt konkretisiert bzw. ändert, wenn er sie bei einer neuen Entscheidung zu überprüfen hat. Das gilt vor allem dann, wenn dies auf der Grundlage eines Sachverhalts geschieht, bei dem die Problematik deutlicher hervortritt.[186] Kreditinstitute sollten deshalb – außer in den Ausnahmefällen (insbesondere RN 692 und 694) – den Wert einer solchen Sicherheit nicht überschätzen. Sicherer ist es, auf die Erstreckung des Sicherungszwecks einer Gesamtgrundschuld auf weitere – insbesondere künftige – Verbindlichkeiten jedes Miteigentümers bzw. jedes Eigentümers der einzelnen Belastungsobjekte allein zu verzichten. Die Formel „haftet für Verbindlichkeiten von A und/oder B" sollte nicht verwendet werden (s. auch RN 662).

698   Ist eine **Gesamthandsgemeinschaft** Sicherungsgeber[187], hat der einzelne Beteiligte – anders als bei Bruchteilseigentum – kein individuell belastbares Teilrecht am Grundstück[188]; das Grundstück gehört allen zur gesamten Hand. Es gibt keinen Anteil am Grundstück, bezüglich dessen die Verbindlichkeiten eines Gemeinschafters als eigene Verbindlichkeiten des Sicherungsgebers angesehen werden könnte, wie dies der BGH bei der Bruchteilsgemeinschaft getan hat

---

186 In BGH v. 20.11.2009 – V ZR 68/09 = WM 2010, 210 = NJW 2010, 935 = WuB I F 3 – 2.10 (*Rimmelspacher*) ging es um die vom BGH im Ergebnis zutreffend als unwirksam beurteilte Erweiterung des ursprünglich vereinbarten Sicherungszwecks durch nur *einen* von mehreren Sicherungsgebern. Das ist etwas anderes als die hier diskutierte Frage nach der Wirksamkeit des von *beiden* Sicherungsgebern vereinbarten Sicherungszwecks. Ob mit dem Urteil vom 20.11.2009 eine Kehrtwende des BGH eingeleitet wurde (so vermutet von *Clemente*, ZfIR 2010, 95, 96), ist deshalb fraglich.

187 Zum Beispiel: OHG- oder BGB-Gesellschafter oder Ehegatten in Gütergemeinschaft belasten das gemeinschaftliche (Gesellschafts-)Grundstück.

188 Vgl. Grüneberg/*Ellenberger*, Einf. RN 2 vor § 21 BGB.

(RN 697). Deshalb ist es – außer wenn eine der Ausnahmen (insbesondere RN 692 oder 694) vorliegt – unwirksam, wenn formularmäßig (RN 687) der Sicherungszweck einer Grundschuld auf dem Gesamthandsgrundstück auf weitere – vor allem künftige – Verbindlichkeiten eines einzelnen Gesamthänders erstreckt wird; dies gilt gleichgültig, ob Anlass für die Grundschuldbestellung die Sicherung von Verbindlichkeiten der Gesamthand (Gesellschaft, eheliche Gütergemeinschaft) oder von (bestimmten) Verbindlichkeiten des betreffenden Gesamthänders ist.[189]

Hat ein **Gesellschafter an seinem Privatgrundstück** eine **Grundschuld** zur Sicherung aller Verbindlichkeiten aus seiner Geschäftsverbindung mit einem Kreditinstitut bestellt (RN 668), so sind dadurch Verbindlichkeiten der Gesellschaft – selbst wenn der Sicherungsgeber als Gesellschafter dafür persönlich uneingeschränkt haftet – normalerweise nicht gesichert, weil sie schon dem Wortlaut nach gar nicht unter die Sicherungsabrede fallen (s. RN 676, RN 677). **699**

Fraglich ist, ob die Sicherungsabrede – auch ohne Ausnahmefall insbesondere gemäß RN 692 und 694 – durch Formularvertrag wirksam **auf Gesellschaftsverbindlichkeiten**, für die er persönlich haftet (wie z. B. bei der OHG nach § 126 HGB[190]), **erstreckt** werden kann.[191] Für die Zulässigkeit könnte sprechen, dass sich dadurch im Insolvenzfall in aller Regel nur die Verteilung des Vermögens unter den Gläubigern verändert; der Sicherungsgeber wird also dadurch nicht zusätzlich stärker belastet, da er in einem solchen Fall ohnehin mit seinem gesamten Vermögen haftet.

Die persönliche Haftung eines Kommanditisten für Verbindlichkeiten der KG ist gemäß § 171 HGB auf die Einlage beschränkt. Bestellt ein **Kommanditist** eine Grundschuld als Sicherheit für eine Verbindlichkeit der KG, liegt eine Drittgrundschuld vor. Daher ist es – von den Ausnahmen in RN 692 und 694 abgesehen – in der Regel überraschend (RN 688), wenn die Zweckerklärung auf weitere (auch künftige) Verbindlichkeiten der KG erstreckt wird; die gesellschaftsrechtliche Verflechtung zwischen ihm und der KG führt zu keiner anderen Beurteilung.[192] **700**

20.6 Nachträgliche Erweiterung/Einschränkung des Sicherungszwecks

Der Kreis der gesicherten Forderungen kann nachträglich erweitert oder eingeschränkt werden. Dazu ist eine **Änderung des Sicherungsvertrags** notwendig. **701**

---

189 Für BGB-Gesellschaft: BGH v. 30. 10. 1987 – V ZR 174/85 (Ziff. II. 2 b) = BGHZ 102, 152 = WM 1988, 12 = ZIP 1988, 12; OLG Karlsruhe v. 19. 6. 1997 – 4 U 174/96 = WM 1999, 589 (die Revision wurde vom BGH nicht angenommen); *Tiedtke*, NJW 1991, 3241, 3242 f.

190 Bis Ende 2023 noch in § 128 HGB geregelt. Änderung aufgrund des Personengesellschaftsrechtsmodernisierungsgesetzs – MoPeG.

191 *Unwirksam: Clemente*, RN 448 m. w. N.; s. auch (noch für die Rechtslage nach der Konkursordnung) *Clemente*, ZIP 1990, 969, 975; *Tiedtke*, NJW 1991, 3241, 3243 ff.

192 BGH v. 13. 11. 1990 – XI ZR 217/89 (Ziff. II. 2 a) = WM 1991, 60 = ZIP 1991, 155 = EWiR § 1191 BGB 2/91, 151 (*Bülow*).

Allein die Übereignung des belasteten Grundstücks (RN 930) und/oder allein die Abtretung der Grundschuld (RN 982) lassen den Sicherungszweck unberührt. Die Änderung des Sicherungsvertrags erfolgt durch Vereinbarung zwischen den Vertragspartnern, nämlich Sicherungsgeber und Sicherungsnehmer (RN 593, 594). Gibt es mehrere Sicherungsgeber, müssen sie alle mitwirken.[193] Ist der Rückgewähranspruch abgetreten oder verpfändet, muss – bei einer den Rückgewähranspruch beeinträchtigenden Erweiterung – auch der neue Rückgewährberechtigte (RN 887 bis 889) bzw. der Pfandgläubiger (RN 912) mitwirken.[194]

Da der Eigentümer bei der Bestellung einer nachrangigen Grundschuld regelmäßig seinen **Rückgewähranspruch bezüglich vorrangiger Grundschulden abtritt,** kann eine **später vom Eigentümer gewollte Erweiterung** des Sicherungszwecks daran **scheitern,** dass ein nachrangiger Grundschuldgläubiger Inhaber des Rückgewähranspruchs ist und nicht zustimmt. Das kann vor allem bei Drittgrundschulden Bedeutung gewinnen, bei denen es regelmäßig sehr schwierig ist, von Anfang an eine weite Sicherungsabrede wirksam zu vereinbaren (RN 688 bis 695). Die Rechtsprechung, die im Interesse des Sicherungsgebers die Sicherungsabrede einschränkt, wirkt hier zum Vorteil des nachrangigen Gläubigers.[195]

702 Die Änderung wird meist mithilfe von **Formularen** (RN 687) vereinbart; in diesem Fall muss auch die **Änderungsvereinbarung** den AGB-Vorschriften genügen. Ebenso wie die erste Sicherungsabrede ist eine neue (die frühere Zweckbestimmung ändernde oder erweiternde) Vereinbarung (nur) dann überraschend, wenn sie eine Regelung enthält, die von der berechtigten Erwartung des Sicherungsgebers zu dessen Nachteil deutlich abweicht und mit der er den Umständen nach vernünftigerweise nicht zu rechnen brauchte (vgl. RN 688).

Dabei kommt es auf den (die Erwartungen des Sicherungsgebers bestimmenden) **Anlass für die neue Sicherungsabrede** an; bei mehreren zeitlich aufeinander folgenden auf den Anlass für die jüngste.[196] Verfolgt die neue Zweckerklärung das Ziel, ein bestimmtes neues Darlehen (zusätzlich) abzusichern, so ist die Erstreckung des Sicherungszwecks auf dieses Darlehen wirksam (RN 685, 686). Dagegen ist die formularmäßige (RN 687) Erstreckung auf andere – insbesondere künftige – Verbindlichkeiten eines Dritten regelmäßig überraschend (RN 688 bis 691), sofern nicht eine der Ausnahmen (insbesondere RN 692) vorliegt.

---

193 BGH v. 20.11.2009 – V ZR 68/09 = WM 2010, 210 = NJW 2010, 935 = WuB I F 3 – 2.10 (*Rimmelspacher*).

194 Staudinger/*Wolfsteiner* (2019), Vorbem. zu §§ 1191 ff.; RN 245.

195 Vgl. auch BGH v. 10.5.1994 – XI ZR 65/93 (Ziff. II 1) = WM 1994, 1238 = ZIP 1994, 1010 = EWiR § 9 AGBG 10/94, 731 (*Bülow*).

196 BGH v. 24.11.2016 – IX ZR 278/14 (RN 6) = ZIP 2017, 12 = WM 2017, 22 = *Samhat*, WuB 2017, 260; BGH v. 30.1.2001 – IX ZR 118/00 (Ziff. II. 1 b. bb [1]) = WM 2001, 623 = ZIP 2001, 507; BGH v. 28.3.1995 – XI ZR 151/94 (Ziff. II. 2 a und b) = WM 1995, 790 = ZIP 1995, 727 = EWiR § 1191 BGB 2/95, 565 (*Clemente*); BGH v. 14.7.1992 – XI ZR 256/91 (Ziff. 2b, aa), NJW-RR 1992, 1521 = WM 1992, 1648; *Graf v. Westphalen*, NJW 2002, 1688, 1690 (Ziff. I. 2); *Siol*, WM 1996, 2217, 2219.

Auch die ursprüngliche Darlehensgewährung kann (noch) zu den für die berechtigten Erwartungen des Sicherungsgebers maßgeblichen Umständen gehören, falls ein unmittelbarer zeitlicher und sachlicher Zusammenhang zwischen der ursprünglichen Darlehensgewährung und der neuen Zweckerklärung besteht.[197]

Nach Ablauf einer gewissen Zeit seit der ursprünglichen Darlehensgewährung kann der Sicherungsgeber vernünftigerweise nicht mehr damit rechnen, dass die neue Sicherungsabrede immer noch (nur) mit dem ursprünglich aufgenommenen Darlehen zusammenhängt. Je größer der Zeitabstand zwischen der die Grundschuldbestellung veranlassenden Darlehensgewährung und der neuen Sicherungsabrede ist, desto wahrscheinlicher ist es, dass der anfängliche (auf die Sicherung jenes bestimmten Darlehens gerichtete) Zweck durch einen anderen ersetzt oder erweitert wird.[198]

Der BGH hat in mehreren Fällen, in denen zwischen der Absicherung der ursprünglichen Kreditaufnahme durch Bestellung bzw. Abtretung der Grundschuld und der neuen formularmäßigen Zweckerklärung mehr als acht Jahre bzw. rund sieben Jahre bzw. zwei Jahre und acht Monate lagen, angenommen, dass der Sicherungsgeber – wenn er nicht besondere, eine solche Annahme rechtfertigende Umstände vorträgt und ggf. beweist – vernünftigerweise keinen Anlass zur Annahme habe, dass die neue Zweckerklärung immer noch und ausschließlich mit dem ursprünglich aufgenommenen Darlehen zusammenhänge.[199] Der BGH hat im Jahr 2016 bestätigt, dass die formularmäßige Erweiterung des Sicherungszwecks einer zwei Jahre zuvor zur Sicherung einer bestimmten Drittverbindlichkeit bestellten Grundschuld auf bestehende und künftige Verbindlichkeiten mehrerer Dritter nicht schon deshalb überraschend ist, weil sie nicht durch eine konkrete Darlehensgewährung veranlasst ist.[200] Das **Fehlen eines Anlasskredits** allein macht die Erweiterung des Sicherungs-

---

197 BGH v. 30.1.2001 – IX ZR 118/00 (Ziff. II. 1 b, bb [2]) = WM 2001, 623 = ZIP 2001, 507; BGH v. 16.1.2001 – XI ZR 84/00 (Ziff. II. 2 a) = WM 2001, 455 = ZIP 2001, 408 = EWiR § 3 AGBG 1/01, 349 (*Weber*); BGH v. 28.3.1995 – XI ZR 151/94 (Ziff. II. 2 a und b) = WM 1995, 790 = ZIP 1995, 727 = EWiR § 1191 BGB 2/95, 565 (*Clemente*).

198 BGH v. 16.1.2001 – XI ZR 84/00 (Ziff. II. 2 a und b) = WM 2001, 455 = ZIP 2001, 408 = EWiR § 3 AGBG 1/01, 349 (*Weber*); BGH v. 30.1.2001 – IX ZR 118/00 (Ziff. II. 1 b, bb [2]) = WM 2001, 623 = ZIP 2001, 507; BGH v. 28.3.1995 – XI ZR 151/94 (Ziff. II. 2 a) = WM 1995, 790 = ZIP 1995, 727 = EWiR § 1191 BGB 2/95, 565 (*Clemente*); *Graf v. Westphalen*, NJW 2002, 1688, 1698 (Ziff. IV. 5).

199 BGH v. 30.1.2001 – IX ZR 118/00 (Ziff. II. 1 b, bb [2]) = WM 2001, 623 = ZIP 2001, 507 [zeitlicher Abstand mehr als 8 Jahre; in dieser Zeit 3 andere Zweckerklärungen abgegeben]; BGH v. 16.1.2001 – XI ZR 84/00 (II. 2 a & b) = WM 2001, 455 = ZIP 2001, 408 = EWiR § 3 AGBG 1/01, 349 (*Weber*) [zeitlicher Abstand rund 7 Jahre]; BGH v. 28.3.1995 – XI ZR 151/94 (Ziff. II. 2 b) = WM 1995, 790 = ZIP 1995, 727 = EWiR § 1191 BGB 2/95, 565 (*Clemente*) [zeitlicher Abstand 2 Jahre und 8 Monate; bereits 2 andere Zweckerklärungen abgegeben]; vgl. auch BGH v. 14.7.1992 – XI ZR 256/91 – (Ziff. 2b, aa), NJW-RR 1992, 1521 = WM 1992, 1648 [zeitlicher Abstand 10 Jahre]; *Graf v. Westphalen*, NJW 2002, 1688, 1690, 1698 (Ziff. I. 2 und IV, 5).

200 BGH v. 24.11.2016 – IX ZR 278/14 (RN 7) = ZIP 2017, 12 = WM 2017, 22 = *Samhat*, WuB 2017, 260.

zwecks einer Grundschuld auf bestehende und künftige Verbindlichkeiten Dritter für den Sicherungsgeber also nicht überraschend.[201]

Prägt das alte Darlehen die Erwartungen des Sicherungsgebers nicht mehr und ist kein bestimmtes neues Darlehen Anlass für die Erneuerung der Zweckerklärung, dann hat diese keinen sachlichen und zeitlichen Zusammenhang mit einem bestimmten Kreditverhältnis (dazu RN 694). Der Sicherungsgeber kann hier durch die **formularmäßige** (RN 687) **Erstreckung** der Haftung auch auf künftige Verbindlichkeiten des Dritten in seinen Erwartungen nicht getäuscht werden.

703 Wird die **Änderung durch** einen **Bevollmächtigten** des Sicherungsgebers erklärt, muss geprüft werden, ob die Vollmacht wirksam ist. Sofern sie formularmäßig (RN 687) erteilt worden ist, kann auch ihre Erteilung überraschend sein. Dafür gelten dieselben Maßstäbe wie für die Sicherungsabrede.

Eine i. S. v. § 305c Abs. 1 BGB überraschende Vollmacht ist etwa anzunehmen, wenn in einem Vordruck (Grundschuldbestellung, Sicherungsabrede oder Schuldurkunde) für die Bestellung einer Grundschuld zur Sicherung eines bestimmten Darlehens eines Dritten (= Nicht-Sicherungsgebers) eine Vollmacht enthalten ist, durch die der Schuldner oder der Sicherungsnehmer ermächtigt wird, die Sicherungsabrede nachträglich auf weitere, über den Anlass der Grundschuldbestellung hinausgehende Verbindlichkeiten zu erstrecken.[202] Denn wenn die anfängliche Erweiterung der Sicherungsabrede unwirksam wäre (RN 688 ff.), kann das faktisch gleiche Ergebnis nicht über die Erteilung einer formularmäßigen Vollmacht erreicht werden. Im Übrigen ist **Vorsicht** geboten, wenn einem Treuhänder eine umfassende Vollmacht zur Abwicklung eines Grundstückserwerbs erteilt worden ist; sie kann unwirksam sein, wenn eine Erlaubnis nach dem Rechtsdienstleistungsgesetz notwendig war, aber nicht erteilt worden ist (RN 314).

20.7 Sonderfall: Vom Verkäufer bestellte Grundschuld sichert Verbindlichkeiten des Käufers des Grundstücks

704 Häufig wird der **Kaufpreis mithilfe einer Grundschuld auf dem gekauften Grundstück finanziert**, was voraussetzt, dass der Verkäufer mitwirkt (vgl. RN 132 bis 135, 315).[203] Dabei muss das Risiko des Verkäufers[204] sachgerecht eingeschränkt werden, ohne dass dem Käufer ein sachfremdes Risiko auferlegt wird. Der mitwirkende Notar hat die Beteiligten über die nicht ohne Weiteres

---

201 BGH v. 24.11.2016 – IX ZR 278/14 (RN 7) = ZIP 2017, 12 = WM 2017, 22 = *Samhat*, WuB 2017, 260.
202 BGH v. 15.1.1988 – V ZR 183/86 (Ziff. B II. 1 b) = BGHZ 103, 72 = WM 1988, 446 = ZIP 1988, 899.
203 Vgl. Staudinger/*Wolfsteiner* (2019), Vorbem. zu §§ 1191 ff.; RN 304; *Reithmann*, Anm. zu LG Karlsruhe v. 13.1.1994, DNotZ 1995, 896; ausführlich *Samhat*, Mitwirkung des Verkäufers bei der Grundschuldbestellung zwecks Finanzierung des Grundstückskaufpreises, in WM 2017, 891.
204 Eingehende Darstellung des Verkäuferrisikos: *Ritzinger*, BWNotZ 1985, 3 ff.

erkennbaren Risiken zu belehren und ihnen Wege zu deren Vermeidung aufzuzeigen.[205]

Im **Interesse des Verkäufers** ist sicherzustellen, dass er die Grundschuld bei einem (von ihm nicht zu vertretenden) Scheitern des Kaufvertrags ohne Aufwendung eigener Mittel ablösen kann (RN 707 f.). Dieses Interesse besteht nicht mehr, wenn er den vollen Kaufpreis erhalten hat (dann unbedingte Pflicht zur Grundstücksübertragung) oder wenn der Eigentumswechsel vollzogen ist (da ab dann der Käufer als Eigentümer beliebig über das Grundstück verfügen kann). Umgekehrt muss im **Käuferinteresse** gewährleistet sein, dass wegen Verbindlichkeiten des Verkäufers auf die Grundschuld nicht mehr zugegriffen werden kann, sobald der Käufer alle Verbindlichkeiten aus dem Kaufvertrag erfüllt hat, spätestens nach Eintragung des Eigentumswechsels (RN 710). *705*

Der **Sicherungsvertrag** wird zwischen Kreditinstitut und Verkäufer[206] geschlossen. Der Käufer sollte in diesen Vertrag anstelle des Verkäufers eintreten (vgl. RN 636), sobald der Kaufpreis bezahlt oder der Eigentumswechsel eingetragen ist. Dies kann (und sollte) schon anfänglich im Sicherungsvertrag, bei dessen Abschluss der Käufer dann mitwirken muss, vereinbart werden.[207] Geschieht dies, so ist **Sicherungsgeber zunächst der Verkäufer**. Mit Eigentumswechsel oder vollständiger Zahlung des Kaufpreises wird ohne Weiteres der Käufer Sicherungsgeber. Die Bank kann zwar auch **zwei separate Sicherungsverträge abschließen**, mit dem Verkäufer einen Sicherungsvertrag mit einer sehr engen – d. h. auf die für die Kaufpreiszahlung verwendeten Kreditmittel beschränkten – Sicherungsabrede und mit dem Käufer einen Sicherungsvertrag mit weiter oder enger Zweckerklärung. **Praxistauglicher** ist es aber, einen **einzigen Sicherungsvertrag mit den Beteiligten** abzuschließen und dort die unterschiedlichen Sicherungszwecke festzulegen. Der BGH akzeptiert diese Vertragskonstruktion.[208] *706*

Zur Wahrung des Interesses des Verkäufers (RN 705) wird die **Sicherungsabrede bis zur Zahlung** des vollen Kaufpreises[209] oder bis zum Eigentumswechsel dahin **eingeschränkt**, dass die Grundschuld die Forderungen des Kreditinstituts gegen den Käufer **nur in Höhe des Betrags sichert**, der dem Verkäufer auf den Kaufpreis tatsächlich zugeflossen ist. In diesem eingeschränkten Umfang kann *707*

---

205 BGH v. 21.3.1989 – IX ZR 155/88 (Ziff. 1) = WM 1989, 822 = EWiR § 17 BeurkG 2/89, 533 (*Reithmann*); OLG Köln v. 14.1.1985 – 7 U 307/83 = DNotZ 1985, 774 = EWiR § 17 BeurkG 1/85, 135 (*Geimer*); vgl. auch BGH v. 26.6.1997 – IX ZR 163/96 = WM 1997, 1901: Schadensersatzpflicht des Notars bei Beurkundung der Grundschuldbestellung durch Käufer ohne im Kaufvertrag vorgeschriebene Abtretung des Auszahlungsanspruchs an Verkäufer.

206 Staudinger/*Wolfsteiner* (2019), Vorbem. zu §§ 1191 ff., RN 304; *Reithmann* zu LG Karlsruhe v. 13.1.1994, DNotZ 1995, 896.

207 Anhang 8 [1.1 sowie Unterschriftenzeile], Anhang 12 [1.1 und Unterschriftenzeile].

208 BGH v. 21.4.2016 – V ZB 13/15 (Gründe RN 7 am Ende) = WM 2016, 1218 = *Gladenbeck*, WuB 2016, 668.

209 *Ebenso*: Staudinger/*Wolfsteiner* (2019), Vorbem. zu §§ 1191 ff., RN 304; *anders* (Wegfall der Einschränkung erst nach Eintragung des Eigentumswechsels [jedenfalls bei Zahlungen über den Kaufpreis hinaus]): *Reithmann*, DNotZ 2002, 645.

aber aus der Grundschuld notfalls die Zwangsversteigerung betrieben werden.[210]

Wird der Sicherungszweck in dieser Weise eingeschränkt, so erhält das Kreditinstitut durch die Grundschuld – selbst wenn diese den Kaufpreis übersteigt – (zunächst) keine Sicherheit für Zahlungen an andere Personen als den Verkäufer oder über den Kaufpreis hinaus; der Verkäufer kann nach Scheitern des Kaufvertrags gegen Rückzahlung des auf den Kaufpreis erhaltenen Betrags Rückgewähr der Grundschuld verlangen (RN 723). Auf der anderen Seite kann der Verkäufer – wenn der Sicherungszweck entsprechend eingeschränkt ist – die Eintragung einer selbst den Kaufpreis übersteigenden Grundschuld zulassen, ohne ein Risiko[211] einzugehen. Teilweise wird empfohlen, den Sicherungszweck noch weiter dahin einzuschränken, dass das Kreditinstitut nur dann berechtigt sein soll, die Grundschuld zu verwerten, wenn der Kaufpreis vollständig gezahlt ist.[212] Außer bei einer 100 %-Finanzierung ist diese Einschränkung jedoch nicht interessengerecht, da die Verwertbarkeit der Grundschuld dann trotz geleisteter Darlehensauszahlung an den Käufer von weiteren Zahlungen abhängt, auf die der Sicherungsnehmer keinen Einfluss hat.

707.1 In der Praxis kann bei **Finanzierungsgrundschulden** der Anfall einer **Betreuungsgebühr**[213] nach KV-Nr. 22200 Nr. 5 GNotKG wegen notarseitiger Anzeige der eingeschränkten Sicherungsabrede vermieden werden. Bei Kreditinstituten, die den stark eingeschränkten Sicherungszweck im Verhältnis zum Verkäufer ohnehin standardmäßig in der Zweckerklärung ausdrücklich vereinbaren, ist ein Hinweis des Notars zum Sicherungszweck ohnehin nicht erforderlich, sodass die Vereinnahmung einer Betreuungsgebühr in diesen Fällen zweifelhaft erscheint. Solche Streitigkeiten können Kreditinstitute aber vermeiden, wenn sie im Zuge des Grundschuldbestellungsauftrags dem Notar gegenüber – sinngemäß – folgende Erklärungen abgeben:

– Bestätigung der im Kaufvertrag vereinbarten vorläufigen Einschränkung der Sicherungsabrede,

– Hinweis darauf, dass das Kreditinstitut die zu bestellende Grundschuld nur so weit als Sicherheit behalten oder verwerten darf, als tatsächlich Zahlungen mit Tilgungswirkung aus der Darlehensvaluta auf die Kaufpreisschuld des Käufers geleistet werden, und

– eine ausdrückliche Bitte, davon abzusehen, das Kreditinstitut um weitere diesbezügliche Bestätigungen zu ersuchen.

---

210 OLG Hamm v. 7. 1. 1999 – 15 W 444/98 = Rpfleger 1999, 231.
211 So auch LG Koblenz v. 23. 1. 2003 – 2 T 58/03 = NJW RR 2003, 957 = Rpfleger 2003, 414. Zu Schwierigkeiten bei der Rückabwicklung (bei anderer Vereinbarung): BGH v. 15. 3. 2002 – V ZR 396/00 = BGHZ 150, 187 = WM 2002, 915 = ZIP 2002, 1536 = EWiR § 818 BGB 2/02, 869 (Armbrüster); BGH v. 14. 3. 2000 – XI ZR 14/99 = WM 2000, 1057 = ZIP 2000, 924 = EWiR § 1191 BGB 2/2000, 1049 (Clemente).
212 Reymann, MittBayNot 2008, 272, 274; weitere Nachweise bei Schilling, ZNotP 2009, 138, 139, der alternativ die Abwicklung über ein Notaranderkonto vorschlägt.
213 Siehe in diesem Zusammenhang zu verschiedenen Fallgestaltungen Raschke/Wagner, „Anfall der Betreuungsgebühr bei der Grundschuldbestellung zur Kaufpreisfinanzierung", NotBZ 9/2021, S. 328.

Bei Vorliegen einer solchen oder vergleichbaren Erklärung ist kein Raum für eine Anzeige des Notars an den Gläubiger (Kreditinstitut) in Bezug auf die Einschränkung der Sicherungsabrede und damit für eine kostenpflichtige Tätigkeit (Betreuungsgebühr).[214]

Die (vom Käufer dem Kreditinstitut geschuldeten) **Zinsen** aus dem dem Verkäufer zugeflossenen Betrag dürften in den Sicherungsumfang **nicht einbezogen** werden können[215] (was aber die Vordrucke teilweise[216] vorsehen), weil die Zinsen für das vom Käufer aufgenommene (und durch die Grundschuld gesicherte) Darlehen in aller Regel höher sein werden als die Zinsen, die der Käufer durch die Anlage des Geldes erhalten kann, sodass der Käufer am Ende doch eigene Mittel einsetzen müsste, um das Grundstück ggf. wieder lastenfrei zu machen. *708*

Wird der Sicherungszweck entsprechend RN 707 auf die an den Verkäufer geflossenen Beträge eingeschränkt, muss das Kreditinstitut betriebsintern **sicherstellen**, dass das **Darlehen**, das durch diese Grundschuld gesichert sein soll, nur in Anrechnung auf den Kaufpreisanspruch und **nur an den Verkäufer ausgezahlt** wird, was einen Auftrag des Käufers voraussetzt. Denn – vor Zahlung des vollen Kaufpreises bzw. vor Eigentumswechsel – sichert die Grundschuld den Anspruch des Kreditinstituts nur in diesem Umfang (ggf. ohne Zinsen; s. RN 708).[217] Würde wegen anderer Beträge die Zwangsversteigerung aus der Grundschuld betrieben, könnte der Verkäufer dem mit der Vollstreckungsabwehrklage (§ 767 ZPO) begegnen.[218] *709*

Zur Wahrung des Käuferinteresses (RN 705) darf für die Zeit **nach Zahlung** des Kaufpreises bzw. Eigentumswechsels der Sicherungszweck der Grundschuld nicht mehr vom Verkäufer bestimmt werden; ein Zugriff des Verkäufers oder seiner Gläubiger auf die Grundschuld aufgrund früherer Bestimmungen des Verkäufers darf jetzt nicht mehr zulässig sein. Sicherungsgeber ist jetzt der Käufer (RN 706). Von diesem Zeitpunkt an können unbedenklich **alle (selbst künftige) Verbindlichkeiten des Käufers in die Sicherungsabrede einbezogen** werden, wie dies die Vordrucke[219] vorsehen. *710*

Auch auf den **Rückgewähranspruch** (nicht nur auf die Grundschuld) darf der Käufer bzw. seine Gläubiger nicht vor Zahlung des vollen Kaufpreises oder Eigentumswechsel zugreifen können; sonst wären die Verkäuferinteressen beeinträchtigt. Andererseits darf nach diesem Zeitpunkt – zur Sicherung der Käuferinteressen – der Verkäufer bzw. seine Gläubiger keine Zugriffsmöglichkeit mehr haben. Da der **Verkäufer** (zunächst) Sicherungsgeber ist (RN 706), **steht** *711*

---

214 So auch Notarkasse A.d.ö.R. – Notare Bayern und Pfalz in einem Rundschreiben vom 5. 10. 2021 zur Betreuungsgebühr bei Finanzierungsgrundschulden.
215 Streitig: *verneinend: Reithmann*, WM 1985, 446; *bejahend: Ritzinger*, BWNotZ 1985, 6 (Ziff. 6.22).
216 Anhang 12 [1.8].
217 LG Karlsruhe v. 13. 1. 1994 – 2 O 250/93 = DNotZ 1995, 892.
218 OLG Hamm v. 7. 1. 1999 – 15 W 444/98 = Rpfleger 1999, 231.
219 Anhang 8 [1.1, 1. Ankreuzfeld, i. V. m. 1.6]; Anhang 12 [1.1 i. V. m. 1.9].

ihm der Rückgewähranspruch zu.[220] Damit ist zugleich ausgeschlossen, dass während der ersten Phase Gläubiger des Käufers in den Rückgewähranspruch vollstrecken können. Der Rückgewähranspruch muss aber mit Zahlung des Kaufpreises oder Eigentumswechsel **auf den Käufer übergehen**, weil sonst der Verkäufer oder seine Gläubiger noch auf ein Recht zugreifen könnten, das jetzt zum Vermögen des Käufers gehört. In den Vordrucken[221] wird vereinbart, dass der Rückgewähranspruch ab diesem Ereignis uneingeschränkt dem Käufer zusteht. Das ist entweder ein bedingtes[222] Ausscheiden des Verkäufers aus dem Sicherungsvertrag mit der Folge, dass der Verkäufer den Rückgewähranspruch verliert, oder eine bedingte Verfügung des Verkäufers über den Rückgewähranspruch zugunsten des Käufers, sodass mit Bedingungseintritt andere (frühere) Verfügungen (auch Pfändungen durch Gläubiger des Verkäufers) unwirksam werden (§ 161 BGB). Dieser Schutz des Käufers wird in den Vordrucken[223] dadurch ergänzt, dass der Rückgewähranspruch des Verkäufers auf den Löschungsanspruch beschränkt wird, sodass weder der Verkäufer noch dessen Gläubiger, die den Rückgewähranspruch gepfändet haben, Abtretung oder Verzicht verlangen können (s. auch RN 718).[224]

712 Wirkt der **Verkäufer** bei den Vereinbarungen mit dem Kreditinstitut nicht selbst mit, sondern wird er von einem anderen (etwa dem Käufer) **vertreten**, ist sorgfältig darauf zu achten, dass dieser sich im Rahmen seiner Ermächtigung hält. Die Vollmacht zur Bestellung von Grundpfandrechten „im Rahmen der Finanzierung des Kaufpreises" reicht nicht aus, eine Grundschuld mit der Abrede zu bestellen, dass diese alle Ansprüche des Grundschuldgläubigers gegen den Käufer sichern soll.[225]

---

220 Anders: OLG Hamm v. 6. 5. 1983 – 20U 310/82 = ZIP 1983, 806, das (um den Käufer im Konkurs des Verkäufers zu schützen) meint, dass der Rückgewähranspruch von Anfang an dem Käufer zustehe, womit es aber die Interessen des Verkäufers vernachlässigt.

221 Anhang 8 [1.6], Anhang 12 [1.9].

222 Bedingung ist die Zahlung des vollen Kaufpreises oder der Eigentumserwerb des Käufers.

223 Anhang 8 [1.6], Anhang 12 [1.9].

224 Dem stehen die Urteile des BGH v. 9. 2. 1989 – IX ZR 145/87 = BGHZ 106, 375 = WM 1989, 490 = ZIP 1989, 700 = EWiR § 9 AGBG 7/89, 417 (*Köndgen*) sowie BGH v. 18. 7. 2014 – V ZR 178/13 = BGHZ 202, 150 = WM 2014, 1719 = ZIP 2014, 1725 = *Samhat*, MDR 2014, 1297, nicht entgegen, weil die (im Interesse des Käufers angezeigte) partielle Einschränkung des Rückgewähranspruchs in der besonderen Konstellation die Beteiligten nicht unangemessen benachteiligt und auch nicht überrascht. Der Käufer wird dadurch überhaupt nicht (negativ) betroffen, weil sein Rückgewähranspruch, sobald er ihn nach Durchführung des Kaufvertrags erworben hat, nicht eingeschränkt ist. Der Verkäufer hat kein berechtigtes Interesse am Rückgewähranspruch außer für den Fall, dass der Kaufvertrag scheitert. Dann muss er in der Lage sein, gegen Rückerstattung des Erlangten die Wiederherstellung des früheren Zustandes (also Löschung der Grundschuld) verlangen zu können, was ihm der eingeschränkte Anspruch ermöglicht.

225 BGH v. 28. 10. 1988 – V ZR 14/87 (Ziff. II. 1 c) = BGHZ 106, 1 = WM 1988, 1849 = ZIP 1989, 12 = EWiR § 185 BGB 1/89, 123 (*Köndgen*).

Der BGH[226] hat angenommen, dass die Grundschuld nicht entsteht, wenn der Sicherungsvertrag die in der **Vollmacht** oder Ermächtigung **gesetzten Grenzen überschreitet**, und zwar unabhängig davon, zu welchem Zweck die Grundschuld später tatsächlich verwendet wird. Der BGH ging dabei davon aus, dass der Käufer von Anfang an Sicherungsgeber sei. Besonderheiten, die zu dieser Annahme Anlass gaben, lassen sich der Entscheidung nicht entnehmen. Richtigerweise hätte deshalb zunächst der Verkäufer als Sicherungsgeber angesehen werden müssen (RN 637 bis 640, nicht 644 bis 646). Ob mit ihm ein wirksamer Sicherungsvertrag zustande gekommen ist, wäre zu prüfen gewesen. Dieser hätte sich – anders als die Grundschuld – in einen (durch die Vollmacht gedeckten) wirksamen und in einen unwirksamen Teil zerlegen lassen. Dies hätte den Weg für eine sachgerechtere Lösung eröffnet, nämlich: **wirksame Grundschuldbestellung mit eingeschränktem Sicherungszweck**, so wie dies dem Willen der Parteien des Kaufvertrags entsprach.

Die Praxis der Kreditinstitute wird sich auf diese Rechtsprechung einzustellen haben. Das gilt auch – und vor allem – für Notare, weil sich dieses Problem auch **vor der Eintragung der Grundschuld** stellen kann (vgl. auch RN 108). Dies zeigt eine Entscheidung des **BGH aus dem Jahr 2016**. Der BGH hat es als rechtmäßig angesehen, dass ein Grundbuchamt die Eintragung einer Grundschuld ins Grundbuch mangels einer ordnungsgemäßen Finanzierungsvollmacht seitens des Verkäufers zugunsten des Käufers ablehnte.[227] Vom Standpunkt **des formellen Grundstücksrechts** mag die Entscheidung des BGH nachvollziehbar sein, doch Einzelaussagen in den Entscheidungsgründen müssen bezogen auf das **materielle Grundstücks- und Kreditsicherungsrecht** in den richtigen Kontext gestellt werden.[228] Die Zweckerklärung ist grundsätzlich **nicht Teil der Grundschuldbestellung**[229] und daher auch keine Voraussetzung für die Eintragung der Grundschuld ins Grundbuch.[230] Trägt also das Grundbuchamt die Grundschuld ein, obwohl die grundbuchrechtlichen Voraussetzung nicht erfüllt waren, ist die Eintragung materiellrechtlich gleichwohl wirksam und komplettiert das Verfügungsgeschäft (also die Grundschuldeinräumung), wenn die dingliche Einigung und die Sicherungsabrede mit der vereinbarungsgemäßen Einschränkung des Sicherungszwecks bereits wirksam bestehen oder nach der Eintragung (Wertung der §§ 879 Abs. 2, 892 Abs. 2 BGB) wirksam geschlossen werden. Dies ist kein Widerspruch, sondern Ausdruck der konsequenten Trennung zwischen dem formellen und dem materiellen Grundstücks-

712.1

---

226 BGH v. 28.10.1988 – V ZR 14/87 (Ziff. II. 1 c) = BGHZ 106, 1 = WM 1988, 1849 = ZIP 1989, 12 = EWiR § 185 BGB 1/89, 123 (*Köndgen*).
227 BGH v. 21.4.2016 – V ZB 13/15 = WM 2016, 1218 = *Gladenbeck*, WuB 2016, 668.
228 Ausführlich dazu *Samhat*, Mitwirkung des Verkäufers bei der Grundschuldbestellung zwecks Finanzierung des Grundstückskaufpreises, in WM 2017, 891 ff.
229 Vgl. Staudinger/*Wolfsteiner* (2019) § 1191 RN 6; *Pfeifer*, MittRhNotK 1998, 334 (336). Deshalb ist es zulässig, wenn die Parteien – was in der Praxis auch vorkommt – die Sicherungsabrede samt Zweckerklärung nicht in der Grundschuldbestellungsurkunde vereinbaren, sondern in einer gesonderten Urkunde.
230 So auch BGH v. 21.4.2016 – V ZB 13/15 (RN 8) = WM 2016, 1218 = *Gladenbeck*, WuB 2016, 668; OLG Frankfurt v. 23.04.2020 – 20 W 29/20, BeckRS 2020, 43221 RN 11.

recht.[231] Schließt ein Stellvertreter eine durch die Vollmacht nicht gedeckte Sicherungsabrede, ist im Zweifel ausschließlich der Sicherungsvertrag unwirksam, nicht auch die Grundschuldbestellung.[232] Von diesem Prinzip rückt der BGH ab, wenn der Käufer seine **im Außenverhältnis beschränkte Vollmacht überschreitet**.[233] Die Aussage des BGH bezüglich des Rechts des Grundbuchamts, bei der Eintragung einer Grundschuld auch die Sicherungsabrede zu prüfen, bezieht sich ausschließlich auf eine Finanzierungsvollmacht, die im Außenverhältnis beschränkt ist. Handelt also der Verkäufer bei der Grundschuldbestellung selbst, gehört das Vorliegen einer Zweckerklärung nicht zum Gegenstand der Prüfung des Grundbuchamts. Nach dem **BGH** genügt es für die Eintragung einer Grundschuld, **wenn gesichert ist**, „**dass die Sicherungsabrede zustande kommen wird**". Die Sicherungsabrede muss also im Zeitpunkt des Antrags noch nicht vorliegen. Das bedeutet dann aber auch, dass das Grundbuchamt den Umstand, dass die Sicherungsabrede erst noch zustande kommen wird, nicht zum Anlass nehmen darf, den Antrag abzulehnen oder die Eintragung allein deshalb zu verzögern. An dieser Stelle schimmert durch, dass der BGH den Eintragungsprozess nicht verkomplizieren möchte. Doch verursacht er damit zugleich **mögliche Anwendungsprobleme**. Es stellt sich etwa die Frage, wann der Sicherungsvertrag geschlossen werden muss, um die Grundschuld wirksam zu machen.[234] Da nicht sicher ist, ob und wie die Grundbuchämter auf die BGH-Entscheidung vom 21.4.2016 reagieren, ist den Beteiligten zu empfehlen, den Vertragsabschlussprozess – sofern nicht ohnehin schon praktiziert – derart anzupassen, dass dem Grundbuchamt die vereinbarungsgemäß eingeschränkte Sicherungsabrede zwischen der Bank und dem Verkäufer mit Beantragung der Grundbucheintragung zumindest als Anlage beigefügt wird. Dies zu veranlassen, ist primär die Aufgabe des Notars, der die Belastungsvollmacht beurkundet. Das BGB enthält hinsichtlich **bereits eingetragener Grundschulden**, bei denen die im Außenverhältnis beschränkte Vollmacht überschritten worden ist, Vorschriften und Wertungen, die – auch ausgehend von der BGH-Entscheidung vom 21.4.2016 – eine sachgerechte Bestellung einer Finanzierungsgrundschuld durch den Käufer/Vertreter (im Namen oder mit Ermächtigung des Verkäufers) ermöglichen. So folgt aus den §§ 177 Abs. 1, 184 Abs. 1, 185 Abs. 2 Var. 1, 879 Abs. 2 BGB, dass die (konkludent) genehmigte Grundschuld, die ohne Vertretungsmacht oder Ermächtigung bestellt wurde, rückwirkend wirksam wird und für das Rangverhältnis der Zeitpunkt der Grundschuldeintragung maßgebend bleibt.[235]

712.2 Die u.a. vom Käufer erteilte Vollmacht, „alle (zur Nutzung des Kaufobjekts für seine Fremdfinanzierung) erforderlichen Eintragungen im Grundbuch zu bewilligen und zu beantragen", reicht aus, um den Rangrücktritt der **Auflassungsvormerkung** des Käufers (s. RN 204, 208) hinter die Finanzierungsgrundschuld

---

231 Zu dieser Unterscheidung etwa *Samhat*, WM 2017, 891, 892.

232 Staudinger/*Wolfsteiner* (2019) § 1191 RN 6.

233 BGH v. 21.4.2016 – V ZB 13/15 (RN 8) = WM 2016, 1218 = *Gladenbeck*, WuB 2016, 668.

234 Diese schon von Staudinger/*Wolfsteiner* (2019) § 1191 RN 6, formulierte Frage gewinnt mit der BGH-Entscheidung v. 21.4.2016 an Aktualität.

235 Näher *Samhat*, WM 2017, 891, 897 f.

Samhat

zu erklären.[236] Im Übrigen wird wegen der Einschaltung eines Vertreters ergänzend auf RN 108 und, falls dieser (zunächst) ohne Vollmacht handelt, insbesondere auf RN 109 verwiesen. Wird ein Treuhänder mit umfassender Vollmacht zur Abwicklung eines Grundstückserwerbs eingeschaltet, kann die Vollmacht unwirksam sein, wenn eine Erlaubnis nach dem Rechtsdienstleistungsgesetz bzw. dem bis zu dessen Inkrafttreten geltenden Rechtsberatungsgesetz notwendig, aber nicht erteilt worden ist (näher RN 314).

Wird die Grundschuld von Verkäufer und Käufer gemeinsam bestellt (RN 133) *713* und **unterwerfen** sich beide der sofortigen **Zwangsvollstreckung** aus der Grundschuld in das belastete Grundstück (RN 310), so kann aus einer vollstreckbaren Ausfertigung dieser Urkunde, in der Schuldner und Schuldgrund nicht näher bezeichnet sind, auch nach Vollzug des Eigentumswechsels in das Grundstück vollstreckt werden. Eine Umschreibung der Vollstreckungsklausel ist nicht notwendig.[237]

20.8 Sonderfall: Sicherung der Verbindlichkeiten des Käufers eines Grundstücks beim Kauf vom Bauträger

Beim Kauf von einem Bauträger ist das Kaufobjekt (meist: Eigentumswohnung *714* oder Reihenhaus) normalerweise bereits mit einer **Gesamtgrundschuld** belastet, die Verbindlichkeiten des Bauträgers sichert. Sicherungsgeber dieser Grundschuld ist (zunächst) der Bauträger. Die Gesamtgrundschuld, die nicht nur auf der zu verkaufenden Eigentumswohnung (oder dem Reihenhaus), sondern auf allen Objekten des ganzen Komplexes lastet, führt zu einer rechtlichen **Verknüpfung der mehreren Einzelobjekte.**[238] Ist ein Treuhänder mit umfassender Vollmacht zur Abwicklung des Erwerbs eingeschaltet, so ist dessen Vollmacht kritisch zu prüfen. Sie kann deshalb unwirksam sein, weil eine Genehmigung nach dem Rechtsdienstleistungsgesetz erforderlich, aber nicht erteilt ist (näher RN 314).

Der Bauträger soll zur Erleichterung und Verbilligung der Finanzierung des *715* Gesamtobjekts möglichst bald Teilleistungen des Käufers erhalten. Das ist (falls nicht eine Bürgschaft nach § 7 MaBV vorliegt) nur zulässig, wenn der Erwerb des Eigentums durch den Käufer und die Freigabe aus der Gesamtgrundschuld entsprechend § 3 MaBV sichergestellt sind (im Einzelnen RN 418 bis 424). Bei der Lösung sind die Interessen aller Beteiligten angemessen zu berücksichtigen.[239]

– Die Bauträgerbank, die das Gesamtobjekt finanziert hat und an dessen problemlosem Verkauf durch den Bauträger, ihren Kunden, interessiert ist, kann

---

236 OLG Düsseldorf v. 10.6.1998 – 3 Wx 108/98 = Rpfleger 1998, 513.
237 KG v. 12.5.1987 – 1 W 2053/86 = DNotZ 1988, 238 = NJW-RR 1987, 1229; *Schöner/ Stöber*, RN 3158; a.A. Stöber/*Keller*, Zwangsversteigerungsgesetz, § 15 RN 350. Aber auch nach Kellers Ansicht dürfte ein etwaiger Fehler der Vollstreckungsklausel mit Eintragung des Käufers als Eigentümer geheilt sein.
238 Zum Ganzen *v. Heymann/Rösler*, WM 1998, 2456.
239 Siehe *v. Heymann/Rösler*, WM 1998, 2456.

(solange das Baudarlehen nicht getilgt ist) die Gesamtgrundschuld vor Fertig-stellung des Ganzen weder aufteilen noch gar einzelne Objekte daraus entlas-sen, weil die restlichen Objekte (insbesondere bei Eigentumswohnungen) vor Fertigstellung nicht vernünftig verwertbar sind (RN 387 bis 390).

– Der Käufer muss sicher sein, dass er aus der Gesamtgrundschuld, die auch auf seinem Kaufobjekt lastet (§ 1132 Abs. 1 Satz 1 BGB), nicht in Anspruch ge-nommen wird. Er braucht ferner zur Finanzierung des Kaufpreises (und zwar oft schon für fällige Anzahlungen) einen Kredit, zu dessen Sicherstellung das hoch belastete Kaufobjekt eingesetzt werden soll.

– Die Käuferbank muss – wenn zur Sicherung des Käuferdarlehens nur das Kaufobjekt zur Verfügung steht – dafür sorgen, dass die dingliche Sicherheit nicht wegen der hohen vorrangigen Gesamtgrundschuld wertlos ist. Dem kommt besondere Bedeutung zu, wenn sie mit der Bauträgerbank nicht iden-tisch ist.

Die Interessenlage beurteilt sich nach der konkreten Fallgestaltung. An dieser Stelle geht es nicht um eine vollständige Darstellung aller möglichen Praxiskon-stellationen im Bauträgergeschäft – dies würde den Rahmen sprengen. Exem-plarisch wird aber eine **spezielle Konstellation** skizziert, die in der Praxis **Pro-bleme** verursachen kann, wenn die gestalteten Verträge zum Beispiel den **Rückgewährberechtigten** nicht explizit festlegen (dazu RN 722.1).

716 Das **Interesse des Käufers** (RN 715 Punkt 2), nicht aus der Gesamtgrundschuld in Anspruch genommen zu werden, ist durch die Freigabeverpflichtung der Bauträgerbank (RN 419 ff.) abgesichert.

717 Der von der **Bauträger-Bank** (RN 715 Punkt 1) gewährte Kredit ist durch die **Gesamtgrundschuld gesichert**; er wird aus den den Freistellungsanspruch aus-lösenden Zahlungen des Käufers zurückgeführt (dazu RN 423). Als Sicherungs-geber steht dem Bauträger der Rückgewähranspruch zu, aufgrund dessen er – nach Wegfall des Sicherungszwecks – Abtretung oder Löschung der Grund-schuld oder Verzicht darauf verlangen könnte (RN 742 bis 749). Die Abtretung der Grundschuld an den Bauträger würde jedoch mit der Freigabeverpflichtung (RN 419 bis 422) kollidieren, die das Kreditinstitut dem Käufer gegenüber einge-gangen ist. Eine solche Pflichtenkollision muss ausgeschlossen werden (kön-nen).

718 Deshalb ist es zweckmäßig, im Sicherungsvertrag zwischen Bauträger und sei-nem Kreditinstitut zu vereinbaren, dass der Bauträger bedingt[240] **Rückgewähr nur durch diese Freigabe (= Löschung der Grundschuld auf dem verkauften Objekt)** verlangen kann.[241] Diese Lösung belässt dem Bauträger den uneinge-schränkten Rückgewähranspruch insoweit, als die Objekte nicht verkauft wer-

---

240 Nämlich soweit und solange die Bauträgerbank aufgrund einer im Einvernehmen mit dem Bauträger abgegebenen Verpflichtung einem Käufer gegenüber zur Freigabe (RN 419) verpflichtet ist.

241 Vgl. MünchKomm/*Lieder*, BGB § 1191 RN 153 (Beschränkung des Rückgewähran-spruchs auf Löschung zulässig); Staudinger/*Wolfsteiner* (2019), Vorbem. zu §§ 1191 ff., RN 298 (stillschweigend entsprechend modifiziert, wenn der Gläubiger auf Verlangen des Eigentümers eine Freistellungserklärung abgibt).

den oder die Bauträgerbank aus sonstigen Gründen keine Freigabeverpflichtung eingeht (etwa weil der Bauträger auf Anzahlungen durch den Käufer nicht angewiesen ist oder Anzahlungen durch Bankbürgschaft gesichert werden). Der Abtretungsanspruch wird dadurch nur für Fälle ausgeschlossen, in denen er vom Sicherungsgeber aus anderen Gründen[242] ohnehin nicht geltend gemacht werden darf. Das kann den Sicherungsgeber weder überraschen noch seine Interessen unangemessen beeinträchtigen[243] (vgl. auch RN 711).

Diese Lösung ist für die Beteiligten einfacher und sicherer als die Abtretung des Rückgewähranspruchs im Kaufvertrag durch den Bauträger an den Käufer. Einfacher deshalb, weil der Bauträger zunächst nur einen (ungeteilten) Anspruch auf Rückgewähr der auf dem gesamten Komplex lastenden Gesamtgrundschuld insgesamt hat, der erst „portioniert" (d.h. in eine der Zahl der Einzelobjekte entsprechende Zahl von Rückgewähransprüchen mit entsprechend modifiziertem Inhalt aufgespalten) werden müsste, damit der entsprechende Teil abgetreten werden könnte (vgl. RN 419). Sicherer deshalb, weil der Rückgewähranspruch schon vor dem Kaufvertrag abgetreten oder ge-/verpfändet worden sein könnte[244] und dann dem Verkäufer nicht mehr (uneingeschränkt) zustehen würde mit der Folge, dass der Käufer keinen oder nur einen (mit dem Pfandrecht) belasteten Rückgewähranspruch erhalten würde.

Das von der **Käufer-Bank** (RN 715 Punkt 3) zu gewährende Darlehen zur Finan-   *719*
zierung des Kaufpreises kann durch eine **neue Grundschuld gesichert** werden, die auf dem Kaufobjekt (Eigentumswohnung, Reihenhaus) eingetragen wird. Die Eintragung setzt voraus, dass das zu belastende Objekt als solches eingetragen ist, dass also die Aufteilung in Eigentumswohnungen bzw. in einzelne Reihenhäuser im Grundbuch vollzogen ist (was ohne Rücksicht auf die tatsächliche Fertigstellung möglich ist).

Theoretisch könnten zwar aus der Gesamtgrundschuld der Bauträgerbank Einzelgrundschulden auf den einzelnen Objekten (§ 1132 Abs. 2 BGB) abgespalten und (ggf. nach Abtretung an die Käuferbank) als Sicherheit eingesetzt werden. Es ist aber sehr schwierig, eine die Interessen aller Beteiligten angemessen sichernde Vereinbarung zu formulieren, die sicherstellt, dass die Grundschuld zunächst das an den Bauträger gewährte Darlehen und ab einem bestimmten

---

242 Das Kreditinstitut übernimmt die Freigabeverpflichtung *im Auftrag des Bauträgers,* um diesem die Erfüllung *seiner* Pflicht nach der MaBV zu ermöglichen. Es hat mithin einen Aufwendungsersatzanspruch gegen den Bauträger (§ 670 BGB). Der Bauträger muss dem Kreditinstitut deshalb die Grundschuld, die dieses aufgegeben hat, zur Verfügung stellen. Das schließt aus, dass der Bauträger vom Kreditinstitut die Abtretung derselben Grundschuld an sich verlangt.

243 Die Einschränkung geht weniger weit als die von *Reithmann,* DNotZ 1994, 168, 170 ff., vorgeschlagene vollständige Ausschluss des Abtretungs- und Verzichtsanspruchs; vgl. auch *v. Heymann/Rösler,* WM 1998, 2456, 2460. Dem stehen nicht entgegen die Urteile des BGH v. 9.2.1989 – IX ZR 145/87 = BGHZ 106, 375 = WM 1989, 490 = ZIP 1989, 700 = EWiR § 9 AGBG 7/89, 417 (*Köndgen*) sowie BGH v. 18.7.2014 – V ZR 178/13 = BGHZ 202, 150 = WM 2014, 1719 = ZIP 2014, 1725 = *Samhat,* MDR 2014, 1297, weil der Ausschluss dessen, was der Sicherungsgeber ohnehin nicht tun darf, weder überraschend noch unangemessen sein kann.

244 Dazu *Reithmann,* DNotZ 1994, 168, 169 f.

Zeitpunkt nur noch das Käuferdarlehen sichert. Außerdem kann das Verfahren teuer werden, wenn die Aufteilung in mehreren Schritten erfolgt. Deshalb ist der Weg über eine neue Grundschuld zu empfehlen.

720   Der (neuen) Grundschuld geht zwar die Gesamtgrundschuld im Rang vor, die dem Betrag nach den Wert der Eigentumswohnung bzw. des Reihenhauses mehr als ausschöpft. Falls jedoch der **Käufer** das **Darlehen bei der Bauträgerbank aufnimmt**, kann diese die Vorlast bis zur Freigabe hinnehmen, wenn der Rückgewähranspruch bezüglich der Gesamtgrundschuld entsprechend RN 718 eingeschränkt ist und wenn die Sicherungsabrede bezüglich der Gesamtgrundschuld dahin erweitert wird, dass diese in der Zwischenzeit auch (und sogar vorrangig) das Kaufpreisdarlehen des Käufers sichert, sofern und soweit Beträge daraus an den Bauträger geflossen sind oder fließen werden. Denn nach Vollendung des ganzen Komplexes wird dann die Gesamtgrundschuld auf dem verkauften Objekt gelöscht, sodass die neue Grundschuld den verlangten Rang erhält. Bis dahin ist der jeweils ausgezahlte Teil des Kaufpreisdarlehens durch die Gesamtgrundschuld gesichert. Bleibt der Bau endgültig stecken, kann die Bauträgerbank entweder das Kaufobjekt aus der Gesamtgrundschuld freigeben (sodass die neue Grundschuld im Rang aufrückt) oder anstelle der Freigabe den Ablösungsbetrag zahlen (RN 421), und zwar durch Aufrechnung gegen ihren Anspruch aus dem dem Käufer gewährten Darlehen (sodass dann das dem Käufer gewährte Darlehen zurückgeführt ist).

721   Ist die **Käuferbank nicht mit der Bauträgerbank identisch**, scheidet eine Sicherung des Käuferdarlehens nach RN 720 durch die Gesamtgrundschuld aus. Solange das Kaufobjekt aus der Gesamtgrundschuld nicht freigegeben ist, ist die neue Grundschuld im Hinblick auf diese Vorlast nichts wert. Den Anspruch auf Freigabe kann die Käuferbank selbst nicht geltend machen, weil er dem Käufer, nicht ihr zusteht. Deshalb würde auch der Ablösungsbetrag an der Käuferbank vorbeifließen, wenn das Kaufobjekt nicht vertragsgemäß vollendet werden und die Bauträgerbank ihre Freigabepflicht durch Zahlung ablösen würde. Da der Anspruch des Käufers aus der Freistellungsverpflichtung abgetreten, ge- oder verpfändet werden kann und bei Insolvenz des Käufers in die Insolvenzmasse fällt, könnte die Käuferbank dann ggf. auch den Käufer nicht mehr veranlassen, seinen Anspruch durchzusetzen. Es gibt etwa zwei **Möglichkeiten**, dieses **Risiko** zu **vermeiden**:

– Die Käuferbank lässt sich alsbald alle Ansprüche des Käufers gegen die Bauträgerbank aus der Freistellungsverpflichtung (insbesondere den Freistellungsanspruch selbst und den etwaigen Zahlungsanspruch bei Ablösung der Freistellungsverpflichtung) abtreten.[245] Diesen Weg kann die Käuferbank ohne Abstimmung mit der Bauträgerbank gehen. Er stößt aber zum einen (weil der Anspruch nur einmal abgetreten und der Freistellungsanspruch nicht geteilt werden kann) auf Schwierigkeiten, wenn der Kaufpreis durch zwei Kreditinstitute (bspw. Sparkasse und Bausparkasse) finanziert wird, und ist zum anderen mit der (nach den bisherigen Erfahrungen allerdings nur

---

245 Dazu auch *v. Heymann/Rösler*, WM 1998, 2456, 2462.

theoretischen) Gefahr belastet, dass der Anspruch bereits abgetreten ist und deshalb nicht erworben wird.

– Die Bauträgerbank verpflichtet sich gegenüber der Käuferbank, deren Grundpfandrecht in Höhe der Zahlungen, die über die Käuferbank auf das Bauträgerkonto geleistet worden sind, den Vorrang vor der Gesamtgrundschuld einzuräumen.[246] Dieser Weg setzt eine entsprechende Vereinbarung zwischen Bauträgerbank und Käuferbank voraus. Wenn die Bauträgerbank ihre Option offen halten will, beim Steckenbleiben des Baus die dem Erwerber gegenüber bestehende Freistellungsverpflichtung durch Geld abzulösen (RN 421), muss sie sich auch der Käuferbank gegenüber vorbehalten, durch Rückzahlung der (über die Käuferbank auf das Bauträgerkonto geflossenen) Beträge die Rangrücktrittsverpflichtung zu beenden bzw. – wenn sie dann schon im Rang zurückgetreten sein wird – die Löschung des neuen Rechts oder dessen Rangrücktritt hinter die Gesamtgrundschuld verlangen zu können. Und es muss sichergestellt sein, dass die Bauträgerbank ggf. durch diese eine Zahlung an die Käuferbank zugleich auch ihre Freistellungspflicht nach § 3 MaBV gegenüber dem Käufer erfüllt. Das setzt voraus, dass sich die Käuferbank entweder vom Käufer dessen bedingten Zahlungsanspruch aus der Freistellungsverpflichtung in der Höhe der über sie auf das Bauträgerkonto erbrachten Zahlungen hat abtreten lassen oder dass sonst im Verhältnis Käuferbank/Käufer klargestellt ist, dass die Rückzahlung an die Käuferbank auf das Darlehen angerechnet wird und deshalb darin auch eine Leistung an den Käufer selbst liegt. Die Bauträgerbank muss die Abrede zwischen Käufer und Käuferbank nicht nachprüfen, wenn diese ihr gegenüber dafür einsteht, dass eine etwaige Ablösungszahlung auch gegenüber dem Käufer wirksam ist. Der Käuferbank ist dies andererseits zuzumuten, weil das ganze Verfahren (auch) die Finanzierung des Kaufpreises im Verhältnis Käufer/Käuferbank erleichtert und die Frage, wie sich etwaige Rückzahlungen auf das Darlehen auswirken, zwischen Käufer und Käuferbank ohnehin geregelt werden muss.

Ist die Bauträgerbank zu diesem zweiten Weg bereit, kann sie zu ihrer eigenen Arbeitsvereinfachung von vornherein den (allen) Kreditinstituten des (jeweiligen) Käufers eine entsprechende Rangrücktrittsverpflichtung anbieten, die von der Käuferbank entweder alsbald oder irgendwann später durch Verlangen des Rangrücktritts angenommen werden kann. Das Angebot der Bauträgerbank kann etwa **durch** folgende **Erweiterung der Freistellungsverpflichtung** erfolgen: 722

„Wir verpflichten uns gegenüber allen Kreditgebern des Käufers, den Grundpfandrechten dieser Kreditgeber in Höhe der Kaufpreiszahlungen, die über diese Kreditgeber auf das in Ziff. ... genannte Konto des Bauträgers eingehen, den Vorrang einzuräumen. Wir behalten uns vor, anstelle des Rangrücktritts die eingegangenen Zahlungen (ohne Zinsen) an die jeweiligen Kreditgeber des Käufers – falls wir dann schon im Rang zurückgetreten sein werden, Zug um Zug

---

246 Dazu „Muster eines Freigabeversprechens i. S. von § 3 Abs. 1 Satz 1 Nr. 3 MaBV (Stand: 10. 4. 2002)" der Bundesnotarkammer, Teil B, II 2 (DNotZ 2002, 402, 410), wo dieses Verfahren genannt und – wenn der Situation des Erwerbers im Einzelfall gerecht werdend – als mit den Vorschriften der MaBV vereinbar bezeichnet wird.

gegen Löschung oder Rangrücktritt der für diese eingetragenen Grundpfand-rechte – zurückzuerstatten. Die Rückzahlung wird zugleich auf unsere Rückzah-lungspflicht gegenüber dem Käufer nach Ziff. ... angerechnet, wofür der Kreditge-ber des Käufers uns gegenüber einsteht."

722.1 Im Bauträgergeschäft kann es vorkommen, dass keine Gesamtgrundschuld be-stellt wird, sondern jeweils Grundschulden an den bereits in der Grundschuld-bestellungsurkunde konkret ausgewiesenen Miteigentumsanteilen an dem Grundstück (verbunden mit dem Sondereigentum an der veräußerten Woh-nung). **Beispiel einer speziellen Konstellation** (stark vereinfacht): Die Grund-schuldbestellung erfolgt durch den Bauträger als Eigentümer und Drittsiche-rungsgeber zugunsten der Bank, die das Bauträgerprojekt finanziert. Die Eigen-tumswohnungen, die die jeweiligen Käufer alle vom gleichen Bauträger gekauft haben, werden auch von der besagten Bank finanziert. Die Bank schließt mit dem Bauträger eine Zweckerklärung ab. Zudem schließt dieselbe Bank ge-sonderte Grundschuldzweckerklärungen zwecks Darlehenssicherung mit dem jeweiligen Erwerber/Darlehensnehmer bezogen auf dieselbe Grundschuld ab. Im Einvernehmen aller Beteiligten zahlt die Bank die vollständige Darlehensva-luta dem Bauträger aus. Wenn nun das Bauträgerprojekt scheitert (also auch keine Eigentumsübertragung an die Erwerber) und auf Veranlassung des Bau-trägers die vollständige Darlehensvaluta direkt der Bank zurückgezahlt wird, stellt sich die **Frage, wer die Grundschuld zurückverlangen darf.** Diese wich-tige Frage sollte in allen Zweckerklärungen eindeutig geregelt werden. Gibt es keine eindeutige vertraglich Regelung, dann besteht kein Problem, wenn mit allen Beteiligten nach dem Scheitern des Bauprojekts Einvernehmen hergestellt wird, dass der Bauträger die Grundschuld zurückerhält. **Probleme entstehen** aber, **wenn** neben dem Bauträger auch ein **Erwerber** die **Grundschuld zurück-verlangt.** In solchen Fällen lässt sich im Zweifel abstrakt-generell sagen, dass die zurückzugewährende Grundschuld wertungsmäßig nicht dem Käufer/Erwerber zusteht, sondern dem Bauträger. Denn die Grundschuld, die der Bauträger be-stellt hat, sollte letztlich den (bereits erfüllten) Rückzahlungsanspruch der Bank besichern. Würde ein Erwerber, der nicht Eigentümer geworden ist, die Grund-schuld zurückerhalten, würde die Grundschuld gegebenenfalls etwaige darü-berhinausgehende Ansprüche des Erwerbers (Gewährleistungsansprüche, Schadensersatzansprüche usw.) gegen den Bauträger besichern. **Interessenge-recht** erscheint in solchen Fällen die **Rückgewähr an den Bauträger,** da er die Grundschuld zuvor aus eigenem Vermögen zur Absicherung eines Dritten be-stellt hat und auf seine Veranlassung das vollständige Darlehen an die Bank zurückgeführt worden ist. Diese Zweifelsregelung gilt für den Fall, dass die Zweckerklärungen – auch im Wege einer Auslegung – insoweit kein eindeutiges Ergebnis enthalten.

21 Rückgewähranspruch

21.1 Rechtsgrund/Abgrenzung zum Löschungsanspruch

Der Kreditgeber/Sicherungsnehmer muss die Grundschuld freigeben, soweit 723
der Sicherungszweck endgültig fortgefallen (RN 729 bis 738) ist.[1] Wegen Forderungen, die nicht unter die Sicherungsabrede fallen (also nicht gesichert sind), steht dem Kreditinstitut/Sicherungsnehmer grundsätzlich weder ein **Zurückbehaltungsrecht**[2] noch aufgrund der üblichen Pfandklausel in den AGB-Banken (Ziff. 14) AGB-Sparkassen (Ziff. 21) ein Pfandrecht zu (RN 664 f.).

Der **Anspruch** des Sicherungsgebers auf Rückgewähr der Grundschuld ergibt sich **aus dem Sicherungsvertrag**[3], auch wenn er dort nicht ausdrücklich[4] genannt wird.[5] Er folgt daraus, dass der Sicherungsnehmer von der Grundschuld, obwohl sie ihm nach außen uneingeschränkt zusteht, im Innenverhältnis nur zur Abdeckung von Forderungen Gebrauch machen darf, die die Grundschuld nach der getroffenen Abrede sichern soll (RN 682 ff.). Es gehört zum Wesen einer fiduziarischen Sicherheit, dass der Sicherungsnehmer sie nach Erledigung des Sicherungszwecks nicht behalten darf, sondern zurückgeben muss (s. auch RN 754). Es wird vertreten, dass der Rückgewähranspruch auch aufgrund einer Störung der Geschäftsgrundlage der Sicherungsabrede (§ 313 BGB) in Betracht kommen kann.[6] Sollte der Sicherungsvertrag (nicht aber die dingliche Grundschuldbestellung) nichtig sein[7], kann der Sicherungsgeber die Rückgabe der

---

1 Ausführlich zum Rückgewähranspruch bei Sicherungsgrundschulden *Lettl*, WM 2002, 788 ff.; *Dörrie*, ZfIR 1999, 717 ff.; vgl. auch *Goldbach*, Rückgewähransprüche bei der Immobilienverwertung, ZfIR 2019, 45; *Knees*, Die Bank als Gläubiger/Schuldner des Grundschuldrückgewähranspruchs, in ZIP 2018, 1055 ff.

2 Siehe BGH v. 9. 5. 2000 – XI ZR 299/99 = WM 2000, 1443 = NJW 2000, 2499.

3 Für alle nichtakzessorischen fiduziarischen Sicherheiten: BGH (Großer Zivilsenat) v. 27. 11. 1997 – GZS 1 + 2/97 (Ziff. B II. 1 a und b) = BGHZ 137, 212 = WM 1998, 227 = ZIP 1998, 235 = EWiR § 138 BGB 2/98, 155 (*Medicus*) und BGH v. 14. 5. 1996 – XI ZR 257/94 (Ziff. II. 3 a. aa), BGHZ 133, 25 = WM 1996, 1128 = ZIP 1996, 1164 = EWiR § 9 AGBG 20/96, 1009 (*Rehbein*); vgl. BGH v. 19. 4. 2013 – V ZR 47/12 (RN 7) = BGHZ 197, 155 = WM 2013, 1070 = ZIP 2013, 1113; *Becker-Eberhard*, S. 611; *Serick*, BB 1996, 1777, 1785; *Serick*, BB 1995, 2013, 2020 f und WM 1995, 2017, 2020 f.; *Schmitz*, WM 1991, 1061, 1066; *Siol*, WM 1996, 2217, 2223; s. auch Staudinger/*Wolfsteiner* (2019), Vorbem. zu §§ 1191 ff., RN 155; *Pfeiffer*, WM 1995, 165, 169 f.

4 Ausdrücklich wird dieser Anspruch genannt in Anhang 6 [6]; Anhang 7 [6]; Anhang 8 [6]; Anhang 9 [3]; nur partielle Regelung in Anhang 10 [1.5], Anhang 11 [1.5] und Anhang 12 [1.5].

5 Statt vieler BGH v. 2. 6. 2022 – V ZR 132/21, RN 22 = WM 2022, 1471 = ZIP 2022, 1537; *Groeschler*, WuB 2022, 428; *Samhat*, EWiR 2022, 608; *Ganter*, Der Grundschuld-Rückgewähranspruch, NZI 2024, 27.

6 OLG Düsseldorf v. 6. 3. 1996 – 9 U 124/95 = WM 1997, 960; OLG Köln v. 10. 11. 1995 – 19 U 281/94 = WM 1997, 963; *Schoppmeyer/Liepin*, in Gehrlein/Graewe/Wittig, § 15 Rd. 259; nur unter sehr engen Voraussetzungen *Dörrie*, ZfIR 1999, 717, 719 f.; gegen die Heranziehung der Fallgruppe „Störung der Geschäftsgrundlage" mit beachtlichen und überzeugenden Argumenten *Lettl*, WM 2002, 788 (795).

7 Und auch keine wirksame Pflicht des Sicherungsgebers zur Sicherstellung (RN 566) besteht, die den Sicherungsgeber zum Abschluss eines wirksamen Sicherungsvertrags und damit ggf. zu einem Neuabschluss verpflichten würde.

Grundschuld nach den Vorschriften über die Herausgabe einer ungerechtfertigten Bereicherung (§ 812 BGB) verlangen.[8]

Nach dem BGH (gefolgt von der h. L.) ist der **Rückgewähranspruch** durch den Wegfall des Sicherungszwecks **aufschiebend bedingt**.[9] Nach einer anderen Ansicht[10] fehlt bis zum Fortfall des Sicherungszwecks lediglich die **Fälligkeit**, vereinzelt[11] wird sogar ein **zukünftiger Anspruch** bejaht. Der Streit geht wohl darauf zurück, dass über die Begriffe Entstehen, Fälligkeit und Bedingtheit der Forderung Uneinigkeit herrscht.[12] Auch wenn man mit der h. M. geht, bedeutet dies nicht, dass der Rückgewähranspruch erst mit dem Wegfall des Sicherungszwecks entsteht.[13] Der Wortlaut des § 158 Abs. 1 BGB formuliert, dass bei einer aufschiebenden Bedingung die von der Bedingung abhängig gemachte Wirkung mit dem Eintritt der Bedingung eintritt. Ausgehend davon ist es richtig, zwischen **Entstehung, Wirkung und Wirksamkeit** eines Anspruchs/eines Rechtsgeschäfts zu unterscheiden.[14] Bezogen auf den Rückgewähranspruch bedeutet dies, dass er mit Begründung der Grundschuld und des Sicherungsvertrags entsteht[15], aber seine Wirkung erst mit Wegfall des Sicherungszwecks entfaltet. Hinsichtlich der in diesem Kontext relevanten Fallgruppen (etwa die Relevanz

---

8   Statt vieler MüKoBGB/*Lieder*, BGB § 1191 RN 22; *Ganter*, Der Grundschuld-Rückgewähranspruch, NZI 2024, 27, 28; BGH v. 19. 4. 2018 – IX ZR 230/15 RN 64 = WM 2018, 1054 = ZIP 2018, 1082; zum Urteil *Gladenbeck*, WuB 2018, 432 und *Piekenbrock*, EWiR 2018, 369.

9   BGH v. 27. 02. 2018 – XI ZR 224/17, RN 17 = WM 2018, 737 = ZIP 2018, 1368; BGH v. 19. 10. 2017 – IX ZR 79/16 (RN 22) = ZIP 2017, 2395 = WM 2017, 2299 = *Gladenbeck*, WuB 2018, 177; BGH v. 10. 11. 2011 – IX ZR 142/10 (RN 12) = BGHZ 191, 277 = WM 2011, 2338 = ZIP 2011, 2364; BGH v. 25. 3. 1986 – IX ZR 104/85 (Ziff. I [vor 1]) = BGHZ 97, 280 = WM 1986, 763 = ZIP 1986, 900 = EWiR § 1191 BGB 3/86, 573 (*Gaberdiel*); BGH v. 5. 11. 1976 – V ZR 5/75 = NJW 1977, 247 = WM 1977, 17; MünchKomm/*Lieder*, BGB § 1191 RN 149; *Schmitz*, WM 1991, 1061, 1066; *Serick*, WM 1995, 2017, 2020; *Serick*, BB 1995, 2013, 2020; *Siol*, WM 1996, 2217, 2223.

10 Staudinger/*Wolfsteiner* (2019), Vorbem. zu §§ 1191 ff., RN 161; *Becker-Eberhard*, S. 611 und 589 f.

11 Etwa *Hoche*, DNotZ 1958, 386.

12 Ebenso BeckOGK/*Rebhan*, 1. 9. 2023, BGB § 1191 RN 115 f.; der Streit hat auch auf der insolvenzrechtlichen Ebene keine praktische Relevanz, so auch *Ganter*, Der Grundschuld-Rückgewähranspruch, NZI 2024, 27, 31.

13 So wohl aber Grüneberg/*Herrler*, § 1191 RN 26 mit Verweis auf Relevanz für § 91 Abs. 1 InsO.

14 Zu dieser Unterscheidung *Leenen*, JuS 2008, 577, ausführlicher *Leenen*, in Festschrift für Canaris, 2007, Bd. I, 699 (702 ff.); zustimmend *Armbrüster*, Jura 2007, 321; *Häublein*, Jura 2007, 728.

15 Vgl. BGH 5. 11. 1976 – V ZR 5/75 (Gliederungspunkt II.) = WM 1977, 17 = NJW 1977, 247; Stöber/*Rellermeyer*, Forderungspfändung, 17. Aufl. 2020, RN F.108; *Ganter*, Der Grundschuld-Rückgewähranspruch, NZI 2024, 27, 28 und 30.

für § 91 Abs. 1 InsO[16], s. auch RN 859) ist es hilfreich, mit dem Merkmal „gesicherte Rechtsstellung" zu arbeiten.[17]

Bei **enger Grundschuldzweckerklärung** ist der von vornherein aufschiebend   *724*
bedingt entstandene Rückgewähranspruch in dem Umfang durchsetzbar, in
dem die Grundschuld nicht bzw. nicht mehr für die Absicherung der Forderung
des Sicherungsnehmers benötigt wird.[18] Bei einer **weiten Zweckerklärung** entfaltet der Rückgewähranspruch erst dann seine Wirkung, wenn der **Sicherungszweck endgültig fortgefallen** (RN 657) ist, also dann, wenn feststeht, dass aus
dem konkreten Sicherungsvertrag keine bzw. nur noch eingeschränkte Rechte
geltend gemacht werden können; wenn also eine Revalutierung endgültig nicht
mehr in Betracht kommt. Das ist (erst) dann der Fall, wenn die Geschäftsbeziehung endet oder wenn die Sicherungsvereinbarung geändert oder gekündigt
wurde.[19]

Ist der **Sicherungszweck** nur **teilweise**, aber insoweit endgültig, **weggefallen**
(RN 729 ff.), kann der Sicherungsgeber **Rückgewähr** eines entsprechenden **Teilbetrags** verlangen[20], und zwar des rangletzten[21] Teils. Bei mehreren Sicherheiten hat der Gläubiger (**Sicherungsnehmer**) als Schuldner des Rückgewähranspruchs die **Wahl**, welche davon er freigeben will.[22] Er kann sich auch für eine
vorrangige entscheiden, etwa weil er für diese – anders als für eine nachrangige – keinen Vollstreckungstitel hat.[23] Dass sich der Gläubiger ausdrücklich die

---

16 BGH v. 19.10.2017 – IX ZR 79/16 (RN 22) = ZIP 2017, 2395 = WM 2017, 2299 =
    Gladenbeck, WuB 2018, 177; BGH v. 10.11.2011 – IX ZR 142/10 (RN 12) = BGHZ 191,
    277 = WM 2011, 2338 = ZIP 2011, 2364; Grüneberg/*Herrler*, § 1191 RN 26; *Obermüller*,
    in LMK 2012, 327126 (beck-online) zu BGH v. 10.11.2011 – IX ZR 142/10.

17 So *Obermüller*, in LMK 2012, 327126 (beck-online) zu BGH v. 10.11.2011 – IX ZR
    142/10; auch *Kesseler*, NJW 2012, 577.

18 Ebenso *Kesseler*, NJW 2012, 577, 578; BeckOGK/*Rebhan*, 1.9.2023, BGB § 1191 RN 116.

19 Statt vieler BGH v. 2.6.2022 – V ZR 132/21, RN 13 = WM 2022, 1471 = ZIP 2022, 1537 =
    Samhat, in EWiR 2022, 609. *Kesseler*, NJW 2012, 577, 578; BeckOGK/*Rebhan*, 1.9.2023,
    BGB § 1191 RN 118; MüKoBGB/*Lieder*, BGB § 1191 RN 149.

20 BGH v. 8.12.1989 – V ZR 3/88 (Ziff. 2) = WM 1990, 423 = ZIP 1990, 857 = EWiR
    § 1191 BGB 3/90, 469 (*Brink*); für alle nichtakzessorischen fiduziarischen Sicherheiten: BGH v. 14.5.1996 – XI ZR 257/94 (Ziff. II. 3 a. aa) = BGHZ 133, 25 = WM 1996, 1128
    = ZIP 1996, 1164 = EWiR § 9 AGBG 20/96, 1009 (*Rehbein*); BGH v. 13.1.1994 – IX ZR
    79/93 (Ziff. I. 2 c) = BGHZ 124, 380 = WM 1994, 414 = ZIP 1994, 305 = EWiR
    § 9 AGBG 5/94, 209 (*Serick*); Staudinger/*Wolfsteiner* (2019), Vorbem. zu §§ 1191 ff.
    RN 156 und RN 99; *Becker-Eberhard*, S. 455; *Canaris*, ZIP 1997, 813, 817 f.; *Pfeiffer*,
    1995, 1565, 1571; *Schmitz*, WM 1991, 1061, 1066; *Serick*, BB 1996, 1777, 1785; *Serick*,
    ZIP 1997, 345, 351; *Siol*, WM 1996, 2217, 2218 und 2223.

21 BGH v. 25.3.1986 – IX ZR 104/85 (Ziff. I. 2) = BGHZ 97, 280 = WM 1986, 763 = ZIP 1986,
    900 = EWiR § 1191 BGB 3/86, 573 (*Gaberdiel*); *Huber*, S. 179 ff.; *Serick*, § 37 IV (Bd. III,
    S. 440); *Derleder*, JuS 1971, 90, 92.

22 BGH v. 3.7.2002 – IV ZR 227/01 (Ziff. II. 2 a) = WM 2002, 1643 = ZIP 2002, 1390 = EWiR
    § 262 BGB 1/02, 849 (*Weber/Madaus*); BeckOGK/*R. Rebhan*, 1.9.2023, BGB
    § 1191 RN 111; Staudinger/*Wolfsteiner* (2019), Vorbem. zu §§ 1191 ff., RN 220.

23 BGH v. 3.7.2002 – IV ZR 227/01 (Ziff. II. 2 a) = WM 2002, 1643 = ZIP 2002, 1390 = EWiR
    § 262 BGB 1/02, 849 (*Weber/Madaus*).

Auswahl der freizugebenden Sicherheit vorbehält, ist nicht zu beanstanden.[24] Ein solcher Anspruch auf Teilrückgewähr setzt eine *deutliche* Übersicherung[25] voraus. Ein (insbesondere wiederholtes) Verlangen auf Übertragung von Minimalbeträgen ist nicht statthaft, unter Umständen auch rechtsmissbräuchlich. In Drittsicherungsfällen ist der **Sicherungsnehmer** (Bank) **nicht verpflichtet**, eine vom **persönlichen Schuldner** gestellte Sicherheit **vorrangig zu verwerten**; es sei denn, die Beteiligten haben etwas anderes vereinbart.[26] Eine gerichtliche Korrektur dieses Grundsatzes zugunsten des Drittsicherungsgebers[27] (falls eine ausdrückliche Vereinbarung fehlt) ist nicht erforderlich, da der Drittsicherungsgeber in aller Regel nur für konkrete Verbindlichkeiten haftet (enge Zweckerklärung, RN 685 ff.) und er – im Falle seiner Inanspruchnahme – häufig ein Rückgriffsrecht gegen den persönlichen Schuldner hat (RN 567).

725 Im Übrigen besteht die Freigabepflicht unabdingbar. Sie kann (formularmäßig) nicht eingeschränkt werden, bei Teilfreigabe kann insbesondere der **Umfang der Freigabe nicht vom Ermessen des Sicherungsnehmers** (= Gläubiger) **abhängig** gemacht werden; eine entgegenstehende formularmäßige Klausel (RN 687) – aber auch nur diese, nicht die ganze Sicherungsabrede – wäre unwirksam (§ 307 Abs. 1 und 2 BGB).[28]

726 Der Rückgewähranspruch gibt **kein dingliches Recht** am Grundstück und damit auch kein Recht auf Befriedigung aus dem Grundstück. Deshalb ist der Rückgewährberechtigte weder zur Ablösung eines anderen Rechts (§ 1150, § 268 Abs. 1 BGB) berechtigt noch Beteiligter in der Zwangsversteigerung[29] (vgl. aber RN 1145). Liegen die Voraussetzungen für eine Rückgewähr vor, erfolgt kein automatischer Übergang der Grundschuld auf den Eigentümer. Gibt etwa der Insolvenzverwalter ein Grundstück frei, folgt daraus nicht die Freigabe etwa bestehender Ansprüche auf Rückgewähr nicht valutierter Grundschulden.[30]

---

24 BGH v. 10. 5. 1994 – XI ZR 65/93 (Ziff. II. 2 a) = WM 1994, 1238 = ZIP 1994, 1010 = EWiR § 9 AGBG 10/94, 731 (*Bülow*).

25 Vgl. etwa BGH v. 10. 11. 2011 – IX ZR 142/10 (RN 16) = BGHZ 191, 277 = WM 2011, 2338 = ZIP 2011, 2364; *Serick*, WM 1997, 345, 352.

26 BGH v. 29. 04. 1997 – XI ZR 176/96 = WM 1997, 1247 = ZIP 1997, 1191; BeckOGK/*R. Rebhan*, 1. 9. 2023, BGB § 1191 RN 111 f., der eine solche Vereinbarung für ratsam erachtet.

27 BeckOGK/*R. Rebhan*, 1. 9. 2023, BGB § 1191 RN 111 plädiert für eine Einschränkung des Wahlrechts des Grundschuldgläubigers auf Grundlage des § 315 Abs. 3 BGB.

28 Für alle nichtakzessorischen fiduziarischen Sicherheiten: BGH (Großer Zivilsenat) v. 27. 11. 1997 – GZS 1 + 2/97 (Ziff. B II. 1 c und d) = BGHZ 137, 212 = WM 1998, 227 = ZIP 1998, 235 = EWiR § 138 BGB 2/98, 155 (*Medicus*); (für Globalzession:) BGH v. 5. 5. 1998 – XI ZR 234/95 – (Ziff. II. 2 c), BGHZ 138, 367 = NJW 1998, 2206 = WM 1998, 1280 = ZIP 1998, 1066 = EWiR § 242 BGB 2/98, 629 (*Pfeiffer*); *Serick*, BB 1996, 1777, 1787; anders noch (Teilfreigabe nach billigem Ermessen): BGH v. 14. 5. 1996 – XI ZR 257/94 (Ziff. II. 3 a, cc) = BGHZ 133, 25 = WM 1996, 1128 = ZIP 1996, 1164 = EWiR § 9 AGBG 20/96, 1009 (*Rehbein*).

29 OLG Hamm v. 17. 1. 1992 – 15 W 18/92 = Rpfleger 1992, 308; OLG Köln v. 29. 2. 1988 – 2 W 163/87 (Ziff. 1) = Rpfleger 1988, 324; *anderer Ansicht* (auch Rückgewährberechtigter ist Beteiligter): Stöber/*Keller*, Zwangsversteigerungsgesetz, § 9 RN 14; s. auch hiesigen Haupttext RN 1145.

30 BGH v. 27. 4. 2017 – IX ZB 93/16 = WM 2017, 1152 = ZIP 2017, 1169.

Der Sicherungsnehmer ist nur **schuldrechtlich** verpflichtet, die ihm verbleibende Grundschuld zugunsten des Rückgewährberechtigten aufzugeben. Ein dingliches Recht erwirbt der Rückgewährberechtigte erst, wenn ihm die Grundschuld übertragen wird (RN 742) oder, falls er zugleich Eigentümer ist, durch Verzicht auf ihn übergeht (RN 745). Der (schuldrechtliche) Rückgewähranspruch begünstigt nur den Inhaber des Anspruchs, also den Sicherungsgeber oder denjenigen, an den er den Anspruch abgetreten hat. Ein **nachrangiger Gläubiger** wird dadurch **nicht geschützt**. Er kann insbesondere nicht verlangen, dass die Rückgewähr in einer ihm günstigen Weise (etwa durch Löschung mit der Folge, dass sein Recht aufrückt) erfolgt.[31]

Als schuldrechtlicher Anspruch unterliegt der Rückgewähranspruch der Verjährung. Seit dem 1.1.2002[32] beträgt die **Verjährungsfrist** zehn Jahre (§ 196 BGB). Sie kann durch Rechtsgeschäft bis auf 30 Jahre verlängert[33] werden (§ 202 Abs. 2 BGB). Die Frist beginnt mit der Entstehung des Anspruchs (§ 200 BGB), d. h. – weil Fälligkeit Voraussetzung für die verjährungsrechtliche Anspruchsentstehung ist[34] – mit Wegfall des Sicherungszwecks[35] (RN 729 bis 738). Das kann bei enger Sicherungsabrede und ratenweiser Tilgung der gesicherten Forderung – also bei Fälligkeit des Rückgewähranspruchs in entsprechenden Abschnitten (RN 724, 725) – zu Schwierigkeiten bei der Feststellung des exakten Ablaufs der Verjährungsfrist führen.[36]

726.1

Große praktische **Bedeutung** dürfte der **Verjährung** des (vertraglichen) **Rückgewähranspruchs** aber nicht zukommen. Denn der Gläubiger darf die Grundschuld – nach Verjährung des Rückgewähranspruchs nicht anders als vorher – nur zur Befriedigung wegen einer dadurch gesicherten Forderung geltend machen (RN 799). Sobald nach endgültigem Wegfall des Sicherungszwecks (RN 729 bis 738) dem Eigentümer eine dauerhafte Einrede gegen die Grundschuld zusteht, kann dieser nach § 1169 BGB den Verzicht auf die Grundschuld

---

31 *Stöber*, Anmerkung zu OLG München v. 17.9.1980, ZIP 1980, 976, 977 (Ziff. 5); *anderer Ansicht* anscheinend: OLG München vom 17.9.1980 – 27 U 232/80 (Ziff. I. 2 b) = ZIP 1980, 974.

32 Inkrafttreten des Gesetzes zur Modernisierung des Schuldrechts v. 26.11.2001 (BGBl. I, 3138). Wegen der Verjährung älterer Ansprüche s. Art. 229 § 6 EGBGB.

33 Das empfehlen Staudinger/*Wolfsteiner* (2019), Vorbem. zu §§ 1191 ff., RN 169; *Wolfsteiner*, DNotZ 2003, 321, 329 f (Ziff. 4) und DNotZ 2001, 902; *Müller*, RNotZ 2012, 199, 206; wohl auch *Amann*, DNotZ 2002, 94, 121 f (Ziff. IV, 6 a); s. auch Vorschlag des Ausschusses für Schuld- und Liegenschaftsrecht der Bundesnotarkammer für ein Grundschuldformular, Teil A II, 8 letzter Absatz (DNotZ 2002, 84, 89), der eine Verlängerung der Verjährung vorsieht.

34 Vgl. BGH v. 3.8.2017 – VII ZR 32/17 (RN 14) = WM 2018, 1856 = ZIP 2017, 1912; Grüneberg/*Ellenberger*, § 200 RN 2 i.V.m. § 199 RN 3; *Wolfsteiner*, DNotZ 2001, 902 (Ziff. 5).

35 Ebenso *Müller*, RNotZ 2012, 199, 206; vgl. auch *Otte*, DNotZ 2011, 897, 899.

36 Vgl. *Amann*, DNotZ 2002, 94, 122 (Ziff. IV, 6 a) und *Wolfsteiner*, DNotZ 2001, 902, 904, beide mit Vorschlag zur Bewältigung.

verlangen (im Einzelnen RN 793). Dieser (gesetzliche) Anspruch aus dem dinglichen Recht verjährt nicht (§ 902 Abs. 1 BGB).[37]

727 In den folgenden Fällen besteht – losgelöst vom Bestand einer Sicherungsabrede – kein Rückgewähranspruch: **Zahlt** der Sicherungsgeber, der zugleich **Eigentümer** ist, **ausnahmsweise** (RN 824) **auf die Grundschuld** (also nicht auf die gesicherte Forderung), entsteht kraft Gesetzes eine **Eigentümergrundschuld**.[38] Hier hat der Eigentümer einen Grundbuchberichtigungsanspruch nach § 894 BGB, weil das Grundbuch eine Fremdgrundschuld aufweist, die materiellrechtlich nicht besteht. Zahlt ein zur **Ablösung der Grundschuld Berechtigter** (§ 268 Abs. 1, § 1150 BGB) auf die Grundschuld selbst, so geht sie kraft Gesetzes (§ 268 Abs. 3 BGB) auf den Ablösungsberechtigten über (RN 829).[39] In allen diesen Fällen verliert der Sicherungsnehmer die Grundschuld, ohne dass er dies verhindern kann. Deshalb wird er **aus seiner Pflicht zur Rückgewähr der Grundschuld frei** (§ 275 Abs. 1 BGB)[40]; **wegen** eines etwaigen **Übererlöses** s. RN 752f. Demgegenüber kann sich der Sicherungsnehmer nicht bereits deshalb auf die subjektive Unmöglichkeit i.S.d. § 275 Abs. 1 BGB berufen, weil er die Grundschuld an einen Dritten übertragen hat. Vielmehr ist seine Rückgewährpflicht erst dann nach § 275 BGB ausgeschlossen, wenn er die Verfügungsmacht über die Grundschuld nicht mehr erlangen und zur Erfüllung des geltend gemachten Anspruchs auch nicht auf den Leistungsgegenstand einwirken kann (zur möglichen Schadensersatzpflicht RN 776).[41]

728 Der gesetzliche bzw. durch Vormerkung gesicherte **Löschungsanspruch** (§§ 1179a, 1179b bzw. 1179 BGB) setzt voraus, dass die Grundschuld (schon) dem Eigentümer zusteht (RN 495 bzw. 529). Er kann deshalb **erst durchgesetzt** werden, wenn die Grundschuld (in Erfüllung des Rückgewähranspruchs) durch Abtretung oder Verzicht oder (unabhängig vom Rückgewähranspruch) durch Tilgung der **Grundschuld** selbst (RN 727) **auf den Eigentümer übergegangen** ist.[42] Bezüglich derselben Grundschuld kommen die beiden Ansprüche zeitlich *nacheinander* in Betracht, aber *nicht gleichzeitig*; also zuerst der Rückgewähran-

---

37 Grüneberg/*Herrler*, § 902 RN 2; *Schäfer*, WM 2009, 1308, 1311; *Otte*, ZGS 2002, 57; *Wolfsteiner*, DNotZ 2003, 321, 322 ff. (Ziff. 1), der aber dennoch Probleme aus der Verjährung des Rückgewähranspruchs sieht (S. 327 ff. [Ziff. 1b, cc und Ziff. 2]).
38 Der BGH wendet §§ 1142, 1143 Abs. 1 BGB analog an (z. B. BGH v. 25.3.1986 – IX ZR 104/85 = WM 1986, 763 = ZIP 1986, 900); vgl. auch Staudinger/*Wolfsteiner*, (2019), § 1192, RN 18 m. w. N.
39 Vgl. BGH v. 12.12.1985 – IX ZR 15/85 = WM 1986, 813 = ZIP 1986, 363.
40 So auch BGH v. 5.2.1991 – XI ZR 45/90 (Ziff. 2b) = WM 1991, 723 = ZIP 1991, 434; vgl. auch BGH v. 29.1.2016 – V ZR 285/14, RN 10 f. = BGHZ 209, 1 = WM 2016, 452; *Gladenbeck*, WuB 2016, 387; anders für die Ablösung durch einen Dritten *Ganter*, Der Grundschuld-Rückgewähranspruch, NZI 2024, 27, 31 (Rückgewähranspruch gehe nicht unter). Richtig ist, dass in diesem Kontext anstelle der Rückgewähr der Grundschuld in natura die Zahlung des Übererlöses geschuldet bleibt.
41 BGH v. 18.7.2014 – V ZR 178/13 (RN 9) = BGHZ 202, 150 = WM 2014, 1719 = ZIP 2014, 1725, der zudem klarstellt, dass die Bank insoweit darlegungs- und beweispflichtig ist.
42 Weiterführend dazu *Ganter*, Der sicherungsvertragliche Rückgewähranspruch und der Löschungsanspruch aus § 1179a BGB – eine spannungsreiche Beziehung, WM 2021, 709.

---

spruch und – nach dessen Erfüllung durch Abtretung an den Eigentümer oder durch Verzicht – der Löschungsanspruch. Rückgewähranspruch und Löschungsanspruch ergänzen sich gegenseitig. Der Löschungsanspruch greift regelmäßig erst dann, wenn die Grundschuld auf den Eigentümer übergegangen ist[43] und damit die Voraussetzungen für den Rückgewähranspruch nicht mehr gegeben sind.

21.2 Wegfall des Sicherungszwecks

Soll die Grundschuld nur **eine einzige bestimmte Forderung**, beispielsweise ein Baudarlehen, sichern (RN 667), so ist der Sicherungszweck entfallen und der Gläubiger verpflichtet, die Grundschuld zurückzugewähren, wenn entweder das Darlehen erloschen ist oder endgültig feststeht, dass der zu sichernde Anspruch nicht mehr entstehen wird. Die **Nichtigkeit des Darlehensvertrags** führt, falls der Betrag wenigstens teilweise ausbezahlt worden ist, regelmäßig nicht zum Wegfall des Sicherungszwecks. Denn die Grundschuld sichert – außer bei Nichtigkeit wegen Wuchers[44] – im Zweifel den **Bereicherungsanspruch** auf Rückzahlung des ausgezahlten Betrags (dazu RN 667, 671), sodass der Sicherungszweck erst nach dessen Tilgung entfällt. *729*

Auf welche Weise der gesicherte **Anspruch erlischt**, ist gleichgültig. Fast immer wird dies durch Zahlung seitens des persönlichen Schuldners geschehen. Die gleiche Wirkung tritt aber ein, wenn er durch Aufrechnung, durch wirksame Anfechtung, durch Erlass oder auf sonstige Weise untergeht (zur Verjährung des gesicherten Anspruchs RN 801, 802). Wird der Anspruch in ein **Kontokorrent** mit ausreichendem Guthaben eingestellt, erlischt er durch Saldierung und der Sicherungszweck entfällt. Weist das Kontokorrent keine oder keine ausreichende Deckung auf, so haftet die für den Anspruch bestellte Grundschuld für die Forderung aus dem Kontokorrent in Höhe des in das Kontokorrent eingestellten Betrags (höchstens aber in Höhe des geringsten künftigen Kontokorrentsaldos) weiter (§ 356 HGB).[45] Gibt der Gläubiger eine nach §§ 129 ff. InsO anfechtbare Tilgungsleistung zurück, hat dies ein **Wiederaufleben** seiner **Forderung** zur Folge (§ 144 Abs. 1 InsO), die durch die ursprüngliche Sicherungsabrede gesichert ist, selbst wenn für die Grundschuld inzwischen eine andere Sicherungsabrede getroffen worden ist.[46] Denkbar, aber nicht zwingend ist, dass der Sicherungszweck durch (Verkauf und) Abtretung der gesicherten Forderung *ohne* Grundschuld endet (dazu RN 967, 968). Ist die gesicherte Forderung teilweise getilgt oder steht fest, dass sie endgültig teilweise nicht entstehen

---

43 BGH v. 21. 2. 1991 – IX ZR 64/90 (Ziff. II. 1 a) = NJW-RR 1991, 1197 = WM 1991, 779.

44 Bei Nichtigkeit wegen Wuchers wäre auch die Grundschuld nichtig, sodass sich die Frage der Rückgewähr gar nicht stellen würde (dazu RN 667).

45 Im Ergebnis ebenso: *Knops*, EWiR 2000, 799 (Ziff. 4); *anderer Ansicht* die von ihm besprochene Entscheidung: KG v. 1. 12. 1999 – 11 U 3872/99 (Ziff. II) = ZfIR 2000, 735 = EWiR § 3 AGBG 3/2000, 799 (*Knops*).

46 OLG Brandenburg v. 24. 8. 2000 – 5 U 5/00 (Ziff. I. 2) = WM 2001, 626 (zu § 30 KO); der Sache nach zustimmend BGH v. 12. 1. 2017 – IX ZR 95/16 (RN 12 f.) = WM 2017, 326 = ZIP 2017, 337 (für den unterstellten Fall, eine Patronatserklärung sei ein nichtakzessorisches Sicherungsrecht).

wird[47], kann der Sicherungsgeber Rückgewähr eines entsprechenden Teilbetrags verlangen (RN 724, 725).

730 Sichert die Grundschuld ausschließlich einen bestimmten **Kontokorrentkredit**, so gilt grundsätzlich nichts anderes. Allerdings ist der Sicherungszweck nicht schon dann erledigt, wenn das Konto irgendwann einmal ausgeglichen ist oder sogar ein Guthaben für den Kunden aufweist. Denn solange das Kontokorrentverhältnis und die eingeräumte Kreditlinie bestehen (das Kreditinstitut also verpflichtet ist, z.B. einen Überweisungsauftrag auf Kredit auszuführen), besteht Sicherungsbedarf, weil der gesicherte Anspruch jederzeit wieder (oder erstmals) entstehen kann. Rückgewähr kann deshalb erst verlangt werden, wenn das Kontokorrentverhältnis gekündigt oder sonst aufgelöst *und* ein etwaiger Schlusssaldo zugunsten des Gläubigers beglichen ist (s. auch RN 604).[48] Der Gläubiger ist zu einer **Teilrückgewähr** dann verpflichtet, wenn der Kontokorrentkredit *endgültig* teilweise zurückgeführt ist (RN 724, 725). Das ist der Fall, wenn der Kredit tatsächlich nur noch in Höhe des Teilbetrags in Anspruch genommen ist *und* vom Schuldner darüber hinaus nicht mehr in Anspruch genommen werden darf, also etwa nach einer (dem Kunden gegenüber wirksamen) Herabsetzung der Kreditlinie oder nach Eröffnung des Insolvenzverfahrens über das Vermögen des Schuldners, durch die das Kontokorrentverhältnis beendet wird. Bei einem unbefristet oder auf sehr lange Zeit gewährten Kontokorrentkredit kann u.U. auch der Sicherungsvertrag (aus wichtigem Grund) gekündigt werden. In diesem Fall haftet die Grundschuld nur noch für die bei Wirksamwerden der **Kündigung** begründeten Forderungen (vgl. RN 605). Auch in diesem Fall kann eine teilweise Rückgewähr in Betracht kommen.

731 Sichert die Grundschuld (wirksam) die **bestehenden und künftigen Verbindlichkeiten** aus der bankmäßigen Geschäftsverbindung (RN 668), erledigt sich der Sicherungszweck nicht dadurch, dass (nur) die Verbindlichkeit, die Anlass für die Grundschuldbestellung war, erlischt oder sonst aus dem Sicherungsverbund ausscheidet (RN 729), wenn und solange unter die Sicherungsabrede fallende (und mithin durch die Grundschuld gesicherte) Verbindlichkeiten jederzeit neu entstehen können.[49] Das setzt voraus, dass die Geschäftsverbindung fortbesteht (RN 733) und die weite Sicherungsabrede wirksam bleibt, insbesondere nicht gekündigt (RN 602 ff., 735, 737) ist. Solange darf das Kreditinstitut die Grundschuld behalten. Erst wenn sich der Sicherungszweck der Grundschuld durch Beendigung der Geschäftsverbindung (RN 733), durch Kündigung (RN 735, 736) oder in anderer Weise auf bestimmte Forderungen konzentriert hat und diese Forderungen getilgt sind, ist die Grundschuld, ggf. in Teilbeträgen (RN 724), zurückzugewähren. Das hat der BGH in RN 13 seiner Entscheidung

---

47 Vgl. z.B. BGH v. 8.12.1989 – V ZR 3/88 (Ziff. 2) = WM 1990, 423 = ZIP 1990, 857 = EWiR § 1191 BGB 3/90, 469 (*Brink*).
48 Vgl. z.B. *Serick*, § 34 IV 2 d (Bd. III, S. 251); *Schöner/Stöber*, RN 2336.
49 So auch Staudinger/*Wolfsteiner* (2019), Vorbem. zu §§ 1191 ff., RN 163; *Amann*, DNotZ 2002, 94, 121 f.

vom 2.6.2022 deutlich formuliert.[50] In RN 14 dieser Entscheidung formuliert der BGH (XI. BGH-Zivilsenat) folgende Klarstellung:

„Soweit dem Urteil des Bundesgerichtshofs vom 10. November 2011 (IX ZR 142/10, BGHZ 191, 277 RN 14, 16) zu entnehmen sein könnte, dass die aufschiebende Bedingung bei einer weiten Sicherungsvereinbarung schon mit der vollständigen Tilgung der Schulden eintritt und die zulässige Revalutierung nur als auflösende Bedingung anzusehen ist, hat der IX. Zivilsenat auf Anfrage des erkennenden Senats mitgeteilt, dass er daran nicht festhält.“

Solange sich der Sicherungszweck noch nicht auf bestimmte Forderungen verengt hat, sind **neu entstehende Forderungen,** die unter die Sicherungsabrede fallen, durch die Grundschuld **gesichert.** Dem steht auch eine Abtretung des Rückgewähranspruchs nicht entgegen (RN 884, 885), weil diese nicht zu einer Änderung der Sicherungsabrede führt.[51] Der *Sicherungsgeber* könnte zwar jederzeit die nicht mehr valutierte Grundschuld zurückverlangen, weil *er* mit diesem Verlangen zugleich den Sicherungsvertrag kündigen (RN 737) und damit den Rückgewähranspruch durchsetzbar machen (RN 731) würde. Das Kündigungsrecht des Sicherungsgebers geht aber allein durch die Abtretung des Rückgewähranspruchs nicht auf den neuen Gläubiger über (RN 885), sodass in dessen Rückgewährverlangen nicht zugleich die Kündigung der Sicherungsabrede gesehen werden kann.

732

Wird die **Geschäftsverbindung gekündigt, sichert die Grundschuld weiterhin** die in diesem Zeitpunkt bestehenden Forderungen so lange, bis sie getilgt sind. Darüber hinaus werden auch die bei Abbruch der Geschäftsbeziehungen wenigstens begründeten Ansprüche des Kreditinstituts (RN 734) gesichert; diese Forderungen müssen aber dem Rechtsgrund nach vorhanden sein. **Neue** (also bei Abbruch der Geschäftsbeziehung noch nicht einmal dem Rechtsgrund nach vorhandene) **Forderungen fallen nicht unter die Sicherungsabrede,** weil danach nur Verbindlichkeiten „aus der Geschäftsverbindung" gesichert sind.

733

Maßgeblich für die Abgrenzung kann nur der berechtigte Sicherungsbedarf des Kreditinstituts sein. **Gesichert** ist demnach ein **Anspruch, dessen Entstehen** das Kreditinstitut nach Kündigung der Geschäftsbeziehung **nicht mehr verhindern kann oder darf** *und* der aus einer Maßnahme erwächst, die das Kreditinstitut vor der Beendigung der Geschäftsbeziehung im Vertrauen auf die vereinbarte Grundschuldsicherheit getroffen oder zugelassen hat.[52] Hat sich z.B. das Kreditinstitut vor Abbruch der Geschäftsbeziehung im Auftrag des Kunden verbürgt, ist der Anspruch auf Ersatz, falls es aus der Bürgschaft in Anspruch genommen wird, gesichert, auch wenn bei Kündigung der Geschäftsbeziehung noch gar nicht abzusehen ist, ob das Institut aus der Bürgschaft in Anspruch

734

---

50 BGH v. 02.06.2022 – V ZR 132/21 = WM 2022, 1471 = ZIP 2022, 1537, dazu *Samhat,* EWiR 2022, 609, *Groeschler,* WuB 2022, 428.

51 *Staudinger/Wolfsteiner* (2019), Vorbem. zu §§ 1191 ff., RN 245; wohl auch Münch-Komm/*Lieder,* BGB § 1191 RN 87.

52 Ähnlich (für den Fall der Kündigung einer weiten Sicherungsabrede): Staudinger/*Wolfsteiner* (2019), Vorbem. zu §§ 1191 ff., RN 166.

genommen werden wird oder nicht (vgl. RN 603, 604). Soweit der Betrag der Grundschuld die Summe der noch gesicherten Ansprüche übersteigt, ist diese Übersicherung *endgültig* geworden, sodass der Sicherungsgeber (teilweise) Rückgewähr der Grundschuld verlangen kann (RN 724, 725).

735 Die weite Sicherungsabrede ist mit Wirkung für die Zukunft kündbar (RN 602). Bestehen bei Wirksamwerden der **Kündigung** (zum Kontokorrentkredit RN 604, 605) keine unter die Sicherungsabrede fallenden (und mithin durch die Grundschuld gesicherten) Ansprüche (auch nicht wenigstens dem Grunde nach, RN 734), ist der Sicherungsnehmer zur **Rückgewähr** der Grundschuld verpflichtet.

736 Unter die Sicherungsabrede fallende Forderungen, die im Zeitpunkt des Wirksamwerdens der Kündigung (zum Kontokorrentkredit RN 604, 605) bestehen, bleiben aber bis zu ihrer Tilgung durch die Grundschuld gesichert (RN 603). Entsprechendes gilt für (nur) dem Grunde nach (RN 734) bestehende Forderungen[53], bis sie entweder getilgt sind oder feststeht, dass sie nicht entstehen werden. Übersteigt die Grundschuld die Summe der danach gesicherten Verbindlichkeiten, liegt eine *endgültige* Übersicherung[54] vor, weil nach Kündigung der Sicherungsabrede Forderungen, die durch die Grundschuld gesichert sind, nicht mehr *neu* entstehen können. Der Sicherungsgeber kann also **teilweise Rückgewähr** verlangen (RN 724, 725).

737 Der Sicherungsnehmer muss dem Sicherungsgeber eine nicht oder nicht voll valutierte Grundschuld mit weiter Sicherungsabrede (ggf. teilweise) zurückgewähren, wenn der Sicherungsgeber die Abrede kündigt. Da die Kündigung nicht ausdrücklich erklärt werden muss, liegt im **Verlangen auf Rückgewähr** einer nicht oder nicht voll valutierten Grundschuld regelmäßig zugleich die **konkludente Kündigung** der Sicherungsabrede[55] zum nächstmöglichen Zeitpunkt.[56] Falls Zweifel bestehen, sollte das Kreditinstitut dies klarstellen.

738 Mit der Eröffnung des Insolvenzverfahrens über das Vermögen des Sicherungsgebers verliert die Vereinbarung, dass *künftige* Forderungen durch die Grundschuld gesichert sind, ihre Wirkung (§ 115 InsO). Nach diesem Zeitpunkt *neu* entstehende Forderungen werden nicht mehr erfasst; für die Zukunft wird also die Sicherungsabrede durch die **Insolvenz des Sicherungsgebers** beendet: Bestehende und dem Grunde nach vorhandene (RN 734) Forderungen bleiben dagegen gesichert (dazu RN 617 bis 621). Die **Insolvenz des Schuldners** beendet den Sicherungsvertrag grundsätzlich nicht. Dennoch sind neue Ansprüche

---

53 Staudinger/*Wolfsteiner* (2019), Vorbem. zu §§ 1191 ff., RN 166.
54 Vgl. z. B. BGH v. 10.11.2011 – IX ZR 142/10 (RN 16) = BGHZ 191, 277 = WM 2011, 2338 = ZIP 2011, 2364; BGH v. 25.3.1986 – IX ZR 104/85 (Ziff. I. 2) = BGHZ 97, 280 = WM 1986, 763 = EWiR § 1191 BGB 3/86, 573 (*Gaberdiel*).
55 Die Pfändung des Rückgewähranspruchs verschafft dem Vollstreckungsgläubiger aber kein Kündigungsrecht (vgl. im hiesigen Haupttext RN 913), so auch BGH v. 2.6.2022 – V ZR 132/21, RN 18 = WM 2022, 1471 = ZIP 2022, 1537, dazu *Samhat*, EWiR 2022, 609, *Groeschler*, WuB 2022, 428.
56 Ebenso BGH v. 2.6.2022 – V ZR 132/21, RN 24 = WM 2022, 1471 = ZIP 2022, 1537, dazu *Samhat*, EWiR 2022, 609, *Groeschler*, WuB 2022, 428; BGH v. 7.10.2002 – II ZR 74/00 (Ziff. 1b) = WM 2002, 2367 = ZIP 2002, 2123 = EWiR § 1204 BGB 1/03, 21 (*Weber*).

gegen die vom Insolvenzverwalter vertretene Masse oder gegen den Schuldner nicht mehr gesichert (dazu RN 622). Auch durch die Insolvenz des Sicherungsgebers oder des Schuldners wird also die Sicherungsabrede auf bestimmte Forderungen konkretisiert; eine Erhöhung ist nicht mehr möglich. Ist die Summe dieser Forderungen geringer als die Grundschuld, kann der Sicherungsgeber bzw. Insolvenzverwalter (teilweise) Rückgewähr verlangen (RN 724, 725).

Im insolvenzrechtlichen Zusammenhang ist noch zu beachten, dass ein Wiederaufleben der geschuldeten Forderung gemäß § 144 Abs. 1 InsO iVm § 12 AnfG zwar nicht dazu führt, dass die Grundschuld, die ein Dritter für den persönlichen Schuldner bestellt hat, kraft Gesetzes wiederauflebt (mangels Akzessorietät), allerdings hat der Sicherungsnehmer aus dem Sicherungsvertrag einen **Anspruch gegen den Drittsicherungsgeber auf „Wiederaufleben" der Grundschuld**.[57] Im Ergebnis wird erreicht, dass die wieder aufgelebte Forderung von der Grundschuld gesichert wird.[58] Bei Eigensicherheiten lebt die Sicherheit wieder auf[59] oder man nimmt mit einer anderen Ansicht[60] an, dass bei der Bestellung einer (unanfechtbaren und) werthaltigen Kreditsicherheit die Tilgungsanfechtung bereits an der fehlenden Gläubigerbenachteiligung scheitere. *738.1*

Wird die Rückgewähr einer Grundschuld verlangt, die zur Sicherung einer der Höhe nach bestimmten Forderung bestellt oder abgetreten worden ist, so trägt der Sicherungsgeber (oder ein neuer Gläubiger des Rückgewähranspruchs) die Darlegungs- und **Beweislast** für die Voraussetzungen des Rückgewähranspruchs; insbesondere muss er im Streitfall beweisen, dass die **Sicherungsabrede**, aus der er Rechte ableitet, **besteht**[61] (RN 741) und die **gesicherte Forde-** *739*

---

57 Siehe dazu *Kalisz*, Wiederaufleben von (Forderungs-)Rechten – Von Preußen nach Europa, in ZInsO 2023, 1805, 1809 ff.; näher *Kalisz*, Wiederaufleben von Drittsicherheiten, 2018, S. 238 ff.

58 BGH v. 12.1.2017 – IX ZR 95/16, RN 13 = WM 2017, 326 = ZIP 2017, 337.

59 So jedenfalls für akzessorische Eigensicherheiten BGH v. 13.10.2022 – IX ZR 130/21, RN 6 = WM 2022, 2391 = ZIP 2022, 2501; Ganter, WuB 2023, 29; *Mitlehner*, ZIP 2023, 51.

60 Siehe (mit weiteren Nachweisen) *Kalisz*, Wiederaufleben von (Forderungs-)Rechten – Von Preußen nach Europa, in ZInsO 2023, 1805, 1809 ff.; *Kalisz*, Wiederaufleben von Drittsicherheiten, 2018, S. 34.

61 BGH v. 19.2.1991 – XI ZR 202/89 (Ziff. II. 2) = WM 1991, 668 = ZIP 1991, 432 = EWiR § 1191 BGB 4/91, 567 (*Clemente*); BGH v. 19.10.1973 – V ZR 153/71 (Ziff. 2) = WM 1974, 47.

rung nicht (mehr) besteht[62] bzw. dass vorhandene Forderungen von der Sicherungsabrede nicht erfasst werden[63]. Das gilt auch dann, wenn der Sicherungsgeber nicht zugleich persönlicher Schuldner ist.[64]

740 Stand dagegen die Höhe der durch die Grundschuld zu sichernden Forderungen bei deren Bestellung (Abtretung) noch nicht fest, etwa bei der **Sicherung künftiger Ansprüche** aufgrund weiter Sicherungsabrede oder bei der Sicherung einer künftigen *Kontokorrentkreditschuld,* dann trägt der Grundschuldgläubiger die **Darlegungs- und Beweislast** für Umfang und Höhe der gesicherten Forderung(en).[65] Dies gilt unabhängig von der Parteirolle im Prozess, also auch dann, wenn etwa der Schuldner gegen die Vollstreckung aus der notariellen Unterwerfungserklärung wegen des Darlehens klagt.[66] Ist das Entstehen der Forderung bewiesen (oder unstreitig), dann muss derjenige, der den Rückgewähranspruch geltend macht (Sicherungsgeber), beweisen, dass die (entstandene) Forderung wieder erloschen ist[67] (vgl. RN 688 zur Beweislast beim Streit über die Wirksamkeit einer weiten Sicherungsabrede für eine Grundschuld, die vom Nicht-Schuldner zur Verfügung gestellt worden ist).

741 Verlangt derjenige, der die Grundschuld bestellt (oder abgetreten) hat, deren Rückgewähr mit der Behauptung, dass eine wirksame **Sicherungsabrede nicht**

---

62 BGH v. 7.12.1999 – XI ZR 67/99 (Ziff. II. 2 und 3) = WM 2000, 186 = ZIP 2000, 204 = EWiR § 1191 BGB 1/2000, 227 (*Joswig*); BGH v. 18.2.1992 – XI ZR 134/91 (Ziff. 2b) = WM 1992, 566 = ZIP 1992, 389 = EWiR § 1191 BGB 2/92, 463 (*Lauer*); BGH v. 10.7.1986 – III ZR 77/85 (Ziff. II) = WM 1986, 1355 = ZIP 1986, 1171 = EWiR § 1191 BGB 6/86, 985 (*Alisch*); BGH v. 30.4.1985 – X ZR 34/84 (Ziff. 3b) = NJW 1986, 53 = WM 1985, 978 = EWiR § 1185 BGB 1/85, 773 (*Clemente*); OLG Koblenz v. 29.1.1998 – 11 U 1690/96 (Ziff. 4) = WM 1999, 2068 = WuB I F.3 – 15.99 (*Gaberdiel*), das annimmt, dass der Sicherungsgeber vom Gläubiger Einsicht in die Geschäftsunterlagen hinsichtlich der gesicherten Forderung verlangen kann, um den Beweis führen zu können; Staudinger/*Wolfsteiner* (2019), Vorbem. zu §§ 1191 ff., RN 168 und RN 52; *Schmitz*, WM 1991, 1061, 1066; *Siol*, WM 1996, 2217, 2224.
63 BGH v. 13.3.1991 – VIII ZR 34/90 (Ziff. II. 1) = BGHZ 114, 57 = WM 1991, 954 = ZIP 1991, 519 = EWiR § 9 AGBG 9/91, 419 (*Graf v. Westphalen*).
64 BGH v. 7.12.1999 – XI ZR 67/99 (Ziff. II. 1) = WM 2000, 186 = ZIP 2000, 204 = EWiR § 1191 BGB 1/2000, 227 (*Joswig*); BGH v. 10.11.1989 – V ZR 201/88 (Ziff. II. 3) = BGHZ 109, 197 = WM 1989, 1926 = ZIP 1990, 299 = EWiR § 1191 BGB 2/90, 253 (*Gnamm*); BGH v. 10.7.1986 – III ZR 77/85 (Ziff. II) = WM 1986, 1355 = ZIP 1986, 1171 = EWiR § 1191 BGB 6/86, 985 (*Alisch*); BGH v. 30.4.1985 – X ZR 34/84 (Ziff. 3b) = NJW 1986, 53 = WM 1985, 978 = EWiR § 1185 BGB 1/85, 773 (*Clemente*).
65 BGH v. 18.2.1992 – XI ZR 134/91 (Ziff. 2b) = WM 1992, 566 = ZIP 1992, 389 = EWiR § 1191 BGB 2/92, 463 (*Lauer*); BGH v. 13.11.1990 – XI ZR 217/89 (Ziff. II. 1) = WM 1991, 60 = ZIP 1991, 155 = EWiR § 1191 2/91, 151 (*Bülow*); BGH v. 19.10.1973 – V ZR 153/71 (Ziff. 2) = WM 1974, 47; Staudinger/*Wolfsteiner* (2019), Vorbem. zu §§ 1191 ff., RN 56; *Schmitz*, WM 1991, 1061, 1066; *Siol*, WM 1996, 2217, 2224.
66 BGH v. 3.4.2001 – XI ZR 120/00 (Ziff. II. 1 c) = BGHZ 147, 203 = WM 2001, 1035 = ZIP 2001, 873 = EWiR § 767 ZPO 1/01, 693 (*Joswig*).
67 BGH v. 7.12.1995 – XI ZR 110/95 (Ziff. 2), NJW 1996, 719 (für Bürgschaft); Staudinger/*Wolfsteiner* (2019), Vorbem. zu §§ 1191 ff., RN 56; *Reinicke/Tiedtke* (insbes. Ziff. III. 2 und 3), ZIP 1988, 545; *anders* (für Bürgschaft und beiläufig für Grundschuld): BGH v. 10.12.1987 – IX ZR 269/86 (Ziff. 3b) = WM 1988, 209 = ZIP 1988, 224 = EWiR § 765 BGB 3/88, 251 (*Tiedtke*).

bestehe, so muss er beweisen, dass die Grundschuld rechtsgrundlos bestellt wurde. Dazu gehört auch, dass er vom Grundschuldgläubiger etwa behauptete Rechtsgründe widerlegt.[68] Der Sicherungsgeber trägt die **Beweislast** ebenfalls, wenn er (bei mehreren nacheinander getroffenen Sicherungsabreden) Rückgewähr aufgrund einer früheren Abrede verlangt mit der Behauptung, dass die spätere Abrede unwirksam sei.[69]

21.3 Möglichkeiten der Rückgewähr

Der **Sicherungsgeber** darf grundsätzlich **wählen**, wie der Sicherungsnehmer den Rückgewähranspruch zu erfüllen hat (RN 748).[70] In Betracht kommen die **Übertragung** der Grundschuld gemäß §§ 1192, 1154 BGB auf den Sicherungsgeber oder auf einen von ihm bestimmten Dritten (RN 742 ff.), der **Verzicht** (§§ 1192, 1169, 1168 BGB) auf die Grundschuld (RN 745) oder die **Löschung** der Grundschuld gemäß §§ 1192, 1183, 875 BGB (RN 747). Während die Übertragung und der Verzicht zu einer Eigentümergrundschuld (§ 1177 BGB) führen, befreit die Löschungsvariante das Grundstück von der Grundschuld.[71]   *741.1*

Die Grundschuld kann durch **Abtretung** (RN 425 bzw. 439, 440) zurückgewährt werden, und zwar regelmäßig durch Abtretung an den *Sicherungsgeber* (meist den Grundstückseigentümer) oder – nach Abtretung des Rückgewähranspruchs – an den neuen Gläubiger des Rückgewähranspruchs. Bei Abtretung der Grundschuld an den *Grundstückseigentümer* erlöschen *rückständige* dingliche Zinsen und andere Nebenleistungen kraft Gesetzes (§ 1178 Abs. 1 BGB). Der Eigentümer kann also – selbst wenn in der Abtretungserklärung etwas anderes erklärt sein sollte – nur den Kapitalbetrag des Rechts und die *noch nicht fälligen* dinglichen Zinsen und Nebenleistungen erwerben; mehr kann er bei einer erneuten Verwendung der Grundschuld dem neuen Gläubiger auch nicht abtreten (RN 456). Wird die Grundschuld dagegen durch Abtretung an einen anderen als den Eigentümer zurückgewährt (RN 743), kann dieser auch die *rückständigen* Zinsen und Nebenleistungen erwerben.   *742*

Der Rückgewährberechtigte kann aber auch verlangen, dass die Grundschuld – statt an ihn – unmittelbar **an einen Dritten abgetreten** wird. Das wird vor allem in Betracht kommen, wenn der Rückgewährberechtigte die Grundschuld einem anderen Kreditinstitut als Sicherheit zur Verfügung stellen will. In diesem Fall ist der *Rückgewährberechtigte* Sicherungsgeber des anderen Kreditinstituts   *743*

---

68   BGH v. 29. 9. 1989 – V ZR 326/87 (Ziff. II. 3 b) = WM 1989, 1862 = ZIP 1990, 31 = EWiR § 1191 BGB 1/90, 251 (*Clemente*); s. auch BGH v. 19. 10. 1973 – V ZR 153/71 (Ziff. 2) = WM 1974, 47.

69   BGH v. 28. 3. 1995 – XI ZR 151/94 (Ziff. II. 2 b) = WM 1995, 790 = ZIP 1995, 727 = EWiR § 1191 BGB 2/95, 565 (*Clemente*).

70   BGH v. 6. 7. 1989 – IX ZR 277/88 = BGHZ 108, 237 = WM 1989, 1412. Demgegenüber steht bezüglich des Freigabeanspruchs des Sicherungsgebers dem Sicherungsnehmer das Wahlrecht zu, wenn zu dessen Gunsten mehrere unterschiedliche Sicherheiten bestellt worden sind, BGH v. 3. 7. 2002 – IV ZR 227/01 = WM 2002, 1643.

71   BGH v. 6. 7. 1989 – IX ZR 277/88 = BGHZ 108, 237 = WM 1989, 1412.

(RN 639, 640, auch wegen des Löschungsanspruchs gleich- oder nachrangiger Gläubiger).

744   Die Abtretung der Grundschuld *unmittelbar* an einen Dritten (nicht an den Eigentümer) löst einen (gesetzlichen oder durch Vormerkung gesicherten) **Löschungsanspruch** nicht aus. Dagegen können gleich- oder nachrangige Gläubiger regelmäßig die Löschung der Grundschuld verlangen, sobald sie an den *Eigentümer* abgetreten worden ist (RN 495, 529). Dabei spielt es keine Rolle, ob die Abtretung im Grundbuch eingetragen wird oder (bei Briefgrundschulden) außerhalb des Grundbuchs erfolgt. Der Löschungsanspruch greift auch, wenn die Grundschuld alsbald vom Eigentümer an ein Kreditinstitut weiterübertragen wird; in diesem Fall müssen etwaige Löschungsansprüche ausgeräumt sein oder werden (dazu RN 516 bis 526 bzw. 542 bis 544).

745   Anstelle der Abtretung kann **Verzicht auf die Grundschuld** verlangt werden. Der Verzicht ist eine einseitige Erklärung des Grundschuldgläubigers, die entweder dem Eigentümer oder dem Grundbuchamt gegenüber abgegeben wird und der Eintragung ins Grundbuch bedarf (§ 1168 Abs. 2 BGB). Mit Eintragung des Verzichts geht die Grundschuld auf denjenigen über, der in diesem Zeitpunkt Eigentümer des Grundstücks ist (§ 1168 Abs. 1 BGB); rückständige Zinsen und sonstige Nebenleistungen erlöschen (§ 1178 Abs. 1 BGB). Wegen der unterschiedlichen Wirkungen darf der Verzicht auf die Grundschuld nicht verwechselt werden mit dem nach Zuschlag in der Zwangsversteigerung erfolgenden Verzicht auf das Befriedigungsrecht am Erlös (zu diesem Verzicht RN 1215.1). Im Folgenden ist deshalb nur der Verzicht auf die Grundschuld im engeren Sinne gemeint, soweit nicht ausdrücklich differenziert wird. Der Verzicht führt dazu, dass die Grundschuld auf den Eigentümer übergeht. Ein Verzicht zugunsten des Nichteigentümer ist regelmäßig kein Verzicht i. S. d. § 1168 BGB (RN 265).

Handelt es sich um eine **Gesamtgrundschuld** (etwa um die Grundschuld auf einem Grundstück, das Ehegatten in Miteigentum zu je ½ gehört) und beschränkt sich der Verzicht des Gläubigers auf die Grundschuld nur an einem der belasteten Objekte (also etwa an einer Miteigentumshälfte), so erlischt die Grundschuld an dem freigegebenen Objekt (RN 266). Dem Gläubiger verbleibt die Grundschuld nur an den übrigen Objekten. Da beides (Eigentümergrundschuld bzw. Entlastung von der Gesamtgrundschuld) dem Eigentümer (nicht aber einem Sicherungsgeber, der nicht Eigentümer ist) zugutekommt, sollte die Grundschuld auf dem Wege des Verzichts nur zurückgewährt werden, wenn und solange der Sicherungsgeber zugleich *Eigentümer* ist[72] (vgl. auch RN 754, 757).

746   Soweit eine Eigentümergrundschuld entsteht, können gleich- oder nachrangige Gläubiger regelmäßig deren Löschung verlangen (RN 495, 529) und dadurch eine Rangverbesserung für ihr Recht erreichen. Soll die Grundschuld später als

---

72   Siehe einstweilen BGH v. 17. 5. 1988 – IX ZR 5/87 (Ziff. 2b) = NJW-RR 1988, 1146 = WM 1988, 1137.

Sicherheit an ein Kreditinstitut abgetreten werden, müssen etwaige **Löschungs-ansprüche** ausgeräumt sein oder werden (s. RN 516 bis 526 bzw. 542 bis 544).

Die Grundschuld kann schließlich durch **Löschung** (im Einzelnen s. RN 545 bis 553) zurückgewährt werden. Dadurch wird belastungsmäßig der Zustand des Grundstücks hergestellt, wie er vor der Grundschuldbestellung gegeben war. Nachrangige Gläubiger rücken auf; die Rangstelle des gelöschten Rechts wird damit belegt. Bis zum Vollzug der Löschung im Grundbuch bleibt das Kreditinstitut Gläubiger der Grundschuld. Durch die Löschung wird der wirtschaftliche Wert der Grundschuld dem Eigentümer des belasteten Grundstücks zugewendet, dessen Belastung sich um den Betrag der Grundschuld vermindert. Deshalb wird es der Interessenlage entsprechen, die Grundschuld auf diesem Weg dem Sicherungsgeber zurückzugewähren, wenn und solange dieser *Grundstückseigentümer* ist[73] (vgl. auch RN 754, 757).

747

Sofern der Rückgewähranspruch nicht wirksam eingeschränkt ist (dazu RN 754 bis 760), werden die drei Rückgewährarten (Abtretung, Verzicht, Löschung) wahlweise geschuldet. In den meisten Fällen wird der Anspruch erst bei der Erfüllung auf eine der drei Möglichkeiten konkretisiert. Das Wahlrecht wird durch den gesetzlichen oder den durch Vormerkung gesicherten Löschungsanspruch (§§ 1179a, 1179b, 1179 BGB) nicht eingeschränkt[74], weil dieser Anspruch erst geltend gemacht werden kann, wenn sich die Grundschuld mit dem Eigentum in einer Person vereinigt hat (RN 495, 529). Das **Wahlrecht** steht dem *Sicherungsgeber* (mehreren: gemeinschaftlich, RN 769) zu.[75] Der BGH stellt dabei auf die **Wahlschuld** ab, wendet aber die Zweifelsregelung des § 262 BGB (Wahlrecht des Schuldners) nicht an.[76] Dieses Wahlrecht ist ein Gestaltungsrecht[77], also die Befugnis des Wahlberechtigten, durch einseitiges Rechtsgeschäft den Inhalt des Schuldverhältnisses zu konkretisieren. Die Wahl des Sicherungsgebers erfolgt durch (ggf. konkludente) Willenserklärung gegenüber dem Kreditinstitut und ist grundsätzlich unwiderruflich.[78] Die vom Sicherungsgeber getroffene Wahl ist für den Grundschuldgläubiger also verbindlich; durch eine Rückgewähr in anderer Weise würde er sich ggf. schadensersatzpflichtig machen (RN 779). Entscheidet sich der Sicherungsgeber gegenüber dem Gläubiger für eine der Alternativen, so verengt sich der Anspruch darauf (§ 263 Abs. 2 BGB).[79] Hat also etwa der Eigentümer Löschung verlangt, so kann er nicht

748

---

73   BGH v. 17.5.1988 – IX ZR 5/87 (Ziff. 2b) = NJW-RR 1988, 1146 = WM 1988, 1137.

74   BGH v. 20.11.1981 – V ZR 245/80 (Ziff. II. 2) = WM 1982, 154 = ZIP 1982, 154; *Ganter,* Der sicherungsvertragliche Rückgewähranspruch und der Löschungsanspruch aus § 1179a BGB – eine spannungsreiche Beziehung, WM 2021, 709, 713.

75   Etwa BGH v. 6.7.1989 – IX ZR 277/88 = BGHZ 108, 237 = WM 1989, 1412; Münch-Komm/*Lieder*, BGB § 1191 RN 142.

76   BGH v. 24.4.2018 – XI ZR 207/17 (RN 9) = WM 2018, 1501 = ZIP 2019, 787; BGH v. 6.7.1989 – IX ZR 277/88 (2. a. bb.) = BGHZ 108, 237 = WM 1989, 1412.

77   Statt vieler MünchKomm/*Krüger*, § 262 RN 14.

78   Grüneberg/*Herrler*, § 1191 RN 26; Staudinger/*Wolfsteiner*, (2019), Vorbem. zu §§ 1191 ff., RN 170; *Dörrie*, ZflR 1999, 717, 721.

79   Staudinger/*Wolfsteiner* (2019), Vorbem. zu §§ 1191 ff., RN 170 m.w.N.; *anderer Ansicht: Huber*, S. 172 f. (Weisung des Sicherungsgebers, die frei widerrufen werden kann).

nachträglich Abtretung an ein Konkurrenzinstitut fordern. Tritt der Rückgewährberechtigte den Rückgewähranspruch nach erfolgter Wahl ab, so bleibt die Festlegung auch für den neuen Anspruchsinhaber bindend.[80] Der Zessionar ist demnach grundsätzlich auch dieser Schwäche (RN 896) des abgetretenen (durch die vorher ausgeübte Wahl konkretisierten) Rückgewähranspruchs ausgesetzt. Dass der Zessionar die Wahl des früheren Gläubigers des Rückgewähranspruchs hinzunehmen hat, ist regelmäßig interessengerecht, wenn der neue Eigentümer durch (ggf. konkludente) Abtretung auch den Rückgewähranspruch erhält (RN 766). Anders mag die Interessenlage sein, wenn der alte Rückgewährgläubiger Löschung gewählt hat, der neue Eigentümer aber nicht zugleich den Rückgewähranspruch erhalten hat, sondern ein Dritter (wohl Ausnahmefall). Dann würde von der Löschung allein der neue Eigentümer profitieren, nicht der (neue) Gläubiger des Rückgewähranspruchs. Aber auch dieses Ergebnis ist im Regelfall hinzunehmen, da dies Ausdruck der Schwäche des abgetretenen Rückgewähranspruchs ist. Besondere Konstellationen (vgl. etwa RN 1134) lassen sich mit Treu und Glauben (§ 242 BGB) bzw. (ergänzend) mit Rücksichtspflichten nach § 241 Abs. 2 BGB lösen.

Der Sicherungsgeber darf die Rückgewährvariante allein wählen – potentielle Inhaber von Löschungsansprüchen (§ 1179a BGB) haben kein Mitspracherecht.[81] Nach einer Literaturansicht darf der Sicherungsgeber die Wahl bereits im Sicherungsvertrag erklären.[82] Unterlässt der Sicherungsgeber die Wahl, kann ihm das Kreditinstitut eine angemessene **Wahlfrist** setzen und nach deren erfolglosem Ablauf eine Rückgewährvariante wählen (§ 264 Abs. 2 BGB).

748.1 Die Konkretisierung des Rückgewähranspruchs spielt unter dem Gesichtspunkt der Bestimmtheit des **Klageantrags** (§ 253 Abs. 2 Nr. 2 ZPO) auch im **Gerichtsprozess** eine Rolle. So hat der BGH entschieden, dass ein Antrag auf „Freigabe" einer Grundschuld nicht mit der für die Vollstreckung erforderlichen **Bestimmtheit** erkennen lässt, welche der möglichen Formen der Rückgewähr (Aufhebung, Verzicht oder Abtretung) der Kläger beansprucht.[83] Die **Auslegung des Prozessvortrags** des Klägers (Gläubiger des Rückgewähranspruchs) kann aber ergeben, dass eine bestimmte Rückgewährvariante verlangt wird.[84]

749 Tilgt der Eigentümer oder ein ablösungsberechtigter Dritter die Grundschuld, so geht sie kraft Gesetzes auf den Zahlenden über (RN 824 bzw. 829). Für den Gläubiger tritt der Ablösungsbetrag an die Stelle der Grundschuld; an diesem Betrag setzt sich der Rückgewähranspruch fort. Soweit der Betrag die durch die Grundschuld gesicherten Forderungen übersteigt, hat der Sicherungsnehmer den Mehrbetrag an den Rückgewährberechtigten abzuführen. Rückgewähr durch (teilweise) Abtretung, Löschung oder Verzicht kommt nicht mehr infrage,

---

80 MünchKomm/*Lieder*, BGB § 1191 RN 154; Grüneberg/*Herrler*, § 1191 RN 26, RN 29; wohl auch Staudinger/*Wolfsteiner* (2019), Vorbem. zu §§ 1191 ff. RN 197.

81 BGH v. 6. 7. 1989 – IX ZR 277/88 (2. a. bb.) = BGHZ 108, 237 = WM 1989, 1412.

82 Etwa MünchKomm/*Lieder*, BGB § 1191 RN 142. Der BGH hat diese Frage noch nicht beantwortet.

83 BGH v. 24. 4. 2018 – XI ZR 207/17 (RN 9) = WM 2018, 1501 = ZIP 2019, 787.

84 BGH v. 24. 4. 2018 – XI ZR 207/17 (RN 10) = WM 2018, 1501 = ZIP 2019, 787 (im BGH-Fall: Löschung und damit die Aufhebung der Grundschuld).

weil der Sicherungsnehmer nicht mehr über die Grundschuld verfügen kann. Entsprechendes gilt bei Verwertung der Grundschuld durch freihändige isolierte Veräußerung (RN 1286 bis 1290); zur Frage, wie sich die **Tilgung der Grundschuld** auf die gesicherte Forderung auswirkt, s. RN 839 bis 850.

Erlischt die Grundschuld in der **Zwangsversteigerung** des Grundstücks durch Zuschlag (RN 1106 ff.), so setzt sich der **Rückgewähranspruch** an dem Erlös fort, der darauf etwa entfällt[85] (vgl. auch RN 1147). Bleibt sie dagegen als Teil des geringsten Gebots bestehen, so ist die Grundschuld weiterhin Gegenstand des Rückgewähranspruchs. Nur die laufenden und ggf. rückständige Zinsen werden aus dem Erlös getilgt (RN 1129, 1143). Im Einzelnen wird auf RN 1131 bis 1136 verwiesen.   *750*

An die Stelle der untergegangenen Grundschuld tritt unmittelbar mit dem **Zuschlag** ein (Betrag und Rang der Grundschuld entsprechendes) Befriedigungsrecht am zunächst noch ungeteilten Erlös. Dieses Recht (und der daraus folgende Anspruch) ist *bis zur* **Erlösverteilung** Gegenstand der Rückgewähr.[86] In diesem Stadium des Verfahrens kann Rückgewähr durch Abtretung oder Aufhebung des Rechts auf Befriedigung aus dem Erlös oder durch Verzicht darauf (im Einzelnen RN 1166 bis 1169) erfolgen, also grundsätzlich in derselben Weise wie vor dem Zuschlag (RN 742 bis 748).   *751*

Mit der Erlösverteilung wird dann der endgültig darauf zugeteilte Betrag **Surrogat** (Ersatzrecht) für die (durch Zwangsversteigerung, freihändige Verwertung oder durch einen Ablösung nach § 268 Abs. 3 BGB) untergegangene Grundschuld. Auf ihn bezieht sich **ab Erlösverteilung** der Rückgewähranspruch. Den Erlös kann der Gläubiger entsprechend dem Sicherungsvertrag auf die gesicherte Forderung verrechnen (RN 1123, 1124). Verbleibt danach ein Übererlös, so kann der Rückgewährberechtigte vom (bisherigen) Grundschuldgläubiger dessen Zahlung verlangen.[87] Ab Erlösverteilung kann der Übererlös nur *durch Zahlung* an den Rückgewährberechtigten zurückgewährt werden. Verzicht oder   *752*

---

85   Herrschende Meinung: BGH v. 27.4.2012 – V ZR 270/10, RN 11 = BGHZ 193, 144 = WM 2012, 1077; BGH v. 20.11.2009 – V ZR 68/09, RN 7 = WM 2010, 210 = NJW 2010, 935; BGH v. 20.12.2001 – IX ZR 419/98 (Ziff. II. b. cc) = WM 2002, 337 und 776 = ZIP 2002, 407 = EWiR § 15 KO 1/02, 355 (*Hegerl*); BGH v. 18.2.1992 – XI ZR 134/91 (Ziff. 2a) = WM 1992, 566 = ZIP 1992, 389 = EWiR § 1191 BGB 2/92, 463 (*Lauer*); BGH v. 21.2.1991 – IX ZR 64/90 (Ziff. II. 1 b) = NJW-RR 1991, 1197 = WM 1991, 779; BGH v. 19.9.1986 – V ZR 72/85 (Ziff. II. 1) = BGHZ 98, 256 = WM 1986, 1467 = ZIP 1986, 1540 = EWiR § 11 Nr. 15 AGBG 1/87, 9 (*Stürner/Münch*); BGH v. 11.10.1984 – IX ZR 111/82 (Ziff. II. 2 b) = WM 1984, 1577 = ZIP 1984, 1536; MünchKomm/*Lieder*, BGB § 1191 RN 177; Grüneberg/*Herrler*, § 1191 RN 32; Staudinger/*Wolfsteiner* (2019), Vorbem. zu §§ 1191 ff., RN 281; s. auch die in RN 1147 genannten Fundstellen.

86   Statt vieler BGH v. 28.2.1975 – V ZR 146/73 (Ziff. I), NJW 1975, 980 = WM 1975, 385; MünchKomm/*Lieder*, BGB § 1191 RN 177; Staudinger/*Wolfsteiner* (2019), Vorbem. zu §§ 1191 ff., RN 281.

87   Statt vieler BGH v. 29.1.2016 – V ZR 285/14, RN 11 = BGHZ 209, 1 = WM 2016, 452; *Gladenbeck*, WuB 2016, 387; BGH v. 28.2.1975 – V ZR 146/73 (Ziff. I), NJW 1975, 980 = WM 1975, 385; MünchKomm/*Lieder*, BGB § 1191 RN 177; Staudinger/*Wolfsteiner* (2019), Vorbem. zu §§ 1191 ff., RN 281; *Ganter*, Der Grundschuld-Rückgewähranspruch, NZI 2024, 27, 31.

Aufhebung kommen als Möglichkeiten der Rückgewähr nicht mehr in Betracht[88]; ein Wahlrecht gibt es also nicht mehr. Auch wenn der Rückgewähranspruch wirksam auf Löschung oder Verzicht beschränkt war (RN 754 bis 758), kann der Rückgewährberechtigte jetzt Zahlung verlangen, da der Rückgewähranspruch sonst (unzulässig) ausgeschlossen wäre (RN 754).[89]

753 Ist der Rückgewähranspruch zu einem reinen **Zahlungsanspruch** (Übererlös) geworden (RN 749, RN 752), so ist er – wenn zwischen Sicherungsgeber und Kreditinstitut (= früherer Grundschuldgläubiger und Rückgewährschuldner) ein Kontokorrentverhältnis besteht – **kontokorrentgebunden** und über das entsprechende Konto abzuwickeln (§ 355 Abs. 1 HGB).[90] Der BGH geht sogar davon aus, dass (nicht erst der Anspruch auf Übererlös, sondern) schon der Rückgewähranspruch von Anfang an kontokorrentgebunden sei, woraus er dann ableitet, dass sich die (spätere) Pfändung des Kontokorrentanspruchs gegen die (frühere) Pfändung des Rückgewähranspruchs durchsetze (dazu RN 922).[91] Die Ansicht des BGH überzeugt nicht. Kontokorrentgebunden kann nur sein, was kontokorrentfähig ist. Kontokorrentfähig sind nur gegeneinander verrechenbare Ansprüche (vgl. § 355 Abs. 1 HGB). Der Anspruch auf Rückgewähr einer konkreten Grundschuld kann aber nicht Gegenstand einer Verrechnung sein; er geht auf Leistung eines Rechts, das es so nur einmal gibt. Die Erledigung des Anspruchs durch tatsächliche Rückgewähr ist auch nicht der Sonderfall, den man vernachlässigen könnte, sondern der massenweise praktizierte Normalfall. Verrechenbar und damit kontokorrentfähig wird der Rückgewähranspruch erst in dem (relativ seltenen) Fall der Verwertung oder (noch seltener) der baren Tilgung der *Grundschuld.* Erst ab diesem Zeitpunkt kann die Kontokorrentbindung entstehen. Etwas anderes anzunehmen, würde – überspitzt formuliert – bedeuten, den Rückgewähranspruch für den Normalfall unerfüllbar zu machen. Deshalb wird man wenigstens annehmen müssen, dass die Partner des Sicherungsvertrags den Rückgewähranspruch stillschweigend solange aus der Kontokorrentbindung ausgeschlossen[92] haben, bis er sich in einen Geldanspruch verwandelt.

753.1 Ist der Rückgewähranspruch zum reinen **Geldanspruch** des Sicherungsgebers gegen das Kreditinstitut geworden (RN 753), muss das Kreditinstitut dagegen mit anderen (durch die Grundschuld nicht gesichert gewesenen) Ansprüchen gegen den Rückgewährberechtigten (*nicht* gegen den Schuldner der durch Si-

---

88 Siehe auch *Goldbach*, ZfIR 2019, S. 45, 47.
89 OLG Köln v. 18. 12. 1996 – 11 U 157/96 (Ziff. 1a), WM 1998, 1924 = WuB I F 3. – 12.98 (*Gaberdiel*).
90 BGH v. 27. 1. 1982 – VIII ZR 28/81 (Ziff. III. 2 a) = NJW 1982, 1150 = WM 1982, 233; OLG Rostock v. 13. 12. 2001 – 1 U 69/00 = WM 2003, 627 = WuB VI E. § 829 ZPO 1.03 (*Bitter*).
91 BGH v. 27. 1. 1982 – VIII ZR 28/81 (Ziff. III. 2 c und d) = NJW 1982, 1150 = WM 1982, 233.
92 Zur Ausschlussmöglichkeit: BGH v. 27. 1. 1982 – VIII ZR 28/81 (Ziff. III. 2 b) = NJW 1982, 1150 = WM 1982, 233.

cherungsabrede gesichert gewesenen Ansprüche) aufrechnen können.[93] Denn die **Aufrechnung** ist nichts anderes als die Zusammenfassung zweier entgegengesetzter Zahlungen, die zur gleichen Zeit wechselseitig geschuldet werden bzw. erbracht werden dürfen. Unterhält der Sicherungsgeber ein Kontokorrentverhältnis zum Kreditinstitut, so ist der Übererlös ohnehin regelmäßig ins Kontokorrent einzustellen (RN 753), was wirtschaftlich zum gleichen Ergebnis wie die Aufrechnung führt.

21.4 Einschränkungen des Rückgewähranspruchs

Der **Rückgewähranspruch** kann **nicht völlig ausgeschlossen** werden, weil er unabdingbar zum Sicherungsvertrag gehört.[94] Das folgt aus dem Wesen der nicht akzessorischen Sicherheit (RN 723). Selbst durch Individualvertrag ist ein völliger Ausschluss nicht möglich, erst recht nicht durch AGB (RN 687). Deshalb kann, wenn ein anderer als der Eigentümer Sicherungsgeber ist (RN 641 bis 646), der Anspruch auf *Abtretung* der Grundschuld nicht ausgeschlossen werden. Denn in diesen (seltenen) Fällen ist die Abtretung die *einzige* Möglichkeit der Rückgewähr an den Sicherungsgeber, weil bei Löschung oder Verzicht der Wert der Grundschuld nur dem Eigentümer zugutekäme (RN 747 bzw. 745). Dementsprechend kann auch der Anspruch auf Zahlung eines etwaigen Übererlöses aus der Grundschuld (wenn sie in der Zwangsversteigerung erlischt, freihändig verwertet oder durch einen Ablösungsberechtigten getilgt wird) nicht ausgeschlossen werden, weil ein Übererlös nur durch Zahlung zurückgewährt werden kann (RN 752). *754*

Eine andere Frage ist, ob die Parteien den Anspruch einschränken dürfen. Für die kreditwirtschaftliche Praxis ist allein die Möglichkeit der formularmäßigen Beschränkung von Interesse. Eine Beschränkung des Anspruchs durch **Individualabrede** mag unbedenklich sein, ist aber **nicht praxistauglich**. Die Kreditinstitute müssten gewärtigen, dass Gerichte die Abrede (etwa wegen bankinterner Vorgaben, vgl. RN 687) gleichwohl als Formularvereinbarung qualifizieren. *755*

Mit der Einstufung der Vereinbarung als AGB-Klausel geht freilich nicht die Eröffnung der AGB-rechtlichen Inhaltskontrolle einher. Vielmehr ist zunächst zu klären, ob die **AGB-Inhaltskontrolle** nach Maßgabe des § 307 Abs. 3 BGB **eröffnet** ist. Nach § 307 Abs. 3 Satz 1 BGB dürfen die Gerichte eine AGB-Klausel an den Maßstäben der §§ 307–309 BGB überprüfen, wenn die Klausel von

---

93 *Anders* (für Sicherungsübereignung): BGH v. 14.7.1994 – IX ZR 110/93 (Ziff. II. 2) = NJW 1994, 2885 = ZIP 1994, 1347 = EWiR § 139 BGB 2/94, 959 (*Bülow*); Staudinger/*Wolfsteiner* (2019), Vorbem. zu §§ 1191 ff., RN 147; *Ganter*, WM 1999, 1741, 1744. Der BGH (und ihm folgend *Ganter*) sehen in der Sicherungsabrede ein Aufrechnungsverbot, das aber rein formalen Charakter hat; denn sie lassen die Aufrechnung zu, wenn der Aufrechnungsgegner in Vermögensverfall gerät ist oder die zur Aufrechnung gestellten Forderungen sonst uneinbringlich sind (also dann, wenn der Aufrechnungsausschluss wirtschaftlich relevant wäre).

94 Staudinger/*Wolfsteiner* (2019), Vorbem. zu §§ 1191 ff., RN 173; *Gaberdiel* (Ziff. 2), WuB I F3. – 12.98 (zu OLG Köln v. 18.12.1996 – 11 U 157/96); *Lettl*, WM 2002, 788, 796 (Abschn. E I).

Rechtsvorschriften abweicht oder diese ergänzt. Ist dies nicht der Fall, kann die Klausel gem. § 307 Abs. 3 Satz 2 BGB allenfalls gegen das Transparenzgebot verstoßen (§ 307 Abs. 1 Satz 2, Abs. 1 Satz 1 BGB). Der BGH nimmt eine Inhaltskontrolle vor, ohne sich näher mit dem Verhältnis des § 307 Abs. 3 BGB zum Rückgewähranspruch zu beschäftigen. Der Rückgewähranspruch ist unstreitig ein Anspruch aus dem Sicherungsvertrag (RN 723). Beschränken die Parteien diesen vertraglichen Anspruch, dann weichen sie genau genommen von keiner Rechtsvorschrift ab. Um diese dogmatische Hürde zu überwinden, wird mit der Argumentation gearbeitet, der Begriff der Rechtsvorschriften i. S. d. § 307 Abs. 3 Satz 1 BGB sei weit zu verstehen und erfasse auch ungeschriebene Rechtsgrundsätze sowie Rechte und Pflichten, die sich aus dem Charakter eines Vertrages ergeben.[95]

756 Die Frage, ob der Rückgewähranspruch formularmäßig beschränkt werden darf, kann **nicht pauschal beantwortet** werden. Es kommt darauf an, ob der Sicherungsgeber zugleich Eigentümer des Grundstücks ist und welche Rückgewährvariante ausgeschlossen werden soll.

Der Rückgewähranspruch des Sicherungsgebers, der nicht Grundstückseigentümer ist, darf – wie in RN 754 und RN 752 gesagt – weder individualvertraglich noch formularmäßig auf den Löschungs- und/oder Verzichtsanspruch beschränkt werden, weil beides faktisch zu einem (unzulässigen) Ausschluss des Rückgewähranspruchs führen würde.

Der Ausschluss der Abtretung (bezüglich einer als Teil des geringsten Gebots fortbestehenden Grundschuld) würde den (früheren) Eigentümer, der zugleich Sicherungsgeber ist, ab Zuschlag in der Zwangsversteigerung unbillig belasten, weil er wegen des Eigentumswechsels von da an weder von der Löschung noch von dem Verzicht profitieren würde. Wer hier den Rückgewähranspruch formularmäßig (RN 687) auf den Verzichts- und/oder Löschungsanspruch beschränkt möchte, was aber in den gängigen Vordrucken nicht geschieht[96], sollte deshalb den Abtretungsanspruch für diesen Fall zulassen.[97]

Keine Bedenken dürften bestehen, wenn der Sicherungsvertrag den Rückgabeanspruch **auf** die **Abtretungsvariante beschränkt**, weil hier der Sicherungsgeber oder auf dessen Anweisung ein Dritter die Grundschuld erhält. Die Beschränkung auf die Abtretungsvariante spielt indes in der Praxis allenfalls eine untergeordnete Rolle. Der Sicherungsgeber dürfte kein Interesse an einer Beschränkung des Anspruchs auf die Abtretungsvariante haben, weil er den Rück-

---

95 So etwa MünchKomm/*Lieder*, BGB §1191 RN 151, mit Verweis auf Münch-Komm/*Wurmnest*, BGB § 307 RN 7. Nach MünchKomm/*Lieder*, BGB § 1191 RN 142 ist es aber zulässig, dass der Sicherungsgeber die Wahl bereits im Sicherungsvertrag (also von Anfang an) verbindlich erklärt.

96 Die gegenteilige Behauptung von Staudinger/*Wolfsteiner* (2019), Vorbem. zu §§ 1191 ff., RN 175 ist nicht nachvollziehbar angesichts der massenhaft eingesetzten Vordrucke der Fachverlage aller drei Gruppen der deutschen Kreditinstitute, deren wichtigste im Anhang wiedergegeben und die – nach seiner eigenen Erklärung – nicht zu beanstanden sind.

97 BGH v. 9. 2. 1989 – IX ZR 145/87 (Ziff. I. 4) = BGHZ 106, 375 = WM 1989, 490 = ZIP 1989, 700 = EWiR § 9 AGBG 7/89, 417 (Köndgen); *Schmitz*, WM 1991, 1061, 1066.

gewähranspruch in der Regel an die Gläubiger der nachrangigen Grundpfandrechte (RN 864) abtritt. In diesem Fall profitiert der Sicherungsgeber/Eigentümer von der Beschränkung auf die Löschungsvariante, weil diese Vereinbarung – sofern wirksam – auch gegen den Zessionar wirkt.[98] Die Beschränkung auf die Abtretungsvariante käme hingegen dem Zessionar (also dem neuen Inhaber des Rückgewähranspruchs) zugute.

Sind der **Sicherungsgeber und der Grundstückseigentümer personenverschieden**, dann ist nach dem BGH eine **Klausel**, welche den Rückgewähranspruch auf Löschung und/oder Verzicht beschränkt, jedenfalls dann **unwirksam**, wenn sie nicht klarstellt, dass die Beschränkung nicht gilt, falls im Zeitpunkt der Rückgewähr das Eigentum an dem belasteten Grundstück durch Zuschlag in der Zwangsversteigerung gewechselt hat.[99] In diesem Fall würde der Ausschluss der Abtretung den Sicherungsgeber (= früheren Eigentümer) unangemessen belasten, denn die Varianten Löschung und Verzicht kämen nur dem neuen Eigentümer zugute.

Der 5. Zivilsenat des **BGH**[100] hat im Juli 2014 diese Rechtsprechung bestätigt und hat in Erweiterung dazu die folgende **Klausel für unwirksam erklärt**:

> *„Soweit dem Sicherungsgeber nach Erledigung des vereinbarten Sicherungszwecks ein Rückgewähranspruch auf die oben bezeichnete Grundschuld zusteht, ist dieser auf den Anspruch auf Löschung der Grundschuld beschränkt, es sei denn, dass im Zeitpunkt der Rückgewähr das Eigentum an dem belasteten Grundstück durch Zuschlag in der Zwangsversteigerung gewechselt hat."*

Die Klausel ist nach Ansicht des BGH gem. § 307 Abs. 2 Nr. 1, Nr. 2 BGB unwirksam. Dass die Klausel die Beschränkung des Rückgewähranspruchs aufhebt für den Fall, dass der Sicherungsgeber sein Eigentum durch Zwangsversteigerung verliere, befreie sie nicht vom Verdikt der Unwirksamkeit. Denn sie erstrecke sich darüber hinaus auf Fallkonstellationen, in denen der Inhaber des Rückgewähranspruchs im Zeitpunkt der Rückgewähr nicht mehr Eigentümer sei. Nach dem Gesetz dürfe der Sicherungsgeber zwischen den Rückgewährvarianten wählen. Bleibe er – wie hier – trotz eines Eigentumswechsels Inhaber des Anspruchs auf Rückgewähr der Grundschuld, weil er gegenüber der Bank weiter für die gesicherte Forderung hafte, profitiere nur der aktuelle Eigentümer von der Löschung. Jedenfalls in derartigen Fällen benachteilige die Klausel den Sicherungsgeber unangemessen, weil sie seinen Anspruch auf Rückgewähr der Grundschuld faktisch ausschließe. Das Interesse der Bank, die Vertragsabwicklung zu vereinfachen, könne diese Benachteiligung nicht rechtfertigen.

Der BGH schafft bezogen auf die soeben dargestellte Konstellation Klarheit, 757 auch wenn der Sachverhalt nicht zu den Standardfällen zählen dürfte. Er hat die Frage ausdrücklich offengelassen, ob eine Beschränkung des Rückgewähranspruchs zulässig ist, wenn **Eigentümer und Sicherungsgeber personeniden-**

---

98 *Reithmann*, DNotZ 1982, 79 f.

99 BGH v. 9. 2. 1989 – IX ZR 145/87 = BGHZ 106, 375 = WM 1989, 490 = ZIP 1989, 700.

100 BGH v. 18. 7. 2014 – V ZR 178/13 (Rz. 11) = BGHZ 202, 150 = WM 2014, 1719 = ZIP 2014, 1725. Zu dieser Entscheidung *Samhat*, MDR 2014, 1297, die hiesigen Zeilen entsprechen den Ausführungen im genannten Aufsatz.

tisch sind oder von Anfang an ein Dritter Eigentümer ist (also nicht der Sicherungsgeber, was aber kaum praxisrelevant sein dürfte).[101] In der Praxis ist der Fall von Bedeutung, dass der Sicherungsgeber und der Grundstückseigentümer personenidentisch sind.

Das **Schrifttum streitet** über die Frage, ob die Parteien in diesem Fall den Rückgewähranspruch auf die Varianten Löschung und/oder Verzicht[102] beschränken dürfen.[103] Dogmatisch ist die Ansicht vorzugswürdig, die bei **Personenidentität zwischen Eigentümer und Sicherungsgeber** eine Beschränkung des Rückgewähranspruchs zulässt. Denn die Eröffnung der AGB-Inhaltskontrolle (RN 755) ist in diesem Kontext noch nicht zweifelsfrei (insb. nicht vom BGH) geklärt. In dieser Konstellation spricht auch die Interessenlage für die Zulässigkeit der Beschränkung des Rückgewähranspruchs. So sieht der BGH durchaus, dass eine Beschränkung auf den Löschungsanspruch eine nähere Prüfung der Person des Sicherungsgebers[104] entbehrlich macht und auf diese Weise die Vertragsabwicklung vereinfacht – dadurch kann ein möglicher Regressanspruch wegen eines Irrtums über die Person des Sicherungsgebers von vornherein ausgeschlossen werden.[105]

Die **Bedenken gegen** einen formularmäßigen **Ausschluss des Anspruchs auf Abtretung** (dazu RN 758) **erscheinen übergewichtet.** In der Praxis werden die Rückgewähransprüche regelmäßig an den nachrangigen Gläubiger abgetreten, und zwar meist zur Verstärkung einer nachrangigen Grundschuld[106] (RN 864 ff.). Dafür reichen *Löschung* der vorrangigen Grundschuld oder *Verzicht* auf sie aus, weil beide – die Löschung unmittelbar, der Verzicht in Kombination mit dem gesetzlichen Löschungsanspruch (RN 746) – zur Rangverbesserung der nachrangigen Grundschuld führen. Gilt aber (wovon hier ausgegangen wird) die Einschränkung für die (Ausnahme-)Fälle (Sicherungsgeber und Eigentümer sind personenverschieden, dazu RN 754, RN 756) nicht, dann kommt in den

---

101 BGH v. 18.7.2014 – V ZR 178/13 (Rz. 18) = BGHZ 202, 150 = WM 2014, 1719 = ZIP 2014, 1725.

102 Nach Anhang 10 [1.5], 11 [1.5] und 12 [1.5] ist die Gläubigerin berechtigt, auf den nicht valutierten Teil der Grundschuld zu verzichten. Von dieser Ermächtigung kann aber nur Gebrauch gemacht werden, wenn der Verzicht zur Rückgewähr führt, also nur, wenn und solange der Sicherungsgeber Eigentümer ist (RN 754) bzw. bis zur Erlösverteilung, falls die Grundschuld in der Zwangsversteigerung gegen den Sicherungsgeber erlischt (RN 1166, 1168). Vgl. im Übrigen auch RN 760.

103 **Für Zulässigkeit der Beschränkung**: *Dörrie*, ZfIR 1999, 717, 721; *Epp*, Bankrechtshandbuch, § 94 Rz. 417; *Freckmann*, BKR 2012, 133 (135); *Lettl*, WM 2002, 788 (797); *Reithmann*, WM 1990, 1985; *Schoppmeyer*, Gehrlein/Graewe/Wittig, § 15 RN 268; *Bülow*, Recht der Kreditsicherheiten, RN 219; **gegen eine Beschränkung auf Löschung und/oder Verzicht**: MünchKomm/*Lieder*, BGB § 1191 RN 152; Grüneberg/*Herrler*, § 1191 Rz. 43; *Clemente*, RNotZ 2012, 199 (202); *Müller*, RNotZ 2012, 199 (202); Staudinger/*Wolfsteiner* (2019), Vorbem. zu §§ 1191 ff., RN 174 f.

104 Nach MünchKomm/*Lieder*, BGB § 1191 RN 152, ist dieses Argument nicht überzeugend, weil die Abtretung von der Zustimmung des Grundschuldgläubigers abhängig gemacht werden kann.

105 BGH v. 18.7.2014 – V ZR 178/13 (RN 22) = BGHZ 202, 150 = WM 2014, 1719 = ZIP 2014, 1725.

106 So auch *Reithmann*, WM 1990, 1985, 1986.

verbleibenden (Regel-)Fällen die Rückgewähr der Grundschuld durch Löschung oder Verzicht unmittelbar (auch) dem Eigentümer – und nicht nur dem nachrangigen Gläubiger, an den der Anspruch abgetreten ist – zugute und ist deshalb aus der Sicht des Sicherungsgebers, der Eigentümer ist, vorzuziehen.[107] Im Übrigen bleibt zu berücksichtigen, dass die Vertragsparteien – losgelöst von einer AGB-rechtlichen Einschränkung des Rückgewähranspruchs – **Rücksicht auf die gegenseitigen Interessen** nehmen müssen (§ 241 Abs. 2 BGB). Sollte also der Sicherungsgeber/Eigentümer (Personenidentität) im Zeitpunkt, da die Rückgewähr der Grundschuld tatsächlich relevant wird, valide Gründe für die Übertragung des Anspruchs (statt der etwaig formularmäßig vereinbarten Löschung) vortragen, obliegt es dem Sicherungsnehmer zu prüfen, ob das Bestehen auf die Löschungsvariante im maßgebenden Zeitpunkt verhältnismäßig ist und, wenn nicht, dem Abtretungsverlangen des Sicherungsgebers nachzukommen.

Zu bedenken bleibt ein (nachträgliches) Auseinanderfallen durch rechtsgeschäftlichen Erwerb eines belasteten Grundstücks. Soweit bestehende Grundschulden dabei ausnahmsweise nicht zur Löschung gebracht werden, sollte ohnehin der **Erwerber in den Sicherungsvertrag** eintreten (RN 636), wodurch die Personengleichheit zwischen Eigentümer und Sicherungsgeber dann auch in diesen Fällen gewahrt bleibt. Im Übrigen kann (und sollte) diese Entwicklung vertragsgestalterisch berücksichtigt werden.

Es gibt **Literaturstimmen**, die in der Beschränkung auf die Löschung (auch bei Personenidentität) eine unangemessene Benachteiligung sehen, weil dadurch die **Handlungsfähigkeit** des Vertragspartners beeinträchtigt sei.[108] Das Gegenargument, dass die Löschung des nicht mehr valutierten Grundpfandrechts dem Leitbild, das dem gesetzlichen Löschungsanspruch (§ 1179a BGB) zugrunde liegt, entspricht[109], lassen diese Stimmen nicht zu.[110] Zudem wird das Argument vorgetragen, dass der Eigentümer (nur) mithilfe des Anspruchs auf Abtretung – an den nachrangigen Gläubigern vorbei – die Grundschuld als Sicherheit für einen neuen Kredit einsetzen könne.[111] Das dies in so gut wie allen Fällen ohnehin nicht möglich ist, weil der Rückgewähranspruch regelmäßig an die nachrangigen Gläubiger abgetreten ist, wird gesehen und zugestanden, aber als nicht maßgebend für das Vertragsverhältnis zwischen Sicherungsnehmer und Sicherungsgeber angesehen.[112]   *758*

Grundsätzlich kann der Rückgewähranspruch auch dadurch eingeschränkt werden, dass seine **Abtretung an Dritte ausgeschlossen** oder von der **Zustimmung des Sicherungsnehmers** abhängig gemacht wird (§ 399 BGB). Das wird überwiegend jedenfalls dann als wirksam anerkannt, wenn der Sicherungsge-   *759*

---

107 Staudinger/*Wolfsteiner* (2019), Vorbem. zu §§ 1191 ff., RN 194, will sogar durch *Auslegung* den Rückgewähranspruch für diesen Fall auf einen Löschungsanspruch verkürzen.
108 So MünchKomm/*Lieder*, BGB § 1191 RN 151 und *Clemente*, RN 578.
109 Vgl. *Reithmann*, WM 1990, 1985, 1986.
110 *Clemente*, RN 581.
111 So das andere Argument von MünchKomm/*Lieder*, BGB § 1191 RN 151.
112 So *Clemente*, RN 580.

ber nicht zugleich Grundstückseigentümer ist, was allerdings nur ausnahmsweise (RN 641 bis 646) vorkommt. In diesem Fall wird das Interesse des Grundschuldgläubigers etwa an der Vereinfachung der Vertragsabwicklung höher gewichtet als das Interesse des Sicherungsgebers an der freien Abtretbarkeit des Rückgewähranspruchs.[113]

Gleiches gilt aber auch bei **Personenidentität**, also wenn der Grundstückseigentümer (wie meist) Sicherungsgeber ist.[114] Denn auch für ihn hat der Rückgewähranspruch nur geringen Sicherungswert (RN 896, 897). Als eigenständige Sicherheit kommt er praktisch nicht in Betracht, sondern allenfalls als (im Hinblick auf die weite Sicherungsabrede bei der vorrangigen Grundschuld aber meist nur theoretische) Verstärkung eines nachrangigen Grundpfandrechts. Die Interessenabwägung führt deshalb auch bei Identität von Grundstückseigentümer und Sicherungsgeber zu keinem anderen Ergebnis.

Jedenfalls ist es zulässig, die Abtretung (nicht schlechthin auszuschließen, sondern nur) von der Zustimmung des Grundschuldgläubigers abhängig zu machen (§ 399 BGB).[115] Ein solcher **Zustimmungsvorbehalt** findet sich in einigen Formularen.[116] Diese **Frage** hat der **BGH Anfang 2022 beantwortet**. Er hat eindeutig entschieden, dass ein solcher Zustimmungsvorbehalt wirksam ist und auch dann den Sicherungsgeber nicht treuwidrig benachteiligt, wenn die AGB keinen Anspruch auf Zustimmung vorsehen.[117] Vielmehr hat der Sicherungsgeber jedenfalls dann einen Anspruch auf Zustimmung, wenn ein schützenswertes Interesse der Bank an deren Verweigerung nicht besteht oder seine berechtigten Belange an der Abtretbarkeit des Rückgewähranspruchs überwiegen.[118]

Eine Klausel, die die Abtretung von der Zustimmung des Schuldners abhängig macht, ist nach § 399 BGB zu beurteilen und fügt der Forderung nicht ein ihrem Wesen fremdes Veräußerungsverbot hinzu, sondern lässt die Forderung von vornherein als ein unveräußerliches Recht entstehen mit der Folge, dass die

---

113 BGH v. 9.2.1990 – V ZR 200/88 (Ziff. II. 2 b) = BGHZ 110, 241 = WM 1990, 464 = ZIP 1990, 439 = EWiR § 399 BGB 2/90, 341 (*Serick*); Grüneberg/*Grüneberg*, § 399 RN 10; *Lettl*, WM 2002, 788, 797 (Abschn. E II. 1); *kritisch gegenüber Ausschluss durch Vordruck:* Staudinger/*Wolfsteiner* (2019), Vorbem. zu §§ 1191 ff., RN 179; *generell zur Zulässigkeit eines vereinbarten Abtretungsausschlusses:* BGH v. 30.10.1990 – IX ZR 239/89 – (Ziff. 1) = NJW-RR 1991, 763.

114 *Serick*, EWiR § 399 BGB 2/90, 341 (BGH v. 9.2.1990 – V ZR 200/88); Staudinger/*Wolfsteiner* (2019), Vorbem. zu §§ 1191 ff., RN 179.

115 Siehe (auch mit Nachweisen zum Streitstand und zur früheren Rechtsprechung) BGH v. 14.1.2022 – V ZR 255/20 = BGHZ 232, 265 = WM 2022 Heft 20, 976 = ZIP 2022, 1044 = *Lieder*, in WuB 2022, 291. Die Ausführungen in RN 9 dieser Entscheidung sprechen sogar dafür, dass unter den dort genannten Grundsätzen auch ein Abtretungsausschluss wirksam vereinbart werden kann.

116 Anhang 6 [1.6]; 7 [1.6]; 8 [1.7]; 11 [1.1 a. E.].

117 BGH v. 14.1.2022 – V ZR 255/20, RN 17 ff. = BGHZ 232, 265 = WM 2022 Heft 20, 976 = ZIP 2022, 1044 = *Lieder*, in WuB 2022, 291.

118 BGH v. 14.1.2022 – V ZR 255/20, RN 19 = BGHZ 232, 265 = WM 2022 Heft 20, 976 = ZIP 2022, 1044 = *Lieder*, in WuB 2022, 291.

Forderung nur mit Zustimmung des Gläubigers abgetreten werden kann.[119] Eine ohne Zustimmung erfolgte Abtretung ist nicht nur dem Schuldner, sondern **jedem Dritten gegenüber unwirksam**.[120] Auch wenn vereinbart ist, dass die Abtretung einer Forderung nicht gänzlich ausgeschlossen, sondern von der Zustimmung des Schuldners abhängig sein soll, wirkt die Genehmigung des Schuldners nach dem BGH nicht auf den Zeitpunkt der Abtretung zurück.[121]

Bezogen auf den Anspruch auf Rückgewähr der Grundschuld ist § 354a Abs. 1 Satz 1 HGB – losgelöst davon, ob sich in diesem Kontext ein beiderseitiges **Handelsgeschäft** konstruieren lässt – nicht einschlägig, weil der Anspruch auf Rückgewähr der Grundschuld keine Geldforderung im Sinne der genannten Vorschrift ist.[122]

Zu berücksichtigen ist, dass ein vereinbarter **Abtretungsausschluss/Zustim- *759.1* mungsvorbehalt** grundsätzlich zugleich eine **Verpfändung** ausschließt, auch wenn die Klausel den Verpfändungsausschluss nicht explizit erwähnt. Denn gemäß § 1274 Abs. 2 BGB kann ein Pfandrecht an einem Recht nicht bestellt werden, soweit ein Recht nicht übertragbar ist.[123]

Der am 1.10.2021 mit dem **Gesetz für faire Verbraucherverträge**[124] einge- *759.2* führte **§ 308 Nr. 9 BGB schließt** – bezogen auf den Rückgewähranspruch – **weder** einen formularmäßigen **Abtretungsausschluss noch** einen formularmäßigen **Zustimmungsvorbehalt**[125], den ein Unternehmer im Rechtsverkehr mit Verbrauchern verwendet, **aus**. § 308 Nr. 9a BGB ist nicht einschlägig, weil es sich beim Rückforderungsanspruch nicht um einen auf Geld gerichteten Anspruch des Vertragspartners gegen den Verwender handelt.[126] § 308 Nr. 9b BGB stellt auch kein Hindernis dar, weil die Interessenabwägung bezüglich einer Einschränkung der Abtretbarkeit des Rückgewähranspruchs regelmäßig zugunsten des Kreditinstituts ausgeht. Für das Gesagte spricht auch, dass der **BGH** in RN 10 seiner **Entscheidung vom 14.1.2022** zur Zulässigkeit der Einschrän-

---

119 BGH v. 14.1.2022 – V ZR 255/20, RN 8 = BGHZ 232, 265 = WM 2022 Heft 20, 976 = ZIP 2022, 1044 = *Lieder*, in WuB 2022, 291; BGH v. 9.2.1990 – V ZR 200/88 (Ziff. II. 2.) = BGHZ 110, 241 = WM 1990, 464.
120 BGH v. 14.1.2022 – V ZR 255/20, RN 8 = BGHZ 232, 265 = WM 2022 Heft 20, 976 = ZIP 2022, 1044 = *Lieder*, in WuB 2022, 291; BGH v. 9.2.1990 – V ZR 200/88 (Ziff. II. 2.) = BGHZ 110, 241 = WM 1990, 464.
121 Vgl. BGH v. 29.6.1989 – VII ZR 211/88 = WM 1989, 1470 = ZIP 1989, 1137; *Müller*, RNotZ 2012, 199, 209.
122 Ebenso *Wenzel*, in BuB (Stand: 08.17 – 129. Lieferung) RN 4/2526.
123 Das vereinbarte Abtretungsverbot wird von § 1274 Abs. 2 BGB erfasst, s. nur Münch-Komm/*Schäfer*, BGB § 1274 RN 14.
124 Bundesgesetzblatt Jahrgang 2021 Teil I Nr. 53, ausgegeben zu Bonn am 17. August 2021, BGBl. 2021 I 3433.
125 Das Abtretungsverbot in § 308 Nr. 9 BGB erfasst ausweislich der Gesetzesmaterialien auch den Zustimmungsvorbehalt, s. Regierungsentwurf BT-Drucks 19/26915, S. 29, abrufbar unter: *https://www.bmj.de/SharedDocs/Downloads/DE/Gesetzgebung/RegE/ RegE_Faire_Verbrauchervertraege.pdf?__blob=publicationFile&v=3* (zuletzt aufgerufen am 07.01.2024).
126 Ausführlich dazu *Kalisz*, Das neue Klauselverbot für Abtretungsverbote – § 308 Nr. 9 BGB i. d. F. des Gesetzes für faire Verbraucherverträge –, in WM 2022 Heft 2, 65, 67 f.

kung der Abtretbarkeit des Rückforderungsanspruchs (s. oben RN 759) kein Wort zu § 308 Nr. 9a BGB schreibt, sondern nur zur Bestätigung seines Ergebnisses die Interessenabwägung nach § 308 Nr. 9b BGB erwähnt.[127]

760   Eine Einschränkung des Rückgewähranspruchs enthält auch die verbreitete Klausel[128], dass der **Gläubiger** nicht verpflichtet ist, in der Zwangsversteigerung (und Zwangsverwaltung) aus der Grundschuld Beträge über den gesicherten Anspruch hinaus geltend zu machen, sondern insoweit berechtigt ist, **auf die Grundschuld zu verzichten**. Die Frage, wie der Gläubiger einer nicht voll valutierten Grundschuld – ohne eine solche Vereinbarung – sich in der **Zwangsversteigerung** verhalten muss, ist sehr umstritten (RN 1152 ff.). Vor diesem Hintergrund besteht ein gesteigertes Bedürfnis der Praxis nach einer klarstellenden Regelung. Die Klausel verdeutlicht deshalb, dass der Gläubiger sein Verhalten nach seinen eigenen Interessen ausrichten kann und keine fremden verfolgen muss; das ist bei einer Kreditsicherheit nahe liegend und deshalb nicht überraschend.

Ist der Sicherungsgeber der Grundschuld zugleich Eigentümer des Belastungsobjekts und persönlicher Schuldner, ist die **Klausel** auch **nicht unbillig**.[129] Denn im Ergebnis führt sie in dieser regelmäßig vorliegenden Konstellation zu keiner Benachteiligung des Sicherungsgebers: Wird der Verzicht auf die Grundschuld *vor* Zuschlag erklärt, so kommt der vom Gläubiger nicht beanspruchte Betrag dem Vollstreckungsschuldner unmittelbar (als verbleibender Erlös) oder mittelbar (als Befriedigung anderer Gläubiger) zugute. Erfolgt *nach* Zuschlag der Verzicht auf das an die Stelle der Grundschuld getretene Befriedigungsrecht am Erlös, so erwirbt der Eigentümer ein Pfandrecht am Erlös. Unbillig ist die Klausel auch dann nicht, wenn der Sicherungsgeber und Eigentümer die Grundschuld für die **Verbindlichkeit eines Dritten** bestellt hat. Zwar profitiert der Drittsicherungsgeber nicht von der Befriedigung nachrangiger Gläubiger. In aller Regel hat er diesen seine Rückgewähransprüche abgetreten, sodass es insoweit lediglich zu einer von seinem Willen getragenen Verschiebung bei der Erlösverteilung unter den Grundschuldgläubigern kommt.

Ist dagegen ausnahmsweise eine andere Person als der Eigentümer Sicherungsgeber der Grundschuld (RN 641 bis 646), so kann ihm die Grundschuld durch Löschung oder Verzicht nicht zurückgewährt werden (RN 745 bzw. 747). Ihm gegenüber ist die Einschränkung des Rückgewähranspruchs deshalb unwirksam (RN 754). Die Klausel kann in diesem Fall eine etwa bestehende Pflicht zur Realisierung der Grundschuld nicht aufheben. Hinsichtlich der daraus resultierenden Probleme und der möglichen Lösungsansätze wird auf RN 1156 verwiesen.

---

127 BGH v. 14. 1. 2022 – V ZR 255/20, RN 10 = BGHZ 232, 265 = WM 2022 Heft 20, 976 = ZIP 2022, 1044 = *Lieder*, in WuB 2022, 291.

128 Anhänge 6 [5.3], 7 [5.3], 8 [5.3], 10 [1.5], 11 [1.5] und 12 [1.5]. Wegen der drei zuletzt genannten Anhänge vgl. auch RN 756.

129 Im Ergebnis (Pflicht, die Grundschuld geltend zu machen, ist – wie in der Kreditpraxis üblich – durch Sicherungsvertrag abdingbar) ebenso MünchKomm/*Lieder*, BGB § 1191 RN 180; *anderer Ansicht:* Staudinger/*Wolfsteiner* (2019), Vorbem. zu §§ 1191 ff., RN 132 ff., der insoweit den Treuhandcharakter der Sicherungsabrede überbewertet.

Soweit das hier besprochene Recht zum Verzicht formularmäßig auch auf **Verwertungsmaßnahmen außerhalb** eines Zwangsversteigerungs- oder Zwangsverwaltungsverfahrens erstreckt wird, stößt das auf Bedenken. Insbesondere nach einem Eigentumswechsel bei Verkauf oder Teilungsversteigerung können der Verzicht wie auch eine Löschung nicht mehr dem Sicherungsgeber zugutekommen (RN 756). Eine so weitreichende Verzichtsmöglichkeit ist daher riskant (§ 307 Abs. 2 BGB)[130] (zur Nichtgeltendmachung von Grundschuldzinsen RN 569, RN 1152 ff.).

21.5 Erneuter Einsatz einer Grundschuld als Sicherheit nach Erledigung des (ersten) Sicherungszwecks

Ist die **Grundschuld mit engem Sicherungszweck** (RN 667) bestellt worden, muss eine neue Abrede geschlossen (oder die bisherige entsprechend geändert) werden, wenn die Grundschuld als Sicherheit für andere als die anfänglich gesicherten Ansprüche verwendet werden soll. Eine Abtretung und Rückabtretung der Grundschuld ist nicht nötig, selbst wenn der Rückgewähranspruch bereits fällig (RN 729) gewesen war. Ist dagegen die Grundschuld bereits zurückgewährt (RN 742 bis 747) oder ist die Grundschuld selbst getilgt (RN 824, 829) worden, so ist das Kreditinstitut nicht mehr Gläubiger der Grundschuld, sodass diese nicht mehr als Kreditsicherheit zur Verfügung steht. *761*

Bei einer **Grundschuld mit weiter Sicherungsabrede** (RN 668) ist eine neue Forderung ohne Weiteres durch die Grundschuld gesichert (RN 732), wenn die (weite) Sicherungsabrede noch wirksam besteht und die neue Forderung darunter fällt. Ist dagegen die Sicherungsabrede gekündigt (RN 602 ff.) oder der Sicherungszweck sonst auf bestimmte Forderungen konkretisiert (RN 733 bis 738) worden, so ist – auch bei anfänglich weiter Sicherungsabrede – ebenfalls ein neuer Sicherungsvertrag erforderlich, aber auch ausreichend, wenn die Grundschuld erneut als Sicherheit eingesetzt werden soll.[131] Gleiches gilt, wenn etwa eine Forderung gesichert werden soll, die nicht unter die bisherige Sicherungsabrede fällt. *762*

Für eine **Grundschuld auf** einem **Gebäudeeigentum** (RN 35) kann keine neue Sicherungsabrede (zur Sicherung anderer Verbindlichkeiten) getroffen werden, wenn der Gebäudeeigentümer das Grundstück, auf dem das Gebäude steht, *763*

---

130 Vgl. OLG München v. 21. 5. 2010 – 5 U 5090/09 (Ziff. II. 4 b) = WM 2010, 1459 = ZfIR 2010, 632, danach überraschend gem. § 305c Abs. 1 BGB und unzulässiger Haftungsausschluss gem. § 309 Nr. 7b BGB; die Entscheidung des OLG München ist durch BGH-Urteil (4. 2. 2011 – V ZR 132/10 = BGHZ 188, 186 = WM 2011, 596) aufgehoben worden, allerdings dort schwerpunktmäßig deshalb, weil der BGH keine Pflicht des Grundschuldgläubigers sieht, nicht valutierte Grundschuldzinsen geltend zu machen (s. hier Haupttext RN 569, RN 1152 ff.).

131 Ebenso *Müller*, RNotZ 2012, 199, 207. vgl. auch BGH v. 20. 11. 2009 – V ZR 68/09 = WM 2010, 210 = NJW 2010, 935, mit dem amtlichen Leitsatz: *„Haben Bruchteilseigentümer für eine auf ihrem Grundstück lastende Grundschuld gemeinsam eine Sicherungsvereinbarung mit dem Grundschuldgläubiger getroffen, können sie diese nur gemeinsam ändern (Abgrenzung zu Senat, BGHZ 106, 19 = NJW 1989, 831).“*

nach Maßgabe der Bestimmungen des SachenRBerG erworben hat. Denn in diesem Fall muss der Eigentümer die Grundschuld löschen lassen, sobald die (bisher) gesicherte Forderung getilgt oder (endgültig) nicht entstanden ist. Die Einhaltung der Löschungspflicht ist vom Grundbuchamt ggf. zu erzwingen (RN 37). Entsteht bei oder nach Ankauf des Grundstücks durch den Gebäudeeigentümer zusätzlicher Sicherungsbedarf, bevor das Gebäudeeigentum lastenfrei (und mit dem Grundstück verschmolzen) ist, so können die auf dem Gebäudeeigentum noch ruhenden Lasten – u. U. durch Zuschreibung des Grundstücks zum Gebäudeeigentum (s. RN 35) – ranggleich auf das Grundstück übertragen und das Gebäudeeigentum dann aufgehoben werden; die Inhaber dinglicher Rechte daran sind zur Zustimmung verpflichtet (§ 78 Abs. 2 SachenRBerG). Danach kann der Sicherungszweck einer am Grundstück (zu dem das Gebäude dann untrennbar gehört) bestehenden Grundschuld erweitert werden.[132]

764 Der Sicherungsgeber kann eine neue Sicherungsabrede wirksam nur treffen, wenn er über den Rückgewähranspruch verfügen kann. Ist der **Rückgewähranspruch abgetreten** worden, bedarf die Erweiterung des Sicherungszwecks der **Zustimmung des neuen Gläubigers**. Das Kreditinstitut wird allerdings geschützt, wenn es die Abtretung nicht kennt (dazu RN 886 bis 889). Entsprechendes gilt, wenn der Rückgewähranspruch ge-/verpfändet worden ist (RN 912).

765 Die **Zustimmung der Gläubiger nachrangiger** (oder gleichrangiger) anderer **Grundpfandrechte** ist – außer wenn sie Inhaber des Rückgewähranspruchs sind (RN 764) – für den erneuten Einsatz der Grundschuld als Sicherheit für andere Verbindlichkeiten **nicht erforderlich**. Ihr gesetzlicher oder durch Vormerkung gesicherter Löschungsanspruch steht nicht im Wege, weil die Voraussetzungen für dessen Realisierung allein durch Wegfall des Sicherungszwecks nicht erfüllt werden, sondern erst wenn die Grundschuld an den Eigentümer abgetreten oder darauf verzichtet wird (dazu RN 495, 529).

21.6 Gläubiger des Rückgewähranspruchs

766 **Gläubiger des Rückgewähranspruchs** ist zunächst der **Sicherungsgeber** (RN 637 bis 646).[133] Das ist meist der Eigentümer. Der Anspruch ist nicht kraft Gesetzes mit dem Eigentum verbunden. Bei einem Wechsel des Eigentums am belasteten Grundstück geht der Anspruch auf den neuen Eigentümer nur über, wenn er an diesen abgetreten[134] wird (RN 851 ff.) oder wenn der neue Eigentümer anstelle des bisherigen Sicherungsgebers in den Sicherungsvertrag ein-

---

132 *Gaberdiel*, Grundstücksrecht, Ziff. 23.41.
133 BGH v. 11.10.1995 – XII ZR 62/94 (Ziff. 1) = NJW-RR 1996, 234 = WM 1996, 133; *Staudinger/Wolfsteiner* (2019), Vorbem. zu §§ 1191 ff., RN 158.
134 Vgl. einstweilen BGH v. 19.10.2017 – IX ZR 79/16 = ZIP 2017, 2395 = WM 2017, 2299 = *Gladenbeck*, WuB 2018, 177 = *Kesseler*, MittBayNot 2018, 441, 445 ff.

tritt[135] oder wenn – bei Eigentumswechsel in der Zwangsversteigerung[136] – der Vollstreckungsschuldner (ausnahmsweise) die gesicherte Forderung nach § 53 Abs. 2 ZVG anmeldet (dazu RN 940, 941).

Der Sicherungsgeber ist (erster) Gläubiger des Rückgewähranspruchs auch dann, wenn er die Sicherheit für eine **fremde Schuld** bestellt hat (RN 685 ff.). Zahlt also der Kreditnehmer das aufgenommene Darlehen zurück, ist die **Grundschuld dem Drittsicherungsgeber** zurückzugewähren, wenn der Sicherungszweck damit endgültig erledigt ist.[137] Ist ausnahmsweise der **Schuldner** (und nicht der Grundstückseigentümer) **Sicherungsgeber** (RN 644 bis 646), so ist **ihm die Grundschuld nach Wegfall des Sicherungszwecks zu übertragen**. Der Sicherungsnehmer macht sich dem Sicherungsgeber gegenüber ggf. schadensersatzpflichtig, wenn er ohne dessen Zustimmung die Grundschuld an den Eigentümer des belasteten Grundstücks zurückgewährt, also etwa die Löschung bewilligt.[138] Im Übrigen kann der Schuldner, wenn er Sicherungsgeber ist, unter Umständen die Erfüllung seiner Schuld verweigern, wenn ihm nicht Zug um Zug die Grundschuld zurückgewährt wird (RN 795).

Wird der **Erwerber eines Grundstücks**, das mit einer Grundschuld belastet ist, aus der Grundschuld in Anspruch genommen, ist er nicht befugt, **Einreden aus dem Sicherungsvertrag** zu erheben, wenn der **Rückgewähranspruch** nicht auf ihn übertragen worden ist.[139]

Wird der Gläubiger der gesicherten Forderung aus einer (neben der Grundschuld bestellten) weiteren Sicherheit befriedigt, kann der andere Sicherungsgeber unter Umständen die Übertragung der Grundschuld oder eines Teils davon verlangen. Ein ähnlicher Anspruch kann bestehen, wenn ein Gesamtschuldner, der nicht (allein) Sicherungsgeber der Grundschuld ist, den Gläubiger der gesicherten Forderung befriedigt. Dies kann insb. dann der Fall sein, wenn die gesicherte **Forderung** durch die Leistung **nicht untergeht**, sondern auf den Leistenden, weil er einen **Ausgleichsanspruch** hat, **übergeht** und die

767

135 BGH v. 25. 3. 1986 – IX ZR 104/85 (Ziff. I. 1 b) = BGHZ 97, 280 = WM 1986, 763 = ZIP 1986, 900 = EWiR § 1191 BGB 3/86, 573 (*Gaberdiel*); BGH v. 10. 11. 1989 – V ZR 201/88 (Ziff. II. 1) = BGHZ 109, 197 = WM 1989, 1926 = ZIP 1990, 299 = EWiR § 1191 BGB 2/90, 253 (*Gnamm*); *Schmitz*, WM 1991, 1061, 1067.

136 BGH v. 21. 5. 2003 – IV ZR 452/02 (II. 2 a und b) = BGHZ 155, 63 = WM 2003, 1365; BGH v. 25. 9. 1986 – IX ZR 206/85 (Ziff. II. 2) = WM 1986, 1441 = ZIP 1986, 1452 = EWiR § 1191 BGB 8/86, 1197 (*Clemente*).

137 Siehe m. w. N. *Ganter*, Der Grundschuld-Rückgewähranspruch, NZI 2024, 27, 29.

138 Vgl. BGH v. 8. 12. 1988 – III ZR 107/87 (II. 2 Gründe) = WM 1989, 210 = ZIP 1989, 157 = EWiR § 1191 2/89, 157 (*Clemente*).

139 Vgl. BGH v. 19. 10. 2017 – IX ZR 79/16 = ZIP 2017, 2395 = WM 2017, 2299 = *Gladenbeck*, WuB 2018, 177 = *Kesseler*, MittBayNot 2018, 441, 445 ff.

fortbestehende Sicherheit nach sich zieht.[140] Dieser **Übertragungsanspruch** ist, weil der Sicherungszweck fortbesteht, kein Rückgewähranspruch[141] (RN 1022 ff.).

768 **Mehreren Sicherungsgebern** (z.B. mehreren Miteigentümern, die eine [Fremd-]Grundschuld bestellt oder eine [Eigentümer-]Grundschuld abgetreten haben) steht der **Rückgewähranspruch gemeinschaftlich** zu[142], und zwar untereinander in demselben Verhältnis, in dem sie die Sicherheit gewährt haben. Belasten zwei Miteigentümer das ihnen zu je einem halben Bruchteil gehörende Grundstück, so erwerben sie auch den Rückgewähranspruch zu je ½ Anteil (§ 741 ff. BGB).[143] Bei der Belastung eines in Miteigentum stehenden Grundstücks durch alle Miteigentümer mit einer Grundschuld entsteht eine Gesamt(sicherungs)grundschuld an den Miteigentumsanteilen.[144] Besteht eine **Gesamtgrundschuld**, dann steht ein Grundschuldlöschungsanspruch zwar den Miteigentümern als Gesamtgläubigern zu, jedoch kann jeder **Miteigentümer**, der mit seinem Anteil für die Gesamtgrundschuld gesamtschuldnerisch mithaftet, die Löschung der Gesamtgrundschuld verlangen, wenn entweder alle anderen Miteigentümer zustimmen oder er diese Zustimmung verlangen kann.[145] Gesamthandseigentümern (z.B. den Miterben, die das Grundstück der Erbengemeinschaft belastet haben) steht auch der Rückgewähranspruch gesamthänderisch (als Erbengemeinschaft) zu. Allein dadurch, dass der eine Miteigentümer die Miteigentumshälfte des anderen erwirbt, geht dessen Anteil am Rückgewähranspruch nicht auf ihn über[146] (RN 766).

769 Steht der Rückgewähranspruch mehreren Personen gemeinsam zu, dann besteht – soweit nichts anderes vereinbart – im Innenverhältnis eine Bruchteilsgemeinschaft und im Außenverhältnis zum Sicherungsnehmer eine Mitgläubigergemeinschaft (§ 432 Abs. 1 BGB).[147] Der mehreren Sicherungsgebern **gemeinsam zustehende Rückgewähranspruch** kann von ihnen nur gemeinsam geltend gemacht werden. Eine andere Art der Rückgewähr, als im Sicherungsver-

---

140 BGH v. 31.1.1995 – XI ZR 30/94 (Ziff. 1) = NJW-RR 1995, 589 = WM 1995, 523 (für Zahlung durch einen von zwei Gesamtschuldnern und Sicherungsgebern); BGH v. 27.3.1981 – V ZR 202/79 (Ziff. II. 3 a) = BGHZ 80, 228 = WM 1981, 691 = ZIP 1981, 588 (für Zahlung durch einen von zwei Gesamtschuldnern, von denen allein der andere Sicherungsgeber war); Grüneberg/*Grüneberg*, § 401 RN 5; vgl. auch OLG Hamburg v. 25.1.2015 – 2 UF 120/14 (RN 28 f.) = BeckRS 2015, 8596 = FamRZ 2015, 1962; *anderer Ansicht* (keine Pflicht zur Abtretung der Grundschuld): *Becker-Eberhardt*, S. 558 ff.

141 BGH v. 31.1.1995 – XI ZR 30/94 (Ziff. 1) = NJW-RR 1995, 589 = WM 1995, 523; *Siol*, WM 1996, 2217, 2224.

142 BGH v. 9.5.1996 – IX ZR 50/95 (Ziff. II. 1) = NJW 1996, 2231 = WM 1996, 1245; BGH v. 25.3.1986 – IX ZR 104/85 (Ziff. I. 3) = BGHZ 97, 280 = WM 1986, 763 = ZIP 1986, 900 = EWiR § 1191 BGB 3/86, 573 (*Gaberdiel*).

143 BGH v. 25.3.1986 – IX ZR 104/85 (Ziff. I. 3), BGHZ 97, 280 = WM 1986, 763 = ZIP 1986, 900 = EWiR § 1191 BGB 3/86, 573 (*Gaberdiel*).

144 BGH v. 19.3.2010 – V ZR 52/09 = WM 2010, 834.

145 Vgl. BGH v. 19.3.2010 – V ZR 52/09 (RN 8) = WM 2010, 834.

146 BGH v. 2.5.1990 – XII ZR 20/89 (Ziff. 1 b. aa) = NJW-RR 1990, 1202 = WM 1990, 1253.

147 Vgl. BGH v. 18.7.2014 – V ZR 178/13 (RN 7) = WM 2014, 1719; BGH v. 20.10.2010 – XII ZR 11/08 = BGHZ 187, 169 = WM 2011, 90 (RN 12).

trag vorgesehen ist, können sie nur gemeinschaftlich bestimmen.[148] Auch das Wahlrecht (RN 748) können sie nur gemeinschaftlich ausüben.[149] Jeder von ihnen kann von den anderen verlangen, dass sie bei der Realisierung des Rückgewähranspruchs mitwirken, und zwar in einer Weise, die den Interessen aller gerecht wird (§ 745 Abs. 2 BGB).[150]

Gehört beispielsweise das ursprünglich gemeinschaftliche Grundstück inzwischen nur noch einem von zwei Sicherungsgebern, so kann der jetzige Alleineigentümer nicht verlangen, dass der andere Rückgewährberechtigte mit ihm gemeinsam den Anspruch auf Löschung oder Verzicht geltend macht, weil beides ausschließlich dem Eigentümer zugutekommen würde, sondern nur, dass der andere zusammen mit ihm die Abtretung der Grundschuld an beide betreibt.[151]

Steht der Rückgewähranspruch mehreren Sicherungsgebern nach Bruchteilen zu, so ist jeder **Anteil abtretbar** (§ 747 BGB) und mithin pfändbar (§ 851 Abs. 1 ZPO).[152] *770*

21.7 Schuldner des Rückgewähranspruchs

Schuldner des vertraglichen Rückgewähranspruchs ist der **ursprüngliche Sicherungsnehmer** (RN 632), solange er Partner des Sicherungsvertrags ist. Er wird aus der **Rückgewährpflicht** nicht allein dadurch frei, dass er die Grundschuld an einen Dritten abtritt[153] (RN 635; zur Abtretung zusammen mit der gesicherten Forderung RN 774 f.). *771*

Gegen den **Erwerber der Grundschuld** kann der vertragliche Rückgewähranspruch – sofern er nicht durch Vormerkung gesichert ist (RN 784 bis 787) – nur geltend gemacht werden, wenn dieser die **Rückgewährpflicht übernommen** hat oder in den Sicherungsvertrag eingetreten ist (RN 635 f.).[154] Allein dadurch, dass er sich Grundschuld und gesicherte Forderung abtreten lässt, übernimmt *772*

---

148 BGH v. 15.1.1988 – V ZR 183/86 (Ziff. B II. 1 a) = BGHZ 103, 72 = WM 1988, 446 = ZIP 1988, 899 = EWiR § 426 BGB 2/88, 439 (Selb).

149 BGH v. 25.3.1986 – IX ZR 104/85 (Ziff. I. 3 f), BGHZ 97, 280 = WM 1986, 763 = ZIP 1986, 900 = EWiR § 1191 BGB 3/86, 573 (*Gaberdiel*); Grüneberg/*Grüneberg*, § 263 RN 1.

150 Ebenso BGH v. 18.7.2014 – V ZR 178/13 (RN 26) = BGHZ 202, 150 = WM 2014, 1719 = ZIP 2014, 1725.

151 BGH v. 20.11.1981 – V ZR 245/80 (Ziff. II. 4) = WM 1982, 154 = ZIP 1982, 154; BGH v. 2.5.1990 – XII ZR 20/89 (Ziff. 1b, aa) = NJW-RR 1990, 1202 = WM 1990, 1253.

152 BGH v. 10.1.1985 – IX ZR 2/84 (Ziff. 3b bb) = WM 1985, 427 = ZIP 1985, 372.

153 Grüneberg/*Herrler*, § 1191 RN 26; Staudinger/*Wolfsteiner* (2019), Vorbem. zu §§ 1191 ff., RN 258 f.

154 BGH v. 25.10.1984 – IX ZR 142/83 (Ziff. II. 1) = WM 1985, 12 = ZIP 1985, 89 = EWiR § 398 BGB 1/85, 67 (*Clemente*); MünchKomm/*Lieder*, BGB § 1191 RN 149; Staudinger/*Wolfsteiner* (2019), Vorbem. zu §§ 1191 ff., RN 256 und RN 265; *Huber*, S. 146; *Gnamm*, ZIP 1986, 822; *anders* anscheinend: OLG Schleswig v. 29.1.1985 – 3 U 207/83 = WM 1985, 700.

der neue Gläubiger der Grundschuld noch nicht die Rückgewährpflicht[155], auch nicht, wenn er nur die Grundschuld ohne die gesicherte Forderung erwirbt[156] (vgl. aber RN 774 f.). Vom neuen Gläubiger der Grundschuld – außer bei Erwerb durch *Abtretung* (nicht kraft Gesetzes) nach der bis zum 19.8.2008 geltenden Rechtslage und *ohne Kenntnis* des bestehenden Rückgewähranspruchs (RN 791 f.) – kann der Eigentümer aber, sobald der Sicherungszweck entfallen ist, gemäß bzw. entsprechend § 1169 BGB **Verzicht, Löschung oder Abtretung verlangen**; das kommt **im Ergebnis** einem **Rückgewähranspruch** sehr nahe[157] (dazu RN 790 ff.).

773 Ist die Grundschuld ohne Rechtsgrund (etwa Sicherungsvertrag unwirksam oder nicht zustande gekommen, RN 566) bestellt worden, so ist der (erste) Empfänger der Grundschuld nach den §§ 812 ff. BGB zur Rückgewähr verpflichtet. Falls dieser die Grundschuld unentgeltlich weitergibt, kann der **Bereicherungsanspruch** unmittelbar gegen den späteren Erwerber geltend gemacht werden (§ 822 BGB). Im Übrigen gilt aber für einen etwaigen Bereicherungsanspruch dasselbe wie für den normalerweise allein in Betracht kommenden vertraglichen Rückgewähranspruch. Allerdings entfällt eine etwaige formularmäßige Beschränkung des Rückgewähranspruchs, wenn der Sicherungsvertrag unwirksam oder nicht zustande gekommen ist.

774 Es ist umstritten, ob die **Grundschuld** mitübertragen werden darf (oder sogar muss), wenn die **gesicherte Forderung** an einen Dritten **abgetreten** wird (dazu RN 964 ff.). Wird sie abgetreten, so bleibt dennoch der *Sicherungsnehmer* aus dem Sicherungsvertrag zur Rückgewähr verpflichtet, es sei denn, dass der neue Grundschuldgläubiger die Rückgewährpflicht übernimmt und der Sicherungsgeber der Übernahme zustimmt.[158] Allerdings kann der neue Gläubiger höchstens eine die betreffende Forderung (und nur diese) sichernde Grundschuld erwarten, sodass er sich beim Erwerb der Grundschuld in deren Sicherungszweck einbinden lassen und bereit sein muss, die daraus folgenden Pflichten zu übernehmen (RN 971 bis 975).[159] Wird ausdrücklich vereinbart, dass der Sicherungsgeber Ansprüche daraus unmittelbar geltend machen kann, ist eine Schädigung des Sicherungsgebers durch die Abtretung der Grundschuld kaum zu befürchten.

775 Es gibt den Fall, dass der Sicherungsnehmer – ohne sein Zutun – verpflichtet ist, die Grundschuld an einen Dritten abzutreten. Etwa dann, wenn die **gesicherte Forderung kraft Gesetzes** an einen Ausgleichsberechtigten **übergeht** (RN 1022 ff.). Auch hier muss der Sicherungsnehmer eine Möglichkeit haben,

---

155 BGH v. 25.10.1984 – IX ZR 142/83 (Ziff. II. 1) = WM 1985, 12 = ZIP 1985, 89 = EWiR § 398 BGB 1/85, 67 (*Clemente*); MünchKomm/*Lieder*, BGB § 1191 RN 149; Staudinger/*Wolfsteiner* (2019), Vorbem. zu §§ 1191 ff., RN 256 und RN 265; *Huber*, S. 146; *Gnamm*, ZIP 1986, 822; *anders* anscheinend: OLG Schleswig v. 29.1.1985 – 3 U 207/83, WM 1985, 700.

156 OLG Zweibrücken v. 4.12.1997 – 4 U 68/96 –, WM 1998, 1927.

157 Vgl. *Schmitz*, WM 1991, 1061, 1067, der diesen Anspruch sogar ausdrücklich als „Rückgewähranspruch" bezeichnet.

158 *Becker-Eberhardt*, S. 522 ff., insbesondere S. 556 bis 558.

159 *Becker-Eberhardt*, S. 522 ff., insbesondere S. 543, 544.

aus seiner (vertraglichen) Rückgewährpflicht gegenüber dem Sicherungsgeber schadlos frei zu werden. Andernfalls befände er sich in einer Pflichtenkollision. Er würde entweder eine Pflicht dem einen oder dem anderen gegenüber verletzen. Auch bei gesetzlichem Übergang der gesicherten Forderung kann der neue Gläubiger nur eine **auf** die Sicherung dieser **Forderung beschränkte Grundschuld** verlangen. Er muss deshalb auch in diesem Fall bereit sein, bei Abtretung der Grundschuld die Pflichten aus dem Sicherungsvertrag, insbesondere die Beschränkungen bei der Geltendmachung der Grundschuld (RN 563) und die Rückgewährpflicht, zu übernehmen (vgl. RN 971 bis 975). Denn auch bei Übergang der gesicherten Forderung kraft Gesetzes ist der Sicherungsnehmer (= bisheriger Gläubiger der Grundschuld) gegenüber dem Sicherungsgeber verpflichtet, bei der Abtretung der Grundschuld an den Ausgleichsberechtigten auch die Beschränkungen aus dem Sicherungsvertrag und insbesondere die Rückgewährpflicht zu übertragen[160], und zwar so, dass der Sicherungsgeber unmittelbar Ansprüche gegen den neuen Gläubiger geltend machen kann (vgl. auch RN 973). Geschieht dies, dann hat der Sicherungsnehmer seine Pflichten gegenüber dem Sicherungsgeber und gegenüber dem Ausgleichsberechtigten soweit erfüllt, wie sie miteinander vereinbar sind. Er wird aus der Rückgewährpflicht frei (§ 275 Abs. 1 BGB), ohne dass er wegen **Pflichtverletzung** gegenüber dem Rückgewährberechtigten schadensersatzpflichtig wird (§ 280 Abs. 1 BGB).

21.8 Verletzung des Rückgewähranspruchs und Schadensersatz

Verfügt der Sicherungsnehmer über die Grundschuld, so ist die Verfügung dinglich wirksam. Überträgt er sie beispielsweise ohne Zustimmung des Rückgewährberechtigten auf einen Dritten, so erwirbt dieser die Grundschuld. Nur wenn bestimmte Voraussetzungen erfüllt sind (RN 785, 788 bis 794), kann der Sicherungsgeber seine Ansprüche, insbesondere den Rückgewähranspruch, gegen den Erwerber durchsetzen. Unter Umständen kann der Sicherungsgeber, wenn er zugleich Schuldner ist, die Erfüllung der gesicherten Verbindlichkeit verweigern (RN 795). Er hat aber – sofern die Voraussetzungen erfüllt sind – einen Schadensersatzanspruch gegen den **vertragswidrig verfügenden Sicherungsnehmer**.[161] So hat der BGH entschieden, dass der Sicherungsnehmer unter den Voraussetzungen der §§ 275 Abs. 4, 280 Abs. 1 und Abs. 3, 283 BGB zum **Schadensersatz** verpflichtet ist, wenn er den **Rückgewähranspruch schuldhaft nicht erfüllen** kann.[162] Ist der Rückgewähranspruch – etwa an einen **nachrangigen Grundpfandgläubiger** – abgetreten worden, steht der An-

776

---

160 BGH v. 6.7.2018 – V ZR 115/17, RN 23 = WM 2018, 1932 = NJW 2019, 438; BGH v. 4.7.1986 – V ZR 238/84 (Ziff. II. 2 b) = WM 1986, 1386 = ZIP 1986, 1454 = EWiR § 1191 BGB 7/86, 1101 (*Gaberdiel*); MünchKomm/*Lieder*, BGB § 1191 RN 111; Grüneberg/*Grüneberg*, § 401 RN 5; *Becker-Eberhard*, S. 558; für Abtretung einer als Sicherheit bestellten Bankgarantie: BGH v. 25.9.1996 – VIII ZR 76/95 (Ziff. III. 1 b) = WM 1997, 13 = ZIP 1997, 275 = EWiR § 398 BGB 1/97, 209 (Geimer).
161 Vgl. auch *Gnamm*, ZIP 1986, 822 (insbes. Ziff. V).
162 BGH v. 19.4.2013 – V ZR 47/12 = BGHZ 197, 155 = WM 2013, 1070 = ZIP 2013, 1113.

spruch auf Schadensersatz dem Zessionar zu.[163] Der Sicherungsnehmer kann sich auch dann schadensersatzpflichtig machen, wenn er **nach Eigentumswechsel** (etwa in der Zwangsversteigerung) die **Löschung** der vom früheren Eigentümer bestellten und beim Eigentumswechsel nur teilweise (oder gar nicht) valutierten Grundschuld bewilligt, obwohl der neue Eigentümer den Rückgewähranspruch nicht erworben hat (RN 1133, 1134).[164] Entsprechendes gilt nach einer Teilungsversteigerung.[165] Der Sicherungsnehmer verletzt auch dann eine schadensersatzrelevante (§ 280 Abs. 1 BGB) Nebenpflichten aus der Sicherungsvereinbarung, wenn er erklärt, er werde die Grundschuld nur **freigeben**, wenn der Sicherungsgeber eine Verpflichtung erfüllt, die **nicht Gegenstand der Sicherungsabrede** (RN 723) ist.[166]

Zu ersetzen ist der **gesamte Schaden**, der dem Rückgewährberechtigten durch die vertragswidrige Verfügung entsteht. Dazu kann auch der Schaden gehören, der unmittelbar erst durch eine Handlung des neuen Gläubigers verursacht wird, z. B. wenn dieser den Rückgewähranspruch durch Freigabe eines von mehreren haftenden Grundstücken beeinträchtigt (RN 781).[167] Der Rückgewährberechtigte ist so zu stellen, wie er bei vertragsgemäßer Rückgewähr der Grundschuld gestanden hätte. Etwaige Einreden oder sonst gegen den Erwerber durchsetzbare Ansprüche muss der Sicherungsgeber geltend machen. Andernfalls könnte sich sein **Schadensersatzanspruch** reduzieren (§ 254 Abs. 2 BGB). Wurde die Löschungsbewilligung bereits vor dem durch Zuschlag erfolgenden Eigentumswechsel fälschlich an einen von mehreren gemeinschaftlich berechtigten Rückgewährgläubiger ausgehändigt, kommt zwischen den Rückgewährgläubigern ein **bereicherungsrechtlicher Ausgleich** in Betracht (§ 816 Abs. 2 BGB).[168]

777 Die Rückgewährpflicht wird dagegen **nicht verletzt**, wenn die Abtretung der Grundschuld Teil einer **zulässigen Verwertungsmaßnahme** ist (dazu RN 1276 bis 1290). Ein etwaiger Übererlös ist an den Rückgewährberechtigten herauszugeben. Der Sicherungsvertrag endet durch eine berechtigte Verwertung und Verrechnung des Erlöses. Ob die Grundschuld und die gesicherte Forderung **vor Eintritt des Sicherungsfalles ohne Zustimmung** des Rückgewährberechtigten verkauft und abgetreten werden dürfen, ist **umstritten**. In diesem Fall sollte

---

163 BGH v. 19.4.2013 – V ZR 47/12 = BGHZ 197, 155 = WM 2013, 1070 = ZIP 2013, 1113.

164 *Köndgen,* EWiR § 812 BGB 3/93, 973 (zu BGH v. 23.3.1993), Ziff. 4; vgl. auch BGH v. 23.3.1993 – XI ZR 167/92 = WM 1993, 887 = ZIP 1993, 664, der einen Bereicherungsanspruch gegen den Ersteher ablehnt und den Sicherungsnehmer zum Schadensersatz hätte verurteilen müssen, wenn dieser Anspruch eingeklagt gewesen wäre.

165 OLG München v. 21.5.2010 – 5 U 5090/09 (Ziff. II. 3 und II. 8) = WM 2010, 1459 = ZfIR 2010, 632, allerdings nimmt das OLG München als Anknüpfungspunkt für die Pflichtverletzung die Nichtgeltendmachung von Grundschuldzinsen; dies hat der BGH v. 4.2.2011 – V ZR 132/10 = BGHZ 188, 186 = WM 2011, 596, mit einer zutreffenden Wertung verneint, vgl. auch hier Haupttext RN 569, RN 1152 ff.

166 Vgl. OLG Karlsruhe v. 26.07.2012 – 9 U 154/11 = WM 2013, 1072.

167 BGH v. 9.5.1969 – V ZR 26/66 (Ziff. 2) = BGHZ 52, 93 = NJW 1969, 1426 = WM 1969, 766.

168 BGH v. 9.5.2007 – IV ZR 182/06 (Ziff. 3b) = WM 2007, 1711 = ZfIR 2008, 205 (*Clemente*).

sorgfältig darauf geachtet werden, dass dem Sicherungsgeber jedenfalls kein Schaden daraus erwachsen kann (dazu RN 964 ff.).

Bei einer nur **teilweise valutierten Grundschuld** gilt Entsprechendes, wenn   *778*
lediglich der valutierte Teil veräußert wird. Nach Eintritt des Sicherungsfalls kann unter gewissen Umständen die Veräußerung der ganzen Grundschuld zulässig sein (RN 1286 bis 1290). Im Übrigen verletzt aber die **Abtretung** des nicht valutierten Teils der Grundschuld den Sicherungsvertrag, weil der Gläubiger insoweit über die Grundschuld in einer ihm nicht gestatteten Weise verfügt.

Der Grundschuldgläubiger muss die Grundschuld in der Weise zurückgewäh-   *779*
ren, die der Berechtigte zulässigerweise gewählt hat (RN 748). Verlangt der Berechtigte etwa Abtretung der Grundschuld an sich oder einen Dritten, begeht der Grundschuldgläubiger eine schadensersatzbewährte Pflichtverletzung, wenn er stattdessen auf die Grundschuld verzichtet. Gleiches gilt, wenn der Pfandgläubiger am Rückgewähranspruch (auf den das noch nicht ausgeübte **Wahlrecht** durch die (Ver-)Pfändung **übergeht**, RN 908) Abtretung der Grundschuld verlangt und der Grundschuldgläubiger stattdessen auf die Grundschuld verzichtet.[169] Der Schaden kann sich daraus ergeben, dass durch den Verzicht eine dem Löschungsanspruch eines nachrangigen Gläubigers ausgesetzte Eigentümergrundschuld (RN 495, RN 529) entsteht, deren Löschung der nachrangige Gläubiger erzwingt, um eine Rangverbesserung seines Rechts zu erreichen.

Der Grundschuldgläubiger ist verpflichtet, die Grundschuld nach Wegfall des   *780*
Sicherungszwecks so zurückzugewähren, wie er sie erhalten hat. Er darf den Wert der Grundschuld ohne Zustimmung[170] des Rückgewährberechtigten nicht etwa dadurch verschlechtern, dass er einen Teil der belasteten Grundstücke aus der Haftung entlässt. Entsprechendes gilt für einen Rangrücktritt mit der Grundschuld. Allerdings ist zum **Rangrücktritt** die **Zustimmung** des Grundstückseigentümers erforderlich (§ 880 Abs. 2 Satz 2 BGB). Wenn und solange der Eigentümer Inhaber des Rückgewähranspruchs ist, schließt diese Zustimmung das Einverständnis zu der damit verbundenen Verschlechterung des Rückgewähranspruchs ein. Kann **Rückgewähr** nur **durch Löschung** verlangt werden[171], tritt durch Rangrücktritt oder **Pfandfreigabe** – außer durch Freigabe nur einzelner von mehreren mit einer Gesamtgrundschuld belasteten Objekte (RN 415) – kein Schaden ein, weil der Löschungsanspruch auch danach immer noch ohne Einschränkung erfüllt werden kann. In einem solchen Fall ist daher eine Zustimmung des Rückgewährberechtigten entbehrlich.

---

169 *Clemente*, EWiR § 1191 BGB 4/89, 881 (BGH v. 6.7.1989) Ziff.3; s. auch das von Clemente besprochene Urteil des BGH v. 6.7.1989 – IX ZR 277/88 = BGHZ 108, 237 = WM 1989, 1412 = ZIP 1989, 1174, der die Frage letztlich nicht entscheiden musste.

170 Ob eine formularmäßig im Voraus und ohne jede Einschränkung erteilte Zustimmung wirksam ist, erscheint fraglich; durch Rangrücktritt oder Pfandfreigabe könnte u. U. der Rückgewähranspruch völlig entwertet werden.

171 Etwa weil der Rückgewähranspruch von vornherein wirksam auf den Löschungsanspruch beschränkt (RN 756 bis 758) oder weil später die Löschung verbindlich gewählt (RN 748) worden ist.

781 Bei Verletzung des Rückgewähranspruchs durch Freigabe/Rangrücktritt muss der Sicherungsnehmer dem Rückgewährberechtigten den daraus entstehenden **Schaden ersetzen.**[172] Dieser besteht regelmäßig in dem Betrag, um den der in einer etwaigen Zwangsversteigerung auf die Grundschuld entfallende Erlös ohne Pfandfreigabe/Rangrücktritt höher wäre. Gehören die belasteten Grundstücke verschiedenen Personen, so kann der Schaden einer Pfandfreigabe auch darin liegen, dass der (intern ersatzberechtigte) Eigentümer des belastet bleibenden Grundstücks das Grundpfandrecht am freigegebenen Grundstück nicht mehr – wie sonst gem. § 1173 Abs. 2 BGB – erwirbt (RN 415), wenn er den Gläubiger befriedigt.[173]

782 Ist der **Rückgewähranspruch abgetreten**, so steht ein etwaiger Schadensersatzanspruch grundsätzlich dem neuen Rückgewährberechtigten zu.[174] Es sei denn, er hat der an sich vertragswidrigen Maßnahme (Abtretung der Grundschuld, Pfandentlassung, Rangrücktritt usw.) zugestimmt; dies könnte den neuen Rückgewährberechtigten – wenn er ohne Abstimmung mit seinem Sicherungsgeber zugestimmt hat – seinem Sicherungsgeber gegenüber schadensersatzpflichtig machen, vgl. RN 891. Ist dem Sicherungsnehmer jedoch in dem Zeitpunkt, in dem er die Handlung vornimmt, die Abtretung des Rückgewähranspruchs nicht bekannt, so muss der neue Rückgewährberechtigte eine vom bisherigen erklärte Zustimmung gegen sich gelten lassen (§ 407 BGB). Dasselbe gilt, wenn der Grundschuldgläubiger die Grundschuld in Unkenntnis der Abtretung des Rückgewähranspruchs an den Sicherungsgeber zurückgewährt.

783 **Übernimmt** der neue Grundschuldgläubiger bei Abtretung der Grundschuld die **Rückgewährpflicht**, so richtet sich ein etwaiger Schadensersatzanspruch ausschließlich gegen ihn, wenn der Rückgewährberechtigte der Schuldübernahme zugestimmt hat (§ 415 Abs. 1 BGB) oder wenn sie mit ihm vereinbart wurde (§ 414 BGB). Denn der ursprüngliche Sicherungsnehmer ist dann aus der Rückgewährpflicht frei geworden. Andernfalls bleibt der ursprüngliche Sicherungsnehmer zur Rückgewähr und ggf. zum Schadensersatz verpflichtet. Ob der Rückgewährberechtigte daneben einen unmittelbaren Anspruch gegen den Übernehmer der Rückgewährpflicht hat, hängt vom Inhalt der Schuldübernahme ab. Im Zweifel ist der neue Grundschuldgläubiger nur gegenüber dem bisherigen verpflichtet, den Rückgewähranspruch rechtzeitig zu erfüllen (§ 415 Abs. 3 BGB).

21.9 Sicherung des Rückgewähranspruchs

784 Der Rückgewähranspruch kann **durch eine Vormerkung** gegen unerlaubte Verfügungen **geschützt** werden.[175] Der gesicherte Anspruch ist gegen den

---

172 BGH v. 19. 4. 2013 – V ZR 47/12 = BGHZ 197, 155 = WM 2013, 1070 = ZIP 2013, 1113.

173 BGH v. 9. 5. 1969 – V ZR 26/66 (Ziff. 2a) = BGHZ 52, 93 = NJW 1969, 1426 = WM 1969, 766.

174 Ebenso BGH v. 19. 4. 2013 – V ZR 47/12 (RN 9) = BGHZ 197, 155 = WM 2013, 1070 = ZIP 2013, 1113.

175 *Dempewolf*, S. 20 ff.; MünchKomm/*Lieder*, BGB § 1191 RN 159; Grüneberg/*Herrler*, § 1191 RN 28.

Grundschuldgläubiger (= Sicherungsnehmer) gerichtet. Demgemäß erfordert die Eintragung einer solchen Vormerkung die formgerechte Bewilligung des Gläubigers der (bereits eingetragenen) Grundschuld; wird die Vormerkung bei einer Eigentümergrundschuld oder gleichzeitig mit einer Fremdgrundschuld eingetragen, genügt die Bewilligung des Eigentümers.[176] Da – anders als bei einer Löschungsvormerkung (RN 527) – keine Löschungsverpflichtung des Eigentümers gesichert wird, brauchen die Voraussetzungen nach § 1179 BGB nicht erfüllt zu sein.

Die Vormerkung zur Sicherung des Rückgewähranspruchs hindert die **Abtretung** der Grundschuld an einen anderen als den Rückgewährberechtigten nicht. Bei Fälligkeit des Rückgewähranspruchs kann der Rückgewährberechtigte aber seinen Anspruch auch gegen den neuen Grundschuldgläubiger durchsetzen (§§ 888 Abs. 1 i. V. m. 883 Abs. 2 BGB). Gleiches gilt für einen Rangrücktritt der Grundschuld hinter ein anderes Recht. Dagegen kann die **Löschung** der Grundschuld nur mit Zustimmung des Vormerkungsberechtigten eingetragen werden (§ 876 BGB entsprechend)[177], was aber praktisch so lange keine Rolle spielt, wie der Rückgewähranspruch dem Eigentümer zusteht, weil dessen Zustimmung zur Löschung ohnehin erforderlich ist (§ 1183 BGB). In der **Zwangsversteigerung** kann, wenn die Vormerkung eingetragen ist, der auf die Grundschuld entfallende Erlös nur noch mit Zustimmung des Vormerkungsberechtigten an den Gläubiger ausgezahlt werden. Der Berechtigte muss zustimmen, wenn und soweit die Grundschuld valutiert ist. Bei Bedarf kann die Zustimmung eingeklagt werden; bis zum Urteil kann der auf die Grundschuld entfallende Betrag für Gläubiger und Vormerkungsberechtigten hinterlegt werden.[178]   785

Gelegentlich wird der Grundschuldgläubiger gebeten, die Eintragung einer solchen **Vormerkung** (RN 784) bei der Grundschuld zu bewilligen. Falls abweichende Abreden nicht bestehen, ist er **nicht verpflichtet, diese Erklärung abzugeben**.[179] Materiell entsteht durch die Bewilligung kein Nachteil, sofern dadurch nur der bestehende Rückgewähranspruch abgesichert wird und dem Gläubiger keine Zusatzpflichten abverlangt werden.[180] Es folgen daraus aber formale Erschwerungen (RN 785).   786

Es hängt von der **Bonität des Rückgewährpflichtigen** ab, ob der Schadensersatzanspruch des Rückgewährberechtigten ausreichend gesichert ist. Ist ein Kreditinstitut rückgewährpflichtig, wird dieser Anspruch regelmäßig nicht ge-   787

---

176 OLG Hamm v. 27.11.1989 – 15 W 449/89 (Ziff.2), DNotZ 1990, 601 = Rpfleger 1990, 157 (für bereits eingetragene Fremdgrundschuld); MünchKomm/*Lieder*, BGB § 1191 RN 159; Grüneberg/*Herrler*, § 1191 RN 28; Staudinger/*Wolfsteiner* (2019), Vorbem. zu §§ 1191 ff., RN 268.
177 *Schöner/Stöber*, RN 1524.
178 Vgl. Stöber/*Nicht*, Zwangsversteigerungsgesetz, § 114 RN 167; *Dempewolf*, NJW 1957, 1260.
179 Grüneberg/*Herrler*, § 885 RN 8 m. w. N.; *Dempewolf*, S. 28 ff.; *Scholz*, Festschrift, S. 442 m. w. N.
180 Zum Beispiel sieht ein bekannt gewordener Vordruck die (etwas verklausulierte) Verpflichtung vor, die Grundschuld nicht erneut zu valutieren, obwohl die Gläubigerin dazu bei weiter Sicherungsabrede u. U. berechtigt ist (s. auch RN 599 bis 601).

fährdet sein. Deshalb ist die Absicherung des Rückgewähranspruchs durch eine Vormerkung bisher nicht verbreitet. Hat der Rückgewährberechtigte (etwa ein anderer nachrangiger Grundschuldgläubiger) den Rückgewähranspruch durch Abtretung erlangt, besteht ferner die (eher größere) Gefahr, dass der Verpflichtete die Grundschuld an den früheren Rückgewährgläubiger bzw. auf dessen Weisung zurückgewährt, ohne die Abtretung zu kennen, sodass die Leistung dem neuen Gläubiger gegenüber wirksam ist (§ 407 BGB). Dagegen schützt die Vormerkung nur, wenn sie auf den neuen Gläubiger lautet, ggf. auf ihn umgeschrieben ist. Ausreichender Schutz wird insoweit erreicht, wenn die **Abtretung dem Verpflichteten angezeigt** wird. Dies sollte der neue Gläubiger des Rückgewähranspruchs jedenfalls dann tun, wenn dem Anspruch aus seiner Sicht besonderes Gewicht zukommt.

22 Einreden gegen Grundschuld oder gesicherte Forderung

22.1 Rückgewähranspruch des Eigentümers: dauernde Einrede gegen die Grundschuld

Die Grundschuld muss zurückgegeben werden, wenn der Sicherungszweck endgültig wegfallen (RN 729 bis 741) ist. Sie darf also nicht mehr verwertet werden. Der Eigentümer kann seinen Rückgewähranspruch, wenn er ihm zusteht[1], als **dauernde Einrede** gegen die Grundschuld vorbringen. Das Gleiche gilt für den Anspruch auf Rückgewähr der Grundschuld nach Bereicherungsrecht (§ 812 BGB), wenn die Grundschuld ohne Rechtsgrund bestellt worden ist.[2]

788

Ist nicht der jetzige, sondern ein früherer Eigentümer Sicherungsgeber der Grundschuld, so kann der **jetzige Eigentümer** den Rückgewähranspruch (oder Bereicherungsanspruch) der Grundschuld nur entgegenhalten, wenn **er** in den **Sicherungsvertrag eingetreten** ist (RN 636) oder den Rückgewähranspruch (bzw. Bereicherungsanspruch) sonst (z. B. durch **Abtretung**, RN 851 ff.) erworben hat (RN 855).[3] Gleiches gilt, wenn sonst ein **Dritter Sicherungsgeber** ist (RN 641 bis 646). Würde man die Einrede dem (jeweiligen) Eigentümer – ohne Rücksicht darauf, ob ihm der Rückgewähranspruch zusteht – zubilligen, so würde dies den Rückgewähranspruch völlig entwerten. Denn der derzeitige Eigentümer könnte dann (zwar nicht vertraglich, aber kraft Gesetzes) Verzicht auf die Grundschuld verlangen (RN 793) und würde dadurch die Grundschuld erwerben (RN 745).

Hat der ursprüngliche Sicherungsnehmer (Kreditinstitut) die Grundschuld abgetreten, dann ist der **neue Gläubiger** (vertraglich) zur Rückgewähr nur verpflichtet, wenn er in den Sicherungsvertrag eingetreten ist oder die **Rückgewährpflicht** sonst **übernommen** hat (RN 772). In diesem Fall kann dem neuen Grundschuldgläubiger seine eigene Pflicht zur Rückgewähr als Einrede entgegengesetzt werden, wenn er die Grundschuld geltend machen sollte. Umgekehrt gilt: Erwirbt jemand das mit einer Grundschuld belastete Grundstück und wird er vom Grundschuldinhaber aus dem Grundpfandrecht in Anspruch genommen, ist der neue Eigentümer nicht befugt, Einreden aus dem Sicherungs-

789

---

1   Vgl. BGH v. 20.10.2023 – V ZR 9/22, RN 14 ff. = BeckRS 2023, 34426 = ZIP 2023, 2626; BGH v. 25.10.1984 – IX ZR 142/83 (Ziff. II. 1 und 2) = WM 1985, 12 = ZIP 1985, 89 = EWiR § 398 BGB 1/85, 67 (*Clemente*); BGH v. 10.11.1989 – V ZR 201/88 (Ziff. II. 1) = BGHZ 109, 197 = WM 1989, 1926 = ZIP 1990, 299 = EWiR § 1191 BGB 2/90, 253 (*Gnamm*).

2   BGH v. 6.7.1989 – IX ZR 277/88 (Ziff. 2a) = BGHZ 108, 237 = WM 1989, 1412 = ZIP 1989, 1174 = EWiR § 1191 BGB 4/89, 881 (*Clemente*).

3   Vgl. etwa BGH v. 20.10.2023 – V ZR 9/22, RN 14 ff. = BeckRS 2023, 34426 = ZIP 2023, 2626; BGH v. 19.10.2017 – IX ZR 79/16 = ZIP 2017, 2395 = WM 2017, 2299 = *Gladenbeck*, WuB 2018, 177 = *Kesseler*, MittBayNot 2018, 441, 445 ff.; BGH v. 10.11.1989 – V ZR 201/88 (Ziff. II. 1) = BGHZ 109, 197 = WM 1989, 1926 = ZIP 1990, 299 = EWiR § 1191 BGB 2/90, 253 (*Gnamm*); BGH v. 6.7.1989 – IX ZR 277/88 (Ziff. 2 a. aa) = BGHZ 108, 237 = WM 1989, 1412 = ZIP 1989, 1174 = EWiR § 1191 BGB 4/89, 881 (*Clemente*).

vertrag zu erheben, wenn der Rückgewähranspruch nicht auf ihn übertragen worden ist.[4]

789.1 Hat der **neue Gläubiger** die Rückgewährpflicht nicht übernommen, braucht der (rückgewährberechtigte) Eigentümer die Vollstreckung aus der Grundschuld in folgenden Fällen gleichwohl nicht hinzunehmen: der vertragliche Grundschulderwerb hat nach dem 19. 8. 2008 stattgefunden (RN 789.2); beim vertraglichen Erwerb bis zum 19. 8. 2008 war der Erwerber bzgl. der Einrede nicht gutgläubig (RN 790); der neue Gläubiger hat die Grundschuld kraft Gesetzes erworben (RN 792).

789.2 Handelt es sich bei der Grundschuld um eine Sicherungsgrundschuld und wurde sie vom neuen Gläubiger **ab dem 19. 8. 2008 erworben**[5], kann der Eigentümer Einreden, die ihm aufgrund des Sicherungsvertrags mit dem bisherigen Gläubiger gegen die Grundschuld zustehen oder sich aus dem Sicherungsvertrag ergeben, jedem Erwerber der Grundschuld entgegensetzen (§ 1192 Abs. 1a Satz 1 Halbsatz 1 BGB). Für die **Übergangsregelung in Art. 229 § 18 Abs. 2 EGBGB** ist nicht entscheidend, wann die Grundschuld erstmals begründet wurde, sondern ob der Erwerb der Grundschuld nach dem 19. 8. 2008 erfolgt ist. Dass etwa eine Grundschuld erstmals vor dem 19. 8. 2008 begründet wurde, schließt die Anwendbarkeit des § 1192 Abs. 1a BGB nicht aus. Vielmehr kommt es insoweit nur darauf an, dass zumindest die letzte Grundschuldabtretung, also der letzte rechtsgeschäftliche Erwerb der Grundschuld, nach dem 19. 8. 2008 stattgefunden hat (vgl. zum gutgläubigen einredefreien Erwerb in Altfällen RN 789.3).

§ 1192 Abs. 1a BGB **setzt** das **Bestehen** eines **Sicherungsvertrags voraus**, ohne ihn als solchen zu normieren.[6] Bei **Unwirksamkeit** des **Sicherungsvertrags** ist die **Vorschrift** – bezogen auf einen etwaig bestehenden Bereicherungsanspruch – gleichwohl **anwendbar**.[7] Das spezifische Risiko eines Bereicherungsanspruchs folgt hier aus dem durch die Sicherungsgrundschuld angestrebten nichtakzessorischen Treuhandverhältnis.[8] Auch hier verdient der Eigentümer/Sicherungsgeber – mit Blick auf die Einrede aus §§ 812, 821 BGB – Schutz vor einer Grundschuldverwertung.[9]

Auf den **guten Glauben** des Erwerbers bzgl. der Einredefreiheit der Grundschuld **kommt** es bei § 1192 Abs. 1a BGB **nicht an**. Die in § 1192 Abs. 1a Satz 1 BGB genannten Einreden werden demnach stärker geschützt als die in § 1157

---

4 Dazu BGH, Urt. v. 19. 10. 2017 – IX ZR 79/16 = WM 2017, 2299 = *Gladenbeck,* WuB 2018, 177.

5 Übergangsregelung gemäß Art. 229 § 18 Abs. 2 EGBGB.

6 Vgl. MünchKomm/*Lieder,* BGB § 1192 RN 7.

7 Herrschende Ansicht, etwa: MünchKomm/*Lieder,* BGB § 1192 RN 9; BeckOGK/R. *Rebhan,* 01. 09. 2023, BGB § 1192 RN 15; Grüneberg/*Herrler,* § 1192 RN 4; Staudinger/*Wolfsteiner* (2019), § 1192 RN 39; *Nietsch* NJW 2009, 3606 (3607 f.); *Bülow,* ZJS 2009, 1, 5; *Zetzsche,* AcP 209 (2009), 543, 564; *Wellenhofer,* JZ 2009, 1077, 1081; a. A. *Diekmann* NZM 2008, 865 (871); *Weller* JuS 2009, 969 (974); *Heinze,* ZIP 2010, 2030, 2031.

8 BeckOGK/R. *Rebhan,* 01. 09. 2023, BGB § 1192 RN 15.

9 *MünchKomm/Lieder,* BGB § 1192 RN 9.

BGB erwähnten hypothekenrechtlichen Einreden. Denn der letzte Halbsatz des §1191 Abs. 1a Satz 1 BGB erklärt §1157 Satz 2 BGB für unanwendbar und schließt damit insoweit einen gutgläubigen einredefreien Erwerb der Sicherungsgrundschuld aus (zur Rechtslage bis zum 18. 8. 2008 RN 791 f).

Mit dem durch das Risikobegrenzungsgesetz[10] eingeführten §1192a BGB hat der Gesetzgeber den Grundstückseigentümer vor der Gefahr des Verlusts einer Einrede bei Übertragung der Sicherungsgrundschuld schützen wollen.[11] Die Neuerung wurde auf Sicherungsgrundschulden (RN 564) beschränkt. Isolierte Grundschulden (RN 561.4) kommen nur sehr selten vor, daher ist diese Einschränkung für die Praxis nicht weiter relevant. Doch erfasst §1192 Abs. 1a BGB nach verbreiteter Ansicht auch Fälle, in denen zunächst eine **isolierte Grundschuld** bestellt wurde, die erst später durch Abschluss eines Sicherungsvertrags mit einer Forderung verknüpft worden ist.[12] Ohne eine solche (sicherungsvertragliche) Verknüpfung zu einer gesicherten Forderung ist §1192 Abs. 1a BGB nicht einschlägig.[13] Der Erwerber eines bereits mit einer Sicherungsgrundschuld belasteten Grundstücks kann aus dem Wegfall des Sicherungszwecks also nur dann eine Einrede gemäß §1192 Abs. 1a BGB herleiten, wenn der Anspruch auf Rückgewähr der Grundschuld an ihn abgetreten wurde oder er in den Sicherungsvertrag eingetreten ist.[14]

Die Vorschrift erfasst sowohl Einreden, deren Tatbestand bereits vor dem Erwerb verwirklicht worden ist (§1192 Abs. 1a Satz 1 Halbsatz 1 Fall 1 BGB, „zustehen"), wie auch solche, die bei Erwerb der Grundschuld lediglich dem Grunde nach, namentlich im Sicherungsvertrag, angelegt waren (§1192 Abs. 1a Satz 1 Halbsatz 1 Fall 2 BGB, „ergeben").[15] Damit kann die Einrede der Nichtvalutierung gleichermaßen geltend gemacht werden wie die Einrede, die gesicherte Forderung sei nach Grundschulderwerb ganz oder teilweise erloschen.

Nicht alle Fragen hinsichtlich der **Grenzlinien des** vom Gesetzgeber intendierten **Schutzes** sind geklärt. Exemplarisch seien drei Fragen genannt. **Erstens**: Angezweifelt wird die Anwendbarkeit von §1192 Abs. 1a Satz 1 BGB etwa in Fällen, in denen **ausnahmsweise** anstatt auf die persönliche Forderung **auf die Grundschuld geleistet** wurde.[16] Bei Identität von Schuldner und Eigentümer erwirbt dieser damit die Grundschuld (RN 824). Wird das Grundbuch nicht berichtigt, kann es zu einem gutgläubigen Zweiterwerb der Grundschuld aus den Händen des ursprünglichen Sicherungsnehmers kommen. Dieser Erwerb vom Nichtberechtigten führt jedoch nicht zwangsläufig zur Einredefreiheit. Vielmehr kann auch in dieser Konstellation der Eigentümer und Sicherungsgeber Einwendungen aus dem Sicherungsvertrag vorbringen. Denn bei einer Zah-

---

10 Gesetz zur Begrenzung der mit Finanzinvestitionen verbundenen Risiken vom 12. 8. 2008, BGBl. I, 1666.
11 BT-Drucks 16/9821 S. 16.
12 MünchKomm/*Lieder*, BGB §1192 RN 8 m. w. N.
13 BGH v. 20. 10. 2023 – V ZR 9/22, RN 14 ff. = BeckRS 2023, 34426 = ZIP 2023, 2626.
14 BGH v. 20. 10. 2023 – V ZR 9/22, RN 14 ff. = BeckRS 2023, 34426 = ZIP 2023, 2626.
15 *Dieckmann*, NZM 2008, 865, 870; so auch die Differenzierung im Bericht des Finanzausschusses, BT-Drucks 16/9821 S. 16.
16 *Bosch*, ZfIR 2009, 801, 803 f.

lung durch den mit dem Eigentümer identischen Schuldner auf das dingliche Recht (in der Formularpraxis regelmäßig ausgeschlossen, RN 805) wird nach h.M. zugleich auch die persönliche Forderung getilgt (RN 840 bis 843). Zum gleichen Ergebnis führt die Verrechnungsabrede (RN 846 ff.). Das Erlöschen der gesicherten Forderung führt zu einer sich aus dem Sicherungsvertrag ergebenden Einrede. Diese muss sich auch der Zessionar gemäß § 1192 Abs. 1a BGB entgegenhalten lassen. Diese Argumentation ist mit §§ 892, 1155 BGB ohne Weiteres vereinbar.[17] **Zweitens**: Es kann bei **Personenverschiedenheit von Eigentümer und Schuldner** in Ausnahmefällen vorkommen, dass nicht der Eigentümer, sondern der Schuldner dem Sicherungsnehmer die Grundschuld verschafft und er damit Sicherungsgeber wird (RN 644 f.).[18] In dieser Konstellation können dem Eigentümer unmittelbar keine Ansprüche aus dem Sicherungsvertrag zustehen, weil er nicht Vertragspartei ist.[19] Es gibt Literaturstimmen, die den Eigentümer hier entsprechend der Grundsätze des Vertrages mit Schutzwirkung für Dritte[20] schützen möchten, was letztlich auf eine analoge Anwendung von § 1192 Abs. 1a Satz 1 BGB zugunsten des Eigentümers hinausläuft.[21] **Drittens**: Im Einzelnen wird der Schutzzweck des § 1192 Abs. 1a BGB bezogen auf **nachträgliche Vereinbarung** unterschiedlich gewertet. So hat das OLG Brandenburg die Anwendung von § 1192 Abs. 1a Satz 1 BGB auf eine **nachträgliche Vollstreckungsvereinbarung**, die Gegenstand des ursprünglichen Sicherungsvertrags hätte sein können, im konkreten Fall verneint, weil sie nicht **forderungsbezogen** sei und sich dadurch auch kein besonderes Risiko der Übertragung gerade einer Sicherungsgrundschuld (Gefahr einer **doppelten Inanspruchnahme**) realisiere.[22] Die Entscheidung des OLG Brandenburg wird in der Literatur[23] verbreitet abgelehnt; der BGH hat sich dazu explizit noch nicht äußern können, auch weil die gegen das Urteil des OLG Brandenburg eingelegte Revision (BGH V ZR 277/13) zurückgenommen worden ist.

789.3   Der BGH hatte bereits Gelegenheit, weitere Konstellationen zu klären:

---

17   Kritisch insoweit *Bosch*, ZfIR 2009, 801, 803 f., der offenbar den gutgläubigen Erwerb dem gutgläubig einredefreien Erwerb gleichsetzt.

18   Dazu etwa Bülow, WM 2012, 289, mit der Überlegung, der persönliche Schuldner müsse seinen Anspruch an den Eigentümer abtreten, der dann entsprechend § 1192 Abs. 1a BGB vergehen könne.

19   Grüneberg/*Herrler*, § 1192 RN 3; *Staudinger/Wolfsteiner* (2019), § 1192 RN 37; *Müller*, RNotZ 2012, 199, 206.

20   Allgemein dazu Grüneberg/*Grüneberg*, § 328 RN 16 ff.

21   Siehe *Clemente*, ZfIR 2008, 589, 595; *Sokolowski*, JR 2009, 309, 311; *Zetsche*, AcP 2009 (2009), 543.

22   OLG Brandenburg v. 17.10.2013 – 5 U 48/12, BeckRS 2013, 19332 = ZIP 2014, 164.

23   Ablehnend: *MüchKomm/Lieder*, BGB § 1192 RN 17; *Wenzel*, in BuB (Stand: 08.17 – 129. Lieferung) RN 4/2450; *Mitlehner*, EWiR 2014, 201 (nachträgliche Vereinbarungen können uneingeschränkt als Einrede geltend gemacht werden, insb. sei die Vermeidung einer Gefahr einer doppelten Inanspruchnahme nicht der einzige Schutzzweck der Vorschrift); *Staudinger/Wolfsteiner* (2019) § 1157 RN 31; zustimmend *BeckOK/Rohe*, 1.11.2023, BGB § 1192 RN 147; wohl auch Langenbucher/Bliesener/Spindler/*Haertlein*, BGB § 1192 RN 13.

Der BGH fasst mit Urteil v. 20. 4. 2018 zusammen, welche Einreden aus dem Sicherungsvertrag gemäß § 1192 Abs. 1a Satz 1 Fall 2 BGB geltend gemacht werden können, und arbeitet heraus, dass **allein der Umstand**, der neue Grundschuldgläubiger habe die **gesicherte Forderung nicht erworben, keine** solche **Einrede** begründet.[24] Dabei formuliert der BGH deutlich, dass die Sicherungsgrundschuld trotz des § 1192 Abs. 1a BGB eine nichtakzessorische (abstrakte) Kreditsicherheit sei. Die Vorschrift begründet also keine „Akzessorietät" der Sicherungsgrundschuld mit der zu sichernden Forderung (vgl. auch RN 564.1). Der BGH rechtfertigt im entschiedenen Fall die fehlende Einrede unter anderem mit folgender zutreffender Kontrollüberlegung: „Wäre es anders, führte die forderungslose Abtretung der Sicherungsgrundschuld dazu, dass weder der bisherige persönliche noch der neue dingliche Gläubiger die an sich verwertbare Grundschuld verwerten könnten."[25] Für den Grundstückseigentümer/Kreditnehmer/Gläubiger des Rückgewähranspruchs dürfte keine **Gefahr einer doppelten Inanspruchnahme** bestehen, also gegenüber dem neuen Grundschuldinhaber aus § 1147 BGB und gegenüber dem Kreditgeber/Altgrundschuldinhaber aus der gesicherten Forderung. Denn allein ein Eintritt des neuen Grundschuldinhabers in den Sicherungsvertrag entlässt den Kreditgeber/Sicherungsnehmers nicht aus der Sicherungsabrede. In aller Regel kann der Sicherungsgeber vom Sicherungsnehmer/Kreditgeber/Grundschuldinhaber aufgrund des Sicherungsvertrags verlangen, dass ihm im Falle der Tilgung der gesicherten Forderung(en) die Grundschuld zurückübertragen wird (RN 726.1, RN 788, RN 793, RN 795, RN 798). Ist er dazu etwa aufgrund der Abtretung der Grundschuld nicht in der Lage, steht dem Sicherungsgeber eine dauernde Einrede zu (vgl. auch die Wertung der auf die Grundschuld anwendbaren §§ 1160, 1144 BGB), die zur Wertlosigkeit der gesicherten Forderung(en) führt. Begleicht der Sicherungsgeber/Kreditnehmer in Unkenntnis dieser Lage auch die gesicherten Forderungen, kann er das Geleistete unter den Voraussetzungen des § 813 Abs. 1 Satz 1 BGB zurückverlangen.

Der BGH hat mit Urteil vom 25. 10. 2013 **zur Reichweite des Schutzes des § 1192 Abs. 1a BGB** im Zusammenhang mit **Altfällen** wie folgt entschieden: Ist eine Sicherungsgrundschuld, gegen die dem Eigentümer eine Einrede auf Grund des Sicherungsvertrags mit einem früheren Gläubiger zustand, vor dem für die Anwendbarkeit von § 1192 Abs. 1a BGB maßgeblichen Stichtag von einem Dritten gutgläubig einredefrei erworben worden, führt eine weitere Abtretung an einen Dritten nach dem Stichtag nicht dazu, dass die Einrede wieder erhoben werden kann.[26] Der BGH arbeitet zutreffend heraus, dass die Vorschrift nicht bezweckt, bereits untergegangene Einreden (abgeschlossene Tatbestände) aufleben zu lassen.[27]

---

24   BGH v. 20. 4. 2018 – V ZR 106/17 (RN 24 ff.) = WM 2018, 1168; dazu *Samhat*, WuB 2018, 436.
25   BGH v. 20. 4. 2018 – V ZR 106/17 (RN 27) = WM 2018, 1168.
26   BGH v. 25. 10. 2013 – V ZR 147/12 (RN 11) = WM 2013, 2319 = ZIP 2013, 2352.
27   BGH v. 25. 10. 2013 – V ZR 147/12 (RN 11) = WM 2013, 2319 = ZIP 2013, 2352, lesenswert zu dieser Entscheidung *Regenfus*, in LMK 2014, 354193 (beck-online); *Joswig*, WuB I F 3.–1.14 D.

Mit Urteil vom 20.10.2023 hat der BGH entschieden, dass **§ 1192 Abs. 1a BGB auf** den **Erwerber eines bereits mit einer Sicherungsgrundschuld belasteten Grundstücks keine Anwendung** findet; der Grundstückserwerber kann in so einem Fall aus dem Wegfall des Sicherungszwecks nur dann eine Einrede herleiten, wenn der Anspruch auf Rückgewähr der Grundschuld an ihn abgetreten wurde oder er in den Sicherungsvertrag eingetreten ist.[28]

790 Beim (rechtsgeschäftlichen) Erwerb **bis zum 18.8.2008** kann der Eigentümer/Sicherungsgeber seinen Rückgewähranspruch mangels Übernahme der Rückgewährpflicht durch den Zessionar nur dann einwenden, wenn der **Grundschulderwerber** bzgl. der Einrede **bösgläubig war** (RN 792). Dann kann der Eigentümer den (gegen den früheren Gläubiger gerichteten) Rückgewähranspruch (oder Bereicherungsanspruch) der Vollstreckung als Einrede entgegensetzen (§ 1157 BGB). Allerdings muss die Einrede schon im Zeitpunkt der Abtretung dem Eigentümer „zugestanden" haben, der gesamte Tatbestand muss also verwirklicht gewesen sein; es genügt in den Altfällen nicht, wenn die gesicherte Forderung erst nach der Abtretung getilgt wird.[29] An dieser Stelle wird der Vorteil der Neuregelung (RN 789.2) für den Sicherungsgeber deutlich.

Macht der Gläubiger die persönliche Forderung geltend, so ist der Eigensicherungsgeber vor und nach Abtretung der Grundschuld dadurch geschützt, dass er seine Schuld nur Zug um Zug gegen Rückgewähr der Grundschuld tilgen muss (RN 795 bis 797).

791 Dagegen muss der Eigentümer die Zwangsvollstreckung aus der Grundschuld dulden, wenn sie der neue Gläubiger vom ursprünglichen Sicherungsnehmer durch Abtretung – ohne in den Sicherungsvertrag einzutreten oder die Rückgewährpflicht sonst zu übernehmen – **bis zum 18.8.2008 gutgläubig einredefrei** (RN 792) **erworben** hat. Die Tilgung der gesicherten Forderung kann der Eigensicherungsgeber auch verweigern, bis ihm die Grundschuld zurückgewährt wird (RN 795 bis 797). Hat er die Forderung aber (ohne Rückgabe der Grundschuld) getilgt, so gibt ihm dies keine Einrede gegen den Anspruch des gutgläubigen Erwerbers aus der Grundschuld.[30] Einen Anspruch auf Ersatz des Schadens, der ihm durch die Geltendmachung der Grundschuld erwächst, hat der Grundstückseigentümer in der Rechtslage vor dem 19.8.2008 (nur) gegen den (ursprünglichen) Sicherungsnehmer (RN 776, 777). Hier hat er aber dann einen **Schadensersatzanspruch** gegen den neuen Gläubiger, wenn er nachweisen kann, dass dieser ernsthaft mit der Möglichkeit gerechnet hat, dass die Grundschuld nicht valutiert ist, und gebilligt hat, dass dem Eigentümer durch die Abtretung ein Schaden entsteht.[31]

---

28 BGH v. 25.10.2013 – V ZR 147/12 (RN 16) = WM 2013, 2319 = ZIP 2013, 2352.
29 BGH v. 26.11.1982 – V ZR 145/81 (Ziff. II. 1) = BGHZ 85, 388 = WM 1983, 173 = ZIP 1983, 146; BGH v. 6.7.1989 – IX ZR 277/88 (Ziff. 2 a. bb) = BGHZ 108, 237 = WM 1989, 1412 = ZIP 1989, 1174 = EWiR § 1191 BGB 4/89, 881 (*Clemente*); MünchKomm/*Lieder*, § 1191 RN 100 ff.; Grüneberg/*Herrler*, § 1191 RN 24.
30 BGH v. 11.3.1976 – II ZR 11/75 = WM 1976, 665.
31 BGH v. 21.4.1972 – V ZB 52/70 (Ziff. 4) = BGHZ 59, 1 = NJW 1972, 1463 = WM 1972, 853.

Auch insoweit hat das **Risikobegrenzungsgesetz** die **Situation des Grundstückseigentümers verbessert:** Der neue Grundschuldgläubiger haftet nunmehr verschuldensunabhängig für Schäden infolge unzulässiger Vollstreckungsmaßnahmen (§ 799a Satz 1 ZPO).[32] Die Neuregelung gilt für Fälle, in denen die Vollstreckung ab dem 19. 8. 2008 für unzulässig erklärt wurde (§ 37 EGZPO). Sie erfasst Schäden durch die Vollstreckung selbst und die unmittelbar zu deren Abwendung erbrachten Leistungen. Die **Schadensersatzpflicht** gilt auch für Schäden infolge unzulässiger Vollstreckung aus persönlichen Titeln, die im Hinblick auf die durch die Grundschuld gesicherte Forderung geschaffen wurden, insb. das vollstreckbare Schuldversprechen (§ 799a Satz 2 ZPO).

Die Vollstreckung durch den Zessionar der Grundschuld setzt auch bei gutgläubig einredefreiem Erwerb die **Umschreibung der Vollstreckungsklausel** voraus. Insoweit hat der BGH[33] eine weitere Hürde zum Schutz des Eigentümers und Sicherungsgebers außerhalb des zeitlichen Anwendungsbereiches von § 1192 Abs. 1a BGB errichtet (zu einer etwaigen Klauselumschreibung RN 306.1 ff.). Der Titelgläubiger (etwa der Zedent) kann nach Abtretung der Grundschuld aus der **Unterwerfungserklärung** des Schuldners nach dem BGH[34] zwar gegen diesen vollstrecken, wenn der Zessionar, der ihn materiellrechtlich zur Einziehung der Grundschuld ermächtigt hat, **nicht in den Sicherungsvertrag eingetreten** ist; hierbei muss sich der Titelgläubiger (etwa Zedent) allerdings die **Einwendungen und Einreden entgegenhalten** lassen, die dem Schuldner aus dem Sicherungsvertrag zustehen (vgl. auch RN 306.2). Dies folgt daraus, dass der Titelgläubiger, der die Grundschuld an einen Dritten abtritt, Partei des Sicherungsvertrags bleibt, wenn der Zessionar nicht in diesen eintritt.[35] Der Titelgläubiger muss daher weiterhin alle sich aus dem Sicherungsvertrag ergebenden Ansprüche des Schuldners erfüllen, so etwa den Anspruch auf Rückgewähr der Grundschuld nach Wegfall des Sicherungszwecks.[36] Wird der neue Gläubiger hinsichtlich seiner Ansprüche aus dem Darlehensvertrag vollständig befriedigt, so dass der Sicherungszweck im Verhältnis zwischen Schuldner und Titelgläubiger wegfällt, kann der Schuldner, wenn er selbst Si-

---

32 *Saenger*, Zivilprozessordnung, 10. Aufl. 2023, ZPO § 799a RN 1; *Dieckmann*, BWNotZ 2008, 166, 179; *Vollkommer*, ZIP 2008, 2060; für Verschuldenshaftung weiterhin BeckOK ZPO/*Hoffmann*, 51. Ed. 01. 12. 2023, ZPO § 799a RN 6; demgegenüber möchte *Köchling*, ZInsO 2008, 848, 851, nur eine Haftung des Zedenten bejahen, was aber abzulehnen ist, da das Ziel der Vorschrift gerade die Stärkung des Eigentümers ggü. dem *neuen* Grundschuldgläubiger ist, BT-Drucks 16/9821 S. 18 f.; ursprünglicher Sicherungsnehmer haftet bereits vertraglich aus Sicherungsvertrag.

33 BGH v. 30. 3. 2010 – XI ZR 200/09 (Ziff. II. 2 b. bb) = BGHZ 185, 133 = ZIP 2010, 1072 = WM 2010, 1022 = WuB I F 3 – 4.10 (*Meyer*).

34 BGH v. 6. 7. 2018 – V ZR 115/17 (RN 18), WM 2018, 1932 = ZNotP 2018, 427 = ZfIR 2019, 20 (m. Anm. *Gladenbeck*).

35 BGH v. 6. 7. 2018 – V ZR 115/17 (RN 19), WM 2018, 1932 = ZNotP 2018, 427 = ZfIR 2019, 20 (m. Anm. *Gladenbeck*); BGH v. 11. 5. 2012 – V ZR 237/11 (RN 7 und RN 16) = WM 2012, 1331 = ZIP 2012, 1549.

36 Wörtlich BGH v. 6. 7. 2018 – V ZR 115/17 (RN 19), WM 2018, 1932 = ZNotP 2018, 427 = ZfIR 2019, 20 (m. Anm. *Gladenbeck*).

cherungsgeber ist, von dem Titelgläubiger die Rückgewähr der Grundschuld oder, falls dieser hierzu nicht in der Lage ist, Schadensersatz verlangen.[37]

792 Soweit es auf die **Bösgläubigkeit** (Fälle bis zum 18.8.2008) ankommt, liegt diese nur dann vor, wenn der **Erwerber** positiv weiß, dass die gesicherte Forderung nicht besteht oder dass die Grundschuld sonst mit einer Einrede behaftet ist. Fahrlässige – selbst grob fahrlässige – Unkenntnis schließt den guten Glauben nicht aus. Es genügt nicht, dass der Erwerber nur den Sicherungszweck bzw. den Sicherungsvertrag der Grundschuld kennt, also nur weiß, dass es sich um eine Sicherungsgrundschuld handelt, ohne die Höhe der gesicherten Forderungen zu kennen.[38] Für die Kenntnis des Erwerbers der Grundschuld von bestehenden Einreden ist der Schuldner beweispflichtig.[39]

Maßgeblich ist die im **Zeitpunkt**[40] des Erwerbs der Grundschuld vorhandene **Kenntnis**. Die später erlangte Kenntnis schadet nicht.[41]

Verlangt aber z.B. der bisherige Grundschuldgläubiger im Rahmen einer Umschuldung (RN 980) oder eines sonstigen Erwerbs von Grundschuld und Forderung (RN 978) vom Erwerber lediglich einen Betrag unterhalb des Nennwerts der Grundschuld, so dürfte dies ausreichen, um dem Erwerber die positive Kenntnis zu vermitteln, dass die Grundschuld in Höhe der Differenz nicht (mehr) valutiert und daher zurückzugewähren ist (RN 990, 991).[42] Unschädlich (für den Erwerb der Grundschuld) ist es, wenn zusätzlich die (angebliche) gesicherte Forderung übertragen wird und der neue Gläubiger diese – weil es bei Forderungen grds. keinen Schutz des guten Glaubens gibt – nicht erwirbt.[43]

---

37 BGH v. 6.7.2018 – V ZR 115/17 (RN 19), WM 2018, 1932 = ZNotP 2018, 427 = ZfIR 2019, 20 (m. Anm. *Gladenbeck*).

38 BGH v. 24.10.2014 – V ZR 45/13 (RN 13) = WM 2015, 230 = ZIP 2015, 263; BGH v. 25.10.2013 – V ZR 147/12 (RN 8) = WM 2013, 2319 = ZIP 2013, 2352; BGH v. 15.1.1988 – V ZR 183/86 (B II. 1 d. bb) = BGHZ 103, 72 = WM 1988, 446 = ZIP 1988, 899 = EWiR § 426 BGB 2/88, 439 (Selb); BGH v. 11.3.1976 – II ZR 11/75 = WM 1976, 665; BGH v. 21.4.1972 – V ZB 52/70 (Ziff. 4) = BGHZ 59, 1 = NJW 1972, 1463 = WM 1972, 853; Grüneberg/*Herrler*, § 1191 RN 24; MünchKomm/*Lieder*, BGB § 1191 RN 102 ff.; anders u. a. *Fridgen*, WM 2008, 1862, 1867 f. (schon Kenntnis des Sicherungszwecks macht bösgläubig).

   In einem Sonderfall (Finanzierung eines Abzahlungsgeschäfts, an dem der neue Grundschuldgläubiger von vornherein eng beteiligt war) hat der BGH zwar den Grundsatz (Kenntnis des Sicherungscharakters reicht nicht aus, Kenntnis der Nichtvalutierung muss hinzukommen) bestätigt, im konkreten Fall aber doch ausreichen lassen, dass der Erwerber wusste, dass die Grundschuld Forderungen aus einem Abzahlungsgeschäft sicherte (BGH v. 26.3.1976 – V ZR 247/74 [Ziff. III b] = BGHZ 66, 167 = NJW 1976, 1093 = WM 1976, 501).

39 OLG Brandenburg v. 27.8.2015 – 5 U 79/14 (RN 33), BeckRS 2015, 15388 = MDR 2016, 17; Grüneberg/*Herrler*, § 892 RN 24; MünchKomm/*Lieder*, BGB § 1157 RN 9.

40 BGH v. 25.3.1986 – IX ZR 104/85 (Ziff. I. 3 c) = BGHZ 97, 280 = WM 1986, 763 = ZIP 1986, 900 = EWiR § 1191 BGB 3/86, 573 (*Gaberdiel*).

41 BGH v. 4.7.1986 – V ZR 238/84 (Ziff. II. 1 a) = WM 1986, 1386 = ZIP 1986, 1454 = EWiR § 1191 BGB 7/86, 1101 (*Gaberdiel*); Grüneberg/*Herrler*, § 1191 RN 24.

42 Vgl. LG Düsseldorf v. 31.10.1990 – 16 O 8/90 = EWiR § 1169 BGB 1/91, 149 (*Hartl*).

43 BGH v. 15.1.1988 – V ZR 183/86 (Ziff. B II. 1 d, bb) = BGHZ 103, 72 = WM 1988, 446 = ZIP 1988, 899.

Der gute Glaube wird aber nur bei einem Erwerb durch Rechtsgeschäft (§ 892 Abs. 1 Satz 1 BGB) geschützt. Hat der neue Gläubiger die **Grundschuld kraft Gesetzes erworben** (etwa durch Erbfolge oder dadurch, dass er z. B. als nachrangiger Gläubiger die vorrangige Grundschuld abgelöst hat), so muss er sich, ohne dass es auf seine Kenntnisse beim Erwerb ankommt, nach herrschender Meinung alle gegen den früheren Gläubiger begründeten **Einreden entgegenhalten lassen.**[44] Teilweise wird dagegen in der Literatur[45] die Möglichkeit eines gutgläubig einredefreien Erwerbs insbesondere für den Fall der Ablösung bejaht. Allerdings hat sich dieser Meinungsstreit durch Einführung von § 1192 Abs. 1a BGB im Rahmen des zeitlichen Anwendungsbereichs der neuen Vorschrift, die auch für den Ablösenden gilt,[46] erledigt.

Mit dem Rückgewähranspruch hat der Eigentümer in den Fällen RN 788 bis 790 eine dauernde Einrede gegen die Grundschuld. Deshalb kann er vom Gläubiger gem. **§ 1169 BGB** verlangen, dass dieser auf die Grundschuld verzichtet. Dadurch geht die Grundschuld auf den Eigentümer über (RN 745). Die Rechtsprechung hat dieses **gesetzliche Recht** über den Verzicht hinaus ausgedehnt und gesteht dem rückgewährberechtigten Eigentümer wahlweise Löschung (Aufhebung)[47] oder Abtretung[48] (statt Verzicht) zu. Praktisch bedeutet dies, dass dem Eigentümer ein dem (uneingeschränkten) **vertraglichen Rückgewähranspruch entsprechender gesetzlicher Anspruch** selbst gegen denjenigen zusteht, der die Rückgewährpflicht nicht übernommen (RN 772) hat, sofern dieser die Grundschuld nicht (bis zum 18. 8. 2008) gutgläubig einredefrei (s. RN 790, 792) erworben hat.[49] Dieser gesetzliche Anspruch ist nach der herrschenden Meinung abtretbar und in der Abtretung des Rückgewähranspruchs regelmäßig enthalten. Folgt man dem, dann kann er – entgegen dem Wortlaut des § 1169 BGB – auch vom Nicht-Eigentümer geltend gemacht werden (dazu RN 874). 793

Ist der Sicherungszweck nicht vollständig, sondern nur in Höhe eines Teilbetrags (endgültig) weggefallen, so ist der Sicherungsnehmer zur Teilrückgewähr 794

---

44 BGH v. 11. 5. 2005 – IV ZR 279/04 (Ziff. II. 2 b) = WM 2005, 1271 = ZIP 2005, 1268 = EWiR 2005, 631 (*Kesseler*) = WuB I F 3 Grundpfandrechte 4.05 (Rimmelspacher); BGH v. 24. 9. 1996 – XI ZR 227/95 (Ziff. II. 1 b) = DNotZ 1997, 383 (m. abl. Anm. *Wolfsteiner*) = WM 1996, 2197 = ZIP 1996, 1981 = EWiR § 1157 BGB 1/96, 1127 (Gaberdiel, zust.); BGH v. 12. 12. 1985 – IX ZR 15/88 (Ziff. 3b) = NJW 1986, 1487 (m. abl. Anm. *Canaris*) = WM 1986, 293 = ZIP 1986, 363 = EWiR § 893 BGB 1/86, 571 (Clemente, abl.); *Reinicke/Tiedtke*, WM 1986, 813.

45 *Rimmelspacher*, WM 1986, 809; *Hager*, ZIP 1997, 133; *differenzierend* (mit beachtlichen Argumenten) *Gursky*, WM 2001, 2361; weitere Nachweise für und gegen Gutglaubensschutz bei Ablösung: BGH v. 24. 9. 1996 – XI ZR 227/95 = WM 1996, 2197 = ZIP 1996, 1981 = EWiR § 1157 BGB 1/96, 1127 (*Gaberdiel*, zust.) und bei *Gursky*, WM 2001, 2361.

46 Staudinger/*Wolfsteiner* (2019), § 1192 RN 47.

47 H. M.: z. B. MünchKomm/*Lieder*, § 1169 RN 12; Grüneberg/*Herrler*, § 1169 RN 2; *Huber*, S. 171.

48 BGH v. 6. 7. 1989 – IX ZR 277/88 (Ziff. 2 a. bb) = BGHZ 108, 237 = WM 1989, 1412 = ZIP 1989, 1174 = EWiR § 1191 BGB 4/89, 881 (*Clemente*); Grüneberg/*Herrler*, § 1169 RN 3; *Schmitz*, WM 1991, 1061, 1067.

49 BGH v. 25. 10. 1984 – IX ZR 142/83 (II. 1) = WM 1985, 12 = ZIP 1985, 89 = EWiR § 398 BGB 1/85, 67 (*Clemente*).

verpflichtet (RN 724, 725). In diesem Umfang darf er die Grundschuld nicht mehr geltend machen.[50] Deshalb gibt auch der **Teilrückgewähranspruch** eine dauernde Einrede hinsichtlich des entsprechenden Teilbetrags der Grundschuld, die der (rückgewährberechtigte) Eigentümer dem Gläubiger entgegenhalten kann, wenn dieser Sicherungsnehmer ist (RN 788) oder die Rückgewährpflicht übernommen hat (RN 789) oder die Grundschuld kraft Gesetzes erworben hat bzw. beim rechtsgeschäftlichen Erwerb der Grundschuld wusste, dass ein Teil der Grundschuld (endgültig) nicht mehr valutiert war (RN 790, 792).

22.2 Rückgewähranspruch des Schuldners: Zug-um-Zug-Einrede gegen die gesicherte Forderung

795 Ist der Schuldner der gesicherten Forderung – wie meist – zugleich Sicherungsgeber (= Gläubiger des Rückgewähranspruchs), so kann er die Erfüllung seiner Schuld verweigern, bis ihm die Grundschuld Zug um Zug gegen Tilgung der gesicherten Forderung zurückgewährt wird. Das ergibt sich aus dem Sicherungsvertrag.[51] Der **Rückgewähranspruch** muss ihm (noch) zustehen und fällig sein, was voraussetzt, dass der Sicherungszweck wegfällt (RN 729 bis 741). Dasselbe Rechte hat der Schuldner, der, ohne Sicherungsgeber zu sein, den Rückgewähranspruch in anderer Weise, etwa durch Abtretung, erworben hat. Kann der Schuldner bei Befriedigung des Gläubigers aufgrund eines **Ausgleichsanspruchs** Übertragung der Grundschuld verlangen (dazu RN 1022 ff.), so darf er auch aufgrund dieses Anspruchs (obwohl kein Rückgewähranspruch) die Erfüllung seiner Verbindlichkeit verweigern, bis ihm Zug um Zug gegen Zahlung die Grundschuld übertragen wird.[52]

796 Das gilt unabhängig davon, ob der Schuldner (wie meist) zugleich Eigentümer des belasteten Grundstücks ist oder nicht. Ist er **Eigentümer**, dann ergänzt diese Einrede gegen die Forderung **seinen Schutz** bei Abtretung der Grundschuld (RN 789 bis 794). Dieser Schutz greift selbst dann, wenn der (rechtsgeschäftliche) Erwerber der Grundschuld gutgläubig ist (RN 792); denn die **Forderung** kann – anders als die Grundschuld – **grds. nicht gutgläubig** einredefrei erworben werden, weil insoweit der **Rechtsscheintatbestand** fehlt (Ausnahme z. B. § 405, § 2366 BGB).

797 Tritt der Gläubiger die durch die Grundschuld gesicherte Forderung ab, so kann der Schuldner die **Einrede auch** dem **neuen Gläubiger entgegensetzen**. Es genügt – anders als bei § 1157 BGB (RN 790) –, dass die Einrede zur Zeit der Abtretung „begründet" ist (§ 404 BGB); das ist der Fall, weil die Einrede ihren

---

50 OLG Köln v. 3. 12. 1979 – 15 W 92/79 (Ziff. 2) = ZIP 1980, 112.

51 BGH v. 5. 2. 1991 – XI ZR 45/90 (Ziff. 2a) = WM 1991, 723 = ZIP 1991, 434 = EWiR § 404 BGB 2/91, 771 (Eickmann); BGH v. 13. 5. 1982 – III ZR 164/80 (Ziff. III. 1) = WM 1982, 839 = ZIP 1982, 1051; *Siol*, WM 1996, 2217, 2222.

52 BGH v. 27. 3. 1981 – V ZR 202/79 (Ziff. II. 3 a) = BGHZ 80, 228 = WM 1981, 691 = ZIP 1981, 588.

Rechtsgrund in der Sicherungsabrede hat.[53] Auch wenn der neue Gläubiger die Grundschuld gutgläubig einredefrei erwirbt (RN 792), kann die Einrede dennoch der gesicherten Forderung entgegengesetzt werden, selbst wenn der Erwerber die Einrede nicht kannte. Denn beim **Erwerb von Forderungen** gibt es grds. keinen Schutz des guten Glaubens, weil insoweit der **Rechtsscheintatbestand** fehlt (Ausnahme z. B. § 405, § 2366 BGB).

Bei **Abtretung von Grundschuld und/oder Forderung** muss daher darauf *798* geachtet werden, dass der Gläubiger der Forderung stets in der Lage ist, bei Tilgung der gesicherten Forderung die **Grundschuld zurückzugewähren**. Dies kann dadurch geschehen, dass Grundschuld und gesicherte Forderung immer nur gemeinsam abgetreten werden. Oder man schließt eine Abrede, wonach der Forderungsgläubiger vom Grundschuldgläubiger bei Tilgung der Forderung Rückgewähr der Grundschuld an den Rückgewährberechtigten verlangen kann. Kann der Forderungsgläubiger die Grundschuld nicht zurückgewähren und hat er dies zu vertreten, etwa weil er sie hat löschen lassen oder weil er sie vorbehaltlos abgetreten hat, kann der Schuldner auf Dauer die Zahlung verweigern.

22.3 Sonstige (zeitweilige) Einreden aus dem Sicherungsvertrag

Auch soweit die Grundschuld selbst bereits fällig ist, weil sie (bis zum *799* 18.8.2008) bereits mit sofortiger Fälligkeit des Grundschuldkapitals bestellt wurde (RN 278 und 278.1), oder weil das Grundschuldkapital zwischenzeitlich gekündigt wurde (RN 278.2 und 278.3), darf der Gläubiger sie dennoch nur nach Maßgabe der Sicherungsabrede geltend machen. Also insbesondere nur dann, wenn auch die gesicherte Forderung fällig ist, aber ganz oder teilweise nicht bezahlt wird. Macht der Gläubiger die Grundschuld **vor Fälligkeit der gesicherten Forderung** geltend, kann der Eigentümer die **Einrede** geltend machen, dass der Gläubiger nach dem Sicherungsvertrag die Grundschuld derzeit nicht durchsetzen darf.[54] Das gilt gleichermaßen für die Geltendmachung der dinglichen Zinsen und sonstiger Nebenleistungen. Anders als der Rückgewähranspruch (RN 788 bis 794) schließt diese Einrede die Durchsetzung der Grundschuld aber nicht auf Dauer, sondern nur vorübergehend aus. Deshalb begründet sie keinen gesetzlichen Anspruch auf Verzicht nach § 1169 BGB (RN 793). Diese Einrede folgt nicht aus dem Rückgewähranspruch. Der Sicherungsgeber (der meist zugleich Eigentümer ist) kann diese Einrede also auch dann geltend machen, wenn der Rückgewähranspruch an einen Dritten abgetreten wird; sofern er (also der Sicherungsgeber) Partei des Sicherungsvertrags geblieben ist.

Wird die Grundschuld abgetreten, so kann die Einwendung nach RN 799 auch *800* dem **neuen Gläubiger uneingeschränkt entgegengesetzt** werden, wenn der

---

53 BGH v. 5.2.1991 – XI ZR 45/90 (Ziff. 2a) = WM 1991, 723 = ZIP 1991, 434 = EWiR § 404 BGB 2/91, 771 (Eickmann); BGH v. 26.11.1982 – V ZR 145/81 (Ziff. II. 1) = BGHZ 85, 388 = WM 1983, 173 = ZIP 1983, 146; Grüneberg/*Grüneberg*, § 404 RN 4.

54 BGH v. 29.3.1985 – V ZR 188/83 (Ziff. 2), WM 1985, 953 = ZIP 1985, 732 = EWiR § 1191 BGB 2/85, 775 (Räfle); *Becker-Eberhard*, S. 543; *Huber*, S. 127.

rechtsgeschäftliche Erwerb ab dem 19.8.2008 stattgefunden hat (RN 789.2). Bei einem früheren Erwerb muss sich der neue Gläubiger die Einwendung der mangelnden Fälligkeit der gesicherten Forderung entgegenhalten lassen, wenn er in den Sicherungsvertrag eingetreten ist (RN 636). Falls nicht, muss er sie sich nach alter Rechtslage jedenfalls dann entgegenhalten lassen, wenn er die Einrede gekannt hat (RN 792), also z. B. gewusst hat, dass die durch die Grundschuld gesicherten Ansprüche noch nicht fällig sind. Im Falle eines Grundschulderwerbs kraft Gesetzes muss er sich die Einrede stets entgegenhalten lassen (RN 792).

22.4 Verjährung bei Grundschuld und gesicherter Forderung

801 Ist die **gesicherte Forderung verjährt**, so kann die zu ihrer Sicherheit bestellte **Grundschuld**[55] dennoch **nicht zurückgefordert** werden (§ 216 Abs. 2 BGB). Aus der Grundschuld kann der Gläubiger weiterhin Befriedigung wegen der verjährten Forderung (Hauptsumme) suchen.[56] Ebenso kann das im Zusammenhang mit der Grundschuld erteilte **abstrakte Schuldversprechen** weiterhin verwertet werden (§ 216 Abs. 2 Satz 1 analog).[57]

802 Das gilt allerdings nicht für Rückstände von Zinsen und anderen wiederkehrenden Leistungen aus der gesicherten Forderung (§ 216 Abs. 3 BGB). Sie unterliegen der regelmäßigen Verjährungsfrist von drei Jahren (§ 195 BGB). **Verjährte Zinsen** und andere Nebenleistungen kann der Gläubiger – wenn sich der Schuldner auf die Einrede der Verjährung beruft (§ 214 Abs. 1 BGB) – selbst dann nicht mehr durchsetzen, wenn der Anspruch dinglich gesichert ist (§ 216 Abs. 3 BGB).[58] Deshalb darf er auch dem Erlös aus der Verwertung der Grundschuld dafür nichts entnehmen.

Hat der Schuldner verjährte Zinsen und wiederkehrende Leistungen freiwillig bezahlt, kann er sie nicht zurückverlangen (§ 214 Abs. 2 BGB). Bei erzwungener Befriedigung (etwa durch Verrechnung mit dem Versteigerungserlös oder mit dem zur Vermeidung der angedrohten Zwangsversteigerung gezahlten Ablösungsbetrag) kann der Schuldner die Einrede noch nachträglich geltend machen; der Gläubiger muss dann den auf verjährte Forderungen erhaltenen Betrag an den Schuldner nach den Grundsätzen des Bereicherungsrechts zurückzahlen.[59]

---

55 Darunter fällt unstreitig die Sicherungsgrundschuld (Begr. RegE, BT-Drs. 14/6040, 123); BGH v. 12. 1. 2010 – XI ZR 37/09 (RN 29, RN 31 ff.) = ZIP 2010, 319; WM 2010, 308.
56 BGH v. 5. 10. 1993 – XI ZR 180/92 (Ziff. III. 2) = WM 1993, 2041 = ZIP 1993, 1703 = EWiR § 223 BGB 1/93, 1163 (v. Feldmann); Grüneberg/*Ellenberger*, § 216 RN 2; *Hohmann*, WM 2004, 757, 759.
57 BGH v. 17. 11. 2009 – XI ZR 36/09 (Ziff. II. 2) = WM 2010, 28 = ZIP 2010, 23; BGH v. 12. 1. 2010 – XI ZR 37/09 (RN 29, RN 31 ff.) = ZIP 2010, 319; WM 2010, 308; gegen diese Analogie etwa MünchKomm/*Grothe* BGB § 216 RN 4.
58 BGH v. 5. 10. 1993 – XI ZR 180/92 (Ziff. III. 2) = WM 1993, 2041 = ZIP 1993, 1703 = EWiR § 223 BGB 1/93, 1163 (v. Feldmann); *Siol*, WM 1996, 2217, 2223, 2224.
59 BGH v. 5. 10. 1993 – XI ZR 180/92 (III. 3) = WM 1993, 2041 = ZIP 1993, 1703.

Der Anspruch auf den Grundschuldbetrag verjährt nicht (§ 902 Abs. 1 Satz 1   *803*
BGB). Dagegen unterliegen die Ansprüche auf die **Grundschuldzinsen der Verjährung** (§ 902 Abs. 1 Satz 2 BGB). Verjährte Grundschuldzinsen können, wenn sich der Eigentümer (= Schuldner der Grundschuldzinsen) auf die Verjährung beruft, nicht durchgesetzt werden (dazu RN 287, 288). Vollstreckt der Grundschuldgläubiger aber nicht wegen der verjährten Zinsen und spricht die Gesamtwürdigung dafür, dass die **Vollstreckungsabwehrklage** des Schuldners ausschließlich **prozesszweckfremden Zielen** dient, dann fehlt hinsichtlich seiner auf die Verjährung eines Teils der Grundschuldzinsen gestützte Vollstreckungsabwehrklage ausnahmsweise das **Rechtsschutzbedürfnis** (vgl. RN 288.1).[60]

---

60   BGH v. 21. 10. 2016 – V ZR 230/15 = WM 2016, 2381 = NJW 2017, 674.

23 Tilgung von Grundschuld und/oder Forderung

23.1 Anrechnung worauf?

804 Eine Zahlung kann entweder auf die Sicherheit (Grundschuld, ggf. abstraktes Schuldversprechen [RN 291 ff.]) oder auf die dadurch gesicherte(n) Forderung(en) erbracht werden. Wegen der **unterschiedlichen Rechtsfolgen** muss zunächst geklärt werden, ob auf die Sicherheit oder auf den gesicherten Anspruch bezahlt worden ist (RN 805 bis 813). Erst wenn dies feststeht, können in einem zweiten Schritt die Folgen bedacht werden.

Bei (auch teilweiser) Zahlung auf die Forderung stellt sich die Frage, was sich daraus unmittelbar für die gesicherte(n) Forderung(en) ergibt und was daraus für die Grundschuld folgt (RN 814 bis 820). Wird umgekehrt auf die Sicherheit (auch teilweise) gezahlt, dann muss die Wirkung dieser (Teil-)Zahlung auf die Sicherheit (RN 824 bis 838) und auf die gesicherte(n) Forderung(en) (RN 839 bis 850) geklärt werden. Nach ständiger **Rechtsprechung** soll die Zahlung unter bestimmten Voraussetzungen gleichzeitig und unmittelbar sowohl auf die Grundschuld wie auch auf die dadurch gesicherte(n) Forderung(en) erfolgen (können) (dazu RN 846 bis 848).

805 Die **gängigen Vordrucke**[1] enthalten die Vereinbarung, dass Zahlungen nicht auf die Grundschuld (oder das abstrakte Schuldversprechen), sondern auf die gesicherte(n) Forderung(en) erbracht bzw. verrechnet werden. Damit wird implizit klargestellt, dass die Zahlung auch nicht auf ein etwaig bestehendes abstraktes Schuldversprechen erfolgt. Auch **formularmäßig** ist diese **Verrechnungsabrede** (s. zur Abgrenzung[2] RN 818) **zulässig**.[3] Dadurch werden **Auslegungszweifel** darüber **vermieden**, **worauf** die **Zahlung erfolgt**. Zugleich wird damit erreicht, dass die Grundschuld unvermindert weiterhin als Sicherheit für die Geschäftsverbindung zwischen Schuldner und Kreditinstitut verfügbar ist (RN 820), was bei weiter Sicherungsabrede (RN 668) notwendig ist, damit sie ihren Zweck erfüllen kann. Eine Zahlung auf die Grundschuld würde nämlich dazu führen, dass der Gläubiger die Grundschuld verliert (RN 824), mit der Folge, dass die Grundschuld jeweils erneut abgetreten werden müsste, um als Sicherheit für andere Forderungen zur Verfügung zu stehen (dazu RN 838).

806 Die Verrechnungsabrede **begründet keine Verpflichtung zur Zahlung.** Insbesondere übernimmt der vom Schuldner personenverschiedene Sicherungsgeber (Eigentümer) dadurch keine – über die Haftung durch die Grundschuld hinausgehende – Pflicht zur Erfüllung der persönlichen Verbindlichkeit des

---

1 Anhänge 6 [1.3], 7 [1.3], 8 [1.3], 11 [1.3] und 12 [1.3].
2 Die hier dargestellte Verrechnungsabrede ist nicht vergleichbar mit der vom BGH für unwirksam erklärten Verrechnungsabrede zwecks Abweichung von der gesetzlich vorgesehenen Tilgungsreihenfolge (§ 366 Abs. 2 BGB); Verrechnung nach billigem Ermessen des AGB-Verwenders, vgl. dazu BGH v. 9. 3. 1999 – XI ZR 155/98 = WM 1999, 948 = ZIP 1999, 744.
3 Staudinger/*Wolfsteiner* (2019), Vorbem. zu §§ 1191 ff., RN 90, RN 98; Münch-Komm/*Lieder*, BGH § 1191 RN 73; dagegen BeckOGK/R. *Rebhan*, 01.09.2023, BGB § 1191 RN 139 (Klausel müsse die Ausnahmen explizit formulieren).

Schuldners (Kreditforderung).[4] Für eine Schuldübernahme bietet der Wortlaut der gängigen Verrechnungsklauseln keinen Anhaltspunkt. Der Eigentümer, der nicht persönlicher Schuldner ist, wird durch die Verrechnungsabrede (RN 805) **auch nicht faktisch** zur Tilgung der persönlichen Verbindlichkeit des Schuldners gezwungen. Denn verpflichtet ist er nur aus der Grundschuld (RN 561 ff.). Selbst wenn die gesicherten persönlichen Verbindlichkeiten höher sind, kann der Grundstückseigentümer, der nicht persönlicher Schuldner ist, die Grundschuld durch Zahlung der Summe der dinglichen Ansprüche (Kapital, dingliche Zinsen und sonstige Nebenrechte aus der Grundschuld) ablösen.[5]

Allerdings hat eine Abrede nach RN 805 **mit einem Eigentümer, der nicht zugleich persönlicher Schuldner ist, kaum praktische Bedeutung.** Denn ein Eigentümer, der nicht persönlich schuldet, erbringt eine Zahlung normalerweise nur, um eine anvisierte Zwangsvollstreckung aus der Grundschuld abzuwenden; hier ist er aber an die Verrechnungsabrede nicht gebunden (RN 810). Mit einem nicht persönlich schuldenden Sicherungsgeber mag eine solche Abrede ausnahmsweise dann sinnvoll sein, wenn zu erwarten ist, dass der (noch) Nicht-Schuldner in das Schuldverhältnis eintreten wird. Darüber hinaus sind es Sonderfälle, die sich durch AGB nicht sachgerecht regeln lassen. Deshalb kann (und sollte) auf eine Vereinbarung nach RN 805 verzichtet werden, wenn der Sicherungsgeber (Eigentümer) voraussichtlich auf Dauer nicht persönlich schuldet.[6]

Die Wirkung einer Verrechnungsabrede ist umstritten. Nach der einen Meinung *807* schließt eine solche Abrede ihr widersprechende Leistungen völlig aus; eine von ihr abweichende Bestimmung sei unwirksam.[7] Richtigerweise begründet diese Abrede nur eine schuldrechtliche Verpflichtung. Das bedeutet, dass der **Schuldner** rein tatsächlich dennoch **auf das dingliche Recht leisten kann**, wenngleich er es nicht darf.[8] Dies entspricht der heute herrschenden Meinung, dass Erfüllung dadurch eintritt, dass die geschuldete Leistung rein tatsächlich bewirkt wird[9]; eine reale Handlungsmöglichkeit kann durch Rechtsgeschäft nicht beseitigt werden.

---

4   MünchKomm/*Lieder*, BGB § 1191 RN 73, weist insoweit darauf hin, dass der Klauselgestalter wegen des Transparenzgebots auf diesen Aspekt achten sollte.

5   BGH v. 29.3.1985 – V ZR 188/83 (Ziff. 1) = WM 1985, 953 = ZIP 1985, 732 = EWiR § 1191 BGB 2/85, 775 (Räfle); *Schmitz,* WM 1991, 1061.

6   Vgl. OLG Saarbrücken v. 18.1.2007 – 8 U 298/05 (B. 2) = NJOZ 2007, 3041 = BeckRS 2007, 03568.

7   BGH v. 20.6.1984 – VIII ZR 337/82 (Ziff. II. 2 b bb) = BGHZ 91, 375 = WM 1984, 1100 = ZIP 1984, 1236; BGH v. 27.6.1995 – XI ZR 213/94 (Ziff. II. 1 a) = WM 1995, 1663 = ZIP 1995, 1404 = EWiR § 366 BGB 1/95, 959 (*Clemente*); Grüneberg/*Herrler*, § 1191 RN 40; im Grundsatz auch MünchKomm/*Fetzer*, BGB § 366 RN 9.

8   BGH v. 28.5.1976 – V ZR 208/75 (Ziff. IIa) = NJW 1976, 2132; BGH v. 28.5.1976 – V ZR 203/75 (Ziff. II. a) = NJW 1976, 2340 = WM 1976, 845; Staudinger/*Wolfsteiner* (2019), Vorbem. zu §§ 1191 ff., RN 93; *Clemente,* RN 698; *Gerhardt,* ZIP 1980, 165 (Ziff. II. 1.2); *Huber,* S. 219 f.

9   Vgl. etwa BGH v. 19.4.2018 – IX ZR 230/15 (RN 56) = BGHZ 218, 261 = ZIP 2018, 1082 = WM 2018, 1054 = *Gladenbeck,* WuB 2018, 432; Grüneberg/*Grüneberg*, § 362 RN 1 m. w. N.; *Seibert,* JuS 1984, 526 (Ziff. V).

808 Ob eine Zahlung auf die Grundschuld oder auf die Forderung bezogen ist, hängt von dem **bei der Zahlung erklärten Willen** des Leistenden ab.[10] Der Wille muss weder unbedingt ausdrücklich noch in einer bestimmten Form (etwa Schriftform) erklärt werden. Es reicht aus, dass er sich (eindeutig) aus den Umständen der Zahlung ergibt. So kann die Zahlung des Insolvenzverwalters nur auf die Grundschuld erbracht sein (RN 811). Für eine Leistung auf die Grundschuld dürfte es sprechen, wenn diese abgelöst werden muss, damit das verkaufte Grundstück (wie im Kaufvertrag vereinbart) lastenfrei übertragen werden kann und der eingeschaltete Notar bei der Bitte um Bezifferung des dafür erforderlichen Betrags diesen Zweck ausdrücklich nennt.[11] Da die Erfüllung eine auf einen Empfänger gerichtete (rechtsgeschäftsähnliche) Rechtshandlung ist, ist es richtig, den Vorgang – soweit eine wirksame, aber nicht eindeutige Tilgungsbestimmung des Leistenden vorliegt – nach dem **objektiven Empfängerhorizont** zu beurteilen.[12] Im Zweifel ist daher grds. nur ein für den **Empfänger erkennbarer** Wille des Leistenden relevant. Das gilt vor allem dann, wenn der Leistende von einer Verrechnungsabrede (RN 805) abweichen möchte. Bei der Leistung an ein Kreditinstitut dürfte deshalb allein ein entsprechender **Vermerk auf dem Überweisungsauftrag nicht ausreichen**.[13] Denn wegen der Massenhaftigkeit und Schnelligkeit des Überweisungsverkehrs und im Hinblick darauf, dass die Überweisungsbelege häufig nicht mehr durch das Kreditinstitut selbst bearbeitet (sondern von beauftragten Unternehmen in automatisch bearbeitbare EDV-Datensätze umgewandelt) werden, kann der Überweisungsauftrag nur Träger von Erklärungen sein, die den Zahlungsvorgang unmittelbar betreffen. Auf dem Überweisungsauftrag nicht zu erwartende – also überraschende – Erklärungen können dabei regelmäßig gar nicht zur Kenntnis genommen werden.[14] Der Gläubiger kann eine der **Abrede widersprechende Leistung zurückweisen**.[15] Nimmt er sie aber an, muss er die (von der Abrede abweichende) Bestimmung gegen sich gelten lassen.[16]

809 Die **Verrechnungsabrede** gilt **nur zwischen den Personen, die sie getroffen haben**[17], nicht etwa für die Grundschuld als solche. So ist ein nachrangiger

---

10   BGH v. 16.6.1989 – V ZR 85/88 = WM 1989, 1208 = ZIP 1990, 34 = EWiR § 366 BGB 2/89, 1181 (*Gaberdiel*); BGH v. 28.5.1976 – V ZR 208/75 (Ziff. II. a) = NJW 1976, 2132.

11   BGH v. 9.3.1999 – XI ZR 155/98 (Ziff. II. 1) = WM 1999, 948 = ZIP 1999, 744.

12   Vgl. etwa BGH v. 13.3.2014 – IX ZR 147/11 (RN 16) = WM 2014, 1002 = ZIP 2014, 1037; wohl auch MünchKomm/*Fetzer*, BGB § 362 RN 14; *Seibert*, JuS 1984, 526 (Ziff. IV).

13   *Anderer Ansicht* (auch auf Überweisungsbeleg, allerdings für Zurückweisungsrecht des Empfängers): MünchKomm/*Lieder*, § 1191 RN 132.

14   Dafür spricht auch die Wertung der zahlungsverkehrsrechtlichen Rechtsprechung, vgl. etwa EuGH v. 21.03.2019 – Rs C-245/18 (Tribunale ordinario di Udine (Zivilgericht von Udine, Italien)), ZIP 2019, 654 = WM 2019, 1006, dazu *Bronk/Schütt* EWiR 2019, 321.

15   *Huber*, S. 219; *Seibert*, JuS 1984, 526 (Ziff. V); *anderer Ansicht: Clemente*, RN 699.

16   BGH v. 8.4.1997 – XI ZR 196/96 (Ziff. II. 2 b) = WM 1997, 1012 = ZIP 1997, 929 = EWiR § 366 BGB 1/97, 583 (Hager); MünchKomm/*Lieder*, BGB § 1191 RN 132.

17   BGH v. 12.11.1986 – V ZR 266/85 (Ziff. II. 2 a) = WM 1987, 202 = EWiR § 1191 BGB 1/87, 237 (*Gaberdiel*); Staudinger/*Wolfsteiner* (2019), Vorbem. zu §§ 1191 ff., RN 95.

ablösungsberechtigter Gläubiger (RN 829 f.) an die Abrede nicht gebunden. Geht das belastete Grundstück später auf einen anderen Eigentümer über, so bindet die Vereinbarung ihn nur, wenn er in sie eintritt. Deshalb ist derjenige, der in der Zwangsversteigerung das Grundstück mit einer nach den Versteigerungsbedingungen bestehen bleibenden Grundschuld erworben hat, an die Vereinbarung, dass Zahlungen auf die gesicherte Forderung (und nicht auf die Grundschuld) erbracht werden, nicht gebunden. Von ihm erbrachte Zahlungen an den Gläubiger sind regelmäßig auf die Grundschuld geleistet (RN 813).[18]

Auch der Vertragspartner ist **an die Vereinbarung nicht mehr gebunden**, *810* sobald der Gläubiger seinerseits das **dingliche Recht geltend macht**[19], also etwa Zahlung aus der Grundschuld fordert oder die Zwangsvollstreckung daraus androht oder gar betreibt. Denn mit der Geltendmachung des dinglichen Rechts (also der Grundschuld) entfernt sich der Gläubiger von der vereinbarten schuldrechtlichen Abwicklung und kann sich daher nicht auf die Verrechnungsklausel berufen.[20]

Mit der Eröffnung des Insolvenzverfahrens über das Vermögen des Sicherungs- *811* gebers beginnt die Abwicklung des Sicherungsverhältnisses (RN 738). Deshalb ist der **Insolvenzverwalter** an die Vereinbarung des Gemeinschuldners, dass Zahlungen auf die gesicherte Forderung zu verrechnen sind, nicht (mehr) gebunden. Jedenfalls darf der Insolvenzverwalter, wenn der Gemeinschuldner zugleich Schuldner der gesicherten Forderungen ist, allenfalls die Grundschuld ablösen, **nicht** aber **die gesicherten Forderungen (voll) tilgen**; andernfalls würde er sich persönlich schadensersatzpflichtig machen. Deshalb kann seine Zahlung nur auf die Grundschuld erbracht sein.[21] So hat auch das OLG Brandenburg entschieden, dass der Insolvenzverwalter – mangels abweichender Tilgungsbestimmung – bei Zahlungen an Grundschuldgläubiger unabhängig davon, ob der Insolvenzschuldner auch der persönliche Schuldner der gesicherten Forderung ist, auf die Grundschuld und nicht auf die durch die Grundschuld gesicherte Forderung zahlt.[22] Bei einer Zahlung aus allgemeinen Massemitteln geht die Grundschuld kraft Gesetzes auf den Eigentümer über (RN 824) und fällt in die Masse. Erfolgt die Zahlung aus dem Erlös einer Zubehörverwertung, so

---

18 So auch *Clemente,* RN 706.
19 BGH v. 3. 12. 1987 – III ZR 261/86 (Ziff. II. 1) = WM 1988, 109 = ZIP 1988, 80 = EWiR § 1191 BGB 1/88, 153 (*Gaberdiel*); BGH v. 2. 10. 1990 – XI ZR 306/89 (Ziff. 3b) = WM 1990, 1927 = ZIP 1990, 1390; BGH v. 25. 3. 1986 – IX ZR 104/85 (Ziff. II. 2) = BGHZ 97, 280 = WM 1986, 763 = ZIP 1986, 900 = EWiR § 1191 BGB 3/86, 573 (*Gaberdiel*); MünchKomm/*Lieder,* § 1191 RN 137; Grüneberg/*Herrler,* § 1191 RN 40; *Schmitz,* WM 1991, 1061, 1065; BeckOGK/R. *Rebhan,* 1. 9. 2023, BGB § 1191 RN 165.
20 Ebenso MünchKomm/*Lieder,* BGB § 1191 RN 72 und RN 137; BeckOGK/R. *Rebhan,* 1. 9. 2023, BGB § 1191 RN 165.
21 BGH v. 14. 6. 1994 – XI ZR 4/94 (Ziff. I. 2 a) = WM 1994, 1517 = ZIP 1994, 1282 = EWiR § 47 KO 1/94, 895 (*Gerhardt*); Staudinger/*Wolfsteiner* (2019), Vorbem. zu §§ 1191 ff., RN 97; *Clemente,* RN 708; *Gerhardt,* ZIP 1980, 165 (Ziff. II. 2 und 3); *Siol,* WM 1996, 2217, 2226 – jeweils für die Rechtslage nach der Konkursordnung.
22 OLG Brandenburg v. 21. 12. 2011 – 4 U 13/11 = RNotZ 2012, 167 = BKR 2012, 158.

dürfte die Grundschuld insoweit erlöschen (§ 1181 Abs. 1 und 3 BGB, § 1192 Abs. 1 BGB)[23], sodass nachrangige Gläubiger aufrücken.[24]

812 **Zahlt der Käufer** des belasteten Grundstücks mit Zustimmung des Verkäufers (teilweise) den Kaufpreis unmittelbar an die Bank, so erfüllt er damit (im Verhältnis Verkäufer/Käufer) seine eigene Kaufpreisschuld und erbringt zugleich (im Verhältnis Verkäufer/Kreditinstitut) eine **Leistung für den Verkäufer**.[25] Das Gleiche gilt, wenn der Verkäufer den Kaufpreis zahlungshalber an das Kreditinstitut abgetreten hat.[26] Solche Zahlungen sind nach der Bestimmung des Verkäufers zu verrechnen[27], also bei entsprechender Abrede zwischen Verkäufer und Kreditinstitut auf die gesicherte persönliche Verbindlichkeit. Das Bestimmungsrecht des Verkäufers endet, wenn der Käufer durch Eintragung im Grundbuch Eigentümer wird.

Erbringt der Käufer auf die von ihm übernommene und durch die Grundschuld gesicherte persönliche Schuld des Verkäufers Leistungen, bevor das Kreditinstitut die **Schuldübernahme** genehmigt hat, so leistet er für den Verkäufer, weil (noch) allein der Verkäufer Schuldner des Kreditinstituts ist (§ 415 Abs. 1 Satz 1 BGB).[28] Nach der mit dem Verkäufer getroffenen Abrede richtet es sich deshalb, worauf die Zahlung anzurechnen ist. Mit der **Genehmigung** der Schuldübernahme wird der Käufer Schuldner der gesicherten Forderung. Ab jetzt leistet er auf seine Verbindlichkeit, also die gesicherte persönliche Forderung. Mit der Eintragung des Eigentumswechsels wird er dann auch Schuldner der Grundschuld und berechtigt, diese abzulösen (§§ 1192 Abs. 1, 1142 Abs. 1 BGB). Da ab diesem Zeitpunkt unklar sein kann, worauf geleistet wird, ist eine Verrechnungsabrede empfehlenswert.

813 **Fehlt** eine wirksame **Verrechnungsabrede** zwischen dem Leistenden und dem Leistungsempfänger und wird auch bei der Leistung keine ausdrückliche Bestimmung getroffen, so ist nach der Interessenlage zu ermitteln, worauf geleistet wird.[29] Im Zweifel will der Leistende das ihm günstigste Ergebnis erreichen.[30] Macht der Gläubiger die Grundschuld geltend oder droht er dies an, so wird die

---

23 § 1181 BGB ist auch auf die Grundschuld anwendbar, MünchKomm/*Lieder*, BGB § 1181 RN 24.

24 *Gerhardt*, ZIP 1980, 167.

25 BGH v. 8.4.1997 – XI ZR 196/96 (Ziff. II. 2 b) = WM 1997, 1012 = ZIP 1997, 929; Grüneberg/*Herrler*, § 1191 RN 39.

26 BGH v. 29.9.1989 – V ZR 343/87 (Ziff. II. 2 b) = NJW-RR 1990, 206 = WM 1989, 1811.

27 BGH v. 8.4.1997– XI ZR 196/96 (Ziff. II. 2 b) = WM 1997, 1012 = ZIP 1997, 929; BGH v. 28.5.1976 – V ZR 203/75 (Ziff. IIa) = NJW 1976, 2340 = WM 1976, 845.

28 BGH v. 26.10.1978 – VII ZR 71/76 (Ziff. 2), BGHZ 72, 246 = NJW 1979, 157 = WM 1979, 74, mit der Klarstellung, dass beim Scheitern des Kaufvertrags der Käufer regelmäßig auch nur einen Bereicherungsanspruch gegen den Verkäufer, nicht gegen die Bank, habe.

29 BGH v. 28.5.1976 – V ZR 203/75 (Ziff. IIa) = NJW 1976, 2340 = WM 1976, 845; OLG Koblenz v. 28.6.2018 – 1 U 952/17, RN 64 = WM 2018, 1882 = BeckRS 2018, 14922; Grüneberg/*Herrler*, § 1191 RN 39; MünchKomm/*Lieder*, BGB § 1191 RN 134.

30 BGH v. 13.7.1983 – VIII ZR 134/82 (Ziff. II. 2 a. aa) = WM 1983, 953 = ZIP 1983, 1040; Grüneberg/*Herrler*, § 1191, RN 39.

Leistung auf die Grundschuld erbracht sein (RN 810).[31] Auf die Grundschuld wird im Zweifel auch der Ersteher eines mit einer Grundschuld belastet gebliebenen Grundstücks zahlen, weil er durch Zahlung auf die Forderung den Rückgewähranspruch des früheren Eigentümers auslösen würde (RN 1137).

Bei Personenverschiedenheit wird davon auszugehen sein, dass jeweils die eigene Verbindlichkeit getilgt werden soll. Deshalb leistet im Zweifel der Eigentümer, der nicht persönlich schuldet, auf die Grundschuld[32], der Schuldner, der nicht Eigentümer ist, auf die gesicherte Schuld[33]. Ist dagegen (wie meist) der Eigentümer (Sicherungsgeber) zugleich Schuldner, so erbringt er Leistungen – jedenfalls bei einer Grundschuld mit weiter Sicherungsabrede (RN 668) – regelmäßig auf die gesicherte Forderung.[34] Zahlt im Zusammenhang mit einem Kaufvertrag der Käufer für den Verkäufer, so sind die Interessen des Verkäufers maßgeblich. Falls Zweifel bestehen, sollte das Kreditinstitut klären, worauf die Zahlung gerichtet ist, und zwar bevor es über die Grundschuld verfügt, also z. B. eine Löschungsbewilligung erteilt oder sie an einen anderen abtritt.

23.2 Zahlung auf die gesicherte Forderung und Folgen für die Grundschuld

Tilgt der Schuldner die **Forderung**, so **erlischt** sie (§ 362 Abs. 1 BGB). Auch die Zahlung eines (beliebigen) Dritten tilgt sie (§ 267 Abs. 1 BGB). Der Gläubiger darf die Zahlung eines Dritten grds. nicht ablehnen, es sei denn, der Schuldner widerspricht ihr (§ 267 Abs. 2 BGB). Ziel der Leistung muss aber die Tilgung der Forderung, nicht deren Erwerb (dazu RN 978 f.) sein.   *814*

Eine **Teilleistung** kann der Gläubiger in der Regel **zurückweisen** (§ 266 BGB). Dies gilt wegen § 497 Abs. 4 Satz 2 BGB auch für das (wegen der Grundschuldsicherung hier relevante) **Immobiliar-Verbraucherdarlehen** i. S. d. § 491 Abs. 3 Satz 1 BGB (RN 571.1 ff.). Dagegen darf der Kreditgeber bei anderen Verbraucherdarlehen eine Teilleistung nicht zurückweisen (§ 497 Abs. 3 Satz 2 BGB). Reicht die Zahlung zur Tilgung der gesamten Forderung nicht aus, so erfolgt die Verrechnung regelmäßig zunächst auf die Kosten, dann auf die Zinsen und zuletzt auf die Hauptforderung (§ 367 Abs. 1 BGB). Der Leistende kann bei der Zahlung eine andere Verrechnung bestimmen. Dann ist diese Bestimmung   *815*

---

31 BGH v. 12.11.1986 – V ZR 266/85 (Ziff. II. 2 a) = WM 1987, 202 = EWiR § 1191 BGB 1/87, 237 (*Gaberdiel*); *Clemente*, RN 705; *anders* (selbst in diesem Fall auf die Forderung, falls Schuldner = Sicherungsgeber und Bonität des Gläubigers unbestritten) Staudinger/*Wolfsteiner* (2019), Vorbem. zu §§ 1191 ff., RN 149.

32 OLG Koblenz v. 28.6.2018 – 1 U 952/17, RN 64 = WM 2018, 1882 = BeckRS 2018, 14922; OLG Zweibrücken v. 4.12.1997 – 4 U 68/96 = WM 1998, 1927; Grüneberg/*Herrler*, § 1191 RN 39; Staudinger/*Wolfsteiner* (2019), Vorbem. zu §§ 1191 ff., RN 151.

33 MünchKomm/*Lieder*, BGB § 1191 RN 140; Grüneberg/*Herrler*, § 1191 RN 39; Staudinger/*Wolfsteiner* (2019), Vorbem. zu § 1191 ff., RN 150; *Serick*, § 28 II, 4 (Bd. II S. 427); *Seibert*, JuS 1984, 526 (Ziff. VI).

34 BGH v. 13.7.1983 – VIII ZR 134/82 (Ziff. II. 2 b. bb) = WM 1983, 953 = ZIP 1983, 1040; MünchKomm/*Lieder*, § 1191 RN 135; Staudinger/*Wolfsteiner* (2019), Vorbem. zu §§ 1191 ff., RN 149; *Clemente*, RN 704.

maßgeblich, sofern nicht der Gläubiger die Leistung ablehnt, wozu er befugt ist (§ 367 Abs. 2 BGB). Das gilt wegen § 497 Abs. 4 Satz 2 BGB auch für das Immobiliar-Verbraucherdarlehen. Demgegenüber wird bei anderen Verbraucherdarlehen eine Teilleistung abweichend von § 367 Abs. 1 BGB zuerst auf die Kosten der Rechtsverfolgung, dann auf die Hauptforderung (bzw. den fälligen Teil davon) und erst danach auf die (Verzugs-)Zinsen angerechnet (§ 497 Abs. 3 Satz 1 BGB).

816 Sind **mehrere Forderungen** gesichert und reicht der Betrag zur Tilgung aller fälligen Forderungen nicht aus, so kann der Zahlende bestimmen, welche Forderung getilgt sein soll (§ 366 Abs. 1 BGB); zur Zahlung auf die Grundschuld RN 840 ff. Das gilt auch dann, wenn es sich um Verbindlichkeiten verschiedener Schuldner handelt.[35] Leistet ein Dritter (nicht der Schuldner), so steht das Bestimmungsrecht ihm zu.[36] Der Gläubiger kann der **Bestimmung des Zahlenden** nicht wirksam widersprechen.[37] Würde er die Zahlung – sofern es nicht nur ein Teilbetrag der zu tilgenden Forderung ist (RN 815) – nicht annehmen, käme er in Gläubigerverzug.

817 Dieses Bestimmungsrecht des Zahlenden besteht auch dann, wenn die **Forderungen unterschiedlich gesichert** sind. Der Zahlende braucht dabei keine Rücksicht auf die Interessen des Kreditinstituts zu nehmen (s. aber auch RN 819). Ist etwa eine der durch die Grundschuld gesicherten Forderungen zusätzlich verbürgt, kann der Zahlende – wenn er auf die Forderung (nicht auf die Grundschuld) leistet – bestimmen, dass die zusätzlich verbürgte Forderung getilgt wird. Entsprechend kann er, wenn von mehreren Forderungen nur einzelne durch die Grundschuld gesichert sind, bestimmen, dass gerade die gesicherten Forderungen getilgt werden. Die **Bestimmung** kann auch **konkludent** erfolgen. Hat der Zahlende offensichtlich ein besonderes Interesse an einer bestimmten Verrechnung, so wird davon auszugehen sein, dass er konkludent die ihm günstigste Verrechnung bestimmt. Danach wird z. B. der Grundstückseigentümer, der nicht persönlicher Schuldner ist, aber dennoch auf die Forderung zahlt, auf die durch die Grundschuld gesicherten Forderungen[38] (und nicht etwa auf nicht gesicherte) leisten; oder die Zahlung des Bürgen wird auf die verbürgte (und nicht auf eine von ihm nicht verbürgte) Forderung zu verrechnen sein. Sichert die Grundschuld sowohl eigene wie fremde Verbindlichkeiten, so dürfte mit der Zahlung eines zur Deckung aller Verbindlichkeiten nicht ausreichenden Betrags die konkludente Bestimmung verbunden sein, dass die Leistung zunächst auf die eigene Schuld des Zahlenden erbracht wird, und nur ein etwa überschießender Betrag auf die fremde Verbindlichkeit.[39] Nur wenn der Leistende keine Bestimmung trifft (auch nicht konkludent), wird die Zahlung **nach § 366 Abs. 2 BGB verrechnet**, also insbesondere bei mehreren

---

35 BGH v. 16. 6. 1989 – V ZR 85/88 = WM 1989, 1208 = ZIP 1990, 34 = EWiR § 366 BGB 2/89, 1181 (*Gaberdiel*).

36 Grüneberg/*Grüneberg*, § 366 RN 6.

37 Grüneberg/*Grüneberg*, § 366 RN 9.

38 BGH v. 27. 6. 1995 – XI ZR 213/94 (Ziff. II. 1 c) = WM 1995, 1663 = ZIP 1995, 1404 = EWiR § 366 BGB 1/95, 959 (*Clemente*).

39 BGH v. 9. 3. 1999 – XI ZR 155/98 (Ziff. II. 2 b) = WM 1999, 948 = ZIP 1999, 744.

fälligen Forderungen zunächst auf diejenigen, die dem Gläubiger die geringere Sicherheit gewähren.

Eine bestimmte **Tilgungsreihenfolge** kann **im Voraus vereinbart** werden.[40] *818* Erfolgt dies durch Formularvereinbarung (RN 687), so darf sich daraus, generalisierend betrachtet, bei den typischen Interessen der Beteiligten keine unangemessene Benachteiligung des Vertragspartners ergeben können.[41] Auch die Belange des Schuldners müssen in angemessener Weise berücksichtigt werden.[42] Deshalb ist eine **formularmäßige** Vereinbarung **unwirksam**, die dem Gläubiger gestattet, eine für alle Forderungen nicht ausreichende Zahlung **nach** seinem **billigen Ermessen** zu verrechnen (dazu RN 843).[43]

Ist eine Teilzahlung nach § 366 Abs. 2 BGB oder aufgrund einer wirksamen *819* Vereinbarung auf die für den Gläubiger weniger sichere Verbindlichkeit zu verrechnen, so darf der Gläubiger davon Gebrauch machen. Er ist selbst einem **Dritt-Sicherungsgeber gegenüber nicht verpflichtet**, die Leistung in erster Linie auf die gesicherte Verbindlichkeit anzurechnen.[44]

Die Tilgung der gesicherten Forderung(en) hat **keine unmittelbare Auswir-** *820* **kung auf** die **Grundschuld**. Diese geht nicht kraft Gesetzes auf den Eigentümer, den Zahlenden oder den Rückgewährberechtigten über. Sie erlischt auch nicht (es sei denn, dass sie auf einer [früheren] Heimstätte lastet, RN 219). Die Grundschuld verbleibt vielmehr zunächst dem Gläubiger. Hat die Grundschuld allein (noch) die eine Forderung gesichert, so ist mit deren Tilgung der Sicherungszweck entfallen und der Gläubiger verpflichtet, sie an den Berechtigten zurückzugewähren (RN 729), es sei denn, dass sie erneut als Sicherheit aktiviert wird

---

40 BGH v. 27. 4. 1993 – XI ZR 120/92 (Ziff. II. 2 b) = WM 1993, 1078 = ZIP 1993, 910.
41 BGH v. 9. 2. 1990 – V ZR 200/88 (Ziff. II. 2 b) = BGHZ 110, 241 = WM 1990, 464 = ZIP 1990, 439 = EWiR § 399 BGB 2/90, 341 (*Serick*); BGH v. 8. 10. 1986 – VIII ZR 342/85 (Ziff. II. 1 d aa) = BGHZ 98, 303 = WM 1986, 1545 = ZIP 1987, 85.
42 BGH v. 20. 6. 1984 – VIII ZR 337/82 (Ziff. II. 2 b. cc) = BGHZ 91, 375 = WM 1984, 1100 = ZIP 1984, 1236.
43 BGH v. 9. 3. 1999 – XI ZR 155/98 (Ziff. II. 2 a) = WM 1999, 948 = ZIP 1999, 744 (offengelassen, ob eine solche Vereinbarung für den Verwertungserlös wirksam getroffen werden kann); OLG Karlsruhe v. 26. 11. 1987 – 9 U 228/86 = NJW-RR 1988, 1337 = WM 1988, 954; Grüneberg/*Grüneberg*, § 366 RN 8; *Clemente*, RN 701 f.; *anders* (unbedenklich wirksam): OLG Hamm v. 12. 6. 1991 – 31 U 94/90 (Ziff. III) = NJW 1991, 2647 = WM 1992, 257.
44 BGH v. 29. 4. 1997 – XI ZR 176/96 (Ziff. II. 2 c) = WM 1997, 1247 = ZIP 1997, 1191 = EWiR § 1191 BGB 2/97, 975 (*Clemente*); BGH v. 19. 9. 1975 – V ZR 197/73 (Ziff. III. 2) = WM 1975, 1206 (beide für von Drittem bestellte Grundschuld); BGH v. 4. 11. 1997 – XI ZR 181/96 (Ziff. II. 1) = WM 1997, 2396 = ZIP 1998, 286 = EWiR § 1191 BGB 2/98, 305 (Clemente, abl.) = WuB IF3. – 4/98 (*Gaberdiel*, zust.) [Verwertung der von zwei Schuldnern bestellten Gesamtgrundschuld zur Abdeckung der fälligen Darlehensverbindlichkeit nur eines von ihnen]; BGH v. 16. 2. 1989 – IX ZR 256/87 (Ziff. II. 3) = WM 1989, 484 = ZIP 1989, 359 = EWiR § 765 BGB 3/89, 345 (*Gaberdiel*) [Verrechnung auf den nicht verbürgten Teil]; vgl. auch BGH v. 27. 4. 1993 – XI ZR 120/92 (Ziff. II. 3) = WM 1993, 1078 = ZIP 1993, 910 (keine Pflicht des Sicherungsnehmers gegenüber dem Sicherungsgeber, dem Schuldner keine weiteren Kredite einzuräumen oder bei der Verrechnung von Teilleistungen auf die Interessen des Sicherungsgebers Rücksicht zu nehmen).

(RN 761 ff.). Ist die Grundschuld dagegen (auch) zur Sicherung anderer Ansprüche bestimmt (weite Zweckerklärung), steht sie dafür weiterhin zur Verfügung. (Teil-)**Rückgewähr** der Grundschuld kann (erst) verlangt werden, wenn der Sicherungszweck endgültig ganz (oder teilweise) weggefallen ist (dazu RN 723 f. und 730 ff.).

Es ist **umstritten**, ob die Existenz der gesicherten **Forderung zur Bedingung der Grundschuld** gemacht werden kann[45] mit der Folge, dass die Grundschuld nicht mehr besteht, wenn die Forderung getilgt und damit untergegangen ist. In der Praxis kommen bedingte Grundschulden kaum vor.

820.1 Wurde die **Grundschuld anfechtungsfest erworben** (RN 230 bis 234), ist bei **Insolvenz** des mit dem Schuldner identischen Sicherungsgebers auch die Tilgung der gesicherten **Forderung nicht anfechtbar**, soweit Zug um Zug gegen Zahlung die Grundschuld zurückgegeben wird. Es fehlt insoweit an der für eine Insolvenzanfechtung erforderlichen Gläubigerbenachteiligung[46] (RN 232). Zur Insolvenzanfechtung bei Zahlung auf die Grundschuld s. RN 837.

23.3 *Exkurs*: Außerordentliche Kündigung eines Festzinsdarlehens und Sicherheitenaustausch

821 Nach § 500 Abs. 2 Satz 2 BGB kann der Darlehensnehmer eines Immobiliar-Verbraucherdarlehensvertrags (dazu RN 571.1 ff.), für den ein gebundener Sollzinssatz vereinbart wurde, seine Verbindlichkeiten im Zeitraum der Sollzinsbindung nur dann ganz oder teilweise vorzeitig erfüllen, wenn hierfür ein berechtigtes Interesse des Darlehensnehmers besteht.[47] Der Darlehensnehmer hat unter bestimmten Voraussetzungen die Möglichkeit, den Verbraucherdarlehensvertrag außerordentlich (§§ 490 Abs. 3, 313, 314 BGB) oder ordentlich (vgl. z. B. § 490 Abs. 2 BGB) zu kündigen.[48]

822 Der Schuldner[49] kann gemäß § 490 Abs. 2 Satz 1 BGB den Immobiliar-Verbraucherdarlehensvertrag vorzeitig unter Einhaltung der Fristen des § 488 Abs. 3 Satz 2 BGB kündigen, wenn seine **berechtigten Interessen** dies gebieten, muss dann aber als Ersatz gemäß § 490 Abs. 2 Satz 3 BGB eine Vorfälligkeitsentschädigung zahlen (RN 823).

Als Beispiel für ein berechtigtes Interesse nennt das Gesetz das Bedürfnis des Darlehensnehmers nach einer **anderweitigen Verwendung der beliehenen Sache** (§ 490 Abs. 2 Satz 2 BGB). Ein solches wird dann anzunehmen sein, wenn der Darlehensnehmer die Veräußerung des belasteten Grundstücks beabsichtigt

---

45 MünchKomm/*Lieder*, BGB § 1191 RN 24 m. w. N.
46 Vgl. BGH v. 18. 9. 2008 – IX ZR 62/05 = NZG 2008, 902 = BeckRS 2008, 20947.
47 Dazu *Samhat*, in Bankrechts-Handbuch, § 54. Kündigungsrecht RN 127 ff.
48 Dazu *Samhat*, in Bankrechts-Handbuch, § 54. Kündigungsrecht RN 150 ff.
49 Das außerordentliche Kündigungsrecht des Gläubigers (§ 490 Abs. 1 BGB) bleibt hier unerörtert.

und deshalb die Belastung mit dem Grundpfandrecht beseitigt werden muss[50] oder wenn das Grundstück lastenfrei sein muss, um darauf einen wesentlich höheren Kredit abzusichern, den der bisherige Darlehensgeber zu gewähren nicht bereit ist.[51] Dadurch soll ein unangemessener Eingriff in die wirtschaftliche Handlungsfreiheit des Kreditnehmers (Wertung des § 1136 BGB) verhindert werden.[52]

Ist das Darlehen durch die von einem Dritten zur Verfügung gestellte Grundschuld gesichert, so kommt eine anderweitige Verwertung des Grundstücks durch den Darlehensnehmer (so § 490 Abs. 2 Satz 2 BGB) nicht in Betracht. In einem solchen Fall dürfte das Interesse des **Drittsicherungsgebers** an einer anderweitigen Verwertung (z. B. wenn er sich gezwungen sieht, das Grundstück zu verkaufen und es dafür lastenfrei sein muss) ausreichen.[53] Auch dann steht aber das Kündigungsrecht nur dem Darlehensnehmer zu, nicht unmittelbar dem Dritten, der gar nicht Partner des Darlehensvertrags ist.

Nach Tilgung des durch die Kündigung vorzeitig fällig gestellten Darlehens – und ggf. nach Kündigung der weiten Sicherungsabrede (RN 602) – kann der Sicherungsgeber **Rückgewähr der Grundschuld verlangen** (RN 723, 729, 735). Das wird letztlich das Ziel der außerordentlichen Kündigung des Darlehens sein. Nur dann ist es verständlich, dass das Kündigungsrecht nur für grundpfandrechtlich gesicherte Darlehen gilt (§ 490 Abs. 2 Satz 1 BGB). Dafür spricht auch das in § 490 Abs. 2 Satz 2 BGB genannte Beispiel (Bedürfnis nach anderweitiger Verwertung des beliehenen Grundstücks).

Wird außerordentlich gekündigt, hat die Bank Anspruch auf eine **Vorfälligkeitsentschädigung**, die ihr den durch die vorzeitige Kündigung[54] entstehenden Schaden ersetzt (§ 490 Abs. 2 Satz 3 BGB).[55] Dabei geht es nicht um eine zusätzliche Leistung neben dem gesicherten Darlehen, sondern letztlich darum, *823*

---

50 BGH v. 6. 5. 2003 – XI ZR 226/02 (Ziff. II. 1 a) = WM 2003, 1261 = ZIP 2003, 1189 = EWiR § 138 BGB 6/03, 747 (*Rösler/Wimmer*); BGH v. 1. 7. 1997 – XI ZR 267/96 (Ziff. II. 2 c und d) = BGHZ 136, 161 = WM 1997, 1747 = ZIP 1997, 1641 = EWiR § 242 BGB 7/97, 921 (*Medicus*).

51 BGH v. 1. 7. 1997 – XI ZR 197/96 (Ziff. II. 3 b) = WM 1997, 1799 = ZIP 1997, 1646.

52 Vgl. BT-Drs. 14/6040, S. 255 linke Spalte; ähnlich bereits BGH 01. 07. 1997 – XI ZR 267/96 = NJW 1997, 2875 (zu § 607 BGB a. F.; jetzt § 490 Abs. 2 BGB).

53 *Anders* (Interessen des Dritten bleiben außer Betracht): Grüneberg/*Weidenkaff*, § 490 RN 6; im Ausgangspunkt ebenso BeckOGK/*Weber*, 1. 11. 2023, BGB § 490 RN 107.1, der aber ein Kündigungsrecht bejaht, wenn der Darlehensnehmer ein vergleichbares Eigeninteresse an der Veräußerung durch den Dritteigentümer hat.

54 Die Vorfälligkeitsentschädigung bei vorzeitiger Darlehensrückzahlung gemäß § 500 BGB ist in § 502 BGB geregelt.

55 Aktuelle Aufsätze zur Vorfälligkeitsentschädigung etwa Kalisz, Vorfälligkeitsentschädigung und Abschnittsfinanzierungen bei Immobiliar-Verbraucherdarlehensverträgen, BKR 2023, 825; *Rösler/Wimmer*, Angaben zur Berechnung der Vorfälligkeitsentschädigung im Darlehensvertrag: Alternativer Lösungsvorschlag, in WM 2023 Heft 33, 1539; *Herresthal*, Das europarechtliche Ende der Vorfälligkeitsentschädigung bei Immobiliarkrediten?, EuZW 2023, 345; *Knops*, Unionsrechtliche Grenzen der Vorfälligkeitsentschädigung bei Immobiliar-Verbraucherdarlehen, EuZW 2023, 973; *Binder*, Teil I, in WM 2019, 709 ff.; Teil II, in WM 2019, 757 ff.

dass die geschuldete Leistung (teilweise) in etwas anderer Weise (nämlich vorzeitig) erbracht wird. Der Darlehensgeber soll durch die Entschädigung „im wirtschaftlichen Ergebnis so gestellt werden, wie er stünde, wenn das Darlehen für den ursprünglich vereinbarten Festschreibungszeitraum fortgeführt und mit Zinsen bedient worden wäre".[56] Die Vorfälligkeitsentschädigung ist mithin (wirtschaftlich) Teil des gesicherten Anspruchs und darum **durch die Grundschuld gesichert**.[57] Ob für diese eine enge oder weite Sicherungsabrede besteht, ist gleichgültig.

823.1 Hat der Darlehensnehmer ein berechtigtes Interesse an der Darlehenskündigung (RN 822), kommt als Alternative zur Kündigung gegen Vorfälligkeitsentschädigung auch ein bloßer **Austausch des Beleihungsobjektes** unter unveränderter Fortführung des Darlehensvertrags in Betracht. Der BGH[58] bejaht einen dahingehenden Anspruch des Darlehensnehmers gegen den Darlehensgeber (und Sicherungsnehmer), wenn diesem der Austausch unter Berücksichtigung seiner berechtigten Interessen zuzumuten ist (vgl. RN 569.3 zum **generellen Sicherheitenaustauschanspruch**[59]). Das ist der Fall, wenn die als Ersatz angebotene Grundschuld mindestens ebenso werthaltig wie das bisherige Grundpfandrecht ist, für den Sicherungsnehmer keinerlei Nachteile bei Verwaltung und Verwertung der Sicherheit zu befürchten sind und der Darlehensnehmer bereit und in der Lage ist, sämtliche durch den **Sicherheitenaustausch** entstehenden Kosten zu übernehmen. Der Austausch wird mithin nur Zug um Zug[60] gegen Kostenersatz stattzufinden haben. Die unter RN 822 angestellten Überlegungen zu **Drittsicherheiten** gelten auch für den **Anspruch auf Sicherheitenaustausch**.

23.4　Zahlung auf die Grundschuld

824 **Tilgt der Grundstückseigentümer** die Grundschuld, so geht das Grundschuldkapital samt den noch nicht fälligen Zinsen[61] analog §§ 1142, 1143 BGB auf den

---

56　BGH v. 1.7.1997 – XI ZR 267/96 (Ziff. II. 2 d) = BGHZ 136, 161 = WM 1997, 1747 = ZIP 1997, 1641 = EWiR § 242 BGB 7/97, 921 (*Medicus*).

57　OLG Hamm v. 6.12.2004 – 5 U 146/04 (Fall mit enger Zweckerklärung) = WM 2005, 1265 = WuB I E 3 Hypothekarkredit 2.05 (Haustein); OLG Hamburg v. 13.9.2002 – 10 U 38/01 = DZWIR 2003, 79; OLG Frankfurt v. 18.10.2001 – 16 U 49/00 = WM 2002, 1387 = ZIP 2002, 567 (hier Bürgschaft); vgl. auch MünchKomm/*K. P. Berger*, BGB § 490 RN 32; *Ganter*, Bankrechts-Handbuch, § 69. Allgemeines RN 113; *Ganter*, WM 2016, 1813.

58　BGH v. 3.2.2004 – XI ZR 398/02 (Ziff. II. 2) = BGHZ 158, 11 = WM 2004, 780 = ZIP 2004, 801 = EWiR 2004, 733 (*Medicus*) = WuB I E 3 Hypothekarkredit 1.04 (Freitag).

59　Dort auch zur Abgrenzung von der Entscheidung des V. Zivilsenats, BGH v. 30.6.2017 – V ZR 248/16 = WM 2017, 1937 = ZIP 2017, 2479 (kein allgemeiner Anspruch des Sicherungsgebers auf Austausch der Sicherheit).

60　MünchKomm/*K. P. Berger*, BGB § 490 RN 45.

61　Der Eigentümer kann zwar Grundschuldzinsen nur ausnahmsweise geltend machen (RN 236); er kann sie aber zusammen mit der Grundschuld abtreten (RN 456).

Grundstückseigentümer über.[62] Soweit rückständige Grundschuldzinsen getilgt werden, erlöschen sie gem. §§ 1192 Abs. 1, 1178 Abs. 1 Satz 1 BGB[63] (zu den Folgen der Zahlung nur eines Teilbetrags RN 835, 836). Der (bisherige) Gläubiger ist nicht mehr Inhaber der Grundschuld, auch wenn er noch im Grundbuch als solcher eingetragen ist. Sie steht ihm deshalb nicht mehr als Sicherheit zur Verfügung (RN 838). Ist der Eigentümer zugleich persönlicher Schuldner (und nur dann), nimmt die herrschende Meinung an, dass mit der Zahlung auf die Grundschuld zugleich die gesicherte Forderung getilgt wird und erlischt (dazu RN 839 bis 850).

Unter bestimmten Voraussetzungen kann die Grundschuld durch Aufrechnung mit einer Gegenforderung abgelöst werden. Nach dem BGH kann eine Grundschuld durch Aufrechnung mit einer Gegenforderung nur dann abgelöst werden, wenn der Duldungsanspruch durch die Aufrechnung vollständig abgelöst oder der fehlende Betrag zusammen mit der Aufrechnung im Wege der Zahlung erbracht wird.[64]

Wenn **vereinbart** ist, dass **Zahlungen auf** die gesicherte **Forderung** verrechnet *825* werden (RN 805), darf der Eigentümer **nicht auf die Grundschuld zahlen** (RN 807). Der Gläubiger kann eine mit anderer Bestimmung erbrachte Leistung zurückweisen; nimmt er sie aber an, ist sie auf die Grundschuld zu verrechnen (RN 808).

Handelt es sich um eine **Gesamtgrundschuld**, die auf Objekten verschiedener *826* Eigentümer lastet, und **zahlt nur einer der mehreren Eigentümer**, so erwirbt der tilgende Eigentümer die Grundschuld (nur) an seinem Grundstück, an den anderen Grundstücken erlischt sie (§ 1173 Abs. 1 BGB).[65] Nur wenn und soweit der zahlende Eigentümer einen Ersatzanspruch gegen die anderen hat, erwirbt er die Grundschuld auch an deren Grundstück (§ 1173 Abs. 2 BGB). Wird z. B. die Grundschuld auf dem den Ehegatten in Miteigentum zu je ½ gehörenden Grundstück (das ist eine Gesamtgrundschuld, RN 385) nur vom Ehemann abgelöst, erwirbt er sie – außer wenn er einen Ersatzanspruch gegen seine Frau hat – nur an seiner Miteigentumshälfte; auf der Miteigentumshälfte der Frau erlischt die Grundschuld. Wird die Gesamtgrundschuld dagegen **von allen Eigentümern** der belasteten Grundstücke in dem Verhältnis, in dem sie untereinander verpflichtet sind (sodass kein Ausgleichsanspruch entsteht), **getilgt**, so geht die

---

62 Allgemeine Meinung; lediglich die Begründung ist umstritten. Wie hier z. B. BGH v. 29. 1. 2016 – V ZR 285/14 (RN 10) = WM 2016, 452 = *Gladenbeck,* WuB 2016, 387; BGH v. 19. 11. 1998 – IX ZR 284/97 (Ziff. II. 3 a. aa) = WM 1999, 35 = ZIP 1999, 123 = EWiR § 753 BGB 1/99, 55 (Hintzen); BGH v. 25. 3. 1986 – IX ZR 104/85 (Ziff. I. 3 e) = BGHZ 97, 280 = WM 1986, 763 = ZIP 1986, 900 = EWiR § 1191 BGB 3/86, 573 (*Gaberdiel*); MünchKomm/*Lieder,* § 1191 RN 123; Staudinger/*Wolfsteiner* (2019), § 1192 RN 18.
63 Vgl. BGH v. 4. 2. 2011 – V ZR 132/10 (RN 15) = BGHZ 188, 186 = WM 2011, 596 = NJW 2011, 1500 = *Kesseler,* DNotZ 2011, 369.
64 BGH v. 16. 7. 2010 – V ZR 215/09 = WM 2010, 1757 = NJW 2011, 451.
65 BGH v. 28. 5. 1976 – V ZR 203/75 (Ziff. II) = NJW 1976, 2340 = WM 1976, 845; BGH v. 25. 9. 1963 – V ZR 130/61 (Ziff. III. e) = BGHZ 40, 115 = NJW 1963, 2320; OLG Düsseldorf v. 3. 7. 1995 – 3 Wx 168/95 = DNotZ 1996, 539.

Grundschuld auf alle Eigentümer über; sie bleibt Gesamtgrundschuld auf allen belasteten Grundstücken.[66]

827 Durch Zahlung an den eingetragenen Grundschuldgläubiger erwirbt der Eigentümer – falls er die Unrichtigkeit des Grundbuchs nicht kennt – die Grundschuld auch dann, wenn der eingetragene Gläubiger in Wirklichkeit **nicht Berechtigter** ist (§§ 893, 892 BGB); bei einer Briefgrundschuld gilt dies nur, wenn der Eingetragene auch im Besitz des Briefs ist.[67] Dagegen wird die durch die Grundschuld nur vermeintlich gesicherte Verbindlichkeit nicht getilgt[68] (vgl. auch RN 846).

828 Nach dem **BGH** kann zwischen dem zahlenden Eigentümer und dem Grundschuldgläubiger noch **nachträglich vereinbart** werden, **dass** eine **zunächst** (nur) auf die gesicherte **Forderung** erbrachte **Leistung** auch **auf die Grundschuld verrechnet** wird[69] (wegen der Verrechnung einer Zahlung auf Grundschuld und Forderung vgl. aber RN 840 und 846). Ausgehend davon geht die Grundschuld auf den Eigentümer so über, als sei die Leistung auf die Grundschuld im Zeitpunkt der (nachträglichen) Vereinbarung erbracht worden. Eine solche Abrede führt, wenn sie zwischen Zahlendem, Eigentümer und Grundschuldgläubiger getroffen wird, selbst dann zum Entstehen einer Eigentümergrundschuld, wenn ein Dritter (nicht der Eigentümer) gezahlt hat.[70] **Umgekehrt** ist dies allerdings **nicht zulässig**. Ist also die Grundschuld (durch Zahlung darauf) auf den Eigentümer übergegangen, so kann diese (dingliche) Rechtsänderung nicht durch einfache Vereinbarung zwischen den Beteiligten rückgängig gemacht werden[71], sondern nur durch Abtretung der Grundschuld entsprechend § 1154 BGB.

829 Zahlt ein **ablöseberechtigter** (RN 830) Dritter auf die Grundschuld in voller Höhe, so geht diese (einschließlich der dinglichen Zinsen) kraft Gesetzes auf ihn über (§§ 1150, 268 Abs. 3 BGB). Dazu ist weder die Zustimmung des Eigentümers noch ein Vertrag mit dem Grundschuldgläubiger erforderlich.[72] Der Ablösende, der die Zwangsvollstreckung aus der Grundschuld verhindern will, **zahlt auf die Grundschuld**.[73] Der Erwerb erfolgt kraft Gesetzes, also ohne das Erfordernis einer Grundbucheintragung und ohne Schutz des guten Glaubens (RN 832; zu den Folgen der Zahlung nur eines Teilbetrags RN 835 f.; zur Verrechnung des gezahlten Betrags auf die gesicherten Forderungen RN 845, 850).

---

66 BGH v. 31.10.1985 – IX ZR 95/85 (Ziff. 1a) = WM 1986, 106 = ZIP 1986, 89 = EWiR § 1172 BGB 1/86, 145 (*Gaberdiel*), entschieden für eine Hypothek.

67 BGH v. 23.1.1996 – XI ZR 75/95 (Ziff. 2) = WM 1996, 438 = ZIP 1996, 418.

68 BGH v. 23.1.1996 – XI ZR 75/95 (Ziff. 1 und 2) = WM 1996, 438 = ZIP 1996, 418; *Siol*, WM 1996, 2217, 2222; *anders* (auch vermeintlich gesicherte Forderung erlischt): *Tiedtke*, NJW 1997, 851.

69 BGH v. 19.9.1969 – V ZR 59/66 = NJW 1969, 2237; Grüneberg/*Herrler*, § 1191 RN 40.

70 BGH v. 19.9.1969 – V ZR 59/66 = NJW 1969, 2237.

71 Grüneberg/*Herrler*, § 1191 RN 40.

72 BGH v. 12.12.1985 – IX ZR 15/85 (Ziff. 3b) = WM 1986, 293 = ZIP 1986, 363 = EWiR § 893 BGB 1/86, 571 (*Clemente*).

73 Vgl. OLG Celle v. 8.7.2015 – 4 U 156/14 = BeckRS 2015, 14077 = NJW-RR 2015, 1501; Staudinger/*Wolfsteiner* (2019), Vorbem zu § 1191 ff., RN 153; Grüneberg/*Herrler*, § 1191 RN 10.

Bei der Ablösung von Rechten muss sich der Inhaber eines Zwischenrechts die Rangänderungen, die erst nach der Eintragung seines Rechts in das Grundbuch wirksam geworden sind, nicht entgegenhalten lassen. Er kann unabhängig davon, aus welchem der nach der Rangänderung vorrangig gewordenen Rechte die Vollstreckung in das Grundstück betrieben wird, das vorrangige Recht insgesamt ablösen. Dabei geht das abgelöste Recht gem. §§ 1150, 268 Abs. 3 Satz 1 BGB mit dem Inhalt und dem Rang auf den Ablösenden über, den dieses Recht im Zeitpunkt der Eintragung des Zwischenrechts hatte.[74]

Gemäß § 1192 Abs. 1 BGB, § 1142 Abs. 2 BGB[75] kann die Befriedigung des Gläubigers (die **Ablösung** der Grundschuld) auch **durch Aufrechnung** (§§ 387 ff. BGB) erfolgen. Der BGH hat mittlerweile die bisher umstrittene Frage beantwortet, ob die Ablösung durch Aufrechnung noch möglich ist, wenn die Grundschuld zwischenzeitlich an einen neuen Gläubiger (unentgeltlich oder rechtsgrundlos) abgetreten worden ist. Nach den allgemeinen Abtretungsvorschriften bleibt die Aufrechnung mit Forderungen gegen den bisherigen Gläubiger unter den Voraussetzungen des § 406 BGB auch gegenüber dem neuen Gläubiger möglich. Doch wendet der BGH die §§ 406–408 BGB auf das Rechtsverhältnis zwischen dem Eigentümer und dem neuen Gläubiger (Grundschuldinhaber) in Ansehung der Grundschuld nicht an. Er zieht also insoweit § 1156 Satz 1 BGB heran und schreibt:

„Die Regelung des § 1156 Satz 1 BGB ist auf die Grundschuld entsprechend anwendbar. Der Grundstückseigentümer kann daher gegenüber dem Grundschuldzessionar nicht mit einer Forderung aufrechnen, die ihm gegen den Grundschuldzedenten zusteht. Dies gilt auch dann, wenn die Abtretung der Grundschuld unentgeltlich oder rechtsgrundlos erfolgt ist."[76]

§ 1156 bewertet – wie der BGH richtig ausführt – den Vertrauensschutz für den Grundschulderwerber höher als den in den §§ 406–408 BGB gewährleisteten Vertrauensschutz für den Schuldner und möchte die Verkehrsfähigkeit der Grundschuld auch dann nicht einschränken, wenn deren Abtretung im engeren Sinne unentgeltlich, etwa schenkungsweise, oder wenn sie rechtsgrundlos erfolgt ist.[77] Mit dieser Entscheidung klärt der BGH (jedenfalls für die Praxis) nicht nur eine bisher umstrittene Frage (hier die Anwendung des § 1156 Satz 1 BGB

829.1

---

74 Vgl. BGH v 28.2.2013 – V ZB 18/12 = WM 2013, 844 = DNotZ 2013, 848. Der Absatz im Haupttext ist der amtliche Leitsatz der zitierten BGH-Entscheidung.

75 § 1142 Abs. 2 BGB ist auf die Grundschuld anwendbar, statt vieler BGH v. 16.7.2010 – V ZR 215/09 (RN 20) = WM 2010, 1757 = NJW 2011, 451; MünchKomm/*Lieder*, BGB § 1142 RN 24.

76 So die Leitsätze der Entscheidung: BGH v. 23.2.2018 – V ZR 302/16 = WM 2018, 636 = WuB 2018, 343 (Rimmelspacher) = LMK 2018, 407911 (Lieder).

77 BGH v. 23.2.2018 – V ZR 302/16 (RN 14) = WM 2018, 636, mit ablehnender Anmerkung *Lieder*, LMK 2018, 407911 (beck-online).

auf unentgeltlich Abtretungen[78]), sondern stärkt die Verkehrsfähigkeit der Grundschuld.[79]

830 **Zur Ablösung** der Grundschuld **berechtigt** ist – neben dem Eigentümer des belasteten Grundstücks – jeder Inhaber eines nachrangigen oder gleichrangigen dinglichen Rechts am Grundstück (z. B. eines anderen Grundpfandrechts[80] oder eines Wohnungsrechts) oder einer nach- oder gleichrangigen Auflassungs-[81] oder Belastungsvormerkung[82]. Der Rückgewähranspruch ist kein dingliches Recht, sein Inhaber mithin nicht ablöseberechtigt.[83]

Ausgeübt werden kann das Ablösungsrecht erst, wenn der Grundschuldgläubiger die Zwangsvollstreckung in das Grundstück betreibt (§ 268 Abs. 1 BGB) oder wenigstens Befriedigung aus dem Grundstück verlangt (§ 1150 BGB). Gleichgültig ist, ob es dem Ablösenden darum geht, die Vollstreckung zu verhindern, oder darum, sich für das Verfahren eine bessere Ausgangssituation zu verschaffen;[84] zur Ablösung im Zwangsversteigerungsverfahren RN 1095. Das Ablösungsrecht nach den §§ 1150, 268 BGB hängt auch nicht davon ab, ob der Ablösende mit Befriedigung aus dem Versteigerungserlös rechnen kann.[85] Beantragt der Gläubiger die Zwangsversteigerung des Grundstücks auch wegen der Kosten der gegenwärtigen Rechtsverfolgung, umfasst der zu seiner Befriedigung erforderliche Betrag i. S. d. § 268 Abs. 1 BGB die von ihm verauslagten Kosten des Zwangsversteigerungsverfahrens.[86]

Die Abrede zwischen Sicherungsgeber (meist Eigentümer) und Sicherungsnehmer (= Gläubiger der Grundschuld), dass Zahlungen auf die gesicherte Forderung und nicht auf die Grundschuld verrechnet werden (RN 805), bindet den ablösungsberechtigten Inhaber eines der Grundschuld nach- oder gleichrangigen Rechts nicht (RN 809). Die Verrechnungsabrede hindert die Ablösung nicht.[87] Im Übrigen stellt es nach dem BGH keinen **Rechtsmissbrauch** dar, wenn der Gläubiger die Zwangsversteigerung aus mehreren Grundpfandrech-

---

78 Gegen die Anwendbarkeit des § 1156 Satz 1 BGB bei unentgeltlicher Abtretung MünchKomm/*Lieder*, § 1156 RN 10; dafür etwa Staudinger/*Wolfsteiner*, (2019) § 1156 RN 16; BeckOGK/*Kiehnle*, 1. 9. 2023, BGB § 1156 RN 12 ff.; Grüneberg/*Herrler*, § 1156 RN 2.

79 So auch etwa *Wellenhofer*, JuS 2019, 68, 70.

80 Kann auch erst *nach* der Anordnung der Zwangsversteigerung entstanden sein, vgl. BGH v. 5. 10. 2006 – V ZB 2/06 (Ziff. III. 2 a. aa) = WM 2006, 2316; MünchKomm/*Lieder*, BGB § 1150 RN 15; Stöber/*Keller*, Zwangsversteigerungsgesetz, § 15 RN 145.

81 BGH v. 1. 3. 1994 – XI ZR 149/93 (Ziff. 2) = WM 1994, 909 = ZIP 1994, 633; Grüneberg/*Herrler*, § 1150 RN 3; *Siol*, WM 1996, 2217, 2225.

82 Grüneberg/*Herrler*, § 1150 RN 3.

83 OLG Köln v. 29. 2. 1988 – 2 W 163/87 (Ziff. 2) = Rpfleger 1988, 324.

84 BGH v. 1. 3. 1994 – XI ZR 149/93 (Ziff. 3) = WM 1994, 909 = ZIP 1994, 633; OLG Köln v. 14. 12. 1988 – 2 W 133/88 = Rpfleger 1989, 298; *Reinicke/Tiedtke*, WM 1986, 813 (Ziff. II).

85 BGH v. 10. 6. 2010 – V ZB 192/09 (RN 12) = WM 2010, 1703 = NJW-RR 2010, 1314.

86 BGH v. 12. 9. 2013 – V ZB 161/12 = WM 2013, 2072 = NJW-RR 2014, 82.

87 Im Ergebnis ebenso: LG Memmingen v. 16. 1. 1998 – 4 T 2311/97 = NJW-RR 1998, 1512.

ten betreibt und der ablösungsberechtigte Ehepartner des Schuldners hiervon lediglich das Recht mit dem besten Rang ablöst.[88]

Zahlt ein (**nicht ablösungsberechtigter**) **sonstiger Dritter**, so kommt eine Verrechnung auf die Grundschuld regelmäßig nur in Betracht, wenn der Dritte für den Eigentümer oder für einen ablösungsberechtigten Dritten mit deren Willen auf die Grundschuld zahlt; in diesem Fall geht die Grundschuld auf den Eigentümer bzw. den ablösungsberechtigten Dritten über[89]; zur Behandlung von Zahlungen des Käufers vor Eigentumswechsel RN 812. Eine weder mit dem Eigentümer noch mit einem Ablösungsberechtigten abgestimmte Zahlung auf die Grundschuld (die praktisch kaum vorkommen dürfte) braucht der Gläubiger nicht anzunehmen. Nimmt er sie an, so kann dies nur zur Tilgung der Grundschuld führen, sodass eine Eigentümergrundschuld entsteht.[90]   *831*

Die Grundschuld geht auf den Ablösenden (Eigentümer oder Dritten) kraft   *832* Gesetzes über. Deshalb können **Einreden** gegen die Grundschuld dem Ablösenden **unabhängig** von § 1192 Abs. 1a BGB (hierzu RN 789.2) auch dann entgegengesetzt werden, wenn er sie bei der Zahlung nicht kennt. Ein gutgläubig einredefreier Erwerb der Grundschuld durch den Ablösenden ist ausgeschlossen. Das ist gerade für die Ablösung umstritten, aber vom BGH mehrfach so entschieden (dazu RN 792).

Zu den **fortbestehenden Einreden** gehört grundsätzlich auch ein fälliger Rückgewähranspruch, welcher einem Erwerber der Grundschuld über § 1169 BGB entgegengehalten werden kann (RN 793). Da der Ablösende stets die volle[91] dingliche Forderung bezahlen muss und ihm kein Bereicherungsanspruch gegen den abgelösten Gläubiger zusteht, hat der BGH erwogen, aber nicht entschieden, dem Eigentümer und Sicherungsgeber nach einer Ablösung die Geltendmachung des Rückgewähranspruchs als treuwidrig (§ 242 BGB) zu versagen.[92] Für solche Überlegungen besteht indes regelmäßig kein Anlass, da der Rückgewähranspruch im ordnungsgemäßen Ablösungsfall keine Rolle mehr spielt. Verrechnet der abgelöste Gläubiger seinen Erlös nach Maßgabe der Sicherungsabrede auf die gesicherten Forderungen und kehrt er einen etwaigen Übererlös an den Inhaber des Rückgewähranspruchs aus (RN 834), geht dieser Anspruch durch Erfüllung unter. Es gibt dann keinen Rückgewähranspruch mehr, welcher als Einrede geltend gemacht werden könnte. Der Ablösende

---

88 BGH v. 10.6.2010 – V ZB 192/09 (RN 12) = WM 2010, 1703 = NJW-RR 2010, 1314.
89 Vgl. BGH v. 13.7.1983 – VIII ZR 134/82 (Ziff. II. 2 b) = WM 1983, 953 = ZIP 1983, 1040; BGH v. 28.5.1976 – V ZR 203/75 (Ziff. IIa) = NJW 1976, 2340 = WM 1976, 845; Grüneberg/*Herrler*, § 1191 RN 38.
90 Grüneberg/*Herrler*, § 1191 RN 10; *anders* (Grundschuld erlischt) *Seibert*, JuS 1984, 526, was aber dem Prinzip widerspricht, dem Eigentümer grundsätzlich die Rangstelle zu erhalten, wenn die Leistung nicht aus dem Grundstück erfolgt.
91 Bei Zahlung im Termin dazu noch die Kosten, Stöber/*Becker*, Zwangsversteigerungsgesetz, § 75 RN 8.
92 BGH v. 11.5.2005 – IV ZR 279/04 (Ziff. II. 2 b und Ziff. III.) = WM 2005, 1271 = ZIP 2005, 1268 = EWiR 2005, 631 (*Kesseler*) = WuB I F 3 Grundpfandrechte 4.05 (Rimmelspacher); Grüneberg/*Sprau* § 813 RN 3; Stöber/*Becker*, Zwangsversteigerungsgesetz, § 75 RN 8.

kann insoweit ungehindert den Ausgleich suchen. Bei einwandfreier Bonität des abzulösenden Gläubigers, insbesondere wenn es sich bei ihm um ein Kreditinstitut handelt, wird es deshalb nicht erforderlich werden, auf **Treu und Glauben** zurückgreifen zu müssen.

833 Die Tilgung bzw. Ablösung der Grundschuld führt zum Untergang des Rückgewähranspruchs (RN 727; Übererlös RN 834). Doch kann der Eigentümer, selbst wenn er den Rückgewähranspruch abgetreten oder verpfändet hat, auf die Grundschuld zahlen.[93] Diese faktische Zahlungsmöglichkeit lässt sich rechtsgeschäftlich nicht beseitigen (RN 807). Das gilt erst recht für den ablösungsberechtigten Dritten, der mit der Abtretung des Rückgewähranspruchs nichts zu tun hat. Wenn aber der derzeitige Eigentümer (Sicherungsgeber) den Rückgewähranspruch abgetreten hat, kommt aus dem Abtretungsverhältnis eine schadensersatzbewährte **Rücksichtspflicht** gegenüber dem Rückgewährgläubiger in Betracht, nicht die Grundschuld zu tilgen (Folge: Fortfall des Rückgewähranspruchs), sondern nur auf die gesicherten Forderungen zu zahlen.

834 Mit der Tilgung bzw. Ablösung der Grundschuld tritt der gezahlte Betrag an die Stelle der Grundschuld. Verbleibt nach Verrechnung auf die gesicherten Forderungen (RN 839 ff.) ein **Übererlös**, ist dieser **an den Rückgewährberechtigten abzuführen**.[94] Das gilt selbst dann, wenn der **Rückgewähranspruch** wirksam auf den Löschungs- und/oder Verzichtsanspruch beschränkt ist (RN 756 ff.). Denn durch Löschung oder Verzicht kann der Mehrwert der Grundschuld in diesem Stadium nicht mehr an den Sicherungsgeber zurückgewährt werden und ein totaler Ausschluss des Rückgewähranspruchs ist mit dem Wesen des Sicherungsvertrages nicht vereinbar (RN 754).

Stehen dem (früheren) Grundschuldgläubiger weitere (ungesicherte) Forderungen gegen den Sicherungsgeber zu, kann er damit gegen den Zahlungsanspruch aufrechnen (RN 753.1). Selbst nach Abtretung des Rückgewähranspruchs kann der Sicherungsnehmer noch mit Forderungen gegen den Sicherungsgeber gegenüber dem neuen Rückgewährberechtigten aufrechnen. Es sei denn, er kannte beim Erwerb der Forderungen, mit denen er aufrechnen will, die Abtretung des Rückgewähranspruchs oder diese Forderungen sind erst nach Kenntnis von der Abtretung des Rückgewähranspruchs und später als der Anspruch auf den Übererlös fällig (§ 406 BGB).

835 Wird die Grundschuld teilweise abgelöst, geht nur ein entsprechender Teil des Rechts auf den Eigentümer bzw. den ablösungsberechtigten Dritten über (vgl. auch RN 1140).[95] Der übergehende Teil hat Rang nach dem dem Gläubiger

---

93 BGH v. 1. 10. 1991 – XI ZR 186/90 (Ziff. II. 2 c. cc) = BGHZ 115, 241 = WM 1991, 2019 = ZIP 1991, 1481 = EWiR § 418 BGB 1/91, 1175 (*Gaberdiel*); BGH v. 9. 2. 1990 – V ZR 200/88 (Ziff. II. 2 b) = BGHZ 110, 241 = WM 1990, 464 = ZIP 1990, 439; *Reithmann*, WM 1985, 441 (Ziff. I. 3 b); *Gerhardt*, ZIP 1980, 165 (Ziff. II. 1.2); *Kolbenschlag*, DNotZ 1965, 79; wohl auch: Staudinger/*Wolfsteiner* (2019), Vorbem. zu §§ 1191 ff., RN 317.

94 BGH v. 19. 10. 1988 – IVb ZR 70/87 (Ziff. III. 2 a) = NJW-RR 1989, 173 = WM 1988, 1834; Staudinger/*Wolfsteiner* (2019), Vorbem. zu §§ 1191 ff., RN 139 und RN 147; *Schmitz*, WM 1991, 1061, 1066 (Ziff. VII. 2).

95 Ebenso BGH v. 29. 1. 2016 – V ZR 285/14 (RN 11) = WM 2016, 452 = *Gladenbeck*, WuB 2016, 387.

verbleibenden Teil (§ 268 Abs. 3 Satz 2, § 1176 BGB). Der Gläubiger kann regelmäßig eine **Teilleistung zurückweisen** (§ 266 BGB). Etwas anderes kann aus dem Sicherungsvertrag folgen, wenn der Gläubiger die Grundschuld geltend macht, die Teilleistung auf die Grundschuld vom Sicherungsgeber oder Rückgewährberechtigten stammt und sie ausreicht, die dadurch gesicherte Forderung in voller Höhe zu decken. Da der Gläubiger wegen seiner **treuhänderischen Bindung** die Grundschuld höchstens in dem Umfang geltend machen darf, in dem dadurch gesicherte Forderungen bestehen (RN 799, 794), müssen Sicherungsgeber und Rückgewährberechtigter auch die Zwangsvollstreckung aus der Grundschuld durch Zahlung eines Betrages in dieser Höhe abwenden können. Aber auch in einem solchen Fall reicht die Zahlung nicht aus, um den gesetzlichen Übergang aller (auch der über den gezahlten Betrag hinausgehenden) dinglichen Ansprüche zu bewirken.[96] Der verbleibende Teil des dinglichen Rechts gebührt dem Rückgewährberechtigten; an ihn ist er vom Grundschuldgläubiger durch Abtretung, Löschung oder Verzicht zurückzugewähren.

Eine Teilleistung auf die Grundschuld ist **gemäß § 367 BGB zu verrechnen.**[97] *836* Die Vorschrift gilt auch für Leistungen eines zur Ablösung berechtigten Dritten.[98] Trifft der (auf die Grundschuld) Zahlende eine (**von § 367 Abs. 1 BGB abweichende**) **Bestimmung** über die Verrechnung, kann der Gläubiger die Leistung ablehnen; andernfalls ist sie bindend (§ 367 Abs. 2 BGB).[99] Die Bestimmung kann auch **konkludent** erfolgen. Hat z. B. der Ablösungsberechtigte dem vorrangigen Gläubiger erkennbar gemacht, dass er das Grundschuldkapital erwerben will, wird darin die Bestimmung zu sehen sein, dass die Zahlung entsprechend verrechnet werden soll. Zur Vermeidung von Auslegungsproblemen ist dem Ablösenden zu empfehlen, ggf. eine solche Bestimmung ausdrücklich zu treffen.

Trifft der Ablösende keine Bestimmung, so ist die Leistung nach § 367 Abs. 1 BGB zunächst auf die Kosten der Rechtsverfolgung aus der Grundschuld, dann auf die (Grundschuld-)Zinsen[100], soweit sie noch nicht verjährt sind[101], und schließlich auf das Grundschuldkapital anzurechnen. Dies gilt auch dann, wenn durch die Grundschuld ein Verbraucherdarlehen (RN 574) gesichert ist, weil die dafür geltenden Bestimmungen (hier: § 497 Abs. 3 Satz 1 BGB) auf die Grundschuld nicht anwendbar sind (RN 573), sondern erst auf die Weiterverrechnung des Grundschulderlöses auf die gesicherte Forderung (RN 842). Steht z. B. dem Gläubiger einer Grundschuld über 100 000 Euro ein (noch nicht verjährter) dinglicher Zinsanspruch über 20 000 Euro zu und leistet der ablösungsberech-

---

96 Vgl. BGH v. 12.11.1986 – V ZR 266/85 (Ziff. II. 2 a) = WM 1987, 202 = EWiR § 1191 BGB 1/87, 237 (*Gaberdiel*).
97 OLG Stuttgart v. 3.4.1990 – 10 U 71/89 (Ziff. 3a) = NJW-RR 1990, 945 = WM 1990, 1191.
98 Grüneberg/*Grüneberg*, § 367 RN 1.
99 Grüneberg/*Grüneberg*, § 367 RN 2.
100 § 367 Abs. 1 BGB gilt auch für die seit Insolvenzeröffnung laufenden Zinsen, vgl. BGH v. 17.2.2011 – IX ZR 83/10 = WM 2011, 561 = ZIP 2011, 561; Grüneberg/*Grüneberg*, § 367 RN 5.
101 Grüneberg/*Grüneberg*, § 367 RN 5 m. w. N.

tigte Dritte 70 000 Euro, ohne dass er (auch nicht konkludent) eine bestimmte Verrechnung vorschreibt, so geht ein (Kapital-)Teilbetrag der Grundschuld von 50 000 Euro und der dingliche Zinsanspruch (20 000 Euro) auf den Zahlenden über. Würde der Eigentümer die Zahlung erbringen, so würde der dingliche Zinsanspruch erlöschen (§ 1178 BGB); er würde im Endergebnis nur einen Teilbetrag der Grundschuld von 50 000 Euro erhalten.

837   Tilgt der Schuldner ein Grundpfandrecht, das seinerseits der Insolvenzanfechtung nicht unterlegen hätte, so kann die **Tilgung im** (späteren) **Insolvenzverfahren** selbst dann **nicht angefochten** werden, wenn für den Zahlungsvorgang als solchen die Voraussetzungen für eine Insolvenzanfechtung (insbes. § 130 InsO) gegeben sind. Denn die Erfüllung von Ansprüchen, die sich während des Insolvenzverfahrens als **Absonderungsrecht** durchgesetzt hätten, unterliegt der Anfechtung nach der Insolvenzordnung nicht.[102] Entsprechendes dürfte gelten, wenn beim Verkauf eines (unanfechtbar) belasteten Grundstücks der Käufer Grundschuld und dadurch gesicherte Verbindlichkeiten in Anrechnung auf den Kaufpreis übernimmt (zur Insolvenzanfechtung bei Zahlung auf die gesicherte Forderung s. RN 820.1).

838   Soll eine getilgte Grundschuld **erneut als Kreditsicherheit eingesetzt** werden, muss sie, da sie durch die Tilgung auf den Eigentümer (RN 824) oder den Ablösungsberechtigten (RN 829) übergegangen ist, an die Bank (zurück-)abgetreten werden (RN 425 ff. bzw. RN 439 ff.). Das gilt selbst dann, wenn im Grundbuch das Kreditinstitut noch als Gläubiger eingetragen ist. Ohne **Grundschuldabtretung** hat die Bank insoweit keine Kreditsicherheit. Zudem ist eine **neue Sicherungsabrede** abzuschließen. Hatte der Eigentümer die Grundschuld getilgt oder hatte die Grundschuld aus einem anderen Grund in der Zwischenzeit dem Eigentümer zugestanden, müssen ferner die **gesetzlichen Löschungsansprüche** etwaiger vor- oder gleichrangiger anderer Grundpfandgläubiger oder sonstige durch Vormerkung gesicherte Löschungsansprüche **ausgeräumt** werden (RN 516 ff. bzw. 542 ff.). Rückständige Zinsen kann der Eigentümer u. U. nur eingeschränkt übertragen (RN 456).

23.5   Zahlung auf die Grundschuld und Verrechnung auf die gesicherte Forderung

839   Bei der Auswirkung einer Leistung auf die Grundschuld bezogen auf die gesicherte Forderung unterscheiden Rechtsprechung und h. L. danach, wer die Leistung erbringt: der Eigentümer, der zugleich persönlicher Schuldner ist (dazu RN 840 bis 843), oder der Eigentümer, der nicht persönlicher Schuldner ist (dazu RN 844), oder ein Dritter (dazu RN 845). Sie lassen dabei – zu Unrecht – die durch den Sicherungsvertrag bewirkte Verknüpfung zwischen Grundschuld und Forderung außer Betracht. Darüber hinaus nehmen sie im ersten Fall an, dass durch eine Zahlung zwei verschiedene Verbindlichkeiten getilgt werden könnten, was in einzelnen Fällen zu nicht akzeptablen Ergebnissen führt

---

102 BGH v. 28. 3. 1985 – IX ZR 115/84 = WM 1985, 733 = ZIP 1985, 816 = EWiR § 107 VerglO 1/85, 617 (*Storz*) – für die Rechtslage nach der Konkursordnung.

(RN 841). Wegen der eigenen Meinung zu diesen Fragen wird auf RN 846 bis 850 verwiesen.

Hat der Eigentümer die Grundschuld getilgt und ist er zugleich **persönlicher** **Schuldner** (und nur dann), nimmt die h. M. an, dass er im Regelfall **mit einer** **Zahlung gleichzeitig Grundschuld und gesicherte Forderung tilge.**[103] Dies wird teilweise mit dem Wille zu einer **Doppeltilgung** begründet.[104] Nach dieser Ansicht **erlischt** durch die Zahlung auf die Grundschuld unmittelbar und sofort auch die gesicherte **Forderung.** Das Ergebnis ist richtig, ergibt sich aber aus der Verrechnungsabrede (dazu RN 846 ff.).

840

Aus der Vorstellung, dass der auf die Grundschuld leistende Eigentümer zugleich auch (unmittelbar) die Forderung tilge, wird anscheinend abgeleitet, dass er, wenn die Grundschuld **mehrere Verbindlichkeiten** sichert, gemäß § 366 Abs. 1 BGB auch noch (ein zweites Mal) bestimmen könne, welche der gesicherten Verbindlichkeiten (durch den auf die Grundschuld gezahlten Betrag) getilgt sein soll, nachdem er zuvor schon bestimmt hat, dass seine Zahlung auf die Grundschuld verrechnet wird.[105] Dieses doppelte Bestimmungsrecht wird allerdings nur teilweise[106] ausdrücklich so vertreten; teilweise ist es lediglich dem Zusammenhang zu entnehmen.

841

Ein solches **doppeltes Bestimmungsrecht** ist **abzulehnen.** Mit der Entscheidung, auf die Grundschuld zu zahlen, hat der Leistende sein Bestimmungsrecht verbraucht. Könnte er zusätzlich auch noch bestimmen, welche von mehreren gesicherten Forderungen mit dem Grundschulderlös getilgt werden, könnte er nachhaltig in das (vereinbarte) Sicherheitsvolumen eingreifen, wie das folgende **Beispiel** zeigt: Mehrere Darlehen einer GmbH über zusammen 250 000 Euro sind (alle) durch eine Grundschuld von 150 000 Euro mit weiter Sicherungsabrede (RN 668) gesichert; Grundschuldzinsen bleiben der Einfachheit halber

---

103 BGH v. 9.5.1980 – V ZR 89/79 (Ziff. II. 2 b) = NJW 1980, 2198 = WM 1980, 982; BGH v. 12.11.1986 – V ZR 266/85 (Ziff. II. 2 b) = WM 1987, 202 = EWiR § 1191 BGB 1/87, 237 (*Gaberdiel*); BGH v. 24.9.1992 – IX ZR 195/91 (Ziff. II. 1) = WM 1992, 1893 = ZIP 1992, 1536; OLG Düsseldorf v. 23.5.1996 – 6 U 100/95 (Ziff. I. 2 a. aa) = WM 1998, 1875; *Clemente,* RN 717 f.; *Siol,* WM 1996, 2217, 2220; MünchKomm/*Lieder,* BGB § 1191 RN 144; vgl. auch *Reinicke/Tiedtke,* WM 1987, 485 f.; *anders* Staudinger/*Wolfsteiner* (2019), Vorbem. zu §§ 1191 ff., RN 148 ff.; *Schoppmeyer/Liepin,* in Gehrlein/Graewe/Wittig, § 15 RN 308 und RN 314. Einige Vordrucke enthalten eine der h. M. entsprechende Verrechnungsvereinbarung: Anhang 10 [1.3], Anhang 11 [1.3], Anhang 12 [1.3].

104 Siehe BGH v. 12.11.1986 – V ZR 266/85 = NJW 1987, 838 = WM 1987, 202; *Weller,* JuS 2009, 970, 971; andere Begründung (m. w. N.) MünchKomm/*Lieder,* BGB § 1191 RN 144 (Grundschuld erfüllungshalber für die gesicherte Forderung).

105 BGH v. 9.3.1999 – XI ZR 155/98 (Ziff. II. 1 und II. 2 b) = WM 1999, 948 = ZIP 1999, 744; BGH v. 27.6.1995 – XI ZR 213/94 (Ziff. II. 1 c) = WM 1995, 1663 = ZIP 1995, 1404 = EWiR § 366 BGB 1/95, 959 (*Clemente*); OLG Düsseldorf v. 4.6.1976 – 16 U 273/75 = WM 1976, 938; wohl auch BGH v. 16.6.1989 – V ZR 85/88 = WM 1989, 1208 = ZIP 1990, 34 = EWiR § 366 BGB 2/89, 1181 (*Gaberdiel*); *anders* für § 367 Abs. 1 BGB (kein Bestimmungsrecht des Leistenden): OLG Stuttgart v. 3.4.1990 – 10 U 71/89 (Ziff. 3a) = NJW-RR 1990, 945 = WM 1990, 1191.

106 Am eindeutigsten bei BGH v. 9.3.1999 – XI ZR 155/98 = WM 1999, 948 = ZIP 1999, 744.

außer Betracht. Für eines der Darlehen von 50 000 Euro hat sich zusätzlich der Hauptgesellschafter verbürgt. Es bestehen also Sicherheiten von insgesamt 200 000 Euro. Nach Androhung der Zwangsvollstreckung tilgt die GmbH die Grundschuld durch Zahlung von 150 000 Euro und bestimmt, dass mit diesem Betrag unter anderem das vom Hauptgesellschafter verbürgte Darlehen getilgt sein soll. Falls diese Bestimmung wirksam wäre, würde dadurch die Bürgschaft wirtschaftlich entwertet. Denn mit dem einen auf die Grundschuld gezahlten Betrag wären gleichzeitig zwei Sicherheiten (nämlich auch noch die Bürgschaft) abgelöst. Dass dieses Ergebnis nicht interessengerecht ist, ergibt sich unter anderem aus der Behandlung des in der **Zwangsversteigerung** auf die Grundschuld entfallenden Erlöses. Dort wird – und zwar auch deshalb, weil sonst dieses **widersprüchliche Ergebnis** eintreten würde – ein Bestimmungsrecht des Schuldners (Eigentümers), auf welche von mehreren gesicherten Forderungen der Erlös zu verrechnen sei, **abgelehnt**[107] (dazu RN 1123). Da der Erlös aus der Zwangsversteigerung wie eine Leistung des Eigentümers zu behandeln ist[108], liegt insoweit ein Widerspruch vor. Dieses Ergebnis tritt ein, wenn man zulässt, dass der Leistende eine Zahlung auf zwei kumulative Sicherheiten anrechnet: zuerst auf die Grundschuld und danach den Grundschulderlös auf die verbürgte Forderung. Ein solches Recht kann ihm aber nicht zustehen.[109]

Richtigerweise kann der Leistende **nur einmal bestimmen**, **ob** seine **Zahlung** auf die **Grundschuld oder** auf eine (von mehreren) gesicherten **Forderungen** zu verrechnen ist. Bei einer Anrechnung auf die Grundschuld verliert der Gläubiger die Grundschuld in Höhe der Zahlung (RN 824 bzw. RN 829). Der Erlös muss dann aber ohne weiteren Eingriff des Zahlenden nach der getroffenen Abrede oder nach dem Gesetz verrechnet werden. Im Beispiel wäre dann nach § 366 Abs. 2 BGB eine der fälligen, aber für den Gläubiger weniger sicheren Forderungen (also eine nicht verbürgte) getilgt worden. Der Gläubiger hätte die Bürgschaft behalten. Bei Zahlung auf die verbürgte Forderung verliert der Gläubiger die Bürgschaft. Als Sicherheit für die restlichen (nicht zusätzlich gesicherten) Forderungen steht ihm weiterhin die Grundschuld zur Verfügung (RN 820).

842 Besteht keine Verrechnungsabrede und liegt keine wirksame (RN 841) einseitige Bestimmung des Leistenden vor, ergibt sich die **Tilgungsreihenfolge** entsprechend **§ 366 Abs. 2 BGB**, falls die Grundschuld mehrere Forderungen sichert und der gezahlte Betrag zur Tilgung aller nicht ausreicht.[110] Verbleiben

---

107 Etwa BGH v. 23. 2. 1999 – XI ZR 49/98 (Ziff. II. 2 b) = BGHZ 140, 391 = NJW 1999, 1704 = WM 1999, 684 = ZIP 1999, 550.

108 OLG Karlsruhe v. 26. 11. 1987 – 9 U 228/86 = NJW-RR 1988, 1337 = WM 1988, 954; Grüneberg/*Herrler*, § 1191 RN 34.

109 *Schoppmeyer/Liepin*, in Gehrlein/Graewe/Wittig, § 15 RN 308 und RN 314; *Tiedtke*, ZIP 1997, 1949, 1952; *Gaberdiel*, BGH EWiR § 366 BGB 2/89, 1181; ebenso (für die Verrechnung nach § 367 Abs. 1 BGB): OLG Stuttgart v. 3. 4. 1990– 10 U 71/89 (Ziff. 3a) = NJW-RR 1990, 945 = WM 1990, 1191; vgl. auch *Rimmelspacher*, WuB I F 3 – 14. 89.

110 BGH v. 29. 4. 1997 – XI ZR 176/96 (Ziff. II. 2 c) = WM 1997, 1247 = ZIP 1997, 1191 = EWiR § 1191 BGB 2/97, 975 (*Clemente*); BGH v. 13. 11. 1990 – XI ZR 217/89 (Ziff. II. 2 b) = WM 1991, 60 = ZIP 1991, 155; OLG Köln v. 4. 4. 2001 – 13 U 96/00 (Ziff. 5) = WM 2003, 1468; *Ganter*, WM 1998, 2081, 2086.

dabei Forderungen, die – jeweils isoliert betrachtet – nicht vollständig getilgt werden können, oder kann die einzige gesicherte Forderung nicht vollständig befriedigt werden, so richtet sich die Reihenfolge, in der die Teile innerhalb der jeweiligen Forderung getilgt werden, nach **§ 367 Abs. 1 BGB** bzw. (bei einem Verbraucherdarlehen) nach § 497 Abs. 3 Satz 1 BGB (dazu RN 815). Diese Verrechnung ist zulässig, selbst wenn sie zulasten des Schuldners oder des (Dritt-)Sicherungsgebers geht (vgl. RN 819). Große **praktische Bedeutung** kommt der ersten Bestimmung (auf welche von mehreren Forderungen der Erlös aus der Grundschuld zu verrechnen ist [§ 366 BGB]) zu. Dagegen ist die zweite Bestimmung (in welcher Reihenfolge die einzelnen Teile einer nicht voll befriedigten Forderung getilgt werden [§ 367 bzw. § 497 BGB]) von nur untergeordneter Bedeutung.

Das Risiko (RN 841) eines etwaigen (doppelten) Bestimmungsrechts des Leistenden lässt sich durch eine **Vereinbarung** reduzieren, die den Bezugspunkt der Tilgungsleistung (RN 816 ff.) bzw. eine angemessene (an § 366 BGB orientierte) Reihenfolge für die Verrechnung des Grundschulderlöses auf die gesicherten Forderungen regelt. Besteht eine (wirksame) Verrechnungsabrede, so ist diese bindend.[111] Nach § 366 Abs. 2 BGB wird der Betrag zunächst auf die fälligen Forderungen und unter mehreren fälligen auf diejenigen, die dem Gläubiger die geringste Sicherheit bieten, verrechnet. Die weiteren Verrechnungsschritte nach § 366 Abs. 2 BGB dürften kaum praktische Bedeutung erlangen, sind aber für Gläubiger und Schuldner angemessen. Im Beispielsfall (RN 841) wäre danach der auf die Grundschuld gezahlte Betrag – Fälligkeit aller Darlehen unterstellt – zunächst auf die nicht zusätzlich gesicherten Darlehen verrechnet worden, also gerade nicht auf das zusätzlich verbürgte.

Diese Reihenfolge ist sachgerecht, und da die gesetzliche Reihenfolge (§ 366 Abs. 2 BGB) weder überraschend noch unangemessen sein kann, muss – wird sie vereinbart[112] – eine Unwirksamkeit nach § 305c Abs. 1 BGB oder § 307 Abs. 1 und 2 BGB ausgeschlossen sein. Auch die Vereinbarung, dass der Gläubiger berechtigt ist, unter den fälligen gesicherten Forderungen diejenige(n) zu bestimmen, auf die der Grundschulderlös verrechnet wird, müsste wirksam sein. Denn wenn die Grundschuld wirksam als Sicherheit für mehrere Forderungen bestellt worden ist, kann der Gläubiger für jede dieser Forderungen, sobald sie fällig ist, die Grundschuld bemühen.[113] Deshalb dürfte kein **AGB-Verstoß** vorliegen, wenn dem Gläubiger das Bestimmungsrecht eingeräumt wird, für welche fälligen Forderungen er anstelle der Grundschuld getretenes Geld in Anspruch nehmen will. Bei der Gestaltung einer solchen Abrede ist aber zu berück-

843

---

111 BGH v. 27.4.1993 – XI ZR 120/92 (Ziff. II. 4 b) = WM 1993, 1078 = ZIP 1993, 910.
112 Die Vereinbarung, dass zur Tilgung aller Forderungen nicht ausreichender Erlös zunächst auf die Forderung mit der geringeren Sicherheit verrechnet wird (Anhänge 6 [1.4], 7 [1.4], 8 [1.4]), entspricht der gesetzlichen Reihenfolge nicht ganz, weil der absolute Vorrang der fälligen Forderungen nicht zum Ausdruck kommt. Die praktische Bedeutung dürfte nicht sehr groß sein, weil in den kritischen Fällen wohl so gut wie immer alle Forderungen fällig sind. Für die abstrakte Bewertung der Zulässigkeit könnte dem aber schon Gewicht zukommen.
113 BGH v. 4.11.1997 – XI ZR 181/96 (Ziff. II. 1) = WM 1997, 2396 = ZIP 1998, 286.

sichtigen, dass ein Verrechnungsrecht des Gläubigers nach seinem billigen Ermessen (was eine Verrechnung auf nicht fällige Forderungen ausschließen dürfte) für unwirksam gehalten wird (RN 818).

844 Der **Eigentümer**, der **nicht persönlicher Schuldner** ist, zahlt nach der h. M. nur auf die Grundschuld[114], nicht auch auf die dadurch gesicherte Forderung. Personenverschiedenheit liegt z. B. auch vor, wenn das Grundstück einer Erbengemeinschaft gehört und die Grundschuld Verbindlichkeiten eines Miterben sichert.[115]

Nach h. M. **erlischt** in diesem Fall die gesicherte **Forderung nicht**, sondern bleibt erhalten. Sie geht auch nicht kraft Gesetzes auf den Eigentümer über, darf aber, soweit der auf die Grundschuld gezahlte Betrag reicht, vom Gläubiger nicht mehr geltend gemacht werden.[116] Ist der Eigentümer zugleich Sicherungsgeber, kann er aus dem Sicherungsvertrag grds. Abtretung der Forderung verlangen (vgl. aber RN 847, 850).[117] Noch in diesem Stadium des Verfahrens kann der Sicherungszweck der Grundschuld – durch Vereinbarung zwischen den Beteiligten (RN 701 bis 703) – auf weitere Forderungen erweitert werden.[118] Das kann dazu führen, dass andere (schon bei dem engeren Sicherungszweck gedeckt gewesene) Forderungen nicht aus dem Erlös der Grundschuld getilgt werden, sondern erhalten bleiben und gegen den Schuldner durchgesetzt werden können.

845 **Zahlt ein Dritter**, erwirbt er die Grundschuld, wenn er zur Ablösung berechtigt ist (RN 829 f.). Anderenfalls – außer wenn der Dritte für einen Ablösungsberechtigten handelt – geht die Grundschuld auf den Eigentümer über (RN 831). Die gesicherte Forderung darf vom Gläubiger – soweit er aus dem für die Grundschuld gezahlten Betrag befriedigt ist – nicht mehr geltend gemacht werden[119];

---

114 BGH v. 27. 3. 1981 – V ZR 202/79 (Ziff. II. 1) = BGHZ 80, 228 = WM 1981, 691 = ZIP 1981, 588; BGH v. 12. 11. 1986 – V ZR 266/85 (Ziff. II. 2 b) = WM 1987, 202 = EWiR § 1191 BGB 1/87, 237 (*Gaberdiel*); BGH v. 14. 7. 1988 – V ZR 308/86 (Ziff. II. 1 a) = BGHZ 105, 154 = WM 1988, 1259 = ZIP 1988, 1096; *Siol*, WM 1996, 2217, 2220; OLG Brandenburg v. 21. 12. 2011 – 4 U 13/11 = RNotZ 2012, 167 = BKR 2012, 158.

115 BGH v. 14. 7. 1988 – V ZR 308/86 (Ziff. II. 1 a) = BGHZ 105, 154 = WM 1988, 1259 = ZIP 1988, 1096.

116 BGH v. 14. 7. 1988 – V ZR 308/86 (Ziff. II. 1 b und c) = BGHZ 105, 154 = WM 1988, 1259 = ZIP 1988, 1096; Grüneberg/*Herrler*, § 1191 RN 36; *anders* (Übergang der Forderung auf den Eigentümer analog § 1143 BGB): MünchKomm/*Lieder*, BGB § 1191 RN 146.

117 BGH v. 19. 11. 1998 – IX ZR 284/97 (Ziff. II. 3 a) = WM 1999, 35 = ZIP 1999, 123; OLG Brandenburg v. 21. 12. 2011 – 4 U 13/11 = RNotZ 2012, 167 = BKR 2012, 158; Grüneberg/*Herrler*, § 1191 RN 36; *Reinicke/Tiedtke*, WM 1987, 485 (Ziff. III. 2 und 3); Staudinger/*Wolfsteiner* (2019), Vorbem. vor §§ 1191 ff., RN 145 (Sicherungsnehmer muss Forderung und Erlös an Sicherungsgeber abtreten); *s. auch*: BGH v. 27. 3. 1981 – V ZR 202/79 (Ziff. II. 2) = BGHZ 80, 228 = WM 1981, 691 = ZIP 1981, 588, (offengelassen, ob Anspruch auf Abtretung einen Ausgleichsanspruch voraussetzt).

118 BGH v. 14. 7. 1988 – V ZR 308/86 (Ziff. II. 1 c) = BGHZ 105, 154 = WM 1988, 1259 = ZIP 1988, 1096.

119 Grüneberg/*Herrler*, § 1191 RN 38 i. V. m. 36.

vorzugswürdig ist hier die Annahme eines Untergangs der Forderung[120] (RN 847, 850).

Die BGH-Entscheidung vom 23.1.1996[121] zeigt, dass **eine einzige Zahlung nicht zwei Verbindlichkeiten** jeweils in Höhe der Zahlung tilgt (RN 840).[122] In der Entscheidung (Nichtannahmebeschluss) ging es darum, dass die für einen Kreditgeber eingetragene Grundschuld, die dessen Ersatzanspruch aus einem Avalkredit sichern sollte, in Wirklichkeit einem Dritten zustand (was aber den Beteiligten zunächst nicht bewusst war). Den auf die Grundschuld gezahlten (und auf diese und zugleich auf den vermeintlich gesicherten Ersatzanspruch verrechneten) Betrag musste der Kreditgeber später gem. § 816 Abs. 2 BGB an den richtigen Grundschuldgläubiger herausgeben. Daraufhin machte der Kreditgeber seinen schuldrechtlichen Anspruch geltend und obsiegte. Wäre in dem vom BGH entschiedenen Fall die gesicherte Forderung durch die Zahlung auf die Grundschuld wirklich (originär) getilgt worden, dann hätte sie nicht deshalb wieder aufleben können, weil die auf die Grundschuld erbrachte Zahlung herausgegeben werden musste. Im Ergebnis ist die Entscheidung richtig.[123] Wenn die Zahlung nach der Bestimmung des Leistenden (§ 366 Abs. 1 BGB) auf die Grundschuld verrechnet wird, dann ist damit die unmittelbare Tilgungswirkung der Leistung verbraucht; der Wille des Zahlenden kann seiner Leistung keine doppelte Tilgungswirkung verleihen. Die Tilgung der gesicherten Forderung erfolgt in einem zweiten, sofort anschließenden Schritt durch Verrechnung, aber nicht unmittelbar durch die Zahlung.

846

Der auf die Grundschuld gezahlte Betrag tritt an deren Stelle.[124] Wie die Grundschuld ist er durch die Sicherungsabrede mit der gesicherten Forderung verknüpft. Nach dem Zweck einer Sicherheit soll deren Erlös dem Gläubiger wegen der gesicherten Forderung insoweit Befriedigung verschaffen, wie sich beide decken. Deshalb muss im Zuge der Befriedigung der **Sicherheitserlös mit der gesicherten Forderung verrechnet** werden (Folgen für die gesicherte Forderung RN 850). Der Gläubiger kann vorübergehend den Sicherheitserlös als Guthaben für den Sicherungsgeber führen und daneben Gläubiger der gesicherten Forderung bleiben. Aber sobald er den Vorgang abschließt und Befriedigung sucht, kann das im Rechenwerk des Gläubigers nur dadurch zum Ausdruck gebracht werden, dass er den Sicherheitserlös auf dem Forderungskonto gutschreibt. Damit gleichen sich die beiden Beträge, soweit sie sich decken, aus. Auch ausgehend von der hier vertretenen Ansicht kann der Eigentümer seine Zahlung davon abhängig machen, dass ihm die Forderung und die Grundschuld

847

---

120 MünchKomm/*Lieder*, § 1191 RN 147; offen gelassen BGH v. 30.1.2001 – XI ZR 118/00 (Ziff. II. 1 a) = WM 2001, 623 = ZIP 2001, 507.

121 BGH v. 23.1.1996 – XI ZR 75/95 (Ziff. 1 und 2) = WM 1996, 438 = ZIP 1996, 418.

122 Ebenso Staudinger/*Wolfsteiner* (2019), Vorbem. zu §§ 1191 ff., RN 148 f.; *Schoppmeyer/Liepin*, in Gehrlein/Graewe/Wittig, § 15 RN 308 und RN 314; anders die h.M. (dazu oben im Haupttext RN 840).

123 Dagegen *Tiedtke*, NJW 1997, 851, der zum Ergebnis kommt, dass auch die gesicherte Forderung getilgt sei.

124 BGH v. 28.10.1997 – XI ZR 26/97 (Ziff. II. 1) = WM 1997, 2355 = ZIP 1997, 2194; Staudinger/*Wolfsteiner* (2019), Vorbem. zu §§ 1191 ff., RN 131.

abgetreten werden.[125] Es liegt dann keine Zahlung auf die Grundschuld vor, sondern ein Kauf von Forderung und Grundschuld (vgl. RN 978 f.).

848 Zahlt der Leistende auf die Grundschuld (dazu RN 841), darf er nicht bestimmen, auf welche von **mehreren gesicherten Forderungen** der Betrag zu **verrechnen** ist. Seinen Entscheidungsspielraum hat er ausgeschöpft, indem er sich für eine Leistung auf die Grundschuld (anstatt auf die gesicherten Forderungen) entschieden hat.

849 Übersteigt der Erlös aus der Grundschuld den zur Tilgung der gesicherten Forderungen erforderlichen Betrag, so ist der **Mehrerlös** an den Rückgewährberechtigten **herauszugeben.** Allerdings kann die Sicherungsabrede noch in diesem Stadium des Verfahrens – durch Vereinbarung zwischen den Beteiligten (RN 701 ff.) – geändert und auch auf weitere Forderungen erweitert werden (RN 844), deren Tilgung dann den Übererlös mindert.

850 Ob die Zahlung auf die Grundschuld zum **Erlöschen der gesicherten Forderung** führt **oder** zu deren **Übergang auf den Leistenden** (ggf. durch rechtsgeschäftliche Übertragung), hängt davon ab, ob dies als Basis für einen Ausgleich gegenüber dem Schuldner und/oder weiteren Sicherungsgebern der **Interessenlage** entspricht. Löst ein **dazu berechtigter Dritter** (RN 830) die Grundschuld ab, dann wendet er dadurch die von ihr ausgehende Gefahr für sein Recht ab. Dazu ist die Ablösung der Grundschuld in vollem Umfang (also einschließlich dinglicher Zinsen und etwaiger Nebenleistungen) notwendig; diese geht folglich auch in vollem Umfang auf ihn über. Im Übrigen handelt er aber auf eigenes Risiko, insb. kann er keinen Ausgleich erwarten. Deshalb geht die gesicherte Forderung nicht auf ihn über, sondern unter.[126] Ein **Eigentümer, der nicht Sicherungsgeber** (und nicht Schuldner) **ist,** erfüllt durch die Zahlung auf die Grundschuld seine (dingliche) Schuld. Dafür kann er keinen Ausgleich erwarten. Hierher gehört etwa der Fall, dass jemand in der Zwangsversteigerung ein belastet bleibendes Grundstück erworben hat. Die Übernahme der Belastung war Teil seines Gebots; ein Ausgleichsanspruch wäre eine nicht interessengerechte nachträgliche Entlastung (RN 1131, RN 950). Deshalb erlischt die gesicherte Forderung durch Verrechnung. Zahlt der **Eigentümer**, der zugleich **alleiniger persönlicher Schuldner** (und Sicherungsgeber) ist, auf die Grundschuld, kommt ein Ausgleich und ein Übergang der Forderung (die ohnehin infolge der Identität von Gläubiger und Schuldner sofort erlöschen würde) nicht in Betracht. Auch in diesem Fall geht die gesicherte Forderung nicht über, sondern

---

125 In den Fällen, die den BGH-Urteilen v. 27. 3. 1981 – V ZR 202/79 = BGHZ 80, 228 = WM 1981, 691 = ZIP 1981, 588 und v. 12. 11. 1986 – V ZR 266/85 = WM 1987, 202) zugrunde liegen, lag die Annahme nicht fern, dass die gesicherten Forderungen vom Eigentümer gekauft – und nicht getilgt – worden sind (vgl. *Clemente*, RN 78; *Gaberdiel*, EWiR § 1191 BGB 1/87, 237).

126 MünchKomm/*Lieder*, § 1191 RN 147; anderer Ansicht *Grüneberg/Herrler*, § 1191 RN 38 i. V. m. 36; offengelassen: BGH v. 30. 1. 2001 – XI ZR 118/00 (Ziff. II. 1 a) = WM 2001, 623 = ZIP 2001, 507 = EWiR § 3 AGBG 2/01, 553 (*Weber*).

erlischt.[127] Dagegen kann bei dem Eigentümer, der die Grundschuld als Sicherheit für eine **fremde Verbindlichkeit** zur Verfügung gestellt hat, ein Ausgleich in Betracht kommen, wenn er die Grundschuld auslöst und damit ihre Realisierung abwendet. Das gilt in gleicher Weise für denjenigen, der beim Erwerb eines schon belasteten Grundstücks in den Sicherungsvertrag eingetreten ist (RN 636). Ähnlich ist die Situation, wenn die Grundschuld als Sicherheit für eine Verbindlichkeit dient, die der Eigentümer (und Sicherungsgeber) nicht allein, sondern **zusammen mit anderen schuldet.** Soweit die Verbindlichkeit von den anderen geschuldet wird, sichert die Grundschuld gewissermaßen auch eine fremde Verbindlichkeit. In einem solchen Fall kann bei Leistung des Eigentümers/Sicherungsgebers auf die Grundschuld ebenfalls ein Ausgleich in Betracht kommen. In beiden Fallgruppen ergibt sich der **Ausgleichsanspruch** aber nicht aus dem Vorgang der Ablösung, sondern aus den Rechtsbeziehungen zu dem/den (anderen) Schuldner(n) und ggf. anderen Sicherungsgebern aus der Gewährung der Sicherheit. Der **Übergang** oder Nicht-Übergang der gesicherten **Forderung bringt dabei keine Hilfe.** Denn der Anspruch daraus wird (soweit es um den Regress gegen den Schuldner geht) von der der Sicherheitsgewährung zugrunde liegenden Vereinbarung (RN 567) und (soweit es sich um den Ausgleich zwischen mehreren Sicherungsgebern handelt) durch die Ausgleichsregeln (dazu RN 1022 ff.) überlagert. Mithilfe der übergegangenen Forderung kann der Sicherungsgeber keinen Ersatz verlangen, wenn bzw. soweit dies durch die Vereinbarung nach RN 567 oder die Ausgleichsregeln (RN 1022 ff.) ausgeschlossen ist. Das gilt auch für den Umfang des Anspruchs. War ein hoch verzinslicher Überziehungskredit gesichert, berechtigt dies den Sicherungsgeber nicht, für den aus vorhandenen Barmitteln[128] erbrachten Ablösungsbetrag Überziehungszinsen zu verlangen, falls sich ein solcher Anspruch nicht aus der Vereinbarung nach RN 567 ergibt. Umgekehrt kann er ggf. gesetzliche Verzugszinsen auf den ganzen von ihm aufgewendeten Ablösungsbetrag beanspruchen, auch soweit daraus Zinsen der gesicherten Forderung bezahlt worden sind; § 289 BGB kann dem nicht entgegenstehen. Deshalb ist der Übergang der Forderung auch in diesen Fällen wenigstens verzichtbar. Eine Verrechnung des auf die Grundschuld bezahlten Betrags mit der gesicherten Forderung mit der Folge, dass diese untergeht, ist die der Vorstellung der Beteiligten besser entsprechende Lösung.[129]

---

127 MünchKomm/*Lieder*, BGB § 1191 RN 144; *Reinicke/Tiedtke*, WM 1987, 485 (Ziff. II. 2); im Ergebnis ebenso (über Aufrechnung) Staudinger/*Wolfsteiner* (2019), Vorbem. zu §§ 1191 ff., RN 143. Die h. M. kommt zum gleichen Ergebnis, wenn sie Tilgung der Forderung unmittelbar durch die Zahlung (nicht über die Verrechnung) annimmt (vgl. Haupttext RN 840).

128 Würde der Sicherungsgeber zur Ablösung einen Kredit aufnehmen müssen, könnte er ggf. unter dem Gesichtspunkt des Verzugsschadens Ersatz der dafür aufzuwendenden Zinsen verlangen.

129 Für den Fall, dass der Eigentümer im Innenverhältnis zum Schuldner verpflichtet ist, den Gläubiger zu befriedigen, ebenso: *Reinicke/Tiedtke*, WM 1987, 485, 488; zur abweichenden h. M. s. Haupttext RN 844.

24 Abtretung des Rückgewähranspruchs

24.1 Abtretbarkeit und Abtretung

851 Der Rückgewähranspruch ist abtretbar, und zwar schon vor Wegfall des Sicherungszwecks.[1] Mit der Abtretung scheidet er aus dem Vermögen des bisherigen Rückgewährberechtigten aus.[2] Danach kann der Rückgewähranspruch z. B. von einem Gläubiger des bisher Rückgewährberechtigten nicht mehr wirksam gepfändet werden (zur Abtretung und der Insolvenz des bisherigen Berechtigten RN 859, zum Rückgewähranspruch eines Schuldversprechens RN 302, 303 und 483).

852 Ist die **Abtretung** des Rückgewähranspruchs wirksam[3] **ausgeschlossen** oder von der **Zustimmung** des Sicherungsnehmers abhängig gemacht (RN 759), so wird eine dennoch erfolgte Abtretung erst wirksam, wenn der Abtretungsausschluss durch Vereinbarung zwischen Sicherungsnehmer und Sicherungsgeber aufgehoben bzw. die vorbehaltene Zustimmung erteilt wird. Weder die Aufhebung des Abtretungsverbots noch die Zustimmung haben rückwirkende Kraft.[4] In der Praxis sollten also bei der Abtretung von Rückgewähransprüchen auch formularmäßige Zustimmungsvorbehalte der Sicherungsnehmer beachtet werden.[5]

853 Solange der Abtretungsausschluss gilt, gehört der Rückgewähranspruch noch zum Vermögen des Sicherungsgebers. Wird vorher das Insolvenzverfahren gegen den Sicherungsgeber eröffnet, kann die Abtretung nicht mehr wirksam werden (§ 91 Abs. 1 InsO). Außerdem kann, solange die Abtretung nicht wirksam geworden ist, der Rückgewähranspruch von einem anderen Gläubiger des bisherigen Rückgewährberechtigten gepfändet werden. Wird die Abtretung erst danach (durch Aufhebung des Abtretungsausschlusses bzw. Zustimmung) wirksam, bleibt das Pfandrecht bestehen; der neue Berechtigte erwirbt den Rückgewähranspruch mit dieser Belastung (§ 184 Abs. 2 BGB).[6]

---

1 BGH v. 2.6.2022 – V ZR 132/21, RN 10 = WM 2022, 1471 = *Groeschler*, WuB 2022, 428 = *Samhat*, EWiR 2022, 609; BGH v. 5.11.1976 – V ZR 5/75 (Ziff. II) = NJW 1977, 247 = WM 1977, 17; MünchKomm/*Lieder*, BGB § 1191 RN 154.

2 BGH v. 5.11.1976 – V ZR 5/75 (Ziff. II) = NJW 1977, 247 = WM 1977, 17; vgl. auch *Bülow*, WM 1998, 845, mit einer Gegenüberstellung der Abtretung des Rückgewähranspruchs einerseits und andererseits einer zweiten Abtretung der Grundschuld durch den nicht mehr bzw. noch nicht wieder berechtigten Sicherungsgeber.

3 Dass § 308 Nr. 9 BGB (eingeführt durch das Gesetz für faire Verbraucherverträge) insoweit kein Wirksamkeitshindernis darstellt, wird in RN 759.2 dargestellt.

4 BGH v. 14.1.2022 – V ZR 255/20, RN 20 = BGHZ 232, 265 = WM 2022, 976, Anm. *Lieder*, WuB 2022, 291, Anm. *Schmidt*, EWiR 2022, 385; BGH v. 29.6.1989 – VII ZR 211/88 (Ziff. 3b c und e) = BGHZ 108, 172 = NJW 1990, 109 = ZIP 1989, 1137; (für Abtretungsverbot): BGH v. 1.2.1978 – VIII ZR 232/75 (Ziff. II. 2 c) = BGHZ 70, 299 = NJW 1978, 813 = WM 1978, 267; Grüneberg/*Grüneberg*, § 399 RN 12.

5 Zutreffender Hinweis von BeckOGK/*Rebhan*, 01.09.2023, BGB § 1191 RN 131; *Rebhan*, in DNotZ 2023, 145, 151.

6 BGH v. 1.2.1978 – VIII ZR 232/75 (Ziff. II. 2) = BGHZ 70, 299 = NJW 1978, 813 = WM 1978, 267; MünchKomm/*Roth/Kieninger*, § 399 RN 44.

Selbst ein **künftiger Rückgewähranspruch** (also bzgl. einer Grundschuld, die   *854* noch nicht eingetragen oder abgetreten ist und/oder über die noch kein Sicherungsvertrag besteht) ist abtretbar. Eine spätere Abtretung ist gegenüber einer solchen Vorausabtretung unwirksam, vorausgesetzt, der abgetretene (künftige) Rückgewähranspruch ist in der Vorausabtretung so umschrieben, dass er spätestens bei seiner Entstehung bestimmbar und individualisierbar ist.[7]

Beispiel 1:

Werden z.B. bei der Bestellung der zunächst erstrangigen Grundschuld Nr. 1 an den Gläubiger Nr. 1 die Rückgewähransprüche bzgl. aller Grundschulden abgetreten, die der Grundschuld Nr. 1 gegenwärtig oder zukünftig im Rang vorgehen[8], und wird später die Grundschuld Nr. 2 mit Rang vor der Grundschuld Nr. 1 bestellt, so geht der Rückgewähranspruch bzgl. der Grundschuld Nr. 2, sobald er mit (Abschluss des Sicherungsvertrags und) Eintragung der Grundschuld Nr. 2 entsteht, aufgrund der Vorausabtretung auf den Gläubiger Nr. 1 über. Das gilt auch dann, wenn gleichzeitig mit der Grundschuld Nr. 2 eine nachrangige Grundschuld Nr. 3 bestellt und eingetragen und an deren Gläubiger ebenfalls die Rückgewähransprüche bzgl. aller vorrangigen Grundschulden abgetreten werden. Denn da die Grundschuld Nr. 2 von Anfang an mit Rang vor der Grundschuld Nr. 1 bestellt wird, wird der Rückgewähranspruch bzgl. der Grundschuld Nr. 2 sofort von der Vorausabtretung zugunsten des Gläubigers Nr. 1 erfasst. Diese wirksame Vorausabtretung des Rückgewähranspruchs bzgl. der Grundschuld Nr. 2 verhindert den Erwerb desselben Anspruchs durch den Gläubiger Nr. 3 aufgrund der späteren Abtretung an ihn.[9]

Beispiel 2:

Wäre dagegen die Grundschuld Nr. 2 im Rang nach der Grundschuld Nr. 1 bestellt worden und hätte sie erst später Rang vor der Grundschuld Nr. 1 erhalten (im Übrigen aber gleicher Sachverhalt wie im Beispiel 1), dann hätte der Gläubiger Nr. 1 den Rückgewähranspruch bzgl. der Grundschuld Nr. 2 nicht erworben. Denn dann wäre bei Eintragung der Grundschulden Nr. 2 und 3 der Rückgewähranspruch bzgl. der Grundschuld Nr. 2 (zunächst) nicht von der Vorausabtretung zugunsten des Gläubigers der Grundschuld Nr. 1 erfasst worden, weil die Grundschuld Nr. 2 (zunächst) nicht erstrangig eingetragen werden sollte. Er wäre deshalb auf den Gläubiger Nr. 3 übergegangen.

Der Rückgewähranspruch ist ein selbstständiger Anspruch. Steht er (noch) dem   *855* Eigentümer des belasteten Grundstücks zu, geht er bei Übertragung des Grundstücks **nicht kraft Gesetzes auf** den **neuen Eigentümer über**. Er geht über, wenn er abgetreten wird (RN 766) oder wenn der neue Eigentümer in den Sicherungsvertrag eintritt (RN 636).

Ist der Rückgewähranspruch an einen nachrangigen Grundschuldgläubiger zur   *856* Verstärkung des nachrangigen Rechts abgetreten worden, so ist er damit kein Nebenanspruch zur nachrangigen Grundschuld geworden. Er geht deshalb bei

---

7   BGH v. 25.10.1984 – IX ZR 142/83 (Ziff. II. 2 c) = WM 1985, 12 = ZIP 1985, 89 = EWiR § 398 BGB 1/85, 67 (*Clemente*); vgl. auch BGH, v. 7.6.2011 – VI ZR 260/10 (RN 6) = NJW 2011, 2713; OLG Koblenz v. 28.6.2018 – 1 U 952/17 = BeckRS 2018, 14922 = WM 2018, 1882 = VersR 2019, 171.

8   Anhänge 6 [2], 7 [2], 8 [2], 9 [2. Abs. 1], 9a [2. Abs. 1], 10 [2], 12 [2].

9   BGH v. 25.10.1984 – IX ZR 142/83 (Ziff. II. 2 e) = WM 1985, 12 = ZIP 1985, 89 = EWiR § 398 BGB 1/85, 67 (*Clemente*).

Abtretung der nachrangigen Grundschuld nur dann mit über, wenn auch er abgetreten wird.[10]

857 Da die **Abtretung** des Rückgewähranspruchs an keine bestimmte Form gebunden ist, kann sie auch **stillschweigend (konkludent)** erfolgen und sich aus den begleitenden Umständen ergeben. Wenn z.B. im Kaufvertrag über ein Grundstück vereinbart wird, dass der Käufer eine darauf lastende Grundschuld und die dadurch gesicherte Darlehensschuld des Verkäufers in Anrechnung auf den Kaufpreis übernimmt, wird regelmäßig damit zugleich stillschweigend der Rückgewähranspruch bzgl. der übernommenen Grundschuld abgetreten.[11] Wird dagegen in Anrechnung auf den Kaufpreis nur die Grundschuld übernommen, während der Verkäufer Schuldner der gesicherten Forderung bleibt, dann liegt darin in der Regel keine Abtretung des Rückgewähranspruchs, weil der Verkäufer, wenn er die gesicherte Verbindlichkeit tilgt, die Grundschuld als Ausgleich für den Kaufpreisnachlass erhalten muss.[12]

Auch bei **Ablösung** eines durch Grundschuld gesicherten Darlehens mit Zustimmung des Sicherungsgebers kann in den Vereinbarungen zwischen diesem und dem Neugläubiger eine stillschweigende Abtretung des Rückgewähranspruchs liegen.[13] Das ist insb. dann von Bedeutung, wenn ein dritter Gläubiger des Sicherungsgebers dessen Rückgewähranspruch gegen den Altgläubiger pfändet, bevor die Grundschuld wirksam an den Ablösenden abgetreten worden ist, weil die Pfändung – nach (stillschweigender) Abtretung des Anspruchs – ins Leere läuft.

Das OLG Schleswig[14] sah in der Weisung des Sicherungsgebers an den Altgläubiger, die Grundschuld nach Ablösung des gesicherten Darlehens an den Ablösenden abzutreten (dazu RN 639), eine stillschweigende Abtretung des Rückgewähranspruchs. Doch ist dies allenfalls eine Bestätigung einer anderweitig erfolgten Abtretung, weil die Weisung gegenüber dem Altgläubiger ergeht, die Abtretung aber zwischen dem Sicherungsgeber (Rückgewährgläubiger) und dem Ablösenden (= Empfänger der Abtretung) erfolgt.

Doch darf eine **konkludente Abtretung** der Rückgewähransprüche nicht ohne **genaue Prüfung** bejaht werden. Wird z.B. einer Bank im Rahmen einer **Umschuldung** (dazu RN 980 ff.) von der bisherigen kreditgebenden Bank eine Grundschuld wirksam übertragen und ist (im insolvenzrechtlichen Kontext)

---

10   BGH v. 17.3.1988 – IX ZR 79/87 (Ziff. 2) = BGHZ 104, 26 = WM 1988, 564 = ZIP 1988, 633 = EWiR § 1191 BGB 2/88, 583 (*Gaberdiel*).

11   BGH v. 19.10.2017 – IX ZR 79/16 (RN 19) = ZIP 2017, 2395 = WM 2017, 2299 = *Gladenbeck*, WuB 2018, 177; BGH v. 13.7.1983 – VIII ZR 134/82 (Ziff. II. 1 b) = WM 1983, 953 = ZIP 1983, 1040; BGH v. 5.2.1991 – XI ZR 45/90 (Ziff. 2c) = WM 1991, 723 = ZIP 1991, 434; MünchKomm/*Lieder*, BGB § 1191 RN 166; *Siol*, WM 1996, 2217, 2223.

12   Vgl. nur BGH v. 19.10.2017 – IX ZR 79/16 (RN 19) = ZIP 2017, 2395 = WM 2017, 2299 = *Gladenbeck*, WuB 2018, 177; MünchKomm/*Lieder*, § 1191 RN 166.

13   So (sogar als Regelfall ansehend) OLG Schleswig v. 23.1.1997– 2 W 96/96 = WM 1997, 965 = ZfIR 1997, 282 = EWiR § 1191 BGB 1/97, 355 (*Mankowski*); Grüneberg/*Herrler*, § 1191 RN 29 i.V.m. RN 26.

14   OLG Schleswig v. 23.1.1997 – 2 W 96/96 = WM 1997, 965 = ZfIR 1997, 282 = EWiR § 1191 BGB 1/97, 355 (*Mankowski*).

fraglich, ob eine Abtretung des Rückgewähranspruchs bzgl. der übertragenen Grundschuld vorliegt, dann lässt sich diese Frage nicht mit der **gängigen** formularmäßigen Abtretung von Rückgewähransprüchen in **Zweckerklärungen**[15] beantworten, weil die Klausel sich allein auf Grundschulden bezieht, die der übertragenen Grundschuld im Rang vorgehen oder gleichstehen.[16]

Steht der Rückgewähranspruch **mehreren Sicherungsgebern** zu (RN 768), müssen sie alle mitwirken, wenn der Rückgewähranspruch insgesamt übergehen soll. Besteht zwischen den Rückgewährgläubigern eine Bruchteilsgemeinschaft (z. B. bei Sicherungsgebern, denen das belastete Grundstück in Miteigentum zu Bruchteilen gehört), kann jeder von ihnen seinen Anteil am Rückgewähranspruch abtreten (RN 770). Der neue Mitberechtigte hat dieselben Rechte, wie sie sein Rechtsvorgänger hatte (RN 769). Bei Gesamthandsgemeinschaft (etwa Erbengemeinschaft) gibt es dagegen keine individuellen Anteile an den gemeinsamen Rechten. In einem solchen Fall kann der einzelne Berechtigte allein nichts abtreten. *858*

Die wirksame **Abtretung** des (dem Grunde nach bereits bestehenden) Rückgewähranspruchs wird durch die spätere **Insolvenz des Sicherungsgebers** grds. **nicht beseitigt**, weil der Rückgewähranspruch sofort mit der Abtretung auf den neuen Gläubiger übergeht.[17] Nicht mehr aktuell ist die hiervon abweichende Position[18], die mit Bezug auf das Urteil des BGH vom 9. 3. 2006[19] (keine Insolvenzfestigkeit des gesetzlichen Löschungsanspruchs) die Insolvenzfestigkeit der Abtretung des Rückgewähranspruchs jedenfalls bei weitem Sicherungszweck verneint. Denn der BGH hat seine **Rechtsprechung vom 9. 3. 2006 aufgegeben** (vgl. auch RN 526.1) und die **Insolvenzfestigkeit des gesetzlichen Löschungsanspruchs** bei Insolvenz des Eigentümers anerkannt.[20] Dieser Löschungsanspruch ist unabhängig davon insolvenzfest, ob die Vereinigungslage (RN 495) vor oder nach der Insolvenzeröffnung eintritt.[21] *859*

Der BGH ist zur Abtretung des Rückgewähranspruchs bezogen auf den **Wegfall des Sicherungszwecks nach Eröffnung des Insolvenzverfahrens** allerdings

---

15 Siehe etwa Anhänge 6 [2], 7 [2], 8 [2], 9 [6], 10 [2] sowie 12 [2].

16 Vgl. BGH v 19. 4. 2018 – IX ZR 230/15 (RN 23) = WM 2018, 1054 = ZIP 2018, 1082 = *Gladenbeck* WuB 2018, 432.

17 BGH v. 5. 11. 1976 – V ZR 5/75 (Ziff. II) = NJW 1977, 247 = WM 1977, 17; *Bülow*, WM 1998, 845, 848 (Ziff. 2b); Staudinger/*Wolfsteiner* (2019), Vorbem. zu §§ 1191 ff., RN 199 und RN 318; *Ganter*, Der Grundschuld-Rückgewähranspruch, NZI 2024, 27, 31 f.

18 OLG Celle v. 14. 7. 2010 – 3 U23/10 (Ziff. II 2 a. dd) = ZIP 2010, 1407 = WM 2010, 1976; *Kesseler* NJW 2007, 3466, 3468.

19 BGH v. 9. 3. 2006 – IX ZR 11/05 = ZIP 2006, 1141 = WM 2006, 869 = EWiR 2006, 457 (*Kesseler*).

20 BGH v. 27. 4. 2012 – V ZR 270/10 (RN 12), BGHZ 193, 144 = WM 2012, 1077 = ZIP 2012, 1140.

21 BGH v. 27. 4. 2012 – V ZR 270/10 (RN 12), BGHZ 193, 144 = WM 2012, 1077 = ZIP 2012, 1140; Staudinger/*Wolfsteiner*, (2019) § 1179a RN 63; MünchKomm/*Lieder*, 1179a RN 20, § 1179 RN 45; Grüneberg/*Herrler*, § 1179a RN 17, § 1179 RN 16.

konkreter geworden.[22] Dabei spielt die Wertung des § 91 Abs. 1 InsO eine entscheidende Rolle. Die Vorschrift hindert einen Rechtserwerb nach Eröffnung des Insolvenzverfahrens. Das Erwerbsverbot des § 91 Abs. 1 InsO kann noch eingreifen, obwohl der Verfügungstatbestand bereits abgeschlossen ist, solange sich der Rechtserwerb nicht vollendet hat.[23]

Der BGH führt auszugsweise wie folgt aus:

„In zweckentsprechender Abgrenzung schont das Erwerbsverbot des § 91 Abs. 1 InsO [...] solche Erwerbsanwärter, die an dem Erwerbsgegenstand bereits eine gesicherte Rechtsstellung erlangt haben [...] Der Sicherungswert einer bestellten Grundschuld ist trotz Abtretung des Rückgewähranspruchs aus dem Vermögen und der Insolvenzmasse des Sicherungsgebers nicht endgültig ausgeschieden, solange [...] die Grundschuld revalutier[t werden] kann, ohne dadurch den Inhalt des Rückgewähranspruchs zu verändern. Dieser Sicherungswert kann der Masse gem. § 91 Abs. 1 InsO nicht nach Eröffnung des Insolvenzverfahrens durch Begründung eines Absonderungsrechts mit Vollendung des Rechtserwerbs an dem abgetretenen Rückgewähranspruch entzogen werden [...] Der Abtretungsempfänger des Anspruchs auf Rückgewähr einer Sicherungsgrundschuld ist deshalb in seiner Rechtsposition gegenüber dem Schuldner erst dann gesichert, wenn der abgetretene Anspruch durch Wegfall des Sicherungszwecks entstanden war [...], als das Erwerbsverbot des § 91 Abs. 1 InsO eingreifen konnte. Auf eine gesicherte Durchsetzbarkeit des Rückgewähranspruchs gegen den Sicherungsnehmer und Rückgewährschuldner kommt es nicht an."[24]

Eine **gesicherte Rechtsstellung** kann also nicht schon deshalb verneint werden, weil theoretisch der Sicherungsgeber mit dem Grundschuldinhaber ohne Zustimmung des Rückgewährgläubigers die Sicherungsabrede ändern oder ergänzen könnte oder weil der Inhaber einer zurück zu gewährenden Grundschuld über diese frei verfügen kann.[25] Der neue Gläubiger des Rückgewähranspruchs kann bei Bestehen einer gesicherten Rechtsstellung deshalb z. B. den Mehrbetrag beanspruchen, wenn das belastete Grundstück im Insolvenzverfahren frei-

---

22   BGH v. 19.10.2017 – IX ZR 79/16 (RN 22) = ZIP 2017, 2395 = WM 2017, 2299 = *Gladenbeck*, WuB 2018, 177; OLG Düsseldorf v. 20.11.2018 – 12 W 15/18 = NZI 2019, 241 = ZIP 2019, 283 = Mitlehner, EWiR 2019, 217; BGH v. 10.11.2011 – IX ZR 142/10 (RN 12) = BGHZ 191, 277 = WM 2011, 2338 = ZIP 2011, 2364 = *Obermüller*, in LMK 2012, 327126 (beck-online) zu BGH v. 10.11.2011 – IX ZR 142/10; *Kesseler*, NJW 2012, 577; Staudinger/*Wolfsteiner* (2019), Vorbem. zu §§ 1191 ff., RN 199 und RN 318.

23   BGH v. 10.11.2011 – IX ZR 142/10 (RN 9) = BGHZ 191, 277 = WM 2011, 2338 = ZIP 2011, 2364; in RN 10 dieser Entscheidung des IX. Zivilsenats heißt es, dass der V. Zivilsenat mitgeteilt hat, dass er an der Rechtsauffassung seines Urteils vom 5.11.1976 – V ZR 5/75 (NJW 1977, 247 = WM 1977, 17) zu § 15 KO nicht festhalte, soweit sie der vom IX. Zivilsenat vertretenen Auslegung von § 91 Abs. 1 InsO entgegensteht.

24   BGH v. 10.11.2011 – IX ZR 142/10 (RN 9 und RN 12) = BGHZ 191, 277 = WM 2011, 2338 = ZIP 2011, 2364.

25   *Obermüller*, in LMK 2012, 327126 (beck-online) zu BGH v. 10.11.2011 – IX ZR 142/10 mit dem Hinweis, dass die entgegenstehende Entscheidung des OLG Hamm v. 25.11.2010 – I-27 U 191/09 (II. 2. c.), BeckRS 2011, 01328 = ZIP 2011, 188, damit überholt sei.

händig veräußert wird und der auf die Grundschuld entfallende Teil des Kaufpreises die dadurch gesicherte Forderung übersteigt.[26]

Der **BGH berücksichtigt** in diesem Zusammenhang die **Grundschuldzweckerklärung.** Bei einem **engen Sicherungszweck** kann der Rückgewähranspruch gegenüber dem Insolvenzverwalter durchgesetzt werden, wenn die gesicherte Forderung vor Insolvenzeröffnung (teilweise endgültig[27]) getilgt ist, weil dann eine Revalutierung der Grundschuld zu einer Änderung der bisherigen Sicherungsabrede führt, die der neue Gläubiger des Rückgewähranspruchs nicht zuzustimmen braucht.[28] Demgegenüber ist der Zessionar **bei einer weiten Zweckerklärung** einer Schwäche seines Rückgewähranspruchs ausgesetzt, weil diesem Anspruch trotz seiner Entstehung noch die auflösende Rechtsbedingung einer Revalutierung der Grundschuld durch Sicherungsgeber und Sicherungsnehmer anhaftet.[29] Die **Revalutierung**[30] **vernichtet** nach Ansicht des BGH das entstandene **Absonderungsrecht** gem. § 51 Nr. 1 InsO aus dem abgetretenen Rückgewähranspruch entsprechend § 158 Abs. 2 BGB.[31] Der wieder aufschiebend bedingte Rückgewähranspruch gewährt nach § 91 Abs. 1 InsO kein Absonderungsrecht mehr, wenn diese Rechtsbedingung erst nach der Insolvenzeröffnung über das Vermögen des abtretenden Sicherungsgebers eintritt.[32] Solange daher bei einer weiten Zweckerklärung der Grundstückseigentümer bzw. sein Insolvenzverwalter und der Grundpfandrechtsgläubiger die Grundschuld revalutieren können, ohne dass der Zessionar des Rückgewähranspruchs dies verhindern kann, ist der Rückgewähranspruch noch nicht endgültig aus der Vermögenssphäre des Schuldners ausgeschieden; ein Insolvenzschutz scheidet hier dann aus.[33]

---

26 BGH v. 5. 11. 1976 – V ZR 5/75 (Ziff. III. 2) = NJW 1977, 247 = WM 1977, 17.

27 Die Ausführungen des BGH v. 10. 11. 2011 – IX ZR 142/10 = BGHZ 191, 277 = WM 2011, 2338 = ZIP 2011, 2364, zur teilweisen endgültigen Tilgung iRe weiten Zweckerklärung (in RN 16) gelten auch für die enge Zweckerklärung, richtig *Siegmann*, WuB VI. A § 91 InsO 1.12.

28 BGH v. 10. 11. 2011 – IX ZR 142/10 (RN 13) = BGHZ 191, 277 = WM 2011, 2338 = ZIP 2011, 2364; *Obermüller*, in LMK 2012, 327126 (beck-online) zu BGH v. 10. 11. 2011 – IX ZR 142/10.

29 BGH v. 10. 11. 2011 – IX ZR 142/10 (RN 14) = BGHZ 191, 277 = WM 2011, 2338 = ZIP 2011, 2364.

30 Eine Neuvalutierung der Grundschuld i. R. e. bestehenden Sicherungsvertrags ist nach dem BGH gleichwohl regelmäßig keine Verfügung des Schuldners i. S. v. § 81 InsO, sondern allenfalls ein sonstiger Rechtserwerb i. S. v. § 91 Abs. 1 InsO, der aber im Insolvenzeröffnungsverfahren wegen § 24 InsO weder direkt noch analog anwendbar ist, vgl. BGH, v 19. 4. 2018 – IX ZR 230/15 (RN 38 ff. und RN 49) = WM 2018, 1054 = ZIP 2018, 1082 = *Gladenbeck* WuB 2018, 432.

31 BGH v. 10. 11. 2011 – IX ZR 142/10 (RN 16) = BGHZ 191, 277 = WM 2011, 2338 = ZIP 2011, 2364.

32 BGH v. 10. 11. 2011 – IX ZR 142/10 (RN 16) = BGHZ 191, 277 = WM 2011, 2338 = ZIP 2011, 2364.

33 *Obermüller*, in LMK 2012, 327126 (beck-online) zu BGH v. 10. 11. 2011 – IX ZR 142/10.

Eine insolvenzrechtliche Einschränkung des abgetretenen Rückgewähranspruchs ist auch unter dem Eindruck der BGH-Rechtsprechung[34] zum **insolvenzrechtlichen Anfechtungsanspruch** (§§ 129, 130, 143 InsO) denkbar. Danach sind Rechtshandlungen, die (zulasten der Masse) zur Werthaltigkeit einer abgetretenen Forderung führen, als kongruente Deckung (RN 232.1) selbstständig anfechtbar. Unter diesem Aspekt muss damit gerechnet werden, dass der BGH die Insolvenzfestigkeit des abgetretenen Rückgewähranspruchs für den **Dreimonatszeitraum** (§ 130 Abs. 1 Satz 1 Nr. 1 InsO) vor Insolvenzantragstellung verneint, soweit in dieser Zeit aus dem Schuldnervermögen Zahlungen auf die gesicherten Forderungen geleistet wurden. Anfechtungsrechtlich wirksam geworden nach § 140 Abs. 1 InsO ist die Abtretung des Rückgewähranspruchs in dem Zeitpunkt, da der Abtretungsempfänger gegenüber dem Abtretenden eine gesicherte Rechtsposition erlangt hat, der Anspruch mithin ohne aufschiebende Rechtsbedingung entstanden ist.[35] Soweit der Rückgewähranspruch durch Zahlungen vor dem Dreimonatszeitraum werthaltig geworden ist, kommt eine insolvenzrechtliche Anfechtung nicht in Betracht. Vor diesem Hintergrund ist dem Zessionar des Rückgewähranspruchs anzuraten, die **Abtretung** gegenüber dem Rückgewährschuldner bei Verwertungsreife möglichst frühzeitig **offen zu legen** und den Rückgewähranspruch geltend zu machen.

Soweit aber der **Insolvenzverwalter** aus Massemitteln **Leistungen** an den Gläubiger erbringt, leistet er in der Regel **auf die Grundschuld**, sodass diese insoweit kraft Gesetzes auf den Eigentümer übergeht, also in die Masse fällt und nicht dem Rückgewähranspruch unterliegt (RN 811).

Die Abtretung eines **erst künftigen Rückgewähranspruchs** (RN 854) hat in der Insolvenz des Sicherungsgebers dagegen nur Bestand, wenn der Rückgewähranspruch noch vor Eröffnung des Insolvenzverfahrens (durch Abschluss eines Sicherungsvertrags über die Grundschuld, auf die sich der Rückgewähranspruch bezieht, und Eintragung oder Abtretung dieser Grundschuld) dem Grunde nach entsteht. Ein Rückgewähranspruch, der erst nach Eröffnung des Verfahrens entsteht, kann wegen § 91 Abs. 1 InsO nicht mehr übergehen.

859.1 Zur **Praxisauswirkung** vor allem der Entscheidung des BGH vom 10.11.2011[36] lässt sich sagen, dass dadurch der ohnehin geringe (vgl. RN 896 ff.) **Sicherungswert** der Abtretung des Rückgewähranspruchs an einen nachrangigen Grundschuldgläubiger (in aller Regel nur zur Verstärkung des nachrangigen Rechts, also nicht als originäre selbstständige Sicherheit, vgl. RN 865 f.) weiter **geschmälert** wird. Sofern nicht rechtzeitig vor Insolvenzeröffnung eine Beschränkung der Sicherungsvereinbarung auf die dann noch bestehenden Verbindlichkeiten erfolgt, schiebt sich nach der genannten BGH-Entscheidung der Insol-

---

34 BGH v. 10.11.2011 – IX ZR 142/10 (RN 18) = BGHZ 191, 277 = WM 2011, 2338 = ZIP 2011, 2364; BGH v. 29.11.2007 – IX ZR 30/07 – (Ziff. II. 3 c) = BGHZ 174, 297 = ZIP 2008, 183 = DB 2008, 231 = NJW 2008, 430 = ZInsO 2008, 91 = NZI 2008, 89 = WM 2008, 204 = BB 2008, 348 = BKR 2008, 112 (*Brandt*) = WuB VI A § 130 InsO 2.08 (*Schönfelder*) = EWiR 2008, 187 (Ries).

35 BGH v. 10.11.2011 – IX ZR 142/10 (RN 18) = BGHZ 191, 277 = WM 2011, 2338 = ZIP 2011, 2364; vgl. *Volmer*, in MittBayNot 2012, 237, 239.

36 BGH v. 10.11.2011 – IX ZR 142/10 = BGHZ 191, 277 = WM 2011, 2338 = ZIP 2011, 2364.

venzverwalter also zwischen dem erst- und dem zweitrangigen Gläubiger, indem er den Übererlös des erstrangigen Gläubigers abschöpft.[37] Abzuwarten bleibt, ob die Praxis zugunsten des nachrangigen Gläubigers (Inhaber des Rückgewähranspruchs) dazu übergeht, vorwiegend mit engen Zweckerklärungen zu arbeiten.[38] Damit ist eher nicht zu rechnen. Bei der weiten Zweckerklärung kommt auf Veranlassung des Sicherungsgebers auch eine **Einmalvalutierungserklärung des Sicherungsnehmers** in Betracht. Damit wird letztlich der Sicherungszweck auf die von der Valutierungserklärung erfassten Kredite beschränkt. Dadurch **entsteht** also ein **enger Sicherungszweck**, der sich hinsichtlich der Insolvenzfestigkeit zugunsten des Zessionars (RN 859) auswirken kann, weil hier dann eine Revalutierung (ohne Mitwirkung des Zessionars) ausgeschlossen ist. Sicherungsgeber und Zessionar haben keinen Anspruch gegen den Sicherungsnehmer auf Abgabe einer solchen Einmalvalutierungserklärung. Der Sicherungsnehmer (Grundschuldinhaber) wird im Einzelfall zu entscheiden haben, ob dieser Weg (Umwandlung der weiten in eine enge Zweckerklärung) in seinem Interesse liegt. Mit Blick auf ein BGH-Urteil zur **Insolvenzfestigkeit eines Sicherheitenpools** wird auch die Überlegung geäußert, dass die beteiligten Gläubiger statt der Abtretung der Rückgewähransprüche eine **Treuhand** über die nicht valutierten Teile der vorrangigen Grundschuld vereinbaren können.[39]

860 Verlangt ein anderer als der ursprüngliche Sicherungsgeber die Grundschuld zurück, braucht der Grundschuldgläubiger dem nur zu entsprechen, wenn – Rückgewährreife unterstellt – die Abtretung ausreichend dargetan wird. Das ist dann der Fall, wenn der neue Rückgewährberechtigte dem Grundschuldgläubiger eine vom Sicherungsgeber ausgestellte **Abtretungsurkunde** aushändigt (§ 410 Abs. 1 BGB) oder wenn der Sicherungsgeber dem Grundschuldgläubiger die Abtretung des Rückgewähranspruchs schriftlich angezeigt hat (§ 410 Abs. 2 BGB).

861 Der Rückgewähranspruch wird nicht selten **mehrfach abgetreten.** Durch die erste wirksame Abtretung geht der Rückgewähranspruch auf den Abtretungsempfänger über. Ist die Abtretung vertraglich ausgeschlossen oder von der Zustimmung des Sicherungsnehmers abhängig, wird die Abtretung erst mit Erfüllung dieser Voraussetzung wirksam (RN 852). Maßgeblich ist, welche Abtretung zeitlich zuerst wirksam erfolgte (**Prioritätsprinzip** aufgrund der Wertung des § 185 Abs. 2 Satz 2 BGB sowie der §§ 408, 407 BGB). Der Rang der dinglichen Rechte spielt in diesem Zusammenhang keine Rolle.[40] Nach wirksamer Abtretung des Rückgewähranspruchs verbleibt dem Sicherungsgeber nur der Anspruch auf Rückabtretung des Rückgewähranspruchs (dazu RN 891 ff.).

---

37 Nahezu wörtlich *Volmer*, in MittBayNot 2012, 237, 240.

38 So die Lösungsansätze zugunsten des nachrangigen Gläubigers, etwa Kesseler, NJW 2012, 577, 580 f.; *Volmer*, in MittBayNot 2012, 237, 240.

39 BGH v. 21.2.2008 – IX ZR 255/06 = WM 2008, 602 = ZIP 2008, 703.

40 OLG Köln v. 18.12.1996 – 11 U 157/96 (Ziff. 1c) = WM 1998, 1924 = WuB I F 3. – 12.98 (*Gaberdiel*); *Reithmann*, WM 1985, 441, 443 (Ziff. I. 3 a).

862 Tritt der Sicherungsgeber den Rückgewähranspruch später noch einmal ab, verfügt er als Nichtberechtigter. Die **zweite Abtretung** ist **unwirksam**. Einen Schutz des guten Glaubens gibt es hier mangels **Rechtsscheintatbestand** (Ausnahme z. B. § 405, § 2366 BGB) nicht. Die spätere Abtretung wird regelmäßig nur wirksam, wenn ausnahmsweise der erste Zessionar als Berechtigter zustimmt oder wenn der Sicherungsgeber den Anspruch wieder erwirbt (§ 185 BGB).[41] Eine zuverlässige **Feststellung**, ob der Anspruch bereits wirksam abgetreten worden ist, ist **schwierig**. Als Erkenntnismittel steht regelmäßig nur die Auskunft des Abtretenden selbst zur Verfügung. Nur wenn zur Wirksamkeit der Abtretung die Mitwirkung des Grundschuldgläubigers notwendig ist (RN 852), kann durch Rückfrage bei ihm festgestellt werden, ob er bereits bei einer Abtretung mitgewirkt hat.

Eine zunächst unwirksame Abtretung des Rückgewähranspruchs **wird wirksam, wenn der Abtretende später den Rückgewähranspruch** (z. B. durch Rückabtretung) **wieder erwirbt** (§ 185 Abs. 2 Satz 1 Var. 2 BGB). Die Rückabtretung kann auch konkludent erklärt werden und z. B. in der Erteilung der Löschungsbewilligung für die durch den Rückgewähranspruch begünstigte Grundschuld liegen[42], sofern das Interesse des Gläubigers am Rückgewähranspruch mit der Löschung entfällt.

Beispiel:

Bei der Bestellung der Grundschuld Nr. 2 ist an deren Rückgewährgläubiger der Anspruch auf Rückgewähr der erstrangigen Grundschuld Nr. 1 abgetreten worden. Die spätere Abtretung desselben Rückgewähranspruchs an den Gläubiger der Grundschuld Nr. 3 war zunächst unwirksam. Sie wird aber wirksam, wenn der Gläubiger der Grundschuld Nr. 2 (= Rückgewährgläubiger bzgl. der Grundschuld Nr. 1) seine Grundschuld löschen lässt und danach kein Interesse am Rückgewähranspruch (auch nicht als Gläubiger eines anderen Grundpfandrechts am gleichen Grundstück) mehr hat.

863 Gewährt der Sicherungsnehmer (Grundschuldgläubiger) bei Fälligkeit des Rückgewähranspruchs die Grundschuld an den Sicherungsgeber zurück, obwohl dieser den Rückgewähranspruch abgetreten hat, wird der Grundschuldgläubiger aus der Rückgewährpflicht frei, wenn er die **Abtretung des Rückgewähranspruchs nicht kannte** (RN 889).

24.2 Sicherungszweck des abgetretenen Rückgewähranspruchs

864 Wird der Rückgewähranspruch – wie meist – an einen nachrangigen Grundschuldgläubiger abgetreten, erhält der Abtretungsempfänger damit eine zweite

---

41 *Reithmann*, WM 1985, 441, 443 (Ziff. I. 3 a); vgl. auch *Bülow*, WM 1998, 845 zu einem ähnlichen Problemkreis, nämlich Gegenüberstellung der Abtretung des Rückgewähranspruchs einerseits und andererseits einer zweiten Abtretung der Grundschuld durch den nicht mehr bzw. noch nicht wieder berechtigten Sicherungsgeber.

42 *Reithmann*, WM 1985, 441, 443 (Ziff. I. 3 a). Zum gleichen Ergebnis kommt Staudinger/*Wolfsteiner* (2019), Vorbem. zu §§ 1191 ff., RN 200, der annimmt, dass Abtretung (weil entsprechend auflösend bedingt) mit Rückgewähr der Grundschuld entfällt.

nicht akzessorische Sicherheit. An der Wirksamkeit der Übertragung der Rückgewähransprüche bestehen regelmäßig keine Zweifel.[43] Einen **Anspruch darauf** hat der Gläubiger, wenn dies vereinbart ist (RN 566). Eine solche Vereinbarung kann auch stillschweigend erfolgen, sofern nicht eine bestimmte Form vorgeschrieben ist (vgl. RN 575 und RN 575.1). Von einer stillschweigend getroffenen Abrede wird regelmäßig dann auszugehen sein, wenn dem Schuldner bei Abtretung des Rückgewähranspruchs bewusst ist, dass es sich dabei um eine selbstständige Sicherheit handelt. Wozu der Gläubiger den abgetretenen Rückgewähranspruch verwenden darf, ergibt sich aus der **Sicherungsabrede** bzgl. des Rückgewähranspruchs[44], die auch konkludent zustande kommen kann. Nur in deren Grenzen darf der Zessionar den Rückgewähranspruch und das, was er aufgrund dieses Anspruchs erhält (RN 879, 882), verwenden. Dabei geht es um zwei Fragen, einmal darum, welche Forderungen durch den Rückgewähranspruch gesichert sind (regelmäßig dieselben wie durch die Grundschuld[45]), und zum anderen, ob der Rückgewähranspruch den Haftungsumfang erweitern soll oder nicht[46] (RN 871 bzw. 865). Soweit eine ausdrückliche Regelung fehlt, ist dies durch Auslegung zu ermitteln.

Bei der Bestellung oder Abtretung einer nachrangigen Grundschuld werden *865* häufig gleichzeitig die Rückgewähransprüche bzgl. vor- oder gleichrangiger Grundschulden abgetreten.[47] Besteht hier keine weitere Vereinbarung hinsichtlich dieser Ansprüche, dann spricht dies dafür, dass die Beteiligten die Grundschuld als die eigentliche Sicherheit und die **Abtretung** der Rückgewähransprüche (wirtschaftlich) **nur** als **Annex** dazu betrachten.

Fehlt eine wirksame Vereinbarung (dazu RN 871), nach der die abgetretenen Rückgewähransprüche (und die später daraufhin abgetretenen Grundschulden) das Sicherheitsvolumen über das Volumen der jetzt bestellten/abgetretenen Grundschuld hinaus (und ggf. um wie viel) erhöhen, dann ist davon auszugehen, dass die Rückgewähransprüche bzgl. vor- oder gleichrangiger Grundschulden das Volumen der Sicherheit nicht vergrößern, sondern

---

43 Ebenso BGH v. 19. 10. 2017 – IX ZR 79/16 (RN 20 f.) = ZIP 2017, 2395 = WM 2017, 2299 = *Gladenbeck*, WuB 2018, 177.

44 BGH v. 19. 1. 1990 – V ZR 249/88 (Ziff. 2) = BGHZ 110, 108 = WM 1990, 345 = ZIP 1990, 298 = EWiR § 398 BGB 1/90, 339 (*Clemente*); BGH v. 17. 3. 1988 – IX ZR 79/87 (Ziff. 2 und 3 a) = BGHZ 104, 26 = WM 1988, 564 = ZIP 1988, 633 = EWiR § 1191 BGB 2/88, 583 (*Gaberdiel*).

45 Anhänge 9 [1]; 9a [1], 10 [1.1]; 11 [1.1]; 12 [1.1].

46 *Keine Erweiterung:* Anhänge 9 [2 Abs. 2], 9a [2 Abs. 2]; 10 [2.1], 11 [2.1], 12 [3.1].

47 Anhänge 6 [2], 7 [2], 8 [2], 9 [2 Abs. 1], 10 [2] sowie 12 [2].

(nur) zur **Verstärkung** der neu bestellten bzw. abgetretenen Grundschuld dienen sollen.[48]

866 Die beabsichtigte Verstärkung der als Hauptsicherheit bestellten Grundschuld erfolgt ausschließlich dadurch, dass ihr Gläubiger die Chance erhält, sich **Befriedigung an besserer Rangstelle** zu verschaffen. Als Inhaber des Rückgewähranspruchs kann er bei Erledigung des Sicherungszwecks einer vorrangigen Grundschuld deren Löschung betreiben und so eine Rangverbesserung der eigenen Grundschuld bewirken. Falls ihm ein Löschungsanspruch zusteht, kann er auch bei einem Verzicht auf die Grundschuld deren Löschung erzwingen (RN 878). Ist der Anspruch auf Abtretung der vorrangigen Grundschuld nicht ausgeschlossen, kann der nachrangige Grundschuldgläubiger auch den auf die vorrangige Grundschuld entfallenden (Über-)**Erlös** (unmittelbar oder nach Abtretung dieser Grundschuld) in Anspruch nehmen, ggf. auch (nach Abtretung der Grundschuld) die Zwangsvollstreckung daraus betreiben und damit ein anderes geringstes Gebot (als bei Vollstreckung aus der nachrangigen Grundschuld) erreichen (RN 1079). Falls die beiden Grundschulden im Rang nicht unmittelbar aufeinander folgen, kann er damit seine **Position rangübergreifend verbessern**.[49] Dies gilt aber nur, wenn sich der Zwischengläubiger die Rückgewähransprüche bzgl. der für beide Rechte vorrangigen Grundschulden nicht ebenfalls hat abtreten lassen, was bei Grundpfandrechten regelmäßig geschieht. Zweifel an der Zulässigkeit des Rangübergriffs[50] können durch entsprechende Vereinbarung entkräftet werden.

867 Der **Sicherungszweck** der Rückgewähransprüche (bzgl. vorrangiger Grundschulden) **entfällt**, sobald der Grundschuldgläubiger (Hauptsicherheit) voll befriedigt worden ist. Die Rückgewähransprüche und etwaige Leistungen, die der Sicherungsnehmer darauf erhalten hat (z. B. eine vorrangige Grundschuld oder den darauf entfallenen Übererlös), sind dann zurückzugewähren.[51] Der Sicherungszweck, der der Verstärkung der Grundschuld dienenden Rückgewähransprüche erledigt sich auch dadurch, dass sich der Sicherungszweck der verstärkten Grundschuld (Hauptsicherheit) endgültig erledigt, sodass diese (samt der sie

---

48 BGH v. 19. 1. 1990 – V ZR 249/88 (Ziff. 2) = BGHZ 110, 108 = WM 1990, 345 = ZIP 1990, 298 = EWiR § 398 BGB 1/90, 339 (*Clemente*); bzgl. der Klausel keine Bedenken geäußert hat auch BGH v 19. 4. 2018 – IX ZR 230/15 (RN 23) = WM 2018, 1054 = ZIP 2018, 1082 = *Gladenbeck* WuB 2018, 432; *Schmitz*, WM 1991, 1061, 1067; *ähnlich* (bei unklarer Sicherungsabrede nur Verstärkung): MünchKomm/*Lieder*, BGB § 1191 RN 161; *im Ergebnis ebenso* (dient nur Rangverbesserung; auf den Löschungsanspruch beschränkt) Staudinger/*Wolfsteiner* (2019), Vorbem. zu §§ 1191 ff., RN 196; *weitergehend Clemente*, RN 403: keine wirksame Abrede dieses Inhalts durch Formularvertrag.

49 BGH v. 19. 1. 1990 – V ZR 249/88 (Ziff. 2) = BGHZ 110, 108 = WM 1990, 345 = ZIP 1990, 298 = EWiR § 398 BGB 1/90, 339 (*Clemente*).

50 OLG Stuttgart v. 9. 4. 2003 – 9 U 204/02 – (Ziff. II. 2) = = BeckRS 2003, 4543 = DNotI-Report 2003, 118, hat die Zwangsvollstreckung aus der abgetretenen vorrangigen Grundschuld (durch die ein Wohnrecht im Zwischenrang untergegangen wäre) deshalb nicht zugelassen, weil dies nicht ausdrücklich vereinbart war.

51 BGH v. 19. 9. 1986 – V ZR 72/85 (Ziff. II. 2) = BGHZ 98, 256 = WM 1986, 1467 = ZIP 1986, 1540; *anders* (nur stillschweigend bedingte Abtretung, sodass diese bei Erledigung entfällt) Staudinger/*Wolfsteiner* (2019), Vorbem. zu §§ 1191 ff., RN 200.

verstärkenden Rückgewähransprüche) zurückzugewähren ist. Umgekehrt ist die Sicherungsaufgabe der als Hauptsicherheit bestellten Grundschuld erfüllt, sobald der Sicherungsnehmer aus den abgetretenen Rückgewähransprüchen bzw. aus vorrangigen – in Erfüllung von Rückgewähransprüchen abgetretenen – Grundschulden insgesamt einen Betrag in Höhe aller Ansprüche aus der Grundschuld (Hauptsicherheit) erhalten hat. Die als Hauptsicherheit bestellte Grundschuld ist dann zurückzugewähren.

Derzeit nicht belegt.   *868*

Die Abtretung von **Rückgewähransprüchen** kann auch **eigenständige Sicher-**   *869*
heit sein. Möglich ist dies aber nur, wenn aufgrund des Rückgewähranspruchs die Abtretung der betreffenden Grundschuld verlangt werden kann. Der auf den Verzichts- und/oder Löschungsanspruch beschränkte Rückgewähranspruch (RN 756 ff.) hat keinen eigenen Sicherungswert; er kann nur der Verstärkung (Rangverbesserung) einer anderen gleich- oder nachrangigen Grundschuld dienen (RN 866).

Steht dem Abtretungsempfänger **kein Grundpfandrecht am betroffenen**   *870*
Grundstück zu, so kann die **Abtretung** der Rückgewähransprüche **nicht dessen Verstärkung dienen**, sondern nur eine eigenständige Sicherheit sein. Bei Kreditinstituten dürfte die Abtretung von Rückgewähransprüchen als Hauptsicherheit aber kaum vorkommen.[52] Auch die Abtretung der Rückgewähransprüche bzgl. nachrangiger Grundschulden kann nie der Verstärkung der vorrangigen Grundschuld dienen und deshalb nur eigenständige Sicherheit sein.[53]

Aber selbst wenn der Abtretungsempfänger Gläubiger einer Grundschuld ist,   *871*
die verstärkt werden könnte, ist die **Abtretung der Rückgewähransprüche** (bzgl. anderer vor- oder gleichrangiger Grundschulden) als **eigenständige (zusätzliche) Sicherheit** mit dem Ziel, den **Haftungsumfang** der Grundschuld zu **erweitern**, nicht ausgeschlossen.[54] In diesen Fällen muss aber besonders darauf geachtet werden, dass das Gewollte eindeutig zum Ausdruck gebracht wird. Das gilt vor allem, wenn die Abtretung in derselben Urkunde erklärt wird, in der die Grundschuld bestellt oder abgetreten oder der Sicherungszweck für die Grundschuld vereinbart wird. Die Klausel, die Rückgewähransprüche bzw. die daraufhin abgetretenen vor- oder gleichrangigen Grundschulden dienen als „weitere

---

52 Mit der Absicherung des Anspruchs eines Nicht-Kreditinstituts (allein) durch Abtretung eines Rückgewähranspruchs befasst sich z.B. die Entscheidung BGH v. 9.2.1990 – V ZR 200/88 = BGHZ 110, 241 = WM 1990, 464 = ZIP 1990, 439.

53 Vgl. *Reithmann*, WM 1985, 441 (Ziff. I. 4 b). Dagegen (formularmäßige Abtretung von Rückgewähransprüchen nachrangiger Grundschulden unzulässig) Staudinger/*Wolfsteiner* (2019), Vorbem. zu §§ 1191 ff., RN 201.

54 Etwa BGH v. 17.3.1988 – IX ZR 79/87 (Ziff. 2) = BGHZ 104, 26 = WM 1988, 564 = ZIP 1988, 633 = EWiR § 1191 BGB 2/88, 583 (*Gaberdiel*); sehr kritisch *Clemente*, RN 403 (durch Formularvereinbarung nicht wirksam); Staudinger/*Wolfsteiner* (2019), Vorbem. zu §§ 1191 ff., RN 194: Abtretung mit dem Ziel der Erweiterung des Sicherungszwecks grds. unwirksam.

Sicherheit"[55], reicht jedenfalls nicht aus, um – für einen durchschnittlichen Sicherungsgeber verständlich – eine Erhöhung des Sicherungsumfangs zu vereinbaren.[56] Dagegen dürfte die Gefahr einer **überraschenden Klausel** i. S. v. § 305c Abs. 1 BGB deutlich geringer sein, wenn die Abtretung in eigener Urkunde erklärt wird. Wird die Abtretung im Zuge der Bestellung/Abtretung einer Grundschuld (mit bestimmtem Betrag) erklärt, tritt der Umfang der in den abgetretenen Rückgewähransprüchen liegenden zusätzlichen Sicherheit leicht in den Hintergrund. Zumal dieser Umfang – anders als etwa die Grundschuldzinsen – in keiner bestimmten Relation zum Betrag der neu bestellten bzw. abgetretenen Grundschuld steht. Er hängt ausschließlich vom Betrag der vorrangigen bzw. gleichrangigen Grundschulden ab, auf die sich die abgetretenen Rückgewähransprüche beziehen, und kann unter Umständen erheblich höher als der Betrag der neu bestellten Grundschuld sein. Um die Gefahr einer Überraschung zu minimieren, empfiehlt es sich, das Volumen der Grundschulden, auf die sich die Rückgewähransprüche beziehen, zu beziffern.

Der als eigenständige Sicherheit abgetretene Rückgewähranspruch hat einen eigenen Sicherungswert. Er hängt unter anderem davon ab, ob die von der Abtretung erfasste Grundschuld einen engen (RN 667) oder weiten (RN 668) Sicherungszweck hat und inwieweit die dadurch gesicherten Forderungen etwa schon getilgt sind. Die Summe der Sicherungswerte von Grundschuld und Rückgewähransprüchen sollte in einem angemessenen Verhältnis zu den zu sichernden Forderungen stehen.[57] Bei anfänglicher **Übersicherung** besteht sonst die **Gefahr**, dass der gesamte Sicherungsvertrag (auch soweit er die Grundschuld betrifft) unwirksam ist (RN 658). Eine nachträgliche Übersicherung führt dagegen nicht zur Unwirksamkeit (RN 657); es kann aber Rückgewähr eines Teils der Sicherheit verlangt werden (RN 724, 725).

872 **Sicherungszweck** der als **eigenständige Sicherheit abgetretenen Rückgewähransprüche** ist die Sicherung der vereinbarten Ansprüche. Er ist erledigt, wenn diese Ansprüche getilgt sind. In diesem Fall ist der Rückgewähranspruch (und das, was der Gläubiger daraus etwa erhalten hat) an denjenigen zurückzugeben, der dem Gläubiger den Rückgewähranspruch als Sicherheit zur Verfügung gestellt hat. Ist eine enge Sicherungsabrede (RN 667) vereinbart oder hat sich der Sicherungszweck trotz weiter Sicherungsabrede (RN 668) auf bestimmte Forderungen reduziert (RN 733 ff.), entfällt er im Maß der Tilgung der

---

55 So Anhang 9 [2 Abs. 2], allerdings wird in Satz 3 des Absatzes 2 formuliert: *„Für diese weitere Grundschuld gelten die Bestimmungen dieser Sicherungsvereinbarung entsprechend."*

56 BGH v. 19. 1. 1990 – V ZR 249/88 (Ziff. 2) = BGHZ 110, 108 = WM 1990, 345 = ZIP 1990, 298 = EWiR § 398 BGB 1/90, 339 (*Clemente*).

57 Staudinger/*Wolfsteiner* (2019), Vorbem. zu §§ 1191 ff., RN 195, hält die Abtretung mit dem Ziel der Erweiterung des Sicherungsumfangs nur für wirksam, wenn ein Sicherungsbedarf in Höhe der Summe der (bestellten) Grundschuld und der Grundschulden besteht, auf die sich die Rückgewähransprüche beziehen. Dabei wird aber nicht hinreichend berücksichtigt, dass der Sicherungswert eines Rückgewähranspruchs vom Sicherungszweck der Grundschuld und von deren Valutierung abhängt; er wird nur ausnahmsweise dem Nennwert der Grundschuld entsprechen.

(noch) gesicherten Forderungen, sodass ggf. Teilrückgewähr verlangt werden kann (RN 724 f.).

24.3 Rechtsstellung des neuen Gläubigers des Rückgewähranspruchs

Der **neue Gläubiger erwirbt** den **Rückgewähranspruch** grds. **so, wie er dem bisherigen zustand.** Ist er noch nicht auf eine Rückgewährart reduziert, geht auch das **Wahlrecht** (RN 748) auf den neuen Gläubiger über; hat der bisherige Berechtigte die Wahl bereits getroffen, bleibt dies für den neuen Gläubiger grds. verbindlich.[58] Ist der Rückgewähranspruch wirksam auf den Verzichts- und/oder Löschungsanspruch beschränkt (RN 756 ff.), so ist der neue Gläubiger daran gebunden.   *873*

Der Rückgewähranspruch kann bei der Abtretung nicht aufgespalten werden. Der bisherige Rückgewährberechtigte kann z. B. nicht allein den Löschungsanspruch abtreten (und den Abtretungsanspruch behalten). Schränkt aber der alte Berechtigte die Abtretung seines Rückgewähranspruchs z. B. auf die Löschungsvariante ein, kann darin eine Wahlausübung liegen, die wirksam wird, sobald der skizzierte Vorgang (also auch die ggf. konkludente Wahlerklärung) dem Grundschuldgläubiger zugeht. Deshalb kommt einer solchen Einschränkung der Abtretung (den Zugang an den Grundschuldgläubiger vorausgesetzt) auch Wirkung gegenüber Dritten zu.[59] Demgegenüber bindet die mitunter empfohlene Abrede[60], in welcher Form der Zessionar das auf ihn übergegangene (noch nicht ausgeübte) Wahlrecht auszuüben hat, den Zessionar zwar nur im Verhältnis zum Abtretenden (also nicht auch im Außenverhältnis), löst aber bei Verstoß **Schadensersatzansprüche** aus.

Nach dem BGH geht mit der Abtretung des vertraglichen Rückgewähranspruchs regelmäßig der gesetzliche **Anspruch aus § 1169 BGB** (RN 793) über, auch wenn der neue Rückgewährberechtigte nicht Grundstückseigentümer ist.[61] Danach kann auch ein neuer Rückgewährgläubiger, der nicht Eigentümer des Grundstücks ist, von einem Erwerber, der die Grundschuld nicht gutgläubig einredefrei erworben hat, grds. Verzicht, Aufhebung oder Abtretung der Grundschuld verlangen, selbst wenn der Erwerber die vertragliche Rückgewährpflicht nicht übernommen hat (RN 793).   *874*

Erlischt eine Grundschuld in der Zwangsversteigerung, dann setzt sich der Rückgewähranspruch an einem etwaigen Übererlös fort (dazu RN 750 ff.). Da   *875*

---

58 MünchKomm/*Lieder*, BGB § 1191 RN 154; Grüneberg/*Herrler*, § 1191 RN 29 i. V. m. 26; Staudinger/*Wolfsteiner* (2019), Vorbem. zu §§ 1191 ff., RN 197.

59 Das dürfte der Ansicht nicht widersprechen, dass die im Innenverhältnis auf einen bestimmten Anspruch beschränkte Abtretung keine Außenwirkung hat, so Münch-Komm/*Lieder*, BGB § 1191 RN 151; Grüneberg/*Bassenge*, § 1191 RN 29.

60 *BeckOGK/R. Rebhan*, BGB § 1191 RN 131.

61 BGH v 25. 10. 1984 – IX ZR 142/83 (Ziff. II. 1) = WM 1985, 12 = ZIP 1985, 89 = EWiR § 398 BGB 1/85, 67 (*Clemente*); nach Staudinger/*Wolfsteiner* (2019), Vorbem. zu §§ 1191 ff., RN 121, kann dieser Anspruch dem Eigentümer als solchem nicht zustehen.

der Rückgewähranspruch ein einheitlicher Anspruch ist, umfasst seine Abtretung – als Teil davon – auch den **Anspruch auf** einen **etwaigen Übererlös**.[62] Deshalb ist es überflüssig, aber unschädlich, wenn die üblichen Vordrucke häufig auch den Anspruch auf einen etwaigen Versteigerungserlös oder Übererlös nennen.[63] Ein **Kontokorrentverhältnis** zwischen Sicherungsgeber und Grundschuldgläubiger beeinträchtigt den Anspruch des neuen Rückgewährberechtigten nicht. Die Kontokorrentbindung (dazu RN 753) kann den Anspruch nicht erfassen, weil er in dem Zeitpunkt, in dem er zum Geldanspruch (und damit kontokorrentfähig) wird, dem Sicherungsgeber nicht mehr zusteht.

876 **Zahlt** der Grundstückseigentümer oder ein ablösungsberechtigter Dritter **auf die Grundschuld**, so geht diese kraft Gesetzes auf den Eigentümer (RN 824 ff.) bzw. den Dritten (RN 829 ff.) über. Die Abtretung des Rückgewähranspruchs schließt diese Möglichkeit nicht aus (dazu RN 833). Der Ablösungsbetrag tritt an die Stelle der Grundschuld. Ist er höher als die gesicherte Forderung, kann der **Rückgewährberechtigte** vom (früheren) Grundschuldgläubiger Zahlung des **Übererlöses verlangen**, und zwar auch dann, wenn der Rückgewähranspruch (vor der Ablösung der Grundschuld) wirksam auf den Löschungs- und/oder Verzichtsanspruch beschränkt war. Denn nach Ablösung der Grundschuld kann durch Verzicht oder Löschung eine Rückgewähr nicht mehr erfolgen (RN 754).

877 In der Praxis sollte bei der Abtretung eines Rückgewähranspruchs auch ein formularmäßiger Zustimmungsvorbehalt des Sicherungsnehmers beachtet werden.[64] Fehlt ein Abtretungsverbot bzw. ein Zustimmungsvorbehalt (RN 759 ff.), dann gilt folgender Grundsatz: Die **Abtretung** des Rückgewähranspruchs **erfordert keine Anzeige** an den Rückgewährpflichtigen (meist Grundschuldgläubiger); die Einigung zwischen dem bisherigen und dem künftigen Rückgewährberechtigten (§ 398 BGB) genügt. Solange aber der Rückgewährpflichtige von der Abtretung nichts weiß, wird er durch Leistung an den früheren Berechtigten frei. Auch sonstige Rechtsgeschäfte bzgl. des Rückgewähranspruchs, die er mit diesem schließt, sind dem neuen Rückgewährberechtigten gegenüber wirksam (RN 889). Dieses **Risiko** kann dadurch ausgeschlossen werden, dass dem Rückgewährpflichtigen die Abtretung des Rückgewähranspruchs angezeigt wird.

---

62   BGH v. 8. 1. 1987 – IX ZR 66/85 (Ziff. I. 2 b) = BGHZ 99, 292 = NJW 1987, 1026 = Rpfleger 1987, 324; *Goldbach*, ZfIR 2019, S. 45, 47 f.; *anders* anscheinend: BGH v. 27. 2. 1981 – V ZR 9/80 = WM 1981, 581 = ZIP 1981, 487, der sich gebunden hielt an die „rechtsirrtumsfrei vorgenommene" Auslegung des Berufungsgerichts, dass die Abtretung aller Ansprüche des Sicherungsgebers „auf Rückübertragung vorgehender Grundschulden oder von Teilen derselben" den Anspruch auf Auszahlung des in der Zwangsversteigerung erzielten Übererlöses nicht erfasse (Ziff. II. 1 c).

63   Versteigerungserlös: Anhänge 6 [2, Satz 1], 7 [2, Satz 1], 8 [2, Satz 1], vgl. auch 10 [2.4], 12 [2.4]; Übererlös: Anhänge 9 [2 Abs. 1], 9a [2 Abs. 1].

64   Zutreffender Hinweis von BeckOGK/*Rebhan*, 01. 09. 2023, BGB § 1191 RN 131; *Rebhan*, in DNotZ 2023, 145, 151.

24.4 Die Erfüllung des abgetretenen Rückgewähranspruchs

Wird die vorrangige Grundschuld **durch Löschung zurückgewährt**, verbessert   *878*
sich der Rang des nachrangigen Rechts. Rückgewähr durch Löschung kommt
insb. in Betracht, wenn der Rückgewähranspruch wirksam auf Löschung-
und/oder Verzicht beschränkt ist (RN 756 ff. insb.), was auch den neuen Gläubiger bindet (RN 873). Zur Löschung ist die wenigstens beglaubigte (RN 111) Zustimmung des Eigentümers erforderlich (§ 1183 BGB). Hat dieser den Rückgewähranspruch abgetreten, dürfte darin zugleich die stillschweigende Verpflichtung liegen, diese Zustimmung zu erteilen. Bei **Rückgewähr durch Verzicht**
erwirbt derjenige, der im Zeitpunkt der Eintragung des Verzichts Eigentümer
des Grundstücks ist, die (vorrangige) Grundschuld (RN 745). Der nachrangige
Gläubiger kann aber – wenn ihm (wie regelmäßig) ein gesetzlicher (RN 495)
oder durch Löschungsvormerkung gesicherter Löschungsanspruch (RN 527,
537) zusteht – die Löschung der Eigentümergrundschuld erzwingen und damit
ebenfalls eine Rangverbesserung für sein nachrangiges Recht erreichen.

Ist der Rückgewähranspruch nicht eingeschränkt, kann der neue Rückgewähr-   *879*
berechtigte (neben Verzicht oder Löschung) auch **Abtretung** der Grundschuld
verlangen. Bei der Abtretung geht die Grundschuld unmittelbar vom bisherigen
Gläubiger auf den neuen Gläubiger über. Da ein Zwischenerwerb durch den
Eigentümer nicht erfolgt, sind die Voraussetzungen für einen gesetzlichen oder
durch Vormerkung gesicherten Anspruch auf Löschung nicht erfüllt (RN 495
bzw. RN 529). Der neue Gläubiger kann die Grundschuld als Sicherheit einsetzen, aber nur in dem Umfang, wie dies dem Sicherungszweck (RN 864 ff.) entspricht. Der **Sicherungszweck** kann allerdings nachträglich **erweitert** werden.
Dazu ist eine Abrede mit dem Sicherungsgeber erforderlich. Das ist derjenige,
der den Rückgewähranspruch an den neuen Berechtigten abgetreten und ihm
damit mittelbar auch die Grundschuld (als Surrogat des Rückgewähranspruchs)
als Sicherheit zur Verfügung gestellt hat.

Dient der Rückgewähranspruch nur der **Verstärkung der (nachrangigen)**   *880*
Grundschuld (RN 865), darf der Berechtigte die ihm abgetretene vorrangige
Grundschuld frühestens dann geltend machen, wenn er die zu verstärkende
Grundschuld geltend machen darf, und höchstens bis zu dem Betrag, den er aus
der nachrangigen (zu verstärkenden) Grundschuld (bei ausreichendem Erlös)
erzielen kann. Hat er diesen Betrag erhalten, muss er einen etwaigen Mehrerlös
aus der vorrangigen Grundschuld und die nachrangige Grundschuld zurückgewähren (RN 867).

Ist der Rückgewähranspruch als **eigenständige Sicherheit** abgetreten worden   *881*
(RN 869 ff.), darf der Gläubiger die ihm abgetretene Grundschuld frühestens
geltend machen, wenn die gesicherten Forderungen fällig sind, aber nicht erfüllt
werden, und höchstens bis zu dem Betrag der durch die Rückgewähransprüche
gesicherten Forderungen. Einen Mehrbetrag muss er zurückgewähren.

Erlischt die Grundschuld in der **Zwangsversteigerung**, tritt der Grundschulder-   *882*
lös an ihre Stelle. Dieser Erlös ist vom Versteigerungsgericht grds. in voller Höhe
an den (früheren) Grundschuldgläubiger auszuzahlen (RN 1141, 1147). Dieser
hat einen etwaigen Übererlös an den Rückgewährberechtigten herauszuge-

ben.[65] Dies gilt selbst dann, wenn der Rückgewähranspruch (solange die vorrangige Grundschuld bestand) auf Löschung- und/oder Verzicht beschränkt war (RN 754). Dasselbe gilt, wenn der Grundstückseigentümer oder ein Dritter auf die **Grundschuld gezahlt** hat und damit der Ablösungsbetrag an die Stelle der Grundschuld getreten ist (RN 834).

Stehen dem (früheren) Grundschuldgläubiger weitere (ungesicherte) Forderungen gegen den Sicherungsgeber zu, darf er damit gegen den Zahlungsanspruch aufrechnen (RN 753.1). Es sei denn, er hatte beim Erwerb dieser Forderungen Kenntnis von der Abtretung des Rückgewähranspruchs. Das gleich gilt, wenn diese Forderungen erst nach Kenntnis von der Abtretung des Rückgewähranspruchs und später als der Anspruch auf den Übererlös fällig sind (§ 406 BGB).

24.5 Rechte des Grundschuldgläubigers

883 Durch die Abtretung des Rückgewähranspruchs können die vertraglich begründeten Rechte des Grundschuldgläubigers nicht eingeschränkt werden. Der Sicherungsgeber kann durch die Abtretung nicht mehr Rechte übertragen, als er selbst hat. Deshalb darf der Grundschuldgläubiger trotz Abtretung des Rückgewähranspruchs **sein Recht in jeder zulässigen Weise verwerten**, sobald die Verwertungsvoraussetzungen erfüllt sind. Nur ein etwaiger Übererlös steht dem neuen Inhaber des Rückgewähranspruchs zu (RN 882).

884 Besteht für die Grundschuld, auf die sich der Rückgewähranspruch bezieht, eine **weite Sicherungsabrede** (RN 668), sind dadurch alle – auch künftig und selbst nach Abtretung des Rückgewähranspruchs entstehende – Forderungen des Sicherungsnehmers (Grundschuldgläubigers), die unter die Sicherungsabrede fallen, gesichert. Dieser Sicherungszweck wird durch die Abtretung des Rückgewähranspruchs nicht beeinträchtigt (RN 732). Der Sicherungsnehmer kann also bestehende Darlehen/Kredite **erweitern oder neue gewähren**; eine Zustimmung des Rückgewährberechtigten ist dafür nicht erforderlich.[66] Solange dieser Zustand besteht, kann das Volumen der gesicherten Forderungen „atmen", sich also nicht nur ermäßigen, sondern auch immer wieder vergrößern. Der Abtretungsempfänger ist bei weitem Sicherungszweck einer Grundschuld dieser Schwäche seines Rückgewähranspruchs ausgesetzt, dem trotz seiner Entstehung noch die auflösende Rechtsbedingung einer Revalutierung der Grund-

---

65 *Goldbach*, ZfIR 2019, S. 45, 47 f., mit dem Hinweis, dass der Zessionar das Recht hat, im Erlösverteilungstermin Widerspruch gegen den Verteilungsplan (115 ZVG) einzulegen (BGH v. 27. 2. 2004 – IXa ZB 135/03, RN 10 = BeckRS 2004, 3420 = BGHZ 158, 159 = WM 2004, 902), um eine Auszahlung an ihn selbst, statt an den Grundschuldgläubiger durchzusetzen; vgl. auch *Ganter*, Der Grundschuld-Rückgewähranspruch, NZI 2024, 27, 30.

66 BGH v. 10. 11. 2011 – IX ZR 142/10 (RN 14) = BGHZ 191, 277 = WM 2011, 2338 = ZIP 2011, 2364; Staudinger/*Wolfsteiner* (2019), Vorbem. zu §§ 1192 ff., RN 245; *Scholz*, Festschrift, S. 438 f.; MünchKomm/*Lieder*, BGB § 1191 RN 87; vgl. auch BGH v. 11. 2. 1988 – IX ZR 77/87 (Ziff. II. 2 a) = WM 1988, 722 = ZIP 1988, 696.

schuld durch Sicherungsgeber und Sicherungsnehmer anhaftet.[67] Deshalb kann (zunächst) keine Rückgewähr der Grundschuld verlangt werden, selbst dann nicht, wenn die bei Abtretung des Rückgewähranspruchs gesicherten Forderungen getilgt sind oder ihre Summe (vorübergehend) niedriger ist als die Grundschuld.

Dieser Zustand endet, sobald sich der Sicherungszweck der Grundschuld auf die Sicherung bestimmter Forderungen reduziert, etwa durch **Beendigung** der Geschäftsverbindung (RN 733 ff.), durch Kündigung der weiten **Sicherungsabrede** (RN 735 ff.) oder durch Eröffnung des Insolvenzverfahrens bzgl. des Sicherungsgebers oder Schuldners (RN 738). Von dann an sind neue Forderungen nicht mehr gesichert; ab jetzt gilt dasselbe wie bei einer engen Sicherungsabrede (RN 886 ff.). Trotz Abtretung des Rückgewähranspruchs bleibt die Entscheidung dem Sicherungsgeber vorbehalten, ob er die Geschäftsbeziehung zu seinem Kreditinstitut beenden/einschränken oder die Sicherungsabrede mit dem Kreditinstitut (= Sicherungsnehmer) **kündigen** will. Diese Befugnis ist **nicht Inhalt des Rückgewähranspruchs** und **geht deshalb nicht** ohne Weiteres mit diesem **auf den neuen Inhaber über.**[68] Im Normalfall wird der Sicherungsgeber die Entscheidung über eine solche einschneidende Maßnahme nicht dem neuen Inhaber des Rückgewähranspruchs übertragen wollen. Deshalb enthält die Abtretung des Rückgewähranspruchs keine stillschweigende Ermächtigung dazu. Falls gewollt, ist eine eindeutige Erklärung zu erwarten.   885

Besteht eine **enge Sicherungsabrede** (RN 667) oder hat sich eine weite Sicherungsabrede auf eine bestimmte Forderung reduziert (RN 885), dann kann der Inhaber des Rückgewähranspruchs die Rückgewähr der Grundschuld verlangen, sobald die gesicherte Forderung getilgt ist. Schon vor vollständiger Tilgung kann Rückgewähr eines entsprechenden rangletzten Teils der Grundschuld verlangt werden, sobald der Betrag der gesicherten Forderung endgültig den Betrag der Grundschuld deutlich unterschreitet (RN 724).   886

Soll – bei enger oder auf bestimmte Forderungen reduzierter weiter Sicherungsabrede (RN 886) – zusätzlich eine andere (neue) Forderung durch die Grundschuld gesichert werden, muss dazu die Sicherungsabrede zwischen Sicherungsgeber und Sicherungsnehmer geändert (erweitert) werden. Eine solche Erweiterung beeinträchtigt den Rückgewähranspruch, weil die Rückgewähr von der Erfüllung höherer Voraussetzungen abhängig gemacht wird. Deshalb **bedarf die Erweiterung** nach Abtretung des Rückgewähranspruchs der **Zu-**   887

---

67   BGH v. 10.11.2011 – IX ZR 142/10 (RN 14) = BGHZ 191, 277 = WM 2011, 2338 = ZIP 2011, 2364.
68   Ebenso BGH v. 19.4.2013 – V ZR 47/12 (RN 15) = BGHZ 197, 155 = WM 2013, 1070 = ZIP 2013, 1113.

stimmung des neuen Rückgewährberechtigten.[69] Der Grundschuldgläubiger wird geschützt, solange er von der Abtretung nichts weiß[70] (RN 889).

888 Bei der Übernahme einer durch Grundschuld gesicherten Verbindlichkeit durch **einen neuen Schuldner** (RN 956 ff.) hat der **BGH** (im Rahmen des § 418 BGB) die **Zustimmung des Sicherungsgebers ausreichen lassen** und – trotz Abtretung des Rückgewähranspruchs – die **Mitwirkung des Inhabers des Rückgewähranspruchs für entbehrlich gehalten**[71] (zur Bewertung dieser Rechtsprechung RN 962 f.)

889 Solange der Sicherungsnehmer (= Grundschuldgläubiger) die **Abtretung** des Rückgewähranspruchs **nicht positiv kennt**, kann er die Grundschuld dem Sicherungsgeber zurückgewähren bzw. mit ihm sonstige Vereinbarungen bzgl. des Rückgewähranspruchs treffen, also etwa die bestehende Sicherungsabrede erweitern oder eine neue Sicherungsabrede schließen. Der neue Gläubiger des Rückgewähranspruchs muss diese Maßnahme gegen sich gelten lassen (§ 407 BGB).[72] Wird dem Grundschuldgläubiger aber die Abtretung des Rückgewähranspruchs **angezeigt** und tritt er die Grundschuld nach dem endgültigen Wegfall des Sicherungszwecks nicht an den neuen Rückgewährberechtigten, sondern an einen Dritten ab, steht dem **Rückgewährberechtigten** gegen den pflichtwidrig handelnden Grundschuldinhaber unter den Voraussetzungen der §§ 280 ff. (ggf. i. V. m. § 275 Abs. 4) BGB ein **Schadensersatzanspruch** zu.[73]

Hat der Sicherungsgeber den Rückgewähranspruch **mehrfach abgetreten** und gewährt der Grundschuldgläubiger, der nur von der zweiten oder einer späteren (unwirksamen) Abtretung erfahren hat, bei Fälligkeit die Grundschuld an die-

---

69 BGH v. 10.11.2011 – IX ZR 142/10 (RN 13) = BGHZ 191, 277 = WM 2011, 2338 = ZIP 2011, 2364; BGH v. 25.3.1986 – IX ZR 104/85 (Ziff. I. 3 d) = BGHZ 97, 280 = WM 1986, 763 = ZIP 1986, 900 = EWiR § 1191 BGB 3/86, 573 (*Gaberdiel*); MünchKomm/*Lieder*, BGB § 1191 RN 87 (außer für von Anfang an vereinbarte Revalutierung); Staudinger/*Wolfsteiner* (2019), Vorbem. zu §§ 1191 ff., RN 245 (außer wenn Zedent kraft Vereinbarung zur Änderung des Sicherungsvertrags ohne Zustimmung des Zessionars befugt); *Clemente*, RN 321; *Eickmann*, DNotZ 1999, 746 (Anm. zu OLG München v. 16.12.1998); *Reithmann*, WM 1985, 441 (Ziff. II. 2 a); *anderer Ansicht* (Erweiterung trotz Abtretung möglich): OLG München v. 16.12.1998 – 7 U 4095/98 (Ziff. II. 2 b) = DNotZ 1999, 744 (mit abl. Anm. *Eickmann*) = WM 1999, 1276.

70 Das berücksichtigt OLG München v. 16.12.1998, – 7 U 4095/98 (Ziff. II. 2 b) = DNotZ 1999, 744, nicht, sodass die Entscheidung im Ergebnis trotz falscher Begründung richtig ist (ebenso *Eickmann*, DNotZ 1999, 746).

71 BGH v. 1.10.1991 – XI ZR 186/90 (Ziff. II. 2 c [insbes. cc]) = BGHZ 115, 241 = WM 1991, 2019 = ZIP 1991, 1481 = EWiR § 418 BGB 1/91, 1175 (*Gaberdiel*); vgl. auch BGH v. 23.6.2017 – V ZR 39/16 (RN 16 ff.) = WM 2017, 1448 = NJW 2017, 2995; MünchKomm/*Heinemeyer*, BGB § 418 RN 5; Grüneberg/*Grüneberg*, § 418 RN 1; eine analoge Anwendung des § 418 BGB auf die Sicherungsgrundschuld verneint *Weber*, DNotZ 2017, 823, 830 ff., stimmt aber dem BGH in Fußnote 37 seines Aufsatzes zu, dass der Inhaber des Rückgewähranspruchs nicht zustimmen muss.

72 Grüneberg/*Herrler*, § 1191 RN 17; *Clemente*, RN 321; *Eickmann*, DNotZ 1999, 746 (Anm. zu Urteil des OLG München v. 16.12.1998 – 7 U 4095/98 = DNotZ 1999, 744); *Rösler*, WM 1998, 1277, 1278.

73 Vgl. BGH v. 19.4.2013 – V ZR 47/12 (RN 8 f.) = BGHZ 197, 155 = WM 2013, 1070 = ZIP 2013, 1113.

sen (vermeintlichen) neuen Rückgewährgläubiger zurück, so wird er von seiner Rückgewährpflicht frei, wenn er bei Rückgewähr die erste (wirksame) Abtretung nicht kennt (§ 408 Abs. 1 BGB). Der nur vermeintliche Inhaber des Rückgewähranspruchs muss aber die empfangene Leistung (Grundschuld) an den wahren Rückgewährberechtigten (also denjenigen, dem der Rückgewähranspruch zuerst wirksam abgetreten worden ist) herausgeben (§ 816 Abs. 2 BGB), es sei denn, dass die **Bereicherung** wegfällt[74], bevor der Bereicherte von dem Rechtsmangel erfährt (§§ 818, 819 BGB). Der (neue) Gläubiger des Rückgewähranspruchs kann dieses Risiko dadurch ausräumen, dass er die Abtretung dem Sicherungsnehmer anzeigt.

Bei der Abtretung des Rückgewähranspruchs wünschen nachrangige Gläubiger *890* mitunter eine Einschränkung der zwischen Grundschuldgläubiger und Sicherungsgeber vereinbarten weiten Sicherungsabrede. Ziel ist häufig eine Abrede zwischen dem vorrangigen Grundschuldgläubiger, dem nachrangigen Gläubiger und dem Eigentümer (Sicherungsgeber) bzgl. der vorrangigen Grundschuld, dass diese „nur der Sicherung des vom Gläubiger gewährten [...] [D]arlehens, das noch mit Euro ... valutiert ist, dient"[75]. Dadurch wird eine etwa bestehende **weite Sicherungsabrede** zwischen dem vorrangigen Grundschuldgläubiger und dem Sicherungsgeber **auf** eine **enge** reduziert. Entspricht der Grundschuldgläubiger der Bitte, steht ihm die Grundschuld künftig nicht mehr als Sicherheit für andere Forderungen zur Verfügung. Der Rückgewährberechtigte kann dann schon nach teilweiser Tilgung Rückgewähr der Grundschuld in angemessenen Teilen verlangen (RN 724).

Eine solche Einschränkung des Sicherungszwecks gilt auch dann weiter, wenn der nachrangige Gläubiger befriedigt worden ist. Soll die Sicherungsabrede später wieder erweitert werden, bedarf es dazu einer neuen Vereinbarung mit dem Sicherungsgeber. Auch Erklärungen anderen Inhalts werden in der Praxis verlangt, so etwa, dass der vorrangige Grundschuldgläubiger nur einen bestimmten absoluten Höchstbetrag aus seiner Grundschuld geltend machen wird. Der Gläubiger einer vorrangigen Grundschuld, von dem im Zuge einer Anzeige über die Abtretung des Rückgewähranspruchs die Abgabe einer **Einmalvalutierungserklärung** oder einer sonstigen ihn einschränkenden Erklärung erbeten wird, muss deshalb prüfen, ob er sie unter Berücksichtigung seiner eigenen **Sicherheitsinteressen** abgeben möchte. Zugleich wird durch eine solche Abrede die Möglichkeit eingeschränkt, neuen Kreditwünschen des Sicherungsgebers zu entsprechen. Deshalb sollte der Grundschuldgläubiger, bevor er eine solche Erklärung abgibt, die **Zustimmung des Sicherungsgebers** einholen. Ist dem Sicherungsnehmer bekannt, dass der Sicherungsgeber seinen Rückgewähranspruch (an einen anderen als denjenigen, der um die Erklärung bittet) abgetreten hat, sollte Einvernehmen auch mit diesem Rückgewährberechtigten hergestellt werden.

---

74 Das ist z. B. der Fall, wenn er im Hinblick auf die ihm abgetretene Grundschuld eine andere werthaltige Sicherheit aufgibt oder einen neuen Kredit gewährt, ehe er von der ersten (wirksamen) Zession Kenntnis erlangt.

75 Beispiel für eine Einmalvalutierungserklärung: BGH v. 20.12.2001 – IX ZR 419/98 = WM 2002, 337 und 776 = ZIP 2002, 407.

24.6 Der Anspruch auf Rückabtretung des Rückgewähranspruchs und seine Abtretung

891   Ist der Rückgewähranspruch – wie meist – sicherungshalber abgetreten worden, hat der Sicherungsgeber (des Rückgewähranspruchs) einen **Anspruch auf Rückabtretung** des Rückgewähranspruchs, sobald der Sicherungszweck dafür (RN 864 ff.) weggefallen ist. Dieser Anspruch auf Rückgabe der Sicherheit, wenn sie nicht mehr benötigt wird, gehört unabdingbar zum Wesen des Sicherungsvertrags (RN 754). Der (neue) Gläubiger des Rückgewähranspruchs ist zur Rückgabe des Anspruchs in dem Zustand verpflichtet, wie er ihn erhalten hat, wenn der Sicherungszweck sich erledigt hat, ohne dass die Sicherheit verwertet werden musste. Hat er etwa dem Rangrücktritt der Grundschuld oder einer Pfandfreigabe ohne Einverständnis seines Sicherungsgebers zugestimmt (RN 782), könnte dies eine **Schadensersatzpflicht** begründen.

892   Die Abtretung des Rückgewähranspruchs bzgl. vorrangiger Grundschulden (außer bzgl. der unmittelbar vorangehenden) geht bei der Bestellung einer Grundschuld an dritter oder schlechterer Rangstelle häufig ins Leere (RN 861), weil der Sicherungsgeber diese Rückgewähransprüche bereits jeweils bei Bestellung der vorrangigen Grundschulden an deren Gläubiger abgetreten hat. Deshalb tritt der Sicherungsgeber oft vordruckmäßig[76] (ersatzweise) die Rechtsposition ab, die ihm bzgl. der abgetretenen Rückgewähransprüche verblieben ist, nämlich den **Anspruch auf Rückgewähr des Rückgewähranspruchs** (RN 891). Auch dieser Anspruch ist **abtretbar**.[77] Bei Abschluss einer solchen Abrede überträgt der Sicherungsgeber z.B. dem Gläubiger der Grundschuld Nr. 3 bei deren Bestellung – neben dem (noch nicht anderweitig abgetretenen) Rückgewähranspruch bzgl. der Grundschuld Nr. 2 – auch noch seinen (gegen den Gläubiger der Grundschuld Nr. 2 gerichteten) Anspruch auf Rückabtretung des Rückgewähranspruchs bzgl. der Grundschuld Nr. 1. Dieser Anspruch wird fällig, wenn die dadurch (und durch die Grundschuld Nr. 2) gesicherten Ansprüche des Gläubigers Nr. 2 erledigt sind.

893   Auch der Anspruch auf Rückabtretung des Rückgewähranspruchs kann **nur einmal wirksam abgetreten** werden. Wird er ein zweites Mal abgetreten, ist diese Abtretung unwirksam; einen Schutz des **guten Glaubens** gibt es nicht (RN 861). Hat z.B. der Grundstückseigentümer, der dem Gläubiger Nr. 2 seinen Rückgewähranspruch bzgl. der Grundschuld Nr. 1 abgetreten hat, seinen Anspruch gegen den Gläubiger Nr. 2 auf Rückabtretung dieses Rückgewähranspruchs an den Gläubiger Nr. 3 abgetreten, ist eine nochmalige Abtretung desselben Anspruchs an den Gläubiger Nr. 4 unwirksam.

894   Der Gläubiger der Grundschuld Nr. 3, an den der gegen den Gläubiger der Grundschuld Nr. 2 gerichtete Anspruch auf Abtretung des Rückgewähran-

---

76 Anhänge 6 [2, vorletzter Satz], 7 [2, vorletzter Satz], 8 [2, vorletzter Satz], 9 [2 Abs. 1, letzter Satz], 9a [2 Abs. 1, letzter Satz], 10 [2, Satz 3], 12 [2, Satz 3].

77 Vgl. z.B. BGH v. 17. 3. 1988 – IX ZR 79/87 (Ziff. 5) = BGHZ 104, 26 = WM 1988, 564 = ZIP 1988, 633 = EWiR § 1191 BGB 2/88, 583 (*Gaberdiel*); *Reithmann*, WM 1985, 441 (Ziff. I. 3 a).

spruchs bzgl. der Grundschuld Nr. 1 wirksam abgetreten worden ist, kann nach Wegfall des Sicherungszwecks bzgl. des Rückgewähranspruchs (also nach Befriedigung des Gläubigers Nr. 2) vom Gläubiger Nr. 2 verlangen, dass dieser ihm – statt dem Sicherungsgeber – den Rückgewähranspruch bzgl. der Grundschuld Nr. 1 abtritt. Mit der Abtretung des Rückgewähranspruchs (bzgl. der Grundschuld Nr. 1) durch den Gläubiger Nr. 2 an den Gläubiger Nr. 3 erlischt der (abgetretene) **Anspruch auf Rückgewähr des Rückgewähranspruchs**, weil er damit erfüllt wird (§ 362 BGB). Den dabei erhaltenen Rückgewähranspruch (bzgl. der Grundschuld Nr. 1) hat der Gläubiger Nr. 3 aufgrund seiner Sicherungsabrede mit dem Sicherungsgeber (meist Eigentümer) diesem zurückzugewähren, sobald der im Verhältnis zu ihm vereinbarte Sicherungszweck erledigt ist.

Wird die **Grundschuld** Nr. 1 nach Fortfall des Sicherungszwecks (bzgl. Abtretung des Rückgewähranspruchs) **an den Gläubiger der Grundschuld** Nr. 2 **abgetreten**, erlischt der Rückgewähranspruch bzgl. der Grundschuld Nr. 1 durch Erfüllung. Anstatt der nicht mehr möglichen Abtretung dieses Rückgewähranspruchs kann der Gläubiger Nr. 3 bei Fälligkeit vom Gläubiger Nr. 2 die Abtretung des Ersatzes, nämlich der Grundschuld Nr. 1, verlangen (§ 285 Abs. 1 BGB). Fällig wird der Anspruch, wenn der zwischen Sicherungsgeber und Gläubiger Nr. 2 für den Rückgewähranspruch vereinbarte (und nun für die Grundschuld Nr. 1 geltende) Sicherungszweck erledigt ist (RN 867, 872). *895*

Eine Erweiterung dieses Zwecks durch Abrede zwischen dem Gläubiger der Grundschuld Nr. 2 und dem Sicherungsgeber ist – wenn dem Gläubiger Nr. 2 die Abtretung des Anspruchs auf Rückgewähr des Rückgewähranspruchs bekannt war – gegenüber dem Gläubiger Nr. 3 unwirksam, weil sie dessen Anspruch beeinträchtigt. Das gilt aber nicht, wenn der Gläubiger Nr. 2 bei Abschluss der Erweiterungsvereinbarung nicht wusste, dass sein Sicherungsgeber den Anspruch auf Abtretung des Rückgewähranspruchs bzgl. der Grundschuld Nr. 1 an den Gläubiger der nachrangigen Grundschuld Nr. 3 abgetreten hatte (§ 407 BGB). In diesem Fall kann der Gläubiger der Grundschuld Nr. 3 vom Gläubiger der Grundschuld Nr. 2 (und jetzt auch der Grundschuld Nr. 1) weder die Grundschuld Nr. 1 verlangen noch hat er einen Schadensersatz- oder einen Bereicherungsanspruch.[78]

24.7 Sicherungswert des Rückgewähranspruchs

Der Rückgewähranspruch hat nicht zuletzt wegen des BGH-Urteils vom 10.11.2011 (dazu RN 859 und 859.1) **keinen hohen Sicherungswert**.[79] Das ergibt sich einmal daraus, dass der Grundschuldgläubiger in vielen Fällen trotz der Abtretung des Rückgewähranspruchs die Grundschuld mit neuen Forde- *896*

---

78 BGH v. 17.3.1988 – IX ZR 79/87 (Ziff. 5) = BGHZ 104, 26 = WM 1988, 564 = ZIP 1988, 633 = EWiR § 1191 BGB 2/88, 583 (*Gaberdiel*).

79 BGH v. 1.10.1991 – XI ZR 186/90 = BGHZ 115, 241 = WM 1991, 2019 = ZIP 1991, 1481 = EWiR § 418 BGB 1/91, 1175 (*Gaberdiel*); *Ganter*, Der Grundschuld-Rückgewähranspruch, NZI 2024, 27, 30; Staudinger/*Wolfsteiner* (2019), Vorbem. zu §§ 1191 ff., RN 317; *Reithmann*, WM 1985, 441 (Ziff. I. 3 b).

rungen unterlegen darf (RN 884 f.). Zum anderen hindert die Abtretung des Rückgewähranspruchs den Eigentümer oder einen Dritten nicht, auf die Grundschuld zu zahlen (RN 833) mit der Folge, dass die Grundschuld kraft Gesetzes auf den Eigentümer bzw. den Dritten (wenn er ablösungsberechtigt ist) übergeht und der Rückgewähranspruch dadurch – bis auf einen etwaigen Anspruch auf Übererlös – gegenstandslos wird (RN 876). Schließlich kann der Gläubiger trotz Abtretung des Rückgewähranspruchs auf die Grundschuld verzichten[80], womit sich der Rückgewähranspruch ebenfalls erledigt. Außerdem kann sich der Gläubiger keine Gewissheit verschaffen, ob er den – vielfach und oft formularmäßig abgetretenen – Rückgewähranspruch wirklich erwirbt (RN 861 f.). Einen **Schutz des guten Glaubens gibt es nicht** (kein Rechtsscheintatbestand). Solange die Abtretung dem Grundschuldgläubiger (Sicherungsnehmer) nicht bekannt ist, besteht ferner die Gefahr, dass dieser die Grundschuld nach Erledigung des Sicherungszwecks an den Sicherungsgeber oder auf dessen Weisung an einen Dritten abtritt oder aufgrund einer Abrede mit diesem anderweitig verwendet (RN 889), was der Inhaber des Rückgewähranspruchs gegen sich gelten lassen muss (§ 407 Abs. 1 BGB).

Darüber hinaus ist nach der **BGH-Rechtsprechung**[81], der viele Literaturstimmen folgen[82], zur Übernahme einer durch Sicherungsgrundschuld gesicherten Verbindlichkeit (Schuldübernahme) **nur die Zustimmung des Eigentümers (bzw. des Sicherungsgebers) erforderlich**, nicht aber zusätzlich – z. B. nach Abtretung des Rückgewähranspruchs – die des Inhabers des Rückgewähranspruchs (RN 962).

897   Ist der Rückgewähranspruch auf Löschung- und/oder Verzicht beschränkt (RN 756 bis 758), ist er als eigenes Sicherungsmittel unbrauchbar. Denn sowohl Verzicht wie Löschung kommen dem Grundstückseigentümer und höchstens noch einem nachrangigen Grundschuldgläubiger, nicht aber dem Inhaber des Rückgewähranspruchs zugute. Da sich die Einschränkung aus dem Sicherungsvertrag ergibt, ist die **nachträgliche Erweiterung nur durch Änderung des Sicherungsvertrags** unter Mitwirkung von Grundschuldgläubiger und Sicherungsgeber möglich.

898   Falls dennoch im Einzelfall die Abtretung eines Rückgewähranspruchs als (ggf. sogar eigenständige) Sicherheit benötigt wird und eingesetzt werden soll, sollte auf eine **eindeutige Sicherungsabrede** geachtet werden (RN 864, 871). Außerdem sollte dann die Abtretung dem Sicherungsnehmer (Grundschuldgläubiger) angezeigt werden (RN 889). Von dessen Bonität hängt es ab, ob eine Sicherung des Rückgewähranspruchs durch Vormerkung (RN 784 ff.) angezeigt ist.

---

80   BGH v. 1.10.1991 – XI ZR 186/90 (Ziff. II. 2 c cc) = BGHZ 115, 241 = WM 1991, 2019 = ZIP 1991, 1481 = EWiR § 418 BGB 1/91, 1175 (*Gaberdiel*).

81   BGH v. 1.10.1991 – XI ZR 186/90 (Ziff. II. 2) = BGHZ 115, 241 = WM 1991, 2019 = ZIP 1991, 1481 = EWiR § 418 BGB 1/91, 1175 (*Gaberdiel*).

82   Grüneberg/*Grüneberg*, § 418 RN 1; MünchKomm/*Heinemeyer*, § 418 RN 5; *Siol*, WM 1996, 2217, 2223; Weber, DNotZ 2017, 823, 830 ff., der eine analoge Anwendung des § 418 BGB auf die Sicherungsgrundschuld verneint, aber dem BGH in Fußnote 37 seines Aufsatzes zustimmt, dass der Inhaber des Rückgewähranspruchs nicht zustimmen muss.

Der **Anspruch auf Rückabtretung** eines Rückgewähranspruchs (RN 891 bis *899* 895) ist noch schwächer als der Rückgewähranspruch und hat **praktisch kaum einen Wert**. Er berechtigt den Gläubiger nur, unter gewissen Voraussetzungen die Abtretung eines Rückgewähranspruchs zu verlangen. Erst mit dessen Vollzug (= Abtretung des Rückgewähranspruchs) erlangt der Gläubiger die (in RN 896, 897 beschriebene schwache) Position des Rückgewährberechtigten.

25 Pfändung des Rückgewähranspruchs

25.1 Die Pfändung

900 Der **Rückgewähranspruch** kann gepfändet werden, und zwar als schuldrechtlicher Anspruch (RN 726) nach den Vorschriften für die **Pfändung** einer nicht auf Geld gerichteten Forderung (§§ 857 Abs. 1, 829 ff. ZPO). Pfandobjekt ist nicht die Grundschuld selbst; deshalb braucht (bei einer Briefgrundschuld) der Grundschuldbrief nicht mitgepfändet zu werden.[1] Der Rückgewähranspruch entsteht dem Grunde nach durch Eintragung (bzw. Abtretung) der Grundschuld und Abschluss des Sicherungsvertrags; er ist schon vor Wegfall des Sicherungszwecks (RN 729 ff.) pfändbar.[2]

Weder eine Grundbucheintragung noch eine Briefübergabe sind erforderlich.[3] Bezogen auf die Pfändung des schuldrechtlichen Anspruchs des Sicherungsgebers gegen den Grundschuldgläubiger auf Rückübertragung der gebuchten Grundschuld wird verbreitet vertreten, dass eine **Grundbucheintragung** nur vorgenommen werden kann, wenn der Anspruch bereits durch eine **Vormerkung** gesichert ist oder die Eintragung einer solchen bewilligt wird.[4] Erfolgt eine solche Eintragung, dann ist der Zessionar des vormerkungsgesicherten Rückgewähranspruchs vor vertragswidrigen Verfügungen des Grundschuldgläubigers geschützt.[5]

Da der Rückgewähranspruch ein einheitlicher Anspruch – mit unterschiedlichen Erfüllungsmodalitäten nach Wahl des Berechtigten – ist, erfasst die Pfändung des „Rückgewähranspruchs" den Anspruch insgesamt (RN 907 f.). Es ist streitig, ob die Pfändung auf einzelne Rückgewährformen beschränkt werden kann. Die Frage dürfte zu bejahen sein.[6] Denn in der Beschränkung des Pfändungsantrags liegt die Ausübung des Wahlrechts durch den **Pfändungsgläubiger**; dieser erwirbt das **Wahlrecht**[7] mit dem Wirksamwerden der Pfändung genau in dem Augenblick, in dem seine Erklärung über die von ihm getroffene Wahl wirksam wird (nämlich mit Zugang des seinem Antrag entsprechenden Pfändungsbeschlusses an den Grundschuldgläubiger). Die **Beschränkung auf**

---

1 BGH v. 21.2.1991 – IX ZR 64/90 (Ziff. II. 2 a) = NJW-RR 1991, 1197 = WM 1991, 779; Staudinger/*Wolfsteiner* (2019), Vorbem. zu §§ 1191 ff., RN 321; *Siol*, WM 1996, 2217, 2225.

2 Staudinger/*Wolfsteiner* (2019), Vorbem. zu §§ 1191 ff., RN 322; *Clemente*, RN 502.

3 Staudinger/*Wolfsteiner* (2019), Vorbem. zu §§ 1191 ff., RN 321.

4 OLG Düsseldorf v. 12.11.2012 – I-3 Wx 242/12 = NJOZ 2013, 250 = DNotZ 2013, 144; Grüneberg/*Herrler*, § 1191 RN 30; MünchKomm/*Lieder*, BGB § 1191 RN 195; BeckOGK/*Rebhan*, 1.9.2023, BGB § 1191 RN 134.

5 BeckOGK/*Rebhan*, 1.9.2023, BGB § 1191 RN 134.

6 Staudinger/*Wolfsteiner* (2019), Vorbem. zu §§ 1191 ff., RN 323; *Stöber/Rellermeyer*, Forderungspfändung, RN F.113; *anderer Ansicht:* MünchKomm/*Lieder*, BGB § 1191 RN 196; *Huber*, S. 202.

7 Das ist nicht zu verwechseln mit dem Kündigungsrecht bzgl. der Sicherungsabrede, das mit der Pfändung nicht auf den Pfändungsgläubiger übergeht, vgl. BGH v. 02.06.2022 – V ZR 132/21, RN 24 = WM 2022, 1471 = ZIP 2022, 1537, dazu *Samhat*, EWiR 2022, 609, *Groeschler*, WuB 2022, 428.

einzelne der zur Wahl stehenden **Ansprüche** ist aber **nicht zweckmäßig**; insbesondere würde die Pfändung ins Leere gehen, wenn der Rückgewähranspruch bereits vor der Pfändung auf einen anderen Anspruch konkretisiert worden wäre.[8] Deshalb sollte der Antrag nicht eingeschränkt werden.

Die Pfändung ist nur wirksam, wenn der Anspruch dem Vollstreckungsschuldner (regelmäßig dem Grundstückseigentümer) noch zusteht. Hat er ihn vorher wirksam an einen Dritten, z. B. an einen nachrangigen Grundschuldgläubiger, **abgetreten, so geht die Pfändung ins Leere.** Die Abtretung kann auch stillschweigend erfolgt sein, etwa im Zusammenhang mit der Ablösung der Grundschuld, auf die sich der Rückgewähranspruch bezieht (RN 857). Haben Sicherungsgeber und Grundschuldgläubiger die **Abtretung des Rückgewähranspruchs wirksam ausgeschlossen** oder von der Zustimmung des Grundschuldgläubigers abhängig gemacht (RN 759), **steht** dies **der Pfändung nicht entgegen** (§ 851 Abs. 2 ZPO). Solange eine (erklärte) Abtretung des Rückgewähranspruchs nicht (etwa durch Genehmigung) wirksam geworden ist, gehört der Anspruch noch zum Vermögen des Sicherungsgebers und kann von dessen Gläubigern gepfändet werden. Wird die Abtretung wirksam, erwirbt der neue Gläubiger nur einen mit dem Pfandrecht belasteten Rückgewähranspruch (RN 852). Erfolgt eine Abtretung des Rückgewähranspruchs ohne die erforderliche Zustimmung und wird dieser Anspruch beim Zessionar gepfändet, kommt einer nachträglich erteilten Zustimmung keine Rückwirkung zu.[9] *901*

Der **gepfändete Anspruch** muss im Pfändungsbeschluss so **genau bezeichnet** sein, dass er bei verständiger Auslegung unzweifelhaft feststeht und sich – auch für andere Personen als die unmittelbar Beteiligten – aus dem Beschluss selbst ergibt.[10] Dazu gehört, dass die Grundschuld, auf die sich der Rückgewähranspruch bezieht, unverwechselbar bezeichnet ist, was mindestens die Bezeichnung des belasteten Grundbesitzes erfordert.[11] Ratsam ist die Angabe der Grundbuchstelle ([Band ...] Blatt ... Abt. III Nr. ...), an der die Grundschuld eingetragen ist. *902*

Steht der Rückgewähranspruch **mehreren Personen** gemeinsam zu (RN 768), so müssen – wenn der Anspruch insgesamt erfasst werden soll – die Rechte aller gepfändet werden; das setzt einen Vollstreckungstitel gegen alle voraus. Besteht zwischen mehreren Rückgewährberechtigten eine Bruchteilsgemeinschaft, so unterliegen auch die einzelnen Anteile der Pfändung (RN 770); dafür genügt ein Vollstreckungstitel gegen den Berechtigten des Anteils, der gepfändet werden soll. Dagegen ist bei Gesamthandsgemeinschaft (wenn etwa mehrere Miterben in Erbengemeinschaft rückgewährberechtigt sind) eine Pfändung der einzelnen Anteile nicht zulässig. *903*

---

8 Ebenso etwa MünchKomm/*Lieder*, BGB § 1191 RN 196.
9 BeckOGK/*Rebhan*, 1. 9. 2023, BGB § 1191 RN 134; s. auch BGH v. 14. 1. 2022 – V ZR 255/20, RN 20 = BGHZ 232, 265 = WM 2022, 976 = ZIP 2022, 1044, dazu *Lieder*, WuB 2022, 291, *Schmidt*, EWiR 2022, 385.
10 BGH v. 21. 2. 1991– IX ZR 64/90 (Ziff. II. 2 a) = NJW-RR 1991, 1197 = WM 1991, 779; BGH v. 28. 2. 1975 – V ZR 146/73 (Ziff. II) = NJW 1975, 980 = WM 1975, 385.
11 BGH v. 28. 2. 1975 – V ZR 146/73 (Ziff. II) = NJW 1975, 980 = WM 1975, 385; LG Trier v. 11. 5. 1989 – 5 T 10/89 = Rpfleger 1989, 418.

904 Der Pfändungsbeschluss muss dem Grundschuldgläubiger als Drittschuldner und dem Inhaber des Rückgewähranspruchs als Schuldner zugestellt werden; wirksam wird die Pfändung mit der **Zustellung an den Grundschuldgläubiger** (§§ 857 Abs. 1, 829 Abs. 1 und 3 ZPO). Die Herausgabe des Grundschuldbriefs oder die Eintragung der Pfändung im Grundbuch ist nicht erforderlich.[12]

25.2 Rechtsstellung des Pfändungsgläubigers

905 Mit der Pfändung erlangt der Pfändungsgläubiger ein **Pfandrecht am Rückgewähranspruch**, nicht an der Grundschuld.[13] An der Grundschuld selbst erwirbt der Gläubiger ein Pfandrecht erst und nur, wenn die Grundschuld in Erfüllung des Rückgewähranspruchs gem. § 1282 BGB abgetreten wird (RN 915 f.), nicht aber bei Verzicht auf die Grundschuld oder bei deren Löschung (RN 920).[14] Gibt der Grundschuldgläubiger die Grundschuld zurück und vollstreckt dann der Pfändungsgläubiger, ist § 1197 Abs. 1 BGB auf den Pfändungsgläubiger nicht anzuwenden.[15]

906 **Einschränkungen des Rückgewähranspruchs**, die Sicherungsgeber und Grundschuldgläubiger wirksam vereinbart haben (RN 754 ff.), muss der Pfändungsgläubiger gegen sich gelten lassen, weil die Pfändung keine Änderung des Inhalts des gepfändeten Anspruchs bewirkt. Solche Einschränkungen können den Wert des Pfandrechts erheblich mindern. Ist der Rückgewähranspruch z. B. auf den Löschungsanspruch reduziert, hat das Pfandrecht daran keinen eigenständigen Wert. Es kann mittelbar für den Pfändungsgläubiger von Wert sein, wenn diesem ein nachrangiges Grundpfandrecht zusteht und er mit dem gepfändeten Anspruch die Löschung einer vorrangigen Grundschuld und damit eine Rangverbesserung seines Grundpfandrechts erreichen kann.

907 Soweit allerdings die verschiedenen Erfüllungsmodalitäten – **Abtretung, Löschung** oder **Verzicht** – (noch) geschuldet werden, **erfasst** die Pfändung des gesamten Rückgewähranspruchs alle Alternativen[16], auch den Anspruch auf den in der Zwangsversteigerung aus der Grundschuld über die gesicherten Forderungen hinaus etwa erzielten **Übererlös**.[17]

---

12   BGH v. 21. 2. 1991 – IX ZR 64/90 (Ziff. II. 2 a) = NJW-RR 1991, 1197 = WM 1991, 779; Staudinger/*Wolfsteiner* (2019), Vorbem. zu §§ 1191 ff., RN 321; *Clemente*, RN 918.

13   BGH v. 24. 3. 2016 – IX ZR 259/13 (Ziff. II. 1 b) = WM 2016, 799 = ZIP 2016, 828; BGH v. 27. 4. 2017 – IX ZB 93/16 (RN 24) = WM 2017, 1152 = ZIP 2017, 1169; BeckOGK/*Rebhan*, 1. 9. 2023, BGB § 1191 RN 134.

14   BGH v. 6. 7. 1989 – IX ZR 277/88 (Ziff. 2b) = BGHZ 108, 237 = WM 1989, 1412 = ZIP 1989, 1174 = EWiR § 1191 BGB 4/89, 881 (*Clemente*); *Schmitz*, WM 1991, 1061, 1067.

15   BGH v. 24. 3. 2016 – IX ZR 259/13 (Ziff. II. 2 b) = WM 2016, 799 = ZIP 2016, 828; BGH v. 27. 4. 2017 – IX ZB 93/16 (RN 24) = WM 2017, 1152 = ZIP 2017, 1169.

16   MünchKomm/*Lieder*, BGB § 1191 RN 196; *Clemente*, RN 922; Staudinger/*Wolfsteiner* (2019), Vorbem. zu §§ 1191 ff., RN 323.

17   BGH v. 28. 2. 1975 – V ZR 146/73 (Ziff. I) = NJW 1975, 980 = WM 1975, 385; BGH v. 8. 1. 1987 – IX ZR 66/85 – (Ziff. I 2 b. aa), BGHZ 99, 292 = NJW 1987, 1026; LG Saarbrücken v. 19. 6. 1991 – 12 O 3651/89 –, EWiR § 3 AnfG 5/91, 1155 (*Hegmanns*); Grüneberg/*Herrler*, § 1191 RN 30; Staudinger/*Wolfsteiner* (2019), Vorbem. zu §§ 1191 ff., RN 322; *Clemente*, RN 923.

Hat der Sicherungsgeber sein **Wahlrecht** vor der Pfändung bereits ausgeübt, bleibt der Pfändungsgläubiger daran gebunden, im Übrigen wird das Wahlrecht vom Pfändungsgläubiger ausgeübt.[18] Dieser kann aber – wenn ihm der Rückgewähranspruch, wie üblich, nur zur Einziehung überwiesen ist – nicht die Abtretung an sich selbst wählen (RN 917). *908*

Trotz Pfändung des Rückgewähranspruchs kann der Eigentümer oder ein ablösungsberechtigter Dritter die **Grundschuld tilgen** (RN 824, 829).[19] Der Pfändungsgläubiger des Rückgewähranspruchs kann nämlich keine stärkere Rechtsstellung haben als derjenige, an den der Rückgewähranspruch abgetreten worden ist (dazu RN 833). Verbleibt nach Verrechnung des auf die Grundschuld gezahlten Betrags mit der dadurch gesicherten Forderung ein Übererlös, wird er vom gepfändeten Rückgewähranspruch erfasst (RN 834). Im Übrigen werden der Rückgewähranspruch und das Pfandrecht daran gegenstandslos, weil die Grundschuld durch die Tilgung kraft Gesetzes auf den Eigentümer bzw. den ablösenden Dritten übergegangen ist und Rückgewähr in natura daher nicht mehr geschuldet wird (RN 727). Die Pfändung des Rückgewähranspruchs geht also ins Leere, wenn die Grundschuld nicht rechtsgeschäftlich, sondern kraft Gesetzes als Eigentümergrundschuld auf den Vollstreckungsschuldner übergeht.[20] *909*

25.3 Rechtsstellung des Grundschuldgläubigers

Die Rechte des Grundschuldgläubigers werden durch die Pfändung des gegen ihn gerichteten Rückgewähranspruchs nicht beeinträchtigt. Insbesondere kann er die **Grundschuld in jeder zulässigen Weise verwerten**, sobald der Schuldner mit der dadurch gesicherten Forderung in Verzug kommt. Insbesondere darf er die Zwangsvollstreckung ins Grundstück betreiben.[21] *910*

Vor der Pfändung getroffene Abreden zwischen Sicherungsgeber und Sicherungsnehmer (Grundschuldgläubiger) bleiben wirksam.[22] Der Pfändungsgläubiger muss sie gegen sich gelten lassen. Er kann als Pfändungsgläubiger nicht mehr Rechte beanspruchen, als (nach einer Abtretung des Rückgewähranspruchs) ein neuer Rückgewährberechtigter hätte. Deshalb kann das Kreditinstitut trotz der Pfändung des Rückgewähranspruchs – wie nach dessen Abtretung (RN 884 f.) – bspw. die Grundschuld **neu valutieren**, wenn eine weite Sicherungsabrede wirksam vereinbart ist.[23] *911*

---

18 Staudinger/*Wolfsteiner* (2019), Vorbem. zu §§ 1191 ff. RN 323; *anderer Ansicht* (kann nur Anspruch auf Abtretung geltend machen): *Huber*, S. 206 f.

19 So wohl auch Staudinger/*Wolfsteiner* (2019), Vorbem. zu §§ 1191 ff., RN 327.

20 *Ganter*, Der Grundschuld-Rückgewähranspruch, NZI 2024, 27, 31.

21 Staudinger/*Wolfsteiner* (2019), Vorbem. zu §§ 1191 ff., RN 328.

22 BGH v. 2.6.2022 – V ZR 132/21, RN 17 = WM 2022, 1471 = ZIP 2022, 1537, dazu *Samhat*, EWiR 2022, 609, *Groeschler*, WuB 2022, 428.

23 Ebenso BGH v. 2.6.2022 – V ZR 132/21, RN 17 = WM 2022, 1471 = ZIP 2022, 1537, dazu *Samhat*, EWiR 2022, 609, *Groeschler*, WuB 2022, 428; Grüneberg/*Herrler*, § 1191 RN 30; Staudinger/*Wolfsteiner* (2019), Vorbem. zu §§ 1191 ff., RN 328; *Stöber/Rellermeyer*, Forderungspfändung, RN F.116; (für Inanspruchnahme eines Kontokorrentkredits) *Huber*, S. 201 f.; *Serick*, § 34 IV 2 c und d (Bd. III, S. 249 ff.).

912 Von der Pfändung an bedarf jede vertragliche **Erweiterung des Sicherungs-zwecks**, insb. jede neue Beleihung über den bisherigen Rahmen der Siche-rungsabrede hinaus, der **Zustimmung** des **Pfändungsgläubigers**[24] (die meist nicht zu erreichen sein wird). Insoweit kann nichts anderes gelten als nach einer Abtretung des Rückgewähranspruchs (RN 887 f.). Der Fall, dass der Grund-schuldgläubiger die Pfändung nicht kennt (bei der Abtretung: RN 889), kann nicht eintreten, weil die Pfändung ohne Zustellung an den Grundschuldgläubi-ger nicht wirksam werden kann (RN 904).

25.4 Die Erfüllung des gepfändeten Rückgewähranspruchs

913 Ist der gepfändete **Rückgewähranspruch fällig** geworden, kann der Pfändungs-gläubiger Erfüllung verlangen, wenn ihm der gepfändete Anspruch entweder zur Einziehung (RN 914 f.) oder an Zahlungs statt (RN 921) überwiesen worden ist. Der Rückgewähranspruch wird fällig, wenn der Sicherungszweck endgültig wegfällt (RN 729, 731); fällt er nur teilweise (insoweit aber endgültig) weg, wird nur ein entsprechender Teilbetrag fällig (RN 724 f.). Solange der Grundschuld-gläubiger die Grundschuld mit neuen Forderungen unterlegen kann (RN 911, 884 f.), wird der Rückgewähranspruch nicht fällig. Die Befugnis, die Sicherungs-abrede zwischen Sicherungsgeber und Kreditinstitut oder gar die Geschäftsbe-ziehung zwischen beiden zu **kündigen** und damit den Sicherungszweck der Grundschuld auf bestimmte Forderungen zu beschränken (RN 603, 733), ist nicht Teil des Rückgewähranspruchs. Der **Pfändungsgläubiger** hat **nicht** das **Recht**, die **Sicherungsabrede** oder die Geschäftsbeziehung zum Sicherungs-nehmer **zu kündigen**.[25] Eine Pfändung des Kündigungsrechts ist – da kein Vermögensrecht i. S. d. § 857 ZPO – nicht möglich.[26]

914 Wird dem Pfändungsgläubiger der Rückgewähranspruch **zur Einziehung über-wiesen** (was auf Antrag mit dem Pfändungsbeschluss verbunden wird), kann er die (fremde) Forderung einziehen (§ 836 Abs. 1 ZPO); er wird nicht Gläubiger des Rückgewähranspruchs. Bei der Einziehung kann der Pfändungsgläubiger auch die Art der Rückgewähr bestimmen, sofern diese noch nicht feststeht.

915 Die wichtigste unter den drei Rückgewähralternativen ist der **Anspruch des Sicherungsgebers auf Abtretung** der Grundschuld. Aufgrund der Überweisung kann der Pfändungsgläubiger bei Fälligkeit des Rückgewähranspruchs die Ab-tretung der Grundschuld an den Inhaber des Rückgewähranspruchs, also regel-

---

24 Staudinger/*Wolfsteiner* (2019), Vorbem. zu §§ 1191 ff., RN 329; *Huber*, S. 201; *Stö-ber/Rellermeyer*, Forderungspfändung, RN F. 116.

25 BGH v. 2. 6. 2022 – V ZR 132/21, RN 24 = WM 2022, 1471 = ZIP 2022, 1537, dazu *Samhat*, EWiR 2022, 609, *Groeschler*, WuB 2022, 428; *Huber*, S. 201 f.; *Serick*, § 34 IV, 2 d (Bd. III, S. 252); *Stöber/Rellermeyer*, Forderungspfändung, RN F. 118; kritisch zur BGH-Entscheidung vom 2. 6. 2022 insoweit *Gröschler*, WuB 2022, 428, (431 ff.); *Rebhan*, DNotZ 2023, 139, 147.

26 *Baumbach/Lauterbach/Hartmann*, § 857 RN 3 f.; *Serick*, § 34 IV, 2 d (Bd. III, S. 252); *Stöber/Rellermeyer*, Forderungspfändung, RN F. 118.

mäßig an den Sicherungsgeber, verlangen.[27] Praktisch geschieht das so, dass der Pfändungsgläubiger vom Grundschuldgläubiger die zur Übertragung der Grundschuld auf den Sicherungsgeber (= Eigentümer) erforderlichen Unterlagen [Buch- (RN 427 f.), Briefgrundschuld (RN 443, 448, 450)] verlangen und die zum Erwerb des Rechts und zur Eintragung des Gläubigerwechsels im Grundbuch (einschließlich seines eigenen Pfandrechts [RN 916]) erforderlichen Erklärungen abgeben kann, und zwar kraft der Überweisung auch für den Sicherungsgeber.[28]

Wird die Grundschuld entsprechend RN 915 an den Sicherungsgeber (= Vollstreckungsschuldner) abgetreten, so **erwirbt der pfändende Gläubiger** daran (anders als bei Rückgewähr durch Verzicht: RN 920) ein **Pfandrecht** analog § 1287 BGB.[29] Zum Schutz dieser Position wird vertreten, dass der Grundschuldgläubiger nach Pfändung des Rückgewähranspruchs die Grundschuld nur noch unter Mitwirkung des Pfändungsgläubigers (an den Sicherungsgeber) abtreten dürfe und nur so, dass das Pfandrecht des pfändenden Gläubigers sichergestellt sei (nämlich Briefübergabe an den Pfändungsgläubiger bzw. Eintragung des Pfandrechts an der Grundschuld).[30] Würde nur die Abtretung und nicht auch das **Pfandrecht eingetragen**, so würde der Pfändungsgläubiger Gefahr laufen, sein Pfandrecht an der Grundschuld zu verlieren, falls der Rückgewährberechtigte als jetzt eingetragener Gläubiger über die Grundschuld zugunsten eines gutgläubigen Dritten verfügt (§ 892 BGB). Dies gilt jedenfalls für eine Buchgrundschuld. Bei einer Briefgrundschuld ist dagegen ein gutgläubiger Erwerb der Grundschuld so lange nicht möglich, solange der Pfändungsgläubiger den Grundschuldbrief in Händen behält. *916*

Normalerweise schließt das Wahlrecht des Sicherungsgebers, das vom Pfändungsgläubiger ausgeübt werden darf (RN 908), die Befugnis ein, Abtretung an einen Dritten (statt an den Rückgewährberechtigten) zu verlangen (RN 743). Dennoch kann der Pfändungsgläubiger, dem der Rückgewähranspruch nur – wie üblich – zur Einziehung überwiesen worden ist (an Zahlungs statt RN 921), *917*

---

27 OLG Brandenburg v. 20.12.2007 – 5 Wx 11/07 (Ziff. II 1 b) = BeckRS 2011, 16809; MünchKomm/*Lieder*, BGB § 1191 RN 198; Grüneberg/*Herrler*, § 1191 RN 30; *anderer Ansicht* (Einschaltung eines Sequesters erforderlich): *Serick*, § 34 IV 2 a (Bd. III, S. 247 f.); s. auch *Dempewolf*, NJW 1959, 557.
28 *Stöber/Rellermeyer*, Forderungspfändung, RN F.122.
29 MünchKomm/*Lieder*, BGB § 1191 RN 198; Grüneberg/*Herrler*, § 1191 RN 30; Staudinger/*Wolfsteiner* (2019), Vorbem. zu §§ 1191 ff., RN 324; *Stöber/Rellermeyer*, Forderungspfändung, RN F.121; *Huber*, S. 209 f.
30 *Stöber/Rellermeyer*, Forderungspfändung, RN F.121.

nicht Abtretung der Grundschuld an sich selbst[31] **verlangen.**[32] Das Pfandrecht gewährt ihm nur ein Verwertungsrecht (bis zur Befriedigung seines titulierten Anspruchs) am gepfändeten Rückgewähranspruch (und damit an der an ihre Stelle tretenden Grundschuld), aber gerade nicht das Vollrecht.

918 Will der Pfändungsgläubiger sein **Pfandrecht** an der Grundschuld **verwerten**, muss er sich (nicht nur den Rückgewähranspruch, sondern auch) die Grundschuld zur Einziehung überweisen lassen, was (auf Antrag) mit der Pfändung und Überweisung des Rückgewähranspruchs verbunden werden kann.[33] Durch die Überweisung der Grundschuld erlangt der Pfändungsgläubiger das Recht, die Grundschuld geltend zu machen. Um das zu ermöglichen, darf er – selbst wenn der Eigentümer Gläubiger der eingezogenen Grundschuld wird – aus der Grundschuld ins Grundstück vollstrecken; § 1197 Abs. 1 BGB steht dem nicht entgegen[34] (vgl. auch RN 238).

919 Mit der Rückgewähr gemäß RN 915 entsteht regelmäßig eine Eigentümergrundschuld. Das vom Pfändungspfandgläubiger erworbene (Ersatz-)Pfandrecht (RN 916) an dieser Grundschuld **verdrängt** aber den gesetzlichen **Löschungsanspruch** gleich- oder nachrangiger Grundpfandrechte (RN 495 ff.) und den durch Vormerkung gesicherten Löschungsanspruch (RN 527 ff.) gegenüber der Eigentümergrundschuld. Deshalb kann deren Löschung nicht erzwungen werden, wenn und soweit dies das Ersatzpfandrecht an der Grundschuld beeinträchtigen würde. Das gilt selbst dann, wenn das durch den Löschungsanspruch begünstigte Recht bzw. die Löschungsvormerkung bereits vor Pfändung des Rückgewähranspruchs eingetragen war.[35] Denn das Pfandrecht an der Eigentümergrundschuld ist hier (anders als bei Pfändung unmittelbar der Eigentümergrundschuld RN 925) eine Fortsetzung des Pfandrechts am Rückgewähran-

---

31 Wie hier *Müller*, RNotZ 2012, 199, 210.

32 Was aber anscheinend in der Entscheidung des BGH v. 6.7.1989 – IX ZR 277/88 (Ziff. 2b) = BGHZ 108, 237 = WM 1989, 1412 = ZIP 1989, 1174 = EWiR § 1191 BGB 4/89, 881 (*Clemente*), für zulässig gehalten wird, wenn dort einerseits betont wird, dass der Rückgewähranspruch auch dazu berechtigt, die Abtretung der Grundschuld an einen Dritten zu verlangen (Ziff. 2 a. bb), und andererseits dem Pfändungsgläubiger ein Pfandrecht an der (durch Verzicht entstandenen) Eigentümergrundschuld deshalb verwehrt wird, weil „ihnen (gemeint ist der Pfändungsgläubiger und sein Rechtsnachfolger) die Grundschuld nicht übertragen worden ist" (Ziff. 2 b. aa).

33 MünchKomm/*Lieder*, BGB § 1191 RN 200; *Stöber/Rellermeyer*, Forderungspfändung, RN F.127.

34 BGH v. 24.3.2016 – IX ZR 259/13 (Ziff. II. 2 b) = WM 2016, 799 = ZIP 2016, 828; BGH v. 18.12.1987 – V ZR 163/86 (Ziff. II. 3) = BGHZ 103, 30 = ZIP 1988, 403; MünchKomm/*Lieder*, BGB § 1197 RN 6; Grüneberg/*Herrler*, § 1197 RN 2; Staudinger/*Wolfsteiner* (2019), § 1197 RN 5.

35 BGH v. 28.2.1975 – V ZR 146/73 (Ziff. I) = NJW 1975, 980 = WM 1975, 385; Staudinger/*Wolfsteiner* (2019), Vorbem. zu §§ 1191 ff., RN 327; *Stöber/Rellermeyer*, Forderungspfändung, RN F.139; *Huber*, S. 210 f.; *anderer Ansicht* (Löschungsanspruch verdrängt das Pfandrecht am Rückgewähranspruch, wenn das dadurch begünstigte Recht bzw. die Löschungsvormerkung vor der Pfändung eingetragen ist): MünchKomm/*Lieder*, BGB § 1191, RN 201; *Wörbelauer*, NJW 1958, 1709.

spruch. Es leitet sich also unmittelbar vom bisherigen Grundschuldgläubiger[36] ab.

Mit Überweisung der gepfändeten Forderung wird der Vollstreckungsgläubiger *920* ermächtigt, das Recht des Vollstreckungsschuldners im eigenen Namen geltend zu machen.[37] Er hat also auch das Recht, die Art der Rückgewähr zu bestimmen (RN 907 f.). Daher darf der **Vollstreckungsgläubiger** im Wege der Vollstreckung grundsätzlich die **Löschung der Grundschuld** verlangen.[38] Einen **praxisrelevanten Fall** der Löschungsalternative gibt die **BGH-Entscheidung vom 2. 6. 2022** wieder.[39] Auch ein Verzichtsverlangen ist zulässig. Erfolgt die Rückgewähr durch Verzicht, so geht die Grundschuld auf den Eigentümer über (RN 745). Der pfändende Gläubiger erwirbt aber nicht kraft Gesetzes ein Pfandrecht daran.[40] Er muss vielmehr die Eigentümergrundschuld erneut pfänden; zwischenzeitliche Verfügungen über die Grundschuld gehen diesem Pfandrecht vor, ohne dass das Pfandrecht am Rückgewähranspruch rangwahrende Wirkung hat.[41] Insbesondere können die Gläubiger gleich- oder nachrangiger Grundschulden und Hypotheken ihren (gesetzlichen oder durch Löschungsvormerkung gesicherten) Löschungsanspruch durchsetzen (RN 495 ff. bzw. 527 ff.)[42], sofern ihr Recht bzw. ihre Löschungsvormerkung vor Pfändung der Eigentümergrundschuld eingetragen worden ist. Deshalb hat das Pfandrecht an der Eigentümergrundschuld meist **keinen wirtschaftlichen Wert**.

---

36 Die Situation entspricht – was den Löschungsanspruch betrifft – derjenigen, dass der bisherige Sicherungsnehmer die Grundschuld nach Erledigung des Sicherungszwecks unmittelbar an einen neuen Sicherungsnehmer abtritt (RN 744).

37 BGH v. 02. 06. 2022 – V ZR 132/21, RN 11 = WM 2022, 1471 = ZIP 2022, 1537, dazu *Samhat*, EWiR 2022, 609, *Groeschler*, WuB 2022, 428.

38 Ebenso BGH v. 02. 6. 2022 – V ZR 132/21, RN 24 = WM 2022, 1471 = ZIP 2022, 1537, dazu *Samhat*, EWiR 2022, 609, *Groeschler*, WuB 2022, 428; *Tempel*, JuS 1967, 768; *ablehnend: Huber*, S. 206 f.; *Clemente*, RN 931.

39 BGH v. 02. 6. 2022 – V ZR 132/21, RN 24 = WM 2022, 1471 = ZIP 2022, 1537, dazu *Samhat*, EWiR 2022, 609, *Groeschler*, WuB 2022, 428.

40 BGH v. 6. 7. 1989 – IX ZR 277/88 (Ziff. 2b bb) = BGHZ 108, 237 = WM 1989, 1412 = ZIP 1989, 1174 = EWiR § 1191 BGB 4/89, 881 (*Clemente*) (im entschiedenen Fall hat allerdings der Grundschuldgläubiger den Verzicht gegen den ausdrücklichen Willen des Pfändungsgläubigers – also gerade nicht zur Erfüllung des Rückgewähranspruchs – erklärt); MüKoBGB/*Lieder*, 9. Aufl. 2023, BGB § 1191 RN 202; Grüneberg/*Herrler*, § 1191 RN 30; Staudinger/*Wolfsteiner* (2019), Vorbem. zu §§ 1191 ff., RN 326; *Ganter*, Der Grundschuld-Rückgewähranspruch, NZI 2024, 27, 31; *Stöber/Rellermeyer*, Forderungspfändung, RN F.119; *anderer Ansicht* (Ersatzpfandrecht entsteht auch bei Verzicht): *Huber*, S. 207; *Tempel*, JuS 1967, 269.

41 Staudinger/*Wolfsteiner* (2019), Vorbem. zu §§ 1191 ff., RN 326; *Stöber/Rellermeyer*, Forderungspfändung, RN F.119.

42 BGH v. 6. 7. 1989 – IX ZR 277/88 (Ziff. 2b) = BGHZ 108, 237 = WM 1989, 1412 = ZIP 1989, 1174 = EWiR § 1191 BGB 4/89, 881 (*Clemente*).

921 Es dürfte zulässig sein, den Rückgewähranspruch – auf Antrag – dem pfändenden Gläubiger auch **an Zahlungs statt zu überweisen (streitig).**[43] Durch die
Überweisung an Zahlungs statt geht der Rückgewähranspruch auf den Pfändungsgläubiger über; ist die Forderung des pfändenden Gläubigers niedriger als
die Grundschuld, kann nur ein entsprechender Teil des Rückgewähranspruchs
übertragen werden. Die Überweisung an Zahlungs statt wirkt praktisch wie eine
Abtretung. Soweit ihm der Rückgewähranspruch überwiesen worden ist, kann
der pfändende Gläubiger Abtretung der Grundschuld (ggf. eines Teilbetrags
davon) an sich selbst verlangen.[44] Geschieht dies, entsteht in keinem Moment
eine Eigentümergrundschuld, sodass nach- oder gleichrangige andere
Grundpfandgläubiger keinen (gesetzlichen oder durch Vormerkung gesicherten) Löschungsanspruch geltend machen können (RN 495, 529). Mit der Überweisung an Zahlungs statt **erlischt die Forderung**, wegen der gepfändet worden ist, in dem Umfang, in dem der Rückgewähranspruch besteht und auf den
Pfändungsgläubiger übergeht (§ 835 Abs. 2 ZPO). Ob der Pfändungsgläubiger
aus der Grundschuld Befriedigung erhält oder mit ihr in der Zwangsversteigerung ausfällt, spielt keine Rolle. Das Verfahren dürfte auch aus diesem Grund
kaum praktische Bedeutung haben.

922 Erlischt die Grundschuld in der Zwangsversteigerung des Grundstücks, ohne
dass sie zuvor zurückgewährt worden ist, wandelt sich der gepfändete Rückgewähranspruch des Sicherungsgebers (= Vollstreckungsschuldners) mit dem Zuschlag in einen **Anspruch** gegen den (früheren) Grundschuldgläubiger **auf Beteiligung an dessen Erlösanspruch**[45] und nach Auszahlung des Erlöses an den
(früheren) Grundschuldgläubiger in einen Zahlungsanspruch gegen diesen um,
und zwar in Höhe des Betrags, um den der auf die Grundschuld entfallende
Erlös die dadurch gesicherte(n) Forderung(en) übersteigt. Das Pfandrecht setzt
sich an diesen Ansprüchen jeweils fort; sie brauchen nicht ausdrücklich mitgepfändet zu sein.[46] Besteht zwischen Sicherungsgeber (= Vollstreckungsschuldner) und Grundschuldgläubiger (= Kreditinstitut = Drittschuldner) ein **Kontokorrentverhältnis**, kann – soweit das Pfandrecht reicht – der Anspruch auf den
Übererlös der Kontokorrentbindung (dazu RN 753) nicht unterliegen, weil das
Kreditinstitut aufgrund des Pfändungspfandrechts den Übererlös an den Siche-

---

43 *Zulässig:* OLG Braunschweig v. 10.12.1968 (Ziff. 3) = JurBüro 1969, 439; Staudin-
ger/*Wolfsteiner* (2019), Vorbem. zu §§ 1191 ff., RN 325; MüKoBGB/*Lieder*, 9. Aufl.
2023, BGB § 1191 RN 199; *Serick*, § 34 IV, 2 a FN 99 (Band III S. 246 f.); *Tempel*,
JuS 1967, 270 (Ziff. 6b); *unzulässig* (wegen § 849 ZPO): Grüneberg/*Herrler*,
§ 1191 RN 30; *Stöber/Rellermeyer*, Forderungspfändung, RN F.118 FN 216.

44 *Dempewolf*, NJW 1959, 558 (Ziff. 3); *Tempel*, JuS 1967, 270 (Ziff. 6b); Staudin-
ger/*Wolfsteiner* (2019), Vorbem. zu §§ 1191 ff., RN 325.

45 BGH v. 8.1.1987 – IX ZR 66/85 – (Ziff. I. 2 b. aa) = BGHZ 99, 292 = NJW 1987, 1026; BGH
v. 10.1.1985 – IX ZR 2/84 – (Ziff. 3 b. bb) = DNotZ 1985, 699 = NJW 1985, 2031 =
Rpfleger 1985, 205 = WM 1985, 427 = ZIP 1985, 372 = EWiR § 3 AnfG 1/85, 245
(*Gerhardt*); Grüneberg/*Herrler*, § 1191 RN 30.

46 BGH v. 28.2.1975 – V ZR 146/73 (Ziff. I) = NJW 1975, 980 = WM 1975, 385; Staudin-
ger/*Wolfsteiner* (2019), Vorbem. zu §§ 1191 ff., 324; *Huber*, S. 203.

rungsgeber (= Vollstreckungsschuldner) nicht auszahlen (§ 829 Abs. 1 Satz 1 ZPO) und mithin auch seinem Kontokorrentkonto nicht gutschreiben darf.[47]

25.5 Zusätzlich: Pfändung einer etwaigen Eigentümergrundschuld

Bei der Pfändung des Rückgewähranspruchs wird nicht selten eine etwaige   *923* Eigentümergrundschuld bzw. der an ihre Stelle tretende Erlösanteil mitgepfändet. Der **Wert** eines solchen Pfandrechts ist **meist gering**, falls gleich- oder nachrangige Grundpfandrechte vorhanden sind, weil deren Gläubiger regelmäßig die Löschung der Eigentümergrundschuld (RN 495 ff. bzw. 527 ff.) bzw. deren Nichtberücksichtigung bei der Erlösverteilung (RN 1212 ff.) erzwingen können. Wirtschaftlichen Wert kann noch am ehesten das Pfandrecht an einer von Anfang an auf den Namen des Eigentümers eingetragenen Grundschuld haben, weil sie möglicherweise (falls noch nicht abgetreten gewesen) dem Löschungsanspruch gleich- oder nachrangiger Pfandrechte nicht unterliegt (RN 496 bzw. 532).

Die **Art der Pfändung** muss sich danach richten, ob im Zeitpunkt der Pfändung   *924* bereits die Zwangsversteigerung des Grundstücks betrieben wird und, wenn ja, welchen Stand das Versteigerungsverfahren erreicht hat. Vor Einleitung der Zwangsversteigerung und danach bis zum Zuschlag ist die Eigentümergrundschuld Vollstreckungsobjekt (dazu RN 925). Mit dem Zuschlag erlischt sie; an ihre Stelle tritt ein Recht auf Befriedigung aus dem Erlös (dazu RN 926). Mit der Erlösverteilung wird das Recht auf einen bestimmten Teilbetrag daraus konkretisiert und entweder ausgezahlt oder – wenn Widerspruch gegen den Teilungsplan eingelegt ist – hinterlegt. In letzterem Fall tritt der Auszahlungsanspruch gegen die Hinterlegungsstelle (RN 927) an die Stelle des Rechts. Ist das Pfandrecht einmal wirksam entstanden, so setzt es sich – weil es sich nur um verschiedene Formen des im Grunde gleichen Objekts handelt – an den späteren Erscheinungsformen kraft Gesetzes fort.[48] Ist z. B. die Eigentümergrundschuld (vor dem Zuschlag) wirksam gepfändet worden, bedarf es keiner weiteren Pfändung mehr. Bei mehrfacher Pfändung hat das früher entstandene Pfandrecht den besseren Rang.

Gegenstand der Pfändung ist **bis zum Zuschlag** die **Grundschuld** als dingli-   *925* ches Recht am Grundstück. Die Pfändung erfolgt nach §§ 857 Abs. 6, 830 ZPO. Da es bei der Eigentümergrundschuld einen Drittschuldner nicht gibt, ist der Pfän-

---

47 *Anders:* BGH v. 27. 1. 1982 – VIII ZR 28/81 (Ziff. III. 2) = NJW 1982, 1150 = WM 1982, 233, der die Pfändung des Kontokorrentsaldos auf den Übererlös aus der Verwertung sicherungsübereigneter Sachen erstreckte, obwohl der Anspruch auf Rückübereignung (= Rückgewähranspruch) für einen anderen Gläubiger zeitlich früher gepfändet worden war. Er leitete dies aus der Kontokorrentgebundenheit des Rückgewähranspruchs (schon vor der Umwandlung in einen Geldanspruch) ab, was aber nicht präzise ist (dazu RN 753).

48 BGH v. 5. 4. 1972 – VIII ZR 31/71 (Ziff. 2a und b) = BGHZ 58, 302 = NJW 1972, 1135 = WM 1972, 592; *Mattern,* WM 1976, 398; *Stöber/Rellermeyer,* Forderungspfändung, RN F.217; MüKoBGB/*Lieder,* 9. Aufl. 2023, BGB § 1191 RN 204.

dungsbeschluss, in dem die Grundschuld – wie im Antrag – genau bezeichnet werden muss, (nur) dem Eigentümer zuzustellen (§ 857 Abs. 2 ZPO). Zur Wirksamkeit der Pfändung ist daneben (bei einer Buchgrundschuld) die Eintragung der Pfändung im Grundbuch bzw. (bei einer Briefgrundschuld) die Übergabe des Grundschuldbriefs erforderlich (§ 830 Abs. 1 ZPO). Die Pfändung wird erst wirksam und ein Überweisungsbeschluss darf erst erlassen werden, wenn diese Erfordernisse erfüllt sind.[49]

Die **Eintragung** der Pfändung im **Grundbuch** setzt – falls der Eigentümer noch nicht als Gläubiger eingetragen ist (z. B. eine trotz Tilgung der Forderung noch nicht umgeschriebene Hypothek) – den Nachweis voraus, dass das Recht als Grundschuld dem Eigentümer zusteht. Die vorherige Umschreibung der Grundschuld auf den Namen des Eigentümers ist nicht notwendig.[50] Um bei Pfändung einer Briefgrundschuld in den (erforderlichen) Besitz des Briefs zu kommen, sollte in den Pfändungsbeschluss das Gebot an den Eigentümer aufgenommen werden, den **Brief herauszugeben**. Der Gerichtsvollzieher kann dann dem Eigentümer den Brief wegnehmen. Befindet sich der Brief in der Hand eines nicht zur Herausgabe bereiten Dritten, muss der Anspruch des Eigentümers gegen den Dritten auf Herausgabe des Briefs mitgepfändet und ggf. durchgesetzt werden. Vollstreckungsgrundlage für die Hilfspfändung des Briefes ist der Beschluss, durch den die Eigentümergrundschuld gepfändet wurde, nicht der dieser Pfändung zugrunde liegende (auf Zahlung gerichtete) Vollstreckungstitel[51]; auf korrekte Bezeichnung im Antrag auf Erlass des Hilfspfändungsbeschlusses ist zu achten.

Obwohl die gepfändete Grundschuld dem Eigentümer zusteht, kann der Pfändungsgläubiger daraus ins Grundstück vollstrecken; § 1197 Abs. 1 BGB steht dem nicht im Wege[52] (RN 238). **Mit dem Zuschlag** geht die (nicht ins geringste Gebot fallende) Grundschuld unter; an ihre Stelle tritt ein ranggleiches **Befriedigungsrecht aus dem Erlös**. Der Pfändungsbeschluss bzgl. dieses Befriedigungsrechts muss dem bisherigen Grundstückseigentümer zugestellt werden; die Zustellung an das Vollstreckungsgericht ist unnötig. Einen Drittschuldner gibt es nicht. Briefübergabe oder Eintragung ins Grundbuch sind nicht mehr erforderlich.[53] Wird der auf die frühere Eigentümergrundschuld entfallende **Erlös hinterlegt**, muss der (bedingte) Auszahlungsanspruch gegen die Hinterlegungsstelle gepfändet und der Beschluss dem Vollstreckungsschuldner sowie dem Amtsgericht – Hinterlegungsstelle – zugestellt werden. Briefübergabe und

---

49 BGH v. 22. 9. 1994 – IX ZR 165/93 (Ziff. I. 3 a) = BGHZ 127, 146 = NJW 1994, 3225 = ZIP 1994, 1720; OLG Köln v. 26. 10. 1990 – 2 Wx 50/90 = Rpfleger 1991, 241; *Räfle*, WM 1983, 814; kritisch (und mit Vorschlag zur praktischen Handhabung auf der Basis der BGH-Entscheidung): *Hintzen/Wolf*, Rpfleger 1995, 94.

50 OLG Hamburg v. 3. 6. 1976 – 2 W 44/76 = Rpfleger 1976, 371; *Stöber/Rellermeyer*, Forderungspfändung, RN F. 182 f.

51 BGH v. 6. 4. 1979 – V ZR 216/77 (Ziff. 2a) = NJW 1979, 2045 = WM 1979, 730.

52 BGH v. 24. 3. 2016 – IX ZR 259/13 (Ziff. II. 2 b) = WM 2016, 799 = ZIP 2016, 828; BGH v. 18. 12. 1987 – V ZR 163/86 (Ziff. II. 3) = BGHZ 103, 30 = ZIP 1988, 403; Münch-Komm/*Lieder*, BGB § 1197 RN 6; Grüneberg/*Herrler*, § 1197 RN 2.

53 BGH v. 5. 4. 1972 – VIII ZR 31/71 (Ziff. 2a) = BGHZ 58, 302 = NJW 1972, 1135 = WM 1972, 592; *Mattern* WM 1976, 398; *Stöber/Rellermeyer*, Forderungspfändung, RN F. 225.

Grundbucheintragung sind in diesem Stadium des Verfahrens weder möglich noch notwendig.[54]

---

54 BGH v. 5.4.1972 – VIII ZR 31/71 (Ziff. 2b) = BGHZ 58, 302 = NJW 1972, 1135 = WM 1972, 592.

26 Eigentumswechsel am belasteten Grundstück

26.1 Bedeutung für Grundschuld und Sicherungsabrede

928 Die Veräußerung des Grundstücks berührt die darauf lastende **Grundschuld** (als dingliches Recht) nicht. Das gilt für jede Art des Eigentumswechsels, auch den kraft Gesetzes (z. B. durch Erbfolge) oder (bzgl. etwa bestehen bleibender Grundschulden) durch Zuschlag in der Zwangsversteigerung. Der neue Eigentümer muss (wenn die gesicherte und fällige Forderung nicht bezahlt wird) dulden, dass der Grundschuldgläubiger notfalls auch durch Zwangsversteigerung Befriedigung aus der Grundschuld sucht.[1]

929 Andererseits tritt der neue Eigentümer – auch wenn der bisherige, wie meist, Sicherungsgeber war – in den **Sicherungsvertrag** nur ein (und kann die Abwehrrechte daraus nur geltend machen), wenn dies vereinbart wird (RN 932 ff. und RN 634, 636). Er erwirbt auch nicht den Rückgewähranspruch bzgl. der Grundschuld, wenn er ihm nicht abgetreten wird (RN 766). Nur wenn der Eigentumswechsel durch Gesamtrechtsnachfolge erfolgt (RN 931), wird der neue Eigentümer ohne Weiteres Sicherungsgeber und Partner des Sicherungsvertrags. War der bisherige Eigentümer (ausnahmsweise) nicht Sicherungsgeber (RN 641 ff.), kann er dem neuen Eigentümer den Eintritt in den Sicherungsvertrag nicht vermitteln. Der Sicherungsvertrag wird dann durch den Eigentumswechsel nicht berührt.

930 Der Inhalt des Sicherungsvertrags wird durch den Eintritt des neuen Eigentümers nicht geändert, erst recht nicht allein durch den Wechsel im Eigentum am belasteten Grundstück.[2] Insbesondere bleibt der Kreis der durch die Grundschuld **gesicherten Forderungen** durch den Vertragseintritt bzw. den Eigentumswechsel unberührt. Weder sichert die Grundschuld Verbindlichkeiten des neuen Eigentümers noch wird der neue Eigentümer persönlicher Schuldner der gesicherten Forderungen.

931 Bei **Gesamtrechtsnachfolge** geht – wenn der bisherige Eigentümer Sicherungsgeber war – mit dem Eigentum auch die Position als Sicherungsgeber auf den Rechtsnachfolger über. Daher tritt dieser in den Sicherungsvertrag ein und wird Inhaber des Rückgewähranspruchs bzw. – falls der Rechtsvorgänger ihn als Sicherheit abgetreten hatte – des Anspruchs auf Rückabtretung des Rückgewähranspruchs (RN 891). Gesamtrechtsnachfolge liegt vor, wenn alle Rechte und Pflichten einer (natürlichen oder juristischen) Person als Ganzes ohne Einzelübertragung übergehen (wie z. B. bei der Erbfolge). Das gilt aber nur für den Erwerb durch Gesamtrechtsnachfolge selbst, also etwa für den Übergang vom Erblasser auf die Erbengemeinschaft. Sind mehrere Gesamtrechtsnachfolger vorhanden und übernimmt später (z. B. bei Auseinandersetzung der Erbengemeinschaft) einer der Miterben das Grundstück allein, geschieht dies regelmäßig durch rechtsgeschäftliche Übertragung des Grundstücks (es gelten

---

1 Praxisfall dazu BGH v. 20. 10. 2023 – V ZR 9/22, RN 16 ff. = WM 2023, 2263.
2 BGH v. 20. 10. 2023 – V ZR 9/22, RN 16 ff., RN 34 = WM 2023, 2263.

RN 929 f.). Das bedeutet, dass z. B. der das Grundstück übernehmende Miterbe nicht kraft Gesetzes in den Sicherungsvertrag eintritt.

26.2 Erwerb des Grundstücks mit Eintritt in den Sicherungsvertrag

Die **Vereinbarung** über den Eintritt in den Sicherungsvertrag einschließlich der Mitwirkung des Grundschuldgläubigers (RN 636) bedarf keiner bestimmten Form; sie kann deshalb auch stillschweigend getroffen werden und sich etwa aus den Gesamtumständen ergeben.[3] Übernimmt z. B. der Käufer nach dem Kaufvertrag die Grundschulden und die dadurch gesicherten Verbindlichkeiten in Anrechnung auf den Kaufpreis, liegt darin zugleich die Abrede zwischen den **Kaufparteien**, dass der Käufer anstelle des Verkäufers in den Sicherungsvertrag eintritt[4]; dazu ist dann noch die Zustimmung des Sicherungsnehmers (Grundschuldgläubigers) erforderlich. Im Interesse der **Rechtssicherheit** sollten schriftliche Vereinbarungen angestrebt werden (RN 934). *932*

Mit dem Eintritt in den Sicherungsvertrag rückt der neue Eigentümer vollständig in die Rechtsstellung des bisherigen Eigentümers ein. Er wird Sicherungsgeber und erwirbt insbesondere den Rückgewähranspruch[5] bzw. (falls dieser vom bisherigen Sicherungsgeber als Sicherheit abgetreten worden ist) den Anspruch auf Rückabtretung des Rückgewähranspruchs (RN 891).

Allein durch den Eintritt des Erwerbers in den Sicherungsvertrag (und durch die Zustimmung des Gläubigers zur Schuldübernahme) wird noch nicht der **Sicherungszweck** der Grundschuld geändert. Das spielt keine große Rolle, wenn die Grundschuld ohnehin nur als Sicherheit für die vom Erwerber übernommenen Verbindlichkeiten des Veräußerers oder eines Dritten dient. Sind durch die Grundschuld aber auch andere Verbindlichkeiten gesichert (insb. alle **künftigen Verbindlichkeiten** des Veräußerers), so wird der bloße Eintritt in den Sicherungsvertrag häufig den Vorstellungen der Beteiligten nicht entsprechen. Vor allem der Erwerber wird i. d. R. erwarten, dass das Grundstück für fremde Verbindlichkeiten – außer den ausdrücklich übernommenen – künftig **nicht mehr haftet**. Das setzt eine **Änderung des Sicherungsvertrags** voraus. *933*

Im Interesse der Klärung der Rechtsbeziehungen ist eine **eindeutige Vereinbarung zwischen Veräußerer, Erwerber** und **Gläubiger** empfehlenswert, wenn bei der Veräußerung eines Grundstücks Grundschulden bestehen bleiben. Die (schriftliche) **Vereinbarung** sollte folgende **Fragen klären**: Welche Verbindlichkeiten sind durch die Grundschuld gesichert? An wen ist die Grundschuld zurückzugewähren, wenn der Sicherungszweck entfallen ist (wer ist also Rück- *934*

---

3   BGH v. 10.11.1989 – V ZR 201/88 (Ziff. I. 1) = BGHZ 109, 197 = WM 1989, 1926 = ZIP 1990, 299 = EWiR § 1191 BGB 2/90, 253 (*Gnamm*).

4   BGH v. 25.3.1986 – IX ZR 104/85 (Ziff. I. 1 b) = BGHZ 97, 280 = WM 1986, 763 = ZIP 1986, 900 = EWiR § 1191 BGB 3/86, 573 (*Gaberdiel*); *Clemente*, RN 943; Staudinger/*Wolfsteiner* (2019), Vorbem. zu §§ 1191 ff., RN 271.

5   BGH v. 25.3.1986 – IX ZR 104/85 (Ziff. I. 1 b) = BGHZ 97, 280 = WM 1986, 763 = ZIP 1986, 900 = EWiR § 1191 BGB 3/86, 573 (*Gaberdiel*).

gewährberechtigter)? Wer kann die über die Grundschuld getroffenen Abreden ggf. ändern (wer ist also Sicherungsgeber)?

Eine neue Abrede, dass der Erwerber bei Wegfall des Sicherungszwecks die Grundschuld zurückverlangen darf, ist **unproblematisch**, wenn der Veräußerer (wie regelmäßig als Eigentümer) Sicherungsgeber war, er den **Rückgewähranspruch nicht abgetreten** hat und auch **keine Pfändung des Rückgewähranspruchs** vorliegt. Hatte der frühere Sicherungsgeber den Rückgewähranspruch abgetreten und ist dies dem Grundschuldgläubiger bekannt, bedarf die **Abrede**, dass die Grundschuld neue Verbindlichkeiten des Erwerbers sichern und/oder nach Erledigung des Sicherungszwecks an ihn zurückgewährt werden soll, der **Zustimmung des Inhabers des Rückgewähranspruchs** (vgl. auch RN 887 f.). Anderenfalls kann der Grundschuldgläubiger nach Wegfall des Sicherungszwecks sowohl dem einen wie dem anderen gegenüber zur Rückgewähr verpflichtet sein, sodass er dem jeweils anderen gegenüber schadensersatzpflichtig wird. Gleiches gilt, wenn der **Rückgewähranspruch gepfändet** ist. Ist dem Gläubiger die Abtretung dagegen nicht bekannt, muss sich der Rückgewährberechtigte die u.a. mit dem (bisherigen) Sicherungsgeber getroffene Vereinbarung gemäß § 407 BGB entgegenhalten lassen (RN 889). Wurde der Rückgewähranspruch beim Veräußerer gepfändet, ist die Erweiterung des Sicherungszwecks auf Verbindlichkeiten des Erwerbers zunächst blockiert. Sie bedarf der Zustimmung des Pfändungsgläubigers (RN 912).

26.3 Erwerb des Grundstücks (lediglich) mit Abtretung des Rückgewähranspruchs

935 Der Rückgewähranspruch bzgl. einer Grundschuld auf dem veräußerten Grundstück geht – außer bei Eintritt in den Sicherungsvertrag (RN 932 ff.) – auf den Erwerber nur über, wenn er an diesen abgetreten wird (RN 766). Die **Abtretung** bedarf keiner bestimmten Form und kann daher **auch stillschweigend** erfolgen (zu den Gesamtumständen RN 936). Anders als die Abtretung des Rückgewähranspruchs an einen nachrangigen Gläubiger, die der Sicherung eines anderen Anspruchs dienen soll (RN 864 ff.), erfolgt die Abtretung des Rückgewähranspruchs beim Verkauf des Grundstücks endgültig; der Erwerber ist dem Veräußerer gegenüber nicht treuhänderisch gebunden.

936 Eine konkludente Abtretung des Rückgewähranspruchs ist etwa anzunehmen, wenn der Käufer eines Grundstücks im Zuge des Kaufvertrags eine auf dem Grundstück lastende **Grundschuld und** die **dadurch gesicherte Verbindlichkeit** in Anrechnung auf den Kaufpreis **übernimmt**.[6] Endgültig geht der Rückgewähranspruch über, wenn der **Veräußerer** aus der übernommenen Verbindlichkeit **frei wird**, sei es durch Tilgung der gesicherten Verbindlichkeit seitens

---

6   BGH v. 5.2.1991 – XI ZR 45/90 (Ziff.2c) = WM 1991, 723 = ZIP 1991, 434; BGH v. 13.7.1983 – VIII ZR 134/82 (Ziff.II. 1 b) = WM 1983, 953 = ZIP 1983, 1040; OLG Karlsruhe v. 16.6.2011 – 9 U 89/10 = WM 2012, 211 = NJW-RR 2012, 146; Münch-Komm/*Lieder*, § 1191 RN 166; Staudinger/*Wolfsteiner* (2019), Vorbem. zu §§ 1191 ff., RN 271; *Clemente*, RN 943; *Siol*, WM 1996, 2217, 2223.

des Erwerbers, sei es durch Genehmigung der Schuldübernahme[7] seitens des Gläubigers; bis dahin ist die Abtretung des Rückgewähranspruchs auflösend bedingt. Versagt der Gläubiger die Genehmigung, ist eine bloße Erfüllungsübernahme – entgegen der Regel (§ 415 Abs. 3 BGB) – nicht gewollt, wenn sich aus den Gesamtumständen ergibt, dass die Beteiligten für diesen Fall Barzahlung vorgesehen haben.[8] Dafür, dass Erfüllungsübernahme nicht ausreicht, spricht auch, dass der Veräußerer sonst einerseits alsbald das Eigentum am Grundstück verlieren, aber andererseits (ggf. viele Jahre lang) in der Haftung für die durch die Grundschuld gesicherte Verbindlichkeit bleiben würde. Gleiches gilt, wenn die Beteiligten eine **nicht valutierte Grundschuld** ohne Anrechnung auf den Kaufpreis stehen lassen. Denn die Gegenleistung entspricht dann dem Wert des unbelasteten Grundstücks, sodass der Käufer auch die „leere" Grundschuld erhalten muss.

Durch die Abtretung des Rückgewähranspruchs werden die Rechte des Grundschuldgläubigers nicht eingeschränkt. Der bisherige Inhaber des Rückgewähranspruchs kann diesen nur so abtreten, wie er ihm zusteht. Deshalb **gilt die Sicherungsabrede** für die Grundschuld **fort** (RN 883 ff.). Sie sichert weiterhin die darunterfallenden (ggf. künftigen) Verbindlichkeiten.[9] Ist der Erwerber (wie in diesem Abschnitt unterstellt) nicht in den Sicherungsvertrag eingetreten, so kann er noch nicht einmal eine etwaige weite Sicherungsabrede kündigen. Ob er aus dem Kaufvertrag einen Anspruch gegen den Verkäufer hat, dass dieser kündigt, ist fraglich. Andererseits wird durch die Abtretung des Rückgewähranspruchs der Sicherungszweck nicht erweitert. **Verbindlichkeiten des neuen Eigentümers** sind durch die Grundschuld **nur gesichert**, wenn die **Sicherungsabrede geändert** wird. Das geschieht durch Vereinbarung zwischen Sicherungsgeber und Sicherungsnehmer (RN 593 ff.). Ist der Erwerber aber nicht in den Sicherungsvertrag eingetreten, kann er diese Vereinbarung nicht treffen. | 937

Die Beteiligten sollten sich mit der einfachen Abtretung der Rückgewähransprüche nicht begnügen, sondern die **wichtigsten Fragen** (RN 934) alsbald **durch ausdrückliche Regelung klären.** Solange das nicht geschehen ist, kann man von Folgendem ausgehen: Der nicht in den Sicherungsvertrag eingetretene Erwerber hat die Möglichkeit, die Grundschuld zu tilgen mit der Folge, dass sie auf ihn übergeht (RN 824). An eine abweichende Vereinbarung zwischen Sicherungsgeber und Grundschuldgläubiger (RN 805) ist er nicht gebunden (RN 809). Der auf die Grundschuld gezahlte Betrag steht zur Verrechnung auf die dadurch | 938

---

7   Der BGH geht in den beiden nachfolgenden Urteilen von einer stillschweigenden Abtretung „für den Fall der Tilgung" aus (BGH v. 5.2.1991 – XI ZR 45/90 (Ziff. 2c) = WM 1991, 723 = ZIP 1991, 434); BGH v. 13.7.1983 – VIII ZR 134/82 (Ziff. II. 1 b) = WM 1983, 953 = ZIP 1983, 1040). Für den Veräußerer kann es aber nur darauf ankommen, dass er aus der vom Käufer übernommenen Verbindlichkeit frei wird; das geschieht auch dann, wenn der Gläubiger die befreiende Schuldübernahme genehmigt. Wie hier etwa MünchKomm/*Lieder*, § 1191 RN 166 f.

8   BGH v. 18.1.1991 – V ZR 315/89 (Ziff. 3) = WM 1991, 1131 = ZIP 1991, 506 = EWiR § 415 BGB 1/91, 549 (*Gaberdiel*).

9   *Clemente*, RN 943.

gesicherten Verbindlichkeiten zur Verfügung (RN 839 ff.); eine etwaiger Übererlös gebührt dem Rückgewährberechtigten (RN 849).

Der neue Eigentümer kann die durch Tilgung auf ihn übergegangene Grundschuld bei Bedarf wieder an dasselbe oder ein anderes Kreditinstitut abtreten; auch bei Abtretung an den bisherigen Gläubiger ist die erforderliche Form einzuhalten (RN 425 ff.; RN 439 ff.). Daneben müssen die Beteiligten die gewollte Sicherungsabrede treffen. Das kann als Lösung in Betracht kommen, wenn der neue Eigentümer im Ergebnis nicht mehr aufwenden muss als den Betrag, mit dem die Grundschuld auf den Kaufpreis angerechnet worden ist.

Ist die Grundschuld nicht valutiert, der Sicherungszweck aber im Hinblick auf die weite Sicherungsabrede (RN 668) dennoch nicht entfallen, kann das Kreditinstitut – falls es die Sicherheit nicht braucht – die Grundschuld aus der bisherigen Haftung freigeben. Falls nichts anderes vereinbart, dürfte der bisherige Eigentümer oder der persönliche Schuldner der Verbindlichkeit keinen Anspruch darauf haben, dass sich der Gläubiger diese Sicherheit erhält. Bei nur teilweise valutierter Grundschuld gilt das für den nicht valutierten Teilbetrag entsprechend. Mit der Freigabe entfällt der Sicherungszweck der Grundschuld. Als Inhaber des Rückgewähranspruchs kann der neue Eigentümer sie an sich oder einen Dritten abtreten lassen oder Verzicht oder Löschung verlangen. Er kann die Grundschuld aber auch dem bisherigen Grundschuldgläubiger belassen und mit ihm eine neue Sicherungsvereinbarung darüber treffen.

939   Hatte der Verkäufer vor Abschluss des Kaufvertrags den **Rückgewähranspruch abgetreten**, kann ihn der Käufer nicht (auch nicht gutgläubig, dazu RN 862) erwerben, sondern allenfalls den Anspruch auf Rückabtretung des Rückgewähranspruchs (RN 891). War der Rückgewähranspruch vorher **ge- oder verpfändet**, erwirbt der neue Eigentümer nur den mit dem Pfandrecht belasteten Anspruch. Dieses **Risiko für den Käufer** wird vermieden, wenn die bisherige Grundschuld gelöscht und die erforderliche Grundschuld neu eingetragen wird.[10] Auch die Lösungen nach RN 938 setzen voraus, dass der Käufer den Rückgewähranspruch ohne Einschränkung erworben hat. Anderenfalls kann der wahre Rückgewährberechtigte (ggf. zusammen mit dem Pfandgläubiger) im ersten Fall den Übererlös, im zweiten Fall die Grundschuld verlangen.

940   In der Regel wird derjenige, der ein mit einer Grundschuld belastetes Grundstück in der **Zwangsversteigerung** erwirbt (RN 1125), nicht persönlicher Schuldner der dadurch gesicherten Verbindlichkeiten (RN 943). Der bisherige Eigentümer kann aber, wenn er persönlich diese Verbindlichkeiten schuldet, bewirken, dass der Erwerber (nicht nur mit den Grundschulden dinglich haftet, sondern auch persönlich) in die Verbindlichkeiten bis zur Höhe der Grundschuld (RN 941) eintritt. Der bisherige Eigentümer muss dazu die **Verbindlichkeit** im **Versteigerungsverfahren** (§ 53 Abs. 2 ZVG)[11] **anmelden** (vgl. RN 1136). Geschieht dies, muss der Gläubiger sich entscheiden, ob er die **Schuldübernahme** genehmigen will oder nicht. Falls ja, wird der bisherige Schuldner und

---

10   *Reithmann*, DNotZ 1994, 168, 169 f.

11   Zum Verfahren im Einzelnen: Stöber/*Gojowczyk*, Zwangsversteigerungsgesetz, § 53 RN 10 ff.

Eigentümer von den im Zeitpunkt der Genehmigung noch bestehenden Verbindlichkeiten[12] frei; falls nein, ist der Ersteher des Grundstücks dem Schuldner gegenüber verpflichtet, den Gläubiger rechtzeitig zu befriedigen (§ 415 Abs. 3 BGB). § 416 BGB gilt entsprechend.

Soweit der Ersteher dadurch persönlich verpflichtet wird, bekommt er auch den Rückgewähranspruch bzgl. der bestehen bleibenden Grundschuld.[13] Denn der Ersteher übernimmt die Schuld nur „in Höhe" der Grundschuld (§ 53 Abs. 1 ZVG). Die Schuldübernahme darf also nicht faktisch zu einer Erhöhung seines Gebots für das Grundstück führen. Das wäre aber der Fall, wenn der Ersteher wegen der gesicherten Verbindlichkeit in Anspruch genommen werden könnte (sei es vom Gläubiger auf Zahlung, sei es vom Schuldner auf Freistellung), ohne in entsprechender Höhe Rückgewähr der bestehen gebliebenen Grundschuld verlangen zu können. Ist die Summe der gesicherten Forderungen geringer als der Grundschuldbetrag, so geht der Rückgewähranspruch nur bzgl. des valutierten Teils über; im Übrigen verbleibt er dem Sicherungsgeber (= bisheriger Grundstückseigentümer).[14] Da der Erwerber durch Grundschuld und Schuldübernahme nicht doppelt belastet werden darf, kann er seine Zahlung (auf die persönliche Verbindlichkeit) davon abhängig machen, dass ihm die Grundschuld bzw. ein der Zahlung entsprechender Teilbetrag zurückgewährt wird. Geschieht das nicht, etwa weil der Vollstreckungsschuldner über den Rückgewähranspruch bereits anderweitig (z. B. durch Abtretung) verfügt hat, kann der Ersteher die Zahlung verweigern.

Bis zum Tag vor dem Zuschlag angefallene Zinsen und sonstige wiederkehrende Leistungen aus einer bestehen bleibenden Grundschuld sind im geringsten Gebot berücksichtigt und werden aus dem Erlös erfüllt (RN 1129 f.). Der Ersteher übernimmt nur den Kapitalbetrag der bestehen bleibenden Grundschuld (und etwaige künftige Zinsen). **Höchstbetrag der Schuldübernahme** kann deshalb nur der Kapitalbetrag der Grundschuld sein.[15] Sind mehrere Forderungen gesichert, die zusammen diesen Betrag übersteigen, so dürften sie bis zu dieser Höhe jeweils anteilig gesichert sein.[16] *941*

26.4 Erwerb des Grundstücks ohne Abtretung des Rückgewähranspruchs

Der Erwerb eines belasteten Grundstücks ohne Rückgewähranspruch bzgl. der bestehenden Grundschuld kommt etwa bei Übergabeverträgen in Betracht, bei denen der Übergeber sich eine Grundschuld zur beliebigen Verwendung zurückbehält (RN 561)[17], am häufigsten aber beim **Erwerb in der Zwangsverstei-** *942*

---

12 OLG Schleswig v. 23. 10. 2003 – 2 U 1/03 (Ziff. II. 1 a) = InVo 2004, 297.
13 BGH v. 21. 5. 2003 – IV ZR 452/02 (Umkehrschluss aus Ziff. II. 1 b) = NJW 2003, 2673 = WM 2003, 1365; Staudinger/*Wolfsteiner* (2019), Vorbem. zu §§ 1191 ff., RN 276.
14 Staudinger/*Wolfsteiner* (2019), Vorbem. zu §§ 1191 ff., RN 278.
15 Nach Staudinger/*Wolfsteiner* (2019), Vorbem. zu §§ 1191 ff., RN 276, bleibe es im dunkel, was als Höhe der Grundschuld anzusehen sei.
16 Staudinger/*Wolfsteiner* (2019), Vorbem. zu §§ 1191 ff., RN 277.
17 Vgl. auch Staudinger/*Wolfsteiner* (2019), Vorbem. zu §§ 1191 ff., RN 315.

gerung. Mit dem Zuschlag in der Zwangsversteigerung wird dem Ersteher das Eigentum am Grundstück zu den Konditionen des geringsten Gebots übertragen, also belastet u.a. mit den darin berücksichtigten Grundschulden (RN 1125). Den (dinglichen) Anspruch daraus zu erfüllen, ist Teil seiner Gegenleistung für das Grundstück (RN 1131).[18]

943   Eine ausdrückliche Abtretung des **Rückgewähranspruchs** bzgl. der fortbestehenden Grundschuld durch den **Vollstreckungsschuldner** wird kaum vorkommen. Eine konkludente Abtretung anzunehmen, würde der Interessenlage nicht entsprechen[19], weil dem Meistbietenden damit (grundlos) ein Teil seiner Gegenleistung nachgelassen würde. Demnach verbleibt der Rückgewähranspruch – sofern er nicht abgetreten worden ist (dazu RN 944) – dem Sicherungsgeber; das ist meist der bisherige Eigentümer, also der Vollstreckungsschuldner. Mit den durch die bestehen bleibende Grundschuld etwa gesicherten Verbindlichkeiten hat der neue Eigentümer – außer wenn die Voraussetzungen nach § 53 Abs. 2 ZVG erfüllt werden (dazu RN 940 f.), was meistens nicht geschieht – nichts zu tun. Deshalb kann es auch nicht ihm zugutekommen, wenn sie beim Zuschlag nicht bestehen oder wenn sie nachträglich wegfallen. Nach Wegfall des Sicherungszwecks (RN 729 ff.) ist die Grundschuld vielmehr an den Sicherungsgeber, also meist an den früheren Eigentümer zurückzugewähren.[20] Nach dem durch den Zuschlag eingetretenen Eigentumswechsel kann die Grundschuld an den bisherigen Eigentümer **nur noch durch Abtretung zurückgewährt** werden (RN 754, 756). Eine etwaige Beschränkung des Anspruchs auf Verzicht oder Löschung ist im Falle des Eigentumswechsels durch Zwangsversteigerung unwirksam.[21]

944   Hatte der Sicherungsgeber außerhalb des Zwangsversteigerungsverfahrens den Rückgewähranspruch wirksam abgetreten (RN 851 ff.), stehen die Rechte daraus nach dem Zuschlag weiterhin dem **Abtretungsempfänger** zu. Auch ihm gegenüber entfällt eine etwaige Beschränkung auf den Verzichts- oder Löschungsanspruch (RN 943).

945   Durch den Zuschlag **ändert** sich der **Sicherungszweck der Grundschuld nicht** (RN 1132). Sie sichert weiterhin die unter die bisherige Sicherungsabrede fallenden Forderungen. Eine Änderung der Sicherungsabrede setzt die Mitwirkung des Sicherungsgebers voraus (RN 593 ff.); die Zustimmung des neuen Eigentümers genügt nicht.

946   Wird die **gesicherte Verbindlichkeit getilgt** (und können – bei weiter Sicherungsabrede [RN 668] – andere gesicherte Ansprüche nicht mehr entstehen),

---

18   BGH v. 21.5.2003 – IV ZR 452/02 (Ziff. II. 1 [vor a]) = NJW 2003, 2673 = WM 2003, 1365.

19   BGH v. 21.5.2003 – IV ZR 452/02 (Ziff. II. 1 b) = NJW 2003, 2673 = WM 2003, 1365.

20   BGH v. 21.5.2003 – IV ZR 452/02 (Ziff. II. 1 d) = NJW 2003, 2673 = WM 2003, 1365; BGH v. 9.2.1989 – IX ZR 145/87 (Ziff. I. 1 bis 3) = BGHZ 106, 375 = WM 1989, 490 = ZIP 1989, 700; BGH v. 19.10.1988 – IVb ZR 70/87 (Ziff. III. 2 a) = NJW-RR 1989, 173 = WM 1988, 1834; Staudinger/*Wolfsteiner* (2019), Vorbem. zu §§ 1191 ff., RN 279.

21   BGH v. 9.2.1989 – IX ZR 145/87 (Ziff. I. 4) = BGHZ 106, 375 = WM 1989, 490 = ZIP 1989, 700.

dann entfällt damit der Sicherungszweck. Der Gläubiger hat die Grundschuld an den bisherigen Eigentümer (oder den Zessionar des Rückgewähranspruchs) zurückzugewähren (RN 943 f.). Der neue Eigentümer, dessen Grundstück belastet bleibt, kann sich auf den Wegfall des Sicherungszwecks nicht berufen, da das allein das Rechtsverhältnis zwischen Sicherungsgeber und Sicherungsnehmer betrifft, an dem er nicht beteiligt ist.[22] Daher wird der neue Eigentümer durch die Tilgung der gesicherten Verbindlichkeit nicht entlastet. Eine **Bereicherung des neuen Eigentümers tritt** also **nicht ein**. Das wird mittlerweile auch vom BGH so gesehen.[23]

Hat der persönliche Schuldner seine Verbindlichkeit getilgt und ist dadurch der Sicherungszweck entfallen, darf der Grundschuldgläubiger **weder** die **Löschung** der Grundschuld **bewilligen noch darauf verzichten**, weil dies dem neuen Eigentümer zugutekäme; also nicht dem Sicherungsgeber bzw. dem Inhaber des Rückgewähranspruchs. Der Gläubiger würde dadurch – ebenso wie durch eine Abtretung an den neuen Eigentümer – seine Rückgewährpflicht (RN 943 f.) verletzen und sich dem Inhaber des Rückgewähranspruchs gegenüber **schadensersatzpflichtig** machen.[24] Genehmigt aber der Sicherungsgeber (= meist bisheriger Eigentümer) Löschung, Verzicht oder Abtretung an den neuen Eigentümer, wird die Leistung ihm gegenüber wirksam. Ein Schadensersatzanspruch ist hier dann ausgeschlossen; es kommt aber dann (und nur dann) ein Bereicherungsanspruch gegen den neuen Eigentümer (§ 816 Abs. 2, ggf. § 818 Abs. 2 BGB) in Betracht.[25]   *947*

Der **neue Eigentümer kann** die **Grundschuld tilgen** (RN 1137). An die Abrede, wonach Leistungen nur auf die gesicherten Forderungen verrechnet werden (RN 805), ist er nicht gebunden (RN 809). Vielmehr werden Zahlungen des neuen Eigentümers, der nicht persönlicher Schuldner ist, im Zweifel auf die Grundschuld verrechnet (RN 813). Damit erwirbt er die Grundschuld (RN 824). Er kann sie **abtreten**, insb. auch an ein Kreditinstitut **als Sicherheit** (RN 1139);   *948*

---

22 Ebenso BGH v. 19. 10. 2017 – IX ZR 79/16 (RN 13) = ZIP 2017, 2395 = WM 2017, 2299 = WuB 2018, 177 (*Gladenbeck*).

23 BGH v. 21. 5. 2003 – IV ZR 452/02 (Ziff. II. 1 d und 2 c) = NJW 2003, 2673 = WM 2003, 1365; *Clemente*, ZfIR 2003, 608 (Anm. zu BGH v. 21. 5. 2003 – IV ZR 452/02); Staudinger/*Wolfsteiner* (2019), Vorbem. zu §§ 1191 ff., RN 280. Die bisherige Rechtsprechung (BGH v. 21. 3. 1975 – V ZR 154/75 (Ziff. II A) = BGHZ 64, 170 = NJW 1975, 1126 = WM 1975, 451); BGH v. 19. 3. 1971 – V ZR 166/68 (Ziff. 2) = BGHZ 56, 22 = NJW 1971, 1750 = WM 1971, 499), die dem persönlichen Schuldner (= meist der bisherige Eigentümer) einen Bereicherungsanspruch gegen den Ersteher zugestanden hat, wurde zu Recht aufgegeben.

24 Ebenso BGH v. 19. 10. 2017 – IX ZR 79/16 (RN 14) = ZIP 2017, 2395 = WM 2017, 2299 = WuB 2018, 177 (*Gladenbeck*).

25 BGH v. 9. 2. 1989 – IX ZR 145/87 (Ziff. III. 1 bis 2) = BGHZ 106, 375 = WM 1989, 490 = ZIP 1989, 700; *anders* (aber durch BGH v. 21. 5. 2003 – IV ZR 452/02 = NJW 2003, 2673 = WM 2003, 1365, überholt) BGH v. 11. 10. 1974 – V ZR 231/73 (Ziff. 1b) = NJW 1974, 2279 = WM 1974, 1247, der in der Erteilung der Löschungsbewilligung an den Ersteher gegen Zahlung des (den Grundschuldbetrag unterschreitenden) Restbetrags der gesicherten Forderung keine Rückgewähr an den Nichtberechtigten und in der Erhebung der Zahlungsklage gegen den Ersteher keine Genehmigung dieser Leistung gesehen hat.

auf eine förmliche Abtretung (RN 425 ff., 439 ff.) kann selbst dann nicht verzichtet werden, wenn die Bank noch als Grundschuldgläubigerin eingetragen ist. Der Eigentümer ist Sicherungsgeber (RN 638), sodass er mit der Bank den Sicherungszweck vereinbaren kann. Sofern nachrangige Grundpfandrechte bestehen oder eine Löschungsvormerkung bei der Grundschuld eingetragen ist, muss der gesetzliche oder der durch Vormerkung gesicherte Löschungsanspruch ausgeräumt werden (RN 516 ff. bzw. 542 ff.).

949 Den Betrag, den der Grundschuldgläubiger bei der **Tilgung** der Grundschuld (RN 948) erhält, hat er **gemäß der Sicherungsabrede zu verwenden**. Ein etwa verbleibender Überschuss ist an den Sicherungsgeber (= bisheriger Eigentümer) zu zahlen[26], wenn und soweit dieser Inhaber des Rückgewähranspruchs ist. War der Rückgewähranspruch abgetreten, steht der Anspruch dem Abtretungsempfänger zu.[27] War er ge- oder verpfändet, so erstreckt sich das Pfandrecht auch auf den Anspruch auf den Übererlös (zum Ganzen auch RN 1131 ff.).

950 Die dargestellte Lösung trägt dem **wirtschaftlichen Hintergrund** Rechnung: Beim Erwerb in der Zwangsversteigerung ist die bestehen gebliebene Grundschuld nämlich ein Teil des Gebots des Erstehers, und zwar ohne Rücksicht darauf, ob sie valutiert ist oder nicht[28] (RN 1131). Würde sich nachträglich herausstellen, dass die im geringsten Gebot berücksichtigte Grundschuld nicht besteht, müsste der Ersteher ihren Nennbetrag zusätzlich in die Verteilungsmasse zahlen (§ 50 Abs. 1 ZVG). Besteht sie, darf sie dem Ersteher ebenfalls nicht ohne volle Gegenleistung zufallen. Ihr Wert steht vielmehr dem Sicherungsgeber (= bisheriger Eigentümer) zu. Er hat ihm entweder durch Entlastung von Verbindlichkeiten, die durch die Grundschuld gesichert sind, oder durch Abtretung des als Sicherheit nicht benötigten Teils der Grundschuld bzw. Zahlung des entsprechenden Mehrwerts zuzufallen. Ist der Rückgewähranspruch abgetreten, steht der nicht benötigte Teil der Grundschuld bzw. der Mehrwert dem Abtretungsempfänger zu. Auf diesen Anspruch erstreckt sich das Pfandrecht, wenn der Rückgewähranspruch ge-/verpfändet ist.

---

26 BGH v. 19. 10. 1988 – IVb ZR 70/87 (Ziff. III. 2 a) = NJW-RR 1989, 173 = WM 1988, 1834; vgl. auch BGH v. 17. 5. 1988 – IX ZR 5/87 (Ziff. II. 1) = NJW-RR 1988, 1146 = WM 1988, 1137; *Schmitz*, WM 1991, 1061, 1066.

27 So auch BGH v. 19. 10. 2017 – IX ZR 79/16 (RN 14) = ZIP 2017, 2395 = WM 2017, 2299 = WuB 2018, 177 (*Gladenbeck*).

28 BGH v. 9. 2. 1989 – IX ZR 145/87 (Ziff. I. 1) = BGHZ 106, 375 = WM 1989, 490 = ZIP 1989, 700; BGH v. 17. 5. 1988– IX ZR 5/87 (Ziff. II. 1) = NJW-RR 1988, 1146 = WM 1988, 1137.

27 Schuldübernahme

27.1 Bedeutung für Grundschuld und Sicherungsabrede

Die gesicherte Verbindlichkeit kann von einem Dritten entweder **durch Vertrag** *951*
mit dem Gläubiger (§ 414 BGB) oder durch Vertrag mit dem bisherigen Schuldner (§ 415 BGB, was aber die Zustimmung des Gläubigers voraussetzt) **übernommen** werden.[1]

Die Schuldübernahme führt – wenn ihr der Eigentümer bzw. Sicherungsgeber *952*
(RN 956 ff.) und u. U. der Rückgewährberechtigte (RN 962 f.) zugestimmt haben – zu **keiner Änderung des Sicherungszwecks**. Durch die Grundschuld gesicherte Verbindlichkeiten bleiben auch nach der Schuldübernahme gesichert. Das gilt auch für etwaige weitere Verbindlichkeiten, die gesichert sind, aber nicht übernommen wurden. Ob es sich um Verbindlichkeiten des Sicherungsgebers oder eines Dritten handelt, spielt keine Rolle.

Der Schuldner ist nur dann Partner des Sicherungsvertrags, wenn er zugleich *953*
Sicherungsgeber ist. Die Schuldübernahme betrifft den **Sicherungsvertrag** deshalb nicht unmittelbar. Ein Eintritt des neuen Schuldners in den Sicherungsvertrag kommt nur in Betracht, wenn die Schuldübernahme in Zusammenhang mit der Übereignung des belasteten Grundstücks steht und der neue Schuldner in seiner Eigenschaft als neuer Eigentümer in den Vertrag eintritt[2] (RN 636, 932 ff.).

Dem Schuldner steht auch kein **Rückgewähranspruch** zu, außer er ist zugleich Sicherungsgeber. Deshalb kann der Rückgewähranspruch allein durch die Schuldübernahme nicht auf den neuen Schuldner übergehen. Ein Erwerb des Rückgewähranspruchs kommt nur in Betracht, wenn der bisherige Schuldner zugleich Sicherungsgeber ist und den Rückgewähranspruch (ausdrücklich oder konkludent) auf den neuen Schuldner überträgt, insb. im Zusammenhang mit der Übereignung des belasteten Grundstücks (RN 766, 935 ff.).

27.2 Mitwirkung des Gläubigers

Erfolgt die Schuldübernahme durch Vertrag zwischen dem bisherigen und dem *954*
neuen Schuldner, so ist sie **nur wirksam, wenn** der **Gläubiger zustimmt** (§ 415 Abs. 1 Satz 1 und Abs. 2 Satz 1 BGB); eine nachträgliche Zustimmung (Genehmigung) genügt. Die Genehmigung sollte er nur mit vorheriger Zustimmung des Sicherungsgebers und (vorsorglich) des Eigentümers erteilen (RN 957). Versagt der Gläubiger die Genehmigung, behält er seinen Anspruch gegen den bisherigen Schuldner. Im Zweifel ist der Schuldübernehmer dann gegenüber dem bisherigen Schuldner verpflichtet, den Gläubiger rechtzeitig zu befriedigen (§ 415 Abs. 3 BGB). Hat der Gläubiger gegenüber dem bisherigen Schuldner die Zustimmung der Schuldübernahme von einer Gegenleistung abhängig gemacht

---

1   Ausführlich zur Schuldübernahme mit Vertragsgestaltungshinweisen *Klein*, Die befreiende Schuldübernahme in Grundstücksverträgen, RNotZ 2020, 1 ff.
2   Siehe BGH v. 20. 10. 2023 – V ZR 9/22, RN 37 f. = WM 2023, 2263.

(z. B. davon, dass dieser eine – der Beurkundung [RN 112] bedürftige[3] – Ausbietungsgarantie für die Grundschuld übernimmt), kann er weiterhin vom bisherigen Schuldner Zahlung bzw. (wenn die Forderung nicht fällig ist) die Wiederherstellung des alten Anspruchs verlangen, falls die Gegenleistung nicht oder nicht wirksam (z. B. weil die Ausbietungsgarantie nicht beurkundet ist) erbracht wird.[4] Denn dann hat der bisherige Schuldner die **Genehmigung ohne Rechtsgrund** erlangt.[5] Hatte sich der bisherige Schuldner wegen der Forderung der sofortigen Zwangsvollstreckung unterworfen, so bleibt die Vollstreckung aus dieser Urkunde zulässig.[6]

955 Übernimmt bei Veräußerung des belasteten Grundstücks der Erwerber die durch Grundschuld gesicherte Verbindlichkeit des Veräußerers, so wendet die wohl h. M.[7] zu Recht die **Genehmigungsfiktion** des **§ 416 BGB entsprechend** an. Danach gilt die Genehmigung des Gläubigers zur Schuldübernahme als erteilt, wenn dieser ihr nicht binnen sechs Monaten seit Empfang der Mitteilung widerspricht. Diese Fiktion gilt allerdings nur, wenn der Veräußerer (nicht der Erwerber) die Schuldübernahme dem Gläubiger schriftlich anzeigt, nachdem der Eigentumswechsel eingetragen ist (nicht vorher) und dabei auf die Rechtsfolgen hinweist (§ 416 Abs. 2 BGB). Deshalb ist § 416 Abs. 2 BGB in der notariellen Praxis „nahezu bedeutungslos"; dort ist die Zug-um-Zug-Abwicklung von Grundstücksverträgen üblich, da das Schicksal der übernommenen Schuld des Veräußerers vor der Eigentumsumschreibung auf den Erwerber geklärt sein muss und die Eigentumsumschreibung deshalb erst nach Haftungsentlassung des Veräußerers erfolgen kann.[8]

Da die befreiende Schuldübernahme ohne Genehmigung des Eigentümers – zu Unrecht – als Verzicht auf die Grundschuld behandelt wird (dazu RN 956 ff.), muss der Gläubiger vor Ablauf der Sechs-Monats-Frist die Einwilligung des Sicherungsgebers und (vorsorglich) des Eigentümers eingeholt und erhalten haben. Andernfalls muss der Gläubiger, wenn er die Grundschuld nicht verlieren will, der Schuldübernahme rechtzeitig widersprechen.

---

3   BGH v. 9. 3. 1990 – V ZR 260/88 = BGHZ 110, 319 = WM 1990, 897 = ZIP 1990, 720; BGH v. 5. 11. 1982 – V ZR 228/80 (Ziff. II. 2) = BGHZ 85, 245 = NJW 1983, 566; (auch *Annahme* beurkundungsbedürftig): OLG Hamburg v. 12. 7. 2002 – 11 U 227/01 = WM 2003, 376.

4   BGH v. 9. 3. 1990 – V ZR 260/88 = BGHZ 110, 319 = WM 1990, 897 = ZIP 1990, 720.

5   BGH v. 9. 3. 1990 – V ZR 260/88 = BGHZ 110, 319 = WM 1990, 897 = ZIP 1990, 720.

6   BGH v. 9. 3. 1990 – V ZR 260/88 = BGHZ 110, 319 = WM 1990, 897 = ZIP 1990, 720; BGH v. 5. 11. 1982 – V ZR 228/80 (Ziff. II. 2) = BGHZ 85, 245 = NJW 1983, 566; (auch *Annahme* beurkundungsbedürftig): OLG Hamburg v. 12. 7. 2002 – 11 U 227/01 = WM 2003, 376.

7   OLG Koblenz Urt. v. 11. 05. 2012 – 3 U 627/11, BeckRS 2013, 2463; OLG Braunschweig v. 5. 4. 1962 – 2 U 29/61 = MDR 1962, 736; *Klein*, Die befreiende Schuldübernahme in Grundstücksverträgen, RNotZ 2020, 1, 3; MünchKomm/*Heinemeyer*, § 416 RN 4; Grüneberg/*Grüneberg*, § 416 RN 3; *Derleder*, JuS 1971, 91; *anderer Ansicht:* Staudinger/*Wolfsteiner* (2019), Vorbem. zu §§ 1191 ff., RN 272; *Clemente*, RN 959; *Huber*, S. 133; *Räbel*, NJW 1953, 1250.

8   So *Klein*, Die befreiende Schuldübernahme in Grundstücksverträgen, RNotZ 2020, 1, 3.

Der Übernahmevertrag ist sowohl bei § 414 BGB also auch bei § 415 BGB **grund-** *955.1*
sätzlich formfrei.[9] Obwohl der Schuldübernahmevertrag weder im Fall des
§ 414 BGB noch im Fall des § 415 BGB ein **Verbraucherdarlehensvertrag** ist,
wird für beide Fälle verbreitet[10] eine **analoge Anwendung** der §§ 491 ff. BGB
befürwortet.[11] Bedeutung hat dies insb. für die Schriftform (§ 492 BGB) und für
die Einhaltung von Belehrungen, vor allem bzgl. des Widerrufsrechts[12] (§ 495
Abs. 1 BGB). Eine weitere Facette betrifft die Unterscheidung zwischen dem
übernommenen Vertrag und dem Übernahmevertrag, vor allem die Frage, was
mit einem Widerrufsrecht, das bzgl. des übernommenen Vertrags besteht, infolge der Vertragsübernahme passiert, ob das Widerrufsrecht auf einen Übernehmer als derivatives Widerrufsrecht übergeht.[13]

Die Bejahung einer Analogie der §§ 491 ff. BGB auf eine Schuldübernahme
gemäß § 414 BGB ist nachvollziehbar, weil hier die Bank Partei des Übernahmevertrags wird und der Verbraucherschuldübernehmer (ähnlich wie der Ver-
braucherdarlehensnehmer) schutz- und informationsbedürftig ist.[14]

Demgegenüber ist bei § 415 BGB zu differenzieren, weil hier der Übernahmevertrag zwischen dem Schuldner und dem Übernehmer zustande kommt; die
Wirksamkeit der Schuldübernahme hängt aber von der Genehmigung des Gläubigers ab. Die Frage, ob die §§ 491 ff. BGB auf eine Schuldübernahme gemäß
§ 415 BGB analog anwendbar sind, bezieht sich also nicht auf die Genehmigung
des Gläubigers (hier Grundschuldinhabers). Die Genehmigung des Gläubigers
ist formfrei.[15] Aber auch bzgl. des Übernahmevertrags i. S. v. § 415 BGB wird eine
analoge Anwendung der §§ 491 ff. BGB[16] verbreitet abgelehnt, wenn beide Parteien des Übernahmevertrags Verbraucher sind und die Bank weder die Initiative eines zweiseitigen Übernahmevertrags gegeben hatte noch Vertragspartne-

---

9 Statt vieler MünchKomm/*Heinemeyer*, BGB § 414 RN 4 und § 415 RN 5; Grüne-
 berg/*Grüneberg*, Überbl. § 414 RN 1 und § 415 RN 1.
10 LG Köln v. 7.3.2017 – 22 O 447/16 = BeckRS 2017, 109876 = BKR 2017, 204; Münch-
 Komm/*Heinemeyer*, BGB § 414 RN 4 und § 415 RN 5; Grüneberg/*Grüneberg*, Überbl.
 §§ 415 RN 1.
11 Vgl. BGH v. 26.5.1999 – VIII ZR 141/98 = BGHZ 142, 23 = ZIP 1999, 1169 = WM 1999,
 1412 (zum Verbraucherkreditgesetz); LG Köln v. 7.3.2017 – 22 O 447/16 =
 BeckRS 2017, 109876 = BKR 2017, 204; MünchKomm/*Heinemeyer*, BGB § 414 RN 4
 und § 415 RN 5; MünchKomm/*Weber*, BGB § 491 RN 30.
12 Das gilt nicht für Kreditsicherheiten und für einseitig den Verbraucher verpflichtende
 Verträge, vgl. Haupttext RN 584 ff. und BGH, v. 22.9.2020 – XI ZR 219/19 = BGHZ 227,
 72 = WM 2020, 2082 = ZIP 2020, 2175; Samhat, WuB 2020, 609; Omlor, EWiR 2020,
 673.
13 Dazu *Röthel/Heßeler*, WM 2008, 1001, 1006.
14 Vgl. MünchKomm/*Heinemeyer*, BGB § 414 RN 5, auch zur umstrittenen Anwendung
 von Einzelvorschriften der §§ 491 ff. BGB.
15 Siehe MünchKomm/*Heinemeyer*, BGB § 415 RN 12.
16 Gegen diese Analogie insgesamt etwa *Wenzel*, in Bankrecht und Bankpraxis (Stand
 09.17 – 130. Lieferung) RN 4/2563 ff., mit stichhaltigen Argumenten.

rin eines dreiseitigen Schuldübernahmevertrags[17] geworden ist.[18] Eine analoge Anwendung der §§ 491 ff. BGB ist auch abzulehnen, wenn der Schuldner zwar Verbraucher (§ 13 BGB), der Schuldübernehmer aber Unternehmer (§ 14 BGB) ist.[19] Für eine analoge Anwendung bleibt demzufolge nur der Fall, dass der Schuldner Unternehmer ist und ein Verbraucher die Schuld übernimmt. Dieser Themenkomplex wird herausfordernder, wenn der Schuldner Unternehmer und der Schuldübernehmer **Existenzgründer i. S. v. § 513 BGB** ist, weil es dann nahe liegt, hier zusätzlich mit Normzweckerwägungen im Hinblick auf die Rechtfertigung der Anwendung der §§ 491 ff. BGB zu operieren.

Da nicht ausgeschlossen werden kann, dass die Rechtsprechung hier eine analoge Anwendung der §§ 491 ff. BGB bejaht, ist zu empfehlen, die **Schuldübernahme vorsorglich** unter Beachtung der **immobiliendarlehensrechtlichen Vorgaben** abzuschließen.[20] Dies gilt auch dann, wenn ein Existenzgründer i. S. v. § 513 BGB der Schuldübernehmer ist.

27.3 Mitwirkung des Grundstückseigentümers bzw. des Sicherungsgebers

956 Da die Grundschuld normalerweise nur im Hinblick auf die Person des konkreten Schuldners als Sicherheit zur Verfügung gestellt worden ist, kann der **Schuldner** der gesicherten Verbindlichkeit **nicht beliebig durch einen anderen ersetzt** werden. Die in diesem Kontext diskutierte Vorschrift des **§ 418 BGB**[21] spielt in den vielen Fällen keine Rolle, in denen der Grundstückseigentümer zugleich Sicherungsgeber und überdies (bisheriger) Schuldner der gesicherten Verbindlichkeit ist und in einer dieser Eigenschaften an der Schuldübernahme mitwirkt. **§ 418 Abs. 1 Satz 2 BGB dient** dem **Schutz des Eigentümers**, der bei einer Grundschuldbestellung darauf vertraut, dass ein konkret

---

17 Vgl. BGH v. 26. 5. 1999 – VIII ZR 141/98 = BGHZ 142, 23 = ZIP 1999, 1169 = WM 1999, 1412 (zum Verbraucherkreditgesetz); kritisch zu der Unterscheidung zwei- und dreiseitiger Vertrag *Röthel/Heßeler*, WM 2008, 1001, 1003, die stets ein dreiseitiges Geschäft bejahen und daher die Aussage treffen, dass der verbraucherdarlehensrechtliche Schutz dann greift, wenn ein Verbraucher Schuldner eines Darlehensvertrags wird.

18 So LG Köln v. 7. 3. 2017 – 22 O 447/16 = BeckRS 2017, 109876 = BKR 2017, 204; MünchKomm/*Heinemeyer*, BGB § 415 RN 5; vgl. *Röthel/Heßeler*, WM 2008, 1001, 1006, die stets ein dreiseitiges Geschäft bejahen und davon ausgehen, dass der verbraucherdarlehensrechtliche Schutz dann greift, wenn ein Verbraucher Schuldner eines Darlehensvertrags wird.

19 Ebenso *Wenzel*, in Bankrecht und Bankpraxis (Stand 09.17 – 130. Lieferung) RN 4/2565; anders MünchKomm/*Weber*, BGB § 491 RN 30 (Eigenschaft des Übernehmers spiele keine Rolle).

20 Ebenso die Empfehlung von *Wenzel*, in Bankrecht und Bankpraxis (Stand 09.17 – 130. Lieferung) RN 4/2564.

21 Die Norm ist nach h.M. auf die Sicherungsgrundschuld entsprechend anwendbar, vgl. nur BGH v. 8. 5. 2015 – V ZR 56/14 = WM 2015, 1327 = NJW 2015, 2872; BGH v. 23. 6. 2017 – V ZR 39/16 = WM 2017, 1448 = NJW 2017, 2995; Grüneberg/*Grüneberg*, § 418 RN 1; MünchKomm/*Heinemeyer*, § 418 RN 5; dagegen *Weber*, DNotZ 2017, 823; kritisch auch *Clemente*, RN 962 ff.

bestimmter Schuldner zur Zahlung fähig und bereit ist.[22] Der Eigentümer (Grundschuldbesteller) soll im Falle eines **ohne seine Einwilligung** vorgenommenen **Schuldnerwechsels frei werden** und nicht für einen anderen, möglicherweise unsicheren Schuldner mit seinem **Grundstück haften** müssen.[23]

In den anderen Fällen (Eigentümer ist nicht Sicherungsgeber bzw. persönlicher Schuldner) führen aber die unterschiedlichen Ansichten zu § 418 Abs. 1 Satz 2 BGB zu verschiedenen Ergebnissen (RN 957 ff.).

Bezogen auf die Einwilligung i. S. v. **§ 418 Abs. 1 Satz 3 BGB** hat der **BGH**[24]   *956.1*
entschieden, dass es dabei auf die **Einwilligung des im Grundbuch eingetragenen Eigentümers**, die formlos und auch konkludent (zur Genehmigung des Kreditinstituts/des Gläubigers RN 955 und RN 955.1) erfolgen kann[25], ankommt und nicht auf die eines künftigen bzw. wirtschaftlichen Eigentümers.

Eine **einheitliche Position des BGH** bzgl. der Frage, ob auch die **Einwilligung des Sicherungsgebers** erforderlich ist, **lässt** sich auf Anhieb **nicht erkennen**. In seiner Entscheidung vom 1. 10. 1991[26] geht der XI. Zivilsenat (bei der Ablehnung einer Beteiligung des Zessionars des Rückgewähranspruchs, dazu RN 963) anscheinend davon aus, dass der Eigentümer der Sicherungsgeber ist und damit den Schutz des § 418 BGB verdient. Demgegenüber formuliert der V. Zivilsenat in seinem Urteil vom 23. 6. 2017[27]: *„Erforderlich ist die Einwilligung desjenigen, der durch § 418 Abs. 1 BGB geschützt werden soll. Das ist nicht derjenige, der dem Gläubiger das Grundpfandrecht beschafft und mit diesem den Sicherungsvertrag geschlossen hat."*

Relevant wird die Frage bei **Personenverschiedenheit** zwischen Eigentümer und Sicherungsgeber. Besteht eine solche Situation, sollte im Zweifel die Einwilligung des Sicherungsgebers entscheidend sein, da er den Schutz des § 418 BGB (mehr) verdient (RN 959). In der **Praxis** sollte nicht nur die Einwilligung des Eigentümers, sondern auch die Einwilligung des Sicherungsgebers eingeholt werden.

Nach der einen (auch vom **BGH** vertretenen) Meinung[28] muss die (befreiende)   *957*
Schuldübernahme ohne Einwilligung des Eigentümers gemäß dem Wortlaut von § 418 Abs. 1 Satz 2 BGB als **Verzicht auf die Grundschuld** behandelt werden. Das bedeutet, dass die Grundschuld (sobald der Gläubiger der Schuldübernahme ohne Einwilligung des Eigentümers zustimmt) kraft Gesetzes und ohne

22   BGH v. 20. 10. 2023 – V ZR 9/22, RN 37 = BeckRS 2023, 34426 = ZIP 2023, 2626.
23   BGH v. 20. 10. 2023 – V ZR 9/22, RN 37 = BeckRS 2023, 34426 = ZIP 2023, 2626.
24   BGH v. 23. 6. 2017 – V ZR 39/16 = WM 2017, 1448 = NJW 2017, 2995; BGH v. 8. 5. 2015 – V ZR 56/14 = WM 2015, 1327 = NJW 2015, 2872.
25   So BGH v. 8. 5. 2015 – V ZR 56/14 (RN 14) = WM 2015, 1327 = NJW 2015, 2872.
26   BGH v. 1. 10. 1991 – XI ZR 186/90 (Ziff. II. 2 c der Günde) = BGHZ 115, 241 = WM 1991, 2019 = ZIP 1991, 1481.
27   BGH v. 23. 6. 2017 – V ZR 39/16 (RN 20) = WM 2017, 1448 = NJW 2017, 2995.
28   BGH v. 23. 6. 2017 – V ZR 39/16 (RN 16) = WM 2017, 1448 = NJW 2017, 2995; BGH v. 8. 5. 2015 – V ZR 56/14 (RN 7) = WM 2015, 1327 = NJW 2015, 2872; BGH v. 3. 2. 1966 – II ZR 176/63 (Ziff. I. 2) = DNotZ 1966, 667 = WM 1966, 577; Grüneberg/*Grüneberg*, § 418 RN 1; *Serick*, § 37 II 8 (Bd. III, S. 424 f.).

Eintragung im Grundbuch auf denjenigen übergeht, der in diesem Zeitpunkt Eigentümer des belasteten Grundstücks ist, vgl. RN 745 (Folge: **Eigentümergrundschuld**). Das ist weit mehr, als dass nur die Grundschuld nicht mehr für die Forderung haftet (zur Kritik RN 958 f.).

957.1 Am **20. 10. 2023** hat der **BGH** aber klargestellt, dass diese **Folge** des § 418 Abs. 1 Satz 2 BGB (Eigentümergrundschuld nach § 418 Abs. 1 Satz 2, § 1192 Abs. 1, § 1168 Abs. 1, § 1177 Abs. 1 BGB) nur greift, wenn der **Eigentümer** auch **Partei der Sicherungsabrede** ist.[29] Wird also eine gesicherte Schuld übernommen, dann geht eine Sicherungsgrundschuld nicht auf den Eigentümer über, der das bereits belastete Grundstück erworben hat und nicht Partei der Sicherungsabrede ist – in so einem Fall hat der Eigentümer kein schützenswertes Vertrauen in die Person des Schuldners gehegt.[30] Wenn also eine **isolierte Grundschuld** (dazu RN 561.4) vorliegt, **greift** die Schutzwirkung des **§ 418 Abs. 1 Satz 2 BGB nicht**.[31]

958 Die entsprechende (das heißt die Besonderheiten der Sicherungsgrundschuld berücksichtigende) Anwendung des § 418 BGB kann richtigerweise nur dazu führen, dass die Grundschuld für die ohne Zustimmung des Sicherungsgebers (RN 959) von einem anderen (befreiend) übernommene Schuld nicht mehr haftet. Die Grundschuld geht also **nicht kraft Gesetzes** über[32] und fällt nicht zwingend dem Eigentümer zu. Dies wäre auch ungerechtfertigt, wenn nicht der Eigentümer, sondern ein anderer die Grundschuld als Sicherheit zur Verfügung gestellt hat. Die Grundschuld ist vielmehr – sofern sie nicht außerdem andere, von der Schuldübernahme nicht betroffene Verbindlichkeiten sichert – dem Sicherungsgeber **zurückzugewähren** (RN 960).[33] Bis zum Vollzug der Rückgewähr steht sie dinglich dem Gläubiger zu, sodass auch noch durch nachträgliche Genehmigung der Haftungsverbund wieder hergestellt werden kann (zu den Verzichtsfolgen RN 961). Ist der **Rückgewähranspruch** abgetreten worden, so steht er dem Abtretungsempfänger zu, sodass dieser ggf. die Rückgewähr der Grundschuld verlangen kann (Zustimmung zur Schuldübernahme RN 962).

959 Sofern Eigentümer und Sicherungsgeber nicht personenidentisch sind (RN 641 ff.), sollte es – entgegen der in RN 957 dargestellten Ansicht – bei der entsprechenden Anwendung des § 418 Abs. 1 Satz 2 BGB **in erster Linie auf die**

---

29 BGH v. 20. 10. 2023 – V ZR 9/22, RN 38 = BeckRS 2023, 34426 = ZIP 2023, 2626.

30 So ist es im Fall BGH v. 20. 10. 2023 – V ZR 9/22, RN 38 = BeckRS 2023, 34426 = ZIP 2023, 2626.

31 BGH v. 20. 10. 2023 – V ZR 9/22, RN 38 = BeckRS 2023, 34426 = ZIP 2023, 2626.

32 Staudinger/*Wolfsteiner* (2019), Vorbem. zu §§ 1191 ff., RN 273; Münch-Komm/*Heinemeyer*, § 418 RN 5; *Scholz*, NJW 1966, 1739; wohl ebenso *Clemente*, RN 963; andere Ansicht (Eigentümergrundschuld kraft Gesetzes) BGH v. 8. 5. 2015 – V ZR 56/14, RN 7 = WM 2015, 1327 = NJW 2015, 2872; BeckOGK/*Heinig*, 1. 3. 2023, BGB § 418 RN 22.

33 Staudinger/*Wolfsteiner* (2019), Vorbem. zu §§ 1191 ff., RN 273; Münch-Komm/*Heinemeyer*, § 418 RN 5; *Scholz*, NJW 1966, 1739; wohl ebenso *Clemente*, RN 963; andere Ansicht (Eigentümergrundschuld kraft Gesetzes) BGH v. 8. 5. 2015 – V ZR 56/14, RN 7 = WM 2015, 1327 = NJW 2015, 2872; BeckOGK/*Heinig*, 1. 3. 2023, BGB § 418 RN 22.

Zustimmung des Sicherungsgebers ankommen. Erforderlich kann nur die **Zustimmung** dessen sein, der durch § 418 Abs. 1 BGB geschützt werden soll. Das ist der **Sicherungsgeber.**[34] Denn er ist es, „der im Vertrauen auf die Zahlungsfähigkeit und -bereitschaft eines bestimmten Schuldners" die Grundschuld als Sicherheit zur Verfügung gestellt hat.[35] Und er trägt den (wirtschaftlichen) Nachteil, wenn der Schuldner seine Verbindlichkeit nicht erfüllt. Denn dem **Sicherungsgeber** – und nicht dem Eigentümer als solchem – ist die Grundschuld nach Wegfall des Sicherungszwecks zurückzugewähren (RN 766). Ihm stehen (nach Fortfall des Sicherungszwecks) die **Grundschuld und ihr Wert** zu. Deshalb ist er beeinträchtigt, wenn die Grundschuld verwertet wird und beim Schuldner kein Ersatz zu holen ist. Das wird besonders deutlich bei Verwertung der Grundschuld (ohne gesicherte Forderung) durch freihändige Veräußerung (RN 1286 ff.). Denn da die Grundschuld dabei bestehen bleibt, berührt dies den Grundstückseigentümer nicht. Demgegenüber verliert der Sicherungsgeber die Grundschuld, weil sein Rückgewähranspruch erlischt (RN 1289). Der Eigentümer, der nicht Sicherungsgeber ist (RN 641 ff.), wird zwar betroffen, wenn die Grundschuld durch Vollstreckung ins Grundstück verwertet wird. Das ist aber die Folge davon, dass er irgendwann (bei der Bestellung der Grundschuld oder beim Erwerb des belasteten Grundstücks) akzeptiert hat, dass auf seinem Grundstück eine Grundschuld lastet, über deren Verwendung als Sicherheit ein anderer (der Sicherungsgeber) bestimmt. Darin liegt die Beeinträchtigung des Eigentümers, die auch dann verbleibt, wenn die gesicherte Schuld getilgt wird. Die Zahlungsunfähigkeit des Schuldners ist dafür ohne Bedeutung; sie führt nur dazu, dass die (bestehende) Beeinträchtigung realisiert und damit spürbar wird.

Ausgehend von dem in RN 958 und RN 959 Gesagten kann die entsprechende Anwendung des § 418 BGB auf die Sicherungsgrundschuld also nur dazu führen, dass die (bisher gesicherte) Verbindlichkeit (nach nicht gebilligter Schuldübernahme) durch die Grundschuld nicht mehr gesichert ist und dass diese – falls der Sicherungszweck damit endgültig erledigt ist – **zurückgewährt werden muss.** Denn der Schuldnerwechsel ohne Zustimmung des Sicherungsgebers kann für die Grundschuld keine weitergehende Wirkung haben als der Wegfall der Schuld. In diesem Fall kann der Sicherungsgeber (bzw. nach Abtretung des Rückgewähranspruchs der neue Gläubiger) Rückgewähr der Grundschuld verlangen, falls die weggefallene Schuld die einzige oder die letzte durch die Grundschuld gesicherte Verbindlichkeit ist (anderenfalls haftet die Grundschuld nur noch für die anderen gesicherten Forderungen). Nur das ist die für die Grundschuld typische Folge bei Fortfall des Sicherungszwecks. *960*

---

34 Anders BGH v. 23.6.2017 – V ZR 39/16 (RN 20) = WM 2017, 1448 = NJW 2017, 2995; wie hier Staudinger/*Wolfsteiner* (2019), Vorbem. zu §§ 1191 ff., RN 273; Münch-Komm/*Heinemeyer*, § 418 RN 5; *Clemente*, RN 963 (der aber die Analogie ohnehin insgesamt kritisch sieht); wohl auch *Siol*, WM 1996, 2217, 2223, nach dem die Zustimmung des Eigentümers erforderlich ist, „falls dieser Sicherungsgeber ist".

35 Vgl. (aber die Frage dort offengelassen) BGH v. 1.10.1991 – XI ZR 186/90 (Ziff. II. 2 a.) = BGHZ 115, 241 = WM 1991, 2019 = ZIP 1991, 1481 = EWiR § 418 BGB 1/91, 1175 (*Gaberdiel*).

961 Will der Gläubiger eine (befreiende) Übernahme der gesicherten Schuld genehmigen, ist dazu – falls der Schuldner nicht zugleich Grundstückseigentümer und Sicherungsgeber ist – die **Zustimmung des Grundstückseigentümers**[36] **und** (sofern es sich um verschiedene Personen handelt) **des Sicherungsgebers** erforderlich (RN 956). Im Hinblick auf den **Meinungsstreit** sollte das Kreditinstitut sorgfältig darauf achten, dass diese **Zustimmung vorliegt, bevor** die **Schuldübernahme genehmigt** wird. Denn nach der namentlich vom BGH vertretenen Gegenansicht (RN 957) hat dies sonst für die Sicherheit Folgen, die nur noch schwer – in keinem Fall allein durch nachträgliche Zustimmung des Eigentümers/Sicherungsgebers zur Schuldübernahme – beseitigt werden können. Denn nach der Gegenansicht (RN 957) führt der Verzicht letztlich zu einer Eigentümergrundschuld (RN 745), die der Bank dann nicht mehr zur Verfügung steht. Falls sie dem Gläubiger wieder als Sicherheit dienen soll, muss sie förmlich an ihn abgetreten (RN 425 ff. bzw. 439 ff.) und – sofern gleich- oder nachrangige Grundpfandgläubiger vorhanden sind – deren gesetzliche bzw. durch Löschungsvormerkung gesicherte Löschungsansprüche ausgeräumt (RN 518 ff. bzw. 542 ff.) werden. Bezieht sich die Schuldübernahme nur auf einen **Miteigentumsanteil** an einem insgesamt belasteten Hausgrundstück[37] (oder sonst auf nur eines von mehreren mit einer Gesamtgrundschuld belasteten Objekten), führt der – von der Gegenansicht angenommene – Verzicht sogar zum Erlöschen der Grundschuld am anderen Anteil (RN 266). Zur Wiederherstellung der ursprünglichen Sicherheit müsste die andere Miteigentumshälfte erneut mit der Grundschuld mitbelastet und der Rangrücktritt etwaiger nachrangiger Gläubiger herbeigeführt werden. Sowohl der Übergang auf den Eigentümer wie das Erlöschen geschehen ohne Eintragung im Grundbuch, sodass die volle Konsequenz nicht ohne Weiteres erkennbar ist. Der Vorgang wird oft erst aufgerollt, wenn bereits Streit entstanden ist (z. B. über die Verteilung des Versteigerungserlöses) und der Fehler nicht mehr bereinigt werden kann.

27.4 Mitwirkung des Inhabers des Rückgewähranspruchs?

962 Nach der **BGH-Rechtsprechung**[38], der viele Literaturstimmen folgen[39], ist zur Übernahme einer durch Sicherungsgrundschuld gesicherten Verbindlichkeit

---

36 Zur Zustimmung des Eigentümers i. S. v. § 418 Abs. 1 Satz 3 BGB: BGH v. 23. 6. 2017 – V ZR 39/16 = WM 2017, 1448 = NJW 2017, 2995; BGH v. 8. 5. 2015 – V ZR 56/14 = WM 2015, 1327 = NJW 2015, 2872; BGH v. 1. 10. 1991 – XI ZR 186/90 = BGHZ 115, 241 = WM 1991, 2019 = ZIP 1991, 1481 = EWiR § 418 BGB 1/91, 1175 (*Gaberdiel*).

37 Beispiel: Der Ehemann verkauft nach Scheidung seine Miteigentumshälfte an dem den (früheren) Ehegatten gemeinsam gehörenden und gemeinsam belasteten Grundstück und der Erwerber übernimmt mit Genehmigung des Gläubigers die darauf (und auf dem Miteigentumsanteil der Ehefrau) gesicherte Verbindlichkeit.

38 BGH v. 1. 10. 1991 – XI ZR 186/90 (Ziff. II. 2) = BGHZ 115, 241 = WM 1991, 2019 = ZIP 1991, 1481 = EWiR § 418 BGB 1/91, 1175 (*Gaberdiel*).

39 Grüneberg/*Grüneberg*, § 418 RN 1; MünchKomm/*Heinemeyer*, § 418 RN 5; *Siol*, WM 1996, 2217, 2223; Weber, DNotZ 2017, 823, 830 ff., der eine analoge Anwendung des § 418 BGB auf die Sicherungsgrundschuld verneint, aber dem BGH in Fußnote 37 seines Aufsatzes zustimmt, dass der Inhaber des Rückgewähranspruchs nicht zustimmen muss.

nur die Zustimmung des Eigentümers (bzw. des Sicherungsgebers[40]) erforderlich, nicht aber zusätzlich – z.B. nach Abtretung des Rückgewähranspruchs – die des Inhabers des Rückgewähranspruchs (RN 888). Dadurch wird der ohnehin geringe Sicherungswert des Rückgewähranspruchs noch weiter geschmälert (dazu RN 896). Diese Rechtsprechung, die von **grundschuldspezifischen Stimmen**[41] mit stichhaltigen Argumenten (dazu RN 963) **kritisiert** wird, ist für die Praxis maßgebend. **Im Ergebnis** dürfte die **BGH-Rechtsprechung** aber auch **interessengerecht** sein (vgl. RN 963).

Dass die Zustimmung des Zessionars eines Rückgewähranspruchs nach dem BGH entbehrlich ist, bedeutet nicht, dass er bei einer Schuldübernahme nicht eingebunden werden sollte. Der **Praxis** ist **zu empfehlen,** die **Zustimmung** des **Zessionars des Rückgewähranspruchs** einzuholen, weil es nicht ausgeschlossen ist, dass für besonders gelagerte Fälle[42] die Rechtsprechung zukünftig dessen Zustimmung doch verlangt. Zumindest sollte die Schuldübernahme dem Rückgewährberechtigten angezeigt werden; er erhält damit die Möglichkeit, eine ggf. erforderliche Nachbesicherung gegenüber seinem Sicherungsgeber geltend zu machen.

Richtig ist, dass die Zustimmung des Eigentümers/Sicherungsgebers zum Schuldnerwechsel nötig ist, selbst wenn er den Rückgewähranspruch abgetreten hat. Denn der Sicherungsgeber wird – da der (meist nur sicherungshalber) abgetretene Rückgewähranspruch wirtschaftlich sein Vermögen bleibt – beeinträchtigt, wenn die Grundschuld bzw. das Grundstück verwertet werden muss. Das wiederum hängt von der Bonität des Schuldners ab. Doch **beeinträchtigt** die **Verwertung der Grundschuld** aber **auch den Inhaber des Rückgewähranspruchs**, der seine Sicherheit (nämlich den Rückgewähranspruch) verliert, wenn der Schuldner die gesicherte Verbindlichkeit nicht erfüllt und die Grundschuld verwertet werden muss. *963*

Der schuldrechtliche Rückgewähranspruch gibt, wie der BGH zu Recht ausführt, keine Einwirkungsmöglichkeit auf die Grundschuld, weshalb der Rückgewährberechtigte nicht verhindern kann, dass auf die Grundschuld geleistet oder auf sie verzichtet wird. Daraus leitet der BGH ab, dass die Abtretung des Rückgewähranspruchs vor Tilgung der gesicherten Forderung keine Rechtsposition vermittle, die gegen die Auswechslung des Schuldners gesichert sei.

Gleichwohl kann nicht geleugnet werden, dass auch der **Zessionar** des Rückgewähranspruchs ein **Interesse** daran hat, im Zuge einer Schuldübernahme eingebunden zu werden. Die Angabe des Schuldners der gesicherten Forderungen

---

40 Siehe dazu RN 956.1.
41 Etwa Staudinger/*Wolfsteiner* (2019), Vorbem. zu §§ 1191 ff. RN 274; *Clemente*, RN 967; *Gaberdiel*, EWiR BGH § 418 BGB 1/91, 1175; auch *Gaberdiel/Gladenbeck*, Vorauflage (also 9. Aufl. 2011), RN 962 ff.
42 So geben auch die Gegner der BGH-Position zu (etwa Staudinger/*Wolfsteiner* (2019), Vorbem. zu §§ 1191 ff., 274; *Clemente*, RN 967), dass der BGH den konkreten Fall (BGH v. 1.10.1991 – XI ZR 186/90 = BGHZ 115, 241 = WM 1991, 2019 = ZIP 1991, 1481) im Ergebnis richtig (bzw. vertretbar) entschieden hat, weil es dort nur um einen sicherungshalber abgetretenen Rückgewähranspruch ging.

gehört zum Inhalt des Sicherungsvertrags (RN 661). Von seiner Bonität hängt es ab, ob die Grundschuld realisiert werden muss oder zurückgewährt werden kann. Deshalb ist ein Austausch des Schuldners eine wesentliche Änderung des Sicherungsvertrags, die in den daraus fließenden Rückgewähranspruch eingreift. Auch das Argument, der Sicherungsgeber könne (ohne Zustimmung des Zessionars des Rückgewähranspruchs) auf die Grundschuld zahlen, lässt sich mit der Erwägung angreifen, dass in diesem Fall ein etwaiger (Über-)Erlös dem Rückgewährberechtigten zusteht.[43] Ist das Wahlrecht (RN 748) noch nicht ausgeübt, steht die Wahl dem neuen Rückgewährberechtigten zu (RN 873); dieser wird dann regelmäßig nicht den für ihn nachteiligen Grundschuldverzicht (Folge: Eigentümergrundschuld) wählen.[44]

Die Argumente sind richtig. Doch ist auch anerkannt, dass der Sicherungswert des abgetretenen Rückgewähranspruchs ohnehin gering ist (dazu RN 896). Zudem wird der **Rückgewähranspruch regelmäßig nur** zur Verstärkung der Rechtsposition des Zessionars **sicherungshalber abgetreten** (RN 864 ff.), also nicht als eigenständige primäre Kreditsicherheit (dazu RN 869 ff.). Zudem ist der Zessionar **bei einer weiten Zweckerklärung** einer Schwäche seines Rückgewähranspruchs ausgesetzt, weil diesem Anspruch trotz seiner Entstehung noch die auflösende Rechtsbedingung einer Revalutierung der Grundschuld durch Sicherungsgeber und Sicherungsnehmer anhaftet (dazu RN 884).[45] Die Gesamtabwägung dürfte für den Regelfall (Abtretung nur sicherungshalber) dafür sprechen, dem Zessionar nicht die Rechtsmacht zu verleihen, eine Schuldübernahme im Verhältnis Eigentümer/Sicherungsgeber und Sicherungsnehmer zu verhindern.

---

43 *Clemente*, RN 967.
44 Auch insoweit zutreffend *Clemente*, RN 967.
45 BGH v. 10.11.2011 – IX ZR 142/10 (RN 14) = BGHZ 191, 277 = WM 2011, 2338 = ZIP 2011, 2364.

28 Gläubigerwechsel, insb. Ablösung und Umschuldung des Kredits

28.1 Übergang der Forderung – Bedeutung für Grundschuld und Sicherungsabrede

Die **Abtretung der** durch die Grundschuld gesicherten **Forderung** ist **regelmä-** **964**
ßig wirksam. Sie erfolgt rechtsgeschäftlich gemäß §§ 398 ff. BGB und verstößt –
falls keine abweichenden Abreden bestehen – nicht gegen den Sicherungsvertrag, da allein dadurch die Zweckbindung der Grundschuld nicht aufgehoben
wird.[1] Die Forderungsabtretung scheitert nicht am Bankgeheimnis oder an Vorschriften zum Datenschutz (s. RN 979.3, aber auch RN 979.2). Eine Nichtigkeit
folgt auch nicht aus § 496 Abs. 2 BGB (Unterrichtung des Verbraucherkreditneh-
mers).[2] Der **Sicherungsvertrag** verpflichtet aber den Sicherungsnehmer (auch
ohne ausdrückliche Regelung), die **Zweckbindung** der **Grundschuld** (RN 563)
zu **erhalten** (RN 970 ff.).[3] Die durch Grundschuld gesicherte Forderung kann
auch kraft Gesetzes auf einen anderen übergehen, etwa wenn einer von mehreren Gesamtschuldnern die Verbindlichkeit bezahlt und von dem anderen Gesamtschuldner Ausgleich verlangen kann (§ 426 Abs. 2 Satz 1 BGB) oder wenn
die Forderung zusätzlich verbürgt ist und der Bürge zahlt (§ 774 Abs. 1 Satz 1
BGB).

Der rechtsgeschäftliche oder gesetzliche **Übergang** der gesicherten **Forderung** **965**
führt nicht automatisch zum Übergang der Grundschuld.[4] § 401 BGB ist aufgrund der Nichtakzessorietät der Grundschuld (§ 1192 Abs. 1 BGB) weder direkt
noch analog anwendbar.[5] Eine hiervon zu trennende Frage ist, ob entsprechend
der Wertung des § 401 BGB eine Pflicht zur Übertragung der Grundschuld besteht (RN 970). Umgekehrt führt die Übertragung der Grundschuld (dazu
RN 970) nicht automatisch zum Übergang der Forderung.[6] Für die Übertragung
der Grundschuld und die Abtretung der gesicherten Forderung sind also zwei
Übertragungsgeschäfte erforderlich. Der Sicherungsvertrag mag für den Fall der

---

1 BGH v. 2. 10. 1990 – XI ZR 205/89 (Ziff. II. 2 a) = WM 1991, 86 = ZIP 1991, 19 = EWiR
§ 1191 BGB 1/91, 53 (*Gaberdiel*); BGH v. 23. 6. 1982 – VIII ZR 333/80 (Ziff. II. 2 c) = WM
1982, 842 = ZIP 1982, 938; Staudinger/*Wolfsteiner* (2019), Vorbem. zu §§ 1191 ff.,
RN 311.
2 MünchKomm/*Lieder*, BGB § 1191 RN 115; doch kann Verstoß gegen § 496 Abs. 2 BGB
Schadensersatzansprüche auslösen, vgl. MünchKomm/*Weber*, BGB § 496 RN 17; Grü-
neberg/*Weidenkaff*, § 496 RN 3.
3 BGH v. 2. 10. 1990 – XI ZR 205/89 (Ziff. II. 2 a) = NJW-RR 1991, 305 = WM 1991, 86 = ZIP
1991, 19 = EWiR § 1191 BGB 1/91, 53 (*Gaberdiel*); Staudinger/*Wolfsteiner* (2019),
Vorbem. zu §§ 1191 ff., RN 311; s. auch Anhänge 6 [5.4], 7 [5.4], 8 [5.4].
4 Einhellige Ansicht, statt vieler: BGH v. 27. 3. 1981 – V ZR 202/79 = BGHZ 80, 228 = WM
1981, 691 = ZIP 1981, 588; Grüneberg/*Grüneberg*, § 401 RN 5; Staudinger/*Wolfsteiner*
(2019), Vorbem. zu §§ 1191 ff., RN 311; *Becker-Eberhard*, S. 523 mit zahlreichen Nachweisen, auch für wenige Gegenmeinungen.
5 BGH v. 27. 3. 1981 – V ZR 202/79 = BGHZ 80, 228 = WM 1981, 691 = ZIP 1981, 588;
MünchKomm/*Lieder*, BGB § 1191 RN 115.
6 Statt vieler *Habersack*, WM 2018, 1625, 1626.

Übertragung der Grundschuld eine Pflicht zur Abtretung der gesicherten Forderung formulieren, um ein Auseinanderfallen von Grundschuld und gesicherter Forderung zu verhindern.[7] Gleichwohl muss die Forderungsabtretung erfolgen; dies kann konkludent geschehen.[8] Allein die Übertragung der Grundschuld führt auch nicht dazu, dass der Zessionar in den Sicherungsvertrag eintritt. Dies gilt auch für die isolierte Forderungsabtretung. Ein solcher Eintritt muss zusätzlich rechtsgeschäftlich erfolgen. Erst dann erlangt der Zessionar die Rechte (aber auch die Pflichten) aus der Sicherungsabrede, etwa das Recht, aus der Unterwerfungserklärung des Sicherungsgebers vorzugehen.[9]

966 Die **Frage**, ob der bisherige Gläubiger die **Grundschuld** an den neuen Gläubiger der gesicherten Forderung **abtreten darf** oder muss und ggf. unter welchen Voraussetzungen er dazu berechtigt oder verpflichtet ist, ist nicht eindeutig geklärt.[10] Die Frage steht im Spannungsfeld zwischen zwei verschiedenen Rechtsbeziehungen des Grundschuldgläubigers (= Sicherungsnehmers): Als Sicherungsnehmer hat er bei Wegfall des Sicherungszwecks die Grundschuld grundsätzlich dem Sicherungsgeber zurückzugewähren. Zusätzliche Fragen tauchen auf, wenn der Sicherungsgeber den Rückgewähranspruch abgetreten hat (dazu RN 969 und 985 bis 986). Als (bisheriger) Gläubiger der gesicherten Forderung hat der Sicherungsnehmer die Grundschuld nach Übergang der Forderung grundsätzlich ganz oder teilweise (dazu RN 1022 ff.) auch an den neuen Gläubiger zu übertragen. Wozu der Grundschuldgläubiger aufgrund Gesetzes[11] gegenüber dem einen verpflichtet ist, dazu muss er auch gegenüber dem anderen berechtigt sein. Nur aus Pannen bei individuellen Vereinbarungen können sich widersprechende Verpflichtungen ergeben.[12]

967 Die **Abtretung** der Forderung ohne Grundschuld kann dazu führen, dass sich dadurch – wenn nur die abgetretene Forderung gesichert werden sollte – der **Sicherungszweck** der Grundschuld **erledigt** und die Grundschuld daher zurückgewährt werden muss[13] (RN 729). Falls die Grundschuld mehrere Forderungen sichert, scheidet in einem solchen Fall die abgetretene Forderung aus dem Sicherungsverbund aus. Eine Erledigung des Sicherungszwecks dürfte aber

---

7 Vor Eintritt des Sicherungsfalls ist es im Innenverhältnis dem Sicherungsnehmer untersagt, die Grundschuld und die gesicherte Forderung getrennt zu übertragen, weil dadurch der Rückgewähranspruch gefährdet wird. Dieses Verbot folgt aus der Interessenwahrungspflicht, die immanenter Inhalt des Sicherungsvertrags ist, vgl. BGH, Urt. v. 2.10.1990 – XI ZR 205/89 = WM 1991, 86; MünchKomm/*Lieder*, BGB § 1191 RN 111.

8 Vgl. dazu OLG Koblenz v. 15.3.2018 – 1 U 949/17 = WM 2018, 1128 = *Samhat* EWiR 2018, Heft 17, S. 515.

9 BGH v. 30.3.2010 – XI ZR 200/09 = BGHZ 185, 133 = ZIP 2010, 1072 = WM 2010, 1022; BGH, v. 3.12.2010 – V ZR 200/09 = ZfIR 2011, 584.

10 *Becker-Eberhard*, S. 522 ff. mit umfassender und kritischer Darstellung des Meinungsstands.

11 Und zwar Gesetz im materiellen Sinne, also auch aufgrund von Vorschriften, die sich aus Verordnung oder Gewohnheitsrecht oder anderen Rechtsquellen ergeben.

12 Vgl. etwa *Becker-Eberhard*, S. 533 f.

13 BGH v. 2.10.1990 – XI ZR 205/89 (Ziff. II.2 b) = NJW-RR 1991, 305 = WM 1991, 86 = ZIP 1991, 19 = EWiR § 1191 BGB 1/91, 53 (*Gaberdiel*).

nicht anzunehmen sein, wenn die Forderung nicht endgültig aus dem Vermögen des bisherigen Gläubigers ausscheidet, sondern z. B. nur sicherungshalber (etwa im Zusammenhang mit dem Einsatz und der Sicherstellung von Fördermitteln) abgetreten wird. Solange sie (wenn auch nur wirtschaftlich) beim bisherigen Gläubiger verbleibt, wird dies eher ein Fall sein, in dem die Forderung weiterhin durch die Grundschuld gesichert bleibt (RN 968).

Möglich ist aber auch die – ggf. stillschweigende – Abrede, dass der Sicherungszweck durch Abtretung der gesicherten Forderung ohne Grundschuld nicht entfallen soll.[14] In einem solchen Fall **sichert** die Grundschuld, obwohl sie (dinglich) beim bisherigen Gläubiger der Forderung verbleibt, dennoch weiterhin die an den neuen Gläubiger **abgetretene Forderung**.[15] Gläubiger der Grundschuld und der gesicherten Forderung sind also verschiedene Personen. Eine solche Konstellation ist zwar relativ selten, aber nicht ganz ungewöhnlich (s. auch RN 992 ff.). Dieser Weg bietet sich vor allem dann an, wenn die gesicherte Forderung nicht vollständig übergeht (oder nicht alle von mehreren gesicherten Forderungen) und sowohl der übergegangene wie der nicht übergegangene Teil durch die Grundschuld gesichert sein soll.[16] Ist bei Tilgung der Forderung die **Grundschuld** (teilweise) **zurückzugewähren**, muss der neue Gläubiger darauf achten, dass er die Erfüllung dieser Verpflichtung sicherstellen kann. Denn wenn der **Schuldner** Sicherungsgeber der Grundschuld ist oder sich sonst auf dieses Gegenrecht berufen darf, kann er **andernfalls** die **Zahlung verweigern** (RN 795 ff.). *968*

Steht der Rückgewähranspruch – weil er abgetreten worden ist – einem anderen als dem Sicherungsgeber zu, ist die **Zustimmung des** nunmehr **Rückgewährberechtigten** dazu, dass die abgetretene Forderung durch die nicht abgetretene Grundschuld gesichert bleibt (RN 968), **nicht erforderlich**. Die Abtretung (nur) der Forderung tangiert den Rückgewähranspruch nicht. Denn es ändert sich weder die Person des Rückgewährpflichtigen (= Grundschuldgläubiger) noch die durch die Grundschuld gesicherte Verbindlichkeit des unverändert gleichen Schuldners.[17] Da der bisherige Gläubiger die Grundschuld behält und er als Partner des Sicherungsvertrags daraus unmittelbar verpflichtet ist, ist in diesem Fall die Einhaltung der Zweckbindung (RN 563, 564) gewährleistet. *969*

---

14 BGH v. 2.10.1990 – XI ZR 205/89 (Ziff. II. 2 b und c) = WM 1991, 86 = ZIP 1991, 19 = EWiR § 1191 BGB 1/91, 53 (*Gaberdiel*); MünchKomm/*Kieninger*, BGB § 401 RN 3.
15 BGH v. 16.10.2008 – V ZR 40/08 = DNotZ 2010, 117.
16 *Becker-Eberhard*, S. 532.
17 Vgl. *Becker-Eberhard*, S. 532, der – mit überzeugender Begründung – meint, dass der Sicherungsgeber (und das muss dann erst recht für den Zessionar des Rückgewähranspruchs gelten) regelmäßig – außer bei ausdrücklichem Ausschluss – gegen die Besicherung der abgetretenen Forderung durch die in der Hand des bisherigen Gläubigers verbliebene Grundschuld nichts einwenden könne.

28.2 Abtretung der Grundschuld an den neuen Gläubiger der Forderung

970 Die Grundschuld ist verkehrsfähig, der Grundschuldinhaber kann sie also auf einen Dritten übertragen. Dieser Vorgang wird häufig (deshalb auch hier) als Abtretung bezeichnet. Gemeint ist aber eine Übertragung nach §§ 1192, 1154 Abs. 3, 873 Var. 3 BGB (Buchgrundschuld) oder nach §§ 1192 Abs. 1, 873 Abs. 1 Var. 3, 1154 Abs. 1, 1117 BGB (Briefgrundschuld).[18] Die §§ 1192 Abs. 1, 873 Abs. 1 Var. 3 BGB sind insoweit lex specialis zu §§ 413, 398 BGB.[19] Demgegenüber wird die (gesicherte) schuldrechtliche Forderung gemäß §§ 398 ff. BGB abgetreten (RN 964). Bezogen auf das Verhältnis zum neuen Gläubiger der gesicherten Forderung wird aus der **Wertung des § 401 BGB** die schuldrechtliche **Pflicht** des bisherigen Forderungsgläubigers entnommen, die **Grundschuld** an den neuen Gläubiger **abzutreten.**[20] Im Einzelnen finden sich – etwas einschränkend – die Aussagen, dass eine Pflicht zur Abtretung der Grundschuld nur bestehe, wenn der Sicherungsgeber einverstanden sei[21] oder der Sicherungsvertrag die Grundschuldübertragung nicht verbiete[22] oder[23] wenn die Abtretung der Grundschuld bei der Zession der Forderung nicht abbedungen worden sei oder[24] nur solange die gesicherte Forderung bestehe. Eine Pflicht zur Übertragung der Grundschuld gilt regelmäßig auch für die Fälle, in denen die (durch Grundschuld gesicherte) Forderung kraft Gesetzes übergeht, etwa auf den zahlenden Gesamtschuldner, soweit dieser nach dem Innenverhältnis Ausgleich

---

18 Statt vieler *Schapp/Schur*, RN 505; *Maurer*, JuS 2004, 1045; MünchKomm/*Lieder*, BGB § 1191 RN 109.

19 Überzeugend *Schapp/Schur*, RN 505; *Maurer*, JuS 2004, 1045 m.w.N.

20 BGH v. 27.3.1981 – V ZR 202/79 (Ziff. II. 3 a) = BGHZ 80, 228 = WM 1981, 691 = ZIP 1981, 588 und BGH v. 28.4.1983 – IX ZR 1/82 (Ziff. II. 1) = WM 1983, 705 = ZIP 1983, 732 (beide für die nach § 426 Abs. 2 BGB auf einen zahlenden Gesamtschuldner übergegangene Forderung); BGH v. 30.10.1984 – IX ZR 92/83 (Ziff. II. 1) = BGHZ 92, 374 = WM 1984, 1630 = ZIP 1985, 18 (für die auf den zahlenden Bürgen übergegangene Forderung); BGH v. 2.3.2000 – IX ZR 328/98 (Ziff. II. 2 c. cc) = BGHZ 144, 52 = WM 2000, 764 = ZIP 2000, 656; OLG Köln v. 22.5.1990 – 22 U 150/88 (Ziff. I. 1) = NJW 1990, 3214; MünchKomm/*Kieninger*, BGB § 401 RN 3; Grüneberg/*Grüneberg*, § 401 RN 5; *Clemente*, RN 767 ff.; *differenzierend: Becker-Eberhard*, S. 530 ff., insbes. S. 534 ff. (umfassende Darstellung des Meinungsstands: S. 525 FN 256).

21 Staudinger/*Wolfsteiner* (2019), Vorbem. zu §§ 1191 ff., RN 311.

22 BGH v. 23.6.1995 – V ZR 265/93 (Ziff. II. 2) = BGHZ 130, 101 = WM 1995, 1575 = ZIP 1995, 1322; BGH v. 11.1.1990 – IX ZR 58/89 (Ziff. I. 1) = BGHZ 110, 41 = WM 1990, 260 = ZIP 1990, 222; BGH v. 24.9.1980 – VIII ZR 291/79 (Ziff. II. 1 d) = BGHZ 78, 137 = WM 1980, 1255 = ZIP 1980, 968; Grüneberg/*Grüneberg*, § 401 RN 5.

23 So *Friedrich*, NJW 1969, 485 ff.

24 OLG Hamburg v. 25.1.2015 – 2 UF 120/14 (RN 28 und RN 29) = BeckRS 2015, 8596 = FamRZ 2015, 1962; Grüneberg/*Grüneberg*, § 401, RN 5.

von dem/den anderen Gesamtschuldner(n) verlangen kann[25], oder auf den zahlenden Bürgen.[26] Der den Gläubiger befriedigende Gesamtschuldner[27], Bürge oder sonstige (weitere) Sicherungsgeber kann die Grundschuld aber nur in dem Umfang verlangen, wie ihm im Innenverhältnis zu den anderen Beteiligten ein Ausgleichsanspruch gegen den Sicherungsgeber der Grundschuld zusteht[28] (dazu RN 1022 bis 1048).

Dem neuen Gläubiger der gesicherten Forderung gebührt die Grundschuld aber *971* nur als Sicherheit für die übergegangene Forderung (nicht als Recht, über das er ohne alle Bindung frei verfügen kann).[29] Deshalb muss er bereit sein, die Bindungen des (bisherigen) Grundschuldgläubigers aus dem Sicherungsvertrag (RN 563), insb. die **Pflicht zur Rückgewähr** nach Erledigung des Sicherungszwecks, **zu übernehmen**, und zwar so, dass der Sicherungsgeber den Anspruch unmittelbar gegen ihn geltend machen kann[30], vorzugsweise durch einen echten Vertrag zugunsten Dritter.[31] Dementsprechend darf der (bisherige) Gläubiger die Grundschuld nur mit dieser Einschränkung übertragen (RN 973).

Auch ohne dass der neue Gläubiger die vertraglichen Verpflichtungen übernimmt, sichert die Grundschuld nur die bisher gesicherte Verbindlichkeit. Denn der Eigentümer des belasteten Grundstücks kann durch entsprechende Einrede (RN 790 bzw. 799, 800) verhindern, dass die Grundschuld geltend gemacht wird, wenn und solange dies zur Sicherung der übergegangenen Forderung (noch) nicht erforderlich ist.[32] Ein gutgläubig einredefreier Erwerb der Grundschuld (RN 792) ist nicht möglich, wenn – wie bei gemeinsamer Abtretung von Forde-

---

25 BGH v. 31.1.1995 – XI ZR 30/94 (Ziff. 1) = NJW-RR 1995, 589 = WM 1995, 523; KG v. 7.12.2012 – 21 U 20/11 = BeckRS 2013, 396 = IBRRS 2013, 0876; vgl. auch Münch-Komm/*Heinemeyer*, BGB § 426 RN 49; zur internen Ausgleichspflicht zwischen Ehegatten s. BGH v. 28.4.1983 – IX ZR 1/82 (Ziff. II. 1) = WM 1983, 705 = ZIP 1983, 732 und BGH v. 5.4.1989 – IVb ZR 35/88 (Ziff. 2b und 3) = WM 1989, 861 = ZIP 1989, 975; OLG Hamburg v. 25.1.2015 – 2 UF 120/14 (RN 28 und RN 29) = BeckRS 2015, 8596 = FamRZ 2015, 1962.

26 BGH v. 2.3.2000 – IX ZR 328/98 (Ziff. II. 2 c. cc) = BGHZ 144, 52 = WM 2000, 764 = ZIP 2000, 656; Grüneberg/*Sprau*, § 774 RN 9; *Tiedtke*, ZIP 1990, 413, 425.

27 Nach KG v. 7.12.2012 – 21 U 20/11 = BeckRS 2013, 396 = IBRRS 2013, 0876, bilden die Gesamtschuldner (nach Forderungstilgung) als Mitgläubiger gemäß § 432 BGB eine Forderungsgemeinschaft mit der Folge, dass den Rückgewähranspruch entweder nur sämtliche Gläubiger gemeinsam geltend machen können oder ein Gläubiger (Teilhaber) Leistung an die Gemeinschaft verlangen kann.

28 *Clemente*, RN 769; wohl auch (wenn auch letztlich offengelassen) *Becker-Eberhard*, S. 559 ff., insbes. 571 f.; *ähnlich:* (nur eingeschränkte Prüfungspflicht des Grundschuldgläubigers) Staudinger/*Wolfsteiner* (2019), Vorbem. zu §§ 1191 ff., RN 230.

29 Ähnlich *Becker-Eberhard*, S. 543 f. Zur Bürgschaft BGH v. 28.11.1957 – VII ZR 42/57 = BGHZ 26, 142 = NJW 1958, 217, mit der Aussage, dass die Sicherheit nicht Kredite erfasst, die die abgebende Bank zwar zugesagt hatte, aber nicht von ihr, sondern von der übernehmenden Bank ausgezahlt worden sind.

30 *Becker-Eberhard*, S. 551 ff., insbes. S. 558.

31 Die Konstruktion eines Vertrags zugunsten Dritter zwecks Eintritt in den Sicherungsvertrag (s. hier Haupttext RN 636) ist durchaus zulässig, vgl. BGH v. 11.5.2012 – V ZR 237/11 = WM 2012, 1331 = ZIP 2012, 1549.

32 BGH v. 31.1.1995 – XI ZR 30/94 (Ziff. 1) = NJW-RR 1995, 589 = WM 1995, 523.

rung und Grundschuld regelmäßig der Fall – der Erwerber den ganzen Sachverhalt kennt.

Allerdings können Sicherungsgeber und Grundschuldgläubiger bei der Bestellung der Grundschuld oder nachträglich vereinbaren, dass die Grundschuld bei einem Gläubigerwechsel auch für neue Forderungen des Zessionars haftet.[33]

972 Im Verhältnis zum Sicherungsgeber ist die **Abtretung** der Grundschuld **zulässig**, wenn dieser zustimmt.[34] Bei einer **Umschuldung** (RN 980) ist regelmäßig von einer solchen Zustimmung des Sicherungsgebers auszugehen.[35] Fraglich ist immer nur, ob der (bisherige) Gläubiger auch ohne diese Zustimmung berechtigt ist, die Grundschuld vor Eintritt des Sicherungsfalles an den neuen Gläubiger der gesicherten Forderung abzutreten (zur Abtretung nach Eintritt des Sicherungsfalls RN 1276 ff.). Das muss man bejahen, wenn und soweit eine (gesetzliche) Pflicht zur Abtretung (RN 970) besteht. Keine gravierenden Probleme entstehen, wenn Grundschuld und Forderung gemeinsam abgetreten werden[36] oder die Sicherungsgrundschuld erst bei Eintritt des Sicherungsfalles abgetreten wird.[37]

973 Der (bisherige) Gläubiger darf allerdings die Grundschuld – falls es sich nicht um eine erlaubte Verwertungsmaßnahme (RN 1276 ff.) handelt oder ausnahmsweise sonst gestattet ist – nur übertragen, wenn der neue Gläubiger die Bindungen aus dem Sicherungsvertrag, insb. die Pflicht zur Rückgewähr bei Wegfall des Sicherungszwecks, übernimmt, und zwar in einer Weise, die dem Sicherungsgeber erlaubt, seine Ansprüche unmittelbar gegen den neuen Gläubiger geltend zu machen.[38] Mehr kann der neue Gläubiger auch nicht verlangen (RN 971). Eine Abtretung ohne diese Bindung kann eine **schadensersatzbewährte Pflichtverletzung** des Sicherungsvertrags darstellen.[39] Sie würde der durch die Sicherungsabrede begründeten Zweckbindung widersprechen und den Schuldner der Gefahr doppelter Inanspruchnahme aussetzen. Die **Einbindung des neuen**

---

33 Zur Bürgschaft BGH v. 28. 11. 1957 – VII ZR 42/57 = BGHZ 26, 142 = NJW 1958, 217; zur nachträglichen Erweiterung der Grundschuldzweckerklärung BGH v. 24. 11. 2016 – IX ZR 278/14 = ZIP 2017, 12 = WM 2017, 22 = *Samhat*, WuB 2017, 260.

34 Wie im Vorschlag des Ausschusses für Schuld- und Liegenschaftsrecht der Bundesnotarkammer für ein Grundschuldformular, Teil A II, 6 (DNotZ 2002, 84, 88).

35 BGH v 19. 4. 2018 – IX ZR 230/15 (RN 26) = WM 2018, 1054 = ZIP 2018, 1082 = *Gladenbeck* WuB 2018, 432.

36 Dafür *Huber*, S. 156, 158.

37 Vgl. *Serick*, § 26 V 2 (Bd. II, S. 372 ff.); vgl. auch BGH v. 10. 3. 1967 – V ZR 186/65 (Ziff. 2d), WM 1967, 611.

38 *Becker-Eberhard*, S. 551 ff., insbes. S. 558; *Hofmann/Walter*, WM 2004, 1566, 1570; (Übernahme der Pflichten aus dem Sicherungsvertrag ist Bedingung der Abtretungserlaubnis): Staudinger/*Wolfsteiner* (2019), Vorbem. zu §§ 1191 ff., RN 307.

39 BGH v. 4. 7. 1986 – V ZR 238/84 (Ziff. II. 2 b) = WM 1986, 1386 = ZIP 1986, 1454 = EWiR § 1191 BGB 7/86, 1101 (*Gaberdiel*); BGH v. 25. 9. 1996 – VIII ZR 76/95 (Ziff. III. 1 b) = WM 1997, 13 = ZIP 1997, 275 = EWiR § 398 BGB 1/97, 209 [Geimer] (für Abtretung einer als Sicherheit bestellten Bankgarantie); MünchKomm/*Lieder*, BGB § 1191 RN 111; Grüneberg/*Grüneberg*, § 401 RN 5; *Becker-Eberhard*, S. 558; *ähnlich:* (Übernahme der Pflichten aus dem Sicherungsvertrag ist Bedingung der Abtretungserlaubnis): Staudinger/*Wolfsteiner* (2019), Vorbem. zu §§ 1191 ff., RN 307.

Gläubigers in die Verpflichtungen aus dem Sicherungsvertrag liegt auch im Interesse des bisherigen Gläubigers, der (allein) durch die Abtretung der Grundschuld aus der Rückgewährpflicht nicht frei wird (RN 771 f.). Das ist für den bisherigen Gläubiger aber dann unschädlich, wenn der neue Gläubiger die Pflicht tatsächlich erfüllt, wozu er durch die Einbindung verpflichtet wird (dazu RN 977).

Die Übernahme der Pflichten aus dem Sicherungsvertrag kann dadurch erfolgen, dass der **neue Gläubiger** der Grundschuld (als neuer Sicherungsnehmer) anstelle des bisherigen Grundschuldgläubigers **in den Sicherungsvertrag eintritt**.[40] Erforderlich ist die Mitwirkung aller Beteiligten (RN 636).[41] Geschieht dies, ist nur noch der neue Gläubiger aus dem Sicherungsvertrag verpflichtet und für die Beachtung der Zweckbindung der Grundschuld (RN 563 f.) verantwortlich. Der bisherige Grundschuldgläubiger scheidet aus dem Sicherungsvertrag aus und wird gegenüber dem Sicherungsgeber von allen sich daraus ergebenden Verpflichtungen frei. Stand der Rückgewähranspruch – weil er abgetreten worden war – nicht mehr dem Sicherungsgeber, sondern einem anderen zu, bleibt dieser weiterhin rückgewährberechtigt (RN 986).

974

Kommt ein Eintritt in den Sicherungsvertrag nicht in Betracht, kann auch zwischen bisherigem und künftigem Grundschuldgläubiger vereinbart werden, dass der neue Gläubiger die Pflichten aus dem Sicherungsvertrag übernimmt und den früheren Gläubiger ggf. freistellt. Dies sollte durch **Abschluss eines echten Vertrages zugunsten Dritter** (§ 328 BGB) erfolgen[42], aufgrund dessen der Sicherungsgeber seine Ansprüche unmittelbar gegenüber dem neuen Grundschuldgläubiger geltend machen kann, weil nur dann die Voraussetzungen für die Abtretung der Grundschuld erfüllt sind (RN 973). In diesem Fall bleiben – trotz ihrer Übernahme durch den neuen Gläubiger – die Verpflichtungen des bisherigen Gläubigers aus dem Sicherungsvertrag[43] gegenüber dem Sicherungsgeber (falls dieser nicht zustimmt) bestehen, **insb. die Pflicht zur Rückgewähr** der Grundschuld nach Wegfall des Sicherungszwecks. Nur wenn der (bisherige) Grundschuldgläubiger ohne sein Zutun (z.B. da die gesicherte Forderung kraft Gesetzes übergegangen ist) zur Abtretung der Grundschuld verpflichtet ist, dürfte er aus der Rückgewährpflicht auch ohne Zustimmung des Sicherungsgebers frei werden, wenn er den neuen Grundschuldgläubiger in die Pflichten aus dem Sicherungsvertrag einbindet (RN 775).

975

Hatte der Sicherungsgeber den **Rückgewähranspruch abgetreten**, muss (auch) der aus der Abtretung Begünstigte grundsätzlich zustimmen, wenn der bisherige Grundschuldgläubiger (außer in den Fällen RN 775) aus seiner (dann fälligen) Rückgewährpflicht frei werden soll (dazu RN 985 f.).

976

---

40 Ebenso BGH v 19.4.2018 – IX ZR 230/15 (RN 26) = WM 2018, 1054 = ZIP 2018, 1082 = *Gladenbeck* WuB 2018, 432.

41 Vgl. BGH v. 11.5.2012 – V ZR 237/11 (RN 7 ff.) = WM 2012, 1331 = ZIP 2012, 1549.

42 Diese Konstruktion ist zwecks Eintritt in den Sicherungsvertrag (s. hier Haupttext RN 636) zulässig, vgl. BGH v. 11.5.2012 – V ZR 237/11 = WM 2012, 1331 = ZIP 2012, 1549.

43 So auch BGH v. 11.5.2012 – V ZR 237/11 (RN 16) = WM 2012, 1331 = ZIP 2012, 1549.

977   Hat der neue Grundschuldgläubiger gegenüber dem Sicherungsgeber die Pflichten aus dem Sicherungsvertrag – insb. die Rückgewährpflicht – übernommen, dann hat der bisherige Gläubiger, falls der Sicherungsgeber dies nicht genehmigt, gegen den neuen Gläubiger zumindest einen **Freistellungsanspruch** (§ 415 Abs. 3 BGB). In der fehlenden Zustimmung des Sicherungsgebers liegt deshalb nur dann ein echtes **Risiko** für den bisherigen Gläubiger, wenn der **neue Gläubiger** zu gegebener Zeit die Grundschuld **(pflichtwidrig) nicht zurückgewährt** und auch nicht in der Lage ist, Schadensersatz zu leisten. Das dürfte bei der Abtretung an ein deutsches Kreditinstitut kaum zu befürchten sein. Das Gleiche gilt für den Rückgewähranspruch, falls dieser abgetreten worden ist und dessen neuer Inhaber der Übernahme durch den neuen Gläubiger der Grundschuld nicht zustimmt.

28.3   Verkauf der gesicherten Forderung (und der Grundschuld)

978   Rechtsgrund für die Abtretung der Forderung (und ggf. der sie sichernden Grundschuld) kann ein Kaufvertrag[44] sein. Davon ist auszugehen, wenn der Erwerber in erster Linie **am Erwerb der Forderung** (und der Grundschuld) **interessiert** ist[45] und als Gegenleistung dafür den vereinbarten Betrag zahlt. Die Ansprüche des Käufers gegen den Schuldner leiten sich beim Kauf aus den erworbenen Rechten (Forderung und Grundschuld) ab. Ein Kauf dürfte nicht vorliegen, wenn es dem Erwerber in erster Linie darum geht, dem Schuldner zu zwischen ihnen vereinbarten Konditionen einen Kredit zu gewähren und dafür die Grundschuld als Sicherheit zu erhalten[46] (dazu RN 980).

979   Werden Forderung und Grundschuld verkauft, hat der Verkäufer dem Käufer die **verkauften Rechte zu verschaffen**, und zwar frei von Mängeln (§ 453 Abs. 1 Satz 1, Abs. 3, § 433 Abs. 1 Satz 2 BGB). Er hat also insb. dafür einzustehen, dass die von ihm verkauften Rechte bestehen und dass gegen sie keine begründeten Einwendungen vorliegen.[47] Für die Zahlungsfähigkeit des Schuldners haftet der Verkäufer nur, wenn dies vereinbart ist.[48] In bestimmten Fällen bietet es sich an,

---

44   So in den Fällen BGH v. 2.10.1990 – XI ZR 205/89 = WM 1991, 86 = ZIP 1991, 19 und BGH v. 25.10.1984 – IX ZR 142/83 = WM 1985, 12 = ZIP 1985, 89 = EWiR § 398 BGB 1/85, 67 (*Clemente*). Im letzteren Fall handelt es sich wohl um eine freihändige Verwertung durch den früheren Gläubiger; ggf. auch im Fall BGH v. 23.6.1982 – VIII ZR 333/80 (Ziff. II. 2 c) = WM 1982, 842 = ZIP 1982, 938, dort wird aber der Rechtsgrund des Forderungserwerbs nicht angesprochen.

45   BGH v. 23.6.1982 – VIII ZR 333/80 (Ziff. II. 2 c) = WM 1982, 842 = ZIP 1982, 938, dort ging es dem Grundstückseigentümer gerade nicht darum, auf die Grundschuld zu zahlen, sondern die gesicherte Forderung nebst Grundschuld zu erwerben, um daraus Ansprüche gegen einen anderen Beteiligten geltend zu machen.

46   BGH v. 3.12.1996 – XI ZR 255/95 (Ziff. II. 1) = NJW 1997, 730 = WM 1997, 253.

47   Grüneberg/*Weidenkaff*, § 453 RN 21; vgl. auch BGH v. 3.12.1996 – XI ZR 255/95 (Ziff. II. 1) = NJW 1997, 730 = WM 1997, 253, dort lehnte der BGH einen Kauf ab, weil er davon ausging, dass der frühere Grundschuldgläubiger kaufvertragliche Gewährleistungspflichten nicht habe übernehmen wollen.

48   Grüneberg/*Weidenkaff*, § 453 RN 22.

zunächst nur die Forderung zu übertragen und die Grundschuld beim bisherigen Gläubiger zwecks treuhänderischer Verwaltung durch diesen zu belassen. Dies gilt insb. bei Verkäufen im Rahmen von True-Sale-Transaktionen und zum Zwecke der Pfandbriefemission (RN 1005.1 bis 1005.3).

Ob der bisherige **Gläubiger** Forderung und/oder Grundschuld **verkaufen** will, *979.1* steht – anders als die Entgegennahme einer Zahlung auf Grundschuld oder Forderung, die er bei Fälligkeit meist nicht ablehnen darf – grundsätzlich **in seinem Ermessen.** Bevor er die Entscheidung trifft, wird er prüfen, ob er die Pflichten aus dem Kaufvertrag übernehmen kann und will und ob er im Verhältnis zum Schuldner bzw. Sicherungsgeber zur Abtretung von Forderung bzw. Grundschuld befugt ist.

In diesem Zusammenhang ist im Verhältnis zum Schuldner das **Bankgeheim-** *979.2* **nis**[49] und – wenn der Schuldner eine natürliche Person ist – das **Datenschutz-** **recht**[50] zu beachten. In der Kreditpraxis finden sich (oft in Kreditverträgen) sog. Abtretungs- oder Syndizierungsklauseln,[51] mit denen der Kreditnehmer den Kreditgeber für bestimmte Zwecke vom Bankgeheimnis und den datenschutzrechtlichen Bestimmungen befreit.[52] Ohne eine formularmäßig[53] oder auch individuell erklärte Befreiung kann die im Verkaufsfall (wegen § 402 BGB) kaum vermeidbare Preisgabe von Kundendaten eine schadensersatzbewährte Pflichtverletzung darstellen.[54] Ist das Kreditverhältnis dagegen bereits gekündigt, ist im Ergebnis anerkannt, dass notwendige Kundendaten beim Forderungsverkauf weitergegeben werden dürfen. Die Begründungen hierfür sind vielfältig.[55] Die wohl h. A.[56] stellt bei der Abwägung auf das überwiegende Interesse des Kreditgebers ab. Ausreichend dürfte der Zugang der wirksamen Kündigungserklärung sein; das Abwarten des Ablaufs einer etwaigen Kündigungsfrist dürfte nicht erforderlich sein.

---

49 Näher *Nobbe*, WM 2005, 1537 f.
50 Ausführlich zur alten und geltenden Rechtslage bezogen auf Abtretung von Darlehensforderungen und Datenschutz, Lehmann/Wancke, in WM 2019, Teil I. ab S. 613 sowie Teil II. ab S. 665.
51 Beispiel aus dem „Musterdarlehensvertrag für gewerbliche Kreditvergaben" des Bundesverbandes deutscher Banken, abgedruckt in WM 2005, 1942, 1945, Ziff. 12, kommentiert von *Wand*, WM 2005, 1969, 1977.
52 Hinweise zur Vertragsgestaltung unter den neuen rechtlichen Vorgaben insb. der DSGVO finden sich bei *Lehmann/Wancke*, WM 2019, 665, 669 ff.
53 Zu den AGB-rechtlichen Anforderungen *Hofmann*, BKR 2008, 241.
54 BGH v. 27. 2. 2007 – XI ZR 195/05 (Ziff. II. 1 b. bb und II. 1 c. cc [2 b]) = ZIP 2007, 619 = BB 2007, 793 (*Bütter*) = EWiR 2007, 267 (*Weber*); LG Koblenz v. 25. 11. 2004 – 3 O 496/03 (RN 54 a. E.) = ZIP 2005, 21 = WM 2005, 30; Grüneberg/*Grüneberg*, § 280 RN 28b und RN 32; *Nobbe*, WM 2005, 1537, 1545 m. w. N. in FN 119; *Nobbe*, ZIP 2008, 97, 102.
55 Darstellung des Meinungsstands bei *Nobbe*, WM 2005, 1537, 1545 f.; *Nobbe*, 2008, 97, 102.
56 Nachweise bei *Nobbe*, WM 2005, 1537, 1545, FN 123 und 124.

Ob bereits die bloße Kündbarkeit eine Rechtfertigung für die Datenweitergabe darstellt, kann im Einzelfall fraglich sein.[57] Jedenfalls muss ein die Kündigung rechtfertigendes vertragswidriges Verhalten aufseiten des Kreditnehmers gegeben sein. Losgelöst von der Frage der Strafbarkeit einer Verletzung des Bankgeheimnisses/Datenschutzrechts[58] ist anzuraten, den Verkauf erst nach erfolgter Kündigung durchzuführen. Bei einer pflichtwidrigen Weitergabe von Kundendaten wird (wenngleich eher unter strengen Voraussetzungen) als mögliche Folge ein **außerordentliches Kündigungsrecht aus wichtigem Grund** diskutiert.[59] Ist im Einzelfall die Fortsetzung der Geschäftsbeziehung für den Kunden unzumutbar (vgl. § 314 Abs. 1 BGB) und erklärt er deshalb die Kündigung, wird vertreten, dass eine Verpflichtung des Kunden zur Zahlung einer Vorfälligkeitsentschädigung (RN 823) entfalle.[60]

979.3   Unabhängig von der Befugnis zur Weitergabe kundenbezogener Daten **führen weder** das Bankgeheimnis noch das Datenschutzrecht **zu einem vertraglichen Abtretungsausschluss** (§ 399 Abs. 2 BGB) **oder einem gesetzlichen Abtretungsverbot** (§ 134 BGB).[61] Diese Position gilt auch unter Berücksichtigung der seit dem **25. 5. 2018** geltenden **Datenschutz-Grundverordnung (DSGVO)** und des am selben Tag in Kraft getretenen BDSG (neue Fassung).[62] Die Abtretung einer Kreditforderung ist also – losgelöst davon, ob ein Verstoß gegen das Bankgeheimnis oder datenschutzrechtliche Bestimmungen vorliegt, auch im geltenden Recht wirksam.[63] Dies gilt gleichermaßen für weitere dingliche Verfügungen im Zusammenhang mit dem Forderungsverkauf, namentlich die Übertragung von Sicherheiten. Auch einer Grundschuldabtretung steht deshalb unter

---

57   Zweifelhaft bei nur drohender wesentlicher Verschlechterung der Vermögenslage, *Nobbe*, WM 2005, 1537, 1547; eingehend *Reifner*, BKR 2008, 142 ff.

58   Beides höchstrichterlich verneint: für private Banken und Genossenschaftsbanken (BGH v. 27. 2. 2007 – XI ZR 195/05 (Ziff. II. 1 c. aa) = ZIP 2007, 619 = BB 2007, 793); verfassungsrechtlich nicht zu beanstanden gem. BVerfG v. 11. 7. 2007 – 1 BvR 1025/07 (Ziff. II. 2) = WM 2007, 1694 = ZIP 2007, 2348); für Sparkassen und Landesbanken (BGH v. 27. 10. 2009 – XI ZR 225/08 = BGHZ 183, 60 = WM 2009, 2307 = NJW 2010, 361; zu den besonderen Rahmenbedingungen öffentlich-rechtlicher Kreditinstitute vgl. *Usslar*, BKR 2008, 177 ff.).

59   *Nobbe*, WM 2005, 1537, 1547 m. w. N.

60   Vgl. *Nobbe*, WM 2005, 1537, 1547; für den Fall einer außerordentlichen Kündigung wegen einer Bankenfusion: OLG Karlsruhe v. 25. 6. 2001 – 9 U 143/00 = WM 2001, 1803 = ZIP 2001, 1806.

61   BGH v. 3. 12. 2010 – V ZR 200/09 = BKR 2011, 291; BGH v. 27. 2. 2007 – XI ZR 195/05 (Ziff. II. 1 b und c) = ZIP 2007, 619 = BB 2007, 793; BVerfG v. 11. 7. 2007 – 1 BvR 1025/07 (Ziff. II. 2) = WM 2007, 1694 = ZIP 2007, 2348 MünchKomm/*Lieder*, BGB § 1191 RN 115; vgl. auch (mit zahlreichen Nachweisen) *Nobbe*, WM 2005, 1537, und 1541.

62   Siehe dazu nur *Lehmann/Wancke*, WM 2019, 613, 614 ff., die zwar kritische Einzelaussagen formulieren, aber letztlich aufgrund einer umfassenden Zweck- und Interessenabwägung das hier dargestellte Ergebnis vertreten, und auch nicht davon ausgehen, dass jedenfalls der BGH die Frage der Vereinbarkeit seiner Rechtsprechung mit der DSGVO dem EuGH zur Vorabentscheidung vorlegen wird.

63   Anderer Ansicht *Knops*, WM 2008, 2185: über die Behandlung ungestörter und nicht kündbarer Kredite habe der BGH bislang nicht entschieden.

den genannten Gesichtspunkten weder ein Abtretungsausschluss noch ein Abtretungsverbot entgegen.[64]

Entgegen einer vereinzelt geäußerten Sorge[65] ist der **weite Sicherungszweck**[66] im Kontext eines **Kreditverkaufs** (nicht Umschuldung[67] i. S. v. RN 980 ff.) bezogen auf die Inanspruchnahme der Grundschuld bei Fälligkeit der abgetretenen Forderung nicht hinderlich. Denn hier besteht keine Gefahr, dass die Grundschuld ausschließlich als **gläubigerbezogen** gewertet wird und daher von dem Forderungskäufer nicht ausgenutzt werden darf.[68] Für die Übertragung der Grundschuld kommt es allein darauf an, dass sich Zedent und Zessionar wirksam in der Form der §§ 1192 Abs. 1, 1154 BGB über den Übergang der Grundschuld einigen; ob ein enger oder ein weiter Sicherungszweck vereinbart ist, ist unerheblich, auch § 1250 BGB ist in diesem Kontext irrelevant.[69]

979.4

28.4 Umschuldung der gesicherten Forderung (und Grundschuld)

Will der Kreditnehmer eines Kreditinstituts seine (durch Grundschuld gesicherte) Verbindlichkeit mithilfe eines anderen Kreditinstituts **umschulden**, so wird das zweite Institut die Gewährung des neuen Kredits meist davon abhängig machen, dass es als Sicherheit dafür die Grundschuld erhält. Das zweite Institut wird deshalb den für die Ablösung des bisherigen Kredits erforderlichen Betrag meist nur unter der Auflage (mit der treuhänderischen Bindung) an das erste Institut überweisen, dass ihm die Grundschuld (nebst bisheriger Kreditforderung, vgl. RN 983) abgetreten wird. Dieser Wechsel ist insolvenzrechtlich grundsätzlich wirksam; die Rechte des Schuldners werden hierdurch nicht berührt.[70]

980

Normalerweise gehen der Überweisung Verhandlungen zwischen den beiden Instituten über die Einzelheiten der Ablösung, insb. über die Höhe des Ablösungsbetrags voraus. Bei den Vereinbarungen, die in diesem Zusammenhang zwischen den Kreditinstituten getroffen werden, **handelt es sich regelmäßig nicht um** einen **Kaufvertrag**.[71] Je nach Verlauf kann darin eine Verpflichtung des ersten Instituts zur Übertragung der Grundschuld (und ggf. der gesicherten

---

64   Siehe auch BGH v. 3.12.2010 – V ZR 200/09 (dort RN 14 f.) = BKR 2011, 291.
65   So *Obermüller*, BKR 2017, 221, 224.
66   Beim engen Sicherungszweck bestehe diese Sorge nicht, weil hier die Grundschuld auch nach der Abtretung weiterhin für die Forderung, zu deren Sicherung sie bestellt wurde, hafte, *Obermüller*, BKR 2017, 221, 223.
67   *Obermüller*, BKR 2017, 221, 223, bezieht seine Bedenken nicht auf eine Umschuldung (Kreditablösung), weil hier die Initiative von dem Kreditnehmer ausgehe.
68   Zutreffend *Habersack*, WM 2018, 1625; BeckOGK/*Kiehnle*, 1.9.2023, BGB § 1153 RN 4.3, gegen *Obermüller*, BKR 2017, 221.
69   Richtig *Habersack*, WM 2018, 1625, 1628; BeckOGK/*Kiehnle*, 1.9.2023, BGB § 1153 RN 4.3 („*entbehrt einer nachvollziehbaren Begründung mittels des BGB*").
70   BGH v 19.4.2018 – IX ZR 230/15 (RN 28) = WM 2018, 1054 = ZIP 2018, 1082 = *Gladenbeck* WuB 2018, 432.
71   BGH v. 3.12.1996 – XI ZR 255/95 (Leitsatz 1 und Ziff. II. 1) = NJW 1997, 730 = WM 1997, 253.

Forderung) gegen Zahlung des Ablösungsbetrags liegen, ohne dass aber eine kaufvertragliche Gewährleistung dafür übernommen wird.[72] Andererseits hat das zweite (zur Ablösung bereite) Institut normalerweise keinen Anlass, sich dem ersten Institut gegenüber zur Zahlung zu verpflichten; solange der Kredit dem Schuldner nicht verbindlich zugesagt ist, hat es auch keinen Anlass, für den Schuldner in Vorlage zu treten.[73] Deshalb ist die Zahlung des Betrags nicht Erfüllung einer Kaufpreisschuld, sondern Voraussetzung für die gewünschte Abtretung.[74]

980.1 Es kann nicht pauschal gesagt werden, welchen Umschuldungsweg die beteiligten Kreditinstitute im Einzelnen vereinbaren. So ist z.B. auch das folgende Verhandlungsergebnis möglich: Die Bank, die abgelöst werden soll, gibt zur Ermöglichung der Umschuldung eine dingliche Sicherheit (z.B. die Grundschuld) auf und erhält dafür erst einmal nur eine **schuldrechtliche Zusage des ablösenden Kreditinstituts**, mit der Sicherheit entsprechend des Treuhandauftrags umzugehen und unverzüglich die Darlehensablösung zu vollziehen, also die offene Darlehenssumme an das abgelöste Kreditinstitut zu bezahlen. Hier geht dann das abgelöste Kreditinstitut mit der Sicherheitenfreigabe in Vorleistung. Dazu ist die Bank aus der Sicherungsabrede eigentlich nicht verpflichtet. Die Bank ist grds. erst dann zur Freigabe der für den Kredit gewährten Sicherheit verpflichtet, wenn und soweit der Sicherungszweck endgültig fortgefallen ist (RN 723 ff.). Der Darlehensnehmer ist bzgl. des Anspruchs auf Rückgewähr der Sicherheit mithin grundsätzlich vorleistungspflichtig, erst nach Darlehensrückzahlung kann er die Rückgewähr der Sicherheit verlangen.[75]

980.2 Das Kreditinstitut, das die Grundschuld im Zuge der Umschuldung auf die ablösende Bank überträgt, sollte sich darüber im Klaren sein, dass insoweit der Rückgewähranspruch tangiert wird. Veranlasst der Sicherungsgeber als Inhaber des Rückgewähranspruchs, dass die Grundschuld auf die ablösende Bank übertragen wird, dann übt er dadurch sein Wahlrecht aus. Er wählt also die Abtretung der Grundschuld an einen Dritten (nämlich an die ablösende Bank).

Ist der Sicherungsgeber/Kreditnehmer nicht Inhaber des Rückgewähranspruchs, weil er ihn vorher an einen Dritten abgetreten hatte, und ist dieser Umstand der abgebenden Bank bekannt[76], sollte sie darauf achten, dass der Zessionar (Rückgewährberechtigte) vor der Übertragung der Grundschuld an die ablösende Bank eingebunden wird. Überträgt die Bank die Grundschuld – ohne Zustimmung des Rückgewährberechtigten – an die ablösende Bank, begeht sie ggf. eine schadensersatzbewährte Pflichtverletzung.

980.3 In diesem Kontext stellt sich die Frage, ob das Kreditinstitut, das abgelöst werden soll, von dem Kreditnehmer ein **Entgelt für die Erfüllung/Bearbeitung des**

---

72 BGH v. 3.12.1996 – XI ZR 255/95 (Ziff. II. 1) = NJW 1997, 730 = WM 1997, 253.
73 BGH v. 27.6.1989 – XI ZR 52/88 (Ziff. I. 1) = WM 1989, 1409 = ZIP 1989, 1250.
74 BGH v. 3.12.1996 – XI ZR 255/95 (Ziff. II. 1) = NJW 1997, 730 = WM 1997, 253.
75 Statt vieler BGH, Urt. v. 17.1.2017 – XI ZR 170/16 (RN 7) = BeckRS 2017, 101781 = BKR 2017, 152.
76 Für den Fall, dass die Bank keine Kenntnis von der Abtretung des Rückgewähranspruchs hat, gilt § 407 Abs. 1 BGB.

Umschuldungsauftrags verlangen kann.[77] Die Zulässigkeit einer solchen formularmäßigen sog. Treuhandentgeltklausel wurde bisher vereinzelt[78] verneint, verbreitet[79] aber bejaht.

Für die Zulässigkeit finden sich zwar gute Argumente (etwa Abwicklung verursacht einen nicht unerheblichen Arbeitsaufwand).[80] Allerdings ist die **Frage für die Praxis** mit dem **BGH-Urteil vom 10. 9. 2019 entschieden** worden.[81] Der BGH hat die **Treuhandentgeltklausel** *„Bearbeitungsentgelt für Treuhandaufträge Ablösung Kundendarlehen: 100,00 €."* als überprüfbare Preisnebenabrede qualifiziert und nach § 307 BGB für **unwirksam** erklärt. Zur Begründung führt der BGH im Wesentlichen aus, dass in den einschlägigen Darlehensablösungsfällen per Treuhandauftrag aus dem Sicherungsvertrag eine Rückgewährpflicht der übergebenden Bank als Sicherungsnehmerin bestehe, die nicht gesondert zulasten des Darlehensnehmers/Sicherungsgebers bepreist werden dürfe. Der Wortlaut der genannten Klausel sei im Übrigen so weit, dass er auch den Fall erfasse, dass die Bank als neue Darlehensgeberin bei der Ablösung eines bei einer anderen Bank bestehenden Darlehensvertrags tätig werde. Mit der hierfür nötigen Bestellung, Verwaltung und Verwertung von Sicherheiten verfolge die Bank allein eigene Vermögensinteressen, daher sei eine gesonderte Bepreisung unzulässig. Der bei der Darlehensablösung per Treuhandauftrag verbundene Aufwand sei regelmäßig mit dem gemäß § 488 Abs. 1 Satz 2 BGB zu zahlenden Zins abzugelten. Da nach dem BGH auch der Aufwand für die Bestellung, Verwaltung und Verwertung von Sicherheiten im Darlehenszins berücksichtigt werden kann, kommt für die am Treuhandauftrag beteiligten Banken die Möglichkeit in Betracht, dass die ablösende Bank bei der „Übernahme des Kreditverhältnisses" ein Entgelt an die abgebende Bank zahlt.[82] Die ablösende Bank kann dieses Entgelt bereits im Darlehenszins, also in der Zinsvereinbarung mit dem Darlehensnehmer, berücksichtigen.[83] Theoretisch bleibt es zwar denkbar, eine neue

---

77 Der ablösenden Bank dürfte es nicht erlaubt sein, für die Hereinnahme des Kredits/der Kreditsicherheit ein gesondertes Entgelt zu verlangen, weil sie nach dem BGH bei Bestellung, Verwaltung und Verwertung von Sicherheiten im eigenen Interesse handelt, s. nur BGH v. 19. 2. 2019 – XI ZR 562/17 (RN 35) = WM 2019, 678 = ZIP 2019, 698 = *Müller-Christmann*, WuB 2019, 354. Eine Berücksichtigung bei der Kalkulation der Hauptleistungspflicht des Kunden (Zinszahlungspflicht) ist demgegenüber zulässig.

78 Vgl. etwa OLG Hamm, Urt. v. 4. 12. 2018 – 19 U 27/18 = BeckRS 2018, 33845 = MDR 2019, 434.

79 Für Zulässigkeit des sog. Treuhandentgelts: OLG Köln v. 27. 5. 2009 – 13 U 202/08 (Ziff. II. 1.) = BeckRS 2011, 17348; *Hofauer*, BKR 2015, 397, 402; *Müller*, WM 2018, 741, 745; *Nobbe*, WM 2008, 185, 194.

80 Siehe auch *Müller*, WM 2018, 741, 745.

81 BGH v. 10. 9. 2019 – XI ZR 7/19 WM 2019, 2161 = ZIP 2019, 2201, dazu *Samhat*, WuB 2020 Heft 2, 91; *von Spannenberg*, in Bankrechts-Handbuch, § 53 RN 168.

82 So etwa LG Lübeck, Urt. v. 22.2.2024 – 14 S 69/22 (nicht rechtskräftig).

83 Eine andere (hier nicht weiter zu vertiefende) Frage ist, ob diese Rechtskonstruktion geschäftspolitisch sinnvoll ist – zumal eine etwaige Berücksichtigung im Darlehenszins des neuen Kreditgebers die Attraktivität der Umschuldung (bessere Zinskonditionen) berühren würde.

(ausdifferenziertere) Treuhandentgeltklausel zu gestalten, doch erscheint dies ausweislich der Wertung des BGH kaum darstellbar.

981 Bei der Umschuldung steht – anders als beim Kauf (RN 978) – der Kredit im Vordergrund, den das zweite Institut dem Kunden entweder schon zugesagt hat oder jedenfalls unter bestimmten Voraussetzungen zu gewähren bereit ist. Die Pflicht des Schuldners und die künftige Abwicklung werden in erster Linie im neuen Kreditvertrag geregelt. Der bisherige Kredit und die dafür vereinbarten Konditionen haben nur untergeordnete Bedeutung. Wenn der Anspruch daraus abgetreten wird, hat dies vor allem den Sinn, den Übergang akzessorischer Sicherheiten zu gewährleisten.[84]

Ob die Voraussetzungen für die **neue Kreditgewährung** vorliegen, hat das zweite Institut eigenverantwortlich selbst zu prüfen. Falls nichts anderes vereinbart, ist das erste (abgelöste) Institut nicht verpflichtet, das zweite (ablösende) Institut über die Kreditwürdigkeit des Kunden aufzuklären oder vor einem gefährlichen Kreditgeschäft zu warnen.[85]

28.5 Sicherungszweck der Grundschuld (nach der Abtretung)

982 Der Sicherungszweck der Grundschuld ergibt sich aus der Sicherungsabrede, die zwischen Sicherungsgeber und Sicherungsnehmer vereinbart worden ist. Allein die Grundschuldabtretung verändert weder ihren Sicherungszweck noch wird der Sicherungsnehmer von seinen Verpflichtungen aus dem Sicherungsvertrag (insb. aus der Rückgewährpflicht) frei, und zwar gleichgültig, ob die gesicherte Forderung mit abgetreten wird oder nicht.

Letztlich hängt das Schicksal des ursprünglichen Sicherungsvertrags von den Umständen der Abtretung ab. So wird im Zuge einer vom Schuldner veranlassten Umschuldung typischerweise die mit der Grundschuld abgesicherte Forderung ganz oder teilweise erledigt, sodass insoweit der Rückgewähranspruch fällig wird und der Abschluss eines neuen Sicherungsvertrags zwischen Sicherungsgeber und neuem Grundschuldgläubiger erforderlich wird (RN 983 ff.). Dagegen bleibt im Zusammenhang mit einem Forderungsverkauf der bisherige Sicherungsvertrag regelmäßig unberührt (RN 987 f.). Eine Fortführung des Sicherungsvertrags kommt außerdem in Betracht, wenn ausnahmsweise die umzuschuldende Darlehensforderung an den neuen Gläubiger abgetreten wird. Die Einbeziehung neuer Forderungen in den Sicherungszweck der Grundschuld erfordert dann bei abgetretenem Rückgewähranspruch besondere Aufmerksamkeit (RN 985.1 bis RN 985.4).

Soweit eine **Änderung des (fortgeführten) Sicherungsvertrags** erfolgen soll, setzt diese stets voraus, dass die **dadurch Betroffenen mitwirken**. Zu den Betroffenen gehört immer der Sicherungsgeber. Nach Abtretung des Rückgewähr-

---

84 BGH v. 3. 12. 1996 – XI ZR 255/95 (Ziff. II. 1) = NJW 1997, 730 = WM 1997, 253, für eine durch Bürgschaft gesicherte Forderung.
85 BGH v. 27. 6. 1989 – XI ZR 52/88 (Ziff. I. 2 a) = WM 1989, 1409 = ZIP 1989, 1250.

anspruchs kann ferner die Mitwirkung des (neuen) Rückgewährberechtigten erforderlich sein (dazu RN 985 bis 986); bei Pfändung des Rückgewähranspruchs gilt das für den Pfandgläubiger entsprechend.

Die typische Umschuldung auf Veranlassung des Schuldners zeichnet sich dadurch aus, dass die Verbindlichkeiten beim bisherigen Gläubiger aus einer Kreditgewährung des neuen Gläubigers getilgt werden. In aller Regel hat der neue Gläubiger keinen Anlass, die Forderungen in ihrer bestehenden Form zu übernehmen. Auch der Schuldner hat hieran regelmäßig kein Interesse, weil es ihm bei der Umschuldung gerade darum geht, sich **von seinem** bisherigen **Vertragspartner** zu **lösen** und beim **neuen Darlehensgeber bessere Konditionen** zu erhalten. Eine Abtretung der Darlehensforderung kommt ausnahmsweise (insb.) dann in Betracht, wenn abstrakte Sicherungsrechte erhalten werden sollen (§ 401 BGB), also für den Fall, dass sie durch Neueinräumung nicht mehr zu erlangen sind. Wird bei der Umschuldung die gesamte bisherige Geschäftsverbindung beendet, ist der bisher vereinbarte Sicherungszweck erledigt. Dies gilt unabhängig davon, ob ein enger (RN 729) oder ein weiter Sicherungszweck (RN 731) vorliegt. Den damit fälligen Rückgewähranspruch erfüllt der bisherige Sicherungsnehmer auf Weisung des Rückgewährgläubigers (Sicherungsgeber, falls er den Rückgewähranspruch nicht abgetreten hat). Soweit der neue Darlehensgeber die Grundschuld ebenfalls als Sicherheit benötigt, wird sie an ihn abgetreten. Typischerweise stellt der neue Darlehensgeber die Darlehensvaluta von vornherein nur mit einer entsprechenden Zweckbindung zur Verfügung. Konkret erfolgt die Überweisung der Darlehensvaluta an den bisherigen Gläubiger mit der Auflage, dass dieser nur gegen Abtretung der Grundschuld über den Ablösungsbetrag verfügen darf. Der ursprüngliche Sicherungsvertrag ist damit erledigt. Das neue Darlehen ist nur gesichert, wenn Sicherungsgeber und neuer Gläubiger entweder eine weite Sicherungsabrede (RN 668) treffen oder es durch enge Sicherungsabrede (RN 667) unter den Schutz der Grundschuld stellen. Aus praktischen Gründen wird im Zeitpunkt der Darlehensvalutierung der neue Sicherungsvertrag bereits vorliegen. Für einen Eintritt des neuen Darlehensgebers in den alten Sicherungsvertrag gibt es im Normalfall keinen Anlass.[86] Ein Eintritt in den Sicherungsvertrag ist auch unter dem Eindruck der BGH-Rechtsprechung zu den Voraussetzungen der Klauselumschreibung[87] nicht erforderlich. Um den Sicherungsgeber effektiv zu schützen genügt es, wenn die treuhänderische Bindung der Grundschuld durch den Abschluss eines neuen Sicherungsvertrags bewirkt wird (RN 306.1 bis 306.9).

Führt ausnahmsweise der neue Gläubiger das bisherige (übernommene) Darlehen fort, bietet sich der Eintritt des neuen Grundschuldgläubigers in den bisherigen Sicherungsvertrag an. Dazu wäre eine Abrede zwischen dem neuen Gläubiger, dem Sicherungsgeber (RN 637 bis 646) und dem bisherigen Gläubiger

983

---

86 Ebenso BGH v 19. 4. 2018 – IX ZR 230/15 (RN 26) = WM 2018, 1054 = ZIP 2018, 1082 = *Gladenbeck* WuB 2018, 432.
87 BGH v. 30. 3. 2010 – XI ZR 200/09 –, ZIP 2010, 1072 = WM 2010, 1022 = BB 2010, 1495 = DNotI-Report 2010, 104.

erforderlich (RN 636). Eine inhaltliche Änderung des Sicherungsvertrags ist nicht nötig.

984 Wird die Geschäftsbeziehung zwischen den Parteien des **bisherigen Sicherungsvertrags nicht vollständig beendet** (z.B. weil nicht alle Darlehen umgeschuldet werden), ist bzgl. der Folgen für die Sicherungsabrede danach zu unterscheiden, ob eine **enge oder eine weite Zweckerklärung** vorlag.

Erfasst die enge Sicherungsabrede sämtliche Darlehen, die Gegenstand der Umschuldung sind, wird mit der Tilgung der Darlehen die Grundschuld **rückgewährreif**. Insoweit unterscheidet sich diese Konstellation nicht von der Umschuldung der gesamten Geschäftsverbindung (RN 983). Werden dagegen nicht alle von der engen Sicherungsabrede erfassten Darlehen umgeschuldet oder liegt ein weiter Sicherungszweck vor, wird der **Rückgewähranspruch** der betreffenden Grundschuld **nicht ohne Weiteres fällig**. Vielmehr bedarf es hierfür einer Vereinbarung zwischen dem bisherigen Sicherungsnehmer und dem Sicherungsgeber, wonach die Grundschuld bereits vor vollständiger Erledigung des bisherigen Sicherungszwecks zurückzugewähren ist. Die Einigung über die Voraussetzungen der vorzeitigen Freigabe der Grundschuld (z.B. die Zahlung eines bestimmten Geldbetrags oder die Einräumung anderer Sicherheiten im Austausch) wird sinnvollerweise bereits im Vorfeld der Umschuldung herbeigeführt, um die Gewissheit zu haben, dass dem neuen Gläubiger die vereinbarten Sicherheiten auch tatsächlich zur Verfügung gestellt werden können. Soweit die Grundschuld (ganz oder teilweise) abgetreten wird, bedarf es zudem einer neuen Sicherungsabrede zwischen Sicherungsgeber und neuem Gläubiger, um eine taugliche Kreditsicherheit zu erhalten. Bleibt die Grundschuld ungeteilt, so muss zusätzlich das Rechtsverhältnis zwischen dem Gläubiger, der die Grundschuld erhält (das kann der bisherige oder der neue sein), und dem anderen geregelt werden (dazu RN 992 ff., insb. auf RN 1002 ff.).

985 Steht der Rückgewähranspruch, weil er an einen Dritten abgetreten worden ist, dem Sicherungsgeber nicht mehr zu, muss (auch) der **neue Rückgewährberechtigte zustimmen**, wenn im Zuge der Umschuldung der **Rückgewähranspruch fällig** wird. Das ist immer dann der Fall, wenn die ursprünglich gesicherten Verbindlichkeiten aus dem neuen Darlehen vollständig getilgt werden oder wenn sich die Parteien des bisherigen Sicherungsvertrags einig werden, dass bereits vorzeitig (durch Abtretung an den neuen Gläubiger) zurückgewährt werden soll. In der typischen Umschuldungssituation ist also der Zessionar des Rückgewähranspruchs regelmäßig einzubinden. Das gilt bei Pfändung des Rückgewähranspruchs entsprechend für den Pfändungsgläubiger.

985.1 Wird bei der Umschuldung (ausnahmsweise) die **bestehende Darlehensforderung** durch den neuen Gläubiger **übernommen**, muss der Zessionar des Rückgewähranspruchs zustimmen, wenn und soweit sein Recht betroffen ist. Das ist der Fall, wenn sich entweder die Voraussetzungen verschlechtern, unter denen der Zessionar Rückgewähr verlangen kann (dazu RN 985.2 bis 985.4), oder wenn sich die Person ändern soll, von der er ggf. Rückgewähr verlangen kann (dazu RN 986).

Soll die Grundschuld (nur) die abgetretene (bisher schon gesicherte) Forderung *985.2* weiterhin sichern, so ändern sich dadurch die Voraussetzungen, unter denen Rückgewähr verlangt werden kann, nicht. Der **Inhalt des Rückgewähranspruchs bleibt gleich.** Was den angestrebten Sicherungszweck anbelangt, ist eine Zustimmung des Inhabers des Rückgewähranspruchs nicht erforderlich.

Es findet nur ein Gläubigerwechsel bzgl. der gesicherten Forderungen statt. Einen Wechsel des Gläubigers aber lässt die Rechtsordnung – von wenigen Ausnahmen abgesehen – ohne Einschränkung zu, was zeigt, dass sie darin – anders als im Schuldnerwechsel (§§ 414 ff. BGB) – keine relevante Beeinträchtigung[88] der Beteiligten sieht.

Das dürfte auch dann gelten, wenn eine (bestehende) **weite Sicherungsabrede** *985.3* durch Vereinbarung mit dem Sicherungsgeber auf den neuen Grundschuldgläubiger **erstreckt** wird, sodass also die Grundschuld künftige Verbindlichkeiten gegenüber dem neuen Grundschuldgläubiger (und nicht mehr gegenüber dem bisherigen) sichert. Der Sicherungszweck wird dadurch nicht ausgedehnt und die Rückgewährvoraussetzungen werden für den Rückgewährberechtigten nicht verschlechtert, weil schon zuvor auch künftige Verbindlichkeiten des Schuldners gesichert waren.[89] Es handelt sich nur darum, dass die gesicherten Ansprüche in der Person des neuen Gläubigers statt des bisherigen entstehen, also ebenfalls um eine Art Gläubigerwechsel. Eine Zustimmung des Rückgewährberechtigten ist deshalb dafür nicht erforderlich. Entsprechendes gilt, wenn der Rückgewähranspruch des Sicherungsgebers gepfändet worden ist.[90]

Anders ist es, wenn der Sicherungszweck über den bisherigen hinaus erweitert *985.4* (also etwa eine **weite** [RN 668] statt einer engen [RN 667] **Sicherungsabrede** getroffen) werden soll. Dafür genügt – wenn der Rückgewähranspruch abgetreten ist – eine Vereinbarung zwischen Sicherungsgeber und neuem Grundschuldgläubiger nicht. Der durch die Abtretung des Rückgewähranspruchs Begünstigte muss vielmehr zustimmen, weil der Inhalt seines Anspruchs durch die Ausdehnung des Sicherungszwecks beeinträchtigt wird (vgl. RN 887 bis 889).

Daraus folgt: Ein vom neuen Grundschuldgläubiger gewährtes neues Darlehen kann nach Abtretung des Rückgewähranspruchs nur mit Zustimmung des da-

---

88 Der BGH hat sogar den *Schuldnerwechsel* hinsichtlich des gesicherten Anspruchs ohne Zustimmung des neuen Gläubigers des Rückgewähranspruchs für wirksam gehalten, darin also keine relevante Beeinträchtigung des Rückgewähranspruchs gesehen: BGH v. 1. 10. 1991 – XI ZR 186/90 (Ziff. II. 2) = BGHZ 115, 241 = WM 1991, 2019 = ZIP 1991, 1481 = EWiR § 418 BGB 1/91, 1175 (*Gaberdiel*) (dazu im Haupttext RN 888). Ähnlich wie hier wohl auch *Becker-Eberhard*, S. 539, wenn er formuliert, dass das Sicherungsrecht in aller Regel forderungs- und nicht gläubigerbezogen sei.

89 Siehe auch die in diese Richtung gehende Wertung in BGH v 19. 4. 2018 – IX ZR 230/15 (RN 65) = WM 2018, 1054 = ZIP 2018, 1082 = *Gladenbeck* WuB 2018, 432; BGH v. 10. 11. 2011 – IX ZR 142/10 (RN 14 und RN 16) = BGHZ 191, 277 = WM 2011, 2338 = ZIP 2011, 2364.

90 Vgl. OLG Schleswig v. 23. 1. 1997 – 2 W 96/96 = WM 1997, 965 = ZflR 1997, 282, das als Hilfsbegründung darauf verweist, dass der Grundschuldgläubiger trotz Pfändung des Rückgewähranspruchs die Grundschuld durch Abtretung (im entschiedenen Fall: im Rahmen einer Ablösung) verwerten könne.

durch Begünstigten in den Schutzbereich der Grundschuld gebracht werden. Das ursprüngliche Darlehen dagegen bleibt – wenn es nicht getilgt, sondern übernommen wird – durch die Grundschuld gesichert (dazu RN 988).

986 Infolge der Abtretung des Rückgewähranspruchs besteht die Rückgewährpflicht gegenüber dem neuen Rückgewährberechtigten. Diesem gegenüber **haftet der bisherige Grundschuldgläubiger** (außer in den Fällen nach RN 775) trotz Abtretung der Grundschuld weiter (§ 275 Abs. 1, § 283 BGB), und zwar so lange, bis die **Rückgewähr** ordnungsgemäß erfolgt ist. Vorher wird der Sicherungsnehmer daraus nicht frei, sofern er die Abtretung des Rückgewähranspruchs kennt (Wertung des § 407 BGB) oder nicht (auch) der Inhaber des Rückgewähranspruchs der Übernahme der Rückgewährpflicht durch den neuen Grundschuldgläubiger zustimmt. Die Zustimmung des Sicherungsgebers genügt nicht, weil ihm der Anspruch nicht mehr zusteht. Ein Schaden aus dieser Haftung entsteht aber nicht, wenn der neue Grundschuldgläubiger die von ihm übernommene Rückgewährpflicht erfüllt. Von dessen Zuverlässigkeit und Bonität hängt es also ab, ob der bisherige Gläubiger auf die Zustimmung des Rückgewährberechtigten verzichten kann.

987 Gelegentlich wird die Grundschuld (zusammen mit der gesicherten Forderung) **abgetreten, ohne dass** der **Sicherungsgeber** dabei in irgendeiner Weise **mitwirkt.** Das ist typischerweise beim **Forderungsverkauf** der Fall. Dadurch wird die durch den Sicherungsvertrag geschaffene Verknüpfung zwischen ihnen nicht gefährdet[91], wenn Grundschuld und Forderung an dieselbe Person abgetreten werden. Die Abtretung allein bewirkt keine Änderung des Sicherungszwecks. Deshalb bleiben die im Zeitpunkt der Abtretung bereits bestehenden und durch die Sicherungsabrede erfassten **Ansprüche** durch die Grundschuld **weiter gesichert**. Eine Mitwirkung des Sicherungsgebers ist dafür nicht notwendig. Auch der Inhalt des Rückgewähranspruchs ändert sich nicht (RN 985.2). Ist er abgetreten, bedarf es auch keiner Zustimmung des neuen Rückgewährberechtigten. Gleiches gilt bei Pfändung des Rückgewähranspruchs hinsichtlich des Pfändungsgläubigers.

988 Gewährt der neue Grundschuldgläubiger ein **neues Darlehen**, ist der **Anspruch daraus** durch die abgetretene Grundschuld **nicht gesichert**, außer die Sicherungsabrede wird geändert. Dies bedarf der Mitwirkung des Sicherungsgebers. Das gilt auch für ein (neues) Darlehen, das nur der Ablösung des übernommenen Darlehens dienen soll. Wird damit die abgetretene (gesicherte) Forderung getilgt, so erlischt sie, ohne dass die neue Forderung hinsichtlich der Sicherheit an ihre Stelle tritt[92] (dazu auch RN 985.3). Eine zwischen Sicherungsgeber und bisherigem Gläubiger getroffene weite Sicherungsabrede (RN 668) ändert daran nichts. Sie schützt nur künftige Ansprüche des bisherigen Gläubigers. Zugunsten des neuen Gläubigers wirkt sie nur, wenn sie entsprechend geändert wird, wobei aber der Sicherungsgeber mitwirken müsste. Soll der Schutz durch die

---

91 Vgl. MünchKomm/*Lieder*, BGB § 1191 RN 111.
92 *Becker-Eberhard*, S. 631 ff.; dieser erörtert in diesem Zusammenhang nur die Verwendung zur Tilgung, nicht den (S. 522 ff. breit erörterten) Erwerb der durch die Grundschuld gesicherten Forderung(en).

Grundschuld erhalten bleiben, muss also darauf geachtet werden, dass die (bisher schon) gesicherte Forderung nicht getilgt wird, sondern erhalten bleibt und zusammen mit der Grundschuld vom (bisherigen) Grundschuldgläubiger auf den neuen Gläubiger übertragen wird. Beim Kauf von Forderung und Grundschuld (RN 978, 979) geht der Anspruch des neuen Gläubigers (= Käufers) aus dem Kaufvertrag genau darauf. Bei der Umschuldung (RN 980, 981) drängt sich dieser Weg zwar nicht auf, aber er ist (wenigstens) zulässig. Im Kern liegt kein Unterschied zu der (vom BGH gebilligten[93]) Ablösung eines verbürgten Darlehens gegen Abtretung des abgelösten Darlehensanspruchs vor.

Der **bisherige Gläubiger** (= Sicherungsnehmer) ist dem Sicherungsgeber gegenüber verpflichtet, die Grundschuld (nach Erledigung des Sicherungszwecks) zurückzugewähren. Der Sicherungsnehmer wird (außer in Fällen nach RN 775) durch Abtretung der Grundschuld – mit oder ohne Übernahme der Rückgewährpflicht durch den neuen Grundschuldgläubiger – aus der Rückgewährpflicht nicht frei. Seine Haftung (dazu RN 986) endet, wenn die Rückgewährpflicht ordnungsgemäß erfüllt wird. Ein Schaden dürfte deshalb nicht eintreten, wenn der neue Gläubiger die Rückgewährpflicht übernimmt und zuverlässig und von zweifelsfreier Bonität ist.   *989*

Übersteigt die Grundschuld den gesicherten Anspruch und wird sie dennoch in voller Höhe übertragen, so steht dem **nicht** (mehr) **valutierten Teil** der Grundschuld die Einrede der Rückgewährpflicht (RN 724, 725) entgegen. Diese kann auch dem neuen Gläubiger der Grundschuld entgegengehalten werden (RN 788 bis 790). Ein etwaiger Übererlös steht dem Rückgewährberechtigten zu.[94]   *990*

Die übertragene Grundschuld kann hinsichtlich des nicht valutierten Teils vom neuen Gläubiger **weder als mittelbare noch als unmittelbare Sicherheit eingesetzt werden.** Soll dies erfolgen, ist eine Erweiterung des Sicherungszwecks nötig (RN 593, 594); ihr muss, wenn der Rückgewähranspruch abgetreten ist, der neue Rückgewährberechtigte zustimmen (RN 595).   *991*

---

93 BGH v. 3.12.1996 – XI ZR 255/95 (Leitsatz 1 und Ziff. II. 1) = NJW 1997, 730 = WM 1997, 253.
94 BGH v 19.4.2018 – IX ZR 230/15 (RN 64) = WM 2018, 1054 = ZIP 2018, 1082 = *Gladenbeck* WuB 2018, 432.

29 Treuhänderisch für einen anderen gehaltene Grundschuld

29.1 Übersicht

992 Normalerweise ist der Gläubiger des gesicherten Anspruchs zugleich Gläubiger der Grundschuld. Anders als bei der Hypothek (vgl. § 1153 Abs. 2 BGB) ist dies bei der Grundschuld aber nicht zwingend. Mittels einer Grundschuld können auch die **Ansprüche einer anderen Person** als des Grundschuldgläubigers **gesichert** werden.[1] Diese Möglichkeit kann für **verschiedene Zwecke** eingesetzt werden.[2] Auf diese Weise können z. B. im Falle des Verkaufs größerer Pakete von Forderungen und dazugehöriger Grundschulden letztere zunächst beim Veräußerer verbleiben, um die aufwendige Übertragung der Grundschulden zunächst zu vermeiden (RN 1005.1 bis 1005.3). Auch können nur kurzfristig gedachte Kredite abgesichert werden, wenn z. B. die Grundschuld sofort für den vorgesehenen Endkreditgeber bestellt wird, aber zunächst den bis zur Auszahlungsreife erforderlichen Zwischenkredit sichert (RN 1010 bis 1015). Aber auch für eine längere Zeit geplante Kredite können auf ähnliche Weise gesichert werden, z. B. wenn eine Forderung, die durch Grundschuld gesichert ist und gesichert bleiben soll, abgetreten wird, nicht aber die Grundschuld (RN 968). Vergleichbares gilt auch für Forderungen, die für eine noch längere Zeit – ggf. für die Gesamtdauer des Kreditverhältnisses – gesichert bleiben sollen, etwa bei Konsortialfinanzierungen, Poolverträgen oder bei der sog. Finanzierung aus einer Hand. Auch die Teilabtretung einer Grundschuld kann dadurch ersetzt werden, dass die Grundschuld (dinglich) dem bisherigen Gläubiger in voller Höhe verbleibt, von ihm aber teilweise für ein anderes Institut gehalten wird (RN 1016 ff.).

993 Sind Gläubiger des gesicherten Anspruchs und Grundschuldgläubiger – anders als im Verkaufsfall – von vornherein personenverschieden, ist die Entscheidung, ob von dieser Möglichkeit Gebrauch gemacht werden soll, gedanklich Teil der **Vereinbarung** zwischen Gläubiger und Schuldner über die **Sicherstellung** des Kredits (RN 566). Diese geht dann dahin, dass die Grundschuld nicht unmittelbar auf den Gläubiger übertragen, sondern ihm mittelbar über einen bestimmten Treuhänder als Sicherheit zur Verfügung gestellt wird. Auch andere Vorfragen (RN 999, 1004) sind im Verhältnis Gläubiger/Schuldner der gesicherten Forderung angesiedelt.

994 Der **Gläubiger der Grundschuld** verwaltet wie ein **Treuhänder** (RN 997) die ganze Grundschuld oder den seine eigene Forderung übersteigenden Teil für den (die) anderen Beteiligten. Die Abreden können so ausgestaltet werden, dass

---

1 BGH v. 2. 10. 1990 – XI ZR 205/89 (Ziff. II. 2 c) = WM 1991, 86 = ZIP 1991, 19 = EWiR § 1191 BGB 1/91, 53 (*Gaberdiel*); OLG Hamm v. 13. 6. 1996 – 5 U 31/96 (Ziff. I. 1) = NJW-RR 1996, 1456 = WM 1996, 2327; MünchKomm/*Lieder*, BGB § 1191 RN 81; *Becker-Eberhard*, S. 416 ff.; *Clemente*, RN 215 ff.

2 Weitere Beispiele: *Becker-Eberhard*, S. 417 f., 422; zum Bedarf s. *Stöcker*, Die Bank 2004, 55; nicht nur deshalb dominiert in der Praxis die Grundschuld, vgl. *Stöcker*, Bankrechts-Handbuch, § 67. RN 188.

der Gläubiger der gesicherten Forderung danach so gestellt werden soll, als ob er selbst Gläubiger der Grundschuld oder des entsprechenden Grundschuldteils wäre. Bei einem absolut zuverlässigen Grundschuldgläubiger von einwandfreier Bonität ist dies einer vom Darlehensgläubiger unmittelbar gehaltenen Grundschuld wirtschaftlich gleichwertig.

Die Grundschuld wird oder bleibt allerdings Grundschuld des Treuhänders. Dem Gläubiger der gesicherten Forderung steht nur ein **schuldrechtlicher Anspruch gegen den Treuhänder** zu, dass dieser die Grundschuld (auch) für ihn im Rahmen der getroffenen Vereinbarungen verwaltet, ggf. abtritt oder geltend macht und den darauf entfallenden Erlös weiterleitet. Das dingliche Recht haftet dem Gläubiger der gesicherten Forderung also nicht unmittelbar, sondern **nur mittelbar**. Würde der Treuhänder seine Verpflichtungen verletzen, also z. B. die Grundschuld vertragswidrig löschen lassen oder abtreten, so wären seine Verfügungen über die Grundschuld dinglich wirksam. Dem Gläubiger der gesicherten Forderung stünden aber **Schadensersatzansprüche** gegen den Treuhänder zu.[3]

In der Insolvenz des Sicherungsgebers (Eigentümers) ist der (Forderungs-)Gläubiger, für den der Grundschuldgläubiger (= Treuhänder) die Sicherheit hält, geschützt.[4] Denn die Grundschuld kann **im Insolvenzverfahren** des Sicherungsgebers für den Zweck, für den sie bestellt worden ist, **geltend gemacht werden**. Selbst nach Eröffnung des Insolvenzverfahrens über das Vermögen des Sicherungsgebers und Eigentümers kann eine (Teil-)Abtretung der Grundschuld noch wirksam vorgenommen werden, wenn eine insolvenzfeste Sicherungsvereinbarung vorliegt (vgl. RN 859). Die Abtretung verstößt dann weder gegen §§ 81, 91 InsO noch unterliegt sie mangels Gläubigerbenachteiligung der Insolvenzanfechtung.[5] Verfügungen eines Treuhänders unterliegen auch dann nicht der Vorschrift des § 81 InsO, wenn der Verfügungsgegenstand wirtschaftlich zur Masse gehört.[6] Entscheidend ist dabei, dass der Treuhänder die Rechte an dem Treugut als Vollrechtsinhaber ausübt; dies ist bei einer Sicherungsgrundschuld der Fall.[7]

Auch in einer etwaigen (bei entsprechender Bonität unwahrscheinlichen) Insolvenz des Treuhänders (= Grundschuldgläubigers) ist die Grundschuld Treugut. **Haftungsrechtlich** wird das **Treugut nicht dem Treuhändervermögen zugeordnet**, sodass es nicht für Schulden des Treuhänders haftet und daher dem Zugriff seiner Gläubiger entzogen ist.[8] Schutz können Treugeber und/oder Sicherungsgeber (je nach Betroffenheit) über eine **Drittwiderspruchsklage**

---

3   Ebenso: *Clemente,* RN 221.
4   BGH v. 21.2.2008 – IX ZR 255/06 = ZIP 2008, 703 = WM 2008, 602; *Wenzel,* in Bankrecht und Bankpraxis (Stand 08.17 – 129. Lieferung) RN 4/2273.
5   BGH v. 21.2.2008 – IX ZR 255/06 (Ziff. II. 2 d) = ZIP 2008, 703 = WM 2008, 602.
6   BGH v. 19.4.2018 – IX ZR 230/15 (RN 17) = BGHZ 218, 261 = ZIP 2018, 1082 = WM 2018, 1054 = Gladenbeck, WuB 2018, 432.
7   BGH v. 19.4.2018 – IX ZR 230/15 (RN 17) = BGHZ 218, 261 = ZIP 2018, 1082 = WM 2018, 1054 = Gladenbeck, WuB 2018, 432; BGH v. 12.7.2012 = IX ZR 213/11 (RN 10) = WM 2012, 1496 = ZIP 2012, 1517.
8   *Weitbrecht,* Die Doppeltreuhand – Grundstruktur, Insolvenzfestigkeit, Verwertung, NZI 2017, 553 m. w. N.

gemäß § 771 ZPO sowie über § 47 InsO (**Aussonderungsrecht** in der Insolvenz des Treuhänders) erlangen.[9] Eine Inanspruchnahme der Grundschuld durch den Grundschuldgläubiger (oder dessen Insolvenzverwalter) über den Betrag der gesicherten Forderungen hinaus braucht der Sicherungsgeber (und Eigentümer) nicht zu dulden. Ihm steht insoweit eine Einrede gegen die Grundschuld zu. Soweit die Grundschuld nicht (mehr) valutiert ist, kann sie ausgesondert werden.[10] Insoweit gehört sie also nicht zur Insolvenzmasse. Die Frage, wem das Aussonderungsrecht hinsichtlich dieses – auf jeden Fall nicht zur Insolvenzmasse gehörenden – Vermögenswerts zusteht, ist für das Insolvenzverfahren irrelevant, sodass das Insolvenzrecht dafür auch keinen Beurteilungsmaßstab liefert. Dem Sicherungsgeber (und Eigentümer) kann das Aussonderungsrecht insoweit nicht zustehen, wie die Grundschuld im Verhältnis zum Forderungsgläubiger dessen Ansprüche sichert. Also kann eigentlich nur der Forderungsgläubiger zur Aussonderung berechtigt sein. Trotzdem ist es zweifelhaft, ob in einer etwaigen Insolvenz des Treuhänders (= Grundschuldgläubigers) dem Gläubiger der gesicherten Forderung ohne Weiteres (d. h. ohne Nutzung eines Refinanzierungsregisters, hierzu RN 1005.1 bis 1005.3) ein Aussonderungsrecht hinsichtlich des ihm gebührenden Teils der Grundschuld zusteht. Das war schon bisher fraglich, weil der „Treuhänder" die Grundschuld meist unmittelbar vom Sicherungsgeber erhalten hat und nicht – was als eine Voraussetzung für die Anerkennung als Treugut verlangt wird[11] – vom „Treugeber" (= Gläubiger der zu sichernden Forderung).[12] Bei einer Vereinbarungstreuhand[13] im Liegenschaftsrecht wird zusätzlich verlangt, dass der Treugeber durch **Vormerkung** geschützt ist, damit die Treuhand als insolvenzfeste Sicherheit anerkannt werden kann.[14]

---

9   *Weitbrecht*, NZI 2017, 553; *Wenzel*, in Bankrecht und Bankpraxis (Stand 08.17 – 129. Lieferung) RN 4/2272; zur Treuhandbindung aufgrund Bürgschaft BGH v. 10. 2. 2011 – IX ZR 73/10 (zu § 47 InsO RN 19 und zu § 771 ZPO RN 24) = WM 2011, 612 = ZIP 2011, 626; weiterführend in diesem Zusammenhang *von Rom*, Die Aussonderungs- und Drittwiderspruchsrechte der Treugeber bei der doppelseitigen Sicherheitentreuhand, WM 2008, 813.

10 MünchKomm/*Ganter*, InsO § 47 RN 341.

11 BGH v. 24. 6. 2003 – IX ZR 75/01 (Ziff. II. 2 b) = WM 2003, 1733 = ZIP 2003, 1613, der BGH lässt es aber genügen, dass das Treugut dem Treuhänder *für den Treugeber von einem Dritten* übergeben wird; Grüneberg/*Herrler*, § 903 RN 41.

12 Zum Unmittelbarkeitsprinzip *Wenzel Gratias*, in Bankrecht und Bankpraxis (Stand 10.09 – 83. Lieferung) RN 4/21 ff.; *Wenzel*, in Bankrecht und Bankpraxis (Stand 08.17 – 129. Lieferung) RN 4/2273.

13 Mit einer „Vereinbarungstreuhand" ist der Fall gemeint, dass der bisherige Vollrechtsinhaber schuldrechtlich mit einem anderen vereinbart, sein Recht nunmehr als „Treuhänder" im Interesse des anderen („Treugebers") zu verwalten, so MünchKomm/*Ganter*, InsO § 47 RN 390b.

14 BGH v. 24. 6. 2003 – IX ZR 75/01 (Ziff. II. 3) = WM 2003, 1733 = ZIP 2003, 1613; der BGH lässt (Ziff. II. 3 d) lediglich offen, ob dies auch für die außerhalb des Grundbuchs abtretbaren Briefgrundpfandrechte gilt (die aber als Treuhandsicherheit nicht in Betracht kommen); zustimmend etwa MünchKomm/*Ganter*, InsO § 47 RN 390b; vgl. auch OLG München v. 24. 1. 2018 – 7 U 1515/17 (RN 28) = BeckRS 2018, 16729.

Dennoch wird diese Art der **Sicherung** inzwischen **als banküblich anzusehen** 995
sein, sofern die Grundschuld von einem anderen geeigneten Kreditinstitut treuhänderisch verwaltet wird und das gesicherte Institut einen Anspruch gegen das
die Grundschuld haltende Institut auf (Teil-)Abtretung der Grundschuld hat.
Diese Konstruktion ist als Sicherheit für Bausparkassen (§ 7 Abs. 1 Satz 2 Bau-
SparkG) gesetzlich ausdrücklich zugelassen.[15] Auf der anderen Seite reicht diese
mittelbare Sicherheit nicht aus, damit das so gesicherte Darlehen als Deckung
für Hypothekenpfandbriefe benutzt werden kann (vgl. § 1 Abs. 2 PfandBG[16])[17],
und wohl auch nicht, um beim Realkredit als Immobiliensicherheit i. S. v.
Art. 208 CRR[18] anerkannt zu werden. Erst durch Eintragung der Grundschuld in
ein Refinanzierungsregister (RN 1005.1 bis 1005.3)[19] wird die treuhänderisch
durch ein Kreditinstitut verwaltete einer selbst erworbenen Grundschuld
gleichgestellt.[20]

Bei der Absicherung fremder Ansprüche durch eine treuhänderisch gehaltene 996
Grundschuld müssen die verschiedenen **Rechtsverhältnisse jeweils aufeinander abgestimmt** sein und miteinander harmonieren. Sonst sind Schadensersatzansprüche vorprogrammiert. Insbesondere dürfen die vom Treuhänder gegenüber dem Darlehensgläubiger eingegangenen Verpflichtungen aus dem
Treuhandvertrag (RN 1002 ff.) nicht weitergehen als seine Befugnis gegenüber
dem Sicherungsgeber aus dem Sicherungsvertrag (RN 998 ff.). Und schließlich

---

15 Für Sparkassen vgl. auch Abschnitt D der Grundsätze für die Anerkennung und
    Bewertung von Kreditsicherheiten der bayerischen Sparkassen (Sicherungsgrund-
    sätze), Bekanntmachung v. 10.12.1997 (Staatsanzeiger Nr. 51/52), zuletzt geändert
    durch Bekanntmachung v. 22.3.1999 (Staatsanzeiger Nr. 13). In einigen Ländern
    (z. B. Baden-Württemberg, Brandenburg, Mecklenburg-Vorpommern, Sachsen, Sach-
    sen-Anhalt) ergibt sich die Anerkennung daraus, dass eine früher diese Sicherung
    ausdrücklich zulassende Bestimmung im Zuge der Liberalisierung des Sparkassen-
    rechts (als überflüssig) aufgehoben worden ist. Soweit das nicht zutrifft, dürfte spar-
    kassenrechtlich – auch ohne ausdrückliche Zulassung – wenigstens die von einem
    öffentlich-rechtlichen Institut treuhänderisch gehaltene Grundschuld einer von der
    Sparkasse unmittelbar gehaltenen Grundschuld gleichzustellen sein.
16 Das frühere HypBkG wurde mit Wirkung zum 19.7.2005 aufgrund des Gesetzes zur
    Neuordnung des Pfandbriefrechts v. 22.5.2005, BGBl. I, 1373, durch das neue
    PfandBG ersetzt.
17 Siehe auch *Stöcker*, Bankrechts-Handbuch, § 67 RN 190 ff. (m. w. N.).
18 Ausgeschrieben: Capital Requirements Regulation.
19 Für das Pfandbriefgeschäft gesetzlich geregelt in § 1 Abs. 2 Satz 1 PfandBG i. V. m. § 22
    Abs. 1 Satz 1, Abs. 3 Nr. 1 KWG; für die Anerkennung als Realkredit wird man keine
    höheren Anforderungen stellen können. Mit dem Refinanzierungsregister i. S. v.
    §§ 22a folgende KWG bezogen auf Sondermassen beschäftigt sich etwa *Windel*, ZIP
    2019, 441; vgl. auch (jeweils m. w. N.) *Bourgeois*, BKR 2011, 103; *Stöcker*, Bankrechts-
    Handbuch, § 67 RN 218 ff. (zur Nutzungsmöglichkeit) sowie RN 236 ff. (Altfälle und
    vom Refinanzierungsregister nicht erfassbare Fälle).
20 In diesem Zusammenhang wird darauf hingewiesen, dass das tatsächliche Bestehen
    eines Aussonderungsrechts von anderen Vorschriften abhängig sei, z. B. den KWG-
    Bestimmungen über das Refinanzierungsregister, vgl. *Stöcker*, Bankrechts-Handbuch,
    § 87 RN 150, der dann in RN 163 mit Hinweis auf § 22j Abs. 1 KWG ausführt, dass mit
    der Eintragung in das Refinanzierungsregister (bei Insolvenz des Treuhand-Kreditin-
    stituts) ein Aussonderungsrecht nach § 47 InsO begründet wird.

müssen die Voraussetzungen für eine etwaige Abtretung der Grundschuld durch den Treuhänder an den Gläubiger der gesicherten Forderung (RN 1006 ff.) sachgerecht geregelt sein. Die Vereinbarungen können **formfrei** getroffen werden. **Schriftform** ist aber zu empfehlen.

997 Der **Gläubiger der Grundschuld** steht in einer **doppelten Treuhänderfunktion.**[21] Einerseits vertraut ihm der Sicherungsgeber (normalerweise Eigentümer) mit der Grundschuld mehr Rechtsmacht an, als der Grundschuldgläubiger (für sich und/oder den Gläubiger der gesicherten Forderung) im Innenverhältnis zum Sicherungsgeber ausüben darf (RN 565).[22] Andererseits nimmt er eine ähnliche Aufgabe für den Gläubiger der gesicherten Forderung wahr, der damit einverstanden ist, dass eine (wirtschaftlich) für ihn bestimmte Sicherheit vom Gläubiger der Grundschuld gehalten wird. Auch im Innenverhältnis zum Gläubiger der gesicherten Forderung ist der Grundschuldgläubiger in der Ausübung seiner Rechtsmacht gebunden, darf z. B. die Löschung der Grundschuld nur bewilligen, wenn die mit dem Forderungsgläubiger dafür vereinbarten Voraussetzungen erfüllt sind.

29.2 Sicherungsvertrag

998 Der Sicherungsvertrag kommt **zwischen Sicherungsgeber** (RN 637 ff.) **und Sicherungsnehmer** zustande. Sicherungsnehmer ist derjenige, dem der Sicherungsgeber die Grundschuld anvertraut (RN 632) und von dem er nach Erledigung des Sicherungszwecks deren Rückgewähr verlangen kann (RN 771). Das ist der (erste) Gläubiger der Grundschuld.[23] Dieser ist andererseits auch Treuhänder des Gläubigers der gesicherten Forderung (RN 997). Die Interessen des Sicherungsgebers wären nicht ausreichend gewahrt, wenn man annehmen wollte, dass der Sicherungsvertrag mit dem Gläubiger der gesicherten Forderung zustande kommt[24], der Rückgewähranspruch also gegen ihn gerichtet wäre. Denn der Sicherungsgeber muss sich gegen den **Grundschuldgläubiger**, der etwa die Grundschuld zu Unrecht geltend macht, wehren können. Die gegen einen Dritten (nämlich den Gläubiger der gesicherten Forderung) gerichtete Einrede der Rückgewährpflicht würde ihm dabei nichts nützen. Nur und erst wenn der Treuhänder – nachdem die Voraussetzungen dafür eingetreten sind – die Grundschuld an den Gläubiger der gesicherten Forderung abtritt, tritt dieser in den Sicherungsvertrag ein (RN 1006, 1007) und wird damit Sicherungsnehmer. Dazu kommt es meist jedoch gar nicht. Vorher aber ist allein der Grundschuldgläubiger Sicherungsnehmer hinsichtlich der Grundschuld.

---

21 *Clemente,* RN 220; allgemein zur Grundstruktur der Doppeltreuhand, *Weitbrecht,* NZI 2017, 553.

22 Das ist eine typische (also nicht grundschuldspezifische) Eigenschaft eines Treuhandverhältnisses, vgl. etwa BGH v. 3. 4. 2014 – IX ZR 201/13 (RN 19) = WM 2014, 1009 = ZIP 2014, 1032; *Weitbrecht,* NZI 2017, 553; *Wenzel,* in Bankrecht und Bankpraxis (Stand 08.17 – 129. Lieferung) RN 4/2267.

23 So auch MünchKomm/*Lieder,* BGB § 1191 RN 82; *Becker-Eberhard,* S. 417, 423; *Clemente,* RN 220.

24 So aber OLG Stuttgart v. 21. 9. 1988 – 1 U 23/88 (Ziff. I. 1) = ZIP 1988, 1379.

Auf der anderen Seite ist nicht zu verkennen, dass wichtige **Vorfragen** bzgl. des *999* Sicherungsvertrags **im Verhältnis zwischen Schuldner und Gläubiger der gesicherten Forderung** angesiedelt sind (RN 1004). So hängt insb. die Rückgewährpflicht von Bestand und Höhe der gesicherten Forderung ab. Das ist aber auch in anderen Fällen der Drittbeteiligung so, etwa wenn die Grundschuld die Verbindlichkeiten eines Dritten (nicht des Sicherungsgebers) sichert. Diese Abhängigkeit genügt jedenfalls nicht, um den Gläubiger der gesicherten Forderung als Partner des Sicherungsvertrags anzusehen. Zwischen den Beteiligten sollte **klargestellt** werden, wer bei Streit über solche Vorfragen zur Entscheidung berufen und dafür dann auch verantwortlich ist. Das dürfte (in den hier besprochenen Fällen) am besten **im Treuhandvertrag** erfolgen, weil sich dann ein etwaiger Anspruch der anderen Beteiligten, ggf. schadlos gestellt zu werden, gegen ein Kreditinstitut richtet, sodass seine Erfüllung gewährleistet sein dürfte (s. auch RN 1004).

Denkbar sind auch folgende Konstruktionen eines Treuhandvertrags in Form *999.1* einer Doppeltreuhand mit Sicherungscharakter: In Betracht kommt ein Treuhandvertrag als dreiseitiges Rechtsgeschäft zwischen Sicherungsgeber, Treuhänder und Drittbegünstigtem oder als Vertrag zwischen Sicherungsgeber und Treuhänder zugunsten des Drittbegünstigten (§ 328 BGB).[25]

Im Sicherungsvertrag muss – neben dem sonst üblichen **Inhalt** (RN 561 ff.) – *1000* vereinbart werden, dass und welche **Ansprüche Dritter** durch die Grundschuld gesichert sein sollen. In ihn gehören Regelungen, dass und unter welchen Voraussetzungen der Treuhänder die Grundschuld an den Gläubiger der gesicherten Forderung abtreten darf[26] und welche Auswirkungen diese Abtretung auf den Sicherungsvertrag hat, etwa dass der Treuhänder aus ihm ausscheidet und der Gläubiger der gesicherten Forderung an seiner Stelle in ihn eintritt.

Auch **zugunsten des Dritten** kann eine **weite Sicherungsabrede** (RN 668) vereinbart werden, durch Formularvertrag (RN 687) aber nur, wenn entweder lediglich Verbindlichkeiten des Sicherungsgebers gesichert werden (RN 682 bis 684, 696) oder wenn die Voraussetzungen vorliegen, unter denen die weite Sicherungsabrede formularmäßig auf Verbindlichkeiten anderer Personen erstreckt werden kann (insb. RN 692, 694). Der Treuhänder kann dadurch in den Streit um die Wirksamkeit der weiten Sicherungsabrede hineingezogen werden (RN 1004); deshalb ist Zurückhaltung zu empfehlen.

Sieht der Sicherungsvertrag den Schutz fremder Forderungen nicht von Anfang *1001* an vor, muss er durch Vereinbarung zwischen Sicherungsgeber (meist Grundstückseigentümer) und Sicherungsnehmer (Grundschuldgläubiger) **erweitert** werden (RN 701 ff.). Ist in diesem Zeitpunkt der Rückgewähranspruch abgetreten, so bedarf die Erweiterung der Zustimmung des neuen Gläubigers dieses Anspruchs (RN 887 ff.). Entsprechendes gilt, wenn der Rückgewähranspruch gepfändet ist (RN 912). Ist die Abtretung des Rückgewähranspruchs dem Siche-

---

25 Fernab des grundschuldspezifischen Zusammenhangs BGH v. 24. 9. 2015 – IX ZR 272/13 (RN 38, RN 43) = BGHZ 207, 23 = WM 2015, 2273 = ZIP 2015, 2286; *Bitter*, ZIP 2015, 2249, 2253; *Weitbrecht*, NZI 2017, 553, 554 ff.
26 MünchKomm/*Lieder*, BGB § 1191 RN 82.

rungsnehmer bei der Erweiterung des Sicherungsvertrags nicht bekannt, muss der neue Inhaber des Rückgewähranspruchs die Erweiterung gem. § 407 Abs. 1 BGB auch ohne seine Zustimmung gegen sich gelten lassen (RN 889).

29.3 Treuhandabrede

1002 Der **Gläubiger der Forderung** kann diese nur dann als gesichert betrachten, wenn er einen durchsetzbaren Anspruch darauf hat, dass die Grundschuld entsprechend eingesetzt wird. Dieser Anspruch muss sich gegen den Treuhänder richten, weil dieser **Gläubiger der Grundschuld** ist. Er ergibt sich aus der Treuhandabrede.[27] Allein aufgrund des Sicherungsvertrags (RN 1000) hat der Gläubiger der zu sichernden Forderung noch keine geschützte Rechtsposition; dieser berechtigt nur den Treuhänder gegenüber dem Sicherungsgeber, die Grundschuld für den geplanten Zweck zu verwenden, verpflichtet ihn aber nicht gegenüber dem Forderungsgläubiger.

1003 Die Rechtsbeziehungen zwischen dem Treuhänder (= Grundschuldgläubiger) und dem Gläubiger der gesicherten Forderung werden in der **Treuhandabrede** geregelt. In ihr ist insb. festzulegen, ob und unter welchen Voraussetzungen der Gläubiger die Abtretung der Grundschuld an sich selbst verlangen kann und dass er dann anstelle des Treuhänders in den Sicherungsvertrag einzutreten hat. Ferner ist zu vereinbaren, ob und ggf. unter welchen Voraussetzungen der Grundschuldgläubiger aus der Grundschuld vollstrecken muss und dass er den Verwertungserlös an den Gläubiger zur Tilgung der gesicherten Forderung abzuführen hat, bei mehreren Gläubigern in welchem Verhältnis.

Welche **Vereinbarungen** zweckmäßig und **sachgerecht** sind, hängt vom **Einzelfall** ab. Allgemeingültige Regeln lassen sich kaum aufstellen. Wird z. B. der Darlehensanspruch nur eines einzigen Gläubigers gesichert, ist es normalerweise richtig, dass der Darlehensgläubiger dann, wenn seine Forderung fällig ist, vom Treuhänder (Grundschuldgläubiger) die Vollstreckung aus der Grundschuld oder deren Abtretung verlangen kann. Dient die Grundschuld dagegen der Sicherung von Forderungen mehrerer Gläubiger (z. B. beim **Sicherheitenpool**[28]), können die berechtigten Interessen der anderen durch eine (aus ihrer Sicht verfrühte) Vollstreckung beeinträchtigt werden. Deshalb wird man überlegen müssen, ob hier die Pflicht (und vielleicht auch die Berechtigung) des Treuhänders zur Vollstreckung von einem Mehrheitsbeschluss der Gläubiger (ggf. mit qualifizierter Mehrheit) abhängig gemacht werden sollte.

1004 Bei den Voraussetzungen, unter denen der Treuhänder die Grundschuld geltend machen muss, sollte auch geklärt werden, wie er sich zu verhalten hat, wenn im **Verhältnis Gläubiger/Schuldner** der gesicherten Forderung **Vorfragen**, z. B. Bestand oder Höhe der gesicherten Forderung, **streitig** sind (vgl. RN 999). Bei einem etwaigen Streit zwischen Gläubiger und Schuldner wird der Treuhänder möglichst bis zur (ggf. gerichtlichen) Klärung zuwarten. Es kann aber Fälle

---

27 Ebenso MünchKomm/*Lieder*, BGB § 1191 RN 82; *Becker-Eberhard*, S. 423 f.; *Rösler*, WM 1998, 1377, 1383.

28 *Wenzel Gratias*, in Bankrecht und Bankpraxis (Stand 10.09 – 83. Lieferung) RN 4/293a.

geben, in denen er vorher eine Entscheidung treffen muss, z.B. ob er in der Zwangsvollstreckung rückständige Zinsen anmelden (s. RN 1091, 1152 ff.) oder ob er dem Verlangen des Gläubigers der gesicherten Forderung auf Abtretung der Grundschuld (RN 1006) entsprechen soll. Vorstellbar (und den Interessen der Beteiligten wohl am besten entsprechend) ist die Vereinbarung, dass für den Treuhänder die Angaben des Gläubigers der gesicherten Forderung maßgebend sind, dass dieser ihn aber schadlos zu stellen hat, wenn der Schuldner mit einem Widerspruch Erfolg hat (vgl. Textvorschlag in RN 1021 Ziff. II. Abs. 3). Im Hinblick darauf, dass Gläubiger der gesicherten Forderung in den hier besprochenen Fällen stets ein Kreditinstitut ist, dürfte der Anspruch auf Schadloshaltung realisierbar sein. Bei Vereinbarungen entsprechend diesem Vorschlag können im Streitfall Einwendungen gegen die Grundschuld, die sich auf die Forderung beziehen, (auch) im Verhältnis Schuldner/Grundschuldgläubiger ausgetragen werden. In diesem Fall wird der Grundschuldgläubiger den Gläubiger der Forderung durch Streitverkündung (§ 72 ZPO) einbeziehen. Besteht zwischen dem Schuldner der gesicherten Forderung und dem Gläubiger der gesicherten Forderung Streit über einen etwaigen Verwertungserlös (Geldanspruch), kommt für den Grundschuldgläubiger/Treuhänder zudem unter den Voraussetzungen der §§ 372 ff. BGB die **Hinterlegung** in Betracht.

Das **Treuhandverhältnis endet**, wenn sein Zweck erreicht ist. Das ist entweder *1005* der Fall, wenn die gesicherte Forderung getilgt ist oder wenn die Grundschuld verwertet und der Erlös, soweit er dem gesicherten Gläubiger gebührt, abgeführt worden ist. Es kann aber auch dem Gläubiger der gesicherten Forderung und/oder dem Treuhänder das Recht eingeräumt werden, das Verhältnis vorzeitig zu beenden. Für diesen Fall muss entweder die Übertragung der Grundschuld auf den Gläubiger und dessen Eintritt in den Sicherungsvertrag oder die Fortsetzung von Treuhandabrede und Sicherungsvertrag mit einem anderen geeigneten Treuhänder gewährleistet sein.

29.3a Refinanzierungsregister

In der **Insolvenz des Treuhänders** kann vor dem Hintergrund der bisherigen *1005.1* Rechtsprechung des BGH nicht ohne Weiteres von einem Aussonderungsrecht des Gläubigers der zu sichernden Forderung ausgegangen werden (RN 994). Dieser Mangel hat sich vor allem für bestimmte Refinanzierungstechniken als Hindernis erwiesen. Insbesondere gilt das **für sog. True-Sale-Transaktionen**[29]. Dabei verkauft ein Gläubiger einen Bestand an Forderungen und dazugehörigen Sicherheiten gegen einen angemessenen Kaufpreis unter Ausschluss der Haftung für die Einbringlichkeit der Forderungen an einen Dritten. Käufer ist regelmäßig eine allein für diesen Zweck geschaffene Gesellschaft. Diese sog. Zweckgesellschaft beschafft sich die für den Erwerb erforderlichen Mittel durch

---

29 Näher dazu *Rossbach/Fornoff*, Kreditübertragung durch Abtretung oder Vertragsübernahme? – Risiken und Gestaltungsmöglichkeiten, in BKR 2021, 753; *Brocker*, Nutzen des Refinanzierungsregisters für ausländische Kreditinstitute in ABS-Transaktionen, BKR 2007, 60; *Geiger*, in Langenbucher/Bliesener/Spindler, 20. Kap. Verbriefung von Bankforderungen RN 68 ff.

die Begebung von Wertpapieren, welche allein durch die angekauften Forderungen einschließlich der dafür bestehenden Sicherheiten gedeckt sind. Die Bewertung der auf diesem Wege emittierten Wertpapiere wie auch die Bonitätsbeurteilung der Zweckgesellschaft selbst hängen nicht zuletzt von den dahinterstehenden Sicherheiten und deren Verwertbarkeit ab. Die Abtretung eines größeren Bestands an Grundschulden ist aber insb. bei den überwiegend anzutreffenden Buchrechten mit einem erheblichen Aufwand verbunden (RN 425 ff.), weshalb die Praxis bislang auf Treuhandlösungen zurückgegriffen hat. Das Fehlen des Aussonderungsrechts in der Insolvenz des Forderungsverkäufers allerdings führt bei der Bewertung zu deutlichen Abschlägen.

1005.2 Auch für das Pfandbriefgeschäft ist das Aussonderungsrecht gegen den Treuhänder von entscheidender Bedeutung. Möchte die Pfandbriefbank nicht auf der Grundlage von selbst erworbenen, sondern unter Verwendung von angekauften und (nur) treuhänderisch durch andere Kreditinstitute gehaltenen Grundschulden Pfandbriefe emittieren, ist für den Fall der Insolvenz des Treuhänders hinsichtlich der Grundschulden ein Aussonderungsrecht zwingend erforderlich (§ 1 Abs. 2 Satz 1 PfandBG). Nur wenn eine solche insolvenzfeste Position gegeben ist, kann eine Pfandbriefbank die für die **Pfandbriefemission** erforderliche Deckungsmasse von einer Vielzahl verschiedener Grundschuldgläubiger bündeln.

1005.3 Um das Bedürfnis der Kreditwirtschaft nach einer insolvenzfesten Treuhand zu erfüllen, hat der Gesetzgeber das **Refinanzierungsregister**[30] geschaffen.[31] Die betreffenden Vorschriften finden sich nunmehr in den §§ 22a bis 22o KWG. Erfolgt die Veräußerung von Forderungen, Grundpfandrechten, Schiffs- und Flugzeughypotheken[32] zum Zwecke der Refinanzierung[33], kann der Veräußerer diese Refinanzierungsgegenstände, mithin auch Grundschulden[34], in ein grundsätzlich von ihm[35] zu führendes Refinanzierungsregister eintragen. Die Eintragung lässt die sachenrechtliche Zuordnung unberührt.[36] Der Veräußerer von Grundschulden bleibt also bis auf Weiteres deren Inhaber. Die wesentliche Wirkung der Eintragung liegt jedoch in dem Entstehen eines Aussonderungs-

---

30 Art. 4a des Gesetzes zur Neuorganisation der Bundesfinanzverwaltung und zur Schaffung eines Refinanzierungsregisters vom 22. 9. 2005, BGBl. I, S. 2809, 2813 ff.; detaillierte Darstellungen bei *Schmalenbach/Sester*, WM 2005, 2025; *Tollmann*, WM 2005, 2017; *Obermüller*, ZInsO 2005, 1079; *Fleckner*, DB 2005, 2733; *Fleckner*, WM 2007, 2272; *Stöcker*, Bankrechts-Handbuch, § 67 RN 185 ff.

31 Näher zur Verbriefung von Kontokorrentkrediten *Wagenknecht/Wagenknecht*, Die Bedeutung des Refinanzierungsregisters für die Verbriefung von Kontokorrentkrediten, Teil I in WM 2020 Heft 11, 485, Teil II in WM 2020 Heft 12, 529.

32 Refinanzierungsgegenstände gemäß § 22a Abs. 1 Satz 1 KWG.

33 Die Transaktion muss dem Veräußerer Liquidität oder ein sonstiges marktgerechtes Entgelt zuführen, vgl. Gesetzesbegründung zu § 1 Abs. 24 KWG, BT-Drucks 15/5852 v. 29. 6. 2005, S. 17.

34 Zur teilweise umstrittenen Eintragungsfähigkeit anderer Sicherheiten s. *Schmalenbach/Sester*, WM 2005, 2025, 2028 f.; *Kokemoor/Küntzer*, BB 2006, 1869, 1871; *Fleckner*, WM 2006, 697, 699.

35 § 22a Abs. 1 Satz 1 und Abs. 3 KWG; Ausnahmen regelt § 22b KWG.

36 *Tollmann*, WM 2005, 2017, 2021.

rechts (§ 22j Abs. 1 Satz 1 KWG, § 47 InsO) für die Zweckgesellschaft (RN 1005.1) bzw. die Pfandbriefbank (RN 1005.2). In der Insolvenz des bis dahin als Treuhänder agierenden Veräußerers können diese Übertragungsberechtigten vom Insolvenzverwalter die Übertragung der jeweiligen Refinanzierungsgegenstände verlangen, ggf. also auch die Abtretung der veräußerten Grundschulden.[37] Wirtschaftlich stehen deshalb die Grundschulden bereits mit der Eintragung in das Refinanzierungsregister dem Übertragungsberechtigten als Sicherheit zur Verfügung, ohne dass sogleich die aufwendige Grundschuldabtretung erforderlich wäre. Der Einsatzbereich des Refinanzierungsregisters beschränkt sich nicht auf die hier beschriebenen Möglichkeiten (RN 1005.1 und 1005.2). Es ist davon auszugehen, dass sich die Praxis das Refinanzierungsregister auch für weitere Geschäftsfelder nutzbar machen wird.[38]

Die Eintragung einer Grundschuld in das Refinanzierungsregister lässt den für sie ursprünglich vereinbarten **Sicherungsvertrag unberührt**. Das ist vergleichbar mit dem Fall, dass die besicherte Forderung gemeinsam mit der Grundschuld abgetreten werden (RN 982). Dabei zeichnen sich die für den Einsatz des Refinanzierungsregisters in Betracht kommenden Fälle dadurch aus, dass es an jeglicher Mitwirkung des Sicherungsgebers fehlt. Der Sicherungsumfang bleibt deshalb beschränkt auf die ursprünglich besicherten und übertragenen Ansprüche (RN 987, 988). Zudem bleibt der bisherige Gläubiger und Sicherungsnehmer Schuldner des Rückgewähranspruchs (RN 989). *1005.4*

29.4 Abtretung der Grundschuld

Nach der Treuhandvereinbarung kann häufig der Forderungsgläubiger die Abtretung der Grundschuld verlangen und/oder der Treuhänder sich durch **Abtretung der Grundschuld** an den Forderungsgläubiger aus der Treuhandabrede lösen. Wenn der Sicherungsgeber dem – wie bei sorgfältiger Vertragsgestaltung – bereits im Sicherungsvertrag zugestimmt hat, bestehen dagegen keine Bedenken. Auch wenn eine ausdrückliche **Zustimmung des Sicherungsgebers fehlt**, dürfte die **Abtretung zulässig** sein, es sei denn, dass der Sicherungsgeber selbst die Absicherung der Forderung durch eine gerade von diesem Dritten gehaltene Grundschuld gewünscht hat. In allen anderen Fällen, insb. wenn die Treuhandsicherheit von einem der beteiligten Kreditinstitute angeregt worden ist, ist davon auszugehen, dass der Sicherungsgeber stillschweigend mit der Abtretung der Grundschuld – mit unverändertem Sicherungszweck – an den Gläubiger der gesicherten Forderung einverstanden ist. *1006*

Zweck der Grundschuld bleibt die (jetzt unmittelbare) Sicherung der bisher mittelbar gesicherten Forderung(en). Dieser Sicherungszweck beschränkt den Darlehensgläubiger in der Verwendung der ihm vom Treuhänder übertragenen *1007*

---

37 In Betracht kommt auch die treuhänderische Verwaltung und Verwertung der Grundschulden durch einen vom Insolvenzgericht bestellten Sachwalter, §§ 22l bis 22 o KWG.

38 Weitere Einsatzmöglichkeiten bei *Schmalenbach/Sester*, WM 2005, 2025, 2034 f.; mangels Forderungsübertragung (vgl. § 1 Abs. 24 KWG) *nicht* nutzbar durch den Konsortialführer bei Konsortialkrediten, *Obermüller*, ZInsO 2005, 1079, 1085 f.

Grundschuld, als sei er von Anfang an Partner der Sicherungsabrede gewesen. Im Interesse der Klarheit ist es zu empfehlen, dass der **Gläubiger** der gesicherten Forderung **ausdrücklich in den Sicherungsvertrag** mit dem Sicherungsgeber anstelle des Treuhänders **eintritt** und dessen Verpflichtungen daraus übernimmt (zur Umschreibung der Vollstreckungsklausel RN 306 ff.). Auch ohne ausdrückliche Erklärung wird davon auszugehen sein, dass mit der Abtretung der Grundschuld eine solche Vereinbarung konkludent getroffen wird.[39] Das (ggf. konkludente) Einverständnis des Sicherungsgebers mit der Abtretung der Grundschuld (RN 1006) ist zugleich seine Zustimmung zu diesem Wechsel des Rückgewährschuldners. Eine Erweiterung des Sicherungszwecks kann zwischen Sicherungsgeber und Darlehensgläubiger vereinbart werden (RN 701), sobald dieser in den Sicherungsvertrag eingetreten ist. Nach Abtretung oder Pfändung (Verpfändung) des Rückgewähranspruchs bedarf eine solche Abrede der Zustimmung des neuen Inhabers des Rückgewähranspruchs (RN 887 ff.) bzw. des Pfandgläubigers (RN 912). Alternativ kommt in Bezug auf die abgetretene Grundschuld der Abschluss eines **neuen Sicherungsvertrags** und damit die Erledigung der bisherigen Sicherungsabrede in Betracht (zur Umschreibung der Vollstreckungsklausel RN 306 ff.).

1008   Mit Eintritt des Darlehensgläubigers **scheidet** – bei Teilabtretung nur bzgl. des abgetretenen Teils – der **Treuhänder** (= bisheriger Grundschuldgläubiger) aus dem Sicherungsvertrag **aus**. Insbesondere der (vertragliche) Rückgewähranspruch des Sicherungsgebers richtet sich also ab Abtretung der Grundschuld (nur noch) gegen den Gläubiger der gesicherten Forderung (= neuer Grundschuldgläubiger). Gleiches muss bei Abschluss eines neuen Sicherungsvertrags mit dem Darlehensgläubiger gelten. Denn dem Sicherungsgeber kann der Rückgewähranspruch nicht gleichzeitig gegenüber dem bisherigen Treuhänder und dem Darlehensgeber als neuem Sicherungsnehmer zustehen. Vielmehr ist in dieser Konstellation davon auszugehen, dass der Sicherungsgeber seinen Rückgewähranspruch in Bezug auf die abgetretene Grundschuld gegenüber dem Treuhänder durch den Abschluss eines neuen Sicherungsvertrags aufgibt.

1009   Durch die **Abtretung der Grundschuld** wird die Zugriffsmöglichkeit auf das belastete Grundstück nicht verändert. Die Grundschuld sichert nach wie vor dieselbe Forderung desselben Gläubigers gegen denselben Schuldner. Die **Sicherstellung** erfolgt nur nicht mehr mittelbar (über den Treuhänder), sondern **unmittelbar**. Durch die Abtretung der Grundschuld erlangt der Forderungsgläubiger keine Befriedigungsmöglichkeit, die ihm nicht schon vorher zugestanden hätte. Deshalb kann die Grundschuld auch dann abgetreten werden, wenn – nach Abschluss der Sicherungsabrede (RN 998 ff.) und der Treuhandabrede (RN 1002 ff.) – das **Insolvenzverfahren** über das Vermögen des Sicherungsgebers eröffnet worden ist; ein Fall nach § 91 Abs. 1 InsO ist nicht gegeben

---

39   Nach OLG Stuttgart v. 21.9.1988 – 1 U 23/88 (Ziff. I. 1), ZIP 1988, 1379, ist der Sicherungsvertrag mit dem Forderungsgläubiger (nicht mit dem Treuhänder) geschlossen worden. Danach wäre der Gläubiger der Forderung von Anfang an Partner des Sicherungsvertrags und Schuldner des Rückgewähranspruchs; vgl. dazu aber im Haupttext RN 998.

(vgl. aber RN 859).[40] Der Abtretung der Grundschuld steht es auch nicht entgegen, wenn nach Abschluss von Sicherungs- und Treuhandabrede der **Rückgewähranspruch abgetreten oder ge-/verpfändet** worden ist. Zwar handelt es sich um einen Schuldnerwechsel, wenn der neue Grundschuldgläubiger anstelle des bisherigen in die Rückgewährpflicht eintritt (RN 1008). Der neue Gläubiger des Rückgewähranspruchs bzw. der Pfandgläubiger muss das aber hinnehmen, wenn es vereinbart worden war, bevor er ein Recht am Rückgewähranspruch erlangt hat. Denn der Zessionar bzw. Pfandgläubiger kann nicht mehr Rechte erwerben, als dem Sicherungsgeber zustehen.

29.5 Beispiel: Sicherung eines Zwischenkredits

Die bei einer **Briefhypothek** bestehende Möglichkeit, einen **Zwischenkredit** *1010* durch (**Abtretung des Anspruchs auf Auszahlung des Darlehens** und) Übertragung der vorläufigen Eigentümergrundschuld zu sichern (RN 464 ff.), wird in der Praxis **von der Grundschuld verdrängt**. Bei der Grundschuld erfolgt die Absicherung eines Zwischenkredits dadurch, dass der Endfinanzierer kraft Vereinbarung seine Grundschuld treuhänderisch (auch) für den Zwischenfinanzierer hält.[41] Dieses Verfahren bietet auch für den Zwischenkreditgeber Vorteile. Denn es lässt sich – anders als bei Hypotheken – nicht nur bei Briefgrundschulden, sondern auch bei Buchgrundschulden anwenden. Ferner gefährden gesetzliche Löschungsansprüche gleich- oder nachrangiger Grundpfandgläubiger oder eingetragene Löschungsvormerkungen die Absicherung nicht, weil die Grundschuld für den Endfinanzierer bestellt und – falls überhaupt – von ihm (und nicht vom Eigentümer) an den Gläubiger abgetreten wird (RN 495 bzw. 529).

Die Vereinbarung muss die Rechtsbeziehungen einerseits zum Sicherungsgeber *1011* und andererseits zwischen Grundschuldgläubiger (= Endfinanzierer) und Zwischenfinanzierer regeln. Um Diskrepanzen zu vermeiden, sollte sie in einer einheitlichen Urkunde zwischen allen Beteiligten getroffen werden. In Anlehnung an ein bei Hypothekenbanken früher übliches Muster kann sie **etwa folgenden Inhalt** haben:

> *... – im Folgenden „Endfinanzierer" – hat ... – im Folgenden „Darlehensnehmer" – mit Schreiben vom ... ein Darlehen von Euro ... zugesagt.*
>
> *Das Darlehen wird gesichert durch eine Grundschuld zugunsten des Endfinanzierers in Höhe von Euro ... an dem ... – im Folgenden „Sicherungsgeber" – gehörenden Beleihungsobjekt ... – Grundbuch des Amtsgerichts ... von ... Band ... Heft/Blatt ...*
>
> *... – im Folgenden „Zwischenkreditgeber" – hat dem Darlehensnehmer mit Schreiben vom ... einen Zwischenkredit bewilligt.*

---

40 BGH v. 21.2.2008 – IX ZR 255/06 (Ziff. II. 1 b aa) = ZIP 2008, 703 = WM 2008, 602; OLG Hamm v. 13.6.1996 – 5 U 31/96 (Ziff. I. insb. 3 und 4) = NJW-RR 1996, 1456 = WM 1996, 2327 (zu § 15 KO).
41 Vgl. auch Grüneberg/*Herrler*, § 1163 RN 11.

I. Abtretung des Auszahlungsanspruchs

Zur Sicherung des Zwischenkredits tritt der Darlehensnehmer, soweit noch nicht geschehen, hiermit seinen Anspruch gegen den Endfinanzierer auf Auszahlung des Darlehens an den Zwischenkreditgeber ab. Er erklärt, dass er über diesen Anspruch noch nicht anderweitig verfügt hat.

Der Endfinanzierer ist berechtigt, dem Zwischenkreditgeber alle gewünschten Auskünfte über das Darlehen und seine Sicherung zu erteilen.

II. Erklärungen des Endfinanzierers

Der Endfinanzierer stimmt der vorstehenden Abtretung des Auszahlungsanspruchs, der vereinbarungsgemäß nur mit seiner Zustimmung abgetreten werden darf, zu. Rechte Dritter, die der Abtretung entgegenstehen oder den Ansprüchen des Zwischenkreditgebers vorgehen, insb. frühere Abtretungen, sind dem Endfinanzierer nicht bekannt.

Das Darlehen ist noch nicht/bereits mit Euro … valutiert.

Der Endfinanzierer wird die Valuta nach Maßgabe des Darlehensvertrags, insb. nach Erfüllung der vereinbarten Auszahlungsvoraussetzungen, an den Zwischenkreditgeber auszahlen.

III. Treuhandvereinbarung

Der Endfinanzierer hält die Grundschuld zugleich treuhänderisch für den Zwischenkreditgeber mit der Maßgabe, dass daraus seine Ansprüche aus dem Darlehensverhältnis vor den Ansprüchen aus der Zwischenkreditgewährung zu befriedigen sind.

Der Endfinanzierer wird die Grundschuld in einer etwaigen Zwangsvollstreckung im weitestmöglichen Umfang geltend machen, wenn und soweit dies zur Befriedigung des Zwischenkreditgebers wegen der gesicherten Ansprüche erforderlich ist. Den auf die Grundschuld nebst Nebenleistungen entfallenden Erlös wird er, soweit er ihn nicht zur Deckung seiner vorrangig gesicherten Ansprüche braucht, an den Zwischenkreditgeber bis zu dessen voller Befriedigung abführen.

Der Endfinanzierer kann seine Verpflichtungen aus dem Treuhandverhältnis auch dadurch erfüllen, dass er die Grundschuld bzw. den von ihm nicht benötigten nachrangigen Teil an den Zwischenkreditgeber abtritt. Der Zwischenkreditgeber kann die Abtretung verlangen, sobald und soweit endgültig feststeht, dass der Endfinanzierer die Grundschuld nicht in Anspruch nimmt.

Im Übrigen endet das Treuhandverhältnis mit der Erledigung der Zwischenfinanzierung, spätestens jedoch mit der vollständigen Valutierung des Darlehens des Endfinanzierers.

Der Endfinanzierer braucht sich das Bestehen von Ansprüchen des Zwischenkreditgebers nicht nachweisen zu lassen; der Zwischenkreditgeber steht für die Richtigkeit seiner Angaben ein.

Der Endkreditgeber leistet für den Bestand der Grundschuld keine Gewähr und übernimmt keine Kosten.

IV. Ergänzung des Sicherungsvertrags

Die Beteiligten erweitern die zwischen dem Endfinanzierer und dem Sicherungsgeber bezüglich der Grundschuld getroffene Sicherungsabrede dahin, dass die Grundschuld ab sofort auch zur Sicherung der Forderungen des Zwischenkreditgebers aus der Zwischenkreditgewährung dienen soll.

Soweit und sobald der Endfinanzierer die Grundschuld gemäß Ziff. III an den Zwischenkreditgeber abtritt, sichert diese nur noch den Zwischenkredit.

Bezüglich der abgetretenen Grundschuld tritt der Zwischenkreditgeber anstelle des Endfinanzierers in den Sicherungsvertrag ein und übernimmt mit befreiender Wirkung dessen Verpflichtungen daraus, insb. die Pflicht, die Grundschuld nach Erledigung des Sicherungszwecks zurückzugewähren.

Der Sicherungsgeber billigt auch alle zum Treuhandvertrag getroffenen Vereinbarungen (Ziff. III), soweit sie das Verhältnis zu ihm berühren.

Ort, Datum

... (Endfinanzierer)

... (Zwischenkreditgeber)

... (Darlehensnehmer)

... (Sicherungsgeber)

Durch Ziff. IV der Vereinbarung (RN 1011) wird die **Sicherungsabrede** zwischen Endfinanzierer und Sicherungsgeber dahin **erweitert** (RN 701 ff.), dass die Grundschuld zusätzlich als Sicherheit für den Zwischenkredit des anderen Kreditinstituts eingesetzt werden darf. Sie muss mit dem Partner dieser Vereinbarung, nämlich dem Sicherungsgeber (RN 637 ff.), abgeschlossen werden. Der Formulierungsvorschlag geht davon aus, dass dies – wie meist – der Eigentümer (bzw. Erbbauberechtigte) ist. Sollte dies ausnahmsweise nicht der Fall sein, muss der Eingang des Vorschlags angepasst werden. Auf die (ggf. zusätzliche) Mitwirkung des Sicherungsgebers kann der Endfinanzierer nicht verzichten. Ist in dem Zeitpunkt, in dem die Erweiterung der Sicherungsabrede vereinbart, der **Rückgewähranspruch abgetreten**, gepfändet oder verpfändet wird, muss der Zessionar bzw. der Pfandgläubiger grds. zustimmen (RN 887 ff. bzw. 912). *1012*

Veranlasst der Endfinanzierer den **Zwischenkreditgeber**, für ihn die **Unterschriften einzuholen**, muss er die Personen, die zu unterschreiben haben, eindeutig bezeichnen. Der Zwischenkreditgeber ist an der Sicherungsabrede nicht beteiligt und kann nicht beurteilen, mit wem die Erweiterung vereinbart werden muss. Das gilt auch für die Frage, ob – bei Abtretung oder (Ver-)Pfändung des Rückgewähranspruchs – die Zustimmung des Zessionars bzw. des Pfandgläubigers erforderlich ist. Bei einer Abtretung muss der neue Inhaber des Rückgewähranspruchs die Erweiterungsvereinbarung gem. § 407 BGB auch ohne seine Zustimmung gegen sich gelten lassen (RN 889), wenn der Endfinanzierer die Abtretung nicht kennt. Pfändung oder Verpfändung setzt Zustellung oder Anzeige an den (Dritt-)Schuldner voraus, ist also dem Endfinanzierer stets bekannt. Ob zusätzliche Zustimmungen erforderlich sind, kann also allein vom Endfinanzierer, nicht vom Zwischenkreditgeber beurteilt werden. Der **Endfinanzierer** muss deshalb auch das **Risiko tragen**, falls er die Personen, deren Mitwirkung erforderlich ist, nicht richtig oder nicht vollständig bezeichnet. Holt der Zwischenkreditgeber die vom Endfinanzierer verlangten Unterschriften ein, kann der Endfinanzierer die Erfüllung seiner Verpflichtung aus dem Treuhandvertrag (RN 1013) nicht verweigern, selbst wenn zur Erweiterung des Sicherungsvertrags die Mitwirkung anderer bzw. weiterer Personen erforderlich gewesen wäre.

1013 Der Formulierungsvorschlag (RN 1011) enthält unter Ziff. III einen **Treuhand-vertrag** zwischen Endfinanzierer und Zwischenkreditgeber bzgl. der Grund-schuld. Der Zwischenkreditgeber muss sich vergewissern, dass die Grundschuld entstanden ist, und sie eigenverantwortlich bewerten. Vor ihrer Eintragung hat er keine Sicherheit. Der Endfinanzierer leistet für ihren Bestand keine Gewähr (Ziff. III Abs. 6 des Vorschlags RN 1011).

Einen **Anspruch auf Abtretung** der Grundschuld hat der Zwischenkreditgeber erst und **nur, wenn** das **Darlehen des Endfinanzierers** aus irgendwelchen Gründen **endgültig nicht valutiert** wird, bei teilweiser Valutierung allerdings nur hinsichtlich des rangletzten Teils. Der Endfinanzierer ist aber berechtigt, sich aus dem Treuhandvertrag zu lösen, indem er von sich aus die Grundschuld bzw. den von ihm nicht benötigten rangletzten Teil an den Zwischenkreditgeber abtritt (Ziff. III Abs. 3 des Vorschlags RN 1011). Erst durch die Abtretung, zu der es bei normaler Abwicklung des Zwischenkredits gar nicht kommt, würde der Zwischenkreditgeber die Grundschuld erwerben. Vorher verwaltet der Endfi-nanzierer die Grundschuld treuhänderisch auch für den Zwischenkreditgeber. Im Falle einer **Zwangsversteigerung** vor Abtretung der Grundschuld darf der Endfinanzierer aus dem Erlös vorrangig die Ansprüche aus seinem Darlehens-verhältnis mit dem gemeinsamen Kunden abdecken. Nur den Mehrerlös muss er an den Zwischenkreditgeber abführen. Er ist andererseits aber verpflichtet, die ihm zustehende Grundschuld samt allen Nebenrechten, insb. mit den lau-fenden und rückständigen Zinsen (RN 1089 ff.) voll geltend zu machen, wenn und soweit dies zur Befriedigung des Zwischenkreditgebers erforderlich ist (Ziff. III Abs. 2 des Vorschlags RN 1011). Diesem gegenüber kann er sich nicht darauf berufen, dass er im Verhältnis zum Eigentümer dazu nicht verpflichtet sei (vgl. RN 1152 ff.).

Der Endfinanzierer braucht sich die Ansprüche des Zwischenkreditgebers **nicht nachweisen zu lassen** (Ziff. III Abs. 5 des Formulierungsvorschlags, RN 1011). Er kann also auch bei Widerspruch des Schuldners von den Zahlen des Zwischenkreditgebers ausgehen. Dieser hat dann aber auch für deren Richtig-keit einzustehen (vgl. RN 1004).

Für den Zwischenkreditgeber ist durch die Vereinbarung nur der Anspruch aus der Gewährung des **Zwischenkredits gesichert**; wegen sonstiger Forderungen gegen den Schuldner kann er die Grundschuld nicht in Anspruch nehmen. In Ziff. III Abs. 4 des Formulierungsvorschlags (RN 1011) wird deshalb ausdrück-lich darauf hingewiesen, dass das Treuhandverhältnis mit der Erledigung der Zwischenfinanzierung endet. Nichts anderes gilt aber auch dann, wenn dieser Hinweis fehlt.

1014 Nach der Vereinbarung (RN 1011, Ziff. III. Abs. 4) erlöschen alle Rechte des Zwischenkreditgebers gegen den Endfinanzierer aus dem Treuhandvertrag, so-bald dieser sein Darlehen voll valutiert. Zum Treuhandvertrag muss darum die in Ziff. I des Formulierungsvorschlags (RN 1011) erklärte **Abtretung des An-spruchs auf Auszahlung** des Darlehens hinzutreten. Hat der Darlehensnehmer seinen Auszahlungsanspruch bereits anderweitig wirksam abgetreten, kann ihn der Zwischenkreditgeber nicht erwerben.

Der Formulierungsvorschlag geht davon aus, dass der Anspruch auf Auszahlung des Darlehens – wie dies häufig vereinbart wird – nur mit Zustimmung des Endfinanzierers abgetreten werden darf. Gibt der Endfinanzierer die Erklärung nach Ziff. II des Vorschlags ab, wäre er dem Zwischenkreditgeber **schadenser-satzpflichtig**, wenn dieser den Anspruch wegen Vorabtretungen oder (Ver-)Pfändungen nicht oder nicht lastenfrei erwerben würde. Ist die Abtretung allerdings nicht an die Zustimmung des Endfinanzierers gebunden, muss dieser den Vorschlag entsprechend ändern. Er kann dann nur erklären, dass ihm von anderen Verfügungen, insb. einer früheren Abtretung, nichts bekannt ist. In diesem Fall würde eine frühere – dem Endfinanzierer nicht bekannte – Abtretung die Sicherheit des Zwischenkreditgebers entwerten.

Trifft der Zwischenkreditgeber die Treuhandvereinbarung mit dem Endfinanzierer, lässt er sich vom Kunden den Anspruch auf Auszahlung des Darlehens abtreten und gibt der Endfinanzierer die vorgeschlagene Erklärung uneingeschränkt ab, hat der Zwischenkreditgeber grds. eine banktübliche Sicherheit (RN 995) für seinen Zwischenkredit. Die Grundschuld steht ihm zwar nicht als eigenes dingliches Recht zu; insoweit ist er auf schuldrechtliche Ansprüche gegen den Endfinanzierer beschränkt. Würde dieser seine Verpflichtung nicht einhalten (z. B. die Grundschuld vorzeitig löschen lassen), wäre diese Verfügung wirksam. Dem Zwischenkreditgeber stünde aber ein Anspruch auf **Schadenser-satz** gegen den Endfinanzierer zu. Ein echtes wirtschaftliches Risiko – vom möglichen Ausfall der Grundschuld in der Zwangsversteigerung abgesehen – läge deshalb nur vor, wenn der Endfinanzierer nicht in der Lage wäre, diesen Schadensersatzanspruch zu erfüllen. *1015*

Die Grundschuld sichert die Ansprüche des Endfinanzierers aus dem Darlehensverhältnis, und zwar vorrangig (RN 1011 Ziff. III Abs. 1). Dazu gehören z. B. auch **Bereitstellungszinsen** und **Kosten**, sofern sie auf einer wirksamen Anspruchsgrundlage beruhen. Diese Ansprüche sind, entsprechende Sicherungsabrede zwischen Sicherungsgeber und Endfinanzierer unterstellt, unmittelbar durch die Grundschuld – und zwar intern im Rang vor dem Zwischenkredit – gesichert. Einer sog. **Aufrechnungsvalutierung**, deren Zulässigkeit fraglich sein könnte[42], bedarf es dazu nicht. Deshalb kann selbst eine wirtschaftlich werthaltige Grundschuld vom Zwischenkreditgeber nicht mit ihrem Nennbetrag als Sicherheit angesehen werden. Der Sicherungswert bleibt um den Betrag dahinter zurück, den der Endfinanzierer selbst für Kosten, Zinsen, Entschädigung und dergleichen aus dem Darlehensverhältnis von seinem Kreditnehmer verlangen kann bzw. bis zur Auszahlung des Darlehens wird zu beanspruchen haben. Das erschwert die Bewertung der Sicherheit; Abhilfe ist dadurch möglich, dass der Endfinanzierer verbindlich den Betrag begrenzt, den er vorrangig geltend machen kann.

Hat der Endfinanzierer mit dem Sicherungsgeber eine **weite Sicherungsabrede** (RN 668) getroffen, werden durch die Grundschuld auch Forderungen des Endfinanzierers aus weiteren Bankgeschäften gesichert, allerdings nachrangig nach

---

42 BGH v. 24. 2. 1978 – V ZR 182/75 (Ziff. II) = BGHZ 71, 19 = NJW 1978, 883 = WM 1978, 318.

dem Zwischenkredit, weil die Vereinbarung des Vorrangs in Ziff. III Abs. 1 des Vorschlags (RN 1011) auf Ansprüche aus dem Darlehensverhältnis beschränkt ist. **Andere Ansprüche** belasten deshalb den Zwischenkreditgeber **nicht**.

29.6 Beispiel: Ersatz einer Teilabtretung

1016 Soll der nicht (mehr) valutierte Teil einer eingetragenen Grundschuld als Sicherheit für einen anderen Gläubiger eingesetzt werden, kommt **anstelle der Teilabtretung** (RN 469 ff.) auch eine **Treuhandlösung** in Betracht. Die Sicherheit des Dritten besteht in seinem Anspruch gegen den Grundschuldgläubiger (RN 1002 ff., 1017 f.), dass dieser einen Teil der Grundschuld für ihn hält. Diese Abrede muss eingebunden sein in die Sicherungsabrede mit dem Sicherungsgeber (RN 1019 f.). Der Grundschuldgläubiger (= Treuhänder) geht damit kein eigenes Kreditrisiko ein. Er hat nur für die Einhaltung seiner Pflichten aus dem Treuhandvertrag einzustehen.

1017 In der Treuhandabrede ist dann, wenn sie sich (nur) auf einen bestimmten Teilbetrag der Grundschuld bezieht – neben dem üblichen Inhalt (RN 1002 ff.) –, die **Rangfolge zwischen den Ansprüchen** des Grundschuldgläubigers (= Treuhänders) und des Dritten zu vereinbaren. Der (dinglichen) Teilabtretung möglichst nahe kommt es, wenn (wie in Ziff. II. 1 Abs. 1 des Vorschlags RN 1021) den beiden Gläubigern jeweils bestimmte Teile der Grundschuld ausschließlich zur Verfügung stehen. Damit reduziert sich die Sicherheit des Treuhänders aber auf den der Treuhandabrede nicht unterliegenden Teil der Grundschuld auch für den Fall, dass der Dritte seinen Teil nicht (vollständig) benötigt. Denkbar ist stattdessen auch eine Abrede, dass der vom Treuhänder oder vom Dritten nicht benötigte Teil der Grundschuld dem jeweils anderen als Sicherheit dient.[43] Das wird möglicherweise bei einer Verbundfinanzierung in Betracht kommen.

1018 Als Treuhänder muss der Grundschuldgläubiger das dingliche Recht mit allen Nebenrechten einschließlich rückständiger Zinsen (RN 1089 ff.) so umfänglich geltend machen, wie dies zur Wahrung der berechtigten Interessen des Dritten erforderlich ist, selbst wenn dies seinen eigenen Interessen widerspricht (Ziff. II. 1 Abs. 1 der RN 1021). Die Pflicht zur Wahrung der **Interessen des Dritten** (Treugeber) kann die Befugnis des Treuhänders nicht einschränken, den anderen Teil des Rechts nach seinen **eigenen Interessen** so geltend zu machen, wie er dies nach einer dinglichen Teilabtretung könnte. In Ziff. II. 2 des Vorschlags RN 1021 wird dies ausdrücklich klargestellt.

1019 Der Grundschuldgläubiger (= Treuhänder) darf die Treuhandabrede mit dem Dritten (RN 1002 ff., 1017 f.) nur abschließen, wenn er dazu im Verhältnis zum Sicherungsgeber (RN 637 ff.) befugt ist. Falls die Sicherungsabrede (wie üblich) diese Befugnis nicht enthält, muss der **Sicherungszweck dahin erweitert werden**, dass die Grundschuld auch die (näher zu bezeichnenden) Ansprüche des Dritten sichert (zur Erweiterung RN 701 ff.). Der Vorschlag RN 1021 geht in Ziff. III. 1 davon aus, dass nur die Ansprüche aus einem bestimmten Kredit

---

43 Insoweit zweifelnd bezogen auf das Außenverhältnis bzgl. des Bestimmtheitsgrundsatzes *Wenzel*, in Bankrecht und Bankpraxis (Stand 08.17 – 129. Lieferung) RN 4/2277.

gesichert werden (enge Sicherungsabrede nach RN 667; im Einzelnen – sofern an eine weite Sicherungsabrede gedacht wird – RN 1000). Ist der **Rückgewähranspruch abgetreten**, gepfändet oder verpfändet, bedarf es grds. auch der Zustimmung des neuen Inhabers des Rückgewähranspruchs (RN 887 ff.) bzw. des Pfandgläubigers (RN 912). Dagegen hindert der gesetzliche Löschungsanspruch gleich- oder nachrangiger anderer Grundpfandgläubiger oder eine eingetragene Löschungsvormerkung diesen Weg nicht, weil dabei keine Eigentümergrundschuld entsteht (RN 495 bzw. 529).

Die **Rangfolge zwischen** den **Ansprüchen** des Grundschuldgläubigers (= Treu- *1020* händers) und des Dritten (RN 1017) kann auch die Interessen des Sicherungsgebers tangieren. Durch die Bezugnahme in Ziff. III. 1 des folgenden Vorschlags wird deshalb die Sicherungsabrede für einen – auch dem Rang nach – genau bestimmten Teil der Grundschuld geändert.

Alle Absprachen werden zweckmäßigerweise in einer einheitlichen Urkunde *1021* getroffen, die von allen Beteiligten (Grundschuldgläubiger, Sicherungsgeber, Dritter) unterschrieben wird. Falls der Rückgewähranspruch abgetreten oder ge-/verpfändet ist, muss zusätzlich der neue Inhaber des Rückgewähranspruchs bzw. der Pfandgläubiger den vorstehenden Erklärungen grds. zustimmen.

Eine solche **Vereinbarung könnte lauten:**

I.

Für die ... (künftig: Grundschuldgläubigerin) ist im Grundbuch ... Abt. III Nr. ... auf dem Grundstück ... (Eigentümer ...) eine Grundschuld über Euro ... eingetragen. Sie wurde ihr von ... (künftig: Sicherungsgeber) gemäß Sicherungsabrede vom ... als Sicherheit zur Verfügung gestellt.

II.

Die Grundschuldgläubigerin wird einen letztrangigen (bzw. erstrangigen bzw. mit dem Rest gleichrangigen) Grundschuldteil von Euro ... nebst anteiligen Nebenleistungen, insb. Zinsen ab ... künftig treuhänderisch für die ... (künftig: Kreditgeberin) verwalten.

Die Grundschuldgläubigerin wird insb. den in einer etwaigen Zwangsvollstreckung auf diesen Grundschuldteil nebst Nebenleistungen entfallenden Erlös an die Kreditgeberin abführen. Sie wird diesen Grundschuldteil im weitestmöglichen Umfang geltend machen, wenn und soweit dies zur Befriedigung der Kreditgeberin wegen der gesicherten persönlichen Forderungen (Ziff. III Nr. 1) erforderlich ist. Zur Geltendmachung über die gesicherten Forderungen hinaus ist sie nicht verpflichtet.

Für die Grundschuldgläubigerin maßgeblich ist der ihr von der Kreditgeberin genannte Betrag. Widerspricht der Schuldner ganz oder teilweise mit Erfolg, hat die Kreditgeberin die Grundschuldgläubigerin schadlos zu stellen.

Die Grundschuldgläubigerin ist der Kreditgeberin gegenüber berechtigt, den anderen Teil der Grundschuld ohne irgendeine Einschränkung geltend zu machen. Sie soll sich so verhalten können, wie wenn sie den in Ziff. II Nr. 1 genannten Teil an die Kreditgeberin abgetreten hätte.

Die Grundschuldgläubigerin ist berechtigt und auf Verlangen der Kreditgeberin verpflichtet, den in Ziff. II Nr. 1 Abs. 1 genannten Grundschuldteil an die Kreditgeberin abzutreten.

Mit der Abtretung erlischt die Verpflichtung nach Ziff. II Nr. 1.

III.

Der in Ziff. II Nr. 1 Abs. 1 genannte Grundschuldteil dient künftig ausschließlich zur Sicherung der … Forderungen der Kreditgeberin gegen … (Kreditnehmer) aus …

Bezüglich des anderen Teils der Grundschuld bleibt die bestehende Sicherungsabrede unverändert.

Der Sicherungsgeber gestattet der Grundschuldgläubigerin, den in Ziff. II Nr. 1 Abs. 1 genannten Grundschuldteil gemäß Ziff. II Nr. 3 jederzeit an die Kreditgeberin abzutreten. Der Sicherungsgeber trägt die Kosten der etwaigen Abtretung (Grundbucheintragung, Teilbriefbildung).

Mit der Abtretung tritt die Kreditgeberin hinsichtlich des abgetretenen Grundschuldteils anstelle der Grundschuldgläubigerin in den Sicherungsvertrag ein. Sie übernimmt ab diesem Zeitpunkt alle Verpflichtungen der Grundschuldgläubigerin aus dem Sicherungsvertrag, insb. die Pflicht, die Grundschuld bei Erledigung des Sicherungszwecks an den Sicherungsgeber zurückzugewähren.

Ort, Datum

… (Grundschuldgläubigerin)

… (Kreditgeberin)

… (Sicherungsgeber)

30 Befriedigung aus einer weiteren Sicherheit neben der Grundschuld – Ausgleich zwischen mehreren Sicherungsgebern

30.1 Abtretung der Grundschuld an den Ausgleichsberechtigten

Bestehen für eine Forderung – neben der Grundschuld – weitere Sicherheiten und befriedigt einer der anderen Sicherungsgeber (der nicht Schuldner ist) den (Grundschuld-)Gläubiger, **erwirbt** der andere Sicherungsgeber grds. die **gesicherte Forderung.** Gleiches gilt, wenn sich der Gläubiger durch Verwertung der anderen Sicherheit befriedigt (zur Gesamtschuldnersituation RN 1040). *1022*

Soweit es sich um eine **akzessorische** Sicherheit handelt, **geht** die **Forderung** kraft Gesetzes **über** (bei der Bürgschaft: § 774 Abs. 1 BGB; beim Pfandrecht: § 1225gg f. i. V. m. § 1273 Abs. 2 BGB bzw. bei Befriedigung durch Verwertung: § 1247 BGB; bei der Hypothek: § 1143 Abs. 1 BGB bzw. bei Befriedigung durch Verwertung: § 1147 i. V. m. § 1143 Abs. 1 BGB). Handelt es sich um eine **nicht akzessorische** Sicherheit, etwa eine zweite (vom Nicht-Schuldner bestellte) Einzelgrundschuld (zur Gesamtgrundschuld bzw. Gesamthypothek RN 1039) und befriedigt deren Sicherungsgeber den Gläubiger, ist das regelmäßig eine Leistung auf die Grundschuld (RN 813), für die der Sicherungsgeber aufgrund seines Rechtsverhältnisses zum Schuldner normalerweise von diesem Ersatz verlangen kann (RN 567). Nach der h. M. hat ihm der (befriedigte) Gläubiger außerdem die – nicht erlöschende – **gesicherte Forderung abzutreten** (dazu RN 844; vgl. aber auch RN 850). Nichts anderes kann für eine andere nicht akzessorische Sicherheit (Sicherungseigentum, -zession) gelten.

In aller Regel enthalten die gängigen Sicherungsverträge eine Freigabeklausel (dazu RN 725).[1] Die Pflicht zur Sicherheitenfreigabe ist dem Sicherungsverhältnis immanent, sie gilt also auch dann, wenn sie nicht explizit im Vertrag festgehalten wird. Deshalb bedarf ein **Sicherungsvertrag**, der auch **ohne Freigabeklausel wirksam** ist, einer entsprechenden Freigaberegelung auch dann nicht, wenn der Gläubiger neben der dinglichen Sicherheit noch andere Sicherheiten (etwa eine Bürgschaft) erhält (dazu RN 657).[2] Das Thema „Ausgleich zwischen mehreren Sicherungsgebern" stellt sich also auch dann, wenn eine ausdrückliche Freigabeklausel fehlt. *1022.1*

Der Ersatzanspruch bzw. die gesicherte Forderung ist nicht viel wert, wenn der Schuldner – wie im Sicherungsfall – in Zahlungsschwierigkeiten ist. Deshalb wird der in Anspruch genommene **Sicherungsgeber** regelmäßig versuchen, von dem (den) anderen Sicherungsgeber(n) einen **Ausgleich** zu erhalten. Dabei handelt es sich zunächst um eine Rechtsfrage zwischen den beteiligten Sicherungsgebern.[3] Die Frage nach dem **Ausgleichsanspruch** stellt sich aber auch für *1023*

---

1 Siehe etwa Anhänge 6 [6], 7 [6], 8 [6] und 9 [3].
2 BGH v. 28. 4. 1994 – IX ZR 248/93 = WM 1994, 1161 = ZIP 1994, 939.
3 Vgl. etwa die im *Rechtsstreit zwischen zwei Sicherungsgebern* ergangene Entscheidung BGH v. 29. 6. 1989 – IX ZR 175/88 = BGHZ 108, 179 = WM 1989, 1205 = ZIP 1989, 1044.

den Gläubiger, wenn der (ggf. nur vermeintlich) Ausgleichsberechtigte unmittelbar von ihm die Abtretung der Grundschuld verlangt[4], wozu er dem Grundsatz nach berechtigt ist (RN 970). Betroffen ist der Grundschuldgläubiger auch dann, wenn z.B. ein Bürge oder Gesamtschuldner die Erfüllung der gesicherten Forderung von der (Bereitschaft des Gläubigers zur) Abtretung der Grundschuld abhängig macht.[5] Im Folgenden wird **nur ein Ausschnitt des gesamten Komplexes dargestellt**, nämlich inwieweit der Grundschuldgläubiger dem ihn befriedigenden Sicherungsgeber einer anderen Sicherheit die **Grundschuld abtreten** muss bzw. darf. Dabei geht es im Grunde um die Frage, ob und in welchem Umfang ein Ausgleichsanspruch zwischen den Sicherungsgebern besteht. Das wiederum hängt u.a. davon ab, ob die Grundschuld vom Alleinschuldner der gesicherten Forderung (dazu RN 1036 ff.), vom Mitschuldner (RN 1040 ff.) oder von einem Nicht-Schuldner (RN 1028 ff.) als Sicherheit zur Verfügung gestellt worden ist.

Da beide Sicherheiten dem Schutz des Gläubigers dienen, darf die Abtretung der Grundschuld an den anderen Sicherungsgeber **in keinem Fall** zu einem **Gläubigernachteil**[6] führen. Spätestens dort endet deshalb dessen Verpflichtung zur Abtretung der Grundschuld. Eine Kollision mit Gläubigerinteressen kann vor allem dann in Betracht kommen, wenn die Sicherungszwecke der verschiedenen Sicherheiten nicht deckungsgleich sind (RN 1043).

1023.1 Die hiesige Darstellung betrifft nur den Fall, dass **mindestens** einer der Sicherungsgeber **eine Grundschuld** zugunsten des Kreditinstituts **bestellt** hat. Insoweit ist der **Ausgleich** zwischen den Sicherungsgebern **gesetzlich nicht ausdrücklich geregelt.** Anders ist das z.B. im hier ausgeblendeten Fall, dass mehrere Bürgschaften eine Forderung gleichrangig besichern; der Ausgleich läuft gemäß §§ 774 Abs. 2, 426 BGB: Im Zweifel[7] Haftung der Mitbürgen zu gleichen Anteilen.[8] Besteht neben der Bürgschaft eine **akzessorische dingliche Sicherheit** (Hypothek)[9], wird bei wortgetreuer Gesetzesanwendung derjenige Sicherungsgeber bevorzugt, der den Gläubiger zuerst befriedigt. Denn er kann bei

---

4 Vgl. z.B. die im *Rechtsstreit zwischen Sicherungsgeber und Grundschuldgläubiger* ergangene Entscheidung BGH v. 31.1.1995 – XI ZR 30/94 = NJW-RR 1995, 589 = WM 1995, 523; *Siol*, WM 1996, 2217, 2224 f. In der (allerdings nicht im Rechtsstreit gegen den Grundschuldgläubiger ergangenen) Entscheidung BGH v. 27.3.1981 – V ZR 202/79 (Ziff. II. 3 a) = BGHZ 80, 228 = WM 1981, 691 = ZIP 1981, 588, wird – jedenfalls für den Fall eines ausgleichsberechtigten Gesamtschuldners – ausdrücklich ein Anspruch *gegen den Grundschuldgläubiger* anerkannt.

5 Etwa BGH v. 31.1.1995 – XI ZR 30/94 = NJW-RR 1995, 589 = WM 1995, 523.

6 Siehe auch die Wertung der § 426 Abs. 2 Satz 2 BGB und § 774 Abs. 1 Satz 2 BGB.

7 Vertraglich kann eine andere Quote vereinbart werden, vgl. § 426 Abs. 1 Satz 1 BGB: *„soweit nicht ein anderes bestimmt ist".*

8 Vgl. aber BGH v. 27.9.2016 – XI ZR 81/15 = WM 2016, 2292 = ZIP 2016, 2357 = *Herresthal*, EWiR 2017, 67 = *Servatius*, WuB 2017, 190, zum Innenausgleich unter Gesellschaftern einer GmbH, die für eine Verbindlichkeit der Gesellschaft Bürgschaften bis zu unterschiedlichen Höchstbeträgen übernommen haben (hier richtet sich die Höhe des Innenausgleichs grds. nach dem Verhältnis der mit den Bürgschaften jeweils im Außenverhältnis übernommenen Höchstbeträge).

9 Oder ein Pfandrecht an einer beweglichen Sache, s. § 1225 BGB.

dem anderen Sicherungsgeber vollen Regress nehmen, weil er die gesicherte Forderung samt der anderen Sicherheit kraft Gesetzes erhält (Hypothekenschuldner: §§ 1143 Abs. 1, 412, 401 Abs. 1, 765 Abs. 1 BGB; Bürge: §§ 774 Abs. 1, 412, 401 Abs. 1, 1147 BGB). **Folge:** Der nicht vom Gläubiger in Anspruch genommene Mitsicherer hätte immer das Ausfallrisiko des Hauptschuldners allein zu tragen. Dies könnte zu einem **Wettlauf der Sicherungsgeber** führen. Da dieses Ergebnis als unangemessen empfunden wird, wendet die h. M. – u. a. wegen der Wertung des § 774 Abs. 2 BGB, der mehrere Sicherungsgeber gleichrangig behandelt – hier **§ 426 BGB analog** an (**anteiliger Ausgleich**).[10]

Besteht z. B. **neben der Grundschuld eine Bürgschaft**, scheint es auf den ersten Blick so zu sein, als ob es zu keinem Ausgleich zwischen den Sicherungsgebern kommen kann (rechtsgeschäftliche Abtretungen ausgeblendet). Zahlt zunächst der Bürge, dann geht zwar die Forderung gemäß § 774 Abs. 1 BGB auf ihn über; mangels Akzessorietät geht aber die Grundschuld nicht gemäß §§ 401, 412 BGB über. Zahlt zuerst der Drittsicherungsgeber auf die Grundschuld, geht die gesicherte Forderung nicht analog § 1143 Abs. 1 Satz 1 BGB (der insoweit auf die Grundschuld nicht anwendbar ist) über.[11] Auch dieses Ergebnis (kein Ausgleich z. B. im Verhältnis Bürge und Grundschuldschuldner, mögliche Folge: Sicherungsgeber könnten ihre – etwaig geschuldeten – Leistungen hinauszögern) lehnt die zutreffende h. M. als unangemessen ab und geht auch hier von der **Gleichwertigkeit der Sicherungsgeber** aus und gibt dem zuerst zahlenden Sicherungsgeber einen Anspruch auf anteiligen **Ausgleich** gegen den anderen Sicherungsgeber **entsprechend der Wertung des § 426 Abs. 1 BGB**.[12] Befriedigt etwa der Bürge den Sicherungsnehmer (teilweise), kann er (teilweise) Abtretung der Grundschuld verlangen.[13] Der Bürge kann dann auch das etwaig vom Eigentümer in der Grundschuldbestellungsurkunde abgegebene abstrakte Schuldanerkenntnis herausverlangen.[14]

1023.2

Die Grundlage für die hier nicht zu vertiefende Rechtsbeziehung (**Deckungsverhältnis**) zwischen Hauptschuldner (Kreditnehmer) und Drittsicherungsge-

1023.3

---

10 Vgl. m. w. N. *BeckOK/Rohe*, 1.11.2023, BGB § 774 RN 16 sowie § 1143 RN 2 f.

11 Ganz h. M., vgl. statt vieler BGH v 14.7.1988 – V ZR 308/86 (Ziff. II. 1 b) = BGHZ 105, 154 = WM 1988, 1259 = ZIP 1988, 1096; *Grüneberg/Herrler*, § 1143 Nr. 7.

12 Vgl. BGH v. 29.6.1989 – IX ZR 175/88 (Ziff. II. 2. c) aa)) = BGHZ 108, 179 = WM 1989, 1205 = ZIP 1989, 1044; *BeckOK/Rohe*, 1.11.2023, BGB § 1192 RN 166; *Grüneberg/Herrler*, § 1191 RN 47; MünchKomm/*Heinemeyer*, BGB § 426 RN 50; *BeckOGK/Rebhan*, 1.9.2023, § 1191 RN 188; *Wenzel*, in Bankrecht und Bankpraxis (Stand: 09.17 – 130. Lieferung) RN 4/2849c.

13 Siehe etwa BGH v. 16.6.2009 – XI ZR 539/07 (RN 21) = WM 2009, 1460 = ZIP 2009, 1462; BGH v. 11.1.1990 – IX ZR 58/89 (Ziff. I. 1 a) = BGHZ 110, 41 = WM 1990, 260 = ZIP 1990, 222.

14 *Sostmann*, DNotZ 1995, 260, 269; *Wenzel*, in Bankrecht und Bankpraxis (Stand: 09.17 – 130. Lieferung) RN 4/2849p.

ber(n) kann vertraglicher (Auftrag) oder gesetzlicher Art (etwa Geschäftsführung ohne Auftrag) sowie entgeltlich oder unentgeltlich sein.[15]

Der Ausgleich bei Befriedigung des Grundschuldgläubigers vollzieht sich zwar zwischen den Sicherungsgebern. Gleichwohl ist die Bank gut beraten, bei der Rückgabe der Grundschuld auch einen möglichen Ausgleich zwischen den Sicherungsgebern zu berücksichtigen. Die Bank kann unter Umständen – soweit eine gesicherte Forderung erfüllt worden ist – verpflichtet sein, die Grundschuld unmittelbar an einen Ausgleichsberechtigten abzutreten. Es stehen etwa dann **schadensersatzbewährte Pflichtverletzungen** im Raum, wenn die Bank die Grundschuld nicht dem Ausgleichberechtigten gibt oder einem Sicherungsgeber zurückgewährt, der keinen Ausgleichsanspruch hat.[16]

1024 An dieser Stelle wird zunächst unterstellt, dass die **Sicherungszwecke** aller beteiligten Sicherheiten völlig **deckungsgleich** sind. Das heißt, dass alle Sicherheiten dieselben Forderungen und nur diese Forderungen in voller Höhe sichern (zu Besonderheiten, die gelten, wenn eine oder mehrere Sicherheiten nur einen Teil der Forderung sichern oder wenn der Sicherungszweck der beteiligten Sicherheiten unterschiedlich weit gespannt ist RN 1043 bis 1048).

1025 Übersteigt die Grundschuld die Höhe des Ausgleichsanspruchs, kann der Ausgleichsberechtigte nur einen entsprechenden **Teil der Grundschuld verlangen**[17], und zwar – wenn der Gläubiger den Rest noch selbst benötigt – den rangletzten Teil (RN 1048). Ist der Sicherungszweck endgültig erledigt, ist der Rest dem Sicherungsgeber der Grundschuld zurückzugewähren, sofern er nicht – ggf. teilweise – an den Sicherungsgeber einer anderen (dritten) Sicherheit abgetreten werden muss. Im Übrigen hat der Gläubiger bei der Abtretung der Grundschuld den anderen Sicherungsgeber **in den Sicherungsvertrag einzubinden** (RN 971 bis 975), sodass dieser die Grundschuld ohnehin nur bis zur Höhe der gesicherten Forderung geltend machen darf[18] und das, was nach etwaiger Erledigung des Ausgleichsanspruchs verbleibt, an den Grundschuldsicherungsgeber zurückgewähren muss.

1026 **Leistungsort** für die **Grundschuldabtretung** ist, falls nichts anderes vereinbart ist, der Ort der Niederlassung des Grundschuldgläubigers, weil er Schuldner der

---

15 Dazu m.w.N. *Wenzel*, in Bankrecht und Bankpraxis (Stand: 09.17 – 130. Lieferung) RN 4/2849a und RN 4/2849b; OLG Koblenz v. 1.8.2008 – 5 U 551/08, BeckRS 2008, 20354 = WM 2008, 2293 = WuB I F 3.–2.09 L (*Batereau*) zur Frage, welche Rückgriffsansprüche einem nicht mit dem Darlehensnehmer identischen Grundstückseigentümer zustehen, der von der Bank aus einer Sicherungsgrundschuld in Anspruch genommen wurde, wenn unaufklärbar ist, was im Deckungsverhältnis zwischen Kreditnehmer und Sicherungsgeber insoweit vereinbart wurde.

16 Vgl. Etwa OLG Stuttgart v. 3.4.1990 – 10 U 71/89 = WM 1990, 1191 = NJW-RR 1990, 945; *Wenzel*, in Bankrecht und Bankpraxis (Stand: 09.17 – 130. Lieferung) RN 4/2849.

17 BGH v. 11.1.1990 – IX ZR 58/89 (Ziff. I. 1 a) = BGHZ 110, 41 = WM 1990, 260 = ZIP 1990, 222; *Friedrich*, NJW 1969, 487.

18 Vgl. BGH v. 31.1.1995 – XI ZR 30/94 (Ziff. 1) = NJW-RR 1995, 589 = WM 1995, 523, dort wird als Ergebnis festgestellt, dass die Grundschuld auch nach Abtretung nur die (übergegangenen) Ansprüche sichert.

Rückgewähr ist (§ 269 Abs. 1, 2 BGB).[19] Hier sind bei einer Briefgrundschuld Grundschuldbrief und Abtretungserklärung zu übergeben.[20]

Der Grundschuldgläubiger (= Sicherungsnehmer) selbst kann die Entscheidung, ob der ihn befriedigende andere Sicherungsgeber einen Ausgleichsanspruch gegen den Sicherungsgeber der Grundschuld hat und ggf. in welcher Höhe, oft gar nicht zuverlässig treffen, weil sich die Ausgleichspflicht nach dem Innenverhältnis der Sicherungsgeber richtet.[21] Deshalb sollte der Grundschuldgläubiger **darauf bestehen**, dass derjenige, der Anspruch auf die Grundschuld erhebt, seinen **Ausgleichsanspruch** gegen den Sicherungsgeber der Grundschuld **nachweist**[22] (zu möglichen Vertragsgestaltungen RN 1027.1). Falls die Ausgleichspflicht unter den Beteiligten streitig ist, wäre dies eigentlich eine Situation, um den geschuldeten Gegenstand wegen Ungewissheit über die Person des Berechtigten zu hinterlegen[23] (§ 372 Satz 2 BGB), wozu sich aber eine abzutretende Grundschuld nicht eignet. Deshalb sollte der Grundschuldgläubiger versuchen, die Abtretung möglichst so lange aufzuschieben, bis Ausgleichspflicht und Ausgleichsquote unter den Gesamtschuldnern, ggf. durch Urteil, geklärt sind.[24] Um die Rechtspositionen zu klären, wäre eine Vereinbarung mit den (etwaigen) anderen Sicherungsgebern wünschenswert, unter welchen Voraussetzungen sie die Abtretung der Grundschuld verlangen können.[25] Das ist aber, weil sie nicht Vertragspartner sind, in der Sicherungsabrede über die Grundschuld nur sehr eingeschränkt möglich. In den Vordrucken zur Sicherungsgrundschuld können allenfalls die Rechte des Sicherungsgebers der Grund-

1027

---

19 Ebenso etwa *Wenzel*, in Bankrecht und Bankpraxis (Stand: 09.17 – 130. Lieferung) RN 4/2849q.

20 BGH v. 9.3.1995 – IX ZR 134/94 –, BB 1995, 898 = NJW 1995, 1546 = WM 1995, 833 = ZIP 1995, 639 = EWiR § 269 BGB 1/95, 435 (*Bülow*).

21 Nach KG v. 7.12.2012 – 21 U 20/11 = BeckRS 2013, 396 = IBRRS 2013, 0876, bilden die Gesamtschuldner (nach Forderungstilgung) als Mitgläubiger gemäß § 432 BGB eine Forderungsgemeinschaft mit der Folge, dass den Rückgewähranspruch entweder nur sämtliche Gläubiger gemeinsam geltend machen können oder ein Gläubiger (Teilhaber) Leistung an die Gemeinschaft verlangen kann.

22 Ebenso *Wenzel*, in Bankrecht und Bankpraxis (Stand: 09.17 – 130. Lieferung) RN 4/2849k; *ähnlich: Staudinger/Wolfsteiner* (2019), Vorbem. zu §§ 1191 ff., RN 230 (Prüfungspflicht des Grundschuldgläubigers „darf nicht zu extensiv verstanden werden").

23 So auch *Staudinger/Wolfsteiner* (2019), Vorbem. zu §§ 1191 ff., RN 230 (muss zumindest befugt sein, Sicherheit „zu hinterlegen" oder „in neutrale Verwaltung zu geben"); aber auch er kann keinen gangbaren Weg aufzeigen.

24 Zum Risiko des Grundschuldgläubigers bei Abtretung der Grundschuld ohne verbindliche Klärung: *Bayer/Wandt*, ZIP 1989, 1047, 1048, Anm. zu BGH v. 29.6.1989 – IX ZR 175/88 = BGHZ 108, 179 = WM 1989, 1205 = ZIP 1989, 1044.

25 Vgl. etwa die Klausel *in der Bürgschaftserklärung*, die der Entscheidung des BGH v. 29.6.1989 – IX ZR 175/88 = BGHZ 108, 179 = WM 1989, 1205 = ZIP 1989, 1044 zugrunde lag; zu Auslegung und Wertung der Klausel s. *Bayer/Wandt*, ZIP 1989, 1047, 1048 (Anm. zu BGH v. 29.6.1989 – IX ZR 175/88).

schuld eingeschränkt (nicht aber, weil sonst zulasten Dritter, erweitert) werden.[26]

1027.1 **Denkbar** ist es aber, in den in der Bankpraxis regelmäßig schriftlich abgeschlossenen Sicherungsabreden aller bestehenden Kreditsicherheiten eine **Klausel** zu vereinbaren, die den Sicherungsnehmer (Kreditinstitut) von der **Verpflichtung zur Berücksichtigung des Innenverhältnisses** mehrerer Sicherungsgeber **befreit**. Ob eine solche Klausel wirksam vereinbart werden kann, ist offen[27] (zu Beschränkungen bei der Verwertung der Sicherheiten RN 1049 ff.).

Für die Grundschuldsicherungsabrede findet sich folgender Gestaltungsvorschlag[28]:

> *„Soweit der Sicherungsgeber selbst der Kreditnehmer ist, wird die Bank, wenn sie von einem Bürgen oder einem sonstigen Dritten befriedigt wird, ihre Rechte auf diesen übertragen, soweit ihr nicht Ansprüche anderer nachgewiesen werden.[29] In allen anderen Fällen wird die Bank ihre Rechte an den Sicherungsgeber zurückübertragen; es sei denn, dieser hat der Übertragung an einen Dritten zugestimmt."*

Die Klausel ist zulässig und regelt den häufigen Fall, dass der Sicherungsgeber zugleich Kreditnehmer ist. Insoweit ist die Regelung durchaus hilfreich. Sie erfasst aber nicht alle möglichen Konstellationen.

30.2 Die vom Nicht-Schuldner bestellte Grundschuld bei Befriedigung des Gläubigers durch einen anderen Sicherungsgeber

1028 Ob und ggf. in welcher Höhe die Grundschuld auf den anderen Sicherungsgeber zu übertragen ist (also inwieweit dieser einen Ausgleichsanspruch gegen den Sicherungsgeber der Grundschuld hat), hängt zunächst davon ab, ob die verschiedenen Sicherheiten auf gleicher Stufe stehen oder nicht. Durch Vereinbarung können mehrere Sicherheiten nämlich so **gestaffelt** werden, dass die eine

---

26 Siehe Anhänge 6 [6, letzter Satz], 7 [6, letzter Satz], 8 [6, letzter Satz]; dagegen wenig hilfreich der Vorschlag des Ausschusses für Schuld- und Liegenschaftsrecht der Bundesnotarkammer für ein Grundschuldformular, Teil A, II, 8 Abs. 1 (DNotZ 2002, 84, 89), wonach der Gläubiger die Grundschuld an einen Dritten zu übertragen hat, „soweit er hierzu verpflichtet ist".

27 Vgl. (m. w. N.) Staudinger/*Wolfsteiner* (2019), Vorbem. zu §§ 1191 ff., RN 231, der Konkretisierungen/Klarstellungen hinnimmt, aber eine gänzliche Freizeichnung als unbillig und daher als unwirksam gem. § 307 BGB ansieht; kritisch wohl auch BGH v. 31. 1. 1983 – II ZR 24/82 = ZIP 1983, 667 = WM 1983, 537; anscheinend großzügiger BGH v. 24. 9. 1980 – VIII ZR 291/79 = BGHZ 1978, 137 = WM 1980, 1255 = ZIP 1980, 968 (Verzicht des Bürgen auf Rechte aus § 776 BGB verstoße nicht gegen das AGB-Gesetz); BGH v. 19. 9. 1985 – III ZR 214/83 = BGHZ 95, 350 = ZIP 1985, 1257 = WM 1985, 1307 (Verzicht des Bürgen auf Rechte aus §§ 776, 770 Abs. 1 und Abs. 2 BGB formularmäßig zulässig); vgl. auch BGH v. 29. 4. 1997 – XI ZR 176/96 (Ziff. II. 2. a) und b)) = ZIP 1997, 1191 = WM 1997, 1247; offengelassen BGH v. 18. 9. 1997 – IX ZR 283/96 (Ziff. II. 3. b.) = BGHZ 136, 347 = WM 1997, 2117 = ZIP 1997, 1957.

28 Vorschlag von *Wenzel*, in Bankrecht und Bankpraxis (Stand: 09.17 – 130. Lieferung) RN 4/2849 Buchst. l.

29 Diese Regelung findet sich etwa in Anhänge 6, 7 und 8, jeweils Ziff. 6 letzter Satz.

Sicherheit vor bzw. nach der (den) anderen **haftet**[30] (zur Haftung ohne solche Abrede RN 1031 ff.). Haftet z. B. der Bürge nur nachrangig nach der Grundschuld, so hat der Bürge, wenn er zahlt, einen Ausgleichsanspruch gegen den Sicherungsgeber der Grundschuld mit der Folge, dass die Grundschuld in Höhe seiner Zahlung auf ihn zu übertragen ist. Wurde umgekehrt eine vorrangige Haftung des Bürgen vereinbart, kann dieser die Übertragung der Grundschuld nicht verlangen, auch nicht einen Teilbetrag. Eine Vereinbarung **wirkt nur im Verhältnis der Beteiligten zueinander** und zu den Personen, die später in deren Beziehung eintreten. Für einen Eigentümer, der nicht Sicherungsgeber ist (etwa weil er das belastete Grundstück später erworben hat, ohne in den Sicherungsvertrag einzutreten [RN 929]), erwachsen daraus weder Rechte noch Pflichten.[31]

Eine **Abrede** über die **Reihenfolge der Haftung** kann zwischen den beteiligten *1029* **Sicherungsgebern**, aber auch zwischen dem **Gläubiger** und einem der beteiligten Sicherungsgeber getroffen werden.[32] So liegt in dem vom Sicherungsgeber der Grundschuld gegenüber dem gesicherten Gläubiger ausdrücklich erklärten Einverständnis, dass die Grundschuld im Falle der Inanspruchnahme des Bürgen auf diesen übertragen wird, die Vereinbarung einer Haftungsreihenfolge, nämlich dass in erster Linie die Grundschuld haftet.[33] Eine solche Abrede mit demjenigen zu treffen, zu dessen Lasten die Haftungsreihenfolge geht, ist zulässig. Eine solche Vereinbarung kann aber – jedenfalls bei der Bestellung – auch mit dem dadurch Begünstigten vereinbart werden; denn kein Sicherungsgeber hat einen gesetzlichen Anspruch darauf, dass ihm über eine andere Sicherheit ein Teil seines Risikos abgenommen wird.[34] So kann sich z. B. der Bürge (nur) für die Verbindlichkeit verbürgen, die nach Verwertung der Grundschuld ungedeckt bleibt.

Die **vereinbarte Haftungsreihenfolge** zwischen den Sicherheiten kann, sofern *1030* der Begünstigte in die Abrede einbezogen war, nicht ohne seine Mitwirkung **aufgehoben** werden. Ist die Abrede, dass eine Sicherheit in erster Linie haften

---

30 BGH v. 9. 10. 1990 – XI ZR 200/89 (Ziff. II. 2 b) = WM 1990, 1956 = ZIP 1990, 1545; BGH v. 14. 7. 1983 – IX ZR 40/82 = BGHZ 88, 185 = NJW 1983, 2442 = ZIP 1983, 1042; MünchKomm/*Habersack*, BGB § 769 RN 3; Staudinger/*Wolfsteiner* (2019), Vorbem. zu §§ 1191 ff., RN 233; vgl. auch BGH v. 13. 11. 1990 – XI ZR 217/89 (Ziff. II. 4) = WM 1991, 60 = ZIP 1991, 155: Vereinbarung zwischen (Dritt-)Sicherungsgeber und Grundschuldgläubiger, dass die vom persönlichen Schuldner bestellten Sicherheiten vorrangig vor der Grundschuld haften.

31 BGH v. 5. 3. 2002 – XI ZR 184/01 (Ziff. II. 2 a und b) = WM 2002, 744 = ZIP 2002, 656 = EWiR § 1191 BGB 1/02, 427 (*Clemente*, kritisch).

32 BGH v. 9. 10. 1990 – XI ZR 200/89 (Ziff. II. 2 b) = WM 1990, 1956 = ZIP 1990, 1545; BGH v. 13. 11. 1990 – XI ZR 217/89 (Ziff. II. 4) = WM 1991, 60 = ZIP 1991, 155; BGH v. 14. 7. 1983 – IX ZR 40/82 = BGHZ 88, 185 = NJW 1983, 2442 = ZIP 1983, 1042; Schmitz, WM 1991, 1061, 1065.

33 BGH v. 9. 10. 1990 – XI ZR 200/89 (Ziff. II. 2 b) = WM 1990, 1956 = ZIP 1990, 1545.

34 *Tiedtke*, DNotZ 1993, 291, 295 f.; vgl. auch BGH v. 13. 11. 1990 – XI ZR 217/89 (Ziff. II. 4) = WM 1991, 60 = ZIP 1991, 155: Verpflichtung des Grundschuldgläubigers gegenüber dem Sicherungsgeber der Grundschuld, vorrangig Befriedigung aus anderen (vom persönlichen Schuldner bestellten) Sicherheiten zu suchen (mit anderen Worten: die Grundschuld ist als Sicherheit nur für den etwa verbleibenden Rest bestellt worden).

soll, aber (nur) zwischen dem gesicherten Gläubiger und dem dadurch belasteten Sicherungsgeber getroffen worden, hängt es von den Umständen ab, ob das Recht des dadurch Begünstigten ohne sein Einverständnis aufgehoben werden kann (§ 328 Abs. 2 BGB).[35]

1031 Kraft Gesetzes – also **ohne abweichende Abrede** – stehen die verschiedenen **Sicherheiten auf gleicher Stufe.** Die mehreren Sicherungsgeber stehen – ähnlich wie Gesamtschuldner – in einem gemeinsamen Risiko. Sie haften untereinander gleichrangig, insb. die Grundschuld nicht vor dem Bürgen. Jeder von ihnen hat, wenn er vom Gläubiger in Anspruch genommen wird, nach dem Rechtsgedanken des § 426 Abs. 1 BGB (nur) einen anteiligen Ausgleichsanspruch gegen die anderen.[36] Danach gebührt z. B. dem (den Gläubiger befriedigenden) Bürgen, obwohl er die gesicherte Forderung (gegen den persönlichen Schuldner) in voller Höhe erwirbt, die Grundschuld dennoch nur in der Höhe, in der er vom Sicherungsgeber der Grundschuld Ausgleich verlangen kann.

1032 Das gemeinsame **Risiko** wird von den mehreren Sicherungsgebern entsprechend § 426 Abs. 1 Satz 1 BGB **zu gleichen Anteilen getragen**, wenn ein anderer Verteilungsmaßstab weder ausdrücklich noch stillschweigend vereinbart ist. Die Feststellung, ob ein abweichender Maßstab gilt und ggf. welcher, ist meist mit erheblichen Schwierigkeiten verbunden.[37]

1033 Anzeichen für einen **anderen Verteilungsmaßstab** (als gleiche Anteile) können insb. die unterschiedlichen Werte der Sicherheiten und die sich daraus ergebende verschieden hohe Haftung der Sicherungsgeber sein.[38] So richtet sich der Innenausgleich zwischen Mitbürgen und Grundschuldbestellern mangels abweichender Vereinbarungen nach Ansicht des BGH regelmäßig nach dem Verhältnis der gegenüber dem Gläubiger übernommenen Haftungsrisiken; bei deren Ermittlung ist nicht allein auf die Nominalbeträge der Sicherheiten, son-

---

35 Ähnliche Interessengegensätze bestehen bei der Aufgabe einer Sicherheit (RN 1035) und bei der Erweiterung des Sicherungszwecks einer anderen Sicherheit (RN 1044). Sie sollten – möglichst – nach gleichen Kriterien gelöst werden.

36 BGH v. 9. 12. 2008 – XI ZR 588/07 (Ziff. II. 1) = ZIP 2009, 166 = WM 2009, 213; BGH v. 24. 9. 1992 – IX ZR 195/91 (Ziff. II. 2) = WM 1992, 1893 = ZIP 1992, 1536; BGH v. 20. 12. 1990 – IX ZR 268/89 (Ziff. II. 1) = WM 1991, 399 = ZIP 1991, 647; BGH v. 9. 10. 1990 – XI ZR 200/89 (Ziff. II. 2 b) = WM 1990, 1956 = ZIP 1990, 1545; BGH v. 29. 6. 1989 – IX ZR 175/88 (Ziff. II. 2 c. insbes. bb.) = BGHZ 108, 179 = WM 1989, 1205 = ZIP 1989, 1044; MünchKomm/*Heinemeyer*, BGB § 426 RN 50; MünchKomm/*Habersack*, BGB § 774 RN 30; MünchKomm/*Schäfer*, BGB § 1225 RN 12; Grüneberg/*Sprau*, § 774 RN 13; *Siol*, WM 1996, 2217, 2224; *Steinbach/Lang*, WM 1987, 1237, 1244; *anderer Ansicht* (der zuerst in Anspruch Genommene haftet): *Becker*, NJW 1971, 2151, 2154; (nur der Bürge hat Ausgleichsanspruch gegen die Sachsicherheitsgeber): *Tiedtke*, ZIP 1990, 413, 425 f.; *Tiedtke*, WM 1990, 1270, 1274; *Tiedtke*, DNotZ 1993, 291, insb. Ziff. III.

37 Vgl. etwa (Ausgleich zwischen Bürgen mit unterschiedlichen Höchstbeträgen): OLG Hamm v. 25. 4. 1990 – 31 U 4/90 = WM 1990, 1238 = ZIP 1990, 1550.

38 BGH v. 20. 12. 1990 – IX ZR 268/89 (Ziff. III) = WM 1991, 399 = ZIP 1991, 647; OLG Hamm v. 25. 4. 1990 – 31 U 4/90 = WM 1990, 1238 = ZIP 1990, 1550; OLG Stuttgart v. 28. 11. 1989 – 10 U 309/88 = ZIP 1990, 445; kritisch *Bayer*, ZIP 1990, 1523; vgl. auch *Steinbach/Lang*, WM 1987, 1237, 1244 f (mit verschiedenen Modifikationen).

dern auch auf die Höhe der damit gesicherten Forderungen abzustellen.[39] Der Umstand, dass die beiden Bürgen Gesellschafter der schuldenden GmbH sind, während die Grundschuld von einem Nicht-Gesellschafter bestellt worden ist, kann (muss aber nicht) Indiz für eine stillschweigende Vereinbarung sein, dass die beiden Bürgen (= Gesellschafter der Hauptschuldnerin) im Innenverhältnis zum Sicherungsgeber der Grundschuld das Risiko allein zu tragen haben.[40] Lässt sich aber ein GmbH-Gesellschafter von der Bank einen Darlehensrückzahlungsanspruch gegen die Gesellschaft abtreten, für den die Gesellschafter in einem begrenzten, insgesamt die Höhe der Forderung nicht erreichenden Umfang die persönliche Haftung übernommen haben, kann er seine Mitgesellschafter in voller Höhe ihrer jeweiligen Mithaft auf Zahlung in Anspruch nehmen.[41] Die – grundsätzlich im Innenverhältnis auf die jeweiligen Anteile am Gesellschaftsvermögen beschränkte – Haftung der Gesellschafter, die eine persönliche Mithaft für Gesellschaftsschulden übernommen haben, als Gesamtschuldner gem. § 426 Abs. 1 BGB führt zu keiner Haftungsbeschränkung, weil der Zessionar (Gesellschafter) nicht als Mitgesellschafter, sondern als Rechtsnachfolger der Bank und damit als Gläubiger der Gesellschaft handelt.[42]

Für die Ermittlung des Verteilungsmaßstabs misst der BGH den unterschiedlichen **Haftungsrisiken der Sicherungsgeber im Außenverhältnis** offenbar höhere Bedeutung bei als unterschiedlichen Beteiligungsverhältnissen der Sicherungsgeber am Hauptschuldner.[43] Das ist zu begrüßen, weil der Gläubiger das Innenverhältnis der Sicherungsgeber nicht immer zuverlässig beurteilen kann. Anhaltspunkte für eine (von der Aufteilung nach Kopfteilen) abweichende Vereinbarung können sich auch aus dem Anlass für die Bestellung der Sicherheiten (etwa die Absicht, das Grundstück des einen zu entlasten) oder aus der gesellschaftsrechtlichen Stellung der (eines) Sicherungsgeber(s) in der Schuldnergesellschaft ergeben[44] oder daraus, dass die Sicherungsgeber Ehegat-

---

39 BGH v. 9.12.2008 – XI ZR 588/07 (Ziff. II. 2) = ZIP 2009, 166 = WM 2009, 213. Die Wertermittlung kann durchaus herausfordernd sein, vgl. etwa *Wenzel*, in Bankrecht und Bankpraxis (Stand: 09.17 – 130. Lieferung) RN 4/2849h, der insoweit in erster Linie auf den Nominalwert abstellen möchte.

40 BGH v. 24.9.1992 – IX ZR 195/91 (Ziff. II. 3) = WM 1992, 1893 = ZIP 1992, 1536; BGH v. 19.12.1985 – III ZR 90/84 (Ziff. I. 3 d) = NJW 1986, 1097 = ZIP 1986, 432.

41 BGH v. 5.4.2011 – II ZR 279/08 (RN 12 f.) = WM 2011, 1232 = ZIP 2011, 1103 = EWiR 2011, 523 (*Schraudner*).

42 So BGH v. 5.4.2011 – II ZR 279/08 (RN 12) = WM 2011, 1232 = ZIP 2011, 1103 = EWiR 2011, 523 (*Schraudner*).

43 Ohne dies ausdrücklich zu betonen, vgl. BGH v. 9.12.2008 – XI ZR 588/07 (Ziff. II. 2) = ZIP 2009, 166 = WM 2009, 213; vgl. auch (zum Ausgleich zwischen Bürgen) BGH v. 27.9.2016 – XI ZR 81/15 (RN 20) = WM 2016, 2292 = ZIP 2016, 2357 = *Herresthal*, EWiR 2017, 67 = *Servatius*, WuB 2017, 190.

44 BGH v. 20.12.1990 – IX ZR 268/89 (Ziff. III) = WM 1991, 399 = ZIP 1991, 647; OLG Hamm v. 25.4.1990 – 31 U 4/90 = WM 1990, 1238 = ZIP 1990, 1550; OLG Stuttgart v. 28.11.1989 – 10 U 309/88 = ZIP 1990, 445; kritisch *Bayer*, ZIP 1990, 1523; vgl. auch *Steinbach/Lang*, WM 1987, 1237, 1244 f (mit verschiedenen Modifikationen).

ten[45] (§ 1353 Abs. 1 BGB[46]) sind bzw. waren. Beim Ausgleich zwischen Ehegatten können Besonderheiten gelten.[47]

1033.1 Macht der nachrangige Grundschuldgläubiger von seinem gesetzlichen Ablösungsrecht (§§ 268, 1150 BGB) Gebrauch, muss er den vorrangigen Grundschuldgläubiger selbst dann in voller Höhe des dinglichen Rechts befriedigen, wenn eine entsprechende persönliche Forderung, deren Sicherung das vorrangige Grundpfandrecht dient, nicht besteht.[48] Erzielt der vorrangige Grundschuldgläubiger aufgrund der Ablösung des dinglichen Rechts einen Übererlös, findet **zwischen** den beiden **Grundschuldgläubigern kein bereicherungsrechtlicher Ausgleich** statt.[49]

1034 Das Ausgleichsverhältnis entsteht, **sobald** die mehreren Sicherheiten für dieselbe Forderung **begründet** sind. Bestehen die anderen Sicherheiten bei Leistung oder Inanspruchnahme eines Sicherungsgebers noch, richtet sich dessen Ausgleichsanspruch nach der sich daraus ergebenden Quote. Ob eine der anderen Sicherheiten – mit Wirkung für die Quote – hätte aufgehoben werden können, spielt keine Rolle.

1035 Die **einseitige Aufgabe einer Sicherheit** hat **keinen Einfluss auf die Haftungsquote**, selbst wenn dies vor der Leistung oder Inanspruchnahme des Sicherungsgebers einer anderen Sicherheit geschieht.[50] Der Sicherungsgeber der aufgegebenen Sicherheit bleibt ausgleichspflichtig. Der Ausgleichsanspruch, der

---

45 BGH v. 28. 4. 1983 – IX ZR 1/82 (Ziff. II. 1) = WM 1983, 705 = ZIP 1983, 732; BGH v. 5. 4. 1989 – IVb ZR 35/88 (Ziff. 2b und 3) = WM 1989, 861 = ZIP 1989, 975. Siehe zu Ehegatten auch BGH v. 20. 10. 2010 – XII ZR 11/08 = BGHZ 187, 169 = WM 2011, 90.

46 § 1353 Abs. 1 Satz 1 BGB erfasst seit dem 1. 10. 2017 auch die gleichgeschlechtliche Ehe; eine Umwandlung einer Lebenspartnerschaft in eine Ehe ist seither gem. § 20a LPartG möglich. Für die Zeit davor gelten für Lebenspartnerschaften die §§ 1 ff. (vgl. insb. § 8) LPartG.

47 Siehe BGH v. 20. 10. 2010 – XII ZR 11/08 = BGHZ 187, 169 = WM 2011, 90 = NJW-RR 2011, 164, der amtliche Leitsatz lautet: *„Ersteigert ein Ehegatte das bis dahin gemeinsame Grundstück der Ehegatten, so kann der weichende Ehegatte vom Ersteher nicht Zahlung des hälftigen Betrags einer in das geringste Gebot fallenden, nicht mehr valutierten Grundschuld verlangen, welche die Ehegatten einem Kreditinstitut zur Sicherung eines gemeinsam aufgenommenen Darlehens eingeräumt hatten. Der weichende Ehegatte ist vielmehr darauf beschränkt, vom Ersteher die Mitwirkung bei der („Rück-")Übertragung und Teilung der Grundschuld zu verlangen und sodann aus der ihm gebührenden Teilgrundschuld die Duldung der Zwangsvollstreckung in das Grundstück zu begehren. Auch § 242 BGB eröffnet dem weichenden Ehegatten grundsätzlich keinen weitergehenden Zugriff auf das Vermögen des Erstehers (Fortführung von Senat, NJW-RR 1993, 386 = FamRZ 1993, 676 [681]; Abgrenzung zu Senat, BGHR BGB § 752 Auseinandersetzung 1 = BeckRS 1996, 00325)."*

48 BGH, 11. 05. 2005 – IV ZR 279/04 = WM 2005, 1271 = ZIP 2005, 1268; dazu *Kesseler*, EWiR 2005, 631; *Rimmelspacher*, WuB I F 3.–4.05 B.; *Berger*, LMK 2005, 151903 (beck-online).

49 BGH, 11. 05. 2005 – IV ZR 279/04 = WM 2005, 1271 = ZIP 2005, 1268; dazu *Kesseler*, EWiR 2005, 631; *Rimmelspacher*, WuB I F 3.–4.05 B.; *Berger*, LMK 2005, 151903 (beck-online).

50 BGH v. 20. 12. 1990 – IX ZR 268/89 (Ziff. II. 1) = WM 1991, 399 = ZIP 1991, 647, mit Rechtsprechungs- und Literaturnachweisen.

zunächst auf Befriedigung aus der (aufgegebenen) Sicherheit gerichtet war, soll sich in einen Geldanspruch umwandeln.[51] Das ist richtig, wenn der andere Sicherungsgeber berechtigten Anlass hatte, auf den Fortbestand der (dann aufgegebenen) Sicherheit zu vertrauen, sodass die Haftungsreihenfolge nicht ohne seine Mitwirkung hätte geändert werden können (vgl. RN 1030).[52] Dies war in dem der Entscheidung des BGH[53] zugrunde liegenden Sachverhalt wohl der Fall, lässt sich der Entscheidung allerdings nicht sicher entnehmen. Wenn aber die später aufgegebene Sicherheit ohne jede Beteiligung der (des) anderen Sicherungsgeber(s) bestellt worden ist und eine ausdrückliche Vereinbarung der gesetzlichen Haftungsreihenfolge nur ein unechter Vertrag zugunsten der anderen Sicherungsgeber gewesen ist, sodass er ohne Zustimmung der anderen hätte aufgehoben werden können (RN 1030), dann muss auch die Sicherheit aufgegeben werden können, ohne dass sich daraus Ansprüche der anderen Sicherungsgeber ableiten lassen.

30.3 Die vom Alleinschuldner bestellte Grundschuld bei Befriedigung des Gläubigers durch einen anderen Sicherungsgeber

Im Verhältnis zu einem Sicherungsgeber, der nicht Schuldner ist, ist der (Allein-)Schuldner in aller Regel verpflichtet, die Verbindlichkeit bei Fälligkeit zu erfüllen. In einem solchen Fall kann der Schuldner, wenn die von ihm bestellte Grundschuld in Anspruch genommen wird, keinen Ausgleichsanspruch gegen den/die anderen Sicherungsgeber geltend machen. Er kann deshalb nichts dagegen einwenden, dass die von ihm bestellte Grundschuld an einen anderen Sicherungsgeber (etwa einen Bürgen), der den Gläubiger befriedigt, abgetreten wird.[54] Das zeigt, dass die vom Schuldner bestellte **Grundschuld** in aller Regel **nicht auf derselben Stufe** steht **wie die anderen Sicherheiten.** Sie haftet vielmehr vor den anderen Sicherheiten (RN 1028). Ist der Schuldner (und Sicherungsgeber der Grundschuld) im Verhältnis zu einem anderen Sicherungsgeber ausnahmsweise nicht zur Tilgung der Schuld verpflichtet, treffen auf diesen Fall die Ausführungen in RN 1028 bis 1035 zu (also nicht RN 1036 bis 1039). *1036*

Hat neben der Grundschuld (nur) **ein anderer Sicherungsgeber** eine weitere Sicherheit bestellt und befriedigt er den Gläubiger (oder wird er aus der Sicherheit in Anspruch genommen), so kann er – weil die Grundschuld vor der von ihm gestellten Sicherheit haftet (RN 1036) – die Abtretung der Grundschuld in Höhe seiner Zahlung verlangen. Dabei wird Deckungsgleichheit der beiden Si- *1037*

---

51 BGH v. 20.12.1990 – IX ZR 268/89 (Ziff. II. 1) = WM 1991, 399 = ZIP 1991, 647, mit Rechtsprechungs- und Literaturnachweisen.

52 Ein ähnlicher Interessengegensatz wie hier und wie bei der Änderung der Haftungsreihenfolge (RN 1030) besteht bei der nachträglichen Erweiterung des Sicherungszwecks einer anderen Sicherheit (RN 1044). Die Fälle bzw. Interessengegensätze sollten – möglichst – nach gleichen Kriterien gelöst werden.

53 BGH v. 20.12.1990 – IX ZR 268/89 (Ziff. II. 1) = WM 1991, 399 = ZIP 1991, 647, mit Rechtsprechungs- und Literaturnachweisen.

54 So ausdrücklich jeweils Ziff. 6 – letzter Satz – der Anhänge 6, 7 und 8.

cherungszwecke vorausgesetzt (RN 1024), andernfalls gilt das in RN 1043 bis 1048 Gesagte.

1038 Bestehen neben der vom Alleinschuldner zur Verfügung gestellten Grundschuld **mehrere von Nicht-Schuldnern bestellte Sicherheiten**, so stehen im Normalfall die Grundschuld (deren Sicherungsgeber der Schuldner ist) und die weiteren Sicherheiten nicht auf gleicher Stufe (RN 1036); vielmehr haftet die vom Schuldner gestellte Grundschuld vor den anderen Sicherheiten. Für das Verhältnis der weiteren Sicherheiten untereinander kann daraus aber nichts abgeleitet werden. In diesem Verhältnis ist zunächst zu prüfen, ob auch diese Sicherheiten auf verschiedenen Stufen stehen (RN 1028 bis 1030), und wenn nicht, ob sie untereinander mit gleichen oder mit unterschiedlichen (ggf. mit welchen) Quoten haften (RN 1031 bis 1035). Davon hängt – Deckungsgleichheit aller Sicherheiten vorausgesetzt – ab, welcher Teil der Grundschuld dem in Anspruch genommenen Sicherungsgeber gebührt.

1039 Hat der **Dritte** (= Nicht-Schuldner) – statt eine zweite selbstständige Grundschuld zu bestellen – **sein Grundstück** mit der vom Schuldner bestellten Grundschuld **mitbelastet** (**Gesamtgrundschuld**, RN 385 ff.) und tilgt der Dritte die Grundschuld (bei Zahlung auf die gesicherte Forderung RN 1042), erwirbt er in jedem Fall die Grundschuld am eigenen Grundstück (§ 1173 Abs. 1 Satz 1 BGB). Als Nicht-Schuldner hat er normalerweise (RN 1036) einen Ersatzanspruch gegen den Schuldner (= anderer Eigentümer). In diesem Fall geht in Höhe des Ersatzanspruchs die Grundschuld auch am Grundstück des anderen auf ihn über (§ 1173 Abs. 2 BGB), und zwar kraft Gesetzes. Das Gleiche gilt, wenn der Gläubiger der Grundschuld durch Zwangsversteigerung (nur) in das Grundstück des Dritten befriedigt wird. Die Gesamtgrundschuld und die Gesamthypothek sind zwar regelmäßig regresslos ausgestaltet[55]; dies gilt aber nur für das dingliche Recht. Soweit dem zahlenden (Mit-)Eigentümer ein Ausgleichsanspruch nach § 426 Abs. 1 BGB zusteht, erwirbt er gemäß § 1173 Abs. 2 BGB das auf dem (Mit-)Eigentum des Ausgleichspflichtigen lastende Recht.[56] In diesem Fall kommt eine Abtretung der Grundschuld nicht in Betracht. Da sie kraft Gesetzes übergeht, ist sie der Verfügungsmacht des (bisherigen) Grundschuldgläubigers entzogen. Er kann allenfalls den Übergang anerkennen (RN 458).

30.4 Die von einem Gesamtschuldner bestellte Grundschuld bei Befriedigung des Gläubigers durch den/einen anderen Gesamtschuldner

1040 Befriedigt einer von mehreren **Gesamtschuldnern** den Gläubiger, erlischt die Gesamtschuld (§ 362 Abs. 1 BGB), wenn der leistende Gesamtschuldner im Innenverhältnis die Verbindlichkeit allein zu tragen hat. Hat er dagegen einen **Ausgleichsanspruch** gegen die anderen Gesamtschuldner, bleibt die Forderung

---

55 BGH v. 29. 6. 1989 – IX ZR 175/88 (Ziff. II. 2 c. bb) = BGHZ 108, 179 = WM 1989, 1205 = ZIP 1989, 1044.
56 BGH v. 31. 1. 1995 – XI ZR 30/94 (Ziff. 1) = NJW-RR 1995, 589 = WM 1995, 523; *Siol*, WM 1996, 2217, 2224.

in Höhe des Ausgleichsanspruchs (bzw. der Summe der Ausgleichsansprüche) bestehen und geht auf ihn über (§ 426 Abs. 2 Satz 1 BGB).

Inwieweit ein Ausgleichsanspruch besteht, richtet sich nach den für das Innen- *1041*
verhältnis zwischen den Gesamtschuldnern ausdrücklich oder stillschweigend getroffenen Vereinbarungen. Für den Inhalt kann u. a. bedeutsam sein, ob und ggf. **in welcher Höhe** die einzelnen Gesamtschuldner Sicherheiten für die gemeinsame Schuld bestellt haben (RN 1033). Bestehen keine abweichenden Abreden, haften die mehreren Gesamtschuldner zu gleichen Teilen (RN 1032). Bei mehr als zwei Gesamtschuldnern hat der Leistende jeweils nur einen **anteiligen Ausgleichsanspruch** gegen jeden Einzelnen; die anderen Schuldner haften ihm für diese Ausgleichsansprüche nicht gesamtschuldnerisch.[57]

Der den Gläubiger befriedigende Gesamtschuldner hat (aufgrund der Wertung *1042*
des § 401 BGB) Anspruch gegen den Gläubiger (Kreditinstitut) auf die von **einem anderen Gesamtschuldner allein** (an einem ihm gehörenden Grundstück) bestellte Grundschuld nur insoweit, wie der Sicherungsgeber der Grundschuld im Innenverhältnis **zum Ausgleich verpflichtet** ist (RN 970).[58] Ob der Leistende seinerseits eine andere Sicherheit gestellt hat, wirkt sich ggf. bei der Bemessung der internen Haftungsquote aus (RN 1041). Er kann deswegen aber nicht einen über die interne Quote hinausgehenden Ausgleich verlangen.

Bei mehr als zwei Gesamtschuldnern kann derjenige, der den Gläubiger befriedigt hat, von jedem anderen nur anteilig Ausgleich verlangen (RN 1041). In diesem Fall ist ihm die Grundschuld[59] nur in der Höhe der (anteiligen) Ausgleichspflicht des Sicherungsgebers der Grundschuld zu übertragen. Eine weitergehende Übertragung würde die interne Ausgleichsregelung unterlaufen. Die Grundschuld sichert also die (anteiligen) Ausgleichsansprüche des Leistenden gegen die anderen Schuldner nicht.

---

57 Grüneberg/*Grüneberg*, § 426 RN 6.
58 BGH v. 27. 3. 1981 – V ZR 202/79 (Ziff. II. 3 a) = BGHZ 80, 228 = WM 1981, 691 = ZIP 1981, 588; *Reinicke/Tiedtke*, WM 1987, 485, 486 f.; vgl. auch Staudinger/*Wolfsteiner* (2019), Vorbem. zu §§ 1191 ff., RN 158.
59 Nach KG v. 7. 12. 2012 – 21 U 20/11 = BeckRS 2013, 396 = IBRRS 2013, 0876, bilden die Gesamtschuldner (nach Forderungstilgung) als Mitgläubiger gemäß § 432 BGB eine Forderungsgemeinschaft mit der Folge, dass den Rückgewähranspruch entweder nur sämtliche Gläubiger gemeinsam geltend machen können oder ein Gläubiger (Teilhaber) Leistung an die Gemeinschaft verlangen kann; kritisch Staudinger/*Wolfsteiner* (2019), Vorbem. zu §§ 1191 ff., RN 230 m. w. N.

Ist die Gesamtschuld dagegen durch eine **Gesamtgrundschuld** gesichert (z. B. wenn Ehegatten ein ihnen in Miteigentum zu je ½ gehörendes Grundstück[60] zur Sicherung einer gemeinschaftlichen Verbindlichkeit belastet haben), so kann derjenige, der die gemeinsame Schuld (bei Tilgung der Grundschuld s. RN 1039) bezahlt, die Übertragung der gesamten Grundschuld verlangen, wenn er (wenigstens) in Höhe der Miteigentumsquote des anderen ausgleichsberechtigt ist.[61] Das folgt daraus, dass er in Höhe des anderen Anteils selbst Sicherungsgeber ist.

30.5 Unterschiedliche Sicherungszwecke der mehreren Sicherheiten

1043 Der Übergang der (u. a. durch die Grundschuld gesicherten) Forderung auf den Sicherungsgeber, der die weitere Sicherheit abgelöst hat oder daraus in Anspruch genommen wurde, kann **nicht zum Nachteil des Gläubigers** geltend gemacht werden. Das ist für den Bürgen in § 774 Abs. 1 Satz 2 BGB und für den Gesamtschuldner in § 426 Abs. 2 Satz 2 BGB ausdrücklich geregelt. Dies gilt auch für den Verpfänder (§ 1225 Satz 2, § 774 BGB) und für den Eigentümer (Sicherungsgeber) des mit einer Hypothek belasteten Grundstücks (§ 1143 Abs. 1 Satz 2 BGB). Die **Wertungen** dieser Bestimmungen sind auch **auf** nicht akzessorische Sicherheiten (**Grundschuld**, Sicherungsübereignung, -zession) **anzuwenden.**[62] Denn sie tragen nur dem (auch bei nicht akzessorischen Sicherheiten gegebenen) Umstand Rechnung, dass der Zweck der unmittelbar für eine Forderung bestellten Sicherheit darin besteht, den Gläubiger dieser Forderung zu sichern. Nur soweit dessen Sicherung dadurch nicht beeinträchtigt wird, kann die Grundschuld auch als Sicherheit für den Ausgleichsanspruch eines weiteren Sicherungsgebers herangezogen werden. Wenn der Ausgleichsan-

---

60   Siehe zur Grundstücksersteigerung durch einen Ehegatten BGH v. 20. 10. 2010 – XII ZR 11/08 = BGHZ 187, 169 = WM 2011, 90 = NJW-RR 2011, 164, der amtliche Leitsatz lautet: Ersteigert ein Ehegatte das bis dahin gemeinsame Grundstück der Ehegatten, so kann der weichende Ehegatte vom Ersteher nicht Zahlung des hälftigen Betrags einer in das geringste Gebot fallenden, nicht mehr valutierten Grundschuld verlangen, welche die Ehegatten einem Kreditinstitut zur Sicherung eines gemeinsam aufgenommenen Darlehens eingeräumt hatten. Der weichende Ehegatte ist vielmehr darauf beschränkt, vom Ersteher die Mitwirkung bei der („Rück-")Übertragung und Teilung der Grundschuld zu verlangen und sodann aus der ihm gebührenden Teilgrundschuld die Duldung der Zwangsvollstreckung in das Grundstück zu begehren. Auch § 242 BGB eröffnet dem weichenden Ehegatten grundsätzlich keinen weitergehenden Zugriff auf das Vermögen des Erstehers (Fortführung von Senat, NJW-RR 1993, 386 = FamRZ 1993, 676 [681]; Abgrenzung zu Senat, BGHR BGB § 752 Auseinandersetzung 1 = BeckRS 1996, 00325).

61   BGH v. 31. 1. 1995 – XI ZR 30/94 = NJW-RR 1995, 589 = WM 1995, 523; Staudinger/*Wolfsteiner* (2019), Vorbem. zu §§ 1191 ff., RN 159.

62   Ebenso *Wenzel*, in Bankrecht und Bankpraxis (Stand: 09.17 – 130. Lieferung) RN 4/2849w, mit dem richtigen Hinweis, dass die Bürgenprivilegierung des § 776 BGB nicht zugunsten des Verpfänders bzw. Hypothekenbestellers greift; vgl. auch BGH v. 20. 12. 1990 – IX ZR 268/89 = WM 1991, 399 = ZIP 1991, 647.

spruch gesichert werden soll – was möglich ist –, muss der dafür geeignete Weg gewählt werden, z. B. eine Rückbürgschaft.

Ob der Übergang den Gläubiger benachteiligt, hängt u. a. vom Sicherungszweck der Grundschuld und der anderen Sicherheiten ab (RN 1045 bis 1048). Der BGH ist der Ansicht, dass der Sicherungszweck durch Vereinbarung zwischen Sicherungsgeber und Sicherungsnehmer der betreffenden Sicherheit noch **nachträglich erweitert** werden kann, und zwar ohne Zustimmung der Sicherungsgeber anderer daneben haftender Sicherheiten.[63] Dem ist zuzustimmen, wenn dadurch nicht in schützenswerte Interessen des anderen Sicherungsgebers eingegriffen wird. Normalerweise hat kein Sicherungsgeber einen Anspruch darauf, dass ihm ein Teil seines Risikos durch die Stellung einer anderen Sicherheit abgenommen wird. Folglich kann er regelmäßig auch nicht verlangen, dass eine ihm günstige Konstellation aufrechterhalten wird. Das gilt aber nicht mehr, wenn er in den anderen Sicherungsvertrag einbezogen war oder dieser als ein (berechtigender) Vertrag (auch) zu seinen Gunsten (§ 328 Abs. 2 BGB) anzusehen ist.[64] *1044*

Sichert die Grundschuld alle, auch künftige, derzeit noch nicht bestimmte Ansprüche des Gläubigers (**weite Sicherungsabrede** [RN 668]), während die andere Sicherheit bestimmte Ansprüche sichert (etwa eine Bürgschaft für ein bestimmtes Darlehen), hat der Bürge, wenn er den Gläubiger wegen der verbürgten (und zusätzlich durch die Grundschuld gesicherten) Forderung befriedigt, **keinen Anspruch auf Übertragung** der Grundschuld.[65] Denn dies wäre mit einem Nachteil für den Gläubiger verbunden, weil dieser mit Abtretung der Grundschuld (oder eines Teils davon) die Sicherheit, die ihm auch für andere Forderungen zusteht, verlieren würde.[66] Was für die Bürgschaft gilt, kann für andere (neben der Grundschuld bestellte) Sicherheiten nicht anders sein. *1045*

Sichert die Grundschuld ganz bestimmte Ansprüche des Gläubigers (enge Sicherungsabrede [RN 667] oder nach Kündigung der weiten Sicherungsabrede [RN 612]), von denen einer oder einige auch durch die andere Sicherheit gesi- *1046*

---

63 BGH v. 16. 2. 1989 – IX ZR 256/87 (Ziff. III. 1 d aa) = WM 1989, 484 = ZIP 1989, 359 = EWiR § 765 BGB 3/89, 345 (*Gaberdiel*); *anders* OLG Stuttgart v. 11. 4. 2001 – 9 U 215/00 (Ziff. II. 3) = WM 2002, 439 (maßgeblich nur die im Zeitpunkt der Bürgschaftsübernahme tatsächlich *gewährten* und durch die Grundschuld gesicherten Darlehen).

64 Vgl. den ähnlichen Interessenkonflikt bei der Änderung einer Haftungsreihenfolge (RN 1030) bzw. bei der Aufgabe einer anderen Sicherheit (RN 1035). Die Fälle bzw. Interessenkonflikte sollten – möglichst – nach gleichen Kriterien gelöst werden.

65 BGH v. 11. 1. 1990 – IX ZR 58/89 (Ziff. I. 2) = BGHZ 110, 41 = WM 1990, 260 = ZIP 1990, 222; BGH v. 6. 7. 1989 – IX ZR 270/88 = WM 1989, 1804 (der zahlende Bürge hat analog § 401 BGB einen Anspruch, dass ihm der Gläubiger den zu seiner „Befriedigung nicht mehr erforderlichen Teil der Grundschuld" abtritt); OLG Stuttgart v. 3. 4. 1990 – 10 U 71/89 (Ziff. 2) = NJW-RR 1990, 945 = WM 1990, 1191; *enger* (nur soweit die anderen gesicherten Ansprüche bereits tatsächlich bestehen): OLG Stuttgart v. 11. 4. 2001 – 9 U 215/00 (Ziff. II. 3) = WM 2002, 439 (maßgeblich nur die im Zeitpunkt der Bürgschaftsübernahme tatsächlich *gewährten* und durch die Grundschuld gesicherten Darlehen).

66 Ebenso *Wenzel*, in Bankrecht und Bankpraxis (Stand: 09.17 – 130. Lieferung) RN 4/2849v; *Sostmann*, DNotZ 1995, 260, 272.

chert sind (z.B. bei Bürgschaft für nur eines der durch die Grundschuld gesicherten Darlehen), hat der Bürge, wenn er in Anspruch genommen wird, keinen Anspruch auf Übertragung der Grundschuld, falls die Summe der gesicherten **Forderungen genauso hoch oder höher als** die **Summe der Sicherheiten** ist (etwa wenn durch eine Grundschuld von 800 000 Euro Forderungen mit zusammen 1 Mio. Euro gesichert sind, von denen ein Darlehen über 200 000 Euro zusätzlich verbürgt ist). Anderenfalls würde, da der Gläubiger die volle Grundschuld zur Sicherung der restlichen Forderungen braucht, die Abtretung der Grundschuld zu einem Nachteil für ihn führen, was nach § 774 Abs. 1 Satz 2 BGB gerade ausgeschlossen ist. Ob sich Grundschuld und Bürgschaft auf dieselbe Forderung beziehen (z.B. ein Darlehen über 1 Mio. Euro ist zum Teilbetrag von 800 000 Euro durch Grundschuld, zum Teilbetrag von 200 000 Euro durch Bürgschaft gesichert) oder ob die Grundschuld (neben der verbürgten) auch andere Forderungen sichert, spielt dabei keine Rolle.[67] Für andere Sicherheiten als die Bürgschaft kann nichts anderes gelten.

1047 Das gilt auch, wenn die Grundschuld und die andere Sicherheit zusammen zwar rechnerisch die Summe der gesicherten Forderungen übersteigen, der andere Sicherungsgeber den Gläubiger aber nur wegen eines Teilbetrags der von ihm gestellten Sicherheit befriedigt mit der Folge, dass die volle Grundschuld als Sicherheit für den Rest benötigt wird.[68] Wenn z.B. eine Grundschuld zu 800 000 Euro Forderungen über zusammen 1 Mio. Euro sichert, von denen ein Darlehen über 300 000 Euro zusätzlich verbürgt ist, dann hat der Bürge keinen Anspruch auf Übertragung (eines Teils) der Grundschuld, wenn (und solange) er nicht mehr als 200 000 Euro bezahlt.

1048 Sichert die Grundschuld bestimmte Forderungen, von denen einige **zusätzlich in anderer Weise gesichert** sind, und befriedigt der andere Sicherungsgeber den Gläubiger, sodass dieser nur noch einen Teil der Grundschuld für die Sicherung des Rests braucht, so hat der andere Sicherungsgeber grundsätzlich Anspruch auf Übertragung des überschüssigen Teils der Grundschuld. Dies aber mit zwei Einschränkungen: Dem anderen Sicherungsgeber gebührt die Grundschuld nur, wenn ihm gegenüber dem Grundschuldsicherungsgeber ein Ausgleichsanspruch zusteht und höchstens bis zur Höhe dieses Anspruchs (RN 1028 ff.); dies dient dem Schutz des Grundschuldsicherungsgebers. Und er kann nur **Übertragung des rangletzten Teils** der Grundschuld verlangen; denn die Übertragung eines besserrangigen Teils würde den Grundschuldgläubiger benachteiligen. Wenn z.B. (RN 1047) der Bürge 300 000 Euro bezahlt und einen

---

67   BGH v. 11.1.1990 – IX ZR 58/89 (Ziff. I. 2. insb. 2 b.) = BGHZ 110, 41 = WM 1990, 260 = ZIP 1990, 222; BGH v. 6.7.1989 – IX ZR 270/88 = WM 1989, 1804; BGH v. 30.10.1984 – IX ZR 92/83 = BGHZ 92, 374 = WM 1984, 1630 = ZIP 1985, 18 (Ziff. II. 1; s. dazu Klarstellung im Urteil v. 11.1.1990 – IX ZR 58/89 (Ziff. I. 1 a) = BGHZ 110, 41 = WM 1990, 260 = ZIP 1990, 222); Grüneberg/*Sprau*, § 774 RN 12 m.w.N.

68   BGH v. 11.1.1990 – IX ZR 58/89 (Ziff. I. 2. insb. 2 b.) = BGHZ 110, 41 = WM 1990, 260 = ZIP 1990, 222; BGH v. 6.7.1989 – IX ZR 270/88 = WM 1989, 1804; BGH v. 30.10.1984 – IX ZR 92/83 = BGHZ 92, 374 = WM 1984, 1630 = ZIP 1985, 18 (Ziff. II. 1; s. dazu Klarstellung im Urteil v. 11.1.1990 – IX ZR 58/89 (Ziff. I. 1 a) = BGHZ 110, 41 = WM 1990, 260 = ZIP 1990, 222); Grüneberg/*Sprau*, § 774 RN 12 m.w.N.

Ausgleichsanspruch gegen den Sicherungsgeber der Grundschuld i. H. v. mindestens 100 000 Euro hat, ist ihm ein rangletzter Teilbetrag der Grundschuld i. H. v. 100 000 Euro zu übertragen.

30.6 Beschränkungen bei der Verwertung der Sicherheiten

Die neben der Grundschuld bestehenden weiteren Sicherheiten dienen dem Sicherungsinteresse des Gläubigers der gesicherten Forderung. Die Interessen der Sicherungsgeber der jeweils anderen Sicherheiten werden dadurch nicht (unmittelbar) geschützt. Daher besteht bei der Verwertung z. B. der Grundschuld **keine generelle Fürsorgepflicht** des Gläubigers **gegenüber** dem **Sicherungsgeber einer anderen Sicherheit**.[69] Gleiches gilt, wenn die Schuldner verschiedener Darlehen gemeinsam eine Grundschuld als Sicherheit für die verschiedenen Verbindlichkeiten zur Verfügung gestellt haben. Ist nichts anderes vereinbart, darf der Gläubiger, wenn (nur) eines dieser Darlehen notleidend wird, die Grundschuld voll zu dessen Abdeckung heranziehen, ohne dabei Rücksicht auf den anderen Schuldner (und Sicherungsgeber) nehmen zu müssen.[70] Besteht eine **Haftungsreihenfolge** zwischen den Sicherheiten, die ohne Mitwirkung des anderen Sicherungsgebers nicht zu seinem Nachteil geändert werden kann (RN 1030, 1035), ist jedenfalls eine **Aufgabe der einen Sicherheit nicht ohne Zustimmung des anderen Sicherungsgebers zulässig.** Anderenfalls stünde eine schadensersatzbewährte Pflichtverletzung des Gläubigers im Raum.[71]

1049

Der Gläubiger darf regelmäßig **frei entscheiden**, welche Sicherheiten er in **Anspruch** nimmt und in welcher Reihenfolge er verwertet. Das gilt auch in der Insolvenz einer GmbH, wenn die Gesellschaft und der Gesellschafter Sicherheiten für ein (unmittelbar der Gesellschaft gewährtes) sog. gesellschafterbesichertes Drittdarlehen (vgl. auch RN 631) bestellt haben. Die Einschränkung, dass der Gläubiger zunächst Befriedigung aus der vom Gesellschafter bestellten Sicherheit suchen muss (§ 44a i. V. m. § 39 Abs. 1 Nr. 5 InsO), gilt nur bei der Durchsetzung der persönlichen Forderung, nicht aber für die Inanspruchnahme einer von der Gesellschaft bestellten Sicherheit.[72] Soweit der Insolvenzverwalter nach § 135 Abs. 2 i. V. m. § 143 Abs. 3 InsO Erstattung des von der Gesellschaft (oder

1050

---

69 BGH v. 7. 5. 1987 – IX ZR 198/85 (Ziff. 2 b. bb) = WM 1987, 853 = ZIP 1987, 764 = EWiR § 242 BGB 9/87, 757 (*Gaberdiel*); *Schmitz*, WM 1991, 1061, 1063.
70 BGH v. 4. 11. 1997 – XI ZR 181/96 (Ziff. II. 1) = WM 1997, 2396 = ZIP 1998, 286 = § 1191 BGB 2/98, 305 (*Clemente*) = WuB I F 3. – 4.98 (*Gaberdiel*).
71 Vgl. aber BGH v. 7. 5. 1987 (Ziff. 2 b. bb) – IX ZR 198/85 (Ziff. 2 b. bb) = WM 1987, 853 = ZIP 1987, 764 = EWiR § 242 BGB 9/87, 757 (*Gaberdiel*).
72 Noch zu § 32a Abs. 2 i. V. m. Abs. 1 GmbHG: BGH v. 19. 11. 1984 – II ZR 84/84 (Ziff. 2) = WM 1985, 115 = ZIP 1985, 158 = EWiR § 32a GmbHG 1/85, 105 (*Kübler*, m. w. N., auch zur Gegenmeinung); BGH v. 14. 10. 1985 – II ZR 280/84 (Ziff. II. 1) = WM 1986, 18 = ZIP 1986, 30 = EWiR § 32b GmbHG 1/86, 67 (K. *Schmidt*, m. w. N., auch zur Gegenmeinung); zum Ganzen *Ganter*, WM 1998, 2045, 2050 f.

aus ihrer Sicherheit) getilgten Betrags zur Insolvenzmasse verlangen kann[73], richtet sich dieser Anspruch nur gegen den Gesellschafter, nicht gegen den Gläubiger (so im Ergebnis bis zum Inkrafttreten des MoMiG[74] auch § 32b GmbHG). Die Abtretung der anderen (vom Gesellschafter bestellten) Sicherheiten, die durch die Tilgung der gesicherten Forderung aus Gesellschaftsmitteln frei geworden sind, kann die Gesellschaft bzw. der Insolvenzverwalter nicht unmittelbar vom Gläubiger verlangen, es sei denn, dass im Sicherungsvertrag etwas anderes vereinbart ist.[75]

1051   Der Gläubiger ist dem Grundschuldsicherungsgeber gegenüber verpflichtet, bei deren Verwertung dessen Interessen angemessen zu berücksichtigen. Hinsichtlich der Verwertung einer anderen Sicherheit obliegen ihm – falls nichts anderes vereinbart – dagegen keine besonderen Sorgfaltspflichten; der Gläubiger darf allerdings **nicht willkürlich zum Schaden der Sicherungsgeber** handeln.[76] Willkür ist etwa anzunehmen, wenn das Verhalten des Gläubigers nicht der Wahrung eines berechtigten eigenen wirtschaftlichen Interesses dient. **Beispielsweise** wurde es als rechtsmissbräuchlich angesehen, dass der Gläubiger eine ihm vom Sicherungsgeber des Grundpfandrechts zusätzlich abgetretene Lebensversicherung in Anspruch nahm und dafür das Grundpfandrecht nicht voll geltend machte mit der Folge, dass der Mehrbetrag dem Inhaber einer nachrangigen Hypothek (der dem erstrangigen Gläubiger nahe stand) zugutekam[77] (dazu auch RN 681). Der Gläubiger darf auch nicht mit Nachdruck nur die von einem Dritten gestellte Sicherheit durchsetzen, aber den Hauptschuldner schonen und dadurch willkürlich zu dessen Gunsten Partei nehmen, indem er z. B. die vom Dritten abgetretene Lebensversicherung vorzeitig kündigt und einzieht und dafür dem Hauptschuldner bei der Realisierung der von ihm bestellten Grundschuld ein Wohnrecht belässt, auf das dieser bis dahin keinen Anspruch hatte.[78]

Dagegen hat der BGH keine willkürliche Schädigung des Sicherungsgebers einer anderen Sicherheit darin gesehen, dass der Grundschuldgläubiger der Konkursmasse für die Mitwirkung des Konkursverwalters bei einer freihändigen Veräußerung des belasteten Grundstücks (von der sich der Gläubiger einen besseren

---

73   Zur anfechtbaren Rechtshandlung i. S. v. § 135 Abs. 2 InsO bei Darlehensrückführung des vorläufigen Insolvenzverwalters BGH v. 20. 2. 2014 – IX ZR 164/13 = BGHZ 200, 210 = ZIP 2014, 584 = WM 2014, 572 = WuB VI A. § 135 InsO 2.14 (*von Oppen*) = NJW 2014, 1737, Anmerkung ab S. 1740 (*Dahl/Taras*) = LMK 2014, 358411 – beck-online – (*de Bra*); ausführlich zum Thema etwa *Ganter*, in Bankrechts-Handbuch, § 69. RN 697 ff.

74   Gesetz zur Modernisierung des GmbH-Rechts und zur Bekämpfung von Missbräuchen v. 23. 10. 2008 (BGBl. I, 2026), in Kraft getreten am 1. 11. 2008.

75   BGH v. 14. 10. 1985 – II ZR 280/84 (Ziff. II.) = WM 1986, 18 = ZIP 1986, 30 = EWiR § 32b GmbHG 1/86, 67 (*K. Schmidt*).

76   BGH v. 20. 6. 2000 – IX ZR 81/98 (B. III. 1) = WM 2000, 1574 = ZIP 2000, 1433; BGH v. 7. 5. 1987 (Ziff. 2 b. bb) – IX ZR 198/85 (2 b. bb) = WM 1987, 853 = ZIP 1987, 764 = EWiR § 242 BGB 9/87, 757 (*Gaberdiel*).

77   BGH v. 20. 3. 1991 – IV ZR 50/90 = WM 1991, 846 = ZIP 1991, 573.

78   BGH v. 20. 6. 2000 – IX ZR 81/98 (B. III. 2) = WM 2000, 1574 = ZIP 2000, 1433; s. auch Staudinger/*Wolfsteiner* (2019), Vorbem. zu §§ 1191 ff., RN 228.

Ertrag als bei einer Zwangsversteigerung versprach) die Mehrwertsteuer und zusätzlich einen angemessenen Betrag (knapp 1,3 % des Kaufpreises) überließ, obwohl wegen der daraus folgenden Minderung des auf die Grundschuld entfallenden Erlöses die andere Sicherheit entsprechend höher beansprucht wurde.[79]

---

79 BGH v. 7. 5. 1987 – IX ZR 198/85 (Ziff. 2 b. bb) = WM 1987, 853 = ZIP 1987, 764 = EWiR § 242 BGB 9/87, 757 (*Gaberdiel*).

31 Auskunft über die gesicherten Forderungen

31.1 Auskunft an den Drittsicherungsgeber

1052 Der Grundschuldgläubiger ist (auch) bei der Verwertung der Grundschuld verpflichtet, Rücksicht auf die berechtigten Interessen des Sicherungsgebers zu nehmen (RN 569). Er darf sich aus der Grundschuld nur wegen der dadurch gesicherten Forderungen (RN 654) befriedigen. Über die **Verwertung und** die **Verrechnung des Verwertungserlöses** (und damit über den Stand der gesicherten Verbindlichkeiten) hat der Sicherungsnehmer **Rechnung zu legen.**[1] Ist der Sicherungsgeber – wie meist als Eigentümer – am Vollstreckungsverfahren beteiligt, kann er den auf die Grundschuld entfallenden Erlös im Verteilungsverfahren erfahren. Insoweit hat er keinen Auskunftsanspruch gegen den Gläubiger.[2] In diesem Fall beschränkt sich sein Anspruch auf Auskunft über die daraus getilgten Forderungen. Erst diese Information ermöglicht ihm die Beurteilung, ob die Verwertung des Erlöses dem Sicherungsvertrag entspricht.

1053 Einen **Auskunftsanspruch** über die (Höhe der) gesicherten Forderungen hat der Sicherungsgeber, der nicht Schuldner ist, bereits dann, wenn der Grundschuldgläubiger mit der **Verwertung** der Grundschuld **beginnen** will.[3] In diesem Stadium kann der Sicherungsgeber durch Zahlung eines Betrags (lediglich) in Höhe der gesicherten Forderung die Vollstreckung verhindern. Da der Grundschuldgläubiger als Treuhänder des Sicherungsgebers dessen Interessen nach Möglichkeit zu berücksichtigen hat, muss er ihm die Information geben[4], die er

---

1   BGH v. 17.2.1956 – I ZR 101/54 = WM 1956, 563; OLG München v. 26.2.2008 – 5 U 5102/06 (RN 51 ff.) = BeckRS 2008, 3441 = WM 2008, 688 = ZIP 2008, 2259; MünchKomm/*Lieder*, BGB § 1191, RN 68; *Clemente*, RN 264; *Gnamm*, BGH, EWiR § 242 BGB 12/87, 1167, Ziff. 3; *Sühr*, WM 1985, 741, 744 (Ziff. 4); *Ganter*, WM 1999, 1741, 1743: gegenüber selbst schuldendem Sicherungsgeber, wenn Restforderung geltend gemacht wird.

2   BGH v. 14.7.1987 – IX ZR 57/86 (Ziff. II. 2 a) = WM 1987, 1127 = ZIP 1987, 1237 = EWiR § 242 BGB 12/87, 1167 (*Gnamm*).

3   Vgl. *Wenzel*, in Bankrecht und Bankpraxis (Stand: 09.17 – 130. Lieferung) RN 4/2599; OLG München v. 26.2.2008 – 5 U 5102/06 (RN 51 ff.) = BeckRS 2008, 3441 = WM 2008, 688 = ZIP 2008, 2259; OLG Karlsruhe v. 10.4.1981 – 11 W 14/81 = Rpfleger 1981, 407, mit dem Hinweis, dass der Gläubiger sich u. U. schadensersatzpflichtig machen könne, wenn er die Forderungen erst im Verteilungsverfahren offen legt und diese so niedrig sind, dass der Eigentümer sie hätte ablösen können. Das OLG Karlsruhe nimmt an, dass der Gläubiger auf Verlangen auch dem *Vollstreckungsgericht* vor dem Versteigerungstermin die Höhe der gesicherten Forderungen mitzuteilen habe (Auskunftsanspruch des *Vollstreckungsgerichts* ablehnend: Stöber,*Becker*, Zwangsversteigerungsrecht, § 85a RN 39; *Muth*, Rpfleger 1985, 45, 47).

4   Vgl. OLG Koblenz v. 29.1.1998 – 11 U 1690/96 = NJW-RR 1999, 1178 = WM 1999, 2068 = WuB I F 3. – 15.99 (*Gaberdiel*), das (Ziff. 4) davon ausgeht, dass der Sicherungsgeber gem. § 810 BGB vom Gläubiger Einsicht in die gesicherte Forderung betreffenden Geschäftsunterlagen verlangen kann, damit er den ihm obliegenden Beweis (vgl. hiesigen Haupttext RN 739 bis 741) für das Nichtbestehen der gesicherten Forderung führen kann; ebenso (für Bürgen): BGH v. 18.5.1995 – IX ZR 129/94 (Ziff. II. 2 c), NJW 1995, 2161; BGH v. 10.12.1987 – IX ZR 269/86 (Ziff. 3b) = WM 1988, 209 = ZIP 1988, 224 = EWiR § 765 BGB 3/88, 251 (*Tiedtke*).

für eine solche Ablösung braucht, zumal diese die eigenen berechtigten Interessen des Grundschuldgläubigers nicht beeinträchtigt.

Ist der Sicherungsgeber, wie meist, Eigentümer oder sonst zur Ablösung der Grundschuld berechtigt (RN 830), kann dies dadurch geschehen, dass er die Grundschuld (nur) in Höhe der gesicherten Forderung tilgt. In Höhe des getilgten Betrags erwirbt er sie kraft Gesetzes. Aus dem dann nicht mehr valutierten Rest darf der Grundschuldgläubiger nicht vollstrecken (RN 835). Ist der Sicherungsgeber (ausnahmsweise) nicht zur Ablösung der Grundschuld berechtigt (RN 830), kann er jedenfalls die gesicherte Forderung tilgen (§ 267 BGB), Rückgewähr der Grundschuld verlangen und damit deren Verwertung verhindern.

Der BGH bejaht auf Grundlage von **Treu und Glauben** (§ 242 BGB) einen **Auskunftsanspruch (nur)** dann[5], wenn (1) der Berechtigte in entschuldbarer Weise über den Umfang seines Rechts im Ungewissen ist, (2) sich die zur Realisierung seines Anspruchs erforderlichen Auskünfte auf zumutbare Weise nicht selbst beschaffen kann, (3) der Verpflichtete sie aber unschwer zu erteilen vermag[6] und (4) zwischen Berechtigtem und Verpflichtetem eine besondere rechtliche Beziehung besteht, wozu im Allgemeinen gehört, dass der zu realisierende Anspruch dem Grunde nach besteht und nur sein Umfang offen ist. *1054*

Danach kann der Sicherungsgeber vom Gläubiger Auskunft nur verlangen, wenn er sich die **Information nicht auf andere zumutbare Weise beschaffen kann** (Voraussetzungen RN 1054, Ziff. 1 und 2). Normalerweise wird der Sicherungsgeber vom Schuldner Auskunft über die Entwicklung der gesicherten Forderung verlangen können (RN 1057). Solange nicht feststeht, dass die benötigte Information auf diesem Weg nicht zu erhalten ist[7], kann sie der Sicherungsgeber vom Gläubiger nicht verlangen. Er kann sich jedenfalls nicht deshalb an den Gläubiger wenden, weil er sich – aus welchem Grund auch immer – scheut, den Schuldner nach dem Stand der gesicherten Forderung zu fragen. Auch begründet allein die Tatsache, dass jemand über Sachverhalte informiert ist oder sein könnte, die für einen anderen von Bedeutung sind, noch keine Auskunftspflicht.[8] Voraussetzung ist vielmehr, dass zwischen dem Berechtigten und dem Verpflichteten eine besondere rechtliche Beziehung besteht.[9] Als Sonderverbindung kommt etwa in Betracht: ein gesetzliches Schuldverhältnis *1055*

---

5 Vgl. z. B. BGH v. 1. 8. 2013 – VII ZR 268/11 (RN 20) = NJW 2014, 155; BGH v. 14. 7. 1987 – IX ZR 57/86 (Ziff. II. 1) = WM 1987, 1127 = ZIP 1987, 1237; BGH v. 17. 5. 1994 – X ZR 82/92 (Ziff. I. 2 a) = BGHZ 126, 109 = NJW 1995, 386; Grüneberg/*Grüneberg*, § 260, RN 4 ff.

6 Dazu BGH v. 6. 2. 2007 – X ZR 117/04 = WM 2007, 1097 = NJW 2007, 1806.

7 Das OLG Oldenburg v. 28. 3. 1985 – 3 W 22/85 = WM 1985, 748 = EWiR § 1191 BGB 1/85, 583 (*Gaberdiel*) hat die glaubhafte Erklärung des Sicherungsgebers, dass der Schuldner die Auskunft deshalb nicht erteilen könne, weil er nicht mehr im Besitz der entsprechenden Unterlagen sei, ausreichen lassen.

8 BGH v. 25. 7. 2017 – VI ZR 222/16 (RN 13) = NJW 2017, 2755 = WM 2017, 2158.

9 BGH v. 25. 7. 2017 – VI ZR 222/16 (RN 13) = NJW 2017, 2755 = WM 2017, 2158.

(z. B. aus unerlaubter Handlung, §§ 823 ff. BGB), ein Vertrag zugunsten Dritter[10], ein Vertrag mit Schutzwirkung für Dritte[11], ein Gesamtschuldverhältnis[12].[13]

1056   Außerdem kann Auskunft nur dann verlangt werden, wenn und soweit sie **zur Realisierung eines Anspruchs erforderlich** ist (Voraussetzungen RN 1054, Ziff. 2 und 4). Der Anspruch auf Auskunft (unabhängig von einer Verwertung) kann gegen den Grundschuldgläubiger deshalb grds. erst geltend gemacht werden, wenn der (Rückgewähr-)Anspruch gegen ihn (wenigstens teilweise) fällig ist. Das ist vom Sicherungsgeber substantiiert darzulegen.[14] Er muss also, wenn – wie bei der vom Nicht-Schuldner bestellten Grundschuld regelmäßig – ein enger Sicherungszweck vereinbart ist, dartun, dass die gesicherte Forderung ganz oder zu einem nennenswerten Teil getilgt ist (RN 724, 729); Vermutungen reichen nicht aus. In einem Fall, in dem der Sicherungsgeber das belastete Grundstück verkauft und sich dabei zur Löschung der Grundschuld verpflichtet hatte, genügte die Absicht, die gesicherte Forderung zu tilgen und dadurch die Voraussetzungen für die Löschung (Rückgewähr) zu schaffen[15] (s. RN 1060 zur weiten Zweckerklärung (RN 668) – die aber bei der vom Nicht-Schuldner bestellten Grundschuld nur ausnahmsweise in Betracht kommt [RN 695]).

1057   Im Ausgangspunkt muss sich der Sicherungsgeber, der nicht persönlicher Schuldner ist, wegen Informationen über den Stand der gesicherten Verbindlichkeit normalerweise an den Schuldner halten. Ob er gegen diesen einen **Auskunftsanspruch** hat, hängt vom Inhalt des Rechtsverhältnisses zwischen beiden (RN 567) ab. **Vom Schuldner** dürfte der Sicherungsgeber – wenn nichts anderes vereinbart ist – auch bei einem ungestörten Kreditverhältnis in angemessenen Zeitabständen Auskunft über den Stand der gesicherten Verbindlichkeit verlangen können.[16] Denn der Sicherungsgeber hat ein berechtigtes Interesse daran, den Umfang seiner Haftung, die er im Interesse des Schuldners übernommen hat, zu kennen. Und obwohl der Höchstbetrag der Haftung (Grundschuldkapital, -zinsen und ggf. dingliche Nebenleistungen) feststeht, ergibt sich das Risiko doch erst aus der Entwicklung der gesicherten Forderung. Aufgrund dieser Auskünfte kann der Sicherungsgeber auch feststellen, ob die Voraussetzungen für eine Teilfreigabe (RN 724, 725) erfüllt sind.

1058   Das **Bankgeheimnis** steht der Auskunft/Rechnungslegung gegenüber dem Sicherungsgeber in dem (RN 1052 bis 1056) dargestellten Umfang nicht entgegen, weil ihm dabei nur die für seine Haftung bzw. Inanspruchnahme maßgeblichen Daten, die ihm gegenüber gar nicht geheim gehalten werden können, mitgeteilt

---

10   BGH v. 9. 11. 2017 – III ZR 610/16 (RN 22) = WM 2017, 2296 = ZIP 2017, 2476.
11   BGH v. 28. 1. 2015 – XII ZR 201/13 (RN 12) = BGHZ 204, 54 = NJW 2015, 1098 = DNotZ 2015, 426.
12   BGH v. 18. 12. 2008 – I ZB 68/08 (RN 26 f.) = NJW 2009, 2308 = ZIP 2009, 1346.
13   Weitere Beispiele bei Grüneberg/*Grüneberg*, § 260 RN 5.
14   Vgl. dazu BGH v. 14. 7. 1987– IX ZR 57/86 (Ziff. II. 2 b) = WM 1987, 1127 = ZIP 1987, 1237.
15   OLG Oldenburg v. 28. 3. 1985 – 3 W 22/85 = WM 1985, 748 = EWiR § 1191 BGB 1/85, 583 (*Gaberdiel*); vgl. auch Grüneberg/*Grüneberg*, § 260 RN 10.
16   Ebenso *Wenzel*, in Bankrecht und Bankpraxis (Stand: 09.17 – 130. Lieferung) RN 4/2595.

werden.[17] Etwas anderes könnte allenfalls dann gelten, wenn – was es in der Praxis nicht gibt – die Grundschuld gegen den Willen oder ohne Wissen des Schuldners bestellt worden wäre (zur Verletzung des Bankgeheimnisses RN 979.2 und 979.3).[18] Die Information des Dritten über die Höhe der Verbindlichkeiten des Schuldners, für die er haftet, ist – in dem bei Wahrung des Bankgeheimnisses möglichen Umfang – zur Durchführung der Kreditbeziehung erforderlich, zu der im weitesten Sinne auch die Abwicklung der Sicherheitenverträge gehört. Sie ist darum auch unter dem Gesichtspunkt des **Datenschutzes** zulässig (Art. 6 Abs. 1 Buchst. b und c) DSGVO). Dies auch deshalb, weil sie zur Wahrung der berechtigten Interessen des Sicherungsgebers erforderlich ist, ohne dass dem schutzwürdige Interessen des Schuldners entgegenstehen (Art. 6 Abs. 1 Buchst. f DSGVO).

Lehnt die Bank wegen bestehender Sicherungsinteressen die Freigabe der Drittsicherheit ab, hat der Drittsicherungsgeber einen vertraglichen Anspruch auf Auskunft über die besicherte Forderung der Bank.[19] Kündigt der Sicherungsgeber die **Drittsicherheit** und lehnt es der Kreditnehmer ab, seine dann ggf. bestehende **Nachbesicherungspflicht** (Nr. 13 AGB-Banken/Nr. 22 Abs. 1 AGB-Sparkassen) zu erfüllen, darf die Bank den Kredit aus wichtigem Grunde nach Nr. 19 Abs. 3 Fall 3 AGB-Banken bzw. Nr. 26 Abs. 2b) AGB-Sparkassen kündigen und danach den Drittsicherungsgeber in Anspruch nehmen.[20]   *1058.1*

31.2 Auskunft an den Zessionar des Rückgewähranspruchs

Hat der Sicherungsgeber zusammen mit dem Rückgewähranspruch auch seinen **Anspruch** gegen den Grundschuldgläubiger auf Rechnungslegung (RN 1052) bzw. auf Auskunft (RN 1053 bis 1056) **abgetreten**, steht dieser Anspruch dem neuen Gläubiger des Rückgewähranspruchs zu. Ohne Abtretung des Rechnungslegungs-/Auskunftsanspruchs darf der neue Gläubiger des Rückgewähranspruchs (vor Verwertung) weder Rechnungslegung noch Auskunft verlangen (vgl. RN 1061).[21] Deshalb wird mitunter vorgeschlagen, bei der Abtretung den Zessionar zu bevollmächtigen, von dem Inhaber des Grundpfand-   *1059*

---

17   OLG Oldenburg v. 28. 3. 1985 – 3 W 22/85 = WM 1985, 748 = EWiR § 1191 BGB 1/85, 583 (*Gaberdiel*); *Krepold/Zahrte*, in Bankrechts-Handbuch, § 8 RN 122 (stillschweigender Verzicht auf Verschwiegenheitspflicht hinsichtlich Höhe der aktuellen Haftungslage) und ähnlich (für Bürgschaft) § 39 RN 45 (zulässig Auskunft über die aktuelle Höhe der verbürgten Verbindlichkeit, damit Bürge sein Haftungsrisiko einschätzen kann).

18   Siehe etwa *Krepold/Zahrte*, in Bankrechts-Handbuch, § 8 RN 123 m. w. N.

19   *Krepold/Zahrte*, in Bankrechts-Handbuch, § 8 RN 125.

20   *Krepold/Zahrte*, in Bankrechts-Handbuch, § 8 RN 125.

21   BGH v. 14. 7. 1987 – IX ZR 57/86 (Ziff. II. 2 b) = WM 1987, 1127 = ZIP 1987, 1237; *Krepold/Zahrte*, in Bankrechts-Handbuch, § 8 RN 129; *Müller*, RNotZ 2012, 199, 212; etwas anders: *Wenzel*, in Bankrecht und Bankpraxis (Stand: 09.17 – 130. Lieferung) RN 4/2601(mit Abtretung des Rückgewähranspruchs seien Rechnungslegungs- und Auskunftsanspruch im Zweifel stillschweigend erfasst); für die Zeit nach Einleitung der Zwangsversteigerung ebenso, *Freckmann*, BKR 2012, 133.

rechts Auskunft über sämtliche Umstände zu erhalten, die hinsichtlich der Rückgewähransprüche von Bedeutung sind.[22]

Der Gläubiger ist hinsichtlich desselben Vorgangs aber nur einmal zur Rechnungslegung bzw. Auskunft verpflichtet. Wenn und soweit er diese Pflicht – vor Abtretung des Anspruchs bzw. bevor er davon erfahren hat (§ 407 Abs. 1 BGB) – gegenüber dem Sicherungsgeber bereits erfüllt hatte, kann der Zessionar Auskunft bzw. Rechnungslegung nicht (mehr) verlangen. Umgekehrt wird – nach Abtretung des Auskunftsanspruchs – die Pflicht des Gläubigers durch die Auskunft/Rechnungslegung gegenüber dem neuen Berechtigten vollständig erfüllt. Der Sicherungsgeber selbst hat dann keinen Anspruch mehr. Im Hinblick darauf dürfte eine **Abtretung** z.B. des Anspruchs auf Rechnungslegung[23] **dem Willen der Beteiligten meist nicht entsprechen**, sondern einschränkend nur als Erlaubnis zu verstehen sein, (auch) dem nachrangigen Gläubiger die entsprechenden Informationen zur Verfügung zu stellen. Entsprechendes gilt für die (ausdrückliche) Berechtigung des Empfängers des Rückgewähranspruchs, Auskünfte über die gesicherten Forderungen einzuholen.[24] Der vorrangige Gläubiger darf danach dem nachrangigen Gläubiger die Auskunft erteilen, muss es aber nicht.

1060 Ist für die Grundschuld ein **weiter Sicherungszweck** (RN 668) vereinbart, muss der Grundschuldgläubiger – selbst nach Abtretung des Auskunftsanspruchs – dem (neuen) Inhaber des Anspruchs **nicht (laufend) Auskunft** über den jeweiligen (und bzgl. des Rückgewähranspruchs immer nur vorläufigen) Stand der gesicherten Forderungen geben.[25] Denn während des Bestehens der weiten Sicherungsabrede kann keine (auch nicht teilweise) Grundschuldrückgewähr verlangt werden (RN 731, 732). Deshalb kann die Auskunft zur Realisierung des Rückgewähranspruchs (oder eines anderen Anspruchs) nicht benötigt werden. Das ist aber Voraussetzung für eine Auskunftspflicht (RN 1056; RN 1054 Voraussetzung Ziff. 2 und 4). Der neue Inhaber des Rückgewähranspruchs ist nicht berechtigt, die Geschäftsbeziehung zwischen Sicherungsgeber und Grundschuldgläubiger oder die zwischen ihnen vereinbarte Sicherungsabrede zu kündigen (RN 885). Deshalb wird dadurch, dass er Rückgewähr verlangt – anders als durch das Rückgewährverlangen des Sicherungsgebers (RN 737) –, die weite Sicherungsabrede nicht beendet. Er kann also durch das (unbegründete) Verlangen von Rückgewähr keine Auskunftspflicht begründen. **Es kann sein**, dass aber der **Schuldner** aus dem normalerweise bestehenden Kreditverhältnis (oder einem anderen Vertrag) mit dem neuen Gläubiger des Rückgewähranspruchs **verpflichtet** ist, ihm Auskunft über den Stand der vorrangig gesicherten Forderungen zu geben. Daraus kann aber keine Auskunftspflicht des (vorrangigen) Grundschuldgläubigers abgeleitet werden.

---

22 So *Müller*, RNotZ 2012, 199, 212 m.w.N.
23 Anhänge 10 und 12, jeweils Ziff. 2 Nr. 2 des Vordrucks.
24 Vgl. Anhänge 9 [2 Abs. 5], 10 [1.7 c.] und 12 [1.7 c.].
25 Ebenso *Wenzel*, in Bankrecht und Bankpraxis (Stand: 09.17 – 130. Lieferung) RN 4/2602.

Wird in der Zwangsversteigerung aus der Grundschuld mehr erlöst, als zur Deckung der dadurch gesicherten Verbindlichkeiten notwendig ist, hat der (bisherige) Grundschuldgläubiger den **Übererlös** an den neuen Gläubiger des Rückgewähranspruchs herauszugeben (RN 875, 750 bis 752). In diesem Fall kann dem Rückgewährberechtigten – selbst wenn ihm der Sicherungsgeber seinen Auskunftsanspruch nicht abgetreten hat (RN 1059) – ein eigener (nicht vom Sicherungsgeber abgeleiteter) **Anspruch auf Auskunft** (Rechnungslegung) zustehen (zu den Voraussetzungen RN 1054 bis 1056). Kennt der Rückgewährberechtigte die genaue Höhe der gesicherten Forderung nicht, ist die Voraussetzung RN 1054 Ziff. 1 und, wenn er sich diese Information vom Schuldner nicht zuverlässig beschaffen kann, auch Ziff. 2 erfüllt. Die Voraussetzung Ziff. 3 dürfte regelmäßig und Ziff. 4 jedenfalls dann gegeben sein, wenn ein Übererlös erzielt worden ist. *1061*

Für den Fall, dass der neue Gläubiger des Rückgewähranspruchs einen Übererlös nicht substantiiert darlegen kann, hat der BGH[26] einen Auskunftsanspruch mit folgender Begründung versagt: Der Rückgewähranspruch sei ein bedingter Anspruch (dazu RN 723). Eine der Bedingungen für seinen Erwerb sei, dass ein Übererlös erzielt worden sei. **Ohne einen Übererlös fehle** es an der besonderen Rechtsbeziehung zwischen Berechtigtem und Verpflichtetem, die **Voraussetzung für** den **Auskunftsanspruch** sei (RN 1054, Voraussetzung Ziff. 4). *1062*

Gegen diese Position lässt sich wie folgt argumentieren: Bezüglich des Rückgewähranspruchs kann eine Bedingung[27] (dazu RN 723) allenfalls in der anfänglichen Ungewissheit liegen, ob die Grundschuld verwertet werden muss oder nicht. Im ersten Fall ist der Übererlös, im zweiten Fall die Grundschuld als solche zurückzugewähren. Mit der Verwertung der Grundschuld ist diese Ungewissheit beendet. Der Rückgewähranspruch geht (spätestens) jetzt unbedingt auf den Übererlös. Ob und in welcher Höhe ein Übererlös besteht, ist – sobald der Termin der Erlösverteilung und damit die zu berücksichtigenden Zinsen feststehen – kein zukünftiges ungewisses Ereignis, also keine Bedingung mehr, sondern Ergebnis eines reinen Rechenvorgangs. Dabei wird, selbst wenn das Ergebnis – wie in vielen Fällen – null ist, nichts anderes als der Umfang des dem Grunde nach bestehenden (und fälligen) Anspruchs ermittelt. Das ist genau der Vorgang, für den der Auskunftsanspruch die erforderlichen (aus Grundbuch und Versteigerungsverfahren nicht bekannten) Informationen (insb. gesicherte Forderung, deren Zinssatz und sonstige Nebenkosten) liefern soll, weil ohne sie die Höhe des Anspruchs nicht errechnet werden kann.

Über die Fälle in RN 1059 bis RN 1062 hinaus kann derjenige, an den der Rückgewähranspruch abgetreten worden ist, vom Grundschuldgläubiger keine Auskunft verlangen. Er muss sich an seinen Partner, insb. an den **Schuldner** der gesicherten Verbindlichkeiten wenden, wenn er **weitere Informationen** über die durch die vorrangige Grundschuld gesicherten Forderungen haben möchte. *1063*

---

26 BGH v. 14.7.1987– IX ZR 57/86 (Ziff. II. 2 b) = WM 1987, 1127 = ZIP 1987, 1237.
27 Ein Anspruch ist dann bedingt, wenn er davon abhängt, ob ein zukünftiges ungewisses Ereignis eintritt oder nicht (Grüneberg/*Ellenberger*, Einführung RN 1 vor § 158).

Aus den Rechtsbeziehungen zu ihm ergibt sich, ob er darauf einen Rechtsanspruch hat.

1064 **Bankgeheimnis bzw. Datenschutz** stehen der Auskunft/Rechnungslegung gegenüber dem Zessionar des Rückgewähranspruchs – wenn sie gemäß RN 1059 bis RN 1062 geschuldet wird – aus den in RN 1058 genannten Gründen nicht entgegen.

31.3 Auskunft an den Pfändungspfandgläubiger des Rückgewähranspruchs

1065 Der **Auskunftsanspruch** des Sicherungsgebers wird als Nebenanspruch von der **Pfändung** des Rückgewähranspruchs umfasst, auch wenn er im Pfändungsbeschluss nicht ausdrücklich genannt wird.[28] Auf Antrag kann das Vollstreckungsgericht die Mitpfändung aussprechen; selbstständig und unabhängig dagegen kann er nicht gepfändet werden.[29]

Wenn und soweit der Anspruch auf Rechnungslegung bzw. **Auskunft** bei der Pfändung noch nicht erfüllt ist, hat der Grundschuldgläubiger – soweit der Anspruch von der Pfändung erfasst ist[30] – dem Pfändungspfandgläubiger (ggf. und dem Sicherungsgeber gemeinsam) **nach Verwertung** der Grundschuld Rechnung zu legen (RN 1052 bzw. RN 1061, RN 1062) bzw. bei beabsichtigter Verwertung der Grundschuld Auskunft zu erteilen (RN 1053). Ein Anspruch auf Auskunft über die gesicherte Forderung kann auch bestehen, wenn die allgemeinen Voraussetzungen (RN 1054 bis RN 1056) dafür vorliegen, insbesondere wenn **Rückgewähr** wenigstens eines Teils der Grundschuld verlangt werden kann. Dagegen besteht kein Anspruch auf Auskunft über die gesicherten Forderungen, solange eine weite Sicherungsabrede für die Grundschuld besteht (RN 1060). Eine solche Auskunft wäre auch nicht sinnvoll, weil sie immer nur vorläufig sein könnte. Im Übrigen hat der Pfändungsgläubiger einen **Anspruch gegen den Schuldner**, dass dieser ihm alle Auskünfte erteilt, die zur Geltendmachung des gepfändeten Rückgewähranspruchs notwendig sind (§ 836 Abs. 3 ZPO).

1066 Daneben hat der Pfändungsgläubiger die Möglichkeit, den Drittschuldner (Grundschuldgläubiger) bei der Zustellung des Pfändungsbeschlusses zu der Erklärung aufzufordern, (1) ob er die gepfändete Forderung (= Rückgewähran-

---

28 BGH v. 18.7.2003 – IXa ZB 148/03 = NJW-RR 2003, 1555 = WM 2003, 1891 (für Pfändung der Ansprüche aus Girovertrag); OLG Karlsruhe v. 13.12.1979 – 9 U 258/78 = Justiz 1980, 143; *Stöber/Rellermeyer*, Forderungspfändung, RN E.343 ff. und RN F.114; vgl. auch (für den Girovertrag und andere Geschäftsbesorgungsverträge) *Sühr*, WM 1985, 741, 742 (Ziff. 2.2).

29 BGH v. 18.7.2003– IXa ZB 148/03 = NJW-RR 2003, 1555 = WM 2003, 1891; LG Itzehoe v. 10.5.1988 – 1 S 242/87 = ZIP 1988, 1540; *Stöber/Rellermeyer*, Forderungspfändung, RN E.343.

30 Unpfändbar z.B. der Anspruch auf Erteilung von Kontoauszügen im Rahmen eines Girovertrags: LG Itzehoe v. 10.5.1988 – 1 S 242/87 = ZIP 1988, 1540; vgl. BGH v. 8.11.2005 – XI ZR 90/05 (Ziff. II. 2 c) = WM 2005, 2375 = ZIP 2005, 2252 = WuB VI D § 829 ZPO 1.06 (*Bitter*).

spruch) anerkennt und zur Leistung bereit ist, (2) ob und ggf. welche Ansprüche andere Personen bzgl. des Rückgewähranspruchs geltend machen und (3) ob und wegen welcher Forderungen der Rückgewähranspruch bereits für andere Gläubiger gepfändet ist (§ 840 ZPO). Der Pfändungsgläubiger hat nach § 840 ZPO keinen materiellrechtlichen Auskunftsanspruch, den er etwa im Wege der Klage gegen den Grundschuldgläubiger durchsetzen könnte.[31] Der Drittschuldner ist aber, wenn er die Auskunft verspätet, unvollständig oder falsch erteilt, dem Pfändungsgläubiger gegenüber zum Schadensersatz verpflichtet, den dieser dadurch erleidet, dass er im Vertrauen auf die Auskunft den Anspruch geltend gemacht oder davon abgesehen hat.[32]

31.4 Auskunft an einen nachrangigen Grundschuldgläubiger oder das Vollstreckungsgericht?

Dem **nachrangigen Gläubiger** geht die vorrangige Grundschuld vollumfänglich (Grundschuldkapital, -zinsen und etwaige dingliche Nebenleistungen) vor – und nicht nur, soweit sie valutiert ist. Übersteigt der auf die Grundschuld entfallende Erlös die dadurch gesicherte Forderung, steht der Überschuss nicht dem nachrangigen Gläubiger, sondern dem Inhaber des Rückgewähranspruchs zu. Der Stand der vorrangig gesicherten Forderungen ist mithin ohne jeden Belang für den nachrangigen Gläubiger. Er kann **keinen Anspruch** daraus ableiten, dass die vorrangige Grundschuld nicht oder nicht vollständig valutiert ist. Deshalb hat er weder einen eigenen Anspruch auf Auskunft darüber (es fehlen die Voraussetzungen RN 1054 Ziff. 1 und 2), noch kann angenommen werden, dass ihm im Zusammenhang mit der Bestellung seiner Grundschuld ein solcher (für ihn nutzloser) Anspruch konkludent übertragen worden ist. Einen Auskunftsanspruch hat er allenfalls als Gläubiger des Rückgewähranspruchs bezüglich der vorrangigen Grundschuld, wenn ihm dieser abgetreten worden ist bzw. nach Verwertung der Grundschuld (dazu RN 1059 bis RN 1062).

1067

Die in den **Vordrucken** gelegentlich enthaltene Zustimmung, dass vor- bzw. gleichrangige Gläubiger Auskunft über die Höhe der gesicherten Forderung erteilen[33], wird regelmäßig nicht als Abtretung zu verstehen sein (RN 1059). Diese Erklärung gestattet dem vorrangigen Gläubiger die Auskunft, verpflichtet ihn aber nicht dazu. Etwas anderes gilt, wenn vereinbart wird, dass der Sicherungsgeber der Bank seinen **Anspruch auf Auskunft über die Höhe der vor- und gleichrangig grundpfandrechtlich** besicherten Forderung(en) **überträgt.**[34] Eine solche Abtretung hilft, weil das nach- oder gleichrangige Kreditinstitut ihr berechtigtes Auskunftsinteresse etwa unmittelbar gegenüber dem Vorranggläubiger geltend machen kann. Die Bank ist also dann nicht auf die Mitwirkung des Sicherungsgebers angewiesen, dessen Bereitschaft, z. B. nach Kün-

---

31 BGH v. 17.4.1984 – IX ZR 153/83 (Ziff. I. 2) = BGHZ 91, 126 = NJW 1984, 1901 = ZIP 1984, 751.

32 BGH v. 25.9.1986 – IX ZR 46/86 = BGHZ 98, 291 = WM 1986, 1392 = ZIP 1986, 1422.

33 Anhänge 10 [1.7 c.], 11 [1.7 c.], 12 [1.7 c.]; anders explizite Abtretung des Auskunftsanspruchs Anhänge 6 [2, Satz 2], 7 [2, Satz 2] und 8 [2, Satz 2].

34 Etwa Anhänge 6 [2, Satz 2], 7 [2, Satz 2] und 8 [2, Satz 2].

digung des Kreditvertrags den Auskunftsanspruch an die Bank abzutreten und der Bank eine Auskunftsvollmacht zu erteilen, auch stark abnehmen kann.

Es ist streitig, ob das **Vollstreckungsgericht** – vor allem im Hinblick auf § 85a Abs. 3 ZVG – vom Gläubiger Angaben über die Höhe der gesicherten Forderung verlangen darf. Da es im Verfahren zur Zwangsversteigerung wegen der Grundschuld, insb. in der Erlösverteilung, allein auf den Umfang des dinglichen Rechts und nicht auf die Höhe der gesicherten Forderung ankommt (RN 1141), dürfte das Vollstreckungsgericht keinen Anspruch auf Auskunft haben (RN 1199, RN 1053).

31.5 Falsche Auskunft

1068 Erteilt der Grundschuldgläubiger (z. B. im Zusammenhang mit der Veräußerung des belasteten Grundstücks) eine falsche Auskunft über die Höhe der gesicherten Forderung und führt dies zu einem Schaden des Auskunftsempfängers (etwa weil der Grundstückserwerber infolge der falschen Auskunft den zur Ablösung der gesicherten Forderung erforderlichen Kaufpreisteil nicht zurückhält), ist der Grundschuldgläubiger, wenn er die Unrichtigkeit zu vertreten hat, **schadensersatzpflichtig.**[35]

31.6 Verjährung des Auskunftsanspruchs

1068.1 Nach gefestigter **BGH**-Rechtsprechung unterliegt der **Auskunftsanspruch aus § 242** BGB (RN 1054) grundsätzlich selbstständig und unabhängig vom Hauptanspruch der **allgemeinen Verjährungsfrist.**[36] Die Verjährung des Hauptanspruchs (hier etwa des Rückgewähranspruchs) führt also nicht automatisch zur Verjährung des Auskunftsanspruchs, mag er nach der Verjährung des Hauptanspruchs regelmäßig, allerdings nicht zwingend[37], am fehlenden Informationsbedürfnis des die Auskunft Verlangenden scheitern.[38] Das bedeutet aber nicht, dass der Auskunftsanspruch vor dem Hauptanspruch verjähren kann. Im Gegenteil. Die Zwecke der Verjährungsvorschriften (Schuldnerschutz, Rechtsfrieden und Rechtssicherheit) stehen nach dem BGH der Annahme entgegen, der Hilfsanspruch auf Auskunft könne vor dem Hauptanspruch verjähren, zu dessen Geltendmachung die Auskunft benötigt wird.[39]

Die **Ausführungen des BGH** zur Verjährung des Auskunftsanspruchs aus § 242 BGB sind **übertragbar auf Auskunftsansprüche**, die aus einer **vertraglichen** (ggf. ausdrücklich geregelten) Nebenpflicht resultieren. Bezogen auf den vertraglichen Rückgewähranspruch, der gem. § 196 BGB (§ 200 BGB regelt insoweit den Verjährungsbeginn) einer zehnjährigen Verjährungsfrist[40] (dazu RN 726.1)

---

35 OLG Düsseldorf v. 21. 12. 1994 – 8 U 95/94 = WM 1995, 877.
36 BGH v. 25. 7. 2017 – VI ZR 222/16 (RN 8) = NJW 2017, 2755 = WM 2017, 2158.
37 Vgl. etwa (zu § 2314 BGB) BGH v. 4. 10. 1989 – IV a ZR 198/88 (Ziff. II.) = BGHZ 108, 393 = WM 1990, 283 = NJW 1990, 180.
38 BGH v. 25. 7. 2017 – VI ZR 222/16 (RN 8) = NJW 2017, 2755 = WM 2017, 2158.
39 BGH v. 25. 7. 2017 – VI ZR 222/16 (RN 9) = NJW 2017, 2755 = WM 2017, 2158.
40 Vgl. auch *Müller*, RNotZ 2012, 199, 206 f.

unterliegt, bedeutet dies, dass der Auskunftsanspruch auch nicht vor Ablauf der Verjährungsfrist des § 196 BGB verjähren kann.

Teil 3
Die Verwertung der Grundschuld

32 Für den Grundschuldgläubiger bedeutsame Einzelfragen aus dem Zwangsversteigerungsverfahren

32.1 Anordnung der Zwangsversteigerung; Beschlagnahme

Das Versteigerungsverfahren beginnt damit, dass das (für das betroffene Grundstück örtlich zuständige) Amtsgericht die Zwangsversteigerung des Grundstücks anordnet (§ 15 ZVG). Dieser **Versteigerungsbeschluss** setzt einen Antrag des Gläubigers voraus. Im Antrag hat der Gläubiger u. a. den Anspruch anzugeben, aus dem er betreiben will (§ 16 Abs. 1 ZVG), also etwa eine bestimmte Grundschuld oder einen schuldrechtlichen Zahlungsanspruch. Der Gläubiger kann gleichzeitig aus mehreren Ansprüchen vollstrecken, bspw. aus der Grundschuld *und* aus dem dadurch gesicherten Darlehen. Für jeden Anspruch braucht er einen entsprechenden Vollstreckungstitel. Will er aus der Grundschuld vollstrecken, braucht er einen sog. *dinglichen* Titel (RN 1073, 1074). Um einer möglichen Vollstreckungsgegenklage wegen verjährter Grundschuldzinsen wirksam zu begegnen, sollte die Versteigerung in dinglicher Hinsicht von vornherein nur aus den nicht bereits verjährten Grundschuldzinsen (sowie dem Grundschuldkapital) beantragt werden (RN 288.1).

1069

Wird die Zwangsversteigerung des Grundstücks bereits von einem anderen Gläubiger betrieben, so lässt das Vollstreckungsgericht, statt erneut die Zwangsversteigerung anzuordnen, den **Beitritt** des neuen Gläubigers zum Verfahren zu (§ 27 Abs. 1 ZVG). Dazu ist es nicht erforderlich, dass der Gegenstand der beiden Verfahren identisch ist. Es genügt, wenn sich der Beitritt nur auf einen vom bereits laufenden Verfahren umfassten Teil bezieht[1]. Das ist sogar dann noch möglich, wenn ein belastetes Grundstück durch Vereinigung mit einem anderen Grundstück seine Selbstständigkeit verloren hat (RN 12 und 15) und nicht mehr als Flurstück existiert, jedoch der betreffende Grundstücksteil katastermäßig noch feststellbar ist[2]. Im weiteren Verfahren sind die unterschiedlich belasteten Grundstücksteile wie selbstständige Grundstücke zu behandeln[3]. Gleichwohl sollten solche Konstellationen von vornherein gemieden werden, weil sie die Verwertungsbemühungen des Grundschuldgläubigers empfindlich beeinträchtigen können (RN 15).

---

1 *Stöber/Keller*, § 27 RN 23.
2 BGH v. 24.11.2005 – V ZB 23/05 – (Ziff. III, 2 a), WM 2006, 297 = ZfIR 2006, 220 (*Dümig*) = MittBayNot 2006, 227 (*Morvilius*) = WuB VI E § 27 ZVG 1.06 (*Hintze*n).
3 BGH v. 24.11.2005 – V ZB 23/05 – (Ziff. III, 2 b), WM 2006, 297 = ZfIR 2006, 220 (*Dümig*) = MittBayNot 2006, 227 (*Morvilius*) = WuB VI E § 27 ZVG 1.06 (*Hintze*n); zu den vollstreckungsrechtlichen Folgen daraus s. im Einzelnen *Morvilius*, MittBayNot 2006, 227, 229.

Voraussetzungen und Wirkungen der Beitrittszulassung sind dieselben wie die der Anordnung der Zwangsversteigerung (§ 27 Abs. 2 ZVG). Der unterschiedlichen Bezeichnung kommt keine praktische Bedeutung zu.

Die (erste) Anordnung der Zwangsversteigerung wird auf Ersuchen des Vollstreckungsgerichts **im Grundbuch eingetragen** (§ 19 Abs. 1 ZVG). Das Vollstreckungsgericht erhält eine beglaubigte Abschrift aus dem Grundbuch, die den Stand unmittelbar nach Eintragung des Versteigerungsvermerks wiedergibt (§ 19 Abs. 2 ZVG), und von nun an Nachricht über alle neuen Eintragungen (§ 19 Abs. 3 ZVG).

Aus einer Grundschuld (oder Hypothek) kann der Gläubiger die Zwangsversteigerung[4] auch dann noch betreiben, wenn schon das **Insolvenzverfahren eröffnet** worden ist (§ 49 InsO)[5]. Allerdings kann der Insolvenzverwalter bzw. der vorläufige Verwalter (weitergehend als nach der KO) die Einstellung des Verfahrens erreichen (§ 30d Abs. 1 bzw. Abs. 4 ZVG)[6]. Daneben kann auch der Insolvenzverwalter die Zwangsversteigerung betreiben (§ 165 InsO; § 172 ZVG)[5]; wegen des geringsten Gebots s. RN 1088.

1069.1 Weitergehend als im Insolvenzverfahren über das Vermögen des Grundstückseigentümers geht der Vollstreckungsschutz im Falle einer Stabilisierungsanordnung nach dem StaRUG[7]. Danach hat das Restrukturierungsgericht im Rahmen einer Stabilisierungsanordnung zur Wahrung der Aussichten auf die Verwirklichung des Restrukturierungsziels auf Antrag des Schuldners (§ 50 Abs. 1 StaRUG) Maßnahmen der Zwangsvollstreckung zu untersagen oder einstweilen einzustellen (§§ 29 Abs. 2 Nr. 3, 49 Abs. 1 Nr. 1 StaRUG).[8]

1070 Durch die Anordnung der Zwangsversteigerung oder durch die Zulassung des Beitritts erfolgt die **Beschlagnahme** des Grundstücks und der meisten mithaftenden Gegenstände (vor allem Zubehör [RN 1229 ff], nicht aber der Miet- und Pachtzinsansprüche [RN 1264 ff]) für den betreibenden Gläubiger beschlagnahmt (§§ 20, 21 ZVG).

Die Beschlagnahme wirkt wie ein **Veräußerungsverbot** zugunsten des betreibenden Gläubigers bzw. der betreibenden Gläubiger (§ 23 Abs. 1 ZVG). Spätere Verfügungen des Grundstückseigentümers über beschlagnahmte Gegenstände

---

4 Zur *freihändigen* Verwertung gemeinsam *mit* dem Verwalter bzw. vorläufigen Verwalter s. *Knees*, ZIP 2001, 1568 ff. (Ziff. I, 1; II, 1; III, 1). – Ohne Mitwirkung des Insolvenzverwalters bzw. Treuhänders kann der Gläubiger – auch im vereinfachten Insolvenzverfahren nach §§ 311 ff. InsO – das belastete Grundstück nicht *freihändig* verwerten: vgl. *Stöber/Gojowczyk*, § 172 RN 12; *Alff*, Rpfleger 2000, 37 (Anm. zu LG Hamburg v. 1.10.1999); *anders:* LG Hamburg v. 1.10.1999 – 321 T 85/99 –, Rpfleger 2000, 37.
5 Zu Einzelfragen s. *Lwowski/Tetzlaff*, WM 1999, 2336 ff.; *Knees*, ZIP 2001, 1568 ff.
6 Ausführlich: *Lwowski/Tetzlaff*, WM 1999, 2336, 2339 ff., 2343 f.; *Knees*, ZIP 2001, 1568 ff. (Ziff. II, 2. 2. 2; III, 2. 2. 2).
7 Gesetz über den Stabilisierungs- und Restrukturierungsrahmen für Unternehmen v. 22. 12. 2020, BGBl. I S. 3256, in Kraft seit 1. 1. 2021.
8 Einzelheiten bei *Nicht*, NZI 2023, 609 ff.

Gladenbeck

sind einem betreibenden Gläubiger gegenüber insoweit unwirksam, wie sie seinen Anspruch vereiteln würden[9].

Wenn bspw. nach Anordnung der Zwangsversteigerung eine neue Grundschuld bestellt wird, so geht diese im Rahmen des Versteigerungsverfahrens dem betreibenden Gläubiger nach, wird also aus dem Versteigerungserlös erst nach ihm befriedigt. Dies gilt selbst dann, wenn der Gläubiger die Zwangsversteigerung aus einem schuldrechtlichen Zahlungstitel betreibt und für ihn ein dingliches Recht nicht eingetragen ist oder wird.

Die Anordnung der Zwangsversteigerung bzw. jede Beitrittszulassung setzen je *1071* ein eigenes Verfahren in Gang. Diese Verfahren sind zwar alle miteinander verbunden. Dennoch werden in jedem dieser Verfahren das Grundstück und die mithaftenden Gegenstände **nur für den jeweils betreibenden** Gläubiger beschlagnahmt.

Die Beschlagnahmewirkung (RN 1070) tritt für jeden betreibenden Gläubiger immer erst mit Zustellung des von ihm beantragten Anordnungs-[10] bzw. Zulassungsbeschlusses (RN 1069) an den Grundstückseigentümer (§ 22 Abs. 1 Satz 1 ZVG) ein. Die Beschlagnahme durch eine spätere Beitrittszulassung wirkt nicht schon ab dem Zeitpunkt der ersten Beschlagnahme[11].

Wird bspw. zugunsten des Gläubigers 1 die Versteigerung angeordnet, danach für den Gläubiger 2 eine Grundschuld bestellt und dann der Beitritt des Gläubigers 3 wegen eines Geldanspruchs zugelassen, so muss der Gläubiger 3 die Grundschuld des Gläubigers 2 gegen sich gelten (insbesondere bei der Erlösverteilung sich vorgehen) lassen, nicht aber der Gläubiger 1. Denn die Versteigerungsanordnung wirkt wie ein Verfügungsverbot (nur) zugunsten des Gläubigers 1. Bei Bestellung der Grundschuld für den Gläubiger 2 war der Beitritt des Gläubigers 3 noch nicht zugelassen, sodass ihm gegenüber (noch) kein Verfügungsverbot bestand.

Voraussetzung für die Vollstreckung aus einer Grundschuld ist neben dem *1072* Eintritt des Sicherungsfalls (Fälligkeit und Durchsetzbarkeit der gesicherten Forderung, RN 799), die **Fälligkeit der Grundschuld** (RN 278). Eine nach dem 19.08.2008 bestellte Grundschuld (RN 278.1) muss daher gekündigt und die sechsmonatige Kündigungsfrist des § 1193 Abs. 1 Satz 3 BGB abgewartet werden. Das gilt nach Ansicht des BGH sogar dann, wenn eine Zwangs*versteigerung* (zunächst) nur wegen der fälligen dinglichen Zinsen (RN 283) beantragt wird.[12] Voraussetzung für eine solche Zwangsversteigerung ist nach Ansicht des BGH die Kündigung des Kapitals der Grundschuld oder die Androhung der Zwangsversteigerung und das Verstreichen einer **Wartefrist von sechs Monaten.** Das

---

9   BGH v. 31.5.1988 – IX ZR 103/87 – (Ziff. 2c, bb), WM 1988, 1388 = EWiR § 27 ZVG 1/88, 1039 (*Gerhardt*).

10 Der Anordnungsbeschluss kann auch durch Zugang des Eintragungsersuchens beim Grundbuchamt wirksam werden (§ 22 Abs. 1 Satz 2 ZVG).

11 BGH v. 31.5.1988 – IX ZR 103/87 – (Ziff. 2c, bb), WM 1988, 1388 = EWiR § 27 ZVG 1/88, 1039 (*Gerhardt*).

12 BGH v. 30.3.2017 – V ZB 84/16 – (RN 15), WM 2017, 1149 = WuB 2017, 546 (*Lieder/Wernert*).

Vorgehen aus den ohne weiteres fälligen dinglichen Zinsen stellt nach Auffassung des BGH eine Umgehung der durch das Risikobegrenzungsgesetz verschärften Anforderungen an die Verwertungsreife von Sicherungsgrundschulden dar. Die angebliche Regelungslücke schließt der BGH durch eine analoge Anwendung der für das Mobiliarpfand geltenden einmonatigen Wartefrist in Verbindung mit der für die Sicherungsgrundschuld geltenden sechsmonatigen Kündigungsfrist (Rechtsanalogie zu § 1234, 1193 Abs. 1 Satz 3 BGB). Im Hinblick auf das vermeintliche Schutzinteresse des Schuldners mag man die Ansicht des BGH begrüßen.[13] Systematisch überzeugen kann sie jedoch nicht.[14] Letztlich aber muss die Praxis[15] zur Kenntnis nehmen, dass sich die bisher bestehende Möglichkeit zur Überbrückung der sechsmonatigen Kündigungsfrist mit der neuen Rechtsprechung erledigt hat. Auf sonstige Nebenleistungen, die rechtlich wie Zinsen einzuordnen sind (RN 289), dürfte die BGH-Rspr. ohne weiteres übertragbar sein.[16] Abhilfe schafft auch nicht etwa ein Zwangsversteigerungsantrag aus dem persönlichen Titel (abstraktes Schuldversprechen, RN 291 ff.). Auch insoweit verlangt der BGH[17] die Einhaltung der sechsmonatigen Kündigungs- bzw. Wartefrist; das ist wenig überzeugend, hat doch das abstrakte Schuldversprechen mit der Grundschuld und demgemäß mit § 1193 Abs. 1 Satz 3 BGB nichts zu tun.[18]

Demgegenüber darf die Eintragung einer **Zwangssicherungshypothek** – auch auf der Grundlage eines abstrakten Schuldversprechens – sogleich, d. h. ohne Einhaltung einer sechsmonatigen Frist erfolgen;[19] denn die Zwangssicherungshypothek ist nur Vorstufe zu einer möglichen, nicht zwingenden späteren Gläubigerbefriedigung. Sie bewirkt als solche nur die Sicherung zugunsten des Gläubigers.[20]

Auch **Zwangsverwaltungen** sind von der neuen BGH-Rspr. **nicht betroffen**.[21] Denn anders als bei der Zwangsversteigerung droht hier kein Verlust der Immobilie; der vom BGH bemühte Rechtsgedanke aus § 1234 BGB greift insoweit nicht. Außerdem ist die Zwangsverwaltung auch eine Sicherungsmaßnahme,

---

13 Zustimmend *Kesseler*, NJW 2017, 2442; *Clemente*, ZfIR 2017, 523; im Ergebnis auch *Böttcher*, ZfIR, 2018, 121, 124.

14 *Volmer*, MittBayNot 2017, 560, 562 weist zutreffend auf die fehlende Gleichwertigkeit der dispositiven gehörenden Schutzvorschrift des § 1234 BGB sowie das im Vergleich zur Mobiliarvollstreckung völlig unterschiedlich ausgestaltete Schutzniveau in der Immobiliarvollstreckung hin; ähnlich kritisch *Lieder/Wernert*, WuB 2017, 546.

15 Anhang 10 [6b], 11 [6b], und 12 [6b] mit lediglich klarstellender Funktion.

16 *Samhat*, WM 2019, 849, 850; *Kesseler*, NJW 2017, 2442, 2444.

17 BGH v. 30.3.2017 – V ZB 84/16 – (RN 31), WM 2017, 1149 = WuB 2017, 546 (*Lieder/Wernert*).

18 *Kesseler*, NJW 2017, 2442, 2444; *Volmer*, MittBayNot, 2017, 560, 563; *Böttcher*, ZfIR 2018, 121, 124.

19 OLG München v. 25.6.2018 – 34 Wx 144/18 – (RN 29), ZfIR 2018, 740 (mit Anm. *Giesen*) = Rpfleger 2018, 671; OLG München v. 13.4.2018 – 34 Wx 381/17 – (RN 37 ff.), NJW 2018, 2134; *Grüneberg/Herrler*, § 1193 RN 4; *Volmer*, MittBayNot 2017, 560, 563.

20 München v. 13.4.2018 – 34 Wx 381/17 – (RN 37), NJW 2018, 2134 = MittBayNot 2019, 182 (Rebhan).

21 *Stapper/Böhme*, ZfIR 2018, 442; *Samhat*, WM 2019, 849, 850; a. A. (Wartefrist auch bei Zwangsverwaltung notwendig) wohl Clemente, ZfIR 2017, 523, 528.

um das Beleihungsobjekt in seiner Substanz zu erhalten. Der Schutzzweck von § 1193 Abs. 1 Satz 3 BGB rechtfertigt keinen Schutz des Schuldners vor einer Erhaltung der Sicherheit.[22] Deshalb muss außerdem die **dingliche Mietpfändung** (RN 1265) aus den dinglichen Zinsen ohne Wartefrist möglich sein.[23]

Nicht betroffen von diesem Einschnitt sind im Übrigen **Altgrundschulden**, die bis zum 19. 08. 2008 – wie üblich – als sofort fällig bestellt wurden. Wer die Anwendbarkeit der neuen Rechtsprechung auch auf Altgrundschulden bejaht[24], ignoriert die vom Gesetzgeber zweifelsohne bewusst gestaltete Überleitungsregelung in Art. 229 § 18 Abs. 3 EGBGB.

Ist hiernach die Vollstreckung zulässig, wird sie nicht dadurch unzulässig, dass der Eigentümer ohne Anerkennung einer Rechtspflicht und unter Vorbehalt des Rückrufs die insoweit **bedingte Tilgung** der Grundschuld anbietet, erkennbar in der Absicht, die Erfüllung in der Schwebe zu halten. Ein solches Angebot kann der Gläubiger **ablehnen**, ohne in Annahmeverzug zu geraten[25].

Eine (vor Fälligkeit getroffene) Vereinbarung, dass der Gläubiger der Grundschuld, falls die Forderung nicht ordnungsmäßig bezahlt wird, Befriedigung durch Erwerb des Eigentums am Grundstück verlangen darf, ist unwirksam (§ 1149 BGB)[26]. Für eine solche **Verfallklausel** besteht in der Kreditwirtschaft auch kein Bedürfnis.

32.2 Dinglicher Vollstreckungstitel

Um aus der Grundschuld (insbesondere mit ihrem Rang, s. RN 1079) vollstrecken zu können, braucht der Gläubiger einen **Vollstreckungstitel**, nach dem der Eigentümer die Zwangsvollstreckung aus der konkreten Grundschuld **in das belastete Grundstück** dulden muss (dinglicher Titel).   *1073*

Hat der Gläubiger (nur) ein **Urteil oder einen sonstigen Titel**, wonach der Schuldner einen bestimmten *Geldbetrag* zu zahlen hat, so kann er auch daraus die Zwangsvollstreckung in ein Grundstück des Schuldners betreiben. Ihm gehen aber alle zur Zeit der Beschlagnahme des Grundstücks bereits bestehenden (nicht danach bestellte, s. RN 1070, 1071) dinglichen Rechte am Grundstück vor (s. RN 1080 Beispiel 3).

---

22 Ähnlich *Stapper/Böhme*, ZfIR 442, 444, die zudem auf die Notwendigkeit der Zwangsverwaltung als insolvenzfeste Möglichkeit des Zugriffs auf die Mieten hinweisen.

23 *Clemente*, ZfIR 2017, 523, 527.

24 So ohne nähere Begründung *Clemente*, ZfIR 2017, 523, 528.

25 BGH v. 8. 11. 1994 – XI ZR 85/94 –, ZIP 1994, 1839; *Siol*, WM 1996, 2217, 2225.

26 BGH v. 23. 6. 1995 – V ZR 265/93 – (Ziff. II, 1), BGHZ 130, 101 = NJW 1995, 2635 = WM 1995, 1575 = EWiR § 1149 BGB 1/95, 1183 (*Eickmann*). – Eine Verfallklausel zugunsten nicht am Grundstück dinglich gesicherter Personen, etwa zugunsten eines Bürgen (BGH v. 23. 6. 1995, Ziff. II, 2) oder zugunsten des nicht durch ein Grundpfandrecht auf dem Grundstück gesicherten Darlehensgebers (BGH v. 25. 10. 2002 – V ZR 253/01 – [Ziff. II, 2], NJW 2003, 1041 = WM 2003, 157 = ZfIR 2003, 56 = ZIP 2003, 107 = EWiR § 1149 BGB 1/03, 1081 [*Volmer*]) ist aber wirksam; *Siol*, WM 1996, 2217, 2218.

1074 Für die Praxis der Kreditinstitute kommen als dingliche Vollstreckungstitel insbesondere die **notarielle Urkunde**, in der der Eigentümer sich der Zwangsvollstreckung aus der Grundschuld (oder der Hypothek) unterworfen hat (RN 304), oder ein auf Duldung der Zwangsvollstreckung aus der Grundschuld lautendes gerichtliches **Urteil** in Betracht. Im Mahnverfahren kann ein dinglicher Titel nicht erwirkt werden.

Durch ein Urteil fallen höhere Kosten an als durch eine notarielle Urkunde. Deshalb sollte der Gläubiger – falls eine Unterwerfungsurkunde (RN 304) nicht schon vorliegt – den Grundstückseigentümer (in nachweisbarer Weise) **auffordern, sich** binnen einer bestimmten (angemessenen) Frist **vor einem Notar der sofortigen Zwangsvollstreckung aus der Grundschuld zu unterwerfen**. Klage auf Duldung der Zwangsvollstreckung sollte er erst nach fruchtlosem Fristablauf erheben; anderenfalls läuft er Gefahr, dass er die Prozesskosten tragen muss (§ 93 ZPO)[27].

32.3   Geringstes Gebot

1075 Bei der Vollstreckung in ein Grundstück dürfen die dem betreibenden Gläubiger im Rang vorgehenden Rechte nicht beeinträchtigt werden. Deshalb darf nach § 44 Abs. 1 ZVG ein Gebot nur zugelassen werden, wenn es wenigstens alle vorrangigen Rechte und die Versteigerungskosten deckt (geringstes Gebot). Das **geringste Gebot** wird im Versteigerungstermin festgestellt – u. U. auch abweichend von § 44 Abs. 1 ZVG (RN 1110 bis 1112) – und verlesen (§ 66 Abs. 1 ZVG).

Danach wird zur **Abgabe von Geboten** aufgefordert (§ 66 Abs. 2 ZVG). Diese Aufforderung ist eine wichtige Zäsur im Ablauf des Versteigerungstermins, nach der bestimmte, das Verfahren beeinflussende Maßnahmen (bspw. Anmeldung rückständiger Zinsen) nicht mehr möglich sind.

1076 Die Deckung der vorrangigen Rechte erfolgt in erster Linie dadurch, dass sie unverändert bestehen bleiben (§ 52 Abs. 1 ZVG) und vom Ersteher samt Nebenleistungen *ab Zuschlag* (§ 56 Satz 2 ZVG) übernommen werden. Diese Rechte werden im geringsten Gebot im Einzelnen ausdrücklich aufgeführt (**Übernahmegebot**).

Nur ausnahmsweise bleiben Lasten, obwohl sie im geringsten Gebot nicht ausdrücklich genannt sind, trotzdem bestehen; vgl. RN 1078.

Die Nebenleistungen *bis zum Zuschlag* werden nicht übernommen und müssen deshalb aus dem Erlös bar bezahlt werden (können). Darum sind sie bei der Feststellung des geringsten Bargebots (RN 1077) zu berücksichtigen.

1077 Zusätzlich zur Übernahme der bestehen bleibenden Rechte (RN 1076) wird ein Betrag in *bar* geboten und bezahlt (**Bargebot**). Dieser muss wenigstens so hoch sein, dass daraus die Zinsen und sonstigen wiederkehrenden Leistungen aus den bestehen bleibenden Grundpfandrechten *bis zum Zuschlag* (soweit sie zu berücksichtigen sind [RN 1089 bis 1092]) und einige weitere Ansprüche[28], ins-

---

27 *Huber*, S. 128 m. w. N.

28 Im Einzelnen s. § 49 Abs. 1, Halbsatz 1 i. V. m. § 10 Nr. 1 bis 3 und § 12 Nr. 1 und 2 ZVG.

besondere die Verfahrenskosten, Erhaltungsaufwendungen eines die Zwangs-verwaltung betreibenden Gläubigers (dazu RN 1293), rückständige Hausgeldan-sprüche bei Wohnungseigentum sowie laufende und rückständige öffentliche Lasten gedeckt werden können (geringstes Bargebot). Ein geringeres Gebot wird gar nicht zugelassen.

In das geringste Bargebot werden zwar die laufenden Beträge der wiederkehren-den Leistungen (also insbesondere die Zinsen der bestehen bleibenden Grund-pfandrechte) für den Zeitraum bis 14 Tage nach dem Versteigerungstermin eingestellt (§ 47 Satz 1 ZVG). Dennoch werden bei der Erlösverteilung die Zinsen der bestehen bleibenden Grundpfandrechte (nur) bis zum Tage vor dem Zu-schlag befriedigt. Für das geringste Gebot wird ein höherer Betrag lediglich deshalb zugrunde gelegt, damit das Bargebot zur Befriedigung der Zinsen bis zum Zuschlag sicher ausreicht, selbst wenn kein höheres als das geringste Gebot abgegeben und der Zuschlag nicht im Versteigerungstermin, sondern erst später verkündet wird (§ 87 ZVG).

Beim Bieten wird jeweils nur der bar zu zahlende Betrag (Bargebot) genannt. Ihm muss jeder Bieter in Gedanken den **Wert der bestehen bleibenden** (und deshalb zu übernehmenden) **Rechte** (RN 1076) **hinzurechnen.** Die Summe da-raus stellt den Gesamtaufwand für den Erwerb des Grundstücks dar.

Die **im geringsten Gebot nicht berücksichtigten Rechte** – also normalerweise das bestrangig betreibende Recht und alle gleich- und nachrangigen Rechte (s. aber RN 1110 bis 1112) – **erlöschen** (§ 52 Abs. 1 Satz 2 und § 91 Abs. 1 ZVG). Sie werden entsprechend ihrem Rang aus dem Versteigerungserlös befriedigt, so-weit dieser dazu ausreicht. Im Übrigen gehen sie ersatzlos unter. *1078*

Es gibt aber **Ausnahmen.** Privatrechtliche Lasten bleiben, wenn sie *im gerings-ten Gebot nicht* berücksichtigt sind, *ausnahmsweise* bestehen. So beispielsweise[29] eine Reallast für Erbbauzins, deren Bestehenbleiben vereinbart (RN 25) ist[30] (§ 52 Abs. 2 Satz 2 ZVG); ein *Altenteil,* wenn nicht umgekehrt sein Erlöschen festgestellt wird (RN 1083); eine *Notweg- oder Überbaurente*[31] (§ 52 Abs. 2 Satz 1 ZVG).

Öffentliche Lasten werden durch die Zwangsversteigerung nicht berührt und bleiben deshalb ohne Rücksicht auf den Inhalt des geringsten Gebots beste-hen[32], etwa eine *Baulast* (RN 48 bis 50) oder die *Grundsteuer* für den Zeitraum ab Zuschlag (§ 56 Satz 2 ZVG)[33].

Die **Höhe des geringsten Gebots** wird durch den Rang des Rechts bestimmt, aus dem betrieben wird. Wird aus mehreren Rechten betrieben, kommt es auf das *1079*

---

29 Wegen der anderen bestehen bleibenden Rechte s. *Stöber/Gojowczyk,* § 52 RN 43 ff.
30 Im Einzelnen s. *Stöber/Gojowczyk,* § 52 RN 35.
31 Im Einzelnen s. *Stöber/Gojowczyk,* § 52 RN 23.
32 *Stöber/Gojowczyk,* § 52 RN 50. – Zu den einzelnen öffentlichen Lasten s. *Stö-ber/Achenbach,* § 10 RN 48 ff.
33 Die Grundsteuer für den Rest des Jahres, in dem der Zuschlag erfolgt, kann vom Ersteher erhoben werden, obwohl die Haftung für den vollen Jahresbetrag noch vor dem Zuschlag entstanden ist: BVerwG v. 14.8.1992 – 8 C 15/90 –, NJW 1993, 871 = Rpfleger 1992, 443.

Recht mit dem besten Rang an; dabei können aber Rechte nur berücksichtigt werden, wenn der entsprechende Versteigerungs- bzw. Beitrittszulassungsbeschluss (RN 1069) dem Schuldner spätestens vier Wochen vor dem Versteigerungstermin zugestellt worden ist (§ 44 Abs. 2 ZVG).

Ist die (bestrangige) Grundschuld, aus der betrieben wird, zwar mit Rang *nach* einer (Auflassungs-)Vormerkung eingetragen, aber dennoch dieser gegenüber wirksam, so wird die Vormerkung – entgegen der formalen Rangfolge – im geringsten Gebot *nicht* berücksichtigt. Da streitig ist, ob dafür ein Antrag erforderlich ist oder nicht, sollte der Gläubiger dies sicherheitshalber ausdrücklich beantragen. Im Einzelnen wird auf RN 208 verwiesen.

Wegen des geringsten Gebots bei einer Teilungsversteigerung bzw. einer Versteigerung auf Antrag des Insolvenzverwalters s. RN 1085 bis 1087 bzw. 1088.

1080 Im Folgenden vier **Beispiele** zur Berechnung des geringsten Gebots:

Fall 1: Ist bspw. ein (in der zweiten Abteilung unbelastetes) Grundstück mit drei Grundschulden über 150 000 Euro (Nr. 1), 250 000 Euro (Nr. 2) und 200 000 Euro (Nr. 3) in dieser Rangfolge belastet und betreiben die Gläubiger der Grundschulden Nr. 1 und 3, jeweils aus ihrem dinglichen Recht, und außerdem ein persönlicher Gläubiger die Zwangsversteigerung, so besteht das geringste Bargebot (RN 1077) – unterstellt, dass keine Ansprüche nach § 10 Nr. 1 bis 3 ZVG bestehen – lediglich aus dem zur Deckung der Verfahrenskosten erforderlichen Betrag (angenommen 5 500 Euro). Das *Übernahmegebot* (RN 1076) ist null, weil aus der erstrangigen Grundschuld betrieben wird, sodass kein Grundpfandrecht bestehen bleibt, weshalb auch keine Zinsen anzusetzen sind. Insgesamt beträgt also das geringste Gebot 5 500 Euro.

Fall 2: Nimmt der Gläubiger der Grundschuld Nr. 3 seinen Versteigerungsantrag zurück, sodass nur noch der Gläubiger der Grundschuld Nr. 1 und der persönliche Gläubiger betreiben, ändert dies am geringsten Gebot nach Beispiel 1 nichts. Denn dieses richtet sich nach dem bestrangig betreibenden Gläubiger, bezüglich dessen sich nichts geändert hat.

Fall 3: Nimmt auch der Gläubiger der Grundschuld Nr. 1 seinen Versteigerungsantrag zurück, sodass nur noch der persönliche Gläubiger betreibt, steigt das *Übernahmegebot* (RN 1076) auf 600 000 Euro (= 150 000 Euro + 250 000 Euro + 200 000 Euro).

Das geringste *Bar*gebot (RN 1077) erhöht sich – unterstellt, dass keine sonstigen Ansprüche nach § 12 Nr. 1 und 2 ZVG aus den bestehen bleibenden Rechten in Betracht kommen – um die laufenden und, soweit rechtzeitig angemeldet (RN 1091), um die für bis zu zwei Jahre rückständigen Zinsen aus den Grundschulden Nr. 1, 2 und 3. Wie hoch dieser Betrag ist, hängt vom Zinssatz, von der Zinsfälligkeit (RN 1089, 1090), vom Zeitpunkt der ersten Beschlagnahme (RN 1092) und davon ab, ob und in welchem Umfang rückständige Zinsen angemeldet werden.

Nimmt man an, dass alle (Grundschuld-)Zinsen jährlich nachträglich fällig sind, dass die erste Beschlagnahme am 15. 7. 2009 erfolgte, dass der Versteigerungs-

termin am 17.12.2010[34] stattfindet und dass alle rückständigen Zinsen angemeldet werden, so sind Zinsen für fünf Jahre, nämlich die *laufenden* Zinsen ab
1.1.2008 (RN 1090, Beispiel 1) bis zwei Wochen nach dem Versteigerungstermin (RN 1077), also bis 31.12.2010, und die *rückständigen* Zinsen für zwei Jahre
davor (also für die Jahre 2006 und 2007) in das geringste Bargebot einzustellen.
Bei einem Zinssatz von (nur) 10 % für alle drei Pfandrechte erhöht sich das
geringste Bargebot also um 300 000 Euro (= fünfmal 10 % aus 600 000 Euro) auf
30 5500 Euro.

Danach beträgt das geringste Gebot (also Bargebot *und* Übernahmegebot) insgesamt 905 500 Euro.

Fall 4: Hätte auch der Gläubiger Nr. 2 aus seiner Grundschuld die Zwangsversteigerung beantragt und wäre seine Beitrittszulassung dem Schuldner mindestens 4 Wochen vor dem Versteigerungstermin zugestellt worden (§ 44 Abs. 2
ZVG), so würde sich – nach Rücknahme des Versteigerungsantrags durch den
Gläubiger Nr. 1 – das geringste Gebot nach der Grundschuld Nr. 2 als dem (jetzt)
bestrangig betreibenden Recht richten. Das *Übernahmegebot* (RN 1076) betrüge
dann 150 000 Euro (= Grundschuld Nr. 1) und das geringste Bargebot
(RN 1077) – bei den gleichen Annahmen wie im Beispiel 3 – 80 500 Euro (=
fünfmal 10 % Zinsen aus 150 000 Euro + Verfahrenskosten von 5500 Euro).

Insgesamt beliefe sich das geringste Gebot (also Bargebot *und* Übernahmegebot)
auf 230 500 Euro.

Das geringste Gebot ist eine **maßgebliche Grundlage für das ganze Versteige-**   1081
rungsverfahren und für die Gebote der Interessenten. Da es sich nach dem
bestrangig betreibenden Gläubiger richtet, kann dieser durch Rücknahme seines Antrags oder durch Einstellungsbewilligung eine Unterbrechung des Verfahrens erzwingen[35]. Deshalb wird, wenn ein Dritter durch Ablösung das Verfahren manipulieren will (RN 1096), in erster Linie der bestrangig betreibende
Gläubiger abgelöst.

Die Beispiele RN 1080 zeigen, wie stark die Position des bestrangig betreibenden
Gläubigers ist. Der (nicht selbst betreibende) Gläubiger 2 erhält im Beispiel 1
und 2 – sofern der Versteigerungserlös hoch genug ist – volle Befriedigung aus
seiner Grundschuld und aus den Grundschuldzinsen, weil der *vorrangige Gläubiger betreibt*. Die Chance, dass Bietinteressenten vorhanden sind, ist bei dem
sehr niedrigen geringsten Gebot groß.

Im Fall 4 erhält der Gläubiger Nr. 2 – bei ausreichendem Versteigerungserlös –
ebenfalls volle Befriedigung, weil jetzt *er betreibt*. Das geringste Gebot ist höher
als in den Beispielen 1 und 2. Das folgt aber aus dem Rang seiner Grundschuld.

Im Fall 3 erhält der *nicht betreibende* Gläubiger Nr. 2 – selbst bei ausreichendem
Versteigerungserlös – nur die laufenden und für zwei Jahre rückständigen Zinsen aus seiner Grundschuld Nr. 2, nicht aber das Grundschuldkapital, weil die

---

34 Normalerweise finden so kurz vor Weihnachten keine Zwangsversteigerungen statt.
    Es kommt hier nur darauf an, das Prinzip darzustellen.
35 *Stöber/Becker*, § 66 RN 63.

Grundschuld bestehen bleibt. Bei dem hohen geringsten Gebot ist es allerdings fraglich, ob sich überhaupt Bietinteressenten für das Grundstück finden.

1082 Auf Verlangen eines Beteiligten wird für die Feststellung des geringsten Gebots vom Gesetz **abweichende Versteigerungsbedingungen** festgestellt. Dazu bedarf es aber der Zustimmung derjenigen anderen Beteiligten, deren Recht dadurch beeinträchtigt wird. Im Einzelnen wird auf RN 1110 bis 1113 verwiesen.

1083 Ein **Altenteil** (RN 1084) bleibt – selbst wenn es im geringsten Gebot nicht berücksichtigt ist – dennoch bestehen, wenn und soweit das jeweilige Landesrecht[36] dies vorsieht (§ 9 Abs. 1 EGZVG). Dies gilt selbst dann, wenn es dem bestrangig betreibenden Gläubiger im Rang nachgeht oder gleichsteht. Es erlischt nur, wenn umgekehrt sein Erlöschen als Versteigerungsbedingung ausdrücklich festgestellt ist, was **nur auf Antrag** geschieht. Darauf hat der die Zwangsversteigerung durchführende Rechtspfleger die Beteiligten hinzuweisen[37].

Das gilt allerdings nicht für ein Altenteil, das erst *nach* dem Versteigerungsvermerk bzw. (wenn der Gläubiger, auf dessen Antrag die Zwangsversteigerung angeordnet worden ist, das Verfahren nicht mehr betreibt) nach der Zulassung des noch betreibenden (bestrangigen) Gläubigers in das Grundbuch eingetragen worden ist[38].

Der Inhaber eines Rechts mit Rang *vor* dem Altenteil oder mit *gleichem* Rang wie dieses (nicht eines nachrangigen Rechts) kann verlangen, dass das Altenteil erlischt, wenn sein Recht durch das Fortbestehen beeinträchtigt werden würde; die Zustimmung anderer Beteiligter, insbesondere des Inhabers des Altenteils, ist nicht erforderlich (§ 9 Abs. 2 EGZVG). Wird dieser Antrag gestellt, so ist das Grundstück doppelt auszubieten, und zwar sowohl mit wie ohne Belastung durch das Altenteil[39]. Das Grundstück ist unter Fortbestand des Altenteils zuzuschlagen, vorausgesetzt, dass der (vor- oder gleichrangige) *Antragsteller* dabei voll befriedigt wird oder wenigstens nicht weniger als bei Erlöschen des Altenteils erhält[40]. Es kommt nicht darauf an, ob das Gebot mit Erlöschen des Altenteils ein höheres Ergebnis hat oder ob ein vorrangiges Recht, dessen Inhaber das Erlöschen des Altenteils *nicht* beantragt hat, beeinträchtigt wird. Es ist deshalb zu empfehlen, dass *jeder* vor- bzw. gleichrangige Gläubiger diesen Antrag stellt.

---

36 Überblick bei *Stöber/Keller*, § 9 EGZVG RN 21; Baden-Württemberg: § 33 GVG-AG; Bayern: Art. 30 GVG-AG; Berlin: Art. 6 Abs. 2 ZVG-AG; Hessen: Art. 4 Abs. 2 ZVG-AG; Niedersachsen: § 1 Abs. 2 ZVG-AG; Nordrhein-Westfalen: Art. 6 Abs. 2 ZVG-AG; Rheinland-Pfalz: § 5 Abs. 2 ZVG-AG; Saarland: § 43 Abs. 2 Justizausführungsgesetz; Schleswig-Holstein: Art. 6 Abs. 2 ZVG-AG.

37 BGH v. 21. 3. 1991 – III ZR 118/89 – (Ziff. II, 1 b), NJW 1991, 2759 = Rpfleger 1991, 329 = WM 1991, 1182.

38 OLG Hamm v. 5. 12. 2000 – 19 U 88/99 –, Rpfleger 2001, 254; *Stöber/Keller*, § 9 EGZVG, RN 23; *Hintze*, Rpfleger 2004, 69, 72 (Ziff. I, 6 b); streitig.

39 Im Einzelnen s. *Drischler*, Rpfleger 1983, 229, 230 mit Beispielen.

40 *Stöber/Keller*, § 9 EGZVG, RN 31 und 35.

Die Begünstigung des Altenteils hängt – trotz des Wortlauts von § 9 Abs. 1 EGZVG – vom *Inhalt* des Rechts ab, nicht von der Bezeichnung im Grundbuch[41]; es genügt, dass sich das Wesen des Rechts als Altenteil aus der Grundbucheintragung oder – sofern darauf Bezug genommen worden ist – aus der Eintragungsbewilligung ergibt. Da die Abgrenzung im Einzelnen umstritten ist, sollte der möglicherweise dadurch betroffene Gläubiger **im Zweifel das Erlöschen beantragen.**

Ein **Altenteil** – auch Leibgeding, Leibzucht, Auszug – besteht aus Sach- und Dienstleistungen, die der Versorgung des Berechtigten dienen, auf und aus dem Grundstück gewährt werden und eine – regelmäßig lebenslange – Verbindung des Berechtigten zum Grundstück bezwecken[42]. **Üblicher Inhalt** ist freie Wohnung verbunden mit sonstigen Versorgungsleistungen. Ein Altenteil kann auch an einem städtischen Grundstück bestehen. Das Grundstück muss nicht (auch nicht teilweise) die wirtschaftliche Existenz des Übernehmers sichern[43]. *1084*

32.3a Geringstes Gebot in der Teilungsversteigerung

Steht das Eigentum an einem Grundstück mehreren[44] Personen (z. B. Ehegatten[45] in Bruchteilsgemeinschaft oder Miterben in Erbengemeinschaft) zu, so kann jeder Miteigentümer die **Versteigerung des Grundstücks zur Aufhebung der Gemeinschaft** betreiben. Einen betreibenden *Gläubiger* gibt es nicht; dessen Rolle kommt dem Antragsteller zu. *1085*

Die **Teilungsversteigerung** ist ein gänzlich anderes Verfahren als die Zwangsversteigerung. Eine Verbindung oder ein gegenseitiger Beitritt ist darum nicht

---

41 RG v. 30.10.1939 – V 83/39 – (Ziff. III), RGZ 162, 52; BayObLG v. 26.4.1993 – 1 Z RR 397/92 –, NJW-RR 1993, 984 = Rpfleger 1993, 443; *Drischler*, Rpfleger, 1983, 229, 230; *Hagena*, BWNotZ 1975, 73, 79 f.

42 BGH v. 3.2.1994 – V ZB 31/93 – (Ziff. III, 3), BGHZ 125, 69 = WM 1994, 1134 m. w. N.; BayObLG v. 25.3.1975 – 2 Z 8/75 – (Ziff. 2), Rpfleger 1975, 314 m. w. N.; RG v. 30.10.1939 – V 83/39 – (Ziff. I), RGZ 162, 52; *Grüneberg/Herrler*, Art. 96 EGBGB RN 1 bis 4 m. w. N.; *Stöber/Keller*, Art. 9 EGZVG RN 7; *Drischler*, Rpfleger 1983, 229, 230; Mayer, Rpfleger 1993, 320 m. w. N.

43 BGH v. 3.2.1994 – V ZB 31/93 – (Ziff. III, 3), BGHZ 125, 69 = WM 1994, 1134 m. w. N.; RG v. 30.10.1939 – V 83/39 – (Ziff. II), RGZ 162, 52; *anders:* OLG Düsseldorf v. 28.5.2001 – 9 U 242/00 –, Rpfleger 2001, 542; OLG Köln v. 1.4.1992 – 2 Wx 7/91 –, Rpfleger 1992, 431.

44 Selbst bei Vereinigung der Bruchteile in der Hand nur eines Inhabers ist Teilungsversteigerung zulässig, wenn ein Bruchteil dem Inhaber als nicht befreitem Vorerben zusteht, so für Erbbaurecht BGH v. 16.7.2004 – IXa ZB 330/03 – (Ziff. II, 2), WM 2004, 1843 = FamRZ 2004, 1719 = Rpfleger 2004, 721 = NJW-RR 2004, 1513 = MDR 2005, 112 = DNotZ 2005, 123 = MittBayNot 2005, 157 (*Wicke*) = ZflR 2005, 70 (*Eickmann*); *Stöber/Kiderlen*, § 180 RN 16.

45 Stellt der Miteigentumsanteil das ganze Vermögen eines im gesetzlichen Güterstand lebenden Ehegatten dar, bedarf sein Antrag auf Anordnung der Teilungsversteigerung in entsprechender Anwendung von § 1365 BGB der Zustimmung des anderen Ehegatten, BGH vom 14.6.2007 – V ZB 102/06 – (Ziff. III, 2), WM in 2007, 1791 = Rpfleger 2007, 558 = NJW 2007, 3124 = ZflR 2008, 28 = DNotZ 2008, 132 = WuB VI E § 28 ZVG 1.08 (*Brehm*); hierzu *Zimmer/Pieper* NJW 2007, 3104.

möglich. Andererseits behindern sich die Verfahren auch nicht und können deshalb nebeneinander betrieben werden[46].

Ist der Anteil eines Miteigentümers (bspw. eines Miterben) gepfändet und dem Pfändungspfandgläubiger zur Einziehung überwiesen worden, so kann auch dieser die Teilungsversteigerung betreiben[47].

1086 Alle den Anteil des *Antragstellers* belastenden oder mitbelastenden Rechte und alle Rechte, die einem solchen Recht im Rang vorgehen oder gleichstehen, sind im **geringsten Gebot** zu berücksichtigen (§ 182 Abs. 1 ZVG)[32].

Bei einer Gesamthandsgemeinschaft (bspw. einer Erbengemeinschaft oder einer Gesellschaft des bürgerlichen Rechts) kommen nur einheitliche Belastungen des ganzen Grundstücks in Betracht.

Bei Bruchteilseigentum (RN 40) können dagegen die Anteile der einzelnen Miteigentümer unterschiedlich belastet sein. **Betreiben** in einem solchen Fall **mehrere Miteigentümer** die Teilungsversteigerung, so ist die Feststellung des geringsten Gebots schwierig und umstritten[48]. Das Risiko, dass ein der Kreditsicherung dienendes Grundpfandrecht erlischt, ist dann noch größer als bei nur einem Antragsteller, weshalb die Empfehlung, das Verfahren kritisch zu begleiten (RN 1087), hier erst recht gilt.

Beispielsfall: Das einem Ehepaar in Miteigentum zu je 1/2 gehörende Grundstück ist wie folgt mit Grundpfandrechten belastet:

	Anteil des Mannes	Anteil der Frau
Nr. 1	20 000 Euro Grundschuld	
Nr. 2		40 000 Euro Grundschuld
Nr. 3	100 000 Euro Grundschuld auf beiden Anteilen	
Nr. 4		30 000 Euro Grundschuld
Nr. 5	20 000 Euro Grundschuld	

Betreibt (nur) einer der Miteigentümer, hier der Ehemann, die Teilungsversteigerung, so kommen die Grundschulden Nr. 1, 3 und 5 in das geringste Übernahmegebot, weil sie den Anteil des die Versteigerung betreibenden Ehemannes belasten (Nr. 1 und 5) bzw. mitbelasten (Nr. 3), sowie die Grundschuld Nr. 2, weil sie der den Anteil des Mannes belastenden Nr. 3 im Rang vorgeht.

Die Grundschuld Nr. 4 fällt dagegen nicht in das geringste Gebot. Sie geht – trotz der niedrigeren Ordnungsziffer – der Grundschuld Nr. 5 *nicht* im Range vor, weil die Grundschulden Nr. 4 und 5 jeweils ausschließlich verschiedene Anteile belasten, sodass zwischen ihnen ein (materiell-rechtliches) Rangverhältnis nicht besteht[49].

---

46 Im Einzelnen *Stöber/Kiderlen*, § 180 RN 307; *Hamme*, Rpfleger 2002, 248, beide m. w. N.

47 BGH v. 19. 11. 1998 – IX ZR 284/97 – (Ziff. II, 2), WM 1999, 35 = EWiR § 753 BGB 1/99, 55 (*Hintze*n).

48 Zur sog. Niedrigstgebots-Lösung BGH v. 15. 9. 2016 – V ZB 136/14 – (RN 18), BGHZ 212, 29 = WM 2017, 38 = ZfIR 2017, 251 = WuB 2017, 227 (*Hintze*n); vgl. *Stöber/Kiderlen*, § 182 RN 28 ff.

49 *Stöber/Kiderlen*, § 182 RN 19.

Die Zinsen aus den im geringsten Gebot berücksichtigten Rechten (also Nr. 1, 2, 3 und 5) werden in das **geringste Bargebot** eingestellt, und zwar die laufenden ohne Antrag und ferner, wenn und soweit sie rechtzeitig angemeldet werden, die für bis zu zwei Jahre rückständigen (RN 1089 bis 1092).

Ist bei jedem Anteil ein gleich hoher Betrag zu berücksichtigen (so wie im Beispiel, falls für die Grundschulden Nr. 1 und 5 einerseits und für Nr. 2 andererseits gleich hohe Zinsen eingestellt werden müssen), so bleibt es dabei. Ist dagegen im geringsten Gebot für einen Anteil insgesamt ein höherer Betrag zu berücksichtigen als für einen anderen Anteil, so erhöht sich das geringste Bargebot um den für den Ausgleich erforderlichen Betrag (§ 182 Abs. 2 ZVG)[50].

Die **im geringsten (Übernahme-)Gebot** berücksichtigten Grundschulden (und sonstigen Rechte) **bleiben bestehen** (RN 1076) und werden samt Nebenleistung ab Zuschlag vom Ersteher – als Teil der Gegenleistung für den Erwerb des Grundstücks – übernommen.   *1087*

Das gilt auch dann, wenn die (alle) bisherigen Eigentümer[51] oder einer von ihnen[52] Gläubiger der Grundschuld sind oder wenn ein bisheriger Miteigentümer das Grundstück erwirbt und die Grundschuld noch nicht oder nicht mehr valutiert ist[53].

Die **nicht im geringsten Gebot** berücksichtigten Rechte (also im Beispiel RN 1086: die Grundschuld Nr. 4) **erlöschen** und werden nur insoweit befriedigt, wie der Erlös dafür ausreicht.

Der Gläubiger eines Grundpfandrechts darf also *nicht* davon ausgehen, dass sein Recht bei einer Teilungsversteigerung mit Sicherheit in das geringste Gebot falle und also nicht gefährdet sei. Deshalb muss der Gläubiger auch das **Verfahren** einer Teilungsversteigerung **kritisch begleiten**.

Ein nach Beendigung der Teilungsversteigerung und Befriedigung der erlöschenden Rechte etwa verbleibender **Resterlös tritt an die Stelle des Grundstücks** und gehört den bisherigen Miteigentümern[54]. Bei der sich anschließenden Aufteilung des Erlöses zwischen den bisherigen Miteigentümern können gegenseitige Ansprüche – etwa auf Freistellung der anderen von einer lediglich im Interesse eines Einzelnen bestellten Grundschuld – geltend gemacht und berücksichtigt werden[55].

---

50 Vgl. im Einzelnen *Stöber/Kiderlen*, § 182 RN 53 ff.
51 BGH v. 31.10.1985 – IX ZR 95/85 – (Ziff. 1b), WM 1986, 106 = EWiR § 1172 BGB 1/86, 145 (*Gaberdiel*); *Schmitz*, WM 1991, 1061, 1068.
52 BGH v. 13.1.1984 – V ZR 267/82 – (Ziff. II, 3 a), WM 1984, 542; OLG München v. 20.07.2022 – 7 U 6031/20 – (Miterbe), ZfIR 2023, 40 (*Chermiti*); *Schmitz*, WM 1991, 1061, 1068.
53 BGH v. 25.9.1986 – IX ZR 206/85 – (Ziff. II, 2), NJW-RR 1987, 76 = Rpfleger 1987, 30 = WM 1986, 1441 = ZIP 1986, 1452 = EWiR § 1191 BGB 8/86, 1197 (*Clemente*); *Schmitz*, WM 1991, 1061, 1068.
54 *Stöber/Kiderlen*, § 180 RN 292.
55 BGH v. 13.1.1984 – V ZR 267/82 – (Ziff. II, 3 a), WM 1984, 542; OLG Köln v. 27.3.1991 – 2 U 53/90 –, EWiR § 180 ZVG 1/91, 831 (*Hintze*n).

32.3b Geringstes Gebot in der Versteigerung auf Antrag des Insolvenzverwalters

1088 In der Versteigerung auf Antrag des Insolvenzverwalters (§ 165 InsO, § 172 ZVG) wird – wenn keine Abweichungen beantragt werden – das geringste Gebot in derselben Weise aufgestellt, **wie wenn** ein (dinglich nicht gesicherter) **persönlicher Gläubiger das Verfahren betreiben würde**. Das bedeutet, dass alle bei Eintragung des Versteigerungsvermerks bestehenden Belastungen in das geringste Gebot aufgenommen werden; das entspricht der Vorstellung des Gesetzgebers, wonach die Versteigerung auf Antrag des Insolvenzverwalters den Zweck hat, dasjenige zur Insolvenzmasse einzuziehen, was nach Befriedigung der (insolvenzfesten) Rechte am Grundstück von dessen Wert übrig bleibt[56].

Ein **Gläubiger**, dessen Grundschuld danach ins geringste Gebot aufzunehmen ist, kann jedoch – sofern er einen durch diese Grundschuld gesicherten persönlichen Anspruch gegen den Insolvenzschuldner hat und sein Recht, sich deswegen aus dem Grundstück zu befriedigen, vom Insolvenzverwalter anerkannt wird[57] – verlangen, dass **nur die seinem Recht vorrangigen Rechte im geringsten Gebot** berücksichtigt werden (§ 174 ZVG)[58]. Das ermöglicht die alsbaldige Feststellung, ob der Gläubiger einen Ausfall erleidet und wie hoch dieser ist, wovon wiederum abhängt, ob und in welcher Höhe er mit seinem persönlichen Anspruch an der Verteilung der Insolvenzmasse teilnimmt (§ 190 InsO)[59].

Der Antrag kann bis zum Schluss der Verhandlung im Versteigerungstermin – also auch noch bei der Verhandlung über den Zuschlag (dann muss erneut zur Abgabe von Geboten aufgefordert werden)[60] – gestellt werden (§ 174 ZVG). Eine Zustimmung der gleich- oder nachrangigen Berechtigten ist – anders als nach § 59 ZVG – nicht erforderlich[61].

Wird der Antrag gestellt, so erfolgt ein Doppelausgebot (RN 1113). Sofern ein Gebot zu den abweichenden Bestimmungen (nämlich entsprechend dem Antrag des Gläubigers) abgegeben wird, so ist – abweichend von § 81 ZVG – darauf (bei mehreren Geboten auf das höchste) der Zuschlag zu erteilen, selbst wenn das Meistgebot zu den abweichenden Bestimmungen geringer ist als ein etwa daneben zu den normalen Bestimmungen abgegebenes Gebot[62]. Der Gläubiger wird damit praktisch so gestellt, wie wenn er aus seinem Recht betreiben würde[63].

---

56 *Stöber/Gojowczyk*, § 174 RN 3; *Stöber*, NJW 2000, 3600 (Ziff. III, 2).

57 *Stöber/Gojowczyk*, § 174 RN 6b.

58 Beispiele für die Ermittlung des geringsten Gebots: *Muth*, ZIP 1999, 945 (Ziff. III, 4).

59 *Stöber/Gojowczyk*, § 174 RN 5; *Stöber*, NJW 2000, 3600 (Ziff. III, 3).

60 *Stöber/Gojowczyk*, § 174 RN 11; *anders* (nur bis zum Schluss der Versteigerung): *Muth*, ZIP 1999, 945 (Ziff. III, 5).

61 *Stöber/Gojowczyk*, § 174 RN 8.

62 *Stöber/Gojowczyk*, § 174 RN 16; *Muth*, ZIP 1999, 945 (Ziff. IV, 3); für den Fall mehrerer Ausgebote nach § 174 ZVG: *Muth*, ZIP 1999, 945 (Ziff. IV, 4).

63 *Muth*, ZIP 1999, 945 (Ziff. II, 2); *Stöber*, NJW 2000, 3800 (Ziff. III, 4).

Der **Insolvenzverwalter** kann – sofern die Insolvenzmasse **Ersatz von Feststellungskosten** nach § 10 Abs. 1 Nr. 1a ZVG zu beanspruchen hat[64] – verlangen, dass im geringsten Gebot nur die diesem Anspruch im Rang vorgehenden Rechte berücksichtigt werden (§ 174a ZVG). Der Antrag, der bis zum Schluss der Verhandlung im Versteigerungstermin gestellt werden kann[65], führt dazu, dass das Grundstück auch zu den abweichenden Bedingungen ausgeboten werden muss.

Hier besteht **Gefahr für die dinglichen Rechte.** Werden nur Gebote zu den (entsprechend dem Antrag des Insolvenzverwalters) abweichenden Bedingungen abgegeben (was bei einem hoch belasteten Grundstück wahrscheinlich ist), so wird das Grundstück dem Meistbietenden zu diesen Bedingungen zugeschlagen[66]. Das bedeutet, dass alle dinglichen Rechte, und zwar nicht nur Grundpfandrechte, sondern auch die Rechte der Zweiten Abteilung, also etwa eine Auflassungsvormerkung oder ein Nutzungsrecht erlöschen[67].

Der gesicherte Gläubiger kann sich dagegen im ersten Termin durch den Antrag auf Versagung des Zuschlags nach § 74a ZVG wehren, falls das Gebot 7/10 des festgesetzten Werts nicht erreicht (RN 1201 bis 1203)[68]. Im Übrigen kann er sich nur dadurch schützen, dass er die nach § 10 Abs. 1 Nr. 1a ZVG zu berücksichtigenden Feststellungskosten ablöst[69], ein Grundpfandgläubiger auch dadurch, dass er auf die abweichenden Bedingungen so lange mitbietet, bis sein Recht ausgeboten ist.

32.4 In der Versteigerung zu berücksichtigende Grundschuldzinsen

Den Rang der Grundschuld haben die **laufenden Zinsen** und die laufenden *1089* Beträge der sonstigen wiederkehrenden Leistungen (§ 10 Abs. 1 Nr. 4 ZVG). Maß-

---

64 Erstreckt sich die Zwangsversteigerung auf (wenigstens) einen beweglichen Gegenstand, z. B. ein Zubehörstück (RN 1229 ff.), so sind der Insolvenzmasse die Kosten der Feststellung der beweglichen Gegenstände, auf die sich die Versteigerung erstreckt, mit pauschal 4 % des nach § 74a Abs. 5 Satz 2 ZVG dafür festgestellten Werts zu erstatten, vorausgesetzt, dass ein Insolvenzverwalter bestellt ist (§ 10 Abs. 1 Nr. 1a ZVG). Im Einzelnen s. *Stöber/Achenbach*, § 10 RN 22 ff.

65 *Stöber/Gojowczyk*, § 174a RN 4; *anders* (nur bis zum Schluss der Versteigerung): *Muth*, ZIP 1999, 945 (Ziff. III, 5).

66 *Stöber/Gojowczyk*, § 174a RN 5b.

67 Die Regelung wird in der Literatur als völlig verunglückt entschieden abgelehnt: *Stöber/Gojowczyk*, § 174a RN 1a; *Muth*, ZIP 1999, 945 (Ziff. IV, 4 bis 7); *Stöber*, NJW 2000, 3600 (Ziff. IV bis VI); *Knees*, ZIP 2001, 1568 (Ziff. III, 2. 2. 4); s. *Lwowski/Tetzlaff*, WM 1999, 2336 (Abschn. B, II).

68 Bei einem Meistgebot unter 50 % des festgesetzten Werts ist der Zuschlag von Amts wegen zu versagen (RN 1196 bis 1200); § 85a ZVG ist auch in der Insolvenzverwalter-Versteigerung anwendbar (*Stöber/Becker*, § 85a RN 3).

69 Es ist aber fraglich, ob und ggf. wie der ablösende Gläubiger den gezahlten Betrag geltend machen kann; vgl. dazu: *Stöber/Gojowczyk*, § 174a RN 9; *Lwowski/Tetzlaff*, WM 1999, 2336 (Abschn. B, II); *Muth*, ZIP 1999, 945 (Ziff. V, 1); *Stöber*, NJW 2000, 3600 (Ziff. V, 3 c).

gebend ist die für die Zinsen bzw. die sonstigen Nebenleistungen vereinbarte Fälligkeit (z. B. jährlich nachträglich), die von der für das Grundschuldkapital vereinbarten (z. B. sofort fällig) abweichen kann (RN 283).

Laufende Beträge sind der letzte[70] vor der (ersten) Beschlagnahme (RN 1092) fällig gewordene Betrag und alle (bis zum Ende der Verzinsung im Verfahren, s. RN 1093, 1094) später fällig werdenden Beträge (§ 13 Abs. 1 Satz 1 ZVG).

Laufende Beträge werden im Versteigerungsverfahren **ohne Anmeldung**, also von Amts wegen berücksichtigt (§ 45 Abs. 2 ZVG). Dennoch sollten sie natürlich berechnet und dem Versteigerungsgericht mitgeteilt werden.

1090 Hierzu vier Beispielsfälle:

Fall 1: Werden bspw. die Zinsen für die *Grundschuld* (auf die Fälligkeit der Zinsen für das gesicherte *Darlehen* kommt es nicht an) kalenderjährlich *nachträglich* am ersten (Werk-)Tag des folgenden Jahres fällig[71] und erfolgt die Beschlagnahme am 15. 7. 2010, so sind die am 1. 1. 2010 fälligen *Zinsen für das Jahr 2009* der letzte vor der Beschlagnahme fällig gewordene Betrag. *Laufende* Zinsen sind also die Zinsen ab 1. 1. 2009 bis zur Erlösverteilung bzw. bis zum Zuschlag (RN 1093, 1094).

Fall 2: Sind dagegen die Grundschuldzinsen kalenderjährlich *im Voraus* fällig, so sind die am 1. 1. 2010 geschuldeten Zinsen *für das Jahr 2010* der letzte vor der Beschlagnahme am 15. 7. 2010 fällig gewesene Betrag. *Laufende* Zinsen sind dann die Zinsen ab 1. 1. 2010 bis zum Ende des Verfahrens (RN 1093, 1094). Der Gesamtbetrag der laufenden Zinsen ist also um einen Jahresbetrag (nämlich für 2009) geringer als im Fall 1.

Fall 3: Sind die Zinsen kalender*viertel*jährlich *nachträglich* zu zahlen, so ist der am 1. 7. 2010 zu zahlende Betrag für das zweite Quartal 2010 der letzte vor der Beschlagnahme (15. 7. 2010) fällige Betrag. Die Zinsen ab 1. 4. 2010 sind dann *laufende*. Der Gesamtbetrag der laufenden Zinsen ist also um den Betrag für ein und ein Viertel Jahre (für die Zeit vom 1. 1. 2009 bis 31. 3. 2010) geringer als im Beispiel 1 und um ein viertel Jahr (für die Zeit vom 1.1. bis 31. 3. 2010) geringer als im Fall 2.

Fall 4: Werden die Zinsen kalender*viertel*jährlich *im Voraus* geschuldet, so sind die Zinsen für das *dritte* Quartal 2010 der letzte vor der Beschlagnahme (15. 7. 2010) geschuldete Betrag. *Laufende* Zinsen sind dann die Zinsen ab 1. 7. 2010. Der Gesamtbetrag der laufenden Zinsen ist also noch einmal um einen Vierteljahresbetrag (für die Zeit vom 1.4. bis 30. 6. 2010) geringer als im Fall 3.

1091 Zusätzlich zu den laufenden Zinsen können noch für **bis zu zwei Jahre rückständige Zinsen** im Rang der Grundschuld geltend gemacht werden (§ 10 Abs. 1 Nr. 4 ZVG). Insgesamt können also in den Beispielen der RN 1090 Zinsen für den

---

70 Das gilt allerdings nicht, wenn der letzte Fälligkeitstermin mehr als 2 Jahre vor der Beschlagnahme liegt (§ 13 Abs. 3 ZVG).
71 Anhang 1 [4], 2 [4], 3 [4] und 4 [3]; ebenso Vorschlag des Ausschusses für Schuld- und Liegenschaftsrecht der Bundesnotarkammer für ein Grundschuldformular, Teil A II, 1 (DNotZ 2002, 84, 86).

Zeitraum ab 1.1.2007 (Beispiel 1), ab 1.1.2008 (Beispiel 2), ab 1.4.2008 (Beispiel 3) bzw. ab 1.7.2008 (Beispiel 4) jeweils bis zur Erlösverteilung bzw. bis zum Zuschlag (RN 1093, 1094) mit dem gleichen Rang wie die Grundschuld geltend gemacht werden.

Die (für bis zu zwei Jahre) rückständigen Beträge werden im Verfahren **nur berücksichtigt, wenn** sie **ausdrücklich angemeldet** werden; sie brauchen allerdings – selbst wenn sie bestritten werden sollten – nicht glaubhaft gemacht zu werden (§ 45 Abs. 2 ZVG).

Die Anmeldung muss spätestens im Versteigerungstermin vor der Aufforderung zur Abgabe von Geboten (RN 1075) erfolgen (im Einzelnen s. RN 1115).

Soweit es um die Feststellung geht, welche Beträge laufende bzw. rückständige sind, ist der **Beschlagnahmezeitpunkt** durch den ersten betreibenden Gläubiger **auch für alle anderen Verfahren** maßgeblich (§ 13 Abs. 4 Satz 1 ZVG). *1092*

Dabei bleibt es sogar dann, wenn das erste Verfahren (etwa wegen Rücknahme des Versteigerungsantrags) aufgehoben wird. Voraussetzung ist allerdings, dass immer wenigstens aus *einem* Anordnungs- bzw. Beitrittsbeschluss die Zwangsversteigerung des Grundstücks betrieben worden ist[72], sodass also das Verfahren von der ersten Beschlagnahme an ohne Unterbrechung anhängig war.

Schließt sich ein Zwangsversteigerungsverfahren ohne jede Unterbrechung an ein Zwangsverwaltungsverfahren an (nicht umgekehrt)[73], so ist die Anordnung der Zwangsverwaltung der maßgebliche Zeitpunkt der Beschlagnahme (§ 13 Abs. 4 Satz 2 ZVG).

Diese Ausnahme von dem in RN 1071 dargestellten Prinzip gilt aber nur für die Abgrenzung zwischen laufenden und rückständigen Beträgen wiederkehrender Leistungen.

Zinsen aus erlöschenden Rechten (RN 1078), werden – soweit der Erlös *1093* reicht – bis einschließlich des Tages vor dem *Verteilungs*termin gezahlt[74]. Die Verzinsung endet also erst mit Beginn des Tages, an dem der Gläubiger (normalerweise) den Kapitalbetrag erhält bzw. bei ausreichendem Erlös erhalten würde.

Zinsen für bestehen bleibende Rechte (normalerweise also die Rechte mit *1094* Rang *vor* dem bestrangig betreibenden Gläubiger) werden dagegen aus dem Versteigerungserlös nur bis zum Tag vor dem *Zuschlag* gezahlt[75]. Denn soweit die Grundschulden bestehen bleiben, gehen sie mit dem Grundstück auf den Erwerber über, sobald dieser das Eigentum erwirbt, also mit dem Zuschlag. Von diesem Tag an haftet der Erwerber mit dem Grundstück auch für die Grundschuldzinsen.

---

72 *Stöber/Achenbach*, § 13 RN 13.
73 *Stöber/Achenbach*, § 13 RN 14.
74 *Stöber/Nicht*, § 114 RN 93.
75 *Stöber/Nicht*, § 114 RN 93.

32.5 Ablösung des betreibenden Gläubigers

1095 Die Grundschuld kann vom Eigentümer und jedem Berechtigten eines im Rang *nach*gehenden oder *gleich*stehenden Rechts **vor Beginn des Termins** abgelöst werden, sobald der Gläubiger der Grundschuld *Befriedigung* aus dem Grundstück *verlangt*, und erst recht, wenn er die Zwangsversteigerung aus seiner Grundschuld sogar *betreibt* (RN 830). Mit der Ablösung geht die Grundschuld kraft Gesetzes auf den Ablösungsberechtigten über (RN 829).

Der **neue Gläubiger wird Beteiligter** im Versteigerungsverfahren, sobald er sein Recht anmeldet und ggf. glaubhaft macht (§ 9 Nr. 2 ZVG)[76]. Er kann dann die Einstellung des (vom abgelösten Grundschuldgläubiger betriebenen) Verfahrens bewilligen (§ 30 ZVG) oder den von diesem gestellten Versteigerungsantrag zurücknehmen (§ 29 ZVG)[77]. Will er das Verfahren als betreibender Gläubiger fortsetzen, muss er den Vollstreckungstitel auf sich umschreiben und den umgeschriebenen Titel zustellen lassen (§§ 727, 750 ZPO)[78].

Wird aus einer Grundschuld lediglich wegen eines Teilbetrags die Zwangsversteigerung betrieben, so reicht die Zahlung des Teilbetrags aus, um in die Position des betreibenden Gläubigers einzurücken. Im Einzelnen wird auf RN 323, 324 verwiesen.

1096 Legt der Schuldner oder ein ablösungsberechtigter Dritter[79] **im Versteigerungstermin** einen Nachweis über die *Zahlung* des zur Befriedigung und zur Deckung der Kosten[80] erforderlichen Betrags *an die Gerichtskasse*[81] vor, so wird das (aus dem abgelösten Recht betriebene) Verfahren von Amts wegen einstweilen eingestellt (§ 75 ZVG). Gelegentlich wird versucht, auf diesem Weg das Verfahren zu manipulieren. Dabei wird praktisch immer beim bestrangig betreibenden Gläubiger angesetzt (s. auch RN 1081)[82].

Wird die Zwangsversteigerung *nur* aus dem abgelösten Recht betrieben oder werden alle Rechte abgelöst, aus denen betrieben wird, so endet der Versteigerungstermin. Das Verfahren wird nur auf Antrag fortgesetzt, und zwar in einem anderen, späteren Termin. Wird dieser Antrag nicht binnen 6 Monaten gestellt, wird das Verfahren gänzlich aufgehoben (§ 31 Abs. 1 ZVG)[83].

---

76 *Stöber/Keller*, § 15 RN 163; *Storz*, ZIP 1980, 159, 162 (Ziff. V, 3).
77 *Stöber/Keller*, § 15 RN 165.
78 *Stöber/Keller*, § 15 RN 166; *differenzierend: Storz*, ZIP 1980, 159, 163 (Ziff. V, 4).
79 BGH v. 16.10.2008 – V ZB 48/08 – (Ziff. III, 2), NJW 2009, 81 = WM 2009, 82 = Rpfleger 2009, 96 = ZfIR 2009, 212 (*Böttcher*).
80 BGH v. 12.9.2013 – V ZB 161/12 – (RN 8), WM 2013, 2072 = ZfIR 2013, 869 (m. Anm. *Alff*) = NJW-RR 2014, 82 = Rpfleger 2014, 93.
81 Zahlung von Bargeld an das Gericht noch im Versteigerungstermin mit Neufassung von § 75 ZVG durch das Zweite Gesetz zur Modernisierung der Justiz vom 22.12.2006, BGBl I, 3416, entfallen; Nachweis der Zahlung durch Einzahlungs- oder Überweisungsnachweis einer Bank oder Sparkasse (dazu *Stöber/Keller*, Einleitung RN 109 und *Stöber/Becker*, § 75 ZVG RN 4) oder öffentliche Urkunde.
82 Vgl. die sehr instruktive Darstellung von *Storz*, ZIP 1980, 159.
83 *Stöber/Becker*, § 75 RN 18.

Wird die Versteigerung von mindestens einem weiteren (nicht abgelösten) Gläubiger betrieben, so wird der Versteigerungstermin – wenn möglich – fortgeführt.

Möglich ist die Fortführung ohne Weiteres, wenn ein *nachrangig* betreibender Gläubiger abgelöst worden ist, weil sich dann das geringste Gebot nicht ändert (s. RN 1080, 1081).

Ist der Abgelöste *bestrangig* betreibender Gläubiger, so ist die Fortführung ebenfalls möglich, wenn die Versteigerung im Zeitpunkt der Ablösung noch nicht geschlossen ist.

In diesem Fall wird das unrichtig gewordene geringste Gebot neu festgestellt. Die Versteigerung wird, und zwar im gleichen Termin, auf der Basis des neuen geringsten Gebots neu begonnen[84]; ein (auf der Basis des unrichtig gewordenen geringsten Gebots) etwa bereits abgegebenes Gebot ist erloschen (§ 72 Abs. 3 ZVG)[63].

Ist jedoch (**nach Ende der Bietzeit** [§ 73 Abs. 1 ZVG]) die Versteigerung geschlossen worden, der Zuschlag aber noch nicht verkündet, so kann das unrichtig gewordene geringste Gebot nicht mehr geändert werden. Deshalb muss regelmäßig der Zuschlag versagt werden (§ 83 Nr. 1 ZVG)[85]. Er kann nur dann erteilt werden, wenn entweder alle Beteiligten zustimmen (was praktisch nicht erreichbar sein wird) oder wenn ausnahmsweise festgestellt werden kann, dass der Zuschlag zu keiner Beeinträchtigung der nicht Zustimmenden führt (§ 84 ZVG).

Eine Beeinträchtigung der anderen Beteiligten dürfte jedenfalls dann auszuschließen sein, wenn – ausgehend vom jetzt bestrangig Betreibenden – das Übernahmegebot (RN 1076) unverändert bleibt und das in der Versteigerung abgegebene Gebot das geringste Bargebot (RN 1077) übersteigt[86]. Das Übernahmegebot bleibt insbesondere dann gleich, wenn ein Recht der Rangklassen 1 bis 3 abgelöst worden ist und entweder noch aus einem anderen (nicht abgelösten) Recht der Rangklasse 1 bis 3 oder aus dem (nicht abgelösten) Grundpfandrecht mit (in beiden Abteilungen) erstem Rang betrieben wird.

Die Ablösung des bestrangig betreibenden Gläubigers zwischen Ende der Versteigerung und Zuschlag gibt die Möglichkeit zu missbräuchlichen Manipulationen, und zwar vor allem dann, wenn es sich dabei um ein Recht mit geringem Betrag handelt. Deshalb sollte ein Kreditinstitut, das aus seiner Grundschuld vollstrecken muss, **vorrangige Kleingläubiger ablösen**, wenn diese die Zwangsversteigerung *betreiben*, und das Verfahren aus diesen Kleinrechten vor-

---

84 *Stöber/Becker* § 66 RN 63.
85 *Stöber/Becker*, § 75 RN 15; *Storz*, Rpfleger 1990, 177 (Anm. Ziff. 1 zu OLG Köln, v. 16.6.1989 – 2 W 47/89 –, Rpfleger 1990, 176 (mit abl. Anm. *Storz*) = EWiR § 75 ZVG 1/89, 1247 (*Storz*, abl.)).
86 Vgl. OLG Köln, v. 16.6.1989 – 2 W 47/89 –, Rpfleger 1990, 176 (mit abl. Anm. *Storz*) = EWiR § 75 ZVG 1/89, 1247 (*Storz*, abl.); LG Kassel v. 8.2.2000 – 3 T 2/00 –, Rpfleger 2000, 408; LG Mosbach v. 19.2.1992 – 1 T 84/91 – (Buchst. b und c), Rpfleger 1992, 360; so wohl auch *Stöber*, § 33 RN 3.4 und 3.5; *anderer Ansicht* (Versagung des Zuschlags): *Storz*, Rpfleger 1990, 177 (Anm. zu OLG Köln v. 16.6.1989).

läufig einstellen, um solche **Missbrauchsmöglichkeiten vorbeugend auszuräumen**[87].

32.6 Rücksichtnahme auf die Interessen des Sicherungsgebers

1097 Bei der Verwertung von Sicherheiten darf der Gläubiger zunächst seine eigenen Interessen an der Befriedigung wegen seiner dadurch gesicherten Ansprüche verfolgen. Soweit diese Interessen aber nicht entgegenstehen, hat er auch die berechtigten **Belange des Sicherungsgebers** in zumutbarer und angemessener Weise **zu berücksichtigen**[88], also etwa das bestmögliche Verwertungsergebnis anzustreben, auch wenn schon ein geringeres ausreichen würde, um seine Forderungen zu tilgen.[89] Anderenfalls haftet er dem Sicherungsgeber auf Ersatz des dadurch verursachten Schadens.

Dem Gläubiger kann das **Rechtsschutzbedürfnis für eine Vollstreckung** in das Grundstück des Schuldners nicht versagt werden, selbst wenn ihm Rechte im Rang vorgehen, die den Grundstückswert mehr als ausschöpfen. Wegen der vielfachen Gestaltungsmöglichkeiten lässt sich bei Beginn der Zwangsversteigerung nicht verlässlich beurteilen, ob seine Rangstelle tatsächlich aussichtslos ist. Auch wenn eine Befriedigung des Gläubigers ausgeschlossen erscheint, hat wenigstens ein Versteigerungstermin stattzufinden (vgl. § 77 Abs. 2 ZVG); das Verbot der zwecklosen Pfändung (§ 803 Abs. 2 ZPO) gilt für die Zwangsversteigerung in Grundstücke nicht[90].

Im Verwertungsfall darf der Gläubiger die Zwangsvollstreckung aus der Grundschuld betreiben und den Zeitpunkt bestimmen, wann er dies tut. Auch wenn die Zwangsversteigerung meist zu einem schlechteren Ergebnis als ein freihändiger Verkauf führt, ist er berechtigt, nach eigenen Risikoerwägungen zu entscheiden, ob und zu welchen Konditionen er durch Aufgabe der Grundschuld – statt des gesetzlich vorgesehenen Verfahrens zu ihrer Realisierung – einen freihändigen Verkauf des belasteten Grundstücks ermöglichen will. Er ist nicht regelmäßig dazu verpflichtet, seine Sicherheit zugunsten eines freihändigen Verkaufs aufzugeben. Eine solche Verpflichtung, legitime Eigeninteressen den Kundeninteressen unterzuordnen, wäre mit dem Sicherungszweck der Grundschuld nicht zu vereinbaren[91].

---

87 *Storz*, Rpfleger 1990, 177 (Anm. Ziff. 3 zu OLG Köln v. 16. 6. 1989).

88 BGH v. 24. 6. 1997 – XI ZR 178/96 – (Ziff. II, 1), WM 1997, 1474 = EWiR § 276 BGB 3/97, 775 (*Schwerdtner*); BGH v. 9. 1. 1997 – IX ZR 1/96 – (Abschn. B II, 1), NJW 1997, 1063 = WM 1997, 432; *Staudinger/Wolfsteiner* (2019), Vorbem. 31 zu §§ 1191 ff.; *Stöber/Keller*, Einleitung 205.

89 BGH v. 3. 2. 2012 – V ZR 133/11 – (RN 8), WM 2012, 591 = NJW 2012, 1142.

90 BGH v. 30. 1. 2004 – IXa ZB 233/03 – (Ziff. II, 3 a), WM 2004, 646 = EWiR § 803 ZPO 1/04, 359 (*Hintzen*); für die Zwangsvollstreckung ebenso: BGH v. 18. 7. 2002 – IX ZB 26/02 = BGHZ 151, 384 = NJW 2002, 3178 = WM 2002, 1809.

91 OLG Köln v. 12. 6. 1995 – 16 U 102/92 –, WM 1995, 1801 = EWiR § 242 BGB 5/95, 1167 (*Alisch*); *im Ergebnis ebenso: Epp*, in Bankrechts-Handbuch, § 73 RN 384.

Selbst eine Grundschuld im Rang nach anderen – den Wert des Grundstücks   *1097.1*
ausschöpfenden – Grundpfandrechten (**Schornsteinhypothek**) kann dem
Gläubiger die tatsächliche – und als sozialadäquat anerkannte – Möglichkeit
geben, einen sog. Lästigkeitswert zu realisieren[92]. Da der Gläubiger nicht verpflichtet ist, seine eigenen Interessen hinter die des Sicherungsgebers zurückzu-
stellen, muss er normalerweise berechtigt sein, auch diese Position auszuschöp-
fen. Einen „Freigabeanspruch wegen Aussichtslosigkeit" kann es deshalb nicht
geben, zumal der „richtige" Wert des belasteten Grundstücks nicht zuverlässig
feststellbar ist.

Von der instanzgerichtlichen Rechtsprechung[93] wurde bei vermeintlicher Wertlosigkeit der dinglichen Rechtsposition ein aus Treu und Glauben resultierender
Anspruch auf Aufgabe dieser Position bejaht. Der **Anspruch des Sicherungsgebers auf eine entschädigungslose Aufgabe des Grundpfandrechts** wird nach
Auffassung der Instanzgerichte aus dem zwischen Sicherungsgeber und Sicherungsnehmer vereinbarten Sicherungsvertrag hergeleitet. Die Rechtsprechung
ist aber in mehrfacher Hinsicht nicht unproblematisch. Zum einen ist die Frage
der Werthaltigkeit der nachrangigen Grundschuld oftmals nur schwierig zu
beurteilen ist; dies nicht zuletzt in Zeiten steigender Immobilienpreise. Zum
anderen überlässt der Sicherungsgeber die Grundschuld gerade zum Zwecke
der Zwangsvollstreckung in das belastete Grundvermögen; dies ggf. auch in
Kenntnis ihrer rangbedingten Wertlosigkeit. Insofern liegt der Vorwurf des
widersprüchlichen Verhaltens auf Seiten des Sicherungsgebers nahe, wenn dieser die Löschung fordert.[94] Eine Pflichtverletzung des Sicherungsnehmers wird
man daher nur ganz ausnahmsweise unter Berücksichtigung aller Umstände
des Einzelfalles annehmen können. Jedenfalls kommt ein Anspruch auf Löschung der nachrangigen und nicht werthaltigen Grundschuld nicht in Betracht, wenn der Nachranggläubiger weder eine Lästigkeitsprämie verlangt,
noch eine Blockadeposition auszunutzen gedenkt.[95] Der BGH hat diese Frage
bislang ausdrücklich offen gelassen.[96]

Die höchstrichterliche Rechtsprechung hat sich mit der Problematik der vom
Gläubiger einer Sicherungsgrundschuld verlangten Lästigkeitsprämie bislang
nur unter dem Aspekt des **Insolvenzrechts** befasst. Strebt der Insolvenzverwalter den Verkauf eines zum Schuldnervermögen gehörenden Grundstücks an, ist
nach zutreffender Ansicht des BGH danach zu unterscheiden, zu wessen Lasten
die Lästigkeitsprämie gezahlt wird: Wird sie **allein vom Vorranggläubiger auf-**

---

92   Vgl. etwa OLG Hamburg v. 9.5.2001 – 8 U 8/01 – (Ziff. 1), WM 2001, 2124 = EWiR
     § 32 KO 2/01, 925 (*Holzer*) m.w.N.
93   (OLG Köln v. 12.06.1995 – 16 U 102/94 –, ZIP 1995, 1668 ff.; LG Regensburg v.
     21.09.2009 – 4U 1442/09 –, ZIP 2009, 2165 f.; OLG Schleswig v. 23.2.2011 –
     5 W 8/11 –, ZIP 2011, 1254 ff.; LG Leipzig v. 27.11.2013 – 5 O 3032/12 –, ZInsO 2014,
     100 ff.).
94   Vgl. *Volmer*, WuB I F 3. – 2.11, Anm. zu OLG Schleswig v. 23.2.2011 – 5 W 8/11 –;
     Gladenbeck, ZfIR 2014, 643.
95   OLG Koblenz v. 6.3.2015 – 1 U 1126/14 (RN 9), ZInsO 2015, 2024.
96   BGH v. 30.4.2015 – IX ZR 301/13 – (RN 13), WM 2015, 1067 = EWiR 2015, 383
     (*Eckhardt*).

gebracht, ist sie insolvenzrechtlich nicht zu beanstanden.[97] Denn die Insolvenzmasse wird dann durch die Zahlung an den nachrangigen Grundschuldgläubiger nicht belastet. Demgegenüber ist nach Ansicht des BGH die zwischen Insolvenzverwalter und Grundschuldgläubiger getroffene Vereinbarung über eine Zahlung als Gegenleistung für die Erteilung der Löschungsbewilligung für eine offensichtlich wertlose Grundschuld **zulasten der Masse nichtig** weil insolvenzzweckwidrig, wenn es zu keinerlei Massezuwachs kommt, weil der Kaufpreis allein dem erstrangigen Gläubiger zufließt.[98] (Im Übrigen hat der BGH zutreffend klargestellt, dass eine Pflichtverletzung – wenn überhaupt – nur bei Vorliegen einer vertraglichen Beziehung zwischen dem Schuldner und dem nachrangigen Gläubiger in Betracht kommt. Hieran fehlt es regelmäßig, wenn der Nachranggläubiger aus einer **Zwangssicherungshypothek** (§ 866 Abs. 1 ZPO) vorgeht. Ein Nebenpflicht, durch Aufgabe der Zwangssicherungshypothek eine freihändige lastenfreie Veräußerung zu ermöglichen, ergibt sich insbesondere nicht aus der durch den Vollstreckungseingriff geschaffenen Rechtsbeziehung.[99])

1098 Betreibt der Grundschuldgläubiger die Zwangsversteigerung des belasteten Grundstücks und findet er einen Käufer, der bereit ist, bei freihändigem Verkauf mehr als den in der Zwangsversteigerung zu erwartenden Erlös zu zahlen, darf er dies nicht dazu benutzen, einen Teil des vom Käufer aufzubringenden Gesamtbetrags als (Makler-)Provision für seine eigenen Verwertungsbemühungen zu vereinnahmen.

Denn der die Zwangsversteigerung betreibende **Gläubiger** kann **nicht zugleich als Makler** tätig werden. Das würde ihn in eine Interessenkollision zwischen der Pflicht aus dem Sicherungsvertrag, sich um einen möglichst günstigen Verwertungserlös zu bemühen (RN 1097), und den eigenen Interessen an einer Provision, die diesen Erlös notwendigerweise mindert, bringen[100].

32.7 Umsatzsteuer in der Zwangsversteigerung

1099 Die Zwangsversteigerung wird **umsatzsteuerrechtlich als eine entgeltliche Lieferung des Grundstücks** samt mitversteigertem Zubehör (RN 1244 bis 1254) angesehen, und zwar als eine Lieferung unmittelbar **vom Vollstreckungsschuldner an den Ersteher** (Abschnitt 1.2. Abs. 2 UStAE)[101]. Ist der Vollstreckungsschuldner Unternehmer (§ 2 UStG) und erfolgt die Lieferung im Rahmen

---

97 BGH v. 20.03.2014 – IX ZR 80/13 – (RN 23), ZfIR 2014, 528 ff. = WM 2014, 954 = ZInsO 2014, 1009 = ZfIR 2014, 528 = DNotZ 2014, 517 = Rpfleger 2014, 440 = WuB VI A – § 87 InsO – 1.14 (*Mohrbutter*).

98 BGH v. 20.3.2008 – IX ZR 68/06 –, ZIP 2008, 884 = WM 2008, 937 = NZI 2008, 365 = Rpfleger 2008, 440 = NJW-RR 2008, 1074 = WuB VI A § 87 InsO – 1.08 (*Cartano*).

99 BGH v. 30.4.2015 – IX ZR 301/13 – (RN 13), WM 2015, 1067 = EWiR 2015, 383 (*Eckhardt*).

100 BGH v. 24.6.1997 – XI ZR 178/96 – (Ziff. II, 1), WM 1997, 1474 = EWiR § 276 BGB 3/97, 775 (*Schwerdtner*); *Ganter*, WM 1998, 2081, 2087.

101 BFH v. 19.12.1985 – V R 139/76 – (Ziff. II, 2), BB 1986, 1349 = ZIP 1986, 991= BStBl. 1986 II, 500 = EWiR § 1 UStG 1/86, 837 (*Weiß*).

seines Unternehmens, so ist der Erwerb des *Zubehörs* stets umsatzsteuerpflichtig (RN 1105), der Erwerb des *Grundstücks* (nur) dann, wenn der Vollstreckungsschuldner zur Umsatzsteuer optiert (RN 1100).

Der Erwerb des *Grundstücks* ist an sich von der Umsatzsteuer befreit, weil er der   *1100* Grunderwerbsteuer unterliegt (§ 4 Nr. 9a UStG). Der **Vollstreckungsschuldner** (nicht der Erwerber) kann aber **zur Umsatzsteuer optieren** und damit auf diese Steuerfreiheit verzichten, wenn nicht nur er, sondern auch der Ersteher Unternehmer sind und der Erwerb für das Unternehmen des Erstehers erfolgt (§ 9 Abs. 1 UStG). Geschieht dies, so ist der Erwerb (auch) des Grundstücks umsatzsteuerpflichtig. Eine solche Option zur Umsatzsteuer kann sinnvoll sein[102], etwa wenn der Vollstreckungsschuldner das Grundstück seinerseits innerhalb der letzten zehn Jahre unter Vorsteuerabzug erworben oder bebaut hat. Denn jener Vorsteuerabzug ist (zeitanteilig) rückgängig zu machen (und vom Vollstreckungsschuldner zurückzuzahlen), falls die jetzige Veräußerung nicht der Umsatzsteuer unterliegt (§ 15a Abs. 1 und 8 UStG)[103].

Bei einem zwangsversteigerten Grundstück muss der Vollstreckungsschuldner den Verzicht auf die Steuerbefreiung nach (dem seit 1.1.2002 geltenden) § 9 Abs. 3 UStG spätestens **bis zur Aufforderung zur Abgabe von Geboten** (RN 1075) erklären. Der Unternehmer, der das Grundstück für sein Unternehmen ersteigern will, weiß also vor Abgabe seines Gebots (oder kann es jedenfalls erfahren), ob er mit dem Anfall von Umsatzsteuer rechnen muss; bei Versteigerungen bis zum 31.12.2001 war dies anders, weil die Option auch noch nach der Versteigerung erklärt werden konnte.

Allerdings unterliegt der Umsatzsteuer **nur eine Lieferung im Rahmen des Unternehmens**, nicht die Veräußerung des *Unternehmens* selbst (§ 1 Abs. 1a UStG)[104]. Auch die Veräußerung eines einzelnen Grundstücks kann eine nicht umsatzsteuerbare *Geschäfts*veräußerung sein (Abschnitt 1.5. Abs. 2 UStAE). Es kann schwierig sein, zuverlässig zu beurteilen, ob die Zwangsversteigerung des (Geschäfts-)Grundstücks eine Lieferung im Rahmen des Unternehmens (und damit bei Option umsatzsteuerpflichtig) oder eine Geschäftsveräußerung (und damit nicht umsatzsteuerbar) ist. Das kann dazu führen, dass der Ersteher – trotz Erklärung der Option – (zunächst) nicht weiß, ob tatsächlich Umsatzsteuer anfällt oder nicht.

Fällt Umsatzsteuer an, so ist der **Ersteher** Leistungsempfänger – sofern er Unter-   *1101* nehmer oder eine juristische Person des öffentlichen Rechts ist – **Steuerschuldner** (§ 13b Abs. 5 UStG).

Das **Meistgebot** (= höchstes Bargebot [RN 1077] zuzüglich Übernahmegebot   *1102* [RN 1076]) ist – falls Umsatzsteuer anfällt – ein **Nettopreis**.[105]

---

102 Vgl. z. B. *Onusseit*, Rpfleger 1995, 1, 2 (Ziff. II).
103 Einzelheiten des Berichtigungsverfahrens regeln die Abschnitte 15a.1. bis 15a.12. UStAE.
104 Verfügung der OFD Cottbus v. 2.12.1996, UR 1997, 313.
105 BGH v. 3.4.2003 – IX ZR 93/02 – (Ziff. II, 2), BGHZ 154, 327 = WM 2003, 943 = ZfIR 2003, 653 m. zust. Anm. *Storz*); *Stöber/Becker*, § 81 RN 43; *Weiß*, UR 1990, 101, 104 (Ziff. III, 5).

Der Erwerber muss also die Umsatzsteuer zusätzlich zum Meistgebot (an das Finanzamt) zahlen, kann die Steuer aber auch von seiner eigenen Umsatzsteuerschuld absetzen (RN 1104).

1103 **Bemessungsgrundlage** für die Umsatzsteuer ist das abgegebene Meistgebot (RN 1102). Erwirbt jedoch ein durch Grundpfandrechte am Grundstück gesicherter Gläubiger das Grundstück zu einem unter 70 % des festgesetzten Grundstückswertes liegenden Gebot, so dürfte dem Meistgebot – ebenso wie bei der Grunderwerbsteuer – der Betrag, um den der Gläubiger nach § 114a ZVG für befriedigt gilt (dazu RN 1204 bis 1211), hinzuzurechnen sein[106].

1104 Der Ersteher kann die u. a. für den Grundstückserwerb in der Zwangsversteigerung anfallende Vorsteuer von seiner Steuerschuld abziehen, **auch ohne dass** diese Steuer in einer Rechnung **gesondert ausgewiesen** ist (§ 15 Abs. 1 Satz 1 Nr. 4 UStG).

1105 **Mitversteigertes Zubehör** (RN 1244 ff.) ist, wenn der Vollstreckungsschuldner Unternehmer ist und die Lieferung im Rahmen seines Unternehmens erfolgt, stets – auch ohne Option – steuerbar. Denn umsatzsteuerfrei (mit der Möglichkeit zur Option) ist nur das, was der Grunderwerbsteuer unterliegt, nämlich das Grundstück und seine Bestandteile.

Der Ersteher ist, falls die Voraussetzungen vorliegen (RN 1101), Steuerschuldner nur wegen der unter das Grunderwerbsteuergesetz fallenden Umsätze. Zweifellos zählt Grundstückszubehör nicht dazu. Insoweit ist Steuerschuldner nicht der Ersteher, sondern allein der Vollstreckungsschuldner.

Unabhängig von der Frage, wer dem Fiskus gegenüber Steuerschuldner ist, steht jedoch fest, dass die Versteigerung von Zubehör umsatzsteuerrechtlich eine Lieferung des Vollstreckungsschuldners an den Ersteher darstellt (Abschnitt 1.2. Abs. 2 UStAE). Soweit der Vollstreckungsschuldner eine steuerbare Lieferung erbringt, hat er deshalb dem Ersteher gegenüber einen Anspruch auf Zahlung der Umsatzsteuer. Jedoch kann nach den Prinzipien des Zwangsversteigerungsrechts das Meistgebot nur ein Nettopreis sein; d. h., der Ersteher kann etwaige Umsatzsteuer keinesfalls vom Meistgebot abziehen, sondern muss sie zusätzlich dazu zahlen. Denn der zur Verteilung verfügbare Erlös kann – bei gleichem Meistgebot – nicht unterschiedlich hoch sein, je nachdem, ob das Gebot von einem Unternehmer abgegeben worden ist oder nicht. Das gilt auch für den auf das Zubehör entfallenden Anteil[107].

---

106 (Für die Grunderwerbsteuer:) BFH v. 15.11.1989 – II R 71/88 –, BB 1990, 1261 = EWiR § 114a ZVG 1/90, 621 (*Muth*; ablehnend); BFH v. 16.10.1985 – II R 185/84 –, Rpfleger 1986, 189 = ZIP 1986, 495 = EWiR § 114a ZVG 1/86, 415 (*Reimer*, im Ergebnis zustimmend); BVerfG v. 26.4.1990 – 2 BvR 331/90 –, NJW 1990, 2375 = WM 1990, 1306 = EWiR § 114a ZVG 3/90, 933 (*Muth*, kritisch), hat die Verfassungsbeschwerde gegen das Urteil des BFH v. 15.11.1989 wegen mangelnder Erfolgsaussichten nicht angenommen.

107 BGH v. 3.4.2003 – IX ZR 93/02 –, BGHZ 154, 327 = WM 2003, 943 und *Storz*, ZfIR 2003, 656 (beide ausdrücklich auch für Zubehör).

33 Die in der Zwangsversteigerung erlöschenden Grundschulden

33.1 Die in Betracht kommenden Grundschulden

Durch den Zuschlag erlöschen die Grundschulden, die **nicht im geringsten Gebot** berücksichtigt sind (§ 91 Abs. 1 ZVG). Das gilt regelmäßig selbst dann, wenn das Recht hätte berücksichtigt werden müssen[1]. Es ist dafür gleichgültig, ob der Erlös für die volle oder wenigstens teilweise Befriedigung des Gläubigers ausreicht oder ob der Gläubiger daraus gar nichts erhalten kann.

Nur ganz ausnahmsweise bleiben Rechte, die im geringsten Gebot nicht berücksichtigt sind, bestehen (RN 1078).

Die Grundschulden, die durch den Zuschlag am *Grundstück* erlöschen, setzen sich am *Versteigerungserlös* fort[2] (im Einzelnen s. RN 750 bis 752). Das gilt für eine Grundschuld, aus der nicht betrieben wurde, selbst dann, wenn die aus einem vorrangigen Recht betriebene Zwangsversteigerung auf die Vollstreckungsgegenklage des Schuldners für unzulässig erklärt wird.[3] Sofern nach Tilgung der gesicherten Forderungen (RN 1123, 1124) ein Übererlös verbleibt, ist er an den Rückgewährberechtigten auszukehren (RN 1147 bis 1151).

Ist die erlöschende Grundschuld eine **Gesamtgrundschuld** (RN 385 ff.), die außerdem auf einem *nicht versteigerten* Grundstück lastet, so bleibt die Grundschuld an jenem Grundstück (zunächst) bestehen. Wenn und soweit allerdings auf die in der Zwangsversteigerung erlöschende Grundschuld ein Erlös entfällt, erlischt die Grundschuld am anderen Grundstück gemäß § 1181 Abs. 2 BGB[2]. Lediglich wenn die Grundstücke verschiedenen Eigentümern gehören und der Eigentümer des versteigerten Grundstücks gegen den anderen Eigentümer einen Ersatzanspruch hat, geht die Grundschuld am anderen Grundstück in Höhe des Ersatzanspruchs auf den Eigentümer des versteigerten Grundstücks über (§ 1182 BGB)[2].

Sofern das geringste Gebot nicht abweichend von den gesetzlichen Regeln festgestellt wird (RN 1110 bis 1112), sind die folgenden **Grundschulden nicht im geringsten Gebot** zu berücksichtigen mit der Folge, dass sie durch den Zuschlag erlöschen (§ 52 Abs. 1 Satz 2 ZVG):

- Die Grundschuld, aus der der Gläubiger (aufgrund eines dinglichen Titels, RN 1073, 1074) die Zwangsversteigerung in das Grundstück betreibt, wird im geringsten Gebot nicht berücksichtigt.

- Wird nur wegen eines *Teil*betrags betrieben, so wird dennoch das ganze Recht nicht berücksichtigt, es sei denn, dass die Teile unterschiedlichen Rang haben; dazu RN 319 bis 322.

1106

1107

1108

---

1   *Stöber/Gojowczyk*, § 52 RN 5.
2   BGH v. 17.5.1988 – IX ZR 5/87 – (Ziff. 2a), WM 1988, 1137; BGH v. 11.10.1984 – IX ZR 111/82 – (Ziff. II, 2 b), WM 1984, 1577.
3   BGH v. 20.2.2020 – V ZB 131/19 – (RN 15), WM 2020, 940 = WuB 2020, 409 (*Hintzen*).

– Für eine Grundschuld, mit der der Gläubiger einem schon laufenden Verfahren nachträglich beigetreten ist, gilt das nur, wenn die Beitrittszulassung dem Schuldner spätestens vier Wochen vor dem Versteigerungstermin zugestellt worden ist (§ 44 Abs. 2 ZVG). Diese Einschränkung hat allerdings keine praktische Bedeutung, wenn das beitretende Recht der Grundschuld, die das geringste Gebot bestimmt, im Rang gleichsteht oder nachgeht.

– Alle dem (bestrangig) betreibenden Gläubiger im Rang *nach*gehenden oder *gleich*stehenden Rechte werden im geringsten Gebot ebenfalls nicht berücksichtigt.

1109 Selbst eine Grundschuld mit Rang *vor* dem bestrangig betreibenden Gläubiger – die bei gesetzlichen Versteigerungsbedingungen bestehen bleiben würde (RN 1126, 1127) – **erlischt ausnahmsweise**, wenn das geringste Gebot diese Grundschuld nicht berücksichtigt (§ 52 Abs. 1 ZVG), weil es mit einem von den gesetzlichen Regeln abweichenden Inhalt festgestellt worden ist; s. dazu RN 1110, 1111.

1110 Das Versteigerungsgericht muss das geringste Gebot **abweichend von den gesetzlichen Bestimmungen** feststellen, wenn ein Beteiligter dies beantragt *und* wenn durch die beantragte Abweichung entweder kein anderer Beteiligter beeinträchtigt wird oder alle Beteiligten, die auch nur möglicherweise beeinträchtigt werden, zustimmen (§ 59 Abs. 1, Sätze 1 und 3 ZVG). Unter den genannten Voraussetzungen kann u. a. festgestellt werden, dass ein Recht, das sonst bestehen bliebe, erlischt (RN 1111) oder – umgekehrt – dass ein Recht, das sonst erlöschen würde, bestehen bleibt (RN 1112).

Stimmt ein Beteiligter, der durch die beantragte Abweichung (sicher) beeinträchtigt wird, nicht zu, so muss die Abweichung abgelehnt werden (§ 59 Abs. 1 Satz 3 ZVG)[4]. Nur wenn sich (noch) nicht feststellen lässt, ob der nicht zustimmende Beteiligte beeinträchtigt wird, kann und muss doppelt ausgeboten werden (RN 1113).

Der **Antrag**, dass und wie das geringste Gebot abweichend festgestellt werden soll, muss spätestens im Versteigerungstermin **vor der Aufforderung zur Abgabe von Geboten** (RN 1075) gestellt werden (§ 59 Abs. 1 Satz 1 ZVG)[5]; ein gestellter Antrag kann bis zu diesem Zeitpunkt zurückgenommen werden (§ 59 Abs. 1 Satz 2 ZVG).

1111 Wird verlangt, dass ein **sonst bestehen bleibendes Recht erlischt**, muss auf jeden Fall der Inhaber dieses Rechts, weil er dadurch beeinträchtigt wird, zustimmen (§ 59 Abs. 1 Satz 3 ZVG). Stimmt er nicht zu, ist der Antrag – ohne Doppelausgebot – zurückzuweisen[6]. Die Inhaber der anderen bestehen bleibenden Rechte brauchen nicht zuzustimmen, weil sie – da sie bestehen bleiben – nicht beeinträchtigt werden können.

---

4 *Stöber/Gojowczyk*, § 59 RN 21.
5 Im Einzelnen s. *Stöber*, § 59 RN 3.3. – Bis zum 31. 7. 1998 konnte eine abweichende Feststellung des geringsten Gebots *bis zum Schluss der Versteigerung* verlangt werden. Das ist geändert worden; vgl. *Hornung*, NJW 1999, 460, 463.
6 *Stöber/Gojowczyk*, § 59 RN 21.

Ob die Rechte der übrigen Beteiligten – auch des Grundstückseigentümers – beeinträchtigt werden, hängt regelmäßig vom Versteigerungsergebnis ab und ist darum (zunächst) zweifelhaft. Deshalb muss ein Doppelausgebot (RN 1113) erfolgen, wenn nicht der Grundstückseigentümer und die Inhaber aller aus dem Meistgebot zu befriedigenden (also durch den Zuschlag erlöschenden) Rechte zustimmen[7].

Soll ein **sonst erlöschendes Recht bestehen bleiben**, wird der Gläubiger dieses Rechts – weil er dann keine Zuteilung auf das Grundschuldkapital erwarten kann – durch die Abweichung beeinträchtigt. Er muss deshalb in jedem Fall zustimmen (§ 59 Abs. 1 Satz 3 ZVG); sonst ist der Antrag – ohne Doppelausgebot – zurückzuweisen[8]. *1112*

Soweit die anderen Rechte auch ohne den Antrag bestehen bleiben (also normalerweise die vorrangigen Rechte), können sie durch die beantragte Abweichung nicht beeinträchtigt werden; ihre Zustimmung ist daher nicht erforderlich. Die Zustimmung der nachrangigen Rechte ist kraft ausdrücklicher gesetzlicher Bestimmung (§ 59 Abs. 3 ZVG) nicht nötig. Auch der Vollstreckungsschuldner ist nachrangiger Berechtigter und braucht nicht zuzustimmen[9].

Ob die Rechte der übrigen Beteiligten[10] beeinträchtigt werden, hängt regelmäßig vom Versteigerungsergebnis ab und ist also (zunächst) zweifelhaft. Deshalb ist ein Doppelausgebot (RN 1113) erforderlich, es sei denn, dass die Inhaber aller Rechte, die möglicherweise beeinträchtigt werden können, der Abweichung zustimmen.

Kann man bei der Feststellung des geringsten Gebots noch nicht beurteilen, ob ein (nicht zustimmender) Beteiligter durch die Abweichung beeinträchtigt wird (insbesondere, wenn dies vom Versteigerungsergebnis abhängt), so erfolgt nach § 59 Abs. 2 ZVG ein **Doppelausgebot**[11]. *1113*

Beim Doppelausgebot wird das Grundstück mit und ohne Abweichung von den gesetzlichen Bestimmungen ausgeboten. Der Zuschlag wird zu den *abweichenden* Versteigerungsbedingungen erteilt, wenn keiner der Beteiligten, auf die es ankommt, dadurch beeinträchtigt wird. Steht (nach Kenntnis vom Versteigerungsergebnis) fest, dass ein Beteiligter dadurch beeinträchtigt wird, darf nur mit dessen Zustimmung das Grundstück zu den abweichenden Bedingungen zugeschlagen werden[12]. Andernfalls erfolgt der Zuschlag auf das Gebot zu den *gesetzlichen* Bestimmungen.

Die Abweichung beeinträchtigt einen Beteiligten nicht, wenn er nach dem Ausgebot zu den abweichenden Bestimmungen (jedenfalls) nicht weniger be-

---

7 *Stöber/Gojowczyk*, § 59 RN 30.
8 *Stöber/Gojowczyk*, § 59 RN 21.
9 *Stöber/Gojowczyk*, § 59 RN 52 m. w. N., streitig.
10 In Betracht kommen Rechte im gleichen Rang wie das Recht, das ausnahmsweise bestehen bleiben soll, und diesem Recht im Rang vorgehende Rechte, soweit diese nicht ohnehin bestehen bleiben.
11 *Stöber/Gojowczyk*, § 59 RN 3.
12 Im Einzelnen s. *Stöber/Gojowczyk*, § 59 RN 46; LG Rostock v. 26. 4. 2001 – 2 T 144 und 126/00 – (Ziff. 1), Rpfleger 2001, 509.

kommt als zu dem Ausgebot nach den gesetzlichen Bestimmungen. Zu den abweichenden Bestimmungen wird also bspw. dann zugeschlagen, wenn der Inhaber des Rechts nach beiden Ausgeboten nichts bekommt; denn dann wird er durch die Abweichung nicht beeinträchtigt.

Soweit eine Beeinträchtigung des Vollstreckungsschuldners zu prüfen ist, darf nicht allein auf die Höhe einer etwaigen Zuteilung aus dem Erlös abgestellt werden; es ist insbesondere auch darauf zu achten, ob er durch die zu vergleichenden Gebote mehr oder weniger weitergehend von seinen Verbindlichkeiten befreit wird[13].

33.2 Bei der Erlösverteilung zu berücksichtigender Umfang der Rechte

1114   Die Grundschulden, die *nicht* ins geringste Gebot fallen und also nicht bestehen bleiben, werden bei der Erlösverteilung von Amts wegen berücksichtigt, wenn sie im Zeitpunkt der Eintragung des Versteigerungsvermerks im Grundbuch eingetragen waren (§ 114 Abs. 1 und Abs. 2 ZVG). **Grundschuldkapital und laufende Grundschuldzinsen** (RN 1089, 1090, 1093) werden **ohne Antrag** zugeteilt. Ob aus der Grundschuld betrieben wird oder nicht, ist gleichgültig.

Auch eine Grundschuld des (bisherigen) Eigentümers wird berücksichtigt; er erhält allerdings keine Zinsen (§ 1197 Abs. 2 BGB). Gleich- oder nachrangige Gläubiger mit gesetzlichem oder durch Löschungsvormerkung gesichertem Löschungsanspruch können aber durchsetzen, dass diese Grundschuld ihnen gegenüber so behandelt wird, wie wenn sie gelöscht wäre (RN 1215 bis 1221, 1227).

Zu der Frage, wie sich der Gläubiger zu verhalten hat, wenn die Grundschuld nicht oder nicht voll valutiert ist, s. RN 1152 bis 1170.

1115   Im Rang der jeweiligen Grundschuld können ferner **rückständige Zinsen** für zwei Jahre (RN 1091) und – soweit der Gläubiger die Zwangsversteigerung betreibt – die **Kosten** der Befriedigung aus dem Grundstück (bspw. die Kosten für die Beschaffung des dinglichen Vollstreckungstitels) berücksichtigt werden.

Diese Beträge müssen aber spätestens im Versteigerungstermin vor der Aufforderung zur Abgabe von Geboten (RN 1075) angemeldet werden (§ 45 Abs. 2, § 66 Abs. 2 ZVG). Anderenfalls dürfen sie erst nach allen anderen Ansprüchen befriedigt werden (§§ 37 Nr. 4, 110 ZVG). Das bedeutet praktisch, dass sie ohne **rechtzeitige Anmeldung** in aller Regel ausfallen, weil der Erlös nicht ausreicht.

Es ist umstritten, ob der Grundschuldgläubiger gegenüber dem Sicherungsgeber verpflichtet ist, rückständige Zinsen rechtzeitig und vollständig selbst dann anzumelden, wenn er den höchstmöglichen Erlös nicht braucht, im Einzelnen s. RN 1152 bis 1162.

---

13   LG Rostock v. 26.4.2001 – 2 T 144 und 126/00 – (Ziff.1), Rpfleger 2001, 509; *Stöber/Gojowczyk*, § 59 RN 20.

Rechte, die zur Zeit der Eintragung des Versteigerungsvermerks **im Grundbuch** *1116* **(noch) nicht eingetragen** waren (also bspw. eine erst während des Verfahrens neu eingetragene Grundschuld), nehmen – wenn sie, wie regelmäßig, im geringsten Gebot nicht berücksichtigt sind – an der Erlösverteilung nur auf Anmeldung teil. Falls sie spätestens vor der Aufforderung zur Abgabe von Geboten (RN 1075) angemeldet worden sind, haben sie Rang nach allen im Zeitpunkt ihrer Eintragung bereits eingetragenen Rechten und nach dinglich nicht gesicherten Gläubigern, die bei ihrer Eintragung das Verfahren betrieben haben (§ 10 Abs. 1 Nr. 6 ZVG); vgl. auch RN 1070, 1071. Werden sie später angemeldet, so gehen sie allen anderen Rechten nach (§ 110, § 37 Nr. 4 ZVG). In der Praxis dürfte der Erlös so gut wie nie ausreichen, um sie zu befriedigen.

33.3 Erforderliche Nachweise zum Empfang des Erlöses

Ausgangspunkt für die Entscheidung, an wen der auf ein Recht entfallende Erlös *1117* auszuzahlen ist, ist der Stand des **Grundbuchs** zur Zeit der Eintragung des Versteigerungsvermerks (§ 114 Abs. 1 Satz 1 ZVG). Etwaige Änderungen bis zur Erlösverteilung sind zu berücksichtigen, aber dem Grundsatz nach nur auf Antrag und auf Nachweis.

Ist der neue Gläubiger einer Grundschuld im Grundbuch **nicht eingetragen** (etwa bei einem Erwerb kraft Gesetzes durch Ablösung, RN 829, 830), so muss der Berechtigte sein Recht durch Vorlage der den Rechtsübergang ausweisenden Unterlagen nachweisen[14]. Wegen des Erwerbs einer Briefgrundschuld außerhalb des Grundbuchs s. RN 1118.

Es ist umstritten, ob das Vollstreckungsgericht nach Eintragung des Versteigerungsvermerks *eingetragene* Änderungen von Amts wegen zu ermitteln[15] oder nur zu berücksichtigen hat, wenn der Gläubiger sein Recht angemeldet hat[16]. Ein Gläubiger, der eine bestehende[17] Grundschuld erst nach Eintragung des Versteigerungsvermerks erwirbt, sollte – auch wenn die Grundschuld inzwischen im Grundbuch umgeschrieben worden ist – fürsorglich seine Berechtigung ausdrücklich geltend machen.

Der auf eine *Brief*grundschuld entfallende Erlösanteil kann nur an denjenigen *1118* ausbezahlt werden, der den **Brief vorlegt** (§ 126 ZVG). Außerdem muss er im Grundbuch als Gläubiger eingetragen sein oder sein Recht durch öffentliche (RN 112, 119) oder öffentlich beglaubigte (RN 111) Urkunden (bspw. die Abtretungserklärung des eingetragenen Gläubigers und etwaiger Zwischengläubiger) nachweisen (§ 1155 BGB)[18].

---

14 *Stöber/Nicht,* § 117, RN 8, fünfter Teilstrich.
15 So *Steiner/Teufel,* § 117 RN 9; *Stöber/Nicht,* § 117 RN 6 f.
16 So *Dassler/Hintzen,* § 117 RN 4.
17 Eine Grundschuld, die erst nach Eintragung des Versteigerungsvermerks eingetragen worden ist, kann ohnehin nur aufgrund (rechtzeitiger) Anmeldung berücksichtigt werden (RN 1116).
18 *Stöber,* § 126 RN 2.1.

Kann der Nachweis der Berechtigung nicht in dieser Weise erfolgen, gilt der Berechtigte (zunächst) als unbekannt. Im Teilungsplan wird der Eventualberechtigte festgestellt. Der auf die Grundschuld entfallende Betrag wird bis zur Klärung hinterlegt (§ 126 ZVG)[19].

33.4 Befriedigterklärung

1119 Hat der **Ersteher** selbst etwas aus dem Erlös zu beanspruchen, so kann er sich in Höhe des Betrags, den er zu erhalten hat, für befriedigt erklären. Die **Befriedigterklärung** kann im Verteilungstermin abgegeben werden. Sie enthält eine vereinfachte Zahlung in die Teilungsmasse[20] (verknüpft mit einer vereinfachten Rückzahlung).

Die Befriedigterklärung ist keine Aufrechnung und hat deshalb keine Rückwirkung auf den Zeitpunkt des Zuschlags. Sie bewirkt, dass der Ersteher so zu behandeln ist, wie wenn er den Betrag im Verteilungstermin bezahlt und seinen Erlösanteil sofort zurückerhalten hätte[21]. Die Rechte der anderen Beteiligten dürfen sich dadurch weder verbessern noch verschlechtern (s. auch RN 1120).

1120 Auch ein **Gläubiger**, der nicht Ersteher ist, kann durch die Erklärung, dass er befriedigt sei, bewirken, dass sich die Zahlungspflicht des Erstehers um den Betrag vermindert, der bei Ausführung des Teilungsplans auf den Gläubiger entfallen würde[22]. Durch die Erklärung dürfen sich die Rechte der *anderen* Beteiligten weder verschlechtern noch verbessern.

Deshalb hat der Ersteher sein Bargebot bis zur Zahlung im Verteilungstermin (oder bis zur früheren Hinterlegung) zu verzinsen (§ 49 Abs. 2 und 4 ZVG). Auf der anderen Seite werden in den Betrag, den der sich für befriedigt erklärende Gläubiger zu erhalten hätte, Zinsen bis zum Verteilungstermin (RN 1093) eingerechnet. Um diesen Betrag (einschließlich der Zinsen) – höchstens aber um die Summe, mit der der Gläubiger ohne die Erklärung bei der Verteilung zum Zuge käme – vermindert sich der vom Ersteher zu zahlende Betrag[23].

1121 Im Verhältnis zu seinem Sicherungsgeber muss sich der Grundschuldgläubiger so behandeln lassen, als hätte er das, was – ohne die Erklärung – bei der Erlösverteilung auf ihn entfallen wäre, tatsächlich erhalten. Diesen Betrag muss er sich **als Erlös aus der Grundschuld anrechnen** lassen. Um ihn vermindert sich die durch die Grundschuld gesicherte Verbindlichkeit. Übersteigt er die

---

19 Im Einzelnen s. *Stöber/Nicht*, § 126 RN 7.
20 BGH v. 17. 5. 1988 (Ziff. 2c), FN 2.
21 *Stöber*, § 117 RN 5.1 bis 5.3; *ähnlich: Schiffhauer*, Rpfleger 1988, 498 (Anmerkung Ziff. 3 zu BGH v. 17. 5. 1988, FN 2), der allerdings die Verzinsung des betroffenen Teils des Bargebots mit Eingang der Befriedigterklärung beim Vollstreckungsgericht enden lassen will (was aber zu einer Verringerung der Teilungsmasse führen würde und damit die Ergebnisse für die anderen Beteiligten beeinträchtigen könnte); *zweifelnd* (hinsichtlich der zugunsten des Gläubigers berücksichtigten Zinsen): *Steiner/Teufel*, § 117 RN 37.
22 BGH v. 17. 5. 1988 (Ziff. 2d), FN 2; *Stöber/Nicht*, § 117 RN 23.
23 *Stöber/Nicht*, § 117 RN 24; *Schiffhauer*, Rpfleger 1988, 498 (Anmerkung Ziff. 4 zu BGH v. 17. 5. 1988, FN 2).

gesicherte Verbindlichkeit, muss der Gläubiger den Mehrbetrag – genau wie einen Übererlös – an den Sicherungsgeber bzw. an den Inhaber des Rückgewähranspruchs auszahlen.

Mit der Erklärung bewirkt der Gläubiger andererseits, dass sich die Zahlungspflicht des Erstehers um die Summe mindert, die – ohne die Erklärung – aus dem Versteigerungserlös an den Gläubiger ausgeschüttet worden wäre. In dieser Höhe ist die Erklärung eine **Leistung des Gläubigers zugunsten des Erstehers**, für die dieser dem Gläubiger den entsprechenden Betrag zu erstatten hat, falls die Leistung nicht unentgeltlich erfolgen soll. *1122*

Der Gläubiger wird – am besten vor Abgabe der Befriedigterklärung – mit dem Ersteher vereinbaren, wie dieser Betrag zu zahlen ist, etwa als Darlehen. In diesem Fall sind die dafür üblichen und erforderlichen Vereinbarungen (insbesondere hinsichtlich Verzinsung, Tilgung und Sicherstellung) zu treffen.

33.5 Verrechnung des Erlöses auf die gesicherten Forderungen

Mit dem Zuschlag ist die im geringsten Gebot nicht berücksichtigte und deshalb erlöschende Grundschuld verwertet (s. auch RN 614). An ihre Stelle tritt der auf sie entfallende Anteil am Erlös. Der auf die Grundschuld gezahlte oder als gezahlt geltende (RN 1121, 1188) Betrag wird nach Maßgabe des Sicherungsvertrags **auf die gesicherte Forderung verrechnet**. *1123*

Sind **mehrere Forderungen gesichert** und reicht der Erlös zur Befriedigung aller nicht aus, so erfolgt – sofern nicht wirksam etwas anderes vereinbart ist – die Verrechnung nach § 366 Abs. 2 BGB (RN 842, 843). Das bedeutet, dass zunächst die fälligen und unter mehreren fälligen diejenigen Ansprüche getilgt werden, die dem Gläubiger die geringere Sicherheit bieten und bei gleicher Sicherheit die dem Schuldner lästigeren (also etwa die höher verzinslichen). Wegen der weiteren Kriterien für die Verrechnung s. § 366 Abs. 2 BGB.

Ein Recht zu bestimmen, worauf der Erlös verrechnet werden soll (§ 366 Abs. 1 BGB), hat der Schuldner in der *Zwangsversteigerung* nicht[24].

Handelt es sich um mehrere Verbindlichkeiten **unterschiedlicher Schuldner**, so kann der gesamte Erlös zur Abdeckung der Verbindlichkeit *eines* der Schuldner herangezogen werden, wenn bei diesem die Voraussetzungen dafür vorliegen. Das gilt selbst dann, wenn die Grundschuld von den Schuldnern gemeinsam zur Verfügung gestellt worden ist; eine Pflicht zur Rücksichtnahme auf die anderen Schuldner besteht nicht[25].

Verbleibt nach der Verrechnung des Erlöses auf die gesicherten Forderungen ein unverbrauchter Betrag, so ist dieser **Übererlös** an den Sicherungsgeber bzw.

---

24 BGH v. 23.2.1999 – XI ZR 49/98 – (Ziff. II, 2), BGHZ 140, 391 WM 1999, 684 m. w. N.; *Grüneberg/Grüneberg*, § 366 RN 3; *offen gelassen:* OLG Karlsruhe v. 26.11.1987 – 9 U 228/86 – WM 1988, 954.
25 BGH v. 4.11.1997 – XI ZR 181/96 – (Ziff. II, 1), WM 1997, 2396 = EWiR § 1191 BGB 2/98, 305 (*Clemente*) = WuB I F 3. – 4.98 (*Gaberdiel*).

(bei Abtretung oder Pfändung des Rückgewähranspruchs) an den sonstigen Berechtigten auszukehren. Im Einzelnen s. RN 1147 bis 1151.

1124 Kann *eine* Forderung **nicht vollständig befriedigt** werden, so werden normalerweise – sofern nicht wirksam anderes vereinbart ist – zuerst die Kosten, dann die Zinsen und erst dann das Kapital getilgt (§ 367 Abs. 1 BGB; vgl. auch § 12 ZVG)[26].

Für einen Verbraucherdarlehensvertrag(RN 574), der kein Immobiliar-Verbraucherdarlehensvertrag ist (§§ 491 Abs. 3, 497 Abs. 4 Satz 2 BGB), gilt die abweichende Verrechnungsreihenfolge nach § 497 Abs. 3 Satz 1 BGB. Diese Vorschrift dürfte auch auf die Verrechnung des Erlöses aus einer Sicherheit anzuwenden sein, sodass zuerst die Kosten, dann die Hauptsache und erst zum Schluss die (Verzugs-)Zinsen getilgt werden.

---

26 BGH v. 8.5.1956 – I ZR 63/55 –, NJW 1956, 1594; *MünchKomm/Fetzer*, § 367 RN 2; *Grüneberg/Grüneberg*, § 367 RN 1.

34 Die als Teil des geringsten Gebots bestehen bleibenden Grundschulden

34.1 Die in Betracht kommenden Grundschulden

In der Zwangsversteigerung bleiben diejenigen **Grundschulden** bestehen, die *1125* **im geringsten Gebot tatsächlich berücksichtigt** sind, und zwar selbst dann, wenn die Berücksichtigung zu Unrecht erfolgt sein sollte (§ 52 Abs. 1 Satz 1 ZVG)[1]. Entscheidend ist das konkrete geringste Gebot, so wie es festgestellt und verlesen worden ist (§ 66 Abs. 1 ZVG).

Allerdings können nur tatsächliche Grundstücksbelastungen bestehen bleiben. Ein nicht bestehendes Recht entsteht nicht dadurch, dass es im geringsten Gebot genannt wird. In einem solchen Fall hat der Ersteher eine Zuzahlung zu erbringen (§§ 50, 51 ZVG).

Die durch die Grundschuld gesicherte Verbindlichkeit übernimmt der Ersteher nur, wenn der (bisherige) Eigentümer dafür persönlich haftet *und* sie im Versteigerungstermin spätestens vor der Aufforderung zur Abgabe von Geboten (RN 1075) detailliert angemeldet hat (§ 53 Abs. 2 ZVG). Unterbleibt (wie meist) die Anmeldung, kommt es zu einer Trennung von dinglicher und persönlicher Schuld[2]. Siehe auch RN 1136 und 940, 941.

Sofern das geringste Gebot nicht abweichend von den gesetzlichen Regeln festgestellt wird (RN 1110 bis 1112), sind alle dem betreibenden Gläubiger (bei mehreren: demjenigen mit dem besten Rang) im Rang **vorgehenden Grundschulden** im geringsten Gebot zu berücksichtigen; Rechte mit *gleichem Rang* wie der betreibende Gläubiger kommen *nicht* in das geringste Gebot. *1126*

Nur ausnahmsweise ist auch eine dem betreibenden Gläubiger *gleich-* oder *nachrangige* Grundschuld im geringsten Gebot zu berücksichtigen (RN 1110, 1112).

Eine (dem betreibenden Gläubiger vorrangige) **Grundschuld** ist selbst dann im *1127* geringsten Gebot zu berücksichtigen (und bleibt als rechtliche und wirtschaftliche Belastung bestehen, s. RN 1131), wenn sie **nicht (mehr) valutiert** ist, d. h., wenn sie keine Forderung (mehr) sichert.

Für eine **Eigentümergrundschuld** gilt nichts anderes. Aufgrund eines gesetzlichen oder durch Vormerkung gesicherten Löschungsanspruchs kann ein anderer Beteiligter ggf. die Löschung und eine entsprechende Zuzahlung erreichen (RN 1222 bis 1225 und 1228). Besteht aber kein Löschungsanspruch oder wird er nicht geltend gemacht, bleibt die Grundschuld bestehen und steht weiterhin ihrem Gläubiger, nämlich dem *bisherigen* Eigentümer zu.

---

1 BGH v. 7.11.1969 – V ZR 85/66 –, BGHZ 53, 47 = NJW 1970 = 565; *Stöber/Gojowczyk*, § 52 RN 5.
2 BGH v. 21.5.2003 – IV ZR 452/02 – (Ziff. II, 1 a und b), BGHZ 155, 63 WM 2003, 1365 = EWiR § 1191 BGB 2/03, 761 (*Dümig*); *Staudinger/Wolfsteiner* (2019), Vorbem. 275 bis 279 zu §§ 1191 ff.

Der (bisherige) Eigentümer erhält – in der Zwangsversteigerung – bei der Erlösverteilung keine Zinsen auf seine Grundschuld (§ 1197 Abs. 2 BGB). Mit dem Zuschlag des Grundstücks an einen anderen wird die Grundschuld jedoch Fremdgrundschuld, sodass sie der Ersteher ab Zuschlag (also für die Zeit nach der Zwangsversteigerung) zu verzinsen hat[3].

1128   Eine Grundschuld bleibt auch dann bestehen (aber nicht als Teil des geringsten Gebots), wenn der Gläubiger der Grundschuld und der Ersteher des Grundstücks dieses **Liegenbelassen** (nach dem Zuschlag) rechtzeitig vereinbaren und dem Vollstreckungsgericht mitteilen.

Dabei handelt es sich aber im Grunde um das Erlöschen und den Neueintrag der Grundschuld, die zur Vereinfachung und unter Verzicht auf Eintragung zusammengezogen werden. Für eine solche Grundschuld gelten andere Regeln; im Einzelnen s. RN 1173 ff.

34.2   Befriedigung (nur) wegen der Nebenleistungen

1129   Die bestehen bleibende Grundschuld wird vom Ersteher mit dem Grundstück übernommen (RN 1076), und zwar mit den Zinsen ab dem Zuschlag (RN 1094). Deshalb kann der Gläubiger **auf das Grundschuldkapital keine Zahlung** aus dem Erlös erhalten, sondern nur auf die Nebenrechte, soweit sie in der Zwangsversteigerung erlöschen. Das sind die Zinsen und sonstigen wiederkehrenden Leistungen *bis* zum Zuschlag.

Die **laufenden** (RN 1089, 1090) **Zinsen** sowie etwaige andere wiederkehrende (Neben-)Leistungen werden bis zum Tag vor dem Zuschlag (RN 1094) aus dem Versteigerungserlös bezahlt, und zwar ohne dass dies ausdrücklich beantragt werden muss (RN 1089). Steht die Grundschuld allerdings dem Eigentümer zu, so erhält dieser in der Zwangsversteigerung keine Zinsen darauf (§ 1197 Abs. 2 BGB).

Daneben werden – im Rang der Grundschuld – auch für bis zu zwei Jahre **rückständige Zinsen** aus dem Versteigerungserlös bezahlt, aber nur, wenn sie rechtzeitig angemeldet worden sind (RN 1091).

Theoretisch haftet das Grundstück auch für ältere rückständige Zinsen. Sie stehen im Rang aber hinter allen anderen Ansprüchen (§ 10 Abs. 1 Nr. 8 ZVG). Der Erlös reicht deshalb zu ihrer Befriedigung so gut wie nie aus. Dagegen werden die laufenden und – falls rechtzeitig angemeldet – für bis zu zwei Jahre rückständigen Zinsen der im geringsten Gebot berücksichtigten Grundschulden stets befriedigt. Denn sie sind Teil des geringsten Gebots (RN 1077), sodass ein Gebot, das sie nicht decken würde, gar nicht zugelassen werden könnte.

Der Gläubiger muss, um den auf die Grundschuld entfallenden Erlös zu erhalten, seine Berechtigung nachweisen; im Einzelnen s. RN 1117, 1118.

1130   In Höhe des Betrags, den der Gläubiger aus dem Erlös erhält (RN 1129), wird er aus dem Grundstück befriedigt. Der Betrag ist auf die durch die Grundschuld

---

3   BGH v. 5. 11. 1976 – V ZR 240/74 –, BGHZ 67, 291 = NJW 1977, 100 = WM 1976, 1314.

gesicherten Ansprüche zu verrechnen, und zwar gemäß § 366 Abs. 2 bzw. § 367 Abs. 1 BGB. Im Einzelnen s. RN 1123, 1124.

34.3 Sicherungsvertrag und spätere Rückgewähr

Die als Teil des geringsten Gebots bestehen bleibende **Grundschuld ist für den Ersteher** rechtlich und wirtschaftlich eine **Belastung** des Grundstücks. Ihre Übernahme ist ein Teil des Gebots, zu dem das Grundstück zugeschlagen worden ist und damit Teil des dafür zu zahlenden Preises[4]. Für den Ersteher spielt es keine Rolle, ob die Grundschuld valutiert ist oder nicht. Falls ja, muss er hinnehmen, dass der Gläubiger sie als Sicherheit für sich in Anspruch nimmt. Falls nein, gebührt die Grundschuld dem Sicherungsgeber (meist dem früheren Eigentümer), dem der Gläubiger sie durch Abtretung (RN 1134) zurückzugewähren hat[5] (RN 942 ff.) und der sie gegen den neuen Eigentümer geltend machen kann[6].

1131

Die (als Teil des geringsten Gebots) bestehen bleibende Grundschuld steht (anders als die liegen belassene, s. RN 1184 bis 1193) dem Gläubiger weiterhin (nur) im Rahmen des bisherigen Sicherungsvertrags als Sicherheit zur Verfügung; die Zwangsversteigerung führt nicht zu ihrer Verwertung. Die Vereinbarungen im bisherigen **Sicherungsvertrag gelten** für diese Grundschuld **weiter**.

1132

Trotz der Zwangsversteigerung tritt **kein Wechsel hinsichtlich der Person des Sicherungsgebers** ein. War der (bisherige) Grundstückseigentümer – wie meist – Sicherungsgeber, so bleibt er es; allein der Wechsel des Eigentums ändert daran nichts (RN 634)[7].

Deshalb kann der Gläubiger **mit dem neuen Eigentümer keinen neuen Sicherungszweck** für die Grundschuld vereinbaren. Dazu wäre die Mitwirkung des bisherigen Sicherungsgebers (und ggf. des Zessionars des Rückgewähranspruchs) erforderlich (RN 594, 595), die meist nicht zu erreichen sein wird. Wegen der Rechtslage nach Tilgung der Grundschuld durch den Ersteher s. RN 1137 bis 1140.

Auch der **Rückgewähranspruch** geht allein durch den Zuschlag (Eigentumswechsel) nicht auf den neuen Eigentümer über (RN 766). Nach Wegfall des Sicherungszwecks hat der Gläubiger die Grundschuld daher dem *Sicherungsgeber* (RN 637 bis 646), also meist dem **früheren Eigentümer** zurückzugewähren[8]; wegen der Ausnahmen s. RN 1135 und 1136 bzw. 940, 941.

1133

---

4   BGH v. 21.5.2003 – IV ZR 452/02 – (Ziff. II, 1 [vor a]), BGHZ 155, 63 WM 2003, 1365 = EWiR § 1191 BGB 2/03, 761 (*Dümig*).

5   BGH v. 17.5.1988 – IX ZR 5/87 – (Ziff. 1), WM 1988, 1137.

6   BGH v. 21.5.2003 – IV ZR 452/02 – (Ziff. II, 1 b), BGHZ 155, 63 WM 2003, 1365 = EWiR § 1191 BGB 2/03, 761 (*Dümig*).

7   BGH v. 25.9.1986 – IX ZR 206/85 – (Ziff. II, 1), WM 1986, 1441 = EWiR § 1191 BGB 8/86, 1197 (*Clemente*).

8   BGH v. 21.5.2003 – IV ZR 452/02 – (Ziff. II, 1 b), BGHZ 155, 63 WM 2003, 1365 = EWiR § 1191 BGB 2/03, 761 (*Dümig*); BGH v. 25.9.1986 – IX ZR 206/85 – (Ziff. II, 1), WM 1986, 1441 = EWiR § 1191 BGB 8/86, 1197 (*Clemente*); BGH v. 17.5.1988 – IX ZR 5/87 – (Ziff. 2b), WM 1988, 1137; *Staudinger/Wolfsteiner* (2019), Vorbem. 281 zu §§ 1191 ff.

Die Tilgung der gesicherten Verbindlichkeit befreit den neuen Eigentümer nicht aus seiner dinglichen Haftung[9]. Er haftet vielmehr weiterhin mit dem Grundstück für die Grundschuld, aber – sobald der (bisherige) Gläubiger seine Rückgewährpflicht erfüllt und die Grundschuld auf den Rückgewährberechtigten überträgt – gegenüber einem anderen Gläubiger, meist dem früheren Eigentümer.

1134 Eine **Rückgewähr** an den früheren Eigentümer ist nach dem Eigentumswechsel **nur noch durch Abtretung** möglich[10]. Denn sowohl Verzicht wie Löschung führen dazu, dass die Grundschuld bzw. ihr wirtschaftlicher Wert dem (neuen) Eigentümer zufällt (RN 745, 747). Auch eine etwaige Beschränkung des Rückgewähranspruchs auf Verzicht oder Löschung entfällt mit dem Zuschlag (RN 754, 756).

Der Grundschuldgläubiger würde sich schadensersatzpflichtig machen, wenn er ohne entsprechende Vereinbarung mit dem Sicherungsgeber die Löschung der Grundschuld bewilligen und sie damit an den *neuen* Grundstückseigentümer (RN 747) zurückgewähren würde[11] (RN 776). Wegen der Tilgung der Grundschuld durch den neuen Eigentümer s. RN 1137 bis 1140.

1135 Hat der Sicherungsgeber den **Rückgewähranspruch wirksam abgetreten**, ist die Grundschuld – statt an den Sicherungsgeber – an den neuen Inhaber des Rückgewähranspruchs abzutreten. Da eine etwaige Beschränkung auf Verzicht oder Löschung mit dem Zuschlag entfallen ist (RN 754, 756), gibt es auch ihm gegenüber keine andere Möglichkeit der Rückgewähr mehr.

Solange der Grundschuldgläubiger die Abtretung des Rückgewähranspruchs allerdings nicht kennt, wird er durch Übertragung der Grundschuld an den Sicherungsgeber dem Berechtigten gegenüber frei (§ 407 Abs. 1 BGB).

Ist das Insolvenzverfahren über das Vermögen des (früheren) Eigentümers eröffnet, ist die Grundschuld an den Insolvenzverwalter zurückzugewähren, der sie für die Masse erwirbt. Ist der Rückgewähranspruch wirksam ge- oder verpfändet, sind die Rechte des Pfandgläubigers zu beachten.

1136 Ist der Vollstreckungsschuldner (= bisheriger Eigentümer) zugleich – wie meist – persönlicher Schuldner der gesicherten Forderung und meldet er (nicht

9 BGH v. 21.5.2003 – IV ZR 452/02 – (Ziff. II, 2 b und c), BGHZ 155, 63 WM 2003, 1365 = EWiR § 1191 BGB 2/03, 761 (*Dümig*), unter ausdrücklicher Aufgabe der früheren Rechtsprechung; *Staudinger/Wolfsteiner* (2019), Vorbem. 280 zu §§ 1191 ff.; *anders* (aber aufgegeben): BGH v. 19.3.1971 – V ZR 166/68 –, BGHZ 56, 22 = NJW 1971, 1750 = WM 1971, 499.

10 BGH v. 16.10.2020 – V ZR 98/19 – (RN 15), MDR 2021, 446; BGH v. 17.5.1988 – IX ZR 5/87 – (Ziff. 2b), WM 1988, 1137; OLG Hamburg v. 25.1.2015 – 2 UF 120/14 – (RN 26), FamRZ 2015 2015, 1962; OLG Jena v. 15.5.2018 – 5 W 45/18 – (RN 33), WM 2018, 2321; *Dümig*, BGH EWiR § 1191 BGB 2/03, 742, Ziff. 4 (Kurzkommentar zu BGH v. 21.5.2003 – IV ZR 452/02); *Schiffhauer*, Rpfleger 1988, 498, 499 (Ziff. 6 seiner Anmerkung zu BGH v. 17.5.1988).

11 BGH v. 29.1.2016 – V ZR 285/14 – (RN 11), BGHZ 209, 1 = WM 2016, 452 = WuB 2016, 387 (*Gladenbeck*) = MittBayNot 2018, 67 (m. Anm. *Gladenbeck*) = ZfIR 2016, 322 (m. Anm. *Wolfsteiner*); *Köndgen*, BGH EWiR § 812 BGB 3/93, 973, Ziff. 4.

der Gläubiger) seine Verbindlichkeit in der Zwangsversteigerung vor der Aufforderung zur Abgabe von Geboten (RN 1075) unter Angabe von Betrag und Grund der gegen ihn bestehenden Forderung an (was in der Praxis fast nie geschieht), so **übernimmt der Ersteher** diese Verbindlichkeit in Höhe der Grundschuld (§ 53 ZVG). Im Einzelnen wird auf RN 940, 941 verwiesen.

Soweit die gesicherte Verbindlichkeit danach auf den Ersteher übergeht, muss dieser aber konsequenterweise den **Rückgewähranspruch** hinsichtlich der Grundschuld erwerben. Hätte der Sicherungsgeber auch in diesem Fall nach Erledigung des Sicherungszwecks Anspruch auf die Grundschuld, wäre der Ersteher doppelt belastet. Im Einzelnen s. RN 940.

34.4 Verrechnung von Leistungen des Erstehers

Der Ersteher ist an eine Vereinbarung des Grundschuldgläubigers mit dem Sicherungsgeber (meist bisheriger Eigentümer), dass Leistungen auf die gesicherten Forderungen und nicht auf die Grundschuld zu verrechnen sind (RN 805), nicht gebunden (RN 809). *1137*

Wenn der Ersteher nicht ausnahmsweise Schuldner der gesicherten Forderung und Inhaber des Rückgewähranspruchs geworden ist (RN 1136 bzw. 940, 941), ist es für ihn wirtschaftlich unsinnig, die durch die Grundschuld gesicherte Verbindlichkeit zu erfüllen. Denn dann würde er durch eine Zahlung, zu der er nicht verpflichtet ist, bewirken, dass die Grundschuld an den bisherigen Eigentümer (RN 1133, 1134) bzw. den sonstigen Rückgewährberechtigten (RN 1135) zurückzugewähren ist. Deshalb ist im Zweifel anzunehmen, dass **Leistungen des Erstehers** nicht auf die gesicherte Forderung, sondern **auf die Grundschuld geleistet** sein sollen (RN 813).

Der **Ersteher erwirbt die Grundschuld** kraft Gesetzes, wenn er den *vollen* Betrag der Grundschuld leistet (RN 824). Der Eigentümer kann die Grundschuld auch dann voll tilgen, wenn sie nur teilweise (oder gar nicht) valutiert ist. Denn er ist – ggf. nach Kündigung der Grundschuld (§ 1193 Abs. 1 BGB) – zur Befriedigung des Grundschuldgläubigers berechtigt (§ 1142 BGB) und verpflichtet; auf Einwendungen aus der Sicherungsabrede (etwa dass der Sicherungsfall noch nicht eingetreten ist) kann er sich – falls keine Anmeldung nach § 53 Abs. 2 ZVG erfolgte (RN 1136) – nicht berufen[12]. *1138*

Wegen des Falles, dass der Ersteher nur einen Teilbetrag leistet (insbesondere, weil die Grundschuld nicht mehr voll valutiert ist), s. RN 1140.

Mit der Tilgung der Grundschuld tritt der darauf gezahlte Erlös an deren Stelle. Dieser ist entsprechend der bisherigen Sicherungsabrede zwischen dem Sicherungsgeber (meist: früherer Eigentümer) und dem Grundschuldgläubiger zu verwenden. Übersteigt der auf die Grundschuld gezahlte Betrag die dadurch gesicherte Verbindlichkeit, so setzt sich der Rückgewähranspruch an dem Über-

---

12 BGH v. 21.5.2003 – IV ZR 452/02 – (Ziff. II, 1 d), BGHZ 155, 63 WM 2003, 1365 = EWiR § 1191 BGB 2/03, 761 (*Dümig*).

erlös fort[13]; der **Übererlös ist an den Rückgewährberechtigten abzuführen** (RN 834).

Im Übrigen **endet der Sicherungsvertrag** zwischen dem Grundschuldgläubiger und dem (früheren) Sicherungsgeber; dieser kann insbesondere nicht mehr die Rückgewähr der *Grundschuld* verlangen (RN 727). Der neue Eigentümer erwirbt die Grundschuld frei von irgendwelchen Bindungen aus jenem Sicherungsvertrag. Er kann die auf ihn übergegangene Grundschuld seinerseits als Sicherheit einsetzen.

1139 Um die Grundschuld **erneut als Sicherheit** verwenden zu können, muss sie (weil kraft Gesetzes auf den Eigentümer übergegangen) förmlich an den Sicherungsnehmer/Grundschuldgläubiger **abgetreten werden**; darauf kann selbst dann nicht verzichtet werden, wenn sie im Grundbuch (noch) für den (alten und neuen) Gläubiger eingetragen ist (RN 425 bzw. 449, 450).

Ferner ist ein **neuer Sicherungsvertrag** zwischen dem neuen Eigentümer und dem Grundschuldgläubiger abzuschließen. In diesem Vertrag wird festgelegt, welchen Sicherungszweck die Grundschuld nunmehr haben soll. Sicherungsgeber ist der jetzige Eigentümer (RN 638). Ihm steht der Rückgewähranspruch aus diesem neuen Vertrag zu.

Falls jedoch noch (oder schon wieder) **gleich- oder nachrangige Grundpfandrechte** bestehen, steht deren Gläubiger regelmäßig ein gesetzlicher Löschungsanspruch (RN 495), bei vor 1978 eingetragenen Grundpfandrechten ggf. ein durch Vormerkung gesicherter Löschungsanspruch (RN 527) zu. Falls das zutrifft, ist die Grundschuld nur dann eine einwandfreie Sicherheit für den Gläubiger, wenn die Gefahr aus dem Löschungsanspruch ausgeräumt wird (RN 516 bis 525 bzw. 542 bis 544).

1140 Erbringt der Ersteher in Bezug auf die Grundschuld nur eine **Teilleistung** (etwa weil die Grundschuld nicht mehr in voller Höhe valutiert ist), so geht auch nur ein entsprechender Teilbetrag der Grundschuld auf ihn über (RN 835). Im Übrigen bleibt der Grundschuldgläubiger weiterhin Inhaber der Grundschuld.

Reicht schon der gezahlte Teilbetrag zur Tilgung der gesamten gesicherten Forderung aus, so **entfällt** damit der **Sicherungszweck** hinsichtlich der Grundschuld. Soweit diese durch die (Teil-)Tilgung kraft Gesetzes auf den (neuen) Eigentümer übergegangen ist, kann der Sicherungsgeber Rückgewähr der *Grundschuld* nicht verlangen (RN 727), wohl aber bezüglich des restlichen, dem Gläubiger verbliebenen Teils der Grundschuld (RN 729, 724).

Diesen (weder getilgten noch als Sicherheit benötigten) Teil muss der Grundschuldgläubiger dem Sicherungsgeber (meist: früherer Eigentümer) **zurückgewähren**. Das ist nach dem Eigentumswechsel nur noch durch Abtretung möglich. Denn sowohl Verzicht wie Löschung führen dazu, dass die Grundschuld bzw. ihr wirtschaftlicher Wert dem (derzeitigen) Eigentümer zufällt (RN 745,

---

13   BGH v. 19.10.1988 – IVb ZR 70/87 – (Ziff. III, 2 a), = WM 1988, 1834; *Schmitz*, WM 1991, 1061, 1066 (Ziff. VII, 2).

747). Auch eine etwaige Beschränkung des Rückgewähranspruchs auf Verzicht oder Löschung entfällt mit dem Zuschlag (RN 754, 756).

Der Gläubiger würde sich dem Sicherungsgeber/(früheren) Eigentümer gegenüber schadensersatzpflichtig machen, wenn er gegen Zahlung lediglich eines Teilbetrags der Grundschuld auf diese verzichten oder sie löschen lassen würde[14] (RN 1134 und 776).

Der Ersteher kann sich mithin die ganze (nur teilweise valutierte) Grundschuld nicht dadurch verschaffen, dass er einen Betrag (nur) in Höhe der gesicherten Forderung zahlt. Das wäre auch wirtschaftlich nicht gerechtfertigt. Denn die Übernahme der Grundschuld war Teil seiner Leistung für das Grundstück. Soweit die Grundschuld nicht voll valutiert ist, muss der Mehrbetrag dem Sicherungsgeber (regelmäßig dem bisherigen Eigentümer) zugute kommen[15].

---

14 BGH v. 29.1.2016 – V ZR 285/14 – (RN 11), BGHZ 209, 1 = WM 2016, 452 = WuB 2016, 387 (*Gladenbeck*) = MittBayNot 2018, 67 (m. Anm. *Gladenbeck*) = ZfIR 2016, 322 (m. Anm. *Wolfsteiner*).

15 BGH v. 21.5.2003 – IV ZR 452/02 – (Ziff. II, 2 a), BGHZ 155, 63 WM 2003, 1365 = EWiR § 1191 BGB 2/03, 761 (*Dümig*); BGH v. 19.10.1988 – IVb ZR 70/87 – (Ziff. III, 2 a), = WM 1988, 1834.

35 Die nicht (voll) valutierte Grundschuld

35.1 Berücksichtigung bei der Erlösverteilung

1141 Als nicht akzessorisches Recht steht die Grundschuld ihrem jeweiligen Gläubiger ohne Rücksicht darauf zu, ob eine durch die Grundschuld gesicherte Forderung besteht oder nicht. Für geringstes Gebot und Erlösverteilung ist der **Bestand des dinglichen Rechts maßgeblich**[1], und zwar selbst dann, wenn der Grundschuldgläubiger im Verfahren ausdrücklich erklärt, dass die *gesicherte Forderung* nicht oder nicht in voller Höhe besteht[2].

Erhält der Grundschuldgläubiger auf das dingliche Recht mehr als den Betrag der dadurch gesicherte(n) Forderung(en), so ist dieser Mehrbetrag – außerhalb des Zwangsversteigerungsverfahrens – an den Rückgewährberechtigten abzuführen (RN 1147 bis 1151). Nimmt er den auf sein Recht zugeteilten Betrag nicht an, wird dieser für ihn hinterlegt[3].

Der (schuldrechtliche) *Anspruch* auf Rückgewähr gibt kein Recht auf den Versteigerungserlös. Erst der *Vollzug* der Rückgewähr (RN 1163 bis 1172) hat Einfluss auf die Erlösverteilung. Wegen der Bedeutung eines Hebungsverzichts s. RN 1159, 1160.

Das gilt auch für die **dinglichen Zinsen** aus der Grundschuld. Sie sind im geringsten Gebot und in der Erlösverteilung zugunsten des Grundschuldgläubigers zu berücksichtigen, und zwar die laufenden Zinsen von Amts wegen (RN 1089) und die bis zu zwei Jahre rückständigen Zinsen bei rechtzeitiger Anmeldung (RN 1091).

Der Gläubiger ist *berechtigt*, die dinglichen Zinsen zu erheben, selbst wenn er sie zur Befriedigung wegen einer durch die Grundschuld gesicherten Forderung nicht benötigt[4]; wegen der Frage, ob er dazu *verpflichtet* ist, s. RN 1152 ff. Bezüglich der Grundschuldzinsen wirkt sich – außer dem Vollzug der Rückgewähr (RN 1163 bis 1172) – auch eine etwaige Minderanmeldung (RN 1161) auf die Erlösverteilung aus.

---

1 BGH v. 27.2.1981 – V ZR 9/80 – (Ziff. II, 1 a), WM 1981, 581; OLG Köln v. 29.2.1988 – 2 W 163/87 – (Ziff. 1), Rpfleger 1988, 324; *MünchKomm/Lieder*, § 1191 RN 176 f.; *Staudinger/Wolfsteiner* (2019), Vorbem. 281 zu §§ 1191 ff.; *Stöber/Nicht*, § 114 RN 139; *Storz*, ZIP 1980, 506, 509 (Ziff. III); anderer Ansicht anscheinend: BGH v. 24.9.1996 – IX ZR 190/95 –, WM 1996, 2080, der (Ziff. I, 2 b) beiläufig ausführt, dass der Versteigerungserlös in Höhe des nicht valutierten Teils der Grundschuld auf den Inhaber des Rückgewähranspruchs entfalle.

2 *Stöber/Gojowczyk*, § 44 RN 41; *Stöber/Nicht*, § 114 RN 152.

3 *Stöber/Nicht*, § 114 RN 153b m. w. N.

4 BGH v. 27.2.1981 – V ZR 9/80 – (Ziff. II, 1 a), WM 1981, 581; *MünchKomm/Lieder*, § 1191 RN 181; Reithmann, WM 1985, 441, 444 (Ziff. I, 4 a); *Stöber*, ZIP 1980, 976 (abl. Anm. zu OLG München v. 17.9.1980); *Storz*, ZIP 1980, 506, 509 (Ziff. III); anderer Ansicht (nicht benötigte Grundschuldzinsen dürfen nicht geltend gemacht werden, wohl aber nicht benötigtes Grundschuldkapital): OLG München v. 17.9.1980 – 27 U 232/80 – (Ziff. I, 2 b), ZIP 1980, 974 (mit abl. Anm. *Stöber*).

Eine durch den Zuschlag **erlöschende Grundschuld** (RN 1106 bis 1109) wird *1142* demnach für ihren Gläubiger mit Kapital und laufenden (RN 1089) und, falls rechtzeitig angemeldet, rückständigen (RN 1091) Zinsen entsprechend ihrer Rangstelle im Teilungsplan berücksichtigt[5]. Diese Beträge werden, wenn der Erlös dafür ausreicht, an den (früheren) Grundschuldgläubiger ausbezahlt.

Bleibt die Grundschuld bestehen, weil sie im geringsten Gebot berücksichtigt *1143* ist (RN 1125 bis 1127), erhält der Gläubiger aus dem Versteigerungserlös (nur) die laufenden Zinsen *bis zum Zuschlag* (RN 1089, 1094) und ggf. rückständige Zinsen (RN 1091). Grundlage der Zuteilung ist auch hier allein das dingliche Recht.

Die Grundschuld selbst – und mit ihr die Grundschuldzinsen *ab Zuschlag* – bleibt bestehen und steht weiterhin dem Gläubiger zu. Auch dafür ist es gleichgültig, ob eine dadurch gesicherte Forderung (schon bzw. noch) besteht und ggf. in welcher Höhe. Ist der Sicherungszweck endgültig entfallen, muss der Grundschuldgläubiger die Grundschuld zurückgewähren (RN 1133 bis 1136).

Der (frühere) Eigentümer erhält, wenn er Gläubiger einer Grundschuld ist, aus *1144* dem *Versteigerungserlös* keine Zinsen[6], gleichgültig, ob die Grundschuld bestehen bleibt (RN 1143) oder nicht (RN 1142).

Bleibt die bisherige **Eigentümergrundschuld** allerdings bestehen, so kann der (frühere) Eigentümer für die Zeit *nach dem Zuschlag* gegenüber dem Erwerber Zinsen in Anspruch nehmen (falls das Recht verzinslich ist), weil die Grundschuld mit dem Zuschlag ohne weiteres Fremdgrundschuld wird und § 1197 Abs. 2 BGB dann dem Zinsanspruch nicht mehr entgegensteht.

Im Widerspruch zu der anscheinend ganz überwiegenden Meinung, dass die *1145* *dingliche* Rechtslage für die Zuteilung des Versteigerungserlöses maßgeblich und der (schuldrechtliche) Anspruch auf Rückgewähr bei der Erlösverteilung nicht zu berücksichtigen ist (RN 1141 bis 1143), wird andererseits – teilweise von denselben Autoren – die Ansicht vertreten, dass der **Inhaber des Rückgewähranspruchs**, wenn er (bspw. als Eigentümer oder als Gläubiger eines anderen Grundpfandrechts) Beteiligter[7] im Vollstreckungsverfahren (§ 9 ZVG) ist, dem Teilungsplan **widersprechen** könne, falls darin eine nicht voll valutierte Grundschuld voll berücksichtigt wird[8].

---

5 *Staudinger/Wolfsteiner* (2019), Vorbem. 281 zu §§ 1191 ff.; *Stöber/Nicht*, § 114 RN 138.
6 *Stöber/Nicht*, § 114 RN 120.
7 Der Inhaber des Rückgewähranspruchs ist also solcher nicht Beteiligter i. S. des § 9 ZVG: OLG Hamm v. 17. 1. 1992 – 15 W 18/92 –, OLG Köln v. 29. 2. 1988 – 2 W 163/87 – (Ziff. 1), Rpfleger 1988, 324; anderer Ansicht (auch Rückgewährberechtigter ist Beteiligter): *Stöber/Keller*, § 9 RN 14.
8 BGH v. 20. 12. 2001 – IX ZR 419/98 – (Ziff. II, 2 b, aa), WM 2002, 337 und 776 = EWiR § 15 KO 1/02, 355 (*Hegerl*); BGH v. 21. 2. 1991 – IX ZR 64/90 – (Ziff. II, 1 b), WM 1991, 779; BGH v. 20. 3. 1981 – V ZR 85/80 – (Ziff. B II, 1), WM 1981, 693; *MünchKomm/Lieder*, § 1191 RN 179; *Räfle*, ZIP 1981, 821, 824 (Ziff. II, 7); s. auch BGH v. 24. 9. 1996 – IX ZR 190/95 –, WM 1996, 2080; anderer Ansicht: *Staudinger/Wolfsteiner* (2019), Vorbem. 281 zu §§ 1191 ff.

Das kann nicht richtig sein. Denn wenn (zu Recht) der Rückgewähranspruch bei der Aufstellung des Teilungsplans nicht zu berücksichtigen ist, dann kann ein Widerspruch gegen den Teilungsplan nicht deshalb begründet sein, weil so verfahren worden ist.

Trotzdem wird die Praxis davon auszugehen haben, dass der Inhaber des Rückgewähranspruchs – jedenfalls dann, wenn er Beteiligter gem. § 9 ZVG ist – seinen bei der Erlösverteilung nicht berücksichtigten Anspruch im Wege des Widerspruchs gegen den Teilungsplan mit Erfolg geltend machen kann.

35.2 Entstehen und Verwendung eines Übererlöses

1146 Ein Übererlös entsteht dann, wenn auf eine Grundschuld ein Betrag zugeteilt wird, der die durch die Grundschuld gesicherte Forderung übersteigt. Das kann insbesondere dann geschehen, wenn in der Zwangsversteigerung die **Grundschuld erlischt** und Erlös sowohl auf das Kapital wie auf die Nebenleistungen (insbesondere Zinsen) entfällt (RN 1142).

Theoretisch möglich ist dies auch bei einer **bestehen bleibenden Grundschuld**, wenn sie – wie regelmäßig – verzinslich ist und ihr Gläubiger aus dem Erlös für die laufenden und ggf. rückständigen Zinsen einen Betrag erhält (RN 1143), der die gesicherten Forderungen übersteigt. Tatsächlich wird es diesen Fall aber kaum geben.

1147 Der auf die Grundschuld entfallende **Erlös** tritt an die Stelle des dinglichen Rechts. An ihm setzt sich der Rückgewähranspruch fort[9]. Der zur Tilgung nicht benötigte Übererlös ist zurückzugewähren.

Bis zur Erlösverteilung kann die Rückgewähr auf verschiedenen Wegen erfolgen (RN 1164 bis 1169). Danach ist **Rückgewähr nur noch durch Zahlung** möglich; vgl. auch RN 752, 754. Die anderen Formen der Rückgewähr (Löschung oder Verzicht) stehen für den Übererlös schon deshalb nicht mehr zur Verfügung, weil das dingliche Recht insoweit, wie in der Erlösverteilung Geld an seine Stelle tritt, durch den Zuschlag bereits erloschen ist (§ 91 Abs. 1 ZVG; § 1181 Abs. 1 BGB).

35.3 Pflicht zur Erzielung eines Übererlöses?

1148 Vor der Entscheidung über die Frage, ob und ggf. in welchem Umfang der Grundschuldgläubiger *verpflichtet* ist, einen Übererlös zu erzielen, um diesen dann zurückzugewähren, sollte die Erkenntnis stehen, dass es bei einer Geldsumme – anders als für die Grundschuld bis zur Erlösverteilung – **keine diffe-**

---

9   BGH v. 20.12.2001 – IX ZR 419/98 – (Ziff. II, 2 b, aa), WM 2002, 337 und 776; BGH v. 21.2.1991 – IX ZR 64/90 – (Ziff. II, 1 b), WM 1991, 779; BGH v. 19.10.1988 – IVb ZR 70/87 – (Ziff. III, 2 a), WM 1988, 1834; BGH v. 11.10.1984 – IX ZR 111/82 – (Ziff. II, 2 b), WM 1984, 1577; BGH v. 29.9.1989 – V ZR 326/87 – (Ziff. II, 1), NJW 1990, 392 = WM 1989, 1862.= EWiR § 1191 BGB 1/90, 251 (*Clemente*); *Staudinger/Wolfsteiner* (2019), Vorbem. 139 und 147 zu §§ 1191 ff.; *Schmitz*, WM 1991, 1061, 1066 (Ziff. VII, 2); s. auch RN 750 und die dort genannten Belegstellen.

renzierten Möglichkeiten der Rückgewähr gibt. Sie kann nicht auf unterschiedlichen Wegen mit verschiedenen Ergebnissen zurückgewährt werden.

Insbesondere entfällt bei der Rückgewähr einer Geldsumme der Unterschied zwischen Grundschuld*kapital* und Grundschuld*zinsen*. Außerdem können die nachrangigen Gläubiger das Recht, die Löschung einer auf den Eigentümer übergegangenen (bisherigen Fremd-)Grundschuld zu erzwingen, nicht mehr durchsetzen.

Deshalb versagen hier einige der gesetzlichen Regelmechanismen, die bei Rückgewähr der *Grundschuld* die gegenseitigen Interessen austarieren. Das sollte zur Zurückhaltung mahnen, vorschnell eine unbegrenzte Pflicht zur Erzielung des höchst möglichen Überschusses anzunehmen, weil die Rückgewähr des Übererlöses notwendigerweise zu gröberen und der gesetzlichen Interessenabwägung weniger angepassten Ergebnissen führt:

Wird der Übererlös durch *Zahlung* an den **Eigentümer** zurückgewährt, so wird   *1149*
dieser **privilegiert**: er erhält Geld, selbst wenn – wie meist – nachrangige Gläubiger mit ihrem Recht ausfallen. Weder gibt es eine Möglichkeit, den Übererlös so zurückzugewähren, dass – wie bei der Löschung einer Grundschuld – die Stellung des nachrangigen Gläubigers unmittelbar verbessert wird. Noch kann ein nachrangiger Gläubiger mit einem gesetzlichen oder durch Vormerkung gesicherten Löschungsanspruch den Zufluss des Geldes an den Eigentümer zu seinen Gunsten rückgängig machen.

Dagegen wäre das Recht der nachrangigen Gläubiger ohne Weiteres im Rang aufgerückt, wenn die Grundschuld noch vor der Erlösverteilung an den Eigentümer durch *Löschung* zurückgewährt worden wäre. Bei *vor* Zuschlagserteilung (RN 1215.1) erfolgter Rückgewähr durch *Abtretung* oder *Verzicht* (durch den ebenfalls eine Eigentümergrundschuld entsteht) hätte der nachrangige Gläubiger kraft seines Löschungsanspruchs das Aufrücken seines Rechts erzwingen können (RN 495 ff. bzw. 527 ff.).

Bei Rückgewähr durch *Zahlung* des Überschusses erhält der Eigentümer **Zinsen**   *1150*
aus der Grundschuld, obwohl er in der Zwangsversteigerung Grundschuldzinsen nicht geltend machen kann (§ 1197 Abs. 2 BGB). Dadurch, dass der Überschuss zurückgewährt wird, was nur durch Zahlung möglich ist, wird also die Entscheidung des Gesetzgebers, dass dem Eigentümer aus der Grundschuld am eigenen Grundstück grundsätzlich keine Zinsen gebühren (vgl. auch § 1178 Abs. 1 BGB), ausgehebelt.

Tritt der Eigentümer – wie häufig – seinen Rückgewähranspruch bezüglich   *1151*
vorrangiger Grundschulden an den Gläubiger einer nachrangigen Grundschuld ab, so kann durch Beschränkung des Rückgewähranspruchs auf Löschung und/oder Verzicht erreicht werden, dass der nachrangige Gläubiger nur gerade das erhält, was gewollt ist, nämlich die Chance, mit seinem Recht im Rang aufzurücken (RN 757). Eine Erhöhung des Betrags der Grundschuld, die nicht gewollt ist und vom Gläubiger nicht genutzt werden darf, wird mit Sicherheit ausgeschlossen.

Diese Einschränkung versagt aber bei Rückgewähr des Übererlöses, weil sie nur durch Zahlung erfolgen kann. Er erhält **Kapital statt der gewollten Rangverbesserung,** also qualitativ mehr als ihm gebührt.

1152 Es ist **umstritten**, ob der Gläubiger gegenüber dem Rückgewährberechtigten **verpflichtet** ist, die **Grundschuld und/oder die dinglichen Zinsen** – ohne Rücksicht auf die Höhe der dadurch gesicherten Verbindlichkeiten – **in voller Höhe** geltend zu machen. Der Streit geht mit anderen Worten dahin, ob der Gläubiger einen Übererlös zu erzielen hat und, falls ja, ob in höchst möglichem oder nur in einem geringeren Umfang.

Nach der einen Ansicht *muss* der Gläubiger die Grundschuld im höchst möglichen Umfang – einschließlich rückständiger Zinsen (RN 1091) – geltend machen[10]. Das führt selbstverständlich zu einem Maximum an Ausfall nachrangig gesicherter Berechtigter und soll selbst dann gelten, wenn der Eigentümer (= Vollstreckungsschuldner) den Übererlös erhält.

Nach einer Variante dazu müssen Zinsen – zusätzlich zum Kapital – nur geltend gemacht werden, wenn der Rückgewähranspruch abgetreten ist[11]. Das bedeutet, dass der Vollstreckungsschuldner (anders als andere Rückgewährberechtigte) keinen Anspruch auf Erzielung eines Übererlöses zulasten nachrangig gesicherter Berechtigter insoweit hat, wie dieser aus Zinsen (sondern nur, soweit er aus dem Kapital) erzielt werden kann.

Weniger weitgehend wird vertreten, dass der Grundschuldgläubiger nur das Grundschuld*kapital*[12] in vollem Umfang geltend machen muss, nicht aber von ihm nicht benötigte Grundschuldzinsen, beides aber ohne Rücksicht darauf, wer den Übererlös erhält.

Eine Variante dazu ist die Meinung, dass der Gläubiger nicht nur nicht verpflichtet, sondern sogar *nicht einmal befugt* ist, nicht benötigte *(Grundschuld-)Zinsen* geltend zu machen[13].

Die höchstrichterliche Rechtsprechung lässt eine klare Linie nicht zuverlässig erkennen. Der BGH hat bislang über drei Konstellationen entschieden:

Ein das Zwangsversteigerungsverfahren selbst *nicht betreibender* Gläubiger sei in dem von einem Dritten betriebenen Verfahren nicht verpflichtet, nicht valutierte *Grundschuldzinsen* anzumelden. Der Eigentümer und Sicherungsgeber könne nicht verlangen, besser zu stehen, als wenn ihm die Grundschuld nebst

---

10 *Serick,* § 39 II, 2 e (Band III, S. 519); *Staudinger/Wolfsteiner (2019),* Vorbem. 135 zu §§ 1191 ff.; *Clemente/Lenk,* ZfIR 2002, 337, 340 (Ziff. II, 3); *Eckelt,* WM 1980, 454; *Kolbenschlag,* WM 1958, 1434 (Ziff. I); *Räbel,* NJW 1953, 1248 (Abschn. A II, 2 b, cc).
11 *MünchKomm/Lieder,* § 1191 RN 182.
12 OLG München v. 17.9.1980 – 27 U 232/80 – (Ziff. I, 2 a), ZIP 1980, 974 (mit abl. Anm. *Stöber*); OLG München v. 10.7.1979 – 27 U 220/79 –, NJW 1980, 1051; *Grüneberg/Herrler,* § 1191 RN 32; *Vollkommer,* NJW 1980, 1051 (Anm. zu OLG München v. 10.7.1979); offen gelassen: *Stöber/Nicht,* § 114 RN 151.
13 OLG München v. 17.9.1980 – 27 U 232/80 – (Ziff. I, 2 b), ZIP 1980, 974 (mit abl. Anm. *Stöber*); OLG Köln v. 3.12.1979 – 15 W 92/79 –, ZIP 1980, 112 („keine Pflicht und kein Recht, die Grundschuld in voller Höhe zu verwerten").

Zinsen durch Abtretung an ihn zurückgewährt worden wären. Dann aber wären rückständige Zinsen erloschen (§§ 1178 Abs. 1 Satz 1, 1192 Abs. 1 BGB).[14] Diese Argumentation begegnet zwar Bedenken, weil sie dem Wahlrecht des Rückgewährgläubigers nicht ausreichend Rechnung trägt; denn würde der Rückgewährgläubiger die Abtretung an einen Dritten verlangen, unterbliebe die ansonsten schädliche Vereinigung von Grundschuld und Eigentum.[15] Allerdings erhält der Grundschuldgläubiger dadurch auf der Grundlage mittlerweile gefestigter BGH-Rspr. die willkommene Möglichkeit, sich die Anmeldung der nicht zur Abdeckung seiner persönlichen Forderung erforderlichen Grundschuldzinsen zu ersparen.

Betreibt der Grundschuldgläubiger selbst die Zwangsversteigerung und wurde der *Rückgewähranspruch* an einen Nachranggläubiger *abgetreten*, stellt der BGH[16] demgegenüber auf die Interessen des Sicherungsnehmers ab: diesem sei es nicht zuzumuten sich Schadensersatzansprüchen des Zessionars des Rückgewähranspruchs auszusetzen. Deshalb gäbe es keine Verpflichtung zur Anmeldung nicht valutierter *Grundschuldzinsen*. Auch bei aktiv vom Gläubiger betriebener Zwangsversteigerung ist deshalb keine Anmeldung nicht benötigter Zinsen erforderlich.

Nicht valutierte *Grundschuldzinsen* aus einer nach durchgeführter Teilungsversteigerung *bestehen gebliebenen* Grundschuld müsse der Gläubiger dem Ersteher gegenüber nicht geltend machen.[17] Die Pflicht zur bestmöglichen Verwertung ende, wenn der Sicherungsgeber von seiner persönliche Schuld befreit sei; außerdem verliere der Sicherungsgeber auch bei einer hypothetischen Grundschuldabtretung an ihn den Zinsanspruch.[18] Der Rückgriff des BGH auf § 1178 BGB ist zu Recht vielfach kritisiert[19] worden, weil nach dem Eigentumsverlust durch Zuschlag auch bei Abtretung der Grundschuld an den Sicherungsgeber und früheren Eigentümer Fremdgrundschuld bleibt. Außerdem darf es nicht in das Belieben des Grundschuldgläubigers gestellt werden, den Ersteher zum Nachteil des Sicherungsgebers mehr oder weniger zu entlasten.[20] Wegen der erheblichen Bedenken gegen die bislang vom BGH vertretene Ansicht, sollten daher auch nicht valutierte Grundschuldzinsen (ab Zuschlag, RN 1172) gegenüber dem Ersteher, der die bestehen gebliebene Grundschuld ablösen möchte, geltend gemacht werden.

Kein Anlass besteht indes, Grundschuldzinsen unter Anknüpfung an die Kündigungsfrist nach § 1193 BGB jedenfalls für sechs Monate ab Zuschlag geltend zu machen, auch wenn die Ablösung früher erfolgt.[21] Die Kündigungsfrist (RN 278) dient dazu, den Eigentümer vor einer bevorstehenden Vollstreckung zu warnen,

---

14   BGH v. 16. 12. 2011 – V ZR 52/11 – (RN 16), BGHZ 192, 131 = WM 2012, 301.
15   Vgl. *Joswig*, WuB I F 3. – 1.12, Anm. zu BGH V ZR 52/11.
16   BGH v. 3. 2. 2012 – V ZR 133/11 – (RN 9), BGHZ 192, 131 = WM 2012, 591.
17   BGH v. 4. 2. 2011 – V ZR 132/10 –, BGHZ 188, 186 = WM 2011, 596.
18   BGH v. 4. 2. 2011 – V ZR 132/10 –, (RN 13 ff.), BGHZ 188, 186 = WM 2011, 596.
19   *Volmer*, NJW 2011, 1502, 1502; *Alff*, Rpfleger 2011, 357, 358; *Zimmer*, ZfIR 2011, 405; *Kesseler*, DNotZ 2011, 369, 374; *Kesseler*, DNotZ 2012, 405, 406.
20   Vgl. *Volmer*, NJW 2011, 1502, 1503.
21   In diese Richtung wohl *Clemente*, ZfIR 2019, 325, 328.

sicher aber nicht dazu, dem Ersteher die Ablösung der Grundschuld zu erschweren.[22]

1153 Die Frage, ob und ggf. in welchem Umfang der Gläubiger die von ihm nicht benötigte Grundschuld geltend machen muss, kann nicht generell und mit Gültigkeit für alle Fälle beantwortet werden. Es muss dabei vielmehr berücksichtigt werden, was der Sicherungsgeber – bzw. nach Abtretung des Rückgewähranspruchs dessen neuer Gläubiger – nach dem **Inhalt des konkreten Sicherungsvertrags** bei Wegfall des Sicherungszwecks verlangen kann. Die Ansprüche sind nicht einheitlich und wirken sich – je nachdem, *wie* die Grundschuld und *an wen* sie zurückzugewähren ist – für den Berechtigten unterschiedlich aus (vgl. RN 1149 bis 1151).

1154 Der Gläubiger ist ferner – gleichgültig, welchen Inhalt der Rückgewähranspruch hat – stets (nicht nur verpflichtet, sondern) auch **berechtigt** (vgl. § 293 BGB), die Grundschuld nach vollständigem oder teilweisem Wegfall des Sicherungszwecks **zurückzugewähren**. Deshalb muss man ihm die Möglichkeit eröffnen, sich aus seiner Rückgewährpflicht dadurch zu befreien, dass er dem Sicherungsgeber (bzw. dem neuen Gläubiger des Rückgewähranspruchs) die Grundschuld vor der Erlösverteilung so zurückgewährt, wie dies dem Inhalt des Sicherungsvertrags entspricht.

Zwar kann der Rückgewährberechtigte, wenn er (noch) ein Wahlrecht hat, rein tatsächlich die Erfüllung dadurch etwas verzögern, dass er das Wahlrecht nicht ausübt. Er *darf* dies aber *nicht*, wie sich daraus ergibt, dass ihm der Grundschuldgläubiger eine Frist setzen und nach fruchtlosem Fristablauf die Wahl selbst treffen kann (§ 264 Abs. 2 BGB).

1155 Der Gläubiger kann äußerstenfalls dazu verpflichtet sein, die Grundschuld so geltend zu machen, dass der Rückgewährberechtigte **nicht schlechter** steht, **als er bei Rückgewähr** *vor* der Erlösverteilung stehen würde. Keinesfalls kann er die Grundschuld in der Zwangsversteigerung so geltend machen müssen, dass der Rückgewährberechtigte besser gestellt ist, als er bei rechtzeitiger Rückgewähr stünde[23], zumal damit regelmäßig eine Benachteiligung anderer Beteiligter (meist nachrangiger Gläubiger) verbunden ist.

Fraglich ist, ob die *Pflicht* des Gläubigers überhaupt so weit gehen kann. Denn dieser darf die Grundschuld nur insoweit geltend machen, wie sie valutiert ist; hinsichtlich des Rests steht dem Rückgewährberechtigten eine Einrede gegen die Grundschuld zu (RN 788, 794). Es wäre in sich widersprüchlich, den Grundschuldgläubiger gegenüber dem Rückgewährberechtigten zu etwas zu *verpflichten*, was er gerade ihm gegenüber *nicht tun darf*.[24]

Der Rückgewährberechtigte, der die Grundschuld in weitergehendem Umfang geltend gemacht haben will, mag sie sich rechtzeitig zurückgewähren lassen (RN 1163 bis 1172). Er mag dann seine Möglichkeiten selbst ausschöpfen. Der

---

22 Vgl. *Fischer*, InsO 2014, 2125, 2132; (*BeckOGK/Volmer* [1.5.2019] Rn 44).
23 Ähnlich: BGH v. 16.12.2011 – V ZR 52/11 – (RN 16), BGHZ 192, 131 = WM 2012, 301; *MünchKomm/Lieder*, § 1191 RN 181.
24 So auch *Freckmann*, BKR 2012, 133, 137.

Grundschuldgläubiger jedenfalls kann nicht verpflichtet sein, einen möglichst hohen Übererlös zu erzielen, um dem Rückgewährberechtigten auf diesem Weg (vgl. insbesondere RN 1149 bis 1151) – zum Schaden anderer Berechtigter – Werte zukommen zu lassen oder zu sichern, die er bei rechtzeitiger Rückgewähr nicht erhalten hätte oder nicht behalten würde.

Häufig enthalten die **Vordrucke** die Bestimmung, dass der Grundschuldgläubi- *1156*
ger nicht verpflichtet ist, in der Zwangsversteigerung einen Betrag geltend zu machen, der über den gesicherten Anspruch hinausgeht, und dass der Gläubiger auf den die persönliche Forderung übersteigenden Teil der Grundschuld verzichten darf[25].

Tut er dies *vor* Zuschlagserteilung, so erreicht er im Zusammenwirken mit dem Löschungsanspruch eines nachrangigen Berechtigten im Endergebnis, dass die Grundschuld, soweit sie nicht valutiert ist, keinen Anteil am Versteigerungserlös erhält. Das ist eine Rückgewähr wie durch Löschung (Aufhebung) der Grundschuld. Die Klausel enthält also für den Fall der Zwangsversteigerung eine Einschränkung des Rückgewähranspruchs.

Erfolgt der Verzicht *nach* Zuschlag, greift der gesetzliche Löschungsanspruch gleichermaßen (RN 500 und 1215.1).

Die Rückgewähr durch Verzicht kommt, wenn sie spätestens *bei der Erlösverteilung* wirksam wird, dem Vollstreckungsschuldner (= bisheriger Eigentümer) in beiden der dargestellten Varianten zugute: Entweder er wird in entsprechender Höhe von nachrangigen dinglichen Verbindlichkeiten befreit bzw. erhält einen etwa nach Befriedigung aller Berechtigten verbleibenden Erlös. Oder er erhält ein Befriedigungsrecht am Erlös. Sofern der bisherige Eigentümer Sicherungsgeber der Grundschuld ist, dürften gegen die **Wirksamkeit der Klausel** begründete Bedenken deshalb nicht bestehen (RN 760), sodass die Klausel für diesen Fall wirksam ist[26]. Sie wirkt dann bei Abtretung oder Pfändung des Rückgewähranspruchs auch gegenüber dem Rechtsnachfolger, weil dieser nicht mehr Rechte erlangen kann, als der Sicherungsgeber hat[27].

Die Rückgewähr durch Löschung und Verzicht kommt aber nur demjenigen Sicherungsgeber zugute, welcher zugleich Eigentümer ist. Ist dies ausnahms-

---

25 Anhang 6 [17], 7 [18], 8 [19], 10 [10], 11 [10], 12 [10].
26 Ähnlich (Pflicht, die Grundschuld geltend zu machen, ist – wie in der Kreditpraxis üblich – durch Sicherungsvertrag abdingbar) *MünchKomm/Lieder*, § 1191 RN 180; *Fischer*, ZInsO 2012, 1493, 1501 und 1503; *van Bevern*, BKR 2010, 453, 456 f.; *Freckmann*, BKR 2012, 133, 137; *Zimmer*, ZfIR 2011, 407, 408; jedenfalls für den Fall, dass der Grundschuldgläubiger nicht selbst die Zwangsversteigerung betreibt wohl auch BGH v. 16.12.2011 – V ZR 52/11 – (RN 20), BGHZ 192, 131 = WM 2012, 301; offen gelassen von BGH v. 4.2.2011 – V ZR 132/10 –, (RN 22), BGHZ 188, 186 = WM 2011, 596; BGH v. 3.2.2012 – V ZR 133/11 – (RN 14), BGHZ 192, 131 = WM 2012, 591; anderer Ansicht: *Staudinger/Wolfsteiner* (2019), Vorbem. 132 zu §§ 1191 ff.; OLG München v. 21.5.2010 – 5 U 5090/09 – (Ziff. II, 4 b), WM 2010, 1459, danach überraschend gem. § 305c Abs. 1 BGB und unzulässiger Haftungsausschluss gem. § 309 Nr. 7b BGB, Urteil aber aufgehoben durch BGH v. 4.2.2011 – V ZR 132/10 –, BGHZ 188, 186 = WM 2011, 596.
27 Vgl. aber *Clemente*, RN 587 ff., der dagegen Bedenken äußert.

weise nicht der Fall (RN 641 bis 646), ist die beschriebene Klausel für diese Konstellation unwirksam (RN 750). Die Klausel kann insoweit eine etwa bestehende Pflicht zur Realisierung der Grundschuld nicht aufheben.

Unwirksam (§ 307 Abs. 2 BGB) ist deshalb eine Formularklausel, welche die Einschränkung der Realisationspflicht auf Verwertungen *außerhalb* eines Zwangsversteigerungsverfahrens erstreckt. Insbesondere nach einer Teilungsversteigerung kann dem Rückgewähranspruch des Sicherungsgebers (wenn er nicht selbst das Grundstück eingesteigert hat) nur durch eine vollumfängliche Geltendmachung der dinglichen Forderung gegenüber dem Ersteher Rechnung getragen werden (vgl. RN 760).

1157   Die Frage, inwieweit der Grundschuldgläubiger aus dem Sicherungsvertrag verpflichtet ist, die Grundschuld geltend zu machen, ist für die Beteiligten von erheblicher Bedeutung. Denn erfüllt der Gläubiger eine bestehende Pflicht (schuldhaft) nicht, muss er dem Rückgewährberechtigten den **Schaden ersetzen**, den dieser dadurch erleidet. Der Schaden wird normalerweise so hoch sein wie der Übererlös, den der Grundschuldgläubiger hätte erzielen können und müssen.

35.4   Hebungsverzicht als Problemlöser?

1158   Für den Grundschuldgläubiger, auf dessen (dingliches) Recht mehr Erlös entfällt, als er zur Befriedigung wegen der dadurch gesicherten Forderungen braucht, ist es oft sehr schwierig, sich richtig zu verhalten.

Einerseits kann er nicht ohne Weiteres den nicht benötigten Teil seines Rechts aufgeben, weil er sich dann möglicherweise einem Schadensersatzanspruch aussetzt (RN 1157). Macht er dagegen mehr geltend, als er zur Abdeckung der gesicherten Forderung braucht, setzt er sich einer Einrede des Rückgewährberechtigten aus (RN 788, 794). Erzielt er schließlich einen Übererlös, trägt er bei mehreren Abtretungen (und vielleicht auch noch Pfändungen) des Rückgewähranspruchs die Verantwortung dafür, dass er den Mehrerlös an den richtigen Berechtigten abführt[28].

1159   Durch den sogenannten **Hebungsverzicht** erklärt der Grundschuldgläubiger, dass er von dem auf die Grundschuld entfallenden Erlös nur einen Teil beanspruche und dass er im Übrigen die Grundschuld nicht (mehr) valutiert habe oder dass er keinen Anspruch darauf erhebe oder dass er keine weiteren Ansprüche geltend mache[29]. Darin dürfte zugleich die Zustimmung liegen, dass das Vollstreckungsgericht den nicht beanspruchten Betrag dem (richtigen) Rückgewährberechtigten zuteilt, ohne dass der Grundschuldgläubiger selbst die Entscheidung trifft und treffen will, wem (von mehreren Anspruchstellern) der Rückgewähranspruch zusteht[30].

---

28   *Stöber*, ZIP 1980, 976, Ziff. 1 seiner Anmerkung zu OLG München v. 17. 9. 1980 – 27 U 232/80; *Storz*, ZIP 1980, 506, 510 (Ziff. III).

29   *Storz*, ZIP 1980, 506, 511 (Ziff. IV); *Stöber*, ZIP 1980, 833 (Ziff. I).

30   *Storz*, ZIP 1980, 506, 512 (Ziff. IV); vgl. auch OLG Celle v. 31. 5. 1985 – 4 U 91/84 – (Ziff. 1c), WM 1985, 1112 = EWiR § 124 ZVG 1/85, 819 (*Gaberdiel*).

In einigen bekannt gewordenen Entscheidungen hat die Rechtsprechung akzeptiert, dass das Vollstreckungsgericht in einem solchen Fall den Erlös dem Rückgewährberechtigten zuzuteilen und also über den Rückgewähranspruch zu entscheiden hat[31]. Da regelmäßig Widerspruch gegen die Zuteilung eingelegt wird, erfolgt dies praktisch im Widerspruchsverfahren.

In der Literatur wird der Hebungsverzicht überwiegend abgelehnt[32] und nur vereinzelt für zulässig[33] gehalten.

In dem Hebungsverzicht liegt weder ein Verzicht i. S. v. § 1168 BGB (wodurch das Recht auf den Eigentümer übergehen würde) noch eine Aufhebung des entsprechenden Befriedigungsrechts am Erlös (RN 1169) noch dessen Abtretung (RN 1167). Insoweit besteht Einigkeit[34]. Denn die Erklärung soll ja gerade nicht unmittelbar in das materielle Recht eingreifen, sondern dem Vollstreckungsgericht die Möglichkeit eröffnen, über den Rückgewähranspruch zu entscheiden.

1160

Es ist aber nicht Aufgabe des Vollstreckungsgerichts, über eine materiell-rechtliche Frage, nämlich darüber zu entscheiden, welchen Inhalt der Rückgewähranspruch hat und wem er zusteht.

Hinzu kommt, dass der Inhaber des Rückgewähranspruchs als solcher nicht zu den Beteiligten i. S. v. § 9 ZVG gehört[35]. Deshalb kann er – wenn er nicht aus anderen Gründen, etwa als Gläubiger eines anderen Grundpfandrechts, Beteiligter ist – kein Rechtsmittel dagegen einlegen, dass im Teilungsplan ein etwai-

---

31 BGH v. 20. 3. 1986 – IX ZR 118/85 –, Rpfleger 1986, 312, 313; BGH v. 6. 7. 1960 – V ZR 74/59 –, WM 1960, 1092; OLG Celle v. 31. 5. 1985 – 4 U 91/84 – (Ziff. 1), WM 1985, 1112 = EWiR § 124 ZVG 1/85, 819 (*Gaberdiel*); s. auch BGH v. 20. 3. 1981 – V ZR 85/80 – (Ziff. B II, 1), WM 1981, 693, der – jedenfalls für den Fall, dass der Rückgewährberechtigte als Inhaber eines anderen Grundpfandrechts Beteiligter i. S. des § 9 ZVG ist – im Verfahren über den Widerspruch gegen den Teilungsplan die Prüfung des Rückgewähranspruchs verlangt.

32 *MünchKomm/Lieder*, § 1191 RN 177; *Stöber/Nicht*, § 114 RN 152 m. w. N.; *Mayer*, Rpfleger 1986, 443 (abl. Anmerkung zu BGH v. 20. 3. 1986, – IX ZR 118/85); *Stöber*, ZIP 1980, 833.

33 *Storz*, ZIP 1980, 506.

34 OLG Celle v. 31. 5. 1985 – 4 U 91/84 – (Ziff. 1a und b), WM 1985, 1112 = EWiR § 124 ZVG 1/85, 819 (*Gaberdiel*); *Stöber*, ZIP 1980, 833 („Hebungsverzicht" führt zu keiner dinglichen Rechtsänderung hinsichtlich des Erlösanspruchs); *Storz*, ZIP 1985, 506, 512 (Einverständnis, dass der nicht in Anspruch genommene Betrag dem bestrangigen Gläubiger des Rückgewähranspruchs zugeteilt wird).

35 OLG Hamm v. 17. 1. 1992 – 15 W 18/92 –, OLG Köln v. 29. 2. 1988 – 2 W 163/87 – (Ziff. 1), Rpfleger 1988, 324; OLG Köln v. 29. 2. 1988 – 2 W 163/87 – (Ziff. 1), Rpfleger 1988, 324; anderer Ansicht (Beteiligter ist auch der Gläubiger eines im Verfahren angemeldeten Rückgewähranspruchs): *Dassler/Rellermeyer*, § 9 RN 16; *Stöber/Keller*, § 9 RN 14; wohl auch BGH v. 21. 2. 1991 – IX ZR 64/90 – (Ziff. II, 2 b), WM 1991, 779, wo beiläufig erklärt wird, dass der (gepfändete und zur Einziehung überwiesene) Rückgewähranspruch durch Widerspruch im Verteilungstermin geltend gemacht werden könne.

ger Übererlös einem anderen zugeteilt wird[36]. Das Verteilungsverfahren ist darum **wenig geeignet**, über schuldrechtliche Ansprüche von ggf. am Versteigerungsverfahren Nicht-Beteiligten zu entscheiden.

35.5 Vermeidung von Übererlös durch Minderanmeldung?

1161 Nach einer in Rechtsprechung[37] und Literatur[38] vertretenen Ansicht kann der Gläubiger durch eine **Minderanmeldung** erreichen, dass ihm weniger Grundschuldzinsen als der volle Betrag zugeteilt werden.

Hinsichtlich **rückständiger Zinsen** ist dies offensichtlich. Denn da rückständige Zinsen dem Gläubiger nur zugeteilt werden, wenn er sie (rechtzeitig) anmeldet (RN 1091), führt die Unterlassung der Anmeldung selbstverständlich dazu, dass ihm solche Zinsen nicht zugeteilt werden.

Nach der herrschenden Meinung kann der Gläubiger aber auch die Zuteilung **laufender Zinsen** dadurch beeinflussen, dass er ausdrücklich weniger als den maximal anzusetzenden Betrag (RN 1089, 1090) anmeldet. In diesem Fall werden ihm höchstens die von ihm beanspruchten Zinsen zugeteilt. Man sieht die Minderanmeldung als bloße Prozesshandlung an[39], die den Gläubiger in einem anderen Verfahren nicht binde. Das ist sehr formal und wenig überzeugend. Denn die Chance, wegen Minderanmeldung nicht zugeteilte Zinsen in einem anderen Verfahren mit Erfolg geltend zu machen, ist äußerst gering. Die Minderanmeldung kommt jedenfalls in ihrer praktischen Wirkung einem Verzicht auf die weitergehenden Zinsen gleich.

1162 Die Minderanmeldung bietet **keinen Schutz vor einem Schadensersatzanspruch**. Sie ist allenfalls ein Weg, wie rein tatsächlich verhindert wird, dass dem Gläubiger nicht benötigte (Grundschuld-)Zinsen zugeteilt werden. Die entscheidende Frage aber, ob der Gläubiger im Verhältnis zum Sicherungsgeber/Inhaber des Rückgewähranspruchs zur Minderanmeldung *berechtigt* ist oder ob er alle

---

36 Vgl. BGH v. 20. 3. 1981 – V ZR 85/80 – (Ziff. B II, 1), WM 1981, 693, der beiläufig darauf hinweist, „dass am Zwangsversteigerungsverfahren nicht beteiligte Gläubiger [...] die Erlösverteilung nicht hindern oder verzögern" können dürfen, sondern „ihre etwaigen Ansprüche außerhalb des Zwangsversteigerungsverfahrens gegen ihren Schuldner geltend [...] machen" müssen.

37 LG Frankenthal v. 27. 11. 1985 – 1 T 329/85 –, Rpfleger 1986, 232 (keine Berücksichtigung über den angemeldeten Betrag hinaus; aber Bindung nur im konkreten Verfahrensabschnitt, also trotz Minderanmeldung bei der Feststellung des geringsten Gebots bleibt Geltendmachung des vollen Betrags bei der Erlösverteilung möglich) mit Anm. *Meyer-Stolte*, der dem ersten Teil zustimmt, dem zweiten widerspricht; vgl. auch BGH v. 20. 3. 1986 – IX ZR 118/85 –, Rpfleger 1986, 312, 313, der eine ausdrückliche Minderanmeldung als Verzicht auf rangrichtige Berücksichtigung des entsprechenden Teils der Grundschuld angesehen hätte, im konkreten Fall aber davon ausging, dass eine solche nicht erklärt sei.

38 *Stöber/Gojowczyk*, § 45 RN 23; *Meyer-Stolte*, Rpfleger 1986, 232 (Anm. zu LG Frankenthal v. 27. 11. 1985 – 1 T 329/85 –, Rpfleger 1986, 232).

39 LG Frankenthal v. 27. 11. 1985 – 1 T 329/85 –, Rpfleger 1986, 232; *Stöber*, § 45 RN 7.2 bis 7.5 und § 114 RN 7.4 f mit der Folge, dass in einem anderen Verfahren (bspw. in der Zwangsverwaltung) die vollen Zinsen geltend gemacht werden können.

Zinsen geltend machen muss (s. RN 1152 bis 1156) und sich schadensersatzpflichtig macht, wenn er dies nicht tut (RN 1157), bleibt offen.

Wenn der Grundschuldgläubiger (ausnahmsweise) gegenüber dem Sicherungsgeber verpflichtet sein sollte[40], Zinsen in vollem Umfang geltend zu machen, ist auch die Minderanmeldung eine Pflichtverletzung. Ein Schadensersatzanspruch ist dann nicht deshalb ausgeschlossen, weil er diesen Weg gewählt hat.

35.6 Rückgewähr der durch Zuschlag erlöschenden Grundschuld während des Versteigerungsverfahrens

Als Lösung bietet es sich an, den Teil der Grundschuld bzw. der Grundschuldzinsen, der zur Tilgung für dadurch gesicherte Ansprüche nicht benötigt wird, tatsächlich an den Rückgewährgläubiger zurückzugewähren. Das ist noch während des Versteigerungsverfahrens bis zur Erlösverteilung möglich.   *1163*

In welcher Weise die Grundschuld (oder ihr Surrogat) zurückzugewähren ist, hängt vom Stadium ab, in dem sich das Versteigerungsverfahren befindet.

Die (im geringsten Gebot *nicht* berücksichtigte) Grundschuld erlischt erst mit dem Zuschlag (RN 1106). **Bis zum Zuschlag** dahin kann sie nur in der auch außerhalb des Versteigerungsverfahrens üblichen Weise durch Abtretung (RN 425 bzw. 439), Verzicht (RN 745) oder Löschung (RN 545) zurückgewährt werden. Dafür ist in jedem Fall – außer für die Abtretung einer Briefgrundschuld außerhalb des Grundbuchs (RN 439) – eine Eintragung im Grundbuch erforderlich. Erfolgt diese nicht mehr vor dem Zuschlag, so bleibt die Verfügung unheilbar (RN 1165) unwirksam und kann bei der Erlösverteilung nicht berücksichtigt werden.   *1164*

Eine Verfügung über die Grundschuld, die vor dem Zuschlag vorgenommen, aber bis zum Zuschlag nicht mehr wirksam geworden ist, kann **nicht umgedeutet** werden in eine Verfügung über das Befriedigungsrecht am Erlös (RN 1166 bis 1169). Denn ein (von der Grundschuld trennbares) Befriedigungsrecht am Erlös gibt es nicht, solange die Grundschuld besteht. Deshalb kann darüber auch nicht isoliert, selbst nicht bedingt, verfügt werden[41]. Deshalb muss beispielsweise die Abtretung einer (Buch-)*Grundschuld,* wenn sie etwa wegen fehlender Eintragung unwirksam ist, als Abtretung des Rechts auf Befriedigung wiederholt werden. Erst damit wird sie wirksam.   *1165*

Mit dem Zuschlag tritt an die Stelle der Grundschuld ein betrags- und ranggleiches **Recht auf Befriedigung aus dem Erlös** (RN 751). Dieses Recht kann **nach dem Zuschlag** – bis zur Erlösverteilung (= Verwirklichung des Rechts) – in entsprechender Weise wie die Grundschuld zurückgewährt werden; die für eine Verfügung über die *Grundschuld* geltenden Formvorschriften (Eintragung im   *1166*

---

40 Etwa bei einer Grundschuld, deren Sicherungsgeber ausnahmsweise ein Dritter (nicht der Eigentümer) ist (RN 641 bis 646).

41 BGH v. 6.11.1963 – V ZR 55/62 –, DNotZ 1964, 613 = NJW 1964, 813 = Rpfleger 1964, 142 (m. Anm. *Stöber*); *Stöber/Nicht,* § 114 RN 33; Alff, Rpfleger 2006, 241, 245.

Grundbuch bzw. Übergabe des Grundschuldbriefs) brauchen, da die Grundschuld durch den Zuschlag erloschen ist, nicht mehr eingehalten zu werden[42].

Eine Verfügung über dieses Recht *vor* dem Zuschlag ist unwirksam, weil das Recht erst mit dem Zuschlag entsteht. Die Vorausverfügung wird durch den Zuschlag nicht wirksam; sie muss ggf. nach dem Zuschlag wiederholt werden (RN 1165).

1167 Die **Abtretung des Befriedigungsrechts** erfordert nur die Einigung zwischen Alt- und Neugläubiger. Sie bewirkt, dass der Anspruch auf den Erlös, soweit er auf die Grundschuld entfällt, auf den neuen Gläubiger übergeht[43]. Ihm ist der entsprechende Teil des Erlöses zuzuteilen[44].

Sofern das Befriedigungsrecht an den *früheren Eigentümer* abgetreten wird, kann diesem allerdings für Zinsen bis zum Zuschlag und für rückständige Nebenleistungen nichts zugeteilt werden (§ 1197 Abs. 2 und § 1178 Abs. 1 BGB); insoweit rücken die andere Beteiligten auf. Löschungsansprüche nachrangiger Berechtigter bestehen nicht (RN 1215.1).

Für den Erwerb sind zwar weder Schriftform noch Eintragung im Grundbuch bzw. Übergabe des Briefes erforderlich. Um sich beim Empfang des Geldes aber als Berechtigter ausweisen zu können, muss der Erwerber nachweisen, dass ihm das Recht wirksam abgetreten worden ist. Dafür braucht er eine wenigstens **schriftliche Abtretungserklärung**[45].

Außerdem muss der neue Gläubiger nachweisen, dass derjenige, der ihm das Recht abgetreten hat, seinerseits Grundschuldgläubiger war. Für die **Legitimation des Abtretenden** sind (bei einer Buchgrundschuld) dessen Eintragung im Grundbuch bzw. (bei einer Briefgrundschuld) Briefbesitz und entweder Eintragung des Zedenten im Grundbuch oder eine bis zum eingetragenen Gläubiger reichende Kette öffentlich beglaubigter Abtretungserklärungen (RN 458) erforderlich.

1168 Der **Verzicht auf das Befriedigungsrecht** kann *einseitig* und ohne Mitwirkung des (bisherigen) Eigentümers (vgl. RN 745) vom (bisherigen) Grundschuldgläubiger u. a. gegenüber dem Vollstreckungsgericht erklärt werden. Da die Grundschuld durch den Zuschlag erloschen ist, ist eine Eintragung im Grundbuch weder erforderlich noch möglich. Durch den Verzicht erwirbt der (bisherige) Eigentümer das Befriedigungsrecht und in dessen Folge den auf die Grundschuld – jedoch ohne Zinsen bis zum Zuschlag und ohne rückständige Nebenleistungen (§ 1197 Abs. 2, § 1178 Abs. 1 BGB) – entfallenden Erlösanspruch[46]. Auch dieser kann wie eine Eigentümergrundschuld von Löschungsansprüchen nachrangiger Berechtigter betroffen sein (RN 1215.1).

---

42 *Stöber/Nicht*, § 114 RN 146; *Stöber*, ZIP 1980, 833, 834 f (Ziff. IV und V).
43 *Stöber/Nicht*, § 114 RN 42.
44 *Stöber/Nicht*, § 114 RN 152.
45 *Stöber*, ZIP 1980, 833, 834, dort FN 20.
46 BGH v. 11. 10. 1984 – IX ZR 111/82 – (Ziff. II, 2 b), WM 1984, 1577; BGH v. 30. 6. 1978 – V ZR 153/76 – (Ziff. 2), DNotZ 1978, 729 = Rpfleger 1978, 363 = WM 1978, 986; *Stöber/Nicht*, § 114 RN 148; *Stöber*, ZIP 1980, 833, 835 (Ziff. IV, 2).

Der Verzichtende muss in gleicher Weise legitimiert sein wie der Abtretende (s. RN 1167).

Das Befriedigungsrecht kann auch **aufgehoben** werden; dies entspricht der Löschung der Grundschuld. Dazu sind eine Aufgabeerklärung des Gläubigers der (bisherigen) Grundschuld und die Zustimmung des (bisherigen) Eigentümers entsprechend §§ 875, 1183 Satz 1 BGB erforderlich und genügend; eine Eintragung im Grundbuch kommt nicht mehr in Betracht. Mit der Aufhebung fällt das Befriedigungsrecht ersatzlos weg. Nachrangige Gläubiger rücken auf[47]. *1169*

Der die Aufgabe erklärende Gläubiger muss in gleicher Weise legitimiert sein wie der Abtretende (s. RN 1167).

Steht dem Rückgewährberechtigten noch das Wahlrecht (RN 748) zu, sollte ihm der Grundschuldgläubiger die Rückgewähr anbieten, ihn **auffordern, die Wahl auszuüben** und ihm dafür eine angemessene Frist setzen. Lässt der Berechtigte die Frist ungenutzt verstreichen, geht das Wahlrecht auf den Grundschuldgläubiger über (§ 295 Satz 1, § 264 Abs. 2 BGB). *1170*

Entsprechendes gilt bei nur noch eingeschränktem Wahlrecht, etwa wenn der Rückgewähranspruch wirksam auf den Löschungs- und Verzichtsanspruch beschränkt ist (RN 756, 757).

Falls der Rückgewährberechtigte die Wahl nicht fristgerecht ausübt (und deshalb mit dessen Mitwirkung bei der Rückgewähr nicht gerechnet werden kann), sollte sich der Grundschuldgläubiger für die **Rückgewähr durch Verzicht** entscheiden. Denn der Verzicht kann *einseitig durch den Gläubiger* erklärt werden; die Mitwirkung des (bisherigen) Eigentümers oder sonst eines anderen Beteiligten ist dafür nicht erforderlich (RN 1168). Etwaige Nachranggläubiger sollten sich vergegenwärtigen, dass sie sich in dieser Konstellation nach neuerer Rechtsprechung nicht mehr auf den gesetzlichen Löschungsanspruch stützen können (RN 1215.1).

35.7 Rückgewähr der als Teil des geringsten Gebots bestehen bleibenden Grundschuld

Bis zum Zuschlag kann nur die Grundschuld selbst Gegenstand der Rückgewähr sein. Für die bestehen bleibende Grundschuld gilt insoweit nichts anderes als für die durch den Zuschlag erlöschende Grundschuld. Auf RN 1164 und 1170 wird verwiesen. *1171*

Mit dem **Zuschlag** erfolgt eine **Aufspaltung des Rechts**: Kapital und wiederkehrende Leistungen (insbesondere Zinsen) *ab Zuschlag* bleiben bestehen. Dagegen werden die laufenden und ggf. rückständigen wiederkehrenden Leistungen für den Zeitraum *bis zum Zuschlag* aus dem Versteigerungserlös erfüllt. *1172*

Die Grundschuld samt den Zinsen und sonstigen Nebenleistungen **für die Zeit ab Zuschlag** kann nur durch **Verfügung über das dingliche Recht** zurückgewährt werden. Zu beachten ist aber, dass wegen des durch den Zuschlag einge-

---

47 *Stöber/Nicht*, § 114 RN 149; *Stöber*, ZIP 1980, 833 (Ziff. IV, 3).

tretenen Eigentumswechsels Rückgewähr normalerweise nur noch durch Abtretung (nicht mehr durch Verzicht oder Löschung) möglich ist. Im Einzelnen wird auf RN 1131 bis 1136 verwiesen.

An die Stelle der laufenden und ggf. rückständigen Zinsen und sonstigen wiederkehrenden Leistungen **für die Zeit bis zum Zuschlag** ist der Anspruch auf einen entsprechenden Teil des Erlöses getreten. Dieser **Erlösanspruch** kann bis zur Erlösverteilung in derselben Weise zurückgewährt werden wie der Erlösanspruch aus einer erlöschenden Grundschuld. Insoweit wird auf RN 1166 bis 1170 verwiesen.

36   Das Liegenbelassen einer Grundschuld

36.1   Das Verfahren

Der **Gläubiger** einer Grundschuld, die im geringsten Gebot nicht berücksichtigt   *1173*
ist und deshalb durch den Zuschlag erlischt (RN 1106), und der **Ersteher** des
Grundstücks können **vereinbaren**, dass die Grundschuld dennoch bestehen
bleibt (§ 91 Abs. 2 ZVG).

Die Grundschuld kann auch dann liegen belassen werden, wenn der Grundschuldgläubiger das Grundstück selbst ersteht. In diesem Fall genügt die Erklärung allein des Erstehers[1].

Die (beiderseitigen) Erklärungen sind gegenüber dem Vollstreckungsgericht
abzugeben. Sie können entweder im Verteilungstermin zu Protokoll gegeben
oder *vor Eingang* des Eintragungsersuchens des Vollstreckungsgerichts beim
Grundbuchamt (s. § 130 ZVG) durch öffentlich beglaubigte Urkunde (RN 111)
nachgewiesen werden (§ 91 Abs. 2 ZVG)[2].

Die Vereinbarung kann auch schon vor dem Zuschlag zwischen dem Grundschuldgläubiger und dem künftigen Ersteher getroffen werden[3].

Falls die Grundschuld (samt Nebenleistungen) nicht voll aus dem Erlös befriedigt werden kann, sollte das Liegenbelassen nur des durch den Erlös gedeckten
Teils der Grundschuld vereinbart werden; im Einzelnen s. RN 1194, 1195.

In der Vereinbarung sollte ferner klargestellt werden, ob etwa eine Schuldübernahme gewollt ist; im Einzelnen s. RN 1190.

Es ist möglich, nur einen **Teil der Grundschuld** liegen zu belassen, und zwar   *1174*
einen Teil des Grundschuldkapitals und/oder der Nebenleistungen[4]. In diesem
Fall wird der nicht liegen belassene Teil auf Ersuchen des Vollstreckungsgerichts
im Grundbuch gelöscht.

Das Liegenbelassen ist im Grunde eine vereinfachte Form für das Löschen der   *1175*
bisherigen und die Eintragung einer neuen Grundschuld. Deshalb benötigt der
gesetzliche Vertreter eines **minderjährigen oder betreuten Erstehers** dafür die
Genehmigung des Familien- bzw. Betreuungsgerichts gemäß § 1850 Nr. 1 BGB[5]
(RN 188).

---

1   BGH v. 23.10.1980 – III ZR 100/79 – (Ziff. II, 2), WM 1981, 186; BGH v. 5.11.1975 – V
     ZR 145/73 – (Ziff. IIb), WM 1975, 1265; *Stöber/Becker*, § 91 RN 15.
2   *Stöber/Becker*, § 91 RN 16.
3   *Stöber/Becker*, § 91 RN 16.
4   OLG Köln v. 24.11.1982 – 2 Wx 36/82 –, Rpfleger 1983, 168; *Stöber/Becker*, § 91 RN 13.
5   *Stöber/Becker*, § 91 RN 18; *anderer Ansicht* (für den Fall, dass die Grundschuld voll
     gedeckt gewesen wäre: genehmigungsfreie Modalität des Erwerbs): *Brüggemann*,
     FamRZ 1990, 124 (Ziff. IV, 3).

Ist die Belastung eines **Erbbaurechts** an die Zustimmung des Grundstückseigentümers gebunden (RN 21), so bedarf auch die Vereinbarung über das Liegenbelassen der Grundschuld auf dem Erbbaurecht dieser Zustimmung[6].

36.2   Die liegen belassene Grundschuld

1176   Die durch den Zuschlag zunächst erloschene Grundschuld lebt wieder auf, und zwar rückwirkend auf den Zeitpunkt des Zuschlags[7]. Für die **Zinsen** und sonstigen (laufenden) Nebenleistungen **ab Zuschlag**[8] haftet demnach das Grundstück aus der liegen belassenen Grundschuld weiter.

Zinsen bis Zuschlag erlöschen

Die dinglichen **Zinsen** und sonstigen laufenden Nebenleistungen für die Zeit **bis zum Zuschlag erlöschen**, obwohl das Recht als solches fortbesteht; insoweit wird der Grundschuldgläubiger, soweit der Erlös reicht, daraus (nach dem Teilungsplan) befriedigt[9].

1177   Die liegen belassene Grundschuld behält ihren bisherigen **Rang**[10]; sie wird den als Teil des geringsten Gebots bestehen bleibenden Rechten also regelmäßig im Rang nachgehen.

Sie hat – falls der Ersteher nicht zahlt – regelmäßig Rang vor der Sicherungshypothek nach § 118 Abs. 1, § 128 Abs. 1 ZVG[11]. Die Sicherungshypothek für ein Recht, das nach dem Teilungsplan *vor* der liegen belassenen Grundschuld zu befriedigen ist, erhält jedoch Vorrang[10].

1178   Ein durch Vormerkung nach § 1179 BGB gesicherter Löschungsanspruch wird durch die Vereinbarung des Liegenbelassens nicht berührt. Eine bei der Grundschuld eingetragene **Löschungsvormerkung** bleibt deshalb bestehen[12].

36.3   Wirkung im Rahmen der Erlösverteilung

1179   Durch die Vereinbarung, dass die Grundschuld bestehen bleibt, dürfen die übrigen Beteiligten weder begünstigt noch benachteiligt werden. Deshalb hat der Ersteher – genau wie ohne die Vereinbarung – sein (ungekürztes) Bargebot ab Zuschlag bis zum Verteilungstermin (bzw. bis zur Zahlung) zu verzinsen. Das **Bargebot** zuzüglich der so errechneten Zinsen wird um das Kapital der liegen belassenen Grundschuld zuzüglich der Zinsen und sonstigen laufenden Neben-

---

6   *Stöber/Becker,* § 91 RN 19; *anders* (genehmigungsfrei): LG Detmold v. 2. 3. 2001 – 3 T 46/01 –, Rpfleger 2001, 312 m. w. N.
7   BGH v. 11. 10. 1984 – IX ZR 111/82 – (Ziff. II, 2 b), WM 1984, 1577; *Stöber/Becker,* § 91 RN 12 m. w. N.
8   *Stöber/Becker,* § 91 RN 25.
9   *Stöber/Becker,* § 91 RN 25.
10   *Stöber/Becker,* § 91 RN 21.
11   BGH v. 5. 11. 1975 – V ZR 145/73 – (Ziff. IIb), WM 1975, 1265.
12   *Stöber/Becker,* § 91 RN 21.

leistungen daraus *ab Zuschlag* bis zur Erlösverteilung **gekürzt**[13] (§ 91 Abs. 3 Satz 1 ZVG).

Was die Zinsen (und sonstigen laufenden Nebenleistungen) anlangt, werden durch das Liegenbelassen nur die Beträge für die Zeit *ab Zuschlag* bis zur Erlösverteilung betroffen. Denn dafür haftet die liegen belassene Grundschuld (RN 1176) und damit der Ersteher außerhalb des Versteigerungsverfahrens. Deshalb kann der Gläubiger für denselben Zeitraum Zinsen nicht (noch einmal) aus der Verteilungsmasse erhalten. Wegen der Zinsen *bis zum Zuschlag* s. RN 1180.

Genau derselbe Betrag, um den die Zahlungspflicht des Erstehers gekürzt wird (nämlich Grundschuldkapital zuzüglich Zinsen und sonstige laufende Nebenleistungen vom Zuschlag bis zur Erlösverteilung), ist bei der **Zuteilung an den Grundschuldgläubiger** von der Summe abzuziehen, die diesem aus dem Erlös – ohne die Vereinbarung – auf seine Grundschuld samt allen Nebenleistungen zuzuteilen wäre. Der verbleibende Rest wird ihm ausgezahlt.

Nach Abzug des Grundschuldkapitals und der laufenden Zinsen ab Zuschlag (dazu RN 1179) verbleiben von den Beträgen, die dem Grundschuldgläubiger ohne die Vereinbarung zuzuteilen wären[14], noch die **Grundschuldzinsen** (und sonstigen laufenden Nebenleistungen) für die Zeit **bis zum Zuschlag**, etwaige einmalige Nebenleistungen und etwaige Betreibungskosten übrig. Diese Beträge müssen, weil sie durch die liegen belassene Grundschuld nicht gedeckt sind, dem Gläubiger – soweit der Erlös ausreicht – aus der Teilungsmasse gezahlt werden. *1180*

Will der Gläubiger den Ersteher auch um diese Beträge entlasten, so kann dies durch eine – zusätzlich zur Vereinbarung des Liegenbelassens abzugebende – Befriedigterklärung (RN 1120) geschehen. Die Beteiligten müssen in diesem Fall zusätzlich vereinbaren, wie der Ersteher dem Gläubiger Ersatz dafür leisten soll (RN 1121, 1122).

Wurde zum **Beispiel** das Grundstück am 1. März 2010 um ein Bargebot[15] von 300 000 Euro zugeschlagen und erklären Ersteher und Grundschuldgläubiger im Verteilungstermin am 1. Juni 2010, dass die – nicht im geringsten Gebot berücksichtigte und deshalb sonst erlöschende – Grundschuld über 50 000 Euro (verzinslich ab 1. März 2008 mit 12 % jährlich) bestehen bleiben soll, so ergibt *1181*

---

13 BGH v. 13.3.1970 – V ZR 89/67 –, BGHZ 53, 327 = NJW 1970, 1188 (m. zust. Anm. *Drischler*) = Rpfleger 1970, 166; *Dassler/Hintzen*, § 91 RN 33; *Stöber/Becker*, § 91 RN 23 m. w. N.; *anderer Ansicht* (Kürzung des Bargebots um das Grundschuldkapital und Verzinsung des so gekürzten Betrags): BGH v. 31.3.1977 – VII ZR 336/75 – (im Sachverhalt, bei der Bezifferung des insoweit nicht umstrittenen Schadens), BGHZ 68, 276 = NJW 1977, 1287.

14 Der Gläubiger würde – bei ausreichendem Erlös – erhalten: das Grundschuldkapital, die laufenden und ggf. rückständigen Zinsen (RN 1089 bis 1091), andere vereinbarte (auch einmalige) Nebenleistungen sowie die Betreibungskosten (§ 10 Abs. 1 Ziff. 4 und Abs. 2 ZVG).

15 Das Übernahmegebot (RN 1076) bleibt außer Betracht.

sich – unterstellt, dass das Bargebot[16] ausreicht, um die Grundschuld voll zu decken – folgende Berechnung:

1182

Bargebot	300 000 Euro
+ 4 % Zinsen daraus für die Zeit vom 1. März bis 31. Mai 2010	3 000 Euro
	303 000 Euro
abzgl. Grundschuldkapital	50 000 Euro
abzgl. 12 % Zinsen daraus für die Zeit vom 1. März bis 31. Mai 2010	1 500 Euro
bar zu zahlen	251 500 Euro

Die Zinsen *bis zum Zuschlag* (und die in RN 1180 genannten Kosten und anderen Nebenleistungen) werden durch das Liegenbelassen nicht berührt. Deshalb erhält der Gläubiger – trotz des Liegenbelassens – aus dem vom Ersteher bar zu zahlenden Betrag von 251 500 Euro die Zinsen auf die Grundschuld (12 % aus 50 000 Euro) für die Zeit vom 1. März 2008 bis 28. Februar 2010 (= 12 000 Euro); der Einfachheit halber wird unterstellt, dass keine sonstigen Nebenleistungen vereinbart und beim Gläubiger keine Betreibungskosten angefallen sind. Der Rest (= 239 500 Euro) steht – nach Abzug der Kosten – für die anderen Gläubiger zur Verfügung.

1183 Erklärt sich der Gläubiger – zusätzlich zur Vereinbarung, dass die Grundschuld bestehen bleibt – wegen des Betrags, den er sonst aus dem Erlös erhält, für befriedigt (RN 1180), so ermäßigt sich die Barzahlung des Erstehers auch um diesen Betrag (= 12 000 Euro) auf 239 500 Euro, die – nach Abzug der Kosten – voll für die anderen Gläubiger zur Verfügung stehen. Diese werden also durch die Befriedigterklärung nicht berührt, während der Gläubiger bei der Verteilung nichts erhält.

Im Ergebnis liegt also in der **Befriedigterklärung** eine zusätzliche Zuwendung des Gläubigers an den Ersteher in Höhe von 12 000 Euro, über deren Ausgleich die Beteiligten sich außerhalb des Versteigerungsverfahrens einigen müssen (s. dazu RN 1121, 1122).

36.4 Verhältnis Grundschuldgläubiger/Ersteher

1184 Mit der Vereinbarung, dass die Grundschuld bestehen bleibt, verzichtet der Grundschuldgläubiger auf den Betrag, den er sonst für die Grundschuld sowie die Zinsen und sonstigen laufenden Nebenleistungen für die Zeit ab Zuschlag aus dem Erlös erhalten würde (im Beispiel RN 1181, 1182 also auf 51 500 Euro), während sich die Zahlungspflicht des Erstehers um denselben Betrag vermindert (RN 1179). Die Vereinbarung des Bestehenbleibens ist also eine **Leistung des Grundschuldgläubigers zugunsten des Erstehers** in Höhe des genannten Betrags[17].

---

16 Kraft Gesetzes ist das Bargebot mit 4 % zu verzinsen (§ 49 Abs. 2 ZVG, § 246 BGB). Falls durch abweichende Versteigerungsbedingungen ein anderer Zinssatz festgesetzt ist, ist dieser zu berechnen.

17 BGH v. 11. 10. 1984 – IX ZR 111/82 – (Ziff. II, 1 c), WM 1984, 1577; *Schmitz*, WM 1991, 1061, 1068.

Auf der anderen Seite bewirkt die Vereinbarung über das Bestehenbleiben, dass die Grundschuld (nebst dinglichen Zinsen und sonstigen laufenden Nebenleistungen ab Zuschlag), die sonst erlöschen würde, weiterhin dem Gläubiger verbleibt. Der Fortbestand der Grundschuld folgt nicht aus der ursprünglichen Bestellung (oder Abtretung) durch den früheren Sicherungsgeber, sondern aus der jetzt mit dem **Ersteher** getroffenen Vereinbarung[18]. Dieser ist deshalb **neuer Sicherungsgeber der Grundschuld.** *1185*

Der Gläubiger leitet sein Recht künftig nicht mehr aus dem bisherigen Sicherungsvertrag ab. Dieser ist beendet, nachdem die Grundschuld durch Zuschlag verwertet ist (RN 1188, 1189).

Zwischen dem **Ersteher** als dem neuen Sicherungsgeber und dem Grundschuldgläubiger ist ein **neuer Sicherungsvertrag** (RN 562 bis 565) zu schließen und insbesondere der Sicherungszweck der Grundschuld (RN 667 ff.) neu zu vereinbaren. Gläubiger des Rückgewähranspruchs ist künftig der Ersteher (RN 766). *1186*

Zwischen Grundschuldgläubiger und Ersteher muss geregelt werden, wie die **Leistung des Gläubigers** (RN 1184) **erstattet** wird. So kann etwa die **Vereinbarung** getroffen werden, dass der Ersteher den Betrag, um den sich seine Zahlungspflicht wegen des Liegenbelassens mindert (RN 1179) – also im Beispiel (RN 1181, 1182) 51 500 Euro – dem Gläubiger als Darlehen zurückzuzahlen hat. Dabei sind dann die sonst üblichen Regelungen, insbesondere über Tilgung, Verzinsung und Sicherstellung zu treffen. Die liegen belassene Grundschuld kann durch entsprechende Fassung des Sicherungszwecks als Sicherheit für dieses Vereinbarungsdarlehen verwendet werden. *1187*

Wird der Ersteher durch eine zusätzliche Befriedigterklärung auch hinsichtlich des auf die Zinsen *bis zum Zuschlag* (und die sonstigen in RN 1180 genannten Positionen) entfallenden Betrags entlastet, so dürfte auch insoweit (also im Beispiel RN 1183 für weitere 12 000 Euro) eine entsprechende Vereinbarung geboten sein. Das Volumen der liegen belassenen Grundschuld wird allerdings (jedenfalls vor entsprechender Teiltilgung des gesicherten Darlehens) nicht ausreichen, auch diesen Betrag zu sichern.

36.5 Verhältnis Grundschuldgläubiger/früherer Sicherungsgeber

Die Vereinbarung, dass die Grundschuld liegen belassen wird, wirkt wie wenn der Grundschuldgläubiger **wegen der Grundschuld** aus dem Grundstück **befriedigt** werden würde (§ 91 Abs. 3 Satz 2 ZVG)[19]. Damit ist die Grundschuld im Verhältnis zum (bisherigen) Sicherungsgeber durch Zwangsversteigerung verwertet[20]. An ihre Stelle tritt der fiktive Erlös aus der Grundschuld. *1188*

---

18 BGH v. 11. 10. 1984 – IX ZR 111/82 – (Ziff. II, 2 a), WM 1984, 1577.
19 BGH v. 11. 10. 1984 – IX ZR 111/82 – (Ziff. II, 1 c), WM 1984, 1577.
20 BGH v. 11. 10. 1984 – IX ZR 111/82 – (Ziff. II, 2 a), WM 1984, 1577; *Stöber/Becker*, § 91 RN 29.

Besondere Probleme ergeben sich, wenn der Gläubiger zustimmt, dass eine Grundschuld bestehen bleibt, auf die aus dem Erlös nur ein Teilbetrag (oder gar nichts) entfallen wäre. Insoweit wird auf RN 1194, 1195 verwiesen.

1189 Der an die Stelle der Grundschuld getretene – fiktive – **Erlös** ist entsprechend dem Sicherungsvertrag **auf die gesicherte(n) Forderung(en) zu verrechnen** (s. auch RN 1123, 1124). Soweit er reicht, erlöschen die gesicherten Forderungen. Soweit er die Summe der gesicherten Forderungen übersteigt, steht der Mehrbetrag dem bisherigen Sicherungsgeber zu[21] (s. auch RN 834).

Im Übrigen ist der (bisherige) Sicherungsvertrag beendet (s. auch RN 614). Insbesondere kann der bisherige Sicherungsgeber die Rückgewähr der *Grundschuld* nicht mehr verlangen[22].

1190 Die Vereinbarung über das Liegenbelassen bezieht sich (unmittelbar) auf die Grundschuld. In Rechtsprechung und Literatur wird es aber für möglich gehalten, dass die Vereinbarung bei entsprechendem Willen der Beteiligten (zusätzlich) auch zur **Übernahme der gesicherten Verbindlichkeit** durch den Ersteher führen kann[23]. Die Folge davon ist, dass die Verbindlichkeit nicht erlischt, sondern übergeht, sodass etwa – wenn sich der bisherige Schuldner der Zwangsvollstreckung unterworfen hat – der Vollstreckungstitel umgeschrieben werden kann.

Falls dies gewollt ist, wird man in der Schuldübernahme einerseits eine Leistung des Erstehers an den Grundschuldgläubiger sehen können, durch die dem Grundschuldgläubiger in Höhe der übernommenen Schuld Ersatz für die Liegenbelassens-Vereinbarung geleistet wird (RN 1184, 1187) und die andererseits infolge der Mitwirkung des Gläubigers zur Befreiung des bisherigen Schuldners aus seiner gesicherten Verbindlichkeit (§ 414 BGB) führt, also wie die Verrechnung eines tatsächlichen oder fiktiven Erlöses aus der Grundschuld (RN 1189) wirkt.

Um Zweifel auszuschließen, sollten Gläubiger und Ersteher *in der Vereinbarung* über das Liegenbelassen eindeutig klarstellen, ob die gesicherte Verbindlichkeit (bei mehreren, welche) übernommen wird oder nicht. Zu klareren Verhältnissen führt es – insbesondere, weil sich fiktiver Erlös und gesicherte Verbindlichkeit der Höhe nach so gut wie nie decken –, wenn die Beteiligten den fiktiven Erlös beziffern, auf die gesicherte(n) Forderung(en) verrechnen, sich bezüglich der Differenz einigen und dann die gebotenen Vereinbarungen (RN 1186, 1187) hinsichtlich der endgültig vom Ersteher zu erbringenden Leistung treffen. Damit wird allerdings ein etwaiger Vollstreckungstitel bezüglich der gesicherten Forderung (bspw. Unterwerfung unter die Zwangsvollstreckung durch notarielle Urkunde) gegenstandslos.

---

21 BGH v. 11.10.1984 – IX ZR 111/82 – (Ziff. II, 2 b), WM 1984, 1577; *Stöber/Becker*, § 91 RN 29.

22 BGH v. 11.10.1984 – IX ZR 111/82 – (Ziff. II, 2 und 2 a), WM 1984, 1577; *Stöber/Becker*, § 91 RN 29.

23 BGH v. 26.11.1980 – V ZR 153/79 – (Ziff. 2a), WM 1981, 165 m. w. N.; OLG Köln v. 19.12.1991 – 18 U 91/91 –, WM 1992, 622; *Stöber/Becker*, § 91 RN 22 m. w. N.

Übersteigt der fiktive Erlös die durch die Grundschuld gesicherten Verbindlich- *1191*
keiten, so ist der **Übererlös** dem (bisherigen) Sicherungsgeber zurückzugewähren. Dies kann nur durch Zahlung geschehen. Ein anderer Weg (bspw. Verzicht
oder Löschung) steht dafür nicht mehr zur Verfügung[24]. Etwa entgegenstehende
Beschränkungen des Rückgewähranspruchs sind, weil sie zum Ausschluss der
Rückgewähr führen würden, nicht mehr wirksam (vgl. auch RN 752, 754).

Es ist wirtschaftlich gerechtfertigt, dass der Grundschuldgläubiger – obwohl er
im Versteigerungsverfahren kein Geld bekommen hat – den Betrag, um den der
fiktive Erlös auf die Grundschuld die gesicherten Forderungen übersteigt, an
den Sicherungsgeber zahlen muss. Denn durch das Liegenbelassen der Grundschuld entlastet der Grundschuldgläubiger den Ersteher um den Betrag, der
sonst auf die Grundschuld entfallen wäre. Diese Entlastung geschieht auf Kosten
des (bisherigen) Sicherungsgebers, dem der Mehrbetrag mittelbar (durch Entlastung von Verbindlichkeiten) oder unmittelbar (durch Auszahlung eines etwaigen Mehrerlöses) zugute gekommen wäre. Deshalb muss der (bisherige)
Sicherungsgeber vollen Ersatz erhalten; es genügt nicht, dass betragsmäßig dahinter zurückbleibende Verbindlichkeiten als getilgt gelten.

Ist der **Rückgewähranspruch abgetreten**, so ist der Übererlös an den neuen
Gläubiger zu zahlen. Ist er gepfändet, so sind die Rechte des Pfandgläubigers zu
beachten.

Sichert die Grundschuld im Beispielsfall (RN 1181, 1182) einen Anspruch (ein- *1192*
schließlich Nebenleistungen, insbesondere Zinsen bis zur Erlösverteilung) in
Höhe von 65 000 Euro, so wird der Grundschuldgläubiger in Höhe von
12 000 Euro (Betrag für Zinsen aus der Zeit bis zum Zuschlag) tatsächlich befriedigt. Wegen weiterer 51 500 Euro (= der Betrag, um den sich die Zahlung des
Erstehers mindert) wird er aufgrund der Vereinbarung, dass die Grundschuld
bestehen bleibt, so behandelt, wie wenn er befriedigt worden wäre. Der gesicherte Anspruch gegen den Schuldner besteht also nur noch in Höhe von
1500 Euro. Andere Sicherheiten für den Anspruch, etwa eine Bürgschaft, kann
der Gläubiger nur noch in diesem Umfang geltend machen.

Erklärt sich der Grundschuldgläubiger auch wegen der Zinsen aus der Zeit bis
zum Zuschlag (im Beispiel 12 000 Euro) für befriedigt (RN 1183), so ändert sich
dadurch im Verhältnis zum Schuldner/bisherigen Sicherungsgeber nichts, weil
sich der Gläubiger dann auch diesen Betrag so anrechnen lassen muss, wie
wenn er ihn erhalten hätte (RN 1121).

Beträgt der gesicherte Anspruch im Beispiel jedoch nur 40 000 Euro, so erhält *1193*
der Grundschuldgläubiger durch die tatsächliche (12 000 Euro) und die fiktive
(51 500 Euro) Befriedigung einen Mehrerlös von 23 500 Euro. Diesen Betrag hat
der Gläubiger, obwohl er ihn tatsächlich nicht bekommen hat, an den früheren
Sicherungsgeber (bzw. Zessionar/Pfandgläubiger des Rückgewähranspruchs)
zu zahlen (RN 1189, 1191). Das ist gerechtfertigt, denn er kann andererseits vom
Ersteher eine Erstattung in Höhe von 51 500 Euro erwarten (RN 1187), weil sich

---

[24] BGH v. 11. 10. 1984 – IX ZR 111/82 – (Ziff. II, 2 b), WM 1984, 1577.

dessen Zahlungspflicht gegenüber dem Vollstreckungsgericht um denselben Betrag vermindert.

36.6 Grundschuld, die bei der Erlösverteilung (teilweise) ausfallen würde

1194 Das Bestehenbleiben kann auch bezüglich einer Grundschuld vereinbart werden, die – ohne diese Erklärung – nicht oder nicht voll befriedigt werden würde. In diesem Fall wird der Gläubiger von der (bisher) herrschenden Meinung so behandelt, wie wenn er – im Verhältnis zum Schuldner/bisherigen Sicherungsgeber – in Höhe des Nominalbetrags der Grundschuld (und der Nebenleistungen, die bei ausreichendem Erlös geltend gemacht werden könnten) befriedigt worden wäre[25]. Dagegen mindert sich der Betrag, den der Ersteher zu zahlen hat, nur um die Summe, die auf die Grundschuld zugeteilt werden würde.

Der Grundschuldgläubiger kann deshalb vom Ersteher keinen (vollen) Ersatz für seinen Rechtsverlust erwarten.

Die **Befriedigungsfiktion in Höhe des Nominalbetrags** ist **abzulehnen**. Sie ergibt sich weder zwingend aus dem Wortlaut des Gesetzes, noch ist ein vernünftiger Grund erkennbar, weshalb die Vereinbarung zwischen Grundschuldgläubiger und Ersteher die Position des (bisherigen) persönlichen Schuldners/Sicherungsgebers erheblich verbessern sollte[26]. Der BGH hat zwar Zweifel an der herrschenden Meinung in einem Fall geäußert, in dem ein hypothekarisch gesicherter Gläubiger das Grundstück erstanden und das Bestehenbleiben der Hypothek bestimmt hatte. Der BGH ließ die Frage letztlich offen, billigte aber dem Gläubiger gegen den Schuldner wenigstens einen Bereicherungsanspruch in der Höhe zu, in der die Hypothek bei der Erlösverteilung ausgefallen wäre[27]. Damit hat er die bisherige Meinung im *Ergebnis* abgelehnt; eine eindeutige Entscheidung des BGH gegen sie liegt aber (noch) nicht vor.

1195 Solange es nicht als gesichert gelten kann, dass eine liegen belassene Grundschuld nur mit dem Betrag, der bei der Erlösverteilung auf sie entfallen würde, angerechnet wird, empfiehlt es sich in der **Praxis** für den Gläubiger, dem Liegenbelassen einer Grundschuld höchstens mit dem Teilbetrag zustimmen, der bei der Erlösverteilung auf sie entfallen würde. Das ist möglich (RN 1174).

---

25 RG v. 30.11.1937 – VII 127/37 –, RGZ 156, 271, 276; BGH v. 23.10.1980 – III ZR 100/79 – (Ziff. II, 2), WM 1981, 186, m. w. N.; *Stöber/Becker*, § 91 RN 28; *offen gelassen:* BGH v. 26.11.1980 – V ZR 153/79 – (Ziff. 2a), WM 1981, 165.

26 So auch *Dassler/Hintzen*, § 91 RN 43.

27 BGH v. 26.11.1980 – V ZR 153/79 – (Ziff. 2a und 2b), WM 1981, 165; *Räfle*, ZIP 1981, 821, 823 (Ziff. II, 4).

37 Schutz gegen Grundstücksverschleuderung; Befriedigungsfiktion

37.1 Absolutes Mindestgebot: die Hälfte des Werts (§ 85a ZVG)

Beträgt das Meistgebot, also (letztes und höchstes) Bargebot (RN 1077) zuzüg- *1196* lich Übernahmegebot (RN 1076), nicht mindestens 5/10 des nach § 74a Abs. 5 ZVG festgesetzten Verkehrswerts des Grundstücks (Mindestgebot), so ist der **Zuschlag von Amts wegen zu versagen** (§ 85a Abs. 1 ZVG). Zweck der Bestimmung ist der Schutz des *Grundstückseigentümers* gegen eine Verschleuderung des Grundstücks.

In einem **zweiten Versteigerungstermin** ist § 85a ZVG nicht mehr anzuwenden, wenn im ersten Termin der Zuschlag nach § 85a Abs. 1 ZVG (von Amts wegen) oder nach § 74a Abs. 1 ZVG (auf Antrag) versagt worden ist. Es genügt nicht, dass der erste Termin deshalb ergebnislos blieb, weil überhaupt kein wirksames Gebot abgegeben worden ist[1].

In der Vergangenheit war es deshalb allgemein üblich und in der Rechtsprechung[2] anerkannt, die Wertgrenzen für den zweiten Termin durch ein Eigengebot des Terminsvertreters unterhalb der **5/10-Wertgrenze zu beseitigen.** Diese jahrzehntelang geübte Praxis hat der BGH erstmals im Jahr 2005 für **unzulässig** befunden und seine Rechtsprechung mit weiteren Entscheidungen weiter verfestigt. Taktischen Geboten zur Beseitigung der Wertgrenzen ist damit weitestgehend die Grundlage entzogen.

In seiner Entscheidung vom 24.11.2005 vertrat der BGH[3] zunächst die Auffassung, ein Eigengebot des Gläubigervertreters ohne Erwerbsabsicht sei von vornherein kein Gebot im Sinne des Zwangsversteigerungsgesetzes und deshalb als unwirksam nach § 71 Abs. 1 ZVG zurückzuweisen. Trotz zahlreicher kritischer Stimmen[4] in Literatur und Rechtsprechung hat der BGH seine Rechtsprechung im Ergebnis fortgeführt, wenn auch in der Begründung variiert. Mit Beschluss vom 10.5.2007 wurde die Unwirksamkeit unter Aufgabe der bisherigen Argumentation damit begründet, der Gläubigervertreter handele *rechtsmissbräuchlich* (§ 242 BGB), wenn das Gebot ausschließlich darauf gerichtet sei, zugunsten

---

1 *Stöber/Becker*, § 85a RN 8; *Hornung*, Rpfleger 2000, 363 (Ziff. V); *anders: Kirsch*, Rpfleger 2000, 147.
2 OLG Koblenz v. 15.1.1999 – 4 W 880/98 –, Rpfleger 1999, 407; *kritisch*: *Hornung*, Rpfleger 2000, 363 (Ziff. IV, 2).
3 BGH v. 24.11.2005 – V ZB 98/05 – (Ziff. III, 3 e), WM 2006, 237 = WuB VI E § 85a ZVG 1.06 (im Ergebnis *zustimmend: Rimmelspacher/Bolkart*); vgl. LG Neubrandenburg v. 3.6.2004 – 4 T 96/04 –, Rpfleger 2005, 42 (*Alff*), nach dessen Ansicht mit dem Zuverlässigbringen der Wertgrenzen durch den Terminsvertreter der Grundsatz des fairen Verfahrens verletzt sei, was zu einer Zuschlagsversagung nach § 83 Nr. 6 ZVG führen müsse.
4 *Hasselblatt*, NJW 2006, 1320; *Groß*, Rpfleger 2007, 91; *Hintzen*, Rpfleger 2006, 145; LG Detmold v. 20.6.2006 – 3 T 84/06 – (Ziff. II), Rpfleger 2006, 491; AG Stade v. 1.2.2006 – 71 K 38/05 –, Rpfleger 2006, 275.

des Gläubigers und zulasten des Schuldners die Wertgrenzen zu beseitigen[5]. Der Terminsvertreter dürfe nicht das herbeiführen, was dem Gläubiger selbst nicht möglich ist (§§ 85a Abs. 3, 114 a ZVG)[6]. Zudem spreche bei dem Eigengebot eines Gläubigervertreters eine *tatsächliche Vermutung* für die missbräuchliche Absicht, den vom Gesetz bezweckten Schuldnerschutz zu unterlaufen[7]. Mit einer dritten Entscheidung hat der BGH seine bis dahin auf Gläubigervertreter beschränkte Rechtsprechung auf Gebote *Dritter* erstreckt, die allein das Ziel verfolgen, mit ihrem Gebot die zum Schutz des Schuldners bestehenden Regelungen auszuhebeln, ohne selbst am Grundstück interessiert zu sein[8]. Allerdings gelte die Missbrauchsvermutung bei Dritten nicht, vielmehr müsse das rechtsmissbräuchliche Verhalten dort *positiv festgestellt* werden[9]. In einer vierten Entscheidung schließlich hat der BGH klargestellt, dass es für die Beurteilung der Wirksamkeit des Gebotes nicht auf die Willensrichtung des Bieters ankommt, sondern allein darauf, ob das Gebot *objektiv* geeignet ist, den Schuldnerschutz zu verkürzen[10]. Das ist nicht der Fall, wenn bei einem Gebot des Gläubigervertreters nicht im eigenen, sondern im Namen des Gläubigers, trotz Nichterreichens der 5/10-Grenze, die Anrechnung nach § 85a Abs. 3 ZVG zur Zuschlagserteilung hätte führen müssen (RN 1200).

Die dargestellte Rechtsprechung führt zu einer nicht gerechtfertigten Benachteiligung des Gläubigers und dessen Terminsvertreter im Vergleich zu allen anderen Bietern. Es ist nicht nachzuvollziehen, weshalb es dem Gläubiger versagt sein soll, durch die Beseitigung der Wertgrenzen zumindest auch im Interesse des Schuldners ein höheres Bietinteresse für den zweiten Termin herbeizuführen, während ein Dritter eigennützig die Wertgrenzen für den zweiten Termin zum Zwecke des günstigen Erwerbs ohne Weiteres zu Fall bringen kann[11]. Im Übrigen kann der Rechtspfleger im Versteigerungstermin nicht wirklich zuverlässig klären, welche Motivation dem Gebot zugrunde liegt. Die vom BGH aufgestellte Missbrauchsvermutung hilft dann nicht zuverlässig weiter, wenn der Bieter ein Erwerbsinteresse ausdrücklich bekräftigt.

Als Reaktion auf die neue Rechtsprechung haben die betreibenden Gläubiger sich in der Praxis zunächst damit beholfen, Gebote im ersten Termin nicht von ihrem Terminsvertreter, sondern von einer nur in diesem Termin anwesenden dritten Person abgeben zu lassen[12]. Nach der Ausweitung der Rechtsprechung auf Dritte muss insoweit zur **Vorsicht** geraten werden. Wurde ein unwirksames

5   BGH v. 10.5.2007 – V ZB 83/06 – (Ziff. III, 3), BGHZ 172, 218 = WM 2007, 1522 = NJW 2007, 3279 (Storz) = WuB VI E § 85a ZVG – 1.07 (*Rimmelspacher*); hierzu *Keller*, ZfIR 2008, 671; *Böttcher*, ZfIR 2010, 345.

6   BGH v. 10.5.2007 – V ZB 83/06 – (Ziff. III, 4 b), BGHZ 172, 218 = WM 2007, 1522 = NJW 2007, 3279 (Storz) = WuB VI E § 85a ZVG – 1.07 (*Rimmelspacher*).

7   BGH v. 10.5.2007 – V ZB 83/06 – (Ziff. III, 3 e bb), BGHZ 172, 218 = WM 2007, 1522 = NJW 2007, 3279 (Storz) = WuB VI E § 85a ZVG – 1.07 (*Rimmelspacher*).

8   BGH v. 17.7.2008 – V ZB 1/08 – (Ziff. III, 1), WM 2008, 1836; hierzu *Keller*, ZfIR 2008, 671.

9   BGH v. 17.7.2008 – V ZB 1/08 – (Ziff. III, 1), WM 2008, 1836.

10 BGH vom 9.10.2008 – V ZB 21/08 – (Ziff. III, 2), ZfIR 2009, 299 (*Bräuer*).

11 Weitere Argumente bei *Stöber*, § 85a RN 4.

12 Vgl. *Maske/Langenstein*, BankPraktiker 2008, 332; *Krainhöfner*, Rpfleger 2007, 421.

Gebot, das unter der Hälfte des Verkehrswerts des Grundstücks lag, nicht nach § 71 Abs. 1 ZVG zurückgewiesen, sondern der Zuschlag nach § 85a Abs. 1 ZVG versagt, muss bei nachträglichem Bekanntwerden mit einer **Anfechtung der Zuschlagsentscheidung** gerechnet werden. Selbst wenn diese ausbleibt, darf das Vollstreckungsgericht sogar noch in einem neuen Versteigerungstermin die Wirksamkeit des Gebots (aus dem früheren Termin) prüfen (§ 79 ZVG); die formelle Rechtskraft der Zuschlagsentscheidung steht dem nicht entgegen[13]. Unterbleibt eine solche Überprüfung und wird im späteren Termin der Zuschlag unterhalb der 5/10-Wertgrenze erteilt, besteht deshalb immer noch die Gefahr einer Zuschlagsbeschwerde. Die daraus resultierenden Auswirkungen auf den Verwertungserfolg sollte ein Gläubiger bedenken, wenn er es in Betracht zieht, taktische Gebote zu veranlassen.

Liegt das Meistgebot erheblich unter dem festgesetzten Verkehrswert, sodass die Erteilung des Zuschlags zu einer Grundstücksverschleuderung führen würde, ist regelmäßig ein **gesonderter Termin zur Verkündung** der Entscheidung über den Zuschlag anzuberaumen[14].

Der **Verkehrswert** des Grundstücks wird vom Gericht regelmäßig[15] aufgrund eines Sachverständigengutachtens **festgesetzt**. Bei Eintritt neuer Tatsachen ist er anzupassen[16]. Erleidet ein Verfahrensbeteiligter durch eine gerichtliche Entscheidung, die auf einem (seit dem 1.8.2002[17] erstatteten) vorsätzlich oder grob fahrlässig falschen Gutachten beruht, einen Schaden, so steht ihm ein Ersatzanspruch gegen den Gutachter zu (§ 839a BGB).

Ist das Meistgebot von einem Grundschuldgläubiger (oder einem sonst zur *1197* Befriedigung aus dem Grundstück Berechtigten) abgegeben worden, der bei der Erlösverteilung auf der Grundlage des abgegebenen Gebots ausfallen wird, dann ist dieser **Ausfall dem Meistgebot hinzuzurechnen**. Das gilt allerdings nicht, wenn das Meistgebot *für einen Dritten*, selbst eine vom Grundschuldgläubiger abhängige Gesellschaft, abgegeben wird[18].

Der Rang des ausfallenden Rechts spielt keine Rolle; denn etwaige (ausfallende) Zwischenrechte bleiben unberücksichtigt[19]. Erreicht die Summe von Meistge-

---

13 BGH v. 10.5.2007 – V ZB 83/06 – (Ziff. III, 5), BGHZ 172, 218 = WM 2007, 1522 = NJW 2007, 3279 (Storz) = WuB VI E § 85a ZVG – 1.07 (*Rimmelspacher*).

14 BGH v. 5.11.2004 – IXa ZB 27/04 – (Ziff. II, 3), WM 2005, 136 = Rpfleger 2005, 151 = NZM 2005, 190 = MDR 2005, 353 = JurBüro 2005, 213 = WuB VI E § 87 ZVG 1.05 (*Rimmelspacher*) = ZfIR 2005, 295 (*Dümig*); Meistgebot entsprach nur 12 % des Verkehrswertes.

15 Aber nicht zwingend, vgl. LG Hildesheim – 5 T 332/03 – Rpfleger 2004, 236.

16 BGH v. 11.10.2007 – V ZB 178/06 – (RN 11), WM 2008, 33 = NJW-RR 2008, 944; *Stöber/Becker*, § 74a RN 80; *Hintzen*, Rpfleger 2004, 69, 73 (Ziff. I, 8) m.w.N.; wohl auch BGH v. 10.10.2003 – IXa ZB 128/03 – (Ziff. II, 3), WM 2004, 98 = ZfIR 2004, 167 (im konkreten Fall wegen prozessualer Überholung aufgrund Wegfalls der Wertgrenzen abgelehnt).

17 Art. 229 § 8 Abs. 1 EGBGB. – Zur Rechtslage davor: BGH v. 20.5.2003 – VI ZR 312/02 –, Rpfleger 2003, 520; *Hintzen*, Rpfleger 2004, 69, 73 (Ziff. I, 8).

18 LG Landau v. 8.2.2001 – 3 T 2/01 –, Rpfleger 2001, 366; *Stöber/Becker*, § 85a RN 35.

19 *Stöber/Becker*, § 85a RN 20.

bot und Ausfall des Meistbietenden 5/10 des festgesetzten Werts, so darf der Zuschlag nicht nach § 85a Abs. 1 ZVG versagt werden (§ 85a Abs. 3 ZVG).

Möglicherweise ist der Zuschlag aber aus einem anderen Grund dennoch zu versagen, etwa nach § 74a Abs. 1 ZVG (s. RN 1201 bis 1203).

1198 Für die Ermittlung des Ausfalls ist der **Nennwert der Grundschuld**[20] (zuzüglich aller dinglichen Nebenleistungen, insbesondere Zinsenmaßgebend).[21].

1199 Da es für die Entscheidung nach § 85a Abs. 1 und 3 ZVG auf die persönliche Forderung nicht ankommt, hat das Vollstreckungsgericht weder die Pflicht noch das Recht, Auskunft über die Höhe der gesicherten Forderung zu verlangen. Mithin besteht auch **keine Pflicht des Gläubigers, im Versteigerungsverfahren die gesicherten Forderungen zu beziffern**[22].

1200 Hat ein Grundschuldgläubiger einschließlich des Kapitalwerts der bestehen bleibenden Rechte weniger als 5/10 des Grundstückswerts geboten, aber (wegen der Hinzurechnung seines Ausfalls mit dem *dinglichen Recht*) nach § 85a Abs. 3 ZVG dennoch den Zuschlag erhalten (RN 1197), so gilt er wegen der durch die Grundschuld gesicherten Forderung insoweit als befriedigt, wie er bei einem 7/10 des Grundstückswerts erreichenden Gebot Befriedigung finden würde (im Einzelnen RN 1204 bis 1211).

Läuft die *gesicherte Forderung* (auf die es für die Hinzurechnung des Ausfalls nicht ankommt [s. dazu RN 1198]) unterhalb der 5/10-Grenze aus, so ist **der Meistbietende zu einer Zuzahlung nicht verpflichtet**[23]. § 85a ZVG enthält keine materiell-rechtliche Regelung, und schon gar keine, die über § 114a ZVG (s. dazu RN 1208) hinausgeht.

§ 85a ZVG ist eine reine Verfahrensvorschrift, die nur für einen abgegrenzten Teil des Verfahrens gilt, nämlich für die Entscheidung über den Zuschlag nach dem *ersten* Termin (mit Geboten). Ist der Zuschlag danach (oder nach § 74a ZVG) einmal versagt worden, so ist die Bestimmung in einem späteren Termin nicht mehr anzuwenden (§ 85a Abs. 2 ZVG). Es ist nicht vorstellbar, dass dieser

---

20 So LG Hanau v. 16.9.1987 – 4 T 251/87 –, Rpfleger 1988, 77; LG Frankfurt v. 27.7.1987 – 2/9 T 674/87 –, Rpfleger 1988, 35; LG Lüneburg v. 27.11.1985 – 4 T 317/85 –, Rpfleger 1986, 188 und 234 (m. Anm. *Hennings*); *einschränkend* (nur laufende und für zwei Jahre rückständige, nicht ältere Zinsen): LG Verden v. 21.7.1993 – 2 T 138/93 –, Rpfleger 1994, 34.

21 BGH v. 22.9.2011 – IX ZR 197/10 – (RN 8), WM 2011, 2103 = WuB VI E § 85a ZVG 1.12 (*Brehm*); BGH v. 27.2.2004 – IXa ZB 135/03 – (Ziff. II, 2 c), WM 2004, 902 = WuB VI F § 74a ZVG 2.04 (*Brehm*); *Stöber/Becker*, § 85a RN 18 m. w. N.

22 BGH v. 27.2.2004 – IXa ZB 135/03 – (Ziff. II, 2 c, cc), WM 2004, 902 = WuB VI F § 74a ZVG 2.04 (*Brehm*); *Muth*, Rpfleger 1985, 45, 47; *abweichend* (jedenfalls Fragerecht des Vollstreckungsgerichts, ob Auskunftspflicht offenbleibt): *Ebeling*, Rpfleger 1985, 279, 280 (Ziff. II, 1); *anderer Ansicht* (Auskunftspflicht): *Scherer*, Rpfleger 1984, 259, 260; vgl. auch OLG Karlsruhe v. 10.4.1981 – 11 W 14/81 –, Rpfleger 1981, 407 (Auskunftspflicht im Hinblick auf Ablöserecht, nicht wegen § 85a ZVG).

23 *Hennings*, Sparkasse 1982, 263, 265; *anderer Ansicht: Muth*, Rpfleger 1985, 45, 47 f (Ziff. IV, 1) und ZIP 1986, 350, 356 f (Ziff. III, 2) sowie Rpfleger 1987, 89, 97 (Ziff. V am Ende); *weitergehend:* (Zuzahlung bis 7/10 des Werts gem. § 114a ZVG) *Stöber/Nicht*, § 114a RN 20.

Bestimmung eine (das materielle Recht betreffende) Zuzahlungspflicht entnommen werden könnte. Denn unter dem Gesichtspunkt des materiellen Rechts kann die Garantie eines bestimmten Mindesterlöses (das wäre die Zuzahlungspflicht) nur entweder geboten oder nicht geboten sein. Es wäre willkürlich, wenn der Mindesterlös nur im ersten, nicht aber im zweiten Termin garantiert wäre – und auch nur zulasten eines am Grundstück dinglich Berechtigten.

37.2 Relatives Mindestgebot: 7/10 des Werts (§ 74a ZVG)

Beträgt das Meistgebot, also (letztes und höchstes) Bargebot (RN 1077) zuzüglich Übernahmegebot (RN 1076), nicht wenigstens 7/10 des nach § 74a Abs. 5 ZVG festgesetzten Grundstückswerts (RN 1196), so ist **auf Antrag der Zuschlag zu versagen**, es sei denn, dass der betreibende Gläubiger widerspricht und nachweist, dass ihm dadurch ein unverhältnismäßiger Nachteil entsteht (§ 74a Abs. 1 ZVG)[24]. Zweck der Bestimmung ist es, die innerhalb der 7/10-Grenze liegenden *Gläubiger* vor der Verschleuderung des Grundstücks zu schützen.

Maßgebend für die Berechnung des Ausfalls ist – wie bei § 85a ZVG (dazu RN 1198) – nur der Umfang des dinglichen Rechts, nicht die Höhe der dadurch gesicherten Forderung. Es gibt keinen Grund, hier einen anderen Maßstab dafür anzulegen[25].

In einem **zweiten oder späteren Versteigerungstermin** ist die Vorschrift nicht mehr anzuwenden, wenn der Zuschlag bereits in einem früheren Termin nach § 74a Abs. 1 ZVG oder nach § 85a Abs. 1 ZVG (RN 1196 bis 1198) versagt worden ist (§ 74a Abs. 4 ZVG).

Den **Antrag** kann (nur) jeder Gläubiger **stellen**, der bei dem abgegebenen Gebot nicht voll befriedigt wird, aber bei einem Gebot von 7/10 (wenigstens etwas) mehr erhalten würde. Auch der betreibende Gläubiger[26] (nicht jedoch der Meistbietende[27]) kann den Antrag stellen. Der Antragsteller muss sein Recht nachweisen, bei einer Briefgrundschuld also den Brief vorlegen[28] und, wenn die Abtretung nicht eingetragen ist, auch die Abtretungserklärung.

Ein Antrag kann nur berücksichtigt werden, wenn er spätestens vor Ende der Verhandlung über den Zuschlag gestellt worden ist; auch ein etwaiger Widerspruch muss bis zum gleichen **Zeitpunkt** erklärt werden (§ 74a Abs. 2 ZVG).

Jeder **Antrag** kann bis zur Entscheidung über den Zuschlag **zurückgenommen** werden[29]. Deshalb sollte jeder Gläubiger, der antragsberechtigt ist und die Versagung des Zuschlags erreichen will, den Antrag selbst stellen; er sollte sich nicht darauf verlassen, dass ein anderer den Antrag bereits gestellt hat.

1201

1202

---

24 *Stöber/Becker*, § 74a RN 35.
25 BGH v. 27.2.2004 – IXa ZB 135/03 – (Ziff. II, 2 b), WM 2004, 902 = WuB VI F § 74a ZVG 2.04 (*Brehm*).
26 *Stöber/Becker*, § 74a RN 16 m. w. N., auch für die Gegenansicht.
27 *Stöber/Becker*, § 74a RN 18.
28 *Stöber/Becker*, § 74a RN 35.
29 *Stöber/Becker*, § 74a RN 37.

1203 Ist das Meistgebot von einem Grundschuldgläubiger (oder einem sonst zur Befriedigung aus dem Grundstück Berechtigten) abgegeben worden, der in der Verteilung des Erlöses auf der Basis des abgegebenen Gebots ganz oder teilweise ausfallen wird, so ist dieser **Ausfall dem Meistgebot hinzuzurechnen**, sofern das Recht des Meistbietenden unmittelbar an das letzte noch voll befriedigte Recht anschließt. Erreicht das Meistgebot zusammen mit dem zuzurechnenden Ausfall die Grenze von 7/10 des Werts, so darf der Zuschlag nicht nach § 74a ZVG versagt werden (§ 74b ZVG).

§ 74b ZVG hat kaum praktische Bedeutung. Die Regelung kann nur in Betracht kommen, wenn ein anderes Recht gleichen Rang mit dem Meistbietenden hat und der daraus Berechtigte widerspricht. Denn wenn – wie die Anwendung der Bestimmung voraussetzt – die 7/107/10-Grenze durch das (ausfallende) Recht des Meistbietenden hindurchgeht, kann es sonst keinen Antragsberechtigten geben.

37.3 Die Befriedigungsfiktion bei Geboten unter 7/10 des Werts (§ 114a ZVG)

Die Befriedigungsfiktion bei Geboten unter 7/10 des Werts

1204 Wird das Grundstück einem **Grundschuldgläubiger** (oder einem sonst zur Befriedigung aus dem Grundstück Berechtigten) zu einem Gebot (Bargebot zuzüglich Übernahmegebot) unter 7/10 des festgesetzten Werts (RN 1196) **zugeschlagen**, so gilt dieser auch insoweit als befriedigt, wie er bei einem Gebot von 7/10 des Werts befriedigt werden würde (§ 114a Satz 1 ZVG). Dabei sind Rechte, die der Grundschuld des Erstehers im Rang vorgehen oder gleichstehen, nicht zu berücksichtigen, wenn sie erlöschen (§ 114a Satz 2 ZVG) und wenn und soweit auf sie bei der Verteilung des tatsächlichen Erlöses nichts entfällt.

Zweck dieser Bestimmung ist es, den *Schuldner* dagegen zu schützen, dass der Gläubiger deshalb das Grundstück weit unter Wert erhält, weil er nur an die untere Grenze seines Rechts bietet und wegen dieses Rechts von anderen nicht überboten wird[30].

Ob der Meistbietende oder ein anderer Gläubiger die Zwangsversteigerung betreibt, ist für die Anwendung von § 114a ZVG gleichgültig.

Nach dem eindeutigen Wortlaut des Gesetzes kommt es darauf an, dass der Grundschuldgläubiger den Zuschlag erhält. Ob er selbst das Meistgebot abgegeben hat oder ob ihm (nur) das Recht aus dem Meistgebot abgetreten worden ist (§ 81 Abs. 2 ZVG), spielt keine Rolle[31].

Der Grundschuldgläubiger gilt – über den Wortlaut des Gesetzes hinaus – auch dann als befriedigt, wenn er (nur) Meistbietender ist, dann aber das **Recht aus dem Meistgebot an einen anderen abtritt**, sodass dieser den Zuschlag erhält

---

30 *Siol*, WM 1996, 2217, 2225.
31 *Dassler/Hintzen*, § 114a RN 20; *Ebeling*, Rpfleger 1985, 279, 280 (Ziff. II, 2); *Storz*, BGH EWiR § 114a ZVG 1/89, 1143, Ziff. 3; *anderer Ansicht: Stöber*, § 114a RN 2.7 b; *Muth*, ZIP 1986, 350, 356 (Ziff. II, 7).

(§ 81 Abs. 2 ZVG)[32]. Das kann – falls die Voraussetzungen bei beiden Beteiligten vorliegen – dazu führen, dass sowohl der Meistbietende wie der Ersteher in dem Umfang als befriedigt gelten, in dem sie bei einem Gebot von 7/10 des Werts befriedigt worden wären[32].

Die Bestimmung kann durch die Einschaltung eines mittelbaren Stellvertreters *1205* oder eines **Strohmannes**[33] oder eines wirtschaftlich abhängigen Dritten, auf den der Grundschuldgläubiger bestimmenden Einfluss hat (etwa ein i. S. v. § 17 AktG abhängiges Unternehmen)[34], nicht umgangen werden. Die fiktive Befriedigung tritt auch dann ein, wenn sich der Grundschuldgläubiger auf einem solchen oder ähnlichen Wege den wirtschaftlichen Wert des Grundstücks verschafft. Ein insoweit arglistiges Verhalten des Grundschuldgläubigers gegenüber dem Schuldner führt nicht zur Unwirksamkeit des vom Dritten abgegebenen Gebots[35].

§ 114a ZVG gilt entsprechend, wenn der Ersteher nicht unmittelbar vom Gläubiger, sondern ebenso wie dieser von einem Dritten abhängig ist. Entscheidend ist letztlich, dass zwischen dem Ersteher und dem Grundschuldgläubiger keine Interessenkonkurrenz besteht[36].

Die Befriedigungsfiktion nach § 114a ZVG führt dazu, dass die durch die Grund- *1206* schuld (s. RN 1209) im Zeitpunkt des Zuschlags (RN 1208) gesicherten Verbindlichkeiten vollständig oder teilweise erlöschen. Die Norm ist **materielles Recht** und richtet sich **nicht** an das **Vollstreckungsgericht**, sondern entfaltet ihre Wirksamkeit außerhalb des Versteigerungsverfahrens. Ein Streit darüber, ob und ggf. in welchem Umfang die gesicherten Forderungen untergegangen sind, wird nicht durch das Vollstreckungsgericht, sondern im Erkenntnisverfahren entschieden.

Die Bestimmung gilt – anders als § 74a und § 85a ZVG – auch, wenn das Grundstück aufgrund eines Meistgebots zugeschlagen wird, das im zweiten oder in einem späteren Termin abgegeben wurde.

Dennoch ist der vom Vollstreckungsgericht nach **§ 74a Abs. 5 ZVG festgesetzte** *1207* **Wert** (RN 1196) – und zwar der zusammengerechnete Wert für Grundstück und mitversteigertes Zubehör[37] – für die Berechnung der 7/10-Grenze maßgeblich

---

32 BGH v. 6.7.1989 – IX ZR 4/89 –, BGHZ 108, 248 = NJW 1989, 2396 = Rpfleger 1989, 421 = WM 1989, 1349 = ZIP 1989, 1088 = EWiR § 114a ZVG 1/89, 1143 (*Storz*) m. w. N.; *Stöber/Nicht*, § 114a RN 10; *Ebeling*, Rpfleger 1985, 279, 280 (Ziff. II, 2).

33 BGH v. 9.1.1992 – IX ZR 165/91 – (Ziff. II, 2 b), BGHZ 117, 8 = WM 1992, 541 = EWiR § 114a ZVG 1/92, 309 (*Muth*); LG Landau v. 8.2.2001 – 3 T 2/01 –, Rpfleger 2001, 366; *Stöber/Nicht*, § 114a RN 13.

34 BGH v. 9.1.1992 – IX ZR 165/91 – (Ziff. II, 2 c), BGHZ 117, 8 = WM 1992, 541 = EWiR § 114a ZVG 1/92, 309 (*Muth*); LG Landau v. 8.2.2001 – 3 T 2/01 –, Rpfleger 2001, 366; *Stöber/Nicht*, § 114a RN 13.

35 BGH v. 14.4.2005 – V ZB 9/05 – (Ziff. III, 2 d), WM 2005, 1367 = MDR 2005, 1072 = NJW-RR 2005, 1359 = ZfIR 2005, 884.

36 BGH v. 9.1.1992 – IX ZR 165/91 – (Ziff. II, 3, insbes. Ziff. 3b), BGHZ 117, 8 = WM 1992, 541 = EWiR § 114a ZVG 1/92, 309 (*Muth*).

37 BGH v. 9.1.1992 – IX ZR 165/91 – (Ziff. II, 5), BGHZ 117, 8 = WM 1992, 541 = EWiR § 114a ZVG 1/92, 309 (*Muth*).

und für das Prozessgericht regelmäßig bindend[38]. Die Bindung kann entfallen, wenn sich der Wert des Grundstücks zwischen Versteigerungstermin und Zuschlag (etwa durch Brand oder Erdbeben) vermindert hat, dies aber beim Zuschlag noch nicht berücksichtigt worden ist[33] oder wenn eine (eigentlich gebotene) Anpassung des Grundstückswerts (RN 1196) wegen fehlenden Rechtsschutzbedürfnisses (weil der Zuschlag bereits nach § 74a oder § 85a ZVG versagt worden ist) unterbleibt[39].

1208 Durch die Befriedigungsfiktion erlischt die *Forderung* genauso, wie wenn der Gläubiger aus der Grundschuld Befriedigung erlangt hätte. Die Fiktion führt deshalb nur zur **Befriedigung wegen solcher Forderungen, die von der Sicherungsabrede gedeckt** sind[40]. Ob es sich um Verbindlichkeiten des Eigentümers oder um solche eines Dritten handelt, macht keinen Unterschied[41]. Andere (durch die Grundschuld nicht gesicherte) Forderungen des Gläubigers werden durch die Fiktion nicht berührt.

Ob die durch die Grundschuld gesicherten Forderungen fällig sind oder nicht, spielt dagegen keine Rolle. Die Befriedigung tritt auch wegen noch nicht fälliger Forderungen ein[42].

Die Wirkung von § 114a ZVG erschöpft sich darin, dass die gesicherten Forderungen erlöschen. Selbst wenn sie hinter 7/10 des Grundstückswerts zurückbleiben, begründet § 114a ZVG **keine Zuzahlungspflicht** bis zum Betrag der Grundschuld[43] (zuzüglich realisierbarer Grundschuldzinsen und sonstiger dinglicher Nebenleistungen).

Entscheidend ist der Stand der Forderungen im **Zeitpunkt** des Zuschlags des Grundstücks, weil in diesem Zeitpunkt die Fiktion wirksam wird[44]. Forderun-

---

38 BGH v. 13.11.1986 – IX ZR 26/86 – (Ziff. 2), BGHZ 99, 110 = EWiR § 114a ZVG 1/87, 201 (*Storz*) m.w.N.; *Stöber/Nicht,* § 114a RN 15; *anderer Ansicht* (nicht bindend): *Muth,* ZIP 1986, 350, 351 f (Ziff. II, 4) und Rpfleger 1987, 89, 95 (Ziff. IV, 2 b bis f).

39 BGH v. 27.2.2004 – IXa ZB 298/03 – (Ziff. II, 1), WM 2004, 755 = NJW-RR 2004, 666 = EWiR § 114a ZVG 1/04, 463 (*Storz,* ablehnend) = WuB VI F § 114a ZVG 1.04 (*Hegmanns,* zustimmend).

40 BGH v. 13.11.1986 – IX ZR 26/86 – (Ziff. 1 [vor a]), BGHZ 99, 110 = EWiR § 114a ZVG 1/87, 201 (*Storz*); *Muth,* Rpfleger 1987, 89, 93 f (Ziff. III, 5).

41 *Muth,* ZIP 1986, 350, 354 f (Ziff. II, 6, Beispiel 6); *anderer Ansicht* (Gläubiger gilt nur wegen Verbindlichkeiten des Eigentümers als befriedigt): *Kahler,* MDR 1983, 903.

42 BGH v. 13.11.1986 – IX ZR 26/86 – (Ziff. 1c), BGHZ 99, 110 = EWiR § 114a ZVG 1/87, 201 (*Storz*); *anderer Ansicht* (nur fällige Forderungen gelten als befriedigt): *Muth,* Rpfleger 1987, 89, 94 (Ziff. III, 5).

43 BGH v. 13.11.1986 – IX ZR 26/86 – (Ziff. 1 b aa), BGHZ 99, 110 = EWiR § 114a ZVG 1/87, 201 (*Storz*); BGH v. 13.12.1990 – IX ZR 118/90 – (Ziff. II, 3 b, beiläufig), BGHZ 113, 169 = WM 1991, 253 = EWiR § 115 ZVG 1/91, 415 (*Muth*); *Staudinger/Wolfsteiner* (2019), Vorbem. 283 zu §§ 1191 ff.; *Ebeling,* Rpfleger 1985, 279 (Ziff. I); *Muth,* Rpfleger 1987, 89, 93 f (Ziff. III, 4 und 5); *anderer Ansicht* (Auszahlung auch des nur fiktiven Mehrerlöses an den Rückgewährberechtigten): *Stöber/Nicht,* § 114a RN 20; *Bauch,* Rpfleger 1986, 457, 459 ff. (Ziff. III, B und IV).

44 BGH v. 13.12.1990 – IX ZR 118/90 – (Ziff. II, 3 a), BGHZ 113, 169 = WM 1991, 253 = EWiR § 115 ZVG 1/91, 415 (*Muth*); *Stöber/Nicht,* § 114a RN 7; *anderer Ansicht* (wirkt erst bei Erlösverteilung): *Muth,* Rpfleger 1987, 89, 92 (Ziff. III, 3 b).

gen, für die die Grundschuld gehaftet hat, die aber beim Zuschlag erfüllt sind, bleiben unberücksichtigt. Das gilt auch für Forderungen, für die der Gläubiger *vor* dem Zuschlag durch (ordnungsgemäßen) Teilungsplan in einem *anderen* Versteigerungsverfahren eine Zuteilung erhalten hat, selbst wenn dagegen Widerspruch erhoben und darüber noch eine Klage anhängig ist, weil über diesen Widerspruch nach der Sach- und Rechtslage zurzeit der Feststellung des Teilungsplans[45], also mit Rückwirkung zu entscheiden ist.

Die gesicherte Forderung **erlischt nur soweit**, wie dem Gläubiger ein **Befriedigungsrecht** am Grundstück zusteht[46], also nur bis zu dem Betrag, der dem Gläubiger in der Erlösverteilung – bei einem 7/10 des festgesetzten Werts erreichenden Gebot und ohne Berücksichtigung von ausfallenden Rechten – zugeteilt werden würde. Auch die Grundschuldzinsen[47] gewähren ein solches Befriedigungsrecht, wenn und soweit der Gläubiger bei ausreichendem Erlös darauf eine Zuteilung erhalten würde.   *1209*

Auch ein persönlicher (schuldrechtlicher) Anspruch gibt ein Recht auf Befriedigung aus dem Grundstück (§ 10 Abs. 1 Nr. 5 ZVG), wenn aus ihm die Zwangsversteigerung des Grundstücks betrieben wird[48], also wenn seinetwegen die Zwangsversteigerung angeordnet oder der Beitritt zugelassen worden ist (RN 1069).

Zur Verdeutlichung der dargestellten Grundsätze folgende **Beispiele**[49].   *1210*

A betreibt die Zwangsversteigerung des belasteten Grundstücks aus seiner erstrangigen Grundschuld von 220 000 Euro, verzinslich mit 15 % jährlich. Ihm wird das Grundstück (festgesetzter Wert 400 000 Euro) um ein Gebot von 220 000 Euro zugeschlagen; durch den Zuschlag erlischt die Grundschuld. Die dem Erlös zu entnehmenden Kosten (§ 109 ZVG) betragen 5 000 Euro; andere vorrangige Ansprüche bestehen nicht.

Beispiel 1: gesicherte Forderung niedriger als 7/10

Beträgt die Summe aller durch die Grundschuld gesicherten Forderungen 260 000 Euro und beläuft sich der dingliche Anspruch (einschließlich zu berücksichtigender dinglicher Zinsen) auf 290 000 Euro, so erlöschen alle gesicherten Forderungen. Denn der Gläubiger wird in Höhe von 21 5000 Euro (Gebot abzüglich Verfahrenskosten) tatsächlich befriedigt; in Höhe des Restbetrags (45 000 Euro) gilt er als befriedigt. § 114a ZVG führt lediglich dazu, dass die gesicherten Forderungen erlöschen; die Differenz bis zu 280 000 Euro (= 7/10 des Grundstückswerts) braucht er nicht zuzuzahlen (RN 1208).

---

45   BGH v. 13.12.1990 – IX ZR 118/90 – (Ziff. II, 3 b), BGHZ 113, 169 = WM 1991, 253 = EWiR § 115 ZVG 1/91, 415 (*Muth*).
46   BGH v. 13.11.1986 – IX ZR 26/86 – (Ziff. 1b bb), BGHZ 99, 110 = EWiR § 114a ZVG 1/87, 201 (*Storz*).
47   BGH v. 13.11.1986 – IX ZR 26/86 – (Ziff. 1b, bb und 3; aus dem Sachverhalt ergibt sich, dass die dort genannten Beträge dingliche Zinsen enthalten), BGHZ 99, 110 = EWiR § 114a ZVG 1/87, 201 (*Storz*).
48   BGH v. 13.11.1986 – IX ZR 26/86 – (Ziff. I [vor a]), BGHZ 99, 110 = EWiR § 114a ZVG 1/87, 201 (*Storz*); *Stöber/Nicht*, § 114a RN 6.
49   Weitere Beispiele s. *Muth*, ZIP 1987, 350, 352 ff. (Ziff. II, 6).

Beispiel 2: gesicherte Forderung höher als 7/10

Beträgt die Summe aller durch die Grundschuld gesicherten Forderungen 290 000 Euro, so werden die gesicherten Forderungen in Höhe von 215 000 Euro (Gebot abzüglich vorrangige Verfahrenskosten) tatsächlich befriedigt. Bei einem Gebot von 7/10 des Grundstückswerts (= 280 000 Euro) stünden weitere 60 000 Euro zur Verteilung zur Verfügung. In Höhe dieses Betrags gilt der Gläubiger als befriedigt. Die Forderungen erlöschen also in Höhe von insgesamt 275 000 Euro; ein Restbetrag von 15 000 Euro bleibt bestehen. Ihn kann der Gläubiger weiterhin geltend machen und ggf. andere Sicherheiten dafür in Anspruch nehmen.

Beispiel 3: dingliches Recht niedriger als gesicherte Forderung

Ist die Grundschuld nur mit 10 % verzinslich und beträgt deshalb der dingliche Anspruch (einschließlich zu berücksichtigender Zinsen) nur 265 000 Euro, die Summe aller durch die Grundschuld gesicherten Forderungen aber (wie im Beispiel 2) 290 000 Euro, so erlöschen diese in Höhe von 215 000 Euro (Gebot abzüglich vorrangiger Kosten) durch tatsächliche Befriedigung. Bei einem Gebot von 7/10 des Werts würden 275 000 Euro (= 280 000 abzüglich 5 000 Euro vorrangiger Kosten) zur Verfügung stehen; daraus könnte das dingliche Recht des Gläubigers (265 000 Euro) voll befriedigt werden. Der Gläubiger würde also 50 000 Euro mehr erhalten; auch (und nur) in Höhe dieses Betrags gilt er als befriedigt (RN 1209). Die Forderungen erlöschen mithin in Höhe von 265 000 Euro; der Rest von 25 000 Euro bleibt bestehen. Ihn kann der Gläubiger geltend machen.

Beispiel 4: Gläubiger betreibt auch aus persönlicher Forderung

Betreibt der Gläubiger im Beispiel 3 die Zwangsversteigerung nicht nur aus der Grundschuld, sondern zusätzlich auch aus der persönlichen Forderung (ist also die Zwangsversteigerung aus der Grundschuld *und* aus der persönlichen Forderung angeordnet, s. RN 1069), so gibt auch die persönliche Forderung ein Recht auf Befriedigung aus dem Grundstück (RN 1209). Der Gläubiger wird aus seiner Grundschuld teils tatsächlich, teils fiktiv (wie in Beispiel 3) in Höhe von 265 000 Euro befriedigt. Der nach Zuteilung auf die Grundschuld verbleibende fiktive Erlös von 10 000 Euro (= 280 000 Euro 7/10 des Werts/. 5 000 Euro [vorrangige Kosten]./. 265 000 Euro [Zuteilung auf die Grundschuld]) wird auf die persönliche Forderung (weil die Zwangsversteigerung auch aus ihr betrieben wird) zugeteilt, sodass der Gläubiger auch um diesen Betrag als befriedigt gilt. Deshalb erlöschen in diesem Fall die gesicherten persönlichen Forderungen in Höhe von 275 000 Euro; der Rest von 15 000 Euro bleibt bestehen und kann noch geltend gemacht werden.

Beispiel 5: Vorhandensein von Zwischenrechten

Dies gilt auch dann, wenn im Rang nach der Grundschuld weitere dingliche Rechte bestehen. Diese haben zwar Rang vor der persönlichen Forderung. Die Zwischenrechte sind aber bei der Verteilung des fiktiven Erlöses nicht zu berücksichtigen (§ 114a Satz 2 ZVG), weil sie durch den Zuschlag erlöschen und (da der tatsächliche Erlös voll auf die Grundschuld zugeteilt wird) ausfallen.

1211   Sichert die Grundschuld **mehrere Forderungen** und reicht der Erlös zur vollständigen Tilgung aller nicht aus, so wird – falls im Sicherungsvertrag nicht wirksam etwas anderes vereinbart ist – der tatsächliche Erlös auf die gesicherten Forderungen in der Reihenfolge des § 366 Abs. 2 BGB **verrechnet** (RN 1123). Nichts anderes kann für den fiktiven Erlös gelten.

Wegen der Tilgungsreihenfolge bei *einer* Forderung, die **nicht vollständig getilgt** werden kann, vgl. RN 1124.

38 Löschungsanspruch und Löschungsvormerkung in der Zwangsversteigerung

38.1 Eigentümergrundschuld in der Zwangsversteigerung

1212 In der Zwangsversteigerung ist auch eine Grundschuld, deren Gläubiger der Eigentümer ist, nach den normalen Regeln zu behandeln mit der einen Ausnahme, dass Zinsen darauf nicht zugeteilt werden (§ 1197 Abs. 2 BGB).

Das bedeutet: Auch eine Eigentümergrundschuld bleibt bestehen und muss vom Ersteher übernommen werden – falls sie dem bestrangig betreibenden Gläubiger im Rang vorgeht (RN 1127) – bzw. auch auf sie wird, wenn der Erlös ausreicht, ein Betrag in Höhe des Grundschuldkapitals zugeteilt – falls sie dem bestrangig betreibenden Gläubiger im Rang nachgeht oder gleichsteht (RN 1114). Eine andere Behandlung der Eigentümergrundschuld ist nur bei abweichenden Versteigerungsbedingungen möglich; diese setzen aber in jedem Fall die Zustimmung des Eigentümers (als Gläubiger seiner Grundschuld) voraus (RN 1110 bis 1113), die meist nicht zu erhalten sein wird.

Bleibt die Eigentümergrundschuld bestehen, ist sie rechtlich und wirtschaftlich eine Belastung für den Ersteher; ein Interessent wird also entsprechend weniger in bar bieten. Erlischt sie, wird der für gleich- oder nachrangige Gläubiger verfügbare Betrag um die Zuteilung auf die Eigentümergrundschuld gemindert. In jedem Fall **verschlechtert** eine Eigentümergrundschuld **die Chancen** der gleich- und nachrangigen anderen Gläubiger **auf volle Befriedigung** aus ihrem Recht.

1213 Meist ist der Eigentümer kraft Gesetzes (RN 495) oder kraft Vereinbarung (RN 527) verpflichtet, die Grundschuld löschen zu lassen, falls er sie erwirbt. Diese **Löschungspflicht** ist regelmäßig durch fiktive (§ 1179a Abs. 1 Satz 3 BGB) oder eingetragene (§ 1179 BGB[1]) Vormerkung gesichert. Die Existenz allein dieses Anspruchs schützt aber den nachrangigen Gläubiger nicht. Wirkung zeigt der Anspruch erst, wenn er geltend gemacht wird.

Besteht ein solcher Anspruch, so kann er – wenn der Eigentümer die Grundschuld abtritt, nachdem er entstanden ist – auch gegen den neuen Gläubiger durchgesetzt werden (RN 504 bzw. 535).

1214 Hier angesprochen sind nur die Fälle, in denen der *Eigentümer* Gläubiger der Grundschuld ist oder gewesen ist. Das darf nicht mit dem Fall der **nicht valutierten Fremdgrundschuld** verwechselt werden. Dort ist der Gläubiger der Grundschuld ein Dritter (nicht der Eigentümer), aber die durch die Grundschuld gesicherten Forderungen bestehen nicht oder nicht mehr (dazu RN 1141 ff.).

Gegen eine solche nicht valutierte Fremdgrundschuld kann der gleich- oder nachrangige Gläubiger den Löschungsanspruch (noch) nicht geltend machen (RN 495, 529). Eigentümergrundschuld wird die nicht valutierte Grundschuld

---

1 In der bis 31.12.1977 geltenden Fassung, wiedergegeben bei *Grüneberg/Herrler*, § 1179a RN 20.

erst, wenn sie durch Abtretung an den Eigentümer (RN 425, 439) oder durch Verzicht (RN 745) zurückgewährt wird.

38.2 Gesetzlicher Löschungsanspruch bei erlöschenden Grundpfandrechten

Erlischt das durch den Löschungsanspruch betroffene Grundpfandrecht durch den Zuschlag, so kann (und muss) der Löschungsanspruch im Rahmen der Erlösverteilung geltend gemacht werden[2]. Dem steht nicht entgegen, dass regelmäßig auch das durch den Löschungsanspruch begünstigte Recht – weil gleich- oder nachrangig – erlischt. Denn der gesetzliche Löschungsanspruch **erlischt erst, wenn** das begünstigte Recht tatsächlich **befriedigt** wird (§ 91 Abs. 4 ZVG). *1215*

Der Löschungsanspruch **entsteht** zum einen dann, wenn *im Zeitpunkt des Zuschlags* der bisherige Eigentümer Gläubiger des betroffenen (zu löschenden) Rechts ist (oder früher gewesen ist, RN 504). Zum anderen entsteht der Löschungsanspruch auch hinsichtlich des *nach* dem Zuschlag erworbenen Befriedigungsrechts am Erlös, wenn der (bisherige) Eigentümer das an die Stelle des erlöschenden Grundpfandrechts tretende Befriedigungsrecht am Erlös zwischen Zuschlag und Erlösverteilung durch Abtretung des Befriedigungsrechts am Erlös (RN 1167) oder durch Verzicht des bisherigen Grundschuldgläubigers darauf (RN 1168) erwirbt. Zwischenzeitlich hatte der BGH[3] die Anwendung von § 1179a BGB im Falle des Verzichts nach Zuschlag abgelehnt, ist aber von dieser Ansicht wieder abgerückt[4]. Damit trägt er dem Surrogationsgedanken[5] wieder zutreffend Rechnung. Da der Versteigerungserlös einen Ersatz für das versteigerte Grundstück darstellt, werden konsequent die dafür maßgebend gewesenen Vorschriften nach Zuschlag auch weiter auf die am Versteigerungserlös bestehenden Rechte entsprechend angewendet.[6] Das gilt sogar dann, wenn die Zwangsversteigerung nach Zuschlagserteilung für unzulässig erklärt wird.[7] *1215.1*

Der Anspruch geht, nachdem die betroffene Grundschuld durch Zuschlag untergegangen ist, **nicht mehr auf Löschung** des Rechts, sondern ist darauf gerichtet, dass der (bisherige) Rechtsinhaber dem Löschungsberechtigten den auf das Grundpfandrecht entfallenden Betrag insoweit überlässt, wie er diesem zugekommen wäre, wenn das Recht vor dem Zuschlag gelöscht worden wäre[8]. *1216*

---

2   Wegen des Falles, dass die vom Löschungsanspruch betroffene Grundschuld bestehen bleibt, s. RN 1222 bis 1224.

3   BGH v. 22.7.2004 – IX ZR 131/03 –, BGHZ 160, 168 = WM 2004, 1786.

4   BGH v. 27.4.2012 – V ZR 270/10 – (RN 10), BGHZ 193, 144 = WM 2012, 1077 = NJW 2012, 2274.

5   Eingehend *Bartels* WuB VI E. § 91 ZVG 1.05.

6   Vgl. Stöber/Nicht, § 114 RN 192.

7   BGH v. 20.02.2020 – V ZB 131/19 – (RN 15), WM 2020, 940 = ZfIR 2020, 550 (*Achenbach*) = WuB 2020, 409 (*Hitzen*).

8   BGH v. 13.3.1963 – V ZR 108/61 – (Ziff. 3b), BGHZ 39, 242 (für durch Vormerkung gesicherten Löschungsanspruch); BGH v. 6.7.1989 – IX ZR 277/88 – (vor Ziff. 1), BGHZ 108, 237 = WM 1989, 1412 = EWiR § 1191 BGB 4/89, 881 (*Clemente*); Stöber/Nicht, § 114 RN 199.

1217 Der Löschungsanspruch muss spätestens im Verteilungstermin **geltend gemacht** werden. Dafür genügt, ist aber auch erforderlich, dass der Gläubiger sein Verlangen, den Löschungsanspruch bei der Erlösverteilung zu berücksichtigen, schriftlich oder (im Termin) zu Protokoll zum Ausdruck bringt[9]. Anderenfalls bleibt der Löschungsanspruch bei der Erlösverteilung unberücksichtigt.

1218 Der Betrag, der auf eine durch Zuschlag erloschene (frühere) Eigentümergrundschuld(-hypothek) entfällt, wird im **Teilungsplan** regelmäßig für den (bisherigen) Eigentümer – bzw. wenn das Recht vor dem Zuschlag abgetreten worden ist, für den letzten Inhaber des Rechts – ausgewiesen.

Lediglich wenn im Verteilungstermin schon **feststeht**, dass der geltend gemachte (RN 1217) Löschungsanspruch begründet ist, erfolgt die Zuteilung an den aus dem Löschungsanspruch Begünstigten in gleicher Weise, wie wenn das betroffene Recht noch vor dem Zuschlag gelöscht worden wäre[10]. Wegen der Wirkung von Zwischenrechten s. RN 1220, 1221.

Der Löschungsanspruch steht bspw. fest, wenn er vom (bisherigen) Eigentümer und – wenn das Recht vom Eigentümer vor dem Zuschlag abgetreten worden ist – vom letzten Inhaber des Rechts anerkannt wird oder wenn die erforderlichen Erklärungen durch rechtskräftiges Urteil ersetzt sind[11].

Wird ein Löschungsanspruch geltend gemacht (RN 1217), von dem im Verteilungstermin **noch nicht feststeht**, dass er gegenüber allen Beteiligten wirksam ist, so ist der Erlösanspruch des Eigentümers bzw. des letzten Inhabers des Rechts auflösend bedingt[11]. Er entfällt insoweit, wie der Betrag dem Löschungsberechtigten gebührt (im Einzelnen RN 1220, 1221), wenn sich der Löschungsanspruch als begründet erweist. Für diesen Fall wird der entsprechende Betrag bereits im Teilungsplan hilfsweise dem Berechtigten des Löschungsanspruchs zugeteilt (§ 119 ZVG).

Wird (bei bestrittenem Löschungsanspruch) der Betrag dem Eigentümer bzw. letzten Inhaber (bedingt) zugeteilt, muss der Löschungsberechtigte **Widerspruch gegen den Teilungsplan** einlegen, damit die Ausführung ausgesetzt wird. Zwar dürfte schon in der Geltendmachung des Anspruchs (RN 1217) ein Widerspruch gegen den Teilungsplan liegen[12]; sicherheitshalber sollte der Berechtigte ihn aber ausdrücklich erklären.

Der ausdrückliche Widerspruch gegen dem Teilungsplan sollte auch dann in Betracht gezogen werden, wenn die Zuteilung an den früheren Eigentümer auf ein Pfandrecht bevorsteht, das dieser erst nach dem Zuschlag erworben hat (RN 1215.1). Die nach einem solchen taktischen Widerspruch erfolgende Aussetzung der Planausführung kann dazu genutzt werden, eine Pfändung des Erlösanspruchs des Eigentümers auszubringen. Wenngleich im Ergebnis dem Widersprechenden unter Zugrundelegung der unter RN 1215.1 dargestellten neueren BGH-Rechtsprechung kein Löschungsanspruch zusteht, wird das Voll-

---

9   *Stöber/Nicht*, § 114 RN 200.
10   *Stöber/Nicht*, § 114 RN 201.
11   *Stöber/Nicht*, § 114 RN 201 m. w. N. auch für die Gegenmeinung.
12   *Stöber/Nicht*, § 114 RN 201.

streckungsgericht den Widerspruch nicht als unzulässig wegen offensichtlicher Unbegründetheit zurückweisen dürfen. Das Vollstreckungsgericht hat allein die formale Zulässigkeit des Widerspruchs zu prüfen. Die materiell-rechtliche Prüfung bleibt dem Prozessgericht vorbehalten[13].

Der Löschungsberechtigte muss zusätzlich **Klage** gegen die anderen Beteiligten erheben und dies binnen eines Monats dem Vollstreckungsgericht unaufgefordert nachweisen (§ 115 Abs. 1 ZVG, § 878 Abs. 1 ZPO)[14]. Wurde der Widerspruch wie beschrieben lediglich aus taktischen Gründen eingelegt, so wird die Klageerhebung freilich unterbleiben.

Ist die (frühere) Eigentümergrundschuld abgetreten worden, so ist nicht nur der (bisherige) Eigentümer, sondern auch der (letzte) Gläubiger der betroffenen Grundschuld am Widerspruchsverfahren beteiligt. In diesem Fall müssen beide zustimmen bzw. verurteilt werden, damit der Betrag dem Löschungsberechtigten ausgezahlt werden kann[15].

Beispiel 1:   1219

Aus der erstrangigen Grundschuld wird die Zwangsversteigerung eines mit drei Grundschulden (Nr. 1, 2 und 3 mit Rang in dieser Reihenfolge) belasteten Grundstücks betrieben. Der Erlös reicht gerade aus, um – nach Befriedigung der Grundschuld Nr. 1 (sowie der vorrangigen Kosten usw.) – einen Teilbetrag von 30 000 Euro auf die Grundschuld Nr. 2 zuzuteilen. Steht diese z. B. aufgrund Verzichts bereits vor Zuschlag dem (bisherigen) Eigentümer zu, so wird – wenn der Gläubiger Nr. 3 seinen Löschungsanspruch geltend macht und dieser allseits anerkannt wird – der Betrag von 30 000 Euro an den Gläubiger Nr. 3 zugeteilt (höchstens allerdings bis zur Höhe seines dinglichen Anspruchs).

Macht der Gläubiger der Grundschuld Nr. 3 seinen Löschungsanspruch nicht (rechtzeitig) geltend (oder besteht kein Löschungsanspruch), so erhält der bisherige Eigentümer diesen Betrag.

Beispiel 2:

Erfolgte in Abwandlung von Beispiel 1 ein Verzicht durch den Gläubiger der Grundschuld 2 erst im Verteilungsverfahren, also nach Zuschlag, so wird im Ergebnis eine Zuteilung von 30 000 Euro auf das Pfandrecht des bisherigen Eigentümers erfolgen. Ein Löschungsanspruch zugunsten des Gläubigers Nr. 3 besteht nicht (RN 1215.1). Bei Widerspruch des Gläubigers Nr. 3 wird die Zuteilung allerdings zunächst für einen Monat lang blockiert.

Beispiel 3:

Hat der Eigentümer die ihm wie im Beispiel 1 zustehende Grundschuld Nr. 2 abgetreten, so wird der Betrag von 30 000 Euro im Teilungsplan dem neuen Gläubiger zugeteilt. Macht der Gläubiger Nr. 3 den Löschungsanspruch (rechtzeitig) geltend, bestreitet

---

13   *Alff*, Rpfleger 2006, 241, 243 f.; zu den Grenzen der Widerspruchsklage s. *Bartels*, WuB VI E. § 91 ZVG 1.05.
14   *Stöber/Nicht*, § 115 RN 9.
15   S. dazu *Stöber/Nicht*, § 114 RN 204.

der Gläubiger Nr. 2 aber, dass er der Löschung zustimmen muss, so erfolgt die Zuteilung an den Gläubiger Nr. 2, aber nur auflösend bedingt; hilfsweise (für den Fall, dass das Recht des Gläubigers Nr. 2 wegfällt) wird der Betrag dem Gläubiger Nr. 3 zugeteilt.

Erhebt der Gläubiger Nr. 3 Widerspruch gegen den Teilungsplan, so darf dieser Betrag an den Gläubiger Nr. 2 zunächst nicht ausbezahlt werden. Hat der Gläubiger Nr. 3 bei Ablauf der Monatsfrist Klage gegen den Teilungsplan erhoben *und* dies dem Vollstreckungsgericht nachgewiesen, so bleibt der Betrag weiterhin blockiert, bis durch Urteil feststeht, wem er zusteht. Hat der Gläubiger Nr. 3 nicht rechtzeitig Klage erhoben oder dies nicht nachgewiesen, so wird der Betrag an den Gläubiger Nr. 2 ausbezahlt (§ 115 Abs. 1 ZVG i. V. m. § 878 Abs. 1 ZPO).

1220 Ein nicht (voll) befriedigtes **Zwischenrecht** zwischen dem durch die Löschungsvormerkung betroffenen Recht und dem Recht des Löschungsberechtigten geht bei der Verteilung zu dessen Lasten. Selbst wenn dem Zwischenrecht ein Löschungsanspruch nicht zusteht oder dessen Löschungsanspruch nicht rechtzeitig geltend gemacht wird, erhält der Löschungsberechtigte nur den Betrag, den er (unter Berücksichtigung des Zwischenrechts) erhalten hätte, wenn das zu löschende Recht vor dem Zuschlag tatsächlich gelöscht worden wäre[16].

Andererseits wird ein Zwischenrecht, zu dessen Gunsten ein Löschungsanspruch nicht besteht oder nicht geltend gemacht wird, durch den (fremden) Löschungsanspruch nicht begünstigt. Der Teil des Erlöses, der bei rechtzeitiger Löschung des vom Löschungsanspruch betroffenen Rechts dem Zwischenrecht zugutegekommen wäre, verbleibt dem Gläubiger des durch den Löschungsanspruch betroffenen Rechts so, wie wenn ein Löschungsanspruch nicht geltend gemacht worden wäre[17].

1221 Ein Grundstück ist mit vier Grundschulden (Nr. 1, 2, 3 und 4 in dieser Rangfolge) belastet, von denen die Grundschuld Nr. 2 dem Eigentümer zusteht. Die Zwangsversteigerung in dieses Grundstück wird aus der Grundschuld Nr. 1 betrieben. Bei (zur Befriedigung aller) ausreichendem Versteigerungserlös würde auf die Grundschulden Nr. 2 ein Betrag von 50 000 Euro, auf Nr. 3 ein Betrag von 30 000 Euro und auf Nr. 4 ein Betrag von 40 000 Euro entfallen. Tatsächlich verbleibt aus dem Versteigerungserlös nach Deckung der Kosten usw. und der Grundschuld Nr. 1 lediglich ein Rest von 50 000 Euro.

Macht der Gläubiger Nr. 4 seinen (allseits als begründet anerkannten) Löschungsanspruch bezüglich der Grundschuld Nr. 2 geltend (während ein Löschungsanspruch der Grundschuld Nr. 3 nicht besteht oder nicht geltend gemacht wird), so erhält der Gläubiger Nr. 4 den Betrag von 20 000 Euro. Mehr hätte er (wegen der vorrangigen Grundschuld Nr. 3) auch nicht erhalten, wenn die Grundschuld Nr. 2 noch vor dem Zuschlag gelöscht worden wäre. Im Übrigen wird der restliche Versteigerungserlös (30 000 Euro) dem Gläubiger Nr. 2 (= bisheriger Eigentümer) zugeteilt. Der Gläubiger Nr. 3 erhält nichts, weil er durch den Löschungsanspruch des Gläubigers Nr. 4 nicht begünstigt werden darf und – ohne diesen – der ganze restliche Erlös dem Gläubiger Nr. 2 zustehen würde.

---

16 BGH v. 13.3.1963 – V ZR 108/61 – (Ziff. 3b), BGHZ 39, 242 (für durch Vormerkung gesicherten Löschungsanspruch); *Stöber/Nicht*, § 114 RN 194 f. (auch mit Darstellung der früher vertretenen Ansichten).

38.3 Gesetzlicher Löschungsanspruch bezüglich eines bestehen bleibenden Grundpfandrechts

Bleibt die betroffene Grundschuld bestehen und macht der Löschungsberechtigte seinen Löschungsanspruch gegen dieses Recht mit Erfolg geltend (was außerhalb des Versteigerungsverfahrens geschehen muss), so wird das Recht gelöscht und der Ersteher damit entlastet. In diesem Fall hat der Ersteher eine **Zuzahlung** zu erbringen: Zusätzlich zu der von ihm bar gebotenen Summe (nebst Zinsen) muss er den Betrag zahlen, um welchen sich die von ihm übernommenen Belastungen mindern (§ 50 Abs. 2 Nr. 1 ZVG)[17].   *1222*

Es ist gleichgültig, ob das Recht (zunächst) als Teil des geringsten Gebots (RN 1076) oder deshalb bestehen geblieben ist, weil Ersteher und Gläubiger dies vereinbart haben (RN 1173).

Der Löschungsberechtigte (dessen eigenes Recht durch den Zuschlag erloschen ist) kann Löschung nur verlangen, wenn der Löschungsanspruch *im Zeitpunkt des Zuschlags* begründet war, d. h., der (bisherige) Eigentümer muss im Zeitpunkt des Zuschlags (oder früher, RN 504) Gläubiger des zu löschenden Rechts gewesen sein. Wird das bestehen bleibende Recht erst *nach dem Zuschlag* vom neuen Eigentümer erworben, so erlangt dadurch der früher einmal nachrangig gewesene Gläubiger keinen Löschungsanspruch[18].

Im Teilungsplan ist festzustellen, wem ein solcher **Zuzahlungsbetrag zugeteilt** wird (§ 125 ZVG). Diese Feststellung erfolgt entweder unbedingt (wenn die Zuzahlungspflicht objektiv feststeht[19]) oder bedingt (wenn die Zuzahlung ungewiss oder streitig ist[20]). Der Zuzahlungsbetrag ist (ggf. bedingt) dem Gläubiger des Löschungsanspruchs in dem Umfang zuzuteilen, in dem er ihm zugutegekommen wäre, wenn das Grundpfandrecht vor dem Zuschlag gelöscht worden wäre (RN 1220, 1221)[21].   *1223*

Ist im Zeitpunkt des Zuschlags der Grundstückseigentümer nicht (mehr) als Gläubiger des Grundpfandrechts, auf das sich der Löschungsanspruch bezieht, eingetragen, so ist die Zuzahlungspflicht nicht aus dem Grundbuch ersichtlich. Eine bedingte Zuteilung des Zuzahlungsbetrags erfolgt dann nur, wenn der Anspruch geltend gemacht wird[22].

Damit der Löschungsanspruch gegen ein bestehen bleibendes Recht auch dann noch uneingeschränkt durchgesetzt werden kann, nachdem das begünstigte Recht (auf das abschließende Ersuchen des Vollstreckungsgerichts) gelöscht worden ist[23], kann bei dem bestehen bleibenden Recht eine **Vormerkung** zur   *1224*

---

17 *Stöber/Nicht,* § 114 RN 191 und § 125 RN 19.
18 *Stöber/Nicht,* § 114 RN 189 und § 130a RN 3.
19 *Stöber/Nicht,* § 125 RN 6 und RN 21.
20 *Stöber/Nicht,* § 125 RN 11 und 22.
21 *Stöber/Nicht,* § 125 RN 20.
22 *Stöber/Nicht,* § 125 RN 24 (durch Widerspruch, aber ohne Widerspruchsklage: RN 12).
23 Mit der Löschung der begünstigten Grundschuld entfällt die Vormerkungswirkung (§ 130a Abs. 1 ZVG). Wegen der negativen Wirkungen für die Durchsetzung des Löschungsanspruchs vgl. im Einzelnen *Stöber/Nicht,* § 130a RN 4 f.

Sicherung des Löschungsanspruchs eingetragen werden. Darin setzt sich dann die fiktive Vormerkung nach § 1179a Abs. 1 Satz 3 BGB nahtlos fort (§ 130a Abs. 2 Satz 2 ZVG).

Beantragt der Löschungsberechtigte – und zwar spätestens im Verteilungstermin – die Eintragung einer Löschungsvormerkung, so ersucht das Vollstreckungsgericht das Grundbuchamt um diese Eintragung (§ 130a Abs. 2 Satz 1 ZVG)[24].

Der Antrag auf Eintragung der Vormerkung ist zu empfehlen, wenn tatsächlich ein durchsetzbarer Löschungsanspruch gegen das bestehen bleibende Grundpfandrecht besteht und wenn der Ersatzbetrag wenigstens teilweise dem Antragsteller zugutekommt, was bei Zwischenrechten fraglich sein kann (RN 1220, 1221).

Der Antragsteller[25] sollte aber zuvor kritisch prüfen, ob diese Voraussetzungen erfüllt sind und ob er sie beweisen kann. Denn anderenfalls nützt ihm die Vormerkung nichts und er muss sie auf eigene Kosten löschen lassen, wenn der dadurch Betroffene es verlangt (§ 130a Abs. 2 Satz 3 ZVG)[26].

1225 Bleibt ausnahmsweise auch die **begünstigte Grundschuld bestehen**, so ändert sich die Rechtsposition des Löschungsberechtigten durch Versteigerung oder Zuschlag nicht. Er kann bei einer – auch künftigen – Vereinigung des vorrangigen Rechts mit dem Eigentum die Löschung des vorrangigen Rechts verlangen[27]. Und dieser Löschungsanspruch wird behandelt, wie wenn er durch eine Vormerkung gesichert wäre (§ 1179a Abs. 1 BGB). Die Eintragung einer Vormerkung nach § 130a Abs. 2 ZVG kommt nicht infrage, weil sie das Erlöschen des begünstigten Rechts voraussetzt (§ 130a Abs. 1 ZVG).

Liegen schon im Zeitpunkt des Zuschlags die Voraussetzungen dafür vor, dass die Löschung eines vorrangigen Rechts verlangt werden kann, so löst die spätere Durchsetzung dieses Anspruchs eine Zuzahlung nach § 50 ZVG aus[28]. Der Löschungsberechtigte, dessen Recht bestehen geblieben ist (und der deshalb keine Barleistung auf das Kapital seines Rechts zu beanspruchen hat), kann aus der Zuzahlung aber nichts erwarten. Denn die im Rang seines Rechts zu berücksichtigenden wiederkehrenden Leistungen, insbesondere die laufenden (und ggf. die für zwei Jahre rückständigen) Zinsen hat er als Teil des geringsten Gebots bar erhalten (RN 1077). Etwaige ältere Rückstände haben Rang hinter allen anderen Gläubigern (§ 10 Abs. 1 Nr. 8 ZVG), sodass auf sie auch aus der Zuzahlung normalerweise nichts entfällt.

Der Vorteil des Löschungsberechtigten besteht darin, dass sich der Rang seines Rechts durch die Löschung des vorrangigen Rechts verbessert.

---

24 Im Einzelnen *Stöber/Nicht*, § 130a RN 7.
25 Das Vollstreckungsgericht hat dies nicht zu prüfen: *Stöber/Nicht*, § 130a RN 9; *anderer Ansicht: Dassler/Hintzen*, § 130a RN 11.
26 Im Einzelnen: *Stöber/Nicht*, § 130a RN 14.
27 *Stöber/Nicht*, § 114 RN 190.
28 *Stöber/Gojowczyk*, § 50 ZVG RN 8.

38.4 Durch Löschungsvormerkung gesicherter Löschungsanspruch

Einen durch Löschungsvormerkung gesicherten Löschungsanspruch kann nur der Gläubiger eines **vor dem 1.1.1978** bestellten Grundpfandrechts haben. Zugunsten später bestellter Grundpfandrechte kommt eine Löschungsvormerkung nicht mehr in Betracht (RN 538). — *1226*

Erlöschende Grundschuld — *1227*

Erlischt die betroffene Grundschuld, gegen die sich der Löschungsanspruch richtet, so gilt das in RN 1215 bis 1221 Dargestellte entsprechend auch für den durch Löschungsvormerkung gesicherten Löschungsanspruch des Gläubigers einer (nach- oder gleichrangigen) anderen Grundschuld.

Wie der gesetzliche Löschungsanspruch richtet sich der durch Vormerkung gesicherte Anspruch nicht mehr auf das betroffene Grundpfandrecht, sondern auf das an dessen Stelle getretene Recht am Erlös (RN 1216)[29].

Da die Löschungspflicht nicht Inhalt des begünstigten Grundpfandrechts ist, sondern sich aus der *neben* dem Grundpfandrecht getroffenen Vereinbarung ergibt (RN 527, 528), berührt es den Löschungsanspruch allerdings nicht unmittelbar, wenn – wie meist – auch das *begünstigte* Recht erlischt. Der Löschungsanspruch bleibt auch dann bestehen, ohne dass es einer § 91 Abs. 4 ZVG entsprechenden Bestimmung bedarf.

Bleibt die durch den Löschungsanspruch **betroffene Grundschuld bestehen,** so gilt die Darstellung in RN 1222, 1223 entsprechend auch für den durch eine Löschungsvormerkung gesicherten Löschungsanspruch eines vor dem 1.1.1978 bestellten Grundpfandrechts. Die (Neu-)Eintragung einer Vormerkung nach § 130a Abs. 2 Satz 1 ZVG (RN 1224) ist allerdings nicht nötig und auch nicht möglich[30], weil eine Vormerkung zur Sicherung des Löschungsanspruchs bereits eingetragen ist. — *1228*

Bleiben **beide Grundpfandrechte** (sowohl das durch den Löschungsanspruch betroffene wie das dadurch begünstigte) **bestehen,** so gilt uneingeschränkt das unter RN 1225 Ausgeführte.

---

29 BGH v. 6.7.1989 – IX ZR 277/88 – (vor Ziff. 1), BGHZ 108, 237 = WM 1989, 1412 = EWiR § 1191 BGB 4/89, 881 (*Clemente*), BGH v. 26.6.1957 – V ZR 191/55 – (Buchst. b), BB 1957, 769 = DNotZ 1957, 602 (L) = Rpfleger 1958, 51 (mit zust. Anm. *Bruhn*) = WM 1957, 979 = LM § 1163 BGB Nr. 2; *Stöber/Becker,* § 91 RN 6 und *Stöber/Nicht* § 114 RN 192.

30 *Stöber/Nicht,* § 130a RN 17.

39 Die Haftung von Zubehör

39.1 Grundlagen der Zubehörhaftung

1229 Für die Grundschuld haftet u. a. das dem Eigentümer gehörende (RN 1231 bis 1233) Zubehör des belasteten Grundstücks (§ 1120 BGB). Auch ein späterer Gläubiger der Grundschuld kann die Haftung geltend machen.

Die Haftung entsteht auch zugunsten einer Eigentümergrundschuld[1]; sie kann von einem Erwerber der Grundschuld geltend gemacht werden (RN 1261).

1230 Mit *dinglicher* Wirkung, das heißt mit Wirkung gegenüber späteren Gläubigern der Grundschuld, kann die Zubehörhaftung **weder erweitert noch einge-schränkt** werden[2]. Verzichtet etwa der Grundschuldgläubiger auf die Zubehör-haftung einer sicherungsübereigneten Sache, so ist lediglich er selbst *schuld-rechtlich* verpflichtet, die Zubehörhaftung nicht geltend zu machen (s. auch RN 1261).

1231 Ein Zubehörstück haftet für die Grundschuld, wenn es dem **Grundstückseigen-tümer gehört** (§ 1120 BGB); zur Haftung eines Anwartschaftsrechts s. RN 1232. Ob der Gegenstand vor oder nach Eintragung der Grundschuld Zubehör gewor-den ist, ist für die Zubehörhaftung nicht entscheidend[3]. Eine fremde Zubehörsa-che, die dem Grundstückseigentümer (während des Bestehens der Grund-schuld) nie gehört hat, haftet (materiell-rechtlich) nicht[4]. Allerdings kann sich die Zwangsversteigerung dennoch darauf erstrecken; im Einzelnen s. RN 1249 bis 1253.

Aus der einmal begründeten Haftung für die Grundschuld wird ein Zubehör-stück nur unter bestimmten Voraussetzungen frei (RN 1236 bis 1243); die bloße Übereignung an einen anderen genügt dafür nicht. Deshalb können auch Zube-hörstücke haften, die dem Eigentümer jetzt nicht mehr gehören, aber einmal – und zwar während des Bestehens der Grundschuld – **gehört haben**. Sie haften trotz Eigentumswechsel weiter, solange sie aus der entstandenen Haftung (RN 1229) nicht wirksam ausgeschieden sind[5].

1232 Hat der Grundstückseigentümer an einem Zubehörstück – während des Beste-hens der Grundschuld – nicht sofort Eigentum, sondern zunächst ein **Anwart-schaftsrecht** (RN 1233) erworben, so haftet schon das Anwartschaftsrecht für die Grundschuld[6].

---

1 BGH v. 17.9.1979 – VIII ZR 339/78 – (Ziff. III, 3 [vor a]), WM 1979, 1183; RG v. 3.10.1929 – V 258/28 –, RGZ 125, 362, 364.
2 RG v. 3.10.1929 – V 258/28 –, RGZ 125, 362, 365; *Grüneberg/Herrler*, § 1121 RN 1.
3 Für Hypothek: BGH v. 17.7.2008 – IX ZR 162/07 – (Ziff. 1a), ZfIR 2008, 863 (Mayer).
4 *Grüneberg/Herrler*, § 1120 RN 7.
5 BGH v. 15.11.1984 – IX ZR 157/83 – (Ziff. II, 1), WM 1985, 138; *Schmitz*, WM 1991, 1061, 1064.
6 BGH v. 10.4.1961 – VIII ZR 68/60 – (Ziff. II, 2 und 3), BGHZ 35, 85 = WM 1961, 668; BGHZ 35, 85 = WM 1961, 668; *Grüneberg/Herrler*, § 1120 RN 8; *Siol*, WM 1996, 2217, 2221.

Wandelt sich das Anwartschaftsrecht bei Eintritt der Bedingung (Zahlung des Restkaufpreises) in Eigentum um, so haftet die Sache für die Grundschuld in derselben Weise weiter wie zuvor das Anwartschaftsrecht.

Überträgt der Grundstückseigentümer das Anwartschaftsrecht auf einen Dritten[7], so erwirbt zwar der Dritte bei Eintritt der Bedingung das Eigentum am Zubehörstück unmittelbar vom Verkäufer; das Eigentum ist aber vorbelastet und haftet (wie zuvor das Anwartschaftsrecht) für die Grundschuld[8].

Wegen der Frage, ob die Kaufvertragsparteien durch vorherige Aufhebung des Anwartschaftsrechts verhindern können, dass die Sache nach Zahlung des Kaufpreises für die Grundschuld haftet, s. RN 1243.

Von einem Anwartschaftsrecht spricht man dann, wenn von einem aus mehreren Teilen bestehenden Erwerbstatbestand schon so viel erfüllt ist, dass die Rechtsposition des Erwerbers gesichert ist und andere Beteiligte seinen Erwerb nicht mehr verhindern können[9]. *1233*

Der in der Praxis wichtigste Fall ist der Kauf einer beweglichen Sache unter Eigentumsvorbehalt. Regelmäßig erhält der Erwerber dabei ein Anwartschaftsrecht an der gekauften Sache dadurch, dass sie ihm (aufschiebend) bedingt übereignet wird, nämlich durch Übergabe und Einigung darüber, dass das Eigentum (erst, aber dann ohne Weiteres) übergeht, wenn der restliche Kaufpreis bezahlt wird[10]. Der Käufer (bzw. derjenige, an den er das Anwartschaftsrecht abtritt) wird bei Erfüllung dieser Bedingung automatisch und ohne weitere Mitwirkung des Verkäufers Eigentümer[11].

39.2 Zubehör

Als Zubehör (§ 97 Abs. 1 Satz 1 BGB) kommen nur *bewegliche Sachen* in Betracht; einfache oder wesentliche Bestandteile des Grundstücks sind nie Zubehör. *1234*

Ein Zubehörstück muss *dauerhaft* (§ 97 Abs. 2 BGB) dazu bestimmt sein, dem *wirtschaftlichen Zweck des Grundstücks* (einschließlich der zum Grundstück gehörenden Gebäude) zu *dienen*. Wirtschaftlicher Schwerpunkt muss das Grundstück sein, zu dem das Zubehör als (untergeordnete) Hilfssache in einem Abhängigkeitsverhältnis steht[12].

Die Sache muss sich in einer diesem Zweck entsprechenden *räumlichen Nähe* zum Grundstück (regelmäßig auf dem Grundstück selbst) befinden.

---

7 Wegen der Zulässigkeit und Wirkung s. *Grüneberg/Herrler*, § 929 RN 45 bis 49 m. w. N.
8 BGH v. 10.4.1961 – VIII ZR 68/60 – (Ziff. II, 3), BGHZ 35, 85 = WM 1961, 668; *BGH v. 31.5.1965* – VIII ZR 302/63 – (Abschn. A II, 2 b), NJW 1965, 1475 = WM 1965, 701 (für Vermieterpfandrecht); *Grüneberg/Herrler*, § 1120 RN 8; *Schmitz*, WM 1991, 1061, 1064.
9 *Grüneberg/Ellenberger*, Einf. RN 9 vor § 158 m. w. N. und *Grüneberg/Herrler*, § 929 RN 37.
10 *Grüneberg/Herrler*, § 929 RN 27 und 32.
11 BGH v. 10.4.1961 – VIII ZR 68/60 – (Ziff. II, 1), BGHZ 35, 85 = WM 1961, 668; *Grüneberg/Herrler*, § 929 RN 49.
12 BGH v. 2.11.1982 – VI ZR 131/81 – (Ziff. II, 2 b, bb), BGHZ 85, 234 = WM 1983, 306; *Grüneberg/Ellenberger*, § 97 RN 3 und 5.

Schließlich darf die Verkehrsauffassung der Bewertung als Zubehör nicht entgegenstehen (§ 97 Abs. 1 Satz 2 BGB).

Ein etwaiger Streit darüber, ob eine Sache Zubehör ist oder nicht, muss notfalls im normalen Rechtsstreit vor dem Prozessgericht ausgetragen werden. Das Vollstreckungsgericht kann darüber nicht endgültig entscheiden (RN 1253).

1235 Es gibt eine fast nicht überschaubare Zahl – teils widersprüchlicher – Entscheidungen darüber, ob bestimmte Sachen Grundstückszubehör sind oder nicht[13]. Daraus können hier nur einige **Beispiele** dargestellt werden.

Kraftfahrzeuge sind dann regelmäßig Zubehör des Betriebs*grundstücks*, wenn der wirtschaftliche Schwerpunkt des Betriebs, dem sie dienen, auf dem Grundstück liegt und die Fahrzeuge dort für die Bereitstellung, die Lagerung, den Transport der für die Produktion notwendigen Rohstoffe bzw. der Erzeugnisse verwendet werden, wie etwa Gabelstapler, Elektrokarren usw.[14]

Auch der Fahrzeugpark einer Fabrik oder eines Handelsunternehmens, der dazu dient, für den Betrieb auf dem Grundstück notwendige Rohstoffe, Halbfertigerzeugnisse, Waren u. dgl. heranzuschaffen bzw. Produkte oder Waren auszuliefern, ist regelmäßig Zubehör des Betriebsgrundstücks[15].

Anders verhält es sich mit Kraftfahrzeugen eines Unternehmens, die dazu bestimmt sind, Speditions- und Transportgeschäfte oder Kran- und Montagearbeiten *außerhalb des Betriebsgrundstücks* auszuführen. Der Geschäftsbetrieb verwirklicht sich bei solchen Unternehmen auf dem öffentlichen Straßennetz oder Grundstücken Dritter. Das Betriebsgrundstück, auf dem sich die Verwaltung sowie die Versorgungs- und Wartungseinrichtungen für die Kraftfahrzeuge befinden, hat selbst nur unterstützende Funktion. Deshalb sind die im Betrieb eingesetzten Fahrzeuge nicht Zubehör des Grundstücks[16].

Dasselbe gilt für **Baumaschinen** eines Bauunternehmens – wie Krane, Bagger, Betonmischer u. dgl. – die ausschließlich für Arbeiten auf *anderen* Grundstücken eingesetzt werden[17], oder für Maschinen, die an Dritte für deren Arbeiten vermietet werden. Selbst wenn sie auf dem Betriebsgrundstück gewartet und zwischen zwei Einsätzen gelagert werden, sind sie nicht Zubehör zu diesem Grundstück.

Maschinen und sonstiges **Inventar**, die einem bestimmten *Gewerbebetrieb* dienen, sind Zubehör des Betriebsgrundstücks (Gebäudes), wenn das Grundstück für diesem Betrieb *dauernd* eingerichtet ist (§ 98 Nr. 1 BGB). Dies kann nicht nur aufgrund der Gliederung, Einteilung, Eigenart oder Bauart, also der baulichen Beschaffenheit des Gebäudes der Fall sein, sondern auch wegen seiner Ausstat-

---

13 Vgl. auch *Stöber/Becker*, § 20 RN 22 mit sehr vielen Beispielen.
14 BGH v. 2.11.1982 – VI ZR 131/81 – (Ziff. II, 2 b, bb), BGHZ 85, 234 = WM 1983, 306.
15 BGH v. 2.11.1982 – VI ZR 131/81 – (Ziff. II, 2 b, bb), BGHZ 85, 234 = WM 1983, 306.
16 BGH v. 2.11.1982 – 131/81 – (Ziff. II, 2 b, bb), BGHZ 85, 234 = WM 1983, 306; *Siol*, WM 1996, 2217, 2221.
17 BGH v. 13.1.1994 – IX ZR 79/93 – (Ziff. III, 1 b), BGHZ 124, 380 = WM 1994, 414 = EWiR § 9 AGBG 5/94, 209 (*Serick*); OLG Koblenz v. 2.3.1989 – 5 U 1734/87 –, BB 1989, 2138; *Siol*, WM 1996, 2217, 2221.

tung mit betriebsdienlichen Maschinen und sonstigen Gerätschaften[18]. Dauer-haftigkeit ist zweifellos gegeben, wenn das Grundstück bzw. Gebäude rein tatsächlich für einen anderen Betrieb nicht ohne größere Umbaumaßnahme verwendet werden kann[19]; sie kann aber auch vorliegen, wenn eine andere gewerbliche Nutzung ohne bauliche Veränderung möglich wäre[20]. Dagegen fehlt die Dauerhaftigkeit, wenn die Maschinen vom Pächter des Grundstücks eingebracht und nach Ende des Pachtverhältnisses zu entfernen sind[21]. Entscheidend muss letztlich der Wille der maßgeblichen Person sein[22], sofern ihm die tatsächlichen Umstände nicht entgegenstehen (wie etwa wenn die Maschinen nach Beendigung eines Pachtvertrags entfernt werden müssen).

Zu beachten ist, dass es stets darauf ankommt, ob die Sache Zubehör des *Grundstücks* (nicht nur des Betriebs) ist. Das setzt voraus, dass das *Grundstück* der wirtschaftliche Schwerpunkt und der betriebstechnische Mittelpunkt des Unternehmens ist; es genügt nicht, dass der Betrieb vom Grundstück aus nur geführt wird, der Geschäftsbetrieb sich aber irgendwo anders abspielt[23].

Baumaterialien, die auf dem Baugrundstück lagern und in das Grundstück verbaut werden sollen, sind vor dem Einbau zunächst Zubehör des Grundstücks, und zwar selbst dann, wenn sie mit dem Einbau ihre rechtliche Selbstständigkeit verlieren und wesentliche Bestandteile des Grundstücks werden. Für die Frage, ob sie Zubehör sind, (nicht aber für die Haftung) ist es gleichgültig, ob sie schon dem Bauherrn gehören oder ob sie unter Eigentumsvorbehalt geliefert sind[24].

---

18 BGH v. 14.12.2005 – IV ZR 45/05 – (Ziff. II, 2), BGHZ 165, 261 = WM 2006, 1106.
19 BGH v. 14.12.1973 – V ZR 44/72 – (Ziff. II, 2), BGHZ 62, 49.
20 OLG Köln v. 20.4.1988 – 13 U 167/87 –, EWiR § 98 BGB 1/89, 961 (Denzer, zust.); OLG Köln v. 22.12.1986 – 13 U 243/86 –, NJW-RR 1987, 751 = EWiR § 98 BGB 1/87, 217 (*Eickmann;* abl.); *Grüneberg/Ellenberger,* § 98 RN 3; vgl. auch BGH v. 17.9.1979 – VIII ZR 339/78 – (Ziff. III, 2), WM 1979, 1183, wonach „Maschinen, die auf dem Grundstück für die dort betriebene Produktion zum Einsatz kommen" regelmäßig Zubehör des Betriebsgrundstücks sind (konkret: Verpackungsmaschine in einer Backwarenfabrik).
21 BGH v. 29.6.1971 – VI ZR 255/69 –, BB 1971, 1123.
22 BGH v. 1.2.1990 – IX ZR 110/89 – (Ziff. 2a am Ende), WM 1990, 603 (für die dauernde Zuordnung im Rahmen von § 97 BGB); BGH v. 25.5.1984 – V ZR 149/83 – (Ziff. II, 2), NJW 1984, 2277 (Verlust der Zubehöreigenschaft durch Änderung des Willens); s. auch BGH v. 14.12.1973 – V ZR 44/72 – (Ziff. II, 1), BGHZ 62, 49 (die Dienstfunktion ergibt sich „nicht zwingend aus der objektiven Beschaffenheit der Sache"; vielmehr kann „derjenige, der die tatsächliche Verfügungsmacht über die Sache hat, bestimmen [...], ob sie dem Zweck der Hauptsache dienen soll").
23 BGH v. 13.1.1994 – IX ZR 79/93 – (Ziff. III, 1 b), BGHZ 124, 380 = WM 1994, 414 = EWiR § 9 AGBG 5/94, 209 (*Serick*).
24 BGH v. 19.4.1972 – VIII ZR 24/70 – (Ziff. 2a), BGHZ 58, 309.

Das OLG Schleswig hat das **Inventar einer Gaststätte** als Zubehör angesehen und jedenfalls für Schleswig-Holstein eine dem entgegenstehende Verkehrsauffassung nicht feststellen können[25].

Ob eine **Einbauküche** wesentlicher Bestandteil[26] oder Zubehör[27] oder weder Bestandteil noch Zubehör ist, wird in der Rechtsprechung unterschiedlich beurteilt. Dabei kommt es auf die Umstände des Einzelfalles an. Regelmäßig wird man davon ausgehen können, dass eine Einbauküche aus serienmäßig gefertigten Teilen kein (wesentlicher oder einfacher) Bestandteil des Gebäudes ist[28]. Zubehör wird sie sein, wenn in der betreffenden Region Häuser bzw. Wohnungen der entsprechenden Art üblicherweise mit eingerichteter Küche verkauft oder vermietet werden, sofern die Verkehrsauffassung der Zubehöreigenschaft nicht entgegensteht[29].

Die Zubehöreigenschaft von **Photovoltaikanlagen** kann nicht einheitlich, sondern nur unter Berücksichtigung der Besonderheiten des Einzelfalles beurteilt werden.[30] Eine Aufdachsolaranlage, die auf dem Dach eines Wohngebäudes montiert wird, zu dessen Stromversorgung sie nicht beiträgt, stellt kein Zubehör dar, wenn sie ohne unverhältnismäßigen Aufwand und ohne Verursachung von Beschädigungen vom Gebäude getrennt und andernorts wieder installiert wer-

---

25 OLG Schleswig v. 21.8.1987 – 14 U 77/84 –, Rpfleger 1988, 76; so wohl auch *Stöber*, § 20 RN 3.4; *anders* (nämlich wesentliche Bestandteile), wenn planerisch individuell auf Gebäude abgestimmt und eingebaut: OLG Schleswig v. 14.7.1994 – 2 U 4/94 –, MDR 1995, 1212.

26 So (für eine weitgehend individuell eingerichtete Küche): OLG Zweibrücken v. 11.10.1988 – 7 U 74/88 –, NJW-RR 1989, 84 = EWiR § 94 BGB 1/89, 439 (*Thamm* und *Detzer*, kritisch) und OLG Celle v. 31.3.1989 – 4 U 34/88 – (Ziff. 1), NJW-RR 1989, 913; (generell für Herd und Einbauküche): OLG Hamburg v. 5.10.1977 – 5 U 108/77 –, MDR 1978, 138; s. auch BGH v. 1.2.1990 – IX ZR 110/89 – (Ziff. 1), WM 1990, 603, der dies für möglich hält, aber letztlich offen lässt, weil ausreichende Feststellungen fehlen; *Stöber*, § 20 RN 3.2 c m.w.N. (wesentlicher Bestandteil, wenn Gebäude dadurch geprägt, ohne sie nicht als fertig gilt oder wenn sie Baukörper besonders angepasst ist); *anderer Ansicht* (kein wesentlicher Bestandteil): OLG Karlsruhe v. 15.3.1985 – 15 U 86/84 – (Ziff. I), NJW-RR 1986, 19.

27 BGH v. 1.2.1990 – IX ZR 110/89 – (Ziff. 2), WM 1990, 603; (wenigstens Zubehör, wenn nicht wesentlicher Bestandteil): OLG Celle v. 31.3.1989 – 4 U 34/88 – (Ziff. 2), NJW-RR 1989, 913; LG Hagen v. 11.2.1999 – 10 S 372/98 –, Rpfleger 1999, 341; *Grüneberg/Ellenberger*, § 97 RN 11; *Stöber/Becker*, § 20 RN 15 m.w.N. (Zubehör, wenn nach Bedürfnissen des Hauses aus serienmäßig hergestellten Teilen angeschafft und für die konkreten Raummaße angepasst).

28 OLG Düsseldorf v. 19.1.1994 – 11 U 45/93 –, NJW-RR 1994, 1039 (dazu *Jaeger*, NJW 1995, 432); OLG Zweibrücken v. 26.10.1992 – 3 W 176/92 –, Rpfleger 1993, 169.

29 Zubehöreigenschaft wegen entgegenstehender Verkehrsauffassung *verneint*: OLG Zweibrücken v. 26.10.1992 – 3 W 176/92 –, Rpfleger 1993, 169 (für Gebiete der Pfalz); OLG Düsseldorf v. 19.1.1994 – 11 U 45/93 –, NJW-RR 1994, 1039 (dazu *Jaeger*, NJW 1995, 432)(für das Rheinland); OLG Karlsruhe v. 12.11.1987 – 9 U 216/86 –, Rpfleger 1988, 542 (für Südbaden); OLG Karlsruhe v. 15.3.1985 – 15 U 86/84 – (Ziff. III), NJW-RR 1986, 19 (für Nordbaden); OLG Hamm v. 24.11.1988 – 27 U 68/88 –, NJW-RR 1989, 333 (für Westfalen).

30 So auch *Stöber/Becker*, § 20 RN 25; *Reymann*, DNotZ 2010, 84.

den kann.[31] Es fehlt insoweit an dem für die Zubehöreigenschaft wesentlichen Abhängigkeitsverhältnis[32], das durch Überordnung der Hauptsache (Grundstück) und Unterordnung der Hilfssache (Zubehör) geprägt ist. Jedenfalls aber wenn die Anlage nur vorübergehend auf dem Gebäude montiert wird, scheidet die Zubehöreigenschaft aus (§ 97 Abs. 2 Satz 1 BGB). Eine solche Situation wird regelmäßig dann gegeben sein, wen die Anlage auf fremdem Grund und Boden auf Basis eines schuldrechtlichen Nutzungsvertrags errichtet wird, bei dessen Ende die Anlage zurückzubauen ist.[33]

39.3   Die Enthaftung einzelner Zubehörstücke

Ein für die Grundschuld haftendes Zubehörstück wird aus dieser Haftung frei, wenn es **veräußert und** vom Grundstück **entfernt** wird, bevor es für den Gläubiger beschlagnahmt (RN 1241) worden ist (§ 1121 Abs. 1 BGB). Beide Tatbestandsmerkmale (Veräußerung und Entfernung) müssen vor der Beschlagnahme erfüllt sein. Wegen der Enthaftung eines Anwartschaftsrechts s. RN 1242, 1243. *1236*

Das gilt auch für eine Veräußerung durch den *Insolvenzverwalter*, die sich im Rahmen ordnungsmäßiger Wirtschaft (RN 1240) hält, also bspw. bei Verkauf von Ware im Rahmen der Fortführung des Betriebs[34]. Wegen der Veräußerung bei oder nach Zerschlagung des Betriebs s. RN 1240.

Zubehör dagegen, das nur (verkauft und) übereignet, aber nicht entfernt wird, sondern auf dem Grundstück verbleibt, etwa bei Verkauf an den Mieter des Grundstücks, haftet weiterhin für die Grundschuld[35].

Aus demselben Grund führt die Sicherungsübereignung (= Veräußerung) eines Zubehörstücks – wenn die Sache, wie üblich, auf dem Grundstück verbleibt und ihre Funktion für das Grundstück unverändert beibehält – nicht zur Enthaftung. Im Einzelnen s. RN 1261.

Die Zubehörhaftung endet auch dadurch, dass die **Zubehöreigenschaft aufgehoben** wird (RN 1238), falls sich diese Maßnahme innerhalb der Grenzen einer ordnungsmäßigen Wirtschaft (RN 1240) hält (§ 1122 Abs. 2 BGB). Die Aufhebung der Zubehöreigenschaft führt zur Enthaftung aber nur, wenn sie erfolgt, bevor die Sache für den Gläubiger beschlagnahmt worden ist (RN 1241). Wegen der Enthaftung eines Anwartschaftsrechts s. RN 1242, 1243. *1237*

---

31   OLG Nürnberg v. 10.10.2016 – 14 U 1168/15 – (RN 42) ZfIR 2017, 151 (*Goldbach*) = Rpfleger 2017, 351; a.A. LG Passau v. 28.2.2012 – 2 T 22/12 – (RN 11 ff.), Rpfleger 2012, 401 = ZfIR 2014, 71.

32   BGB v. 2.11.1982 – VI ZR 131/81 – (Ziff. II.2.b.bb), BGHZ 85, 234 = WM 1983, 306.

33   Vgl. LG Heilbronn v. 3.3.2014 – 1 T 20/14 – (RN 7), ZfIR 2014, 786.

34   LG Mannheim v. 30.10.2003 – 10 S 38/03 – (für Vermieterpfandrecht und Veräußerung durch „starken" vorläufigen Verwalter) EWiR § 50 InsO 1/03, 1257 (*A. Schmidt*); *Knees*, ZIP 2001, 1568, 1573 f (Ziff. III, 1. 2. 1).

35   BGH v. 30.11.1995 – IX ZR 181/94 – (Ziff. 1), WM 1996, 293 m. w. N.

1238 Die Zubehöreigenschaft wird aufgehoben, wenn der **Zweck des Zubehörstücks** so **geändert** wird, dass es keine dem *Grundstück* dienende Funktion mehr hat[36]. So verliert eine Maschine die Zubehöreigenschaft, wenn sie verkauft werden soll, weil der bisher auf dem Grundstück geführte Gewerbebetrieb endgültig stillgelegt wird; denn ab diesem Zeitpunkt ist die Maschine nicht mehr dazu bestimmt, dem wirtschaftlichen Zweck des Grundstücks (der Hauptsache) zu dienen[37].

Die Zubehöreigenschaft endet auch dann, wenn die Widmung dahin geändert wird, dass die Sache nur noch *vorübergehend* (nicht mehr auf Dauer) dem Zweck des Grundstücks dienen soll[38].

Schließlich kann die Zweckbindung auch dadurch gelöst werden, dass das *Grundstück* umgewidmet wird[39]. Zum Beispiel verliert das landwirtschaftliche Gerät eines Hofs die Zubehöreigenschaft, wenn das Anwesen zu einem Golfplatz umgestaltet und künftig nicht mehr landwirtschaftlich genutzt wird.

1239 Dagegen beendet die **Übereignung** eines Zubehörstücks, wenn es auf dem Grundstück bleibt und wie bisher eingesetzt wird und werden soll, die Zubehöreigenschaft und damit die Zubehörhaftung nicht[40]. Das trifft insbesondere auf die Sicherungsübereignung zu, wenn, wie üblich, der Schuldner im Besitz der Sache bleibt (Besitzkonstitut); dazu RN 1261.

1240 Maßnahmen liegen im Rahmen einer **ordnungsmäßigen Wirtschaft**, wenn sie der sachgemäßen Nutzung und erfolgreichen Bewirtschaftung des Grundstücks dienen, bspw. wenn eine Maschine verkauft werden soll, weil sie durch eine modernere ersetzt wird[41].

Dagegen liegt es nicht mehr im Rahmen einer ordnungsmäßigen Wirtschaft, wenn der Betrieb auf einem Gewerbegrundstück – etwa im Zuge eines Insolvenzverfahrens – endgültig stillgelegt wird und Maschinen einerseits und das Grundstück andererseits getrennt verwertet werden sollen[42].

In beiden Fällen sind die Maschinen kein Zubehör mehr. Im ersten Fall (Austausch) haftet die alte Maschine nicht mehr für die Grundschuld, selbst wenn sie noch auf dem Grundstück lagert, weil es sich um eine Maßnahme im Rahmen ordnungsmäßiger Wirtschaft handelt. Im anderen Fall (Betriebseinstellung) trifft dies nicht zu; deshalb haften die Maschinen weiter.

---

36 *MünchKomm/Lieder*, § 1122 RN 13.
37 BGH v. 21.3.1973 – VIII ZR 52/72 – (Ziff. 3a), BGHZ 60, 267 = WM 1973, 554; offen gelassen in BGH v. 30.11.1995 – IX ZR 181/94 – (Ziff. 2), WM 1996, 293 (Enthaftung aber dennoch abgelehnt, weil eine etwaige Aufhebung der Zubehöreigenschaft jedenfalls nicht im Rahmen ordnungsmäßiger Wirtschaft liege).
38 BGH v. 25.5.1984 – V ZR 149/83 – (Ziff. II, 2), NJW 1984, 2277.
39 *MünchKomm/Lieder*, § 1122 RN 16; *Ganter*, WM 1999, 1741, 1745.
40 BGH v. 17.9.1979 – VIII ZR 339/78 – (Ziff. III, 3 b), WM 1979, 1183.
41 BGH v. 21.3.1973 – VIII ZR 52/72 – (Ziff. 3a), BGHZ 60, 267 = WM 1973, 554; s. auch *Stöber/Becker*, § 23 RN 17.
42 BGH v. 30.11.1995 – IX ZR 181/94 – (Ziff. 2), WM 1996, 293; BGH v. 21.3.1973 – VIII ZR 52/72 – (Ziff. 3a), BGHZ 60, 267 = WM 1973, 554; *MünchKomm/Lieder*, § 1122 RN 18; s. auch *Lwowski/Tetzlaff*, WM 1999, 2336, 2347.

Werden die Maschinen *vor* Beschlagnahme **veräußert und** vom Grundstück **entfernt**, so werden sie nach § 1121 Abs. 1 BGB aus der Haftung frei (RN 1236); der Erwerber erhält sie unbelastet. Im Verhältnis zum Grundschuldgläubiger ist der Eigentümer (oder der Insolvenzverwalter) dazu aber nur befugt, wenn sich die Maßnahme im Rahmen ordnungsmäßiger Wirtschaft hält (vgl. § 1135 BGB). Ist das (wie bei der Betriebseinstellung) nicht der Fall, kann der Grundschuldgläubiger vom Eigentümer bzw. Verwalter die Abführung des Erlöses verlangen[43].

Das haftende Zubehör wird dadurch für den Grundschuldgläubiger **beschlagnahmt**, dass auf seinen Antrag die Zwangsversteigerung des Grundstücks angeordnet (§ 20 Abs. 2 ZVG) oder sein Beitritt zu einem bereits angeordneten Verfahren zugelassen wird (§ 27 Abs. 2 ZVG). Auch die Anordnung der Zwangsverwaltung führt zur Beschlagnahme des haftenden Zubehörs (§ 146 Abs. 1, § 20 Abs. 2 ZVG). *1241*

Durch Pfändung können einzelne Zubehörstücke nicht beschlagnahmt werden, weil die Pfändung von Zubehörstücken schlechthin – auch für den Grundschuldgläubiger aus seinem dinglichen Anspruch – unzulässig ist (§ 865 Abs. 2 ZPO)[44].

Über beschlagnahmte Sachen darf der Schuldner **nicht mehr frei verfügen** (§ 23 Abs. 1 Satz 1 ZVG). Eine Verfügung ist ihm nur noch im Rahmen einer ordnungsmäßigen Wirtschaft (RN 1240) und nur über einzelne Sachen erlaubt, und auch das nur, wenn die Beschlagnahme durch Anordnung der Zwangsversteigerung (oder Beitrittszulassung zu einem Versteigerungsverfahren) erfolgt ist (§ 23 Abs. 1 Satz 2 ZVG), nicht bei Beschlagnahme durch Anordnung der Zwangsverwaltung (§ 148 Abs. 1 Satz 2 ZVG).

Die *nach der Beschlagnahme* erfolgende Veräußerung und Entfernung (RN 1236) oder Aufhebung der Zubehöreigenschaft (RN 1237 bis 1239) führen nicht mehr zu einer Enthaftung (§ 1121 Abs. 1 bzw. § 1122 Abs. 2 BGB). Selbst wenn das (frühere) Zubehörstück danach dem Vollstreckungsschuldner nicht mehr gehört und/oder kein Zubehör mehr ist, dauert seine Haftung fort.

Ein Dritter kann an einem Zubehörstück, über das der Schuldner wegen der Beschlagnahme nicht mehr verfügen darf, *lastenfreies* Eigentum nur erwerben, wenn er *bei der Entfernung* hinsichtlich der Beschlagnahme gutgläubig ist, also die Anordnung der Zwangsversteigerung/-verwaltung nicht kennt und die Unkenntnis auch nicht auf grober Fahrlässigkeit beruht (§ 1121 Abs. 2 Satz 2, § 932 Abs. 2 BGB). Spätestens ab Eintragung des Vollstreckungsvermerks im Grundbuch ist Gutgläubigkeit hinsichtlich der Beschlagnahme nicht mehr möglich[45] (§ 23 Abs. 2 Satz 2 ZVG). Ein gutgläubig lastenfreier Erwerb kommt deshalb allenfalls während der kurzen Zeitspanne zwischen der ersten Anordnung der

---

43 BGH v. 21. 3. 1973 – VIII ZR 52/72 – (Ziff. 3c), BGHZ 60, 267 = WM 1973, 554; dazu *Knees*, ZIP 2001, 1568, 1573 f Ziff. III, 1. 2. 1.
44 *MünchKomm/Lieder*, § 1120 RN 42; *Stöber/Keller*, Einleitung RN 61.
45 *Grüneberg/Herrler*, § 1121 RN 6; vgl. auch *Stöber/Becker*, § 23 RN 26.

Zwangsversteigerung/-verwaltung und der Eintragung des Vermerks in Betracht.

Jede Beschlagnahme **wirkt** immer nur **zugunsten des Gläubigers**, der sie veranlasst hat (RN 1071). Betreiben mehrere Gläubiger, so kann der Umfang der Beschlagnahme für jeden anders sein, etwa wenn ein Zubehörstück nach der Beschlagnahme zugunsten des (zeitlich) erstbetreibenden Gläubigers, aber vor der Beschlagnahme zugunsten des nächstbetreibenden Gläubigers veräußert und entfernt worden ist[46].

1242 Die **Haftung des Anwartschaftsrechts** an einem Zubehörstück **endet** – wie die Haftung eines Zubehörstücks, das im Volleigentum des Grundstückseigentümers steht –, wenn vor der Beschlagnahme (RN 1241) entweder das *Anwartschaftsrecht* veräußert und die Sache, an der es besteht, vom Grundstück entfernt wird (RN 1236) oder die Zubehöreigenschaft der Sache im Rahmen ordnungsmäßiger Wirtschaft aufgehoben wird (RN 1237 bis 1240).

Die Sicherungsübereignung des Anwartschaftsrechts an einem Zubehörstück führt nicht zu einer Enthaftung, wenn – wie regelmäßig – die Sache auf dem Grundstück verbleibt und ihre Funktion für das Grundstück unverändert beibehält. Im Einzelnen s. RN 1261.

Die Haftung entfällt aber auch dann, wenn das Anwartschaftsrecht ersatzlos untergeht, etwa wenn der Verkäufer einer unter Eigentumsvorbehalt verkauften Sache wirksam vom Kaufvertrag zurücktritt und die Sache zurückverlangt (§ 449 Abs. 1 und 2 BGB). In diesem Fall kann die Bedingung für den Erwerb des (Voll-)Eigentums nicht mehr eintreten, das Anwartschaftsrecht sich also nicht mehr in Eigentum umwandeln und die Haftung sich deshalb nicht mehr auf die Sache selbst erstrecken[47].

1243 Streitig ist, ob Verkäufer und Käufer das Anwartschaftsrecht, das für eine Grundschuld haftet, auch in anderen Fällen ohne Zustimmung des Grundschuldgläubigers, aber mit Wirkung gegen diesen, **durch Vereinbarung aufheben** können. Der BGH hat die Frage bejaht[48]. In der Literatur wird dies überwiegend abgelehnt[49]. Im konkreten Fall war das Ergebnis des BGH zwar nicht

---

46 *Stöber,* § 20 RN 4.5.
47 BGH v. 10.4.1961 – VIII ZR 68/60 – (Ziff. III), BGHZ 35, 85 = WM 1961, 668.
48 BGH v. 10.10.1984 – VIII ZR 244/83 – (Abschn. A II, 3), BGHZ 92, 280 = WM 1984, 1606.
49 *MünchKomm/Lieder,* § 1120 RN 35; *Grüneberg/Herrler,* § 1120 RN 8; *Grüneberg/Wicke* § 1276 RN 5 m.w.N.; *Tiedtke,* NJW 1988, 28 und NJW 1985, 1305; *im Ergebnis wie der BGH: Wilhelm,* NJW 1987, 1785 und *Bayer,* WM 1987, 1541 (die beide Enthaftung nach § 1121 BGB annehmen); *Ludwig,* NJW 1989, 1458 (der Aufhebung des schuldrechtlichen Kaufvertrags annimmt), alle m.w.N.

unbillig[50]; seine Konstruktion ist aber wegen der Konsequenzen in anderen Fällen abzulehnen.

39.4 Das Schicksal des Zubehörs in der Zwangsversteigerung

Die Zwangsversteigerung eines Grundstücks erstreckt sich u.a. auf alle Zube- *1244*
hörstücke, die (zugunsten eines betreibenden Grundschuldgläubigers) noch wirksam beschlagnahmt sind (§ 55 Abs. 1 ZVG). Maßgeblicher Zeitpunkt ist der Beginn des Versteigerungstermins[51].

Es muss wirklich Zubehör sein (bzw. im Falle RN 1248 gewesen sein). Die bloße (wenn auch von anderen Beteiligten geteilte) Erwartung des Bieters, eine rechtlich nicht zum Zubehör gehörende Sache werde mitversteigert, wird nicht geschützt[52]. Im Vollstreckungsverfahren kann die Entscheidung über die Zubehöreigenschaft nicht verbindlich getroffen werden (RN 1253).

Die Zwangsversteigerung erstreckt sich insbesondere auf alle beweglichen Sa- *1245*
chen, die zu Beginn des Versteigerungstermins (RN 1244) Zubehör des versteigerten Grundstücks sind (RN 1234, 1235) und dem (bisherigen) **Grundstückseigentümer gehören** (RN 1231).

Betroffen sind aber auch die **nicht wirksam enthafteten** Zubehörstücke. Das *1246*
sind solche, die zu Beginn des Versteigerungstermins (RN 1244) dem Eigentümer nicht (mehr) gehören, ihm aber – irgendwann während des Bestehens der Grundschuld – gehört haben (RN 1231), sofern die Sache trotz des Eigentumswechsels aus der Haftung für die Grundschuld nicht frei wurde (RN 1236 bis 1243).

Beispiel:

Der Grundstückseigentümer hat während des Bestehens der Grundschuld ein Zubehörstück einem anderen Gläubiger sicherungsübereignet. Die Sache gehört ihm nicht mehr. Aber sie ist nicht vom Grundstück entfernt worden. Deshalb haftet sie weiter (RN 1236, 1239).

Beschlagnahmt und deshalb von der Zwangsversteigerung betroffen sind ferner *1247*
Zubehörstücke, an denen der Grundstückseigentümer – irgendwann während des Bestehens der Grundschuld – ein **Anwartschaftsrecht** (RN 1233) gehabt

---

50 Die Zweitbank, der in BGH v. 10.10.1984 – VIII ZR 244/83 –, BGHZ 92, 280 = WM 1984, 1606 das unbelastete Sicherungseigentum zugebilligt wurde, hatte nämlich den Kauf der Zubehörstücke finanziert. *Schmitz*, WM 1991, 1061, 1064, zeigt selbst die Problematik der BGH-Konstruktion auf, wenn er darauf hinweist, dass die Aufhebung des Anwartschaftsrechts (normalerweise) einen Schadensersatzanspruch des Grundpfandgläubigers auslösen dürfte, diesen aber (nur) wegen der eingangs genannten Besonderheit für den in BGH v. 10.10.1984 – VIII ZR 244/83 –, BGHZ 92, 280 = WM 1984, 1606 entschiedenen Fall ausschließt.

51 BGH v. 19.4.1972 – VIII ZR 24/70 – (Ziff.2d), BGHZ 58, 309; *Stöber/Gojowczyk*, § 55 RN 12.

52 BGH v. 25.5.1984 – V ZR 149/83 – (Ziff.II, 2), NJW 1984, 2277; *Stöber/Gojowczyk*, § 55 RN 10.

hat, sofern dieses durch Eintritt der Bedingung (meist: Zahlung des restlichen Kaufpreises) Volleigentum geworden ist (RN 1232). Das gilt selbst dann, wenn der Vollstreckungsschuldner sein Anwartschaftsrecht auf einen Dritten übertragen hatte und das Eigentum deshalb unmittelbar vom Verkäufer auf den Dritten übergegangen ist (RN 1232), sofern das Anwartschaftsrecht nicht wirksam enthaftet wurde (RN 1242).

Beispiel:

Der Grundstückseigentümer hat das *Anwartschaftsrecht* an einem unter Eigentumsvorbehalt gekauften Zubehörstück während des Bestehens der Grundschuld einem anderen Gläubiger sicherungshalber übertragen, ohne dass die Sache vom Grundstück entfernt worden ist. Bei Zahlung des restlichen Kaufpreises geht das Eigentum an der Sache unmittelbar auf den anderen Gläubiger über. Dennoch haftet die Sache für die Grundschuld (RN 1232).

1248 Für die Grundschuld haften und durch die Versteigerung betroffen sein können auch Sachen, die **kein Zubehör** des versteigerten Grundstücks **mehr** sind, sofern sie – irgendwann während des Bestehens der Grundschuld – Zubehör waren und dem Grundstückseigentümer gehörten, dabei von der Haftung für die Grundschuld erfasst wurden und daraus nicht frei geworden sind[53].

Beispiel 1:

Eine dem Grundstückseigentümer gehörende Zubehörsache wurde *nach Anordnung der Zwangsversteigerung* (= Beschlagnahme) veräußert und (für Dauer) auf ein anderes Grundstück gebracht. Sie ist nach dem Wegbringen, wenn sie danach – wie meist – dem wirtschaftlichen Zweck des ersten Grundstücks nicht mehr dienen kann, kein Zubehör des ersten Grundstücks mehr. Dennoch haftet sie weiter für die Grundschuld, wegen der die Zwangsversteigerung des ersten Grundstücks angeordnet worden ist, weil sie weder nach § 1121 Abs. 1 BGB (Veräußerung und Entfernung) noch § 1122 Abs. 2 BGB (Aufhebung der Zubehöreigenschaft) aus der Haftung frei werden kann, *nachdem* sie für den Gläubiger *beschlagnahmt* worden ist.

Beispiel 2:

Der Insolvenzverwalter stellt den gesamten Betrieb ein, um Grundstück einerseits und Maschinen andererseits getrennt verwerten zu können. Damit verlieren die Maschinen ihre Zubehöreigenschaft (RN 1238). Da der Insolvenzverwalter dabei aber nicht im Rahmen einer ordnungsmäßigen Wirtschaft i. S. v. § 1122 Abs. 2 BGB handelt, haften die Maschinen weiterhin für die Grundschuld (RN 1240).

1249 Die Zwangsversteigerung eines Grundstücks erstreckt sich außerdem auf Zubehörstücke, die sich im **Besitz**[54] **des Vollstreckungsschuldners** (oder eines neu eingetretenen Grundstückseigentümers) befinden (§ 55 Abs. 2 ZVG). Das gilt selbst dann, wenn sie diesem nie gehört haben[55], sodass sie materiell-rechtlich für die Grundschuld gar nicht haften (§ 1120 BGB).

---

53 BGH v. 30. 11. 1995 – IX ZR 181/94 – (Ziff. 2), WM 1996, 293.
54 *Stöber/Gojowczyk*, § 55 RN 11.
55 BGH v. 15. 11. 1984 – IX ZR 157/83 – (Ziff. II, 1a), WM 1985, 138; BGH v. 19. 4. 1972 – VIII ZR 24/70 – (Ziff. 2), BGHZ 58, 309.

Es muss sich aber wirklich um Zubehör handeln. Für Scheinzubehör (also für Sachen, von denen die Beteiligten lediglich meinen, dass sie Zubehör seien) gilt dies nicht. Das Vertrauen des Bieters, eine rechtlich nicht zum Zubehör zählende Sache werde mitversteigert, wird nicht geschützt[56]. Wegen der verbindlichen Entscheidung darüber, ob eine Sache Zubehör ist oder nicht, s. RN 1253.

Maßgebender Zeitpunkt ist der Beginn des Versteigerungstermins. Die Zubehörstücke bleiben von der Zwangsversteigerung erfasst, selbst wenn sie *nach* Beginn des Versteigerungstermins vom Grundstück weggeholt werden, sodass sie sich beim Zuschlag nicht mehr im Besitz des Schuldners befinden[47].

Beispiel:

Der Vollstreckungsschuldner hat eine geleaste Maschine in den Produktionsprozess auf dem Fabrikgrundstück eingegliedert. Sie gehört ihm nicht und hat ihm nie gehört. Da die Maschine aber Zubehör (§ 98 Nr. 1, § 97 Abs. 1 BGB) ist und sich im Besitz des Vollstreckungsschuldners befindet, erstreckt sich die Versteigerung auf sie (falls nicht das Verfahren insoweit aufgehoben oder eingestellt wird [RN 1251, 1252]).

Durch den Zuschlag **erwirbt der Ersteher** des Grundstücks **Eigentum** u. a. an den Sachen, auf die sich die Versteigerung erstreckt (§ 90 Abs. 2 ZVG), also an allen in RN 1244 bis 1249 genannten. Die Wirkung des Zuschlagsbeschlusses tritt kraft Gesetzes ein. Der Gläubiger der Grundschuld, für die die Zubehörsache haftet, oder derjenige, der die Zwangsversteigerung betreibt, kann die gesetzliche Folge des Zuschlags nicht verändern, weil diese im Interesse der Bieter klar sein muss[57]. *1250*

Selbst wenn der einzige Grundschuldgläubiger, der als einziger die Zwangsversteigerung betreibt, zustimmt, dass Zubehör, auf das sich die Versteigerung erstreckt, außerhalb des Versteigerungsverfahrens veräußert wird, bleibt dieses dennoch für die Grundschuld verhaftet. Mit dem Zuschlag wird der Ersteher des Grundstücks Eigentümer auch dieses Zubehörs[53].

Dieser Eigentumserwerb **kann aber** für bestimmte *bewegliche* Sachen (nicht für wesentliche Bestandteile des Grundstücks) dadurch **ausgeschlossen werden**, dass das Verfahren *vor dem Zuschlag* hinsichtlich dieser Gegenstände durch ausdrücklichen Beschluss des Vollstreckungsgerichts eingeschränkt wird[58] (s. auch RN 1252). *1251*

Geben die (alle) betreibenden Gläubiger ein Zubehörstück (endgültig) frei, so ist das Verfahren vom Vollstreckungsgericht insoweit *aufzuheben* (§ 29 ZVG)[59]. Denn die Freigabe ist die Rücknahme des Versteigerungsantrags bezüglich dieser Sache.

---

56 BGH v. 25.5.1984 – V ZR 149/83 – (Ziff. II, 2), NJW 1984, 2277; *Stöber/Gojowczyk*, § 55 RN 10.
57 BGH v. 30.11.1995 – IX ZR 181/94 – (Ziff. 2), WM 1996, 293.
58 BGH v. 30.11.1995 – IX ZR 181/94 – (Ziff. 3), WM 1996, 293; BGH v. 19.4.1972 – VIII ZR 24/70 – (Ziff. 2d), BGHZ 58, 309.
59 *Stöber/Nicht*, § 29 RN 17.

Das Verfahren ist bezüglich bestimmter beweglicher Sachen *einstweilen einzustellen*, wenn entweder die (alle) betreibenden Gläubiger dies bewilligen[60] oder entsprechendes Urteil oder einstweilige Anordnung des Prozessgerichts ergeht (§§ 769, 771, 775, 776 ZPO).

Möglich ist es auch, dass das Vollstreckungsgericht eine bewegliche Sache von der Versteigerung des Grundstücks ausschließt und deren abgesonderte oder *andere Verwertung anordnet* (§ 65 ZVG). Das kann insbesondere in Betracht kommen, wenn die entsprechende Sache von einem Dritten in Anspruch genommen wird[61]. Anordnung der abgesonderten Verwertung bedeutet aber noch nicht, dass das Verfahren insoweit eingestellt ist. Das ist ggf. zusätzlich anzuordnen.

1252 Wenn ein Dritter ein der Zwangsversteigerung entgegenstehendes Recht an einer Sache hat, auf die sich die Versteigerung erstreckt (RN 1244 bis 1249), muss er bewirken, dass das Versteigerungsverfahren bezüglich dieser Sache *vor dem Zuschlag* eingestellt oder aufgehoben wird (§ 55 Abs. 2, § 37 Nr. 5 ZVG); anderenfalls wird die Sache mit dem Zuschlag Eigentum des Erstehers (§ 90 Abs. 2 ZVG)[62]. Die **bloße Anmeldung** des der Zwangsversteigerung entgegenstehendes Rechts **reicht nicht** aus[63].

Gegen denjenigen betreibenden Gläubiger, der die Aufhebung oder wenigstens die einstweilige Einstellung des Verfahrens bezüglich des entsprechenden Zubehörstücks nicht bewilligt, muss der Drittberechtigte Widerspruchsklage (§ 771 ZPO) erheben[64]. Das damit angerufene Gericht kann ggf. durch einstweilige Anordnung (§ 771 Abs. 3 Satz 1 i. V. m. § 769 ZPO) eine vorläufige Regelung treffen.

Hat der Eigentümer oder sonst Berechtigte die Aufhebung oder einstweilige Einstellung des Verfahrens bezüglich eines bestimmten Zubehörstücks nicht (rechtzeitig) erwirkt, so kann er nur noch einen entsprechenden **Anteil am Versteigerungserlös** beanspruchen (§ 37 Nr. 5 letzter Halbsatz ZVG)[65]. Versäumt er auch dies, bleibt ihm ein Bereicherungsanspruch gegen den letzten aus der Masse Befriedigten, nicht aber gegen den Ersteher[66].

1253 Einen etwaigen Streit zwischen den Beteiligten, ob sich die Zwangsversteigerung auf eine Sache erstreckt (also bspw. den Streit darüber, ob sie Zubehör ist oder nicht), entscheidet (endgültig) nicht das Vollstreckungsgericht, sondern das **Prozessgericht**[67].

---

60 *Stöber/Nicht*, § 30 RN 31.
61 *Stöber/Gojowczyk*, § 65 RN 7.
62 BGH v. 30.11.1995 – IX ZR 181/94 –, WM 1996, 293; BGH v. 19.4.1972 – VIII ZR 24/70 – (Ziff. 2d), BGHZ 58, 309.
63 BGH v. 18.7.2013 – V ZB 29/12 – (RN 7), WM 2013, 2035 = ZfIR 2013, 873 (*Engels*); *Stöber/Gojowczyk*, § 55 RN 13.
64 *Stöber/Gojowczyk*, § 37 RN 42.
65 Im Einzelnen s. *Stöber/Becker*, § 92 RN 59 ff.
66 *Stöber/Gojowczyk*, § 37 RN 47 und *Stöber/Becker* § 92 RN 62.
67 LG Leipzig v. 9.7.2001 – 12 T 3764/01 –, Rpfleger 2001, 610; *Stöber/Gojowczyk*, § 55 RN 16.

Dasselbe gilt, wenn später Streit darüber entsteht, ob der Erwerber des Grundstücks eine bestimmte bewegliche Sache durch den Zuschlag erworben hat oder nicht.

Ergibt sich dabei, dass die Einstellung aufzuheben ist, oder fällt der Einstellungsgrund sonst weg, so kann das Versteigerungsverfahren – wenn es nur *einstweilen eingestellt* war – bezüglich dieser Sache fortgesetzt werden. Ist das Grundstück schon versteigert, so wird die Zubehörsache nach § 65 ZVG **abgesondert verwertet**[68].   *1254*

War dagegen das Verfahren hinsichtlich eines Zubehörstücks *aufgehoben* worden, so ist die Beschlagnahme beendet. Nach Versteigerung des Grundstücks ist dann kein Raum mehr für die Anordnung einer anderweitigen Verwertung der Zubehörsache gemäß § 65 ZVG. Der Gläubiger kann eine etwa fortbestehende Grundschuldhaftung nur im Wege der Mobiliarvollstreckung geltend machen[69].

39.5   Schutz des mithaftenden Zubehörs

Das für die Grundschuld mithaftende Zubehör **darf nicht verschlechtert werden** oder entgegen den Regeln ordnungsmäßiger Wirtschaft entfernt (§ 1135 i. V. m. §§ 1133, 1134 BGB). Letztlich kommt es darauf an, dass die Chance des Gläubigers, bei einer Zwangsvollstreckung Befriedigung zu finden, nicht verringert wird[70].   *1255*

Ist eine Verschlechterung *zu befürchten*, kann der Gläubiger vom Eigentümer bzw. vom Dritten Unterlassung verlangen (§§ 1135, 1134 BGB). Verschulden ist dafür nicht erforderlich.

Ob sich der Gläubiger *kraft Gesetzes* über den Zustand vergewissern darf, ist fraglich[71]; in den gängigen Vordrucken wird ein Besichtigungsrecht vereinbart[72].

Der Eigentümer muss das Zubehör **angemessen versichern**, wenn bei Verlust oder Zerstörung von Zubehörstücken die Sicherheit der Grundschuld gefährdet wäre; insoweit kann für mithaftendes Zubehör nichts anderes als für das Grundstück selbst gelten (s. dazu RN 1269). Die üblichen Vordrucke enthalten häufig ergänzende Vereinbarungen (RN 563).

Ist die Verschlechterung *eingetreten* (bspw. ein Zubehörstück entgegen den Regeln der ordnungsmäßigen Wirtschaft entfernt worden), so kann der Grundschuldgläubiger vom Eigentümer oder vom Dritten **Schadensersatz** verlangen,   *1256*

---

68   OLG Hamm v. 26.10.1993 – 15 W 272/93 –, Rpfleger 1994, 176; *Stöber/Gojowzcyk*, § 37 RN 43 und § 65 RN 15.

69   OLG Hamm v. 26.10.1993 – 15 W 272/93 –, Rpfleger 1994, 176; *Stöber/Gojowzcyk*, § 65 RN 15.

70   *MünchKomm/Lieder*, § 1133 RN 9.

71   Bejahend: *Selke*, ZfIR 2003, 89 m. w. N.

72   Ausdrücklich auch bezüglich des Zubehörs: Anhang 9 [16]; allgemein bezüglich Grundstück (und Gebäude): Anhang 6 [14], 7 [15], 8 [16], 10 [11], 11 [11], 12 [11].

soweit diese rechtswidrig und schuldhaft gehandelt haben (§ 823 Abs. 1 und 2 i. V. m. § 1135 BGB)[73].

Schadensersatz besteht in erster Linie in der Wiederherstellung des ursprünglichen Zustands (§ 249 Satz 1 BGB). Gegebenenfalls ist also die weggeschaffte Sache zurückzubringen. Ist stattdessen Geldersatz zu leisten, so dürfte der Schaden dem Betrag entsprechen, den der betreffende Gläubiger in der Zwangsversteigerung mehr erhalten hätte, wenn sich Grundstück und Zubehör im ursprünglichen Zustand befunden hätten.

Bereits die Entfernung von (haftendem) Zubehör führt zu einem Schaden des Grundschuldgläubigers. Das versteht sich von selbst, wenn die Sache aus der Haftung ausscheidet und sich damit der Wert des für die Grundschuld haftenden Objekts verringert. Das gilt aber auch dann, wenn die Haftung für die Grundschuld zunächst weiterbesteht; denn durch die Wegnahme wird dem Grundschuldgläubiger der unmittelbare Zugriff auf die Sachen entzogen[74]. Die spätere Einwilligung in die Veräußerung der weggeschafften Sachen bedeutet in der Regel keinen Verzicht auf den Schadensersatzanspruch[70].

Auch die Aufhebung eines haftenden Anwartschaftsrechts (RN 1232) durch Vorbehaltskäufer und -verkäufer – wenn sie ohne Zustimmung des Grundschuldgläubigers überhaupt möglich ist (vgl. dazu RN 1243) – kann einen Schadensersatzanspruch des Grundschuldgläubigers gegen die mitwirkenden Personen begründen[75].

1257 Nach einem Urteil des Bundesgerichtshofs[76] ist auf den Schadensersatzanspruch des Grundschuldgläubigers wegen Verschlechterung oder Entfernung von Zubehör *vor dem Zuschlag* § 1127 BGB nicht entsprechend anzuwenden. Das bedeutet, dass ein solcher Schadensersatzanspruch (RN 1256) **nicht auf den Ersteher übergeht**.

Das ist problematisch, vor allem wenn die Entfernung kurz vor dem Versteigerungstermin erfolgt und den Beteiligten im Termin nicht bekannt ist oder wenn Sachen gar zwischen Versteigerungstermin und Zuschlag entfernt werden[77]. Ob der Ersteher wenigstens dann den Ersatzanspruch erwirbt, wenn die Entfernung erst nach dem Zuschlag bemerkt wird, ließ der BGH[72] offen.

---

73 BGH v. 6.11.1990 – VI ZR 99/90 – (Ziff. II), WM 1991, 92 = EWiR § 823 BGB 2/91, 561 (*Plander*); BGH v. 10.10.1984 – VIII ZR 244/83 – (Abschnitt B), BGHZ 92, 280 = WM 1984, 1606; *BGH v. 28.10.1975* – VI ZR 24/74 – (Ziff. 1), BGHZ 65, 211 = NJW 1976, 189 = WM 1975, 1283; *Grüneberg/Herrler*, §§ 1133 bis 1135 RN 2; *Schmitz*, WM 1991, 1061, 1064.

74 BGH v. 6.11.1990 – VI ZR 99/90 – (Ziff. II), WM 1991, 92 = EWiR § 823 BGB 2/91, 561 (*Plander*); *Schmitz*, WM 1991, 1061, 1064.

75 *Schmitz*, WM 1991, 1061, 1064; *offen gelassen:* BGH v. 10.10.1984 – VIII ZR 244/83 – (Abschnitt B), BGHZ 92, 280 = WM 1984, 1606.

76 BGH v. 11.5.1989 – IX ZR 278/88 – (Ziff. II, 3), BGHZ 107, 255 = NJW 1989, 2123 = WM 1989, 952 = ZIP 1989, 761 = EWiR § 1127 BGB 1/89, 775 (*Gaberdiel*). – Zum Schicksal des Schadensersatzanspruchs bei rechtsgeschäftlicher Veräußerung: BGH v. 4.5.2001 – V ZR 435/99 –, BGHZ 147, 320 = BB 2001, 1379 = NJW 2001, 2250 = WM 2001, 1416 = ZfIR 2001, 634 = ZIP 2001, 1205 = EWiR § 249 BGB 2/01, 659 (*Vogel*).

77 Im Einzelnen *Gaberdiel*, BGH EWiR § 1127 BGB 1/89, 775.

Der Frage, ob die nach der Beschlagnahme weggeschafften Zubehörstücke nicht hätten zurückgegeben oder dafür Schadensersatz hätte bezahlt werden müssen (RN 1259), ist der BGH[72] leider nicht nachgegangen. Dazu hätte sehr wohl Anlass bestanden. Denn in dem entschiedenen Fall wurden – wenigstens teilweise – auch Zubehörstücke entfernt, und zwar etwa ein Jahr nach der Beschlagnahme, sodass sie (nach der sicherlich bis dahin erfolgten Eintragung des Versteigerungsvermerks) aus der Haftung für die Grundschuld nicht mehr frei werden konnten (RN 1241).

Wird *nach dem Zuschlag* mitversteigertes Zubehör verschlechtert oder (bspw. von einem Bauhandwerker mit noch offenen Forderungen gegen den bisherigen Eigentümer) entfernt, so tritt der **Schaden unmittelbar beim Ersteher** ein. Dieser ist mit dem Zuschlag Eigentümer des mithaftenden Zubehörs geworden (RN 1250). Ihm steht ein Schadensersatzanspruch unmittelbar aus § 823 BGB zu.   *1258*

Haftet ein **vor dem Zuschlag weggeschafftes** Zubehörstück (etwa weil die Zwangsversteigerung bereits vor dem Wegschaffen angeordnet war) weiterhin für die Grundschuld (RN 1241), so geht das Eigentum an dem weggeschafften Zubehörstück mit dem Zuschlag auf den Ersteher über (RN 1250, 1248). Derjenige, der eine solche Sache in seiner Gewalt hat, ist von da an dem Ersteher zur Herausgabe, ggf. zum Schadensersatz verpflichtet.   *1259*

39.6   Sicherungsübereignung von Zubehör

Übereignet der Grundstückseigentümer in einem Zeitpunkt, in dem das **Grundstück noch nicht** – auch nicht mit einer Eigentümergrundschuld – **belastet** ist, ihm gehörendes Zubehör als Sicherheit an einen Gläubiger, so erwirbt dieser das Eigentum lastenfrei. Wird *später* das Grundstück mit einer Grundschuld belastet, so haftet das sicherungsübereignete Zubehörstück nicht für die Grundschuld, weil es dem Grundstückseigentümer nicht mehr gehört (RN 1231). Der Sicherungseigentümer kann das Sicherungsgut verwerten, ohne dass es der Grundschuldgläubiger verhindern kann.   *1260*

Entsprechendes gilt, wenn der Grundstückseigentümer das Anwartschaftsrecht an einem Zubehörstück (RN 1233) sicherungshalber einem Dritten überträgt, solange das Grundstück unbelastet ist. Wird später eine Grundschuld bestellt, steht das Anwartschaftsrecht dem Grundstückseigentümer nicht mehr zu, sodass es nicht für die Grundschuld haftet (RN 1232).

Wird dagegen Zubehör eines mit einer Grundschuld **bereits belasteten Grundstücks** als Sicherheit übereignet, so entfällt durch die bloße Übereignung – wenn, wie regelmäßig, die Sache auf dem Grundstück verbleibt und ihre Funktion für das Grundstück unverändert beibehält – die Haftung nicht. Denn dann wird die Sache weder entfernt (RN 1236), noch wird die Zubehöreigenschaft aufgehoben (RN 1237, 1239). Der Sicherungsnehmer erwirbt zwar das Siche-   *1261* rungseigentum, aber belastet mit der Haftung für die Grundschuld; das Recht des Grundschuldgläubigers geht dem Recht des Sicherungsnehmers vor[78].

Das gilt auch dann, wenn die Grundschuld im Zeitpunkt der Sicherungsübereignung dem Grundstückseigentümer zusteht (RN 1229). Wird die Grundschuld danach abgetreten, kann der Erwerber die Haftung des Zubehörstücks geltend machen.

Entsprechendes gilt, wenn der Grundstückseigentümer sein Anwartschaftsrecht an einem Zubehörstück (während des Bestehens einer Grundschuld) sicherungshalber auf einen Dritten überträgt. Das Anwartschaftsrecht ist in diesem Fall mit der Grundschuld belastet (RN 1232) und wird durch die sicherungshalber erfolgende Übertragung – ohne Entfernung oder Aufhebung der Zubehöreigenschaft – nicht frei (RN 1242).

Hat der Grundschuldgläubiger gegenüber dem Sicherungseigentümer auf die Zubehörhaftung verzichtet, so muss er das Zubehörstück zu gegebener Zeit **freigeben.** Der Verzicht **wirkt aber nicht dinglich** und deshalb nicht ohne Weiteres auch gegenüber einem Erwerber der Grundschuld (RN 1230).

Falls der Gläubiger die Grundschuld abtritt, sollte er den Erwerber in die Verpflichtung, die Zubehörhaftung gegenüber dem durch die Freigabe Begünstigten nicht geltend zu machen, einbinden[79]. Sonst bewirkt er durch die Abtretung, dass seine Verzichtserklärung (= Verpflichtung zur Freigabe) ins Leere läuft, wodurch er sich dem Sicherungseigentümer gegenüber schadensersatzpflichtig machen kann.

1262 Wird *nach* Bestellung der Grundschuld ein Zubehörstück (etwa wegen Zweifeln hinsichtlich der Zubehöreigenschaft) **an den Gläubiger der Grundschuld zusätzlich sicherungsübereignet**, so haftet diese Sache – falls sie tatsächlich Zubehör ist – weiter für die Grundschuld (RN 1261). In diesem Fall wird man davon ausgehen können, dass der Gläubiger ggf. die Sache entweder als Sicherungseigentum oder als Zubehör (im jeweils dafür vorgesehenen Verfahren) verwerten kann[80].

Diese Wahlmöglichkeit besteht dagegen nicht, wenn umgekehrt die Sache zuerst sicherungsübereignet und dann das Grundstück mit einer Grundschuld belastet wird, weil die Sache (selbst wenn sie Zubehör ist) dann nicht für die Grundschuld haftet (RN 1260).

Der Frage kommt vor allem im Insolvenzverfahren besondere Bedeutung zu. Bei einer Verwertung als Sicherungseigentum nach § 166 InsO ist der Kostenbeitrag des Gläubigers an die Insolvenzmasse und seine Belastung mit der Umsatzsteuer gravierend höher als bei einer Verwertung als Zubehör[76].

---

78 BGH v. 22. 10. 1980 – VIII ZR 334/79 – (Ziff. II, 2 b), WM 1980, 1383; BGH v. 17. 9. 1979 – VIII ZR 339/78 – (Ziff. III, 3 a), WM 1979, 1183; BGH v. 21. 3. 1973 – VIII ZR 52/72 – (Ziff. 1 und 2), BGHZ 60, 267 = WM 1973, 554.

79 Vgl. *Epp*, in: Bankrechts-Handbuch, § 73 RN 81.

80 Im Einzelnen s. *Lwowski/Tetzlaff*, WM 1999, 2336, 2346 f.; vgl. auch *Frings*, Sparkasse 1996, 384, 386.

Eine bewegliche Sache ist erst dann Zubehör, wenn sie u. a. auf das Grundstück   *1263*
oder wenigstens in eine zweckentsprechende räumliche Nähe zum Grundstück
(s. RN 1234) gebracht worden ist. Hat der Grundstückseigentümer eine neu
erworbene Sache schon **vor der Einbringung** einem Dritten *wirksam* sicherungsübereignet, so haftet sie für die Grundschuld nicht, weil sie in dem Zeitpunkt, in dem sie Zubehör wird und die Haftung frühestens entstehen kann,
dem Grundstückseigentümer schon nicht mehr gehört (s. RN 1231).

Wirksam wird die Sicherungsübereignung durch den Grundstückseigentümer
jedoch erst, wenn dieser selbst Eigentümer der Sache geworden ist *und* Besitz
daran erlangt hat (§ 929 Satz 1, § 930 BGB). Nur wenn das vor der Einbringung
der Sache auf das Grundstück geschehen ist, geht die Sicherungsübereignung
der Haftung der Sache für die Grundschuld vor.

Die Ausführungen zur Sicherungsübereignung vor Einbringung gelten wiederum entsprechend für eine in Ermangelung des Volleigentums an der Sache
vorgenommene Übertragung des Anwartschaftsrechts.

Wird jedoch (bspw. im Rahmen einer **Raumsicherungsübereignung** des Ma-
schinenbestands auf einem Fabrikgrundstück) vereinbart, dass das Eigentum
an (künftigen) Zubehörstücken auf den Sicherungsnehmer übergeht, sobald die
Sache auf das Grundstück verbracht wird, so erwirbt (unterstellt, dass der
Grundstückseigentümer spätestens mit der Einbringung auf das Grundstück
Eigentümer der Sache wird) der Sicherungsnehmer das Sicherungseigentum in
demselben Augenblick, in dem die Sache Zubehör wird und für die Grundschuld haftet.

Für den vergleichbaren Konflikt mit einem Vermieterpfandrecht hat der BGH
dessen Vorrang vor der Sicherungsübereignung angenommen[81], was – übertragen auf die Grundschuldhaftung – deren Vorrang vor der Sicherungsübereignung bedeuten würde. Das erscheint aber nicht sachgerecht. Wäre die Sicherungsübereignung (rechtlich) ein besitzloses Pfandrecht, so würde es am Zubehörstück – weil gleichzeitig begründet – mit der Grundschuld gleichen Rang
haben. Da Sicherungseigentum einem besitzlosen Pfandrecht sehr ähnlich ist,
dürfte es sachgerechter sein, es bei der Konkurrenz mit einem anderen besitzlosen Pfandrecht (nämlich der Grundschuld) entsprechend zu behandeln. Das hat
die Folge, dass das Zubehörstück in diesem Fall gleichrangig für die Grundschuld und die durch die Sicherungsübereignung gesicherte Forderung haftet[82].

---

81 BGH v. 12.2.1992 – XII ZR 7/91 – (Ziff. 4b), BGHZ 117, 200 = WM 1992, 600 = EWiR
   § 559 BGB 1/92, 443 (*Köndgen*, kritisch); wie BGH: *Grüneberg/Weidenkaff,* § 562 RN 10;
   kritisch zur Entscheidung des BGH: *Gnamm,* NJW 1992, 2806.
82 So für den entsprechenden Konflikt zwischen Sicherungsübereignung und Vermieterpfandrecht: *Vortmann,* ZIP 1988, 626, 628; *Weber/Rauscher,* NJW 1988, 1571; *Köndgen,* BGH EWiR § 559 BGB 1/92, 443 (Ziff. 4), zur Entscheidung des BGH v. 12.2.1992 –
   XII ZR 7/91 – (Ziff. 4b), BGHZ 117, 200 = WM 1992, 600 = EWiR § 559 BGB 1/92, 443
   (*Köndgen*, kritisch).

40 Die Haftung von Mieten und Versicherungsansprüchen

40.1 Haftung von Mieten und Pachten

1264 Die Grundschuld an einem vermieteten oder verpachteten Grundstück erstreckt sich auch auf die Miet- und Pachtansprüche (§ 1123 Abs. 1 BGB). Dies gilt selbst dann, wenn die betreffenden Ansprüche bereits *vor* Entstehung der Grundschuld abgetreten wurden[1].

Miet- und Pachtansprüche i. S. d. § 1123 Abs. 1 BGB sind nur solche, die dem Eigentümer gebühren. Ist ein Mieter oder Pächter zur **Untervermietung** bzw. -verpachtung befugt, so stehen die daraus resultierenden Erträge ihm zu. Sie fallen deshalb grundsätzlich nicht in den Haftungsverband der Grundschuld. Etwas anderes hat allerdings dann zu gelten, wenn das Untermiet-/Unterpachtverhältnis nur zu dem Zweck abgeschlossen wird, die Erträge dem Zugriff durch den Grundschuldgläubiger zu entziehen[2].

Von vornherein nicht unter die Beschlagnahme fällt dagegen ein Anspruch auf Ersatz schuldhaft nicht gezogener Nutzungen (§§ 987 Abs. 2, 990 Abs. 1 Satz 2 BGB)[3]. Ebenso werden Zahlungsansprüche des Eigentümers gegen den Mieter aus einem Mietaufhebungsvertrag wegen vorzeitiger Beendigung des Mietvertrags nicht von der Beschlagnahme erfasst, wenn sie kein Äquivalent für die Nutzung des Grundstücks im Zeitraum nach Beschlagnahme darstellen.[4]

Bei Ansprüchen aus **gemischten Verträgen** (etwa Pensionsvertrag) haftet nur der auf die Raumnutzung entfallende Teil[5]; Entsprechendes gilt, wenn mit der Miete zusätzlich Nebenkosten (bspw. für Wasser) zu zahlen sind, die nicht die Raumnutzung abgelten[6].

Ein für die haftenden Miet-/Pachtansprüche bestehendes **Vermieter-/Verpächterpfandrecht** (§ 562gg f. i. V. m. § 581 Abs. 2, § 592 BGB) sichert die Ansprüche auch zugunsten des Grundpfandgläubigers[7]. Es kann – wie der Miet-/Pachtanspruch selbst – zugunsten des Grundschuldgläubigers erst nach der Beschlagnahme (RN 1265) geltend gemacht werden, und zwar bei Zwangsverwaltung nur durch den Zwangsverwalter (§ 152 Abs. 1 ZVG).

---

1   BGH v. 9. 6. 2005 – IX ZR 160/04 – (Ziff. II, 1), BGHZ 163, 201 = WM 2005, 1371 = EWiR 2005, 879 (*Weber/Madaus*) = WuB 1 F 3 Grundpfandrechte 5.05 (*Ultsch*).
2   BGH v. 4. 2. 2005 – V ZR 294/03 – (Ziff. II, 2 c), ZfIR 2005, 737 (*Fetsch*); Stöber/Drasdo, § 148 RN 15.
3   BGH v. 29. 6. 2006 – IX ZR 119/04 – (Ziff. 2b), WM 2006, 1634.
4   BGH v. 8. 12. 2010 – XII ZR 86/09 – (RN 20 f.), NJW-RR 2011, 208 = ZfIR 2011, 193 (*Bergsdorf*); *Keller* ZfIR 2011, 345, 348.
5   LG Bonn v. 30. 9. 1963 – 4 T 471/63 –, NJW 1964, 52 (Pensionsvertrag); *Münch-Komm/Lieder*, § 1123 RN 8; *Grüneberg/Herrler*, § 1123 RN 1; *Staudinger/Wolfsteiner* (2019), § 1123 RN 7; *anderer Ansicht* (gesamte Einkünfte aus Krankenhausbetrieb fallen in Zwangsverwaltungsmasse): LG Karlsruhe v. 19. 7. 1974, Rpfleger 1975, 175.
6   LG Bonn v. 27. 7. 1990 – 19 S 73/90 –, EWiR § 1123 BGB 1/91, 51 (*Brehm*, kritisch); *Grüneberg/Herrler*, § 1123 RN 1.
7   *Staudinger/Wolfsteiner* (2019), § 1123 RN 30.

Die **Beschlagnahme** der Miet- bzw. Pachtansprüche erfolgt durch Anordnung *1265* der **Zwangsverwaltung**, nicht aber durch Anordnung der Zwangsversteigerung (§ 148 Abs. 1 Satz 1, § 21 Abs. 2 ZVG). Ist die Zwangsverwaltung angeordnet, so ist nur noch der Zwangsverwalter befugt, Mieten und Pachten einzuziehen (§ 152 Abs. 1 ZVG).

Wegen der Miet- und Pachtansprüche bei Nutzungsüberlassung durch Gesellschafter s. RN 1268.

Die Mieten und Pachten können auch dadurch für den Grundschuldgläubiger beschlagnahmt werden, dass dieser sie wegen seines Anspruchs *aus der Grundschuld* aufgrund eines *dinglichen* Titels (RN 1073) pfändet[8], sog. **dingliche Mietpfändung.** Die Einziehung der Forderungen ist Sache des pfändenden Gläubigers, der sie allein auf seine Forderungen verrechnen darf, während in der Zwangsverwaltung alle dinglichen Gläubiger nach ihrem Rang zu berücksichtigen sind (RN 1296).

Allerdings kann der Pfändungsschuldner, der seinen Lebensunterhalt aus Mieteinkünften bestreitet, beim Vollstreckungsgericht **Pfändungsschutz** für sonstige Einkünfte nach § 850i ZPO beantragen. Der Anwendbarkeit dieser Pfändungsschutzvorschrift steht nach Ansicht des BGH[9] bis zur Beschlagnahme (RN 1265) weder der dingliche Haftungsverband der Grundschuld (RN 1264) entgegen noch eine etwa mit dem Insolvenzverwalter über das Vermögen des Vermieters vereinbarte sog. kalte Zwangsverwaltung[10]. Ausdrücklich offen gelassen hat der BGH, ob nicht sogar im Fall der (förmlichen) Zwangsverwaltung ein entsprechender Schutz zu gewähren ist. Dies dürfte aber zu verneinen sein, da in der Zwangsverwaltung ein Unterhalt nur im Ausnahmefall, nämlich bei der Vollstreckung in land- und forstwirtschaftlich oder gärtnerisch genutzte Grundstücke vom Gesetz vorgesehen ist (§ 149 Abs. 3 ZVG).[11] Vor dem Hintergrund dieser vom Gesetzgeber bewusst geschaffenen Ausnahmeregelung erscheint es unzulässig, die vermeintliche Schutzlücke durch eine analoge Anwendung von § 850i ZPO zu schließen. Im Übrigen kommt in besonderen Härtefällen eine Beschränkung der Vollstreckung über § 765a ZPO auf Antrag in Betracht.[12]

Wird wegen **mehrerer Grundpfandrechte** gepfändet, haben die Pfandrechte untereinander den Rang der Grundpfandrechte; auf den Zeitpunkt der Pfän-

---

8 BGH v. 30.04.2020 – IX ZR 162/16 – (RN 44), WM 2020, 1169 = WuB 2020, 454 (*Neuhof*) = EWiR 2020, 401 (*Bork*); RG v. 4.11.1921 – VII 134/21 –, RGZ 103, 137; OLG Saarbrücken v. 24.6.1992 – 5 W 184/91 –, Rpfleger 1993, 80; *Grüneberg/Herrler*, § 1123 RN 3; *MünchKomm/Lieder*, § 1123 RN 23.

9 BGH v. 1.3.2018 – IX ZB 95/15 – (RN 8 ff.), WM 2018, 681 = Rpfleger 2018, 482 = WuB 2018, 403 (*Gelbrich*).

10 Zu den hierbei auftauchenden Einzelproblemen: *Tetzlaff*, ZfIR 2005, 179 ff.; *Bork*, ZIP 2013, 2129 ff.; *Keller*, NZI 2013, 265.

11 *Stöber/Drasdo*, § 149 RN 119.

12 *Stöber/Drasdo*, § 149 RN 128 m.w.N.

dung kommt es nicht an[13]. Die Einzelpfändung wird allerdings unzulässig, sobald die Miet- bzw. Pachtansprüche durch Anordnung der *Zwangsverwaltung* beschlagnahmt werden (§ 865 Abs. 2 Satz 2 ZPO, § 148 Abs. 1 Satz 1 ZVG)[14]. Dagegen steht die Anordnung der *Zwangsversteigerung* der Einzelpfändung nicht entgegen, weil diese nicht zur Beschlagnahme von Miet- bzw. Pachtforderungen führt (§ 21 Abs. 2 ZVG)[15].

Die dingliche Mietpfändung wird durch die Eröffnung des **Insolvenzverfahrens** über das Vermögen des Eigentümers und Vermieters in zweierlei Hinsicht beeinträchtigt.

Zum einen ist wie bei dem Vorgehen aus einem persönlichen Titel[16] die Pfändung auch aus einem dinglichen Titel *nach* Eröffnung des Insolvenzverfahrens unzulässig[17]. Der BGH hat mit seiner dahingehenden Rechtsprechung für die Zeit ab dem Eröffnungszeitpunkt die gängige Praxis der sog. dinglichen Mietpfändung beendet. Diese ist mit dem Vollstreckungsverbot des § 89 Abs. 1 InsO nicht vereinbar. Vielmehr ist der Grundschuldgläubiger auf den Weg der Zwangsverwaltung verwiesen, was bereits durch § 49 InsO bestimmt und durch § 110 Abs. 1 und 2 InsO bestätigt wird. Dem ist zuzustimmen.

Zum anderen werden auch bereits *vor* Insolvenzeröffnung ausgebrachte Pfändungen anfechtbar[18]: Nach Ansicht des BGH entsteht nämlich das Pfandrecht an künftigen Mietforderungen erst mit deren Entstehen (§ 41 Abs. 1 InsO)[19]. Der Anspruch auf Entrichtung der Miete entsteht nach höchstrichterlicher Rechtsprechung[20] jedoch erst zum Anfangstermin des jeweiligen Zeitraums der Nutzungsüberlassung. Bei monatlich zahlbarer Miete entsteht damit auch das Pfändungspfandrecht für jede Monatsmiete gesondert. Insoweit muss der Pfändungsgläubiger mit einer Insolvenzanfechtung wegen einer nicht kongruenten Deckung (RN 232.2) rechnen. Das gilt auch dann, wenn für den Pfändungsgläubiger auf dem betreffenden Grundstück eine Grundschuld eingetragen ist. Denn bis zur Beschlagnahme des Grundstücks stellt der dingliche Haftungsverband nur eine vorläufige Sicherung dar, weil die Mieten bis dahin weder der Verfügung des Schuldners noch dem wirksamen Zugriff der Insolvenzgläubiger ent-

---

13   RG v. 4.11.1921 – VII 134/21 –, RGZ 103, 137; *Grüneberg/Herrler*, § 1123 RN 3; *einschränkend* (erst nach Zeitspanne gemäß § 1124 Abs. 2 BGB): *MünchKomm/Lieder*, § 1124 RN 34; *a. A.* (Prioritätsprinzip): *Mylich*, WM 2010, 1923, 1928.

14   OLG Saarbrücken v. 24.6.1992 – 5 W 184/91 –, Rpfleger 1993, 80; *LG Braunschweig v. 6.10.1995* – 1 O 194/95 –, ZIP 1996, 193, allerdings mit unbefriedigender Begründung.

15   OLG Saarbrücken v. 24.6.1992 – 5 W 184/91 –, Rpfleger 1993, 80.

16   *Knees*, ZIP 2001, 1568, 1575 (Ziff. III, 2.1.2.1) m. w. N.

17   BGH v. 13.7.2006 – IX ZB 301/04 – WM 2006, 1685 = DZWIR 2006, 517 (*Matern*) = NZI 2006, 577 (*Stapper*) = WuB VI A § 165 InsO 1.06 (Tetzlaff).

18   BGH v. 17.9.2009 – IX ZR 106/08 –, BGHZ 182, 264 = WM 2010, 87 = EWiR 2010, 191 (*Eckardt*).

19   BGH v. 17.9.2009 – IX ZR 106/08 – (Ziff. II, 2 a), BGHZ 182, 264 = WM 2010, 87 = EWiR 2010, 191 (*Eckardt*).

20   BGH v. 28.3.1990 – VIII ZR 17/89 – (Ziff. II, 2, d, bb), BGHZ 111, 84 = WM 1990, 935 = WuB I J 2. – 10.90 (*Ullrich*) = EWiR 1990, 559 (*Eckert*); *MK-InsO/Ganter*, vor §§ 49–52 RN 24; *Staudinger/Bork* (2020), § 163 RN 2.

zogen sind (vgl. RN 1266). Insoweit liegt kein masseneutraler Austausch gleich-wertiger Sicherheiten (Pfändungspfandrecht gegen Grundschuld) vor[21]. Viel-mehr benachteiligt die Zahlung der Mieten an den Grundpfandgläubiger die Gläubigergesamtheit.[22]

Der Grundschuldgläubiger wird vor diesem Hintergrund bei entsprechendem Rang spätestens bei Insolvenzeröffnung auf die Zwangsverwaltung umstellen oder versuchen, mit dem Insolvenzverwalter eine kalte oder auch stille Zwangs-verwaltung genannte Vereinbarung zu treffen. Diese hat der BGH[23] nunmehr ausdrücklich anerkannt, solange nicht der Insolvenzmasse dadurch Nachteile entstehen. Die Einhaltung einer Wartefrist ist für eine Mietpfändung nur aus fälligen Grundschuldzinsen (solange das Grundschuldkapital nicht fällig ist) nicht erforderlich (RN 1072).

Bis zur Beschlagnahme (RN 1265) der Ansprüche für den Grundschuldgläubi-ger kann sie der Eigentümer bzw. der Insolvenzverwalter einziehen (§ 1124 Abs. 1 BGB). Der Mieter/Pächter wird frei; die Haftung der Ansprüche für die Grundschuld endet. Vorauszahlungen und sonstige Vorausverfügungen hin-sichtlich künftiger Zeitabschnitte sind dem Grundschuldgläubiger gegenüber allerdings nur sehr beschränkt wirksam; im Einzelnen vgl. RN 1268.   *1266*

Dasselbe gilt, wenn über die Miet-/Pachtforderung – vor ihrer Beschlagnahme zugunsten des Grundschuldgläubigers (RN 1265) – sonst zugunsten *Dritter* ver-fügt wird (etwa durch Abtretung) oder wenn sie in anderer Weise als durch Zahlung erfüllt wird, bspw. durch Aufrechnung des Mieters mit einer Gegenfor-derung oder durch Hinterlegung unter Verzicht auf Rücknahme (§§ 372, 378 BGB); der hinterlegte Betrag bzw. der Anspruch des Berechtigten darauf haftet nicht mehr für die Grundschuld[24].

Wird die Miete/Pacht später zugunsten des Grundschuldgläubigers beschlag-nahmt, so wird die Verfügung oder die sonstige Erfüllung für den Zeitraum nach Ablauf der Spanne gemäß § 1124 Abs. 2 BGB dem Grundschuldgläubiger gegen-über unwirksam (RN 1268).

Zur Anfechtbarkeit der Verrechnung von Miet- und Pachteingängen nach Ab-tretung der Ansprüche an den Grundschuldgläubiger s. RN 232.

Die **Beschlagnahme** zugunsten des betreibenden Gläubigers **beendet das Ein-zugsrecht** des Eigentümers. Sie dient der Befriedigung aus dem bereits mit der Grundschuld entstehenden Pfandrecht an den Miet-/Pachtansprüchen[25]. Die *laufende* Miete bzw. Pacht kann nur noch für die Gläubiger an den Zwangsver-   *1267*

---

21 BGH v. 17.9.2009 – IX ZR 106/08 – (Ziff. II, 2 b), BGHZ 182, 264 = WM 2010, 87 = EWiR 2010, 191 (*Eckardt*).

22 BGH v. 30.04.2020 – IX ZR 162/16 – (RN 44), WM 2020, 1169 = WuB 2020, 454 (*Neuhof*) = EWiR 2020, 401 (*Bork*).

23 BGH v. 14.7.2016 – IX ZB 31/14 – (RN 17), WM 2016, 1543; vgl. *Riedel*, Rpfleger 2018, 121.

24 BGH v. 8.12.1988 – IX ZR 12/88 – (Ziff. 2), WM 1989, 270; *OLG Hamm v. 17.12.1987 –* 27 U 252/86 –, EWiR § 1124 BGB 1/88, 1199 (*Gaberdiel*, zust.); *MünchKomm/Lieder*, § 1124 RN 3; *Grüneberg/Herrler*, § 1124 RN 2; *Schmitz*, WM 1961, 1061, 1064.

25 BGH v. 9.11.2006 – IX ZR 133/05 – (Pkt. B I 1), ZIP 2007, 35.

walter (RN 1293) bzw. unmittelbar an den pfändenden Gläubiger gezahlt werden. Auch etwa noch offene *rückständige* Forderungen werden – soweit sie nicht seit mehr als einem Jahr fällig sind (§ 1123 Abs. 2 Satz 1 BGB) – durch die Beschlagnahme erfasst.

Das gilt auch in der Insolvenz des Grundstückseigentümers (RN 1294), und zwar selbst dann, wenn der Miet-/Pachtvertrag vom Insolvenzverwalter abgeschlossen worden ist[26].

Wird allerdings der Zwangsverwaltungsantrag vom Gläubiger einschränkungslos[27] zurückgenommen und demgemäß die Zwangsverwaltung vorbehaltlos aufgehoben, entfällt die Beschlagnahme,[28] und ein etwa noch beim Zwangsverwalter befindlicher Erlösüberschuss steht dem Eigentümer zu bzw. fällt bei Insolvenz des Eigentümers in die Masse.

1268 Hat der Mieter oder Pächter (vor der Beschlagnahme) bereits Miet-/Pachtzahlungen für einen künftigen Zeitraum geleistet, so sind diese Vorauszahlungen gegenüber dem dinglichen[29] Beschlagnahmegläubiger für den Zeitraum ab Beginn des nächsten bzw. übernächsten Monats (im Einzelnen s. § 1124 Abs. 2 BGB) unwirksam. Entsprechendes gilt für andere **Vorausverfügungen**. Der Zwangsverwalter bzw. der Grundschuldgläubiger kann vom Mieter/Pächter für die Zeit danach erneut Zahlung verlangen[30].

Die Beschlagnahmewirkung im Hinblick auf Vorausverfügungen tritt unabhängig vom Rang des Grundschuldgläubigers ein. So wird bei Beschlagnahme durch einen Nachranggläubiger auch die zugunsten eines Vorranggläubigers vorgenommene Mietzession unwirksam[31]. Bei dieser Rechtsfolge der Beschlagnahme für die Mietzession bleibt es sogar dann, wenn der Grundschuldgläubiger selbst Zessionar der Mietforderungen ist und er den Zwangsverwaltungsantrag zurücknimmt.[32]

Selbst eine im Mietvertrag vereinbarte **Vorauszahlung** wird durch die Beschlagnahme (mit der kurzen zeitlichen Verzögerung nach § 1124 Abs. 2 BGB) unwirksam. Dies gilt sowohl bei einer Bemessung der Miete nach periodischen Zeitabschnitten als auch dann, wenn in einem Mietvertrag mit fester Laufzeit die Miete als Einmalzahlung vereinbart wurde. Im zweitgenannten Fall erfolgt

---

26 (Für die Rechtslage nach der GesO:) *OLG Brandenburg v. 14. 1. 1999* – 8 U 56/98 – (Ziff. 1c, bb), ZIP 1999, 1533 = EWiR § 12 GesO 1/99, 747 (*Muth*); s. auch (für Eigenkapital ersetzende Gebrauchsüberlassung) RN 1268.

27 Vgl. *Stöber/Drasdo*, § 161 RN 35.

28 BGH v. 10. 10. 2013 – IX ZB 197/11 – (RN 9), WM 2013, 2176 = NJW 2013, 3520; *Stöber/Drasdo*, § 161 RN 30.

29 Pfändung auf Grundlage eines *persönlichen* Titels kann Wirkung des § 1124 Abs. 2 BGB nicht herbeiführen („zu Gunsten des Hypothekengläubigers"), BGH vom 13. 3. 2008 – IX ZR 119/06 – (Ziff. II, 2 a), WM 2008, 801; *Grüneberg/Herrler*, § 1124 RN 6, § 1123 RN 3.

30 *MünchKomm/Lieder*, § 1124 RN 29.

31 BGH v. 9. 6. 2005 – IX ZR 160/04 – (Ziff. II, 2), BGHZ 163, 201 = WM 2005, 1371 = EWiR 2005, 879 (*Weber/Madaus*) = WuB 1 F 3 Grundpfandrechte 5.05 (*Ultsch*), mit umfangreichen Nachweisen zum Streitstand.

32 BGH v. 13. 10. 2011 – IX ZR 188/10 – (RN 13), WM 2011, 2369 = NJW-RR 2012, 263.

eine fiktive Umrechnung der Einmalzahlung auf monatliche Zahlungen; diese scheidet nur bei Mietverträgen auf Lebenszeit[33] aus.[34] Bei solchen Mietverträgen muss sich daher der Grundschuldgläubiger die Vorauszahlung entgegenhalten lassen, wenn sie vor der Beschlagnahme erfolgt.[35]

Auch bei Vorliegen eines vereinbarten **Baukostenzuschusses**, wendet die Rechtsprechung § 1124 Abs. 2 BGB nicht an, wenn durch dessen Verwendung der Wert des Grundstücks erhöht worden ist[36] und außerdem die Leistung bei wirtschaftlicher Betrachtung aus dem Vermögen des Mieters erbracht worden ist.[37]

Mit einer Gegenforderung kann der Mieter nach der Beschlagnahme nur im Rahmen von § 392 BGB und nur gegen die Miete für den in § 1124 Abs. 2 BGB genannten Zeitraum (nicht für einen späteren Zeitraum) aufrechnen (§ 1125 BGB)[38].

40.2 Haftung des Anspruchs aus einer Gebäude-Feuer-Versicherung

Ist das Gebäude für den Eigentümer gegen Feuer versichert, so erstreckt sich die Grundschuld auf den (zunächst künftigen) Anspruch gegen den Versicherer (§ 1127 Abs. 1 BGB). Der Grundschuldgläubiger hat ein Pfandrecht daran, und zwar ohne dass eine Beschlagnahme erforderlich wäre[39]. Bestehen mehrere Grundpfandrechte, so haben die Pfandrechte am Versicherungsanspruch untereinander denselben Rang wie die Grundpfandrechte[40].   *1269*

Reicht der Wert eines bebauten Grundstücks bei Vernichtung des Gebäudes zur Deckung der Grundschuld nicht aus, ist der Eigentümer gemäß §§ 1133, 1134

---

33 Für eine Umlegung auf einen typisierten Mietzeitraum, *Abramenko*, ZfIR 2014, 833, 837; Missbrauchsgefahren ohne eine solche Umlegung sieht *MünchKomm/Lieder*, § 1124 RN 30.

34 BGH v. 30. 4. 2014 – VIII ZR 103/13 – (RN 21), BGHZ 201, 91 = WM 2014, 1728.

35 BGH v. 25. 4. 2007 – VIII ZR 234/06 – (RN 25), NJW 2007, 2919 = ZfIR 2008, 207; *Grüneberg/Herrler*, § 1124 RN 7; *weitergehend* (Unwirksamkeit der Vorauszahlung auch, wenn Miete in einer Summe vereinbart, aber erkennbar, dass Abhängigkeit von tatsächlicher Mietdauer gewollt): LG Hamburg v. 17. 3. 1994 – 333 O 228/94 –, Rpfleger 1995, 124.

36 BGH v. 30. 11. 1966 – VIII ZR 145/65 – (Ziff. 2), NJW 1967, 555; BGH v. 11. 7. 1962 – VIII ZR 98/61 – (Ziff. 2), BGHZ 37, 346; *MünchKomm/Lieder*, § 1124 RN 22 ff.; *Staudinger/Wolfsteiner* (2019), § 1124 RN 33 unter Hinweis auf praktische Abgrenzungsprobleme; zum Bereicherungsausgleich nach Vermieterwechsel im Wege der Zwangsversteigerung BGH v. 29. 4. 2009 – XII ZR 66/07 – (Ziff. 2), BGHZ 180, 293 = WM 2009, 1381.

37 BGH v. 15. 2. 2012 – ZR 166/10 – (RN 17), NJW-RR 2012, 525 = ZfIR 2012, 301.

38 *Grüneberg/Herrler*, § 1125 RN 1; *Epp*, in Bankrechts-Handbuch, § 73 RN 90.

39 BGH v. 12. 04. 2019 – V ZR 132 – (RN 14), WM 2019, 1798 = WuB 2019, 623 (*Lieder*); *MünchKomm/Lieder*, § 1128 RN 14; *Grüneberg/Herrler*, § 1128 RN 2; *Staudinger/Wolfsteiner* (2019), § 1128 RN 8.

40 BGH v. 19. 2. 1981 – IVa ZR 57/80 – (Ziff. II, 1), WM 1981, 488; *Grüneberg/Herrler*, § 1128 RN 2.

BGB dem Grundschuldgläubiger gegenüber zum Abschluss und zur Aufrechterhaltung einer ausreichenden Feuerversicherung **verpflichtet**[41].

Der Berechtigte aus einer *vorrangigen* Auflassungsvormerkung kann nach Eigentumserwerb vom nachrangigen Grundschuldgläubiger die Versicherungsforderung gem. § 812 Abs. 1 Satz 1 BGB herausverlangen, wenn diese nicht zum Wiederaufbau verwendet, sondern vom Grundschuldgläubiger eingezogen worden ist[42].

1270 Ist – wie bei der Gebäude-Feuer-Versicherung häufig – vereinbart, dass der Versicherer die Entschädigungssumme oder einen Teil davon nur zur **Wiederherstellung** des Gebäudes zahlen muss, so kann der Versicherungsnehmer die Zahlung eines über den Versicherungswert hinausgehenden Betrags erst verlangen, wenn die Wiederherstellung sichergestellt ist (§ 93 VVG). Leistet der Versicherer – *bevor* die Versicherungsforderung beschlagnahmt worden ist (RN 1271) – entsprechend dieser Vereinbarung, so wird er auch dem Grundschuldgläubiger gegenüber frei (§ 1130 BGB).

Eine Zahlung ohne Sicherung der Zweckbestimmung oder mit abweichender Zweckbestimmung ist dem Grundschuldgläubiger gegenüber nur wirksam, wenn sie ihm vorher mitgeteilt worden ist und er binnen eines Monats nicht widersprochen hat (§ 94 VVG); hat der Grundschuldgläubiger sein Recht beim Versicherer angemeldet, so ist eine Zahlung ohne Sicherstellung der entsprechenden Verwendung ihm gegenüber sogar nur mit seiner Zustimmung in Textform wirksam (§ 94 Abs. 4, Abs. 5 VVG).

Verweigert der Versicherte die (mögliche) Wiederherstellung, so können die Gläubiger veranlassen, dass gemäß § 1134 Abs. 2 BGB ein Verwalter eingesetzt wird, der für die Wiederherstellung zu sorgen hat[43]. Ist die Wiederherstellung unmöglich, können die Gläubiger die Versicherungsforderung einziehen[44].

Ist – ausnahmsweise – keine Wiederherstellungsklausel vereinbart, so gilt für die Zahlung der Versicherungssumme § 1128 Abs. 1 und 2 BGB.

1271 Wird die Zwangsversteigerung (oder Zwangsverwaltung) des brandgeschädigten Hausgrundstücks angeordnet, so wird damit u. a. der Anspruch des Eigentümers (Versicherungsnehmers) gegen den Versicherer **beschlagnahmt** (§ 20 Abs. 2 ZVG; § 1127 Abs. 1 BGB). Dies hat zur Folge, dass der Versicherer nicht mehr unmittelbar an den Schuldner zahlen darf[45].

---

41 BGH v. 29. 9. 1988 – IX ZR 39/88 – (Ziff. 3a), BGHZ 105, 230 = WM 1988, 1610 = EWiR § 82 KO 7/88, 1113 (*Lüke*); *MünchKomm/Lieder*, § 1134 RN 10; *Clemente*, RN 27; *Lüke* ZIP 1989, 1 (Ziff. III, 2); *anderer Ansicht Staudinger/Wolfsteiner* (2019), § 1134 RN 18. – Die üblichen Vordrucke enthalten häufig ausdrückliche Vereinbarungen (RN 563).

42 *BGH v. 30. 1. 1987* – V ZR 32/86 – (Ziff. 2), BGHZ 99, 385 = WM 1987, 469 = EWiR § 812 BGB 3/87, 465 (*Medicus*).

43 *MünchKomm/Lieder*, § 1130 RN 6; *Grüneberg/Herrler*, § 1130 RN 4; *Staudinger/Wolfsteiner* (2019), § 1130 RN 6.

44 *MünchKomm/Lieder*, § 1130 RN 7; *Grüneberg/Herrler*, § 1130 RN 3.

45 *Stöber/Becker*, § 20 RN 29 m. w. N. (auch für abweichende Ansichten).

Ist der Versicherer dem Eigentümer gegenüber zur Leistung verpflichtet (**unge-störtes Versicherungsverhältnis**), das beschädigte Gebäude aber bis zum Zuschlag noch nicht wieder hergestellt[46] und auch sonst kein ausreichender Ersatz beschafft[44], besteht die Haftung der Versicherungsforderung für die Grundschuld fort, sodass sich die Versteigerung darauf erstreckt.

Das hat zur Folge, dass der beschlagnahmte **Anspruch** des Grundstückseigentümers gegen den Versicherer **mitversteigert** wird und durch den Zuschlag (frei von den Pfandrechten der Grundpfandgläubiger) auf den Ersteher übergeht (§ 55 Abs. 1, § 90 Abs. 2 ZVG)[47], sodass dieser mithilfe der Versicherungssumme das Gebäude wieder herstellen kann.

Das bedeutet, dass der Gläubiger einer in der Zwangsversteigerung erlöschenden Grundschuld auf den Versicherungsanspruch nicht zugreifen, sondern Befriedigung nur aus dem Versteigerungserlös erwarten kann. Dieser tritt an die Stelle des brandgeschädigten Grundstücks *und* des mitversteigerten Versicherungsanspruchs (oder des wieder hergestellten Grundstücks). Der Gläubiger muss deshalb ggf. durch Mitbieten dafür sorgen, dass ein **Meistgebot** erzielt wird, das dem Miterwerb der **Versicherungsforderung Rechnung trägt**. Zuvor sollte er sich aber vergewissern, dass das Versicherungsverhältnis nicht gestört ist, weil sonst die Forderung nicht übergeht (RN 1273).

Der Erwerb der Ansprüche aus der Gebäudeversicherung durch den Ersteher setzt voraus, dass die Versicherungsforderung zum Zeitpunkt des Wirksamwerdens der Beschlagnahme noch zu den Gegenständen zählt, auf die sich das Grundpfandrecht erstreckt. Aus dem Haftungsverband der Grundschuld fallen die Ansprüche aus einer Gebäudeversicherung allerdings heraus, wenn die Immobilie nach Eintritt des Schadensfalles, aber vor Zustellung des Anordnungsbeschlusses (§ 22 Abs. 1 ZVG) **veräußert** wird (§ 1124 Abs. 3 BGB analog).[48] Das Pfandrecht des Grundschuldgläubigers an der Versicherungsforderung (RN 1269) steht dem nicht entgegen und bleibt von der Veräußerung der Immobilie unberührt.[49] *1271.1*

Ist der Versicherer im Verhältnis zum *Eigentümer* (etwa wegen grob fahrlässiger Verursachung des Brandes) von seiner Leistungspflicht frei geworden (**gestörtes Versicherungsverhältnis**), blieb bis zur Reform des VVG[50] dennoch den *Grundschuldgläubigern gegenüber* die Haftung des Versicherers bestehen (§ 102 Abs. 1 Satz 1 VVG a. F.). Die alte Rechtslage gilt für Gläubiger, die ihr Grundpfandrecht bis vor dem 31. 12. 2008 angemeldet haben, unverändert fort[51]. Für Neufälle jedoch ist diese Privilegierung des Realgläubigers entfallen. Soweit also *1272*

---

46 In diesem Fall erlischt die Haftung: § 1127 Abs. 2 BGB.
47 BGH v. 19. 2. 1981 – IVa ZR 57/80 – (Ziff. I, 1), WM 1981, 488.
48 BGH v. 12. 04. 2019 – V ZR 132 – (RN 9, 14), WM 2019, 1798 = WuB 2019, 623 (*Lieder*).
49 BGH v. 12. 04. 2019 – V ZR 132 – (RN 17), WM 2019, 1798 = WuB 2019, 623 (*Lieder*).
50 Gesetz zur Reform des Versicherungsvertragsrechts vom 23. 11. 2007, BGBl. I, 2631; umfassender Überblick zur Novelle bei *Langheid*, NJW 2007, 3665 (Teil 1) und 3745 (Teil 2).
51 Art. 5 Abs. 1 EGVVG; auch für Feuermonopolversicherungen erforderlich, Art. 5 Abs. 2 EGVVG.

die Leistungspflicht des Versicherers entfällt, trifft dies nach neuer Rechtslage auch den Grundpfandrechtsgläubiger.

Bei Neufällen bringt der Wegfall von § 102 Abs. 1 Satz 1 VVG a. F. eine nicht unwesentliche Risikoerhöhung für den Grundpfandrechtsgläubiger mit sich. Zwar ist im Zuge der VVG-Reform das sogenannte Alles-oder-Nichts-Prinzip entfallen. Bei grober Fahrlässigkeit des Versicherungsnehmers wird der Versicherer jetzt nicht mehr in jedem Fall vollständig von seiner Leistungspflicht frei, sondern nur noch im Verhältnis zum jeweiligen Grad des Verschuldens[52]. Die Streichung von § 102 Abs. 1 Satz 1 VVG a. F. wird damit aber nur teilweise kompensiert. Deckungslücken kann der Gläubiger mit einer sogenannten Hypothekenausfallversicherung abdecken. Eine rechtliche Verpflichtung von Kreditinstituten zu einer solchen eigenen Absicherung besteht nicht[53].

Soweit nach der alten Rechtslage ein **Anspruch des Grundschuldgläubigers** gegen den Versicherer besteht, tritt dieser *an die Stelle* des Pfandrechts am Versicherungsanspruch. Er entsteht (bei gestörtem Versicherungsverhältnis) mit dem Versicherungsfall, wird durch den vom Versicherer zu ersetzenden Schaden einerseits und den Betrag der Grundpfandrechte (nebst Nebenansprüchen) andererseits begrenzt[54] und ist nicht davon abhängig, dass das Gebäude wieder aufgebaut wird, wozu die Gläubiger regelmäßig gar nicht in der Lage wären[55].

Beruht die Leistungsfreiheit gegenüber dem Versicherten darauf, dass dieser mit der Zahlung der zweiten oder folgenden Prämie in Verzug ist, besteht der selbstständige Anspruch des Grundschuldgläubigers nur unter gewissen Voraussetzungen, u. a. muss der Gläubiger dem Versicherer die Grundschuld angemeldet haben (§ 143 Abs. 1 VVG n. F., ohne Veränderung übernommen aus § 102 Abs. 2 VVG a. F.).

1273   Der selbstständige Anspruch aus § 102 VVG a. F. haftet nicht gemäß § 1127 Abs. 1 BGB für die Grundschuld, wird deshalb durch die Zwangsversteigerung nicht berührt und geht mithin **nicht auf den Ersteher** des Grundstücks über[56]. Soweit die Grundpfandrechte nicht aus dem Versteigerungserlös befriedigt werden, setzen sie sich – untereinander im Rang der (erloschenen) Grundpfandrechte – an dieser Forderung gegen den Versicherer fort[57]. Die Grundschuldgläubiger können im Rahmen der Erstattungspflicht des Versicherers (RN 1272) Zahlung von diesem selbst dann verlangen, wenn sie durch den Versteigerungserlös nicht gedeckt gewesen wären[58].

---

52   Einzelheiten bei *Langheid*, NJW 2007, 3669.
53   *Wirth*, WM 2009, 1731, 1734 f.
54   *BGH v. 4. 12. 1996* – IV ZR 143/95 – (Ziff. 2b, aa), WM 1997, 358 = EWiR § 102 VVG 1/97, 325 (*Littbarski*); vgl. *BGH v. 2. 3. 2005* – IV ZR 212/04 – (Ziff. 2b), WM 2005, 1134 = ZfIR 2005, 504 (*Armbrüster*).
55   *MünchKomm/Lieder*, § 1130 RN 16 m. w. N.; streitig.
56   *BGH v. 4. 12. 1996* – IV ZR 143/95 – (Ziff. 2b, aa), WM 1997, 358 = EWiR § 102 VVG 1/97, 325 (*Littbarski*); BGH v. 19. 2. 1981 – IVa ZR 57/80 – (Ziff. I, 2), WM 1981, 488.
57   BGH v. 19. 2. 1981 – IVa ZR 57/80 – (Ziff. II, 1), WM 1981, 488.
58   *BGH v. 4. 12. 1996* – IV ZR 143/95 – (Ziff. 2b, cc), WM 1997, 358 = EWiR § 102 VVG 1/97, 325 (*Littbarski*).

40.3   Haftung des Anspruchs aus einer anderen Versicherung

Ist das *Gebäude* gegen andere Schäden als Brand versichert ist, etwa gegen   *1274*
Leitungswasserschäden, so haften auch die Ansprüche daraus für die Grundschuld (§ 1127 Abs. 1 BGB). An diesen Ansprüchen besteht ebenfalls schon vor
Beschlagnahme ein Pfandrecht des Grundschuldgläubigers[59]. Denn § 1128 BGB
gilt für jede Art der *Gebäude*versicherung, nicht nur für die Brandversicherung.

Der Grundschuldgläubiger hat aber – anders als bei der Feuerversicherung
(RN 1272) – **keinen selbstständigen Anspruch** gegen den Versicherer, soweit
dieser gegenüber dem Versicherungsnehmer zur Leistungsverweigerung berechtigt ist, bspw. weil der Versicherungsnehmer den Schaden grob fahrlässig
herbeigeführt (§ 81 Abs. 2 VVG) oder trotz Setzung einer Zahlungsfrist die Prämie nicht gezahlt hat (§ 38 Abs. 2 VVG). Denn § 102 VVG a. F. bzw. § 143 Abs. 1
VVG n. F. sind nur auf die *Feuer*versicherung anzuwenden; für andere Versiche-
rungen gelten die Bestimmungen weder unmittelbar noch entsprechend[60].

Sind **Zubehörstücke** (oder für die Grundschuld haftende andere Gegenstände   *1275*
als das Gebäude) selbstständig versichert, so haftet zwar ein (künftiger) Anspruch gegen den Versicherer für die Grundschuld (§ 1127 Abs. 1 BGB). Der
Grundschuldgläubiger hat aber – wenn nicht rechtsgeschäftlich begründet[61] –
zunächst kein Pfandrecht daran; § 1128 BGB gilt nur für die Gebäudeversicherung. Der Versicherte kann deshalb die Versicherungssumme einziehen, solange sie nicht beschlagnahmt ist (§ 1129, § 1124 Abs. 1 BGB).

Die Beschlagnahme tritt mit Anordnung der Zwangsversteigerung oder der
Zwangsverwaltung ein (§ 20 Abs. 1, § 148 Abs. 1 ZVG); Ansprüche aus der Versi-
cherung von land- oder forstwirtschaftlichen Erzeugnissen werden durch die
Zwangs*versteigerung* allerdings nur teilweise beschlagnahmt (§ 21 Abs. 1 ZVG).

Soweit Ansprüche beschlagnahmt sind, gehen sie mit dem Zuschlag auf den
Ersteher über (§ 90 Abs. 2, § 55 Abs. 1 ZVG), und zwar frei von der Haftung für
die Grundschulden[62]. Nach dem Zuschlag kann der Grundschuldgläubiger
daher auf die Versicherungsforderung nicht mehr zugreifen.

---

59   *Grüneberg/Herrler*, § 1128 RN 2.
60   (noch vor der VVG-Reform) *BGH v. 21. 6. 1989* – IVa ZR 100/88 – (Ziff. II, 1, 3 b und 4),
     BGHZ 108, 82 = EWiR § 102 VVG 1/89, 821 (*Heckschen*).
61   Vgl. Anhang 9 [14]. Zur wirksamen Verpfändung ist Anzeige an den Versicherer *durch
     den Versicherungsnehmer* erforderlich (§ 1280 BGB).
62   BGH v. 19.2.1981 – IVa ZR 57/80 – (Ziff. I, 1), WM 1981, 488; *Grüneberg/Herrler*,
     § 1129 RN 2.

41 Verwertung der Grundschuld durch ihre freihändige Veräußerung

41.1 Voraussetzungen und Folgen

1276 Die Grundschuld dient der Sicherung des Gläubigers. Zum Wesen einer Sicherheit gehört es, dass sie im Sicherungsfall verwertet werden darf. Dies ist – statt durch Zwangsversteigerung – auch dadurch möglich, dass die Grundschuld veräußert wird, und zwar entweder gemeinsam mit der gesicherten Forderung oder ohne sie.

Voraussetzung für die **Zulässigkeit einer Verwertung** ist es, dass der Sicherungsnehmer sich dabei im Rahmen des Sicherungsvertrags hält (s. dazu RN 1280 bis 1282) oder dass der Sicherungsgeber einer anderen Verwertung zustimmt (s. dazu RN 1286, 1287).

1277 Von der *Verwertung* einer Grundschuld wird hier dann gesprochen, wenn der Gläubiger im Sicherungsfall die Initiative ergreift, um seine Sicherheit zu Geld zu machen. Der Sicherungsfall ist dann eingetreten, wenn die gesicherte *Forderung* (über-)fällig ist, aber nicht erfüllt wird. Die *Grundschuld* selbst braucht nicht fällig zu sein.

Eine Abtretung der Grundschuld mit oder ohne Übergang der gesicherten Forderung kommt auch sonst vor, etwa beim Verkauf von Grundschuld und Forderung – meist aus Interesse des Käufers am Erwerb – (RN 978, 979) oder bei der Ablösung oder Umschuldung eines Kredits – dann meist auf Initiative des Schuldners – (RN 980, 981) oder nach Übergang der Forderung kraft Gesetzes, ggf. auch durch Abtretung – dann oft auf Verlangen des neuen Gläubigers der Forderung – (RN 964 ff., 1023).

In diesen Fällen braucht die Forderung nicht fällig zu sein, kann es aber sein. Die Fälligkeit der Forderung ist also kein sicheres Abgrenzungsmerkmal.

Die Verwertungsabsicht des Gläubigers ist auch kein eindeutiges Abgrenzungskriterium, weil Handlungen meist aus mehreren unterschiedlichen Motiven vorgenommen werden.

Deshalb sind Verwertungsfälle oft nicht scharf von anderen Veräußerungen der Grundschuld abgrenzbar. Das kann zu Überschneidungen führen (vgl. z.B. RN 1285), was aber unschädlich ist.

1278 Bei einer (zulässigen) freihändigen Verwertung wird das in der Grundschuld vorhandene Sicherungspotenzial ebenso ausgeschöpft wie bei der Zwangsversteigerung daraus. Der Sicherungszweck der Grundschuld ist damit erledigt. Die bisherige **Verknüpfung** der Grundschuld mit der gesicherten Forderung **durch den Sicherungsvertrag endet.** Der Sicherungsnehmer kann die von ihm verwertete Grundschuld nicht mehr zurückgeben. Seine Rückgewährpflicht entfällt[1].

Bei der Veräußerung der Grundschuld gemeinsam mit der Forderung verbleibt eine *gesetzliche* Beschränkung des Erwerbers, weil der Eigentümer die Geltendmachung der Grundschuld nicht uneingeschränkt dulden muss (RN 1281). Bei der isolierten Veräußerung allein der Grundschuld gibt es selbst diese nicht (RN 1289).

In der zulässigen Verwertung kann **keine Verletzung der Rückgewährpflicht** liegen. Der Rückgewähranspruch bezieht sich immer nur auf das, was dem Sicherungsnehmer nach der Verwertung (oder nach nicht erzwungener Tilgung der Forderung) verbleibt. Die Abtretung oder (Ver-)Pfändung des Rückgewähranspruchs kann deshalb der (zulässigen) Verwertung der Grundschuld nicht entgegenstehen[2].   *1279*

41.2 Gemeinsame Veräußerung von Grundschuld und gesicherter Forderung

Nach dem Sicherungsvertrag hat die Grundschuld den Zweck, eine (oder mehrere) bestimmte Forderung(en) zu sichern. Die daraus folgende Einschränkung für die Realisierung der Grundschuld darf – falls nicht der Sicherungsgeber einer Abweichung zustimmt – bei einer freihändigen Verwertung nicht verloren gehen. Das ist bei *gemeinsamer* Abtretung von Grundschuld und Forderung gewährleistet (RN 1281).   *1280*

Werden Grundschuld und gesicherte Forderung gemeinsam abgetreten, dann weiß der neue Gläubiger, dass die Grundschuld (nur) die gleichzeitig abgetretene Forderung sichert. Das hat zur Folge, dass der **Erwerber** die Grundschuld **nur in Höhe der gesicherten Forderung** geltend machen kann. Das gilt auch dann, wenn er nicht in die *vertraglichen* Pflichten des (bisherigen) Grundschuldgläubigers aus der Sicherungsabrede eintritt (RN 790, 792, 793).   *1281*

Die Verwertung der Grundschuld nach Eintritt des Sicherungsfalls (RN 1277) durch **Abtretung gemeinsam** mit der gesicherten Forderung hält sich mithin im Rahmen des Sicherungsvertrags. Sie wird – sofern nichts Abweichendes vereinbart ist – deshalb zu Recht auch ohne besondere Zustimmung des Sicherungsgebers für zulässig gehalten[3].   *1282*

---

1   BGH v. 8.12.1978 – V ZR 221/77 – (Ziff. II, 2), NJW 1979, 717; BGH v. 16.2.1989 – IX ZR 256/87 – (Ziff. III, 1 d, cc), WM 1989, 484 = EWiR § 765 BGB 3/89, 345 (*Gaberdiel*); *MünchKomm/Lieder*, § 1191 RN 113; *Clemente*, RN 630.
2   RG v. 5.1.1934 – VII 180/33 – (Ziff. II), RGZ 143, 113.
3   BGH v. 4.7.1986 – V ZR 238/84 – (Ziff. II, 2 b), WM 1986, 1386 = EWiR § 1191 BGB 7/86, 1101 (*Gaberdiel*); RG v. 26.2.1936 – V 211/35 –, JW 1936, 2310; RG v. 12.5.1928 – V 468/27 –, JW 1928, 2782, 2784; *MünchKomm/Lieder*, § 1191 RN 113; *Huber*, S. 240 f.; *Serick*, § 39 II, 3 (Band III, S. 520 ff.); *ähnlich* (zulässig, wenn sich Gläubiger nur in Höhe der Forderung befriedigen kann): *Grüneberg/Herrler*, § 1191 RN 33; bis zum Inkrafttreten von § 1192 Absatz 1a BGB *zweifelnd*: *Staudinger/Wolfsteiner* (2019), Vorbem. 124 zu §§ 1191 ff.; *anders* (nur aufgrund Vereinbarung zulässig): *Clemente*, RN 639.

Eine abweichende – die Verwertung durch gemeinsame Veräußerung von Grundschuld und gesicherter Forderung ausschließende – Vereinbarung dürfte bspw. vorliegen, wenn ausdrücklich die Voraussetzungen für die Einleitung von Zwangsversteigerung bzw. Zwangsverwaltung geregelt werden, ohne dass dabei eine andere Form der Verwertung angesprochen wird.

Bei der **Verwertung** seiner Sicherheit hat der Gläubiger die Belange des Sicherungsgebers in angemessener und zumutbarer Weise zu berücksichtigen, soweit nicht seine schutzwürdigen Sicherungsinteressen entgegenstehen[4]. Daraus folgt bspw. die Pflicht, den Sicherungsgeber im Voraus mit angemessener Frist auf die beabsichtigte Verwertung hinzuweisen[5], was gelegentlich auch ausdrücklich vereinbart wird[6]. Die öffentliche Versteigerung der Grundschuld dürfte dagegen nicht geboten sein[7]; sie ist nicht praktikabel und lässt keine besseren Ergebnisse erwarten.

1283 Nicht benötigter Teil zurückzugewähren

Ist die Grundschuld nicht voll valutiert, so darf – bei gemeinsamer Übertragung von Grundschuld und gesicherter Forderung – der Gläubiger nur den valutierten Teil der Grundschuld übertragen[8]. Hinsichtlich des Restes ist der Sicherungszweck entfallen, sodass ihn der Gläubiger an den Sicherungsgeber zurückzugewähren hat (RN 724).

Dem entsprechen die gängigen Vordrucke, soweit darin die freihändige Veräußerung überhaupt angesprochen wird. Danach wird der Gläubiger die Grundschuld – ohne besondere Zustimmung des Sicherungsgebers bzw. Eigentümers – nur zusammen mit der gesicherten Forderung und nur in einer im Verhältnis dazu angemessenen Höhe verkaufen[9]. Diese Pflicht, die Grundschuld nur in der zur Erfüllung des Sicherungszwecks unbedingt nötigen Höhe zu verwerten, ergibt sich aber bereits aus dem Sicherungsvertrag auch ohne eine solche Vereinbarung.

---

4 *BGH v. 5. 10. 1999* – XI ZR 280/98 – (Ziff. II, 1), NJW 2000, 352 = WM 2000, 68 = EWiR § 276 BGB 8/2000, 845 (*Vortmann*); BGH v. 24. 6. 1997 – XI ZR 178/96 – (Ziff. II, 1), NJW 1997, 2674 = WM 1997, 1474 = EWiR § 276 BGB 3/97, 775 (*Schwerdtner*).

5 *Staudinger/Wolfsteiner* (2019) Vorbem. 128 zu §§ 1191 ff.; *Huber*, S. 240 f., *Vortmann*, BGH EWiR § 276 BGB 8/2000, 845 (Ziff. 1.2).

6 Vgl. Anhang 6 [16], 7 [17], 8 [18]; Vorschlag des Ausschusses für Schuld- und Liegenschaftsrecht der Bundesnotarkammer für ein Grundschuldformular, Teil A II, 7 (DNotZ 2002, 84, 88).

7 *Grüneberg/Herrler*, § 1191 RN 33 (Gläubiger an die Beschränkungen der §§ 1234 ff. BGB nur gebunden, wenn vereinbart).

8 RG v. 12. 5. 1928 – V 468/27 –, JW 1928, 2782, 2784 (Zession nur soweit, wie zur Befriedigung erforderlich); *Staudinger/Wolfsteiner* (2019), Vorbem. 126 zu §§ 1191 ff.; *Clemente*, RN 640; *weitergehend* (Abtretung bis zu 10 % über Kapital bzw. Zinssatz der gesicherten Forderung): *Serick*, § 39, II 3 e (Band III S. 525); *Gnamm*, ZIP 1986, 822, 825.

9 Anhang 6 [18], 7 [19], 8 [20], 10 [5], 11 [5] und 12 [5]; *etwas weitergehend:* (Verwertung durch Abtretung zulässig, wenn Wahrung der Sicherungsvereinbarungen sichergestellt) Vorschlag des Ausschusses für Schuld- und Liegenschaftsrecht der Bundesnotarkammer für ein Grundschuldformular, Teil A II, 7 (DNotZ 2002, 84, 88).

Im Übrigen liegt es im eigenen Interesse des (bisherigen) Grundschuldgläubigers, dem Erwerber nur den valutierten Teil des Grundschuldkapitals und der Grundschuldzinsen abzutreten und den überschießenden Teil dem Sicherungsgeber zurückzugewähren. Denn bei einer etwaigen Weiterübertragung des nicht valutierten Teils an einen gutgläubigen Zweiterwerber könnte die Beschränkung der Grundschuld (RN 1281) entfallen und dadurch dem Sicherungsgeber ein Schaden entstehen, für den der bisherige Gläubiger als Sicherungsnehmer haftbar sein könnte.

Durch diese Art der Verwertung entäußert sich der (bisherige) Gläubiger nicht nur der Grundschuld, sondern auch der gesicherten Forderung. Es kommt daher **keine Verrechnung** des Erlöses auf die gesicherte Forderung in Betracht. Die Forderung ist vielmehr auf den neuen Gläubiger übergegangen und steht ihm – neben der Grundschuld – in vollem Umfang zu. *1284*

Erlöst der bisherige Gläubiger nicht den vollen Nennbetrag (bspw. für Grundschuld und Forderung von je 50 000 Euro nur 45 000 Euro), so hat er, falls nichts Abweichendes vereinbart ist, keine Möglichkeit mehr, den Differenzbetrag zu erhalten. Der Darlehensnehmer schuldet dem bisherigen Gläubiger nichts mehr; er ist nur noch Schuldner des neuen Gläubigers. Der eingeräumte Nachlass führt zu einem **endgültigen Verlust** für das verwertende Kreditinstitut[10]. Dennoch kann ein solches Vorgehen sinnvoll sein, falls die Aussichten einer Zwangsvollstreckung entsprechend schlecht sind.

Durch die gemeinsame Veräußerung mit der gesicherten Forderung verwertet der (bisherige) Grundschuldgläubiger die Grundschuld. Er wird damit **aus der Rückgewährpflicht frei** (RN 1278). Lediglich einen zu seiner Befriedigung etwa nicht benötigten Teil der Grundschuld hat er zurückzugewähren (RN 1283, 724). *1285*

Der Eigentümer bzw. der Schuldner kann vom *Erwerber* die Herausgabe der Grundschuld verlangen, wenn er die gesicherte Forderung tilgt. Für den Eigentümer ergibt sich dies aus § 1169 BGB (RN 1281, 793), für den Schuldner, der ausnahmsweise nicht Eigentümer des belasteten Grundstücks ist, daraus, dass er nur Zug um Zug gegen Rückgewähr der Grundschuld zahlen muss (RN 795, 797). Etwaige Schwierigkeiten dabei fallen nicht mehr in den Verantwortungsbereich des (bisherigen) Grundschuldgläubigers.

Denkbar ist auch, dass die durch den Sicherungsvertrag begründete *vertragliche* Verknüpfung zwischen Grundschuld und Forderung erhalten bleibt, sofern der Erwerber in die Verpflichtungen des Veräußerers aus dem Sicherungsvertrag eingebunden wird. Dazu sind entsprechende Vereinbarungen erforderlich (RN 636).

Wird dieser Weg gegangen, so gibt es zu einem Verkauf der gesicherten Forderung mit Abtretung der Grundschuld (RN 978, 979) oder zu einer Umschuldung (RN 980, 981) keine praktisch ins Gewicht fallenden Unterschiede mehr; s. auch RN 1277.

---

10 *MünchKomm/Lieder*, § 1191 RN 113.

41.3 Isolierte Veräußerung der Grundschuld

1286 Wird die Grundschuld allein (isoliert) veräußert, wird sie **von der gesicherten Forderung getrennt**. Im Anwendungsbereich des mit dem Risikobegrenzungsgesetz eingeführten § 1192 Absatz 1a BGB, der für alle Abtretungen nach dem 19. 8. 2008 gilt, kann der Eigentümer sämtliche Einreden aus dem Sicherungsvertrag auch dem Erwerber der Grundschuld entgegensetzen, ohne dass es auf dessen Bös- oder Gutgläubigkeit hinsichtlich der Einreden ankäme. Bei früheren Abtretungen jedoch greift die neue Schutzvorschrift nicht. Dort muss sich der neue Grundschuldgläubiger zwar alle im *Zeitpunkt der Abtretung* begründeten Einwendungen gegen die Grundschuld entgegenhalten lassen, es sei denn, dass er insoweit gutgläubig war (RN 790, 792). Leistungen aber, die der Schuldner *nach Abtretung* der Grundschuld auf die gesicherte Forderung erbringt, braucht der (neue) Gläubiger nicht gegen sich gelten zu lassen, sodass nach alter Rechtslage die Gefahr der doppelten Inanspruchnahme droht[11]. Diese Auflösung der Zweckbindung widerspricht der Sicherungsabrede[12] und hält sich nicht mehr im Rahmen des Sicherungsvertrags[13].

1287 Der Grundschuldgläubiger war deshalb bis zum Inkrafttreten des Risikobegrenzungsgesetzes zu einer isolierten Abtretung der Grundschuld nur bei Vorliegen einer dahingehenden Gestattung durch den Sicherungsgeber berechtigt[14].

Eine isolierte Abtretung der Grundschuld nach dem 19. 8. 2008 ist dagegen **nicht generell unzulässig**[15], weil wegen § 1192 Abs. 1a BGB die Gefahr der doppelten Inanspruchnahme nicht mehr besteht. Unzulässig ist die Trennung der Grundschuld von der besicherten Forderung gleichwohl dann, wenn im Sicherungsvertrag geregelt ist, dass die isolierte Verwertung der Grundschuld nur mit (zusätzlicher) Zustimmung des Eigentümers[16] bzw. (richtig) des Sicherungsgebers[17] zulässig ist. Eine isolierte Verwertung der Grundschuld ohne Zustimmung des Sicherungsgebers scheidet dann unabhängig vom Zeitpunkt der Abtretung aus. Ein besonderes Bedürfnis für eine solche Verwertung besteht ohnehin regelmäßig nicht.

Auch nach Einführung von § 1192 Abs. 1a BGB bleibt der Sicherungsnehmer im Übrigen an den Sicherungsvertrag und die daraus resultierende Rückgewähr-

---

11 BGH v. 4. 7. 1986 – V ZR 238/84 – (Ziff. II, 1 a), WM 1986, 1386 = EWiR § 1191 BGB 7/86, 1101 (*Gaberdiel*).

12 BGH v. 4. 7. 1986 – V ZR 238/84 – (Ziff. II, 2 b), WM 1986, 1386 = EWiR § 1191 BGB 7/86, 1101 (*Gaberdiel*).

13 *Clemente*, RN 628.

14 BGH v. 4. 7. 1986 – V ZR 238/84 – (Ziff. II, 2 b), WM 1986, 1386 = EWiR § 1191 BGB 7/86, 1101 (*Gaberdiel*); RG v. 26. 2. 1936 – V 211/35 –, JW 1936, 2310 (im entschiedenen Fall wurde eine Ermächtigung zur freihändigen Verwertung angenommen); OLG Hamm v. 2. 8. 1990 – 27 U 63/89 –, EWiR § 1191 BGB 5/91, 891 (*Alisch*); *Clemente*, RN 628; *Serick*, § 39 II, 3 c (Band III S. 524); *bis zum Inkrafttreten von § 1192 Abs. 1a BGB wohl auch: Staudinger/Wolfsteiner* (2002), Vorbem. 93 zu §§ 1191 ff. (bezweifelt, ob ohne ausdrücklich Vereinbarung zulässig).

15 *Staudinger/Wolfsteiner* (2019) Vorbem. 124 zu §§ 1191 ff.; *Meyer*, WM 2010, 58, 64.

16 Anhang 10 [5], 11 [5] und 12 [5].

17 Anhang 6 [18], 7 [19] und 8 [20].

pflicht gebunden. Eine Abtretung kommt daher – soweit nicht die Trennung überhaupt von der Zustimmung des Sicherungsgebers abhängig gemacht wurde – nur in Höhe des noch valutierten Teils der Grundschuld in Betracht (vgl. RN 1283)[18].

Eine isolierte Abtretung der Grundschuld über den noch valutierten Teil hinaus würde eine Verletzung der Rückgewährpflicht des Sicherungsnehmers darstellen. Auch wenn nach neuer Rechtslage der Verlust von Einreden durch die Grundschuldabtretung nicht mehr zu befürchten ist, kann ein Schaden nicht in jedem Fall zuverlässig ausgeschlossen werden. Zum einen schützt § 1192 Abs. 1a BGB nur den mit dem Eigentümer identischen Sicherungsgeber und zum anderen verbleibt für den Sicherungsgeber immer das Risiko, die bei Abwehr unberechtigter Vollstreckungsmaßnahmen anfallenden Kosten bei Insolvenz des neuen Grundschuldgläubigers nicht erstattet zu bekommen.

Bei der Veräußerung der Grundschuld ohne gesicherte Forderung handelt es sich um einen Vorgang, der mit der Verwertung einer sicherungsübereigneten Sache vergleichbar ist. Der vom Erwerber gezahlte Betrag ist Erlös aus der Verwertung der Sicherheit und keine Tilgungsleistung auf die gesicherte Forderung[19].   *1288*

Der **Verwertungserlös** tritt an die Stelle der Grundschuld. Auf ihn beziehen sich ab jetzt die Rechte des Sicherungsgebers. Er ist entsprechend dem Sicherungsvertrag auf die gesicherten Forderungen **zu verrechnen**[20]. Verbleibt danach ein Überschuss, ist dieser dem Sicherungsgeber – bzw. nach Abtretung oder (Ver-)Pfändung des Rückgewähranspruchs dem Zessionar oder Pfandgläubiger – zurückzugewähren[21] (RN 749).

Im Übrigen ist der **Sicherungsvertrag** mit der Verwertung der Sicherheit, sofern der Grundschuldgläubiger sich dabei im Rahmen seiner Befugnis gehalten hat, abgewickelt und **beendet**. Insbesondere kann der Sicherungsgeber vom Sicherungsnehmer nicht mehr eine Rückgewähr der (verwerteten) Grundschuld verlangen[22], sondern allenfalls noch die Herausgabe eines etwaigen Übererlöses.   *1289*

---

18   *Staudinger/Wolfsteiner* (2019) Vorbem. 126 zu §§ 1191 ff.; *Clemente,* ZfIR 2007, 737.
19   Das verkennt *Becker-Eberhard,* S. 631 f.
20   BGH v. 16.2.1989 – IX ZR 256/87 – (Ziff. III, 1 d, cc), WM 1989, 484 = EWiR § 765 BGB 3/89, 345 (*Gaberdiel*); BGH v. 13.5.1982 – III ZR 164/80 – (Ziff. I, 3), WM 1982, 839; *MünchKomm/Lieder,* § 1191 RN 116; *Serick,* § 39 II, 3 b, c (Band III S. 522 f.); *anderer Ansicht* (zu verrechnen ist der Betrag der Belastung des Sicherungsgebers): *Huber,* S. 249 ff.
21   RG v. 26.2.1936 – V 211/35 –, JW 1936, 2310.
22   BGH v. 16.2.1989 – IX ZR 256/87 – (Ziff. III, 1 d, cc), WM 1989, 484 = EWiR § 765 BGB 3/89, 345 (*Gaberdiel*); BGH v. 8.12.1978 – V ZR 221/77 – (Ziff. II, 2), NJW 1979, 717.

Der Erwerber erhält die **Grundschuld ohne Bindung** an die früher dadurch gesicherte Forderung[23]. Er kann mit ihr nach Belieben verfahren und sie bei Fälligkeit gegen den Eigentümer geltend machen[24].

1290 Soweit die gesicherte Forderung durch die Verrechnung nicht voll befriedigt wird, verbleibt sie dem Gläubiger. Das gilt auch dann, wenn der erzielte Erlös den Nennbetrag der Grundschuld unterschreitet[25]. Der (bisherige) Grundschuldgläubiger ist aber dem Sicherungsgeber zum **Schadensersatz** verpflichtet, wenn er die Grundschuld **schuldhaft schlecht verwertet.**

Beispiel:

Betragen sowohl Grundschuld wie gesicherte Forderung je 50 000 Euro, können bei der Verwertung der ganzen Grundschuld aber nicht mehr als 45 000 Euro erzielt werden (etwa weil der Wert des belasteten Objekts nach Abzug der vorrangigen Lasten keine höhere Bewertung erlaubt und der Käufer trotzdem auf dem Erwerb der Grundschuld in voller Höhe besteht), so bleibt die persönliche Schuld in Höhe von 5 000 Euro bestehen. Der Gläubiger kann Zahlung dieses Restbetrags vom persönlichen Schuldner verlangen. Der Käufer hat andererseits die Grundschuld in voller Höhe erworben und kann ohne Einschränkung wegen 50 000 Euro die Zwangsversteigerung des Grundstücks betreiben. Neuer Grundschuldgläubiger und Gläubiger des persönlichen (Rest-)Anspruchs haben danach zusammen Ansprüche in Höhe von 55 000 Euro, während sich die ursprüngliche Forderung nur auf 50 000 Euro belief.

---

23 BGH v. 8.12.1978 – V ZR 221/77 – (Ziff. II, 2), NJW 1979, 717; RG v. 26.2.1936 – V 211/35 –, JW 1936, 2310; *anders: MünchKomm/Lieder*, § 1191 RN 117, der auch für diesen Fall die Erhaltung der Zweckbindung fordert, aber verkennt, dass dies bei isolierter Verwertung der Grundschuld gerade nicht möglich ist.
24 *Staudinger/Wolfsteiner* (2019), Vorbem. 307 zu §§ 1191 ff.
25 OLG Hamm v. 2.8.1990 – 27 U 63/89 –, EWiR § 1191 BGB 5/91, 891 (*Alisch*); *MünchKomm/Lieder*, § 1191 RN 120; eingehend *Serick*, § 39 II, 3 b (Band III S. 522 f.); *anderer Ansicht* (Risiko des Mindererlöses trägt Grundschuldgläubiger): *Huber*, S. 249 ff.

42 Zwangsverwaltung

42.1 Praktische Bedeutung

Die Anordnung der Zwangsverwaltung führt u. a. zur Beschlagnahme der Miet- und Pachtzinsansprüche, die das Zwangs*versteigerungs*verfahren nicht erfasst (RN 1265). Damit kann – selbst in der Insolvenz des Schuldners (RN 1294) und ggf. parallel zum Versteigerungsverfahren – auf die **Erträge des Grundstücks** zugegriffen werden.

1291

Sogar bei der Gebrauchsüberlassung durch einen Gesellschafter, bei der sonst Mieteingänge aus dem Grundstück nicht oder nur eingeschränkt zu erwarten sind, kann nach Anordnung der Zwangsverwaltung Miete verlangt werden, und zwar selbst vom Insolvenzverwalter (RN 1268).

Über die Zwangsverwaltung kann bspw. das Auflaufen von Grundschuldzinsen verhindert oder minimiert werden. Möglich ist auch, das Grundstück in einen guten Zustand zu bringen oder darin zu erhalten, was bei Unfähigkeit oder schlechtem Willen des Schuldners geboten sein kann, um Wertminderungen zu vermeiden. Nicht zu den Aufgaben eines Zwangsverwalters gehört es dagegen, durch einen bewussten Leerstand für eine wirtschaftliche, möglichst sinnvolle Verwertung des Objekts im Rahmen der Zwangsversteigerung zu sorgen[1].

Da ein Zugriff nur auf die Erträge des Grundstücks, nicht aber auf den Substanzwert möglich ist, kann der Gläubiger in der Zwangsverwaltung keine volle und nur selten teilweise Befriedigung erwarten.

Ist das Grundstück mit einem **Nießbrauch** belastet, so **kollidiert** das Besitzrecht des Zwangsverwalters (RN 1292) mit dem des Nießbrauchers.[2] Deshalb ist in einem solchen Fall (vollstreckungsrechtlich) für die Anordnung der Zwangsverwaltung – neben den sonstigen Voraussetzungen – die Zustimmung des Nießbrauchers oder ein Duldungstitel gegen ihn erforderlich, und zwar selbst dann, wenn er – wie bspw. bei einem nachrangigen Nießbrauch – *materiell-rechtlich* die Zwangsvollstreckung aus der vorrangigen Grundschuld dulden muss[3]. In *prozessualer* Hinsicht kann der Grundschuldgläubiger den Duldungstitel gegen den Nießbraucher als Rechtsnachfolger des Eigentümers jedenfalls dann unschwer im Wege einer titelerweiternden Klauselumschreibung (§ 727 ZPO) erlangen, wenn die Grundschuld bereits vor Eintragung des Nießbrauchs vollstreckbar im Grundbuch eingetragen war (§ 800 ZPO, s. RN 304 ff.).[4]

Ob die titelerweiternde Klauselumschreibung auch dann erfolgen darf, wenn die Titulierung der Grundschuld und die Eintragung des dahingehenden Vollstreckbarkeitsvermerks erst nach Eintragung des Nießbrauchs erfolgt, der Nieß-

---

1 OLG Köln v. 25.6.2007 – 2 U 39/07 – (Ziff. 1a), Rpfleger 2008, 321 = ZfIR 2008, 73 (*Bergsdorf*).
2 Überblick bei *Alff*, ZfIR 2014, 313.
3 BGH v. 15.10.2015 – IX ZR 44/15 – (RN 19), WM 2015, 2325; BGH v. 14.3.2003 – IXa ZB 45/03 – (Ziff. 3), WM 2003, 845 = BKR 2003, 423 (Klassen) m. w. N., auch für die Gegenansicht; *kritisch: Hintzen*, Rpfleger 2004, 69, 78 (Ziff. II, 1).
4 BGH v. 26.3.2014 – V ZB 140/13 – (RN 12), WM 2014, 1043.

braucher der Grundschuld aber den Vorrang einräumt, ist umstritten.[5] Zwar ist der Nießbraucher (in Bezug auf das Recht zum Besitz und zur Ziehung von Nutzungen aus dem Grundstück) materiell-rechtlich zweifelsohne Rechtsnachfolger des Eigentümers. Für die dingliche Wirkung der Unterwerfung und damit auch für ihre Drittwirkung fordert § 800 Abs. 1 Satz 2 ZPO in prozessualer Hinsicht aber die Eintragung in das Grundbuch. Folgt diese der Eintragung des Nießbrauchs zeitlich nach, muss sich der Nießbraucher die Unterwerfung deswegen nicht entgegenhalten lassen. Daran kann auch ein Rangrücktritt nichts ändern, da dieser als solcher nur materiell-rechtlich wirkt. Dem Grundpfandrechtsgläubiger kann daher in der aufgezeigten Konstellation bis zur Klärung der Streitfrage durch den BGH nur geraten werden, sich **neben der Rangrücktrittserklärung vom Nießbraucher** auch eine **dingliche Unterwerfungserklärung**[6] geben zu lassen.

42.2 Zwangsverwalter

1292 Bei Anordnung der Zwangsverwaltung wird ein Verwalter bestellt, der das Grundstück in **Besitz** nimmt (§ 150 Abs. 2 ZVG) und alsbald den Umfang und den Zustand des seiner Verwaltung unterliegenden Vermögens festzustellen und zu dokumentieren hat; gehören Forderungen (etwa Mietzinsen) zum verwalteten Vermögen, sind die Drittschuldner zu benachrichtigen (§§ 3, 4 ZwVwV[7])[8].

Der Zwangsverwaltung unterliegen nur das Grundstück und die für die Grundschuld haftenden Gegenstände, nicht ein auf dem Grundstück etwa geführter Betrieb[9].

Der Zwangsverwalter ist berechtigt und verpflichtet, alle Maßnahmen zu ergreifen, die erforderlich sind, um eine **ordnungsmäßige Nutzung** des Grundstücks zu ermöglichen bzw. zu gewährleisten (§ 152 Abs. 1 ZVG). Hierzu kann bei grundstücksbezogenen Unternehmen sogar die Betriebsfortführung gehören[10]. Verfügungen über das Grundstück kann der Verwalter nicht treffen; er kann also das Grundstück weder belasten noch veräußern[11]. Weitere Einzelheiten ergeben sich aus der Zwangsverwalterverordnung[3], auf die verwiesen wird.

Zu den Aufgaben des Verwalters kann es bspw. gehören, das Dach zu reparieren oder ein angefangenes Gebäude winterfest zu machen. Unter Umständen kann

---

5 Rangrücktritt des Nießbrauchers genügt: *Stöber/Drasdo*, § 146 RN 88; a. A. – genügt nicht: *Staudinger/Wolfsteiner* (2019), § 1124 RN 22; *Alff*, ZfIR 2014, 313, 317; wohl auch *Schmidberger*, ZfIR 2016, 114, 116.

6 Formulierungsvorschlag für die Vollstreckungsklausel bei *Wolfsteiner*, RN M44.78.

7 Zwangsverwalterverordnung (ZwVwV) v. 19. 12. 2003 (BGBl. I, 2804).

8 *Stöber/Drasdo*, § 152 RN 16.

9 Im Einzelnen: *Stöber/Drasdo*, § 152 RN 54 ff.

10 Bejahend bei einem Hotel BGH v. 14. 4. 2005 – V ZB 16/05 – (Ziff. II, 2 b), BGHZ 163, 9 = WM 2005, 1418 = WuB VI E § 152 ZVG 2.05 (Brehm); verneinend für Biogasanlage mangels Grundstücksbezug OLG Rostock v. 02. 04. 2020 – 3 U 1/19 – (Ziff. II.1.b), NZI 2020, 808.

11 *Stöber/Drasdo*, § 152 RN 22.

er ein angefangenes Bauwerk vollenden, um das Grundstück einer ordnungsgemäßen Nutzung durch Vermietung oder Verpachtung zuzuführen[12]. Zu wesentlichen Änderungen, wozu auch die Fertigstellung begonnener Bauvorhaben gehört, und zu Ausbesserungen und Erneuerungen, die die gewöhnliche Instandhaltung überschreiten, bedarf er allerdings der Zustimmung des Vollstreckungsgerichts (§ 10 Abs. 1 Nr. 1 und 5 ZwVwV). Gerichtlich nicht zustimmungsfähig sind Umbauvorhaben, die den Gesamtcharakter des Grundstücks nachhaltig verändern[13].

Der Verwalter hat die Ansprüche, auf die sich die Beschlagnahme erstreckt   *1293*
(etwa Mietansprüche), geltend zu machen[14]; ggf. hat er das Grundstück zu vermieten oder zu verpachten (§ 5 Abs. 2 ZwVwV). Aus den **Einnahmen** hat er die **Ausgaben** für die Verwaltung, seine Vergütung und die Verfahrenskosten zu bestreiten (§ 9 Abs. 1 ZwVwV).

Verpflichtungen, die er nicht aus vorhandenen Mitteln erfüllen kann, soll der Verwalter nur mit Zustimmung des Vollstreckungsgerichts eingehen (§ 9 Abs. 2, § 10 Abs. 1 Nr. 3 ZwVwV).

Reichen die Mittel für erforderliche Maßnahmen nicht aus, hat der Verwalter über das Vollstreckungsgericht einen genügenden **Vorschuss** des betreibenden Gläubigers zu beantragen; einen unmittelbaren Anspruch gegen den betreibenden Gläubiger auf Ersatz von Aufwendungen hat er nicht. Wird der angeforderte Betrag nicht bezahlt, kann das Verfahren aufgehoben werden (§ 161 Abs. 3 ZVG)[15]:

Vorschüsse des die Zwang*sverwaltung* betreibenden Gläubigers werden – falls die Zwangsverwaltung bis zum Zuschlag fortdauert und soweit die Ausgaben nicht aus den Einnahmen der Zwangsverwaltung gedeckt werden können – in der Zwang*sversteigerung* an erster Stelle befriedigt (§ 10 Abs. 1 Nr. 1 ZVG), allerdings nur, wenn und soweit sie dem Werterhalt oder der Wertverbesserung des Objekts gedient haben[16].

Es genügt nicht, dass daraus Ausgaben der Verwaltung (RN 1296) bestritten worden sind. Denn bspw. die Gebühren und Auslagen des Zwangsverwalters oder – bei Zwangsverwaltung eines Wohnungseigentums – die Wohngeldzah-

---

12 RG v. 4.5.1910 – Rep. V 221/09 –, RGZ 73, 397, 401; OLG Schleswig v. 9.8.1983 – 1 W 196/83 –, ZIP 1983, 1133 m. w. N.; *Stöber/Drasdo*, § 152 RN 20.

13 *BGH v. 10.12.2004 –* IXa ZB 231/03 – (Ziff. II, 2), BGHZ 161, 336.

14 Zur umstrittenen Frage, ob Ansprüche aus der Zeit der Verwaltung noch *nach* deren Aufhebung vom Verwalter geltend zu machen sind: LG Frankfurt/M. v. 12.10.1999 – 2/11 S 107/99 –, Rpfleger 2000, 30; *Stöber/Drasdo*, § 161 RN 59; *Haarmeyer*, Rpfleger 2000, 30 (Anm. zu LG Frankfurt/M. v. 12.10.1999), jeweils m. w. N.

15 *Stöber/Drasdo*, § 152 RN 20, 245 und § 161 RN 27.

16 BGH v. 10.4.2003 – IX ZR 106/02 –, BGHZ 154, 387 = WM 2003, 1098; OLG Braunschweig v. 15.4.2002 – 7 U 113/01 –, NJW-RR 2002, 1305 = Rpfleger 2002, 580; OLG Köln v. 28.5.1998 – 18 U 243/97 –, Rpfleger 1998, 482; LG Mönchengladbach v. 16.7.1999 – 5 T 267/99 –, Rpfleger 2000, 80; *Hintzen*, Rpfleger 2004, 69, 72 (Ziff. I, 6 a); vgl. auch *Stöber/Achenbach*, § 10 RN 13 f.

lungen erfüllen die Voraussetzungen regelmäßig nicht; nur ausnahmsweise dienen sie der Erhaltung oder notwendigen Verbesserung des Objekts[17].

1294 Das Zwangsverwaltungsverfahren kann auch dann eingeleitet werden, wenn über das Vermögen des Grundstückseigentümers das **Insolvenzverfahren** eröffnet worden ist (§ 49 InsO). Eine bereits wirksam gewordene Beschlagnahme zugunsten des die Zwangsverwaltung betreibenden Gläubigers wird durch die Eröffnung des Insolvenzverfahrens nicht berührt (§ 80 Abs. 2 Satz 2 InsO). Allerdings kann der Besitzergreifung des Zwangsverwalters bei entsprechender Gestattung durch die Gläubigerversammlung oder den Insolvenzverwalter[18] das Recht des Schuldners entgegengehalten werden, ihm die für seinen Hausstand **unentbehrlichen Räume unentgeltlich** zu belassen.[19] Die Pfändungsschutzvorschriften finden allerdings weder unmittelbare noch entsprechende Anwendung.[20]

Die Verwaltung und Nutzung des Grundstücks sowie der Gegenstände, auf die sich die Beschlagnahme erstreckt (Zubehör, Miet- und Pachtzinsen), ist dem Insolvenzverwalter entzogen und obliegt dem Zwangsverwalter[21]. Zur Haftung der Miet- und Pachtzinsen s. RN 1267.

Auf Antrag des Insolvenzverwalters (nicht eines *vorläufigen* Verwalters[22]) ist aber die Zwangsverwaltung ganz oder teilweise einzustellen, wenn sie eine wirtschaftlich sinnvolle Nutzung der Insolvenzmasse wesentlich erschwert[23]. Allerdings sind die Nachteile, die sich daraus für den betreibenden Gläubiger ergeben, aus der Insolvenzmasse auszugleichen (§ 153b ZVG)[24].

Auch bei einer Stabilisierungsanordnung nach dem StaRUG kommt eine Untersagung bzw. einstweilige Einstellung bereits eingeleiteter Zwangsverwaltungsverfahren in Betracht, s. RN 1069.1.

1295 Ein unter staatlicher Aufsicht stehendes Kreditinstitut[25], das die Zwangsverwaltung betreibt (oder das sonst Beteiligter nach § 9 ZVG ist), kann beantragen, dass als Zwangsverwalter einer seiner Mitarbeiter[26] bestellt wird. Dem Antrag auf Bestellung eines **Institutsverwalters** muss das Vollstreckungsgericht stattgeben, wenn gegen den Vorgeschlagenen keine Bedenken bestehen und das Kre-

---

17 BGH v. 10. 4. 2003 – IX ZR 106/02 –, BGHZ 154, 387 = WM 2003, 1098.
18 Zur Abgrenzung der Aufgaben von Insolvenzverwalter und Zwangsverwalter *Stöber/Drasdo*, § 152 RN 17.
19 BGH v. 25. 4. 2013 – IX ZR 30/11 – (RN 10), WM 2013, 1037 = NJW 2013, 3518.
20 BGH v. 10. 10. 2019 – V ZB 154/18 – (RN 10 ff.), WM 2020, 22 = NJW 2020, 543 (*Gössl*) = ZfIR 2020, 149 (*Meller-Hannich*).
21 Im Einzelnen s. *Stöber/Drasdo*, § 152 RN 17; *Lwowski/Tetzlaff*, WM 1999, 2336, 2338; für GesO: OLG Brandenburg v. 14. 1. 1999 – 8 U 56/98 – (Ziff. 1c), ZIP 1999, 1533 = EWiR § 12 GesO 1/99, 747 (*Muth*).
22 *Stöber/Drasdo*, § 153b RN 6; *Knees*, ZIP 2001, 1568, 1571 (Ziff. II, 2. 1. 3).
23 Näheres dazu: *Stöber/Drasdo*, § 153b RN 7; *Knees*, ZIP 2001, 1568, 1576 (Ziff. III, 2. 1. 4).
24 *Stöber/Drasdo*, § 153b RN 11; *Knees*, ZIP 2001, 1568, 1576 (Ziff. III, 2. 1. 4); *Lwowski/Tetzlaff*, WM 1999, 2336, 2339.
25 Im Einzelnen: *Stöber/Drasdo*, § 150a RN 6.
26 Erforderlich ist ein Beamten- oder festes Arbeitsverhältnis, *BGH v. 14. 4. 2005* – V ZB 10/05 – (Ziff. III, 1), WM 2005, 1323 = Rpfleger 2005, 457 = MDR 2005, 1011.

ditinstitut die Haftung des Verwalters nach § 154 Satz 1 ZVG übernimmt (§ 150a Abs. 2 ZVG)[27]. Außer der Erstattung reiner Barauslagen erhält der Institutsverwalter keine Vergütung.

Die Einsetzung eines Institutsverwalters soll zu einer ökonomischeren Gestaltung, insbesondere zur Verbilligung des Verfahrens beitragen.

42.3 Verteilung von Überschüssen

Aus den Nutzungen des Grundstücks[28] werden vorweg die **Ausgaben** der Verwaltung[29] und die **Kosten** des Verfahrens (außer denjenigen für die Anordnung der Zwangsverwaltung und für die Beitrittszulassung)[30] gedeckt (§ 155 Abs. 1 ZVG).

1296

Der **Überschuss**[31] wird laufend[32] auf die Ansprüche nach § 10 Abs. 1 Nr. 1 bis 5 ZVG ausgeschüttet, und zwar nach Maßgabe ihres Rangs. Zu dieser Gruppe gehören insbesondere die Grundpfandgläubiger (Rangklasse 4). Berücksichtigt werden aber – von der Rangklasse 1 (Auslagenersatz des die Zwangs*verwaltung* betreibenden Gläubigers) und 5 (betreibender Gläubiger)[33] abgesehen – nur die *laufenden* Beträge wiederkehrender Leistungen (§ 155 Abs. 2 ZVG)[34].

Oft reichen die verfügbaren Beträge für eine Zuteilung in der Rangklasse 5 nicht mehr aus. In diesem Fall erhält der betreibende Gläubiger aus dem Verfahren nur dann etwas, wenn er – wie regelmäßig – Gläubiger eines Grundpfandrechts ist und als solcher an der Verteilung in Rangklasse 4 teilnimmt.

In der Zwangsverwaltung werden also – anders als bei der Einzelpfändung von Mieten (RN 1265) – nicht nur der dieses Verfahren betreibende Gläubiger, sondern auch andere Berechtigte berücksichtigt, bei entsprechendem Rang sogar vorrangig.

Die Ausgaben der Zwangsverwaltung und die (berücksichtigungsfähigen) Kosten des Verfahrens kann der Zwangsverwalter aus den eingegangenen Nutzungen ohne Weiteres entnehmen (§ 155 Abs. 1 ZVG). Das Gleiche gilt für die (in die Rangklasse 2 gehörenden) laufenden Beträge der öffentlichen Lasten (§ 156 Abs. 1 ZVG, § 11 Abs. 1 ZwVwV)[35].

1297

Darüber hinaus dürfen Zahlungen nur aufgrund eines **Teilungsplans** geleistet werden, der für die Dauer des Verfahrens unter Beachtung der oben genannten Grundsätze aufgestellt und, falls später notwendig, ergänzt wird (§ 156 Abs. 2,

---

27 LG Bayreuth v. 18. 5. 1999 – 15 T 3/99 –, Rpfleger 1999, 459.
28 Im Einzelnen: *Stöber/Drasdo*, § 155 RN 3.
29 Im Einzelnen: *Stöber/Drasdo*, § 155 RN 10.
30 Im Einzelnen: *Stöber/Drasdo*, § 155 RN 23.
31 Im Einzelnen: *Stöber/Drasdo*, § 155 RN 7.
32 Im Einzelnen: *Stöber/Drasdo*, § 155 RN 27.
33 Im Einzelnen zur – insbesondere hinsichtlich des Rangs zwischen mehreren betreibenden Gläubigern – umstrittenen Verteilung in Rangklasse 5: *Stöber/Drasdo*, § 155 RN 56 ff.
34 Im Einzelnen: *Stöber/Drasdo*, § 155 RN 27 ff.
35 Im Einzelnen; *Stöber/Drasdo*, § 156 RN 2.

§ 157 Abs. 1 ZVG, § 11 Abs. 2 ZwVwV)[36]. *Kapital*ansprüche aus Grundpfandrechten werden in diesem Teilungsplan nicht berücksichtigt.

Zahlungen auf das *Kapital* von Grundpfandrechten können nur erfolgen, wenn die Nutzungen durch die Erfüllung des Teilungsplans nicht aufgezehrt werden. Das geschieht dann in einem besonderen auf Antrag des Verwalters zu bestimmenden gerichtlichen Termin. Berücksichtigt werden können dabei nur solche Grundpfandrechte, aus denen die Zwangsverwaltung betrieben wird und die deshalb in die Rangklasse 5 gehören (§ 158, § 155 Abs. 2 Satz 2 ZVG, § 11 Abs. 3 ZwVwV)[37].

Theoretisch ist auch eine außergerichtliche Verteilung zulässig (§ 160 ZVG). Praktische Bedeutung hat sie nicht erlangt.

---

36   Im Einzelnen: *Stöber/Drasdo*, § 156 RN 21 ff. und § 157 RN 2 ff. und 11 ff.
37   Im Einzelnen: *Stöber/Drasdo*, § 158 RN 2 ff.

Anhang

Anhang (Mustervordrucke)

Für die Erlaubnis zum Abdruck der folgenden Vordrucke bedanken wir uns bei:

Bank-Verlag GmbH, Köln (Anhang 3, 9 und 9a),

Deutscher Genossenschafts-Verlag eG, Wiesbaden (Anhang 4, 10, 11 und 12) und

Deutscher Sparkassen Verlag GmbH, Stuttgart (Anhang 1, 2, 5, 6, 7 und 8).

Anhang 1

Grundschuld

Geschäftszeichen

Urkundenverzeichnis
Verhandelt in
am

Vor dem Notar

erschien(en) heute [1]

a)

– nachstehend der Sicherungsgeber genannt, auch wenn es sich um mehrere Personen handelt – und

b)[1]

– nachstehend der Darlehensnehmer genannt, auch wenn es sich um mehrere Personen handelt –. Dem Notar
ist/sind der/die Erschienene(n) von Person bekannt.[2]
legitimierte(n) sich der/die Erschienene(n) durch Vorlegung[2]

Der/Die Erschienene(n) erklärte(n):

1. Grundschuldbestellung
Der Sicherungsgeber ist [2]

verzeichneten Pfandobjekts/Pfandobjekte – nachstehend das Pfandobjekt genannt, auch wenn es sich um mehrere handelt –.

[1] Nicht ausfüllen, wenn Sicherungsgeber und Darlehensnehmer personengleich sind.
[2] Nichtzutreffendes bitte streichen.

192 060 000 D0 / Fassung Sep. 2023) - v6.0
© S-Management Services · DSV Gruppe

Der Sicherungsgeber bestellt hiermit zugunsten der

– nachstehend die Gläubigerin genannt – auf dem Pfandobjekt eine Grundschuld in Höhe von[1] [3]

Die Grundschuld ist vom heutigen Tage an mit _____ v. H. jährlich zu verzinsen. Die Zinsen sind jeweils nachträg- [4]
lich am ersten Werktag des folgenden Kalenderjahres fällig.

Zusätzlich ist eine einmalige sonstige Nebenleistung von _____ zu zahlen. [5]

[6]

Die Grundschuld soll
zunächst an rangbereitester Stelle eingetragen werden.[2] die erste Rangstelle haben.[2] Rang nach folgenden Voreintragungen haben:[2] [7]

2. Dingliche Zwangsvollstreckungsunterwerfung

Wegen des Grundschuldkapitals nebst Zinsen und sonstiger Nebenleistung unterwirft/unterwerfen sich der Sicherungsgeber [8]
– und der Darlehensnehmer[3] –
der sofortigen Zwangsvollstreckung aus dieser Urkunde in das belastete Pfandobjekt in der Weise, dass die sofortige Zwangsvollstreckung bei einem Grundeigentum auch gegen den jeweiligen Eigentümer und bei einem Erbbaurecht auch gegen den jeweiligen Erbbauberechtigten zulässig sein soll.

3. Persönliche Haftungsübernahme und Zwangsvollstreckungsunterwerfung

[9]

Für die Zahlung eines Geldbetrages, dessen Höhe der bewilligten Grundschuld (Kapital, Zinsen und die sonstige Nebenleistung)
entspricht, übernimmt der Darlehensnehmer[4]

– mehrere Personen als Gesamtschuldner – die **persönliche Haftung,** aus der er/sie ohne vorherige Zwangsvollstreckung in das
belastete Pfandobjekt sofort in Anspruch genommen werden kann/können. Er unterwirft/Sie unterwerfen sich wegen dieser persönlichen Haftung der Gläubigerin gegenüber der **sofortigen Zwangsvollstreckung** aus dieser Urkunde in das **gesamte Vermögen.** Die Gläubigerin kann die persönliche Haftung unabhängig von der Eintragung der Grundschuld und ohne vorherige Zwangsvollstreckung in das belastete Pfandobjekt geltend machen.

[1] Betrag und Währungseinheit, auch in Worten, sowie bei Buchgrundschuld Raum für Ausschluss der Brieferteilung.
[2] Nichtzutreffendes bitte streichen.
[3] Wird der Darlehensnehmer nicht Eigentümer des Grundstückes (z. B. beim Drittsicherungsfall), sind diese Worte zu streichen.
[4] Name und Adresse.

192.060.000 D0 (Fassung Sep 2023) - v5.0

4. Grundschuldbrief[1]

[10] Gläubigerin und Sicherungsgeber vereinbaren, dass die Gläubigerin berechtigt ist, sich den Grundschuldbrief von dem Grundbuchamt aushändigen zu lassen. Für den Fall der Mahnung, Kündigung oder Geltendmachung der Grundschuld bedarf es nicht der Vorlegung des Grundschuldbriefes und der sonstigen in § 1160 BGB bezeichneten Urkunden; dieser Verzicht gilt auch für Rechtsnachfolger.

5. Anträge

5.1

[11] **5.1.1** Es wird **bewilligt** und **beantragt, im Grundbuch einzutragen:** die vorstehend bestellte Grundschuld nebst Zinsen und sonstiger Nebenleistung mit dem unter Ziffer 1 angegebenen Inhalt und an der dort bestimmten Rangstelle
– einschließlich des Verzichts auf das Widerspruchsrecht nach § 1160 BGB[1] –
sowie der unter Ziffer 2 erklärten Unterwerfung unter die sofortige Zwangsvollstreckung.

[12] **5.1.2** Falls der Grundbesitz aus mehreren Pfandobjekten besteht und die gleichzeitige Eintragung nicht möglich ist, wird getrennte Eintragung bewilligt und beantragt. Jede weitere Eintragung soll eine Einbeziehung in die Mithaft für die bereits eingetragene Grundschuld darstellen, so dass dadurch eine Gesamtgrundschuld entsteht.

[13] **5.2** Der Sicherungsgeber **beantragt gegenüber** dem **Grundbuchamt:**

Briefgrundschuld[1]: den zu bildenden Grundschuldbrief der Gläubigerin

– zu Händen des von ihr zur Empfangnahme beauftragten Notars[2] –

auszuhändigen.

[14] der Gläubigerin nach Erledigung der Eintragungsanträge eine vollständige unbeglaubigte Grundbuchabschrift zu erteilen.

5.3 Der **Notar** wird **beauftragt:**

[15] der Gläubigerin eine vollstreckbare Ausfertigung gemäß Ziffer 7 dieser Urkunde zu erteilen[2].

der Gläubigerin eine einfache Ausfertigung und auf ihren jederzeitigen Antrag eine vollstreckbare Ausfertigung gemäß Ziffer 7 dieser Urkunde zu erteilen.[2]

dem Sicherungsgeber eine einfache Abschrift dieser Urkunde zu erteilen.

dem Grundbuchamt eine Ausfertigung dieser Urkunde einzureichen.

6. Zustimmung des Ehegatten

6.1 Der Sicherungsgeber erklärt,

dass er nicht verheiratet ist.[2]

dass er im Güterstand der Gütertrennung lebt.[2]

[16] **6.2** Jeder Ehegatte stimmt, soweit erforderlich, den Erklärungen des anderen Ehegatten zu. Jeder Ehegatte duldet und bewilligt, soweit erforderlich, die sofortige Zwangsvollstreckung aus dieser Urkunde in das Vermögen des anderen Ehegatten. Er erklärt sich mit der jederzeitigen Erteilung einer vollstreckbaren Ausfertigung einverstanden.[2]

7. Vollstreckbare Ausfertigung

[17] Die Gläubigerin ist berechtigt, auf ihren einseitigen Antrag sich eine vollstreckbare Ausfertigung dieser Urkunde sowohl wegen des Kapitals als auch wegen eines Teiles desselben und wegen einzelner Zinsraten auf Kosten des Darlehensnehmers erteilen zu lassen. Es wird auf den Nachweis der Tatsachen verzichtet, die das Entstehen und die Fälligkeit der Grundschuld nebst Zinsen und sonstiger Nebenleistung oder ihrer schuldrechtlichen Ansprüche bedingen.

Der Darlehensnehmer verzichtet zudem auf den Nachweis des Eigentumswechsels.[3]

---

[1] Bei einer Buchgrundschuld bitte streichen.
[2] Nichtzutreffendes bitte streichen.
[3] Wird der Darlehensnehmer nicht Eigentümer des Pfandobjektes (z. B. beim Drittsicherungsfall), so ist der letzte Absatz zu streichen.

Seite 3 von 4

192.060.000 D0 (Fassung Sep. 2023) - v5.0

Die Niederschrift ist in Gegenwart des Notars dem/den Erschienenen vorgelesen, von ihm/ihnen genehmigt und eigenhändig wie folgt unterschrieben worden:

Zustimmung und Antrag der Gläubigerin

Wir stimmen der Grundschuldbestellung zu und stellen die vorstehenden Eintragungsanträge auch im eigenen Namen. Sie gelten [18] unabhängig von etwaigen Anträgen des Notars und können nur von der Gläubigerin zurückgenommen werden.

_____

Ort, Datum

_____

Stempel und Unterschrift der Gläubigerin (Eine Beglaubigung der Unterschriften der Sparkasse/Bank ist nicht erforderlich.)

192.060.000 D0 (Fassung Sep. 2023) · v5.0

Zu Anhang 1

Für diesen Vordruck ist (wegen der Unterwerfung unter die sofortige Zwangsvollstreckung) notarielle Beurkundung erforderlich (RN 112).

[1] Eigentümer/Sicherungsgeber: RN 630 ff., insbes. RN 637.
Der Vordruck geht vom Normalfall aus, dass der Eigentümer der Sicherungsgeber der Grundschuld ist (RN 637). Falls das nicht gewollt ist (vgl. RN 644 ff.), sollte dieser Vordruck nicht verwendet werden.

[2] Bezeichnung des zu belastenden Objekts:
RN 107.

[3] Grundschuldsumme und Währung:
RN 275 ff.

[4] Grundschuldzinsen:
RN 279 ff.

[5] Sonstige Nebenleistung:
RN 289.

[6] Fälligkeit der Grundschuld:
Die an dieser Stelle früher regelmäßig getroffene Bestimmung der sofortigen Fälligkeit wurde gestrichen, da seit 20. 8. 2008 nicht mehr zulässig, s. RN 278; vgl. auch RN 799.

[7] Rang:
RN 347 ff., 88 ff.

[8] Zwangsvollstreckungsunterwerfung bezüglich der Grundschuld:
RN 304 ff.

[9] Persönliche Haftung und Zwangsvollstreckungsunterwerfung daraus:
RN 291 ff.
Die Erklärung ist (nur) dann unproblematisch, wenn sie vom Darlehensnehmer abgegeben wird (RN 300). Deshalb ist vordruckmäßig auch nur dieser Fall vorgesehen.

[10] Ersatz der Briefübergabe:
RN 159 ff., insbes. RN 162.
Die Klausel enthält die (bei einer Briefgrundschuld) zum Ersatz der Briefübergabe erforderliche Vereinbarung (RN 162).
Falls ein *Buch*recht bestellt werden soll, reicht es *nicht* aus, diese Ziffer (und die mit Fußnote 1 gekennzeichneten Teile von Ziffer 5.1.1 [11] und 5.2 [13]) zu streichen. Es muss vielmehr *ausdrücklich* die Erteilung des Briefs ausgeschlossen werden, was auch dadurch geschehen kann, dass ausdrücklich eine *Buch*grundschuld bestellt wird (RN 165). Siehe dazu Fußnote 1 auf Seite 2 des Vordrucks.

[11] Bewilligung und Eintragungsantrag (des Eigentümers):
RN 101 f., 82 f.
Der Besteller (Eigentümer) kann den von ihm gestellten Antrag bis zur Eintragung zurücknehmen (RN 84, 92). Dadurch wird das Eintragungsverfahren beendet, falls der Gläubiger nicht seinerseits die Eintragung der Grundschuld beantragt hat, dazu [18].
Einen eigenen Antrag auf Eintragung kann der Gläubiger auch durch den beurkundenden Notar stellen lassen (RN 95, 97).

[12] Belastung mehrerer Grundstücke oder anderer Beleihungsobjekte:
RN 394 f., insbes. RN 395.
Klausel gewährleistet, dass die Gesamtgrundschuld nach und nach entstehen kann.

[13] Aushändigung des Grundschuldbriefs:
RN 159 ff.
Anweisung an das Grundbuchamt, den Brief – abweichend von § 60 Abs. 1 GBO – dem Gläubiger (ggf. über den Notar) auszuhändigen; die (materiell-rechtliche) Vereinbarung zwischen den Beteiligten [10] genügt dafür nicht.
Falls ein Buchrecht bestellt werden soll, reicht die Streichung des ersten Teils dieser Ziffer nicht aus; s. [10].

[14] Grundbuchabschrift:
RN 68.

[15] Vollstreckbare Ausfertigung:
RN 305, 114.
Die Aushändigung einer Ausfertigung an den Gläubiger macht die Einigung sofort (schon vor der Eintragung) bindend, weil die Urkunde die Eintragungsbewilligung enthält (RN 149, 150). Praktisch bedeutsam ist das aber nur, wenn die Ausfertigung vor der Eintragung erteilt wird.
Falls die Erteilung einer *vollstreckbaren* Ausfertigung gemäß der zweiten Auswahlmöglichkeit erst später erfolgen soll, ist jedenfalls die sofortige Erteilung einer einfachen Ausfertigung vorgesehen (s. RN 114).

[16] Ehegattenzustimmung:
RN 174 ff., insbes. RN 179 (bei Zugewinngemeinschaft); RN 183 (bei Gütergemeinschaft); RN 186 (bei Eigentums- und Vermögensgemeinschaft).

[17] Verzicht auf Fälligkeitsnachweis:
RN 309.

[18] Zustimmung und Anträge des Gläubigers:
Zustimmung: RN 152, 153.
Mit der Zustimmung des Gläubigers zur Grundschuldbestellung wird die Einigung nach § 873 BGB dokumentiert; schon durch Einreichung beim Grundbuchamt (nicht erst mit Eintragung) wird die Einigung bindend, falls das beim Grundbuchamt eingereichte Exemplar vom Gläubiger unterschrieben ist (RN 153). Praktisch bedeutsam ist das nur, wenn die Bindung nicht schon durch Übergabe einer Ausfertigung eingetreten ist [15].
Die Klausel enthält keine Vereinbarung der Schriftform (RN 146).
Antrag: RN 86 ff., insbes. RN 95 bis 97.
Stellt (auch) der Gläubiger selbst den Eintragungsantrag (wozu aber das beim Grundbuchamt eingereichte Exemplar vom Gläubiger unterschrieben sein muss [s. RN 97]), so geht das Eintragungsverfahren weiter, selbst wenn der Eigentümer seinen Eintragungsantrag (s. [11]) zurücknehmen sollte (RN 95).

Anhang 2

Grundschuld

Geschäftszeichen

Urkundenverzeichnis

1. Grundschuldbestellung

[1] Ich/Wir,

– nachstehend der Sicherungsgeber genannt, auch wenn es sich um mehrere Personen handelt – bin/sind

[2]

verzeichneten Pfandobjekts/Pfandobjekte – nachstehend das Pfandobjekt genannt, auch wenn es sich um mehrere handelt –.
Der Sicherungsgeber bestellt hiermit zugunsten der

– nachstehend die Gläubigerin genannt – auf dem Pfandobjekt eine Grundschuld in Höhe von[1]

[3]

[4] Die Grundschuld ist vom heutigen Tage an mit _____ v. H. jährlich zu verzinsen. Die Zinsen sind jeweils nachträglich am ersten Werktag des folgenden Kalenderjahres fällig.

[5] Zusätzlich ist eine einmalige sonstige Nebenleistung von _____ zu
[6] zahlen.

[7] Die Grundschuld soll
zunächst an rangbereitester Stelle eingetragen werden.[2] die erste Rangstelle haben.[2] Rang nach folgenden Voreintragungen haben:[2]

---

[1] Betrag mit Währungseinheit auch in Worten, sowie bei Buchgrundschuld Raum für Ausschluss der Brieferteilung.
[2] Nichtzutreffendes bitte streichen.

Geschäftszeichen

Briefgrundschuld[1]: Gläubigerin und Sicherungsgeber vereinbaren, dass die Gläubigerin berechtigt ist, sich den Grundschuldbrief [8] von dem Grundbuchamt aushändigen zu lassen. Für den Fall der Mahnung, Kündigung oder Geltendmachung der Grundschuld bedarf es nicht der Vorlegung des Grundschuldbriefes und der sonstigen in §1160 BGB bezeichneten Urkunden; dieser Verzicht gilt auch für Rechtsnachfolger.

Gläubigerin und Sicherungsgeber sind sich über das Entstehen der bestellten Grundschuld einig. [9]

2. Anträge

2.1

2.1.1 Es wird **bewilligt** und **beantragt, im Grundbuch einzutragen:** [10]

die vorstehend bestellte Grundschuld nebst Zinsen und sonstiger Nebenleistung mit dem unter Ziffer 1 angegebenen Inhalt und an der dort bestimmten Rangstelle.
– einschließlich des Verzichts auf das Widerspruchsrecht nach § 1160 BGB.[1]

2.1.2 Falls der Grundbesitz aus mehreren Pfandobjekten besteht und die gleichzeitige Eintragung nicht möglich ist, wird getrennte [11] Eintragung bewilligt und beantragt. Jede weitere Eintragung soll eine Einbeziehung in die Mithaft für die bereits eingetragene Grundschuld darstellen, so dass dadurch eine Gesamtgrundschuld entsteht.

2.2 Der Sicherungsgeber **beantragt gegenüber** dem **Grundbuchamt:** [12]

Briefgrundschuld[1]: den zu bildenden Grundschuldbrief der Gläubigerin

– zu Händen des von ihr zur Empfangnahme beauftragten Notars[2] –

auszuhändigen.

der Gläubigerin nach Erledigung der Eintragungsanträge eine vollständige unbeglaubigte Grundbuchabschrift zu erteilen. [13]

2.3 Der **Notar** wird **beauftragt:**

der Gläubigerin eine beglaubigte Abschrift dieser Urkunde zu erteilen.

dem Sicherungsgeber eine einfache Abschrift dieser Urkunde zu erteilen.

dem Grundbuchamt die Urschrift der beglaubigten Urkunde einzureichen.

3. Zustimmung des Ehegatten

3.1 Der Sicherungsgeber erklärt,

dass er nicht verheiratet ist.[2]

dass er im Güterstand der Gütertrennung lebt.[2]

3.2 Jeder Ehegatte stimmt, soweit erforderlich, den Erklärungen des anderen Ehegatten zu.[2] [14]

192 090 000 D0 (Fassung Sep. 2023) - v5.0

---

[1] Bei einer Buchgrundschuld bitte streichen.
[2] Nichtzutreffendes bitte streichen.

Geschäftszeichen

Zustimmung und Antrag der Gläubigerin [15]

Wir stimmen der Grundschuldbestellung zu und stellen die vorstehenden Eintragungsanträge auch im eigenen Namen. Sie gelten unabhängig von etwaigen Anträgen des Notars und können nur von der Gläubigerin zurückgenommen werden.

Ort, Datum

Stempel und Unterschrift der Gläubigerin (Eine Beglaubigung der Unterschriften der Sparkasse/Bank ist nicht erforderlich.)

Seite 3 von 3

192 090 000 D0 (Fassung Sep. 2023) - v6.0

Zu Anhang 2

Für diesen Vordruck genügt öffentliche Beglaubigung (RN 111).

[1]   Eigentümer/Sicherungsgeber:
RN 630 ff., insbes. RN 637.
Der Vordruck geht vom Normalfall aus, dass der Eigentümer der Sicherungsgeber der Grundschuld ist (RN 637). Falls das nicht gewollt ist (vgl. RN 644 ff.), sollte dieser Vordruck nicht verwendet werden.

[2]   Bezeichnung des zu belastenden Objekts:
RN 107.

[3]   Grundschuldsumme und Währung:
RN 275 ff.

[4]   Grundschuldzinsen:
RN 279 ff.

[5]   Sonstige Nebenleistung:
RN 289.

[6]   Fälligkeit der Grundschuld:
Die an dieser Stelle früher regelmäßig getroffene Bestimmung der sofortigen Fälligkeit wurde gestrichen, da seit 20. 8. 2008 nicht mehr zulässig, s. RN 278; vgl. auch RN 799.

[7]   Rang:
RN 347 ff., 88 ff.

[8]   Ersatz der Briefübergabe:
RN 159 ff., insbes. RN 162.
Die Klausel enthält die (bei einer Briefgrundschuld) zum Ersatz der Briefübergabe erforderliche Vereinbarung (RN 162).
Falls ein *Buch*recht bestellt werden soll, reicht es *nicht* aus, diese Ziffer (und die mit Fußnote 1 gekennzeichneten Teile von Ziffer 2.1.1 [10] und 2.2 [12]) zu streichen. Es muss vielmehr *ausdrücklich* die Erteilung des Briefs ausgeschlossen werden, was auch dadurch geschehen kann, dass ausdrücklich eine *Buch*grundschuld bestellt wird (RN 165). Siehe dazu Fußnote 3 auf Seite 1 des Vordrucks.

[9]   Einigung:
RN 145 ff., insbes. RN 152.
Die Urkunde enthält ausdrücklich die *beiderseitigen* Erklärungen zur Einigung. Diese wird mit Einreichung der auch vom Gläubiger unterschriebenen Urkunde beim Grundbuchamt bindend (RN 152).

[10] Bewilligung und Eintragungsantrag (des Eigentümers):
RN 101 f., 82 f.
Der Besteller (Eigentümer) kann den von ihm gestellten Antrag bis zur Eintragung zurücknehmen (RN 84, 92). Dadurch wird das Eintragungsverfahren beendet, falls der Gläubiger nicht seinerseits die Eintragung der Grundschuld beantragt hat; dazu [15].

[11] Belastung mehrerer Grundstücke oder anderer Beleihungsobjekte:
RN 394 f., insbes. RN 395.
Klausel gewährleistet, dass die Gesamtgrundschuld nach und nach entstehen kann.

[12] Aushändigung des Grundschuldbriefs:
RN 159 ff.

[12] Anweisung an das Grundbuchamt, den Brief – abweichend von § 60 Abs. 1 GBO – dem Gläubiger auszuhändigen; die (materiell-rechtliche) Vereinbarung zwischen den Beteiligten [8] genügt dafür nicht.
Falls ein Buchrecht bestellt werden soll, reicht die Streichung des ersten Teils dieser Ziffer nicht aus; s. [8].

[13] Grundbuchabschrift:
RN 68.

[14] Ehegattenzustimmung:
RN 174 ff., insbes. RN 179 (bei Zugewinngemeinschaft); RN 183 (bei Gütergemeinschaft); RN 186 (bei Eigentums- und Vermögensgemeinschaft).

[15] Zustimmung und Anträge des Gläubigers:
Zustimmung: RN 152, 153.
Die Zustimmung des Gläubigers zur Grundschuldbestellung hat neben der ausdrücklich erklärten Einigung [9] keine eigenständige Bedeutung.
Die Klausel enthält keine Vereinbarung der Schriftform (RN 146).
Antrag: RN 86 ff., insbes. RN 95 bis 97.
Stellt (auch) der Gläubiger den Eintragungsantrag, so geht das Eintragungsverfahren weiter, selbst wenn der Eigentümer seinen Eintragungsantrag (s. [10]) zurücknehmen sollte (RN 95).

Anhang 3

Veranlassende Bank

Urkundenverzeichnis Nr.

Interne Angaben der Bank/Ablagehinweise

Bestellung einer Buchgrundschuld
mit Übernahme der persönlichen Haftung und mit Unterwerfung unter die
sofortige Zwangsvollstreckung

Verhandelt am

in

Vor mir

erschien(en)

– nachstehend: Besteller –

© Bank-Verlag GmbH 42.107 (08/22) / Zertifiziert gemäß CRR, Artikel 194

I. **Eintragungsbewilligung und Eintragungsantrag mit Unterwerfung unter die sofortige Zwangsvollstreckung in das Grundstück**

Nach Unterrichtung über den Grundbuchinhalt werden folgende Erklärungen beurkundet:

Der Besteller **bewilligt** und **beantragt** unwiderruflich, auf dem(n) [1]

im Grundbuch	des Amtsgerichts	Band	Blatt	Flur	Flurstück

[2]

verzeichneten Grundstück(en)/Erbbaurecht(en)/Wohnungseigentum/Teileigentum

– nachstehend: Grundbesitz –

eine (Gesamt-)**Grundschuld** von (Währung, Betrag)

[3]

in Worten:

für

– nachstehend Bank –

wie folgt einzutragen:

1. Die Grundschuld ist ab dem Tag der Unterzeichnung dieser Urkunde mit   vom Hundert jährlich zu [4]
verzinsen.

Die Zinsen sind jeweils am ersten Tag des folgenden Kalenderjahres nachträglich zu entrichten. [5]

2. Die Erteilung eines Briefes ist ausgeschlossen. [6]

2

Die Grundschuld soll folgende Rangstelle erhalten   [7]

Ist diese Rangstelle nicht sofort erreichbar, so ist der Notar berechtigt, die Eintragung an nächstoffener Rangstelle zu beantragen.

Wegen des Grundschuldbetrages und der Zinsen **unterwirft sich der Besteller der sofortigen Zwangsvollstreckung in den belasteten Grundbesitz in der Weise, dass die Zwangsvollstreckung aus dieser Urkunde** [8] gegen den jeweiligen Eigentümer/Erbbauberechtigten zulässig ist. Der Besteller bewilligt und beantragt unwiderruflich die Eintragung dieser Unterwerfungserklärung in das Grundbuch.

II. Entstehung der Grundschuld bei mehreren Pfandobjekten

Falls der belastete Grundbesitz aus mehreren Pfandobjekten besteht und die Eintragung der Grundschuld nicht [9] an allen Pfandobjekten zugleich, d.h. an demselben Tage, erfolgt, erklärt der Besteller: Die Grundschuld soll in diesem Fall an denjenigen Pfandobjekten, an denen sie jeweils eingetragen wird, bereits mit der Eintragung unabhängig vom weiteren Vollzug der Urkunde entstehen.

III. Umwandlung in Briefrecht

Der Besteller ist mit jeder späteren Umwandlung eines Buchrechtes in ein Briefrecht einverstanden und [10] bevollmächtigt die Bank, die Eintragung der Umwandlung in das Grundbuch zu bewilligen und zu beantragen.

IV. Aufträge an den Notar

Der Besteller beauftragt den Notar, von dieser Urkunde zugunsten der Bank Gebrauch zu machen und erteilt dem Notar Vollmacht zum Empfang von Zustellungen und zur Entgegennahme von Erklärungen aller Art, die mit der Begründung dieser Grundschuld in unmittelbarem Zusammenhang stehen.

Der Notar wird ferner beauftragt, der Bank sofort eine vollstreckbare Ausfertigung dieser Urkunde zu erteilen, ohne [11] dass es des Nachweises der Fälligkeit der Grundschuld bedarf. Im Übrigen ist der jeweilige Gläubiger berechtigt, weitere Ausfertigungen auf Kosten des Bestellers zu verlangen.   [11a]

V. Übernahme der persönlichen Haftung mit Unterwerfung unter die sofortige Zwangsvollstreckung in   [12] das gesamte Vermögen

Zugleich übernimmt/übernehmen[1]

© Bank-Verlag GmbH 42.107 (08/22)

für die Zahlung eines Geldbetrages in Höhe des Grundschuldbetrages und der vereinbarten Grundschuldzinsen **die persönliche Haftung, aus der der jeweilige Gläubiger ihn/sie schon vor der Vollstreckung in den Grundbesitz** in Anspruch nehmen kann. Mehrere Schuldner haften als Gesamtschuldner. Jeder Schuldner unterwirft sich wegen dieser Haftung der sofortigen Zwangsvollstreckung aus dieser Urkunde in sein gesamtes Vermögen.

[1]Hier sind die Namen des/der Kreditnehmer(s) einzusetzen.   3

VI. Kosten

Alle bei der Errichtung und Durchführung dieser Urkunde entstehenden Kosten trägt der Besteller.

VII. Zustimmung des Ehegatten

Der Ehegatte des Bestellers stimmt den in dieser Urkunde abgegebenen Erklärungen des anderen Ehegatten [13] zu.

Zu Anhang 3

Für diesen Vordruck ist (wegen der Unterwerfung unter die sofortige Zwangsvollstreckung) notarielle Beurkundung erforderlich (RN 112).

[1]   Antrag und Bewilligung des Bestellers (= Eigentümers)
RN 82 f.; RN 101 f.
Der Besteller (Eigentümer) kann den von ihm gestellten Antrag (trotz der Erklärung, dass er unwiderruflich gestellt werde) bis zur Eintragung zurücknehmen (RN 84, 92). Dadurch wird das Eintragungsverfahren beendet, falls der Gläubiger nicht seinerseits die Eintragung der Grundschuld beantragt hat (RN 95).
Einen eigenen Antrag auf Eintragung kann der Gläubiger auch durch den beurkundenden Notar stellen lassen (RN 95, 97).
Der Vordruck enthält keinen Hinweis darauf, ob der Eigentümer Sicherungsgeber (RN 630 ff., insbes. RN 637 ff.) ist; s. dazu Vordruck Anhang 9 [1].

[2]   Bezeichnung des zu belastenden Objekts:
RN 107.

[3]   Grundschuldsumme und Währung:
RN 275 ff.

[4]   Grundschuldzinsen:
RN 279 ff.

[5]   Fälligkeit der Grundschuld:
Die an dieser Stelle früher regelmäßig getroffene Bestimmung der sofortigen Fälligkeit wurde gestrichen, da seit 20. 8. 2008 nicht mehr zulässig, s. RN 278; vgl. auch RN 799.

[6]   Buchgrundschuld (Ausschluss der Erteilung eines Briefs):
RN 165.

[7]   Rang:
RN 347 ff., 88 ff.

[8]   Zwangsvollstreckungsunterwerfung bezüglich der Grundschuld:
RN 304 ff.

[9]   Belastung mehrerer Grundstücke oder anderer Beleihungsobjekte:
RN 394 f., insbes. RN 395.
Klausel gewährleistet, dass die Gesamtgrundschuld nach und nach entstehen kann.

[10]   Ermächtigung zur Umwandlung in ein Briefrecht:
RN 166.

[11]   Vollstreckbare Ausfertigung:
RN 305, 114.
Die Aushändigung einer Ausfertigung an den Gläubiger macht die Einigung sofort (schon vor der Eintragung) bindend, weil die Urkunde die Eintragungsbewilligung enthält (RN 149, 150). Praktisch bedeutsam ist das aber nur, wenn die Ausfertigung vor der Eintragung erteilt wird.
Falls sich die Erteilung einer *vollstreckbaren* Ausfertigung verzögert, sollte sich der Gläubiger sofort eine einfache Ausfertigung erteilen lassen (s. RN 114).

[11 a] Verzicht auf Fälligkeitsnachweis:
RN 309

[12]   Persönliche Haftung und Zwangsvollstreckungsunterwerfung daraus:
RN 291 ff.
Die Erklärung ist (nur) dann unproblematisch, wenn sie vom Darlehensnehmer abgegeben wird (RN 300). Deshalb ist vordruckmäßig auch nur dieser Fall vorgesehen.

[13]   Ehegattenzustimmung:
RN 174 ff., insbes. RN 179 (bei Zugewinngemeinschaft); RN 183 (bei Gütergemeinschaft); RN 186 (bei Eigentums- und Vermögensgemeinschaft).

Anhang 4

Grundschuld[1]	Bestellung einer Brief- oder Buchgrundschuld mit Übernahme der persönlichen Haftung sowie dinglicher und persönlicher Zwangsvollstreckungsunterwerfung	Zur bankinternen Bearbeitung Nr.

Urkundenrolle Nr.		**Jahr**	

Verhandelt zu

am

Vor mir,

erschien(en):

Eigentümer

weiter erschienen:

1 Für die Zweckerklärung einschließlich der Abtretung der Rückgewähransprüche ist Vordruck 220 030 oder 220 060 bzw. 220 040 oder 220 070 zu verwenden.

Der/Die Erschienene(n) erklärte(n) vorab:

Soweit in dieser Urkunde von Grundeigentum oder Eigentümer die Rede ist, so ist hierunter bei Wohnungs- oder Teileigentum das belastete Wohnungs- oder Teileigentum bzw. der Wohnungs- oder Teileigentümer und bei (Wohnungs-/Teil-)Erbbaurechten [1] das belastete (Wohnungs-/Teil-) Erbbaurecht bzw. der (Wohnungs-/Teil-)Erbbauberechtigte zu verstehen.

Der/Die Erschienene(n) erklärte(n) sodann:

1 Grundschuldbestellung

1.1 Der Eigentümer des/der im Grundbuch des Amtsgerichts _____ [1]

von _____ eingetragenen Grundstücks/Grundstücke

Band _____ Blatt/Nr. _____ Bestandsverzeichnis lfd. Nr. _____

Grundeigentum

bestellt auf dem genannten Grundeigentum eine Grundschuld in Höhe von

Betrag/Währungseinheit [2]

in Worten (Betrag/Währungseinheit):

zugunsten

Gläubigerin

Angabe des Registergerichts sowie Registernummer

nebst _____ Prozent Jahreszinsen vom heutigen Tag an sowie einer einmaligen Nebenleistung von _____ Prozent [3]
des Grundschuldbetrags. Die Zinsen sind am ersten Werktag eines jeden Jahres für das vorangegangene Kalenderjahr zahlbar, spätestens jedoch im [4]
Verteilungstermin.

1.2 Ein Grundschuldbrief soll _____ [2] gebildet werden. Auf Vorlage des Grundschuldbriefs und der sonstigen in §1160 BGB [5]
genannten Urkunden im Fall der Mahnung oder Geltendmachung der Grundschuld wird auch namens des Rechtsnachfolgers verzichtet. Die
Gläubigerin ist gemäß § 1117 Abs. 2 BGB berechtigt, sich den Grundschuldbrief vom Grundbuchamt aushändigen zu lassen.

1.3 Ist die Grundschuld zunächst nicht bei dem gesamten in Abschnitt 1.1 aufgeführten Grundeigentum eingetragen, so soll sie bereits [6]
mit der Eintragung an einem Teil des Grundeigentums als Einzelgrundschuld entstehen; ist sie bei mehreren, jedoch nicht bei allen Teilen des
Grundeigentums eingetragen, so entsteht sie als Gesamtgrundschuld insoweit, als sie eingetragen ist.

2 Dingliche Zwangsvollstreckungsunterwerfung

Der Eigentümer und der/die Erschienene(n) zu _____ als künftiger/künftige Eigentümer unterwirft/unterwerfen sich wegen aller [7]
Ansprüche an Kapital, Zinsen und Nebenleistung, welche der Gläubigerin aus der Grundschuld zustehen, der so fortigen Zwangsvollstreckung
in das mit der Grundschuld belastete Eigentum, und zwar in der Weise, dass die Zwangsvollstreckung aus dieser Urkunde gegen den jeweiligen
Eigentümer des Grundeigentums zulässig sein soll.

1 Vordruck 220 170 verwenden, falls nach dem Erbbauvertrag zur Belastung oder Veräußerung des Erbbaurechts die Zustimmung des Grundstückseigentümers erforderlich ist.
2 Soll ein Grundschuldbrief nicht gebildet werden (Buchgrundschuld), so ist hier das Wort „nicht" einzutragen; die folgenden beiden Sätze sind dann zu streichen.

3 Bewilligungen und Anträge

3.1 Der Eigentümer bewilligt und beantragt im Grundbuch die Eintragung [8]

a) der unter Nummer 1 bestellten Grundschuld nebst Zinsen und Nebenleistung. [9]

Raum für eine etwaige vom Gesetz (§ 45 GBO) abweichende Bestimmung des Rangverhältnisses

Sollten etwa ausbedungene Rangstellen zunächst nicht verschafft werden können, so beantragt der Eigentümer, das vorgenannte Grundpfandrecht an nächstoffener Rangstelle einzutragen.

b) seiner Unterwerfung unter die sofortige Zwangsvollstreckung gemäß Nummer 2.

Die vorgenannten Anträge sowie etwaige weitere in dieser Urkunde gestellte Anträge auf Eintragung oder Löschung sind nicht als einheitliche Anträge zu behandeln.

Der Eigentümer stimmt hiermit allen zur Beschaffung des ausbedungenen Ranges erforderlichen Löschungen und Rangänderungen nach Maßgabe der Bewilligungen der Berechtigten zu.

3.2 Der Eigentümer beantragt beim Grundbuchamt, der Gläubigerin

a) den Grundschuldbrief auszuhändigen, sofern dessen Erteilung nicht ausgeschlossen ist, [10]

b) nach Vollzug der Eintragungsanträge eine unbeglaubigte Grundbuchabschrift zu erteilen, [11]

c) von etwaigen Zwischenverfügungen eine Abschrift zu erteilen.

3.3 Der Eigentümer beantragt beim Notar,

a) der Gläubigerin sofort eine Ausfertigung dieser Urkunde zu erteilen, [12]

b) der Gläubigerin auf ihren Antrag eine vollstreckbare Ausfertigung dieser Urkunde zu erteilen, [13]

c) dem Grundbuchamt eine Ausfertigung dieser Urkunde einzureichen,

d) dem Eigentümer eine einfache Abschrift dieser Urkunde zu erteilen.

Es wird auf den Nachweis der Tatsachen verzichtet, die das Entstehen und die Fälligkeit der Grundschuld und der Nebenleistung bedingen. [13a]

4 Persönliche Haftung mit Zwangsvollstreckungsunterwerfung

4.1 Der / Die Erschienene(n) zu [14]

nämlich¹

Namen einsetzen

übernimmt/übernehmen hiermit die persönliche Haftung für die Zahlung eines Geldbetrags, dessen Höhe der vereinbarten Grundschuld (Kapital, Zinsen, Nebenleistungen) entspricht. Mehrere Schuldner haften als Gesamtschuldner. Jeder Schuldner unterwirft sich wegen dieser Haftung der sofortigen Zwangsvollstreckung aus dieser Urkunde in sein gesamtes Vermögen. Dies gilt auch schon vor der Eintragung der Grundschuld im Grundbuch und vor der Vollstreckung in das belastete Grundeigentum sowie für den Fall des Erlöschens der Grundschuld im Zwangsversteigerungsverfahren hinsichtlich des Betrags (Kapital, Zinsen, Nebenleistungen, Kosten der dinglichen Rechtsverfolgung gemäß §1118 BGB), mit welchem die Gläubigerin hierbei ausgefallen ist. Der Notar hat insbesondere auf die über die Grundschuldsicherheit hinaus übernommene persönliche Schuldverpflichtung hingewiesen und über die daraus folgende Haftung mit dem gesamten Vermögen belehrt. Aus der unter Nummer 1 bestellten Grundschuld und der übernommenen persönlichen Haftung darf sich die Gläubigerin insgesamt nur einmal in Höhe des Betrags der Grundschuld nebst Zinsen, Nebenleistungen und Kosten der dinglichen Rechtsverfolgung gemäß § 1118 BGB befriedigen. [15]

4.2 Der/Die Erschienene(n) beantragt/beantragen beim Notar, der Gläubigerin auf ihren Antrag auch insoweit eine vollstreckbare Ausfertigung dieser Urkunde zu erteilen.

¹ Die persönliche Haftung kann nur von Schuldnern oder Bürgen übernommen werden.

748

5 Schlussbestimmungen

5.1 Die in dieser Urkunde genannten Eigentümer bestimmen, dass bei Zustellungen, die nach dem Zwangsversteigerungsgesetz erforderlich sind, jeder einzelne Eigentümer für alle anderen zustellungsbevollmächtigt sein soll.

5.2[1] Der Eigentümer ist mit der späteren Umwandlung in eine Briefgrundschuld und mit einem Verzicht auf die Rechte nach § 1160 BGB einverstanden. Er bevollmächtigt die jeweilige Gläubigerin unter Befreiung von den Beschränkungen des § 181 BGB, jederzeit die Eintragung der Umwandlung in das Grundbuch zu bewilligen und zu beantragen sowie sich den Brief vom Grundbuchamt aushändigen zu lassen.   [16]

5.3 Der künftige Eigentümer verzichtet auf den Nachweis seiner Eintragung als Eigentümer bei der Erteilung einer vollstreckbaren Ausfertigung dieser Urkunde.

5.4 Die Kosten dieser Urkunde, ihres Vollzugs sowie ihre Entgegennahme durch den Notar für die Gläubigerin trägt der Eigentümer.

5.5 Sollten einzelne Bestimmungen dieser Urkunde unwirksam sein bzw. nicht durchgeführt werden, so bleiben die übrigen Bestimmungen wirksam. Soweit Bestimmungen unwirksam sind, gelten ergänzend die gesetzlichen Vorschriften.

5.6 Der Notar hat den Grundbuchinhalt festgestellt.

6 Zustimmungserklärung des Ehegatten

Der Ehegatte/Der Lebenspartner erteilt hiermit aus güterrechtlichen Gründen seine **Zustimmung**.[2]   [17]

– Nicht Inhalt der notariellen Urkunde –

Zustimmung und Antrag der Gläubigerin

Die Gläubigerin stellt unter der Annahme der Grundschuldbestellung hiermit ebenfalls alle Anträge an das Grundbuchamt aus dieser Urkunde.   [18]

Ort, Datum	Gläubigerin[3]

1 Streichen, wenn von vornherein ein Grundschuldbrief gebildet werden soll.
2 Streichen, wenn die Zustimmung des anderen Ehegatten/Lebenspartners nach § 1365 BGB nicht erforderlich ist.
3 Eine Beglaubigung der Unterschrift der Gläubigerin ist nicht erforderlich.

Zu Anhang 4

Für diesen Vordruck ist (wegen der Unterwerfung unter die sofortige Zwangsvollstreckung) notarielle Beurkundung erforderlich (RN 112).

[1] Bezeichnung des zu belastenden Objekts:
RN 107.

[2] Grundschuldsumme und Währung:
RN 275 ff.

[3] Grundschuldzinsen und einmalige Nebenleistung:
RN 279 ff. und RN 289.

[4] Fälligkeit der Grundschuld und der Nebenleistung:
Die an dieser Stelle früher regelmäßig getroffene Bestimmung der sofortigen Fälligkeit wurde gestrichen, da seit 20. 8. 2008 nicht mehr zulässig, s. RN 278; vgl. auch RN 799.

[5] Buch- oder Briefgrundschuld:
RN 165.
Der Vordruck kann alternativ eingesetzt werden. Für den Fall der Bestellung als Briefgrundschuld enthält Satz 3 die zum Ersatz der Briefübergabe erforderliche Vereinbarung (RN 162).

[6] Belastung mehrerer Grundstücke oder anderer Beleihungsobjekte:
RN 394 f., insbes. RN 395.
Klausel gewährleistet, dass die Gesamtgrundschuld nach und nach entstehen kann.

[7] Zwangsvollstreckungsunterwerfung bezüglich der Grundschuld:
RN 304 ff.

[8] Bewilligung und Eintragungsantrag (des Eigentümers):
RN 101 f., 82 f.
Der Besteller (Eigentümer) kann den von ihm gestellten Antrag bis zur Eintragung zurücknehmen (RN 84, 92). Dadurch wird das Eintragungsverfahren beendet, falls der Gläubiger nicht seinerseits die Eintragung der Grundschuld beantragt hat, dazu [18].
Einen eigenen Antrag auf Eintragung kann der Gläubiger auch durch den beurkundenden Notar stellen lassen (RN 95, 97).
Der Vordruck enthält keinen Hinweis darauf, ob der Eigentümer Sicherungsgeber (RN 630 ff., insbes. RN 637 ff.) ist; s. dazu Anhang 10, 11 und 12, jeweils [1].

[9] Rang:
RN 347 ff., 88 ff.
Es handelt sich um eine schuldrechtliche (RN 348), nicht eine dingliche Rangbestimmung, wie der im Anschluss an den Kasten stehende Satz klarstellt.

[10] Aushändigung des Grundschuldbriefs:
RN 159 ff.
Anweisung an das Grundbuchamt, den Brief – abweichend von § 60 Abs. 1 GBO – dem Gläubiger auszuhändigen; die (materiell-rechtliche) Vereinbarung zwischen den Beteiligten (Ziff. 1.2 Satz 3 (s. [5])) genügt dafür nicht.

[11] Grundbuchabschrift:
RN 68.

[12] Einfache Ausfertigung:
RN 114, 305.
Die Aushändigung einer Ausfertigung an den Gläubiger macht die Einigung sofort (schon vor der Eintragung) bindend, weil die Urkunde die Eintragungsbewilligung enthält (RN 149, 150). Praktisch bedeutsam ist das aber nur, wenn die Ausfertigung vor der Eintragung erteilt wird.

[13]   Vollstreckbare Ausfertigung:
        RN 305.
        Der Antrag geht nicht auf *sofortige* Erteilung. Die Risiken, dass die Einigung dann nicht alsbald
        bindend wird (RN 150) und dass die spätere Erteilung der Vollstreckungsklausel mangels Verfüg-
        barkeit einer Ausfertigung problematisch sein könnte (RN 114), sind bei sofortiger Erteilung einer
        einfachen Ausfertigung (dazu [12]) ausgeräumt.

[13a]   Verzicht auf Fälligkeitsnachweis:

[13a]   RN 309

[14]   Persönliche Haftung und Zwangsvollstreckungsunterwerfung daraus:
        RN 291 ff.
        Die Erklärung ist dann unproblematisch, wenn sie vom Schuldner abgegeben wird (RN 300).
        Deshalb ist vordruckmäßig nur dieser Fall (oder die Abgabe durch einen Bürgen) vorgesehen.

[15]   Ausschluss kumulierender Haftung:
        RN 297 f.

[16]   Ermächtigung zur Umwandlung in ein Briefrecht:
        RN 166.

[17]   Ehegattenzustimmung:
        RN 174 ff., insbes. RN 179 (bei Zugewinngemeinschaft); RN 183 (bei Gütergemeinschaft); RN 186
        (bei Eigentums- und Vermögensgemeinschaft).

[18]   Zustimmung und Anträge des Gläubigers:
        Zustimmung: RN 152, 153.
        Mit der Zustimmung des Gläubigers zur Grundschuldbestellung wird die Einigung nach § 873
        BGB dokumentiert; schon durch Einreichung beim Grundbuchamt (nicht erst mit Eintragung) wird
        die Einigung bindend, falls das beim Grundbuchamt eingereichte Exemplar vom Gläubiger
        unterschrieben ist (RN 153). Praktisch bedeutsam ist das nur, wenn die Bindung nicht schon
        durch Übergabe einer Ausfertigung eingetreten ist [12].
        Die Klausel enthält keine Vereinbarung der Schriftform (RN 146).

[19]   Antrag: RN 86 ff., insbes. RN 95 bis 97.
        Stellt (auch) der Gläubiger selbst den Eintragungsantrag (wozu aber das beim Grundbuchamt
        eingereichte Exemplar vom Gläubiger unterschrieben sein muss [s. RN 97]), so geht das Eintra-
        gungsverfahren weiter, selbst wenn der Eigentümer seinen Eintragungsantrag (s. [8]) zurückneh-
        men sollte (RN 95).

Anhang 5

Ś

Sicherungsabtretung
Grundschuld

Geschäftszeichen

[1] _____

– nachstehend der Zedent genannt – schließt/schließen mit der oben genannten Sparkasse mit Zustimmung des unterzeichnenden

[2] ☐ **Grundeigentümers** ☐ **Erbbauberechtigten** folgenden Vertrag[1]:

1. Angaben zum Grundpfandrecht
Für den Zedenten ist auf dem/den nachfolgend verzeichneten Pfandobjekt/Pfandobjekten

Objekt-Adresse   Grundbuchart   Grundbuch von   Band   Heft   Blatt   BV[1]

[3]

[1] Bestandsverzeichnis.
folgende Grundschuld in Abteilung III eingetragen:
Laufende Nr.   Betrag   Währung   Verzinslich mit Art der Grundschuld

in Worten[2]

[2] Betrag und Währungseinheit.

2. Umfang der Abtretung

[4] Der Zedent tritt diese Grundschuld nebst allen Nebenleistungen und Zinsen seit dem

_____

[5] **mit der ihr zugrunde liegenden Forderung**[3]

_____

und alle sonstigen Ansprüche aus der Grundschuldbestellungsurkunde vom _____ , der dazugehörigen
Sicherungsabrede sowie ihm in diesen Urkunden abgetretenen Ansprüche, insbesondere

[6] **die Ansprüche aus der persönlichen Haftungs- und Unterwerfungserklärung**[4] **und**

[7] die Rückgewähransprüche bezüglich vor- oder gleichrangiger Grundschulden an die Sparkasse ab und bewilligt die Eintragung der
Sparkasse als neue Gläubigerin der Grundschuld im Grundbuch.

[8] ☐ **Er übergibt der Sparkasse gleichzeitig den Grundschuldbrief**[5].

[9] Die Sparkasse nimmt die Abtretung an.

☐ **Der Zedent** ☐ **Die Sparkasse** beantragt, die Sparkasse als neue Gläubigerin der Grundschuld im Grundbuch einzutragen.

3. Kosten
Die Kosten dieser Urkunde, der Eintragung im Grundbuch und der Übersendung einer _____ vollständigen
Grundbuchabschrift, um die hiermit gebeten wird, übernimmt _____

_____

Ort, Datum   Ort, Datum

_____   _____

Unterschrift(en) des Zedenten   Unterschrift(en) der Sparkasse

Unterschrift des ~~Grundeigentümers/Erbbauberechtigten~~[1,4]   ***Beglaubigungsvermerk:***

192 140.000 D2 (Fassung Sep. 2021) - v2.0
© Deutscher Sparkassenverlag

Zu Anhang 5

Bei Buchgrundschuld: Öffentliche Beglaubigung (RN 111) erforderlich und ausreichend (RN 428).

Bei *Briefgrundschuld: Öffentliche Beglaubigung (RN 111) zu empfehlen (RN 447 und 481).*

[1]   Zedent (bisheriger Gläubiger).
Der Vordruck geht davon aus, dass der Zedent im Grundbuch eingetragen ist. Zum erforderlichen Nachweis, falls das nicht der Fall ist, s. für Briefgrundschuld RN 457 ff., für Buchgrundschuld RN 429 ff.

[2]   Zustimmung des Eigentümers.
Zur Abtretung der Grundschuld ist die Zustimmung des Eigentümers des belasteten Grundstücks nicht erforderlich.
Wird die Grundschuld von einem anderen als dem Grundstückseigentümer abgetreten, so schützt die Zustimmung des Eigentümers dagegen, dass dieser später (im Zeitpunkt der Abtretung bereits bestehende) Einreden gegen die Grundschuld (vgl. RN 788 ff.) geltend macht.

[3]   Bezeichnung des belasteten Objekts:
RN 445, 107.

[4]   Abtretung der Grundschuld
(Bezeichnung der abgetretenen Zinsen):
RN 455 f.

[5]   Mitabtretung der gesicherten Forderung:
RN 1280 ff.

[6]   Mitabtretung des Anspruchs aus abstraktem Schuldversprechen:
RN 480 ff.

[7]   Mitabtretung der Rückgewähransprüche bezüglich anderer Grundschulden:
RN 488 ff.

[8]   Briefübergabe:
RN 450 ff.

[9]   Annahme:
Durch die Annahme der unter [4] erklärten Abtretung der Grundschuld kommt die materiell-rechtlich notwendige Einigung (RN 432 f., 442) zustande.
Eintragungsantrag:
Bei einer *Buch*grundschuld sollte (auch) der neue Gläubiger (Sparkasse) die Eintragung beantragen. Sonst könnte der Erwerb der Grundschuld scheitern, falls der alte Gläubiger (Zedent) seinen von ihm allein gestellten Antrag zurücknehmen würde (RN 426).

Anhang 6

S

Zweckerklärung für Grundschulden
Sicherung der Geschäftsverbindung

Geschäftszeichen

An die

– nachstehend die Sparkasse genannt –

1 Sicherungsabrede

1.1 Sicherungszweck

Die Sparkasse ist/wird Gläubigerin der auf dem/den nachfolgend verzeichneten Pfandobjekt/Pfandobjekten

Objekt-Adresse	Grundbuchart	Grundbuch von	Band	Heft	Blatt	BV[1]	Eigentümer/ Erbbauberechtigter[2]

Zusatzangaben zu den Pfandobjekten (Bsp. Flst.-Nr.)

[1]

[1] Bestandsverzeichnis.
[2] Nachstehend der Sicherungsgeber genannt.

[2]

nebst Zinsen und sonstiger Nebenleistungen in Abteilung III eingetragenen/einzutragenden Grundschuld(en):

Laufende Nr.	Betrag	Währung	Art der Grundschuld

Die Grundschuld(en) nebst Zinsen und sonstiger Nebenleistung sowie ein im Zusammenhang mit der Grundschuld etwa übernommenes abstraktes Schuldversprechen (Übernahme der persönlichen Haftung) dient/dienen zur Sicherheit **aller bestehenden und künftigen, auch bedingten oder befristeten Forderungen der Sparkasse** gegen

[3]

– nachstehend der Kreditnehmer genannt – aus der bankmäßigen Geschäftsverbindung (insbesondere aus laufender Rechnung, Kredi-ten und Darlehen jeder Art einschließlich etwaiger gesetzlicher Ansprüche und Wechsels; Forderungen aus und im Zusammenhang mit Verbraucherdarlehen werden nur erfasst, soweit der betreffende Vertrag die Einbeziehung in eine Sicherungszweckerklärung zu Grund-schulden oder Reallasten nicht ausschließt). Sie sichert/sichern auch Ansprüche gegen den Kreditnehmer aus Wechseln, auch soweit sie von Dritten hereingegeben werden, aus Abtretungen oder gesetzlichem Forderungsübergang und aus vom Kreditnehmer gegenüber der Sparkasse übernommenen Bürgschaften ab deren Fälligkeit, soweit die Sparkasse diese Ansprüche im Rahmen ihrer bankmäßigen Geschäftsverbindung mit dem Kreditnehmer erwirbt.
Ein etwa bisher vereinbarter Sicherungszweck wird durch die vorstehende Vereinbarung nicht aufgehoben, sondern ergänzt.

1.2 Versicherung des Pfandobjekts

Der Sicherungsgeber ist im Sinne von Nr. 3.1 verpflichtet, das Pfandobjekt gegen Feuer und folgende weitere Risiken versichert zu halten:

☐ Sturm/Hagel
☐ Leitungswasser
☐

1.3 Verrechnungsabrede

Zahlungen an die Sparkasse werden auf die gesicherten persönlichen Forderungen und nicht auf die Grundschuld(en) verrechnet. [4]

1.4 Forderungsmehrheit

Dient/Dienen die Grundschuld(en) als Sicherheit für verschiedene Forderungen gegen einen oder mehrere Schuldner, so wird ein zur Befriedigung sämtlicher Forderungen nicht ausreichender Erlös aus der Verwertung der Grundschuld(en) zunächst auf die Forderungen verrechnet, die der Sparkasse geringere Sicherheit bieten. [5]

1.5 Teilkündigung

Falls die Grundschuld(en) auch Verbindlichkeiten eines Dritten – ein vom Sicherungsgeber verschiedener Kreditnehmer – sichert/sichern, kann die Sicherungsvereinbarung nach Nr. 1.1 insoweit unter Einhaltung einer Frist von vier Wochen mit Wirkung für die Zukunft gekün-digt werden. Mit Wirksamwerden der Kündigung beschränkt sich die Haftung für Verbindlichkeiten von Dritten auf die zu diesem Zeitpunkt begründeten Forderungen einschließlich etwa noch entstehender Forderungen aus bereits zugesagten Krediten oder Darlehen; Forderun-gen aus und im Zusammenhang mit Verbraucherdarlehen werden nur erfasst, soweit der betreffende Vertrag die Einbeziehung in eine Sicherungszweckerklärung zu Grundschulden oder Reallasten nicht ausschließt. Gehört zu den Verbindlichkeiten eines Dritten, der kein Verbraucher ist, auch ein Kontokorrentkredit, haftet die Grundschuld bis zur Höhe des bei Wirksamwerden der Kündigung bestehenden Saldos, im Falle weiterer Tilgungen bis zur Höhe des niedrigsten bis zum Zeitpunkt der Inanspruchnahme festgestellten Rechnungsab-schlusssaldos. Die Kündigung muss in Textform erfolgen. Das Recht zur Kündigung aus wichtigem Grund bleibt unberührt. [6]

1.6 Die Abtretung und Verpfändung der Rückgewähransprüche bedarf der Zustimmung der Sparkasse. Die Sparkasse darf die Zustim-mung nur aus sachgerechtem Grund verweigern. [6a]

192 240 000 D3 (Fassung Jan. 2024) – v12.1
© S-Management Services · DSV Gruppe

Seite 1 von 4

2 Abtretung der Rückgewähransprüche

Zur Sicherung der unter Nr. 1.1 bezeichneten Ansprüche tritt der Sicherungsgeber hiermit den, auch künftigen oder bedingten, Anspruch auf Rückgewähr aller vor- und gleichrangigen Grundschulden (Anspruch auf Übertragung oder Löschung oder Verzicht sowie auf Zuteilung des Versteigerungserlöses) an die Sparkasse ab. [7]

Ergänzend überträgt der Sicherungsgeber der Sparkasse seinen Anspruch auf Auskunft über die Höhe der vor- und gleichrangig grundpfandrechtlich besicherten Forderung(en). [7a]

Der Sicherungsgeber verpflichtet sich, die Sparkasse unverzüglich zu unterrichten, wenn ihm ein Gläubigerwechsel bei vor- oder gleichrangigen Grundschulden bekannt wird. Der Anspruch auf Rückgewähr von Grundschulden, die in Zukunft Vor- oder Gleichrang erhalten, ist von diesem Zeitpunkt an ebenfalls an die Sparkasse abgetreten. [8]

Hat der Sicherungsgeber die Rückgewähransprüche bereits an einen anderen abgetreten, so sind sie mit dem Zeitpunkt an die Sparkasse abgetreten, in dem sie dem Sicherungsgeber wieder zustehen. Außerdem tritt er hiermit seinen Anspruch auf Rückabtretung der Rückgewähransprüche an die Sparkasse ab. [9]

Die Sparkasse ist befugt, die Abtretung der Rückgewähransprüche dem Rückgewährverpflichteten anzuzeigen.

3 Pflichten des Sicherungsgebers

Der Sicherungsgeber hat neben den sich aus dem Gesetz ergebenden folgende **besondere Verpflichtungen:**

3.1 Versicherung

Die Gebäude und die beweglichen Gegenstände, auf welche sich die Grundschuld gemäß den §§ 1120 bis 1122, 1192 BGB erstreckt, sind bis zur vollen Höhe ihres Werts – soweit nichts anderes vereinbart ist, zum gleitenden Neuwert – bei einem öffentlichen oder einem der Sparkasse geeignet erscheinenden privaten Versicherungsunternehmen versichert zu halten. Die nach dem Versicherungsvertrag zu zahlenden Versicherungsprämien sind regelmäßig und pünktlich zu entrichten; der Sparkasse ist hierüber auf ihr Verlangen jederzeit der Nachweis zu führen. Die Versicherung darf nur mit Zustimmung der Sparkasse aufgehoben oder geändert werden. Ist die Aufhebung erfolgt oder steht sie bevor, so steht der Sparkasse das Recht zu, die Versicherung in ihrem Interesse auf Kosten des Sicherungsgebers fortzusetzen oder zu erneuern oder die Gebäude anderweitig in Deckung zu geben. Im Falle einer vollständigen oder teilweisen Zerstörung hat der Sicherungsgeber die Gebäude nach Bauplänen und Kostenvoranschlägen, die die Sparkasse genehmigt hat, innerhalb einer angemessenen Frist wieder herzustellen. [10]

3.2 Erhaltung des Pfandobjektes

Der Sicherungsgeber hat das Pfandobjekt einschließlich Zubehör in einem guten Zustand zu erhalten. Mängelbeseitigungen und Erneuerungen sind innerhalb einer von der Sparkasse gesetzten angemessenen Frist auszuführen. Bauliche Veränderungen der Gebäude, insbesondere auch ein vollständiger oder teilweiser Abbruch sowie eine Änderung des Verwendungszwecks, dürfen nur mit Zustimmung der Sparkasse erfolgen. [11]

3.3 Baulasten

Der Sicherungsgeber darf gegenüber der Bauaufsichtsbehörde öffentlich-rechtliche Verpflichtungen zu einem das Pfandobjekt betreffenden Handeln, Dulden oder Unterlassen (Baulasten) nur mit Zustimmung der Sparkasse übernehmen. [12]

3.4 Bergschäden, sonstige Schäden

Der Sicherungsgeber darf ohne schriftliche Zustimmung der Sparkasse keine Vereinbarung über Schadenersatzansprüche für Bergschäden oder andere, auf benachbarte Anlagen zurückzuführende Schäden treffen.

3.5 Vermietung, Verpachtung

Der Sicherungsgeber darf ohne schriftliche Zustimmung der Sparkasse keine Vereinbarungen mit Mietern oder Pächtern treffen, welche eine Vorauszahlung der Miete oder Pacht oder deren Vorausverrechnung oder Einbehaltung vorsehen. Er versichert, dass er solche Vereinbarungen bisher nicht getroffen hat. [13]

3.6 Auskunft, Besichtigung

Der Sparkasse sind auf Verlangen die Mietverträge sowie die sonstigen, das Pfandobjekt betreffenden Unterlagen vorzulegen. Der Sparkasse oder deren Bevollmächtigten ist die Besichtigung des Grundstücks und der Gebäude zu gestatten, im Falle einer beantragten oder angeordneten Zwangsvollstreckung in das Pfandobjekt auch zusammen mit Kaufinteressenten. [14]

4 Abrechnung im Falle der Zwangsversteigerung

Für den Fall der Zwangsversteigerung erklärt sich der Sicherungsgeber damit einverstanden, dass über die in der Versteigerung liegende Lieferung durch Gutschrift des Erstehers abgerechnet wird (§ 14 Abs. 2 Satz 2 UStG). [15]

5 Verwertungsrecht der Sparkasse

5.1 Die Sparkasse ist berechtigt, ihre Sicherungsrechte zu verwerten, wenn
– ihre gesicherten Forderungen fällig sind und der Kreditnehmer mit seinen Zahlungen in Verzug ist oder
– der Kreditnehmer seine Zahlungen eingestellt hat oder
– der Kreditnehmer ein gerichtliches Insolvenzverfahren über sein Vermögen beantragt hat.
Das Kapital aus der/den zur Sicherheit bestellten Grundschuld(en) wird die Sparkasse soweit erforderlich nach Maßgabe der vertraglichen Vereinbarungen und der gesetzlichen Vorschriften (§ 1193 Abs. 2 Satz 2 BGB) kündigen.
Das Verwertungsrecht bleibt von der Verjährung der gesicherten Forderungen unberührt. [16]

5.2 Die Sparkasse wird die Verwertung mit angemessener Nachfrist vorab androhen, soweit dies nicht untunlich ist. Diese Frist wird so bemessen sein, dass sie dem Sicherungsgeber sowohl das Vorbringen von Einwendungen als auch das Bemühen um Zahlung der geschuldeten Beträge zur Abwendung der Verwertung ermöglicht. Soweit der vorliegende Vertrag für den Sicherungsgeber ein Handelsgeschäft nach dem HGB ist, beträgt die Frist grundsätzlich eine Woche. Im Übrigen wird sie in der Regel vier Wochen betragen. Eine Fristsetzung ist nicht erforderlich, wenn der Sicherungsgeber seine Zahlungen eingestellt hat oder die Eröffnung eines gerichtlichen Insolvenzverfahrens über sein Vermögen beantragt hat.

5.3 Die Sparkasse ist nicht verpflichtet, in einem etwaigen Zwangsversteigerungsverfahren aus der/den Grundschuld(en) einen Betrag geltend zu machen, der über den persönlichen Anspruch hinausgeht. Sie ist berechtigt, auf ihren persönlichen Anspruch übersteigenden Teil der Grundschuld(en) zu verzichten. Die Sparkasse wird ermächtigt, jederzeit den Antrag auf Eintragung des Verzichts im Grundbuch zu stellen. Sie ist ferner nicht verpflichtet, in einem etwaigen Zwangsversteigerungsverfahren mehr als ihre eigenen Zinsen aus der/den Grundschuld(en) geltend zu machen. [17]

5.4 Grundschulden wird die Sparkasse, falls der Sicherungsgeber nicht einem abweichenden Verfahren zustimmt, auf freihändigem Wege nur zusammen mit der gesicherten Forderung und nur in einer im Verhältnis zu ihr angemessenen Höhe verkaufen. [18]

6 Freigabe von Sicherheiten

Sobald die Sparkasse wegen aller ihrer Ansprüche – auch bedingter und befristeter – gegen den Kreditnehmer befriedigt ist, ist sie – auf entsprechendes Verlangen – verpflichtet, ihre Rechte aus der/den Grundschuld(en) freizugeben. Sie ist schon vorher auf Verlangen zur Freigabe verpflichtet, soweit sie die Grundschuld(en) nach den Grundsätzen ordnungsgemäßer Kreditsicherung zur Sicherung ihrer Ansprüche nicht mehr benötigt. [19] [20]

Soweit der Sicherungsgeber selbst der Kreditnehmer ist, wird die Sparkasse, wenn sie von einem Bürgen oder einem sonstigen Dritten befriedigt wird, ihre Rechte auf diesen übertragen, soweit ihr nicht Ansprüche anderer nachgewiesen werden. [21]

7 Besondere Vereinbarungen

8 Geschäftsbedingungen der Sparkasse

Die Allgemeinen Geschäftsbedingungen sind Bestandteil des Vertrags.

☐ – Signieren mittels Unterschriften –

Ort, Datum

Ort, Datum

Unterschrift(en) Sicherungsgeber
(Eigentümer/Erbbauberechtigter)

Unterschrift(en) Sparkasse

☐ – Signieren mittels qualifizierter elektronischer Signaturen –

Qualifizierte elektronische Signatur(en) Sicherungsgeber
(Eigentümer/Erbbauberechtigter)

Qualifizierte elektronische Signatur(en) Sparkasse

Interne Vermerke (nur für Sparkasse) s. Folgeseite.

Zu Anhang 6

Notarielle Beurkundung oder öffentliche Beglaubigung nicht notwendig.

[1] Sicherungsgeber:
RN 630 ff., insbes. RN 637.
Es ist sehr wichtig, dass die richtige Person als Sicherungsgeber bezeichnet wird. Normalerweise ist es der Grundstückseigentümer (RN 637 ff.). Davon geht auch der Vordruck aus.
Im Zweifel sollte anhand der Konsequenzen (RN 633) geprüft werden, wer nach der Vorstellung der Beteiligten Sicherungsgeber sein soll. Ist es ausnahmsweise nicht der Grundstückseigentümer, so muss dies klar zum Ausdruck gebracht werden.

[2] Sicherheit:
Grundschuld (RN 275 ff.), Grundschuldzinsen (RN 279 ff.), sonstige Nebenleistung (RN 289), abstraktes Schuldversprechen (RN 291 ff., 299) und Rückgewähranspruch gemäß Ziff. 2 des Vordrucks (RN 851 ff., 864 ff., 896 ff.).

[3] Gesicherte Forderungen:
RN 654 ff., insbes. RN 668 ff.
Der Vordruck enthält eine weite Sicherungsabrede (RN 668).
Ist der Sicherungsgeber (bei mehreren: alle) zugleich uneingeschränkt persönlicher Schuldner (RN 682 ff.), kann der Vordruck problemlos eingesetzt werden.
Trifft das nicht zu (Drittsicherungsfälle), kommt der Vordruck nur für besondere Fälle in Betracht (RN 692, 694, vgl. auch 695). Für andere Fälle steht der Vordruck Anhang 7 zur Verfügung.

[4] Verrechnung von Zahlungen:
RN 804.

[5] Verrechnung des Erlöses aus der Verwertung der Grundschuld:
RN 839 ff., insbes. RN 843.

[6] Kündigungsrecht bei Sicherung von Verbindlichkeiten Dritter:
[6a] RN 602 ff.
Formularmäßiger Zustimmungsvorbehalt für Abtretung zulässig, vgl. RN 759 und BGH v. 14. 1. 2022 – V ZR 255/20, RN 17 ff. = BGHZ 232, 265 = WM 2022 Heft 20, 976

[7] Abtretung des Rückgewähranspruchs bezüglich *derzeit* vor- oder gleichrangiger Grundschulden:
RN 851 ff., insbes. RN 865 ff.

[7a] Auskunft über die Höhe der vor- und gleichrangig besicherten Forderungen, RN 1067

[8] Abtretung des Rückgewähranspruchs bezüglich *künftig* vor- oder gleichrangiger Grundschulden:
RN 854.

[9] Abtretung des Anspruchs auf Abtretung des (derzeit an einen anderen abgetretenen) Rückgewähranspruchs bezüglich vor- oder gleichrangiger Grundschulden:
RN 891 ff., 490.

[10] Versicherungspflicht:
RN 1269, 1274, 1275, 563.

[11] Werterhaltung (einschließlich Zubehör):
RN 563, 1255 ff.

[12] Bestellung einer Baulast nur mit Zustimmung:
RN 45 ff., insbes. RN 49.

[13] Verfügung über Miete und Pacht:
RN 563, 1264 ff., 1266.

[14] Besichtigungsrecht:
RN 43, 1255.

[15] Abrechnung im Falle der Zwangsversteigerung, RN 1104.

[16] Voraussetzungen der Verwertung:
RN 563.

[17]   Nicht valutierter Teil in der Zwangsvollstreckung:
        RN 1152 ff., insbes. RN 1156; vgl. auch RN 756.

[18]   Freihändige Verwertung:
        RN 1276 ff., insbes. RN 1280 ff.
        s. auch RN 964 ff.

[19]   Rückgewährpflicht:
        RN 723 ff.

[20]   Pflicht zur Teilrückgewähr:
        RN 724, 725.

[21]   Rückgewähr an zahlenden Bürgen/sonstigen Dritten:
        RN 1022 ff.
        Geregelt wird nur der Fall, dass der Sicherungsgeber selbst persönlicher Schuldner ist; vgl. dazu
        RN 1036 ff.

Anhang 7

192 247 000 D3 (Fassung Jan. 2024) · v15.1
© S-Management Services · DSV Gruppe

Zweckerklärung für Grundschulden
Begrenzte Sicherung

Geschäftszeichen

An die

– nachstehend die Sparkasse genannt –

1 Sicherungsabrede

1.1 Sicherungszweck
Die Sparkasse ist/wird Gläubigerin der auf dem/den nachfolgend verzeichneten Pfandobjekt/Pfandobjekten

Objekt-Adresse	Grundbuchart	Grundbuch von	Band	Heft	Blatt	BV[1]	Eigentümer/ Erbbauberechtigter[2]

Zusatzangaben zu den Pfandobjekten (Bsp. Flst-Nr.)   [1]

[1] Bestandsverzeichnis.
[2] Nachstehend der Sicherungsgeber genannt.

nebst Zinsen und sonstiger Nebenleistungen in Abteilung III eingetragenen/einzutragenden Grundschuld(en):

Laufende Nr.	Betrag	Währung	Art der Grundschuld

[2]

Die Grundschuld(en) nebst Zinsen und sonstiger Nebenleistung sowie ein im Zusammenhang mit der Grundschuld etwa übernommenes abstraktes Schuldversprechen (Übernahme der persönlichen Haftung) dient/dienen zur Sicherheit für alle Forderungen der Sparkasse (Hauptsumme, Zinsen und Kosten sowie etwaige gesetzliche Ansprüche) aus *(genaue Angabe des gesicherten Darlehens/Kredits usw.):*

[3]

gegen

– nachstehend der Kreditnehmer genannt –.

Sichert/Sichern die Grundschuld(en) den zunächst befristeten Kontokorrentkredit eines Kreditnehmers, der kein Verbraucher ist, so bleibt die Sicherung auch dann bestehen, wenn die vereinbarte Laufzeit dieses Kredits verlängert wird (Prolongation); dies gilt auch dann, wenn mit der Laufzeitverlängerung eine Änderung der Konditionen verbunden ist.
Werden bei einem Kreditnehmer, der kein Verbraucher ist, Leistungsraten (Zins- und Tilgungsbeträge) zu Lasten des Girokontos des Kreditnehmers (Zahlungskonto) abgebucht und entsteht hierdurch eine Überziehung des Zahlungskontos, so sichert/sichern die Grundschuld(en) nicht nur den auf dem Darlehens-/Kreditkonto geschuldeten Restbetrag. Vielmehr bezieht/beziehen sie sich auch auf die durch die Ratenbelastung auf dem Zahlungskonto entstandene Überziehung, dies allerdings auf einen Betrag beschränkt, der den für einen Zeitraum von drei Monaten zu zahlenden Leistungsraten zzgl. der hieraus aufgelaufenen Zinsen entspricht. Sind die Leistungsraten in Zeitabständen von mehr als drei Monaten fällig, so sichert/sichern die Grundschuld(en) die durch die letzte Ratenbelastung entstandene Überziehung des Zahlungskontos.

Sollte der durch diese Zweckerklärung gesicherte Kredit-/Darlehensvertrag nichtig sein, wirksam angefochten, widerrufen oder aufgehoben werden, oder aus sonstigen Gründen unwirksam oder nicht vollziehbar sein, so sind auch alle hieraus resultierenden vertraglichen und gesetzlichen Ansprüche der Sparkasse gegen den Kreditnehmer gesichert.
Ein etwa bisher vereinbarter Sicherungszweck wird durch die vorstehende Vereinbarung nicht aufgehoben, sondern ergänzt.
☒ Ein etwaiger Förderkredit wird durch die Grundschuld(en) nachrangig im Verhältnis zu anderen mit dieser(n) Grundschuld(en) gesicherten Darlehen besichert.

1.2 Versicherung des Pfandobjekts
Der Sicherungsgeber ist im Sinne von Nr. 3.1 verpflichtet, das Pfandobjekt gegen Feuer und folgende weitere Risiken versichert zu halten:
☐ Sturm/Hagel   [11]
☐ Leitungswasser
☐

1.3 Verrechnungsabrede
Zahlungen an die Sparkasse werden auf die gesicherten persönlichen Forderungen und nicht auf die Grundschuld(en) verrechnet.   [4]

1.4 Forderungsmehrheit
Dient/Dienen die Grundschuld(en) als Sicherheit für verschiedene Forderungen gegen einen oder mehrere Schuldner, so wird ein zur Befriedigung sämtlicher Forderungen nicht ausreichender Erlös aus der Verwertung der Grundschuld(en) zunächst auf die Forderungen verrechnet, die der Sparkasse geringere Sicherheit bieten.   [5]

1.5 Teilkündigung

Falls die Grundschuld(en) auch Verbindlichkeiten eines Dritten – ein vom Sicherungsgeber verschiedener Kreditnehmer – sichert/sichern, kann die Sicherungsvereinbarung nach Nr. 1.1 insoweit unter Einhaltung einer Frist von vier Wochen mit Wirkung für die Zukunft gekündigt werden. Mit Wirksamwerden der Kündigung beschränkt sich die Haftung für Verbindlichkeiten von Dritten auf die zu diesem Zeitpunkt begründeten Forderungen einschließlich etwa noch entstehender Forderungen aus bereits zugesagten Krediten oder Darlehen; Forderungen aus und im Zusammenhang mit Verbraucherdarlehen werden nur erfasst, soweit der betreffende Vertrag die Einbeziehung in eine Sicherungszweckerklärung zu Grundschulden oder Reallasten nicht ausschließt. Gehört zu den Verbindlichkeiten eines Dritten, der kein Verbraucher ist, auch ein Kontokorrentkredit, haftet die Grundschuld bis zur Höhe des bei Wirksamwerden der Kündigung bestehenden Saldos, im Falle weiterer Tilgungen bis zur Höhe des niedrigsten bis zum Zeitpunkt der Inanspruchnahme festgestellten Rechnungsabschlusssaldos. Die Kündigung muss in Textform erfolgen. Das Recht zur Kündigung aus wichtigem Grund bleibt unberührt. [6]

1.6

Die Abtretung und Verpfändung der Rückgewähransprüche bedarf der Zustimmung der Sparkasse. Die Sparkasse darf die Zustimmung nur aus sachgerechtem Grund verweigern. [7]

2 Abtretung der Rückgewähransprüche

Zur Sicherung der unter Nr. 1.1 bezeichneten Ansprüche tritt der Sicherungsgeber hiermit den, auch künftigen oder bedingten, Anspruch auf Rückgewähr aller vor- und gleichrangigen Grundschulden (Anspruch auf Übertragung oder Löschung oder Verzicht sowie auf Zuteilung des Versteigerungserlöses) an die Sparkasse ab. [8]

Ergänzend überträgt der Sicherungsgeber der Sparkasse seinen Anspruch auf Auskunft über die Höhe der vor- und gleichrangig grundpfandrechtlich besicherten Forderung(en). [8a]

Der Sicherungsgeber verpflichtet sich, die Sparkasse unverzüglich zu unterrichten, wenn ihm ein Gläubigerwechsel bei vor- oder gleichrangigen Grundschulden bekannt wird. Der Anspruch auf Rückgewähr von Grundschulden, die in Zukunft Vor- oder Gleichrang erhalten, ist von diesem Zeitpunkt an ebenfalls an die Sparkasse abgetreten. [9]

Hat der Sicherungsgeber Rückgewähransprüche bereits an einen anderen abgetreten, so sind sie mit dem Zeitpunkt an die Sparkasse abgetreten, in dem sie dem Sicherungsgeber wieder zustehen. Außerdem tritt er hiermit seinen Anspruch auf Rückabtretung der Rückgewähransprüche an die Sparkasse ab. [10]

Die Sparkasse ist befugt, die Abtretung der Rückgewähransprüche dem Rückgewährverpflichteten anzuzeigen.

3 Pflichten des Sicherungsgebers

Der Sicherungsgeber hat neben den sich aus dem Gesetz ergebenden folgende **besondere Verpflichtungen:**

3.1 Versicherung

Die Gebäude und die beweglichen Gegenstände, auf welche sich die Grundschuld gemäß den §§ 1120 bis 1122, 1192 BGB erstreckt, sind bis zur vollen Höhe ihres Werts – soweit nichts anderes vereinbart ist, zum gleitenden Neuwert – bei einem öffentlichen oder einem der Sparkasse geeignet erscheinenden privaten Versicherungsunternehmen versichert zu halten. Die nach dem Versicherungsvertrag zu zahlenden Versicherungsprämien sind regelmäßig und pünktlich zu entrichten; der Sparkasse ist hierüber auf ihr Verlangen jederzeit der Nachweis zu führen. Die Versicherung darf nur mit Zustimmung der Sparkasse aufgehoben oder geändert werden. Ist die Aufhebung erfolgt oder steht sie bevor, so steht der Sparkasse das Recht zu, die Versicherung in ihrem Interesse auf Kosten des Sicherungsgebers fortzusetzen oder zu erneuern oder die Gebäude anderweitig in Deckung zu geben. Im Falle einer vollständigen oder teilweisen Zerstörung hat der Sicherungsgeber die Gebäude nach Bauplänen und Kostenvoranschlägen, die die Sparkasse genehmigt hat, innerhalb einer angemessenen Frist wieder herzustellen. [11]

3.2 Erhaltung des Pfandobjekts

Der Sicherungsgeber hat das Pfandobjekt einschließlich Zubehör in einem guten Zustand zu erhalten. Mängelbeseitigungen und Erneuerungen sind innerhalb einer von der Sparkasse gesetzten angemessenen Frist auszuführen. Bauliche Veränderungen der Gebäude, insbesondere auch ein vollständiger oder teilweiser Abbruch sowie eine Änderung des Verwendungszwecks, dürfen nur mit Zustimmung der Sparkasse erfolgen. [12]

3.3 Baulasten

Der Sicherungsgeber darf gegenüber der Bauaufsichtsbehörde öffentlich-rechtliche Verpflichtungen zu einem das Pfandobjekt betreffenden Handeln, Dulden oder Unterlassen (Baulasten) nur mit Zustimmung der Sparkasse übernehmen. [13]

3.4 Bergschäden, sonstige Schäden

Der Sicherungsgeber darf ohne schriftliche Zustimmung der Sparkasse keine Vereinbarung über Schadenersatzansprüche für Bergschäden oder andere, auf benachbarte Anlagen zurückzuführende Schäden treffen.

3.5 Vermietung, Verpachtung

Der Sicherungsgeber darf ohne schriftliche Zustimmung der Sparkasse keine Vereinbarungen mit Mietern oder Pächtern treffen, welche eine Vorauszahlung der Miete oder Pacht oder deren Vorausverrechnung oder Einbehaltung vorsehen. Er versichert, dass er solche Vereinbarungen bisher nicht getroffen hat. [14]

3.6 Auskunft, Besichtigung

Der Sparkasse sind auf Verlangen die Mietverträge sowie die sonstigen, das Pfandobjekt betreffenden Unterlagen vorzulegen. Der Sparkasse oder deren Bevollmächtigten ist die Besichtigung des Grundstücks und der Gebäude zu gestatten, im Falle einer beantragten oder angeordneten Zwangsvollstreckung in das Pfandobjekt auch zusammen mit Kaufinteressenten. [15]

4 Abrechnung im Falle der Zwangsversteigerung

Für den Fall der Zwangsversteigerung erklärt sich der Sicherungsgeber damit einverstanden, dass über die in der Versteigerung liegende Lieferung durch Gutschrift des Erstehers abgerechnet wird (§ 14 Abs. 2 Satz 2 UStG). [16]

192 247.000 D3 (Fassung Jan. 2024) - v15.1

Geschäftszeichen ──────────

5 Verwertungsrecht der Sparkasse
[17]

5.1 Die Sparkasse ist berechtigt, ihre Sicherungsrechte zu verwerten, wenn
– ihre gesicherten Forderungen fällig sind und der Kreditnehmer mit seinen Zahlungen in Verzug ist oder
– der Kreditnehmer seine Zahlungen eingestellt hat oder
– der Kreditnehmer ein gerichtliches Insolvenzverfahren über sein Vermögen beantragt hat.
Das Kapital aus der/den zur Sicherheit bestellten Grundschuld(en) wird die Sparkasse soweit erforderlich nach Maßgabe der vertraglichen Vereinbarungen und der gesetzlichen Vorschriften (§ 1193 Abs. 2 Satz 2 BGB) kündigen.
Das Verwertungsrecht bleibt von der Verjährung der gesicherten Forderungen unberührt.

5.2 Die Sparkasse wird die Verwertung mit angemessener Nachfrist vorab androhen, soweit dies nicht untunlich ist. Diese Frist wird so bemessen sein, dass sie dem Sicherungsgeber sowohl das Vorbringen von Einwendungen als auch das Bemühen um Zahlung der geschuldeten Beträge zur Abwendung der Verwertung ermöglicht. Soweit der vorliegende Vertrag für den Sicherungsgeber ein Handelsgeschäft nach dem HGB ist, beträgt die Frist grundsätzlich eine Woche. Im Übrigen wird sie in der Regel vier Wochen betragen.
Eine Fristsetzung ist nicht erforderlich, wenn der Sicherungsgeber seine Zahlungen eingestellt hat oder die Eröffnung eines gerichtlichen Insolvenzverfahrens über sein Vermögen beantragt hat.

5.3 Die Sparkasse ist nicht verpflichtet, in einem etwaigen Zwangsversteigerungsverfahren aus der/den Grundschuld(en) einen Betrag geltend zu machen, der über den persönlichen Anspruch hinausgeht. Sie ist berechtigt, auf den ihren persönlichen Anspruch übersteigenden Teil der Grundschuld(en) zu verzichten. Die Sparkasse wird ermächtigt, jederzeit den Antrag auf Eintragung des Verzichts im Grundbuch zu stellen. Sie ist ferner nicht verpflichtet, in einem etwaigen Zwangsversteigerungsverfahren mehr als ihre eigenen Zinsen aus der/den Grundschuld(en) geltend zu machen.
[18]

5.4 Grundschulden wird die Sparkasse, falls der Sicherungsgeber nicht einem abweichenden Verfahren zustimmt, auf freihändigem Wege nur zusammen mit der gesicherten Forderung und nur in einer ihr Verhältnis zu ihr angemessenen Höhe verkaufen.
[19]

6 Freigabe von Sicherheiten

Sobald die Sparkasse wegen ihrer durch die Zweckerklärung gesicherten Ansprüche befriedigt ist, ist sie – auf entsprechendes Verlangen – verpflichtet, ihre Rechte aus der/den Grundschuld(en) freizugeben. Sie ist schon vorher auf Verlangen zur Freigabe verpflichtet, soweit sie die Grundschuld(en) nach den Grundsätzen ordnungsgemäßer Kreditsicherung zur Sicherung ihrer Ansprüche nicht mehr benötigt.
Soweit der Sicherungsgeber selbst der Kreditnehmer ist, wird die Sparkasse, wenn sie von einem Bürgen oder einem sonstigen Dritten befriedigt wird, ihre Rechte auf diesen übertragen, soweit ihr nicht Ansprüche anderer nachgewiesen werden.
[20]
[21]
[22]

7 Besondere Vereinbarungen

_____

8 Geschäftsbedingungen der Sparkasse
Die Allgemeinen Geschäftsbedingungen sind Bestandteil des Vertrags.

☐ _– Signieren mittels Unterschriften –_

Ort, Datum   Ort, Datum

_____   _____
Unterschrift(en) Sicherungsgeber   Unterschrift(en) Sparkasse
(Eigentümer/Erbbauberechtigter)

☐ _– Signieren mittels qualifizierter elektronischer Signaturen –_
Qualifizierte elektronische Signatur(en) Sicherungsgeber   Qualifizierte elektronische Signatur(en) Sparkasse
(Eigentümer/Erbbauberechtigter)

_____   _____

Interne Vermerke (nur für Sparkasse) s. Folgeseite.

Geschäftszeichen

Legitimationsprüfung/Identifizierung:

Vorname, Name, Geburtsdatum, Geburtsort, Staatsangehörigkeit, Anschrift, Art der Legitimation (Ausweis-Art, Ausweis-Nummer, ausgestellt von) oder Verweis auf erfolgte Legitimation/Identifizierung:

Angaben geprüft und für die Richtigkeit der Unterschriften: am:

Zu Anhang 7

Notarielle Beurkundung oder öffentliche Beglaubigung nicht notwendig.

[1] Sicherungsgeber:
RN 630 ff., insbes. RN 637.
Es ist sehr wichtig, dass die richtige Person als Sicherungsgeber bezeichnet wird. Normalerweise ist es der Grundstückseigentümer (RN 637 ff.). Davon geht auch der Vordruck aus.
Im Zweifel sollte anhand der Konsequenzen (RN 633) geprüft werden, wer nach der Vorstellung der Beteiligten Sicherungsgeber sein soll. Ist es ausnahmsweise nicht der Grundstückseigentümer, so muss dies klar zum Ausdruck gebracht werden.

[2] Sicherheit:
Grundschuld (RN 275 ff.), Grundschuldzinsen (RN 279 ff.), sonstige Nebenleistung (RN 289), abstraktes Schuldversprechen (RN 291 ff., 299) und Rückgewähranspruch gemäß Ziff. 2 des Vordrucks (RN 851 ff., 864 ff., 896 ff.).

[3] Gesicherte Forderungen:
RN 654 ff., insbes. RN 667.
Der Vordruck ist bestimmt für die Sicherung eines *bestimmten* Darlehens/Kredits (enge Sicherungsabrede [RN 667]).
Bei „unechten" Leistungen auf die gesicherte Forderung (Zins und Tilgung werden über ein Girokonto des Darlehensnehmers abgebucht, das dadurch überzogen wird) soll die Grundschuld – betragsmäßig begrenzt – auch für den Überziehungskredit auf dem Girokonto haften, der *durch diese Abbuchung* entsteht; zum ähnlichen Fall einer bankinternen Umbuchung s. RN 685.

[4] Verrechnung von Zahlungen:
RN 804.

[5] Verrechnung des Erlöses aus der Verwertung der Grundschuld bei Forderungsmehrheit:
RN 839 ff., insbes. RN 843.

[6] Kündigungsrecht bei Sicherung von Verbindlichkeiten Dritter:
RN 602 ff.

[7] Einschränkung der Abtretung (und Verpfändung) des Rückgewähranspruchs bezüglich *dieser* Grundschuld (Zustimmung erforderlich):
RN 759. Zustimmungsvorbehalt wirksam, vgl. auch BGH v. 14. 1. 2022 – V ZR 255/20, RN 17 ff. = BGHZ 232, 265 = WM 2022 Heft 20, 976.

[8] Abtretung des Rückgewähranspruchs bezüglich *derzeit* vor- oder gleichrangiger Grundschulden:
RN 851 ff., insbes. RN 865 ff.

[8a] Auskunft über die Höhe der vor- und gleichrangig besicherten Forderungen, RN 1067.

[9] Abtretung des Rückgewähranspruchs bezüglich *künftig* vor- oder gleichrangiger Grundschulden:
RN 854.

[10] Abtretung des Anspruchs auf Abtretung des (derzeit an einen anderen abgetretenen) Rückgewähranspruchs bezüglich vor- oder gleichrangiger Grundschulden:
RN 891 ff., 490.

[11] Versicherungspflicht:
RN 1269, 1274, 1275, 563.

[12] Werterhaltung (einschließlich Zubehör):
RN 563, 1255 ff.

[13] Bestellung einer Baulast nur mit Zustimmung:
RN 45 ff., insbes. RN 49.

[14] Verfügung über Miete und Pacht:
RN 563, 1264 ff., 1266.

[15] Besichtigungsrecht:
RN 43, 1255.

[16]   Abrechnung im Falle der Zwangsversteigerung (RN 1104).

[17]   Voraussetzungen der Verwertung:
       RN 563.

[18]   Nicht valutierter Teil in der Zwangsvollstreckung:
       RN 1152 ff., insbes. RN 1156; vgl. auch RN 756.

[19]   Freihändige Verwertung:
       RN 1276 ff., insbes. RN 1280 ff.
       s. auch RN 964 ff.

[20]   Rückgewährpflicht:
       RN 723 ff.

[21]   Pflicht zur Teilrückgewähr:
       RN 724, 725.

[22]   Rückgewähr an zahlenden Bürgen/sonstigen Dritten:
       RN 1022 ff.
       Geregelt wird nur der Fall, dass der Sicherungsgeber selbst persönlicher Schuldner ist; vgl. dazu
       RN 1036 ff.

Anhang 8

ṡ

Zweckerklärung für Grundschulden
☐ *– weite Zweckerklärung zwischen Sparkasse und Käufer –*
Sicherung der Geschäftsverbindung
mit Einschränkung der Haftung des Verkäufers
☐ *– enge Zweckerklärung zwischen Sparkasse und Käufer –*
Begrenzte Sicherung
mit Einschränkung der Haftung des Verkäufers

Geschäftszeichen

An die

– nachstehend die Sparkasse genannt –

1 Sicherungsabrede

1.1 Sicherungszweck
Die Sparkasse ist/wird Gläubigerin der auf dem/den nachfolgend verzeichneten Pfandobjekt/Pfandobjekten

Objekt-Adresse	Grundbuchart	Grundbuch von	Band	Heft	Blatt	BV[1]	Eigentümer/ Erbbauberechtigter[2]

Zusatzangaben zu den Pfandobjekten (Bsp. Flst.-Nr.)

[1]

[1] *Bestandsverzeichnis.*
[2] *Nachstehend der Sicherungsgeber genannt.*

nebst Zinsen und sonstiger Nebenleistungen in Abteilung III eingetragenen/einzutragenden Grundschuld(en): [2]
Laufende Nr.   Betrag   Währung   Art der Grundschuld

☐ **Weite Zweckerklärung zwischen Sparkasse und Käufer**
Die Grundschuld(en) nebst Zinsen und sonstiger Nebenleistung sowie ein im Zusammenhang mit der Grundschuld etwa übernommenes abstraktes Schuldversprechen (Übernahme der persönlichen Haftung) dient/dienen zur **Sicherung aller bestehenden und künftigen, auch bedingten oder befristeten Forderungen der Sparkasse** gegen [3]

– nachstehend der Kreditnehmer genannt – aus der bankmäßigen Geschäftsverbindung (insbesondere aus laufender Rechnung, Krediten und Darlehen jeder Art einschließlich etwaiger gesetzlicher Ansprüche und Wechseln; Forderungen aus und im Zusammenhang mit Verbraucherdarlehen werden nur erfasst, soweit der betreffende Vertrag die Einbeziehung in eine Sicherungszweckerklärung zu Grundschulden oder Reallasten nicht ausschließt). Sie sichert/sichern auch Ansprüche gegen den Kreditnehmer aus Wechseln, auch soweit sie von Dritten hereingegeben werden, aus Abtretungen oder gesetzlichem Forderungsübergang und aus vom Kreditnehmer gegenüber der Sparkasse übernommenen Bürgschaften ab deren Fälligkeit, soweit die Sparkasse diese Ansprüche im Rahmen ihrer bankmäßigen Geschäftsverbindung mit dem Kreditnehmer erwirbt.
Ein etwa bisher vereinbarter Sicherungszweck wird durch die vorstehende Vereinbarung nicht aufgehoben, sondern ergänzt.

☐ **Enge Zweckerklärung zwischen Sparkasse und Käufer**
Die Grundschuld(en) nebst Zinsen und sonstiger Nebenleistung sowie ein im Zusammenhang mit der Grundschuld etwa übernommenes abstraktes Schuldversprechen (Übernahme der persönlichen Haftung) dient/dienen zur Sicherheit für alle Forderungen der Sparkasse (Hauptsumme, Zinsen und Kosten sowie etwaige gesetzliche Ansprüche) aus (genaue Angabe des gesicherten Darlehens/Kredits usw.): [3a]

gegen

– nachstehend der Kreditnehmer genannt –.

Sichert/Sichern die Grundschuld(en) den zunächst befristeten Kontokorrentkredit eines Kreditnehmers, der kein Verbraucher ist, so bleibt die Sicherung auch dann bestehen, wenn die vereinbarte Laufzeit dieses Kredits verlängert wird (Prolongation); dies gilt auch dann, wenn mit der Laufzeitverlängerung eine Änderung der Konditionen verbunden ist.
Werden bei einem Kreditnehmer, der kein Verbraucher ist, Leistungsraten (Zins- und Tilgungsbeträge) zu Lasten des Girokontos des Kreditnehmers (Zahlungskonto) abgebucht und entsteht hierdurch eine Überziehung des Zahlungskontos, so sichert/sichern die Grundschuld(en) nicht nur den auf dem Darlehens-/Kreditkonto geschuldeten Restbetrag. Vielmehr bezieht/beziehen sich auch auf die durch die Ratenbelastung auf dem Zahlungskonto entstandene Überziehung, dies allerdings auf einen Betrag beschränkt, der den für einen Zeitraum von drei Monaten zu zahlenden Leistungsraten zzgl. der hieraus aufgelaufenen Zinsen entspricht. Sind die Leistungsraten in Zeitabständen von mehr als drei Monaten fällig, so sichert/sichern die Grundschuld(en) die durch die letzte Raten-

Seite 1 von 5

192 243 000 D3 (Fassung Sep. 2023) - v10.3
© S-Management Services • DSV Gruppe

zahlung entstandene Überziehung des Zahlungskontos.

Sollte der durch diese Zweckerklärung gesicherte Kredit-/Darlehensvertrag nichtig sein, wirksam angefochten, widerrufen oder aufgehoben werden, oder aus sonstigen Gründen unwirksam oder nicht vollziehbar sein, so sind auch alle hieraus resultierenden vertraglichen und gesetzlichen Ansprüche der Sparkasse gegen den Kreditnehmer gesichert. **Ein etwa bisher vereinbarter Sicherungszweck wird durch die vorstehende Vereinbarung nicht aufgehoben, sondern ergänzt.**

☒ Ein etwaiger Förderkredit wird durch die Grundschuld(en) nachrangig im Verhältnis zu anderen mit dieser(n) Grundschuld(en) gesicherten Darlehen besichert.

1.2 Versicherung des Pfandobjektes
Der Sicherungsgeber ist im Sinne von Nr. 3.1 verpflichtet, das Pfandobjekt gegen Feuer und folgende weitere Risiken versichert zu halten: [12]

☐ Sturm/Hagel

☐ Leitungswasser

☐

1.3 Verrechnungsabrede
Zahlungen an die Sparkasse werden auf die gesicherten persönlichen Forderungen und nicht auf die Grundschuld(en) verrechnet.   [4]

1.4 Forderungsmehrheit
Dient/Dienen die Grundschuld(en) als Sicherheit für verschiedene Forderungen gegen einen oder mehrere Schuldner, so wird ein zur Befriedigung sämtlicher Forderungen nicht auszureichender Erlös aus der Verwertung der Grundschuld(en) zunächst auf die Forderungen verrechnet, die der Sparkasse geringere Sicherheit bieten.   [5]

1.5 Teilkündigung
Falls die Grundschuld(en) auch Verbindlichkeiten eines Dritten – ein vom Sicherungsgeber verschiedener Kreditnehmer – sichert/sichern, kann die Sicherungsvereinbarung nach Nr. 1.1 insoweit unter Einhaltung einer Frist von vier Wochen mit Wirkung für die Zukunft gekündigt werden. Mit Wirksamwerden der Kündigung beschränkt sich die Haftung für Verbindlichkeiten von Dritten auf die zu diesem Zeitpunkt begründeten Forderungen einschließlich etwa noch entstehender Forderungen aus bereits zugesagten Krediten oder Darlehen; Forderungen aus und im Zusammenhang mit Verbraucherdarlehen werden nur erfasst, soweit der betreffende Vertrag die Einbeziehung in eine Sicherungszweckerklärung zu Grundschulden oder Reallasten nicht ausschließt. Gehört zu den Verbindlichkeiten eines Dritten, der kein Verbraucher ist, auch ein Kontokorrentkredit, haftet die Grundschuld bis zur Höhe des bei Wirksamwerden der Kündigung bestehenden Saldos, im Falle weiterer Tilgungen bis zur Höhe des niedrigsten bis zum Zeitpunkt der Inanspruchnahme festgestellten Rechnungsabschlusssaldos. Die Kündigung muss in Textform erfolgen. Das Recht zur Kündigung aus wichtigem Grund bleibt unberührt.   [6]

1.6 Vorläufige Einschränkung der Sicherungsabrede
Die Grundschuld(en) und die abgetretenen Rückgewähransprüche sichert/sichern die in Nr. 1.1 genannten Forderungen zunächst nur in Höhe der auf den Kaufpreis gemäß Kaufvertrag vom

_____ (Urk.verz.-Nr. _____ des Notars _____) an   [7]

_____

– nachstehend der Verkäufer genannt – tatsächlich gezahlten Beträge. Die weitergehende Sicherungsabrede gilt erst ab vollständiger Zahlung des Kaufpreises, spätestens ab Eintragung des Eigentumswechsels. **Ab vollständiger Kaufpreiszahlung bzw. ab Eigentumswechsel tritt**   [8]

_____

– nachstehend der Käufer genannt – anstelle des Verkäufers als Sicherungsgeber in den Sicherungsvertrag ein. Dem Käufer steht insbesondere von dort an bei Wegfall des Sicherungszwecks der uneingeschränkte Rückgewähranspruch zu. Der Verkäufer und seine Rechtsnachfolger können, wenn und soweit ihnen Rückgewähransprüche zustehen, nur die Löschung der Grundschuld – nicht Abtretung oder Verzicht – verlangen.

1.7 Die Abtretung und Verpfändung der Rückgewähransprüche bedarf der Zustimmung der Sparkasse. Die Sparkasse darf die Zustimmung nur aus sachgerechtem Grund verweigern.   [8a]

2 Abtretung der Rückgewähransprüche

Zur Sicherung der unter Nr. 1.1 bezeichneten Ansprüche tritt der Sicherungsgeber hiermit den, auch künftigen oder bedingten, Anspruch auf Rückgewähr aller vor- und gleichrangigen Grundschulden (Anspruch auf Übertragung oder Löschung oder Verzicht sowie auf Zuteilung des Versteigerungserlöses) an die Sparkasse ab.   [9]

Ergänzend überträgt der Sicherungsgeber der Sparkasse seinen Anspruch auf Auskunft über die Höhe der vor- und gleichrangig grundpfandrechtlich besicherten Forderung(en).   [9a]

Der Sicherungsgeber verpflichtet sich, die Sparkasse unverzüglich zu unterrichten, wenn ihm ein Gläubigerwechsel bei vor- oder gleichrangigen Grundschulden bekannt wird. Der Anspruch auf Rückgewähr von Grundschulden, die in Zukunft Vor- oder Gleichrang erhalten, tritt von diesem Zeitpunkt an ebenfalls an die Sparkasse ab.   [10]

Hat der Sicherungsgeber die Rückgewähransprüche bereits an einen anderen abgetreten, so sind sie mit dem Zeitpunkt an die Sparkasse abgetreten, in dem sie dem Sicherungsgeber wieder zustehen. Außerdem tritt er hiermit seinen Anspruch auf Rückabtretung der Rückgewähransprüche an die Sparkasse ab.   [11]
Die Sparkasse ist befugt, die Abtretung der Rückgewähransprüche dem Rückgewährverpflichteten anzuzeigen.

192 243 000 D3 (Fassung Sep. 2023) - v10.3

3 Pflichten des Sicherungsgebers

Der Sicherungsgeber hat neben den sich aus dem Gesetz ergebenden folgende **besondere Verpflichtungen:**

3.1 Versicherung
Die Gebäude und die beweglichen Gegenstände, auf welche sich die Grundschuld gemäß den §§ 1120 bis 1122, 1192 BGB erstreckt, sind bis zur vollen Höhe ihres Wertes – soweit nichts anderes vereinbart ist, zum gleitenden Neuwert – bei einem öffentlichen oder einem der Sparkasse geeignet erscheinenden privaten Versicherungsunternehmen versichert zu halten. Die nach dem Versicherungsvertrage zu zahlenden Versicherungsprämien sind regelmäßig und pünktlich zu entrichten; der Sparkasse ist hierüber auf ihr Verlangen jederzeit der Nachweis zu führen. Die Versicherung darf nur mit Zustimmung der Sparkasse aufgehoben oder geändert werden. Ist die Aufhebung erfolgt oder steht sie bevor, so steht der Sparkasse das Recht zu, die Versicherung in ihrem Interesse auf Kosten des Sicherungsgebers fortzusetzen oder zu erneuern oder die Gebäude anderweitig in Deckung zu geben. Im Falle einer vollständigen oder teilweisen Zerstörung hat der Sicherungsgeber die Gebäude nach Bauplänen und Kostenvoranschlägen, die die Sparkasse genehmigt hat, innerhalb einer angemessenen Frist wieder herzustellen. [12]

3.2 Erhaltung des Pfandobjektes
Der Sicherungsgeber hat das Pfandobjekt einschließlich Zubehör in einem guten Zustand zu erhalten. Mängelbeseitigungen und Erneuerungen sind innerhalb einer von der Sparkasse gesetzten angemessenen Frist auszuführen. Bauliche Veränderungen der Gebäude, insbesondere auch ein vollständiger oder teilweiser Abbruch sowie eine Änderung des Verwendungszwecks, dürfen nur mit Zustimmung der Sparkasse erfolgen. [13]

3.3 Baulasten
Der Sicherungsgeber darf gegenüber der Bauaufsichtsbehörde öffentlich-rechtliche Verpflichtungen zu einem das Pfandobjekt betreffenden Handeln, Dulden oder Unterlassen (Baulasten) nur mit Zustimmung der Sparkasse übernehmen. [14]

3.4 Bergschäden, sonstige Schäden
Der Sicherungsgeber darf ohne schriftliche Zustimmung der Sparkasse keine Vereinbarung über Schadenersatzansprüche für Bergschäden oder andere, auf benachbarte Anlagen zurückzuführende Schäden treffen.

3.5 Vermietung, Verpachtung
Der Sicherungsgeber darf ohne schriftliche Zustimmung der Sparkasse keine Vereinbarungen mit Mietern oder Pächtern treffen, welche eine Vorauszahlung der Miete oder Pacht oder deren Vorausverrechnung oder Einbehaltung vorsehen. Er versichert, dass er solche Vereinbarungen bisher nicht getroffen hat. [15]

3.6 Auskunft, Besichtigung
Der Sparkasse sind auf Verlangen die Mietverträge sowie die sonstigen, das Pfandobjekt betreffenden Unterlagen vorzulegen. Der Sparkasse oder deren Bevollmächtigten ist die Besichtigung des Grundstücks und der Gebäude zu gestatten, im Falle einer beantragten oder angeordneten Zwangsvollstreckung in ein Pfandobjekt auch zusammen mit Kaufinteressenten. [16]

4 Abrechnung im Falle der Zwangsversteigerung

Für den Fall der Zwangsversteigerung erklärt sich der Sicherungsgeber damit einverstanden, dass über die in der Versteigerung liegende Lieferung durch Gutschrift des Erstehers abgerechnet wird (§ 14 Abs. 2 Satz 2 UStG). [17]

5 Verwertungsrecht der Sparkasse

5.1 Die Sparkasse ist berechtigt, ihre Sicherungsrechte zu verwerten, wenn
– ihre gesicherten Forderungen fällig sind und der Kreditnehmer mit seinen Zahlungen in Verzug ist oder
– der Kreditnehmer seine Zahlungen eingestellt hat oder
– der Kreditnehmer ein gerichtliches Insolvenzverfahren über sein Vermögen beantragt hat.
Das Kapital aus der/den zur Sicherheit bestellten Grundschuld(en) wird die Sparkasse soweit erforderlich nach Maßgabe der vertraglichen Vereinbarungen und der gesetzlichen Vorschriften (§ 1193 Abs. 2 Satz 2 BGB) kündigen.
Das Verwertungsrecht bleibt von der Verjährung der gesicherten Forderung unberührt. [18]

5.2 Die Sparkasse wird die Verwertung mit angemessener Nachfrist vorab androhen, soweit dies nicht untunlich ist. Diese Frist wird so bemessen sein, dass sie dem Sicherungsgeber sowohl das Vorbringen von Einwendungen als auch das Bemühen um Zahlung der geschuldeten Beträge zur Abwendung der Verwertung ermöglicht. Soweit der vorliegende Vertrag für den Sicherungsgeber ein Handelsgeschäft nach dem HGB ist, beträgt die Frist grundsätzlich eine Woche. Im Übrigen wird sie in der Regel vier Wochen betragen. Eine Fristsetzung ist nicht erforderlich, wenn der Sicherungsgeber seine Zahlungen eingestellt hat oder die Eröffnung eines gerichtlichen Insolvenzverfahrens über sein Vermögen beantragt hat.

5.3 Die Sparkasse ist nicht verpflichtet, in einem etwaigen **Zwangsversteigerungsverfahren** aus der/den Grundschuld(en) einen Betrag geltend zu machen, der über den persönlichen Anspruch hinausgeht. Sie ist berechtigt, auf den ihren persönlichen Anspruch übersteigenden Teil der Grundschuld(en) zu verzichten. Die Sparkasse wird ermächtigt, jederzeit den Antrag auf Eintragung des Verzichts im Grundbuch zu stellen. Sie ist ferner nicht verpflichtet, in einem etwaigen Zwangsversteigerungsverfahren mehr als ihre eigenen Zinsen aus der/den Grundschuld(en) geltend zu machen. [19]

5.4 Grundschulden wird die Sparkasse, falls der Sicherungsgeber nicht einem abweichenden Verfahren zustimmt, auf freihändigem Wege nur zusammen mit der gesicherten Forderung und nur in einer im Verhältnis zu ihr angemessenen Höhe verkaufen. [20]

6 Freigabe von Sicherheiten

Sobald die Sparkasse wegen aller ihrer Ansprüche – auch bedingter und befristeter – gegen den Kreditnehmer befriedigt ist, ist sie – auf entsprechendes Verlangen – verpflichtet, ihre Rechte aus der/den Grundschuld(en) freizugeben. Sie ist schon vorher auf Verlangen zur Freigabe verpflichtet, soweit sie die Grundschuld(en) nach den Grundsätzen ordnungsgemäßer Kreditsicherung zur Sicherung ihrer Ansprüche nicht mehr benötigt. [21] [22]

Soweit der Sicherungsgeber selbst der Kreditnehmer ist, wird die Sparkasse, wenn sie von einem Bürgen oder einem sonstigen Dritten befriedigt wird, ihre Rechte an diesen übertragen, soweit ihr nicht Ansprüche anderer nachgewiesen werden. [23]

192 243 000 D3 (Fassung Sep. 2023) – v10.3

7 Besondere Vereinbarungen

8 Allgemeine Geschäftsbedingungen

Die Sparkasse weist ausdrücklich darauf hin, dass ergänzend ihre Allgemeinen Geschäftsbedingungen (AGB) Vertragsbestandteil sind.
Die AGB können in den Geschäftsräumen der Sparkasse eingesehen werden und werden auf Wunsch zur Verfügung gestellt.[3]

[3] Jeder Vertragspartner der Sparkasse erhält ein Exemplar der AGB, soweit noch keine Geschäftsverbindung besteht und der Vertragsabschluss außerhalb der Sparkasse erfolgt.

Ort, Datum

Ort, Datum

Unterschrift(en) Verkäufer[4]

Unterschrift(en) Käufer

Ort, Datum

Unterschrift(en) Sparkasse

[4] Unterschreibt der Käufer aufgrund einer Belastungsvollmacht/Vollmacht, sollte zur Klarstellung ein Vertretungszusatz (i.V.) hinzugefügt werden.

Interne Vermerke (nur für Sparkasse) s. Folgeseite.

Zu Anhang 8

Notarielle Beurkundung oder öffentliche Beglaubigung nicht notwendig.

[1] Sicherungsgeber:
RN 630 ff., insbes. RN 637.
Es ist sehr wichtig, dass die richtige Person als Sicherungsgeber bezeichnet wird. Normalerweise ist es der Grundstückseigentümer (RN 637 ff.). Davon geht auch der Vordruck aus.
Im Zweifel sollte anhand der Konsequenzen (RN 633) geprüft werden, wer nach der Vorstellung der Beteiligten Sicherungsgeber sein soll. Ist es ausnahmsweise nicht der Grundstückseigentümer, so muss dies klar zum Ausdruck gebracht werden.

[2] Sicherheit:
Grundschuld (RN 275 ff.), Grundschuldzinsen (RN 279 ff.), sonstige Nebenleistung (RN 289), abstraktes Schuldversprechen (RN 291 ff., 299) und Rückgewähranspruch gemäß Ziff. 2 des Vordrucks (RN 851 ff., 864 ff., 896 ff.).

[3] Gesicherte Forderungen:
RN 654 ff., insbes. RN 668 ff.
Der Vordruck dient der Sicherung von Verbindlichkeiten des Käufers des belasteten Grundstücks schon vor Eintritt des Eigentumswechsels. Da zunächst noch der Verkäufer Sicherungsgeber ist, wird die Haftung der Grundschuld vorübergehend gemäß [7] eingeschränkt (RN 707 ff.).
Für die Zeit danach enthält der Vordruck eine weite Sicherungsabrede (RN 668). Das ist problemlos, wenn der *spätere* (s. dazu [8]) Sicherungsgeber (bei mehreren: alle) dann zugleich uneingeschränkt persönlicher Schuldner (RN 682 ff.) aller dann gesicherten Verbindlichkeiten ist. Trifft das nicht zu, kommt der Vordruck nur für besondere Fälle in Betracht (RN 692, 694, vgl. auch RN 695).

[3a] Wahlweise kann im Verhältnis des Kreditinstituts zum Käufer auch ein enger Sicherungszweck vereinbart werden. Der Vordruck ermöglicht per Ankreuzoptionen wahlweise beide Sicherungszwecke.

[4] Verrechnung von Zahlungen:
RN 804.

[5] Verrechnung des Erlöses aus der Verwertung der Grundschuld:
RN 839 ff., insbes. RN 843.

[6] Kündigungsrecht bei Sicherung von Verbindlichkeiten Dritter:
RN 602 ff.

[7] Vorübergehende Einschränkung der Haftung;
Schutz der Interessen von Verkäufer und Käufer (s. auch [3]):
RN 707 ff.

[8] Neuer Sicherungsgeber (s. auch [3] und [7]):
RN 706.

[8a] Einschränkung der Abtretung (und Verpfändung) des Rückgewähranspruchs bezüglich *dieser* Grundschuld (Zustimmung erforderlich): RN 759. Zustimmungsvorbehalt wirksam, vgl. auch BGH v. 14.1.2022 – V ZR 255/20, RN 17 ff. = BGHZ 232, 265 = WM 2022 Heft 20, 976

[9] Abtretung des Rückgewähranspruchs bezüglich *derzeit* vor- oder gleichrangiger Grundschulden: RN 851 ff., insbes. RN 865 ff.

[9a] Auskunft über die Höhe der vor- und gleichrangig besicherten Forderungen, RN 1067

[10] Abtretung des Rückgewähranspruchs bezüglich *künftig* vor- oder gleichrangiger Grundschulden: RN 854.

[11] Abtretung des Anspruchs auf Abtretung des (derzeit an einen anderen abgetretenen) Rückgewähranspruchs bezüglich vor- oder gleichrangiger Grundschulden: RN 891 ff., 490.

[12] Versicherungspflicht:
RN 1269, 1274, 1275, 563.

[13]   Werterhaltung (einschließlich Zubehör):
       RN 563, 1255 ff.

[14]   Bestellung einer Baulast nur mit Zustimmung:
       RN 45 ff., insbes. RN 49.

[15]   Verfügung über Miete und Pacht:
       RN 563, 1264 ff., 1266.

[16]   Auskunfts- und Besichtigungsrecht:
       RN 43, 1255.

[17]   Abrechnung im Falle der Zwangsversteigerung (RN 1104).

[18]   Voraussetzungen der Verwertung:
       RN 563.

[19]   Nicht valutierter Teil in der Zwangsvollstreckung:
       RN 1152 ff., insbes. RN 1156; vgl. auch RN 756.

[20]   Freihändige Verwertung:
       RN 1276 ff., insbes. RN 1280 ff.
       s. auch RN 964 ff.

[21]   Rückgewährpflicht:
       RN 723 ff.

[22]   Pflicht zur Teilrückgewähr:
       RN 724, 725.

[23]   Rückgewähr an zahlenden Bürgen/sonstigen Dritten:
       RN 1022 ff.

Anhang 9 und 9a

	Interne Angaben der Bank/Ablagehinweise

Sicherungsvereinbarung für eine Grundschuld mit Abtretung der Rückgewähransprüche

Sicherungsgeber (Name und Anschrift)

[1]

Bezeichnung der Grundschuld(en)

Grundbuch/Wohnungseigentumsgrundbuch/Erbbaugrundbuch von			des Amtsgerichts
Band	Blatt	Flur	Flurstück

	Abt. III lfd. Nr.	ü. Währung	Betrag	in Worten:
1				
2				
3				

Eigentümer/Erbbauberechtigte(r) des belasteten Grundstücks, falls nicht mit dem Sicherungsgeber identisch (Name und Anschrift)

[3]

Für die oben genannte(n) Grundschuld(en) – nachstehend „die Grundschuld" genannt – gelten ergänzend zu den in der Grundschuldbestellungsurkunde getroffenen Regelungen folgende Vereinbarungen:

[2]

1. Sicherungszweck

Die Grundschuld, die Übernahme der persönlichen Haftung sowie die Abtretung der Rückgewähransprüche dienen der

[4]

☐ **Sicherung der Ansprüche**, die der Bank **aus dem nachstehend bezeichneten Kreditvertrag** zustehen, und zwar auch dann, wenn die vereinbarte Laufzeit des Kredits verlängert wird. Sollte der Vertrag nichtig sein, wirksam angefochten, widerrufen oder aufgehoben werden oder aus sonstigen Gründen unwirksam oder nicht vollziehbar sein, so sind auch alle hieraus resultierenden vertraglichen und gesetzlichen Ansprüche der Bank gegen den Kreditnehmer gesichert.

Bezeichnung des Kreditvertrages, ggf. Name und Anschrift des Kreditnehmers, falls mit dem Sicherungsgeber nicht identisch

☐ **Sicherung aller bestehenden, künftigen und bedingten Ansprüche** der Bank mit ihren sämtlichen in- und ausländischen Geschäftsstellen **aus der bankmäßigen Geschäftsverbindung** gegen den Sicherungsgeber. Hat dieser die Haftung für Verbindlichkeiten eines anderen Kunden der Bank übernommen (z.B. als Bürge), so sichern die Grundschuld, die Übernahme der persönlichen Haftung sowie die Abtretung der Rückgewähransprüche die aus der Haftungsübernahme folgende Schuld erst ab deren Fälligkeit. [5]

2. Erweiterung des Haftungsumfanges durch Abtretung der Ansprüche auf Rückgewähr vor- und gleichrangiger Grundschulden

(1) Falls der Grundschuld gegenwärtig oder künftig andere Grundschulden im Rang vorgehen oder gleichstehen, werden [6] der Bank hiermit die Ansprüche auf Rückübertragung vor- und gleichrangiger Grundschulden und Grundschuldteile nebst Zinsen und Nebenrechten, die Ansprüche auf Erteilung einer Löschungsbewilligung, einer Verzichtserklärung, einer Nichtvalutierungserklärung sowie die Ansprüche auf Auszahlung des Übererlöses im Verwertungsfalle abgetreten. Sollten diese Rückgewähransprüche an vorrangigen Grundschulden bereits anderweitig abgetreten sein, wird hiermit der Anspruch auf Rückübertragung dieser Ansprüche abgetreten. [7]

(2) Die Abtretung erfolgt mit der Maßgabe, dass die Bank sich bei Fälligkeit des Rückgewähranspruchs auch aus der ihr dann abzutretenden Grundschuld befriedigen darf, wobei diese Grundschuld zusätzlich zu der oben genannten Grundschuld als weitere Sicherheit für ihre Forderungen dient. Für diese weitere Grundschuld gelten die Bestimmungen dieser Sicherungsvereinbarung entsprechend. [8]

(3) Die Bank ist befugt, die Abtretung der Rückgewähransprüche dem Rückgewährverpflichteten anzuzeigen. 1

© 2012 Bank-Verlag GmbH 42.106 (11/12) / Zertifiziert gemäß CRR, Artikel 194

(4) Bei Briefgrundschulden wird ferner der Anspruch auf Aushändigung der Grundschuldbriefe und der Anspruch auf deren Vorlegung beim Grundbuchamt zur Bildung von Teilbriefen abgetreten.

[9] (5) Auf Verlangen der Bank wird der Sicherungsgeber alle Erklärungen abgeben, die zur Geltendmachung der vorstehend abgetretenen Ansprüche erforderlich sind. Die Bank ist berechtigt, bei vor- und gleichrangigen Grundschuldgläubigern Auskünfte über die durch diese Grundschulden gesicherten Ansprüche einzuholen.

3. Sicherheitenfreigabe

[10] (1) Nach Befriedigung ihrer durch die Grundschuld gesicherten Ansprüche ist die Bank verpflichtet, die Grundschuld nebst Zinsen und sonstigen Rechten an den Sicherungsgeber freizugeben. Die Bank wird diese Sicherheiten an einen Dritten übertragen, falls sie hierzu verpflichtet ist. Dies ist z. B. der Fall, wenn ein Anspruch auf Rückgewähr der Grundschuld an einen Dritten abgetreten worden ist.

[11] (2) Die Bank ist schon vor vollständiger Befriedigung ihrer durch die Grundschuld gesicherten Ansprüche verpflichtet, auf Verlangen nachrangige Grundschulden oder Grundschuldteile freizugeben, wenn und soweit der Grundschuldbetrag die gesicherten Ansprüche übersteigt.

[12] (3) Sind für die durch die Grundschuld gesicherten Ansprüche noch weitere Sicherheiten bestellt worden (z.B. Grundschulden an anderen Pfandobjekten, Sicherungsübereignungen, Forderungsabtretungen), so ist die Bank über ihre Freigabeverpflichtung in Absatz 2 hinaus verpflichtet, auf Verlangen nach ihrer Wahl die Grundschuld oder auch etwaige Sicherheiten an den jeweiligen Sicherungsgeber ganz oder teilweise freizugeben, sofern der realisierbare Wert sämtlicher Sicherheiten

110 %

der gesicherten Ansprüche der Bank nicht nur vorübergehend überschreitet.

(4) Die Bank wird bei der Auswahl der freizugebenden Sicherheiten auf die berechtigten Belange des Sicherungsgebers und des Bestellers zusätzlicher Sicherheiten Rücksicht nehmen.

4. Versicherung des belasteten Grundbesitzes und Verpfändung der Ansprüche aus der Zubehörversicherung

[13] (1) Der Sicherungsgeber ist verpflichtet, die auf dem belasteten Grundbesitz befindlichen Gebäude und Anlagen sowie das Zubehör – soweit nicht bereits geschehen – gegen alle Gefahren zu versichern, wegen derer die Bank einen Versicherungsschutz für erforderlich hält. Insbesondere ist eine wertangemessene Versicherung für Feuer-, Leitungswasser-, Hagel- und Sturmschäden zum – soweit möglich – gleitenden Neuwert abzuschließen und solange zu unterhalten, wie der Bank durch die Grundschuld gesicherte Ansprüche zustehen. Kommt der Sicherungsgeber seiner Verpflichtung trotz Aufforderung nicht nach, kann die Bank eine Versicherung, die sie den Umständen nach für erforderlich halten darf, abschließen.

[14] (2) Die Ansprüche aus den bestehenden oder künftig noch abzuschließenden Zubehörversicherungen werden der Bank hiermit für den oben bestimmten Sicherungszweck verpfändet. Die Bank ist berechtigt, im Namen des Versicherungsnehmers der Versicherungsgesellschaft die Verpfändung anzuzeigen.

5. Auskünfte und Besichtigung

[15] Die Bank kann die Erteilung aller Auskünfte und Nachweise sowie die Aushändigung der Urkunden verlangen, die sie für die Verwaltung, insbesondere Bewertung und Verwertung der Grundschuld benötigt. Sie darf solche Auskünfte, Nachweise und Urkunden auch bei Behörden, Versicherungsgesellschaften oder sonstigen Dritten einholen. Die Bank ist berechtigt, das belastete Grundstück, die Gebäude sowie das Zubehör zu besichtigen und in alle den belasteten Grundbesitz betreffenden Unterlagen Einblick zu nehmen. Die Bank ist berechtigt, hierfür Dritte zu beauftragen.

6. Anrechnung von Zahlungen

[16] Die Bank wird alle Zahlungen auf die durch die Grundschuld gesicherten Forderungen verrechnen, soweit nicht im Einzelfall berechtigterweise auf die Grundschuld selbst geleistet wird.

Ort, Datum, Unterschrift des Sicherungsgebers	[17]

Erklärung des/der Eigentümer(s)/Erbbauberechtigten, falls nicht mit dem Sicherungsgeber identisch
Der obigen Erklärung stimme(n) ich/wir als Eigentümer/Erbbauberechtigte(r) des belasteten Grundbesitzes zu, insbesondere bin ich/sind wir mit der Abtretung der Rückgewähransprüche gemäß Nummer 2 einverstanden.

Ort, Datum, Unterschrift(en) des/der Eigentümer(s)/Erbbauberechtigten	[18]
Ort, Datum, Unterschrift des Kreditnehmers, sofern mit dem Sicherungsgeber nicht identisch	
Ort, Datum, Unterschrift der Bank	

42.106 (11/12)

2

Sicherungsvereinbarung für eine Grundschuld
mit Abtretung der Rückgewähransprüche mehrerer Sicherungsgeber

Sicherungsgeber (Name und Anschrift)	Sicherungsgeber (Name und Anschrift)	Sicherungsgeber (Name und Anschrift)

Bezeichnung der Grundschuld(en)

Grundbuch/Wohnungseigentumsgrundbuch/Erbbaugrundbuch von	des Amtsgerichts

Band	Blatt	Flur	Flurstück

	Abt. III lfd. Nr.	ü. Währung	Betrag	in Worten:
1				
2				
3				

Eigentümer/Erbbauberechtigte(r) des belasteten Grundstücks, falls mit dem Sicherungsgeber nicht identisch (Name und Anschrift)

Für die oben genannte(n) Grundschuld(en) – nachstehend „die Grundschuld" genannt – gelten ergänzend zu den in der Grundschuldbestellungsurkunde getroffenen Regelungen folgende Vereinbarungen:

1. Sicherungszweck

Die Grundschuld, die Übernahme der persönlichen Haftung sowie die Abtretung der Rückgewähransprüche dienen der

☐ **Sicherung der Ansprüche,** die der Bank **aus dem nachstehend bezeichneten Kreditvertrag** zustehen, und zwar auch dann, wenn die vereinbarte Laufzeit des Kredits verlängert wird. Sollte der Vertrag nichtig sein, wirksam angefochten, widerrufen oder aufgehoben werden oder aus sonstigen Gründen unwirksam oder nicht vollziehbar sein, so sind auch alle hieraus resultierenden vertraglichen und gesetzlichen Ansprüche der Bank gegen den Kreditnehmer gesichert.

Bezeichnung des Kreditvertrages, ggf. Name und Anschrift des Kreditnehmers, falls mit den Sicherungsgebern nicht identisch

☐ **Sicherung aller bestehenden, künftigen und bedingten Ansprüche** der Bank mit ihren sämtlichen in- und ausländischen Geschäftsstellen **aus der bankmäßigen Geschäftsverbindung, die gegen alle Sicherungsgeber gemeinschaftlich** bestehen. [19] Haben diese die Haftung für Verbindlichkeiten eines anderen Kunden der Bank übernommen (z.B. als Bürge), so sichern die Grundschuld, die Übernahme der persönlichen Haftung sowie die Abtretung der Rückgewähransprüche die aus der Haftungsübernahme folgende Schuld erst ab deren Fälligkeit.

Die auf dem Grundstück eines Miteigentümers lastende Grundschuld sichert außerdem alle gegenwärtigen und künftigen Verbindlichkeiten dieses Miteigentümers gegenüber der Bank. [20]

2. Erweiterung des Haftungsumfanges durch Abtretung der Ansprüche auf Rückgewähr vor- und gleichrangiger Grundschulden

(1) Falls der Grundschuld gegenwärtig oder künftig andere Grundschulden im Rang vorgehen oder gleichstehen, werden der Bank hiermit die Ansprüche auf Rückübertragung vor- und gleichrangiger Grundschulden und Grundschuldteile nebst Zinsen und Nebenrechten, die Ansprüche auf Erteilung einer Löschungsbewilligung, einer Verzichtserklärung, einer Nichtvalutierungserklärung sowie die Ansprüche auf Auszahlung des Übererlöses im Verwertungsfalle abgetreten. Sollten diese Rückgewähransprüche an vorrangigen Grundschulden bereits anderweitig abgetreten sein, wird hiermit der Anspruch auf Rückübertragung dieser Ansprüche abgetreten.

(2) Die Abtretung erfolgt mit der Maßgabe, dass die Bank sich bei Fälligkeit des Rückgewähranspruchs auch aus der ihr dann abzutretenden Grundschuld befriedigen darf, wobei diese Grundschuld zusätzlich zu der oben genannten Grundschuld als weitere Sicherheit für ihre Forderungen dient. Für diese weitere Grundschuld gelten die Bestimmungen dieser Sicherungsvereinbarung entsprechend.

1

(3) Die Bank ist befugt, die Abtretung der Rückgewähransprüche dem Rückgewährverpflichteten anzuzeigen.

(4) Bei Briefgrundschulden wird ferner der Anspruch auf Aushändigung der Grundschuldbriefe und der Anspruch auf deren Vorlegung beim Grundbuchamt zur Bildung von Teilbriefen abgetreten.

(5) Auf Verlangen der Bank wird der Sicherungsgeber alle Erklärungen abgeben, die zur Geltendmachung der vorstehend abgetretenen Ansprüche erforderlich sind. Die Bank ist berechtigt, bei vor- und gleichrangigen Grundschuldgläubigern Auskünfte über die durch diese Grundschulden gesicherten Ansprüche einzuholen.

3. Sicherheitenfreigabe

(1) Nach Befriedigung ihrer durch die Grundschuld gesicherten Ansprüche ist die Bank verpflichtet, die Grundschuld nebst Zinsen und sonstigen Rechten an den Sicherungsgeber freizugeben. Die Bank wird diese Sicherheiten an einen Dritten übertragen, falls sie hierzu verpflichtet ist. Dies ist z. B. der Fall, wenn ein Anspruch auf Rückgewähr der Grundschuld an einen Dritten abgetreten worden ist.

(2) Die Bank ist schon vor vollständiger Befriedigung ihrer durch die Grundschuld gesicherten Ansprüche verpflichtet, auf Verlangen nachrangige Grundschulden oder Grundschuldteile freizugeben, wenn und soweit der Grundschuldbetrag die gesicherten Ansprüche übersteigt.

(3) Sind für die durch die Grundschuld gesicherten Ansprüche noch weitere Sicherheiten bestellt worden (z.B. Grundschulden an anderen Pfandobjekten, Sicherungsübereignungen, Forderungsabtretungen), so ist die Bank über ihre Freigabeverpflichtung in Absatz 2 hinaus verpflichtet, auf Verlangen nach ihrer Wahl die Grundschuld oder auch etwaige Sicherheiten an den jeweiligen Sicherungsgeber ganz oder teilweise freizugeben, sofern der realisierbare Wert sämtlicher Sicherheiten

110 %

der gesicherten Ansprüche der Bank nicht nur vorübergehend überschreitet.

(4) Die Bank wird bei der Auswahl der freizugebenden Sicherheiten auf die berechtigten Belange des Sicherungsgebers und des Bestellers zusätzlicher Sicherheiten Rücksicht nehmen.

4. Versicherung des belasteten Grundbesitzes und Verpfändung der Ansprüche aus der Zubehörversicherung

(1) Der Sicherungsgeber ist verpflichtet, die auf dem belasteten Grundbesitz befindlichen Gebäude und Anlagen sowie das Zubehör – soweit nicht bereits geschehen – gegen alle Gefahren zu versichern, wegen derer die Bank einen Versicherungsschutz für erforderlich hält. Insbesondere ist eine wertangemessene Versicherung für Feuer-, Leitungswasser-, Hagel- und Sturmschäden zum – soweit möglich – gleitenden Neuwert abzuschließen und solange zu unterhalten, wie der Bank durch die Grundschuld gesicherte Ansprüche zustehen. Kommt der Sicherungsgeber seiner Verpflichtung trotz Aufforderung nicht nach, kann die Bank eine Versicherung, die sie den Umständen nach für erforderlich halten darf, abschließen.

(2) Die Ansprüche aus den bestehenden oder künftig noch abzuschließenden Zubehörversicherungen werden der Bank hiermit für die dem bestimmten Sicherungszweck verpfändet. Die Bank ist berechtigt, im Namen des Versicherungsnehmers der Versicherungsgesellschaft die Verpfändung anzuzeigen.

5. Auskünfte und Besichtigung

Die Bank kann die Erteilung aller Auskünfte und Nachweise sowie die Aushändigung der Urkunden verlangen, die sie für die Verwaltung, insbesondere Bewertung und Verwertung der Grundschuld benötigt. Sie darf solche Auskünfte, Nachweise und Urkunden auch bei Behörden, Versicherungsgesellschaften oder sonstigen Dritten einholen. Die Bank ist berechtigt, das belastete Grundstück, die Gebäude sowie das Zubehör zu besichtigen und in alle den belasteten Grundbesitz betreffenden Unterlagen Einblick zu nehmen. Die Bank ist berechtigt, hierfür Dritte zu beauftragen.

6. Anrechnung von Zahlungen

Die Bank wird alle Zahlungen auf die durch die Grundschuld gesicherten Forderungen verrechnen, soweit nicht im Einzelfall berechtigterweise auf die Grundschuld selbst geleistet wird.

Ort, Datum, Unterschrift der Sicherungsgeber	

Erklärung des/der Eigentümer(s)/Erbbauberechtigten, falls nicht mit den Sicherungsgebern identisch
Der obigen Erklärung stimme(n) ich/wir als Eigentümer/Erbbauberechtigte(r) des belasteten Grundbesitzes zu, insbesondere bin ich/sind wir mit der Abtretung der Rückgewähransprüche gemäß Nummer 2 einverstanden.

Ort, Datum, Unterschrift(en) des/der Eigentümer(s)/ Erbbauberechtigten	
Ort, Datum, Unterschrift des Kreditnehmers, sofern mit den Sicherungsgebern nicht identisch	
Ort, Datum, Unterschrift der Bank	

42.105 (11/12)

2

Zu Anhang 9 und 9 a

Notarielle Beurkundung oder öffentliche Beglaubigung nicht notwendig.

Vorbemerkung: Der für die Verwendung bei mehreren Sicherungsgebern vorgesehene Anhang 9a ist – bis auf den Eingang und die Passagen zu [20] und [21] – wortgleich mit dem Vordruck Anhang 9.

[1]   Sicherungsgeber:
RN 630 ff.
Es ist sehr wichtig, dass die richtige Person als Sicherungsgeber bezeichnet wird. Normalerweise ist es der Grundstückseigentümer (RN 637 ff.).
Der Vordruck bietet die Möglichkeit, hier eine andere Person zu benennen als den Eigentümer, der unter [3] angegeben wird. Falls davon Gebrauch gemacht wird, unterzeichnet der Sicherungsgeber bei [18], der Eigentümer bei [19].
Im Zweifel sollte anhand der Konsequenzen (RN 633) geprüft werden, wer nach der Vorstellung der Beteiligten Sicherungsgeber sein soll.

[2]   Sicherheit:
Grundschuld (RN 275 ff.), abstraktes Schuldversprechen (RN 291 ff., 299) und abgetretene Rückgewähransprüche (RN 851 ff., 864 ff., 896 ff.).

[3]   Eigentümer des belasteten Grundstücks:
s. dazu bei [1].

[4]   Gesicherte Forderung/Alternative 1:
RN 654 ff., insbes. RN 667.
Als Alternative 1 sieht der Vordruck die Sicherung der (aller) Ansprüche aus einem *bestimmten* Kreditvertrag vor (enge Sicherungsabrede [RN 667]).

[5]   Gesicherte Forderungen/Alternative 2:
RN 654 ff., insbes. RN 668 ff.
Als Alternative 2 sieht der Vordruck eine weite Sicherungsabrede (RN 668) vor.
Ist der Sicherungsgeber (bei mehreren: alle) zugleich uneingeschränkt persönlicher Schuldner (RN 682 ff.), kann diese Alternative problemlos eingesetzt werden.
Trifft das nicht zu, kommt die Alternative 2 nur für besondere Fälle in Betracht (RN 692, 694, vgl. auch 695).

[6]   Abtretung des Rückgewähranspruchs bezüglich *derzeit* vor- oder gleichrangiger Grundschulden:
RN 851 ff., insbes. RN 865 ff
und bezüglich *künftig* vor- oder gleichrangiger Grundschulden (Vorausabtretung):
RN 854.

[7]   Abtretung des Anspruchs auf Abtretung des (derzeit an einen anderen abgetretenen) Rückgewähranspruchs bezüglich vor- oder gleichrangiger Grundschulden:
RN 891 ff., 490.

[8]   Sicherungszweck der gemäß [6] und [7] abgetretenen Ansprüche:
RN 864 ff., insbes. RN 871 und 896 ff.

[9]   Auskunft durch vor- bzw. gleichrangige Gläubiger:
RN 1059 ff.

[10]   Rückgewährpflicht:
RN 723 ff.

[11]   Pflicht zur Teilrückgewähr:
RN 724, 725.

[12]   Rückgabe anderer Sicherheiten:
RN 723 ff., 1022 ff.

[13]   Versicherungspflicht:
RN 1269, 563.

[14] Verpfändung von Ansprüchen aus der Versicherung von Zubehör:
      RN 1275.

[15] Besichtigungsrecht:
      RN 43, 1255.

[16] Verrechnung von Zahlungen:
      RN 804.

[17] Unterschrift des Sicherungsgebers:
      s. dazu [1].

[18] Unterschrift des Eigentümers, wenn mit Sicherungsgeber nicht identisch:
      s. dazu [1].

Anhang 9a (mehrere Sicherungsgeber)

[19] Beschränkung des Sicherungszwecks auf *gemeinschaftliche* Verbindlichkeiten:
      RN 684.

[20] Erweiterung auf alle Verbindlichkeiten des jeweiligen Miteigentümers:
      RN 697 (s. dort auch wegen möglicher Schwierigkeiten).

Im Übrigen stimmt Anhang 9a mit Anhang 9 überein; auf die Anmerkungen dazu wird verwiesen.

Anhang 10

Grundschuld	Zweckerklärung zur Sicherung der Geschäftsverbindung mit Abtretung der Rückgewähransprüche sowie **Übernahme der persönlichen Haftung**	Zur bankinternen Bearbeitung
		Nr.
		Vertrags-Nr.

Die

in dieser Urkunde „Gläubigerin" genannt

ist/wird Gläubigerin der im Grundbuch von

| Band | | Blatt/Nr. | |

Eigentümer als Sicherungsgeber:

in dieser Urkunde – auch bei mehreren Personen – „Eigentümer" genannt   [1]

eingetragenen/einzutragenden Grundschuld(en):

Abt. III lfd. Nr.	Betrag/Währungseinheit	Abt. III lfd. Nr.	Betrag/Währungseinheit	Weitere Bemerkungen	
					[2]

Soweit in dieser Urkunde von Grundeigentum oder Eigentümer die Rede ist, so ist hierunter bei Wohnungs- oder Teileigentum das belastete Wohnungs- oder Teileigentum bzw. der Wohnungs- oder Teileigentümer und bei (Wohnungs-/Teil-)Erbbaurechten das belastete (Wohnungs-/Teil-)Erbbaurecht bzw. der (Wohnungs-/Teil-)Erbbauberechtigte zu verstehen; soweit in dieser Urkunde von „Grundschuld" die Rede ist, so sind hierunter alle vorgenannten Grundschulden zu verstehen.

1 Zweckerklärung

1.1 Die Grundschuld (Kapital, Zinsen und Nebenleistungen), die Abtretungen unter Nummer 2 sowie die in dieser (unter Nummer 3) oder einer anderen Urkunde übernommene persönliche Haftung dienen zur Sicherung aller bestehenden, künftigen und bedingten Forderungen der Gläubigerin oder eines die Geschäftsverbindung fortsetzenden Rechtsnachfolgers der Gläubigerin gegen   [3]

Kreditnehmer, persönlicher Schuldner[1]

aus der bankmäßigen Geschäftsverbindung, insbesondere
– aus laufender Rechnung und aus der Gewährung von **Krediten jeder Art,** Wechseln, Schecks, Lieferungen oder Leistungen,
– aus Bürgschaften sowie sonstigen **Verpflichtungserklärungen des Schuldners für Dritte,** jeweils ab deren Fälligkeit, sowie
aus im Rahmen der üblichen Bankgeschäfte **von Dritten erworbenen Forderungen,** Wechseln und Schecks.
Die Sicherheit haftet auch dann mit im oben genannten Umfang, wenn sie anlässlich einer bestimmten Krediteinräumung bestellt wird.   [4]
Sind Sicherungsgeber und Schuldner identisch, so erfasst die Sicherheit auch Forderungen, die vom Gesamtrechtsnachfolger des Schuldners begründet werden; sind Sicherungsgeber und Schuldner nicht identisch, erfasst die Sicherheit Forderungen gegen den Gesamtrechtsnachfolger nur, soweit die Forderungen auf Krediten beruhen, die bereits dem Schuldner zugesagt oder von ihm in Anspruch genommen worden sind.
Soweit bisher Zweckerklärungen und Abtretungen der Rückgewähransprüche vereinbart wurden, werden sie durch diese Erklärung nicht aufgehoben, sondern ergänzt.
Sollte(n) der/die oben genannte(n) Vertrag/Verträge unwirksam sein oder werden oder wirksam widerrufen werden, sind auch alle Ansprüche gesichert, die der Gläubigerin infolge der Unwirksamkeit oder des Widerrufs zustehen.

1.2 Die Gläubigerin ist berechtigt, sich aufgrund dieser Grundschuld zu befriedigen oder die Grundschuld selbst freihändig zu verwerten; die Gläubigerin wird die Grundschuld freihändig mangels Zustimmung des Eigentümers nur zusammen mit den gesicherten Forderungen und nur in einer im Verhältnis zu diesen angemessenen Höhe verkaufen.   [5]

1.2.1 Für Grundschulden, die vor dem 20.08.2008 bestellt worden sind, gilt Folgendes:
Die Gläubigerin darf die Grundschuld bei Vorliegen eines wichtigen Grundes zwangsweise verwerten, insbesondere wenn der Kreditnehmer fälligen Verpflichtungen gegenüber der Gläubigerin nicht nachkommt. Zwangsvollstreckungsmaßnahmen wird die Gläubigerin mit einer Frist von einem Monat schriftlich androhen; eine Fristsetzung ist nicht erforderlich, wenn der Eigentümer seine Zahlungen eingestellt hat oder die Eröffnung eines gerichtlichen Insolvenzverfahrens über sein Vermögen beantragt worden ist oder wenn die Gläubigerin eine Klage auf Duldung der Zwangsvollstreckung aus der Grundschuld in den Grundbesitz erhebt.   [6]

1.2.2 Für Grundschulden, die nach dem 19.08.2008 bestellt worden sind sowie für früher bestellte Grundschulden, die nach dem 19.08.2008 auf ein weiteres Eigentumsrecht erstreckt worden sind, gilt Folgendes: [6a]
Zwangsvollstreckungsmaßnahmen in Form der Zwangsversteigerung wird die Gläubigerin nur nach Kündigung des Grundschuldkapitals und nach Ablauf der gesetzlichen Kündigungsfrist von sechs Monaten einleiten. Einer Kündigung des Grundschuldkapitals bedarf es nicht, wenn die Zwangsversteigerung nur aus den dinglichen Zinsen erfolgt, diese angedroht worden ist und eine Androhungsfrist von sechs Monaten abgelaufen ist.   [7]
Zwangsvollstreckungsmaßnahmen aus der persönlichen Zwangsvollstreckungsunterwerfung in das mit der Grundschuld belastete Grundstück wird die Gläubigerin nur nach Androhung und Ablauf einer Androhungsfrist von sechs Monaten einleiten.
Die Gläubigerin darf die Grundschuld kündigen oder die Verwertung androhen, wenn ein wichtiger Grund vorliegt, insbesondere wenn der Kreditnehmer fälligen Verpflichtungen gegenüber der Gläubigerin nicht nachkommt. Auch sonstige Verwertungsmaßnahmen, die einer Kündigung des Grundschuldkapitals oder einer Androhung der Verwertung nicht bedürfen, wird die Gläubigerin nur bei Vorliegen eines wichtigen Grundes einleiten.

1.3 Die Gläubigerin wird Zahlungen auf die durch die Grundschuld gesicherten Forderungen verrechnen, soweit nicht im Einzelfall auf die Grundschuld geleistet wird. Zahlt der mit dem persönlichen Schuldner identische Eigentümer und wird in der Regel im Umfang seiner Zahlung zugleich die persönliche Forderung erfüllt. Die gesicherte Forderung erlischt jedoch nicht, wenn der nur dinglich haftende Eigentümer auf die Grundschuld leistet.   [8]
Sichert die Grundschuld Forderungen sowohl gegen den Eigentümer als auch gegen Dritte und zahlt der mit dem persönlichen Schuldner identische Eigentümer, so leistet er damit im Zweifel in erster Linie auf eigene Verbindlichkeiten.
Sichert die Grundschuld mehrere eigene Forderungen und trifft der persönliche Schuldner keine Tilgungsbestimmung, ist die Gläubigerin berechtigt, Zahlungseingänge nach der Tilgungsreihenfolge des § 366 Abs. 2 BGB zu verrechnen.
Dient die Grundschuld als Sicherheit für verschiedene Forderungen gegen einen oder mehrere Schuldner, so wird ein zur Befriedigung sämtlicher fälliger Forderungen nicht ausreichender Erlös aus der zwangsweisen Verwertung der Grundschuld zunächst auf die Forderungen verrechnet, die der Gläubigerin geringere Sicherheit bieten.

1 Handelt es sich um mehrere Schuldner und soll die Sicherheit auch zur Sicherung der Ansprüche gegen einzelne Schuldner dienen, so ist dies gesondert auszuhandeln und durch einen Zusatz, wie z. B. „und gegen jeden Einzelnen von ihnen", zum Ausdruck zu bringen.

777

1.4 Die Gläubigerin ist berechtigt, aber nicht verpflichtet, Teile des Grundeigentums sowie Grundstückszubehör aus der Haftung für die Grundschuld zu entlassen und Rangänderungen zu bewilligen. Dies soll auch dann gelten, wenn der Rückgewähranspruch an einen Dritten abgetreten ist oder abgetreten wird. [9]

1.5 Die Gläubigerin ist berechtigt, auf den ihren persönlichen Anspruch übersteigenden Teil der Grundschuld und der bei ihr eingetragenen Zinsen und Nebenleistungen zu verzichten sowie den Antrag auf Eintragung des Verzichts im Grundbuch zu stellen, sofern der Verzicht zur Rückgewähr der Grundschuld an den Rückgewährberechtigten führt. In einem etwaigen Zwangsversteigerungs- oder Zwangsverwaltungsverfahren ist die Gläubigerin nicht verpflichtet, aus der Grundschuld Beträge geltend zu machen, die über den persönlichen Anspruch hinausgehen. [10]

1.6 Die Gläubigerin oder deren Beauftragte ist berechtigt, das Pfandgrundstück zu besichtigen. [11]

1.7 Der Eigentümer stimmt hiermit zu, dass der Gläubigerin folgende Auskünfte erteilt werden
a) von Steuer- und sonstigen Behörden über Rückstände solcher öffentlicher Lasten, die in einer Zwangsverwaltung oder Zwangsversteigerung des belasteten Grundeigentums mit dem Rang vor dem Recht der Gläubiger zu befriedigen sind,
b) von den zuständigen Stellen über den Einheitswert und den Gebäude-Versicherungswert, [12]
c) von den Gläubigern vor- oder gleichrangiger Grundpfandrechte über die Höhe der Forderungen, Kreditzusagen und bestehenden Sicherheiten.
Die Gläubigerin ist berechtigt, zum Nachweis der Vollmacht die gesamte Urkunde zur Einsicht vorzulegen.
Der Eigentümer verpflichtet sich, der Gläubigerin auf Verlangen Miet- und Pachtverträge und sonstige das Grundstück betreffende Unterlagen vorzulegen.

1.8 Der Eigentümer ist verpflichtet, das Pfandgrundstück gegen Feuer, [13]

☐ Sturm/Hagel ☐ Leitungswasser ☐ Elementarschäden ☐

versichert zu halten und dies der Gläubigerin auf Verlangen durch geeignete Unterlagen nachzuweisen. Die Auswahl eines geeigneten Versicherungsunternehmens hat im Einvernehmen mit der Gläubigerin zu erfolgen. Die Gläubigerin wird ihr Einvernehmen erklären, wenn keine sachlichen Gründe gegen das vom Eigentümer ausgewählte Versicherungsunternehmen bestehen und insbesondere dem Sicherungsbedürfnis der Gläubigerin Rechnung getragen ist. Wenn der Eigentümer für keinen ausreichenden Versicherungsschutz sorgt oder die Prämien nicht pünktlich zahlt, ist die Gläubigerin berechtigt – aber nicht verpflichtet –, für ausreichenden Versicherungsschutz zu sorgen oder die fällige Prämie zu zahlen.

2 Abtretung von Rückgewähransprüchen und Eigentümergrundschulden¹
Der Eigentümer tritt hiermit die Ansprüche auf ganze oder teilweise Übertragung derjenigen gegenwärtigen und künftigen Grundschulden, die [14] der vorstehend genannten Grundschuld im Rang vorgehen oder gleichstehen, nebst allen Zinsen und Nebenleistungen an die Gläubigerin ab, auch soweit diese Ansprüche bedingt sind oder erst künftig entstehen. Dies gilt auch für den Fall der Teilabtretung der vorstehend genannten [15] Grundschuld hinsichtlich des Rückgewähranspruchs an der zum Teil abgetretenen Grundschuld. Sollten Rückgewähransprüche an vorrangigen Grundschulden bereits anderweitig abgetreten sein, so tritt der Eigentümer seinen Anspruch auf Rückübertragung dieser Ansprüche ab.
Abgetreten werden hiermit ferner – in Bezug auf jede Grundschuld bzw. Teilgrundschuld – die Ansprüche auf:
1. Herausgabe des Grundschuldbriefs oder auf Vorlegung des Briefs zur Bildung eines Teilgrundschuldbriefs,
2. Rechnungslegung und Auskunft betreffend das persönliche Schuldverhältnis, zu dessen Sicherung die Grundschuld bestellt ist,
3. Verzicht auf die Grundschuld sowie Aufhebung der Grundschuld und Erteilung einer Löschungsbewilligung in öffentlich beglaubigter Form,
4. Auszahlung des Erlöses – auch gegen das Gericht –, soweit dieser die persönliche Forderung des Grundschuldgläubigers im Zwangsversteigerungs- oder Zwangsverwaltungsverfahren oder bei freihändigem Verkauf des Grundstücks und im Fall der Verwertung der Grundschuld nicht durch Verkauf oder Versteigerung übersteigt; das gilt insbesondere für vorrangige Erlösansprüche gemäß § 10 ZVG.
5. Geltendmachung der ganzen Grundschuld nebst aller Zinsen und Nebenleistungen in einem Zwangsversteigerungs- oder Zwangsverwaltungsverfahren.
Soweit der vorstehend genannten Grundschuld(en) im Rang vorgehenden oder gleichstehenden Grundpfandrechte Eigentümergrundschulden sind, tritt der Eigentümer diese Eigentümergrundschulden an die Gläubigerin ab. Ferner tritt er die Ansprüche auf Herausgabe der zugehörigen Briefe oder auf Einräumung des Mitbesitzes daran ab. Weiterhin tritt er die Ansprüche auf Abgabe von Erklärungen zur Umschreibung der Grundpfandrechte auf den Eigentümer oder die Gläubigerin ab.
Der Eigentümer ermächtigt die Gläubigerin, die Abtretung jederzeit den Grundschuldgläubigern anzuzeigen. Die Gläubigerin ist berechtigt, die Grundschuld(en) löschen zu lassen; der Eigentümer erteilt hierzu jetzt schon seine Zustimmung.

3 Persönliche Haftung
Jeder Eigentümer sowie² [16]

Namen einsetzen

übernimmt/übernehmen hiermit – als Gesamtschuldner – die **persönliche Haftung** für die Zahlung eines Geldbetrags, dessen Höhe der vereinbarten Grundschuld (Kapital, Zinsen, Nebenleistungen und Kosten der dinglichen Rechtsverfolgung gemäß § 1118 BGB) entspricht. Dies gilt auch schon vor der Eintragung der Grundschuld im Grundbuch oder der Vollstreckung in das belastete Grundeigentum sowie für den Fall des Erlöschens der Grundschuld im Zwangsversteigerungsverfahren hinsichtlich des Betrags (Kapital, Zinsen, Nebenleistungen, Kosten), mit welchem die Gläubigerin hierbei ausgefallen ist.

4 Schlussbestimmungen
4.1 Aus der Grundschuld, den Abtretungen (Nummer 2) und der persönlichen Haftung (Nummer 3) darf sich die Gläubigerin insgesamt nur ein- [17] mal in Höhe des Betrags der Grundschuld nebst Zinsen, Nebenleistungen und Kosten, soweit gesetzlich zulässig, befriedigen.
4.2 Sollten einzelne Bestimmungen dieser Urkunde unwirksam sein bzw. nicht durchgeführt werden, so bleiben die übrigen Bestimmungen wirksam. Soweit Bestimmungen unwirksam sind, gelten ergänzend die gesetzlichen Vorschriften.
4.3 Rechtswahl und Gerichtsstandsvereinbarung
4.3.1 Geltung deutschen Rechts
Für dieses Vertragsverhältnis gilt deutsches Recht.
4.3.2 Gerichtsstand für inländische Sicherungsgeber
Ist der Sicherungsgeber ein Kaufmann und ist diese Sicherheitenvereinbarung dem Betriebe seines Handelsgewerbes zuzurechnen, so kann die Bank diesen Kunden an dem für den Sitz der Bank zuständigen Gericht verklagen; dasselbe gilt für eine juristische Person des öffentlichen Rechts und für öffentlich-rechtliche Sondervermögen. Die Bank selbst kann von diesen Sicherungsgebern nur an dem für den Sitz der Bank zuständigen Gericht verklagt werden.
4.3.3 Gerichtsstand für ausländische Sicherungsgeber
Die Gerichtsstandsvereinbarung gilt auch für Sicherungsgeber, die im Ausland eine vergleichbare gewerbliche Tätigkeit ausüben, sowie für ausländische Institutionen, die mit inländischen juristischen Personen des öffentlichen Rechts oder mit einem inländischen öffentlich-rechtlichen Sondervermögen vergleichbar sind.

Ort, Datum	Ort, Datum
Eigentümer (Sicherungsgeber)	Mitverpflichtete(r) (auch Ehegatte, wenn unter 3 genannt)
✗	✗

1 Für die Anzeige der Abtretung gegenüber dem Gläubiger vor- oder gleichrangiger Grundschulden und deren Bestätigung Vordruck 222 070 verwenden.
2 Die persönliche Haftung kann nur von Schuldnern oder Bürgen übernommen werden.

Falls im Hinblick auf den Güterstand der Ehegatten eine Mitwirkung des anderen Ehegatten erforderlich ist, erteilt dieser hiermit seine **Zustimmung**.

Name

Ort, Datum

Ehegatte/Lebenspartner

✗

Name

☐ Bei dem Vertrag handelt es sich um einen Fernabsatzvertrag. Die Vertragsparteien bzw. deren Vertreter haben für die Vertragsverhandlungen und den Vertragsschluss im Rahmen eines für den Fernabsatz organisierten Vertriebs- oder Dienstleistungssystems ausschließlich Fernkommunikationsmittel verwendet.

☐ Bei dem Vertrag handelt es sich um einen außerhalb von Geschäftsräumen geschlossenen Vertrag. Die Vertragsparteien bzw. deren [18]
Vertreter haben den Vertrag bei gleichzeitiger körperlicher Anwesenheit außerhalb von Geschäftsräumen der Bank geschlossen bzw.
der Kunde hat sein Angebot bei gleichzeitiger körperlicher Anwesenheit außerhalb von Geschäftsräumen abgegeben oder der Vertrag
wurde in den Geschäftsräumen der Bank geschlossen, der Kunde wurde jedoch unmittelbar zuvor außerhalb der Geschäftsräume bei
gleichzeitiger körperlicher Anwesenheit des Kunden und der Bank persönlich und individuell angesprochen.

☐ Bei dem Vertrag handelt es sich um ein Präsenzgeschäft. Es liegen weder die Voraussetzungen für einen Fernabsatzvertrag noch für
einen Außergeschäftsraumvertrag vor.

Name

☐ Bei dem Vertrag handelt es sich um einen Fernabsatzvertrag. Die Vertragsparteien bzw. deren Vertreter haben für die Vertragsverhandlungen und den Vertragsschluss im Rahmen eines für den Fernabsatz organisierten Vertriebs- oder Dienstleistungssystems ausschließlich Fernkommunikationsmittel verwendet.

☐ Bei dem Vertrag handelt es sich um einen außerhalb von Geschäftsräumen geschlossenen Vertrag. Die Vertragsparteien bzw. deren
Vertreter haben den Vertrag bei gleichzeitiger körperlicher Anwesenheit außerhalb von Geschäftsräumen der Bank geschlossen bzw.
der Kunde hat sein Angebot bei gleichzeitiger körperlicher Anwesenheit außerhalb von Geschäftsräumen abgegeben oder der Vertrag
wurde in den Geschäftsräumen der Bank geschlossen, der Kunde wurde jedoch unmittelbar zuvor außerhalb der Geschäftsräume bei
gleichzeitiger körperlicher Anwesenheit des Kunden und der Bank persönlich und individuell angesprochen.

☐ Bei dem Vertrag handelt es sich um ein Präsenzgeschäft. Es liegen weder die Voraussetzungen für einen Fernabsatzvertrag noch für
einen Außergeschäftsraumvertrag vor.

Die Unterschrift unter dieser Urkunde

wurde vor mir von dem Unterzeichner geleistet. ☐ wurde von mir geprüft.

Der Eigentümer hat sich ausgewiesen durch (Urkunde)

ist bereits legitimiert. ☐ Personalausweis ☐ Reisepass ☐

Nr. ausstellende Behörde Ausstellungsdatum

Staatsangehörigkeit Geburtsort

Der Mitverpflichtete hat sich ausgewiesen durch (Urkunde)

ist bereits legitimiert. ☐ Personalausweis ☐ Reisepass ☐

Nr. ausstellende Behörde Ausstellungsdatum

Staatsangehörigkeit Geburtsort

Der Ehegatte hat sich ausgewiesen durch (Urkunde)

ist bereits legitimiert. ☐ Personalausweis ☐ Reisepass ☐

Nr. ausstellende Behörde Ausstellungsdatum

Staatsangehörigkeit Geburtsort

Ort, Datum Mitarbeiter der Bank

Zu Anhang 10

Notarielle Beurkundung oder öffentliche Beglaubigung nicht notwendig.

[1]   Eigentümer und Sicherungsgeber:
        RN 630 ff., insbes. RN 637.
        Der Vordruck ist ausschließlich für den Normalfall, dass der Eigentümer Sicherungsgeber ist
        (RN 637 ff.), vorgesehen. Dies wird im Eingang ausdrücklich erklärt.

[2]   Sicherheit:
        Grundschuld (RN 275 ff.), Grundschuldzinsen (RN 279 ff.), sonstige Nebenleistung (RN 289), abge-
        tretene Rückgewähransprüche (RN 851 ff., 864 ff., 896 ff.) und abstraktes Schuldversprechen
        (RN 291 ff., 299).

[3]   Gesicherte Forderungen:
        RN 654 ff., insbes. RN 668 ff.
        Der Vordruck enthält eine weite Sicherungsabrede (RN 668).
        Ist der Sicherungsgeber (bei mehreren: alle) zugleich uneingeschränkt persönlicher Schuldner
        (RN 682 ff.), kann der Vordruck problemlos eingesetzt werden.
        Trifft das nicht zu, kommt der Vordruck nur für besondere Fälle in Betracht (RN 692, 694, vgl. auch
        695). Für andere Fälle steht der Vordruck Anhang 11 zur Verfügung.

[4]   Gesamtrechtsnachfolge des Schuldners:
        RN 663.

[5]   Freihändige Verwertung:
        RN 1276 ff., insbes. RN 1280 ff.

[6]   Voraussetzungen der Verwertung:
        RN 563.

[6a]   Kündigung der Grundschuld:
        RN 278 ff.

[7]   Wartefrist bei Vollstreckung nur aus den dinglichen Zinsen:
        RN 1072

[8]   Verrechnung von Zahlungen:
        RN 804 ff., 839 ff.; vgl. auch 814 ff., 824 ff.

[9]   Ermächtigung zu Pfandfreigabe bzw. Rangrücktritt:
        RN 780 f.

[10]   Rückgewähr durch Verzicht – Nicht valutierter Teil in der Zwangsvollstreckung:
        RN 755 ff., insbes. RN 756 – RN 1152 ff., insbes. RN 1156.
        Durch Verzicht ist eine Rückgewähr nur möglich, wenn und solange der Sicherungsgeber Eigen-
        tümer ist (RN 754) bzw. – wenn die Grundschuld in der Zwangsversteigerung gegen den Siche-
        rungsgeber erlischt – bis zur Erlösverteilung (RN 1166, 1168).

[11]   Besichtigungsrecht: RN 43, 1255.

[12]   Auskunft durch vor- bzw. gleichrangige Gläubiger (Ziff. 1.6 c des Vordrucks)
        und Abtretung des Anspruchs auf Rechnungslegung (Ziff. 2.2 des Vordrucks):
        RN 1059 ff., insbes. RN 1067.

[13]   Versicherungspflicht:
        RN 1269, 563.

[14]   Abtretung des Rückgewähranspruchs bezüglich *derzeit* vor- oder gleichrangiger Grundschulden:
        RN 851 ff., insbes. RN 865 ff.
        und bezüglich *künftig* vor- oder gleichrangiger Grundschulden (Vorausabtretung):
        RN 854.

[15]   Abtretung des Anspruchs auf Abtretung des (derzeit an einen anderen abgetretenen) Rückge-
        währanspruchs bezüglich vorrangiger Grundschulden:
        RN 891 ff., 490.

[16] Übernahme der persönlichen Haftung (ohne Zwangsvollstreckungsunterwerfung): RN 291 ff.
Nur Übernahme durch Schuldner (oder Bürgen) vorgesehen (Fußnote 2); dazu RN 300.

[17] Ausschluss kumulierender Haftung:
RN 297 f. (Schuldversprechen) und RN 865 ff. (Rückgewähranspruch).

[18] Die Hinweise zum Fernabsatz- und Außergeschäftsraumvertrag sind unseres Erachtens insb. aufgrund der BGH-Rechtsprechung vom 22. 9. 2020 – XI ZR 219/19 und der daraufhin zum 15. 6. 2021 erfolgten Gesetzesanpassung entbehrlich, ausführlich Rn. 584 ff.

Anhang 11

Volksbank Musterstadt eG

Grundschuld
Zweckerklärung (enge Fassung)

Zur bankinternen Bearbeitung
Nr.
Vertrags-Nr.

Die

in dieser Urkunde „Gläubigerin" genannt

ist/wird Gläubigerin der im Grundbuch

von	Band	Blatt/Nr.	[1]

Eigentümer als Sicherungsgeber:

in dieser Urkunde – auch bei mehreren Personen – „Eigentümer" genannt

eingetragenen/einzutragenden Grundschuld(en):

Abt. III lfd. Nr.	Betrag/Währungseinheit	Weitere Bemerkungen	[2]

Soweit in dieser Urkunde von Grundeigentum oder Eigentümer die Rede ist, so ist hierunter bei Wohnungs- oder Teileigentum das belastete Wohnungs- oder Teileigentum bzw. der Wohnungs- oder Teileigentümer und bei (Wohnungs-/Teil-)Erbbaurechten das belastete (Wohnungs-/Teil-)Erbbaurecht bzw. der (Wohnungs-/Teil-)Erbbauberechtigte zu verstehen; soweit in dieser Urkunde von „Grundschuld" die Rede ist, so sind hierunter alle vorgenannten Grundschulden zu verstehen.

1 Zweckerklärung

1.1 Die Grundschuld (Kapital, Zinsen und Nebenleistungen) – sowie eine in einer anderen Urkunde erklärte Abtretung von [3] Rückgewähransprüchen und Eigentümergrundschulden, die vorstehender/vorstehenden Grundschuld(en) im Rang vorgehen oder gleichstehen oder eine dort übernommene persönliche Haftung – dienen zur Sicherung aller bestehenden, künftigen und bedingten Forderungen der Gläubigerin oder eines die Geschäftsverbindung fortsetzenden Rechtsnachfolgers der Gläubigerin aus den folgenden Rechtsgründen gegen

Kreditnehmer, persönlicher Schuldner

☐ aus **Darlehen**

Vertrag vom	derzeitige Vertragsnummer	Betrag/Währungseinheit	Kreditnehmer zu

☐ aus **Krediten in laufender Rechnung** (insbesondere Buch-, Wechsel-, Akzept- und Avalkrediten)

Vertrag vom	derzeitige Vertragsnummer	Betrag/Währungseinheit	Kreditnehmer zu

☐ aus Lieferungen und Leistungen

☐ aus

Vertrag vom	Betrag/Währungseinheit	Kreditnehmer zu

Die Grundschuld (Kapital, Zinsen und Nebenleistungen) – sowie eine in einer anderen Urkunde erklärte Abtretung von Rückgewähransprüchen und Eigentümergrundschulden, die vorstehender/vorstehenden Grundschuld(en) im Rang vorgehen oder gleichstehen oder eine dort übernommene persönliche Haftung – erfassen die Forderungen der Gläubigerin auch dann, wenn die vereinbarte Laufzeit des/der vorstehend genannten Vertrags/Verträge verlängert wird (Prolongation); dies gilt ebenfalls, wenn mit der Laufzeitverlängerung eine Änderung der Konditionen verbunden ist.
Soweit bisher Zweckerklärungen und Abtretungen der Rückgewähransprüche vereinbart wurden, werden sie durch diese Erklärungen nicht aufgehoben, sondern ergänzt.

Volksbank
Musterstadt eG

Sollte(n) der/die vorstehend genannte(n) Vertrag/Verträge unwirksam sein oder werden oder wirksam widerrufen werden, sind auch alle Ansprüche gesichert, die der Gläubigerin infolge der Unwirksamkeit oder des Widerrufs zustehen.

Die Abtretung und Verpfändung der Rückgewähransprüche bedarf der Zustimmung der Gläubigerin. [4]

1.2 Die Gläubigerin ist berechtigt, sich aufgrund dieser Grundschuld aus dem Grundstück zu befriedigen oder die Grundschuld [5] selbst freihändig zu verwerten; die Gläubigerin wird die Grundschuld freihändig mangels Zustimmung des Eigentümers nur zusammen mit den gesicherten Forderungen und nur in einer im Verhältnis zu dieser angemessenen Höhe verkaufen.

1.2.1 Für Grundschulden, die vor dem 20.08.2008 bestellt worden sind, gilt Folgendes:
Die Gläubigerin darf die Grundschuld bei Vorliegen eines wichtigen Grundes zwangsweise verwerten, insbesondere wenn der Kreditnehmer fälligen Verpflichtungen gegenüber der Gläubigerin nicht nachkommt und nach Ablauf der gesetzlichen Kündigungsfrist von sechs Monaten nach [6] Gläubigerin mit einer Frist von einem Monat schriftlich androhen; eine Fristsetzung ist nicht erforderlich, wenn der Eigentümer seine Zahlungen eingestellt hat oder die Eröffnung eines gerichtlichen Insolvenzverfahrens über sein Vermögen beantragt worden ist oder wenn die Gläubigerin eine Klage auf Duldung der Zwangsvollstreckung aus der Grundschuld in den belasteten Grundbesitz erhebt.

1.2.2 Für Grundschulden, die nach dem 19.08.2008 bestellt worden sind sowie für früher bestellte Grundschulden, die nach dem [6a] 19.08.2008 auf ein weiteres Eigentumsrecht erstreckt worden sind, gilt Folgendes:
Zwangsvollstreckungsmaßnahmen in Form der Zwangsversteigerung wird die Gläubigerin nur nach Kündigung des Grundschuldkapitals und nach Ablauf der mit dem persönlichen Schuldner identische Eigentümer auf die Grundschuld, so wird in der Regel im Umfang seiner Zahlung zugleich [7] bedarf es nicht, wenn die Zwangsversteigerung nur aus den dinglichen Zinsen erfolgt, diese angedroht worden ist und eine Androhungsfrist von sechs Monaten abgelaufen ist.
Zwangsvollstreckungsmaßnahmen aus der persönlichen Zwangsvollstreckungsunterwerfung in das mit der Grundschuld belastete Grundstück wird die Gläubigerin nur nach Androhung und Ablauf einer Androhungsfrist von sechs Monaten einleiten.
Die Gläubigerin darf die Grundschuld kündigen oder die Verwertung androhen, wenn ein wichtiger Grund vorliegt, insbesondere wenn der Kreditnehmer fälligen Verpflichtungen gegenüber der Gläubigerin nicht nachkommt. Auch sonstige Verwertungsmaßnahmen, die einer Kündigung des Grundschuldkapitals oder einer Androhung der Verwertung nicht bedürfen, wird sie nur bei Vorliegen eines wichtigen Grundes einleiten.

1.3 Die Gläubigerin wird Zahlungen auf die durch die Grundschuld gesicherten Forderungen verrechnen, soweit nicht im Einzelfall auf die Grundschuld geleistet wird. Zahlt der mit dem persönlichen Schuldner identische Eigentümer auf die Grundschuld, so [8] wird in der Regel im Umfang seiner Zahlung zugleich die persönliche Forderung erfüllt. Die gesicherte Forderung erlischt jedoch nicht, wenn der nur dinglich haftende Eigentümer auf die Grundschuld leistet.
Sichert die Grundschuld Forderungen sowohl gegen den Eigentümer als auch gegen Dritte und zahlt der mit dem persönlichen Schuldner identische Eigentümer, so leistet er damit im Zweifel in erster Linie auf eigene Verbindlichkeiten.
Sichert die Grundschuld mehrere eigene Forderungen und trifft der persönliche Schuldner keine Tilgungsbestimmung, ist die Gläubigerin berechtigt, Zahlungseingänge nach der Tilgungsreihenfolge des § 366 Abs. 2 BGB zu verrechnen.
Dient die Grundschuld als Sicherheit für verschiedene Forderungen gegen einen oder mehrere Schuldner, so wird ein zur Befriedigung sämtlicher fälliger Forderungen nicht ausreichender Erlös aus der zwangsweisen Verwertung der Grundschuld zunächst auf die Forderungen verrechnet, die der Gläubigerin geringere Sicherheit bieten.

1.4 Die Gläubigerin ist berechtigt, aber nicht verpflichtet, Teile des Grundeigentums sowie Grundstückszubehör aus der Haftung [9] für die Grundschuld zu entlassen und Rangänderungen zu bewilligen. Dies soll auch dann gelten, wenn der Rückgewähranspruch an einen Dritten abgetreten oder abgetreten wird.

1.5 Die Gläubigerin ist berechtigt, auf den ihren persönlichen Anspruch übersteigenden Teil der Grundschuld und der bei ihr eingetragenen Zinsen und Nebenleistungen zu verzichten sowie den Antrag auf Eintragung des Verzichts im Grundbuch zu stellen, [10] sofern der Verzicht zur Rückgewähr der Grundschuld an den Rückgewährberechtigten führt.

In einem etwaigen Zwangsversteigerungs- oder Zwangsverwaltungsverfahren ist die Gläubigerin nicht verpflichtet, aus der Grundschuld Beträge geltend zu machen, die über den persönlichen Anspruch hinausgehen.

1.6 Die Gläubigerin oder deren Beauftragte ist berechtigt, das Pfandgrundstück zu besichtigen. [11]

1.7 Der Eigentümer stimmt hiermit zu, dass dem Gläubiger folgende Auskünfte erteilt werden
a) von Steuer- und sonstigen Behörden über Rückstände solcher öffentlicher Lasten, die in einer Zwangsverwaltung oder Zwangsversteigerung des belasteten Grundeigentums mit dem Rang vor dem Recht der Gläubiger zu befriedigen sind,
b) von den zuständigen Stellen über den Einheitswert und den Gebäude-Versicherungswert,
c) von den Gläubigern vor- oder gleichrangiger Grundpfandrechte über die Höhe der Forderungen, Kreditzusagen und bestehen- [12] den Sicherheiten.
Die Gläubigerin ist berechtigt, zum Nachweis der Vollmacht die gesamte Urkunde zur Einsicht vorzulegen.

Volksbank
Musterstadt eG

Der Eigentümer verpflichtet sich, der Gläubigerin auf Verlangen Miet- und Pachtverträge und sonstige das Grundstück betreffende Unterlagen vorzulegen.

1.8 Der Eigentümer ist verpflichtet, das Pfandgrundstück gegen Feuer,

☐ Sturm/Hagel ☐ Leitungswasser ☐ Elementarschäden ☐ _____ [13]

versichert zu halten und dies der Gläubigerin auf Verlangen durch geeignete Unterlagen nachzuweisen. Die Auswahl eines geeigneten Versicherungsunternehmens hat im Einvernehmen mit der Gläubigerin zu erfolgen. Die Gläubigerin wird ihr Einvernehmen erklären, wenn keine sachlichen Gründe gegen das vom Eigentümer ausgewählte Versicherungsunternehmen bestehen und insbesondere dem Sicherungsbedürfnis der Gläubigerin Rechnung getragen ist. Wenn der Eigentümer für keinen ausreichenden Versicherungsschutz sorgt oder die Prämien nicht pünktlich zahlt, ist die Gläubigerin berechtigt – aber nicht verpflichtet –, für ausreichenden Versicherungsschutz zu sorgen oder die fällige Prämie zu zahlen.

2 Schlussbestimmungen

2.1 Aus der Grundschuld – sowie einer in einer anderen Urkunde erklärten Abtretung von Rückgewähransprüchen und von [14] Eigentümergrundschulden, die der/den vorstehenden Grundschuld(en) im Rang vorgehen oder gleichstehen oder einer dort übernommenen persönlichen Haftung – darf sich die Gläubigerin insgesamt nur einmal in Höhe des Betrags der Grundschuld nebst Zinsen, Nebenleistungen und Kosten, soweit gesetzlich zulässig, befriedigen.

2.2 Sollten einzelne Bestimmungen dieser Urkunde unwirksam sein bzw. nicht durchgeführt werden, so bleiben die übrigen Bestimmungen wirksam. Soweit Bestimmungen unwirksam sind, gelten ergänzend die gesetzlichen Vorschriften.

2.3 Rechtswahl und Gerichtsstandsvereinbarung

2.3.1 Geltung deutschen Rechts

Für dieses Vertragsverhältnis gilt deutsches Recht.

2.3.2 Gerichtsstand für inländische Sicherungsgeber

Ist der Sicherungsgeber ein Kaufmann und ist diese Sicherheitenvereinbarung dem Betriebe seines Handelsgewerbes zuzurechnen, so kann die Bank diesen Kunden an dem für den Sitz der Bank zuständigen Gericht oder bei einem anderen zuständigen Gericht verklagen; dasselbe gilt für eine juristische Person des öffentlichen Rechts und für öffentlich-rechtliche Sondervermögen. Die Bank selbst kann von diesen Sicherungsgebern nur an dem für den Sitz der Bank zuständigen Gericht verklagt werden.

2.3.3 Gerichtsstand für ausländische Sicherungsgeber

Die Gerichtsstandsvereinbarung gilt auch für Sicherungsgeber, die im Ausland eine vergleichbare gewerbliche Tätigkeit ausüben, sowie für ausländische Institutionen, die mit inländischen juristischen Personen des öffentlichen Rechts oder mit einem inländischen öffentlich-rechtlichen Sondervermögen vergleichbar sind.

Ort, Datum	Eigentümer (Sicherungsgeber)
	✗

Falls im Hinblick auf den Güterstand der Ehegatten eine Mitwirkung des anderen Ehegatten erforderlich ist, erteilt dieser hiermit seine **Zustimmung.**

Name	

Ort, Datum	Ehegatte/Lebenspartner
	✗

Volksbank
Musterstadt eG

☐
Name

☐ Bei dem Vertrag handelt es sich um einen Fernabsatzvertrag. Die Vertragsparteien bzw. deren Vertreter haben für die Vertragsverhandlungen und den Vertragsschluss im Rahmen eines für den Fernabsatz organisierten Vertriebs- oder Dienstleistungssystems ausschließlich Fernkommunikationsmittel verwendet.

☐ Bei dem Vertrag handelt es sich um einen außerhalb von Geschäftsräumen geschlossenen Vertrag. Die Vertragsparteien bzw. deren Vertreter haben den Vertrag bei gleichzeitiger körperlicher Anwesenheit außerhalb von Geschäftsräumen der Bank geschlossen bzw. der Kunde hat sein Angebot bei gleichzeitiger körperlicher Anwesenheit außerhalb von Geschäftsräumen abgegeben oder der Vertrag wurde in den Geschäftsräumen der Bank geschlossen, der Kunde wurde jedoch unmittelbar zuvor außerhalb der Geschäftsräume bei gleichzeitiger körperlicher Anwesenheit des Kunden und der Bank persönlich und individuell angesprochen.   [15]

☐ Bei dem Vertrag handelt es sich um ein Präsenzgeschäft. Es liegen weder die Voraussetzungen für einen Fernabsatzvertrag noch für einen Außergeschäftsraumvertrag vor.

☐
Name

☐ Bei dem Vertrag handelt es sich um einen Fernabsatzvertrag. Die Vertragsparteien bzw. deren Vertreter haben für die Vertragsverhandlungen und den Vertragsschluss im Rahmen eines für den Fernabsatz organisierten Vertriebs- oder Dienstleistungssystems ausschließlich Fernkommunikationsmittel verwendet.

☐ Bei dem Vertrag handelt es sich um einen außerhalb von Geschäftsräumen geschlossenen Vertrag. Die Vertragsparteien bzw. deren Vertreter haben den Vertrag bei gleichzeitiger körperlicher Anwesenheit außerhalb von Geschäftsräumen der Bank geschlossen bzw. der Kunde hat sein Angebot bei gleichzeitiger körperlicher Anwesenheit außerhalb von Geschäftsräumen abgegeben oder der Vertrag wurde in den Geschäftsräumen der Bank geschlossen, der Kunde wurde jedoch unmittelbar zuvor außerhalb der Geschäftsräume bei gleichzeitiger körperlicher Anwesenheit des Kunden und der Bank persönlich und individuell angesprochen.

☐ Bei dem Vertrag handelt es sich um ein Präsenzgeschäft. Es liegen weder die Voraussetzungen für einen Fernabsatzvertrag noch für einen Außergeschäftsraumvertrag vor.

Legitimationsprüfung für		
Die Unterschrift unter dieser Urkunde ☐ wurde vor mir von dem Eigentümer geleistet.		☐ wurde von mir geprüft.
Der Eigentümer ☐ ist bereits legitimiert.	hat sich ausgewiesen durch (Urkunde) ☐ Personalausweis ☐ Reisepass ☐	
Nr.	ausstellende Behörde	Ausstellungsdatum
Staatsangehörigkeit	Geburtsort	

Zu Anhang 11

Notarielle Beurkundung oder öffentliche Beglaubigung nicht notwendig.

[1] Eigentümer und Sicherungsgeber:
RN 630 ff., insbes. RN 637.
Der Vordruck ist ausschließlich für den Normalfall, dass der Eigentümer Sicherungsgeber ist
(RN 637 ff.), vorgesehen. Dies wird im Eingang ausdrücklich erklärt.

[2] Sicherheit:
Grundschuld (RN 275 ff.), Grundschuldzinsen (RN 279 ff.), sonstige Nebenleistung (RN 289),
(außerhalb des Vordrucks) abgetretene Rückgewähransprüche (RN 851 ff., 864 ff., 896 ff.) und
(außerhalb des Vordrucks übernommenes) abstraktes Schuldversprechen (RN 291 ff., 299).

[3] Gesicherte Forderungen:
RN 654 ff., insbes. RN 667.
Der Vordruck ist bestimmt für die Sicherung *bestimmter* Darlehen/Kredite (enge Sicherungsabrede
[RN 667]).
Bei „unechten" Leistungen auf ein gesichertes Darlehen (Zins und Tilgung werden über ein
Girokonto des Darlehensnehmers abgebucht, das dadurch überzogen wird) soll die Grundschuld –
zeitlich begrenzt – auch für den Überziehungskredit auf dem Girokonto haften, der *durch diese
Abbuchung* entsteht; zum ähnlichen Fall einer bankinternen Umbuchung s. RN 685.
Der Vordruck stellt klar, dass die Grundschuld bei Unwirksamkeit des zu sichernden Anspruchs
etwaige Folgeansprüche sichert (RN 667).

[4] Einschränkung der Abtretung/Verpfändung des Rückgewähranspruchs bezüglich *dieser* Grundschuld (Zustimmung erforderlich): RN 759. Zustimmungsvorbehalt wirksam, vgl. auch BGH v.
14. 1. 2022 – V ZR 255/20, RN 17 ff. = BGHZ 232, 265 = WM 2022 Heft 20, 976

[5] Freihändige Verwertung:
RN 1276 ff., insbes. RN 1280 ff.

[6] Voraussetzungen der Verwertung:
RN 563.

[6a] Kündigung der Grundschuld:
RN 278 ff.

[7] Wartefrist bei Vollstreckung nur aus den dinglichen Zinsen:
RN 1072

[8] Verrechnung von Zahlungen:
RN 804 ff., 839 ff., vgl. auch 814 ff., 824 ff.

[9] Ermächtigung zu Pfandfreigabe bzw. Rangrücktritt:
RN 780 f.

[10] Rückgewähr durch Verzicht – Nicht valutierter Teil in der Zwangsvollstreckung:
RN 755 ff., insbes. RN 756 – RN 1152 ff., insbes. RN 1156.
Durch Verzicht ist eine Rückgewähr nur möglich, wenn und solange der Sicherungsgeber Eigentümer ist (RN 754) bzw. – wenn die Grundschuld in der Zwangsversteigerung gegen den Sicherungsgeber erlischt – bis zur Erlösverteilung (RN 1166, 1168).

[11] Besichtigungsrecht:
RN 43, 1255.

[12] Auskunft durch vor- bzw. gleichrangige Gläubiger:
RN 1059 ff., insbes. RN 1067.

[13] Versicherungspflicht:
RN 1269, 563.

[14]   Ausschluss kumulierender Haftung:
       RN 297 f. (Schuldversprechen) und RN 865 ff. (Rückgewähranspruch).

[15]   Die Hinweise zum Fernabsatz- und Außergeschäftsraumvertrag sind unseres Erachtens insb.
       aufgrund der BGH-Rechtsprechung vom 22. 9. 2020 – XI ZR 219/19 und der daraufhin zum
       15. 6. 2021 erfolgten Gesetzesanpassung entbehrlich, ausführlich Rn. 584 ff.

Anhang 12

Grundschuld	Zweckerklärung zur Sicherung der Geschäftsverbindung mit Abtretung der Rückgewähransprüche unter Einschränkung der Haftung des Verkäufers	Zur bankinternen Bearbeitung Nr. Vertrags-Nr.

Die

in dieser Urkunde „Gläubigerin" genannt

ist/wird Gläubigerin der im Grundbuch von

Band   Blatt/Nr.

Eigentümer als Sicherungsgeber: [1]

in dieser Urkunde – auch bei mehreren Personen – „Eigentümer" genannt

eingetragenen/einzutragenden Grundschuld(en):

Abt. III lfd. Nr.	Betrag/Währungseinheit	Abt. III lfd. Nr.	Betrag/Währungseinheit	Weitere Bemerkungen	[2]

Soweit in dieser Urkunde von Grundeigentum oder Eigentümer die Rede ist, so ist hierunter bei Wohnungs- oder Teileigentum das belastete Wohnungs- oder Teileigentum bzw. der Wohnungs- oder Teileigentümer und bei (Wohnungs-/Teil-)Erbbaurechten das belastete (Wohnungs-/Teil-)Erbbaurecht bzw. der (Wohnungs-/Teil-)Erbbauberechtigte zu verstehen; soweit in dieser Urkunde von „Grundschuld" die Rede ist, so sind hierunter alle vorgenannten Grundschulden zu verstehen.

1 Zweckerklärung

1.1 Die Grundschuld (Kapital, Zinsen und Nebenleistungen), die Abtretungen unter Nummer 2 oder die in einer anderen Urkunde übernommene [3] persönliche Haftung dienen zur Sicherung aller bestehenden, künftigen und bedingten Forderungen der Gläubigerin gegen

Kreditnehmer, persönlicher Schuldner[1]

aus der bankmäßigen Geschäftsverbindung, insbesondere
– **aus** laufender Rechnung und aus der Gewährung von **Krediten jeder Art,** Wechseln, Schecks, Lieferungen oder Leistungen, [4]
– aus Bürgschaften sowie sonstigen **Verpflichtungserklärungen des Schuldners für Dritte,** jeweils ab deren Fälligkeit, sowie
aus im Rahmen der üblichen Bankgeschäfte **von Dritten erworbenen Forderungen,** Wechseln und Schecks.
Die Sicherheit haftet auch dann im oben genannten Umfang, wenn sie anlässlich einer bestimmten Krediteinräumung bestellt wird.
Sind Sicherungsgeber und Schuldner identisch, so erfasst die Sicherheit auch Forderungen, die vom Gesamtrechtsnachfolger des Schuldners begründet werden; sind Sicherungsgeber und Schuldner nicht identisch, erfasst die Sicherheit Forderungen gegen den Gesamtrechtsnachfolger nur, soweit die Forderungen auf Krediten beruhen, die bereits dem Schuldner zugesagt oder von ihm in Anspruch genommen worden sind.
Soweit bisher Zweckerklärungen und Abtretungen der Rückgewähransprüche vereinbart wurden, werden sie durch diese Erklärung nicht aufgehoben, sondern ergänzt.
Sollte(n) der/die oben genannte(n) Vertrag/Verträge unwirksam sein oder werden oder wirksam widerrufen werden, sind auch alle Ansprüche gesichert, die der Gläubigerin infolge der Unwirksamkeit oder des Widerrufs zustehen.
1.2 Die Gläubigerin ist berechtigt, sich aufgrund dieser Grundschuld aus dem Grundstück zu befriedigen oder die Grundschuld selbst freihändig zu verwerten; die Gläubigerin wird die Grundschuld freihändig mangels Zustimmung des Eigentümers nur zusammen mit den gesicherten [5] Forderungen und nur in einer im Verhältnis zu dieser angemessenen Höhe verkaufen.
1.2.1 Für Grundschulden, die vor dem 20.08.2008 bestellt worden sind, gilt Folgendes: [6]
Die Gläubigerin darf die Grundschuld bei Vorliegen eines wichtigen Grundes zwangsweise verwerten, insbesondere wenn der Kreditnehmer fällige Verpflichtungen gegenüber der Gläubigerin nicht nachkommt. Zwangsvollstreckungsmaßnahmen wird die Gläubigerin mit einer Frist von einem Monat schriftlich androhen; eine Fristsetzung ist nicht erforderlich, wenn der Eigentümer seine Zahlungen eingestellt hat oder die Eröffnung eines gerichtlichen Insolvenzverfahrens über sein Vermögen beantragt worden ist oder wenn die Gläubigerin eine Klage auf Duldung der Zwangsvollstreckung aus der Grundschuld in den belasteten Grundbesitz erhebt.
1.2.2 Für Grundschulden, die nach dem 19.08.2008 bestellt worden sind sowie für früher bestellte Grundschulden, die nach dem 19.08.2008 auf ein weiteres Eigentumsrecht erstreckt worden sind, gilt Folgendes:
Zwangsvollstreckungsmaßnahmen in Form der Zwangsversteigerung wird die Gläubigerin nur nach Kündigung des Grundschuldkapitals und nach [6a] Ablauf der gesetzlichen Kündigungsfrist von sechs Monaten einleiten. Einer Kündigung des Grundschuldkapitals bedarf es nicht, wenn die Zwangsversteigerung nur aus den dinglichen Zinsen erfolgt, diese angedroht worden ist und eine Androhungsfrist von sechs Monaten abgelaufen ist. [7]
Zwangsvollstreckungsmaßnahmen aus der persönlichen Zwangsvollstreckungsunterwerfung in das mit der Grundschuld belastete Grundstück wird die Gläubigerin nur nach Androhung und Ablauf einer Androhungsfrist von sechs Monaten einleiten.
Die Gläubigerin darf die Grundschuld kündigen oder die Verwertung androhen, wenn ein wichtiger Grund vorliegt, insbesondere wenn der Kreditnehmer fälligen Verpflichtungen gegenüber der Gläubigerin nicht nachkommt. Auch sonstige Verwertungsmaßnahmen, die einer Kündigung des Grundschuldkapitals oder einer Androhung der Verwertung nicht bedürfen, wird sie nur bei Vorliegen eines wichtigen Grundes einleiten.
1.3 Die Gläubigerin wird Zahlungen auf die durch die Grundschuld gesicherten Forderungen verrechnen, soweit nicht im Einzelfall auf die Grund- [8] schuld geleistet wird. Zahlt der mit dem persönlichen Schuldner identische Eigentümer auf die Grundschuld, so wird in der Regel im Umfang seiner Zahlung zugleich die persönliche Forderung erfüllt. Die gesicherte Forderung erlischt jedoch nicht, wenn der nur dinglich haftende Eigentümer auf die Grundschuld leistet.
Sichert die Grundschuld Forderungen sowohl gegen den Eigentümer als auch gegen Dritte und zahlt der mit dem persönlichen Schuldner identische Eigentümer, so leistet er damit im Zweifel in erster Linie auf eigene Verbindlichkeiten.
Sichert die Grundschuld mehrere eigene Forderungen und trifft der persönliche Schuldner keine Tilgungsbestimmung, ist die Gläubigerin berechtigt, Zahlungseingänge nach der Tilgungsreihenfolge des § 366 Abs. 2 BGB zu verrechnen.
Dient die Grundschuld als Sicherheit für verschiedene Forderungen gegen einen oder mehrere Schuldner, so wird ein zur Befriedigung sämtlicher fälliger Forderungen nicht ausreichender Erlös aus der zwangsweisen Verwertung der Grundschuld zunächst auf die Forderungen verrechnet, die der Gläubigerin geringere Sicherheit bieten.

1 Handelt es sich um mehrere Schuldner und soll die Sicherheit auch zur Sicherung der Ansprüche gegen einzelne Schuldner dienen, so ist dies gesondert auszuhandeln und durch einen Zusatz, wie z. B. „und gegen jeden Einzelnen von ihnen", zum Ausdruck zu bringen.

1.4 Die Gläubigerin ist berechtigt, aber nicht verpflichtet, Teile des Grundeigentums sowie Grundstückszubehör aus der Haftung für die Grundschuld zu entlassen und Rangänderungen zu bewilligen. Dies soll auch dann gelten, wenn der Rückgewähranspruch an einen Dritten abgetreten ist oder abgetreten wird. [9]

1.5 Die Gläubigerin ist berechtigt, auf den ihren persönlichen Anspruch übersteigenden Teil der Grundschuld und der bei ihr eingetragenen Zinsen und Nebenleistungen zu verzichten sowie den Antrag auf Eintragung des Verzichts im Grundbuch zu stellen, sofern der Verzicht zur Rückgewähr der Grundschuld an den Rückgewährberechtigten führt. [10]
In einem etwaigen Zwangsversteigerungs- oder Zwangsverwaltungsverfahren ist die Gläubigerin nicht verpflichtet, aus der Grundschuld Beträge geltend zu machen, die über den persönlichen Anspruch hinausgehen.
1.6 Die Gläubigerin oder deren Beauftragte ist berechtigt, das Pfandgrundstück zu besichtigen. [11]
1.7 Der Eigentümer stimmt hiermit zu, dass der Gläubigerin folgende Auskünfte erteilt werden
a) von Steuer- und sonstigen Behörden über Rückstände solcher öffentlicher Lasten, die in einer Zwangsverwaltung oder Zwangsversteigerung des belasteten Grundeigentums mit dem Recht der Gläubigerin gleichen oder vorgehen,
b) von den zuständigen Stellen über den Einheitswert und den Gebäude-Versicherungswert,
c) von den Gläubigern vor- oder gleichrangiger Grundpfandrechte über die Höhe der Forderungen, Kreditzusagen und bestehenden Sicherheiten. [12]
Die Gläubigerin ist berechtigt, zum Nachweis der Vollmacht die gesamte Urkunde zur Einsicht vorzulegen.
Der Eigentümer verpflichtet sich, der Gläubigerin auf Verlangen Miet- und Pachtverträge und sonstige das Grundstück betreffende Unterlagen vorzulegen.
1.8 Vorläufige Einschränkung der Zweckerklärung zugunsten des Verkäufers [13]
Die Grundschuld sowie die Abtretung unter Nummer 2 sichern die unter Nummer 1.1 genannten Forderungen zunächst nur in Höhe der auf den Kaufpreis gemäß

Kaufvertrag vom		Urkunden-Nr.	
des Notars			an
Verkäufer:			

tatsächlich gezahlten Beträge und Zinsen.
1.9 Die weiter gehende Zweckerklärung gilt erst ab vollständiger Zahlung des Kaufpreises, spätestens ab Eintragung des Eigentumswechsels. **Ab vollständiger Kaufpreiszahlung bzw. ab Eigentumswechsel tritt**

Käufer:		[14]

anstelle des Verkäufers als Sicherungsgeber in den Sicherungsvertrag ein. Dem Käufer steht dann insbesondere der uneingeschränkte Rückgewähranspruch zu. Solange dem Verkäufer noch Rückgewähransprüche zustehen, kann er nur Löschung der Grundschuld – nicht aber Abtretung oder Verzicht – verlangen.

1.10 Der Eigentümer ist verpflichtet, das Pfandgrundstück gegen Feuer,
☐ Sturm/Hagel ☐ Leitungswasser ☐ Elementarschäden [15]
versichert zu halten und dies der Gläubigerin auf Verlangen durch geeignete Unterlagen nachzuweisen. Die Auswahl eines geeigneten Versicherungsunternehmens hat im Einvernehmen mit der Gläubigerin zu erfolgen. Die Gläubigerin wird ihr Einvernehmen erklären, wenn keine sachlichen Gründe gegen das vom Eigentümer ausgewählte Versicherungsunternehmen bestehen und insbesondere dem Sicherungsbedürfnis der Gläubigerin Rechnung getragen ist. Wenn der Eigentümer für keinen ausreichenden Versicherungsschutz sorgt oder die Prämien nicht pünktlich zahlt, ist die Gläubigerin berechtigt – **aber nicht verpflichtet** –, für ausreichenden Versicherungsschutz zu sorgen oder die fällige Prämie zu zahlen.

2 Abtretung von Rückgewähransprüchen und Eigentümergrundschulden [1] [16]
Der Eigentümer tritt hiermit die Ansprüche auf ganze oder teilweise Übertragung derjenigen gegenwärtigen und künftigen Grundschulden, die der vorstehend genannten Grundschuld im Rang vorgehen oder gleichstehen, nebst allen Zinsen und Nebenleistungen an die Gläubigerin ab, auch soweit diese Ansprüche bedingt sind oder erst künftig entstehen. Dies gilt auch für den Fall der Teilabtretung der vorstehend genannten Grundschuld hinsichtlich des Rückgewähranspruchs an der zum Teil abgetretenen Grundschuld. Sollten Rückgewähransprüche an vorrangige Grundschulden bereits anderweitig abgetreten sein, so tritt der Eigentümer hiermit seinen Anspruch auf Rückübertragung dieser Ansprüche ab. [17]
Abgetreten werden hiermit ferner – in Bezug auf jede Grundschuld bzw. Teilgrundschuld – die Ansprüche auf:
1. Herausgabe des Grundschuldbriefs oder auf Vorlegung des Briefs zur Bildung eines Teilgrundschuldbriefs,
2. Rechnungslegung und Auskunft betreffend das persönliche Schuldverhältnis, zu dessen Sicherung die Grundschuld bestellt ist,
3. Verzicht auf die Grundschuld sowie Aufhebung der Grundschuld und Erteilung einer Löschungsbewilligung in öffentlich beglaubigter Form, [12]
4. Auszahlung des Erlöses – auch gegen das Gericht –, soweit dieser die persönliche Forderung des Grundschuldgläubigers im Zwangsversteigerungs- oder Zwangsverwaltungsverfahren oder bei freihändigem Verkauf des Grundstücks und im Fall der Verwertung der Grundschuld nicht durch Verkauf oder Versteige rung übersteigt; das gilt insbesondere für vorrangige Erlösansprüche gemäß § 10 ZVG.
5. Geltendmachung der ganzen Grundschuld nebst aller Zinsen und Nebenleistungen in einem Zwangsversteigerungs- oder Zwangsverwaltungsverfahren.
Soweit die der vorstehend genannten Grundschuld(en) im Rang vorgehenden oder gleichstehenden Grundpfandrechte Eigen tümergrundschulden sind, tritt der Eigentümer diese Eigentümergrundschulden an die Gläubigerin ab. Ferner tritt er die Ansprüche auf Herausgabe der zugehörigen Briefe oder auf Einräumung des Mitbesitzes daran ab. Weiterhin tritt er die Ansprüche auf Abgabe von Erklärungen zur Umschreibung der Grundpfandrechte auf den Eigentümer oder die Gläubigerin ab.
Der Eigentümer ermächtigt die Gläubigerin, die Abtretung jederzeit den Grundschuldgläubigern anzuzeigen. Die Gläubigerin ist berechtigt, die Grundschuld(en) löschen zu lassen; der Eigentümer erteilt hierzu jetzt schon seine Zustimmung.

3 Schlussbestimmungen
3.1 Aus der Grundschuld sowie den Abtretungen (Nummer 2) darf sich die Gläubigerin insgesamt nur einmal in Höhe des Betrags der Grundschuld [18]
nebst Zinsen, Nebenleistungen und Kosten, soweit gesetzlich zulässig, befriedigen.
3.2 Sollten einzelne Bestimmungen dieser Urkunde unwirksam sein bzw. nicht durchgeführt werden, so bleiben die übrigen Bestimmungen wirksam. Soweit Bestimmungen unwirksam sind, gelten ergänzend die gesetzlichen Vorschriften.
3.3 Rechtswahl und Gerichtsstandsvereinbarung
3.3.1 Geltung deutschen Rechts
Für dieses Vertragsverhältnis gilt deutsches Recht.
3.3.2 Gerichtsstand für inländische Sicherungsgeber
Ist der Sicherungsgeber ein Kaufmann und ist diese Sicherheitenvereinbarung dem Betriebe seines Handelsgewerbes zuzurechnen, so kann die Bank diesen Kunden an dem für den Sitz der Bank zuständigen Gericht oder bei einem anderen zuständigen Gericht verklagen; dasselbe gilt für eine juristische Person des öffentlichen Rechts und für öffentlich-rechtliche Sondervermögen. Die Bank selbst kann von diesen Sicherungsgebern nur an dem für den Sitz der Bank zuständigen Gericht verklagt werden.

---

1 Für die Anzeige der Abtretung gegenüber dem Gläubiger vor- oder gleichrangiger Grundschulden und deren Bestätigung Vordruck 222 070 verwenden.

3.3.3 Gerichtsstand für ausländische Sicherungsgeber

Die Gerichtsstandsvereinbarung gilt auch für Sicherungsgeber, die im Ausland eine vergleichbare gewerbliche Tätigkeit ausüben, sowie für ausländische Institutionen, die mit inländischen juristischen Personen des öffentlichen Rechts oder mit einem inländischen öffentlich-rechtlichen Sondervermögen vergleichbar sind.

Ort, Datum	Ort, Datum
Eigentümer (Sicherungsgeber/Verkäufer) ✗	Käufer ✗

Falls im Hinblick auf den Güterstand der Ehegatten eine Mitwirkung des anderen Ehegatten erforderlich ist, erteilt dieser hiermit seine **Zustimmung.**

Name	
Ort, Datum	Ehegatte/Lebenspartner des Verkäufers ✗
Name	
Ort, Datum	Ehegatte/Lebenspartner des Käufers ✗

☐ Name

☐ Bei dem Vertrag handelt es sich um einen Fernabsatzvertrag. Die Vertragsparteien bzw. deren Vertreter haben für die Vertragsverhandlungen und den Vertragsschluss im Rahmen eines für den Fernabsatz organisierten Vertriebs- oder Dienstleistungssystems ausschließlich Fernkommunikationsmittel verwendet.

☐ Bei dem Vertrag handelt es sich um einen außerhalb von Geschäftsräumen geschlossenen Vertrag. Die Vertragsparteien bzw. deren Vertreter haben den Vertrag bei gleichzeitiger körperlicher Anwesenheit außerhalb von Geschäftsräumen der Bank geschlossen bzw. der Kunde hat sein Angebot bei gleichzeitiger körperlicher Anwesenheit außerhalb von Geschäftsräumen abgegeben oder der Vertrag wurde in den Geschäftsräumen der Bank geschlossen, der Kunde wurde jedoch unmittelbar zuvor außerhalb der Geschäftsräume bei gleichzeitiger körperlicher Anwesenheit des Kunden und der Bank persönlich und individuell angesprochen. [19]

☐ Bei dem Vertrag handelt es sich um ein Präsenzgeschäft. Es liegen weder die Voraussetzungen für einen Fernabsatzvertrag noch für einen Außergeschäftsraumvertrag vor.

☐ Name

☐ Bei dem Vertrag handelt es sich um einen Fernabsatzvertrag. Die Vertragsparteien bzw. deren Vertreter haben für die Vertragsverhandlungen und den Vertragsschluss im Rahmen eines für den Fernabsatz organisierten Vertriebs- oder Dienstleistungssystems ausschließlich Fernkommunikationsmittel verwendet.

☐ Bei dem Vertrag handelt es sich um einen außerhalb von Geschäftsräumen geschlossenen Vertrag. Die Vertragsparteien bzw. deren Vertreter haben den Vertrag bei gleichzeitiger körperlicher Anwesenheit außerhalb von Geschäftsräumen der Bank geschlossen bzw. der Kunde hat sein Angebot bei gleichzeitiger körperlicher Anwesenheit außerhalb von Geschäftsräumen abgegeben oder der Vertrag wurde in den Geschäftsräumen der Bank geschlossen, der Kunde wurde jedoch unmittelbar zuvor außerhalb der Geschäftsräume bei gleichzeitiger körperlicher Anwesenheit des Kunden und der Bank persönlich und individuell angesprochen.

☐ Bei dem Vertrag handelt es sich um ein Präsenzgeschäft. Es liegen weder die Voraussetzungen für einen Fernabsatzvertrag noch für einen Außergeschäftsraumvertrag vor.

Die Unterschriften unter dieser Urkunde

☐ wurden vor mir von den Unterzeichnern geleistet.   ☐ wurden von mir geprüft.

Der Verkäufer	hat sich ausgewiesen durch (Urkunde)	
☐ ist bereits legitimiert.	☐ Personalausweis	☐ Reisepass ☐
Nr.	ausstellende Behörde	Ausstellungsdatum
Staatsangehörigkeit		Geburtsort

Der Käufer	hat sich ausgewiesen durch (Urkunde)	
☐ ist bereits legitimiert.	☐ Personalausweis	☐ Reisepass ☐
Nr.	ausstellende Behörde	Ausstellungsdatum
Staatsangehörigkeit		Geburtsort

Der Ehegatte des Verkäufers	hat sich ausgewiesen durch (Urkunde)	
☐ ist bereits legitimiert.	☐ Personalausweis	☐ Reisepass ☐
Nr.	ausstellende Behörde	Ausstellungsdatum
Staatsangehörigkeit		Geburtsort

Der Ehegatte des Käufers	hat sich ausgewiesen durch (Urkunde)	
☐ ist bereits legitimiert.	☐ Personalausweis	☐ Reisepass ☐
Nr.	ausstellende Behörde	Ausstellungsdatum
Staatsangehörigkeit		Geburtsort

Ort, Datum	Mitarbeiter der Bank

Muster

220 090 I **DG VERLAG** FA 3.21   Seite 4   Ausfertigung für die Bank

791

Zu Anhang 12

Notarielle Beurkundung oder öffentliche Beglaubigung nicht notwendig.

[1]   Eigentümer und Sicherungsgeber:
        RN 630 ff., insbes. RN 637.
        Der Vordruck ist ausschließlich für den Normalfall, dass der Eigentümer Sicherungsgeber ist
        (RN 637 ff.), vorgesehen. Dies wird im Eingang ausdrücklich erklärt.

[2]   Sicherheit:
        Grundschuld (RN 275 ff.), Grundschuldzinsen (RN 279 ff.), sonstige Nebenleistung (RN 289), abge-
        tretene Rückgewähransprüche (RN 851 ff., 864 ff., 896 ff.) und (in anderer Urkunde erklärtes)
        abstraktes Schuldversprechen (RN 291 ff., 299).

[3]   Gesicherte Forderungen:
        RN 654 ff., insbes. RN 668 ff.
        Der Vordruck dient der Sicherung von Verbindlichkeiten des Käufers des belasteten Grundstücks
        schon vor Eintritt des Eigentumswechsels. Da zunächst noch der Verkäufer Sicherungsgeber ist,
        wird die Haftung der Grundschuld vorübergehend gemäß [13] eingeschränkt (RN 707 ff.).
        Für die Zeit danach enthält der Vordruck eine weite Sicherungsabrede (RN 668). Das ist problem-
        los, wenn der *spätere* (s. dazu [14]) Sicherungsgeber (bei mehreren: alle) dann zugleich uneinge-
        schränkt persönlicher Schuldner (RN 682 ff.) aller dann gesicherten Verbindlichkeiten ist. Trifft das
        nicht zu, kommt der Vordruck nur für besondere Fälle in Betracht (RN 692, 694, vgl. auch 695).

[4]   Gesamtrechtsnachfolge des Schuldners:
        RN 663.

[5]   Freihändige Verwertung:
        RN 1276 ff., insbes. RN 1280 ff.

[6]   Voraussetzungen der Verwertung:
        RN 563.

[6a]   Kündigung der Grundschuld:
        RN 278 ff.

[7]   Wartefrist bei Vollstreckung nur aus den dinglichen Zinsen:
        RN 1072

[8]   Verrechnung von Zahlungen:
        RN 804 ff., 839 ff., vgl. auch 814 ff., 824 ff.

[9]   Ermächtigung zu Pfandfreigabe bzw. Rangrücktritt:
        RN 780 f.

[10]   Rückgewähr durch Verzicht – Nicht valutierter Teil in der Zwangsvollstreckung:
        RN 755 ff., insbes. RN 756 – RN 1152 ff., insbes. RN 1156.
        Durch Verzicht ist eine Rückgewähr nur möglich, wenn und solange der Sicherungsgeber Eigen-
        tümer ist (RN 754) bzw. – wenn die Grundschuld in der Zwangsversteigerung gegen den Siche-
        rungsgeber erlischt – bis zur Erlösverteilung (RN 1166, 1168).

[11]   Besichtigungsrecht:
        RN 43, 1255.

[12]   Auskunft durch vor- bzw. gleichrangige Gläubiger (Ziff. 1.6 c des Vordrucks)
        und Abtretung des Anspruchs auf Rechnungslegung (Ziff. 2.2 des Vordrucks):
        RN 1059 ff., insbes. RN 1067.

[13]   Vorübergehende Einschränkung der Haftung,
        Schutz der Interessen von Verkäufer und Käufer (s. auch [3]):
        RN 707 ff.

[14]   Neuer Sicherungsgeber (s. auch [3] und [13]):
        RN 706.

[15]   Versicherungspflicht:
        RN 1269, 563.

[16]   Abtretung des Rückgewähranspruchs bezüglich *derzeit* vor- oder gleichrangiger Grundschulden:
RN 851 ff., insbes. RN 865 ff.
und bezüglich *künftig* vor- oder gleichrangiger Grundschulden (Vorausabtretung):
RN 854.

[17]   Abtretung des Anspruchs auf Abtretung des (derzeit an einen anderen abgetretenen) Rückgewähranspruchs bezüglich vorrangiger Grundschulden:
RN 891 ff., 490.

[18]   Ausschluss kumulierender Haftung:
RN 297 f. (Schuldversprechen) und RN 865 ff. (Rückgewähranspruch).

[19]   Die Hinweise zum Fernabsatz- und Außergeschäftsraumvertrag sind unseres Erachtens insb. aufgrund der BGH-Rechtsprechung vom 22. 9. 2020 – XI ZR 219/19 und der daraufhin zum 15. 6. 2021 erfolgten Gesetzesanpassung entbehrlich, ausführlich Rn. 584 ff.

Literaturverzeichnis

(Aufsätze aus Zeitschriften sind mit Verfasser und genauer Fundstelle in den Fußnoten des jeweils einschlägigen Haupttextes angegeben)

Anders/Gehle, Zivilprozessordnung, 81. Auflage, München, 2023. Zitiert: „Anders/Gehle/... (Verfasser), §...".

Bankrechts-Handbuch, herausgegeben von Ellenberger, Bunte, 6. Auflage, München, 2022. Zitiert: „... (Bearbeiter) in Bankrechts-Handbuch, § ... RN ...".

Bankrecht und Bankpraxis, herausgegeben von Heche, Piepenbrock, Siegmann, Loseblattsammlung (Stand 141. Ergänzung 06/19), Bank-Verlag, Köln. Zitiert: „... (Bearbeiter) in Bankrecht und Bankpraxis, RN ...".

Basty, Der Bauträgervertrag, 11. Auflage, München, 2023. Zitiert: „Basty, Kap. ... RN ...".

Beck'sches Notar-Handbuch, herausgegeben von Heckschen, Herrler, Münch, 8. Auflage, München 2024. Zitiert: „... (Bearbeiter) in Beck'sches Notar-Handbuch, ...".

Beck'scher Online-Kommentar, herausgegeben von u. a. Bamberger, 68. Edition, Stand: 1.11.2023. Zitiert: „BeckOK BGB/(Verfasser), 49. Ed. 1.2.2019, BGB § ... Rn. ...".

Becker-Eberhard, Die Forderungsgebundenheit der Sicherungsrechte, Schriften zum Deutschen und Europäischen Zivil-, Handels- und Prozessrecht, Band 142, Bielefeld, 1993. Zitiert: „Becker-Eberhard, S. ...".

Bülow, Recht der Kreditsicherheiten, 10. Auflage, Heidelberg, 2021.

Bülow/Artz, Verbraucherkreditrecht, 10. Auflage, München, 2019. Zitiert: „Bülow/Artz, § ..., RN ...".

Canaris, Bankvertragsrecht. Einschließlich Kontokorrentrecht und Recht allgemeiner Geschäftsbedingungen, Sonderausgabe aus: Handelsgesetzbuch, Großkommentar, Erster Teil: 3. Auflage, Berlin 1988, im Übrigen: 2. Auflage, Berlin, 1981. Zitiert: „Canaris, S. ...".

Clemente, Recht der Sicherungsgrundschuld, 4. Auflage, Köln, 2008. Zitiert: „Clemente, RN ...".

Consbruch/Fischer, Kreditwesengesetz, München, Loseblattausgabe, 87. Ergänzungslieferung, Stand Januar 2010. Zitiert: „Consbruch/Fischer, Ziff. ...".

Dassler/Schiffhauer/Hintzen/Engels/Rellermeyer, Gesetz über die Zwangsversteigerung und die Zwangsverwaltung, 16. Auflage, Stuttgart, 2020. Zitiert: „Dassler/... (Bearbeiter), §...".

Demharter, Grundbuchordnung, 33. Auflage, München, 2023. Zitiert: „Demharter, §...".

Dempewolf, Der Rückübertragungsanspruch bei Sicherungsgrundschulden, Berlin, 1958. Zitiert: „Dempewolf, S. …".

Eickmann (Hrsg.), Sachenrechtsbereinigung, Köln, Loseblattkommentar, Stand: Oktober 2006. Zitiert: „Eickmann, Sachenrechtsbereinigung, …".

FK-InsO, Frankfurter Kommentar zur Insolvenzordnung, herausgegeben von Wimmer, 9. Auflage, Neuwied, 2018. Zitiert: „FK-InsO/… (Bearbeiter), § … RN …".

Gaberdiel, Grundstücksrecht für den Kreditpraktiker, 2. Auflage, Stuttgart, 1998. Zitiert: „Gaberdiel, Grundstücksrecht, Ziff. …".

Göbel, Übersicherung und Freigabeklauseln in vorformulierten Kreditsicherungsverträgen, Untersuchungen über das Spar-, Giro- und Kreditwesen, Abt. B Rechtswissenschaft, Berlin, 1993.

Gehrlein/Graewe/Wittig, Das Recht der Kreditsicherung, 11. Auflage, Berlin, 2023. Zitiert: „Gehrlein/Graewe/Wittig … (Bearbeiter), RN …".

Grüneberg, Bürgerliches Gesetzbuch, bearbeitet von u.a. Brudermüller, Ellenberger, 82. Auflage, München, 2023. Zitiert: „Grüneberg/… (Bearbeiter), § … Rn …".

Hager, Grundschulden und Risikobegrenzungsgesetz, herausgegeben von Hager, 1. Auflage 2010. Zitiert: „Hager/… (Bearbeiter), S. …".

HK-InsO, Heidelberger Kommentar zur Insolvenzordnung, herausgegeben von Kayser und Thole, 11. Auflage, Heidelberg, 2023. Zitiert: „HK-InsO/… (Bearbeiter), § …".

Huber, Die Sicherungsgrundschuld, Abhandlungen zum Arbeits- und Wirtschaftsrecht Band 15, Heidelberg, 1965. Zitiert: „Huber, S. …".

Jezewski, Eintragungen in Abteilung II des Grundbuchs, 15. Auflage, Stuttgart, 2017. Zitiert: „Jezewski, Ziff. …".

Jost, Die Dogmatik des Sicherungsvertrags, 2012, Duncker und Humblot, Schriften zum Bürgerlichen Recht Band 419.

Kalisz, Wiederaufleben von Drittsicherheiten, 2018, Nomos, Schriften zum Insolvenzrecht.

Langenbucher/Bliesener/Spindler, Bankrechts-Kommentar, 3. Auflage, München, 2020.

Lohmann, Rechtsprobleme der Globalzweckerklärung insbesondere in Formularverträgen. Eine Untersuchung zu den umfassenden Sicherungsabreden in den Formularverträgen der Kreditpraxis unter besonderer Berücksichtigung der Rechtsprechung des Bundesgerichtshofes, Düsseldorf, 1988. Zitiert: „Lohmann, S. …".

Lüke/Püls, Der elektronische Rechtsverkehr in der notariellen Praxis, herausgegeben von Lüke und Püls, 1. Auflage 2009. Zitiert: „Lüke/Püls/… (Bearbeiter), S. …".

Marburger, Grundschuldbestellung und Übernahme der persönlichen Haftung, Band 110 der Untersuchungen über das Spar-, Giro- und Kreditwesen, Abteilung B: Rechtswissenschaft, Berlin 1998. Zitiert: „Marburger, S. …".

MK-InsO, Münchener Kommentar zur Insolvenzordnung, herausgegeben von Kirchhof, Lwowski, Stürner, 4. Auflage, München, 2019. Zitiert: „MK-InsO/... (Bearbeiter), § ...".

MK-ZPO, Münchener Kommentar zur Zivilprozessordnung, herausgegeben von Lüke und Wax, 6. Auflage, München, 2020. Zitiert: „MK-ZPO/... (Bearbeiter), § ...".

MünchKomm, Münchener Kommentar zum Bürgerlichen Gesetzbuch, herausgegeben von Rebmann, Säcker, Rixecker, München, Band 3 §§ 311–432 BGB (9. Auflage 2022), Band 4 §§ 433–534 BGB (8. Auflage 2019), Band 4.1 und 4.2 (9. Auflage 2022), Band 6 §§ 705–805 BGB, Band 7 §§ 854–1296 BGB und Band 10 §§ 1922–2385 BGB (9. Auflage 2023). Zitiert: „MünchKomm/... (Bearbeiter), § ...".

Palandt-Archiv Teil II, Übergangsrecht, Art. 230 bis 237 EGBGB, bearbeitet von Bassenge, Brudermüller, Diederichsen, Ellenberger, Sprau, Thorn, Weidenkaff und Weidlich; im Internet unter *https://rsw.beck.de/buecher/grueneberg/gruenhome*, Stand 15. Oktober 2022. Zitiert: „Palandt-Archiv II/...(Bearbeiter), § ...".

Schöner/Stöber, Grundbuchrecht, 16. Auflage, München, 2020. Zitiert: „Schöner/Stöber, RN ...".

Serick, Eigentumsvorbehalt und Sicherungsübertragung, Band 1 bis 6, Heidelberg 1963–1986. Zitiert: „Serick, § ...".

Staudinger, Kommentar zum Bürgerlichen Gesetzbuch, Berlin, Zitiert: „Staudinger/... [Bearbeiter] (Erscheinungsjahr des jeweiligen Bandes), § ... RN ...".

Stein-Jonas, Kommentar zur ZPO, bearbeitet von Berger, Bork, Brehm, Grunsky, Leipold, Münzberg, Oberhammer (22. Auflage), Roth, Schlosser, Wagner, 23. Auflage, Tübingen, 2018 bis 2020. Zitiert: „Stein-Jonas/... (Bearbeiter), § ... RN ...".

Steppeler, Das neue Verbraucherkreditrecht, 3. Auflage, Stuttgart, 2002. Zitiert: „Steppeler, Ziff. ... (S. ...)".

Stöber/Rellermeyer, Forderungspfändung – Zwangsvollstreckung in Forderungen und andere Vermögensrechte, 17. Auflage, Bielefeld, 2020. Zitiert: „Stöber/Rellermeyer, Forderungspfändung, RN ...".

Stöber, Zwangsversteigerungsgesetz, bearbeitet von Achenbach, Becker, Drasdo, Gojowczyk, Keller, Kiderlen und Nicht, 23. Auflage, München, 2022. Zitiert: „Stöber/... (Bearbeiter), § ...".

Wolfsteiner, Die vollstreckbare Urkunde, 4. Auflage, München, 2019. Zitiert: „Wolfsteiner, RN ...".

Wormit/Ehrenforth, Reichsheimstättengesetz vom 10. 5. 1920 in der Fassung vom 25. 11. 1937 mit Änderungen des Baulandbeschaffungsgesetzes nebst Ausführungsverordnung vom 19. 7. 1940 mit Anhang (Erlasse auf dem Gebiete des Heimstättenwesens), 4. Auflage, Köln, 1967.

Zöller, Zivilprozessordnung, bearbeitet von Althammer, Feskorn, Geimer, Greger, Herget, Heßler, Lückemann, Schultzky, Seibel, Vollkommer, 35. Auflage, Köln, 2024. Zitiert: „Zöller/... (Bearbeiter), § ... RN ...".

Stichwortverzeichnis

Angegeben sind die Randnummern [RN]

Die Autoren

Martin Gladenbeck

Martin Gladenbeck ist Rechtsanwalt in München, Syndikusrechtsanwalt beim Sparkassenverband Bayern und Dozent an der Sparkassenakademie Bayern. Sein Beratungsschwerpunkt ist seit mehr als 20 Jahren das Kreditsicherungsrecht. Als Bankkaufmann und früherer Chefsyndikus einer großen Genossenschaftsbank legt er Wert auf eine praxisrelevante Darstellung der in diesem Buch behandelten Fragen.

Dr. Abbas Samhat

Dr. Abbas Samhat ist Rechtsanwalt in Berlin und Syndikusrechtsanwalt beim Deutschen Sparkassen- und Giroverband (Referat: Recht der Kreditsicherheiten). Er war viele Jahre (2006–2014) wissenschaftlicher Mitarbeiter/Dozent an der Freien Universität Berlin und hielt zahlreiche Kurse unter anderem zu den Rechtsgebieten AGB-Recht, Grundstücks- und Kreditsicherungsrecht.